J. von Staudingers
Kommentar zum Bürgerlichen Gesetzbuch
mit Einführungsgesetz und Nebengesetzen
Zweites Buch. Recht der Schuldverhältnisse
§§ 581–606

Kommentatoren

Dr. Karl-Dieter Albrecht
Richter am Bayerischen Verwaltungsgerichtshof, München

Dr. Hermann Amann
Notar in Berchtesgaden

Dr. Martin Avenarius
Wiss. Assistent an der Universität Göttingen

Dr. Christian von Bar
Professor an der Universität Osnabrück

Dr. Wolfgang Baumann
Notar in Wuppertal

Dr. Okko Behrends
Professor an der Universität Göttingen

Dr. Detlev W. Belling, M.C.L.
Professor an der Universität Potsdam

Dr. Werner Bienwald
Professor an der Evangelischen Fachhochschule Hannover

Dr. Dieter Blumenwitz
Professor an der Universität Würzburg

Dr. Reinhard Bork
Professor an der Universität Hamburg, Richter am Hanseatischen Oberlandesgericht zu Hamburg

Dr. Wolf-Rüdiger Bub
Rechtsanwalt in München

Dr. Elmar Bund
Professor an der Universität Freiburg i. Br.

Dr. Jan Busche
Wiss. Assistent an der Freien Universität Berlin

Dr. Michael Coester
Professor an der Universität München

Dr. Dagmar Coester-Waltjen, LL.M.
Professorin an der Universität München

Dr. Dr. h. c. mult. Helmut Coing
em. Professor an der Universität Frankfurt am Main

Dr. Matthias Cremer
Notar in Dresden

Dr. Hermann Dilcher
em. Professor an der Universität Bochum

Dr. Heinrich Dörner
Professor an der Universität Düsseldorf

Dr. Christina Eberl
Wiss. Mitarbeiterin an der Universität Potsdam

Dr. Werner Ebke, LL.M.
Professor an der Universität Konstanz

Dr. Eberhard Eichenhofer
Professor an der Universität Osnabrück

Dr. Volker Emmerich
Professor an der Universität Bayreuth, Richter am Oberlandesgericht Nürnberg

Dipl.-Kfm. Dr. Norbert Engel
Ministerialrat im Bayerischen Senat, München

Dr. Helmut Engler
Professor an der Universität Freiburg i. Br., Minister in Baden-Württemberg a. D.

Dr. Karl-Heinz Fezer
Professor an der Universität Konstanz, Richter am Oberlandesgericht Stuttgart

Dr. Johann Frank
Notar in Amberg

Dr. Rainer Frank
Professor an der Universität Freiburg i. Br.

Dr. Bernhard Großfeld, LL.M.
Professor an der Universität Münster

Dr. Karl-Heinz Gursky
Professor an der Universität Osnabrück

Dr. Ulrich Haas
Wiss. Assistent an der Universität Regensburg

Norbert Habermann
Richter am Amtsgericht Offenbach

Dr. Johannes Hager
Professor an der Humboldt-Universität Berlin

Dr. Rainer Hausmann
Professor an der Universität Konstanz

Dr. Dott. h. c. Dieter Henrich
Professor an der Universität Regensburg

Dr. Reinhard Hepting
Professor an der Universität Mainz

Joseph Hönle
Notar in Tittmoning

Dr. Bernd von Hoffmann
Professor an der Universität Trier

Dr. Heinrich Honsell
Professor an der Universität Zürich

Dr. Dr. Klaus J. Hopt, M.C.J.
Professor, Direktor des Max-Planck-Instituts für Ausländisches und Internationales Privatrecht, Hamburg

Dr. Norbert Horn
Professor an der Universität Köln

Dr. Heinz Hübner
Professor an der Universität Köln

Dr. Rainer Jagmann
Richter am Oberlandesgericht Karlsruhe

Dr. Ulrich von Jeinsen
Rechtsanwalt und Notar in Hannover

Dr. Dagmar Kaiser
Wiss. Assistentin an der Universität Freiburg i. Br.

Dr. Rainer Kanzleiter
Notar in Neu-Ulm, Professor an der Universität Augsburg

Wolfgang Kappe
Vorsitzender Richter am Oberlandesgericht Celle a. D.

Dr. Benno Keim
Notar in München

Dr. Sibylle Kessal-Wulf
Richterin am Schleswig-Holsteinischen Oberlandesgericht in Schleswig

Dr. Diethelm Klippel
Professor an der Universität Gießen

Dr. Helmut Köhler
Professor an der Universität Augsburg, Richter am Oberlandesgericht München

Dr. Jürgen Kohler
Professor an der Universität Greifswald

Dr. Heinrich Kreuzer
Notar in München

Dr. Jan Kropholler
Professor an der Universität Hamburg, Wiss. Referent am Max-Planck-Institut für Ausländisches und Internationales Privatrecht, Hamburg

Dr. Hans-Dieter Kutter
Notar in Schweinfurt

Dr. Gerd-Hinrich Langhein
Notar in Hamburg

Dr. Dr. h. c. Manfred Löwisch
Professor an der Universität Freiburg i. Br., vorm. Richter am Oberlandesgericht Karlsruhe

Dr. Dr. h. c. Werner Lorenz
Professor an der Universität München

Dr. Peter Mader
Univ. Dozent an der Universität Salzburg

Dr. Ulrich Magnus
Professor an der Universität Hamburg, Richter am Hanseatischen Oberlandesgericht zu Hamburg

Dr. Peter Mankowski
Wiss. Assistent an der Universität Osnabrück

Dr. Heinz-Peter Mansel
Akademischer Rat an der Universität Heidelberg

Dr. Peter Marburger
Professor an der Universität Trier

Dr. Wolfgang Marotzke
Professor an der Universität Tübingen

Dr. Dr. Michael Martinek, M.C.J.
Professor an der Universität des Saarlandes, Saarbrücken

Dr. Jörg Mayer
Notar in Pottenstein

Dr. Dr. h. c. mult. Theo Mayer-Maly
Professor an der Universität Salzburg

Dr. Dr. Detlef Merten
Professor an der Hochschule für Verwaltungswissenschaften, Speyer

Dr. Peter O. Mülbert
Professor an der Universität Trier

Dr. Dirk Neumann
Vizepräsident des Bundesarbeitsgerichts a. D., Kassel, Präsident des Landesarbeitsgerichts Chemnitz a. D.

Dr. Ulrich Noack
Professor an der Universität Düsseldorf

Dr. Hans-Heinrich Nöll
Rechtsanwalt in Hamburg

Dr. Jürgen Oechsler
Wiss. Assistent an der Universität des Saarlandes, Saarbrücken

Dr. Hartmut Oetker
Professor an der Universität Jena

Wolfgang Olshausen
Notar in Rain am Lech

Dr. Dirk Olzen
Professor an der Universität Düsseldorf

Dr. Gerhard Otte
Professor an der Universität Bielefeld

Dr. Hansjörg Otto
Professor an der Universität Göttingen

Dr. Lore Maria Peschel-Gutzeit
Senatorin für Justiz in Berlin, Vorsitzende Richterin am Hanseatischen Oberlandesgericht zu Hamburg i. R.

Dr. Frank Peters
Professor an der Universität Hamburg, Richter am Hanseatischen Oberlandesgericht zu Hamburg

Dr. Axel Pfeifer
Notar in Hamburg

Dr. Alfred Pikalo
Notar in Düren

Dr. Jörg Pirrung
Ministerialrat im Bundesministerium der Justiz, Bonn

Dipl.-Verwaltungswirt
Dr. Rainer Pitschas
Professor an der Hochschule für Verwaltungswissenschaften, Speyer

Dr. Ulrich Preis
Professor an der Fern-Universität Hagen und an der Universität Düsseldorf

Dr. Manfred Rapp
Notar in Landsberg

Dr. Thomas Rauscher
Professor an der Universität Leipzig, Dipl. Math.

Dr. Peter Rawert, LL.M.
Notar in Hamburg

Eckhard Rehme
Vorsitzender Richter am Oberlandesgericht Oldenburg

Dr. Wolfgang Reimann
Notar in Passau, Professor an der Universität Regensburg

Dr. Gert Reinhart
Professor an der Universität Heidelberg

Dr. Dieter Reuter
Professor an der Universität Kiel, Richter am Schleswig-Holsteinischen Oberlandesgericht in Schleswig

Dr. Reinhard Richardi
Professor an der Universität Regensburg

Dr. Volker Rieble
Privatdozent an der Universität Freiburg i. Br.

Dr. Wolfgang Ring
Notar in Landshut

Dr. Herbert Roth
Professor an der Universität Münster

Dr. Rolf Sack
Professor an der Universität Mannheim

Dr. Ludwig Salgo
Professor an der Universität Frankfurt am Main

Dr. Gottfried Schiemann
Professor an der Universität Tübingen

Dr. Eberhard Schilken
Professor an der Universität Bonn

Dr. Peter Schlosser
Professor an der Universität München

Dr. Jürgen Schmidt
Professor an der Universität Münster

Dr. Karsten Schmidt
Professor an der Universität Hamburg

Dr. Günther Schotten
Notar in Köln, Professor an der Universität Bielefeld

Dr. Peter Schwerdtner
Professor an der Universität Bielefeld, Richter am Oberlandesgericht Hamm

Dr. Hans Hermann Seiler
Professor an der Universität Hamburg

Dr. Walter Selb †
Professor an der Universität Wien

Dr. Jürgen Sonnenschein
Professor an der Universität Kiel

Dr. Ulrich Spellenberg
Professor an der Universität Bayreuth

Dr. Sebastian Spiegelberger
Notar in Rosenheim

Dr. Hans Stoll
Professor an der Universität Freiburg i. Br.

Dr. Hans-Wolfgang Strätz
Professor an der Universität Konstanz

Dr. Gerd Stuhrmann
Ministerialrat im Bundesministerium der Finanzen, Bonn

Dr. Dr. h. c. Fritz Sturm
Professor an der Universität Lausanne

Dr. Gudrun Sturm
Assessorin, Wiss. Mitarbeiterin an der Universität Lausanne

Burkhard Thiele
Ministerialdirigent im Justizministerium des Landes Mecklenburg-Vorpommern, Schwerin

Dr. Bea Verschraegen
Professorin an der Universität Bielefeld

Reinhard Voppel
Wiss. Mitarbeiter an der Universität Köln

Dr. Günter Weick
Professor an der Universität Gießen

Gerd Weinreich
Richter am Oberlandesgericht Oldenburg

Dr. Joachim Wenzel
Richter am Bundesgerichtshof, Karlsruhe

Dr. Olaf Werner
Professor an der Universität Jena

Dr. Wolfgang Wiegand
Professor an der Universität Bern

Dr. Roland Wittmann
Professor an der Universität Frankfurt (Oder), Richter am Brandenburgischen Oberlandesgericht

Dr. Hans Wolfsteiner
Notar in München

Dr. Eduard Wufka
Notar in Starnberg

Redaktoren

Dr. Christian von Bar
Dr. Wolf-Rüdiger Bub
Dr. Heinrich Dörner
Dr. Helmut Engler
Dr. Karl-Heinz Gursky
Norbert Habermann
Dr. Dieter Henrich
Dr. Heinrich Honsell
Dr. Norbert Horn
Dr. Heinz Hübner

Dr. Jan Kropholler
Dr. Dr. h. c. Manfred Löwisch
Dr. Ulrich Magnus
Dr. Dr. Michael Martinek, M.C.J.
Dr. Gerhard Otte
Dr. Peter Rawert, LL.M.
Dr. Dieter Reuter
Dr. Herbert Roth
Dr. Wolfgang Wiegand

J. von Staudingers
Kommentar zum Bürgerlichen Gesetzbuch
mit Einführungsgesetz und Nebengesetzen

Zweites Buch
Recht der Schuldverhältnisse
§§ 581–606

Dreizehnte
Bearbeitung 1996
von
Volker Emmerich
Ulrich von Jeinsen
Alfred Pikalo
Dieter Reuter
Jürgen Sonnenschein

Redaktor
Dieter Reuter

Sellier – de Gruyter · Berlin

Die Kommentatoren

Dreizehnte Bearbeitung 1996
Vorbem zu § 581, §§ 582–583 a: VOLKER EMMERICH
§§ 581, 584–584 b: JÜRGEN SONNENSCHEIN
§§ 585–597: ALFRED PIKALO/ULRICH VON JEINSEN
§§ 598–606: DIETER REUTER

12. Auflage
Vorbem zu § 581, §§ 584–590: VOLKER EMMERICH (1981)
§§ 581–583, 591–597: JÜRGEN SONNENSCHEIN (1981)
Landpacht (Anh zu § 597): ALFRED PIKALO (1981)
§§ 598–606: DIETER REUTER (1981)

11. Auflage
§§ 581–597: Dr. FRITZ KIEFERSAUER (1955)
§§ 598–606: Landgerichtsrat Dr. HERMANN RIEDEL (1955)

Sachregister

Rechtsanwalt Dr. Dr. VOLKER KLUGE, Berlin

Zitierweise

STAUDINGER/EMMERICH (1996) Vorbem 1 zu § 581
STAUDINGER/SONNENSCHEIN (1996) § 581 Rn 1
Zitiert wird nach Paragraph bzw Artikel und Randnummer.

Hinweise

Das **vorläufige Abkürzungsverzeichnis** für das Gesamtwerk STAUDINGER befindet sich in einer Broschüre, die zusammen mit dem Band §§ 985–1011 (1993) geliefert worden ist.

Der **Stand der Bearbeitung** ist jeweils mit Monat und Jahr auf den linken Seiten unten angegeben.

Am Ende des Bandes befindet sich eine Übersicht über den aktuellen **Stand des Gesamtwerks** STAUDINGER zum Zeitpunkt des Erscheinens dieses Bandes.

Die Deutsche Bibliothek – CIP-Einheitsaufnahme

J. von Staudingers Kommentar zum Bürgerlichen Gesetzbuch : mit Einführungsgesetz und Nebengesetzen / [Kommentatoren Karl-Dieter Albrecht ...]. – Berlin : Sellier de Gruyter. Teilw. hrsg. von Günther Beitzke ... – Teilw. im Verl. Schweitzer, Berlin. – Teilw. im Verl. Schweitzer de Gruyter, Berlin. – Teilw. u. d. T.: J. v. Staudingers Kommentar zum Bürgerlichen Gesetzbuch
ISBN 3-8059-0784-2
NE: Staudinger, Julius von [Begr.]; Beitzke, Günther [Hrsg.]; Staudingers Kommentar zum Bürgerlichen Gesetzbuch; Kommentar zum Bürgerlichen Gesetzbuch; J. v. Staudingers Kommentar zum Bürgerlichen Gesetzbuch

Buch 2. Recht der Schuldverhältnisse.
  §§ 581–606 / von Volker Emmerich ... Red. Dieter Reuter. – 13. Bearb. – 1996
  ISBN 3-8059-0861-X
NE: Emmerich, Volker; Reuter, Dieter [Red.]

© Copyright 1996 by Dr. Arthur L. Sellier & Co. – Walter de Gruyter & Co., Berlin.

Dieses Werk einschließlich aller seiner Teile ist urheberrechtlich geschützt. Jede Verwertung außerhalb der engen Grenzen des Urheberrechtsgesetzes ist ohne Zustimmung des Verlages unzulässig und strafbar. Das gilt insbesondere für Vervielfältigungen, Übersetzungen, Mikroverfilmungen und die Einspeicherung und Verarbeitung in elektronischen Systemen.

Printed in Germany. – Satz und Druck: Buch- und Offsetdruckerei Wagner GmbH, Nördlingen. – Bindearbeiten: Lüderitz und Bauer, Buchgewerbe GmbH, Berlin. – Umschlaggestaltung: Bib Wies, München.

∞ Gedruckt auf säurefreiem Papier, das die US-ANSI-Norm über Haltbarkeit erfüllt.

Inhaltsübersicht

                                                                 Seite[*]

Zweites Buch. Recht der Schuldverhältnisse
Siebenter Abschnitt. Einzelne Schuldverhältnisse

Dritter Titel. Miete. Pacht

II. Pacht	1
III. Landpacht	264
Vierter Titel. Leihe	554
Sachregister	591

---

[*] Zitiert wird nicht nach Seiten, sondern nach Paragraph bzw Artikel und Randnummer; siehe dazu auch S VI.

II. Pacht

Vorbemerkungen zu § 581

Schrifttum

BLOMEYER, Preußisches und Sächsisches Pachtrecht (1873)
CROME, Die partiarischen Rechtsgeschäfte nach römischem und heutigem Reichsrecht (1897)
DAHMANN, Pacht, in: Handwörterbuch der Rechtswissenschaft Bd IV (1927) 337; Bd VIII (1937) 488
EBENROTH, Absatzmittlungsverträge im Spannungsverhältnis von Kartell- und Zivilrecht (1980)
FRÄNKEL, Das Miet- und Pachtrecht nach dem BGB (1897)
FRITZEN, Pacht (1962)
GITTER, Gebrauchsüberlassungsverträge (1988)
KNOPPE, Verpachtung eines Gewerbebetriebs (7. Aufl 1993)
MITTELBACH, Geschäfts- und Praxisübertragung (3. Aufl 1977)
MITTELSTEIN, Die Miete (4. Aufl 1932)
NONHOFF/BECKER, Handbuch des Pachtwesens (1951)
REINEKE, Das gesamte Reichspachtschutzrecht mit Einschluß des Kleingartenrechts (4. Aufl 1949)
SCHÖNEWALD, Über die Verpachtung von Handelsgeschäften (1904)
SCHUMACHER, Pachtvertrag (1901)
G THIEL, Über Verpachtungsbedingungen (1902)
WOLF/ECKERT, Hdb des gewerblichen Miet-, Pacht- und Leasingrechts (7. Aufl 1995)

Systematische Übersicht

I.	**Geschichte**		a)	Allgemeines — 19
1.	Römisches Recht — 1		b)	Unternehmenspacht — 21
2.	Deutsches Recht — 3		c)	Mehrheit von Sachen — 23
3.	Beratungen zum BGB — 5		2.	Leihe — 24
4.	Spätere Entwicklungen — 6		3.	Kauf — 25
5.	Landpachtrecht — 7		a)	Abbauverträge — 26
			b)	Aberntungsverträge — 33
II.	**Wirtschaftliche Bedeutung** — 9		c)	Viehgräsungsvertrag, Tierzuchtvertrag — 34
III.	**Die Pacht im System des BGB**		4.	Dienstvertrag — 36
1.	Schuldverhältnis — 11		a)	Abgrenzungskriterien — 37
2.	Nießbrauch — 12		b)	Beispiele — 39
3.	Eigentumserwerb — 14		5.	Werkvertrag — 41
a)	Früchte — 14		6.	Gesellschaft — 43
b)	Inventar — 15		a)	Abgrenzungskriterien — 43
4.	Erscheinungsformen — 16		b)	Beispiele — 46
a)	Überblick — 16		c)	Betriebspflicht — 48
b)	Beispiele — 17		**V.**	**Kleingartenpachtrecht**
IV.	**Abgrenzung**		1.	Zweck — 49
1.	Miete — 19		2.	Geschichte — 51

3.	Überblick	54
a)	Begriff	54
b)	Größe, Bebauung	56
c)	Zwischenpächterprivileg	57
d)	Kündigungsschutz	58
c)	Abweichenden Regelungen	60

VI. Pachtkreditrecht
1.	Überblick	62
2.	Pachtkreditgesetz (PKrG)	63
a)	Zweck	63
b)	Voraussetzungen	64
aa)	Inventar	65
bb)	Eigentum des Pächters	66
cc)	Bestellung	68
c)	Untergang	70
d)	Verwertung	71
3.	Düngemittelsicherungsgesetz	73
a)	Voraussetzungen	73
b)	Untergang	74
c)	Ausscheidungsrecht	78

VII. Weitere Sonderformen
1.	Heuerlingsverträge	78
2.	Siedlerpachtverträge	81
3.	Lizenzverträge	82
a)	Patentlizenzverträge	83
aa)	Ausschließliche Lizenzen	83
bb)	Einfache Lizenzen	84
b)	Know-how-Lizenzverträge	86
c)	Urheberlizenzverträge	87
aa)	Allgemeines	87
bb)	Bühnenaufführungsverträge	88
cc)	Filmverwertungsverträge	89
dd)	Vorführungsverträge	92
4.	Kantinenpacht	93
5.	Sicherungspacht	95
6.	Bergwerkspacht	97

VIII. Jagdpachtrecht
1.	Überblick	99
2.	Rechtsnatur	101
a)	Rechtspacht	101
b)	Gegenstand	102
c)	Teilpacht	103
3.	Jagdpachtfähigkeit	104
4.	Inhalt und Form	106
5.	Anzeigepflicht	108
6.	Dingliche Wirkung	111

7.	Anwendung des § 571	112
8.	Beendigung	114

IX. Apothekenpacht
1.	Geschichte	116
2.	Zulässigkeit	118
a)	Grundsätze	118
b)	Einzelfragen	120
3.	Umgehungsgeschäfte	122
a)	Gesellschaften	122
b)	Raummiete und -pacht	124

X. Betriebspachtvertrag 127

XI. Franchising 130
1.	Geschichte	131
2.	Wirtschaftliche Bedeutung	134
a)	Absatzmittlungssystem	134
b)	Arbeitnehmer	136
3.	Rechtsnatur	137
a)	Meinungsstand	138
b)	Stellungnahme	142
c)	Ergebnis	146
4.	Abschluß	147
a)	Aufklärungspflichten	147
b)	Form	148
c)	Inhaltskontrolle	150
5.	Pflichten des Franchisegebers	151
6.	Pflichten des Franchisenehmers	154
7.	Vertragsbeendigung	155
a)	Dauer	155
b)	Ordentliche Kündigung	156
c)	Kündigungsschutz	157
d)	Außerordentliche Kündigung	159
8.	Abwicklung	162
a)	Pachtrecht	162
b)	Handelsvertreterrecht	165

XII. Neue Länder 167
1.	Art 232 § 3 EGBGB	168
a)	Anwendungsbereich	169
b)	Heutige Rechtslage	172
2.	Art 232 §§ 4 f EGBGB	173
a)	Überblick	173
b)	§§ 312 bis 315 ZGB	176
3.	Schuldrechtsänderungsgesetz von 1994	179
a)	Zweck	180
b)	Anwendungsbereich	181

3. Titel. Miete. Pacht
II. Pacht

4.	Umwandlung	183	
5.	Übergangsregelung	184	
a)	Bestandsschutz	185	

b) Sonstige Bestimmungen _____ 186
6. Sonderregelungen _____ 187

Alphabetische Übersicht

Abbauverträge	26 ff
Aberntungsvertrag	33
Abgrenzung	19 ff
– Dienstvertrag	36 ff
– Gesellschaft	43 ff
– Kauf	25 ff
– Leihe	24
– Miete	19 ff
– Werkvertrag	41 f
Anzeigepflicht	
– bei Jagdpachtverträgen	108 f
– bei Landpachtverträgen	7 ff
Apothekenpacht	116 ff
– Beendigung	121
– Geschichte	116 ff
– Gesellschaften	122 ff
– Partiarische Pacht	126
– Raumpacht	124
– Umgehungsgeschäfte	122 f
– Zulässigkeit	118 f
Arbeitsverträge	38, 40, 79, 136
Ausscheidungsrecht des Gläubigers	77
Ausschließliche Lizenzen	83
Bedeutung	9 ff
Beispiele	17 f, 39 f, 46
Bergwerkspacht	97
Betriebsführungsvertrag	37
Betriebspachtvertrag	38, 127 f
Betriebspflicht des Pächters	48
Betriebsüberlassungsvertrag	129
Bühnenaufführungsvertrag	88
Datschengrundstücke	171, 173 ff
Deckvertrag	35
Deutsches Recht	3 f
Dienstverträge	36 ff
Domänenpächter	1
Düngemittelsicherung	73 f
Eigentumserwerb des Pächters	14 f
Einfache Lizenzen	84
Erscheinungsformen der Pacht	16 f

Filmbestellvertrag	92
Filmverwertungsvertrag	98 ff
Fischereipacht	100
Franchising	130 ff
– Abschluß	147 ff
– Abwicklung	162 ff
– Aufklärungspflichten	147
– Ausgleichsanspruch	166
– Arbeitnehmer	136
– Bedeutung	134 ff
– Beendigung	155 ff
– Betriebsförderungspflicht	152
– Dauer	155
– Form	132, 148 f
– Geschichte	131 ff
– Haftung	153
– Inhaltskontrolle	150
– Karenzentschädigung	166
– Kartellrecht	132 f
– Kündigung	156 ff
– Kündigungsschutz	158
– Lizenzvertrag	137, 143 ff
– Pflichten des Franchisegebers	151 ff
– Pflichten des Franchisenehmers	154 ff
– Rechtsnatur	137 ff
– Rücknahmepflicht des Franchisegebers	164 ff
– Sittenwidrigkeit	150
– Treuepflicht	145, 152, 154
– Verbraucherkreditgesetz	149 f
– Wettbewerbsverbot	165
– Widerrufsrecht	149
Früchte	14, 65, 73
Gegenstand	17 f
Geschichte	1 ff
Gemeines Recht	4 f
Gesellschaftsverträge	43 ff, 122 f
Heuerlingsvertrag	78 ff
Innenpacht	129
Instvertrag	78 ff

Inventar	15, 65 f	Mehrheit von Sachen	23
Inventarpfandrecht	63 ff	Miete	19 ff
		Mitteldeutschland	167 ff
Jagdpachtrecht	99 ff		
– Anwendung der §§ 571 ff	112 f	Neue Länder	53, 167 ff
– Anzeigepflicht	108 f	Nießbrauch	12 ff
– Beendigung	114 f		
– Fischereipacht	100	Pachtkreditrecht	62 ff, 95 f
– Gegenstand	102	– Düngemittelsicherungsgesetz	73 ff
– Form	106	– Pachtkreditgesetz	63 ff
– Geschichte	99 f	– Sicherungspfand	95 f
– Haftung	107 f	Partiarische Pacht	43 ff, 126
– Jagdpachtfähigkeit	104 f, 115	Patentlizenzvertrag	83 f
– Kündigung	114	Pfandrecht am Inventar	63 ff
– Minderung	107	– Bestellung	68
– Mitpächter	105	– Eigentum des Pächters	66 f
– Rechtspacht	101 ff	– Gutgläubiger Erwerb	87, 70
– Teilpacht	103	– Untergang	70, 74
– Wirkungen	111 f	– Verwertung	71
		– Voraussetzungen	64 ff, 73
Kantinenpacht	93 f		
Kaufverträge	25 ff	Remissionsrecht	4
Kleingartenpacht	49 ff	Römisches Recht	1 ff
– Anwendungsbereich	54 ff		
– Bebauung	56	Schuldrechtsanpassung in den neuen	
– Begriff	54 ff	Ländern	167 ff
– Geschichte	51 ff	Schuldverhältnis	11
– zulässige Größe	56	Sicherungspacht	95 f
– Kündigungsschutz	58 ff	Siedlerpachtvertrag	81
– Neue Länder	53, 175, 178		
– Pachtzins	53	Teilpacht	2, 43 f
– Verfassungswidrigkeit	52	Tierzuchtvertrag	34
– Zweck	49 f		
– Zwischenpächterprivileg	55	Unternehmenspacht	17, 20 f
Know-how-Lizenzvertrag	17, 86 f	Urheberlizenzverträge	87 ff
		– Bühnenaufführungsvertrag	88
Landpachtrecht	7 ff	– Filmverwertungsvertrag	89 ff
– Anzeigepflicht	7 ff	– Vorführungsvertrag	92
– Entwicklung	7		
Leihe	24	Viehgräsungsvertrag	34
Lizenzverträge	83 ff	Viehmastvertrag	35
– Know-how-Lizenzverträge	86 ff	Vorführungsvertrag	92
– Patentlizenzverträge	83 ff		
– Urheberlizenzverträge	87 ff	Werkvertrag	41 f

I. Geschichte

1. Römisches Recht*

a) Das römische Recht kannte noch nicht die besondere Rechtsfigur der Pacht, sondern faßte die Pachtverhältnisse mit der Miete unter dem Oberbegriff der locatio conductio rei zusammen. Der Sache nach unterschied freilich auch das römische Recht danach, ob der conductor nur zum Gebrauch oder auch zur Fruchtziehung berechtigt ist. Unterschieden wurde außerdem zwischen der Verpachtung öffentlichen Landes an die Domänenpächter und der Verpachtung privaten Landes. Die **Domänenpächter** besaßen eine starke vererbliche Rechtsstellung. Namentlich waren sie gegen Dritte durch die possessorischen Interdikte geschützt, so daß sich ihre Rechtsstellung im Laufe der Zeit immer mehr der eines Eigentümers annäherte.

b) Die Rechtsstellung der **Pächter privaten Landes** war wesentlich schwächer als die der Domänenpächter (o Rn 1). Meistens befanden sie sich in großer Abhängigkeit von den Verpächtern. Der Verpächter war zwar verpflichtet, dem Pächter das Grundstück für die Vertragszeit zum Gebrauch und zur Nutzung zu überlassen und es während dieser Zeit in einem dafür tauglichen Zustand zu erhalten. Besitzschutz gegen den Verpächter oder gegen Dritte besaß der Pächter jedoch nicht. Das Eigentum an den Früchten erwarb er idR erst durch Übergabe seitens des Eigentümers und Verpächters. Der Pachtzins bestand häufig in einem Anteil an diesen Früchten (colonia partiaria; Teilpacht). Die Dauer der Pacht richtete sich nach dem Vertrag; bei Landpachtverträgen betrug sie gewöhnlich fünf Jahre.

2. Deutsches Recht

In Deutschland setzte sich die Pacht erst verhältnismäßig spät durch. Bahnbrechend war hier vor allem die Praxis der Kirche und der Klöster gewesen, die ihren großen und ständig wachsenden Landbesitz idR nur verpachteten, nicht aber veräußerten.

Nach diesem Vorbild verbreitete sich die Pacht ungefähr ab 1300 vom Rhein aus in ganz Deutschland. Die Rechtsstellung des Pächters verstärkte sich dabei im Laufe der Zeit immer mehr und entwickelte sich in den meisten Teilen Deutschlands zu einem dinglichen Recht. Folgerichtig bestimmte das ALR (I 21 § 2) ausdrücklich, daß die Pacht, sobald der Pächter den Besitz der Sache innehat, ein dingliches Recht ist. Das gemeine Recht hielt hingegen an der aus dem römischen Recht überlieferten Zusammenfassung von Miete und Pacht fest. Den Besonderheiten der Pacht wurde nur wenig Aufmerksamkeit gewidmet (s im einzelnen WINDSCHEID/KIPP aaO).

3. Beratungen zum BGB

Das gemeinrechtliche Vorbild (o Rn 4) hatte zur Folge, daß bei den Beratungen zum

---

* **Schrifttum:** CROME, Partiarische Rechtsgeschäfte (1897); DAHMANN, in: Handwörterbuch der Rechtswissenschaft Bd IV 337 f; KASER, Römisches Privatrecht (16. Aufl 1992); WAASER, Die Colonia partiaria des römischen Rechts (1895); WEBER, Römische Agrargeschichte (1891); WINDSCHEID/KIPP, Lehrbuch des Pandektenrechts Bd II §§ 399 f (S 717 ff); ZOBKOW, Teilpacht.

BGB die Pacht gleichfalls durchweg als bloßes Anhängsel zur Miete behandelt wurde (s dazu Mot II 421 ff; Prot II 232 ff; SCHUBERT [Hrsg], Die Vorentwürfe der Redaktoren zum BGB Bd 2, Recht der Schuldverhältnisse [1980] 246 ff, 423 ff; JAKOBS/SCHUBERT, Die Beratungen des Bürgerlichen Gesetzbuches Bd II, Recht der Schuldverhältnisse [1980] 615 ff). Soweit man sich überhaupt mit ihr näher befaßte, standen vor allem zwei Fragen im Mittelpunkt des Interesses, einmal die vielfältigen Probleme, die mit der Überlassung des Inventars an den Pächter zusammenhängen, zum anderen die Frage, ob im Anschluß an das ALR und zahlreiche andere Kodifikationen das sog Remissionsrecht des Pächters beibehalten werden sollte. Man verstand darunter das Recht des Pächters zur Pachtzinsminderung bei Schmälerung der Fruchtgewinnung durch außerordentliche Unglücksfälle. Die Gesetzesverfasser entschieden sich schließlich – trotz zahlreicher in diese Richtung zielender Vorstöße – gegen die Beibehaltung des Remissionsrechts, vor allem aus der Erwägung heraus, daß andernfalls auch dem Verpächter bei besonders hohen Erträgen ein Anspruch auf Erhöhung des Pachtzinses zugebilligt werden müsse (Mot II 423 ff; Prot II 238 ff).

4. Spätere Entwicklungen

6 Im Unterschied zur Miete hat sich bei der Pacht die Fortentwicklung des Rechts lange Zeit außerhalb des BGB vollzogen, so daß die §§ 581 ff zunehmend an Bedeutung verloren, weil wichtige pachtrechtliche Materien ihre Regelung außerhalb des BGB fanden. Beispiele sind das Landpachtrecht, das Kleingartenpachtrecht (u Rn 49 ff) sowie das Jagd- und das Apothekenpachtrecht (u Rn 99, 116 ff). Außerdem sind inzwischen die Betriebspachtverträge im AktG von 1965 besonders geregelt worden (u Rn 127 ff). Zu einer Umkehr dieser beklagenswerten Entwicklung kam es erst 1985 mit der Wiedereinfügung des Landpachtrechts in das BGB (u Rn 7).

5. Landpachtrecht

7 a) Das Recht der landwirtschaftlichen Grundstückspacht hatte sich seit dem Ende des ersten Weltkrieges außerhalb des BGB zu einer schließlich nur noch schwer durchschaubaren Sondermaterie entwickelt, wobei Überlegungen des Pächterschutzes ganz im Vordergrund standen (wegen der Einzelheiten s STAUDINGER/EMMERICH[12] Rn 7, 92 ff; STAUDINGER/PIKALO[12] Anh zu § 597 Rn 1 ff). Die ganze Materie war deshalb schließlich in dem **Landpachtgesetz** vom 25. 6. 1952 (BGBl I 343) zusammengefaßt worden. Hervorzuheben ist, daß dieses Gesetz im Interesse der Liberalisierung des Grundstücks- und Pachtmarktes gegen verbreitete Wiederstände den bis dahin bestehenden Genehmigungszwang für landwirtschaftliche Pachtverträge durch eine bloße Anzeigepflicht mit einem behördlichen Beanstandungsrecht ersetzt hatte. Die praktische Bedeutung der Neuregelung blieb jedoch gering, weil die Anzeigepflicht als lästig empfunden wurde und sich deshalb in der Praxis letztlich nicht durchzusetzen vermochte (s STAUDINGER/EMMERICH[12] Rn 16).

8 b) Die Bundesregierung strebte deshalb eine Reform des Landpachtrechts durch dessen Wiedereingliederung in das BGB unter Verzicht auf die Anzeigepflicht an (s STAUDINGER/EMMERICH[12] Rn 17 f). Wegen des Widerstands der Agrarlobby gelang es ihr jedoch nicht, diese Pläne zu verwirklichen (s MünchKomm/VOELSKOW Vorbem 19 f zu § 581; GITTER § 4 C [S 126 ff]). Daher wurden zwar ab 1986 durch das Gesetz zur Neuordnung des landwirtschaftlichen Pachtrechts vom 8. November 1985 (BGBl I 2065) die zivilrechtlichen Vorschriften des früheren Landpachtgesetzes in das BGB (§§ 585 – 597) übernommen; zugleich wurde jedoch durch das neue **Landpachtverkehrsgesetz** ebenfalls vom 8. November 1985 (BGBl I 2075) an der Anzeigepflicht für die meisten landwirtschaftlichen Pachtverträge und an dem Beanstandungsrecht der zuständigen Behörden in bestimmten Fällen festgehalten (zu den Gründen s den Bericht des Ausschusses für Ernährung, Landwirtschaft und Forsten, BT-Drucks 12 [1985]/3498).

II. Wirtschaftliche Bedeutung

1. Die wirtschaftliche Bedeutung der Pacht ist erheblich. Obwohl über ihre genaue Verbreitung nur wenige verläßliche Zahlen vorliegen, steht fest, daß die Pacht im gesamten Bereich der Wirtschaft Verwendung findet. Hervorzuheben sind die Pacht von Geschäftsräumen sowie die Unternehmenspacht. Bei Gaststätten dürfte die Pacht sogar die häufigste Betriebsform sein. Zu beachten ist ferner, daß auch zahlreiche gewerbliche „Mietverträge" in Wirklichkeit Pachtverträge sind, sofern nämlich Vertragsgegenstand Räume sind, die für den betreffenden Gewerbebetrieb bereits eingerichtet sind (u Rn 19 ff). Außerhalb des Bereichs der Wirtschaft spielt die Pacht gleichfalls eine erhebliche Rolle. Um dies zu erkennen, genügt der Hinweis auf die verbreitete Keingartenpacht (u Rn 49 ff) sowie in den neuen Ländern auf die Pacht sogenannter Datschengrundstücke (u Rn 167 ff).

2. Die größte wirtschaftliche Bedeutung kommt der Pacht im Bereich der Landwirtschaft zu. Bei der Landpacht muß man vor allem die Zupacht und die Voll- oder Hofpacht unterscheiden. Am meisten verbreitet ist die Zupacht, worunter man die zusätzliche Anpachtung einzelner Grundstücke zwecks Abrundung des Betriebs versteht. Die Zupacht ist so häufig anzutreffen, daß sie als geradezu charakteristisch für die deutschen landwirtschaftlichen Verhältnisse bezeichnet werden kann (s schon STAUDINGER/EMMERICH[12] Rn 35 f; STAUDINGER/PIKALO[12] Anh zu § 597 Rn 7 ff).

III. Die Pacht im System des BGB

1. Schuldverhältnis

Die Pacht ist vom BGB ebenso wie die Miete als bloßes Schuldverhältnis konstruiert worden. Dem widerspricht es nicht, daß die Pacht bei Grundstücken aufgrund der §§ 571 und 593 b sowie bei beweglichen Sachen nach Besitzübertragung aufgrund des § 986 gewisse dingliche Züge annimmt (s im einzelnen o STAUDINGER/EMMERICH [1995] Vorbem 36 ff zu §§ 535, 536). Die weitergehenden Verdinglichungstendenzen bei der Wohnraummiete (s o STAUDINGER/EMMERICH [1995] Vorbem 40 zu §§ 535, 536) haben (bisher) keine Parallele bei der Pacht, von der Sonderentwicklung in den neuen Ländern, namentlich bei den sogenannten Datschengrundstücken einmal abgesehen (u Rn 167 ff).

2. Nießbrauch

a) Der Nießbrauch weist große Ähnlichkeiten mit der Pacht auf, da der Nießbraucher ebenso wie der Pächter zum Besitz und zur Nutzung der Sache berechtigt ist (§§ 1030, 1036). Das gesetzliche Schuldverhältnis zwischen Nießbraucher und Eigentümer stimmt deshalb in vielen Punkten bis in die Einzelheiten mit der Pacht überein (vgl zB §§ 1041, 1048 iVm §§ 582 f idF des Gesetzes vom 8. 11. 1985 [BGBl I 2065]). An zahlreichen Stellen verweist das BGB in den §§ 1030 ff zudem ausdrücklich auf die Regelung des Miet- und Pachtrechts in den §§ 535 ff und 581 ff (s zB §§ 1055, 1056, 1057 und 1059 d).

13 b) Für das Verhältnis des Nießbrauchs zur Pacht gilt dasselbe wie für das Verhältnis der Miete zum dinglichen Wohnungsrecht. Eine „Verdinglichung" der Pacht durch gleichzeitige Bestellung eines Nießbrauchs ist nicht möglich; nichts hindert die Parteien jedoch, im Falle einer Nießbrauchsbestellung ergänzende schuldrechtliche Abreden zu treffen, die im wesentlichen der Regelung der Pacht entsprechen (s im einzelnen STAUDINGER/EMMERICH [1995] Vorbem 64 ff zu §§ 535, 536). Auch ein sogenannter schuldrechtlicher Nießbrauch ist möglich (§ 305), wobei es sich im Regelfall um nichts anderes als um eine Pacht im Sinne der §§ 581 ff handeln dürfte (s STAUDINGER/ FRANK [1994] Vorbem 19 zu §§ 1030 ff).

3. Eigentumserwerb

a) Früchte

14 Der Eigentumserwerb des Pächters an den Früchten richtet sich nach den §§ 956 und 957, so daß der Pächter das Eigentum an solchen Früchten, deren Erwerb ihm gestattet ist, in aller Regel bereits mit der Trennung der Früchte von der Pachtsache erwerben wird (s BUNSEN ArchBürgR 29 [1906] 11 ff; HERRFURTH, Der Fruchterwerb des Pächters [1903]; MEDICUS JuS 1967, 385; SPYRIDAKES, Zur Problematik der Sachbestandteile [1966]).

b) Inventar

15 Besonderheiten gelten in einzelnen Fällen für den Eigentumserwerb an Inventarstücken: Hat der Pächter das Inventar des Verpächters zum Schätzungswert übernommen, so werden vom Pächter angeschaffte Inventarstücke schon mit ihrer Einverleibung in das Inventar Eigentum des Verpächters (§ 582 a Abs 2 S 2). Lehnt der Verpächter später bei Vertragsende einzelne Stücke als überflüssig oder zu wertvoll ab, so geht das Eigentum wieder auf den Pächter über (§ 582 a Abs 3 S 2 HS 2). Der Eigentumserwerb vollzieht sich in beiden Fällen kraft Gesetzes ohne Rücksicht auf den Willen der Parteien.

4. Erscheinungsformen

a) Überblick

16 Anders als bei der Miete (s § 535 S 1) können Gegenstand der Pacht außer Sachen auch Rechte sein, da man Rechte zwar nicht gebrauchen, wohl aber nutzen kann (§ 581 Abs 1). Deshalb hat man hier als erstes zwischen der Rechts- und der Sachpacht zu unterscheiden. Innerhalb der Sachpacht kann man dann weiter zwischen der Fahrnispacht und der Grundstückspacht trennen. Eine Sonderform ist die seit 1985 in den §§ 585 ff eigens geregelte Landpacht, so daß die §§ 581 bis 584 b heute nur noch für die sogenannte einfache Grundstückspacht gelten (s o Rn 8).

b) Beispiele

17 Nach § 581 Abs 1 S 1 kann ein Pachtvertrag über jeden beliebigen Gegenstand abgeschlossen werden, sofern er nur seiner Natur nach geeignet ist, Früchte im Sinne des § 99 abzuwerfen. Deshalb können außer Sachen und Rechten (o Rn 16) namentlich

auch Unternehmen sowie Unternehmens- oder Betriebsteile verpachtet werden, immer vorausgesetzt, daß sie eigene Erträge abwerfen. Selbst bloße Erwerbsmöglichkeiten können unter dieser Voraussetzung Gegenstand eines Pachtvertrages sein, wobei freilich hier noch hinzukommen muß, daß sie nicht ohnehin jedermann aufgrund des Gemeingebrauchs offenstehen (RGZ 132, 398, 402, 404; 150, 216, 218). Dasselbe gilt – entgegen einer verbreiteten Meinung – für ein besonderes Erfahrungswissen einschließlich des sogenannten Know-hows, da nicht einzusehen ist, warum es nicht möglich sein soll, solches Wissen anderen gegen Entgelt zum Gebrauch und zur Nutzung zu überlassen (u Rn 86 ff).

18 Verpachtet werden können hiernach zB: Jagd- und Fischereirechte, das Recht auf Gewinnung von Bodenbestandteilen, Realgerechtigkeiten, altrechtliche Fähr- oder Flößereigerechtigkeiten, Urheber- und Patentrechte, Gebrauchsmuster, das Knowhow und sonstiges technisches Wissen, Geschäftsanteile an einer GmbH, Aktien, der Nießbrauch an einer Sache, weiter alle sonstigen Erwerbsmöglichkeiten wie zB der Betrieb der Toiletten oder der Garderobe in einer Gastwirtschaft oder in einem Theater, der Inseratenteil einer Zeitung (RGZ 70, 20, 22 ff; RG JW 1933, 2762, 2763), die Werbemöglichkeiten, die ein Theater bietet, zB durch Projektion von Lichtbildern auf den Vorhang oder durch Aufnahme von Inseraten in das Programm (RG Recht 1911 Nr 707; OLG Naumburg OLGE 24, 340 f), außerdem die Möglichkeit, Zeitschriften und Bücher in einer Bahnhofshalle oder an ähnlichen Plätzen zu verkaufen (BGH LM Nr 11 zu § 581 BGB = JZ 1955, 47), sowie die Werbemöglichkeiten einer Gemeinde als Teil ihres Eigentums an ihren Straßen und Gebäuden (RG DJ 1934, 837 f; BGH LM Nr 1 zu § 36 MietSchG = NJW 1952, 620 f; RFHE 46, 281; 47, 266, 268; 49, 175; OLG Frankfurt WuW/E OLG 245, 247).

IV. Abgrenzung

1. Miete

a) Allgemeines

19 Die Pacht gehört einschließlich der Landpacht zusammen mit der Miete und der Leihe zu den sogenannten Gestattungsverträgen (s o STAUDINGER/EMMERICH [1995] Vorbem 51 ff zu §§ 535, 536). Von der Miete unterscheidet sie sich im Grunde nur dadurch, daß der Pächter im Gegensatz zum Mieter auch die Früchte des Vertragsgegenstandes ziehen darf, soweit sie nach den Regeln einer ordnungsmäßigen Wirtschaft als Ertrag des Gegenstandes anzusehen sind (§ 581 Abs 1 S 1).

20 Die Abgrenzung von Miete und Pacht kann im Einzelfall Schwierigkeiten bereiten (s dazu schon ausführlich o STAUDINGER/EMMERICH [1995] Vorbem zu §§ 535, 536 Rn 52 ff sowie zB HÖRCHNER, Die Abgrenzung von Miete und Pacht an Räumen [1936]; MITTELSTEIN, Miete 32 ff; NIENDORFF, Mietrecht [10. Aufl 1914] 12 ff). In besonderem Maße trifft dies zu für Verträge über die Überlassung von Räumen mit Einrichtungsgegenständen, durch deren bestimmungsgemäßen Gebrauch Früchte aus der Sache gezogen werden können. Zu denken ist hier vor allem an die Überlassung von eingerichteten Fabrikgebäuden, Geschäftsräumen oder Gastwirtschaften. Solche Verträge können als bloße Raummiete, als Raumpacht oder als Unternehmenspacht zu qualifizieren sein (u Rn 21 f).

b) Unternehmenspacht

21 Bloße **Raummiete** ist anzunehmen, wenn lediglich Räume ohne Einrichtung oder nur mit einer solchen Einrichtung überlassen werden, die nicht auf die Zwecke eines bestimmten Gewerbebetriebes zugeschnitten ist. Hingegen kommt **Raumpacht** in Betracht, wenn die überlassenen Räume bereits derartig ausgestattet sind, daß sie jederzeit die Aufnahme eines bestimmten Unternehmens, das Erträge abwerfen kann, gestatten, insbesondere also, wenn schon das erforderliche Inventar ganz oder im wesentlichen vorhanden ist. Nach der Praxis macht es dabei keinen Unterschied, ob das Inventar dem Pächter vom Verpächter oder von einem Dritten überlassen wird (dagegen STAUDINGER/EMMERICH [1995] Vorbem 32 zu §§ 535, 536; LEONHARD Bd II 173 f; MITTELSTEIN 41 ff). Maßgebender Zeitpunkt für die Abgrenzung ist der des Vertragsabschlusses, so daß spätere Veränderungen hinsichtlich der Rechtsverhältnisse an dem Inventar wie zB dessen Veräußerung durch den Verpächter keinen Einfluß auf die Rechtsnatur des Vertrages haben (aM MITTELSTEIN 44 ff).

22 Von der Raumpacht (o Rn 21) muß schließlich noch die **Unternehmenspacht** unterschieden werden. Sie ist anzunehmen, wenn Gegenstand des Vertrages nicht in erster Linie die Räume, sondern das Unternehmen als Inbegriff von beweglichen und unbeweglichen Sachen, Rechten, Immaterialgütern und Erwerbschancen ist. Die Frage, was vorliegt, kann letztlich nur danach entschieden werden, worauf nach dem Willen der Parteien der Schwerpunkt des Vertrages liegt. Hiernach wird Unternehmenspacht namentlich dann in Betracht kommen, wenn der Pächter das Recht zur Fortführung der Firma erwirbt oder wenn er einen schon vorhandenen Kundenstamm übernehmen kann (RG DWohnA 1934, 176).

b) Mehrheit von Sachen

23 Abgrenzungsschwierigkeiten ergeben sich außerdem, wenn eine Mehrheit von Sachen durch denselben Vertrag teils zum Gebrauch, teils zusätzlich zum Fruchtgenuß überlassen wird wie zB bei der Vermietung eines Wohnhauses „mit Nutzgarten". In derartigen Fällen ist in erster Linie darauf abzustellen, welches Vertragsobjekt nach dem Willen der Parteien als die Hauptsache erscheint, dh worauf nach den gesamten Umständen das Schwergewicht des Vertrages liegt (s STAUDINGER/EMMERICH [1995] Vorbem 33 zu §§ 535, 536 m Nachw; LEONHARD Bd II 173; MITTELSTEIN 49 ff; ebenso schon ALR I 21 §§ 260 f). Danach wird bei Überlassung eines Wohnhauses oder einer Wohnung mit Nutzgarten in aller Regel Miete, nicht Pacht vorliegen. Umgekehrt sind Verträge über landwirtschaftliche Güter durchweg Pacht, selbst wenn zu dem Gut auch ein großes Wohnhaus gehört (OLG Köln WM 1987, 1308 = WuM 1987, 377; MITTELSTEIN 50).

2. Leihe

24 Für die Abgrenzung der Pacht von der Leihe gilt dasselbe wie für die Abgrenzung der Miete von der Leihe. Wegen der Einzelheiten ist daher auf die Ausführungen zur Miete zu verweisen (s STAUDINGER/EMMERICH [1995] Vorbem 55 f zu §§ 535, 536).

3. Kauf

25 Die Abgrenzung von Kauf und Pacht richtet sich grundsätzlich nach denselben Regeln wie bei der Miete (s deshalb o STAUDINGER/EMMERICH [1995] Vorbem 62 f zu §§ 535,

536 sowie RÖTELMANN NJW 1957, 1321; SOERGEL/KUMMER Vorbem 6 f zu § 581; STRÖFER BB 1979, 1477). Die Frage hat Bedeutung vor allem für Verträge über den Abbau von Bodenbestandteilen und über die Aberntung von Grundstücken.

a) Abbauverträge

aa) Verträge über den Abbau von Bodenbestandteilen wie Sand, Kies, Öl, Kohle, **26** Bims oder Kali können als Kauf der zukünftigen Ausbeute oder als Pacht des Grundstücks, uU auch als Kauf des Rechts auf Gewinnung der Bodenbestandteile oder als Pacht dieses Rechts qualifiziert werden, letzteres jedoch nur, wenn nach den Berggesetzen der Länder sowie dem BBergG vom 13. 8. 1980 (BGBl I 1310) ein besonderes Abbaurecht für die betreffenden Bodenbestandteile besteht, weil das Ausbeuterecht des Grundeigentümers selbst nicht gesondert rechtspachtfähig ist (str, vgl RG JW 1936, 1824 f Nr 2; STRÖFER BB 1979, 1477, 1478 f; zur Bergwerkspacht s unten Rn 97 f).

Die genaue Abgrenzung von Kauf und Pacht ist in den genannten Fällen vor allem **27** wichtig für die Frage der Gefahrtragung (vgl § 537 gegenüber § 446), für die Anwendung des § 571 bei Veräußerung des Grundstücks sowie in der Zwangsvollstreckung, da idR nur der Pächter des Grundstücks gegen eine Pfändung der Früchte auf dem Halm seitens der Gläubiger des Verpächters nach den §§ 766 und 771 ZPO vorgehen kann, nicht hingegen der Käufer dieser Früchte (vgl zB LG Neuruppin JW 1927, 2538 Nr 6).

bb) Von der Praxis werden Verträge über den Abbau von Bodenbestandteilen idR **28** als **Grundstückspachtverträge** qualifiziert, weil nur dann eine Anwendung des § 571 möglich ist (s schon o STAUDINGER/EMMERICH [1995] § 571 Rn 17; STRÖFER BB 1979, 1477, 1478; SOERGEL/KUMMER Vorbem 6 zu § 581). Beispiele sind Verträge über die Ausbeutung von Kies (RGZ 94, 279, 280; RG JW 1903, 1031 Nr 24; 1919, 674, 675; BGH LM Nr 2 zu § 581 BGB = BB 1951, 974; LM Nr 46 zu § 581 BGB = NJW 1982, 2062; WM 1983, 531, 532; NJW 1985, 1025 = WM 1985, 419; im Ergebnis auch BGHZ 59, 64 = WM 1972, 882), über den Abbau von Quarzit (RG JW 1909, 451 Nr 2) oder Sand (RG SeuffA 83 [1929] Nr 185, S 304; BGH LM Nr 35 zu § 581 BGB = WM 1973, 386 = WarnR 1973 Nr 37), über den Abbau von Kali (RG SeuffA 93 [1939] Nr 25 S 28; BGH LM Nr 2 zu § 242 [Ba] BGB = NJW 1951, 836 = MDR 1951, 610; LM Nr 4 zu § 133 [A] BGB; Nr 34 zu § 242 [Bb] BGB = NJW 1959, 2203, 2204; LM Nr 49 zu § 242 [Bb] BGB = NJW 1966, 105), Torf (BGH LM Nr 3 zu § 4 WohnsiedlG = BB 1956, 385), Bims (BGH WarnR 1969 II Nr 281 und 282, S 631 und 633; NJW 1995, 2548 = WM 1995, 1460, 1461) oder Kohle (RG JW 1919, 379 Nr 6) sowie schließlich Verträge über die Durchführung von Erdölbohrungen (BayObLGZ 1910, 280, 286).

Notwendig ist diese Einordnung (o Rn 28) indessen nicht; vielmehr kann im Einzelfall **29** auch **Kauf** anzunehmen sein, namentlich, wenn die **gesamte** Ausbeute eines Grundstücks an Ton, Kies oder Steinen als solche Gegenstand des Vertrages ist. Die Abgrenzung im einzelnen hat sich dann vor allem nach der Regelung der Gefahrtragung zu richten (BGH LM Nr 35 zu § 581 BGB = WM 1973, 386 = MDR 1973, 404 = WarnR 1973 Nr 37; STRÖFER BB 1979, 1477, 1479 f): Trägt die Gefahr des zufälligen Untergangs der Ausbeute der Erwerber, so handelt es sich um Kauf (§ 446); wird der Erwerber hingegen in einen solchem Fall frei, so kann nur Pacht vorliegen (§ 537).

Weitere Anhaltspunkte für die zutreffende Einordnung des Vertrages können sich **30** aus der Berechnung der Gegenleistung sowie aus der Umschreibung der Pflichten ergeben: Wird die Gegenleistung ausschließlich nach der Höhe der im voraus festgelegten Ausbeute berechnet, so dürfte häufig Kauf vorliegen. Freilich kann auch bei der Pacht der Vertrag die gesamte Ausbeute eines Grundstücks umfassen (RG JW 1909, 451 Nr 2; BGH LM Nr 2 zu § 581 [Bl 2] = BB 1951, 974); die Berechnung der Höhe der Gegenleistung nach der Menge der Ausbeute spricht ebenfalls nicht notwendig gegen das Vorliegen eines Pachtvertrages (RG und BGH aaO).

31 Die Annahme von **Pacht** liegt besonders nahe, wenn dem Erwerber das Grundstück überlassen wird und ihn die Obhutspflicht hinsichtlich des Grundstücks trifft (STRÖFER BB 1979, 1477, 1480). Dasselbe gilt, wenn es ihm freisteht, ob und in welchem Umfang er auf dem Grundstück die Ausbeute betreiben will. Für das Vorliegen einer Pacht spricht es außerdem, wenn ohne Rücksicht auf die Höhe der Ausbeute ganz oder teilweise eine feste Gegenleistung vorgesehen ist, da sich darin nur der Grundsatz ausdrückt, daß der Pächter die Gefahr der Fruchtziehung trägt (BGH LM Nr 46 zu § 581 BGB = NJW 1982, 2062, 2063 m Nachw).

32 Eine im Vertrag vorgesehene Kündigungsmöglichkeit deutet gleichfalls auf Abschluß eines Pachtvertrages hin (STRÖFER BB 1979, 1477, 1480). Ist jedoch in dem Vertrag das Ausmaß der Ausbeute von vornherein genau fixiert, so handelt es sich um einen auf bestimmte Zeit geschlossenen Vertrag, bei dem eine ordentliche Kündigung ausscheidet; die Vertragsdauer richtet sich dann nach der Zeit, die nach dem Stand der Technik für den Abbau der festgelegten Menge notwendig und angemessen ist (RG JW 1909, 451, 452 Nr 2).

b) **Aberntungsverträge**

33 Ähnliche Grundsätze wie bei der Beurteilung von Abbauverträgen (o Rn 26 ff) sind bei der Entscheidung der Frage zugrunde zu legen, welche Rechtsnatur ein Vertrag über die Aberntung eines Grundstücks hat. Wird der ganze Ertrag eines Jahres zur Aberntung veräußert, so dürfte idR Kauf und nicht Pacht anzunehmen sein, so zB bei Verträgen über die Gras-, Obst- oder Getreideernte eines Grundstücks in einem Jahr, aber auch bei Verträgen über die Abholzung von Grundstücken (OLG Naumburg JW 1930, 845 f Nr 12; LG Neuruppin JW 1927, 2538 Nr 6; anders zB OLG Dresden OLGE 36 [1918 I] 68 f).

c) **Viehgräsungsvertrag, Tierzuchtvertrag**

34 aa) Von einem **Viehgräsungsvertrag** spricht man, wenn eine oder mehrere Personen, idR Viehzüchter oder Viehhändler, ihre Tiere für die Sommermonate einem Landbesitzer zur Unterbringung auf bestimmten Wiesen übergeben. Verträge dieser Art enthalten kauf-, pacht- und verwahrungsrechtliche Elemente, so daß es sich bei ihnen um gemischte Verträge eigener Art und nicht um reine Verwahrungs- oder Pachtverträge handelt (OLG Kiel SchlHAnz 1930, 322; BOVENSIEPEN LZ 1930, 971; aM OLG Kiel SchlHAnz 1922, 174; LG Bielefeld MDR 1968, 668 Nr 51). Folglich richtet sich bei ihnen zB die Verjährung der beiderseitigen Ansprüche nicht nach § 197, sondern nach § 195 (OLG Kiel SchlHAnz 1930, 222).

35 bb) Wieder anders einzuordnen sind **Tierzucht**-, Viehmast- und Deckverträge. Bei allen diesen Verträgen steht die Herbeiführung eines bestimmten Erfolges in Gestalt der Aufzucht von Tieren im Vordergrund, so daß es sich um Werkverträge handelt

(BGH LM Nr 1 zu FuttermittelG = MDR 1972, 232; LM Nr 70 zu § 631 BGB = NJW 1991, 166 = WM 1990, 2050; s auch u Rn 41 f).

4. Dienstvertrag

Pacht- und Dienstverträge haben auf den ersten Blick wenig gemeinsam; gleichwohl **36** gibt es Vertragsgestaltungen, die auf der Grenze zwischen ihnen stehen, so daß ihre zutreffende Einordnung Schwierigkeiten bereitet. Zu nennen sind hier vor allem die Betriebsführungs- und die Betriebspachtverträge. Aber auch bei Franchiseverträgen ist zB umstritten, ob sie in erster Linie als Pacht oder als Dienstverträge zu qualifizieren sind (u Rn 137 ff).

a) Abgrenzungskriterien
aa) Reine Geschäftsbesorgungsverträge mit Dienstvertragscharakter (§§ 675, 611) **37** stellen nur die (echten und unechten) **Betriebsführungsverträge im engeren Sinne** dar, durch die ein Unternehmen sozusagen fremde Managementleistungen „einkauft", dh durch die es aus Mangel an eigenen Managementkapazitäten die Führung seines Betriebs einer anderen Person oder einem anderen Unternehmen überträgt (vgl dazu EMMERICH/SONNENSCHEIN, Konzernrecht [5. Aufl 1993] § 12 V [S 217 ff]; U HUBER ZHR 152 [1988] 1, 123; W JOACHIM DWiR 1992, 397, 455). Solche Verträge haben keinen pachtrechtlichen Einschlag (aus der Rechtsprechung s RGZ 142, 223; BGH LM Nr 7 zu § 114 HGB = NJW 1982, 1817 = WM 1982, 894; RFHE 40, 185; OLG München Die AG 1987, 380).

bb) Von einem **Betriebspachtvertrag** spricht man, wenn der eine Teil dem anderen **38** gegen Entgelt den Betrieb seines Unternehmens auf eigene Rechnung und im eigenen Namen überläßt (s im einzelnen u Rn 137 f sowie EMMERICH/SONNENSCHEIN, Konzernrecht § 12 III [S 214 ff]). Je nach den Abreden der Parteien können solche Verträge aber auch Dienst- oder Arbeitsverträge darstellen, letzteres vor allem dann, wenn der Verpflichtete *weisungsabhängig* ist, wenn ihm kein selbständiger Pachtbesitz an den Räumen eingeräumt wird oder wenn er auf Rechnung des anderen Teils tätig wird (RAGE 17, 7; 18, 139). Maßgebend ist dabei – ohne Rücksicht auf die Bezeichnung des Vertrages – der objektive Gesamtzuschnitt ihres Verhältnisses. Erweist sich danach der eine Teil als *persönlich abhängig* von dem anderen, so scheidet Pacht aus; statt dessen ist ein Arbeitsvertrag anzunehmen (RAG aaO; s u Rn 40).

b) Beispiele
Pacht liegt zB vor, wenn einer Person der Betrieb einer Gastwirtschaft auf eigene **39** Rechnung übertragen wird, selbst wenn ihr dabei ein bestimmtes Mindesteinkommen garantiert wird (OLG Hamburg HansRGZ 1929 [B] Sp 457, 458 f), wenn der Besitzer einer Gastwirtschaft den Betrieb der Küche einem anderen gegen Beteiligung an dem Küchenumsatz überläßt, sofern der Verpflichtete selbständigen Besitz an den Räumen erhält und auf eigene Rechnung tätig wird (BGH LM Nr 2 zu § 10 UStG = MDR 1965, 481 = WarnR 1965 Nr 65), sowie wenn einer Person ein Sportplatz zur Nutzung auf eigene Rechnung und unter eigener Verantwortung übergeben wird, selbst wenn sie zugleich zum Betrieb dieses Unternehmens verpflichtet ist (RG Recht 1912 Nr 3068).

Pacht ist hingegen zu verneinen, wenn der Verpflichtete in persönlicher *Abhängig-* **40** *keit* von dem Überlassenden tätig wird (o Rn 38; SOERGEL/KUMMER Vorbem 8 vor § 581). Demnach liegt ein **Dienst- oder Arbeitsverhältnis** vor, wenn ein Gastwirt einen Musiker damit beauftragt, Tanzmusik zu spielen und dafür Tanzgelder von den tanzenden Paaren einzuziehen (KG OLGE 22 [1911 I] 242, 243 f), wenn ein Gastwirt eine Toilettenfrau mit der Sauberhaltung der Toiletten gegen Beteiligung an den Trinkgeldern beauftragt (OLG Kiel OLGE 10 [1905 I] 71 f), wenn ein Wirt einem anderen einen Teil seiner großen Gastwirtschaft zur Bewirtschaftung überträgt, sofern der Verpflichtete weisungsabhängig ist (OLG Naumburg SeuffA 57 [1902] Nr 210 S 392 f), wenn sich eine Mineralölgesellschaft gegenüber einem Tankwart so weitgehende Weisungsrechte ausbedingt, daß dieser im Ergebnis als sozial abhängig erscheint (RAGE 17, 1; 18, 139, 140 ff), sowie wenn ein Bezirksschornsteinfeger einen Stellvertreter für seinen Bezirk bestellt (BSG SozR § 537 RVO Nr 5 [Bl Aa 4] = AP Nr 6 zu § 537 RVO). Zum Heuerlings- oder Instvertrag s noch unten Rn 78 ff.

5. Werkvertrag

41 Abgrenzungsprobleme zwischen Pacht und Werkvertrag können sich ergeben, wenn bestimmte Betriebe oder Betriebsteile zur Durchführung einer Produktion überlassen werden. Für die Abgrenzung sind dann im wesentlichen dieselben Gesichtspunkte wie für die Abgrenzung von Pacht und Kaufvertrag maßgebend (s oben Rn 25 ff).

42 Werkvertrag liegt vor, wenn es den Parteien in erster Linie auf die Verschaffung der betreffenden Erzeugnisse selbst ankommt, während Pacht anzunehmen ist, wenn der Verpflichtete in den überlassenen Räumen selbständig wirtschaften kann, so daß die Höhe der von ihm geschuldeten Gegenleistung unabhängig von der von ihm erzielten Produktion ist. Folglich handelt es sich zB um einen Werkvertrag, wenn der Besitzer eines Schleif- und Polierwerkes die Veredelung der ihm von einem anderen Unternehmen gelieferten Rohlinge übernimmt, während Pacht gegeben ist, wenn er sein Werk dem Lieferanten der Rohlinge zum eigenen Betrieb überläßt (RG Recht 1908 Sp 228 Nr 1358). Auch ein Vertrag über die Herstellung eines Werbefilms ist Werkvertrag mit kaufrechtlichen Elementen (BGH LM Nr 10 zu § 377 HGB = MDR 1966, 496). Dasselbe gilt für Tierzuchtverträge und gleichstehende Abreden (o Rn 35).

6. Gesellschaft*

a) Abgrenzungskriterien

43 Pachtverträge sind Austauschverträge mit entgegengesetzten Interessen der Parteien und stehen deshalb begrifflich im Gegensatz zu den Gesellschaftsverträgen, mit denen die Parteien gemeinsame Zwecke verfolgen (§ 705). Die genaue Grenzziehung bereitet gleichwohl häufig Schwierigkeiten, namentlich, wenn die Vertragsdurchführung eine enge vertrauensvolle Zusammenarbeit der Parteien notwendig macht oder wenn der Pachtzins ganz oder teilweise nach der Höhe der vom Pächter erzielten Umsätze oder Gewinne bemessen wird. Man spricht dann von Teilpacht oder von partiarischen Rechtsverhältnissen.

44 In solchen Fällen ist eine genaue Grenzziehung häufig nur aufgrund einer Gesamt-

---

* **Schrifttum:** CROME, Die partiarischen Rechtsgeschäfte (1897); HAMMES MDR 1950, 734; HÜFFER, Das partiarische Geschäft als Rechtstypus (1970); LEENEN, Typus und Rechtsfindung (1971); MITTELSTEIN, Miete 76 ff.

würdigung der Umstände des Einzelfalles unter dem Gesichtspunkt möglich, ob das konkrete Rechtsverhältnis mehr dem Typus der Pacht oder der Gesellschaft zugehört. Auszugehen ist hierbei von § 705, so daß ein Gesellschaftsvertrag nur angenommen werden kann, wenn die Parteien zumindest *auch* einen *gemeinsamen* Zweck verfolgen und sich verpflichten, Beiträge zu dessen Verwirklichung zu leisten; erforderlich ist außerdem eine, wenn auch nur ganz lose Gemeinschaftsorganisation, die den Gesellschaftswillen verkörpert und jedem Beteiligten gewisse Einwirkungs- und Kontrollrechte eröffnet (RGZ 160, 361, 366 ff = DR 1939, 1681; RG DR 1942, 1161, 1162 = HRR 1942 Nr 570; BGHZ 127, 176, 177 ff = WM 1994, 2246 = NJW 1995, 192; BGH NJW 1951, 308; WM 1959, 1433; LM Nr 13 zu § 276 [H] BGB = NJW-RR 1988, 417 = BB 1988, 12; NJW 1990, 573, 574; LM Nr 3 zu § 230 HGB = NJW 1992, 2696; BFHE 151, 163, 166 ff = BB 1987, 186, 187 f).

Für das Vorliegen eines gemeinsamen Zweckes sprechen neben der Verlustbeteiligung beider Teile vor allem ins Gewicht fallende Kontroll- und Einsichtsrechte des überlassenden Teils, die Führung einer gemeinsamen Kasse, ein beiderseitiges Entnahmerecht sowie die gemeinsame Festlegung der Wirtschaftspläne (RG DR 1942, 1161, 1162 = HRR 1942 Nr 570; BGHZ 127, 176, 178 f = WM 1994, 2246 = NJW 1995, 192; BGH NJW 1951, 308 f; 1990, 573, 574; LM Nr 3 zu § 230 HGB = NJW 1992, 2696; OLG Hamm NJW-RR 1994, 1382 f). Hingegen handelt es sich um Pacht (oder Miete) wenn nicht mehr vorliegt, als daß der eine Teil dem anderen gegen eine Beteiligung an dessen Umsätzen Grundstücke oder Räume für den Betrieb dessen Unternehmens überläßt, ohne eine weitere Einlage zu leisten und ohne sich Kontroll- oder Einsichtsrechte auszubedingen (BGH LM Nr 13 zu § 276 [H] BGB = NJW-RR 1988, 417 = BB 1988, 12; BFHE 151, 163, 166 ff = BB 1988, 186, 187 f). **45**

b) Beispiele
Eine Gesellschaft liegt nach dem Gesagten (o Rn 43 ff) zB vor, wenn der Eigentümer **46** eines Landgutes und der Verwalter das Gut gleichgeordnet auf gemeinsame Rechnung betreiben, sofern sie eine gemeinsame Kasse bilden und beide ein Entnahmerecht haben (RG DR 1942, 1161 = HRR 1942 Nr 570). Hingegen ist (partiarische) Pacht anzunehmen, wenn der Verpächter lediglich am Umsatz des Pächters beteiligt ist (s STAUDINGER/EMMERICH [1995] §§ 535, 536 Rn 158 f sowie zB RGZ 149, 88, 89 f; 160, 361, 366 ff = DR 1939, 1681; OGH HEZ 2, 245, 247; BGH LM Nr 13 zu § 276 [H] BGB = NJW-RR 1988, 417 = BB 1988, 12; KG OLGE 19 [1909 II] 390). Das gilt selbst dann, wenn die Gegenleistung allein nach der Höhe des Gewinnes des Pächters bemessen wird, sofern nur der Pächter das überlassene Geschäft unter eigener Verantwortung und für eigene Rechnung betreibt (HAMMES MDR 1950, 734; aM LG Verden MDR 1950, 733 f). Auch Lizenzverträge bleiben unter dieser Voraussetzung Rechtspachtverträge, solange der Lizenzgeber keinen Einfluß auf den Geschäftsbetrieb des Lizenznehmers besitzt (RGZ 122, 70, 72 f).

Bloße *Pacht* ist außerdem zB anzunehmen, wenn der eine Teil dem anderen lediglich **47** das erforderliche Betriebsgelände gegen Beteiligung an den Erträgen überläßt, selbst wenn er bestimmte zusätzliche Lieferpflichten übernimmt, sofern er nur keinen Einfluß auf Art und Umfang der Produktion hat (BGH NJW 1951, 308 f), wenn ein Kaufhaus einem Reisebüro Räume gegen eine prozentuale Beteiligung an den Provisionen des Reisebüros zur Verfügung stellt, ohne sich weitere Kontroll- oder Mitwirkungsrechte einräumen zu lassen (BGH LM Nr 13 zu § 276 [H] BGB = NJW-RR

1988, 417 = BB 1988, 12), wenn eine Ziegelei gegen Beteiligung des Verpächters am Ertrag des Pächters verpachtet wird (OGH HEZ 2, 245, 247) sowie wenn bei der Verpachtung eines Lichtspieltheaters der Pachtzins in Prozentsätzen der Einnahmen des Pächters festgesetzt wird (OLG Karlsruhe SJZ 1950, 339, 341; OLG Celle BB 1974, 157).

c) **Betriebspflicht**

48 Partiarische Rechtsverhältnisse erfordern in vieler Hinsicht eine engere Zusammenarbeit der Parteien als „normale" Austauschverträge. Daraus kann, namentlich, wenn der Pachtzins in voller Höhe von den Umsätzen oder gar Gewinnen des Pächters abhängt, eine Betriebspflicht des Pächters folgen; notwendig ist dieser Schluß jedoch nicht (s STAUDINGER/EMMERICH [1995] §§ 535, 536 Rn 159, 173 ff; OGH HEZ 2, 245, 247; BGH ZMR 1979, 238, 239). Richtet sich die Höhe des Pachtzinses nach den Umsätzen des Pächters, so ist es außerdem eine Auslegungsfrage, ob zu den Umsätzen die Mehrwertsteuer gehört oder nicht (OLG Celle BB 1974, 157).

V. **Kleingartenpachtrecht***

1. **Zweck**

49 Schon vor dem Landpachtrecht (oben Vorbem 7 f) und in der Folgezeit parallel zu ihm entwickelte sich seit 1916 ein umfassendes Schutzrecht zugunsten der Kleingartenpächter. Dahinter stand ursprünglich vor allem den Zweck, durch die umfassende Förderung der Kleingartenpacht die Ernährungsbasis breiter Bevölkerungsschichten nach Möglichkeit abzusichern. Später traten demgegenüber andere diffuse Zwecke in den Vordergrund.

50 Natürlich spielt heute die Sicherung der deutschen „Ernährungsbasis" als Zweck des Kleingartenpachtrecht keine Rolle mehr. Gleichwohl hat sich bisher in den Augen des Gesetzgebers nichts an der fortbestehenden Schutzbedürftigkeit der rund 650.000 Kleingärtner geändert (vgl den Ausschußbericht BT-Drucks 9/2232, 14; BVerfGE 52, 1, 10 f = NJW 1980, 985; OTTO ZMR 1983, 362). Die Folge ist eine bis auf den heutigen Tag fortbestehende radikale Beschränkung der Eigentümerrechte zugunsten der Kleingartenpächter, die angehen mag, wenn es sich um Land im Eigentum der öffentlichen Hand und namentlich der Gemeinden handelt, wie es auch in der Mehrzahl der Fälle zutrifft. Bei privaten Grundstücken lassen sich diese Beschränkungen heute indessen kaum mehr rechtfertigen, weshalb die gesetzliche Regelung bereits wiederholt auf die Kritik des BVerfG gestoßen ist (s u Rn 52 f), ohne daß der Gesetzgeber freilich daraus bisher irgendwelche Konsequenzen gezogen hatte.

---

* **Schrifttum:** LANDFERMANN NJW 1983, 2670; MAINCZYK, Bundeskleingartengesetz (3. Aufl 1989); FR OTTO ZMR 1983, 362; ROTHE, Bundeskleingartengesetz (1983); STANG, Bundeskleingartengesetz (1983); aus dem früheren Schrifttum sind hervorzuheben: BETTERMANN NJW 1957, 1497; GIESBERTZ, Das deutsche Kleingartenwesen (1973); ders, Kündigungsschutz für Kleingärten (1937); KAISENBERG, Kleingarten- und Kleinpachtlandordnung (2. Aufl 1921); MAUL, Das deutsche Kleingartenrecht (1939); REINECKE, Das gesamte Reichspachtschutzrecht mit Einschluß des Kleingartenrechts (4. Aufl 1949); SACKERS, Die Rechte des Kleingärtners (1947); ders, Die Handhabung des Kleingartenrechts in der Verwaltungspraxis (1957); WIETHAUP ZMR 1970, 193.

2. Geschichte

Der Pachtschutz für Kleingärtner begann mit den beiden Bundesratsbekanntma- 51
chungen über Kleingartenpacht vom 4. 4. 1916 (RGBl 234) und vom 12. 10. 1917 (RGBl
897). An ihre Stelle trat sodann die Kleingarten- und Kleinpachtlandordnung
(KlGO) vom 31. 7. 1919 (RGBl 1371), die erstmals eine Preisbindung und einen gewissen Kündigungsschutz für solche Pachtverträge vorsah. Eine Erweiterung des
Anwendungsbereichs der KlGO auf Kleingärten mit ständig bewohnten Lauben
brachte das Ergänzungsgesetz vom 26. 6. 1935 (RGBl I 809). Gegen Ende des Krieges
wurde außerdem der Kündigungsschutz neu geregelt (VO über Kündigungsschutz
und andere kleingartenrechtliche Vorschriften vom 23. 5. 1942 [RGBl I 343] idF der
VO vom 15. 12. 1944 [RGBl I 347]; Anordnung über eine erweiterte Kündigungsmöglichkeit von kleingärtnerisch bewirtschaftetem Land vom 23. 1. 1945 [RAnz 1945
Nr 26]). Weitere Einzelheiten regelte schließlich das Bundesgesetz zur Änderung und
Ergänzung kleingartenrechtlicher Vorschriften vom 28. 7. 1969 (BGBl I, 1013).

Im Ergebnis bestand aufgrund der genannten Gesetze (o Rn 51) zugunsten der Klein- 52
gartenpächter ein umfassender Kündigungsschutz in Verbindung mit einer Pachtpreisbindung auf niedrigstem Niveau, so daß sich schließlich ihre Rechtsstellung der
eines Eigentümers annäherte (s dazu im einzelnen STAUDINGER/EMMERICH[12] Rn 102 ff; STAUDINGER/PIKALO[12] Anh zu § 597 Rn 96 ff; SOERGEL/KUMMER Vor § 581 Rn 26 ff). Deshalb erklärt
das BVerfG (BVerfGE 52, 1 = NJW 1980, 985) diesen überzogenen Kündigungsschutz
1979 für verfassungswidrig, ohne indessen die Nichtigkeit der Regelung auszusprechen, weil verschiedene gesetzgeberische Möglichkeiten zur Beseitigung der Verfassungswidrigkeit bestanden. Infolgedessen sahen sich die Gerichte genötigt, Rechtsstreitigkeiten über Kleingartenpachtverträge bis zu einer gesetzlichen Neuregelung
auszusetzen (BGHZ 80, 87, 89 = NJW 1981, 1547; BGH LM Nr 2/3 zu § 31 BVerfGG = NJW
1980, 2084, 2085; WM 1995, 1418). Anders verhielt es sich nur, wenn die Räumungsklage
des Verpächters bereits nach früherem Recht begründet war (BGHZ 80, 87, 89 = NJW
1981, 1547).

Die überfällige gesetzliche Neuregelung der Materie brachte erst das **Bundeskleingar-** 53
tengesetz vom 28. Februar 1983 (BGBl I 210). Dieses Gesetz faßte die verstreuten
Rechtsvorschriften über Kleingartenpachtverträge zusammen und verstärkte dabei
im Ergebnis noch den gesetzlichen Schutz der Kleingartenpächter. Außerdem hielt
es an der Pachtpreisbindung auf niedrigstem Niveau fest mit der Folge, daß die von
Kleingartenpächtern zu zahlenden Pachtzinsen häufig weit unter den die Eigentümer
treffenden Grundstückslasten liegen (§ 5 BKleingG). Das BVerfG griff deshalb
erneut ein: Mit Beschluß vom 23. 9. 1992 (BVerfGE 87, 114 = NJW-RR 1993, 971, 974)
stellte es die Verfassungswidrigkeit jetzt des § 5 Abs 1 S 1 BKleingG fest und verlangte eine unverzügliche Neuregelung der Materie, die jedoch bisher nicht ergangen ist (anders zuvor noch BGHZ 108, 147, 152 ff = LM Nr 3 zu BKleingG = NJW 1989, 2470). In
den neuen Ländern wurde das BKleingG sofort mit dem 3. Oktober 1990 eingeführt
(§ 20 a BKleingG idF der Anlage I Kapitel XIV Abschnitt II Nr 4 des Einigungsvertrages [BGBl 1990 I 1125]; § 20 b BKleingG idF des Schuldrechtsänderungsgesetzes
vom 21. 9. 1994 [BGBl I 2538, 2552]; Art 232 § 4 Abs 4 EGBGB; § 2 Abs 3 Schuldrechtsanpassungsgesetz [BGBl 1994 I 2538]; s u Rn 167 ff).

3. Überblick

a) Begriff

54 **aa)** Unter einer kleingärtnerischen Landnutzung verstand man bisher überwiegend die Bewirtschaftung des Landes zur Gewinnung von Gartenfrüchten aller Art wie Gemüse und Obst mit eigenen Kräften unter Verwendung kleiner Werkzeuge und überwiegend für den Eigenbedarf (sogenannte Schrebergärten; BGHZ 32, 1, 8 = NJW 1960, 914; BGH LM Nr 1 zu § 2 KleingartenO/ErgG v 26. 6. 1935; WIETHAUP ZMR 1970, 193). Den Gegensatz bildete der Erwerbsgartenbau, dh die gewerbliche Gärtnerei. Für die Abgrenzung zwischen den beiden Formen der Gärtnerei kam es in erster Linie auf die tatsächliche Nutzung des fraglichen Grundstücks an (BGHZ 32, 1, 9 f = NJW 1960, 914; BGHZ 44, 341, 344 = NJW 1966, 596).

55 **bb)** An diesem Begriffsverständnis hat das BKleingG im wesentlichen festgehalten. Die Definition des Kleingartens findet sich jetzt in § 1 Abs 1 BKleingG (s dazu zB OTTO ZMR 1983, 362; PALANDT/PUTZO, Einführung vor § 581 Rn 11 ff, MAINCZYK, BKleingG § 1 Rn 3 ff [S 42 ff]). Damit ein Garten als Kleingarten anerkannt werden kann, müssen hiernach zwei Merkmale zusammentreffen, die kleingärtnerische Nutzung des Grundstückes sowie dessen Lage in einer Kleingartenanlage. Ausgenommen sind die in § 1 Abs 2 des Gesetzes genannten Gärten. Im einzelnen hat man zwischen gewöhnlichen Kleingärten und Dauerkleingärten zu unterscheiden. **Dauerkleingärten** im Gegensatz zu gewöhnlichen Kleingärten sind solche, die sich auf einer Fläche befinden, die in einem Bebauungsplan für Dauerkleingärten festgesetzt ist (§ 1 Abs 3 BKleingG). Gleich stehen die in § 16 Abs 2 des Gesetzes genannten alten Kleingartenverträge mit Gemeinden. Weitere Übergangsvorschriften enthalten die Abs 3 und 4 des § 16 BKleingG (dazu BVerfGE 87, 114 = NJW-RR 1993, 971; BGHZ 113, 290 = LM Nr 4 zu BKleingG = NJW 1991, 1348).

b) Größe, Bebauung

56 Kleingärten sollen nicht größer als 400 Quadratmeter sein und dürfen grundsätzlich nur mit einfachen Lauben, die nicht zu dauerndem Wohnen geeignet sind, bebaut werden (§ 3 BKleingG). Für früher errichtete, zu Wohnzweckenden dienende Lauben besteht jedoch Bestandsschutz (§ 18 aaO). Der Verpächter kann dann ein angemessenes Entgelt verlangen (dazu BGH LM Nr 5 zu BKleingG = NJW 1992, 1832).

c) Zwischenpächterprivileg

57 Eigentümer des kleingärtnerisch genutzten Landes sind in der Mehrzahl der Fälle Gemeinden und Gemeindeverbände (o Rn 50). Sie haben in die Verpachtung der Kleingärten häufig sogenannte **Kleingärtnerorganisationen** eingeschaltet, die unter den Voraussetzungen des § 2 BKleingG als gemeinnützig anerkannt werden. Ist dies der Fall, so gelten die Vorschriften über Kleingartenpachtverträge auch für die Zwischenpachtverträge der Gemeinden und Gemeindeverbände mit den Kleingärtnerorganisationen (§ 4 Abs 2 BKleingG). Zwischenpachtverträge mit anderen Organisationen sind hingegen nichtig (§ 4 Abs 2 S 2 aaO), werden jedoch geheilt, sobald die fragliche Organisation als gemeinnützig anerkannt ist (BGHZ 101, 18, 20 = LM Nr 1/2 zu BKleingG = NJW 1987, 2865). Eine ergänzende Regelung für die neuen Länder findet sich seit 1994 in § 20 b BKleingG, in Kraft getreten am 1. Januar 1995 (s o Rn 53).

d) Kündigungsschutz

aa) Kern des BKleingG ist neben der (verfassungswidrigen, s o Rn 53) Pacht- **58** preisbindung (§ 5 des Gesetzes) der umfassende Bestandsschutz zugunsten der Kleingartenpächter aufgrund der §§ 6 ff des Gesetzes. Zu diesem Zweck ist zunächst bestimmt, daß Kleingartenpachtverträge über Dauerkleingärten (o Rn 55) nur auf unbestimmte Zeit abgeschlossen werden dürfen (§ 6 BKleingG). Außerdem können Kleingartenpachtverträge nur aus ganz wenigen Gründen außerordentlich oder ordentlich gekündigt werden (§§ 8 und 9 BKleingG). Praktische Bedeutung hat hiervon im Grunde lediglich der Kündigungsgrund des § 9 Abs 1 Nr 4 des Gesetzes, nach dem der Verpächter kündigen kann, wenn planungsrechtlich eine andere als die kleingärtnerischen Nutzung zulässig ist und der Eigentümer durch die Fortsetzung des Pachtverhältnisses an einer anderen wirtschaftlichen Verwertung gehindert ist und dadurch erhebliche Nachteile erlitte (s dazu zB BGHZ 119, 300 = LM Nr 6 zu BKleingG = NJW 1993, 55; zum früheren Recht s BGHZ 80, 87, 93 ff = NJW 1981, 1547).

bb) Zusätzliche Kündigungsgründe bestehen aufgrund des § 10 BKleingG für Zwi- **59** schenpachtverträge (o Rn 57). Macht der Verpächter von einem dieser Kündigungsgründe des § 10 Abs 1 BKleingG Gebrauch, so tritt er nach § 10 Abs 3 kraft Gesetzes in die Verträge des Zwischenpächters mit den Kleingärtnern ein. Dies gilt auch bei mehrfach gestuften Zwischenpachtverträgen, nicht jedoch, wenn der Verpächter aus einem anderen Grunde, dh nach § 9 des Gesetzes kündigt (BGHZ 119, 300, 302 f = LM Nr 6 zu BKleingG = NJW 1993, 55; BGH LM Nr 8 zu BKleingG = NJW-RR 1994, 779).

e) Abweichenden Regelungen

Die gesetzliche Regelung ist zugunsten der Kleingartenpächter zwingend (§ 13 **60** BKleingG). Folglich sind Kleingartenpachtverträge unwirksam, soweit der vereinbarte Pachtzins den höchstzulässigen Pachtzins überschreitet (BGHZ 108, 147, 149 ff = LM Nr 3 zu BKleingG = NJW 1989, 2470).

Für die Anwendung des BGB ist neben dem BKleingG nur Raum, soweit dieses **61** keine besonderen Vorschriften enthält (§ 4 Abs 1 des Gesetzes). Anwendbar ist daher zB § 568 BGB (BGHZ 113, 290, 297 = LM Nr 4 zu BKleingG = NJW 1991, 1348; vgl auch § 12 BKleingG für den Tod des Pächters, der sachlich mit § 569 a BGB übereinstimmt).

VI. Pachtkreditrecht*

1. Überblick

In den weiteren Rahmen des Pächterschutzes gehören auch die verschiedenen **62**

---

* **Schrifttum:** DAHMANN, in: Handwörterbuch der Rechtswissenschaft Bd IV 337, 346; EBELING, Das Früchtepfandrecht (1955); GRÜNEBAUM JW 1926, 2616; IBBEKAN RdL 1954, 85; JACOBI RdL 1968, 197; KIESOW, Inventarpfandrechtsgesetz (1926); KREUZER, Früchtepfandrecht (1955); LIPPMANN JW 1926, 2610; PA- LANDT/BASSENGE Einführung 2 ff vor § 1204; PIECK JR 1927, 45; SICHTERMANN, Pachtkreditgesetz (1954); ders, Früchtepfandrechtsgesetz (1955); ders RdL 1956, 69; 1969, 169, 200; SPARBERG, Der zivilrechtliche Rechtsschutz der Pachtkreditinstiute bei Beeinträchtigung des Inventarpfandrechts (1974); STILLSCHWEIG JW

gesetzlichen Maßnahmen zur Verbreiterung der Kreditbasis für Pächter. Zu nennen sind hier vor allem das Pachtkreditgesetzes (PKrG) vom 5. 8. 1951 (BGBl I 494) idF des Gesetzes vom 8. 11. 1985 (BGBl I 2065) sowie das Gesetz zur Sicherung der Düngemittel- und Saatgutversorgung vom 19. 1. 1949 (WiGBl 8 = BGBl III 403–11). Beide Gesetze haben auch heute noch durchaus praktische Bedeutung.

2. Pachtkreditgesetz (PKrG)

a) Zweck

63 Das wichtigste Kapital eines Pächters ist idR sein Inventar. Als Basis für Pfandrechtskredite scheidet es jedoch idR aus, weil der Pächter, wenn er weiter arbeiten will, auf den Besitz am Inventar angewiesen ist. Da hier auch eine Sicherungsübereignung nicht immer in Betracht kommt, wurde durch das Inventarpfandrechtsgesetz vom 3. Juli 1926 (RGBl I 399, 412) erstmals die Möglichkeit geschaffen, zugunsten bestimmter Kreditinstitute ein **besitzloses** Pfandrecht am Inventar zu bestellen (s eingehend RGZ 143, 7 = JW 1934, 405). Im Augenblick sind vierundzwanzig solcher Pachtkreditinstitute zugelassen (WÖHRMANN 587).

b) Voraussetzungen

64 Der Anwendungsbereich des PKrG beschränkt sich nach seinem § 1 auf die Pächter landwirtschaftlicher Grundstücke (s unten § 585). Gegenstand des besitzlosen Pfandrechts des Pachtkreditinstituts kann außerdem nur das dem Pächter gehörende Inventar sein.

aa) Inventar

65 Der Begriff des Inventars deckt sich weitgehend mit dem des Zubehörs iS der §§ 97 und 98 Abs 2. Er umfaßt daher zB auch die für die Fortführung des Betriebs bis zur nächsten Ernte erforderlichen landwirtschaftlichen Vorräte, die sogenannten Wirtschaftsfrüchte, im Gegensatz zu dem Ernteüberschuß, den sogenannten Verkaufsfrüchten (RGZ 142, 201, 202 ff = JW 1934, 403; RG HRR 1931 Nr 597; BGHZ 41, 6, 7 = NJW 1964, 495).

bb) Eigentum des Pächters

66 Weitere Voraussetzung ist, daß der Pächter Eigentümer des Inventars (§§ 1, 3 Abs 1 PKrG) oder zumindest Anwartschaftsberechtigter ist (BGHZ 54, 319, 331 = NJW 1970, 2212). Erwirbt der Pächter nachträglich das Eigentum an den Inventarstücken, so entsteht das Pfandrecht in diesem Augenblick (BGHZ 54, 319, 322 f; BGH LM Nr 3 zu PachtkreditG = MDR 1969, 215). Vom Pächter nachträglich erworbene Inventarstücke werden vom Pfandrecht mit ihrer Einverleibung in das Inventar erfaßt (§ 3 Abs 2 PKrG).

67 Ein **gutgläubiger** Erwerb des Pfandrechts ist möglich, nach § 4 Abs 1 PKrG jedoch nur an solchen Inventarstücken, die sich schon bei Niederlegung des Vertrages im Besitz des Pächters befinden, nicht jedoch an später hinzugekommenen Inventarstücken, die im Eigentum Dritter stehen (eingehend BGHZ 35, 53 ff = NJW 1961, 1259; aM

1926, 2605; vWENDORFF RdL 1965, 221; WÖHRMANN, Das Landwirtschaftsrecht (2. Aufl 1966); ders, Der Agrarkredit und seine Sicherung, in:

Atti di Prima Assembla Firenze Bd 3 (Florenz 1960) 679 ff.

vWendorff RdL 1965, 221). In solchen Fällen trifft die Beweislast für das fehlende Eigentum des Pächters denjenigen, der mit dieser Begründung das Pfandrecht des Pachtkreditinstituts bestreitet (BGHZ 54, 319, 324 f = NJW 1970, 2212).

cc) Bestellung

Das Pfandrecht wird bestellt durch schriftlichen Verpfändungsvertrag und Niederlegung der Vertragsurkunde beim Amtsgericht (§ 2 PKrG). Solange der Vertrag hinterlegt ist, ist ein gutgläubiger Erwerb Dritter ausgeschlossen (§ 5 Abs 1 PKrG). Das gilt nach Sinn und Zweck der Regelung indessen nicht mehr, wenn der Pächter den Betrieb aufgibt. Dadurch wird zwar das Pfandrecht nicht berührt; es kann jetzt aber durch gutgläubigen Erwerb Dritter an den Inventarstücken oder an den Früchten untergehen (s u Rn 70). **68**

Mehrere Pfandrechte für verschiedene Kreditinstitute kann der Pächter an seinem Inventar nicht bestellen (RGZ 143, 7, 10 ff = JW 1934, 405). Unerheblich ist jedoch, für welche **Zwecke** der Pächter den Kredit verwendet (BGHZ 54, 319, 322 = NJW 1970, 2212). **69**

c) Untergang

Die Inventarstücke werden frei, wenn der Pächter innerhalb der Grenzen einer ordnungsmäßigen Wirtschaft über sie verfügt, sobald die Stücke vom Grundstück entfernt werden (§ 5 Abs 2 PKrG). Das gilt freilich nur für Verfügungen des Pächters während der Vertragsdauer; Verfügungen nach Vertragsende beeinträchtigen hingegen das Pfandrecht nicht mehr (RGZ 142, 201, 203 f; BGHZ 51, 337, 338 = NJW 1969, 1113). Eine Verfügung innerhalb der Grenzen einer ordnungsmäßigen Wirtschaft liegt außerdem nicht vor, wenn der Pächter den Betrieb aufgibt und das Inventar fortschafft; jedoch ist entgegen § 5 Abs 1 PKrG von diesem Zeitpunkt ab ein gutgläubiger pfandrechtsfreier Erwerb Dritter an den Inventarstücken grundsätzlich möglich (s o Rn 68; BGHZ 51, 337, 338 ff = NJW 1969, 1113; vgl auch BGHZ 41, 6 = NJW 1964, 495). **70**

d) Verwertung

Die Verwertung der Inventarstücke erfolgt durch Verkauf (§ 10 PKrG). Auf Verlangen des Verpächters muß jedoch das Pachtkreditinstitut diesem nach § 11 Abs 1 PKrG die Hälfte des Erlöses zur Befriedigung oder Sicherstellung für die ihm gegen den Pächter zustehenden, durch das gesetzliche Pfandrecht gesicherten Forderungen überlassen. Nur soweit die Forderungen des Verpächters diesen Betrag nicht erreichen, steht der Überschuß zunächst dem Pachtkreditinstitut zur Befriedigung seiner Forderungen und erst danach dem Pächter und dessen anderen Gläubigern zu. **71**

Dasselbe gilt, wenn der Verpächter sein gesetzliches Pfandrecht (§ 585) geltend macht (§ 11 Abs 2 PKrG). Gibt der Pächter die Pachtung auf, so behält jedoch, wenn er das Inventar auf eine neue Pachtstelle mitnimmt, entgegen § 11 Abs 1 PKrG das Inventarpfandrecht des Pachtkreditinstituts den Vorrang vor dem neuen Verpächterpfandrecht (BGHZ 54, 319, 329 f = NJW 1970, 2212). Wenn das Pachtkreditinstitut nach Vertragsende auch die Ernte in Anspruch nehmen will, muß es bei Konkurrenz mit dem Verpächter die Unwirksamkeit dessen Kündigung schon vor der Ernte beweisen (RG HRR 1931 Nr 597). **72**

3. Düngemittelsicherungsgesetz

a) Voraussetzungen

73 Das Gesetz zur Sicherung der Düngemittel- und Saatgutversorgung von 1949 (WiGBl 8 in Verb mit der Verordnung vom 21. 2. 1950 [BGBl I 37] und dem Gesetz vom 30. 7. 1951 [BGBl I 476) gibt den Lieferanten von Düngemittel und Saatgut für ihre Ansprüche aus der Lieferung solcher Waren ein allen anderen dinglichen Rechten einschließlich des Verpächterpfandrechts vorgehendes Pfandrecht an den der Pfändung unterliegenden Grundstücksfrüchten. Gemeint sind damit die sog Verkaufsfrüchte im Gegensatz zu den Wirtschaftsfrüchten, dh der Ernteüberschuß (BGHZ 41, 6, 7 = NJW 1964, 495). Voraussetzung ist gemäß § 1 Abs 1 des Gesetzes, daß es sich um eine Lieferung von Düngemitteln handelt, die im Rahmen einer ordnungsmäßigen Wirtschaftsweise zur Steigerung des Ertrags der nächsten Ernte beschafft oder verwendet worden sind. Darunter fallen alle Düngemittelkäufe, die in dem regelmäßigen Geschäftsbetrieb eines Landwirts üblich sind (BGHZ 120, 368, 371 = NJW 1993, 1791 = LM Nr 1 zu DüngemittelsicherungsG).

b) Untergang

74 aa) Das Pfandrecht des Lieferanten erlischt nicht dadurch, daß der Pächter mit dem Lieferanten in einem Kontokorrentverhältnis steht und in das Kontokorrent auch andere Forderungen aus anderen Lieferungen eingestellt werden; ebensowenig dadurch, daß der Pächter dem Lieferanten Erzeugnisse der laufenden Ernte liefert und ihm deren Erlös im Kontokorrent gutgebracht wird (BGHZ 29, 280, 283 ff = NJW 1959, 1127).

75 bb) Das Pfandrecht erlischt hingegen nach § 2 Abs 1 S 1 des Gesetzes mit der **Entfernung** der ihm unterliegenden Früchte von dem Grundstück, es sei denn, daß die Entfernung ohne Wissen oder unter Widerspruch des Gläubigers erfolgt; nach S 2 aaO kann der Gläubiger der Entfernung jedoch nicht widersprechen, wenn die Früchte im Rahmen einer ordnungsmäßigen Wirtschaftsweise entfernt werden oder wenn die zurückbleibenden, dem Pfandrecht unterliegenden Früchte zur Sicherung des Gläubigers offenbar ausreichen (vgl § 560 BGB).

76 Eine Entfernung von Früchten im Rahmen einer ordnungsmäßigen Wirtschaftsweise liegt vor, wenn reife abgeerntete Früchte nach Veräußerung vom Grundstück weggeschafft und zum Erwerber verbracht werden. Gemeint ist hiermit der regelmäßige, übliche Geschäftsverkehr eines Landwirts (BGHZ 120, 368, 370 ff = NJW 1993, 1791 = LM Nr 1 zu DüngemittelsicherungsG). Liegt ein derartiger Fall vor, so erlischt das Pfandrecht auch, wenn die Entfernung ohne Wissen des Gläubigers erfolgt (BGHZ 120, 368, 375 f; PALANDT/BASSENGE Einführung vor § 1204 Rn 3).

c) Ausscheidungsrecht

77 Zu seinem Schutz kann der Pfandgläubiger aufgrund des § 3 des Gesetzes nach Beginn der Erntezeit jederzeit verlangen, daß aus den dem Pfandrecht unterliegenden Früchten eine Menge, die zur Sicherung der Forderung ausreicht, ausgeschieden, als dem Pfandrecht unterliegend gekennzeichnet und gesondert aufbewahrt wird. Dieses Ausscheidungsrecht kann der Gläubiger, wenn der Landwirt nicht einwilligt, notfalls auch mit Hilfe einer einstweiligen Verfügung durchsetzen, sobald

objektiv die Erntezeit begonnen hat (BGHZ 120, 368, 374 = NJW 1993, 1791 = LM Nr 1 zu DüngemittelsicherungsG).

VII. Weitere Sonderformen

1. Heuerlingsverträge

a) Heuerlings- oder auch Instverträge nennt man Verträge, bei denen die Gegenleistung des Pächters eines landwirtschaftlichen Grundstückes in Dienstleistungen besteht (STAUDINGER/PIKALO[12] Anh zu § 597 Rn 77; KELLNER RdRN 1935, 454, 490; SERAPHIM, Das Heuerlingswesen in Nordwest-Deutschland [1948]). Es handelt sich bei ihnen folglich um Pachtverträge mit anderstypischer Gegenleistung, die am ehesten noch mit den mietrechtlichen Hausmeisterverträgen vergleichbar sind (s STAUDINGER/EMMERICH [1995] Vorbem 155 zu §§ 535, 536 m Nachw). **78**

Die Leistung des Verpächters besteht darin, daß er dem sog Heuerling ein bestimmtes Stück Land mit Wohnung zur selbständigen Bewirtschaftung überläßt. Dienstvertragliche Elemente enthält der Vertrag insofern, als die Gegenleistung des Heuerlings ganz oder überwiegend durch Dienstleistungen für den anderen Teil erbracht wird. Ist der Heuerling von dem anderen Teil abhängig, so handelt es sich hingegen bei dem Vertrag um ein einheitliches Arbeitsverhältnis (RAGE 4, 436 = JW 1938, 185; OLG Oldenburg RdL 1952, 241; STAUDINGER/PIKALO[12] Anh zu § 597 Rn 77). **79**

b) Durch § 1 Abs 4 lit b des früheren LPG waren die Heuerlingsverträge mit Ausnahme der Verträge über die Überlassung eines Grundstücks als Deputat- oder Dienstland den Landpachtverträgen gleichgestellt worden (s STAUDINGER/EMMERICH[12] Vorbem 71 zu § 581). Diese Regelung ist 1985 bei Einarbeitung des LPG in das BGB nicht übernommen worden, so daß heute kein Raum mehr für die Anwendung des Landpachtrechts auf Heuerlingsverträge ist (MünchKomm/VOELSKOW § 585 Rn 6). **80**

2. Siedlerpachtverträge

Soweit nach den Siedlungs- und Bodenreformgesetzen der Länder im Siedlungswesen Träger-Bewerberverträge abgeschlossen werden, liegt während der Bewerberzeit idR Miete oder Pacht vor. Es handelt sich dabei um normale bürgerlich-rechtliche Verträge, obwohl die Zulassung des Siedlungsanwärters und dessen Auswahl hoheitlich durch Verwaltungsakt erfolgt (BayObLGZ 1967, 148, 153 ff; zur Anwendung des § 313 auf diese Verhältnisses s BGHZ 16, 334; 20, 172; 29, 76 = NJW 1959, 431; BGHZ 31, 37 = NJW 1959, 2211). **81**

3. Lizenzverträge

Lizenzverträge über gewerbliche Schutzrechte, Urheberrechte und Know-how sind entgeltliche Gestattungsverträge, die häufig, aber keineswegs immer als Rechtspacht qualifiziert werden können (s STAUDINGER/EMMERICH [1995] Vorbem 163 f zu §§ 535, 536). **82**

a) Patentlizenzverträge*
aa) Ausschließliche Lizenzen

83 Das PatG geht in § 15 von der Zulässigkeit von Lizenzverträgen über Patente aus, enthält sich jedoch im übrigen einer näheren Regelung dieser Verträge. In der Praxis unterscheidet man vor allem ausschließliche und einfache Lizenzen. Ausschließliche Lizenzen kommen einer partiellen Rechtsübertragung nahe, so daß es sich bei ihnen allenfalls um pachtähnliche Verträge mit starken kaufrechtlichen Einschlägen handelt. Eine Anwendung pachtrechtlicher Vorschriften ist daher hier nur selten je nach den Umständen des Einzelfalles möglich (vgl zB für die Haftung des Lizenzgebers für das Fehlen zugesicherter Eigenschaften BGH LM Nr 26 zu § 9 PatG = NJW 1970, 1503).

bb) Einfache Lizenzen

84 Von einer einfachen Lizenz im Gegensatz zu einer ausschließlichen Lizenz spricht man, wenn der Patentinhaber dem Lizenznehmer lediglich schuldrechtlich die Benutzung seines Rechts gestattet. Die Rechtsnatur dieser Verträge ist umstritten. Die Praxis behandelt sie zum Teil als Rechtspachtverträge (RGZ 122, 70, 73 f; 137, 358, 359 f), überwiegend jedoch als gemischte Verträge eigener Art aus Elementen zahlreicher anderer Vertragstypen (zB BGHZ 26, 7, 9 = NJW 1958, 137; BGHZ 105, 374, 376 ff = NJW 1989, 456). Die Praxis eröffnet sich damit die Möglichkeit, auf solche Patentlizenzverträge je nach den Umständen des Einzelfalles allgemeine schuldrechtliche Regeln sowie gegebenenfalls kauf-, miet-, pacht- oder gesellschaftsrechtliche Vorschriften anzuwenden.

85 Im Regelfall besteht indessen keine Notwendigkeit für eine derartige Vorgehensweise, da es sich bei einfachen Patentlizenzverträgen eindeutig um Rechtspachtverträge im Sinne des § 581 Abs 1 BGB handelt, für die die pacht- und mietrechtlichen Regeln des BGB durchaus passen (ebenso BENKARD/ULLMANN, PatentG § 15 Rn 49, 56, 97 ff; BERNHARDT/KRASSER, Patentrecht § 41 [S 698 ff]; KRASSER/SCHMID GRURInt 1982, 328, 334). Namentlich die Vorschriften über die Sach- und Rechtsmängelhaftung des Verpächters (§ 581 Abs 2 in Verb mit den §§ 537 bis 543) sind ohne weiteres anwendbar. Dem § 571 entspricht § 15 Abs 3 PatG.

b) Know-how-Lizenzverträge

86 Die Rechtsnatur von Lizenzverträgen über Betriebsgeheimnisse (Know-how) ist ebenso umstritten wie die von Patentlizenzverträgen (s PFAFF BB 1974, 565; MARTINEK, Morderne Vertragstypen II [1992] § 19 [S 203 ff]; STUMPF, Der Know-how-Vertrag [3. Aufl 1977]). Wie die Parallele zu Pachtverträgen über sonstige Erwerbsmöglichkeiten zeigt (o Rn 17 f), ist kein Grund ersichtlich, zivilrechtlich zwischen diesen Vertragstypen zu unterscheiden (BGH LM Nr 8 zu § 542 BGB = NJW 1981, 2684 = WM 1981, 954).

c) Urheberlizenzverträge**
aa) Allgemeines

87 Urheberlizenzverträge sind partiell in den §§ 31 ff UrhG sowie im Verlagsgesetz

---

* **Schrifttum:** J BAUR ZHR 129 (1967) 1; BENKARD/ULLMANN, PatentG (9. Aufl 1993) § 15 Rn 49 ff; BERNHARDT/KRASSER, Patentrecht (4. Aufl 1986) § 41; KRASSER/SCHMID GRURInt 1982, 324; HENN, Patent- und Know-how-Lizenzverträge (2. Aufl 1989); NIRK GRUR 1970, 329.

** **Schrifttum:** BECK, Der Lizenzvertrag im Verlagswesen (1961); BRUGGER Ufita 27 (1959) 189; 31 (1960) 1; FORKEL, Gebundene Rechtsgeregelt. Die Rechtsnatur der urheberrechtlichen Verwertungsverträge ist zwar ebenso wie die der patentrechtlichen Lizenzverträge umstritten (s statt aller FORKEL, Gebundene Rechtsübertragung; ders NJW 1983, 1764; HUBMANN/REHBINDER § 41); jedoch spricht nichts dagegen, diese Verträge im Kern gleichfalls als Rechtspachtverträge zu qualifizieren, so daß immer dort, wo gesetzliche Regelungen fehlen, zunächst auf die §§ 581 ff und 535 ff BGB zurückzugreifen ist.

bb) Bühnenaufführungsverträge

Bühnenaufführungsverträge zwischen Theatern und Urhebern sind urheberrechtliche Nutzungsverträge eigener Art, bei denen, zumal bei Vereinbarung einer Aufführungspflicht, die Parallele zu Verlagsverträgen naheliegt (RGZ 115, 17, 20 f; BGHZ 13, 115, 119 = NJW 1954, 1081). In der Preisgestaltung ist das Theater dann zwar grundsätzlich frei, muß aber hierbei nach Treu und Glauben Rücksicht auf die legitimen Interessen des Urhebers nehmen (BGHZ 13, 115, 121 ff = NJW 1954, 1081; HUBMANN/REHBINDER § 49 III [S 243]).

cc) Filmverwertungsverträge

Der Vertrieb von Filmen erfolgt idR zweistufig von den Filmherstellern über die sogenannten Filmverleiher an die Filmtheater. Die erste Stufe bilden die Filmverwertungsverträge zwischen den Filmherstellern und den Filmverleihern, durch die den Verleihern gewöhnlich ein ausschließliches Vorführungsrecht eingeräumt wird. Diese Verträge stellen urheberrechtliche Nutzungsverträge eigener Art mit kauf-, pacht- und gesellschaftsrechtlichen Elementen dar (RGZ 106, 362, 364 ff; 118, 288, 290 f; 161, 321, 323 ff; BGHZ 2, 331, 333 f = NJW 1951, 705 = LM Nr 1 zu § 440 BGB; BGHZ 9, 262, 264 f = NJW 1953, 1258; BGH LM Nr 97 zu § 134 BGB = NJW 1981, 1439; HUBMANN/REHBINDER § 50 III [S 246 f]; E ULMER § 116 II 3 [S 500 f]).

Der *Umfang* der übertragenen Rechte richtet sich nach dem Zweck des Vertrages, weil der Filmhersteller als Urheber gewöhnlich keine weiteren Rechte übertragen wird, als es der Zweck des Vertrages erfordert (BGHZ 9, 262, 264 f = NJW 1953, 1258). Den Filmverleiher trifft idR eine Aufführungspflicht, insbesondere, wenn die von ihm geschuldete Gegenleistung ganz oder teilweise nach den von ihm erzielten Umsätzen oder Gewinnen berechnet wird (RGZ 106, 362, 367; BGHZ 2, 331, 335 f = NJW 1951, 705; BGHZ 13, 115, 119 = NJW 1954, 1681).

Für die *Rechtsmängelhaftung* gelten die allgemeinen Vorschriften über Leistungsstörungen, so daß die §§ 325 und 326 eingreifen, wenn der Filmhersteller dem Filmverleiher die zur Auswertung des Films erforderlichen urheberrechtlichen Befugnisse nicht zu verschaffen vermag (BGHZ 2, 331, 335 f = NJW 1951, 705). Hingegen trifft das Risiko der wirtschaftlichen Verwertbarkeit des Films grundsätzlich den Filmverleiher (KG Ufita 67, 220, 227). Lediglich hinsichtlich etwaiger technischer Mängel der überlassenen Kopien kommt eine Analogie zu den Vorschriften über die Sachmängelhaftung bei Kauf und Miete in Betracht (RGZ 106, 362, 366; 161, 321, 324 f; BGHZ 2,

---

übertragung (1977); ders NJW 1983, 1764; HUBMANN/M REHBINDER, Urheber- und Verlagsrecht (7. Aufl 1991); KOPPENSTEINER ZHR 129 (1969) 256; LANGE, Der Lizenzvertrag im Verlagswesen (1979); LAUFKE, Die allgemeinen Geschäftsbedingungen in der Filmwirtschaft (1962); SCHRICKER, Urheberrecht (1987); SCHULZE, Urhebervertragsrecht (3. Aufl 1982); E ULMER, Urheber und Verlagsrecht (3. Aufl 1980).

331, 333 f = NJW 1951, 705). Deshalb kann der Filmverleiher von dem Hersteller zB grundsätzlich zunächst eine Vorführung der Kopien verlangen (RGZ 118, 288, 291, 293).

dd) **Vorführungsverträge**

92 Die Filmbestell- oder Vorführungsverträge, durch die die Filmverleiher den Filmtheatern eine einfache Vorführungserlaubnis erteilen, sind den Bühnenaufführungsverträgen verwandt (s dazu oben Rn 88). Auch bei diesen Verträgen handelt es sich somit um urheberrechtliche Nutzungsverträge eigener Art mit miet- und pachtrechtlichen Elementen (s HUBMANN/REHBINDER § 50 IV [S 247 f]; E ULMER § 116 III [S 501 f]). Mietrecht greift namentlich insoweit ein, wie es um den Gebrauch der überlassenen Filmkopie geht (BGH LM Nr 8 zu § 325 BGB = MDR 1960, 304; OLG Hamburg Recht 1914 Nr 759; STAUDINGER/EMMERICH [1995] Vorbem 164 zu §§ 535, 536). Der Herausgabeanspruch des Verleihers hinsichtlich der Kopie richtet sich folglich nach § 556; seine Ersatzansprüche wegen Beschädigungen der Kopien verjähren in der Frist des § 558 (OLG Celle NJW 1965, 1667).

4. Kantinenpacht

93 Kern der Kantinenpachtverträge ist die dem Pächter erteilte Gestattung zur Ausübung eines Kantinenbetriebes in den Räumen des Verpächters, bei dem es sich idR um ein Unternehmen oder eine Behörde handeln wird. Derartige Verträge stehen auf der Grenze zwischen Raummiete, Raumpacht und Rechtspacht (s M REHBINDER, Der Kantinenpachtvertrag [1972] 16 f). Typisch für sie ist die starke Einflußnahme des Verpächters auf die Preise und Geschäftsbedingungen des Pächters, wodurch der Verpächter eine möglichst preiswerte Versorgung seiner Mitarbeiter sicherstellen will.

94 Beschränkt der Verpächter den Pächter in der Möglichkeit der Gewinnerzielung, so muß er sich nach Treu und Glauben an den sich daraus für den Pächter ergebenden Risiken beteiligen; daraus kann sich im Einzelfall die Verpflichtung des Verpächters ergeben, dem Pächter einen Nachlaß beim Pachtzins zu gewähren oder Zuschüsse zu zahlen (BGH LM Nr 40 zu § 581 BGB = MDR 1977, 833). Außerdem müssen die sich aus § 15 GWB ergebenden Beschränkungen für die Einflußnahme des Verpächters auf die Preise des Pächters beachtet werden (s dazu BGH LM Nr 12 zu § 15 GWB = WuW/E BGH 1581 = MDR 1979, 733; EMMERICH, in: IMMENGA/MESTMÄCKER, GWB [2. Aufl 1992] § 15 Rn 38, 42).

5. Sicherungspacht

95 a) Sicherungspacht nennt man die Verpachtung eines idR landwirtschaftlichen Grundstücks durch den Betriebsinhaber an einen Gläubiger als Sicherheit für dessen Forderungen. Da der Gläubiger in solchen Fällen den landwirtschaftlichen Betrieb jedoch nicht selbst führen will, wird der Pachtvertrag durchweg mit einem Betriebsüberlassungsvertrag verbunden, durch den der Gläubiger (und Pächter) anschließend den Betriebsinhaber (und Verpächter) wieder damit beauftragt, den Betrieb für seine Rechnung fortzuführen (s BÜRGER JW 1934, 803). Zweck dieser eigenartigen Vertragsgestaltung ist es vor allem, dem Gläubiger eine Vorzugsstellung im Falle der

Zwangsvollstreckung oder des Konkurses des Schuldners verschaffen (s BÜRGER aaO).

b) Praktische Bedeutung scheint die Sicherungspacht nicht erlangt zu haben, da **96** ihre Zulässigkeit zweifelhaft ist. Für die Zulässigkeit könnte zwar sprechen, daß der vergleichbare Sicherungsnießbrauch heute allgemein für zulässig gehalten wird (s STAUDINGER/FRANK [1994] § 1030 Rn 66). Auf der anderen Seite bleibt jedoch zu beachten, daß durch das Pachtkreditgesetz vom 5. 8. 1951 (BGBl I 494) und durch das Gesetz zur Sicherung der Düngemittel und Saatgutversorgung vom 19. 1. 1949 (WiGBl 8) besitzlose Pfandrechte am Gutsinventar nur für ganz bestimmte Ausnahmefälle zugelassen worden sind (s oben Rn 62 ff). Daraus ist zu schließen, daß auf rechtsgeschäftlichem Wege derselbe Erfolg zugunsten anderer Gläubiger nicht begründet werden kann. Deshalb ist die Sicherungspacht nichtig, zumal sie idR auch nicht ernstlich gewollt sein dürfte (MERKEL JW 1934, 805).

6. Bergwerkspacht

a) Bergwerkspacht nennt man die entgeltliche Überlassung der Ausbeutung ein- **97** zelner Grubenfelder durch den Bergwerkseigentümer an einen Dritten. Da der Bergwerkseigentümer Inhaber eines ausschließlichen Rechts auf Gewinnung von Bodenbestandteilen ist, stellt die Bergwerkspacht eine besondere Form der Rechtspacht dar, die bisher keine besondere Regelung erfahren hat (STRÖFER BB 1979, 1477, 1478 f). § 23 BBergG vom 13. 8. 1980 (BGBl I 1308) betrifft nur die Veräußerung, nicht hingegen die Verpachtung des Bergwerkseigentums (s die Begr zum RegE BT-Drucks 8 [1977]/1315, S 93).

b) Obwohl die Pacht grundsätzlich nur schuldrechtliche Wirkungen hat (oben **98** Rn 11), wird doch in der Bergwerkspacht überwiegend zugleich eine **Verfügung** über das Aneignungsrecht des Bergwerkseigentümers gesehen. Die Folge ist, daß sich das Aneignungsrecht des Pächters von selbst auf alle während der Pachtzeit gewonnenen Bodenbestandteile erstreckt. Nur der Pächter darf sich daher diese Bodenbestandteile aneignen. Eine Aneignung durch Dritte stellt die Verletzung eines ausschließlichen Rechts des Pächters dar, so daß dieser Herausgabe und Schadensersatz verlangen kann (RGZ 135, 94, 101 ff; RAAPE AcP 136 [1932], 210; ders JherJb 74 [1924] 179 ff; HEINEMANN ZAkDR 1935, 667; aM ISAY JW 1932, 2422).

VIII. Jagdpachtrecht*

1. Überblick

a) Das Jagdpachtrecht hatte eine besondere Regelung erstmals in dem Reichs- **99**

---

* **Schrifttum:** ECKERT, LandesjagdG Baden-Württemberg und BJagdG (2. Aufl 1970); LEONHARDT, Jagdrecht (1986); LINNENKOHL, BJagdG (8. Aufl 1980); LORZ, BJagdG (2. Aufl 1991); MITZSCHKE/SCHÄFER, BJagdG (4. Aufl 1982); NICK/FRANK, Das Jagdrecht in der Bundesrepublik Deutschland (1980); RAAPE, Aneignungsüberlassung, JherJb 74 (1924) 179; RÜHLING/SELLE, BJagdG (2. Aufl 1971); SCHOPP MDR 1968, 808; vSEELER, in: Festg O vGIERKE II (1910) 345; STEFFEN RdL 1979, 283; SOERGEL/KUMMER vor § 581 Rn 30–39; WEBER NJW 1957, 1508; WOLFF/RAISER, Sachenrecht (10. Bearb 1957) § 80.

jagdgesetz (RJagdG) von 1934 gefunden. An dessen Stelle ist 1961 das BJagdG (BGBl I 304) getreten. Die Regelung des Jagdpachtrechts findet sich seitdem in den §§ 11 bis 14 dieses Gesetzes. Ergänzend gelten die Ausführungsgesetze der Länder (Zusammenstellung bei Lorz Anh 1 b [S 163 ff]) sowie das BGB (§§ 581, 535 ff).

100 b) Ebenso wie das Jagdausübungsrecht kann das **Fischereirecht** verpachtet werden. Auch dabei handelt es sich um eine Rechtspacht im Sinne der §§ 581 und 535 ff BGB. Maßgeblich ist jedoch nicht das BJagdG, sondern das Landesrecht. Danach ist in der Regel für die Pachtverträge Schriftform erforderlich; außerdem müssen die Verträge bei der zuständigen Behörde angezeigt werden, die ein Beanstandungsrecht hat (s zB BGB-RGRK/Gelhaar vor § 535 Rn 34; Lorz Anh 2 Vorbem 2 B [S 202 ff]; Soergel/Kummer vor § 581 Rn 39).

2. Rechtsnatur

a) Rechtspacht
101 Die Jagdpacht ist keine Grundstückspacht, sondern Rechtspacht iS des § 581 Abs 1 (zB BGHZ 115, 116, 121 = NJW 1991, 3033 = LM Nr 19 zu BJagdG; BGH LM Nr 18 zu BJagdG [Bl 2] = NJW 1987, 839; Lorz § 11 Anm 1; Mitzschke/Schäfer § 11 Rn 2 f). Folglich wird der Jagdpächter auch nicht Besitzer des Grundstücks (BGHZ 112, 392, 395 = NJW 1991, 1421).

b) Gegenstand
102 Gegenstand des Vertrages ist das Jagdausübungsrecht des Eigentümers (§ 11 Abs 1 S 1 BJagdG), nicht das Jagdrecht selbst, das als Teil des Eigentums nicht selbständig übertragen werden (§ 3 BJagdG). Dies schließt nicht aus, daß im Einzelfall aufgrund besonderer Umstände das Jagdrecht auch einmal vom Eigentum getrennt sein kann (s zB BGH LM Nr 2 zu WaStrVermG = MDR 1984, 823 = WarnR 1983 Nr 361; vgl auch BGHZ 84, 59, 60 = NJW 1983, 994). Außerdem kann der Eigentümer als Jagdberechtigter jederzeit entgeltlich oder unentgeltlich einem Dritten in beliebigem Umfang vorübergehend die Ausübung seines Jagdrechts gestatten (BGH aaO). Das ist keine Jagdpacht, sondern ein bloßer sonstiger Gestattungsvertrag (§ 305).

c) Teilpacht
103 Das Jagdausübungsrecht ist unteilbar und kann deshalb in einem Jagdrevier nur in seiner Gesamtheit verpachtet werden. Die Verpachtung nur eines Teils des Jagdausübungsrechts, eine sogenannte Teilpacht ist unzulässig; ein Verstoß gegen diesen Grundsatz macht den Pachtvertrag nichtig (§ 11 Abs 1 S 2 HS 1 und Abs 6 BJagdG; BGHZ 115, 116, 118 ff = NJW 1991, 3033 = LM Nr 19 zu BJagdG). Dies bedeutet zB, daß die Verpachtung nicht nach Wildarten oder Jahreszeiten aufgeteilt werden kann (BGH aaO). Der Verpächter kann sich nach § 11 Abs 1 S 2 HS 2 BJagdG lediglich einen Teil der Jagdnutzung, der sich auf bestimmtes Wild bezieht, vorbehalten.

3. Jagdpachtfähigkeit

104 a) Pächter kann nur sein, wer einen **Jagdschein** hat und schon vorher einen solchen während dreier Jahre in Deutschland besessen hat (§ 11 Abs 5 BJadG). Ein Verstoß gegen diese Vorschrift macht den Pachtvertrag nichtig (§ 11 Abs 6 BJagdG; s BGHZ 30, 159 = NJW 1959, 1586).

b) Pächter können nach § 13 a BJagdG auch mehrere Personen sein (sogenannte **105** **Mitpächter**). Die Mitpächter bilden in diesem Fall im Innenverhältnis eine BGB-Gesellschaft (BGHZ 115, 116, 121 = NJW 1991, 3033; LORZ § 11 Anm 6; MITZSCHKE/SCHÄFER § 11 Rn 45 ff). Scheidet einer der Mitpächter aus, so bleibt der Pachtvertrag grundsätzlich mit den anderen nach § 13 a S 1 BJagdG bestehen.

4. Inhalt und Form

a) Die Vertragsdauer soll mindestens neun Jahre betragen (§ 11 Abs 4 S 2 **106** BJagdG). Vor allem mit Rücksicht darauf hat das Gesetz für den Abschluß von Jagdpachtverträgen **Schriftform** vorgeschrieben (§ 11 Abs 4 S 1 BJagdG). Dieses Schriftformerfordernis gilt – anders als das des § 566 – auch für Vorverträge (BGHZ 61, 48 = NJW 1973, 1839).

b) Bei Verpachtung eines Teiles eines Jagdbezirkes muß eine bestimmte Mindest- **107** größe eingehalten werden (§ 11 Abs 2 BJagdG). Jedoch kann der Jagdpächter grundsätzlich nicht mindern, wenn der Jagdbezirk nicht die im Vertrag ohne Gewähr angegebene Größe hat, sofern die im Vertrag genannten Grenzen des Jagdbezirks stimmen und die gesetzliche Mindestgröße nicht unterschritten wird (KG HRR 1935 Nr 1447; OLG Koblenz MDR 1978, 932 f Nr 61). Eine Minderung kommt hingegen in Betracht, wenn dem Pächter durch Einwirkungen, die er nicht zu vertreten hat, die Ausübung seiner Jagdbefugnis unmöglich wird, wenn er zB durch Manöver während der Hauptjagdzeit daran gehindert wird, der Jagd nachzugehen (BGHZ 112, 392, 396 f = NJW 1991, 1421).

5. Anzeigepflicht

a) Anders als nach dem RJagdG von 1934 bedürfen Jagdpachtverträge heute kei- **108** ner behördlichen Genehmigung mehr. An deren Stelle ist eine bloße Beanstandungsbefugnis der zuständigen Behörde getreten, der deshalb der Vertrag anzuzeigen ist (§ 12 BJagdG).

Eine Beanstandung ist nur möglich, wenn die Vorschriften über die Pachtdauer nicht **109** beachtet sind oder wenn zu erwarten ist, daß durch eine vertragsmäßige Jagdausübung die Grundsätze des § 1 Abs 2 BJagdG verletzt werden (§ 12 Abs 1 S 2 BJagdG; STEFFEN RdL 1979, 283). Eine Beanstandung aus anderen Gründen ist nicht möglich, so daß aus der Unterlassung einer Beanstandung des Vertrages durch die zuständige Behörde keine Schlußfolgerungen für die zivilrechtliche Gültigkeit des Vertrages gezogen werden können. Auch ein unbeanstandet gebliebener Vertrag kann daher durchaus nach § 11 Abs 6 BJagdG nichtig sein (BGHZ 115, 116, 118 f = NJW 1991, 3033; BGH RdL 1965, 102).

b) Nach § 12 Abs 4 S 1 BJagdG darf der Pächter die Jagd vor Ablauf von drei **110** Wochen nach Anzeige des Vertrags nicht ausüben. Die gleichwohl erfolgte Jagdausübung stellt eine Ordnungswidrigkeit dar (§ 39 Abs 1 Nr 3 BJagdG) und kann als Wilderei verfolgt werden (SCHOPP MDR 1968, 808, 810 f).

6. Dingliche Wirkung

111 Der Jagdpächter erwirbt aufgrund des Jagdpachtvertrages, eines obligatorischen Vertrages, die **ausschließliche** Befugnis zur Wildhege und zur Jagdausübung aufgrund des § 1 BJagdG in dem verpachteten Bezirk (Lorz § 11 Anm 1). Die Folge ist, daß dem Jagdausübungsrecht des Pächters trotz seiner bloßen schuldrechtlichen Natur doch gewisse dingliche Wirkungen beigemessen werden, so daß sich der Jagdpächter (ebenso wie der Grundstückseigentümer) gegen rechtswidrige Störungen oder Behinderungen bei der Jagdausübung durch Dritte nach § 1004 wehren kann. Bei schuldhaften Eingriffen in sein Recht stehen ihm außerdem nach § 823 Abs 1 Schadensersatzansprüche zu; wichtig ist dies vor allem für Schadensersatzansprüche des Jagdpächters gegen Wilderer (RGZ 135, 94; BGHZ 112, 392, 400 f = NJW 1991, 1421; BGHZ 115, 116, 121 f = NJW 1991, 3033; BGH LM Nr 10 zu § 823 [F] BGB = BB 1958, 325 = VersR 1958, 233; LM Nr 2 zu WaStrVermG [Bl 3 R] = MDR 1984, 823 = WarnR 1983 Nr 361; Lorz § 11 Anm 1; Mitzschke/Schäfer § 11 Rn 3; Raape JherJb 74, 179; ders AcP 136, 210, 212 f; Schopp MDR 1968, 808). Daneben kann der Pächter in derartigen Fällen vom Verpächter Erfüllung durch Abwehr der rechtswidrigen Störungen Dritter verlangen (§§ 581 Abs 2, 536; OLG Hamm, Urt v 4. 4. 1978 – 7 U 137/77).

7. Anwendung des § 571

112 a) Die früher lebhaft umstrittene Frage, ob auf Jagdpachtverträge § 571 entsprechend angewandt werden kann, ist heute durch § 14 Abs 1 S 1 BJagdG im positiven Sinne geklärt. Nach dieser Vorschrift finden die §§ 571 bis 579 BGB entsprechende Anwendung, wenn ein Eigenjagdbezirk ganz oder teilweise veräußert wird. Folglich tritt der Erwerber der zu dem Jagdbezirk gehörenden Grundstücke mit Eigentumsübergang ipso iure in den Jagdpachtvertrag ein (BGHZ 62, 297, 301 ff = NJW 1974, 1655 = MDR 1974, 916 = RdL 1974, 234; Lorz § 14 Anm 2 a; Mitzschke/Schäfer § 14 Rn 1; Sojka RdL 1976, 281).

113 b) Wenn ein zu einem gemeinschaftlichen Jagdbezirk gehöriges Grundstück veräußert wird, tritt der Erwerber nach § 14 Abs 2 BJagdG ebenfalls in den von der Jagdgenossenschaft abgeschlossenen Jagdpachtvertrag ein. Doch gilt dies nur für die im Augenblick des Eigentumserwerbs bereits laufenden Pachtverträge. Bilden die Grundstücke des Erwerbers zusammen einen Eigenjagdbezirk, so braucht er folglich einen Vertrag über die Begründung eines **neuen** Jagdpachtverhältnisses oder über die Fortführung des laufenden Verhältnisses zwischen der Jagdgenossenschaft und dem Jagdpächter nicht gegen sich gelten zu lassen, wenn der Zeitpunkt für den Beginn des neuen oder für die Fortführung des laufenden Jagdpachtverhältnisses **nach** der Entstehung seines Eigenjagdbezirkes liegt (grdleg BGHZ 62, 297 ff, 304 = NJW 1974, 1655 = MDR 1974, 916 = RdL 1974, 234; Lorz § 14 Anm 2 a; Mitzscke/Schäfer § 14 Rn 6).

8. Beendigung

114 a) Der Jagdpachtvertrag endet idR durch Zeitablauf. Vorher ist gewöhnlich nur eine **Kündigung** aus wichtigem Grunde möglich. An das Vorliegen eines solchen Grundes sind strenge Anforderungen zu stellen (Lorz § 13 a Anm 4). Geringfügige Vertragsverstöße oder leichte Verstöße gegen das Jagdrecht genügen hierfür ebensowenig wie selbst scharfe Differenzen über die Auslegung des Vertrages (OLG Hamm, Urt v 6. 4. 1976–7 U 65/75; Urt v 4. 4. 1978–7 U 137/77).

b) Der Jagdpachtvertrag erlischt außerdem, wenn dem Pächter der Jagdschein unanfechtbar entzogen worden ist (§ 13 BJagdG). Kein Erlöschungsgrund ist hingegen der **Tod** des Jagdpächters; vielmehr gehen in diesem Fall nach den §§ 581 Abs 2 und 569 die Rechte und Pflichten aus dem Jagdpachtvertrag im Wege der Gesamtrechtsnachfolge (§ 1922) auf den oder die Erben über (BGH LM Nr 18 zu BJagdG = NJW 1987, 839; MITZSCHKE/SCHÄFER § 11 Rn 134 ff). Ergänzende Bestimmungen finden sich häufig im Landesrecht.

IX. Apothekenpacht*

1. Geschichte

a) Das Apothekenrecht war bis zum Inkrafttreten des Apothekengesetzes vom 20. 8. 1960 (BGBl I 697) Landesrecht, so daß sich früher die Frage der Zulässigkeit von Apothekenpachtverträgen nach Landesrecht richtete. Deshalb war lange Zeit umstritten, ob die alten Personal- und Realkonzessionen, die als vermögenswerte subjektive Rechte anerkannt waren, oder die Apotheken selbst als Unternehmen verpachtet werden durften (s BGH LM Nr 13 zu Art 12 GG = NJW 1960, 332). Durch das Gesetz über die Verpachtung und Verwaltung öffentlicher Apotheken vom 13. 12. 1935 (RGBl I 1445) wurde der Fragenkreis erstmals reichsrechtlich geregelt. Seitdem bestand an der Zulässigkeit der Verpachtung von Apotheken und Apothekenbetriebsrechten unter den in diesem Gesetz genannten Voraussetzungen kein Zweifel mehr.

b) Zusätzliche Probleme ergeben sich, als das BVerfG 1958 das Konzessionssystem für verfassungswidrig erklärte (BVerfGE 7, 377 = NJW 1958, 1035; ebenso schon BVerwGE 4, 167 = NJW 1957, 356). Denn damit stellte sich jetzt die Frage nach dem Schicksal der alten Apothekenpachtverträge. Für einige Sonderfälle brachte das ApothekenG in den §§ 26 und 27 Übergangsregelungen. Im übrigen hing die Fortgeltung der alten Verträge davon ab, ob durch die Einführung der Niederlassungsfreiheit für Apotheker die Geschäftsgrundlage der alten Apothekenpachtverträge entfallen war oder nicht (s im einzelnen mit Nachw STAUDINGER/EMMERICH[12] Vorbem 126 zu § 581).

2. Zulässigkeit

a) Grundsatz
Apothekenpachtverträge sind im Gegensatz zu bloßen Miet- oder Pachtverträgen

---

* **Schrifttum:** ADLUNG, Die Apothekenbesitzrechte in den deutschen Ländern (1927); BREYER, Gesetz über das Apothekenwesen (1961); GENICKE, Apothekenpachtrecht (1936); ders, Handbuch des deutschen Apothekenrechts, Bd 1: Apothekenpachtrecht (2. Aufl 1941); GNEIST, Die Apothekengesetze des deutschen Reiches und Preußens (1925); H HOFFMANN, Gesetz über das Apothekenwesen (1961); REUTER PharmaZ 1967, 261; PIECK PharmaZ 1970, 1721; 1971, 375; SCHIEDERMAIR/PIECK, Apothekengesetz (2. Aufl 1978); URBAN, Apothekengesetze (6. Aufl 1927).

über Apothekenbetriebsräume (u Rn 124) Pachtverträge über die Apotheke als **Unternehmen** (s zB SOERGEL/KUMMER vor § 581 Rn 40 ff). Solche eigentlichen Apothekenpachtverträge sind heute (anders als früher!) nach § 9 ApothekenG idF des Änderungsgesetzes vom 4. 4. 1980 (BGBl I 1142) (angeblich) aus gesundheitspolitischen Gründen, in Wirklichkeit aber zum Schutz der Apotheker vor gewerblicher Konkurrenz grundsätzlich **verboten** und nichtig (§ 12 ApothekenG; berechtigte Kritik zB bei MünchKomm/ VOELSKOW vor § 581 Rn 24).

119 Ausnahmen läßt das Gesetz nur noch in wenigen Fällen zu, wobei als Pächter zudem nur approbierte Apotheker in Betracht kommen (§ 9 Abs 2 ApothekenG). *Zulässig* ist die Verpachtung namentlich dann, wenn der Verpächter die Apotheke aus einem in seiner Person liegenden wichtigen Grund nicht mehr selbst betreiben kann, sowie nach dem Tode des Apothekers. In dem zuletzt genannten Fall soll durch die Verpachtung seinen Hinterbliebenen für eine Übergangszeit die Apotheke als Quelle des Lebensunterhaltes erhalten bleiben. Diese Ausnahme zeigt den ganzen zunftmäßigen Charakter der Regelung.

b) Einzelfragen

120 aa) Gibt der Pächter die gepachtete Apotheke auf und errichtet er eine neue Apotheke, so hängt es von den Umständen ab, ob zwischen diesen beiden Unternehmen **Identität** besteht, so daß er auch die neue Apotheke als Pachtbetrieb fortführen muß. Ist die Identität zu verneinen, so kann der Verpächter nur Schadensersatz für die vertragswidrige Aufgabe der alten Apotheke, nicht jedoch Herausgabe der neuen Apotheke verlangen (BGH LM Nr 8 zu § 581 BGB = BB 1954, 112).

121 bb) Für die Zeit *nach* **Beendigung** eines zulässigen Apothekenpachtvertrages gilt § 584 b: Gibt der Pächter die Apotheke an den Verpächter, idR die Witwe des alten Apothekers, nicht zurück, so muß er den Pachtzins fortzahlen (BGH LM Nr 1 zu § 597 BGB = BB 1960, 642). Weitergehende Bereicherungsansprüche des Verpächters werden dadurch nicht ausgeschlossen; sie kommen vor allem in Betracht, wenn der objektive Nutzwert der Apotheke deutlich über dem früher vereinbarten Pachtzins liegt (BGH LM Nr 2 zu § 597 BGB = NJW 1968, 197; s außerdem noch STAUDINGER/EMMERICH[12] Rn 132 ff).

3. Umgehungsgeschäfte

a) Gesellschaften

122 In der Praxis wird vielfach versucht, das grundsätzliche Verbot der Apothekenpacht (o Rn 118 f) durch das Ausweichen in andere rechtliche Gestaltungsformen zu umgehen. Dem schiebt zunächst § 8 ApothekenG durch die Bestimmung einen Riegel vor, daß *mehrere* Personen zusammen eine Apotheke nur in der Rechtsform einer BGB-Gesellschaft oder einer OHG betreiben können, wobei sämtliche Gesellschafter die Approbation als Apotheker besitzen müssen.

123 Durch diese eigenartige (und durchaus problematische) Regelung soll (angeblich) die ordnungsgemäße Arzneimittelversorgung der Bevölkerung allein durch qualifizierte Personen sichergestellt werden (BGHZ 75, 214, 215 = NJW 1980, 638). Mit Rücksicht hierauf hatte der BGH ursprünglich die Auffassung vertreten, gegen eine typische **stille Gesellschaft** eines Apothekers mit einem Nichtapotheker könnten

keine Bedenken erhoben werden, da der Stille keinen Einfluß auf die Arzneimittelversorgung der Bevölkerung habe, während bei atypischen Form der Gesellschaft das gesetzliche Verbot wieder eingreifen sollte (BGHZ 75, 214, 215 ff = NJW 1980, 638; BGH LM Nr 1 zu ApothekenG = NJW 1972, 338). Dem Gesetzgeber erschien indessen aufgrund seiner zunftmäßigen Einstellung selbst diese harmlose Praxis als zu weitgehend. Deshalb wurde § 8 ApothekenG durch das Gesetz vom 4. 8. 1980 (BGBl I 1142) dahingehend geändert, daß fortan auch stille Gesellschaften und sonstige *partiarische* Rechtsverhältnisse mit Apothekern unzulässig und nichtig sind.

b) Raummiete und -pacht
aa) Das Gesetz wendet sich allein gegen die Verpachtung von Apotheken**unternehmen**, nicht jedoch gegen die bloße Vermietung oder Verpachtung von Räumen, die für den Betrieb von Apotheken geeignet sind (s o Rn 118); solche Verträge sind daher grundsätzlich erlaubt. Deshalb findet sich häufig der Versuch, Apothekenpachtverträge in Miet- oder Pachtverträge über für den Betrieb der Apotheke erforderlichen Räume zu kleiden.

Solche Verträge sind als **Umgehungsgeschäfte** ebenfalls verboten und nichtig, wenn sich hinter ihnen in Wirklichkeit eine Verpachtung des Apothekenunternehmens verbirgt (Soergel/Kummer vor § 581 Rn 42; Wolf/Eckert, Hdb Rn 1752 [S 399 f]). Diese Annahme liegt besonders nahe, wenn die überlassenen Räume bereits im wesentlichen für die Zwecke einer Apotheke eingerichtet sind, so daß der Pächter den Betrieb ohne weiteres darin aufnehmen kann, mag er auch die idR sehr wertvollen Warenvorräte zusätzlich kaufen müssen. Indizien für die Annahme einer Apothekenpacht sind außerdem zB die Verpflichtung zur Fortführung eines eingeführten Geschäftsnamens sowie die Vereinbarung einer hohen Umsatzpacht oder eines Wettbewerbsverbotes (OLG Freiburg NJW 1970, 1977 = PharmaZ 1970, 1158; Pieck PharmaZ 1970, 1721; 1971, 375).

bb) Um Umgehungen des grundsätzlichen Verbots von Apothekenpachtverträgen zu verhindern, sind außerdem durch § 8 S 2 ApothekenG seit 1986 **partiarische** Mietverträge über Apothekenräume verboten. Das gilt auch für Altverträge, die deshalb nach den Regeln über den Wegfall der Geschäftsgrundlage durch Festsetzung einer Festmiete an die neue Rechtslage anzupassen sind (OLG Oldenburg NJW-RR 1990, 84 f). Die sich hierin manifestierende dauernde Ausdehnung des Verbots von Apothekenpachtverträgen ist ein „schönes" Beispiel dafür, wie eine (törichte) Intervention mit Notwendigkeit immer neue nach sich zieht.

X. Betriebspachtvertrag

Eine Sonderregelung für bestimmte Betriebspachtverträge findet sich in § 292 Abs 1 Nr 3 AktG von 1965. Danach stellt auch der Vertrag, durch den eine Aktiengesellschaft oder eine Kommanditgesellschaft auf Aktien den Betrieb ihres Unternehmens einem anderen verpachtet, einen Unternehmensvertrag iS der §§ 293 ff AktG dar; gleich gestellt ist der sog Betriebsüberlassungsvertrag.

1. Ein **Betriebspachtvertrag** liegt vor, wenn sich die verpachtende AG (oder KG aA) verpflichtet, dem Pächter die volle Nutzung ihres Betriebs für die Dauer der Pachtzeit zu gewähren, während den Pächter die Pflicht trifft, den vereinbarten

Pachtzins zu zahlen. Der Pächter führt dann den Betrieb im eigenen Namen und für eigene Rechnung fort.

129 2. Die **Betriebsüberlassungsverträge** unterscheiden sich von den Betriebspachtverträgen (o Rn 128) lediglich dadurch, daß der Pächter nicht nach außen hervortreten will, weshalb er sich vom Verpächter bevollmächtigen läßt, den Betrieb in dessen Namen, aber für eigene Rechnung fortzuführen. Bei dieser früher vielfach als *Innenpacht* bezeichneten Vertragsgestaltung steht der Gewinn dem Pächter zu. Zum Ausgleich ist er verpflichtet, den Verpächter von allen Verbindlichkeiten aus den für seine Rechnung eingegangenen Geschäften zu befreien (wegen der Einzelheiten s EMMERICH/SONNENSCHEIN, Konzernrecht [5. Aufl 1993] § 12 [S 211 ff]; MASER, Betriebspacht- und Betriebsüberlassungsverhältnisse in Konzernen [1985]; OESTERREICH, Die Betriebsüberlassung zwischen Vertragskonzern und faktischem Konzern [1979]; VEELKEN, Der Betriebsführungsvertrag im deutschen und amerikanischen Aktien- und Konzernrecht [1975]).

XI. Franchising*

130 Unter Franchising versteht man ein besonderes Absatzsystem, das sich nach amerikanischem Vorbild seit den sechziger Jahren auch in Deutschland zunehmend durchsetzt. In seinem Kern stellt es eine Fortentwicklung der herkömmlichen Vertragshändlersysteme dar, gekennzeichnet durch eine besonders weitgehende Integration der Absatzmittler in das Absatzsystem des Herstellers. Infolgedessen enthält das Franchising auch wichtige Elemente von Gebrauchsüberlassungsverträgen, so daß es gerechtfertigt erscheint, im vorliegenden Zusammenhang außerdem die Grundzüge des Franchisingrechts zu behandeln. Ein deutscher Begriff hat sich für das Franchising bislang sowenig wie beim Leasing durchzusetzen vermocht, so daß im folgenden allein von Franchising und Franchiseverträgen die Rede sein soll. Die Parteien werden dementsprechend als Franchisegeber und Franchisenehmer bezeichnet, so unschön diese Begriffe auch sein mögen.

---

* **Schrifttum:** BAUDER NJW 1989, 78; BEHR, Der Franchisevertrag (1976); BRÄUTIGAM, Deliktische Außenhaftung im Franchising (1994); ders WM 1994, 1189; CLEMENS, Die Bedeutung des Franchising in der Bundesrepublik Deutschland (1988); EBENROTH, Absatzmittlungsverträge im Spannungsverhältnis von Kartell- und Zivilrecht (1980); EKKENGA, Die Inhaltskontrolle von Franchiseverträgen (1990); ders Die AG 1989, 301; EMMERICH, Franchising, JuS 1995, 761; ESSER, Der Franchisevertrag im Lichte der Rechtsprechung (2. Aufl 1995); FORKEL ZHR 153 (1989) 511; GITTER, Gebrauchsüberlassungsverträge (1988) § 14 (S 460 ff); GROSS/SKAUPY, Franchising in der Praxis (1976); HARTMANN JA 1992, 225; JOERGES Die AG 1991, 325; ders (Hrsg), Franchising and the Law/Das Recht des Franchising (1991); H KÖHLER NJW 1990, 1685; LENZEN RIW 1984, 586; LIESEGANG, Der Franchisevertrag (2. Aufl 1986); ders BB 1991, 2381; MACK, Neuere Vertragssysteme in der Bundesrepublik Deutschland (1975); MARTINEK, Franchising (1987); ders, Aktuelle Fragen des Vertriebsrechts (3. Aufl 1992); ders ZIP 1988, 1362; ders, Moderne Vertragstypen Bd II: Franchising, Know-How-Verträge, Management- und Consulting-Verträge (1992); SCHLEMMER RdW 1984, 298; K SCHMIDT, Handelsrecht (4. Aufl 1994) § 28 II 3 (S 772 ff); SCHULTHESS, Der Franchisingvertrag nach schweizerischem Recht (1975); SKAUPY, Franchising (1987); ders Betrieb 1982, 2446; ders BB 1969, 113; ders NJW 1992, 1785; TIETZ, Hdb Franchising (2. Aufl 1991); E ULLMANN CR 1991, 193; ders NJW 1994, 1255; HJ WEBER JA 1983, 347.

1. Geschichte

Das Franchising hat sich als besonderes Absatzsystem vor rund einhundert Jahren in **131** den USA für den Kraftfahrzeug- und Getränkevertrieb entwickelt und verdrängt dort seit den fünziger Jahren immer mehr die herkömmlichen Vertragshändlersysteme. Als älteste Franchisesysteme gelten die Vertriebssysteme von General Motors und Coca Cola. In Deutschland setzten sich Franchisesysteme hingegen in nennenswertem Umfang erst seit den sechziger Jahren durch, haben aber seitdem hier gleichfalls erhebliche Bedeutung erlangt (vgl die Beispiele in EuGHE 1986, 374 = NJW 1986, 1415 „Pronuptia"; BGH LM Nr 31 zu § 305 BGB = NJW 1985, 1894 „Mc Donald's"; wegen der Einzelheiten s BEHR 13 ff; EMMERICH aaO; GITTER § 14 A [462 ff]; HARTMANN JA 1992, 225 f; MARTINEK, Franchising 37 ff; ders, Vertragstypen II, 5 ff; HJ WEBER JA 1983, 347 ff). Im Augenblick soll es in Deutschland bereits über 370 derartige Absatzsysteme mit mehr als 15.500 angeschlossenen Geschäften geben (BRÄUTIGAM WM 1994, 1189; ESSER aaO).

Bei der rechtlichen Behandlung des Franchisings standen zunächst kartellrechtliche **132** Fragen im Vordergrund. Dabei ging es sowohl um die Vereinbarkeit dieser Absatzsysteme mit dem deutschen Kartellrecht wie um ihre Zulässigkeit nach europäischem Kartellrecht. Für das deutsche Recht ist inzwischen geklärt, daß auf Franchiseverträge – als Verträge zwischen selbständigen Kaufleuten – die §§ 15, 18 Abs 1 Nr 2 und 3, 20 und 21 sowie 34 und 38 Abs 1 Nr 12 GWB anzuwenden sind (s zB EMMERICH, in: IMMENGA/MESTMÄCKER, GWB [2. Aufl 1992] § 15 Rn 35 f, § 18 Rn 95; MARTINEK, Franchising 527 ff). Praktische Bedeutung kommt hierbei vor allem dem Preisbindungsverbot des § 15 GWB sowie dem aus § 34 GWB folgenden Schriftformerfordernis für die meisten Franchiseverträge zu.

Lange Zeit umstritten war die Vereinbarkeit von Franchiseverträgen mit dem Kar- **133** tellverbot des **Art 85 EGV**. Der Fragenkreis wurde erst durch das Pronuptia-Urteil des EuGH von 1986 geklärt (EuGHE 1986, 374 = NJW 1986, 1415), in dem der Gerichtshof seine Bereitschaft erkennen ließ, die mit Franchiseverträgen notwendig verbundenen Wettbewerbsbeschränkungen weithin von Art 85 Abs 1 EGV auszunehmen. Die Europäische Kommission hat deshalb inzwischen durch die Gruppenfreistellungsverordnung (EWG) Nr 4087/88 vom 30. 11. 1988 über Franchisevereinbarungen (ABl 1988 Nr L 359/46) die meisten typischerweise mit Franchiseverträgen verbundenen Wettbewerbsbeschränkungen unter bestimmten Voraussetzungen freigestellt (wegen der Einzelheiten s BEUTHIEN/SCHWARZ, Kooperationsgruppen des Handels und Franchisesysteme in Europa [1993]; DE COCKBORNE, in: JOERGES, Franchising 281 ff; EMMERICH, in: DAUSES, Hdb des EG-Wirtschaftsrechts [1995] Rn H I 120 ff; JOERGES ZHR 151 [1987] 195; ders Die AG 1991, 325, 343 ff; MARTINEK, Vertragstypen II 169 ff; WELTRICH, Franchising im EG-Kartellrecht [1992]).

2. Wirtschaftliche Bedeutung

a) Absatzmittlungssystem

Unter der Sammelbezeichnung Franchising werden heute Absatzsysteme sehr unter- **134** schiedlicher Erscheinungsformen zusammengefaßt (vgl zum folgenden insbesondere EKKENGA, Inhaltskontrolle 68 ff; ders Die AG 1989, 301; EMMERICH JuS 1995, 761 f; GITTER § 14 B IV [468 ff]; BEHR 13 ff; JOERGES Die AG 1991, 325; MARTINEK, Franchising 75 ff; ders Vertragstypen II, 16 ff; SCHANZE und TEUBNER, in: JOERGES, Franchising 67, 105 ff; K SCHMIDT, Handelsrecht 772 ff; TIETZ, Hdb; HJ WEBER JA 1983, 347 ff). Von allen diesen Erscheinungsformen interessieren hier allein diejenigen, die Vertragshändlersystemen nahestehen. Sie können sich auf die Herstellung oder den Absatz von Waren oder Dienstleistungen beziehen und den gesamten Betrieb des Franchisenehmers oder nur einzelne der von ihm hergestellten oder vertriebenen Produkte oder Dienstleistungen erfassen. Je nachdem unterscheidet man im betriebswirtschaftlichen Schrifttum Produkt- oder Betriebsfranchising sowie Waren-, Herstellungs- oder Dienstleistungsfranchising, wobei für das Dienstleistungsfranchising naturgemäß nur weitgehend standardisierte Leistungen in Betracht kommen, etwa in der Schnellgastronomie, dem Reinigungsgewerbe oder der Kraftfahrzeugvermietung.

135 Das so eingegrenzte Franchising wird im Anschluß an die „Definitionen" der einschlägigen Verbände häufig **beschrieben** als ein Dauerschuldverhältnis, durch das der Franchisegeber dem Franchisenehmer entgeltlich das Recht einräumt, bestimmte Waren oder Dienstleistungen unter Verwendung seines Namens, seiner Firma sowie seiner sonstigen Kennzeichen und unter Ausnutzung seiner gewerblichen und technischen Erfahrungen (Know-how) sowie unter Beachtung des von ihm entwickelten Organisations- und Marketingsystems, dh unter Verwendung des sogenannten Franchise-Pakets zu vertreiben, wobei der Franchisegeber dem Franchisenehmer Beistand, Rat und Schulung in organisatorischer und verkaufstechnischer Hinsicht gewährt und zugleich eine Kontrolle über dessen Geschäftstätigkeit ausübt; verbunden ist damit oft eine Bezugspflicht des Franchisenehmers hinsichtlich der unter den Vertrag fallenden Waren (so zB die Beschreibung in BAG AP Nr 9 zu § 60 HGB = BB 1979, 325; KG MDR 1974, 144 f; OLG Schleswig NJW-RR 1987, 220 „Eismann"; OGH SZ 60 I [1987] Nr 77, 392, 395 = WBl 1987, 188 = GRURInt 1988, 72 „Stefanel"; SZ 60 II [1987] Nr 218, 441, 447 f = WBl 1988, 97; SZ 64 I [1991] Nr 78, 419, 422 f = WBl 1991, 337 „Yves Rocher"; OGH WBl 1991, 332, 334 „Yves Rocher"; EuGHE 1986, 374, 380 ff = NJW 1986, 1415 „Pronuptia"; BRÄUTIGAM WM 1994, 1189; GITTER § 14 B III [468]; HARTMANN JA 1992, 225, 226 f; SKAUPY NJW 1992, 1785 f; ULLMANN CR 1991, 193,1 94; ders NJW 1994, 1255).

b) Arbeitnehmer

136 Kennzeichnend für derartige Absatzsysteme ist ihre straffe Organisation mit weitreichenden Kontroll- und Weisungsrechten des Franchisegebers, häufig auch „Systemführer" oder „Systemkopf" genannt, die zur Folge hat, daß die Gruppe nach außen weitgehend einheitlich auftritt. Dies ändert jedoch nichts daran, daß die Franchisenehmer grundsätzlich ebenso wie andere Absatzmittler selbständige Kaufleute sind und bleiben (§ 1 Abs 2 Nrn 1 und 7 HGB). Nur wenn die Franchisenehmer auch **persönlich** vom Franchisegeber abhängig sind, sind sie als Arbeitnehmer zu qualifizieren (LAG Düsseldorf NJW 1988, 725 = Betrieb 1988, 293 „Jacques Weindepot"). Dabei handelt es sich jedoch um extrem gelagerte Ausnahmefälle (BAG AP Nr 1 zu § 84 HGB = BB 1980, 1471; BB 1990, 1064; LAG Köln Betrieb 1989, 1195; OLG Schleswig NJW-RR 1987, 220, 221 f „Eismann"; BRÄUTIGAM WM 1994, 1189, 1191; EKKENGA Die AG 1989, 301, 305; MARTINEK, Vertragstypen II 71 ff; ders ZIP 1988, 1362, 1372; SCIARRA, in: JOERGES, Franchising 239; SKAUPY NJW 1992, 1785, 1789 f; WELTRICH Betrieb 1988, 806).

3. Rechtsnatur

137 Franchisesysteme beruhen durchweg auf einem oder mehreren rechtlich und wirtschaftlich zusammenhängenden Verträgen (§ 139), die ein Bündel beiderseitiger Rechte und Pflichten begründen. Es handelt sich deshalb bei ihnen um gemischte

Verträge, durch die ein Dauerschuldverhältnis zwischen den Parteien begründet wird, das umfassende gegenseitige Treue- und Rücksichtspflichten begründet. Die rechtliche Natur dieser Verträge ist umstritten, einmal wegen der großen Unterschiedlichkeit der in der Praxis anzutreffenden Franchisesysteme, zum andern aber auch deshalb, weil man zu ganz verschiedenen Ergebnissen gelangt, je nachdem, auf welche der beiderseitigen Rechte und Pflichten man das Schwergewicht bei der rechtlichen Betrachtung legt.

a) Meinungsstand

aa) Im Schrifttum werden Franchiseverträge, soweit sie dem oben geschilderten Typus von Absatzmittlungsverhältnissen entsprechen (o Rn 134 f), häufig als gemischte Verträge mit vorwiegend **lizenzvertraglichem Charakter** qualifiziert. Dahinter steht die Überlegung, daß Kern dieser Verträge in Abgrenzung namentlich zu den herkömmlichen Vertragshändlerverträgen die entgeltliche Überlassung des Franchise-Pakets, dh die Lizenzierung der Schutz- und Kennzeichenrechte des Lizenzgebers sowie seines Know-hows und Erfahrungswissens ist, wodurch dem Franchisenehmer, der sich die Erarbeitung dieses Wissens erspart, der Markteintritt erleichtert werden soll (EMMERICH aaO; STAUDINGER/EMMERICH [1995] Vorbem 163 zu §§ 535, 536; FORKEL ZHR 153, 511, 525 ff; JOERGES Die AG 1991, 325, 335; SKAUPY Betrieb 1982, 9446; ders NJW 1992, 1785, 1788 f; ULLMANN CR 1991, 193; vermittelnd HARTMANN JA 1992, 228 f; dagegen zB EKKENGA, Inhaltskontrolle 68 ff; ders Die AG 1989, 301, 306 f; GITTER § 14 E I [S 493]; MARTINEK, Franchising 276 ff; ders, Vertragstypen II, 45 ff).

Andere betonen dagegen mehr die beiderseits geschuldeten Dienstleistungen und qualifizieren Franchiseverträge deshalb in Parallele zu den Handelsvertreterverträgen in erster Linie als **Geschäftsbesorgungsverträge** mit Dienstvertragscharakter (§§ 675, 611; insbesondere MARTINEK, Franchising 231, 293 ff; ders, Vertragstypen II, 65, 78 ff ähnlich auch EKKENGA, Inhaltskontrolle 68, 91 ff; ders Die AG 1989, 301, 306 ff; SCHANZE, in: JOERGES, Franchising 67 ff). Wieder andere weisen darauf hin, daß die „typischen" Franchiseverträge Elemente aller genannten und noch weiterer Vertragstypen enthalten, so daß sie nur als eigenartige **Mischverträge** angesprochen werden könnten, auf die je nach den Umständen Kauf-, Pacht- oder Dienstvertragsrecht sowie gegebenenfalls sogar Gesellschaftsrecht Anwendung finden müßten (BEHR 142; GITTER § 14 E II [S 496 f]; HARTMANN JA 1992, 227; K SCHMIDT Handelsrecht § 28 II 3 c [S 776]; TIETZ, Hdb 568 ff; HJ WEBER JA 1983, 347, 350 ff).

bb) Die **Europäische Kommission** sieht in Franchiseverträgen primär Lizenzverträge. In der Begründung zu der Gruppenfreistellungsverordnung (EWG) Nr 4087/88 (ABl Nr L 359/46) heißt es ausdrücklich, Franchisevereinbarungen umfaßten im wesentlichen die Erteilung von Lizenzen für die Nutzung von Rechten an gewerblichem oder geistigem Eigentum wie Warenzeichen, sonstigen Zeichen oder Knowhow (Erwägungsgrund Nr 2). Folgerichtig hebt die **Definition** der Franchisevereinbarungen in Art 1 Abs 3 der genannten Verordnung gleichfalls den lizenzvertraglichen Charakter solcher Verträge hervor.

cc) In der **Rechtsprechung** hat die vorrangig lizenzvertragliche und damit pachtrechtliche Sicht der Franchiseverträge gleichfalls Zustimmung gefunden (insbesondere EuGHE 1986, 374, 381 = NJW 1986, 1415 „Pronuptia"; OGH SZ 60 I [1987] Nr 77, 392, 396 = WBl 1987, 188 = GRURInt 1988, 72 „Stefanel"; OLG Frankfurt MDR 1980, 576, 577; LAG Düsseldorf

NJW 1988, 725 = Betrieb 1988, 293 „Jacques Weindepot"). Die Praxis ist freilich ebensowenig einheitlich wie das Schrifttum (o Rn 138 f), da in zahlreichen anderen Entscheidungen mehr die Eigenart der Franchiseverträge als Mischverträge aus unterschiedlichen Vertragstypen betont wird (BAG AP Nr 9 zu § 60 HGB [Bl 2 R f] = BB 1979, 325; KG MDR 1974, 144 f; OLG Schleswig NJW-RR 1987, 220, 221 „Eismann"; OGH SZ 60 II [1987] Nr 218, 441, 447 f = WBl 1988, 97; SZ 64 I [1991] Nr 78, 419, 422 f = WBl 1991, 337 „Yves Rocher"; WBl 1991, 332, 334 „Yves Rocher").

b) Stellungnahme

142 Das Problem der zutreffenden rechtlichen Qualifizierung der Franchiseverträge hat seinen Grund nicht zuletzt in der großen Varianz der in der Praxis anzutreffenden und als Franchising bezeichneten Vertragsformen. Beschränkt man sich jedoch auf die hier (o Rn 134 f) allein ins Auge gefaßten Absatzmittlungsverhältnisse (unter Ausklammerung sonstiger möglicherweise auch als Franchising bezeichneter Vertragstypen), so wird deutlich, daß sich diese Systeme von anderen vor allem durch folgende Punkte unterscheiden (vgl zB GITTER § 14 C I [S 478 f]): Die ganze Gruppe ist nach den Vorgaben des Franchisegebers straff durchorganisiert und tritt nach außen aufgrund der dem Franchisenehmer erteilten Lizenzen an den Kennzeichnungsrechten des Franchisegebers einheitlich auf; der Franchisenehmer erhält außerdem das Recht, gegen Entgelt an dem Know-how des Franchisegebers zu partizipieren; der Franchisegeber schuldet schließlich die laufende Unterstützung des Franchisenehmers bei seinen Absatzbemühungen und stellt zugleich durch umfassende Überwachungs- und Kontrollrechte die Einhaltung seiner Vorgaben sicher.

143 Führt man sich dies vor Augen, so kann eigentlich nicht zweifelhaft sein, daß die **lizenzvertraglichen Elemente** das kennzeichnende Merkmal der Franchiseverträge in Abgrenzug zu anderen Absatzmittlungssystemen sind, so daß es zutreffend ist, in ihnen in erster Linie Lizenzverträge und damit eine Rechtspacht zu sehen. Denn Gegenstand eines Pachtvertrages kann nach § 581 Abs 1 jeder beliebige Gegenstand und damit auch das Know-how oder Erfahrungswissen des Franchisegebers sein (s o Rn 82 ff; **aM** zB HJ WEBER JA 1983, 347, 351; MARTINEK, Vertragstypen II 45 ff).

144 Damit wird nicht geleugnet, daß Franchiseverträge **gemischte** Verträge mit Elementen aus verschiedenen Vertragstypen sind, wobei vor allem an kauf- und dienstvertragliche Elemente zu denken ist. Bei der Beurteilung von Einzelfragen ist darauf die gebotene Rücksicht zu nehmen. Aber unabhängig davon steht doch fest, daß die lizenzvertraglichen und damit pachtrechtlichen Elemente überwiegen. Dies wird schon daran deutlich, daß der Franchisenehmer durchweg in erster Linie hierfür die Gegenleistung, häufig Eintrittsgebühr genannt, zahlen muß.

145 Die vielfältigen weiteren Pflichten des Franchisegebers, die im Schrifttum in diesem Zusammenhang aufgezählt zu werden pflegen, sind tatsächlich zu einem guten Teil nichts anderes als besondere Ausprägungen seiner lizenzvertraglichen Überlassungs- oder Gebrauchsgewährungspflicht. Im übrigen resultieren sie weithin bereits aus der selbstverständlichen Treuepflicht des Franchisegebers, wie sie mit jedem derartigen auf eine langfristige Zusammenarbeit der Parteien angelegten Vertrag verbunden ist.

c) Ergebnis

Franchiseverträge in dem hier zugrundegelegten Sinne (o Rn 134 f) sind Absatzmittlungsverhältnisse mit charakteristischen lizenzvertraglichen Elementen. Sie stehen daher der Rechtspacht nahe, so daß auf sie von Fall zu Fall pacht- und mietrechtliche Vorschriften angewandt werden können. Im übrigen weisen sie eine enge Verwandtschaft mit anderen Absatzmittlungsverhältnissen auf, so daß auf sie zugleich in großem Umfang **Handelsvertreterrecht** (§§ 84 ff HGB) anwendbar ist (BGH LM Nr 8 zu § 90 a HGB = NJW-RR 1987, 612; KG MDR 1974, 144 f; OLG Hamm NJW-RR 1994, 243, 244; OGH SZ 60 II [1987] Nr 218, 441, 449; WBl 1991, 332, 336 f „Yves Rocher"; JOERGES Die AG 1991, 325, 339 ff; EKKENGA Die AG 1989, 301, 309 ff; EMMERICH JuS 1995, 761, 762 f; MARTINEK, Vertragstypen II, 86; ders, Franchising 318 f; ders ZIP 1988, 1362, 1371 f, 1375 f; ULLMANN CR 1991, 193, 199 f).

4. Abschluß

a) Aufklärungspflichten

Franchiseverträge sind auf eine langfristige enge und vertrauensvolle Zusammenarbeit der Parteien angelegte Absatzmittlungsverhältnisse (o Rn 146). Daraus ergibt sich für den Franchisegeber die Verpflichtung zur umfassenden Information des Franchisenehmers bei den Vertragsverhandlungen über die auf ihn zukommenden Verpflichtungen; außerdem muß er ihn ordnungsgemäß über seine bisherigen Erfahrungen mit der Funktionsweise des Systems aufklären und ihm die sich hiernach vermutlich ergebenden Risiken und Chancen zutreffend schildern, wozu vor allem eine realisitische Kalkulation der Kosten und der zu erwartenden Erträge gehört (OLG München BB 1988, 865; NJW 1994, 667; OLG Hamm NJW-RR 1994, 243, 244 f; BAG AP Nr 1 zu § 84 HGB = BB 1980, 1471; BÖHNER NJW 1994, 625; EMMERICH JuS 1995, 761, 763 f; GITTER § 14 F I 1 [S 497 f]; LENZEN RIW 1984, 586; MARTINEK, Vertragstypen II 87 ff). Hingegen ist er nicht verpflichtet, spezielle Untersuchungen über die Situation auf dem konkreten Markt anzustellen, auf dem sich der Franchisenehmer betätigen will; das ist vielmehr allein dessen Sache als selbständiger Kaufmann (OGH WBl 1989, 131; BÖHNER NJW 1994, 635, 636; JOERGES Die AG 1991, 325, 331).

b) Form

aa) Franchiseverträge sind als solche sowenig wie sonstige Miet- oder Pachtverträge formbedürftig. Häufig greift jedoch **§ 34 GWB** ein, wenn der Vertrag Verpflichtungen einer oder beider Parteien im Sinne der §§ 18, 20 und 21 GWB enthält (zB OLG Hamm NJW-RR 1994, 243, 244). Schriftform ist außerdem erforderlich, wenn der Vertrag bei der Europäischen Kommission nach **Art 85 Abs 3 EGV** oder Art 6 der Gruppenfreistellungsverordnung (EWG) Nr 4087/88 angemeldet werden soll. Ist der Vertrag nur mündlich abgeschlossen, so kann schließlich jede Partei die Beurkundung des Vertrages nach § 85 HGB verlangen (s MARTINEK, Vertragstypen II 88 ff).

bb) Wenn der Franchisevertrag eine Bezugspflicht des Franchisenehmers begründet und in den Anwendungsbereich des **VerbrKrG** fällt, bedarf der Vertrag gleichfalls der Schriftform (§§ 2 Nr 3 und 4 Abs 1 S 2 VerbrKrG; BGHZ 97, 351, 356 ff = NJW 1986, 1789 „Yves Rocher"; BGHZ 112, 288 = NJW 1991, 105; BGHZ 128, 156, 160 ff = NJW 1995, 721 = ZIP 1995, 105; GITTER § 14 H I [S 513 ff]; JOERGES Die AG 1991, 325, 332; GRAF vWESTPHALEN/ EMMERICH/KESSLER, VerbrKrG [1991] § 2 Rn 25 f; ULLMANN CR 1991, 193, 196; dagegen zB MAR-

TINEK, Vertragstypen II 93 ff; ders ZIP 1986, 1440, 1448; 1988, 1362, 1376). In diesem Fall steht dem Franchisenehmer auch das Widerrufsrecht des § 7 VerbrKrG zu (BGH aaO).

c) **Inhaltskontrolle**

150 Franchiseverträge sind nichtig, wenn durch den Vertrag die wirtschaftliche Bewegungsfreiheit des Franchisenehmers übermäßig beeinträchtigt wird oder wenn in dem Vertrag die Chancen und Risiken ganz einseitig zugunsten des Franchisegebers verteilt sind (§ 138 Abs 1; BGHZ 99, 101, 105 = NJW 1987, 639; GITTER § 14 H III; JOERGES Die AG 1991, 325, 336; LENZEN RIW 1984, 586; MARTINEK, Vertragstypen II, 90 ff). Ist die Franchisevereinbarung technisch auf mehrere Verträge aufgeteilt, so kann in einem derartigen Fall die Nichtigkeit der einen Vereinbarung nach § 139 auch die der anderen nach sich ziehen (BGH aaO; BGHZ 97, 351, 360 f = NJW 1986, 1989; BGHZ 112, 288 = NJW 1991, 105; BGHZ 128, 156, 165 f = NJW 1995, 721 = ZIP 1995, 105, 108 f; OLG Düsseldorf NJW-RR 1987, 631 = WM 1987, 599, 600). Franchiseverträge unterliegen außerdem durchweg der Inhaltskontrolle nach Maßgabe der §§ 9 ff, 24 AGBG, da es sich bei ihnen wohl ausnahmslos um Formularverträge im Sinne des § 1 AGBG handelt (dazu insbesondere EKKENGA, Inhaltskontrolle 110 ff; ders Die AG 1989, 301, 311 ff; GITTER § 14 H II; JOERGES Die AG 1991, 325, 337 f; MARTINEK, Vertragstypen II 93 ff; WOLF/HORN/LINDACHER, AGBG [3. Aufl 1994] § 9 Rn F 101–123; H SCHMIDT, in: ULMER/BRANDNER/HENSEN, AGBG [7. Aufl 1993] §§ 9 bis 11 Anh Rn 355 ff).

5. **Pflichten des Franchisegebers**

151 a) In den Franchiseverträgen sind die beiderseitigen Pflichten gewöhnlich ganz ausführlich und minutiös geregelt (Beispiele in BGH LM Nr 31 zu § 305 BGB = NJW 1985, 1894 „Mc Donald's; BGHZ 128, 156 = NJW 1995, 721 = WM 1995, 284 = ZIP 1995, 105 „Ceiling Doctor"; EuGHE 1986, 374 = NJW 1986, 1415 „Pronuptia"). Zu den Hauptleistungspflichten des Franchisegebers gehört danach auf jeden Fall die Lizenzierung seiner Schutzrechte, ohne deren Gebrauch ein einheitliches Auftreten der Gruppe nicht möglich ist, sowie die Überlassung seines sonstigen Know-hows (GITTER § 14 D III 1 [S 485 ff]; MARTINEK ZIP 1988, 1362, 1373 f).

152 Auch ohne ausdrückliche vertragliche Regelung treffen den Franchisegeber nach Sinn und Zweck des Vertrages (§§ 157, 242) außerdem durchweg umfassende Treue- und Rücksichtspflichten gegenüber dem Franchisenehmer. Eine Ausprägung dieser Treuepflicht ist die sogenannte **Betriebsförderungspflicht** des Franchisegebers, dh seine Pflicht, den Franchisenehmer während der ganzen Vertragsdauer bei seinen Absatzbemühungen zu unterstützen. Darin eingeschlossen sind die Pflicht zur fortlaufenden Überlassung etwaigen neuen Know-hows und Erfahrungswissens, die Pflicht zur Unterstützung des Franchisenehmers bei der Werbung sowie die Pflicht zu dessen ständiger weiteren Schulung (OGH SZ 64 I [1991] Nr 78, 419, 423 = WBl 1991, 337 „Yves Rocher"; OGH WBl 1989, 131; 1991, 332, 334; BAG AP Nr 1 zu § 84 HGB = BB 1980, 1471; MARTINEK ZIP 1988, 1362, 1373 f). **§ 86 a HGB** kann insoweit entsprechend angewandt werden (MARTINEK, Vertragstypen II 105 f). Teil dieser Betriebsförderungspflicht des Franchisegebers ist auch die Gewährung eines (begrenzten) Gebietsschutzes, soweit kartellrechtlich zulässig (OGH WBl 1989, 131; 1991, 332, 336; GITTER § 14 D III 1 b [S 488]). Hingegen trifft den Franchisegeber gegenüber dem Frachisenehmer eine Lieferpflicht nur im selben Umfang wie den Geschäftsherrn gegenüber dem Handelsvertreter, so daß er keineswegs jede Bestellung des Franchisenehmers unbesehen

annehmen muß; er ist lediglich verpflichtet, dessen Bestellungen nicht ohne vernünftigen Grund, dh willkürlich abzulehnen (OLG Hamm NJW-RR 1994, 243 f).

b) Die **Haftung** des Franchisegebers richtet sich nach den §§ 581 Abs 2 und 537 ff, soweit er seinen lizenzvertraglichen Pflichten nicht nachkommt (o Rn 85 f; anders die überwiegende Meinung). Im übrigen haftet er für die schuldhafte Verletzung seiner Pflichten nach den Regeln über die positive Vertragsverletzung (§ 276; PALANDT/PUTZO, Einführung vor § 581 Rn 26; GITTER § 14 F II [S 498 ff]). **153**

6. Pflichten des Franchisenehmers

Hauptleistungspflicht des Franchisenehmers ist die Zahlung der vereinbarten Gegenleistung, wobei unterschiedliche Formen vorkommen (einmalige Eintrittsgebühr, laufende feste oder vom Umsatz abhängige Zahlungen). Daneben regeln die Franchiseverträge durchweg noch zahlreiche weitere Pflichten des Franchisenehmers, durch die vor allem das einheitliche Auftreten der Gruppe nach außen sichergestellt werden soll (ausführlich LENZEN RIW 1984, 587). Außerdem trifft den Franchisenehmer nach Sinn und Zweck des Vertrages eine Treuepflicht (**§ 86 HGB**), so daß er sich nach Kräften um den Absatz der Waren oder Dienstleistungen des Franchisegebers bemühen muß. Hinzu tritt zB noch die Pflicht, die ihm vom Franchisegeber anvertrauten Geschäftsgeheimnisse geheim zu halten (§ 90 Abs 1 HGB; GITTER § 14 D III 2 [S 488 ff]; MARTINEK, Vertragstypen II 107 ff; ders ZIP 1988, 1362, 1373). **154**

7. Vertragsbeendigung

a) Dauer
Franchiseverträge werden offenbar in der Regel auf bestimmte Zeit in Verbindung mit einer Verlängerungsklausel abgeschlossen. Fehlt eine solche Verlängerungsklausel, so findet der Vertrag mit Ablauf der Vertragszeit automatisch sein Ende (§§ 581 Abs 2, 564). Andernfalls verlängert er sich von selbst auf bestimmte oder unbestimmte Zeit, wenn keine Partei von ihrem Kündigungsrecht Gebrauch macht (s o STAUDINGER/EMMERICH [1995] Vorbem 230 zu §§ 535, 536). **155**

b) Ordentliche Kündigung
Verträge auf unbestimmte Zeit können ordentlich und außerordentlich aus wichtigem Grunde gekündigt werden. Auf die ordentliche Kündigung wird überwiegend § 89 HGB entsprechend angewandt (zB BEHR 149; MARTINEK ZIP 1988, 1362, 1377; ders, Vertragstypen II 120 ff; K SCHMIDT, Handelsrecht § 28 III 1 a [S 779 f]). Richtigerweise sollte jedoch, wenn vertragliche Abreden über die Kündigungsfristen fehlen, von § 584 ausgegangen werden (ebenso PALANDT/PUTZO Einf vor § 581 Rn 29), weil auf diese Weise das Bestandsinteresse des Franchisenehmers besser als nach § 89 HGB geschützt werden kann. Grund für das große Bestandsinteresse des Franchisenehmers ist vor allem sein Bestreben, während einer angemessenen Vertragsdauer seine oft erheblichen Investitionen amortisieren zu können (s u Rn 157). **156**

c) Kündigungsschutz
Mit Rücksicht auf das Bestandsinteresse des Franchisenehmers (o Rn 156) werden im Schrifttum zunehmend Kündigungsschranken diskutiert. Sicher ist, daß im Einzelfall eine ordentliche Kündigung des Franchisegebers, durch die der Franchisenehmer **157**

übermäßig geschädigt wird, gegen das Diskriminierungsverbot des § **26 Abs 2 GWB** verstoßen kann; jedoch handelt es sich dabei um seltene Ausnahmefälle (s EMMERICH, Kartellrecht [7. Aufl 1994] 298 ff; MARTINEK, Vertragstypen II 139 ff; ders, Franchising 598 ff).

158 Als Ausweg aus diesem Dilemma wird im Schrifttum neuerdings häufig ein letztlich allein auf § 242 zu stützender „**Investitionsschutz**" zugunsten des Franchisenehmers diskutiert, der sich vor allem darin äußern soll, daß der Franchisegeber so lange nicht ordentlich kündigen kann, wie dem Franchisenehmer nicht eine Amortisierung seiner im Grunde vom Franchisegeber veranlaßten Investitionen möglich war; statt dessen wird auch vorgeschlagen, eine Kündigung vor Ablauf der angemessenen Amortisationsfrist nur gegen anteiligen Ausgleich der Investitionskosten des Franchisenehmers zuzulassen (insbesondere EBENROTH, Absatzmittlungsverträge; FOTH BB 1987, 1270; LIESEGANG BB 1991, 2381, 2384; MARTINEK, Vertragstypen II 133 ff; dagegen zB BEHR 149 ff; EKKENGA, Inhaltskontrolle 169 ff). In der Praxis haben alle derartigen Überlegungen jedoch bisher keinen Anklang gefunden.

d) Außerordentliche Kündigung

159 aa) Dauerschuldverhältnisse sind auch ohne gesetzliche Regelung aus wichtigem Grunde kündbar, wenn einer Partei die Fortsetzung des Vertrages selbst bis zum nächsten ordentlichen Kündigungstermin nach Treu und Glauben nicht mehr zuzumuten ist. Franchiseverträge machen hiervon keine Ausnahme; Voraussetzung der Kündigung ist jedoch grundsätzlich eine vorherige Abmahnung des anderen Teils (BGH LM Nr 31 zu § 305 BGB = NJW 1985, 1894 „Mc Donald's"; OLG Hamm NJW-RR 1994, 243, 244; OGH SZ 60 I [1987] Nr 77, 392, 397 f = WBl 1987, 188 = GRURInt 1988, 72 „Stefanel"; SZ 60 II [1987] Nr 218, 441, 448 f = WBl 1988, 97; WBl 1991, 332, 336 f „Yves Rocher"). Die überwiegende Meinung stützt sich hierbei auf eine Analogie zu **§ 89 a HGB** (GITTER § 14 G II 1 [S 502 ff]; MARTINEK, Vertragstypen II 124 ff; ders, Franchising 327 ff; ders ZIP 1988, 1362, 1378; K SCHMIDT, Handelsrecht § 28 III 1 a [S 779 ff]; HJ WEBER JA 1983, 347, 353). Zumindest ergänzend ist aber auch an die Anwendung der §§ 581 Abs 2 und 553 f zu denken, namentlich bei Zahlungsverzug des Franchisenehmers (§ 554; s u Rn 160).

160 bb) Der **Franchisegeber** kann zB fristlos kündigen, wenn der Franchisenehmer durch schwerwiegende Vertragsletzungen den Vertragszweck gefährdet (BGH LM Nr 31 zu § 305 BGB = NJW 1985, 1894 „Mc Donald's"; kritisch dazu BÖHNER NJW 1985, 2811), insbesondere, wenn er unter Verstoß gegen das Konkurrenzverbot fremde Ware vertreibt (OGH SZ 60 I [1987] Nr 77, S 392, 397 f = WBl 1987, 188 = GRURInt 1988, 72 „Stefanel") oder sich in Zahlungsverzug befindet (§ 554; OGH WBl 1991, 332, 336 f „Yves Rocher"). Maßgebend sind aber immer die Umstände des Einzelfalls, so daß der Vertrieb von Konkurrenzware ausnahmsweise anders zu beurteilen sein kann, wenn der Franchisenehmer geradezu gezwungen war, sich am Markt einzudecken, weil er vom Franchisegeber nicht rechtzeitig beliefert wurde (OGH SZ 60 I [1987] Nr 77, S 392, 397 f = WBl 1987, 188 = GRURInt 1988, 72 „Stefanel"). Weitere außerordentliche Kündigungsgründe für den Franchisegeber sind je nach den Umständen des Falles die dauernde Unrentabilität des Systems, der Vermögensverfall des Franchisenehmers, die Vernachlässigung der Absatzbemühungen oder die Verletzung von Geheimhaltungspflichten durch den Franchisenehmer sowie überhaupt jedes Verhalten, durch das das gegenseitige Vertrauensverhältnis nachhaltig zerstört wird (s BÖHNER NJW 1985, 2811; GITTER § 14 G II 1 [S 503 f]; MARTINEK, Vertragstypen II 128 ff).

Der **Franchisenehmer** kann fristlos kündigen, wenn der Franchisegeber ihm vertrags- **161** widrig Konkurrenz macht, wenn er versucht, einseitig zu seinem Vorteil den Vertrag zu ändern oder wenn er sonst schwerwiegend gegen seine Vertragspflichten verstößt, indem er ihn z.b. grundlos nicht weiter beliefert (OLG Hamm NJW-RR 1994, 243, 244). Hingegen stellt es keinen wichtigen Kündigungsgrund dar, wenn der Betrieb des Franchisenehmers abbrennt, weil dies zu seinem Risiko gehört, gegen das er sich ohne weiteres versichern kann und muß (OGH SZ 60 II [1987] Nr 218, 441, 450 f = WBl 1988, 97).

8. Abwicklung

a) Pachtrecht

aa) Nach Vertragsbeendigung (o Rn 155 ff) können auf das Abwicklungsverhältnis **162** je nach den Umständen des Falles Pacht- oder Handelsvertreterrecht anzuwenden sein. Auszugehen ist vom Pachtrecht, da Franchiseverträge der Rechtspacht am nächsten stehen (o Rn 142 ff). Dies bedeutet, daß der Franchisenehmer nach Vertragsende alles, was er vom Franchisegeber erhalten hat, zurückgeben muß, wobei in erster Linie an Rezepte, Muster und Handbücher sowie sonstige Formen der Dokumentation des besonderen Know-hows des Franchisegebers zu denken ist (§ 556).

Nutzt der Franchisenehmer trotz Vertragsbeendigung die ihm überlassenen Schutz- **163** rechte und das Know-how des Franchisegebers weiter, so muß er die vereinbarte Gegenleistung weiterzahlen (§ 584 b). Außerdem ist gegebenenfalls an eine stillschweigende Verlängerung des Vertrages nach § 568 zu denken (s auch § 89 Abs 3 HGB).

bb) Eine andere Frage ist, ob der Franchisegeber im Einzelfall nach Treu und **164** Glauben verpflichtet sein kann, die Vertragsware, die der Franchisenehmer jetzt nicht mehr absetzen darf, zurückzukaufen. Bei Vertragshändlern wird heute eine derartige Pflicht des Herstellers häufig bejaht (BGHZ 54, 338, 345 f = NJW 1971, 29; OLG Frankfurt MDR 1982, 405 = BB 1982, 209; WM 1986, 139 = MDR 1986, 144; WM 1986, 141; EMMERICH, Das Recht der Leistungsstörungen [3. Aufl 1991] § 23 II 2 [S 262]). Es besteht kein Grund, Franchisenehmer in diesem Punkte schlechter als Vertragshändler zu behandeln, so daß sich bei ihnen gleichfalls je nach den Umständen des Einzelfalls aus § 242 die Pflicht des Franchisegebers ergeben kann, die Vertragsware zurückzunehmen (GITTER § 14 G III 2 b [S 512]; LIESEGANG BB 1991, 2381, 2384 f; MARTINEK, Vertragstypen II 164 ff).

b) Handelsvertreterrecht

aa) Neben Pacht- und Mietrecht (o Rn 162 ff) findet im Abwicklungsstadium außer- **165** dem Handelsvertreterrecht Anwendung (o Rn 146). Das gilt zunächst für § 87 Abs 3 HGB, so daß der Franchisenehmer noch eine Vergütung für von ihm bereits angebahnte, aber nicht mehr abgewickelte Geschäfte verlangen kann (MARTINEK, Vertragstypen II 163 ff; ders, Franchising 374; ders ZIP 1988, 1362, 1378 f).

bb) Der Franchisenehmer hat außerdem unter im einzelnen freilich umstrittenen **166** Voraussetzungen einen **Ausgleichsanspruch** gegen den Franchisegeber entsprechend § 89 b HGB (OGH WBl 1991, 332, 336 „Yves Rocher"; ebenso BAUMBACH/DUDEN/HOPT, HGB [29. Aufl 1995] § 84 Rn 10; JOERGES Die AG 1991, 325, 339 ff; GITTER § 14 G III 1 [S 505 ff]; H

KÖHLER NJW 1990, 1689, 1690 ff; MARTINEK, Vertragstypen II 150 ff; ders, Franchising 353 ff; ders ZIP 1988, 1362, 1378; ULLMANN CR 1991, 193, 199 f; K SCHMIDT, Handelsrecht § 28 III 2 [S 781 ff]). Ist ein Wettbewerbsverbot vereinbart, so schuldet der Franchisegeber zusätzlich eine **Karenzentschädigung** nach § 90 a Abs 1 S 3 HGB (BGH LM Nr 8 zu § 90 a HGB = NJW-RR 1987, 612; KG MDR 1974, 144; GITTER § 14 G III 1 b [S 510 f]; JOERGES Die AG 1991, 325, 339 ff; MARTINEK, Franchising 373; ders ZIP 1988, 1362, 1378; ders, Vertragstypen II, 166 ff). Zum Ausgleich trifft den Franchisenehmer eine **Geheimhaltungspflicht** entsprechend § 90 HGB (GITTER § 14 G III 2 a [S 512]; MARTINEK ZIP 1988, 1362, 1378).

XII. Neue Länder

167 Das sogenannte ZGB der verblichenen DDR von 1976 hatte die Pacht als Sonderform der Miete abgeschafft. Die Folge war nach Wiedereinführung des BGB in den neuen Ländern am 3. Oktober 1990 eine Fülle schwierigster Anpassungsfragen, derer der Gesetzgeber mit zahlreichen sich überschneidenden Rechtsvorschriften Herr zu werden versucht. Die Einzelheiten gehören in den Zusammenhang der Erläuterung der §§ 3 ff des Art 232 EGBGB in der Fassung der Bekanntmachung vom 21. September 1994 (BGBl I 2494, 2517). Im folgenden soll nur ein kurzer Überblick über die wichtigsten Rechtsquellen gegeben werden.

1. Art 232 § 3 EGBGB

168 Nach Art 232 § 3 Abs 1 EGBGB in der Fassung von 1994 (o Rn 167) richten sich Pachtverhältnisse aufgrund von Verträgen, die vor dem Wirksamwerden des Beitritts am 3. Oktober 1990 abgeschlossen worden sind, von diesem Zeitpunkt an nach den §§ 581 bis 597 BGB; dh, sie unterliegen fortan normalem Pachtrecht, soweit nicht Sonderregelungen eingreifen, wie dies tatsächlich im großen Umfang der Fall ist (s u Rn 173 ff).

a) Anwendungsbereich

169 aa) Der Anwendungsbereich des Art 232 § 3 Abs 1 EGBGB ist nicht leicht zu bestimmen, da das ZGB der DDR, wie schon betont (o Rn 167), keine Pacht kannte. Im wesentlichen werden wohl folgende Fälle erfaßt: Alte Pachtverhältnisse aus der Zeit vor Inkrafttreten des ZGB am 1. Januar 1976, pachtähnliche Nutzungsverträge, die zulässigerweise nach dem 1. 1. 1976, zB aufgrund des sogenannten Vertragsgesetzes vom 25. 3. 1982 (GBl I 293) abgeschlossen worden sind, sowie nach der Wiedereinführung der Vertragsfreiheit am 1. Juli 1990 begründete Pachtverhältnisse (s im einzelnen STAUDINGER/SONNENSCHEIN[12] Art 232 § 3 EGBGB Rn 5).

170 bb) Ergänzend bestimmt Art 232 § 3 Abs 2 EGBGB, daß die §§ 51 und 52 des Landwirtschaftsanpassungsgesetzes vom 29. 6. 1990 (BGBl I 642) unberührt bleiben. Aus diesen Vorschriften ergab sich die Anwendbarkeit des Pachtrechts des BGB für Pachtverhältnisse über land- und forstwirtschaftliche Nutzflächen bereits seit dem 20. 7. 1990, so daß hier der wichtigste Anwendungsbereich des Pachtrechts des BGB in den neuen Ländern liegen dürfte (STAUDINGER/SONNENSCHEIN[12] Art 232 § 3 EGBGB Rn 11 ff).

171 cc) Ausgenommen von der sofortigen uneingeschränkten Geltung des BGB waren zunächst nach Art 232 § 4 EGBGB die Nutzungsverhältnisse nach den §§ 312 bis 315

ZGB, wozu namentlich die sogenannten **Datschengrundstücke** gehören, und zwar wegen der großen sozialen Bedeutung dieser Grundstücke für die Bevölkerung in den neuen Ländern. Für sie blieb es deshalb zunächst bei dem bisherigen Rechtszustand, an dessen Stelle seit dem 1. Januar 1995 die komplizierte Übergangsregelung des Schuldrechtsanpassungsgesetzes getreten ist (Art 1 des Schuldrechtsänderungsgesetzes vom 21. 9. 1994, BGBl I 2538; s dazu u Rn 173 ff).

b) Heutige Rechtslage

Soweit Pachtverhältnisse in den neuen Ländern unter Art 232 § 3 EGBBG fallen **172** (o Rn 169 f), gelten für sie heute nahezu keine Besonderheiten mehr, nachdem sämtliche Beschränkungen für die Pachtzinsbildung ausgelaufen sind (s Sternel, Mietrecht aktuell [2 Aufl 1992] Rn A 194). Die Kündigung dieser Verträge richtet sich mittlerweile ebenfalls allein nach den §§ 581 ff BGB, so daß sich der Kündigungsschutz für landwirtschaftliche Pächter heute aus § 595 ergibt. Ein besonderer Bestandsschutz für Pachtverträge aus den neuen Ländern aufgrund des EGBGB bestand und besteht nicht. Art 232 § 2 Abs 5 EGBGB, der ohnehin Ende 1994 ausgelaufen ist, galt nur für gewerbliche Mietverhältnisse, nicht für die gewerbliche Pacht, so daß hier ausnahmsweise einmal der Unterscheidung zwischen Miete und Pacht zentrale Bedeutung für die Beteiligten zukam (s Staudinger/Sonnenschein[12] Art 232 § 3 EGBGB Rn 7).

2. Art 232 §§ 4 f EGBGB

a) Überblick

Für Datschengrundstücke und eine Reihe vergleichbarer Nutzungsverhältnisse, die **173** heute überwiegend als Pacht im Sinne der §§ 581 ff BGB zu qualifizieren sein dürften, gelten, wie schon betont (o Rn 171), Sonderregelungen, die sich zunächst aus Art 232 §§ 4 und 4a EGBGB und seit 1995 in erster Linie aus dem Schuldrechtsänderungsgesetz vom 21. 9. 1994 (BGBl I 2538) ergeben. Die ganze Materie ist verwickelt, nicht zuletzt deshalb, weil derartige Nutzungsverhältnisse in der früheren DDR ohne Rücksicht auf die bestehende Rechtslage von den unterschiedlichsten Stellen nahezu willkürlich begründet wurden, wobei durchweg auf die Interessen der Grundstückseigentümer nicht die geringste Rücksicht genommen wurde. Die Folge ist eine Gemengelage verschiedenster Nutzungsverhältnisse, die der Gesetzgeber jetzt je nach ihrem mehr schuldrechtlichen oder mehr dinglichen Einschlag verschiedenen Sonderregelungen unterstellt hat.

Die Übergangsregelung für die dinglichen Nutzungsverhältnisse findet sich in dem **174** Sachenrechtsänderungsgesetz vom 21. 9. 1994 (BGBl I 2457), die für die hier allein interessierenden schuldrechtlichen Nutzungsverhältnisse hingegen in dem **Schuldrechtsänderungsgesetz** ebenfalls vom 21. 9. 1994 (BGBl I 2538). Beide Gesetze sind – in konsequenter Fortsetzung der DDR-Praxis – durch eine radikale Zurückdrängung der Interessen der Grundstückseigentümer entgegen Art 14 Abs 1 GG gekennzeichnet.

Grundlage des besonderen Bestandsschutzes für Nutzungsverhältnisse über Dat- **175** schengrundstücke und vergleichbare Nutzungsverhältnisse war zunächst Art 232 § 4 EGBGB. Nach Abs 1 dieser Bestimmung richteten sich nämlich diese Nutzungsverhältnisse, sofern sie vor dem 3. Oktober 1990 abgeschlossen worden sind, vorerst weiterhin nach den §§ 312 bis 315 ZGB. Das galt auch für Altverträge aus der Zeit vor Inkrafttreten des ZGB am 1.1.1976 (Art 232 § 4 Abs 4 EGBGB). Sonderregelungen bestanden von Anfang an jedoch für kleingärtnerisch genutzte Grundstücke (s Art 232 § 4 Abs 3 EGBGB; §§ 20, 20 a BKleingG; dazu u Rn 178).

b) §§ 312 bis 315 ZGB

176 aa) Die §§ 312 bis 315 ZGB regelten die Überlassung land- und forstwirtschaftlich nicht genutzter Bodenflächen an Bürger zum Zwecke der kleingärtnerischen Nutzung, der Erholung und der Freizeitgestaltung (§ 312 Abs 1 ZGB). § 313 ZGB bestimmte im einzelnen die sich daraus für beide Parteien ergebenden Pflichten. Die Grundstücke durften danach zwar aufgrund besonderer Abrede mit Wochenendhäusern bebaut werden, nicht jedoch mit zu Wohnzwecken geeigneten Gebäuden (§ 313 Abs 2 ZGB); gerade gegen diese Regelung ist verbreitet verstoßen worden. Die Kündigung der Nutzungsverhältnisse seitens des Überlassenden, dh des Grundstückseigentümers, für den meistens staatliche Stellen mit oder ohne Vertretungsmacht tätig wurden, war praktisch ausgeschlossen (§ 314 Abs 3 ZGB). § 315 ZGB fügte noch einige Sondervorschriften für Kleingartenanlagen hinzu.

177 bb) Die Aufrechterhaltung der genannten Vorschriften des ZGB (§§ 312 bis 315) durch Art 232 § 4 Abs 1 EGBGB verfolgte vor allem den Zweck, die radikale **Kündigungsbeschränkung** des § 314 Abs 3 ZGB trotz der Aufhebung des ZGB am 3. Oktober 1990 vorerst beizubehalten. Verstärkt wurde der daraus resultierende Bestandsschutz namentlich für die Nutzungsverhältnisse über Datschengrundstücke noch durch das eigentümliche **Vertrags-Moratorium** aufgrund des Art 232 § 4 a EGBGB, der zusätzlich für die vielen problematischen Fälle, in denen die Anwendbarkeit der §§ 312 bis 315 ZGB durchaus zweifelhaft war, bis Ende 1994 einen nahezu totalen Kündigungsausschluß brachte. Zum Ausgleich gestattete die Bundesregierung jedoch den Grundstückseigentümern marginale Erhöhungen der Nutzungsentgelte. Die Einzelheiten ergeben sich aus der aufgrund des Art 232 § 4 Abs 2 EGBGB erlassenen Nutzungsentgeltverordnung vom 22.7.1993 (BGBl I 1339).

178 cc) Weitere Sonderregelungen gab es von Anfang an für Nutzungsverträge über **kleingärtnerisch** genutzte Grundstücke. Weil bei diesen Verträgen ohnehin aufgrund des BKleingG vom 28. 2. 1983 (BGBl I 210) ein weitgehender Bestandsschutz verbunden mit einer radikalen Beschränkung der Pachtzinshöhe besteht (s o Rn 53 ff), erschien es unbedenklich, Kleingartennutzungsverhältnisse sofort vom 3. Oktober 1990 an dem BKleingG als Kleingartenpachtverträge zu unterstellen (s STAUDINGER/ RAUSCHER[12] Art 232 § 4 EGBGB Rn 19 ff). Die Einzelheiten ergeben sich aus § 20 a BKleingG, der durch den Einigungsvertrag (Anlage I Kap XIV Abschn II Nr 4; BGBl 1990 II 1125) in das BKleingG eingefügt wurde (s Art 232 § 4 Abs 3 EGBGB). 1994 ist noch eine ergänzende Bestimmung für Zwischenpachtverträge hinzugefügt worden (§ 20 b BKleingG in der Fassung des Schuldrechtsänderungsgesetzes vom 21.9.1994, BGBl I 2538, 2552).

3. Schuldrechtsanpassungsgesetz von 1994

179 Schon in Art 232 § 4 Abs 1 S 2 EGBGB war eine Neuregelung der Nutzungsverhältnisse nach den §§ 312 bis 315 ZGB (o Rn 173 ff) durch ein besonderes Gesetz angekündigt worden, mit dem diese Nutzungsverhältnisse dem BGB angepaßt wer-

den sollten. Diesem Zweck dient vor allem das als Art 1 des Schuldrechtsänderungsgesetzes vom 21. 9. 1994 erlassene Schuldrechtsanpassungsgesetz (BGBl 1994 I 2538; s dazu ausführlich die Begr zum RegE BT-Drucks 12 [1994]/7135 S 26 ff; den Ausschußbericht BT-Drucks 12/8035; DEGENHART JZ 1994, 890; GRIESSENBECK WiB 1994, 857; GRÜN NJW 1994, 2641; GRÜNEBERG/WENDTLAND DtZ 1993, 101; MESSERSCHMIDT NJW 1994, 2648; OETKER DtZ 1993, 325; SCHMIDT-RÄNTSCH DtZ 1994, 82; SCHNABEL GE 1994, 1012, 1138, 1210, 1272, 1341, 1404).

a) Zweck

Mit dem Schuldrechtsanpassungsgesetz (o Rn 179) wird ein doppelter Zweck verfolgt, einmal die endgültige Anpassung dieser Nutzungsverhältnisse an das BGB durch ihre Überleitung in Miet- oder Pachtverhältnisse, zum anderen die Gewährleistung eines umfassenden Bestandsschutzes für die bisherigen Nutzer, die der Gesetzgeber wegen der großen sozialen Bedeutung der Materie (mehr als eine Million betroffener Verträge) als unerläßlich ansah (Begr zu RegE, BT-Drucks 7/7135, S 26, 35 ff). Erreicht wird dieser Bestandsschutz in erster Linie durch einen überaus weitgehenden Kündigungsausschluß zu Lasten der Grundstückseigentümer, der in den Ausschußberatungen auf Druck der neuen Länder noch erheblich verschärft worden ist (s den Bericht BT-Drucks 12/8035), so daß die Regelung in vielen Punkten auf einen dauernden Ausschluß des Eigentümers hinausläuft (sogenannte 2. Enteignung in Fortsetzung der DDR-Praxis). **180**

b) Anwendungsbereich

Das Schuldrechtsanpassungsgesetz erfaßt nach seinem § 1 in erster Linie die Nutzungsverhältnisse nach den §§ 312 bis 315 ZGB, vor allem also die Pachtverträge über Datschengrundstücke und Garagen (o Rn 173 ff; Begr zum RegE BT-Drucks 12/7135, S 35ff; MESSERSCHMIDT NJW 1994, 2648, 2649; SCHMIDT-RÄNTSCH DtZ 1994, 82 f; SCHNABEL GE 1994, 1012). Gleichgestellt sind verschiedene andere Fälle, nämlich die Überlassungsverträge im Sinne des Art 232 § 1 a EGBGB, die vor allem von den sogenannten staatlichen Verwaltern von Grundstücken von Bundesbürgern zu deren Lasten abgeschlossen worden waren (s GRÜN NJW 1994, 2641, 2643; SCHMIDT-RÄNTSCH DtZ 1994, 82, 83), sowie Nutzungsverträge, die Dritte ebenfalls zu Lasten der Eigentümer mit staatlicher Billigung über unbebaute Grundstücke abgeschlossen hatten, sofern die Grundstücke auf dieser Grundlage von dem Nutzer bebaut worden sind. **181**

Das Schuldrechtsanpassungsgesetz erfaßt nur die als primär schuldrechtlich eingestuften Nutzungsverhältnisse. Deshalb sind von seinem Anwendungsbereich ausgenommen sämtliche Rechtsverhältnisse, die unter das Sachenrechtsbereinigungsgesetz fallen (Art 1 des Sachenrechtsänderungsgesetzes vom 21. 9. 1994 [BGBl I 2457]; dazu zB GRÜN NJW 1994, 2641), sowie die Kleingartenpachtverträge, die bereits seit dem 3. Oktober 1990 dem BKleingG unterliegen (§ 2 Schuldrechtsanpassungsgesetz; s o Rn 175, 178). **182**

4. Umwandlung

Die in den Anwendungsbereich des Schuldrechtsanpassungsgesetzes fallenden Rechtsverhältnisse (o Rn 181) sind durch dieses Gesetz mit Wirkung vom 1. Januar 1995 ab in Miet- oder Pachtverhältnisse umgewandelt worden, je nachdem, welche Befugnisse den Nutzungsberechtigten zustehen (§ 6 Abs 1 des Gesetzes; s dazu die Begr zum RegE BT-Drucks 7/7135, S 39 ff; MESSERSCHMIDT NJW 1994, 2648, 2649; SCHMIDT- **183**

Räntsch DtZ 1994, 82). Die Masse der unter die §§ 312 bis 315 ZGB fallenden Nutzungsverhältnisse (Art 232 § 4 Abs 1 EGBGB) und damit vor allem die Verträge über die sogenannten Datschengrundstücke dürften mithin seit dem 1. Januar 1995 als **Pachtverträge** im Sinne der §§ 581 ff zu behandeln sein, da nach § 313 Abs 1 S 2 ZGB die Nutzungsberechtigten zur Aneignung der Erträge, dh zur Fruchtziehung berechtigt waren.

5. Übergangsregelung

184 Die Anwendung des Miet- und Pachtrechts des BGB auf die genannten Nutzungsverhältnisse ab 1995 (o Rn 183) ist nur der Grundsatz, der tatsächlich von so vielen Ausnahmen durchbrochen ist, daß von der Maßgeblichkeit des BGB für die genannten Verträge bis weit in das nächste Jahrtausend hinein nur wenig übrig bleibt. An die Stelle des BGB treten vielmehr weithin die Sonderregeln des Schuldrechtsanpassungsgesetzes. Bezweckt ist damit ein „sozialverträglicher Ausgleich" (Begr zum RegE BT-Drucks 12/7135, S 40) zwischen den Nutzungsberechtigten, die sich (angeblich) aufgrund der bisherigen „Rechtslage" weithin als „Eigentümer" fühlen konnten, und den wirklichen Eigentümern.

a) Bestandsschutz

185 Kern der Sonderregelung ist der umfassende Bestandsschutz zugunsten der bisherigen Nutzungsberechtigten aufgrund der §§ 23 f des Schuldrechtsanpassungsgesetzes, der in der Mehrzahl der Fälle de facto auf einen nahezu totalen Kündigungsausschluß bis zur Mitte des nächsten Jahrhunderts hinausläuft und damit einer Enteignung der Grundstückseigentümer gleichkommt (s Degenhart JZ 1994, 890; Messerschmidt NJW 1994, 2648, 2649 f; Schnabel GE 1994, 1138). Der Regierungsentwurf hatte noch, um genau dieses Ergebnis zu vermeiden, einen wesentlich schnelleren Übergang zum Miet- und Pachtrecht des BGB vorgesehen gehabt (s die Begr BT-Drucks 12/7135, S 54 ff; Schmidt-Räntsch DtZ 1994, 82, 83 f). Auf Druck der neuen Länder hin sind dann jedoch in den Ausschußberatungen (BT-Drucks 8/8035) die Kündigungsfristen ganz erheblich verlängert worden; da zugleich die verbleibenden Kündigungsgründe auch noch radikal eingeschränkt wurden, sind die fraglichen Miet- und Pachtverhältnisse heute und auf unabsetzbare Zeit praktisch unkündbar.

b) Sonstige Bestimmungen

186 Endet der Vertrag, so geht zwar das Eigentum an Bauwerken auf den Grundstückseigentümer über (§ 11 aaO). Zum Ausgleich kann jedoch der Nutzer vom Grundstückseigentümer eine Entschädigung nach dem Zeitwert des Bauwerks im Zeitpunkt der Rückgabe verlangen (§ 12 aaO). Das alles gilt auch, wenn der Vertrag an sich nicht den Voraussetzungen des § 312 ZGB entsprach, wie es häufig vorkam, weil diese Mängel durch das Schuldrechtsanpassungsgesetz (§ 19) geheilt werden. Als Gegenleistung erhält der Grundstückseigentümer lediglich ein Nutzungsentgelt, dessen Berechnung sich nach der Nutzungsentgeltverordnung vom 22. Juli 1993 (BGBl I 1339) richtet (§ 20 Schuldrechtsanpassungsgesetz).

6. Sonderregelungen

187 Für verschiedene Rechtsverhältnisse gelten Sonderregelungen, durch die die Eigentümerrechte noch weiter als schon im Regelfall (o Rn 184 ff) zurückgedrängt werden.

Hervorzuheben sind zunächst die Fälle, in denen der Nutzer auf dem Grundstück bis zur Wiedervereinigung mit Billigung staatlicher Stellen ein Wohnzwecken oder gewerblichen Zwecken dienendes **Bauwerk** errichtet hat. In diesem Fall finden die §§ 43 ff des Schuldrechtsanpassungsgesetzes Anwendung, die namentlich besondere Bestimmungen über das zu zahlende Entgelt und über die Kündigungsschutzfristen enthalten (s Messerschmidt NJW 1994, 2648, 2650; Schmidt-Räntsch DtZ 1994, 82, 85).

Weitere Sonderregelungen gelten aufgrund des **Erholungsnutzungsrechtsgesetzes** 188 (Art 2 des Schuldrechtsänderungsgesetzes, BGBl 1994 I 2548) für Nutzungsrechte, die zur Errichtung von Wochenendhäusern oder Garagen verliehen wurden. Diese Nutzungsrechte werden nach dem genannten Gesetz in Erbbaurechte (für Wochenendhäuser oder Garagen!) umgewandelt (s dazu die Begr zum RegE BT-Drucks 12/7135 S 70 ff; Messerschmidt NJW 1994, 2648, 2651; Schmidt-Räntsch DtZ 1994, 82, 86). Soweit freilich Garagen im Zusammenhang mit Mietverträgen vermietet wurden, bleibt es bei der alleinigen Anwendung des Mietrechts; für die zusätzliche Bestellung von Erbbaurechten ist dann kein Raum.

§ 581

[1] **Durch den Pachtvertrag wird der Verpächter verpflichtet, dem Pächter den Gebrauch des verpachteten Gegenstandes und den Genuß der Früchte, soweit sie nach den Regeln einer ordnungsmäßigen Wirtschaft als Ertrag anzusehen sind, während der Pachtzeit zu gewähren. Der Pächter ist verpflichtet, dem Verpächter den vereinbarten Pachtzins zu entrichten.**

[2] **Auf die Pacht mit Ausnahme der Landpacht sind, soweit sich nicht aus den §§ 582 bis 584 b etwas anderes ergibt, die Vorschriften über die Miete entsprechend anzuwenden.**

Materialien: E I §§ 531, 532; II § 521; III § 574; Mot II 421 ff; Prot II 232 f; Art 1 Nr 1 G zur Neuordnung des landwirtschaftlichen Pachtrechts vom 8. 11. 1985 (BGBl I 2065); Begr zum RegE BT-Drucks 10/509, 15; Ausschußbericht BT-Drucks 10/3830, 28.

Schrifttum

Adlung, Die Apothekenbesitzrechte in den deutschen Ländern (1927)

Ahlbrecht/Bengsohn, Die Unternehmenspacht und ihre Behandlung im Handelsregister, Rpfleger 1982, 361

Allweil, Der Grundstücksmiet- oder -pachtvertrag, ZMR 1964, 353

Backhaus, Betriebsübergang nach § 613 a BGB bei Erwerb des Betriebsvermögens durch ein Bündel von Rechtsgeschäften mit betriebsfremden Dritten?, Betrieb 1985, 1131

Beer, Gefahren untypischer Apothekenverpachtungen, BB 1992, 1259

Berberich/Berberich, Pachten und Verpachten von Apotheken (1983)

Bergmann, Fischereirecht (1966)

Boldt/Weller, Bundesberggesetz (1984) m Ergänzungsband (1992)

Borggreve, Einkommensbesteuerung des Entgelts für Bodenschätze – Eine Stellungnahme zu dem Beitrag von Knobbe-Keuk, DB 1985, 144 – Betrieb 1985, 1661

BRASSERT/GOTTSCHALK, Allgemeines Berggesetz für die Preußischen Staaten (2. Aufl 1914)
BRAUN, Kapitalersetzende Maßnahmen i.S.v.
§ 32 a Abs 3 GmbHG durch Pachtverträge in
der Betriebsaufspaltung?, ZIP 1983, 1175
BRAXMAIER, Die Rechtsprechung des Bundesgerichtshofs zum Miet- und Pachtrecht, WM
1968, 202; WM 1970, 26; WM 1972, 122; WM
1974, 90; WM 1976, 2; WM 1978, 158; WM
1980, 150; WM 1982, 114; WM 1984, 185; WM
1986, Beil 3; WM 1988, Beil 1; WM 1990, 573
BREYER, Gesetz über das Apothekenwesen –
Bundesapothekengesetz, Kommentar mit Be-
merkungen zur Apothekenbetriebsordnung
(1961)
BUB, Die auf – nach der EOP-Methode festge-
stellter – Pachtzinsüberhöhung beruhende Sittenwidrigkeit von Gaststätten-Pachtverträgen,
ZMR 1995, 509
BÜRGER, Die Sicherungspacht, JW 1934, 803
CROME, Die partiarischen Rechtsgeschäfte nach
römischem und heutigem Reichsrecht (1897)
DAHMANN, Pacht, in: Handwörterbuch der
Rechtswissenschaften, hrsg von STIER-SOMLO
und ELSTER, Bd IV (1927), Bd VIII (1937)
DEHMER, Die Betriebsaufspaltung. Steuerrecht, Umwandlung und Bilanzierung – Gesell-
schafts-, Pacht- und Arbeitsrecht (1983)
DEICHMANN, Preußische Apothekenbesitzver-
hältnisse (1913)
DÖRING, Betriebsaufspaltung und notarielle
Praxis, DNotZ 1982, 280
DÜRKES, Wertsicherungsklauseln (10. Aufl
1992)
EBEL, Über das landesherrliche Bergregal, ZfB
1968, 146
EMMERICH, Die Form wettbewerbsbeschrän-
kender Verträge, NJW 1980, 1363
ders, Das Recht der Leistungsstörungen
(3. Aufl 1991)
ENNECCERUS/LEHMANN, Schuldrecht (15. Bearb 1958)
ESSER/WEYERS, Schuldrecht, Bd II: Besonderer Teil (7. Aufl 1991)
FELIX (Hrsg), Kölner Handbuch der Betriebsaufspaltung und Betriebsverpachtung (4. Aufl
1979)
FIKENTSCHER, Schuldrecht (8. Aufl 1992)

FIRGAU, Aufklärungspflichten im Mietverhält-
nis (1979)
FRÄNKEL, Das Miet- und Pachtrecht nach dem
Bürgerlichen Gesetzbuch für das Deutsche
Reich (1897)
FREUND/BARTHELMESS, Die Verzinsung der
Miet- und Pachtkaution, NJW 1979, 2121
FRICKE, Konkurrenzschutzpflicht bei der Ver-
mietung gewerblicher Räume, ZMR 1979, 227
FRIELINGSDORF, Zur Problematik der Wertsi-
cherungsklauseln, Betrieb 1982, 789
GASSNER, Die Genossenschaft als Pacht- und
Besitzunternehmen, Rpfleger 1980, 409
GENICKE, Apotheken-Pachtrecht (1936)
vGIERKE, Deutsches Privatrecht, 3. Bd, Schuld-
recht (1917)
GLASER, Fristlose Kündigung eines Pachtver-
trages aus wichtigem Grunde, BlGBW 1964, 72
GNEIST, Die Apothekengesetze des Deutschen
Reiches und Preußens (1925)
HAARMANN, Wegfall der Geschäftsgrundlage
bei Dauerrechtsverhältnissen (1979)
HAASE, Das mietvertragliche Formerfordernis
und das Prinzip der Einheitlichkeit der Urkunde: Die ratio legis des § 566 BGB als Regulativ
des Zusammenwirkens der §§ 566, 126 BGB,
WuM 1995, 625
HAMBURGER, Die preußischen Apothekenbetriebsrechte in gewerberechtlicher, vermögens-
rechtlicher und steuerrechtlicher Hinsicht
(1928)
HEINEMANN, Die Bergwerkspacht, ZAkDR
1936, 667
HEINTZMANN, Die Kaution bei der gewerblichen Miete und Pacht, WiB 1995, 569
HENNERKES/BINZ/RAUSER, Zur Übernahme
von Ruhegeldverbindlichkeiten bei Unterneh-
mensveräußerung und Betriebsaufspaltung, BB
1982, 930
HENSSLER, Aktuelle Rechtsprobleme des Be-
triebsübergangs, NZA 1994, 913
HEROLD, Kann die Kündigung eines Miet- oder
Pachtvertrages zurückgenommen werden?,
BlGBW 1972, 126
ders, Wenn bei Miet- und Pachtverträgen die
Schriftform nicht eingehalten wird, BlGBW
1983, 141
HERRFURTH, Der Fruchterwerb des Pächters
(1903)

HÖRCHNER, Die Abgrenzung von Miete und Pacht an Räumen nach bürgerlichem Recht (Diss Leipzig 1936)
HOFFMANN, Gesetz über das Apothekenwesen (1961)
HORN, Vertragsbindung unter veränderten Umständen. Zur Wirksamkeit von Anpassungsregelungen in langfristigen Verträgen, NJW 1985, 1118
HUFFER, Das partiarische Geschäft als Rechtstypus. Zugleich eine Studie über die Grundlagen der Typuslehre (Diss München 1970)
ISAY, Allgemeines Berggesetz für die preußischen Staaten unter besonderer Berücksichtigung des Gewerkschaftsrechts (2. Aufl 1933)
JAKOBS/SCHUBERT, Die Beratung des Bürgerlichen Gesetzbuchs in systematischer Zusammenstellung der unveröffentlichten Quellen, Recht der Schuldverhältnisse II (1980)
vJEINSEN, Zulässigkeit von Kundenschutzklauseln in Unternehmensveräußerungsverträgen, Betrieb 1981, 1707
JOACHIM, Konkurrenzschutz im gewerblichen Mietrecht, BB 1986, Beil 6
ders, Aktuelle Rechtsfragen gewerblicher Nutzungsüberlassungen, ZIP 1991, 966
ders, Risikozurechnungen im gewerblichen Miet- und Pachtrecht, BB 1988, 779
KAHLER, Gesetz über die Verpachtung und Verwaltung öffentlicher Apotheken vom 13. Dezember 1935 nebst amtlicher Begründung und Erläuterung (1935)
KAPPEY, Die Abgrenzung von Miete und Pacht bei der Überlassung von Räumen zu gewerblichen Zwecken (Diss Göttingen 1966)
KLEINEIDAM, Eine Frage aus dem gesetzlichen Pfandrecht des Verpächters, DJZ 1906, 1359
H-J KLEINEIDAM/BAUMHOFF/SEUTTER, Zur Angemessenheit von Verrechnungspreisen bei internationalen Konzernpachtverhältnissen, Betrieb 1986, 233
KNOBBE-KEUK, Die Einkommensbesteuerung der entgeltlichen Überlassung der Bodensubstanz, Betrieb 1985, 144
KNOPPE, Pachtverhältnisse gewerblicher Betriebe im Steuerrecht. Betriebsverpachtung, Betriebsaufspaltung (7. Aufl 1985)
ders, Verpachtung eines Gewerbebetriebes, Heidelberger Musterverträge H 32 (7. Aufl 1993)
H KÖHLER, Wem stehen die Nutzungen aus einer Mietkaution zu?, ZMR 1971, 3
ders, Vorvertrag, Optionsvertrag und Festofferte, Jura 1979, 465
ders, Grundfälle zum Gewährleistungsrecht bei Kauf, Miete und Werkvertrag, 2. Teil. Die Sachmängelhaftung im Mietrecht, JuS 1979, 647
ders, Rechtsfragen zum Softwarevertrag, CR 1987, 827
CH KOENIG, Die Pacht von Rechten aus wirtschaftsverwaltungsrechtlichen Genehmigungen, GewArch 1994, 217
K KOENIG, Fragen aus dem Miet- und Pachtrecht, WuM 1964, 167
ders, Wann kann ein Pachtvertrag durch den Verpächter fristlos gekündigt werden?, WuM 1964, 37
KOHLER, Über die Verpflichtungen des Pächters eines Geschäftsetablissements, AcP 71 (1887) 397
KOLLER, Die Risikozurechnung bei Vertragsstörungen in Austauschverträgen. Eine Untersuchung zur Rechtsfortbildung auf dem Gebiet der materiellen Leistungserschwerung, Zweckstörung sowie Schadensersatzhaftung bei Sach- und Dienstleistungen (1979)
KRAMPE, Die Garantiehaftung des Vermieters für Sachmängel (1980)
KRAUSE, Grenzfälle zwischen Pacht und Kauf (Diss Heidelberg 1931)
KUHLENBECK, Pachtvertrag, JW 1902, 553
LARENZ, Lehrbuch des Schuldrechts, Bd II, Besonderer Teil, Halbbd 1 (13. Aufl 1986)
LAUER, Verträge über Software-Leistungen in der Praxis, BB 1982, 1758
LEENEN, Der „vertragsgemäße Gebrauch" der Mietsache als Problem der Rechtsgeschäftslehre, MDR 1980, 353
LEONHARD, Besonderes Schuldrecht des BGB (1931)
LIEBL-WACHSMUTH, Rechtsverhältnisse über Miet- und Pachtvertragsurkunden nach einer Grundstücksversteigerung, ZMR 1984, 145
LINDENMEYER, Die Unternehmenspacht: eine Einführung in Wesen, Funktion und Probleme

für Juristen, Betriebswirtschaftler, Steuerfachleute und Treuhänder (1983)
Loos, Die Behandlung der Wertänderung von Pachtgegenständen im Betriebspachtvertrag, NJW 1963, 990
Lorz, Bundesjagdgesetz mit Landesrecht, Verordnung über die Jagdzeiten und Bundeswildschutzverordnung, Fischereischeinrecht, Seefischereirecht (2. Aufl 1991)
Mayer, Der Eintritt des Grundstückserwerbers in bestehende Miet- und Pachtverhältnisse, ZMR 1990, 121
W Meilicke, Zum Übergang der Arbeitsverhältnisse nach § 613 a BGB bei Pächterwechsel, Betrieb 1982, 1168
Merkel, Die Sicherungspacht, JW 1934, 805
Metzger, Die Rechtsprechung des Bundesgerichtshofs zum Miet- und Pachtrecht, WM 1964, 2; WM 1966, 238
Miesbach/Engelhardt, Bergrecht (1962) m Ergänzungsband (1969)
Mittelbach, Gewerbliche Miet- und Pachtverträge in steuerlicher Sicht (4. Aufl 1979)
Mittelstein, Die Miete nach dem Rechte des Deutschen Reiches (4. Aufl 1932)
Mitzschke/Schäfer, Bundesjagdgesetz (4. Aufl 1982)
dies, Reichsjagdgesetz (3. Aufl 1942)
G Müller, Ansprüche des Mieters oder Pächters für Umgestaltungsaufwendungen bei Fehlschlagen des Leistungszwecks, JA 1981, 20
Oesterreich, Die Betriebsüberlassung zwischen Vertragskonzern und faktischem Konzern. Zum sog. Umgehungsproblem bei den Unternehmensverträgen der §§ 291, 292 I Ziff 3 AktG (1979)
Oetker, Das Dauerschuldverhältnis und seine Beendigung (1994)
Oppenländer, Die Unternehmenspacht, insbesondere das Verhältnis von Pächter und Verpächter bei der Verpachtung eines Unternehmens (Diss Freiburg 1974)
Oswald, Miet- und Pachtverträge über ein Grundstück für längere Zeit als ein Jahr – Schriftform erforderlich, FWW 1980, 288
Otto, Ansprüche bei Miet- oder Pacht-Ende schnell wahrnehmen, DWW 1983, 222
ders, Regelungen über den Mietzins bei gewerblichen Räumen, BlGBW 1984, 85

Pahl, Die preußische Apothekenpacht nach dem heute geltenden Recht (Diss Jena 1935)
Petrenz, Die Apothekengesetzgebung (4. Aufl 1940)
Pieck, Auswirkungen der Preisspannen-Verordnung auf den Apotheken-Pachtzins?, PharmaZ 1979, 1461
ders, Bestandsgefährdung von Pachtverträgen durch „Vorkaufsrecht"?, PharmaZ 1979, 2477
ders, Konkurrenzklauseln in Apothekenpachtverträgen, PharmaZ 1979, 1802
ders, Nachfolgefragen im Apothekenrecht. Zur Miete über Apothekenbetriebsräume, PharmaZ 1971, 375
ders, Nochmals: Miet- oder Pachtvertrag über eine Apotheke, PharmaZ 1970, 1721
Piens/Schulte/Graf Vitzthum, Bundesberggesetz (1983)
Prützel, Jagdrechtliche Entscheidungen (1975 ff)
Prützel/Eisenführ, Das Jagdrecht in der Bundesrepublik Deutschland, Bd I (1980 ff)
Raape, Aneignungsüberlassung, IherJb 74 (1924) 179
ders, Aneignungsüberlassung auf Grund einer Bergwerkspacht, AcP 136 (1932) 210
M Rehbinder, Der Kantinenpachtvertrag im Blickfeld der Rechtstatsachenforschung (1972)
ders, Der Tankstellenvertrag im Blickfeld der Rechtstatsachenforschung (1971)
R Reuter, Zulässigkeit der reconductio tacita bei der Pacht nach BGB, DJZ 1900, 478
Rödding, Die Barkaution im Miet- und Pachtrecht, BB 1968, 934
Roquette, Das Mietrecht des Bürgerlichen Gesetzbuchs (1966)
Samm/Hafke, Grundbesitz und Wertsicherungsklauseln (2. Aufl 1988)
Schiedermair/Pieck, Apothekengesetz (3. Aufl 1981)
Schmidt/Hackenberger, Konkurrenzschutz in Mietverträgen und Kartellrecht, Betrieb 1962, 957
U H Schneider, Vertragsrechtliche, gesellschaftsrechtliche und arbeitsrechtliche Probleme von Betriebspachtverträgen, Betriebsüberlassungsverträgen und Betriebsführungsverträgen, JbFStR 1982/83, 387

SCHNITZERLING, Das Pachtrecht in der Rechtsprechung 1979/1980, BlGBW 1981, 60 u 96
ders, Das Miet- und Pachtrecht in der BGH-Rechtsprechung 1981 – 1983 einschl. der Rechtsentscheide, BlGBW 1983, 206
SCHÖNEWALD, Über die Verpachtung von Handelsgeschäften (1904)
SCHOPP, Pacht- und Mietrechtliches bei der Betriebsaufspaltung, ZMR 1979, 289
ders, Das Innenverhältnis zwischen mehreren Mitmietern und Mitpächtern, ZMR 1976, 321
ders, Jagdverpachtung und Jagdausübungsrecht des Pächters, MDR 1968, 808
ders, Die Kaution in der Geschäftsraummiete und -pacht, ZMR 1969, 1
SCHREIBER, Das Arbeitsverhältnis beim Übergang des Betriebs, RdA 1982, 137
SCHUBERT, Die Vorlagen der Redaktoren für die erste Kommission zur Ausarbeitung des Entwurfs eines Bürgerlichen Gesetzbuches, Recht der Schuldverhältnisse, Teil 2: Besonderer Teil (1980)
SCHUBERT/KÜTING, Pacht- und Überlassungsverträge – Analyse einer unternehmungspolitischen Gestaltungsform zwischenbetrieblicher Zusammenarbeit, Betrieb 1976, Beil 7
SCHWANDA, Der Betriebsübergang in § 613 a BGB. Unter besonderer Berücksichtigung des Betriebsbegriffs (1992)
SCHWINTOWSKI, Das Unternehmen im Bereicherungsausgleich, JZ 1987, 588
vSEELER, Die Rechtsstellung des Jagdpächters bei der Veräußerung des Grundstückes, in: Festg der Berliner juristischen Fakultät für Otto Gierke, Bd 2 (1910) 343 ff
SIBER, Das gesetzliche Pfandrecht des Vermieters, des Verpächters und des Gastwirtes nach dem Bürgerlichen Gesetzbuche für das Deutsche Reich (1900)
SONNENSCHEIN, Der Mietvertrag für gewerbliche Räume, in: Partner im Gespräch, Bd 20 (1985) 69
ders, Von der Wohnraummiete über die Geschäftsraummiete zur Pacht – und zurück, in: FS Seuß (1987) 253
STENZEL, Die Miet- und Pachtkaution in ihren alltäglichen Erscheinungsformen (Diss Mannheim 1974)

STROBL, Probleme der handels- und steuerrechtlichen Erfolgsrechnung bei Betriebspacht-, Betriebsüberlassungs- und Betriebsführungsverträgen, JbFStR 1982/83, 413
STRÖFER, Zivilrechtliche Einordnung der Substanzausbeuteverträge, BB 1979, 1477
THEISSEN/MISERA, Konkurrenzschutz im Gewerberaummietvertrag in der neueren Rechtsprechung, WiB 1995, 66
TREIER, Aktuelle Rechtsprechung des BGH zum Gewerbe- und Wohnraummietrecht, DWW 1990, 258; DWW 1991, 254; DWW 1992, 293; DWW 1993, 245; DWW 1994, 265; DWW 1995, 267
ders, Die Rechtsprechung des Bundesgerichtshofs zu Miete, Pacht und Leasing, WM 1992, Beil 4; WM 1995, Beil 4
URBAN, Apothekengesetze (6. Aufl 1927)
VOELSKOW, Zur Abgrenzung von Miete und Pacht, NJW 1983, 910
VOGT, Durchgriffsanspruch des gewerblichen Mieters bei Konkurrenzschutz?, MDR 1993, 498
WEIMAR, Rechtsfragen zur Mietkaution, ZfSozH 1980, 68
ders, Rechtsfragen zum Vermieter- und Verpächter-Pfandrecht, BlGBW 1978, 118
WESTENBERGER, Umsatzmiete (-pacht) und Mehrwertsteuer, BB 1967, 1273
WIEK, Schönheitsreparaturen und Vertragsrisiko, BlGBW 1981, 24
WILLMS/WAHLIG, Zur Genehmigungsbedürftigkeit von Wertsicherungsvereinbarungen nach § 3 WährG und zur Neufassung der Genehmigungsgrundsätze der Deutschen Bundesbank, BB 1978, 973
WOLF, Aktuelle Fragen des Miet- und Pachtrechts in der gewerblichen Wirtschaft – unter besonderer Berücksichtigung der neueren höchstrichterlichen Rechtsprechung (3. Aufl 1983)
ders/ECKERT, Handbuch des gewerblichen Miet-, Pacht- und Leasingrechts (7. Aufl 1995)
ZEUNER, Die Höhe des Schadensersatzes bei schuldhafter Nichtverzinsung der vom Mieter gezahlten Kaution, ZMR 1980, 197.

Systematische Übersicht

I. Allgemeine Kennzeichnung
1. Überblick ... 1
2. Entstehung der Vorschrift ... 2
3. Zweck der Vorschrift ... 5

II. Gegenstand des Pachtvertrags
1. Allgemeines ... 7
2. Grundstück ... 9
   a) Begriff ... 9
   b) Reine Grundstückspacht ... 10
   c) Land- oder forstwirtschaftlicher Betrieb ... 13
   d) Bodenabbauvertrag ... 14
   e) Bedeutung ... 16
3. Raum ... 17
   a) Allgemeines ... 17
   b) Begriff ... 18
   c) Einzelfälle ... 19
   d) Abgrenzung ... 27
   e) Bedeutung ... 39
4. Bewegliche Sache ... 40
   a) Begriff ... 40
   b) Einzelfälle ... 41
   c) Abgrenzung ... 42
5. Recht ... 43
   a) Begriff ... 43
   b) Einzelfälle ... 44
   c) Abgrenzung ... 85
   d) Bedeutung ... 86
6. Unternehmen ... 87
   a) Begriff ... 87
   b) Einzelfälle ... 88
   c) Teil eines Unternehmens ... 89
   d) Steuerrecht ... 90
   e) Recht der verbundenen Unternehmen ... 101
   f) Wettbewerbsrecht ... 119
   g) Abgrenzung ... 120
   h) Bedeutung ... 121

III. Parteien des Pachtvertrags
1. Personen ... 122
2. Mehrheit von Beteiligten ... 123
3. Parteiwechsel ... 124

IV. Zustandekommen des Pachtvertrags
1. Abschluß ... 125
2. Vorvertrag ... 134
3. Vorpachtrecht ... 135
4. Anpachtrecht ... 137
5. Option ... 138

V. Pflichten des Verpächters
1. Hauptleistungspflichten ... 141
   a) Allgemeines ... 141
   b) Gewährung des Gebrauchs ... 142
      aa) Überlassung des Pachtgegenstandes ... 142
      bb) Zeitpunkt der Überlassung ... 146
      cc) Umfang der Überlassungspflicht ... 147
      dd) Erhaltungspflicht ... 150
   c) Gewährung des Fruchtgenusses ... 161
      aa) Begriff der Früchte ... 161
      bb) Umfang ... 162
      cc) Fernhaltung von Störungen ... 168
      dd) Risiko der Fruchtziehung ... 169
      ee) Fruchterwerb ... 171
2. Nebenpflichten ... 172
   a) Allgemeines ... 172
   b) Selbständige Nebenpflichten ... 173
3. Nachvertragliche Pflichten ... 175

VI. Pflichten des Pächters
1. Hauptleistungspflichten ... 176
   a) Allgemeines ... 176
   b) Entrichtung des Pachtzinses ... 177
      aa) Art ... 177
      bb) Entrichtung ... 181
      cc) Bemessung ... 182
      dd) Höhe ... 191
      ee) Fälligkeit ... 211
      ff) Erfüllungsort ... 217
      gg) Dauer der Verpflichtung ... 218
      hh) Verjährung und Verwirkung ... 219
   c) Gebrauch des Pachtgegenstandes ... 221
   d) Erhaltung des Pachtgegenstandes ... 227
2. Nebenpflichten ... 228
   a) Allgemeines ... 228
   b) Abnahme des Pachtgegenstandes ... 229
   c) Obhut ... 230
      aa) Rechtsgrundlage ... 230
      bb) Inhalt ... 231
      cc) Dauer ... 235
      dd) Verstoß ... 237
   d) Fürsorge ... 238

3. Titel. Miete. Pacht
II. Pacht
§ 581

e)	Duldung	240	8.	Grenzen des Gebrauchs- und Fruchtziehungsrechts	322
aa)	Besichtigung	240			
bb)	Erhaltungs- und Verbesserungsmaßnahmen	245	a)	Umfang der vertragsmäßigen Rechte	322
			b)	Rechtsfolgen eines Verstoßes	325
cc)	Verpächterpfandrecht	246	9.	Gebrauchsüberlassung an Dritte	328
3.	Sonstige Pflichten	247	a)	Allgemeines	328
a)	Allgemeines	247	b)	Gebrauchsüberlassung	330
b)	Kaution	248	aa)	Begriff im allgemeinen	330
c)	Wettbewerbliche Beschränkungen	250	bb)	Unterverpachtung	332
aa)	Allgemeines	250	c)	Erlaubnis	338
bb)	Vertikale Bindungen	251	d)	Haftung des Pächters für den Dritten	342
cc)	Horizontale Bindungen	261	e)	Rechte des Verpächters bei unberechtigter Gebrauchsüberlassung	343
4.	Rückgabe des Pachtgegenstandes	270			
5.	Nachvertragliche Pflichten	271	10.	Verjährung von Ansprüchen auf Ersatz und Gestattung der Wegnahme	344
VII.	**Entsprechende Anwendung mietrechtlicher Vorschriften**		a)	Allgemeines	344
			b)	Ersatzansprüche des Verpächters	345
1.	Allgemeines	272	c)	Ansprüche des Pächters	347
2.	Schriftform des Pachtvertrags	275	d)	Beginn der Verjährung	349
a)	Allgemeines	275	11.	Verpächterpfandrecht	352
b)	Anwendungsbereich	276	a)	Allgemeines	352
c)	Schriftform	278	b)	Voraussetzungen des Verpächterpfandrechts	354
d)	Einzelfragen	279			
e)	Rechtsfolgen eines Formmangels	282	aa)	Grundstückspacht	354
3.	Entrichtung des Pachtzinses	283	bb)	Eingebrachte, pfändbare Sachen des Pächters	355
4.	Gewährleistung	285			
a)	Allgemeines	285	cc)	Gesicherte Forderungen des Verpächters	359
b)	Sachmängel	286			
aa)	Allgemeines	286	dd)	Ausgeschlossene Forderungen	360
bb)	Fehler	287	c)	Erlöschen des Verpächterpfandrechts	361
cc)	Fehlen zugesicherter Eigenschaften	294	aa)	Gründe	361
dd)	Rechtsfolgen	297	bb)	Ausnahmen	363
c)	Rechtsmängel	303	d)	Schutz des Verpächterpfandrechts	366
aa)	Allgemeines	303	aa)	Rechtsbehelfe im allgemeinen	366
bb)	Rechtsmangel	304	bb)	Selbsthilferecht	367
cc)	Rechtsfolgen	306	cc)	Ansprüche des Verpächters nach Entfernung der Sachen	368
d)	Mängelanzeige	307			
e)	Ausschluß der Gewährleistung	308	e)	Sicherheitsleistung	369
aa)	Gesetzlicher Ausschluß	308	f)	Konkurrenz mit anderen Pfandrechten	370
bb)	Vertraglicher Ausschluß	312			
5.	Erhaltungs- und Verbesserungsmaßnahmen	314	12.	Beendigung des Pachtverhältnisses	371
			a)	Allgemeines	371
6.	Lasten des Pachtgegenstandes	316	b)	Beendigung durch Zeitablauf	372
7.	Verwendungen und Einrichtungen des Pächters	318	aa)	Pachtverhältnis auf bestimmte Zeit	372
			bb)	Pachtvertrag mit Optionsrecht	373
a)	Verwendungen	318	cc)	Pachtvertrag mit Verlängerungsklausel	374
b)	Einrichtungen	319			
c)	Abweichende Vereinbarungen	320	c)	Beendigung durch Kündigung	375
			aa)	Allgemeines	375

α)	Grundlagen und Rechtsnatur der Kündigung	375	a)	Anwendungsbereich	425
β)	Inhalt der Kündigung	384	b)	Veräußerung durch den Verpächter	433
γ)	Form der Kündigung	388	c)	Überlassung an den Pächter	434
bb)	Ordentliche Kündigung	389	d)	Rechtsfolgen	435
α)	Allgemeines	389	e)	Weitere Sondervorschriften	439
β)	Kündigungsfristen	390	15.	Rückerstattung vorausbezahlter Pachtzinsen	440
cc)	Außerordentliche Kündigung	395	16.	Rückgabe des Pachtgegenstandes	441
α)	Allgemeines	395	a)	Rückgabe durch den Pächter	441
β)	Außerordentliche befristete Kündigung	396	aa)	Voraussetzungen	441
			bb)	Rechtsfolgen	442
γ)	Außerordentliche fristlose Kündigung	400	b)	Ausschluß des Zurückbehaltungsrechts	449
dd)	Wirkung der Kündigung	409	c)	Herausgabeanspruch gegen einen Dritten	451
d)	Beendigung aufgrund sonstiger Umstände	412	d)	Ansprüche bei verspäteter Rückgabe	452
13.	Stillschweigende Verlängerung	423			
14.	Eintritt des Grundstückserwerbers in den Pachtvertrag	425	VIII.	Abweichende Vereinbarungen	453

Alphabetische Übersicht

Abgrenzung der Pacht
– Dienstbarkeit _____ 15
– Gesellschaft _____ 190
– Kauf _____ 12, 15
– Miete _____ 12, 27, 42
Abnahme des Pachtgegenstandes _____ 229
Abtretung _____ 124, 329, 354, 405
Abweichende Vereinbarungen _____ 453
– Einrichtungen _____ 320
– Eintritt des Grundstückserwerbers _____ 438
– Fälligkeit des Pachtzinses _____ 215
– Gebrauchspflicht _____ 221
– Gewährleistung _____ 309, 312
– Instandhaltung _____ 157, 227
– Kündigung _____ 390, 396
– Lastentragung _____ 317
– Rückerstattung vorausbezahlter Pachtzinsen _____ 440
– Unterverpachtung _____ 341
– Verjährung _____ 351
– Verwendungen u Einrichtungen _____ 320 f
Änderung des Geschäftszwecks _____ 32 ff
Aneignungsrechte _____ 52 ff
Anfechtung _____ 210, 415
Ankaufsrecht _____ 130, 218, 418, 435
Anpachtrecht _____ 137
Anzeigenteil einer Zeitung _____ 88 f

Anzeigepflicht beim Jagdpachtvertrag _____ 53, 127
Apothekenpacht
– Apothekengerechtigkeit _____ 48, 133
– Einrichtung _____ 29
– Konkurrenzschutz _____ 154
– Nichtgewährung des vertragsmäßigen Gebrauchs _____ 402
– Pachtzins _____ 183, 191
– Räume _____ 23
– Rückgabe _____ 442
– Unternehmen _____ 87 f, 120
– Wettbewerbsverbot _____ 262, 265
Aufhebungsvertrag _____ 412
Aufrechnung _____ 181, 249
Aufwendungsersatz _____ 227, 301, 306, 314, 347
Auskunftsanspruch
– des Pächters _____ 232, 271
– des Verpächters _____ 173, 175, 345
Ausschließlichkeitsbindungen _____ 254

Badeanstalt _____ 88
Baukostenzuschuß _____ 397, 440
Bedingung _____ 413
Beendigung des Pachtverhältnisses _____ 371 ff
– außerordentliche befristete Kündigung _____ 396
– außerordentliche fristlose Kündigung _____ 400
– ordentliche Kündigung _____ 389

3. Titel. Miete. Pacht
II. Pacht

– sonstige Umstände — 412
– Unterverpachtung — 337
– Zeitablauf — 372
Beherbergungsbetrieb — 20
Bergrechtliche Gerechtigkeiten — 51
Bergwerk — 88
Beschränkte dingliche Rechte — 73 ff
– Erbbaurecht — 18, 79
– Dienstbarkeit — 74, 432
– persönliche Dienstbarkeit — 76, 432
– Reallast — 77
– Pfandrecht — 78
Besichtigung — 151, 240 ff
Betriebsaufspaltung — 96 ff
Betriebsführungsvertrag — 112 ff
Betriebspachtvertrag — 102 ff, 127, 129
Betriebsüberlassungsvertrag — 107 ff, 127, 129
Bewegliche Sache — 40 ff
– Abgrenzung — 42
– Begriff — 40
– Einzelfälle — 41
– Überlassung — 143
Bierbezugsverpflichtung
– Ausschließlichkeitsbindung — 254
– Knebelung — 258
– Pachtzins — 188
– Schriftform — 260
– Verstoß — 404
– Wettbewerbsverbot — 265
– Zusicherung der Brauereifreiheit — 295
Bodenabbauvertrag — 14 ff, 222, 384, 397, 404
Brauerei — 88, 152

Computerprogramm — 82, 402

Dauerwohn- und Dauernutzungsrecht — 76, 419, 432
Dienstbarkeit — 15, 74 ff, 432
Doppelverpachtung — 304
Dreißigjahresvertrag — 379, 383
Duldungspflicht des Pächters — 240 ff, 314 f

Einrichtung von Pachträumen — 28 ff
Einrichtungen des Pächters — 319, 347, 356
Eintritt des Grundstückserwerbers — 425 ff
Eisenbahn — 41, 88
Energieversorgung — 148, 174
Entschädigung bei verspäteter Rückgabe — 452

Entsprechende Anwendung mietrechtlicher Vorschriften — 272 ff
Entstehung der Vorschrift — 2
Erbbaurecht — 18, 79, 130, 425, 432
Erfüllungsort — 217
Erhaltung des Pachtgegenstandes — 150 ff, 227
Erhaltungs- u Verbesserungsmaßnahmen — 245, 314 f
Erlaubnis zur Unterverpachtung — 338 ff
Ersetzungsbefugnis — 179, 200
Erzeugung — 184

Fabrikräume — 25
Fehler — 287 ff
Filmverwertungsvertrag — 84, 305
Firma — 87, 145, 291, 442
Fische — 11
Fischereipacht — 62 ff, 397, 421, 431
Flugzeug — 41 f
Flurbereinigung — 10, 191, 371
Form des Pachtvertrags
– Betriebspachtvertrag — 129
– Betriebsüberlassungsvertrag — 129
– Fischereipacht — 68
– Formfreiheit — 275
– Formmangel — 131, 282
– Grundstück — 276
– Jagdpacht — 57
– Kündigung — 388
– Kündigungsausschluß — 383
– notarielle Beurkundung — 130
– Option — 139
– Räume — 276
– Schriftform — 129
– Umfang — 278
– Vertragsänderungen — 280
– Vorpachtrecht — 136
– Vorvertrag — 134, 277
– Wettbewerbsrecht — 129, 260
Forstwirtschaft — 11, 13
Fortsetzung des Gebrauchs — 410, 423
Franchisevertrag — 82
Freiberufliche Praxis — 30 f, 87 f, 154
Fruchtziehung — 8, 27, 141, 143, 161 ff
– Begriff der Früchte — 5, 8, 161
– Erwerb der Früchte — 171
– Risiko — 169 f, 189, 208 f, 417
– Umfang — 162 ff
Fürsorgepflicht des Pächters — 238

Garderobenbetrieb	45 f, 292	Handwerksbetrieb	22, 88
Gaststätte	21, 29, 88, 154, 231, 293	Herausgabeanspruch	
Gebrauch		– gegen Dritte	451
– persönliche Verhinderung	218, 284	– gegen Pächter	270, 441
– vertragsmäßiger Gebrauch	143, 148, 322	Heuerlingsvertrag	177
Gebrauchspflicht	221 ff, 404	Hinweisschild	175
Gebrauchsüberlassung		Hotel	20, 295, 338, 417
– an Dritte	324, 328 ff		
– an Pächter	142 ff	Immaterialgüterrechte	81 ff
– Umfang	147	– Filmverwertungsvertrag	84, 290
– Zeitpunkt	146	– Lizenzvertrag	82, 259
Gegenstand des Pachtvertrags	7 ff	– Urheberrechtsvertrag	83
– bewegliche Sache	40	Innenpacht	109
– Grundstück	9	Instandhaltung u Instandsetzung	157 ff
– Raum	17	Inventar	28, 270, 356, 435, 443
– Recht	43		
– Unternehmen	87	Jagdpacht	53 ff, 421, 430
Geschäftsbesorgungsvertrag	104, 110	Juristische Person	56, 66, 122, 422
Geschäftsführungsvertrag	105, 110		
Geschäftsgrundlage	203 ff, 208, 234, 417	Kaliabbau	15, 204, 384
Geschäftsräume	17 ff	Kantine	21, 88, 170, 173
Geschäftsraummiete	27	Kartellverbot	156, 175, 269
Gesetzwidrigkeit	132	Kaution	248 f
Gesundheitsgefährdung	403	Kleingartenpacht	11, 374, 451
Gewährleistung	285 ff	Kohlenabbaugerechtigkeit	15, 51
– Ausschluß	308	Konkurrenzschutz	152 ff
– Mängelanzeige	307	Konkurrenzunternehmen	
– Rechtsfolgen	297, 306		226, 261, 267, 404, 418
– Rechtsmängel	303	Kopplungsgeschäft	256
– Sachmängel	286	Kraftfahrzeug	41 f
– Verzug mit Beseitigung	301	Krankenanstalt	26, 30
Gewinn	187	Kündigung	375 ff
Grenzen des Gebrauchs- u Fruchtziehungs-		– Arten	376
rechts	322 ff	– Ausschluß	383
Grunddienstbarkeit	15, 74, 383, 432	– außerordentliche befristete	396
Grundstück	9 ff	– außerordentliche fristlose	302, 306, 327, 400
– Abgrenzung	15	– bedingte	385
– Bedeutung	16	– Form	388
– Begriff	9	– Frist	390
– Bodenabbauvertrag	14	– Inhalt	384
– Einzelfälle	11	– Mehrheit von Beteiligten	386
– Fehler	288	– mietrechtlicher Kündigungsschutz	378
– Landpacht	10, 13	– ordentliche	389
– Überlassung	143	– Rechtsnatur	381
– Zusicherung der Größe	296	– Rücknahme	410
Grundstückserwerber	425 ff	– Schadensersatz	380, 411
Güterfernverkehr	43	– Teilkündigung	387
		– unzulässige Rechtsausübung	379
Handelsgeschäft	23, 88	– Vertretung	381

3. Titel. Miete. Pacht § 581
II. Pacht

- Widerruf — 410
- Wirkung — 409
- Zustimmung eines Dritten — 382

Landpacht
- Begriff — 10 f, 13
- Reform — 4
- Sondervorschriften —
  157, 191, 204, 209, 211, 272, 283, 371, 397
Lasten des Pachtgegenstandes — 316 f
Leistungsvorbehalt — 196, 206
Lichtspieltheater — 88, 222, 289
Lizenzvertrag — 82, 259, 295

Mängelanzeige — 307, 310
Mehrheit von Beteiligten — 123, 386
Mietrechtliche Vorschriften — 27, 272 ff
Minderung — 209, 297, 306
Mischvertrag —
  27, 35, 39, 180, 378, 388, 397, 405
Mitteilungs- u Auskunftspflicht
- des Pächters — 232, 271
- des Verpächters — 173, 175

Nachvertragliche Pflichten
- des Pächters — 271
- des Verpächters — 175
Nebenkostenabrechnung — 249, 407
Nebenpflichten
- des Pächters — 228 ff
- des Verpächters — 172 ff
Nichtgewährung des vertragsmäßigen
  Gebrauchs — 402
Nießbrauch — 42, 75, 418
Notarielle Beurkundung — 130
Nutzungen — 161
Nutzungsentschädigung — 452
Nutzungspfandrecht — 78

Obhut — 230 ff, 267, 404
Öffentlich-rechtliche Beschränkungen —
  293, 304
Option — 138 f, 277, 373

Pachtvertrag
- Abschluß — 126 ff
- Anpachtrecht — 137
- Form, s dort
- Gegenstand, s dort

- Gesetzwidrigkeit — 132
- Option — 138 f, 277, 373
- Sittenwidrigkeit — 132, 181, 191, 258, 265
- unmögliche Leistung — 133
- Unterverpachtung, s dort
- Verlängerungsklausel — 140, 374
- Vertragsverhandlungen — 125
- Vorpachtrecht — 135, 277
- Vorvertrag — 57, 129, 134, 277
- Zustimmung eines Dritten — 127
Pachtzins — 177 ff
- Art — 177
- Bemessung — 126, 182
- Dauer der Verpflichtung — 218
- Entrichtung — 177, 283
- Erfüllungsort — 217
- Erhöhung — 194
- Ersetzungsbefugnis — 179, 200
- Fälligkeit — 202, 211, 283
- Herabsetzung — 205
- Höhe — 191
- Leistungsvorbehalt — 196, 206
- Minderung — 209, 297, 306
- Nutzungsentschädigung — 452
- Risiko — 189, 208, 209
- Rückerstattung von Vorauszahlungen — 440
- Spannungsklausel — 198, 207
- Staffelpachtzins — 197, 207
- Teilpacht — 183, 211
- Umsatzsteuer — 193
- Verjährung — 219
- Verwirkung — 220
- Verzug — 405
- Wahlschuld — 178, 200
- Wegfall der Geschäftsgrundlage — 203, 208
- Wertsicherungsklausel —
  127, 199, 207, 211, 220
Pächterpfandrecht — 272, 353
Parteien — 122 ff
Parteiwechsel — 124, 280, 425 ff
Personenbeförderung — 43
Pfandrecht — 78, 246, 272, 352 ff
Pflichten des Pächters — 176 ff
- Abnahme des Pachtgegenstandes — 229
- Duldung — 240
- Erhaltung des Pachtgegenstandes — 227
- Fürsorge — 238
- Gebrauch — 189, 221
- Kaution — 248

59 Jürgen Sonnenschein

§ 581 2. Buch
7. Abschnitt. Einzelne Schuldverhältnisse

– Mängelanzeige _____ 307, 310
– Mitteilungs- u Auskunftspflichten _____
_____ 232, 271, 307
– nachvertragliche Pflichten _____ 271
– Obhut _____ 230
– Pachtzins _____ 177
– Rückgabe _____ 270, 441
– wettbewerbliche Beschränkungen _____ 250
Pflichten des Verpächters _____ 141 ff
– Erhaltung des Pachtgegenstandes _____ 150
– Fernhaltung von Störungen _____ 151, 168
– Gewährung des Fruchtgenusses _____ 161
– Gewährung des Gebrauchs _____ 141
– Instandhaltung u Instandsetzung _____ 157
– Konkurrenzschutz _____ 152
– Mitteilungs- u Auskunftspflichten _ 173, 175
– nachvertragliche Pflichten _____ 175
– Nebenpflichten _____ 172
– Überlassung des Pachtgegenstandes _____ 141
– Verkehrssicherungspflicht _____ 158
Plakatanschlag _____ 45, 88

Raum _____ 17 ff
– Abgrenzung _____ 27
– Anwendbarkeit der Vorschriften über
 Grundstücke _____ 17, 273
– Bedeutung _____ 39
– Begriff _____ 18
– Einzelfälle _____ 19
– Fehler _____ 289
– Überlassung _____ 143
Realgewerbeberechtigungen _____ 47 f
Reallast _____ 77
Recht _____ 43 ff
– Abgrenzung _____ 85
– Aneignungsrecht _____ 51
– Apothekenpacht, s dort
– Bedeutung _____ 86
– Begriff _____ 43
– bergrechtliche Gerechtigkeiten _____ 51
– beschränkte dingliche Rechte _____ 73
– Einzelfälle _____ 44
– Fehler _____ 290
– Fischereirecht _____ 62, 421, 431
– Grundstücksveräußerung _____ 432
– Immaterialgüterrechte _____ 81
– integrierte Einrichtung _____ 45
– Jagdrecht _____ 53, 421, 430
– Realgewerbeberechtigungen _____ 47

– Regalien _____ 50
– Überlassung _____ 144
Rechtsmängel _____ 303 ff
Regalien _____ 50 f
Rückerstattung vorausbezahlter Pachtzinsen _____ 440
Rückgabe des Pachtgegenstandes _ 270, 441 ff
Rücktritt _____ 414

Sachmängel _____ 286 ff
Schadensersatz
– Anzeigepflicht _____ 307
– cic _____ 125, 210, 299
– Duldungspflicht _____ 244
– Fürsorgepflicht _____ 239
– Gebrauchspflicht _____ 189, 224
– Gebrauchsüberlassung an Dritte _ 336, 342 f
– Knebelung _____ 258
– Konkurrenzschutz _____ 152
– Konkurrenzunternehmen _____ 226
– Kündigung _____ 380, 411
– Mitverschulden _____ 311
– Nichterfüllung _____ 286, 298, 306
– Obhutspflicht _____ 237
– überhöhter Pachtzins _____ 210
– Verjährung _____ 344 f
– verspätete Rückgabe _____ 452
– vertragswidriger Gebrauch _____ 326, 336
– Wettbewerbsverbot _____ 268
Schiedsklausel _____ 195
Schiff _____ 41 f, 428
Schönheitsreparaturen _____ 157, 227, 444
Schriftform _____ 129, 275 ff
Sittenwidrigkeit _____ 132, 181, 191, 258, 265
Software _____ 82
Spannungsklausel _____ 198
Staffelpachtzins _____ 197, 207
Störungen durch Dritte _____ 151 ff, 168

Tankstelle _____ 24, 45, 251
Taxikonzession _____ 43
Teichfischerei _____ 11
Teilkündigung _____ 387
Teilleistung _____ 445
Teilpacht _____ 183 ff, 211
Teilrückgabe _____ 445
Theater _____ 26, 29

Überlassung des Pachtgegenstandes _____ 141 ff

Oktober 1995 60

3. Titel. Miete. Pacht
II. Pacht

Umsatz	185
Umsatzsteuer	185 f, 193
Unmöglichkeit	133, 159, 416
Untergang des Pachtgegenstandes	159, 416
Unterlassungsanspruch	152, 261, 325, 336, 343
Unternehmen	87 ff
– Abgrenzung	120
– Bedeutung	121
– Begriff	87
– Betriebsaufspaltung	96
– Betriebsführungsvertrag	112
– Betriebspachtvertrag	102
– Betriebsüberlassungsvertrag	107
– Einzelfälle	88
– Fruchtziehung	8
– Gewährleistung	291, 295
– Rückgabe	442
– Steuerrecht	90
– Teil eines Unternehmens	89
– Überlassung	145
– Unternehmensverbindungen	101
– Wettbewerbsrecht	119
Unterverpachtung	
– Beendigung	337
– Begriff	330
– Einrichtungen u Verwendungen	321
– Erlaubnis des Verpächters	338
– Fischereipacht	71
– Form	129, 276
– Fortsetzung des Gebrauchs	424
– Fruchtziehung	163
– Gebrauchsüberlassung	305, 324, 328
– Haftung des Unterverpächters	342
– Herausgabeanspruch des Hauptverpächters	451
– Jagdpacht	60
– Konkurrenzschutz	152
– Nichtgewährung des Gebrauchs	402
– Rechtswirkungen	334
– Rückgabe des Pachtgegenstandes	441
– unerlaubte Gebrauchsüberlassung	343
– vertragsmäßiger Gebrauch	322, 324
– Zustandekommen	333
Unzumutbarkeit einer Fortsetzung des Pachtverhältnisses	406 ff
Urheberrechtsvertrag	83
Veränderungen u Verschlechterungen	323, 444

Veräußerung des verpachteten Grundstücks	420, 425 ff, 440
Verjährung	
– Ersatzansprüche des Pächters	347, 350
– Ersatzansprüche des Verpächters	345, 349
– Gebrauchsgewährung	141
– Pachtzins	219, 344
– Wegnahmerecht	347
Verkehrssicherungspflicht	158, 227
Verlängerung des Pachtvertrags	410, 424 f
Verlängerungsklausel	140, 374
Verlagsvertrag	83
Verpächterpfandrecht	246, 352 ff
Vertragsmäßiger Gebrauch	148, 322
Vertragswidriger Gebrauch	224, 404
Vertriebsbindungen	255
Verweisung auf das Mietrecht	272 ff
Verwendungen des Pächters	318, 335, 347
Verwendungsbeschränkungen	253
Verwirkung	220
Verzug	
– Mängelbeseitigung	301, 306
– Pachtzins	216, 405
Vorauszahlungen	440
Vorkaufsrecht	130, 135, 174
Vorpachtrecht	135, 277, 389, 435
Vorvertrag	57, 129, 134, 277
Wahlschuld	178, 200
Wechsel der Parteien	124, 425 ff
Wegfall der Geschäftsgrundlage	203 ff, 208, 234, 417
Wegnahmerecht	335, 347
Wertsicherungsklausel	199 ff, 207, 211, 220, 279
Wettbewerbsrecht	
– Ausschließlichkeitsbindungen	254
– Betriebspacht- u Betriebsüberlassungsvertrag	119
– horizontale Bindungen	261
– Kartellverbot bei Konkurrenzschutz	156, 269
– Kopplungsgeschäfte	256
– Lizenzvertrag	259
– Mißbrauchsaufsicht	252, 257
– Schriftform	260
– Sittenwidrigkeit	265, 267
– vertikale Bindungen	251
– Vertriebsbindungen	255
– Verwendungsbeschränkungen	253

– Wettbewerbsverbot	261, 267, 269, 436
– Zusammenschlußkontrolle	119
Wohnraummiete	27, 378
Wohnung	12 f, 26 f, 35
Wohnungseigentum	18
Wohnungserbbaurecht	76
Wohnungsrecht	76
Wucher	132, 191
Zubehör	143, 443, 449
Zugesicherte Eigenschaften	294 ff
Zurückbehaltungsrecht	405, 449 ff
Zusammenschlußkontrolle	119
Zustand des Pachtgegenstandes	149, 444
Zweck der Vorschrift	5
Zwischenvermietung	27

I. Allgemeine Kennzeichnung

1. Überblick

1 Die Vorschrift des § 581 enthält die grundlegende Regelung der Pacht. In Abs 1 werden die Hauptpflichten der Parteien festgelegt. Der Verpächter ist verpflichtet, dem Pächter während der Pachtzeit den Gebrauch des Pachtgegenstandes und den Genuß der Früchte zu gewähren, soweit diese nach den Regeln einer ordnungsmäßigen Wirtschaft als Ertrag anzusehen sind. Der Pächter muß den vereinbarten Pachtzins entrichten. Es handelt sich um ein Dauerschuldverhältnis. Diese Bestimmungen betreffen Pachtverträge jeder Art. Dies gilt nach § 585 Abs 2 auch für die Landpacht. Sie sind ebenfalls auf solche Verträge anzuwenden, die in Sondergesetzen geregelt sind. Abs 2 enthält eine Generalverweisung auf die mietrechtlichen Vorschriften. Sie greifen ein, soweit sich aus den §§ 582 bis 584 b nicht etwas anderes ergibt. Bei der Landpacht und bestimmten anderen Pachtverträgen sind die Vorschriften vorrangig, die sich in den §§ 585 bis 597 und in Sondergesetzen finden.

2. Entstehung der Vorschrift

2 a) Als **Grundlage** für die Beratungen der pachtrechtlichen Vorschriften dienten der 1. Komm die Art 576 ff Dresdener Entw (JAKOBS/SCHUBERT, Beratung des BGB, SchuldR II 615 ff; SCHUBERT, Vorlagen der Redaktoren, SchuldR II 246 ff, 423 ff). Nach dem Vorbild der Art 576, 578 Dresdener Entw war die Regelung des jetzigen § 581 im 1. Entw eines BGB auf zwei Vorschriften verteilt (E I §§ 531, 532). Im Unterschied zum Mietrecht sollte das Fruchtziehungsrecht des Pächters hervorgehoben werden. Abweichend von Art 576 Dresdener Entw, aber in Anlehnung an das Mietrecht, wurde nach dem Vorbild des ALR I, 21 § 259 auch das Recht auf Gebrauchsgewährung aufgenommen. Es wurde darauf verzichtet, als Gegenstand des Pachtvertrags eine fruchtbringende Sache und ein nutzbares Recht besonders zu erwähnen, weil beides durch den Begriff des verpachteten Gegenstandes erfaßt werde (Mot II 421 f; JAKOBS/SCHUBERT 619). Bei der Verweisung auf das Mietrecht wurde ausdrücklich eine entsprechende Anwendung vorgesehen, weil eine direkte Anwendung nicht zutreffend sei (JAKOBS/SCHUBERT 620). Auf Vorschlag der Vorkommission des RJA faßte die 2. Komm die Regelung aus redaktionellen Gründen in § 521 E II zusammen (Prot II 232; JAKOBS/SCHUBERT 622 f). Sie erhielt erst in der Reichstagskommission ihre endgültige Fassung durch den einschränkenden Zusatz hinsichtlich des Genusses der Früchte, soweit diese nach den Regeln einer ordnungsmäßigen Wirtschaft als Ertrag anzusehen seien. Dadurch sollte die Vorschrift mit den übrigen Bestimmungen des BGB über die Früchte in Einklang gebracht werden (JAKOBS/SCHUBERT 627).

b) Im Laufe der Beratungen über die pachtrechtlichen Vorschriften ergaben sich **3** weitere **Abweichungen** von dem Vorbild der Art 576 ff Dresdener Entw. Schon die 1. Komm verzichtete im Hinblick auf die Fassung des § 503 E I, des heutigen § 535, und wegen der nahen Verwandtschaft zwischen Miete und Pacht darauf, besonders zu bestimmen, daß der Verpächter verpflichtet sei, dem Pächter die Innehabung des Pachtgegenstandes insoweit zu verschaffen, als dies zur Fruchtziehung erforderlich sei (Mot II 422; JAKOBS/SCHUBERT 620). Für die Unterverpachtung nach einer Teilpacht sowie für den Ausschluß einer Minderung des Pachtzinses bei zufälligem Untergang der Früchte wurden als §§ 533, 534 E I zunächst besondere Bestimmungen vorgesehen. Bei den weiteren Beratungen wurde das generelle Erfordernis einer Erlaubnis des Verpächters zur Unterverpachtung erörtert (Prot II 233 ff). Dies führte im Ergebnis zur Vorschrift des jetzigen § 584 a Abs 1 (dort Rn 3). Die vorgesehene Regelung über eine Pachtzinsminderung beim zufälligen Untergang der Früchte wurde hingegen gestrichen (Prot II 238 ff; JAKOBS/SCHUBERT 626).

c) Schon im 8. Deutschen Bundestag hatte die Bundesregierung mit dem Entwurf **4** eines Gesetzes zur Neuordnung des landwirtschaftlichen Pachtrechts vom 1. 3. 1977 eine **Reform** eingeleitet (BT-Drucks 8/141). Ein weiterer Versuch wurde mit einem Entwurf vom 10. 12. 1982 im 9. Deutschen Bundestag unternommen (BT-Drucks 9/2299). Beide Entwürfe erledigten sich durch Ablauf der Wahlperiode. Erst der dritte Anlauf mit dem Entwurf vom 21. 10. 1983 (BT-Drucks 10/509) führte schließlich zu dem Gesetz zur Neuordnung des landwirtschaftlichen Pachtrechts vom 8. 11. 1985 (BGBl I 2065). Dieses Gesetz hat die pachtrechtlichen Vorschriften im BGB in der Weise geordnet, daß die nichtlandwirtschaftliche Pacht in den §§ 581 bis 584 b geregelt ist, während in den §§ 585 bis 597 die bisherigen landpachtrechtlichen Bestimmungen des BGB und die privatrechtlichen Vorschriften des früheren LPachtG in einem neuen Untertitel zusammengeführt worden sind. Die Neuregelung ist nach Art 7 des Gesetzes am 1. 7. 1986 in Kraft getreten, die in Art 2 enthaltene Übergangsregelung, die als Art 219 in das EGBGB aufgenommen worden ist, dagegen schon am 15. 11. 1985 (STAUDINGER/VJEINSEN[12] Art 219 EGBGB Rn 1 ff). Die Vorschrift des § 581 ist bei der Reform nur in Abs 2 hinsichtlich der Verweisung geändert worden, auch wenn Abs 1 abweichend von dem ursprünglichen Entwurf (Art 1 Nr 1 RegE BT-Drucks 10/509, 4) in das Neuordnungsgesetz einbezogen worden ist, um den vollständigen Text des Pacht- und Landpachtrechts im Bundesgesetzblatt verkünden zu können (Ausschußbericht BT-Drucks 10/3830, 4, 28).

3. Zweck der Vorschrift

a) Die Vorschrift des § 581 bezweckt, den charakteristischen **Inhalt des Pachtver- 5 trags** anzugeben (Mot II 369, 421). Sie ist in enger Anlehnung an die entsprechende Bestimmung des § 535 für den Mietvertrag formuliert worden, bringt aber die Unterschiede zu diesem Vertragstyp deutlich zum Ausdruck. Da das Gesetz von dem verpachteten Gegenstand spricht, kann der Pachtvertrag nicht nur Sachen, also körperliche Gegenstände iS des § 90, sondern auch Rechte umfassen. Weiter zeigt die Vorschrift, daß dem Pächter neben dem Gebrauchsrecht zugleich das Recht zusteht, sich die Früchte anzueignen. Abweichend vom Vorbild des Art 576 Dresdener Entw wird aber nicht bestimmt, daß der Pachtgegenstand zur Fruchtziehung zu überlassen sei. Der Pächter soll nicht nur insoweit zum Gebrauch befugt sein, wie dies zum Fruchtgenuß erforderlich ist (Mot II 422). Mit dem Begriff der Früchte iS des § 99 deutet das Gesetz an, daß sowohl die natürlichen als auch die juristischen Früchte, dh die unmittelbar und die mittelbar kraft eines Rechtsverhältnisses gewonnenen Früchte (STAUDINGER/DILCHER [1995] § 99 Rn 6 ff), erfaßt werden (Mot II 421 f).

6 b) Die **Verweisung** auf die mietrechtlichen Vorschriften beruht auf der Konzeption des Gesetzes, zunächst den Mietvertrag einschließlich der mit der Pacht gemeinsamen Bestimmungen zu regeln und alsdann in weiteren Untertiteln die besonderen pachtrechtlichen Vorschriften folgen zu lassen. Durch diese Art der Anordnung sollte das Gesetz an Übersichtlichkeit und Einfachheit gewinnen. Zudem sollte die praktische Handhabung erleichtert werden (Mot II 368). Der erstrebte Erfolg ist bei derartigen Generalverweisungen jedoch zweifelhaft, da sich bei einem Teil der mietrechtlichen Vorschriften die Frage stellt, ob ihre Anwendbarkeit auch ohne speziellere Vorschriften des Pachtrechts wegen der Besonderheiten dieses Vertragstyps ausgeschlossen oder eingeschränkt ist. Den Vorteilen der Generalverweisung steht deshalb eine gewisse Rechtsunsicherheit gegenüber. Bei der Reform des Pachtrechts im Jahre 1985 (Rn 4) ist die Verweisung neben sprachlichen Verbesserungen insoweit geändert worden, als hiervon das Landpachtrecht zur Klarstellung ausdrücklich ausgenommen worden ist (Begr zum RegE BT-Drucks 10/509, 14, 15).

II. Gegenstand des Pachtvertrags

1. Allgemeines

7 a) Der Pachtvertrag kann einen **körperlichen oder unkörperlichen Gegenstand** betreffen. Im Gegensatz zur Miete in § 535 werden nicht nur Sachen iS des § 90 erfaßt, sondern auch Rechte. Es kann sich um bewegliche oder unbewegliche Sachen, um Sachteile oder Sachgesamtheiten handeln. Auch eine Gesamtheit von Sachen und Rechten, wie etwa ein Unternehmen, kann Gegenstand eines Pachtvertrags sein.

8 b) Der Pachtgegenstand muß die **generelle Eignung zur Fruchtziehung** besitzen. Der Begriff der Früchte ergibt sich aus § 99. Das Recht des Pächters auf Gewährung des Gebrauchs steht zwar neben dem Recht auf Fruchtziehung. Dennoch liegt das Schwergewicht auf dem letzteren. Deshalb kann auch ein Gegenstand verpachtet werden, der nur geringfügig gebrauchsfähig ist. Tritt der Fruchtgenuß hingegen vollkommen hinter die Gebrauchsüberlassung zurück, ist idR Miete anzunehmen (SOERGEL/KUMMER Rn 2). Teilweise wird vertreten, es sei unerheblich, ob der Gegenstand des Pachtvertrags Früchte im engeren Sinne hervorbringe oder ob nur Nutzungen zu erzielen seien, dh Erträge, die erst durch die Arbeit des Pächters mit Hilfe des Pachtgegenstandes, wie etwa bei einem Unternehmen, gezogen würden (BGB-RGRK/GELHAAR Rn 2; ESSER/WEYERS § 23 I 2; PALANDT/PUTZO Rn 2). Dies steht mit der Terminologie des Gesetzes nicht in Einklang, da § 581 nur auf den Fruchtbegriff des § 99, nicht aber auf den Oberbegriff der Nutzungen iS des § 100 Bezug nimmt. Wenn ein Gegenstand nur Gebrauchsvorteile abwirft, kann er vermietet, nicht aber verpachtet werden. Die Lösung des Problems besteht darin, den Unternehmensgewinn unter den Fruchtbegriff des § 99 einzuordnen, wobei er den Rechtsfrüchten iS des § 99 Abs 2 am nächsten steht (BGHZ 7, 208, 218 = NJW 1952, 1410, 1411; BGH LM Nr 7 zu § 818 Abs 2 = WM 1956, 91; OLG München OLGE 38, 146, 147; BGB-RGRK/KREGEL § 99 Rn 4). Unerheblich ist dann, ob ein Teil der Betriebseinnahmen nur auf den persönlichen

Leistungen oder Fähigkeiten des Inhabers beruht (BGH NJW 1978, 1578). Eine Verbesserung der Ertragsfähigkeit oder eine Änderung der Nutzungsart bei entsprechendem Vorbehalt im Vertrag steht einem Pachtvertrag nicht entgegen (RG HRR 1927, Nr 13).

2. Grundstück

a) Begriff

Ein Grundstück iS des BGB ist ein abgegrenzter Teil der Erdoberfläche, der im **9** Grundbuch als selbständiges Grundstück geführt wird. Es handelt sich um einen juristisch-technischen Begriff, der durch den Inhalt des Grundbuchs bestimmt wird (BAUR/STÜRNER, Lehrbuch des Sachenrechts [16. Aufl 1992] § 3 I 2 a). Der Gegenstand des Pachtvertrags braucht indessen nicht mit dem grundbuchmäßig bestimmten Grundstück übereinzustimmen. Auch Teile eines Grundstücks (BFHE 126, 63 = BStBl II 1979, 37) oder mehrere Grundstücke im Rechtssinne können in einem einheitlichen Vertrag verpachtet werden. Der Vertragsgegenstand wird von den Parteien durch seine wirtschaftliche Bestimmung festgelegt.

b) Reine Grundstückspacht

aa) Die reine Grundstückspacht beschränkt sich auf den Grund und Boden ohne **10** Gebäude oder Räume. Sie findet sich vor allem bei den in den §§ 585 ff besonders geregelten **Landpachtverträgen**. Hierunter fallen nach § 585 Abs 1 S 1 Verträge, durch die Grundstücke überwiegend zur Landwirtschaft verpachtet werden. Landwirtschaft sind nach § 585 Abs 1 S 2 die Bodenbewirtschaftung und die mit der Bodennutzung verbundene Tierhaltung, um pflanzliche oder tierische Erzeugnisse zu gewinnen. In der Praxis kommt überwiegend die Zupacht einzelner Grundstücke zu einem landwirtschaftlichen Betrieb vor (BENDEL AgrarR 1981, 89, 91; LIPINSKY AgrarR 1977, 217, 218; ders AgrarR 1979, Beil I 3, 4; WAGNER AgrarR 1977, 129). Bei einem Flurbereinigungsverfahren kann es nach § 68 FlurbG zu einer Auswechslung des Pachtgegenstandes kommen (ZILLIEN RdL 1981, 113, 114).

bb) Als weitere **Einzelfälle** reiner Grundstückspacht kommen forstwirtschaftlich, **11** landwirtschaftlich und gärtnerisch genutzte Grundstücke in Betracht, soweit nicht nach § 585 Abs 1 und 3 die Vorschriften über Landpachtverträge eingreifen. Letzteres gilt zwar bei landwirtschaftlichen und Gartenbaubetrieben, nicht aber bei reiner Forstwirtschaft, die im allgemeinen den Vorschriften der §§ 581 ff über die nichtlandwirtschaftliche Pacht unterliegt. Landpachtrecht gilt nur, wenn forstwirtschaftliche Grundstücke zur Nutzung in einem überwiegend landwirtschaftlichen Betrieb verpachtet werden. Bei der Kleingartenpacht sind im einzelnen Sondervorschriften zu beachten (STAUDINGER/EMMERICH Vorbem 49 ff zu § 581). Grundstückspacht ist ferner die Überlassung der Nutzung von Schilfrohr oder Reet an einem See (RGZ 56, 83) sowie der Grasernte einer Wiese (OLG Oldenburg NdsRpfl 1948, 15) und an Straßenrändern (OLG Schleswig SchlHAnz 1949, 376), die Gestattung der Quellwasserentnahme (RG HRR 1934, Nr 1197) sowie der Fischerei in einem geschlossenen Privatgewässer, weil Fische in einem derartigen Gewässer nicht herrenlos sind und deshalb nicht dem Fischereirecht unterliegen (KG OLGE 38, 93; OLG Stettin OLGE 24, 343; Rn 62 ff). Es kommt nicht darauf an, daß Grundstücke schon von Natur aus, dh ohne menschliches Zutun, organische Erzeugnisse hervorbringen. Grundstückspacht liegt auch vor, wenn die sonstige bestimmungsgemäße Ausbeute nach § 99 Abs 1 HS 2 aufgrund von Bodenabbauverträgen gewonnen wird (Rn 14 ff) oder wenn das Grundstück aufgrund vorhandener Einrichtungen Erträge abwirft. Letzteres ist der Fall bei der Verpachtung eines bisher landwirtschaftlich genutzten Grundstücks als Bauland (BGH LM PreisstopVO Nr 8), eines Tennisplatzes, Vergnügungsparks oder Konzertgartens (RGZ 81, 23, 26). Ein See kann zum Betrieb von Booten oder ein Grundstück zur Unterhaltung eines Parkplatzes oder Campingplatzes verpachtet werden.

12 cc)   Für die **Abgrenzung** zur Miete als bloßer Gebrauchsüberlassung ist entscheidend, daß bei der Pacht die Überlassung des Grundstücks als solchen die Fruchtziehung ermöglicht, wenn auch eine darauf gerichtete Tätigkeit des Pächters hinzukommen muß. Wird das Grundstück neben einem Wohnhaus oder einer Wohnung zur Nutzung als Garten überlassen, handelt es sich um einen einheitlichen Mietvertrag, weil der Gebrauch von Haus oder Wohnung Hauptzweck des Vertrags ist (JAKOBS/ SCHUBERT 620). Soweit nicht natürliche Früchte gewonnen werden sollen, muß das Grundstück mit Einrichtungen verbunden sein, die einen bestimmten Betrieb ermöglichen (RGZ 81, 23, 25) und bestimmungsgemäß zu Gebrauch und Fruchtziehung überlassen werden. Gestattet der Inhaber eines Autokinos einem Autohändler, auf dem Gelände seines Betriebes einen Gebrauchtwagenmarkt zu veranstalten, liegt Miete und nicht Pacht vor, weil die vorhandenen Einrichtungen nicht zur Fruchtziehung durch einen Gebrauchtwagenhandel bestimmt und geeignet sind (OLG München MDR 1972, 425). Bei der Überlassung von Grundstücksteilen kann es sich auch um Rechtspacht handeln, wenn der Gegenstand des Pachtvertrags darin besteht, eine in ein größeres Unternehmen integrierte Einrichtung zu einem eigenen Geschäftsbetrieb nutzen zu dürfen (Rn 45). Dem Erwerb aufstehender Früchte eines Grundstücks liegt idR ein Kaufvertrag zugrunde. Aber auch der Pachtvertrag ist hierfür geeignet und kommt zB bei der Ernte von Obstbeständen oder Getreidefeldern vor (STAUDINGER/EMMERICH Vorbem 33 zu § 581). Entscheidend ist der Parteiwille, für den die unterschiedlichen Rechtsfolgen der beiden Vertragstypen, wie etwa die Ausnahme des Fruchtziehungsrechts von der Beschlagnahme durch Anordnung der Zwangsversteigerung nach § 21 Abs 3 ZVG, eine Rolle spielen kann (OLG Dresden OLGE 36, 68).

c)   **Land- oder forstwirtschaftlicher Betrieb**

13 Als Grundstückspacht ist begrifflich auch die Pacht eines land- oder forstwirtschaftlichen Betriebs zu beurteilen. Nach § 585 Abs 1 S 1 handelt es sich um einen Landpachtvertrag, wenn ein Grundstück mit den seiner Bewirtschaftung dienenden Wohn- und Wirtschaftsgebäuden als Betrieb überwiegend zur Landwirtschaft verpachtet wird. Die Verpachtung forstwirtschaftlicher Betriebe unterliegt dagegen allein den §§ 581 bis 584 b. Werden in einem verpachteten Unternehmen nebeneinander Land- und Forstwirtschaft betrieben, kommt es für die Anwendung der §§ 581 ff oder der §§ 585 ff darauf an, welcher Vertragszweck überwiegt. Ebenso ist bei der Zupacht von Grundstücken zu einem Betrieb zu unterscheiden. Dies wird für die Pacht forstwirtschaftlicher Grundstücke in § 585 Abs 3 ausdrücklich bestimmt.

d)   **Bodenabbauvertrag**

14 aa)   Ein Bodenabbauvertrag wird von der Rspr regelmäßig als **Pacht eines Grundstücks** behandelt, weil der Besitz überlassen wird und die Bodenbestandteile als bestimmungsgemäße Ausbeute unter den bewußt gegenüber dem ALR I, 9 § 220 erweiterten Fruchtbegriff des § 99 Abs 1 fallen (STAUDINGER/EMMERICH Vorbem 26 ff zu

§ 581; STRÖFER BB 1979, 1477). Dies gilt etwa für die Gewinnung von Kies (RGZ 94, 279; RG WarnR 1943, Nr 10; BGHZ 59, 64 = NJW 1972, 1421; BGH LM Nr 2 zu § 581 = BB 1951, 974; NJW 1979, 2034; LM Nr 46 zu § 581 = NJW 1982, 2062; WM 1983, 531; OLG Kiel SchlHAnz 1915, 57), Sand (RG SeuffA 83, Nr 185; BGH LM Nr 35 zu § 581 = MDR 1973, 404), Steinen (RG JW 1909, 451), Torf (BGH LM WohnsiedlG § 4 Nr 3 = BB 1956, 385), Ton (RGZ 27, 279; BGH NJW 1974, 2123; OLG Kiel OLGE 43, 55) und ähnlichen Bodenbestandteilen (BGH WarnR 1969, Nr 281, 282; NJW 1995, 2548 – Bims; BayObLGZ 10, 280 – Erdölbohrungen; OLG Celle NJW 1957, 1321 m Anm RÖTELMANN – Erdöl). Unerheblich ist, ob das Grundstück nur teilweise oder vollständig ausgebeutet werden soll (RG JW 1909, 451; BGH LM Nr 2 zu § 581 = BB 1951, 974). Der Umfang der Entnahme kann dem Pächter überlassen werden (BGH LM Nr 35 zu § 581 = MDR 1973, 404). Ein Pachtvertrag ist idR auch dann gegeben, wenn die Entnahme einer bestimmten Menge von Bodenbestandteilen während eines festen Zeitraums gestattet wird (FG Nürnberg EFG 1973, 210). Es spielt keine Rolle, ob der Pächter verpflichtet ist, das Grundstück wieder instand zu setzen (BGH aaO). Der zivilrechtlichen Beurteilung des Bodenabbauvertrags als Pacht entspricht die steuerrechtliche Einordnung der Erträge des Verpächters als Einkünfte aus Vermietung und Verpachtung, soweit nicht eine andere Einkunftsart vorgeht (BFH BStBl II 1994, 231 mwNw; krit KNOBBE-KEUK Betrieb 1985, 144, hierzu BORGGREVE Betrieb 1985, 1661; BFH BStBl II 1995, 312). Werden einem zum Abbau von Bodenbestandteilen verpachteten Grundstück, durch das die Trasse einer Bundesautobahn geführt wird, unbefugt Sand und Kies entnommen und zum Autobahnbau verwendet, so kann der Pächter wegen enteignungsgleichen Eingriffs Entschädigung verlangen (BGH NJW 1984, 1878).

bb) Eine **Abgrenzung** ist erforderlich von der Rechtspacht. So wird bei der Kohlegewinnung nicht das Grundstück, sondern die Kohlenabbaugerechtigkeit verpachtet (RGZ 135, 94; RG JW 1901, 266 Nr 38; Rn 51; STAUDINGER/EMMERICH Vorbem 97 zu § 581). Das gleiche ist für den Kaliabbau anzunehmen (BGB-RGRK/GELHAAR Rn 10), wenn auch insoweit die Einordnung als Rechtspacht in der Rspr bisher offengeblieben ist (BGH LM Nr 1 zu § 595; LM Nr 4 zu § 133 [A]; LM Nr 2 zu § 242 [Ba] = NJW 1951, 836). Der Abbau von Bodenbestandteilen kann ebenfalls im Wege des Kaufvertrags geregelt werden, was aber in der Rspr nur selten aufgrund besonderer Umstände angenommen wurde (RG JW 1899, 462 – Eisenerz; JW 1903, 131; KRAUSE, Grenzfälle zwischen Pacht und Kauf [Diss Heidelberg 1931]; STAUDINGER/EMMERICH Vorbem 29 zu § 581). Dies wird in der steuerlichen Rspr vor allem bei der einmaligen Lieferung einer fest begrenzten Menge angenommen (BFHE 87, 569, 571 mwNw = BStBl III 1967, 226, 227). Charakteristisch für die Pacht ist die Besitzüberlassung an dem Grundstück auf längere Dauer (BGH LM Nr 2 zu § 581 = BB 1951, 974). Andererseits wird ein Pachtvertrag nicht dadurch ausgeschlossen, daß die Parteien das Entgelt ähnlich wie bei einem Kauf nach der geförderten Menge bemessen. Bodenbestandteile werden auch aufgrund von Dienstbarkeiten iS der §§ 1018 ff gewonnen. Es ist nicht ausgeschlossen, daß ein schuldrechtliches Nutzungsrecht aufgrund eines Pachtvertrags und ein dingliches Nutzungsrecht in Form einer Dienstbarkeit nebeneinander bestehen (BGH NJW 1963, 1247). Die Rspr sieht dies jedoch als Ausnahmefall an und verlangt eine zweifelsfreie, idR ausdrückliche Abrede. Das einer Dienstbarkeit zur Bodenausbeutung zugrunde liegende Kausalgeschäft kann deshalb nicht ohne weiteres als Pachtvertrag beurteilt werden (BGH NJW 1974, 2123).

e) Bedeutung

16 Die Bedeutung, einen Vertrag als Grundstückspacht zu qualifizieren, besteht vor allem darin, daß aufgrund der Verweisung in § 581 Abs 2 die Vorschriften des § 566, der bei einem Abschluß für längere Zeit als ein Jahr die Schriftform voraussetzt, und des § 571 mit dem Grundsatz „Kauf bricht nicht Pacht" anwendbar sind. Ferner geht es um die Frage, ob die Sondervorschriften der §§ 582 ff anzuwenden sind, wobei insbesondere die von § 565 abweichende Kündigungsfrist des § 584 und die von § 557 zu unterscheidende Regelung des § 584 b über Ansprüche bei verspäteter Rückgabe zu beachten sind.

3. Raum

a) Allgemeines

17 Anders als das Mietrecht unterscheiden die pachtrechtlichen Vorschriften nicht zwischen Grundstücken und Räumen. Die meisten Bestimmungen sprechen nur von der Pacht eines Grundstücks oder Betriebes. Eine dem § 580 vergleichbare Bestimmung fehlt, nach der die Vorschriften über die Pacht von Grundstücken für die Pacht von Räumen gelten würden. Für das Pachtrecht kann jedoch insoweit nichts anderes gelten als für das Mietrecht. Offenbar ist bei der nachträglichen Einfügung des jetzigen § 580 in der 2. Komm (E II § 480 Abs 2; Prot II 134; JAKOBS/SCHUBERT 424, 614) die gleichgelagerte Problematik bei der Pacht übersehen worden, oder eine ausdrückliche Regelung wurde wegen der Generalverweisung des § 581 Abs 2 für überflüssig gehalten. In jedem Fall sind deshalb die Vorschriften über die Grundstückspacht auch auf die Pacht von Räumen anwendbar (Rn 273; BGH LM Nr 2 zu § 595 = ZMR 1957, 264; BGB-RGRK/GELHAAR § 595 Rn 1; PLANCK/KNOKE Anm 6 b).

b) Begriff

18 Unter den Begriff des Raumes fällt ein allseits umschlossener Teil eines festen Gebäudes, der so groß ist, daß sich ein Mensch darin aufhalten kann. Gebäude sind alle unbeweglichen, mit dem Erdboden fest verbundenen Bauwerke, die zum Aufenthalt von Menschen bestimmt und geeignet sind (STAUDINGER/EMMERICH [1995] Vorbem 42 zu §§ 535, 536). Raumpacht liegt auch vor, wenn sich der Vertrag auf ein ganzes Gebäude erstreckt, wobei im Ergebnis unerheblich ist, ob das zugehörige Grundstück vollständig oder nur teilweise mit umfaßt wird. Entscheidend ist, daß als Gegenstand der Fruchtziehung das Gebäude und nicht der Grund und Boden im Vordergrund steht. Pachtgegenstand können die aufgrund eines Erbbaurechts errichteten Räume und die im Teileigentum nach § 1 Abs 3 WEG stehenden Räume sein. Die Verpachtung von Räumen in beweglichen Sachen wie Verkaufswagen gehört nicht hierher (Rn 41). Raumpacht liegt ebenfalls nicht vor bei der Überlassung von Plätzen oder Ständen in Räumen. Hierbei handelt es sich entweder um die Verpachtung von Grundstücksteilen oder meist um Rechtspacht (Rn 45).

c) Einzelfälle

19 In der Rspr findet sich eine Fülle von Einzelfällen zur Raumpacht. In aller Regel geht es um die Verpachtung von Räumen zum Betrieb eines gewerblichen Unternehmens. Dabei stellt sich das Problem der Abgrenzung von der Miete (Rn 27 ff; STAUDINGER/EMMERICH Vorbem 19 zu § 581), der Unternehmenspacht (Rn 37; STAUDINGER/EMMERICH Vorbem 21 zu § 581) und von der Rechtspacht (Rn 38). Die erstere Abgrenzung wird in den Entscheidungen meist eindeutig getroffen, weil hiervon weitere

Rechtsfragen abhängen (Rn 39). Nicht hinreichend klar ergibt sich aber häufig, ob ein ganzes Unternehmen oder nur die zu einem Betrieb erforderlichen Räume nebst Einrichtung verpachtet sind.

aa) Zur Führung eines **Beherbergungsbetriebs** verpachtet werden Räume von 20 Hotels (RGZ 103, 271; RG JW 1924, 803; WarnR 1924, Nr 103; vgl RG WarnR 1929, Nr 109; LZ 1932, 1481 – Miete), Gasthöfen (RGZ 109, 206), Erholungsheimen (RGZ 102, 186) und Pensionaten (RG WarnR 1922, Nr 38).

bb) Auf der Verpachtung von **Gaststätten** liegt das Schwergewicht der Entschei- 21 dungspraxis (RGZ 81, 23; 87, 277; 91, 310; 114, 243; RG JW 1913, 982; JW 1918, 88 Nr 8; JW 1927, 582 Nr 7; LZ 1927, 529 Nr 3; WarnR 1913, Nr 89; WarnR 1914, Nr 116; WarnR 1915, Nr 217; WarnR 1926, Nr 45; WarnR 1926, Nr 117; WarnR 1929, Nr 173; SeuffA 73, Nr 223; SeuffA 79, Nr 24; BGH NJW-RR 1991, 906; vgl RG WarnR 1927, Nr 51; WarnR 1931, Nr 38 – Miete). Auch Kaffeerestaurants zählen hierzu (RG WarnR 1926, Nr 182; vgl RG JW 1924, 802 Nr 10 – Miete). Werkskantinen werden bei einer Bewirtschaftung durch Dritte idR aufgrund eines Pachtvertrags überlassen (BGH LM Nr 40 zu § 581 = WM 1977, 591; REHBINDER, Kantinenpachtvertrag 16 f; STAUDINGER/EMMERICH Vorbem 93 f zu § 581). Die Überlassung der Bundeswehrkantinen beruht auf atypischen Verträgen, soweit keine Pachtzins- und Kündigungsregelung vereinbart ist und ein Bewirtschaftungsvertrag damit verbunden wird (REHBINDER 23 ff). Der BGH hat offengelassen, ob es sich um einen pachtrechtsähnlichen Vertrag oder um einen Vertrag eigener Art nach § 305 handelt (BGH WuW/E 1581, 1582 = MDR 1979, 733). Da auf jeden Fall ein zivilrechtliches Verhältnis vorliegt, sind die §§ 581 ff hinsichtlich der pachtrechtlichen Elemente des Vertrags zumindest entsprechend anwendbar.

cc) **Handwerksbetriebe** können im Wege der Raumpacht überlassen werden (RGZ 22 122, 274 – Fleischerei; RG WarnR 1926, Nr 183 – Klempnerei; JW 1928, 2517 Nr 3 – Bäckerei; vgl RG LZ 1931, 767 Nr 3 – Miete einer Bäckerei).

dd) Das gleiche gilt für **Verkaufsräume eines Handelsgeschäfts** (RG JW 1927, 1469; HRR 23 1929, Nr 1209; vgl KG JW 1930, 3241 Nr 1 – Miete) und die Verpachtung einer Apotheke, soweit dies im Rahmen der §§ 9, 26 Abs 1 oder 27 ApothG zulässig ist (Rn 48; STAUDINGER/EMMERICH Vorbem 116 ff zu § 581).

ee) Ist auf einem Grundstück eine **Tankstelle** eingerichtet, kann sie durch einen 24 Pachtvertrag einem anderen, vor allem einem Mineralölunternehmen, zum Betrieb überlassen werden (BGB-RGRK/GELHAAR Vorbem 274 zu § 535, anders beim Stationärsvertrag Rn 273; REHBINDER, Tankstellenvertrag 13, 15; STAUDINGER/EMMERICH [1995] Vorbem 144 zu §§ 535, 536).

ff) Ferner sind **Fabrikräume** als Gegenstand des Pachtvertrags zu nennen (RG 25 WarnR 1909, Nr 137; BGH NJW 1967, 1223; WM 1959, 1160; vgl RG SeuffA 78, Nr 182 – Miete).

gg) Als **sonstige Fälle** der Raumpacht finden sich Theater (RG WarnR 1914, Nr 78; KG 26 HRR 1933, Nr 1422; vgl RGZ 136, 407 – offengelassen, ob Miete oder Unternehmenspacht) und Privatkrankenanstalten (RG WarnR 1915, Nr 48). Die Überlassung von Wohnungen zur

Untervermietung kann auf einem Pachtvertrag beruhen (RG LZ 1927, 529 Nr 3; SONNEN-SCHEIN, in: FS Seuß 253, 261, 266; VOELSKOW NJW 1983, 910).

d) Abgrenzung

27 aa) Für die Abgrenzung zur **Miete** als bloßer Gebrauchsüberlassung kommt es darauf an, daß bei der Pacht die Überlassung der Räume als solcher die Fruchtziehung ermöglicht und daß der Zweck des Vertrags nach dem Parteiwillen hierauf gerichtet ist (ALLWEIL ZMR 1964, 353; HORCHNER, Die Abgrenzung von Miete und Pacht an Räumen nach bürgerlichem Recht [Diss Leipzig 1936]; KAPPEY, Die Abgrenzung von Miete und Pacht bei der Überlassung von Räumen zu gewerblichen Zwecken [Diss Göttingen 1966]; MITTELSTEIN § 7 mwNw; STAUDINGER/EMMERICH Vorbem 19 zu § 581). Werden Wohnräume zu dem Zweck überlassen, daß der Nutzungsberechtigte daraus durch Weitervermietung Früchte zieht, so handelt es sich bei dem Hauptvertrag grundsätzlich um Pacht (RG LZ 1927, 529, 530; HERPERS, Wohnraummietrecht [2. Aufl 1994] Rn 64; SONNENSCHEIN, in: FS Seuß 253, 266; VOELSKOW NJW 1983, 910). In der Praxis wird demgegenüber für die Fälle der gewerblichen Zwischenvermietung in aller Regel Geschäftsraummiete angenommen (STAUDINGER/SONNENSCHEIN [1995] § 556 Rn 66 mwNw). Soll der Berechtigte selbst einen Teil der Räume als Wohnung nutzen, kommt es nach den für Mischmietverhältnisse geltenden Grundsätzen darauf an, ob ein einheitlicher Vertrag gegeben ist und ob das Schwergewicht auf den fruchtbringenden Räumen liegt (Rn 35; vgl LG Köln WuM 1981, 185 m abl Anm HILGER/BRÜCKNER-WINTERHAGEN). Insoweit kann durch spätere Vertragsänderung aus einem Miet- ein Pachtvertrag werden. Eine andere Frage ist, ob im Verhältnis der Parteien des Hauptvertrags trotz der Beurteilung als Pacht oder als Geschäftsraummiete die Vorschriften über den Kündigungsschutz für Mietverhältnisse über Wohnraum eingreifen. Dies ist zu verneinen, soweit nicht ein Teil der Räume vertraglich dazu bestimmt ist, eigenen Wohnzwecken des anderen Vertragsteils zu dienen (SONNENSCHEIN, in: FS Seuß 253, 266 f). Der Schutz des Untermieters wird idR durch die neue Regelung des § 549 a erreicht (STAUDINGER/EMMERICH [1995] § 549 a Rn 4 ff). Da diese Vorschrift jedoch nur für die gewerbliche Zwischenvermietung gilt, müssen die Fälle der schlichten Zwischenvermietung und der typischen Untermiete nach wie vor auf der Grundlage der Rspr (BGHZ 114, 96 = NJW 1991, 1815) mit dem Einwand rechtsmißbräuchlichen Verhaltens gelöst werden (STAUDINGER/SONNENSCHEIN [1995] § 556 Rn 72 ff). Der Umstand, daß Räume einem anderen zu gewerblichen Zwecken, also zur Erzielung wirtschaftlicher Erträge, überlassen werden, hat nicht ohne weiteres zur Folge, daß die Vereinbarung als Pachtvertrag zu beurteilen ist. Entscheidend ist, ob die Räume dem Inhaber als örtlicher Mittelpunkt seines Gewerbes dienen und ihm Gelegenheit geben sollen, eine gewinnbringende Tätigkeit auszuüben, oder ob die Räume selbst als die eigentliche Quelle der Erträge anzusehen sind (RGZ 81, 23, 24; RG WarnR 1913, Nr 89; BGH WM 1981, 226; OLG Hamm ZMR 1984, 199). Letzteres ist nur der Fall, wenn die Räume eine für den vorgesehenen Betrieb geeignete bauliche Beschaffenheit aufweisen und die entsprechende Einrichtung vorhanden ist. Die Räume müssen grundsätzlich in einem betriebsfertigen Zustand sein, der es ermöglicht, einen Ertrag in Gestalt juristischer Früchte iS des § 99 Abs 3 aus ihnen zu ziehen (RGZ 91, 310, 311; OLG Hamm ZMR 1981, 211, 212). Es braucht sich allerdings nicht um ein schon bestehendes Geschäft zu handeln, das im Wege der Unternehmenspacht überlassen wird. Es genügt, wenn der Übernehmer den wirtschaftlichen Organismus erst durch eigene Tätigkeit und aus eigenen Mitteln zu schaffen hat (RGZ 81, 23, 25; RG JW 1913, 982; WarnR 1914, Nr 78). Einen Anhaltspunkt bietet die Höhe des Entgelts. Liegt dieses erheblich über dem, was ortsüblich für vergleichbare Räume und Inventar gezahlt wird, ist der Schluß gerechtfertigt, daß nicht nur der Gebrauch der Sachen, sondern auch der Fruchtgenuß entgolten werden soll (OLG Karlsruhe NJW 1970, 1977 m Anm Pieck).

α) Die für den Betrieb erforderliche **Einrichtung** der Räume braucht nicht auf- **28** grund desselben Vertrags überlassen zu werden. Auch wenn die Parteien den einheitlichen Vorgang in zwei Verträge aufspalten, handelt es sich um Raumpacht (RGZ 122, 274, 276; RG WarnR 1927, Nr 51). Unerheblich ist ferner, ob die vorhandene Einrichtung dem Eigentümer der Räume gehört und von ihm dem Pächter überlassen wird oder ob Dritte als Eigentümer dem Pächter das Inventar gegen Entgelt überlassen (RGZ 114, 243, 245; RG JW 1927, 582 Nr 7; JW 1928, 469; WarnR 1929, Nr 108). Der Dritte wird dadurch allerdings nicht ohne weiteres zum Mitverpächter (OVG Münster KStZ 1970, 71, 72 = ZMR 1970, 185 [LS]). Der Annahme eines Pachtverhältnisses steht es nicht entgegen, daß der Pächter das Inventar im Zusammenhang mit dem Vertragsabschluß von dem Verpächter (RGZ 91, 310) oder einem Dritten (RG JW 1927, 1469; OLG Düsseldorf WuM 1994, 80) zu Eigentum erwirbt. Auch ein Eigentumserwerb des Pächters im Laufe der Pachtzeit ändert nicht die Rechtsnatur des Vertrags, sofern die Einrichtung von Anfang an vorhanden war (RG WarnR 1926, Nr 117; SeuffA 79, Nr 24; aM Mittelstein 44). Es kann deshalb nicht darauf ankommen, ob der Verpächter oder Dritte dem Pächter das Inventar entgeltlich oder unentgeltlich zum Gebrauch überlassen oder ob der Eigentumserwerb entgeltlich oder unentgeltlich stattfindet. Entscheidend ist das Vorhandensein der Einrichtung bei Abschluß des Vertrags. Zudem ist die Absicht der Parteien erforderlich, daß das vorhandene Inventar weiterbenutzt und nicht alsbald entfernt werden soll (RG WarnR 1927, Nr 51; WarnR 1931, Nr 38). Muß der Übernehmer von leeren Räumen die Einrichtung erst selbst beschaffen, handelt es sich um Miete (RGZ 109, 206; RG JW 1924, 802 Nr 10). Daran ändert sich auch nichts, wenn er die Einrichtung erwirbt, die früher in den Räumen war, zwischenzeitlich aber entfernt worden ist (RG WarnR 1927, Nr 51). Ebensowenig wird ein Mietverhältnis zu einem Pachtverhältnis, wenn ein neuer Mieter unter Übernahme der Einrichtung von seinem Vormieter in den bestehenden Vertrag eintritt (RGZ 125, 128). Die Rspr hat dies sogar für den Fall angenommen, daß sich die im Eigentum eines Dritten stehende Einrichtung noch in den Räumen befand, aber zwecks Versteigerung von ihrem bisherigen Platz entfernt worden war (RGZ 122, 274, 277). Ein Pachtvertrag kann hingegen angenommen werden, wenn die Räume zwar zunächst noch leer sind, die Einrichtung aber aufgrund des Vertragsabschlusses vom Verpächter beschafft wird oder wenn er wesentlich dazu beiträgt (BGH NJW-RR 1991, 906, 907). Insoweit handelt es sich um einen einheitlichen Vorgang.

β) Die **Vollständigkeit** der Einrichtung zu dem vorgesehenen Betrieb wird nicht **29** vorausgesetzt. Dies gilt zum einen hinsichtlich der Verteilung auf die einzelnen Räume. Es kommt darauf an, daß die Haupträume des Betriebs, wie etwa die Gaststube einer Wirtschaft, eingerichtet sind. Die Einrichtung von Nebenräumen wie Küche und Keller ist nicht entscheidend, da sie nicht unmittelbar als Einnahmequelle dienen (RGZ 81, 23, 26; RG WarnR 1913, Nr 89). Zum anderen braucht das in den Haupträumen vorhandene Inventar als solches nicht vollständig zu sein. Gewisse Ergänzungen durch den Pächter sind unerheblich (RG JW 1913, 982; SeuffA 73, Nr 223 – Gastwirtschaft; WarnR 1914, Nr 78 – Theater; OLG Hamm ZMR 1984, 199 – Apotheke). Dabei wird dem Wertverhältnis zwischen vorhandener und zu ergänzender Einrichtung keine Bedeutung beigemessen (RG aaO). Dem kann jedoch nur insoweit zugestimmt werden, als die vorhandene Einrichtung bereits einen – wenn auch im Umfang noch eingeschränkten – Betrieb ermöglicht. Der höhere Wert der zu ergänzenden gegenüber den vorhandenen Einrichtungsgegenständen darf also nicht Ausdruck der Funktionsunfähigkeit der Räume in ihrem bisherigen Zustand sein. Ist die Einrichtung nicht vertragsgemäß, können Gewährleistungsansprüche bestehen (Rn 285 ff). Auf die rechtliche Einordnung des Vertrags als Pacht oder Miete hat die Mangelhaftigkeit oder das Fehlen einer zugesagten Einrichtung keinen Einfluß (BGH WM 1981, 226).

30 γ) Die **Art des Betriebs**, der in den Pachträumen ausgeübt wird, ist grundsätzlich unerheblich. In erster Linie kommen hierfür Gewerbebetriebe beliebiger Branchen in Betracht, wenn die Räume mit ihrer Einrichtung für den jeweiligen Zweck geeignet sind. Fraglich ist, ob die Raumüberlassung zur Ausübung eines freien Berufs als Raumpacht oder als Miete zu beurteilen ist. Die Rspr hat einerseits die Verpachtung einer zahnärztlichen Praxis bejaht, wobei die Abgrenzung zur Unternehmenspacht nicht deutlich wird (RG SeuffA 79, Nr 97). Andererseits ist die Überlassung eines Anwaltsbüros nebst Einrichtung an einen anderen Anwalt nicht als Pacht, sondern als Miete behandelt worden, weil der Rechtsanwalt die Erträge nicht aus den Räumen und der Einrichtung, sondern aus seiner geistigen Arbeit ziehe, der gegenüber die sachlichen Hilfsmittel nur eine untergeordnete Rolle spielten (RG JW 1925, 472 Nr 14). Diese Abgrenzung nach der Bedeutung der sachlichen Hilfsmittel gegenüber der geistigen Arbeit wird von STAUDINGER/KIEFERSAUER[11] (§ 581 Rn 6) abgelehnt. Statt dessen wird im Anschluß an MITTELSTEIN (40) darauf abgestellt, ob die Räume gerade für den vertragsgemäßen Zweck geeignet sind, dh ob sie eine typische Einrichtung und Ausgestaltung aufweisen. Hiernach soll wie der Rechtsanwalt auch ein praktischer Arzt Sprech- und Wartezimmer nicht pachten, sondern mieten, während eine Privatkrankenanstalt gepachtet werden könne.

31 Demgegenüber ist zu bedenken, daß bei jeder freiberuflichen Tätigkeit die Räume für den vertragsgemäßen Zweck typischerweise eingerichtet sein können, wie etwa das Anwaltsbüro mit Bibliothek, die Arztpraxis mit diagnostischen und therapeutischen Apparaten und das Architektenbüro mit Zeichengeräten. Angesichts der Technisierung, die auch die freien Berufe erfaßt hat, kann die geistige Arbeit nicht ausschlaggebend sein, um von vornherein die Beurteilung eines Vertrags als Pacht abzulehnen. Die Pacht kann andererseits nicht auf solche Gruppen freier Berufe beschränkt werden, bei denen technische Hilfsmittel eine besondere Rolle spielen. Im Grundsatz ist deshalb der Ansicht zu folgen, nach der die Entscheidung von der Eignung der Räume und Einrichtung gerade für den vertragsgemäßen Zweck der Ausübung eines bestimmten freien Berufs abhängt (STAUDINGER/KIEFERSAUER[11] aaO). Im übrigen ist die Raumpacht aber bei allen Gruppen freier Berufe nicht von vornherein ausgeschlossen. Es kommt allein auf die Umstände des Einzelfalls an.

32 δ) Sind Räume für eine bestimmte Betriebsart eingerichtet, stellt sich die Frage, wie sich eine **Änderung des Geschäftszwecks** auf die Abgrenzung zwischen Miete und Pacht auswirkt. Von STAUDINGER/KIEFERSAUER[11] (§ 581 Rn 10) wurde die Auffassung vertreten, es könne Miete vorliegen, wenn jemand ein betriebsfähig eingerichtetes Geschäft vom Hauseigentümer übernehme, der Geschäftszweck aber von vornherein umgewandelt werden solle. Dem liegt die Ansicht zugrunde, die Räume müßten eine gerade für den Betrieb des vorgesehenen Unternehmens geeignete bauliche

Gestaltung und Einrichtung aufweisen. Dies geht im wesentlichen auf das von MITTELSTEIN (40) im Anschluß an die Rspr entwickelte Merkmal der „typischen Ausgestaltung" zurück. Dabei ist aber zu beachten, daß MITTELSTEIN (aaO) dieses Erfordernis nur für die Fälle aufstellt, in denen eine typische Beschaffenheit der Räume verkehrsüblich ist, wie zB bei Gastwirtschaften, Theatern, Lichtspielhäusern usw. In der Rspr findet sich zwar teilweise die Formulierung, es müsse eine Einrichtung vorhanden sein, die einen „bestimmten" Betrieb ermögliche (RGZ 81, 23, 25), oder die Räume müßten zu einem „bestimmten" Betrieb überlassen und gerade für diesen Betrieb baulich geeignet und mit der wesentlichen, zur alsbaldigen Benutzung für den Betrieb und die Fruchtziehung erforderlichen Einrichtung versehen sein (RGZ 122, 274, 276). Andere Entscheidungen sprechen nur von einer „geeigneten" (RGZ 91, 310, 311) oder „ausreichenden" Einrichtung (RGZ 114, 243, 244). Schließlich ist zu bedenken, daß Raumpacht nicht die Fortführung eines bereits bestehenden Betriebs voraussetzt, sondern auch dann vorliegen kann, wenn der Betrieb vom Pächter erst aufgenommen wird (Rn 27; MITTELSTEIN 37 mwNw).

αα) Auf dieser Grundlage wird ein Pachtvertrag nicht dadurch ausgeschlossen, daß der Pächter der Räume **von Anfang an** einen Geschäftsbetrieb anderer Art verfolgt als sein Rechtsvorgänger. Auch bei der Neuaufnahme kommt es nicht auf einen Betrieb bestimmter Art an (Rn 30, 32). Entscheidend ist nur, daß die Räume und ihre Einrichtung für diesen andersartigen Betrieb geeignet sind. Eine Änderung des Geschäftszwecks schließt also nur bei Räumen mit einer branchenspezifischen Einrichtung einen Pachtvertrag aus, weil diese Einrichtung in dem andersartigen Betrieb nicht verwendbar ist und deshalb ersetzt werden muß. Ist die Einrichtung aber ohne weiteres für einen anderen Betrieb geeignet, wie es bei Handelsgeschäften oder den auf eine Bürotätigkeit angewiesenen Unternehmen wie Makler, Versicherung und dgl häufig der Fall ist, so steht dies einem Pachtvertrag nicht entgegen. So zeigt sich in mancher Entscheidung, bei der eine Änderung des Geschäftszwecks vorlag, daß der entscheidende Grund für die Ablehnung eines Pachtvertrags nicht die Änderung als solche, sondern die für den neuen Zweck unzureichende Einrichtung war (KG JW 1930, 3241 Nr 1; OLG Breslau JW 1930, 75).

ββ) Die gleichen Grundsätze greifen ein, wenn der Pächter den Geschäftszweck **im Laufe des Pachtverhältnisses** ändert. Sind die Räume nach dem Vertrag zur Ausübung eines Geschäftsbetriebs beliebiger Art überlassen, kann der Pächter den Geschäftszweck später ändern, ohne daß der Pachtvertrag hierdurch beeinflußt wird, sofern die Einrichtung weiterhin geeignet ist. Das gleiche gilt, wenn der Vertrag hinsichtlich eines bestimmten Geschäftsbetriebs einen Vorbehalt zur Änderung enthält (RG HRR 1927, Nr 13). Wenn im Vertrag hingegen die Ausübung eines ganz bestimmten Geschäftsbetriebs vereinbart ist, darf der Pächter später nur mit Zustimmung des Verpächters eine Änderung vornehmen. Darin liegt eine inhaltliche Änderung des Pachtvertrags, wenn die Einrichtung auch für den neuen Geschäftszweck geeignet ist. Muß die Einrichtung aber ausgewechselt werden, kommt es für den Fortbestand des Pachtvertrags darauf an, ob der Verpächter die neue Einrichtung stellt. Übernimmt dies der bisherige Pächter, handelt es sich hinfort um die Überlassung leerer Räume und damit um Miete.

ε) Werden neben den zur Fruchtziehung bestimmten Räumen **weitere Räume zum bloßen Gebrauch** überlassen, insbesondere zB Wohnräume, kommt es nach den auch für Mischmietverhältnisse geltenden Grundsätzen (STAUDINGER/EMMERICH [1995] Vorbem 47 ff zu §§ 535, 536) zunächst darauf an, ob zwei nur äußerlich verbundene und deshalb nach dem jeweiligen Vertragsgegenstand getrennt zu beurteilende Verträge vorliegen. Handelt es sich um einen einheitlichen Vertrag, ist nur eine einheitliche Beurteilung möglich. Dies wird durch die Regelung des § 585 Abs 1 S 1 zur Landpacht bestätigt, weil dieser Vertrag auch die Wohnräume umfaßt (OLG Köln WM 1987, 1308, 1310). Liegt das Schwergewicht bei den fruchtbringenden Räumen, was nach den Größen- und Wertverhältnissen zu entscheiden ist, so wird das Rechtsverhältnis insgesamt als Pachtvertrag beurteilt (RG LZ 1927, 529, 530; JW 1927, 582; BGH LM Nr 3 zu § 36 MietSchG; STAUDINGER/EMMERICH Vorbem 23 zu § 581).

36 ζ) Ob ein Pachtvertrag vorliegt, ist anhand der gesetzlichen Merkmale mit Rücksicht auf den Parteiwillen und die objektiv gegebenen Umstände zu entscheiden. Die **Bezeichnung als Mietvertrag** durch die Parteien wird wie jede andere Benennung eines bestimmten Vertragstyps im allgemeinen für unerheblich erklärt (RG WarnR 1914, Nr 116; JW 1924, 803; LZ 1927, 529; OLG Hamm ZMR 1984, 199; OLG Stuttgart NJW 1987, 3269). Dabei ist jedoch zu berücksichtigen, daß die früheren Entscheidungen in erster Linie auf objektive Kriterien abstellten, weil öffentlich-rechtliche Vorschriften wie Mieterschutz und Besteuerung nicht umgangen werden sollten (Rn 39).

37 bb) Für die Abgrenzung zur **Unternehmenspacht** (Rn 87 ff) kommt es darauf an, ob der Pächter nur die Räume mit der Einrichtung übernimmt oder ob das Unternehmen als solches mit seinen gesamten Erscheinungsformen wie Firma, Kundenstamm, Beziehungen zu Lieferanten, Ruf, Forderungen und Verbindlichkeiten, sonstigen Rechten wie Patenten, Warenzeichen und dgl gepachtet wird. Der Unternehmenspacht steht es nicht entgegen, daß einzelne Bereiche von der Übernahme ausgenommen werden. Andererseits wird eine Raumpacht nicht dadurch ausgeschlossen, daß der Pächter die Warenbestände käuflich übernimmt oder nach § 613 a in die Dienstverträge mit dem Personal eintritt. Entscheidend ist, wo die Parteien den Schwerpunkt hinsichtlich des Vertragsgegenstandes setzen (RGZ 138, 192, 195; RG DWohnA 1933, 176, 178; BGB-RGRK/GELHAAR Rn 8).

38 cc) Für die Abgrenzung zur **Rechtspacht** (Rn 43 ff) ist darauf abzustellen, ob schon die Überlassung der Räume die Möglichkeit begründet, Früchte zu ziehen, oder ob der wesentliche Gegenstand des Vertrags in der Gestattung des Geschäftsbetriebs liegt, so vor allem in dem Recht, eine in ein größeres Unternehmen integrierte Einrichtung zu nutzen (Rn 45).

e) **Bedeutung**
39 Die Bedeutung, die einer Beurteilung als Raumpachtvertrag zukommt, besteht neben der systematisch einwandfreien Einordnung in der aus § 581 Abs 2 folgenden entsprechenden Anwendung des § 566, der bei einem Abschluß für längere Zeit als ein Jahr die Schriftform voraussetzt, und des § 571 mit dem Grundsatz „Kauf bricht nicht Pacht". Im übrigen greifen die Sondervorschriften der §§ 582 ff bei einem Raumpachtvertrag gegenüber dem Mietrecht ein. Dies ist vor allem für die Verpachtung von Räumen mit Inventar, für die von § 565 abweichende Kündigungsfrist des § 584 a und für die von § 557 zu unterscheidende Regelung des § 584 b über Ansprüche bei verspäteter Rückgabe bedeutsam. Die Abgrenzung zur Miete ist für die Frage entscheidend, welche prozeßrechtlichen Vorschriften anzuwenden sind. So gilt

die ausschließliche Zuständigkeit des Amtsgerichts nach § 23 Nr 2 a) GVG nur für Streitigkeiten aus einem Mietverhältnis über Wohnraum, nicht für Pachtverhältnisse (OLG Zweibrücken NJW-RR 1989, 716). Bei Mischverträgen kommt es darauf an, wo der Schwerpunkt des Vertrags liegt (OLG Celle MDR 1986, 324; OLG Hamm ZMR 1986, 11; OLG Karlsruhe NJW-RR 1988, 401; aM LG Köln NJW-RR 1989, 403; WuM 1988, 313). Nach § 200 Abs 2 Nr 4 GVG sind nur Streitigkeiten zwischen dem Vermieter und dem Mieter von Räumen Feriensachen, nicht aber Streitigkeiten bei der Raumpacht (vgl BGH WM 1981, 226). Bei den älteren Entscheidungen (RG WarnR 1924, Nr 103; WarnR 1926, Nr 117 u 182; WarnR 1931, Nr 38) ging es vor allem um die Frage der Anwendbarkeit des RMietG vom 24. 3. 1922 (RGBl I 273) und des MietSchG vom 1. 6. 1923 (RGBl I 353). Die Abgrenzung zwischen Miete und Raumpacht war ferner steuerlich bedeutsam, da Miet- und Pachtverträge dem pr Stempelsteuergesetz idF vom 1. 7. 1909 (GS 535) unterlagen, die Stempelabgabe bei der Vermietung für gewerbliche oder berufliche Zwecke aber um 50% ermäßigt war (Tarifstelle 48 I Nr 1 Abs 2; vgl RG WarnR 1915, Nr 217). Vor allem auf diesen öffentlich-rechtlichen Vorschriften beruht eine Fülle von Entscheidungen zur Abgrenzung zwischen Miete und Pacht, die insoweit von zivilrechtlicher Bedeutung sind. Darüber hinaus ist die Abgrenzung zwischen Pacht und Dienstvertrag für die Frage entscheidend, wer einer öffentlich-rechtlichen Erlaubnis zum Betrieb eines Unternehmens bedarf (OLG Stuttgart NJW 1987, 3269).

4. Bewegliche Sache

a) Begriff

Beweglich sind alle Sachen, die nicht Grundstück, den Grundstücken rechtlich **40** gleichgestellt oder nach den §§ 93, 94 wesentliche Bestandteile von Grundstücken sind. Zu den beweglichen Sachen zählen auch Scheinbestandteile iS des § 95 (RGZ 55, 281, 284; 87, 43, 51). Die Verpachtung beweglicher Sachen kommt in der Praxis ua im Rahmen eines Landpachtvertrags vor, wenn sich der Vertrag auf lebendes oder totes Inventar eines landwirtschaftlichen Betriebs erstreckt. Ähnliches gilt für die Pacht gewerblicher Unternehmen. Bewegliche Sachen können ferner als Inventar eines Grundstücks oder von Räumen unter einen Pachtvertrag fallen. Der Pachtvertrag über den Hauptgegenstand umfaßt dann auch die beweglichen Sachen, wie die §§ 582 ff zeigen. Diese Sachen können indessen auch Gegenstand eines selbständigen Pachtvertrags sein, wenn sich der Vertrag auf die einzelne bewegliche Sache oder eine Sachgesamtheit beschränkt. Da Gegenstand eines Landpachtvertrags nach § 585 nur Grundstücke, ggf einschließlich der Wohn- und Wirtschaftsräume als Betrieb, sind, fällt die Verpachtung einzelner beweglicher Sachen, auch wenn sie landwirtschaftlich genutzt werden sollen, nur unter die allgemeinen pachtrechtlichen Vorschriften des BGB.

b) Einzelfälle

Im einzelnen ist hervorzuheben, daß Tiere verpachtet werden können, damit der **41** Pächter die natürlichen Früchte wie Jungtiere, Milch, Wolle usw gewinnt (MITTELSTEIN 30). Der Pächter kann juristische Früchte ziehen, wenn er die Tiere, etwa zum Reiten (vgl aber BGH WarnR 1964, Nr 88) oder Transport von Lasten, vermietet. Andere bewegliche Sachen können Gegenstand eines Pachtvertrags sein, wenn ihre Überlassung als solche die Fruchtziehung ermöglicht. Dies kann ähnlich wie bei den zu einem Geschäftsbetrieb eingerichteten Räumen (Rn 27) bei einem Verkaufswagen oder Schiff angenommen werden, das mangels Eintragung im Schiffsregister nicht entsprechend den §§ 581 Abs 2, 565 Abs 1 den Vorschriften über unbewegliche Sachen unterliegt. In gleicher Weise können zB Omnibusse, Lastkraftwagen oder Flugzeuge Gegenstand eines Pachtvertrags sein, wenn sie selbst als die eigentliche Quelle der Erträge anzusehen sind (Rn 42). Bei der Verpachtung von Privateisenbahnen, Bergbahnen usw steht hingegen das Unternehmen (RG JW 1898, 524; RFHE 13, 298 = Recht 1924, Nr 1395) oder je nach den Umständen nur das Grundstück, auf dem der Betrieb ausgeübt wird, im Vordergrund. Maschinen können verpachtet werden, wenn ihr Betrieb unmittelbar eine Gewinnerzielung ermöglicht (BGHZ 51, 346, 350 = NJW 1969, 879, 880; s aber BGH LM Nr 18 zu § 196 = NJW 1968, 692, 693).

c) Abgrenzung

42 Für die Abgrenzung zur Miete kommt es darauf an, ob die einzelne bewegliche Sache oder eine Gesamtheit von beweglichen Sachen nur zum Gebrauch oder auch zur Fruchtziehung überlassen wird. Ein Pachtvertrag ist nach der Rspr gegeben, wenn die Sache Früchte abwirft, deren Genuß dem Pächter neben dem Gebrauch zu gewähren ist (BGH LM Nr 18 zu § 196 = NJW 1968, 692, 693). Dies ist in erster Linie bei solchen Sachen der Fall, die von Natur aus zur Fruchtziehung geeignet sind. Bei Maschinen, Kraftfahrzeugen und Schiffen wird in aller Regel ein Mietverhältnis angenommen (BGH aaO; LM Nr 7 zu § 196 = MDR 1962, 719). Entscheidend ist jedoch der von den Parteien gesetzte Vertragszweck. Ist die bewegliche Sache dazu bestimmt und geeignet, Früchte iS des § 99 abzuwerfen, die von den bloßen Gebrauchsvorteilen nach § 100 zu unterscheiden sind, so handelt es sich um Pacht. Dabei ist die von der Rspr verwendete Formulierung in der Weise zu präzisieren, daß die Früchte auch durch den Gebrauch der Sache anfallen können, indem der Pächter die Sache gebraucht und dabei aufgrund eines Rechtsverhältnisses Erträge iS des § 99 Abs 3 als Rechtsfrüchte erwirtschaftet. Hierfür kommen nach der Gestaltung des Vertrags im Einzelfall auch Maschinen, Kraftfahrzeuge, Flugzeuge und Schiffe in Betracht (Rn 41). Das Recht, die Nutzungen einer beweglichen Sache zu ziehen, kann nach den §§ 1030 ff als dingliches Recht auch im Wege eines Nießbrauchs begründet werden. Die Einordnung eines Vertrags als Pacht ist im Hinblick auf die besonderen pachtrechtlichen Vorschriften bei beweglichen Sachen nur für § 584 b bedeutsam, der die Nutzungsentschädigung bei verspäteter Rückgabe abweichend von § 557 bemißt.

5. Recht

a) Begriff

43 In § 581 Abs 1 ist anders als in § 535 S 1 nicht von der vermieteten „Sache", sondern von dem verpachteten „Gegenstand" die Rede. Dadurch bringt das Gesetz zum Ausdruck, daß der Pachtvertrag auch einen unkörperlichen Gegenstand, ein Recht betreffen kann (Mot II 421). Ausdrücklich erwähnt ist die Pacht von Rechten in § 584. Der Begriff des verpachtungsfähigen Rechts wird indessen nicht näher bestimmt. Aus dem Wesen des Pachtvertrags ergibt sich nur, daß es sich um ein Recht handeln muß, das zur Fruchtziehung geeignet ist und dessen Ausübung einem anderen überlassen werden darf (RG JW 1901, 266). Hierfür kommen in erster Linie bestimmte Typen subjektiver Rechte des Privatrechts in Betracht, wie etwa beschränkte dingliche Rechte, Immaterialgüterrechte, Forderungen und Aneignungsrechte. Auch selbständige Gerechtigkeiten, die im übrigen rechtlich zT den Grundstücken gleichstehen (KG JW 1937, 3177), werden erfaßt. Ihre Zuordnung zum privaten oder öffentlichen Recht ist nicht immer eindeutig. Dies ist jedoch unerheblich, da grundsätzlich auch öffentliche Rechte verpachtet werden können, soweit nicht zwingende Vorschriften entgegenstehen (CH KOENIG GewArch 1994, 217). So sind die aus einer Genehmigung zur entgeltlichen Personenbeförderung erwachsenden Rechte nach § 2 Abs 2 Nr 2 PersBefG mit den Einschränkungen des Abs 3 für den Verkehr mit Taxen übertragbar und damit verpachtungsfähig, soweit dies von der zuständigen Behörde genehmigt wird (BGH LM Nr 50 zu § 581 = NJW-RR 1986, 1243). Die Genehmigung für den Güterfernverkehr ist hingegen nach § 11 Abs 1 S 2 GüKG nicht übertragbar und kann deshalb nicht verpachtet werden.

b) Einzelfälle

Eine gewerbliche oder berufliche Tätigkeit kann auf der Grundlage eines Pachtvertrags ausgeübt werden, indem das Unternehmen als solches (Rn 87) oder nur die dazu geeigneten Räume (Rn 17) verpachtet werden. Gegenstand des Pachtvertrags kann indessen auch ein Recht zur Ausübung einer bestimmten Tätigkeit sein, wenn das Recht selbst die Fruchtziehung ermöglicht. Hervorzuheben sind folgende Einzelfälle: **44**

aa) Die Rspr nimmt Rechtspacht an, wenn das Recht überlassen wird, eine in eine **45** größere Organisation **integrierte Einrichtung** zu nutzen. Dabei ist nicht entscheidend, daß ein Grundstück, Räume oder Teile derselben mit überlassen werden. Dies gilt etwa für den Garderobenbetrieb im Sportpalast (RGZ 97, 166, 170; Rn 46), die Wechselstube in einem Bahnhofsgebäude (RGZ 108, 369, 371), eine Buchhandlung in der Hotelhalle (RG DJZ 1925, 432) oder im Bahnhofsgebäude (BGH LM Nr 11 zu § 581 = Betrieb 1954, 999 m Anm GROOTHOLD ZMR 1955, 44 u Anm BETTERMANN ZMR 1955, 168), das Ausschankrecht eines Gastwirts in einer Markthalle (BGH LM Nr 31 zu § 581 = MDR 1968, 233) und eine Tankstelle innerhalb eines Garagenunternehmens (KG DR 1941, 1900). Kennzeichnend ist in diesen Fällen regelmäßig die Abhängigkeit von dem Hauptbetrieb. Fehlt es daran, kommt Grundstücks- oder Raumpacht in Betracht. Rechtspacht kann ferner die Überlassung der Theaterreklame durch Anzeigen in Programmheften sein (OLG Naumburg OLGE 24, 340) oder die Überlassung des Rechts, Anschlagsäulen auf öffentlichen Wegen zu errichten und den Plakatanschlag zu betreiben (BGH NJW 1952, 620; BFH BStBl II 1983, 386).

Die *Abgrenzung* von anderen Vertragstypen ist häufig schwierig und hängt weitge- **46** hend von der vertraglichen Gestaltung im Einzelfall ab. Automatenaufstellverträge sind meist als Gestattungsverträge besonderer Art zu beurteilen (STAUDINGER/EMMERICH [1995] Vorbem 135 zu §§ 535, 536). Rechtspacht ist auch nicht gegeben, wenn ein Gastwirt einer Tanzkapelle gestattet, selbst eine Vergütung von den Tänzern zu kassieren, weil es sich insoweit um Früchte der ausgeübten Tätigkeit handelt (KG OLGE 22, 242 – offengelassen, ob Dienst-, Werk- oder Mietvertrag). Das gleiche ist anzunehmen, wenn der Musikbetrieb in einer Diskothek von der Gastronomie getrennt geführt wird. Rechtspacht wird ferner bei der Überlassung eines Theateraufführungsrechts abgelehnt, wenn die Pflicht zur Aufführung als Hauptleistung vereinbart ist (RGZ 115, 17, 20). Ebensowenig handelt es sich um Rechtspacht, wenn der Garderobenbetrieb in Theatern oder Vergnügungsstätten nach der Vertragsgestaltung nicht zur eigenen Fruchtziehung überlassen wird, sondern wenn das Entgelt von den Besuchern im Namen und für Rechnung des Hauptunternehmers eingezogen wird, auch wenn hiervon ein bestimmter Anteil einbehalten werden darf (RGZ 140, 206).

47 bb) Nach Art 74 EGBGB sind die landesgesetzlichen Vorschriften über **Realgewerbeberechtigungen** unberührt geblieben. Hierunter sind die mit einem Grundstück verbundenen oder als selbständiges Recht bestehenden Berechtigungen zum Betrieb eines Gewerbes zu verstehen, die wie dingliche Rechte behandelt werden (PLANCK, Komm zum BGB, 6. Bd [3. Aufl 1905] Art 74 EGBGB Anm 1; STAUDINGER/MERTEN/KIRCHHOF[12] Art 74 EGBGB Rn 5). Hiervon haben sich unter der Geltung des BGB vor allem die Abdeckereigerechtigkeit (KG OLGE 13, 389; BayObLGZ 1954, 216), die Schornsteinfegergerechtigkeit nach § 53 SchornsteinfegerG vom 15. 9. 1969 (BGBl I 1634), die es trotz der in § 39 a GewO vorgesehenen Aufhebung gegen Entschädigung heute noch teilweise in Bayern gibt (bay RealrechtsVO vom 6. 6. 1972 [GVBl 201]; MünchKomm/SÄCKER[2] Art 74 EGBGB Rn 4; aM BVerwGE 38, 244 = MDR 1971, 1035; STAUDINGER/MERTEN/KIRCHHOF[12] Art 74 EGBGB Rn 7), und die Apothekengerechtigkeit lange Zeit gehalten, obwohl in § 7 GewO die Aufhebung ausschließlicher Gewerbeberechtigungen bestimmt ist. Soweit nicht gesetzliche Vorschriften entgegenstanden, konnten solche Gewerbeberechtigungen verpachtet werden (KG OLGE 13, 389).

48 Eine besondere Rolle spielten die *Apothekengerechtigkeiten*, bevor sich das BVerfG für die Niederlassungsfreiheit auf dem Gebiet des Apothekenrechts ausgesprochen hat (BVerfGE 7, 377 = NJW 1958, 1035; BVerwGE 4, 167 = NJW 1957, 356). Bis dahin waren Apothekenkonzessionen häufig verpachtet worden (ADLUNG, Die Apothekenbesitzrechte in den deutschen Ländern 28, 52, 55, 61, 78; DEICHMANN, Preußische Apothekenbesitzverhältnisse 84; GENICKE, Apotheken-Pachtrecht; GNEIST, Die Apothekengesetze des Deutschen Reiches und Preußens 508 ff; HAMBURGER, Die preußischen Apothekenbetriebsrechte 45 ff; KAHLER, Gesetz über die Verpachtung und Verwaltung öffentlicher Apotheken 4 ff; PAHL, Die preußische Apothekenpacht nach dem heute geltenden Recht [Diss Jena 1935]; PETRENZ, Die Apotheken-Gesetzgebung 21 ff; STAUDINGER/EMMERICH Vorbem 116 f zu § 581; URBAN, Apothekengesetze 289 f). Gleichwohl sind solche Verträge später nicht als auf eine unmögliche Leistung gerichtet und daher nach § 306 als nichtig beurteilt worden (BGH NJW 1960, 332). Auch die Geschäftsgrundlage ist nicht entfallen, wenn für den Pächter die Vorteile des Vertrags bestehengeblieben sind (BGH MDR 1960, 667; vgl BGH LM Nr 1 zu § 597; LM Nr 1 a zu § 597 = NJW 1964, 2204; LM Nr 1 b zu § 597). Die Verpachtung einer Apotheke ist nunmehr in den §§ 9, 26 Abs 1 und 27 ApothG geregelt. Sie ist nur in den gesetzlich bestimmten Fällen zulässig (BVerwG ZMR 1971, 181; OLG Karlsruhe NJW 1970, 1977; BERBERICH/BERBERICH 91 ff; BREYER, ApothG § 9 Anm 1 ff; HOFFMANN, ApothG § 9 Rn 31 ff; PIECK PharmaZ 1970, 1721; SCHIEDERMAIR/PIECK, ApothG § 9 Rn 12 ff; STAUDINGER/EMMERICH Vorbem 118 ff zu § 581). Da der Pächter nach § 9 Abs 2 ApothG selbst der Erlaubnis der zuständigen Behörde für den Betrieb der Apotheke bedarf, handelt es sich nicht um Rechtspacht, sondern je nach den Umständen um Raum- oder Unternehmenspacht (OLG Hamm ZMR 1984, 199). Es kommt nicht darauf an, ob dem Pächter die Verfügungsgewalt über die Räume von einem Dritten eingeräumt worden ist (BEER BB 1992, 1259, 1260).

49 cc) Eine besondere Form der Berechtigungen zur Ausübung eines Gewerbes sind die **Regalien**. Kennzeichnend für diese Rechte ist, daß sie ihrem Inhaber bestimmte Aneignungs- oder Nutzungsrechte verleihen. Sie können grundsätzlich verpachtet werden.

50 α) **Regalien** sind nach Art 73 EGBGB der Regelung durch landesgesetzliche Vorschriften vorbehalten (PLANCK, Komm zum BGB, 6. Bd [3. Aufl 1905] Art 73 EGBGB Anm 1;

STAUDINGER/KRIEGBAUM[12] Art 73 EGBGB Rn 3). Damit sind die sog niederen Regalien gemeint, die kein Hoheitsrecht verkörpern. Hierzu zählen ua das Bergregal, das schon durch den Vorbehalt des Art 67 EGBGB erfaßt wird (Rn 51), das Salzregal (vgl § 3 Abs 3 BBergG; zum Kalisalzvertrag BGH LM Nr 1 zu § 595; LM Nr 4 zu § 133 [A]; LM Nr 2 zu § 242 [Ba]; KG KGJ 27 B 6), das Mühlenregal, Jagdregal (Rn 53 ff) und Fischereiregal (Rn 62 ff), für die der Vorbehalt des Art 69 EGBGB galt, sowie Flößereiregal und Fährregal (RG JW 1937, 2106; BGH MDR 1972, 862; OLG Kiel SchlHAnz 1909, 118).

β)   **Bergrechtliche Gerechtigkeiten** sind in Art 67 EGBGB den landesgesetzlichen **51** Vorschriften über das Bergrecht vorbehalten (STAUDINGER/DITTMANN[10/11] Art 67 EGBGB Rn 1 ff mwNw; vgl EBEL ZfB 1968, 146). Das gleiche gilt nach Art 68 EGBGB für die Belastung eines Grundstücks mit dem vererblichen und veräußerlichen Recht zur Gewinnung eines Minerals, das den bergrechtlichen Vorschriften nicht unterliegt, wie etwa Steine, Ton und Schiefer. Praktische Bedeutung kommt vor allem der Verpachtung von Kohlenabbaugerechtigkeiten zu (RGZ 135, 94 m Anm ISAY JW 1932, 2422; RG JW 1901, 266; BRASSERT/GOTTSCHALK, Allgemeines Berggesetz für die Preußischen Staaten 162; HEINEMANN ZAkDR 1935, 667; ISAY, Allgemeines Berggesetz für die Preußischen Staaten 406 ff, 426 ff unter Hinweis auf die Möglichkeit der Unternehmenspacht; KUHLENBECK JW 1902, 553; MIESBACH/GOTTSCHALK, Bergrecht, Art 44, 45 bay BergG Anm 1 g; RAAPE AcP 136 [1932] 210; ders JherJb 74 [1924] 179, 181; STRÖFER BB 1979, 1477, 1478). Bei der Neuregelung des Bergrechts durch das BBergG vom 13. 8. 1980 (BGBl I 1310) ist die Verpachtung des Bergwerkseigentums nicht besonders erfaßt worden (STAUDINGER/EMMERICH Vorbem 97 zu § 581). Landesrechtliche Vorschriften sind nach § 176 BBergG weitestgehend außer Kraft getreten (STAUDINGER/KANZLEITER/HÖNLE[12] Art 67 EGBGB Rn 1). Für die Beurteilung als Rechtspacht ist ebenso wie für die Grundstückspacht (Rn 14) unerheblich, daß mit dem Abbau eine Substanzverringerung verbunden ist. Auch Teile einer Bergbaubauberechtigung können verpachtet werden, zB einzelne Flöze (BOLDT/WELLER, BBergG § 115 Rn 7).

dd) **Besondere Aneignungsrechte** ergeben sich aus den gesetzlichen Bestimmungen **52** über Jagd und Fischerei. Die Regelung war nach Art 69 EGBGB ursprünglich für beide Materien den landesgesetzlichen Vorschriften vorbehalten (STAUDINGER/PROMBERGER/SCHREIBER[12] Art 69 EGBGB Rn 1 ff mwNw). Der Vorbehalt gilt heute nur noch für das Fischereirecht.

α)   Das **Jagdrecht** ist bundeseinheitlich im BJagdG geregelt (MITZSCHKE/SCHÄFER, **53** BJagdG [4. Aufl 1982]; PRÜTZEL, Jagdrechtliche Entscheidungen [1975 ff], insbes unter III zur Pacht; PRÜTZEL/EISENFÜHR, Das Jagdrecht in der Bundesrepublik Deutschland, Bd I: Textsammlung [1980]). Das Jagdrecht ist nach § 1 Abs 1 BJagdG die ausschließliche Befugnis, auf einem bestimmten Gebiet wildlebende Tiere, die dem Jagdrecht unterliegen, zu hegen, auf sie die Jagd auszuüben und sie sich anzueignen. Die Jagdpacht findet sich in den §§ 11 bis 14 BJagdG, allerdings beschränkt auf Abschluß (§ 11), Anzeige mit behördlichem Beanstandungsrecht (§ 12) und Erlöschen (§ 13) des Jagdpachtvertrags sowie auf die Rechtsstellung der Mitpächter (§ 13 a) und den Wechsel des Grundeigentümers (§ 14). Die bundesrechtliche Regelung wird durch folgende Ausführungsgesetze der Länder ergänzt: *BaWü* § 7 ff LJagdG idF vom 20. 12. 1978 (GBl 1979, 12), zuletzt geändert durch G vom 25. 2. 1992 (GBl 113); *Bay* Art 14 ff JagdG vom 13. 10. 1978 (GVBl 678), zuletzt geändert durch G vom 9. 8. 1993 (GVBl 547); *Bln* §§ 13 ff LJagdG vom 3. 5. 1995 (GVBl 282); *Bbg* §§ 13 ff LJagdG vom 3. 3. 1992 (GVBl

I 58); *Brem* Art 13 LJagdG vom 26. 10. 1981 (GBl 171), zuletzt geändert durch G vom 16. 8. 1988 (GBl 223); *Hbg* §§ 7 ff JagdG vom 22. 5. 1978 (GVBl I 162), zuletzt geändert durch G vom 11. 7. 1989 (GVBl I 132); *Hess* §§ 8 ff AG zum BJagdG idF vom 24. 5. 1978 (GVBl I 285), zuletzt geändert durch G vom 5. 2. 1992 (GVBl I 61); *MV* §§ 11 ff LJagdG vom 10. 2. 1992 (GVOBl 30); *Nds* Art 19 ff LJagdG idF vom 24. 2. 1978 (GVBl 217), zuletzt geändert durch G vom 22. 3. 1990 (GVBl 101); *NRW* §§ 9 ff LJagdG idF vom 11. 7. 1978 (GVBl 318), zuletzt geändert durch VO vom 25. 10. 1985 (BGBl I 2040); *RhPf* §§ 9 ff LJagdG vom 5. 2. 1979 (GVBl 23), zuletzt geändert durch G vom 23. 10. 1990 (GVBl 308); *Saarl* §§ 10 ff JagdG vom 2. 4. 1982 (ABl 309), zuletzt geändert durch VO vom 25. 10. 1985 (BGBl I 2040); *Sachs* §§ 14 ff LJagdG vom 8. 5. 1991 (GVBl 67); *SachsAnh* §§ 16 ff LJagdG vom 23. 7. 1991 (GVBl 186); *SchlH* §§ 10 ff LJagdG idF vom 13. 4. 1978 (GVBl 129), zuletzt geändert durch G vom 16. 6. 1993 (GVOBl 215); *Thür* §§ 14 ff JagdG vom 11. 11. 1991 (GVBl 571). In Berlin ist das BJagdG erst durch Art 1 des Gesetzes zur Übernahme von Gesetzen vom 27. 2. 1986 (GVBl 502) übernommen worden, weil bis dahin ein Einspruch der Alliierten Kommandatur entgegenstand. Im übrigen sind die allgemeinen pachtrechtlichen Vorschriften des BGB anzuwenden, da der Jagdpachtvertrag einen privatrechtlichen Vertrag iS des § 581 darstellt (STAUDINGER/EMMERICH Vorbem 99 ff zu § 581 mwNw).

54 Nach § 11 Abs 1 S 1 BJagdG kann die Ausübung des Jagdrechts, das nach § 3 BJagdG dem Eigentümer auf seinem Grund und Boden zusteht, in seiner Gesamtheit an Dritte verpachtet werden. **Gegenstand** der Jagdpacht ist demnach das Jagdausübungsrecht, das aus dem Jagdrecht des Grundstückseigentümers abgeleitet ist (MITZSCHKE/SCHÄFER, BJagdG § 11 Rn 3). Es handelt sich um Rechtspacht, nicht um Grundstückspacht (RGZ 70, 70, 71; 98, 101, 102; RG Recht 1908, Nr 2312; KG OLGE 13, 382, 384; vgl aber KG OLGE 4, 44). Dies war früher vor allem insofern bedeutsam, als die Anwendung des § 571 bei einem Wechsel des Grundstückseigentümers ausschied (RGZ 70, 70, 72; RG Recht 1908, Nr 2312; OLG München BayZ 1906, 339; **aM** vSEELER, in: Festg O Gierke Bd 2, 343). Nunmehr ist die entsprechende Anwendung der §§ 571 bis 579 sowie modifiziert die des § 57 ZVG ausdrücklich in § 14 BJagdG vorgeschrieben. Die Vorenthaltung des versprochenen Jagdpachtrechts kann einen zu ersetzenden Vermögensschaden darstellen. Dies gilt auch bei einem Vorvertrag (BGH JZ 1981, 281).

55 Der Jagdpachtvertrag kann nach § 11 Abs 1 S 2 BJagdG nicht auf einen **Teil** des Jagdausübungsrechts, etwa hinsichtlich eines bestimmten Prozentsatzes (BGHZ 115, 116 = NJW 1991, 3033), der Hege oder der Jagd auf bestimmte Wildarten, beschränkt werden. Der Verpächter kann sich jedoch einen Teil der Jagdnutzung für bestimmte Wildarten vorbehalten, ohne diesen Teil dann aber einem anderen Pächter überlassen zu dürfen. Ein *Jagdbezirk* kann nach § 11 Abs 2 BJagdG teilweise verpachtet werden, wenn bestimmte Mindestgrößen eingehalten werden.

56 Partei des Jagdpachtvertrags ist auf der Grundlage des § 7 BJagdG bei einem Eigenjagdbezirk der Grundstückseigentümer oder eine Eigentümergemeinschaft als Verpächter. Bei einem gemeinschaftlichen Jagdbezirk, der aus den Grundflächen verschiedener Eigentümer besteht, bilden die Eigentümer nach den §§ 8 und 9 BJagdG eine Jagdgenossenschaft. Die Jagdgenossenschaft nutzt die Jagd nach § 10 Abs 1 BJagdG idR durch Verpachtung an einen Dritten oder an einen oder mehrere

Jagdgenossen. Verpächter ist in diesen Fällen die Jagdgenossenschaft (RGZ 52, 126). Pächter darf nach § 11 Abs 5 BJagdG grundsätzlich nur sein, wer einen Jahresjagdschein besitzt und schon vorher einen solchen während dreier Jahre in Deutschland besessen hat. Wer sich für den Fall der Anpachtung eines Jagdbezirks verpflichtet hat, einen bestimmten Mitpächter aufzunehmen, und diese Verpflichtung dadurch zu umgehen versucht, daß er in einer gegen Treu und Glauben verstoßenden Weise seine Ehefrau als Pächterin vorschiebt, muß sich nach § 162 Abs 1 so behandeln lassen, als habe er selbst den Pachtvertrag abgeschlossen (BGH NJW 1982, 2552). Im übrigen ist die Rechtsstellung von Mitpächtern in § 13 a BJagdG nur im Hinblick auf das Ausscheiden eines der Pächter geregelt (Rn 61).

Für den Jagdpachtvertrag ist in § 11 Abs 4 S 1 BJagdG gesetzlich die **Schriftform** vorgeschrieben. Dies gilt wegen der Warnfunktion der Form auch für einen Vorvertrag (BGHZ 61, 48 = NJW 1973, 1839). Die ausdrückliche Anordnung der Schriftform war erforderlich, weil § 566 iVm § 581 Abs 2 für die Rechtspacht nicht gilt (RGZ 51, 279; 107, 291, 293). Wenn sich ein Jagdpächter außerhalb des schriftlichen Pachtvertrags verpflichtet, der Gemeinde, die ihm ihren Eigenjagdbezirk verpachtet, eine jährliche Spende für gemeinnützige Zwecke zur Verfügung zu stellen, die mehr als dreimal so hoch ist wie der vereinbarte Pachtzins, so entbehrt der gesamte Pachtvertrag der Schriftform und ist deshalb nichtig, falls die Umstände ergeben, daß die Spende ein weiteres Entgelt für die Überlassung des Jagdreviers sein soll (BGH NJW-RR 1994, 778). **57**

Die **Dauer** des Jagdpachtvertrags soll nach § 11 Abs 4 S 2 BJagdG aus jagdwirtschaftlichen Gründen mindestens neun Jahre betragen. Aufgrund des § 4 Abs 4 S 3 BJagdG kann dies durch landesgesetzliche Regelung zwingend vorgeschrieben (Mitzschke/Schäfer, BJagdG § 11 Rn 29) oder es kann eine höhere Mindestpachtzeit festgesetzt werden. Ein laufender Jagdpachtvertrag kann nach § 11 Abs 4 S 4 BJagdG auf kürzere Zeit verlängert werden. **58**

Ein **Verstoß** gegen die zwingenden Vorschriften über die Unzulässigkeit der Verpachtung eines Teils des Jagdausübungsrechts, über die Voraussetzungen für die Verpachtung eines Teils des Jagdbezirks, über die Schriftform und über das Erfordernis des Jagdscheins auf seiten des Pächters führt nach § 11 Abs 6 S 1 BJagdG zur Nichtigkeit des Jagdpachtvertrags. **59**

Die **Weiterverpachtung und Unterverpachtung**, die von einer Doppelverpachtung zu unterscheiden sind (Schopp MDR 1968, 808), sind anders als in § 13 des früheren RJagdG vom 3. 7. 1934 (RGBl I 549) im BJagdG nicht mehr ausdrücklich geregelt. Sie sind dennoch weiterhin zulässig. Bei der Weiterverpachtung gehen die Rechte und Pflichten des Pächters gegen Entgelt auf einen anderen Jagdpächter über, wobei unerheblich ist, ob der erste Pächter dem Hauptverpächter auch in Zukunft aus dem Vertrag haftet. Bei der Unterverpachtung überträgt der Pächter entgeltlich das Jagdausübungsrecht auf einen anderen, der jedoch in keine unmittelbaren Rechtsbeziehungen zu dem Hauptverpächter tritt. Für derartige Verträge sind die Zustimmung des Hauptverpächters, die Schriftform und die Anzeige nach § 12 BJagdG erforderlich (RG WarnR 1910, Nr 381; KG OLGE 13, 389; Mitzschke/Schäfer, BJagdG § 11 Rn 90 ff). Eine Unterverpachtung liegt auch darin, daß der Jagdpächter mit anderen Personen eine Gesellschaft gründet und den Mitgesellschaftern gegen Entgelt die Befugnis **60** einräumt, die Jagd auszuüben (RGZ 63, 293). Von der Unterverpachtung ist die ständige entgeltliche Jagderlaubnis zu unterscheiden (OLG Celle NdsRpfl 1984, 72). Gestattet ein Jagdpächter einem Jäger entgeltlich den zahlenmäßig geregelten Abschuß von Wild in seinem Jagdbezirk, sind auf einen solchen Vertrag die Vorschriften über die Pacht entsprechend anzuwenden (OLG Düsseldorf MDR 1975, 228 [LS]).

61 Für die **Beendigung** des Jagdpachtvertrags gelten nach § 581 Abs 2 die allgemeinen mietrechtlichen Vorschriften über Zeitablauf und Kündigung entsprechend mit der Besonderheit, daß bei einem Abschluß auf bestimmte Zeit oder auf Lebenszeit eines der Vertragsteile nur die außerordentliche Kündigung in Betracht kommt (MITZSCHKE/SCHÄFER, BJagdG § 11 Rn 31). Über die Mindestdauer hinaus ist ein Abschluß auf unbestimmte Zeit möglich. Nach § 584 ist der Vertrag dann mit der Frist von einem halben Jahr zum Schluß eines Pachtjahres ordentlich kündbar (MANTEL/MÜLLER, Das Reichsjagdrecht [1935] 127). Der Jagdpachtvertrag kann durch Vereinbarung der Parteien vorzeitig aufgehoben werden. Der Tod des Jagdpächters läßt den Vertrag nicht erlöschen. Die Rechte und Pflichten gehen auf die Erben über, auch wenn letztere nicht jagdpachtfähig sind (BGH NJW-RR 1987, 839; OLG Düsseldorf MDR 1970, 140; vgl im übrigen MITZSCHKE/SCHÄFER, BJagdG § 11 Rn 107 ff). Der Vertrag erlischt kraft Gesetzes nach § 13 BJagdG, wenn dem Pächter der Jagdschein unanfechtbar entzogen worden ist oder wenn die Gültigkeitsdauer abgelaufen ist und entweder die zuständige Behörde die Erteilung eines neuen Jagdscheins unanfechtbar abgelehnt hat oder der Pächter die Voraussetzungen für die Erteilung eines neuen Jagdscheins nicht fristgemäß erfüllt (LG Landau MDR 1968, 496; MITZSCHKE/SCHÄFER, BJagdG § 13 Rn 7 ff). Nach § 13 a BJagdG bleibt der Jagdpachtvertrag bei mehreren Pächtern grundsätzlich bestehen, auch wenn er im Verhältnis zu einem der Mitpächter gekündigt wird oder erlischt.

62 β) Das **Fischereirecht** beruht nach dem Vorbehalt des Art 69 EGBGB auf landesgesetzlichen Vorschriften. Die Fischereipacht findet sich im wesentlichen in folgenden Bestimmungen: *BaWü* §§ 17 ff FischereiG vom 14. 11. 1979 (GBl 466); *Bay* Art 31 bis 36, 62, 63 FischereiG vom 15. 8. 1908 (GVBl 527), zuletzt geändert durch G vom 7. 9. 1982 (GVBl 722); §§ 16 bis 24, 38, 50, 54 Bek, den Vollzug des FischereiG für das Königreich Bayern vom 15. 8. 1908 betr, vom 19. 3. 1909 (GVBl 252 = BayBS IV 465); Nr 2 bis 11, 13, 15, 16 Bek über die Fischereirechte des Landes Bayern – Nr II 8149 – idF vom 14. 3. 1960 (LMBl 35); *Berl* §§ 13, 15, 28 ff, 61 bis 64 PrFischereiG vom 11. 5. 1916 (GS 55), zuletzt geändert durch G vom 26. 11. 1974 (GVBl 2746), Geltung im ehemaligen West-Berlin; §§ 28, 29, 119 bis 123 pr Ausführungsanweisung zum FischereiG vom 16. 3. 1918 (LwMBl 52); *Bbg* §§ 11, 12 FischereiG vom 13. 5. 1993 (GVBl I 178); *Brem* §§ 12 ff FischereiG vom 17. 9. 1991 (GBl 309); *Hbg* § 3 FischereiG vom 22. 5. 1986 (GVBl I 95), zuletzt geändert durch G vom 9. 4. 1990 (GVBl I 63); *Hess* § 12 FischereiG vom 19. 12. 1990 (GVBl I 776), zuletzt geändert durch G vom 5. 2. 1992 (GVBl I 61); *MV* §§ 8, 10 FischereiG vom 6. 12. 1993 (GVOBl 982); *Nds* §§ 11, 12, 21, 22, 24 Abs 2, 25 Abs 3 FischereiG vom 1. 2. 1978 (GVBl 81), zuletzt geändert durch G vom 22. 3. 1990 (GVBl 101); *NRW* §§ 12 ff LFischereiG vom 11. 7. 1972 (GVBl 226), zuletzt geändert durch G vom 3. 4. 1992 (GVBl 124); RdErl des Ministers für Ernährung, Landwirtschaft und Forsten vom 28. 2. 1973 (MBl 482); *RhPf* §§ 14 ff, 33, 41, 62, 65 LFischereiG vom 9. 12. 1974 (GVBl 601), zuletzt geändert durch G vom 7. 12. 1990 (GVBl 333); *Saarl* §§ 10 ff FischereiG vom 23. 1. 1985 (ABl 229), zuletzt geändert durch G vom 25. 3. 1987 (ABl 297); *Sachs* §§ 18 ff FischereiG

vom 1. 2. 1993 (GVBl 109); *SachsAnh* §§ 20 ff FischereiG vom 31. 8. 1993 (GVBl 464); *SchlH* §§ 13, 15, 28 ff, 61 bis 64 PrFischereiG, zuletzt geändert durch G vom 16. 6. 1993 (GVBl 215); §§ 28, 29, 119 bis 123 pr Ausführungsanweisung zum FischereiG; §§ 3 bis 10 G über Land- und Fischereipachtverträge vom 25. 8. 1953 (GVBl 109); *Thür* §§ 12, 13 FischereiG vom 22. 10. 1992 (GVBl 515); vgl ferner STAUDINGER/ PROMBERGER/SCHREIBER[12] Art 69 EGBGB Rn 44 ff.

Soweit nicht der freie Fischfang als eine dem Gemeingebrauch gleichstehende **63** Befugnis besteht, wie es etwa nach § 6 PrFischereiG und § 16 NdsFischereiG für die Küstengewässer der Fall ist, stellt das Fischereirecht ein **subjektives Privatrecht** dar, das grundsätzlich auch durch Verpachtung genutzt werden kann. Ist das Fischereirecht mit dem Eigentum am Gewässer verbunden, wie etwa nach den §§ 7, 8 PrFischereiG in den früheren preußischen Ländern sowie § 1 NdsFischereiG und nach Art 3 BayFischereiG, so handelt es sich um Eigentumsfischerei (BERGMANN, Fischereirecht 116 ff). Fischereirechte können auch unabhängig vom Gewässereigentum einem Dritten zustehen (BERGMANN 126 ff). Es handelt sich um dingliche Rechte, die subjektiv-persönlich, subjektiv-dinglich oder im engeren Sinne selbständig sein können. Fischereirechte kommen vereinzelt noch als Regalien iS des Art 73 EGBGB vor (BERGMANN 118 ff; STAUDINGER/KRIEGBAUM[12] Art 73 EGBGB Rn 27).

Gegenstand des Fischereipachtvertrags ist das Fischereirecht in seiner jeweiligen **64** rechtlichen Form. Es handelt sich um Rechtspacht, auf die neben den pachtrechtlichen Vorschriften des BGB die besonderen Bestimmungen der landesrechtlichen Fischereigesetze anzuwenden sind (Rn 62). Das Fischereirecht wird zur Ausübung überlassen, so zB nach § 29 PrFischereiG, § 3 HbgFischereiG und § 17 BaWüFischereiG. Davon zu unterscheiden ist die bei einer Eigentumsfischerei mögliche Verpachtung des Grundstücks. Die Typen des Grundstücks- und des Fischereipachtvertrags können auch verbunden werden (BERGMANN 182).

Der Fischereipachtvertrag kann nicht auf einen **Teil** des Fischereiausübungsrechts, **65** wie etwa die Hege oder bestimmte Fischarten, beschränkt werden. Dies wird etwa in Art 31 Abs 4, 5 BayFischereiG und § 28 Abs 1 PrFischereiG bestimmt. Die neueren Gesetze sprechen von einer Verpachtung in vollem Umfang. Vom Fischereipachtvertrag zu unterscheiden ist die Fischereierlaubnis, die auf den Fischfang, bestimmte Fischarten oder bestimmte Gewässerstrecken beschränkt werden kann. Soweit es sich nicht um ein Gefälligkeitsverhältnis handelt, kann die Fischereierlaubnis normaler Pachtvertrag, Schenkung oder gemischter Vertrag sein (BERGMANN 193 f).

Partei des Fischereipachtvertrags ist als Verpächter der Fischereiberechtigte, dem **66** das Fischereiausübungsrecht zusteht. Wird zB nach den §§ 36 ff PrFischereiG eine Fischereigenossenschaft oder nach den §§ 86 ff PrFischereiG ein gemeinschaftlicher Fischereibezirk gebildet, so sind diese Organisationen Verpächter. Hinsichtlich der Person des Pächters stellen die Landesgesetze zT besondere Voraussetzungen auf, so etwa Art 31 Abs 2 BayFischereiG hinsichtlich des Besitzes der Fischerkarte, während § 29 Abs 3 PrFischereiG die Genehmigung des Regierungspräsidenten bei Personen verlangt, die nicht die deutsche Staatsangehörigkeit besitzen (BERGMANN 184).

Eine **Veräußerung** des Fischereigewässers berührt den Fischereipachtvertrag nicht, **67** wenn es sich um ein Fischereirecht Dritter an einem fremden Gewässer handelt (Rn 63). Bei einer Veräußerung des mit einer Eigentumsfischerei verbundenen Grundstücks (Rn 63) geht das Fischereirecht auf den Erwerber über. Das gleiche gilt bei der Pacht eines geschlossenen Privatgewässers, die als Grundstückspacht zu beurteilen ist (KG OLGE 38, 93). Ist aber nicht das Grundstück, sondern nur das Fischereirecht verpachtet, sind die §§ 571 bis 579 an sich nicht anzuwenden. Wird nur das Fischereirecht an einem fremden Gewässer veräußert, kann § 571 kraft gesetzlicher Anordnung eingreifen (Art 9 BayFischereiG; § 29 Abs 5 PrFischereiG; § 18 Abs 4 BaWüFischereiG; § 12 NdsFischereiG; § 14 Abs 3 NRWFischereiG). Dem ist der Fall gleichzustellen, daß das Grundstück, mit dem das Fischereirecht verbunden ist, veräußert wird (KG JW 1934, 1252 Nr 1; BERGMANN 185). Dies ist durch die enge Verbindung von Grundstückseigentum und Fischereirecht gerechtfertigt.

68 Für den Fischereipachtvertrag sind zT gesetzlich die **Schriftform und eine staatliche Genehmigung oder ein Beanstandungsrecht** vorgeschrieben (Art 33 BayFischereiG; § 29 Abs 1 S 1 PrFischereiG; §§ 18 Abs 1, 19 Abs 2 BaWüFischereiG; §§ 11 Abs 2, 21 NdsFischereiG; §§ 14 Abs 1, 15 NRWFischereiG; §§ 16 Abs 5, 17 RhPfFischereiG; § 12 Abs 1 S 1 SaarlFischereiG). Wie beim Jagdpachtvertrag (Rn 57) ist dieses Erfordernis auch für einen Vorvertrag anzunehmen (vgl BGHZ 61, 48 = NJW 1973, 1839).

69 Die **Dauer** des Fischereipachtvertrags ist in den einzelnen Landesgesetzen unterschiedlich geregelt. Meist ist eine Mindestpachtzeit von zwölf Jahren vorgeschrieben (§ 29 Abs 1 S 2 PrFischereiG; § 18 Abs 2 BaWüFischereiG; § 11 Abs 2 NdsFischereiG; § 14 Abs 1 NRWFischereiG; § 16 Abs 1 RhPfFischereiG; § 12 Abs 1 S 2 SaarlFischereiG), teilweise auch eine Höchstdauer (BERGMANN 186).

70 Ein **Verstoß** gegen bestimmte Vorschriften der Fischereigesetze, wie vor allem gegen das Schriftformerfordernis, hat die Nichtigkeit des Pachtvertrags zur Folge, zB nach § 29 Abs 4 PrFischereiG. Soweit Ausnahmen genehmigt werden können, wie etwa hinsichtlich der Mindestpachtzeit, tritt schwebende Unwirksamkeit ein (RG SeuffA 83, Nr 212; BERGMANN 186 f).

71 Die **Weiterverpachtung und Unterverpachtung** sind grundsätzlich zulässig. Dies ist etwa in § 18 Abs 1 S 2 BaWüFischereiG ausdrücklich bestimmt (vgl Rn 60 zur Jagdpacht). Hierfür ist die Zustimmung des Hauptverpächters erforderlich. In Art 34 BayFischereiG und § 10 Abs 1 S 2 SaarlFischereiG ist dies auch fischereirechtlich vorgeschrieben. Hingegen schließt § 3 Abs 1 S 2 HbgFischereiG eine Unterverpachtung aus.

72 Für die **Beendigung** des Fischereipachtvertrags gelten nach § 581 Abs 2 die allgemeinen mietrechtlichen Vorschriften über Zeitablauf und Kündigung entsprechend. Wird der Vertrag auf die Mindestdauer befristet, kann er vorzeitig nur durch außerordentliche Kündigung beendet werden (KG JW 1934, 1252 Nr 1 – § 57 a ZVG). Er kann über die Mindestdauer hinaus auf unbestimmte Zeit abgeschlossen werden und ist dann nach § 584 b mit der Frist von einem halben Jahr zum Schluß eines Pachtjahres ordentlich kündbar, soweit die Landesgesetze keine Sonderregelung treffen (BERGMANN 189). Im übrigen enthalten die Fischereigesetze besondere Beendigungsgründe bei Anschluß des Gewässers an einen gemeinschaftlichen Fischereibezirk, bei Einbeziehung in eine Fischereigenossenschaft oder bei Entziehung des Fischereischeins, so etwa Art 32 BayFischereiG, §§ 62 bis 64 PrFischereiG und § 20 BaWüFischereiG (BERGMANN 189 mwNw).

ee) Die Verpachtung von **beschränkten dinglichen Rechten** ist möglich, soweit solche 73 Rechte ein Fruchtziehungsrecht beinhalten oder schuldrechtlich zur Fruchtziehung überlassen werden können. Hierfür kommen in erster Linie Nutzungsrechte an Grundstücken, beweglichen Sachen und an Rechten in Betracht, aber auch Sicherungsrechte, sofern sie mit einem Nutzungsrecht verbunden sind. Die Bedeutung der Rechtspacht liegt in dem unmittelbaren Fruchterwerb durch den Pächter nach den §§ 956, 957.

α) Von den **Dienstbarkeiten** ist zunächst die *Grunddienstbarkeit* der §§ 1018 ff zu 74 nennen. Sie kann nach § 1018 inhaltlich darauf gerichtet sein, dem Eigentümer eines anderen Grundstücks eine Nutzung des belasteten Grundstücks in einzelnen Beziehungen zu gestatten. Besteht die Nutzung darin, daß Früchte oder Bodenbestandteile gewonnen werden, stellt sich die Frage, ob die Grunddienstbarkeit als Recht vom Eigentümer des herrschenden Grundstücks verpachtet werden kann. Eine Übertragung der Grunddienstbarkeit ist ohne Eigentumsübertragung des herrschenden Grundstücks nicht möglich. Es besteht auch keine gesetzliche Regelung, daß die Ausübung der Grunddienstbarkeit einem anderen überlassen werden kann. Damit ist aber nur die selbständige Überlassung ausgeschlossen. Zusammen mit der Benutzung des herrschenden Grundstücks ist die Ausübung einer Grunddienstbarkeit auf einen Dritten übertragbar (BGH LM Nr 20 zu § 1018 = WM 1971, 960; BGB-RGRK/ROTHE [12. Aufl 1977] § 1018 Rn 34; LÖSCHER Rpfleger 1962, 432; STAUDINGER/RING [1994] § 1018 Rn 19). Dies bedeutet, daß bei der Verpachtung des herrschenden Grundstücks die Grunddienstbarkeit als Bestandteil iS des § 96 mitverpachtet werden kann. Bei einem einheitlichen Vertrag handelt es sich insgesamt um Grundstücks- oder Raumpacht. Einem isolierten Rechtspachtvertrag über die Grunddienstbarkeit steht jedoch nichts entgegen, wenn es sich um denselben Pächter handelt. Dies kann für eine inhaltlich unterschiedliche Ausgestaltung der beiden Verträge bedeutsam sein.

Der *Nießbrauch* ist nach § 1059 nicht übertragbar. Seine Ausübung kann aber einem 75 anderen überlassen werden. Die Überlassung des Nießbrauchs ist nach hM schuldrechtlicher, nicht dinglicher Natur (BGHZ 55, 111, 115 = NJW 1971, 422; STAUDINGER/ FRANK [1994] § 1059 Rn 18 mwNw). Sie kann deshalb auf einem Pachtvertrag beruhen (RGZ 74, 78, 84; Denkschr 668). Die obligatorische Natur hat zur Folge, daß der Fruchterwerb nach den §§ 956, 957 stattfindet. Gegenstand des Nießbrauchs können nach § 1030 bewegliche und unbewegliche Sachen sowie nach § 1068 Rechte sein, etwa die in den §§ 1076 ff besonders geregelte verzinsliche Forderung. Von der Verpachtung des Nießbrauchs als Recht ist die Verpachtung des Gegenstandes zu unterscheiden, der mit dem Nießbrauch belastet ist. Dem Nießbraucher steht auch diese Nutzungsmöglichkeit offen. Die Probleme, die bei unterschiedlicher Zeitdauer von Nießbrauch und Pacht auftreten, sucht § 1056 zu lösen.

Die *beschränkte persönliche Dienstbarkeit* ist nach § 1090 darauf gerichtet, das bela- 76 stete Grundstück in einzelnen Beziehungen zu benutzen, oder daß eine Befugnis eingeräumt wird, die den Inhalt einer Grunddienstbarkeit bilden kann. Die Nutzung kann in der Gewinnung von Früchten und Bodenbestandteilen bestehen. Das Recht ist nach § 1092 nicht übertragbar, kann aber zur Ausübung einem anderen überlassen werden, wenn die Überlassung gestattet ist. Durch die Überlassung werden nur schuldrechtliche Beziehungen begründet (RGZ 159, 193, 207), die auf einen Pachtvertrag gegründet sein können. Die Verpachtung eines Wohnungsrechts (§ 1093), Wohnungserbbaurechts (§ 30 WEG), Dauerwohnrechts (§ 31 Abs 1 WEG) und Dauernutzungsrechts (§ 31 Abs 2 WEG) ist anzunehmen, wenn das Recht zwecks Fruchtziehung, dh zur Weitervermietung oder -verpachtung der Räume, überlassen wird.

77 β) Die **Reallast** iS des § 1105 Abs 1 kann als subjektiv-persönliches Recht, das in Gestalt der aus dem belasteten Grundstück zu entrichtenden wiederkehrenden Leistungen Früchte bringt, Gegenstand eines Pachtvertrags sein. Die subjektiv-dingliche Reallast iS des § 1105 Abs 2 kann nur zusammen mit dem herrschenden Grundstück verpachtet werden (Rn 74).

78 γ) **Pfandrechte** sind in erster Linie dingliche Sicherungs- und Verwertungsrechte. Der Ertrag aus der Verwertung ist keine Frucht iS des § 99. Das Nutzungspfandrecht an beweglichen Sachen nach § 1213 und an Rechten nach § 1273 Abs 2 iVm § 1213 Abs 1 berechtigt den Pfandgläubiger jedoch, die Nutzungen des Pfandes zu ziehen. Insoweit kommt auch eine Verpachtung in Betracht, wobei entsprechend § 549 Abs 1 die Zustimmung des Verpfänders erforderlich ist.

79 δ) Das **Erbbaurecht** ist nach § 1 Abs 1 ErbbVO das veräußerliche und vererbliche Recht, auf oder unter der Oberfläche des Grundstücks ein Bauwerk zu haben. Bei der Verpachtung ist zu unterscheiden, ob der *Erbbauberechtigte* das Recht oder das Bauwerk, das wesentlicher Bestandteil des Erbbaurechts ist, verpachtet. Nur im letzteren Fall handelt es sich um Raumpacht (Rn 17 ff). Rechtspacht kann hingegen vorliegen, wenn der Erbbauberechtigte das Erbbaurecht an einen Dritten zur Bebauung verpachtet (BGH LM PreisstopVO Nr 8) oder das Recht mit dem bereits errichteten Bauwerk zur Fruchtziehung überläßt. Da das Erbbaurecht jedoch rechtlich weitgehend wie ein Grundstück behandelt wird (STAUDINGER/RING [1994] § 11 ErbbVO Rn 2 ff), sind in beiden Fällen nach § 11 Abs 1 S 1 ErbbVO die Vorschriften über die Grundstückspacht entsprechend anzuwenden.

80 Auf seiten des *Grundstückseigentümers* ist eine teilweise Verpachtung des Erbbaugrundstücks möglich, wenn die Ausübung des Erbbaurechts auf einen bestimmten Teil des Grundstücks beschränkt ist (STAUDINGER/RING [1994] § 1 ErbbVO Rn 16), im übrigen also dem Grundstückseigentümer die Nutzungsmöglichkeit verblieben ist. Er kann das Recht auf den Erbbauzins verpachten, da dieses Recht in § 9 ErbbVO nach den Vorschriften über die Reallasten ausgestaltet ist (Rn 77).

81 ff) **Immaterialgüterrechte** können trotz ihres persönlichkeitsrechtlichen Gehalts verpachtet werden. Es handelt sich um Herrschaftsrechte an unkörperlichen Gütern wie Erfindungen und sonstigen Geisteswerken, die ein zeitlich begrenztes Recht zur ausschließlichen Nutzung oder Verwertung eines solchen Rechtsguts einräumen (LARENZ, AT des deutschen bürgerlichen Rechts [7. Aufl 1989] § 13 II 4).

82 α) **Lizenzverträge**, durch die ein Patentinhaber sein Recht in der Weise verwertet, daß er einem anderen die Benutzung der Erfindung gegen Entgelt überläßt, kommen mit unterschiedlichem Inhalt vor (BERNHARDT/KRASSER, Lehrbuch des Patentrechts

[4. Aufl 1986] § 40 V; Schulte, PatG mit EPÜ [5. Aufl 1994] § 15 Rn 14 ff). Bei der *ausschließlichen* Lizenz steht dem Lizenznehmer unter Ausschluß anderer Wettbewerber ein Benutzungsrecht zu, das als dingliches oder quasi-dingliches Recht eingestuft wird (RGZ 57, 38, 41; Klauer/Möhring, Patentrechtskommentar I [3. Aufl 1971] § 9 Rn 26; Schulte § 15 Rn 17). Die *einfache* Lizenz gewährt dem Lizenznehmer ein obligatorisches Benutzungsrecht. Sie kann auch für nicht patentierte Erfindungen (RG GRUR 1935, 812, 813), Computerprogramme (BGH NJW 1981, 2684; NJW 1987, 2004; H Köhler CR 1987, 827; Lauer BB 1982, 1758), Franchisesysteme (Staudinger/Emmerich Vorbem 130, 137 ff zu § 581 mwNw; Staudinger/Martinek [1995] § 675 Rn D 15 ff, D 23 ff) und Betriebsgeheimnisse erteilt werden. Der Lizenzvertrag wird häufig als Rechtspacht beurteilt (RGZ 75, 400, 405; 76, 235, 236; 90, 162, 164; 116, 78, 82; 122, 70, 73; 134, 91, 97; 137, 358, 359; RG WarnR 1908, Nr 155; Bernhardt/Krasser § 41 I 3; Klauer/Möhring § 9 Rn 39; abw RGZ 142, 212, 213; Staudinger/Emmerich Vorbem 85 zu § 581). Heute herrscht die Auffassung vor, die einen Vertrag eigener Art annimmt (BGHZ 2, 331, 335 = NJW 1951, 705, 706; BGHZ 26, 7, 9 = NJW 1958, 137; BGHZ 105, 374, 379 = NJW 1989, 456, 457; BGH GRUR 1961, 27, 29; Benkard, PatG [9. Aufl 1993] § 15 Rn 49; Gaul/Bartenbach, Patentlizenz- und Know-how-Vertrag [3. Aufl 1993] Rn K 12; Lindenmaier, PatG [6. Aufl 1973] § 9 Rn 28; Schulte § 15 Rn 16). Der Vertrag kann Elemente des Kaufs, der Miete, Pacht oder Gesellschaft enthalten. Es ist deshalb keineswegs geboten, den Lizenzvertrag einem bestimmten Vertragstyp zuzuordnen. Entscheidend ist, ob die konkrete Vertragsgestaltung es rechtfertigt, gewisse Normen des jeweils in Betracht kommenden Vertragstyps anzuwenden. Dies gilt auch für pachtrechtliche Vorschriften (BGHZ 28, 144, 152 = NJW 1959, 239, 240). Der Beurteilung als Pachtvertrag steht es nicht entgegen, daß das Entgelt in einer prozentualen Beteiligung an den Einkünften aus der Patentausbeute besteht (RGZ 116, 78, 82) oder daß der Verpächter gewisse Nebenpflichten, wie die Unterstützung des Pächters bei der Einarbeitung und Ausübung eines Verfahrens, übernimmt (RGZ 137, 358, 359). Bei der Anwendung der pachtrechtlichen Vorschriften ist der Eigenart des Lizenzvertrags und dem Parteiwillen Rechnung zu tragen (RGZ 122, 70, 74). Die früher umstrittene Frage, ob § 571 bei einer Übertragung des Patentrechts analog zugunsten des Lizenznehmers anzuwenden ist (Klauer/Möhring § 9 Rn 39; aM Staudinger/Sonnenschein[12] § 581 Rn 82), ist durch § 15 Abs 3 PatG gelöst worden, der durch Art 2 Abs 9 des Gesetzes zur Änderung des GebrMG vom 15. 8. 1986 (BGBl I 1446) eingefügt worden ist. Hiernach berührt ein Rechtsübergang oder die Erteilung einer Lizenz nicht Lizenzen, die Dritten vorher erteilt worden sind.

β) Der **Urheberrechtsvertrag** dient der Einräumung oder Übertragung von Nutzungsrechten an Werken der Literatur, Wissenschaft und Kunst. Der Verlagsvertrag ist im VerlG als Vertrag besonderer Art geregelt, der sich als Ganzes nicht in einen Vertragstyp des BGB einordnen läßt (RGZ 74, 359, 361; BGH NJW 1960, 2144, 2145). Im übrigen ist die Einräumung von einfachen und ausschließlichen Nutzungsrechten in § 31 UrhG festgelegt. Insoweit ist ein Rückgriff auf die allgemeinen Vorschriften des Vertragsrechts möglich. Dem schuldrechtlichen Gehalt nach kann es sich um Kauf, Schenkung, Dienst- oder Werkvertrag, Gesellschaft und vor allem um Rechtspacht handeln (RGZ 115, 17, 20; Hubmann/M Rehbinder, Urheber- und Verlagsrecht [8. Aufl 1995] § 43 I 2, § 50; Staudinger/Emmerich Vorbem 87 zu § 581).

Der *Filmverwertungsvertrag* zwischen dem Inhaber der Urheberrechte am Film und dem Filmverleiher ist ein urheberrechtlicher Nutzungsvertrag eigener Art, der ähnlich dem patentrechtlichen Lizenzvertrag Elemente verschiedener Vertragstypen umfassen kann (RGZ 106, 362, 365; 158, 321, 325; 161, 321, 323; BGHZ 2, 331 = NJW 1951, 705; BGHZ 9, 262, 264 = NJW 1953, 1258, 1259; Hubmann/M Rehbinder § 51 III; Staudinger/ Emmerich Vorbem 89 ff zu § 581). Hierfür kommen je nach der Ausgestaltung Kauf-, Werk-, Gesellschafts-, Verlags- und Pachtvertrag in Frage. Für die Rechtsmängelhaftung hinsichtlich des Vorführungsrechts stellt die Rspr auf die Gewährleistungsvorschriften der §§ 445, 442, 440, 325, 320 ab, während für Beschaffenheitsmängel des Films nach den §§ 581 Abs 2, 537 ff die Vorschriften über die Rechtspacht entsprechend angewendet werden (RGZ 161, 321, 324; BGHZ 2, 331 = NJW 1951, 705).

c) **Abgrenzung**

85 Für die Abgrenzung der Rechtspacht von anderen Formen der Pacht kommt es entscheidend darauf an, ob ein Recht als solches oder eine Sache zur Fruchtziehung überlassen wird. Treffen beide Gegenstände zusammen, hängt die Entscheidung davon ab, worauf das Schwergewicht des Vertrags liegt.

d) **Bedeutung**

86 Die Bedeutung, die der Beurteilung eines Vertrags als Rechtspacht zukommt, liegt in der systematisch einwandfreien Einordnung und der davon abhängenden Anwendbarkeit von Sondervorschriften über die Pacht im allgemeinen und der einschlägigen Bestimmungen für die Rechtspacht, wie etwa § 584 über die Kündigungsfrist. Andererseits sind damit Sondervorschriften über die Grundstückspacht, wie zB die §§ 566, 571 ff aufgrund der allgemeinen Verweisung des § 581 Abs 2, grundsätzlich ausgeschlossen, soweit sie nicht in anderen gesetzlichen Vorschriften ausdrücklich für entsprechend anwendbar erklärt sind oder Bestimmungen ähnlichen Inhalts bestehen (Rn 54, 67). Die Abgrenzung ist nach den §§ 581 Abs 2, 537 ff ferner bedeutsam für die Unterscheidung zwischen Sach- und Rechtsmängelhaftung.

6. **Unternehmen**

a) **Begriff**

87 Die Unternehmenspacht ist im BGB nicht besonders geregelt. Das Gesetz enthält demnach keine Begriffsbestimmung. Daraus ist jedoch nicht auf die Unzulässigkeit der Verpachtung eines Unternehmens zu schließen (Mot II 233). Das Wort „Unternehmen" wird in § 1059 a Nr 2 im Zusammenhang mit der Übertragbarkeit eines Nießbrauchs verwendet, wobei zwischen Unternehmen und Teil eines solchen Unternehmens unterschieden wird. Manchmal wird auch wie in § 292 Abs 1 Nr 3 AktG bei der Verpachtung des Betriebs eines Unternehmens zwischen dem Betrieb als Tätigkeit und dem Unternehmen als Organisationseinheit unterschieden. In § 613 a ist nur von Betrieb und Betriebsteil die Rede. Hiernach tritt bei einem Betriebsübergang der neue Inhaber in die Rechte und Pflichten aus den im Zeitpunkt des Übergangs bestehenden Arbeitsverhältnissen ein (Hennerkes/Binz/Rauser BB 1982, 930; Henssler NZA 1994, 913; Schreiber RdA 1982, 137; Schwanda 274 ff). Dies gilt zum Schutz der Arbeitnehmer auch bei einem Pächterwechsel, selbst wenn zwischen dem bisherigen und dem neuen Pächter keine unmittelbaren rechtsgeschäftlichen Beziehungen bestehen (BAGE 35, 104 = BB 1981, 848, hierzu krit W Meilicke Betrieb 1982, 1168; LAG Hamburg Betrieb 1986, 1576). Das gleiche gilt bei der Rückgabe eines verpachteten Betriebs an den Verpächter (BAG BB 1995, 1800). Ein Betriebsübergang iS des § 613 a wird ebenfalls angenommen, wenn der Erwerber die wesentlichen sächlichen Betriebsmittel aufgrund mehrerer Rechtsgeschäfte von verschiedenen Personen

erhält, wenn diese Geschäfte insgesamt dazu dienen, einen funktionsfähigen Betrieb zu erwerben (BAGE 48, 376 = BB 1986, 196; BACKHAUS Betrieb 1985, 1131). Es hängt von der Eigenart des jeweiligen Betriebs ab, welche Betriebsmittel für seine Fortführung wesentlich sind (BAG ZIP 1995, 235). Der EuGH ist über das Erfordernis einer derartigen sachlichen Betriebsgrundlage hinausgegangen, indem er auf die Identität der wirtschaftlichen Einheit abstellt und deshalb die Übertragung einer Dienstleistungseinrichtung genügen läßt (EuGHE 1994, I-1311 = NJW 1994, 2343, hierzu BAUER BB 1994, 1433 mwNw; BRAUN WiB 1995, 378; LOUVEN JuS 1995, 677; Voss NZA 1995, 205; ebenso ArbG Hamburg BB 1994, 1501). Die Unterscheidung zwischen Betrieb und Unternehmen ist vor allem arbeitsrechtlich für die Normanwendung im Bereich von Betriebs- und Unternehmensverfassung bedeutsam (ZÖLLNER/LORITZ, Arbeitsrecht [4. Aufl 1992] § 44 II). Der allgemeine zivil- und handelsrechtliche Unternehmensbegriff stellt auf den durch eine Betriebstätigkeit geschaffenen Tätigkeitsbereich mit den ihm regelmäßig zugehörigen Sachen und Rechten einschließlich der Schulden ab (vGIERKE/SANDROCK, Handels- und Wirtschaftsrecht I [9. Aufl 1975] § 13 III; RITTNER, Wirtschaftsrecht [2. Aufl 1987] § 7 B III 1 b). Insoweit ist die begriffliche Unterscheidung zwischen Betrieb als eher arbeitstechnischer Organisationseinheit und Unternehmen als umfassenderer Organisation unerheblich. Die Begriffe Betriebspacht und Unternehmenspacht werden deshalb häufig bedeutungsgleich verwendet. Dies gilt etwa für § 1822 Nr 4, in dem die vormundschaftsgerichtliche Genehmigung zu einem gewerblichen Betrieb vorgeschrieben wird, oder für § 22 Abs 2 HGB, der die Fortführung der Firma bei der Übernahme eines Handelsgeschäfts aufgrund eines Pachtvertrags regelt. Unternehmenspacht liegt vor, wenn ein Unternehmen mit seinen gesamten durch die Tätigkeit geschaffenen Erscheinungsformen wie beweglichen und unbeweglichen Sachen, Firma, Kundenstamm, Beziehungen zu Lieferanten, gutem Ruf, Forderungen und Verbindlichkeiten, sonstigen Rechten wie Patenten, Warenzeichen und dgl gepachtet wird (BAUMBACH/HOPT, HGB [29. Aufl 1995] Einl Rn 49; KNOPPE, Verpachtung eines Gewerbebetriebes, Heidelberger Mustervertäge H 32 [5. Aufl 1984]; LINDENMEYER, Die Unternehmenspacht [1983]; Loos NJW 1963, 990; OPPENLÄNDER, Die Unternehmenspacht, insbesondere das Verhältnis von Pächter und Verpächter bei der Verpachtung eines Unternehmens [Diss Freiburg 1974]; SCHÖNEWALD, Über die Verpachtung von Handelsgeschäften [1904]; STAUDINGER/EMMERICH Vorbem 22 zu § 581). Gegenstand der Unternehmenspacht ist damit eine Gesamtheit von Sachen und Rechten. Unerheblich ist, ob einzelne Bereiche vom Vertrag ausgenommen werden. Die Firma kann vom Pächter unter den Voraussetzungen des § 22 HGB fortgeführt werden (AHLBRECHT/BENGSOHN Rpfleger 1982, 361). Dies scheidet aus, wenn der Verpächter selbst die bisherige Firma unverändert fortführen will (BayObLGZ 1978, 48 = MDR 1978, 760). Die Fortführung der Firma löst unter den Voraussetzungen des § 25 HGB eine Haftung des Pächters aus (BGH NJW 1984, 1186 m Anm K SCHMIDT). Diese Haftung kann sich auf die Nutzungsentschädigung erstrecken, die gem § 584 b nach der Beendigung des Pachtverhältnisses zu entrichten ist (BGH NJW 1982, 577 = WM 1981, 1255). Stellt der Pächter als letzter Firmeninhaber den Geschäftsbetrieb endgültig ein, kann er das Erlöschen der Firma ohne Mitwirkung des Verpächters zur Eintragung in das Handelsregister anmelden (LG Augsburg Rpfleger 1982, 70 m Anm GRÖGER). Unter die §§ 581 ff fällt die Pacht gewerblicher und freiberuflicher Unternehmen, während landwirtschaftliche Betriebe den §§ 585 ff unterliegen. Angesichts der Bedeutung des durch eine Betriebstätigkeit geschaffenen Organismus sollte die Unternehmenspacht begrifflich auf die Überlassung eines bereits bestehenden Unternehmens beschränkt werden. Anderenfalls handelt es sich um Raumpacht, so auch, wenn der Verpächter ein von ihm in den Räumen betriebenes Unternehmen aufgelöst hat und der Pächter ein neues Unternehmen beginnt. Einen Anhaltspunkt bietet die Höhe des Entgelts, wenn dieses dem üblicherweise gezahlten Pachtzins für vergleichbare Unternehmen entspricht (OLG Karlsruhe NJW 1970, 1977 m Anm Pieck – Apotheke). Für die Abgrenzung kann es im übrigen bedeutsam sein, ob der Pächter bei Beendigung des Pachtverhältnisses den gesamten Gewerbebetrieb oder nur die Räume zurückzugeben hat (BGH BB 1954, 148).

b) Einzelfälle

88 In der Rspr der Zivilgerichte finden sich zahlreiche Einzelfälle, wobei allerdings nicht immer hinreichend klar wird, ob es sich um Unternehmenspacht oder um Raum- bzw Rechtspacht handelt. Folgende Entscheidungen lassen sich mit einiger Sicherheit als Unternehmenspacht einordnen: Anschlagswesen einer Gemeinde (RGZ 82, 340, 343; vgl aber RG DJ 1934, 837; BGH LM Nr 1 zu § 36 MietSchG); Anzeigenteil einer Zeitung (RGZ 70, 20, 22; RG JW 1933, 2762); Apotheke (RG JW 1903, 5 Nr 11; BGH LM Nr 8 zu § 581; NJW 1964, 2203; WarnR 1967, Nr 145; KG OLGE 25, 37; vgl aber KG OLGE 30, 338); Badeanstalt (RG Recht 1909, Nr 2241; RG JW 1915, 102 Nr 20; RG Gruchot 45, 361); Bergwerk (RG JW 1926, 2619 Nr 3); Brauerei (RG JW 1903, 34 Nr 48); Eisenbahn (RG JW 1881, 214; JW 1898, 524 Nr 75; RG Bolze 2 Nr 924); Fleischerei und Wurstfabrik (RGZ 133, 318); Gastwirtschaft (RG Bolze 20 Nr 433); Handelsgeschäft (RG Bolze 7 Nr 523; BayObLG Recht 1909, Nr 1392; KG DJZ 1906, 86; OLG Stuttgart Recht 1917, Nr 901); Kantine (BGH WM 1977, 591; M Rehbinder, Der Kantinenpachtvertrag im Blickfeld der Rechtstatsachenforschung [1972]; Staudinger/Emmerich Vorbem 93 zu § 581); Klempnerei und Verzinnerei (RG WarnR 1926, Nr 183; OLG Celle BB 1954, 298); Lichtspieltheater (RGZ 138, 192); Malzfabrik (RGZ 138, 199, 202); Mühle (OLG Stettin Recht 1906, Nr 1050); Sägewerk (RGZ 168, 44); Wäscherei und Färberei (RG HRR 1929, Nr 1208); Zahnarztpraxis (RG LZ 1925, 373).

c) Teil eines Unternehmens

89 Der Teil eines Unternehmens kann verpachtet werden, wenn er sich vom Hauptbetrieb als besonderer Gegenstand der Nutzung trennen und als selbständiger Betrieb führen läßt, so etwa der Inseratenteil eines Zeitungsunternehmens (RGZ 70, 20, 23). Dies gilt nicht nur für Zweigniederlassungen eines Unternehmens mit bereits bestehender räumlicher und organisatorischer Trennung, sondern auch, wenn die Trennung erst anläßlich der Verpachtung herbeigeführt wird.

d) Steuerrecht

90 Große praktische Bedeutung hat die Unternehmenspacht auf dem Gebiet des Steuerrechts, wie sich an einer Vielzahl von Entscheidungen der Finanzgerichtsbarkeit zeigt. Hierbei geht es vor allem um die steuerliche Behandlung des Verpächters im allgemeinen und um die Fälle der Betriebsaufspaltung im besonderen (Felix [Hrsg], Kölner Handbuch der Betriebsaufspaltung und Betriebsverpachtung [4. Aufl 1979]; Kaligin, Die Betriebsaufspaltung [3. Aufl 1995]; Knoppe, Pachtverhältnisse gewerblicher Betriebe im Steuerrecht. Betriebsverpachtung, Betriebsaufspaltung [7. Aufl 1985]; Mittelbach, Gewerbliche Miet- und Pachtverträge in steuerlicher Sicht [4. Aufl 1979]). Die von der steuerlichen Rspr entwickelten Grundsätze weisen deutliche Parallelen zum Zivilrecht auf, die unter dem Gesichtspunkt der Einheit der Rechtsordnung fruchtbar gemacht werden können. Zudem ergibt sich aus der steuerlichen Rspr ein reichhaltiges tatsächliches Anschauungsmaterial der Unternehmenspacht.

aa) Die **Verpachtung eines Gewerbebetriebs** ist grundsätzlich keine gewerbliche 91
Tätigkeit. Daraus ist an sich zu folgern, daß der Gewerbebetrieb mit der Verpachtung aufgegeben wird, die im Betriebsvermögen enthaltenen stillen Reserven zu versteuern sind und daß der Verpächter hinfort steuerlich Einkünfte aus Vermietung und Verpachtung iS des § 21 EStG bezieht. Um dieses Ergebnis zu vermeiden, behandelte der RFH die Einkünfte aus einem verpachteten Gewerbebetrieb weiterhin als gewerbliche, weil der Betrieb noch nicht aufgegeben sei (RFH RStBl 1930, 199; RStBl 1932, 625). Später nahm die Rspr Einkünfte aus Vermietung und Verpachtung an, vermied aber die Anwendung des § 16 EStG über die Besteuerung eines Veräußerungsgewinns bei Betriebsaufgabe mit der Begründung, der Betrieb „ruhe" während der Verpachtung für die Person des Verpächters (RFH RStBl 1937, 939; BFH BStBl III 1957, 273; BStBl III 1959, 482; BStBl III 1961, 155). Die neuere Rspr läßt dem Verpächter grundsätzlich ein Wahlrecht zwischen Fortführung und Aufgabe des Betriebs (BFH GS BStBl III 1964, 124). Wenn der Verpächter den Betrieb nicht durch Veräußerung der Wirtschaftsgüter oder deren Überführung in das Privatvermögen aufgebe, führe er den Gewerbebetrieb durch Verpachtung in anderer Form fort. Einen „ruhenden Gewerbebetrieb" gebe es nach dem Gesetz nicht.

α) Voraussetzung für die **Fortführung des Betriebs** in anderer Form auf seiten des 92
Verpächters ist, daß der Gewerbebetrieb im ganzen verpachtet wird. Dies ist der Fall, wenn sich der Vertrag auf die wesentlichen Grundlagen des Betriebs als einheitliches Ganzes erstreckt. Was zu den wesentlichen Grundlagen eines Betriebs gehört, läßt sich nur im Einzelfall bestimmen. Hierfür kommen zB Betriebsgrundstücke und Betriebsvorrichtungen, Maschinen und Einrichtungsgegenstände in Betracht, soweit sie für die Fortführung des Betriebs unentbehrlich oder nicht jederzeit ersetzbar sind (Abschn 139 Abs 5 EStR 1993). Die Annahme einer Betriebsverpachtung wird nicht dadurch ausgeschlossen, daß einzelne unwesentliche Wirtschaftsgüter zurückbehalten werden (BFH BStBl III 1963, 58; BStBl III 1966, 49). Der Betrieb muß während der Verpachtung als lebender wirtschaftlicher Organismus erhalten bleiben (BFH BStBl II 1968, 78), so daß der Verpächter oder sein Rechtsnachfolger ihn jederzeit wieder selbst aufnehmen könnte (BFH BStBl III 1966, 49; BStBl III 1967, 420; BStBl II 1977, 719).

β) Eine **Betriebsaufgabe** liegt hingegen vor, wenn der Betrieb eingestellt und der 93
betriebliche Organismus aufgelöst worden ist (Abschn 139 Abs 2 EStR 1993). Dies ist der Fall, wenn alle wesentlichen Betriebsgrundlagen innerhalb kurzer Zeit und damit in einem einheitlichen Vorgang entweder in das Privatvermögen überführt oder einzeln an verschiedene Erwerber veräußert oder wenn sie teilweise veräußert und teilweise in das Privatvermögen überführt werden und damit der Betrieb als selbständiger Organismus des Wirtschaftslebens zu bestehen aufhört (BFH BStBl II 1976, 670; BStBl II 1982, 381; BStBl II 1991, 512). Wird dann das zurückbehaltene Betriebsgrundstück einem anderen zur Nutzung überlassen, etwa ein Kinogebäude als Lebensmittelgeschäft (BFH BStBl II 1968, 78), so handelt es sich steuerlich nicht um Betriebspacht, sondern um Miete (BFH BStBl III 1967, 420 u 751). Betriebspacht ist auch dann ausgeschlossen, wenn das Gebäude mit oder ohne Einrichtung einem anderen Betriebszweck zugeführt wird (BFH BStBl II 1974, 208 – Metzgerei und Supermarkt; BFH BStBl II 1975, 885 – Haushaltswaren und Lebensmittelhandel). Je nach Lage des Falles handelt es sich zivilrechtlich um Miete oder Pacht von Räumen.

94 γ) Die gleichen Grundsätze werden steuerrechtlich bei der Verpachtung eines **Teilbetriebs** (BFH BStBl II 1969, 397; Abschn 139 Abs 3 EStR 1993) und bei der Unterverpachtung angewendet.

95 δ) Die steuerrechtlichen Kriterien für die Abgrenzung zwischen Betriebsfortführung und Betriebsaufgabe sind **zivilrechtlich** für die Beurteilung als Unternehmenspacht verwertbar, auch wenn auf dem Gebiet des Steuerrechts betont wird, es sei unerheblich, ob bürgerlich-rechtlich ein Miet- oder Pachtvertrag vorliege (BFH BStBl III 1966, 49). Ein Vergleich der Fälle zeigt vielmehr eine weitgehende Übereinstimmung in der Beurteilung als Betriebs- bzw Unternehmenspacht.

96 bb) Pachtverträge spielen steuerrechtlich in den Fällen der **Betriebsaufspaltung** eine besondere Rolle. Hierunter ist die Aufteilung der Funktionen und der Vermögensbestandteile eines einheitlichen Unternehmens in ein Besitzunternehmen und ein Betriebsunternehmen zu verstehen (BENTLER, Das Gesellschaftsrecht der Betriebsaufspaltung – insbesondere die Verzahnung der Gesellschaftsverträge [1986]; BRANDMÜLLER, Die Betriebsaufspaltung nach Handels- und Steuerrecht [6. Aufl 1994]; BRAUN ZIP 1983, 1175; DEHMER, Die Betriebsaufspaltung [1983]; DÖRING DNotZ 1982, 280; DONATH, Die Betriebsaufspaltung [1991]; FELIX [Hrsg], Kölner Handbuch der Betriebsaufspaltung und Betriebsverpachtung [4. Aufl 1979]; FICHTELMANN, Betriebsaufspaltung im Steuerrecht [8. Aufl 1994]; GASSNER Rpfleger 1980, 409; KNOBBE-KEUK, Bilanz- und Unternehmenssteuerrecht [9. Aufl 1993] § 22 X; KNOPPE, Betriebsaufspaltung, Heidelberger Musterverträge H 52 [4. Aufl 1991]; ders, Pachtverhältnisse gewerblicher Betriebe im Steuerrecht. Betriebsverpachtung, Betriebsaufspaltung [7. Aufl 1985]; MITTELBACH, Gewerbliche Miet- und Pachtverträge in steuerlicher Sicht [4. Aufl 1979]; SCHOPP ZMR 1979, 289). Bei der echten Betriebsaufspaltung werden bestimmte Funktionen aus einem bisher rechtlich einheitlichen Unternehmen abgespalten, wobei die wirtschaftliche Verbindung aufrechterhalten bleibt. Für die unechte Betriebsaufspaltung ist kennzeichnend, daß von Anfang an rechtlich selbständige Unternehmen wirtschaftlich miteinander verbunden werden. Charakteristisch für die Betriebsaufspaltung ist, daß das Besitzunternehmen, meistens in der Rechtsform eines Einzelunternehmens oder einer Personengesellschaft, das Anlagevermögen hält und an das Betriebsunternehmen verpachtet. Dieses führt den Betrieb regelmäßig in Form einer Kapitalgesellschaft. In der Praxis kommen auch andere Gestaltungsformen vor, indem etwa nicht die Produktion, sondern nur der Vertrieb ausgegliedert wird, oder indem Produktion und Vertrieb auf zwei verschiedene Unternehmen übertragen werden.

97 α) Das Besitzunternehmen betreibt mit der Verpachtung an sich eine reine Vermögensverwaltung. Die **steuerrechtliche Bedeutung** der Betriebsaufspaltung besteht jedoch darin, daß das Besitzunternehmen unter bestimmten Voraussetzungen gewerblichen Charakter trägt, die Pachtzinsen damit gewerbliche Einnahmen sind und der Gewinn der Gewerbesteuer unterliegt. Andererseits führt die Betriebsaufspaltung nicht zur Betriebsaufgabe, so daß die stillen Reserven nicht aufgelöst werden müssen. Im Gegensatz zur allgemeinen Verpachtung eines Gewerbebetriebs (Rn 91) steht dem Besitzunternehmen insoweit kein Wahlrecht zu (BFH BStBl III 1965, 261, 263; BStBl III 1966, 426). Das BVerfG hat die Rechtsgrundsätze des BFH zur Behandlung der Betriebsaufspaltung im Gewerbesteuerrecht verfassungsrechtlich nicht beanstandet (BVerfGE 25, 28 = NJW 1969, 689). Im Schrifttum wird vielfach heftige Kritik geübt (KNOBBE-KEUK § 22 X 2 mwNw).

β) Im einzelnen hängt die Annahme einer gewerblichen Betätigung des Besitzunternehmens davon ab, daß bestimmte **personelle und sachliche Umstände** vorliegen (Abschn 137 Abs 4 EStR 1993). Nach der neueren Rspr kommt es nicht darauf an, daß Besitzunternehmen und Betriebsgesellschaft wirtschaftlich ein einheitliches Unternehmen bilden. Es genügt eine personelle und sachliche Verflechtung.

Hinsichtlich der *personellen* Seite ist entscheidend, daß die hinter den beiden Unternehmen stehenden Personen „einen einheitlichen geschäftlichen Betätigungswillen" haben, so daß die Personen, die das Besitzunternehmen beherrschen, selbst bei Unterschieden in der Zusammensetzung des Gesellschafterkreises und in der Beteiligungshöhe auch in der Betriebsgesellschaft ihren Willen durchsetzen können (BFH GS BStBl II 1972, 63, 65; BStBl II 1973, 247 u 447; BStBl II 1981, 376; BStBl II 1983, 299; Abschn 137 Abs 6 EStR 1993).

In *sachlicher* Hinsicht, die pachtrechtlich in erster Linie von Interesse ist, gilt es als besonderer Umstand, daß bei der echten Betriebsaufspaltung zwar der bisher von dem Besitzunternehmen geführte Betrieb auf die neue Betriebsgesellschaft übergeht, daß aber Wirtschaftsgüter, wie vor allem der Grundbesitz, die zu den wesentlichen Grundlagen des übergegangenen Betriebs gehören, rechtlich dem Besitzunternehmen verbleiben (BFH BStBl II 1972, 63, 64; BStBl II 1978, 545, 547; Abschn 137 Abs 5 EStR 1993). Diese Voraussetzungen sind vor allem bei der Verpachtung des Unternehmens im ganzen an die Betriebsgesellschaft erfüllt (RFH RStBl 1930, 199; RStBl 1931, 484; BFH BStBl III 1960, 513; BStBl II 1975, 781). In diesem Fall liegt auch zivilrechtlich Unternehmenspacht vor. Die sachlichen Voraussetzungen der Betriebsaufspaltung sind weiter dann erfüllt, wenn das Besitzunternehmen der Betriebsgesellschaft nur einzelne Wirtschaftsgüter zur Nutzung überläßt, sofern diese die wesentlichen Betriebsgrundlagen bilden. Dies ist regelmäßig gegeben, wenn das gesamte positive Betriebsvermögen oder auch nur das Anlagevermögen, insbesondere die Betriebsgrundstücke und die maschinellen Anlagen, an die Betriebsgesellschaft überlassen werden (BFH BStBl II 1971, 536; BStBl II 1973, 27; BStBl II 1976, 750; BStBl II 1992, 347 u 830; BStBl II 1993, 718). Eine Betriebsaufspaltung kommt selbst dann noch in Betracht, wenn nur Teile des Anlagevermögens überlassen werden, die aber für die Betriebsführung wirtschaftliches Gewicht besitzen und nicht jederzeit ausgetauscht werden können, wie vor allem Grundstücke und Gebäude (BFH BStBl III 1960, 50; BStBl III 1963, 505; BStBl III 1967, 461; BStBl II 1968, 354 u 677). Hieran zeigt sich, daß der Begriff der wesentlichen Betriebsgrundlagen bei der Betriebsaufspaltung und bei der Verpachtung eines Gewerbebetriebs im allgemeinen (Rn 91 ff) nicht identisch ist. So kann etwa die Vermietung eines leerstehenden Gebäudes Grundlage einer Betriebsaufspaltung sein, ist aber nicht als Betriebsverpachtung zu beurteilen. Daraus folgt, daß den Fällen der Betriebsaufspaltung zivilrechtlich keineswegs regelmäßig eine Unternehmenspacht zugrunde liegt. Jeweils nach den Umständen des Einzelfalls kann es sich auch um Grundstücks- oder Raumpacht oder um Miete handeln.

e) **Recht der verbundenen Unternehmen**
Die Unternehmenspacht ist im Bereich des Rechts der verbundenen Unternehmen von besonderer Bedeutung (EMMERICH/SONNENSCHEIN, Konzernrecht [5. Aufl 1993] § 12 III; FÜHRLING, Sonstige Unternehmensverträge mit einer abhängigen GmbH [1993]; MASER, Betriebspacht- und Betriebsüberlassungsverhältnisse in Konzernen [1985]; OESTERREICH, Die Betriebsüber-

lassung zwischen Vertragskonzern und faktischem Konzern [1979]; U H SCHNEIDER, Betriebsführungs- und Betriebspachtverträge [Habilitationsschrift Bochum 1974]; ders JbFStR 1982/83, 387; RASCH, Deutsches Konzernrecht [5. Aufl 1974] 94 ff; SCHUBERT/KÜTING Betrieb 1976, Beil 7; STROBL JbFStR 1982/83, 413; VEELKEN, Der Betriebsführungsvertrag im deutschen und amerikanischen Aktien- und Konzernrecht [1975]). In § 292 Abs 1 Nr 3 AktG und den §§ 293 ff AktG sind der Betriebspachtvertrag (Rn 102) und der Betriebsüberlassungsvertrag (Rn 107) geregelt und den einschlägigen Bestimmungen über Unternehmensverträge unterstellt worden. Diese Bestimmungen sind nur anwendbar, wenn eine AG oder KGaA den Betrieb ihres Unternehmens einem anderen verpachtet oder sonst überläßt. Der andere Vertragsteil braucht kein Unternehmen im aktienrechtlichen Sinne (EMMERICH/SONNENSCHEIN § 2 III) zu sein und keine bestimmte Rechtsform aufzuweisen. Die Vorschriften gelten unabhängig davon, ob zwischen den Parteien ein Abhängigkeits-, insbesondere ein Konzernverhältnis besteht oder nicht. Hiervon macht nur § 302 Abs 2 AktG eine Ausnahme, indem das herrschende Unternehmen bei der Betriebsverpachtung oder Betriebsüberlassung durch eine abhängige Gesellschaft verpflichtet wird, jeden während der Vertragsdauer sonst entstehenden Jahresfehlbetrag auszugleichen, soweit die vereinbarte Gegenleistung das angemessene Entgelt nicht erreicht (Rn 106). Besondere Probleme wirft der gesetzlich nicht ausdrücklich geregelte Betriebsführungsvertrag auf (Rn 112). Die Vorschriften des Aktienrechts gelten hingegen grundsätzlich nicht, wenn ein Unternehmen anderer Rechtsform, wie vor allem eine GmbH, den Betrieb verpachtet oder sonst einem anderen überläßt (Rn 116 ff).

102 aa) Durch einen **Betriebspachtvertrag** iS des § 292 Abs 1 Nr 3 AktG verpflichtet sich die verpachtende AG oder KGaA, dem Pächter den „Betrieb ihres Unternehmens" zum Gebrauch und zur Fruchtziehung für die Dauer der Pachtzeit zu gewähren. Der Pächter ist verpflichtet, den vereinbarten Pachtzins zu zahlen. Inhaltlich richtet sich der Vertrag nach den §§ 581 ff, soweit die Parteien keine abweichenden Vereinbarungen treffen. Die Geltung der bürgerlich-rechtlichen Bestimmungen ist jedoch durch die Sondervorschriften der §§ 293 ff AktG beschränkt. Dies gilt insbesondere für Abschluß, Änderung und Beendigung des Unternehmensvertrags.

103 α) **Gegenstand** des Betriebspachtvertrags iS des § 292 Abs 1 Nr 3 AktG ist der Betrieb des Unternehmens einer AG oder KGaA. Die Verpächterin muß ihre gesamten betrieblichen Anlagen dem Pächter überlassen, der sie hinfort im eigenen Namen und für eigene Rechnung weiterführt (EMMERICH/SONNENSCHEIN § 12 III 1; GESSLER, in: GESSLER/HEFERMEHL/ECKHARDT/KROPFF, AktG [1976] § 292 Rn 58; KOPPENSTEINER, in: Kölner Kommentar zum AktG [2. Aufl 1987] § 292 Rn 64; WÜRDINGER, in: Großkomm AktG [3. Aufl 1971] § 292 Anm 17). Werden nicht sämtliche Einzelbetriebe eines Unternehmens verpachtet oder übernimmt der Pächter nur einen Teilbetrieb, fällt der Vertrag nicht unter die §§ 292 ff AktG, sondern unterliegt als normaler Pachtvertrag ohne Einschränkungen den §§ 581 ff. Die Vorschriften über Unternehmensverträge bleiben jedoch anwendbar, wenn zwecks einer Umgehung nur einzelne, völlig unbedeutende Betriebe vom Vertrag ausgenommen werden. Da die Gesamtheit der betrieblichen Anlagen überlassen werden muß, die Existenz der Verpächterin als Gesellschaft dadurch jedoch nicht berührt wird, stellt sich die terminologische Frage, ob im Falle des § 292 Abs 1 Nr 3 AktG anstatt von Unternehmenspacht (WÜRDINGER aaO) besser nur von Betriebspacht zu sprechen ist (GESSLER Rn 59). Wird jedoch mit dem Begriff der Unternehmenspacht nicht die Vorstellung verbunden,

die Verpächterin gebe damit ihre gesamten unternehmerischen Funktionen als AG oder KGaA auf, etwa hinsichtlich der Abschreibungs-, Finanzierungs- und Dividendenpolitik (RASCH, Deutsches Konzernrecht 95), so steht der Verwendung dieses Begriffs im Bereich des § 292 AktG nichts entgegen.

β) In der Praxis haben sich **atypische Gestaltungen** des Betriebspachtvertrags herausgebildet, die rechtlich zT schwer einzuordnen sind. Wenn der Pächter nicht gewillt ist, den Betrieb selbst zu übernehmen, kann er die Verpächterin beauftragen, den Betrieb in Zukunft in seinem Namen und für seine Rechnung zu führen. Auf diese Weise wird die *Betriebspacht mit einem Geschäftsbesorgungsvertrag* verbunden, kraft dessen der Pächter der Verpächterin Weisungen hinsichtlich der Betriebsführung erteilen kann. Solange sich das Weisungsrecht auf die Betriebsführung beschränkt, handelt es sich nicht um einen Beherrschungsvertrag iS des § 291 Abs 1 AktG, sondern um eine Sonderform des Betriebspachtvertrags nach § 292 Abs 1 Nr 3 AktG (EMMERICH/SONNENSCHEIN § 12 III 4). GESSLER (§ 292 Rn 62) hat hierfür den Begriff der Betriebspacht mit Betriebsführungsauftrag vorgeschlagen. **104**

Aufgrund der Gestaltungsfreiheit der Parteien sind die *Grenzen zum Beherrschungsvertrag oder Geschäftsführungsvertrag* iS des § 291 Abs 1 S 1 oder 2 AktG fließend. Wenn sich der Pächter Weisungsrechte ausbedingt, die über die eigentliche Betriebsführung durch die Verpächterin hinausgehen und deren sonstige Unternehmenssphäre erfassen, wie etwa hinsichtlich der Verwendung des Pachtzinses oder der Ausübung von Beteiligungsrechten, so handelt es sich in Wirklichkeit um einen Beherrschungsvertrag (EMMERICH/SONNENSCHEIN § 12 VI; GESSLER Rn 63, 99 ff). Ein Geschäftsführungsvertrag ist nach § 291 Abs 1 S 2 AktG gegeben, wenn eine AG oder KGaA es übernimmt, ihr Unternehmen für Rechnung eines anderen Unternehmens zu führen. Ein solcher Vertrag gilt als Gewinnabführungsvertrag. Das gleiche Ergebnis kann durch einen Betriebspachtvertrag mit Betriebsführungsauftrag erreicht werden, wenn der Verpächterin kein Raum mehr für eine eigene Unternehmenspolitik bleibt, die Überlassung sich also nicht nur auf den Betrieb, sondern auf das gesamte Unternehmen erstreckt (EMMERICH/SONNENSCHEIN aaO; GESSLER Rn 64). Die rechtliche Behandlung derart verdeckter Beherrschungs- oder Geschäftsführungsverträge geht in den Bereich der Umgehungsproblematik konzernrechtlicher Sicherungen und ist allein nach den hierfür maßgebenden Vorschriften zu lösen (EMMERICH/SONNENSCHEIN § 12 VI; GESSLER Rn 99 ff). Die Vorschriften über die Betriebspacht und die allgemeinen pachtrechtlichen Vorschriften sind nicht anwendbar. **105**

γ) Ein **Betriebspachtvertrag im Rahmen eines Abhängigkeitsverhältnisses**, der keine Umgehungsprobleme aufwirft (Rn 103), unterliegt den §§ 292 ff AktG und im übrigen den Vorschriften des BGB. Bei solchen konzerninternen Betriebspachtverträgen ist wegen des Abhängigkeitsverhältnisses zwischen den Parteien ein gerechter Interessenausgleich durch den Vertragsabschluß nicht gewährleistet. Das herrschende Unternehmen kann die Vertragsbedingungen diktieren und wird den gepachteten Betrieb idR wie einen eigenen führen. Es hat auch die Beendigung des Vertrags in der Hand. Wegen dieser Besonderheiten des konzerninternen Pachtvertrags ist die Pflicht des herrschenden Unternehmens zur Verlustübernahme, die primär nur für Beherrschungs- und Gewinnabführungsverträge vorgesehen ist, in § 302 Abs 2 AktG auf Betriebspachtverträge ausgedehnt worden. Damit trägt das Gesetz der Tatsache Rechnung, daß der Betriebspachtvertrag ein geeignetes Mittel zur Konzerneinglie- **106** derung ist (MESTMÄCKER, Verwaltung, Konzerngewalt und Rechte der Aktionäre [1958] 316 f; vgl OLG Frankfurt/M BB 1973, 863 m Anm RASCH; GESSLER Rn 66 ff; MARTENS AG 1974, 9). Auch im übrigen müssen zum Schutz der abhängigen Gesellschaft die aktienrechtlichen Sondervorschriften eingreifen (EMMERICH/SONNENSCHEIN § 12 III 3 a).

107 bb) Der **Betriebsüberlassungsvertrag** ist in § 292 Abs 1 Nr 3 AktG dem Betriebspachtvertrag rechtlich gleichgestellt (Rn 101). In beiden Fällen überläßt eine AG oder KGaA den Betrieb ihres Unternehmens einem anderen. Der andere Vertragsteil muß im Zeitpunkt des Vertragsabschlusses nicht schon selbst Unternehmenscharakter besitzen. Er führt wie bei der Betriebspacht den Betrieb für eigene Rechnung fort, nimmt den Betrieb also in Besitz, nutzt ihn im eigenen Interesse und zieht die Nutzungen (GESSLER § 292 Rn 71). Bei der Betriebsüberlassung tritt der Übernehmer jedoch nicht im eigenen Namen auf, sondern aufgrund einer Vollmacht im Namen der überlassenden AG oder KGaA (EMMERICH/SONNENSCHEIN § 12 IV).

108 α) **Gegenstand** des Betriebsüberlassungsvertrags iS des § 292 Abs 1 Nr 3 AktG ist der gesamte Betrieb des Unternehmens einer AG oder KGaA (Rn 103). Hinzu kommt die Überlassung der Namensführung, indem die AG oder KGaA dem anderen Vertragsteil gestattet, in ihrem Namen aufzutreten. Damit verbunden ist eine Vollmacht, so daß im Außenverhältnis die AG oder KGaA aus allen Geschäften des Übernehmers berechtigt und verpflichtet wird. Sie muß ihrerseits das Geschäftsergebnis an den Übernehmer abführen und kann von ihm die Befreiung von sämtlichen Verbindlichkeiten verlangen (EMMERICH/SONNENSCHEIN § 12 IV; GESSLER § 292 Rn 72; ders Betrieb 1965, 1691, 1692; KOPPENSTEINER § 292 Rn 66; WÜRDINGER § 292 Anm 23).

109 β) Der **Rechtsnatur** nach handelt es sich um einen Pachtvertrag mit Auftragselementen. Da das Pachtverhältnis nach außen nicht erscheint, kann eine solche Vertragsgestaltung als *Innenpacht* bezeichnet werden (EMMERICH/SONNENSCHEIN § 12 IV; GESSLER Betrieb 1965, 1691, 1692; WÜRDINGER § 292 Anm 23). Dies ist möglich, da ein Pachtverhältnis nicht notwendig voraussetzt, daß der Pächter nach außen im eigenen Namen auftritt (offengelassen von RGZ 140, 206, 208). Im Verhältnis zum Verpächter bleibt der Fruchterwerb möglich, wenn auch in dessen Person ein Durchgangserwerb stattfindet. Neben den §§ 292 ff AktG sind deshalb auf den Betriebsüberlassungsvertrag die pachtrechtlichen Vorschriften des BGB anwendbar.

110 γ) Als **atypische Gestaltung** kommt die Betriebsüberlassung mit einem Geschäftsbesorgungsvertrag vor. Die AG oder KGaA wird von dem Übernehmer beauftragt, den Betrieb für dessen Rechnung weiterzuführen. Für diese Betriebsüberlassung mit Betriebsführungsauftrag (GESSLER § 292 Rn 74) gelten die gleichen Grundsätze wie bei der ähnlichen Gestaltung der Betriebspacht (Rn 104). Da die überlassende AG oder KGaA den Betrieb ihres Unternehmens zwar für fremde Rechnung, aber im eigenen Namen weiterführt, ist es besonders schwierig, die Grenzen zum Beherrschungsvertrag oder Geschäftsführungsvertrag iS des § 291 Abs 1 S 1 oder 2 AktG zu ziehen. Dadurch gewinnt die Umgehungsproblematik an Bedeutung. Maßgebend ist, ob sich etwaige Weisungsrechte des Übernehmers und die Überlassung nur auf den Betrieb oder auf das Unternehmen der überlassenden AG oder KGaA erstrecken. Im letzteren Fall handelt es sich nicht um einen Betriebsüberlassungsvertrag, sondern um einen Beherrschungsvertrag, so daß die pachtrechtlichen Vorschriften des BGB unanwendbar sind (Rn 105).

δ) Ein **konzerninterner Betriebsüberlassungsvertrag**, der keine Umgehungsprobleme aufwirft (Rn 104 f, 108 ff), unterliegt den §§ 292 ff AktG, wobei auf die Verlustübernahmepflicht des herrschenden Unternehmens nach § 302 Abs 2 AktG hinzuweisen ist. Für die pachtrechtliche Regelung des Innenverhältnisses greifen im übrigen die §§ 581 ff ein. Die Ausführungen zum konzerninternen Betriebspachtvertrag gelten entsprechend (Rn 106; WÜRDINGER § 292 Anm 25). **111**

cc) Der **Betriebsführungsvertrag** ist trotz seiner schon früher bestehenden Verbreitung (RGZ 142, 223; RFHE 40, 185) in den konzernrechtlichen Vorschriften des Aktienrechts nicht ausdrücklich geregelt (VEELKEN, Der Betriebsführungsvertrag im deutschen und amerikanischen Aktien- und Konzernrecht [1975]). Kennzeichnend für einen derartigen Vertrag ist, daß eine Gesellschaft einen anderen beauftragt, ihren Betrieb für ihre Rechnung zu führen. Anders als beim Geschäftsführungsvertrag iS des § 291 Abs 1 S 2 AktG, bei dem eine AG oder KGaA ihr Unternehmen selbst für Rechnung eines anderen Unternehmens führt, übernimmt es beim Betriebsführungsvertrag ein Dritter, den Betrieb der Gesellschaft für deren Rechnung zu führen (BGH NJW 1982, 1817; OLG München AG 1987, 380). Der Betrieb kann im eigenen oder im fremden Namen geführt werden (EMMERICH/SONNENSCHEIN § 12 V 1; GESSLER § 292 Rn 76; ders, in: FS Hefermehl [1976] 263, 264; MESTMÄCKER 106 ff). **112**

α) **Gegenstand** des Vertrags ist nicht der Betrieb, sondern die Betriebsführung als solche, die sich im Prinzip nach den Weisungen der überlassenden Gesellschaft richtet. Solche Weisungen sind aber nur zwischen voneinander unabhängigen Unternehmen oder zwischen einem herrschenden Unternehmen als Eigentümerin und einem von ihm abhängigen Unternehmen als Betriebsführerin zu erwarten. Die Ausübung von Weisungsrechten wird sich jedoch umkehren, wenn ein herrschendes Unternehmen die Betriebsführung für eine von ihm abhängige Eigentümer-Gesellschaft übernimmt (VEELKEN 31). In der Praxis finden sich solche Verträge bei Energieversorgungsunternehmen, Kleinbahnen, im Hotelgewerbe und in der Filmbranche. **113**

β) Die **Zulässigkeit** von Betriebsführungsverträgen ist mangels ausdrücklicher gesetzlicher Regelung umstritten (GESSLER, in: FS Hefermehl 267 ff; VEELKEN 99 ff). Sie kann nicht generell verneint werden, sondern hängt von der Vertragsgestaltung im Einzelfall ab, insbesondere davon, ob dem Vorstand der Eigentümer-Gesellschaft die grundsätzlichen Entscheidungen der Unternehmenspolitik verbleiben (GESSLER, in: FS Hefermehl 275). Wird dem Betriebsführer auch insoweit die Entscheidungsbefugnis eingeräumt, so daß er nicht nur den Betrieb, sondern auch das Unternehmen der Gesellschaft führt, so handelt es sich materiell um einen Beherrschungsvertrag iS des § 291 Abs 1 AktG, der nur unter den hierfür maßgebenden Voraussetzungen wirksam ist (EMMERICH/SONNENSCHEIN § 12 V 3). **114**

γ) Soweit Betriebsführungsverträge hiernach zulässig sind, bleibt ihre **Rechtsnatur** problematisch. Überwiegend wird in Anlehnung an § 256 Abs 2 AktG 1937 angenommen, aufgrund der historischen Entwicklung sei der Betriebsführungsvertrag als Betriebsüberlassungsvertrag iS des § 292 Abs 1 Nr 3 AktG einzuordnen (BAUMBACH/HUECK, AktG [13. Aufl 1968] § 292 Rn 14; EMMERICH/SONNENSCHEIN § 12 III 4; GESSLER § 292 Rn 84; ders Betrieb 1965, 1691, 1692 f; vGODIN/WILHELMI, AktG [4. Aufl 1971] § 292 Anm 2; KOPPENSTEINER § 292 Rn 68; VEELKEN 91 ff, 247; WÜRDINGER, Aktienrecht und das Recht der verbundenen Unternehmen [4. Aufl 1981] § 68 IV; **aM** früher BIEDENKOPF/KOPPENSTEINER, in: Kölner **115**

Kommentar zum AktG [1971] § 292 Rn 24). Da die Struktur der Eigentümer-Gesellschaft durch den Betriebsführungsvertrag verändert wird, ist es gerechtfertigt, den Vertragsabschluß den Sondervorschriften der §§ 293 ff AktG zu unterstellen.

116 dd) Die Bestimmungen der §§ 292 Abs 1 Nr 3, 293 ff AktG gelten grundsätzlich nur, wenn eine AG oder KGaA den Betrieb ihres Unternehmens einem anderen verpachtet oder sonst überläßt (Rn 101). **Betriebspacht- und Betriebsüberlassungsverträge für Unternehmen anderer Rechtsform** sind gesetzlich nicht besonders geregelt. Dies wirft vor allem Probleme für die GmbH und die Personenhandelsgesellschaften auf.

117 α) Die **GmbH** ist wie alle Unternehmen grundsätzlich dazu bestimmt, ihren Betrieb im eigenen Namen und für eigene Rechnung zu führen. Schließt eine solche Gesellschaft einen Betriebspacht- oder Betriebsüberlassungsvertrag mit einem anderen Unternehmen ab, geht der Vertrag weit über die normalen schuldrechtlichen Austauschbeziehungen der §§ 581 ff hinaus. Da sich die verpachtende oder überlassende GmbH idR in eine Rentnergesellschaft verwandelt, greift der Abschluß des Vertrags massiv in ihre Struktur ein. Daraus folgt, daß zu dem nach dem bürgerlichen Recht zu beurteilenden Vertragsabschluß gesellschaftsrechtlich eine Satzungsänderung nach den §§ 53, 54 GmbHG hinzukommen muß, um den Vertrag wirksam werden zu lassen (EMMERICH/SONNENSCHEIN § 25 VI 2; FÜHRLING, Sonstige Unternehmensverträge mit einer abhängigen GmbH [1993] 72 f, 140; HACHENBURG/ULMER, GmbHG [8. Aufl 1994] Anh § 77 Rn 195, 204; SCHOLZ/EMMERICH, GmbHG [8. Aufl 1993] Anh Konzernrecht Rn 344). Dabei kommt es nicht darauf an, ob der Vertrag im Rahmen oder zur Begründung eines Abhängigkeitsverhältnisses abgeschlossen wird. Über den Vertragsabschluß hinaus werfen die Sicherung der abhängigen Gesellschaft, ihrer Gesellschafter und ihrer Gläubiger sowie die Umgehung eines Beherrschungsvertrags durch einen Betriebspacht- oder Betriebsüberlassungsvertrag weitere Probleme auf (EMMERICH/SONNENSCHEIN aaO; SCHOLZ/EMMERICH Rn 345).

118 β) Die gleichen Grundsätze gelten für **Personenhandelsgesellschaften,** wenn der Abschluß eines Betriebspacht- oder Betriebsüberlassungsvertrags die Struktur der Gesellschaft grundlegend verändert. Eine solche Maßnahme geht über den gewöhnlichen Betrieb des Handelsgewerbes hinaus, so daß für den Vertragsabschluß nach § 116 Abs 2 HGB die Zustimmung aller Gesellschafter erforderlich ist (EMMERICH/SONNENSCHEIN § 27 V; SCHLEGELBERGER/MARTENS, HGB [5. Aufl 1992] Anh § 105 Rn 19). Auch hierbei kann es nicht darauf ankommen, ob der Vertrag zwecks Begründung eines Abhängigkeitsverhältnisses oder in dessen Rahmen abgeschlossen wird.

f) **Wettbewerbsrecht**
119 Die konzernrechtliche Bedeutung der Unternehmenspacht (Rn 101 ff) steht im Zusammenhang mit dem Wettbewerbsrecht. Nach § 23 Abs 1 GWB ist der Zusammenschluß von Unternehmen unter bestimmten Voraussetzungen dem Bundeskartellamt anzuzeigen. Nach § 24 a Abs 1 S 2 GWB ist unter den dort genannten Voraussetzungen schon das Vorhaben eines Zusammenschlusses anzumelden. Als Zusammenschluß iS des GWB gelten nach § 23 Abs 2 Nr 3 c) GWB Verträge mit einem anderen Unternehmen, durch die dem Unternehmen der Betrieb des anderen Unternehmens ganz oder zu einem wesentlichen Teil verpachtet oder sonst überlassen wird. Damit sind in erster Linie der Betriebspachtvertrag und der Betriebsüber-

lassungsvertrag iS des § 292 Abs 1 Nr 3 AktG gemeint (Rn 102, 107). Das gleiche gilt für Verträge von Unternehmen anderer Rechtsform als der AG oder KGaA (Rn 116 ff). Die wettbewerbsrechtliche Vorschrift geht jedoch insofern weiter, als nicht nur die Verpachtung oder Überlassung des ganzen Betriebs (Rn 103, 108), sondern auch die eines wesentlichen Teils erfaßt wird. Dabei stellt sich das wettbewerbsrechtliche Problem, ob bei der Auslegung dieses Tatbestandsmerkmals auf das Verhältnis zwischen Gesamtbetrieb und überlassenem Teilbetrieb (PASCHKE, in: Frankfurter Kommentar zum GWB [3. Aufl 1993] § 23 Rn 83) oder auf die qualitative Bedeutung des Teilbetriebs abzustellen ist (BGHZ 65, 269 = NJW 1976, 243; MESTMÄCKER, in: IMMENGA/MESTMÄCKER, GWB [2. Aufl 1992] § 23 Rn 153, 217 mwNw). Unabhängig von dieser Streitfrage kann auch die Verpachtung oder Überlassung eines wesentlichen Teils des Betriebs pachtrechtlich in aller Regel als Unternehmenspacht beurteilt werden.

g) Abgrenzung
Für die Abgrenzung der Unternehmenspacht von anderen Formen der Pacht ist **120** entscheidend, ob das Unternehmen als eine Gesamtheit von Sachen und Rechten zur Fruchtziehung überlassen ist. Beschränkt sich der Vertrag auf die Überlassung von Grundstück und Räumen zum Betrieb eines Unternehmens, das der Pächter erst selbst als Organismus schaffen muß, so liegt Raumpacht vor (Rn 17 ff, 27). Für die Abgrenzung zur Miete bietet die Höhe des Entgelts einen Anhaltspunkt. Liegt das Entgelt erheblich über dem, was ortsüblich für vergleichbare Räume und Inventar gezahlt wird, ist der Schluß gerechtfertigt, daß nicht nur der Gebrauch, sondern auch der Fruchtgenuß entgolten werden soll (OLG Karlsruhe NJW 1970, 1977 m Anm PIECK – Apotheke). Besonderheiten gelten für die Abgrenzung im Bereich der aktienrechtlichen Unternehmensverträge (Rn 104 f, 110).

h) Bedeutung
Die Bedeutung, die der Beurteilung eines Vertrags als Unternehmenspacht **121** zukommt, besteht in der systematisch einwandfreien Einordnung. Hiervon hängen im einzelnen die Rechte und Pflichten der Parteien ab. Vor allem hinsichtlich der Gewährleistung und der Rückgabepflicht macht es einen Unterschied, ob ein Unternehmen oder nur Räume verpachtet sind. Ob im Rahmen der Unternehmenspacht die Vorschriften über die Grundstückspacht wie die §§ 566, 571 ff iVm § 581 Abs 2 entsprechend anwendbar sind, hängt von der Zugehörigkeit eines Grundstücks zum Unternehmen als Vertragsgegenstand ab.

III. Parteien des Pachtvertrags

1. Personen

Parteien des Pachtvertrags können grundsätzlich alle natürlichen und juristischen **122** Personen des privaten und des öffentlichen Rechts sein. Der Verpächter braucht nicht Eigentümer des Pachtgegenstandes zu sein (OLG München WuM 1995, 152). Vereinzelt wird eine besondere Pachtfähigkeit vorausgesetzt. So darf nach § 11 Abs 5 BJagdG Pächter nur sein, wer einen Jahresjagdschein besitzt und schon vorher einen solchen während dreier Jahre in Deutschland besessen hat (Rn 56). Für besondere Einzelfälle, wie zB für Ausländer, können durch die oberste Jagdbehörde Ausnahmen zugelassen werden (MITZSCHKE/SCHÄFER, BJagdG [4. Aufl 1982] § 11 Rn 40). Der Tod des Jagdpächters läßt den Vertrag nicht erlöschen. Die Rechte und Pflichten gehen auf die Erben über, auch wenn letztere nicht jagdpachtfähig sind (OLG Düsseldorf MDR 1970, 140; MITZSCHKE/SCHÄFER § 11 Rn 134). Besonderheiten gelten auch für die Fischereipacht (Rn 62). Der Betriebspachtvertrag und der Betriebsüberlassungsvertrag des § 292 Abs 1 Nr 3 AktG setzen voraus, daß eine AG oder KGaA den Betrieb ihres Unternehmens einem anderen verpachtet oder sonst überläßt (Rn 101).

2. Mehrheit von Beteiligten

123 Auf seiten des Verpächters und des Pächters können jeweils mehrere Personen als Vertragspartei beteiligt sein. Hierfür kommen als Mitverpächter auch der Eigentümer und ein Nießbraucher in Betracht (vgl BFH BB 1980, 1084). Die Mehrheit von Beteiligten wirft die gleichen Probleme auf wie bei der Miete, so vor allem hinsichtlich der Rechte und Pflichten als Gesamtgläubiger oder Gesamtschuldner (BGH NJW 1983, 2020) sowie bei der Kündigung des Pachtvertrags (BGH LM Nr 6 zu § 425 = MDR 1964, 308; SCHOPP ZMR 1976, 321; STAUDINGER/EMMERICH [1995] Vorbem 186 ff zu §§ 535, 536). Eine Mehrheit von Beteiligten wird nicht schon dadurch begründet, daß ein Dritter neben einer der Vertragsparteien eine Vertragsurkunde mitunterzeichnet, aber nicht die Rechte und Pflichten eines Pächters oder Verpächters eingehen will, sondern seine Rechtsbeziehungen auf das Verhältnis zu einer der Parteien des Pachtvertrags beschränkt. So wird eine Brauerei nicht ohne weiteres zum Mitverpächter der einem Dritten gehörenden Gastwirtschaft, wenn sie deren Pächter den wesentlichen Teil des Inventars zur Verfügung stellt und der Pächter eine vom Verpächter eingegangene Bierbezugsverpflichtung übernimmt (OVG Münster KStZ 1970, 71). Ob die Unterschrift des Ehemannes unter einem Pachtvertrag zugleich in Vertretung für die Ehefau erfolgt ist, muß durch Auslegung ermittelt werden (BGHZ 125, 175 = NJW 1994, 1649). Bei der Jagdpacht finden sich für die Mitpacht besondere Vorschriften. So erhöht sich nach § 11 Abs 3 S 3 BJagdG die Gesamthöchstfläche nach der Zahl der Mitpächter. In § 13 a BJagdG ist bestimmt, daß der Jagdpachtvertrag, auch wenn er im Verhältnis zu einem Mitpächter gekündigt wird oder erlischt, mit den übrigen grundsätzlich bestehenbleibt.

3. Parteiwechsel

124 Für einen Parteiwechsel ist zum einen die Regelung der §§ 581 Abs 2, 571 ff maßgebend. Wird ein verpachtetes Grundstück nach der Überlassung an den Pächter von dem Verpächter an einen Dritten veräußert, so tritt der Erwerber an Stelle des Verpächters in die sich während der Dauer seines Eigentums aus dem Pachtverhältnis ergebenden Rechte und Verpflichtungen ein. Das gleiche gilt nach den §§ 581 Abs 2, 580 für die Pacht von Räumen (Rn 273). Die Regelung der §§ 571 ff ist nach § 14 BJagdG entsprechend auf die Jagdpacht anzuwenden (Rn 54). Das gleiche gilt weitgehend bei der Fischereipacht (Rn 67). Im übrigen richtet sich ein Parteiwechsel nach den allgemeinen Vorschriften über die Gesamtrechtsnachfolge, die Einzelrechtsnachfolge und den kumulativen Beitritt Dritter in ein bestehendes Schuldverhältnis (STAUDINGER/EMMERICH [1995] § 549 Rn 22 ff, 38 ff). Hervorzuheben ist, daß ein Dritter nicht nur durch den Abschluß einer dreiseitigen Vereinbarung aller Beteiligten in ein Pachtverhältnis eintreten kann, sondern auch durch eine Abrede des Pächters mit dem Dritten, in der dieser alle Rechte und Pflichten des Pächters übernimmt, wobei der Verpächter dieser Abrede zustimmt (BGH LM Nr 16 zu § 581; WM 1963, 217; ZMR 1972, 191; LG Frankfurt/M WuM 1956, 168). Diese Zustimmung kann schon in dem ursprünglichen Vertrag erteilt werden (RG JW 1924, 798 Nr 5). Hat sich der Verpächter einer Gaststätte in einem langfristigen Pachtvertrag verpflichtet, im Falle der Invalidität des Pächters einem Pächterwechsel zuzustimmen, so handelt er treuwidrig, wenn er einen qualifizierten Nachfolger mit dem Hinweis ablehnt, dieser sei gelernter Industriekaufmann und deshalb kein Fachmann (BGH LM Nr 251 zu § 242 [Cd] = MDR 1984, 393). Ein rechtsgeschäftlicher Parteiwechsel ist eine Vertragsänderung, die unter denselben Voraussetzungen wie der ursprüngliche Abschluß des Vertrags formbedürftig ist (Rn 128, 275 ff).

IV. Zustandekommen des Pachtvertrags

1. Abschluß

a) Schon bei den **Vertragsverhandlungen** bestehen für die Parteien gewisse Aufklärungs-, Schutz- und Fürsorgepflichten, deren Verletzung einen vertragsähnlichen Schadensersatzanspruch aus cic auslösen kann. Insoweit tritt die Haftung auch für Hilfspersonen iS des § 278 ein. Im übrigen kommt eine deliktische Haftung in Betracht. **125**

b) Für den **Vertragsabschluß** gelten die allgemeinen Vorschriften der §§ 104 ff über Rechtsgeschäfte, insbesondere die §§ 145 ff über den Vertrag. Der Pachtvertrag kommt zustande, wenn sich die Parteien über die wesentlichen Bestandteile des Geschäfts geeinigt haben. Der Vertrag muß die Bezeichnung des Pachtgegenstandes, die Angabe der Pachtzeit und eine Vereinbarung über den Pachtzins enthalten (BGHZ 55, 248, 249 = NJW 1971, 653). Allerdings brauchen die Parteien nicht notwendigerweise eine genaue und bis in alle Einzelheiten gehende Regelung zu treffen. Es genügt, wenn die wesentlichen Vertragsbestandteile bestimmbar sind. Dabei kann es einer der Vertragsparteien oder einem Dritten, etwa einem Sachverständigen oder einem Schiedsgericht, überlassen werden, die Leistung nach den §§ 315 ff zu bestimmen (Rn 191 ff zum Pachtzins). Die Parteien haben sich jedoch mangels Bestimmbarkeit der Leistung nicht wirksam gebunden, wenn zwar ein Weg gewiesen ist, um den Gegenstand der geschuldeten Leistung zu bestimmen, aber keinerlei Gesichtspunkte angegeben werden, die von der zur Entscheidung berufenen Person berücksichtigt werden sollen (BGH aaO). Die Parteien brauchen sich über den Vertragsabschluß idR nicht ausdrücklich zu einigen. Soweit kein Formzwang besteht (Rn 128, 275 ff), kommt ein stillschweigender Abschluß in Betracht. Unerheblich ist, wie die Parteien den Vertrag benennen, sofern er nur die gesetzlichen Merkmale der Pacht aufweist. Auch die Bezeichnung als Miete hindert nicht das Zustandekommen eines Pachtvertrags (RGZ 102, 186, 187). Für die Auslegung des Pachtvertrags gelten die allgemeinen Regeln der §§ 133, 157. Wird ein stillschweigender Vertragsabschluß aus der tatsächlichen Übernahme einer Gaststätte gegen Zahlung eines Entgelts hergeleitet, so ist der Inhalt des Vertrags nach der tatsächlichen Handhabung zu bestimmen (OLG Düsseldorf DWW 1988, 14). **126**

c) Ist für den Vertragsabschluß die **Zustimmung** eines Dritten erforderlich, hängt die Wirksamkeit des Vertrags davon ab, daß die Zustimmung erteilt wird. Bis dahin ist der Vertrag schwebend unwirksam. Die spätere Genehmigung hat jedoch unmittelbar oder bei behördlichen Erklärungen entsprechend § 184 Abs 1 grundsätzlich rückwirkende Kraft. Dies gilt zB bei Vereinbarung einer Wertsicherungsklausel **127** ohne die nach § 3 S 2 WährG erforderliche Genehmigung der Deutschen Bundesbank (BGH WM 1959, 1160) und bei Vereinbarung einer von der Mindestzeit abweichenden Fischereipacht (RG SeuffA 83, Nr 212). Im übrigen ist die Genehmigung des Fischereipachtvertrags nur in einzelnen Landesgesetzen vorgeschrieben (Rn 68). Der Betriebspacht- und der Betriebsüberlassungsvertrag (Rn 101 ff) bedürfen nach § 293 Abs 1 AktG der Zustimmung der Hauptversammlung. Diese Verträge werden nach § 294 Abs 2 erst mit der Eintragung in das Handelsregister wirksam. Ferner ist auf die Genehmigungsbedürftigkeit von Pachtverträgen über Grundstücke in Umlegungsgebieten nach § 51 Abs 1 Nr 1 BBauG hinzuweisen (BGH WM 1981, 853). Von der Genehmigungsbedürftigkeit eines Pachtvertrags ist die Anzeigepflicht nach § 12 BJagdG zu unterscheiden. Bei der Unterverpachtung ist die in den §§ 581 Abs 2, 549 Abs 1 S 1 vorgesehene Erlaubnis des Hauptverpächters keine Voraussetzung für die Wirksamkeit des Unterpachtvertrags.

128 d) Eine besondere **Form** ist für den Pachtvertrag nicht generell vorgeschrieben. Formvorschriften bestehen kraft einzelgesetzlicher Anordnung nur unter bestimmten Voraussetzungen und für gewisse Arten von Pachtverträgen. Im übrigen steht es den Parteien frei, vertraglich eine bestimmte Form zu vereinbaren.

129 aa) In erster Linie sind die §§ 581 Abs 2, 580, 566 S 1 maßgebend für Pachtverträge über Grundstücke oder Räume, die für längere Zeit als ein Jahr geschlossen werden und im Hinblick auf die §§ 571 ff der **schriftlichen Form** bedürfen (Rn 276 ff). Dies gilt auch für einen Unterpachtvertrag (BGHZ 81, 46 = NJW 1981, 2246). Der Vorvertrag zu einem schriftlich abzuschließenden Pachtvertrag ist nur in bestimmten Fällen formbedürftig (Rn 134). Der Jagdpachtvertrag ist nach § 11 Abs 4 S 1 BJagdG schriftlich abzuschließen. Auch für den Fischereipachtvertrag ist zT gesetzlich die Schriftform vorgeschrieben (Rn 68). Für den Betriebspacht- und den Betriebsüberlassungsvertrag ordnet § 293 Abs 3 AktG die schriftliche Form an. Bei wettbewerbsbeschränkenden Abreden im Rahmen eines Pachtvertrags ist unter den Voraussetzungen und mit den Modalitäten des § 34 GWB die Schriftform vorgeschrieben (OLG Düsseldorf WuW/E OLG 2192 u 2316; OLG Hamm WuW/E OLG 2187; OLG Stuttgart WuW/E OLG 2176; EMMERICH, Kartellrecht [7. Aufl 1994] 215; ders NJW 1980, 1363).

130 bb) Die **notarielle Beurkundung** eines Pachtvertrags kann nach § 313 erforderlich sein, wenn mit dem Pachtvertrag ein nach dieser Vorschrift formbedürftiges Grundstücksgeschäft verbunden wird, wie zB ein Ankaufsrecht des Pächters. Hat der Eigentümer eines Grundstücks seinem Pächter in notarieller Urkunde die Einräumung eines Ankaufsrechts mit der Maßgabe angeboten, daß es erst nach Beendigung des Pachtverhältnisses ausgeübt werden dürfe, und vereinbaren die Parteien dann vor Annahme des Angebots, der Pachtvertrag solle früher auslaufen als ursprünglich vorgesehen, so kann auch diese Vereinbarung der Form des § 313 bedürfen (BGH LM Nr 50 zu § 313 = MDR 1972, 130). In gleicher Weise ist die Verbindung mit einem Vorkaufsrecht des Pächters formbedürftig (BGH LM Nr 2 zu § 581; DNotZ 1968, 93; **aM** OLG München WuM 1995, 152). Nach § 11 Abs 2 ErbbVO iVm § 313 BGB ist die notarielle Beurkundung des Pachtvertrags erforderlich, wenn sich der Verpächter verpflichtet, dem Pächter unter bestimmten Voraussetzungen ein Erbbaurecht zu bestellen (BGH LM Nr 8 zu PreisstopVO).

131 cc) Ein **Mangel** der erforderlichen gesetzlichen Form hat nach § 125 grundsätzlich die Nichtigkeit des Pachtvertrags zur Folge. Dies wird in § 11 Abs 6 S 1 BJagdG und zB in § 29 Abs 4 S 1 PrFischereiG unmittelbar im Zusammenhang mit dem Formzwang bestimmt. Wird hingegen das Erfordernis der Schriftform nach den §§ 581 Abs 2, 580, 566 S 2 bei einem für längere Zeit als ein Jahr geschlossenen Pachtvertrag über ein Grundstück oder über Räume nicht beachtet, so ist der Vertrag wirksam, gilt aber als für unbestimmte Zeit geschlossen. Haben die Parteien vertraglich einen konstitutiven Formzwang begründet und liegt insoweit ein Mangel vor, ist nach § 125 S 2 im Zweifel Nichtigkeit anzunehmen. Wollten die Parteien einen schriftlichen Pachtvertrag über ein Grundstück mit einer Laufzeit von mehr als einem Jahr abschließen, so ist nach § 154 Abs 2 im Zweifel davon auszugehen, daß der Vertrag ohne Einhaltung der Schriftform nicht zustande kommen sollte (OLG Düsseldorf DWW 1988, 14; HEROLD BlGBW 1983, 141).

e) Der Pachtvertrag kommt nur zustande, wenn er im **Einklang mit der Rechtsordnung** steht. Dies ist vor allem im Hinblick auf gesetzliche Verbote iS des § 134 und auf einen Verstoß gegen die guten Sitten nach § 138 bedeutsam (MICHALSKI ZMR 1996, 1). So ist ein Pachtvertrag nichtig, der als Dienstvertrag bezeichnet wird, um das gesetzliche Verbot des § 2 GaststG zu umgehen, nach dem eine Gaststätte nicht ohne behördliche Erlaubnis betrieben werden darf (OLG Stuttgart GewArch 1984, 387; NJW 1987, 3269; LG Berlin NJW 1977, 1826 m Anm LAMMEL NJW 1978, 110). Wird ein Pachtvertrag zum Zwecke der Steuerverkürzung nur zum Schein mit einem niedrigeren Pachtzins abgeschlossen als wirklich gewollt, und wird das höhere Entgelt anderweitig gezahlt, so ist der Vertrag grundsätzlich nicht nach § 134 nichtig. Nur das Scheingeschäft ist nach § 117 nichtig, während das verdeckte Geschäft gültig sein kann (BGH WM 1985, 647). Pachtverträge über Bordelle wurden in der früheren Rspr ohne weitere Begründung als sittenwidrig und nichtig beurteilt, wenn der Zweck des Vertrags auf die Nutzung eines Gebäudes als Bordell gerichtet war (BGHZ 41, 341 = NJW 1964, 1791; HONSELL, Die Rückabwicklung sittenwidriger oder verbotener Geschäfte [1974] 7 ff; krit ROTHER AcP 172 [1972] 498, 508 ff). Nach der Lockerung des Sexualstrafrechts durch § 180 a StGB sieht die Rspr Pachtverträge über Bordelle nicht mehr schlechthin als sittenwidrig an, weil auch in weiten Kreisen der Bevölkerung ein Wandel in der Einstellung zu sexuellen Fragen zu verzeichnen sei. Sittenwidrig und nichtig sind solche Verträge nur dann, wenn der Pächter von den Dirnen überhöhten Mietzins verlangt, sie also wirtschaftlich ausbeutet, oder wenn er die Prostituierten in ihrer Selbständigkeit beeinträchtigt und sie zu ihrer Betätigung anhält. Das gleiche gilt, wenn ein überhöhter Pachtzins vereinbart ist, weil dieser sich regelmäßig nur erwirtschaften läßt, wenn von den Prostituierten ein unverhältnismäßig hohes Entgelt für die Wohnungsgewährung verlangt wird (BGHZ 63, 365, 367 = NJW 1975, 638, 639; OLG Hamm NJW 1975, 653; HONSELL JZ 1975, 439; STAUDINGER/DILCHER^{12} § 138 Rn 93; krit MünchKomm/VOELSKOW § 581 Rn 8). Dogmatisch ist hieran interessant, daß die Folgeverträge mit den Dirnen zur Beurteilung des Pachtvertrags herangezogen werden, obwohl jedenfalls unter dem ersteren Gesichtspunkt nur ein mittelbarer Zusammenhang besteht. Sittenwidrig kann ein Pachtvertrag sein, wenn er die wirtschaftliche Bewegungsfreiheit des Pächters in anstößiger Weise einschränkt (RGZ 103, 35, 37; RG HRR 1931, Nr 1910; SOERGEL/KUMMER Rn 6 f) oder wenn der Pächter aus den Erträgen ohne eigenen Gewinn gerade die Kosten des Pachtobjekts aufbringen kann und dies für den anderen Vertragsteil vorhersehbar war (LG Frankfurt/M NJW-RR 1988, 334). An der für die Sittenwidrigkeit notwendigen verwerflichen Gesinnung fehlt es aber, wenn der Pächter seinem Unterpächter lediglich den von ihm selbst gezahlten Pachtzins abverlangt und keine Anhaltspunkte dafür vorhanden sind, daß er seinen überhöhten Pachtzins schon in sittenwidriger Absicht akzeptiert hat (OLG Hamm NJW-RR 1995, 205, hierzu BUB ZMR 1995, 509 mwNw).

133 f)   Nach § 306 ist ein auf eine objektiv **unmögliche Leistung** gerichteter Pachtvertrag nichtig. Dies ist anzunehmen, wenn der Pachtgegenstand bei Vertragsabschluß nicht existiert, es sei denn, der Verpächter hat sich zur Herstellung des Pachtgegenstandes verpflichtet. Ein Gegenstand, der im Gemeingebrauch steht, kann nicht verpachtet werden, wenn sich die vorgesehene Nutzung im Rahmen der bereits bestehenden öffentlichen Bestimmung hält (RG WarnR 1916, Nr 162). Das gleiche gilt grundsätzlich für die Verpachtung eines Rechts, dessen Entstehung seiner Art nach objektiv unmöglich ist. Eine Ausnahme hat die Rspr mit Rücksicht auf die seinerzeit noch nicht erkannte verfassungsrechtliche Lage bei der Verpachtung von Personalkonzessionen für Apotheken gemacht, wenn die Verträge vor der gerichtlichen Klarstellung der Niederlassungsfreiheit (BVerwGE 4, 167 = NJW 1957, 356; BVerfGE 7, 377 = NJW 1958, 1035) abgeschlossen worden waren (BGH NJW 1960, 332; MDR 1960, 667; Rn 48). Wird ein Recht verpachtet, dessen Existenz objektiv möglich ist, das jedoch dem Verpächter nicht zusteht, so ist der Vertrag unabhängig davon, ob ein Dritter Inhaber des Rechts ist oder ob dieses überhaupt nicht existiert, nicht auf eine unmögliche Leistung gerichtet. Der Verpächter hat vielmehr in Analogie zu § 437 für den rechtlichen Bestand und damit für die Möglichkeit der Fruchtziehung durch den Pächter einzustehen. Verpflichtet sich der Pächter in einem Pachtvertrag über gemeindeeigenes Gelände gegenüber der verpachtenden Gemeinde, seine betrieblichen Verhältnisse so zu gestalten, daß die in dem Unternehmen anfallende Gewerbesteuer ausschließlich der Gemeinde zufließt, so ist der Vertrag nicht wegen rechtlicher Unmöglichkeit der Leistung unwirksam, weil eine solche Gestaltung tatsächlich nicht ausgeschlossen ist. Der Vertrag ist jedoch wegen unzulässiger Ausweitung der Steuerpflicht mit privatrechtlichen Mitteln nichtig (BGHZ 66, 199 = NJW 1976, 1500).

2.   Vorvertrag

134 Die Parteien können sich durch einen Vorvertrag verpflichten, einen Pachtvertrag abzuschließen (KÖHLER Jura 1979, 465; STAUDINGER/EMMERICH [1995] Vorbem 212 ff zu §§ 535, 536). Aus dem Vorvertrag kann auf Abgabe der Willenserklärung zum Abschluß des Hauptvertrags geklagt werden. Der Klageantrag muß grundsätzlich den gesamten Vertragsinhalt umfassen (BGH WuM 1994, 71). Hervorzuheben ist, daß der Vorvertrag wegen des Zwecks des § 566, den Grundstückserwerber über die auf ihn zukommenden Rechte und Pflichten zu unterrichten, und wegen der mangelnden Bindung eines Grundstückserwerbers (RGZ 86, 30, 32 f) nicht dem Formzwang dieser Vorschrift unterliegt (BGH LM Nr 1 zu § 566 = NJW 1954, 71; LM Nr 19 zu § 566 = NJW 1970, 1596). Sehen die Parteien in einem schriftlich abgeschlossenen Pachtvorvertrag eine Pachtdauer von mehr als einem Jahr vor, so bedarf die Vereinbarung, daß der Vorvertrag als endgültiger Pachtvertrag von gleicher Dauer gelten soll, nach § 566 der Schriftform. Nur so ist gewährleistet, daß sich ein etwaiger Grundstückserwerber rasch und zuverlässig Kenntnis verschaffen kann (BGH LM Nr 19 zu § 566 = NJW 1970, 1596). Der Vorvertrag über die Jagdpacht ist wegen der Warnfunktion und der Nichtigkeitsfolge des § 11 Abs 6 ebenso wie der Hauptvertrag nach § 11 Abs 4 S 1 BJagdG schriftlich abzuschließen (BGHZ 61, 48 = NJW 1973, 1839). Das gleiche ist etwa auf der Grundlage des Art 33 BayFischereiG oder des § 29 Abs 1 S 1 PrFischereiG für den Vorvertrag bei der Fischereipacht anzunehmen.

3. Vorpachtrecht

a) Das Vorpachtrecht räumt dem Berechtigten die Befugnis ein, in einen vom Verpächter mit einem Dritten abgeschlossenen Pachtvertrag einzutreten (STAUDINGER/EMMERICH [1995] Vorbem 218 ff zu §§ 535, 536). Dabei spielt es keine Rolle, ob der Berechtigte bereits Pächter ist und ihm das Vorpachtrecht für den Fall der Vertragsbeendigung als Mittel der Verlängerung eingeräumt wird oder ob noch keine Vertragsbeziehungen zu dem zukünftigen Verpächter bestehen. Letztlich ist es eine Frage der Auslegung, ob die Parteien ein Vorpachtrecht oder eine Verlängerungsoption (Rn 139) einräumen wollten (OLG Hamm ZMR 1995, 248). Das Vorpachtrecht ist im Gesetz nicht geregelt. Eine solche vertragliche Vereinbarung ist jedoch auf der **Rechtsgrundlage** des § 305 möglich. Die Vorschriften der §§ 504 ff über das Vorkaufsrecht sind entsprechend anzuwenden, insbesondere hinsichtlich der Voraussetzungen für die Ausübung nach § 504 (RGZ 125, 123), Art und Weise der Ausübung und Umfang der Vorpachtberechtigung nach den §§ 505 bis 508 (RGZ 123, 265) sowie hinsichtlich der Frist zur Ausübung nach § 510 Abs 2 (BGHZ 55, 71 = NJW 1971, 422 m Anm BRAXMAIER LM Nr 17 zu § 571; LM Nr 5 zu § 504 = ZMR 1958, 153). Vom Vorpachtrecht ist die Bestellung eines subjektiv-persönlichen Vorkaufsrechts auf die Dauer eines bestimmten Pachtvertrags zu unterscheiden (OLG Zweibrücken DNotZ 1990, 177).

b) Mit der **Ausübung** des Vorpachtrechts kommt entsprechend § 505 Abs 2 zwischen dem Verpflichteten und dem Berechtigten ein Pachtvertrag unter den Bestimmungen zustande, die der Verpflichtete mit dem Dritten vereinbart hat. Bestand zwischen dem Berechtigten und dem Verpflichteten bereits ein Pachtvertrag, wird anders als bei der Verlängerungsoption (Rn 139) nicht der ursprüngliche Vertrag fortgesetzt, sondern ein neuer Vertrag begründet (BGHZ 55, 71, 74 = NJW 1971, 422, 423 m Anm BRAXMAIER LM Nr 17 zu § 571). Auch wenn es sich bei dem Vertrag mit dem Dritten um eine längerfristige Vereinbarung handelt, die nach den §§ 581 Abs 2, 566 S 1 schriftlich abzuschließen ist, bedarf die Erklärung zur Ausübung des Vorpachtrechts entsprechend § 505 Abs 1 S 2 nicht dieser Form. Erfüllt der Vertrag mit dem Dritten nicht die schriftliche Form, kommt auch der Vertrag mit dem Vorpachtberechtigten nur auf unbestimmte Zeit mit der eingeschränkten Kündigungsmöglichkeit des § 566 S 2 zustande. Ist der Vertrag mit dem Dritten im Einklang mit § 566 schriftlich abgeschlossen, ist zu fragen, ob auch der Vertrag mit dem Vorpachtberechtigten ungeachtet seines formlos wirksamen Zustandekommens schriftlich niederzulegen ist. Der BGH hat die Frage offengelassen und jedenfalls nach § 242 ein Kündigungsrecht des Verpächters vor dem Zeitpunkt ausgeschlossen, in dem der Vertrag mit dem Dritten hätte aufgelöst werden können (BGHZ 55, 71, 77 = NJW 1971, 422, 424). Nach dem Zweck des § 566 bedarf der Vertrag mit dem Vorpachtberechtigten indessen nicht der schriftlichen Form. Er ist durch formlose Erklärung mit dem Inhalt des Vertrags zustande gekommen, der zwischen dem Verpflichteten und dem Dritten abgeschlossen worden ist. Diese Urkunde, die regelmäßig in den Händen des Verpächters ist, reicht im Hinblick auf die §§ 571 ff zur Information eines etwaigen Grundstückserwerbers aus. Ein Schutz des Vorpachtberechtigten ist entbehrlich, zumal das Gesetz in § 505 Abs 1 S 1 selbst bei einer Erwerbsverpflichtung nach § 313 Abs 1 S 1 auf einen solchen Schutz durch Formzwang verzichtet und § 566 keinen

Schutz vor der Eingehung langfristiger Bindungen bezweckt (RG HRR 1933, Nr 873). Der Rückgriff des BGH auf § 242 ist deshalb überflüssig. Auch wenn das Vorpachtrecht noch nicht ausgeübt worden ist, tritt der Erwerber eines Pachtgrundstücks entsprechend den §§ 581 Abs 2, 571 in die dahin gehenden Verpflichtungen des Veräußerers ein (BGHZ 55, 71 = NJW 1971, 422).

4. Anpachtrecht

137 Durch die Vereinbarung eines Anpachtrechts verpflichtet sich der Verpächter, unter bestimmten Voraussetzungen den Pachtgegenstand zunächst dem Berechtigten anzubieten, wobei der Vertragsinhalt erst nach Annahme dieses Angebots festgelegt werden soll. Für die rechtliche Konstruktion kommt der Vorvertrag unter einer aufschiebenden Potestativbedingung in Betracht (STAUDINGER/EMMERICH [1995] Vorbem 222 zu §§ 535, 536). Eine Pflicht der Wohnungseigentümer einer Ferienpark-Anlage, ihre Wohnung für eine längere, aber begrenzte Zeit an eine Betriebsgesellschaft zu verpachten, kann in der Gemeinschaftsordnung und darauf aufbauenden Beschlüssen wirksam begründet werden (BayObLG NJW-RR 1988, 1163).

5. Option

138 a) Eine Option kann der erstmaligen **Begründung** eines Pachtverhältnisses dienen, indem einer Partei das Recht eingeräumt wird, durch einseitige Erklärung einen Pachtvertrag zustande zu bringen. Als rechtliche Konstruktion können die Parteien einen langfristig bindenden Antrag einer Partei, einen Vorvertrag oder einen durch Ausübung der Option aufschiebend bedingten Vertrag wählen (KÖHLER Jura 1979, 465, 467; STAUDINGER/EMMERICH [1995] Vorbem 223 ff zu §§ 535, 536).

139 b) Die **Verlängerungsoption** räumt einer Partei das Recht ein, einen auf bestimmte Zeit abgeschlossenen Pachtvertrag durch einseitige Erklärung auf bestimmte oder auf unbestimmte Zeit zu verlängern. Dabei wird der ursprüngliche Vertrag fortgesetzt, nicht aber ein neuer abgeschlossen (BGHZ 55, 71, 74 = NJW 1971, 422, 423; BGH NJW 1968, 551, 552). Die Bezeichnung im Vertrag ist nicht entscheidend, so daß ein als Vorpachtrecht bezeichnetes Recht nach dem Parteiwillen eine Verlängerungsoption sein kann (OLG Hamm ZMR 1995, 248). Da die Verlängerungsoption die Vertragszeit bestimmt, bedarf auch die Absprache über die vorgesehene Optionszeit im Falle des § 566 der Schriftform (BGH NJW-RR 1987, 1227).

140 c) Von der Option ist die **Verlängerungsklausel** zu unterscheiden. Hiernach verlängert sich ein auf bestimmte Zeit abgeschlossener Vertrag auf bestimmte oder auf unbestimmte Zeit, wenn nicht ein Vertragsteil innerhalb einer bestimmten Frist vor Ablauf des Pachtverhältnisses die weitere Fortsetzung ablehnt (Rn 374; Staudinger/Emmerich [1995] Vorbem 230 f zu §§ 535, 536). Ist dem anderen Vertragsteil demgegenüber eine Verlängerungsoption eingeräumt, so ist dieses Recht unverzüglich, jedoch nicht vor Ablauf der Kündigungsfrist, auszuüben (BGH NJW 1985, 2581).

V. Pflichten des Verpächters

1. Hauptleistungspflichten

a) Allgemeines

Nach § 581 Abs 1 S 1 treffen den Verpächter während der Pachtzeit zwei Hauptpflichten. Er muß dem Pächter den Gebrauch des verpachteten Gegenstandes und den Genuß der Früchte gewähren, soweit diese nach den Regeln einer ordnungsmäßigen Wirtschaft als Ertrag anzusehen sind. Die Pflicht zur Gewährung des Gebrauchs entspricht wörtlich der entsprechenden Bestimmung des Mietrechts in § 535 S 1, während die Pflicht zur Gewährung des Fruchtgenusses das charakteristische Merkmal der Pacht ist. Daraus kann für das Verhältnis der beiden Hauptpflichten jedoch nicht gefolgert werden, der Gebrauch des Pachtgegenstandes sei nur insoweit zu gewähren, als er zum Fruchtgenuß erforderlich sei. Diese Beschränkung, die in einzelnen Gesetzbüchern des 19. Jh anklingt, ist bei den Beratungen des Entwurfs eines BGB ausdrücklich abgelehnt worden. Dem Pächter soll außer dem Fruchtgenuß in gleichem Maße wie dem Mieter ein Gebrauchsrecht zustehen (Mot II 422). Dies entspricht der früheren Regelung des ALR I, 21 § 259. Wegen des schuldrechtlichen Charakters sind die Verpflichtungen des Verpächters auch dann wirksam, wenn ihm der Pachtgegenstand nicht gehört oder etwa aufgrund eines Nießbrauchs zusteht (RG HRR 1931, Nr 1641). Der Anspruch des Pächters auf Gewährung des Gebrauchs und des Fruchtgenusses verjährt nach § 195 in dreißig Jahren. Da der Anspruch auf eine dauernde positive Leistung gerichtet ist, beginnt die Verjährung entsprechend § 198 S 2 erst mit einer Zuwiderhandlung des Verpächters durch Unterlassen (BGH NJW 1995, 2548, 2549; STAUDINGER/DILCHER[12] § 198 Rn 14; anders unter Hinweis auf § 208 STAUDINGER/PETERS [1995] § 198 Rn 38).

b) Gewährung des Gebrauchs
aa) Überlassung des Pachtgegenstandes

α) Das Gesetz verpflichtet in § 581 Abs 1 S 1 den Verpächter, dem Pächter den Gebrauch des verpachteten Gegenstandes zu gewähren. Anstatt des in früheren Gesetzen meist verwendeten **Begriffs** „überlassen" ist der Ausdruck „gewähren" gewählt worden, weil er besser verdeutlicht, daß die Verpflichtung des Verpächters nicht nur in einem bloßen Dulden, sondern in einer positiven Tätigkeit besteht. Insbesondere ist aus der Verpflichtung zur Gebrauchsgewährung zu folgern, daß der Verpächter dem Pächter den Pachtgegenstand zu übergeben hat, soweit der Gebrauch es erfordert. Dies entspricht der mietrechtlichen Regelung des § 535 S 1 (Mot II 369). Gleichwohl verpflichtet das Gesetz den Verpächter in § 536, der nach § 581 Abs 2 entsprechend anzuwenden ist, dem Pächter den Pachtgegenstand in einem zu dem vertragsmäßigen Gebrauch geeigneten Zustand zu überlassen. Diese Bestimmung ist an sich nur die Folgerung aus der Verpflichtung zur Gebrauchsgewährung. Damit sollte jedoch klargestellt werden, daß außer den besonderen Gewährleistungsrechten nach Maßgabe der allgemeinen Grundsätze ein Anspruch auf Erfüllung, dh auf Herstellung eines zum vertragsmäßigen Gebrauch geeigneten Zustandes, bzw auf Schadensersatz wegen Nichterfüllung besteht (Mot II 373). Der Verpächter muß alles tun, was erforderlich ist, damit der Pächter den vertragsmäßigen Gebrauch ausüben kann (STAUDINGER/EMMERICH [1995] §§ 535, 536 Rn 22). Dies geht über eine bloße Duldung des Gebrauchs hinaus (BGHZ 19, 85, 93 = NJW 1955, 104, 106). Der Begriff der Gebrauchsgewährung ist demnach weiter als der Begriff der Überlassung. Er umfaßt nicht nur die einmalige Leistung, durch die der Verpächter dem Pächter den Pachtgegenstand zur Verfügung stellt, sondern auch die spätere Dauerleistung, indem der Verpächter den Gegenstand fortan in der Gewalt des Pächters beläßt. Am Beginn der Gebrauchsgewährung steht jedenfalls die Überlassung.

143 β) Die **Form** der Überlassung hängt von der Art des Pachtgegenstandes und der Regelung des Vertrags ab. Bei *beweglichen und unbeweglichen Sachen* (Rn 9 ff, 40 ff) muß der Verpächter dem Pächter den Besitz verschaffen oder die Sache wenigstens derart zur Verfügung stellen, daß es dem Pächter möglich ist, sie ohne weiteres zu übernehmen (BGH LM Nr 31 zu § 581 = MDR 1968, 233; LM Nr 1 zu § 578 = MDR 1966, 229). Zur Besitzverschaffung ist idR eine Übergabe erforderlich, durch die der Pächter den unmittelbaren Besitz iS des § 854 erlangt, während der Verpächter nach § 868 mittelbarer Besitzer wird. Bei Grundstücken muß der Verpächter dem Pächter die Zufahrt über seine benachbarten, nicht mitverpachteten Grundstücke einräumen (RG WarnR 1920, Nr 106) und die Zufahrtswege in dem für den Benutzungszweck erforderlichen Zustand unterhalten (RG SeuffA 83, Nr 185). Für verpachtete Räume sind die Schlüssel auszuhändigen. Aus den Vertragsvereinbarungen kann sich ergeben, daß andere Besitzarten an der Pachtsache ausreichend sind. Entscheidend ist, welchen Gebrauch der Pächter nach dem Vertrag von der Sache machen soll. Setzt dieser Gebrauch nicht den alleinigen Besitz voraus, kann mittelbarer Besitz oder Mitbesitz des Pächters genügen (RGZ 108, 204, 205; RG JW 1905, 46 Nr 13). Das Gebrauchsrecht kann hinter dem Fruchtziehungsrecht völlig zurücktreten, so daß der Gebrauch nach dem jeweiligen Vertragszweck nicht auf Dauer, sondern nur zur Fruchtziehung zu überlassen ist, so etwa bei der Verpachtung von Obstbäumen ohne das Grundstück oder von Straßenrändern zur Grasernte (OLG Schleswig SchlHAnz 1949, 376). Dabei kann die Besitzüberlassung auch völlig abbedungen sein.

144 Bei der Verpachtung von *Rechten* (Rn 43 ff) muß der Verpächter dem Pächter ermöglichen, das Recht auszunutzen. Sind hierzu Urkunden erforderlich, hat er sie dem Pächter zu überlassen. Soweit im Vertrag nichts anderes bestimmt ist, muß er dem Pächter ermöglichen, das Recht im eigenen Namen auszuüben. Falls erforderlich, muß er etwaigen Schuldnern anzeigen, daß das Recht in Zukunft von einem Pächter ausgeübt werden wird. Ist zur Ausübung des Rechts erforderlich, daß Besitz an beweglichen oder unbeweglichen Sachen überlassen wird, ist der Verpächter auch hierzu verpflichtet. Dies ist bei der Jagdpacht im allgemeinen nicht anzunehmen, da nach § 11 Abs 1 S 1 BJagdG nur die Ausübung des Jagdrechts verpachtet wird, so daß dem Pächter kein Besitz an den Grundflächen eingeräumt wird (BGHZ 112, 392, 395 = NJW 1991, 1421, 1422; MITZSCHKE/SCHÄFER, BJagdG § 11 Rn 3). Anders ist es, wenn etwa die Jagdhütte mitverpachtet wird.

145 Die Verpachtung von *Unternehmen* (Rn 87 ff) umfaßt idR eine Gesamtheit von Sachen und Rechten. Hier richtet sich die Form der Überlassung nach der Art der einzelnen Gegenstände, die der Pachtvertrag umfaßt. Ist die Firma des Unternehmens mitverpachtet, muß der Verpächter nach § 22 HGB in die Firmenfortführung durch den Pächter ausdrücklich einwilligen. Erstreckt sich die Verpachtung auf die Beziehungen des Unternehmens zu Kunden und Lieferanten, muß der Verpächter dafür sorgen, daß diese Beziehungen gegenüber dem Pächter erhalten bleiben, ohne daß aber insoweit Erfüllungsansprüche des Pächters ausgelöst werden.

bb) Zeitpunkt der Überlassung

146 Der Zeitpunkt, in dem der Pachtgegenstand dem Pächter zu überlassen ist, ergibt sich aus dem Pachtvertrag und ist mangels eindeutiger Bestimmung aus den Umständen zu entnehmen. Ebenso wie bei der Miete sind Leistung und Gegenleistung nach dem Gesetz nicht nach § 320 Zug um Zug zu erfüllen. Den Verpächter trifft vielmehr entsprechend den §§ 581 Abs 2, 551 eine gesetzliche Vorleistungspflicht (RG JW 1903, 35 Nr 49). Die Parteien können eine abweichende Vereinbarung treffen, die den Pächter verpflichtet, den Pachtzins zu Beginn der Pachtzeit oder des einzelnen Bemessungszeitraums zu entrichten. In diesem Fall kann der Pächter Überlassung des Pachtgegenstandes Zug um Zug gegen Zahlung des Pachtzinses verlangen (RG JW 1906, 333 Nr 8).

cc) Umfang der Überlassungspflicht

147 α) Die Überlassungspflicht umfaßt den verpachteten **Gegenstand in seiner Gesamtheit**. Der Umfang des Vertragsgegenstandes ist im einzelnen durch Auslegung des Vertrags zu ermitteln. Soweit der Vertrag keine Einzelangaben trifft, sind nach § 157 Treu und Glauben mit Rücksicht auf die Verkehrssitte maßgebend. Hieraus kann sich ergeben, daß etwaige Nebenräume, Inventargegenstände oder Rechte erfaßt werden und daß sich ein Benutzungsrecht hinsichtlich nicht mitverpachteter Sachen ergibt, wie zB der Zufahrt zu einem Grundstück (RG WarnR 1920, Nr 106). Auf jeden Fall umfaßt die Überlassungspflicht solche Sachen, die für den Gebrauch des Pachtgegenstandes unentbehrlich sind, wie etwa die Schlüssel, und die dem Pachtvertrag sein besonderes Gepräge geben, wie die Einrichtung bei der Raumpacht. Bei der Pacht von Geschäftsräumen oder Unternehmen muß der Verpächter gestatten, daß der Pächter eine Leuchtreklame an der Hausfront anbringt, auch wenn dies nicht ausdrücklich vereinbart ist (LG Braunschweig MDR 1961, 148). Allerdings darf das Haus nicht verunstaltet werden. Ähnliches gilt für andere Werbemaßnahmen. Allerdings ist zu beachten, daß die Verkehrssitte insoweit unterschiedlich ist (STAUDINGER/EMMERICH [1995] §§ 535, 536 Rn 16).

148 β) Zur Gewährung des Gebrauchs gehört nicht nur die Überlassung als solche, die idR durch Übergabe stattfindet (Rn 143 ff). Der Pachtgegenstand ist entsprechend den §§ 581 Abs 2, 536 HS 1 in einem zu dem **vertragsmäßigen Gebrauch geeigneten Zustand zu überlassen** und während der Pachtzeit grundsätzlich in diesem Zustand zu erhalten. Der *vertragsmäßige Gebrauch* richtet sich nach dem Zweck, zu dem der Pachtgegenstand gepachtet wird. Dies entspricht dem nach dem Vertrag vorausgesetzten Gebrauch, wie § 459 Abs 1 S 1 formuliert. Wie im Kaufrecht ist auch bei der Pacht die ausdrückliche oder stillschweigende Willenseinigung der Parteien über einen bestimmten Zweck maßgebend (RGZ 70, 82, 86; BGHZ 16, 54, 55 = NJW 1955, 340), wobei die Rspr zum Kaufrecht aber ausreichen läßt, daß die Zweckbestimmung gewissermaßen für beide Teile Geschäftsgrundlage geworden ist (RGZ 131, 343, 352; BGH LM Nr 10 zu § 459; krit STAUDINGER/HONSELL [1995] § 459 Rn 57). Unzureichend ist auf jeden Fall ein bloßes Motiv oder eine einseitige, wenn auch erkennbare Zweckbestimmung (RG aaO; BGH aaO). Ergänzend zu den vertraglichen Vereinbarungen sind die gesamten Umstände zu berücksichtigen wie Art, Größe und Lage des Pachtgegenstandes sowie vor allem die Verkehrssitte. Alle diese Umstände sind entscheidend für den vertragsmäßigen Gebrauch (Rn 322 ff). Es handelt sich allerdings nicht um eine statische Größe, die mit dem Vertragsabschluß auf Dauer festliegen würde. Der Umfang kann durch spätere Parteivereinbarung auch stillschweigend geändert werden, soweit keine Formvorschriften entgegenstehen. So kann sich der Umfang der zulässigen Nutzung ändern, wenn der Verpächter einer Gaststätte über mehrere Jahre hinweg die Außenbewirtschaftung durch den Pächter auf einer zunächst nicht mitverpachteten Freifläche vor dem Haus widerspruchslos hingenommen hat (OLG Düsseldorf DWW 1992, 82). Ist der Pachtgegenstand einschließlich Heizung überlassen, trifft den Verpächter die Pflicht zu heizen, weil die Versorgung mit Wärme in diesem Fall zum vertragsmäßigen Gebrauch gehört. Hat der Verpächter die Energieversorgung mangels eines gesonderten Zählers gegen ein Pauschalentgelt übernommen, ist später aber ein solcher Zähler angebracht worden, so bleibt der Verpächter zur Energieversorgung verpflichtet. Er muß den Zähler für sich anmelden (LG Leipzig MDR 1994, 1010). Die Parteien können insoweit abweichende Vereinbarungen treffen, vor allem auch hinsichtlich der Umlegung der Heizungskosten. Hierbei ist die VO über die verbrauchsabhängige Abrechnung der Heiz- und Warmwasserkosten idF vom 20. 1. 1989 (BGBl I 115) zu beachten.

149 Der Pachtgegenstand muß sich im Zeitpunkt der Überlassung an den Pächter in einem zu dem vertragsmäßigen Gebrauch *geeigneten Zustand* befinden. Die Eignung entspricht dem in § 537 verwendeten Begriff der Tauglichkeit. Der Pachtgegenstand muß gebrauchsfähig und in einem verkehrssicheren Zustand sein. Darüber hinaus muß er entsprechend dem besonderen Zweck der Pacht die Fähigkeit besitzen, natürliche oder juristische Früchte abzuwerfen. Ist der Pachtgegenstand hierzu nicht geeignet, muß der Verpächter den erforderlichen Zustand vor der Überlassung herstellen, wenn er sich nicht den Gewährleistungsrechten des Pächters entsprechend den §§ 581 Abs 2, 537 ff aussetzen will (Rn 285 ff). Verpachtete Räume müssen deshalb nicht nur in einem einwandfreien baulichen Zustand sein. Besteht der Vertragszweck in dem Betrieb eines bestimmten Gewerbes, muß der Verpächter dafür sorgen, daß der Aufnahme eines solchen Gewerbes in den Räumen keine privatrechtlichen oder öffentlich-rechtlichen Hindernisse entgegenstehen (OLG Hamm ZMR 1982, 206).

dd) Erhaltungspflicht

150 Neben der Überlassung des Gebrauchs als einmaliger Leistung in Form der Übergabe trifft den Verpächter die Pflicht, dem Pächter den Gebrauch des Pachtgegenstandes während der Pachtzeit zu belassen. Er muß im Wege der Dauerleistung den Gebrauch durch den Pächter dulden. Es handelt sich jedoch nicht nur um eine Duldungspflicht, da die Gebrauchsgewährung als Dauerleistung durch die §§ 581 Abs 2, 536 HS 2 konkretisiert wird. Hiernach ist der Verpächter verpflichtet, den verpachteten Gegenstand während der Pachtzeit in einem zu dem vertragsmäßigen Gebrauch geeigneten Zustand zu erhalten. Diese **allgemeine Erhaltungspflicht** setzt sich aus einer Reihe von Einzelpflichten zusammen, deren systematische Einordnung als Haupt- oder Nebenpflicht zT zweifelhaft ist (ROQUETTE § 535 Rn 205 ff, § 536 Rn 10 ff). In Anlehnung an die Kommentierung des Mietrechts (STAUDINGER/EMMERICH [1995] §§ 535, 536 Rn 32 ff) sollen die diesbezüglichen Pflichten des Verpächters als unselbständige Teile der allgemeinen Erhaltungspflicht behandelt werden.

151 α) Den Verpächter trifft die Pflicht zur **Fernhaltung von Störungen** des vertragsmäßigen Gebrauchs auf seiten des Pächters. Er darf den Pächter nicht selbst stören und muß ihn auch vor Störungen durch Dritte schützen, falls der Pachtgegenstand nicht von vornherein mit dahin gehenden Einschränkungen überlassen worden ist (RG

3. Titel. Miete. Pacht § 581
II. Pacht 152

SchlHAnz 1919, 82; OLG Kiel SchlHAnz 1918, 164). Ohne besondere Anlässe, wie etwa Reparaturen, Neuverpachtung nach Kündigung oder Verkauf des Pachtgegenstandes, steht dem Verpächter deshalb kein Besichtigungsrecht zu (Rn 240 ff). Er muß verhindern, daß Gefahren von einer Baustelle auf das Pachtgrundstück ausgehen. Notfalls muß er eine Absperrung errichten (OLG Celle OLGE 24, 358). Weiter muß er dafür sorgen, daß der Gebrauch des Pächters nicht durch störende Eingriffe Dritter beeinträchtigt wird (OLG Dresden OLGE 18, 14). Hieraus kann sich für den Verpächter die Pflicht ergeben, dem Pächter zu erlauben, daß er eine Einfriedung um die von ihm genutzte Fläche errichtet (OLG Frankfurt/M WuM 1981, 63). Zu beachten ist aber, daß das Betreten fremder Grundstücke wie Wege, Wälder und Gewässer vielfach gewohnheitsrechtlich durch Gemeingebrauch oder kraft besonderer gesetzlicher Anordnung wie in § 14 BWaldG zu dulden ist. Auch Lärmbelästigungen und sonstige nach § 906 unerlaubte Immissionen hat der Verpächter zu verhindern.

β) Große Bedeutung kommt dem **Konkurrenzschutz** des Pächters zu. Ähnlich wie 152 im Mietrecht (FRICKE ZMR 1979, 227; STAUDINGER/EMMERICH [1995] §§ 535, 536 Rn 35 ff) gilt für die Pacht, daß der Verpächter grundsätzlich verpflichtet ist, seinen Pächter in gewissen Grenzen vor Wettbewerb als einer besonderen Form von Störung zu schützen. Dies spielt nicht nur bei der Grundstücks-, Raum- oder Unternehmenspacht eine Rolle, sondern kann auch bei der Rechtspacht bedeutsam sein (RG JW 1937, 2106 Nr 11). Das Problem stellt sich bei der Verpachtung zu gewerblichen oder freiberuflichen Zwecken grundsätzlich in gleicher Weise (BGH BB 1978, 165). Wenn ausdrückliche Vereinbarungen fehlen, ergibt sich die Pflicht des Verpächters entsprechend den §§ 581 Abs 2, 536 iVm den §§ 133, 157, 242 aus dem Anspruch des Pächters auf Gewährung des vertragsmäßigen Gebrauchs (BGHZ 70, 79, 80 = NJW 1978, 585, 586; BGH LM Nr 5 zu § 536; LM Nr 17 zu § 536 = NJW 1979, 1404, 1405; OLG Düsseldorf BB 1992, 1889; JOACHIM BB 1986, Beil 6; ders ZIP 1991, 966). Im Pachtrecht wird dies durch das Recht des Pächters auf ungestörten Fruchtgenuß unterstrichen (OLG Celle MDR 1964, 59). Dies gilt für die Verpachtung von Grundstücken in gleicher Weise wie für Räume (OLG Koblenz NJW-RR 1993, 842) und erstreckt sich auch auf eine Unterverpachtung (LG Karlsruhe WuM 1991, 83; LG Oldenburg NJW-RR 1989, 81). Grundsätzlich ist der Verpächter nicht verpflichtet, den Pächter bei Abschluß des Vertrags darauf hinzuweisen, daß er schon mit anderen Mietern oder Pächtern einen gleichrangigen Konkurrenzschutz vereinbart hat, wodurch eine etwaige spätere Unterverpachtung zu anderen geschäftlichen Zwecken behindert wird (BGH NJW 1982, 376). Einem Pachtvertrag zwischen dem Eigentümer einer Gaststätte und einer vorpachtberechtigten Brauerei ist nicht von vornherein immanent, daß bei einer Neuverpachtung der Gaststätte keine Bier- oder Getränkebezugsverpflichtung des neuen Pächters gegenüber einem Dritten mit Wirkung für den Vorpachtberechtigten vereinbart werden kann. Hierzu ist eine ausdrückliche Absprache im Pachtvertrag erforderlich (BGHZ 102, 237 = NJW 1988, 703). Der Konkurrenzschutz kann im Wege der Unterlassungsklage durchgesetzt werden (BGH WuM 1990, 395). Eine Verletzung berechtigt den Pächter zu Schadensersatz wegen positiver Vertragsverletzung und entsprechend den §§ 581 Abs 2, 542 auch zur außerordentlichen fristlosen Kündigung. Gegenüber einem konkurrierenden Mitpächter kann der betroffene Pächter unmittelbar nur vorgehen, wenn dies in den jeweiligen Pachtverträgen vereinbart ist (VOGT MDR 1993, 498). Der Konkurrenzschutz kann vertraglich ausgeschlossen werden. Dies ist auch durch eine formularvertragliche Vereinbarung möglich (OLG Celle WuM 1992, 538; OLG

Düsseldorf BB 1992, 1889; OLG Hamburg ZMR 1987, 94). Die Beweislast für einen Ausschluß trifft den Verpächter (BGH NJW-RR 1988, 717).

153 Der *Umfang der Verpflichtung* des Verpächters, Wettbewerb von seinem Pächter fernzuhalten, läßt sich nur im Einzelfall unter Würdigung der gesamten Umstände, insbesondere der Interessen beider Vertragspartner, nach Treu und Glauben mit Rücksicht auf die Verkehrssitte bestimmen (RGZ 119, 353; 131, 274, 276; 136, 266, 273; RG JW 1937, 2106 Nr 11; BGH LM Nr 5 zu § 536). Der Verpächter ist nicht schlechthin verpflichtet, den Pächter vor jedem fühlbaren oder unliebsamen Wettbewerb zu schützen. Auf der Grundlage des Vertragszwecks ist diese Pflicht nach dem Gegenstand des Geschäftsbetriebs und nach den räumlichen Verhältnissen einzugrenzen.

154 Hinsichtlich des *Gegenstandes des Geschäftsbetriebs* nimmt die Rspr unzulässigen Wettbewerb an, wenn der störende Betrieb als Hauptgegenstände Waren vertreibt, die auch Hauptgegenstände des gestörten Betriebs des Pächters sind. Unschädlich ist, wenn eine Überschneidung bei Nebenartikeln vorliegt. Wenn ein Betrieb als Hauptgegenstände solche Waren vertreibt, die für den anderen Betrieb nur Nebenartikel sind, so kommt es darauf an, ob die beiden Betriebe im Geschäftsverkehr als verschiedenartig gewertet werden (RG DR 1941, 783; KG DR 1941, 1900). Ist dies der Fall, muß der Pächter im allgemeinen die Konkurrenz dulden (BGH LM Nr 3 zu § 536). Die Konkurrenz bei einem Nebenartikel verstößt jedoch dann gegen den Pachtvertrag, wenn der Verpächter selbst gezielt den Geschäftsbetrieb des Pächters zur Erzielung eigener Einnahmen ausnutzen will, indem er etwa neben dem Eingang einer verpachteten Gaststätte einen Zigarettenautomaten anbringt (LG Detmold MDR 1969, 56). Die gleichen Grundsätze gelten für Dienstleistungsbetriebe. Für die Abgrenzung zwischen Haupt- und Nebenartikeln oder Haupt- und Nebenleistungen kommt es nicht nur auf die Höhe des Umsatzes an, sondern auch darauf, welche Ware oder Leistung den Stil des Betriebs und das ihm eigentümliche Gepräge bestimmt und in welchem Ausmaß eine Ware im Verhältnis zu den anderen vertrieben oder eine Leistung erbracht wird (BGH LM Nr 3 zu § 536 – Bäckerei/Milch- und Lebensmittelgeschäft; LM Nr 6 zu § 536 – Gastwirtschaft/Café; LM Nr 11/12 zu § 536 = MDR 1968, 657 – Drogerie/Supermarkt mit Drogerieabteilung; BB 1985, 1564 – Fliesenhandel/Baumarkt; NJW-RR 1988, 717 – rustikale Gaststätte/Imbißverkauf; OLG Celle WuM 1992, 538 – Supermarkt mit Angeboten eines Fachgeschäfts/Einzelhandelsgeschäft; OLG Frankfurt/M Betrieb 1970, 46 – Café/Eissalon; NJW 1982, 707 – Apotheke/Selbstbedienungsdrogerie; OLG Hamm NJW-RR 1988, 911 – Metzgerei/Imbißstand; NJW-RR 1991, 1483 – Praxis für Chirurgie/Mund- u Kieferchirurgie).

155 Im Hinblick auf die *räumlichen Verhältnisse* besteht die Pflicht des Verpächters zum Schutz vor Konkurrenz in erster Linie für andere Räume desselben Gebäudes. Dies gilt selbst bei einer besonders attraktiven Einkaufsstraße, in der Laufkundschaft überwiegt (OLG Frankfurt/M NJW-RR 1988, 396; aM LG Frankfurt/M MDR 1982, 234; NJW-RR 1989, 1246). Die Parteien können den räumlichen Geltungsbereich des Konkurrenzschutzes vertraglich bestimmen, damit allerdings ebenfalls Auslegungsprobleme herbeiführen (OLG Düsseldorf DWW 1993, 139). Auch ohne ausdrückliche Vereinbarung kann sich der Konkurrenzschutz auf andere Gebäude desselben Grundstücks und auf unmittelbar angrenzende Grundstücke des Verpächters erstrecken (BGHZ 70, 79, 80 = NJW 1978, 585, 586; BGH LM Nr 11/12 zu § 536 = MDR 1968, 657; LM Nr 17 zu § 536 = NJW 1979, 1404, 1405; OLG Celle MDR 1964, 59; einschr RGZ 131, 274, 276; KG JW 1938, 940; OLG Hamburg MDR 1964, 508; LG Hamburg MDR 1955, 611; vJEINSEN Betrieb 1981, 1707,

1712). Die Einheitlichkeit des Grundstücks kann jedoch schon wegen der Möglichkeit späterer Grundstücksteilungen durch den Verpächter nicht entscheidend sein (BGH NJW 1979, 1404; OLG Koblenz NJW 1960, 1253). Auch die Beschränkung auf unmittelbar angrenzende Grundstücke ist unbefriedigend, da der Pächter in gleicher Weise durch ein Konkurrenzunternehmen beeinträchtigt werden kann, das auf dem übernächsten oder dem gegenüberliegenden Grundstück betrieben wird (aM OLG Hamm NJW-RR 1991, 975). Allgemeingültige Maßstäbe und vor allem feste Entfernungstabellen lassen sich insoweit kaum aufstellen, da es ganz auf die Umstände des Einzelfalls ankommt. In einer Fußgängerzone geht der Konkurrenzschutz weiter als bei einer durch Autoverkehr in zwei Ladenzeilen getrennten Geschäftsstraße. Der Schutz vor Wettbewerb ist eingeschränkt in einer von Spezialgeschäften bevorzugten Straße, wo von vornherein mit scharfer Konkurrenz zu rechnen ist (RGZ 131, 274, 277; 136, 266, 272). Im allgemeinen wird ein Schutz dann geboten sein, wenn die Nachbarschaft so eng ist, daß der potentielle Kunde sozusagen vor der Ladentür des Pächters noch durch den Konkurrenzbetrieb abgelenkt werden kann.

Eine *Grenze* für den im Wege der Auslegung des Vertrags gewonnenen oder ausdrücklich vereinbarten Konkurrenzschutz (Rn 152) bildet das Kartellverbot des § 1 GWB. Hiernach sind ua Verträge, die Unternehmen zu einem gemeinsamen Zweck schließen, grundsätzlich unwirksam, soweit sie geeignet sind, die Erzeugung oder die Marktverhältnisse für den Verkehr mit Waren oder gewerblichen Leistungen durch Beschränkung des Wettbewerbs zu beeinflussen. Solche Wettbewerbsbeschränkungen können auch im Rahmen schuldrechtlicher Austauschverträge, also auch in einem Pachtvertrag, vereinbart werden, wenn die Parteien mit der fraglichen Klausel gleichgerichtete Interessen verfolgen (BGHZ 68, 6, 10 = NJW 1977, 804 m Anm ULMER – Fertigbeton; BGH NJW 1980, 185 – Erbauseinandersetzung; NJW 1979, 1605 – Ausscheiden eines Gesellschafters; BB 1980, 1486 – Sortimentsabgrenzung; MICHALSKI BB 1991, 1875; K SCHMIDT BB 1979, 1173). Der Konkurrenzschutz des Pächters steht also unter dem Vorbehalt des § 1 GWB (FIKENTSCHER, Schuldrecht § 74 II 1 a cc). Hiergegen wird nicht verstoßen, soweit der Konkurrenzschutz ohne ausdrückliche Vereinbarung auf die Pflicht des Verpächters zur Gewährung des vertragsmäßigen Gebrauchs gestützt wird (Rn 152) und die damit verbundenen Beschränkungen sachgerecht, erforderlich und zumutbar sind, also nicht über die schützenswerten Interessen der Beteiligten hinausgehen (OLG Frankfurt/M NJW-RR 1989, 1422). **156**

γ) Im Rahmen der allgemeinen Erhaltungspflicht ist der Verpächter grundsätzlich zur **Instandhaltung und Instandsetzung** des Pachtgegenstandes verpflichtet. Instandhaltung bedeutet, daß der Verpächter den Pachtgegenstand während der Vertragszeit in einem vertragsmäßigen Zustand erhalten muß. Hieraus ergibt sich in erster Linie eine Prüfungspflicht. Zeigen sich Mängel, greift die Instandsetzungspflicht ein. Der Verpächter muß die Mängel beseitigen (OLG Bamberg OLGZ 1976, 195; ROQUETTE § 536 Rn 18 ff, 25 ff). So obliegt etwa die Wiederherstellung eines Teichablaufs dem Verpächter (BGH WuM 1993, 123). Wird ein Grundstück mit Inventar verpachtet, wozu auch die Raumpacht und ggf die Unternehmenspacht gehören, treffen die §§ 582 und 582 a für die Erhaltungs- und die Ergänzungspflicht hinsichtlich der Inventarstücke eine abweichende Regelung. Diese Bestimmungen gelten nach § 585 Abs 2 auch für die Landpacht. Die Parteien können für die Erhaltung des Grundstücks und seiner wesentlichen Bestandteile sowie bei der Verpachtung beweglicher Sachen vertraglich von den gesetzlichen Vorschriften abweichen (Rn 227; STAUDINGER/EMMERICH **157**

[1995] §§ 535, 536 Rn 253 f). Sind Reparaturen auf den Pächter abgewälzt, ausgenommen Schäden „an Dach und Fach", so fällt ein Schaden am Wasserleitungsrohr in den Verantwortungsbereich des Verpächters (OLG Hamm ZMR 1988, 260). Wird die Mauer einer Gaststätte durch Bauarbeiten von Dritten beschädigt, so hat im Verhältnis zum Pächter der Verpächter die Gebrauchsfähigkeit wiederherzustellen, da eine Reparaturklausel zu Lasten des Pächters solche Substanzschäden nicht erfaßt (OLG Koblenz WuM 1990, 16).

158 Im Vordergrund steht die *Verkehrssicherungspflicht* des Verpächters. Er ist verpflichtet, den Pachtgegenstand während der Vertragszeit in einem Zustand zu erhalten, der dem Pächter den vertragsmäßigen Gebrauch ermöglicht und ihn dabei nicht gefährdet. Der Verpächter muß demnach ähnlich wie der Vermieter alle erforderlichen Maßnahmen treffen, um drohende Gefahren für den Pächter und die in den Schutzbereich des Pachtvertrags einbezogenen Personen, etwa Angehörige und Arbeitnehmer des Pächters, zu verhindern (STAUDINGER/EMMERICH [1995] §§ 535, 536 Rn 48 ff). Umfaßt der Pachtvertrag Maschinen, muß der Verpächter für deren Sicherheit und Funktionsfähigkeit sorgen. Er hat den Pachtgegenstand den bau-, feuer- und gewerbepolizeilichen Vorschriften anzupassen. Das gleiche gilt für vorgeschriebene Maßnahmen des Umweltschutzes. Gegenüber Dritten kann die Verkehrssicherungspflicht Verpächter und Pächter nebeneinander treffen (BGH NJW 1985, 270; WuM 1986, 320).

159 Die *Grenzen* der Instandhaltungs- und Instandsetzungspflicht werden durch das Recht des Pächters auf vertragsmäßigen Gebrauch abgesteckt. Dieses Recht und damit die Erhaltungspflicht des Verpächters erlöschen nach § 275 bei einer vollständigen Zerstörung des Pachtgegenstandes. Ob der Vertrag damit endet oder mit verändertem Inhalt auf der Grundlage der §§ 324, 325 fortbesteht, hängt vom etwaigen Verschulden einer der Parteien ab (BGH NJW 1976, 1506). Die Frage der Instandsetzungspflicht tritt nur bei teilweiser Zerstörung des Pachtgegenstandes auf. Aufgrund der Entstehungsgeschichte nahm die Rspr zunächst eine Wiederherstellungspflicht an, wenn nur ein geringfügiger Teil des Pachtgegenstandes zerstört war (RG SeuffA 65, Nr 162), die Wiederherstellung unter Wahrung der Identität des Pachtgegenstandes möglich (Prot II 131) und nicht mit Kosten verbunden war, deren Aufwendung dem Verpächter nach Treu und Glauben nicht zuzumuten war (RG WarnR 1910, Nr 146; WarnR 1918, Nr 166; LZ 1919, 153). Die heutige Rspr stellt nur darauf ab, ob das Wiederherstellungsverlangen die Opfergrenze überschreitet, die dem Verpächter zumutbar ist. Dabei sind im Rahmen der Abwägung nach § 242 etwaige Versicherungsleistungen zu berücksichtigen (BGH NJW 1957, 826; NJW 1959, 2300; NJW 1976, 1506, 1507; NJW-RR 1991, 204). Problematisch ist allerdings, wann eine teilweise Zerstörung iS einer bloßen Beschädigung vorliegt oder die teilweise Zerstörung zur völligen Unmöglichkeit der Erfüllung führt, die den Verpächter nach § 275 von seiner Verpflichtung befreit. So kann etwa bei der Grundstücks- oder Raumpacht die völlige Zerstörung des Gebäudes im Verhältnis zum Grundstück nicht als teilweise Zerstörung des Pachtgegenstandes iS einer Beschädigung angesehen werden. Sie führt zur Befreiung des Verpächters (RG SeuffA 43, Nr 16; BGH NJW 1976, 1506; LG Frankfurt/M NJW 1976, 573 m krit Anm DOPJANS NJW 1976, 898). Anders ist es, wenn eines von mehreren Gebäuden zerstört wird oder ein Gebäude nach der Verkehrsauffassung nur beschädigt und in seiner bisherigen Substanz wiederherstellbar ist. Dann bleibt der Verpächter zur Instandsetzung verpflichtet. Diese Pflicht entfällt allerdings, wenn der Pächter die Zerstörung oder Beschädigung nach den §§ 276 ff zu vertreten hat (BGHZ 116, 334 = NJW 1992, 1036).

Aus der Pflicht zur Instandhaltung und Instandsetzung läßt sich nicht herleiten, daß 160 der Verpächter mögliche *Verbesserungen* des Pachtgegenstandes vornehmen muß, insbesondere eine veraltete, aber noch in vertragsmäßigem Zustand befindliche Einrichtung durch eine neue zu ersetzen hat (RG HRR 1932, Nr 1433). Ist die Erneuerung aber durch öffentlich-rechtliche Bestimmungen vorgeschrieben, etwa für die Umstellung der Heizung auf Erdgas oder den Einbau umweltfreundlicherer Betriebsvorrichtungen, so trifft die Verpflichtung den Verpächter.

c) **Gewährung des Fruchtgenusses**
aa) **Begriff der Früchte**
Neben der Gebrauchsgewährung besteht die zweite Hauptpflicht des Verpächters 161 darin, dem Pächter den Genuß der Früchte zu gewähren. Diese Pflicht gibt dem Pachtvertrag vor allem im Unterschied zur Miete sein besonderes Gepräge. Soweit die Nutzungen des Pachtgegenstandes in den Gebrauchsvorteilen iS des § 100 bestehen, ist der Verpächter schon kraft der Gebrauchsgewährung verpflichtet, sie dem Pächter einzuräumen. Der Begriff der Früchte als der andere Unterfall der Nutzungen ergibt sich aus § 99. Mit diesem Begriff deutet das Gesetz an, daß sich die Verpflichtung des Verpächters sowohl auf die natürlichen als auch auf die juristischen Früchte des Pachtgegenstandes erstreckt (Mot II 421 f). Das Gesetz unterscheidet zwischen den Sachfrüchten, zu denen nach § 99 Abs 1 die organischen Erzeugnisse und die sonstige bestimmungsgemäße Ausbeute einer Sache gehören, und den Rechtsfrüchten iS des § 99 Abs 2, die ein Recht als Erträge seiner Bestimmung gemäß gewährt. Sach- und Rechtsfrüchte können unmittelbar gewonnen werden und sind dann nach der früheren Terminologie natürliche Früchte (Mot aaO). Mittelbare Früchte sind nach § 99 Abs 3 die Erträge, die eine Sache oder ein Recht kraft eines Rechtsverhältnisses gewährt. Dies sind nach dem früheren Sprachgebrauch die juristischen Früchte.

bb) **Umfang**
Der Umfang der Verpflichtung, den Fruchtgenuß zu gewähren, wird im einzelnen 162 durch den Pachtvertrag und die gesetzlichen Bestimmungen festgelegt. Er kann dadurch in mehrfacher Hinsicht eingeschränkt sein.

α) Die Parteien können im **Pachtvertrag** ein umfassendes Fruchtziehungsrecht des 163 Pächters vereinbaren. Er ist dann berechtigt, *unmittelbare und mittelbare Früchte* iS des § 99 zu ziehen. Wegen der entsprechend den §§ 581 Abs 2, 549 erforderlichen Erlaubnis des Verpächters zur Untervermietung oder Unterverpachtung müssen für eine derart weitgehende Vereinbarung aber besondere Anhaltspunkte bestehen. Sonst ist das Fruchtziehungsrecht hinsichtlich der mittelbaren Rechtsfrüchte schon durch § 549 eingeschränkt.

Darüber hinaus kann das Fruchtziehungsrecht ausdrücklich auf bestimmte *Fruchtar-* 164 *ten* beschränkt werden. Dies ergibt sich idR aus dem Vertragszweck und der Art des Pachtgegenstandes. Der Vertrag kann darauf gerichtet sein, daß der Pächter nur die natürlichen Früchte wie organische Erzeugnisse und die sonstige bestimmungsgemäße Ausbeute oder nur Rechtsfrüchte wie den Unternehmensertrag (Rn 87 ff) gewinnen soll. Hinsichtlich der natürlichen Früchte kann das Recht des Pächters wiederum auf die organischen Erzeugnisse oder die sonstige Ausbeute beschränkt sein, wobei der Vertrag im einzelnen nach besonderen Arten organischer Erzeugnisse, zB hinsichtlich bestimmter Obstsorten, bzw sonstiger Ausbeute im Hinblick auf bestimmte Bodenbestandteile unterscheiden kann. Das Fruchtziehungsrecht kann auf einen mengenmäßig festgelegten Teil einer einzelnen Fruchtart beschränkt werden. Andererseits steht es einem Pachtvertrag nicht entgegen, daß die Früchte, wie zB ein Wald oder Bodenbestandteile, vollständig und endgültig ausgebeutet werden (RG JW 1901, 266 Nr 38; JW 1909, 451; BGH LM Nr 2 zu § 581 = BB 1951, 974).

165 Ein *vollständiger vertraglicher Ausschluß* des Fruchtziehungsrechts unter Beschränkung auf ein Gebrauchsrecht ist im Rahmen eines Pachtvertrags nicht möglich, da dies den Vertrag seines charakteristischen Bestandteils berauben würde. Eine solche Vertragsgestaltung ist bei Vereinbarung eines Entgelts nach § 535 als Miete, sonst als Leihe nach § 598 oder ggf als atypischer Vertrag zu beurteilen.

166 β) Das **Gesetz** legt mit dem Fruchtbegriff des § 99 den Umfang der Verpflichtung des Verpächters im einzelnen fest. Wenn in § 99 Abs 1 HS 1 die *Erzeugnisse* einer Sache zu den Früchten gezählt werden, ergibt sich daraus, daß andere Bestandteile grundsätzlich nicht dem Fruchtziehungsrecht unterliegen. Dies ist nur im Rahmen der *bestimmungsgemäßen Ausbeute* nach § 99 Abs 1 HS 2 der Fall. Mit diesem Begriff zieht das Gesetz die Verbindung zum Vertragszweck, stellt jedoch gleichzeitig klar, daß die Muttersache erhalten bleiben muß, insoweit also keine Rechte des Pächters bestehen.

167 Der Fruchtbegriff des BGB geht über denjenigen einzelner früherer Rechtsordnungen hinaus, zB im Vergleich zum ALR I, 9 § 220 (Mot III 68). Die Verpflichtung des Verpächters zur Gewährung des Fruchtgenusses wird deshalb in § 581 Abs 1 S 1 auf solche Früchte beschränkt, die *nach den Regeln einer ordnungsmäßigen Wirtschaft als Ertrag* anzusehen sind (Rn 2). Das Gesetz verwendet diesen Begriff außer im Pachtrecht noch beim Eigentümer-Besitzer-Verhältnis in den §§ 987, 993, 998, beim Nießbrauch in den §§ 1036, 1039, 1048, bei der Hypothek in § 1135 und im Erbrecht in den §§ 2119, 2133. Es nimmt damit unter Berücksichtigung der Besonderheiten des verpachteten Gegenstandes auf einen objektiven Maßstab Bezug. Die Verpflichtung des Verpächters erstreckt sich deshalb nicht auf solche Früchte, die auf nicht wirtschaftsgemäßen Eingriffen oder Natureinflüssen beruhen, wenn sie den Substanzwert des Pachtgegenstandes oder dessen spätere Nutzungsmöglichkeiten mindern. Hierzu zählen zB der Raubbau nicht schlagreifer Waldbestände und die durch Windbruch anfallenden Erträge.

cc) **Fernhaltung von Störungen**

168 Aus der Verpflichtung des Verpächters, den Fruchtgenuß zu gewähren, folgt weiter, daß er für die Fernhaltung von Störungen durch Dritte bei der Ausübung dieses Rechts durch den Pächter sorgen muß. Dies gilt insbesondere für Wildschaden (RG SeuffA 38, Nr 117) und bei Rechten Dritter, die dem Fruchtziehungsrecht des Pächters entgegenstehen (RG Recht 1908, Nr 3018). Selbständige Bedeutung kommt dem jedoch nur zu, soweit nicht schon die entsprechende Verpflichtung eingreift, den ungestörten Gebrauch des Pachtgegenstandes zu gewähren (Rn 151). Auch die Gewährung des Fruchtgenusses enthält insoweit also ein Dauerelement (Rn 142).

dd) Risiko der Fruchtziehung

Im übrigen genügt der Verpächter seiner Verpflichtung, wenn er dem Pächter den **169** Fruchtgenuß ermöglicht, dh wenn er ihm den Pachtgegenstand zur Fruchtziehung überläßt und Störungen fernhält. Das Risiko der Fruchtziehung trägt hingegen grundsätzlich der Pächter (Rn 209). Wenn die Parteien keine besonderen Vereinbarungen getroffen haben, braucht der Verpächter nicht dafür einzustehen, daß der Pachtgegenstand überhaupt oder in ausreichendem Maße Früchte abwirft (RG WarnR 1908, Nr 39; BGH NJW 1978, 2390; LM Nr 46 zu § 581 = NJW 1982, 2062; OLG Braunschweig OLGE 20, 195; OLG Celle LZ 1918, 460; Joachim BB 1988, 779). Das gleiche gilt, wenn der Pächter später mit Einverständnis des Verpächters den gepachteten Betrieb umstellt oder erweitert (OLG Hamm ZMR 1970, 53). Der Pächter bleibt auch dann an den Vertrag gebunden, wenn seine falschen Rentabilitätserwartungen vom Vertragspartner geteilt wurden (BGH BB 1974, 437; vgl BGH NJW 1970, 1313). Es spielt entsprechend den §§ 581 Abs 2, 552 keine Rolle, ob der Pächter aus persönlichen Gründen daran gehindert ist, sein Fruchtziehungsrecht auszuüben. Beruht die Beeinträchtigung des Fruchtgenusses jedoch auf einem Mangel des Pachtgegenstandes, so greifen die Gewährleistungsvorschriften der §§ 581 Abs 2, 537 ff ein, wobei vor allem nach § 539 die Kenntnis oder grobfahrlässige Unkenntnis des Pächters hinsichtlich des Mangels bedeutsam sein kann (Rn 285 ff).

Der Grundsatz, daß der Pächter das Risiko der Fruchtziehung zu tragen hat, erfährt **170** eine *Einschränkung*, wenn die Parteien eine abweichende Vereinbarung getroffen haben. Hiervon kann ausgegangen werden, wenn dem Pächter im wirtschaftlichen Interesse des Verpächters vertragliche Bindungen, etwa in der Preisgestaltung, auferlegt werden. In diesem Fall ist der Verpächter an dem Risiko zu beteiligen. So kann der Verpächter einer Werkskantine wegen der vereinbarten Bindung des Pächters in Preisgestaltung und Leistungsangeboten verpflichtet sein, zur Erhaltung der Wirtschaftlichkeit der Kantine beizutragen (BGH LM Nr 40 zu § 581 = WM 1977, 591). Dies ist etwa durch Subventionen oder Anpassung der Preise an gestiegene Kosten möglich. Auch ohne Vereinbarung der Parteien kann das Risiko nach Maßgabe der Geschäftsgrundlage anderweitig zu verteilen sein, wenn etwa der Verpächter eines Ladengeschäfts in einem Wohn- und Einkaufszentrum bei Vertragsabschluß zu erkennen gegeben hat, daß er die Funktionsfähigkeit des Zentrums auch zu seinem Risiko mache (OLG Celle NJW 1978, 2510).

ee) Fruchterwerb

In § 581 Abs 1 S 1 ist nur die Verpflichtung des Verpächters geregelt, dem Pächter **171** den Fruchtgenuß zu gewähren. Der dingliche Fruchterwerb des Pächters einer Sache vollzieht sich, soweit es sich um Erzeugnisse oder sonstige Bestandteile handelt, nach den §§ 956, 957 (Herrfurth, Der Fruchterwerb des Pächters 26 ff; Raape JherJb 74 [1924] 179; Staudinger/Emmerich Vorbem 14 zu § 581). Die Aneignungsgestattung iS dieser Vorschriften ist nicht mit dem Pachtvertrag identisch. Sie ist vielmehr Erfüllungshandlung für die Verpflichtung zur Gewährung des Fruchtgenusses, ohne daß sich diese Verpflichtung aber wegen ihres Dauerelements (Rn 142, 168) in der einmaligen Gestattung als Abgabe einer Willenserklärung erschöpft. Im übrigen ist die Rechtsnatur der Aneignungsgestattung umstritten. Hierbei geht es um die Frage, ob es sich um einen Sonderfall der Übereignung künftiger Sachen nach den §§ 929 ff oder um einen einseitigen Erwerb handelt (Palandt/Bassenge § 956 Rn 1 mwNw). Hat der Pächter den Pachtgegenstand in Besitz, erwirbt er nach § 956 das Eigentum auch bei einer unrechtmäßigen Trennung der Früchte durch Dritte oder durch den Verpächter. Dabei ist unerheblich, ob dem Pächter selbst die Fruchtziehung möglich gewesen wäre (RGZ 135, 94, 102 f). Der Pächter erwirbt das Eigentum aber nur an solchen Früchten, auf die sich der Pachtvertrag erstreckt (OLG Oldenburg NdsRpfl 1953, 124). Rechtsfrüchte erwirbt er nach den jeweils maßgeblichen sachenrechtlichen Vorschriften. An Übermaßfrüchten erwirbt er kein Eigentum, soweit sich die Aneignungsgestattung im Einklang mit den Regeln einer ordnungsmäßigen Wirtschaft iS des § 581 Abs 1 S 1 nicht hierauf bezieht.

2. Nebenpflichten

a) Allgemeines

172 Hinsichtlich der Struktur des Schuldverhältnisses kann unterschieden werden zwischen Hauptleistungspflichten, die jeweils nach ihrer Art und Verknüpfung den Typus des betreffenden Schuldverhältnisses bestimmen, und Nebenpflichten, die nicht an einen bestimmten Schuldtypus gebunden sind. Diese Nebenpflichten gehen über die primäre Leistungspflicht des Schuldners hinaus und dienen idR dem Schutz des Gläubigers, indem sie dem Schuldner ein bestimmtes Verhalten vorschreiben (Larenz, Lehrbuch des Schuldrechts I § 2 I). Hierzu zählen vor allem Erhaltungs-, Schutz- und Fürsorgepflichten sowie Mitteilungs- und Auskunftspflichten (Larenz I § 10 II e). Mangels ausdrücklicher gesetzlicher Bestimmung werden diese Nebenpflichten im allgemeinen nach § 242 aus Treu und Glauben hergeleitet. Bei der Miete und Pacht ergibt sich jedoch aus der Pflicht des Vermieters oder Verpächters, den Gegenstand des Vertrags nach § 536 in einem zu dem vertragsmäßigen Gebrauch geeigneten Zustand zu überlassen und ihn während der Vertragszeit in diesem Zustand zu erhalten, eine **allgemeine Erhaltungspflicht** iS einer Hauptleistungspflicht. Diese allgemeine Erhaltungspflicht umfaßt weitgehend die sonst unter dem Gesichtspunkt der Nebenleistung behandelten Pflichten, insbesondere die Pflicht zur Fernhaltung von Störungen (Rn 151, 168) einschließlich des Konkurrenzschutzes (Rn 152 ff) sowie die Instandhaltungs- und Instandsetzungspflicht (Rn 157 ff), im Grunde also die gesamte Fürsorge- und Verkehrssicherungspflicht des Verpächters. Damit bleibt für selbständige Nebenpflichten des Verpächters nur noch ein geringer Raum.

b) Selbständige Nebenpflichten

173 aa) Kraft **Gesetzes** kommen als selbständige Nebenpflichten nach § 242 vor allem Mitteilungs- und Auskunftspflichten in Betracht (Firgau, Aufklärungspflichten im Mietverhältnis 14 ff). So ist der Verpächter verpflichtet, dem Pächter mitzuteilen, daß er bestimmte Erhaltungsmaßnahmen jenseits der Opfergrenze (Rn 159) ablehne, damit sich der Pächter rechtzeitig darauf einstellen kann (BGH NJW 1957, 826). Der Verpächter muß den Pächter über wesentliche Vorkommnisse hinsichtlich des Pachtgegenstandes unterrichten, etwa bei Störungen durch Dritte oder einer in Zukunft zu erwartenden Beeinträchtigung des vertragsmäßigen Gebrauchs (OGH BB 1949, 299). Auch über sonstige Umstände, die den Vertragszweck, die Person oder das Vermögen des Pächters gefährden können, muß er ihn aufklären. Ferner kann eine Auskunftspflicht bestehen, wenn der Pächter entschuldbarerweise über Bestehen und Umfang seiner Rechte im ungewissen, der Verpächter hingegen in der Lage ist, solche Auskünfte zu erteilen (BGHZ 10, 385, 387 = NJW 1954, 70, 71). Im übrigen besteht gerade bei länger dauernden Schuldverhältnissen wie Miete und Pacht die Pflicht der Parteien, aufeinander Rücksicht zu nehmen, die Durchführung des Vertrags nicht zu

behindern, das gerechtfertigte Vertrauen des anderen Vertragsteils nicht zu enttäuschen und sich loyal zu verhalten (Larenz I § 10 II e). Daraus kann sich im Einzelfall die Pflicht ergeben, einer Vertragsänderung zuzustimmen (BGH NJW 1960, 523). Ferner kann der Verpächter einer Kantine, der eine Fortbildungsschule betreibt und den Pächter veranlaßt, die Kapazität der Küche hinsichtlich der Einrichtung und des Personals zu vergrößern, um möglichst vielen Lehrgangsteilnehmern zügig Mittagessen verabreichen zu können, auch ohne ausdrückliche Vereinbarung verpflichtet sein, bei den Lehrgangsteilnehmern dafür zu werben, daß diese das Mittagessen bei dem Pächter einnehmen (BGH WM 1977, 1089, 1090).

bb) Weitere Pflichten können die Parteien im **Vertrag** vereinbaren. Bei solchen **174** zusätzlichen Pflichten, die über den gesetzlichen Inhalt des Pachtvertrags hinausgehen, kommt es darauf an, ob ihnen der gleiche Rang wie der Überlassungs- und Erhaltungspflicht zukommt. Dies ist zB der Fall, wenn der Verpächter sich verpflichtet, dem Pächter die erforderlichen Roh- und Betriebsstoffe zu liefern. Darin liegt ein gemischter Vertrag. Es handelt sich jedoch um untergeordnete Nebenleistungspflichten, wenn der Verpächter zB den für einen Betrieb des Pächters erforderlichen Energiebedarf zur Verfügung stellt. Der Pachtvertrag enthält dann atypische Nebenleistungen, auf die ergänzend die jeweils einschlägigen gesetzlichen Vorschriften anzuwenden sind. Soweit solche Leistungen wie Strom-, Wärme- und Wasserversorgung aber schon für den vertragsmäßigen Gebrauch unerläßlich sind, beruhen sie auf der dahin gehenden Hauptleistungspflicht des Verpächters. Mit dem Pachtvertrag kann ein subjektiv-persönliches Vorkaufsrecht des Pächters iS des § 1094 verbunden werden (OLG Zweibrücken DNotZ 1990, 177).

3. Nachvertragliche Pflichten

Nach der Beendigung des Pachtvertrags können auf der Grundlage von § 242 nach **175** Treu und Glauben bestimmte Pflichten für den Verpächter bestehenbleiben. Ganz allgemein gilt nach der Abwicklung von Verträgen, daß die Parteien alles unterlassen müssen, was den Vertragszweck gefährden oder vereiteln könnte (RGZ 111, 298, 303; 113, 70, 72; 161, 330, 338; BGHZ 16, 4, 10 = NJW 1955, 460, 462 f). Auch eine Pflicht zur Rücksichtnahme oder Loyalität kann sich ergeben (Larenz I § 10 II f). So ist der Verpächter verpflichtet zu dulden, daß der Pächter nach der Beendigung des Vertrags ein Hinweisschild mit seiner neuen Adresse anbringt (RGZ 161, 330, 338; OLG Düsseldorf NJW 1988, 2545). Auch nachvertragliche Mitteilungs- und Auskunftspflichten können für den Verpächter bestehen. Dies gilt aber nicht mehr, wenn das Informationsbedürfnis wegen Verjährung des Hauptanspruchs weggefallen ist (OLG Düsseldorf ZIP 1988, 1134; Rn 347). Schließlich können die Parteien den Konkurrenzschutz für den Pächter (Rn 152 ff) vertraglich über die Beendigung des Pachtverhältnisses hinaus ausdehnen, soweit ein schützenswertes Interesse besteht und kein Verstoß gegen § 1 GWB anzunehmen ist (Staudinger/Emmerich [1995] §§ 535, 536 Rn 44).

VI. Pflichten des Pächters

1. Hauptleistungspflichten

a) Allgemeines

176 Nach § 581 Abs 1 S 2 ist der Pächter verpflichtet, dem Verpächter den vereinbarten Pachtzins zu entrichten (Rn 177 ff). Neben dieser gesetzlichen Hauptpflicht können im Vertrag ausdrücklich oder stillschweigend weitere Hauptpflichten, wie etwa die Abnahme, der ständige Gebrauch und die Erhaltung des Pachtgegenstandes durch den Pächter, vereinbart werden (Rn 221 ff). Auch die vertraglich bestimmten Hauptpflichten stehen im Austauschverhältnis mit den entsprechenden Pflichten des Verpächters.

b) Entrichtung des Pachtzinses
aa) Art

177 α) Die Art des Pachtzinses ist gesetzlich nicht festgelegt. Dies entspricht der Regelung des Mietrechts (STAUDINGER/EMMERICH [1995] §§ 535, 536 Rn 160). Im Gegensatz zu früheren Rechtsordnungen steht die hM im Anschluß an die Mot (II 372, 422) auf dem Standpunkt, daß der Pachtzins nicht in Geld zu bestehen braucht, sondern daß **Leistungen jeder Art** als Gegenleistung vereinbart werden können (BGB-RGRK/ GELHAAR Rn 25; ERMAN/JENDREK Rn 20, § 535 Rn 37; PALANDT/PUTZO Rn 10, § 535 Rn 29; vgl BGH NJW 1976, 2264, 2265; NJW-RR 1989, 589; NJW-RR 1994, 971; einschränkend LARENZ II/1 § 48 II b). So kann sich der Pächter verpflichten, eine bestimmte Menge vertretbarer Sachen zu liefern. Dabei kann es sich um einen Teil der Früchte des Pachtgegenstandes handeln (Rn 183 ff). Auch die Lieferung unvertretbarer Sachen kommt in Betracht. Die Gegenleistung kann in der Übernahme bestimmter Dienst- oder Werkleistungen bestehen (RG HansGZ 1926, B 28), etwa in baulichen Maßnahmen des Pächters (OLG Bamberg OLGZ 1976, 195; LG Mannheim DWW 1964, 29) oder beim Heuerlingsvertrag des Pächters eines landwirtschaftlichen Grundstücks in der Übernahme von Diensten auf dem Hof des Verpächters (STAUDINGER/EMMERICH Vorbem 78 zu § 581). Möglich ist auch die Vereinbarung, daß der Pächter die auf dem Pachtgegenstand lastenden Steuern, sonstige Abgaben und öffentlich-rechtliche Lasten trägt (RGZ 119, 304 – Grundsteuer; 122, 335; RG JW 1930, 320 – Vermögensteuer; BGH LM Nr 3 zu § 133 [B] = Betrieb 1953, 333 [LS] – Soforthilfeabgabe; LM Nr 7 zu § 581 = RdL 1954, 73 – Hand- und Spanndienste; BFHE 69, 512 = BStBl III 1959, 451 – Vermögensabgabe; KG OLGE 21, 198 – Lasten und Hypothekenzinsen; vgl RGZ 115, 209 – Rentenbankzinsen; RG Recht 1928, Nr 540 – Hauszinssteuer; OLG Hamm SeuffA 77, Nr 127 – Amtsbeitragslasten). Dabei ist es eine Frage der Auslegung, ob sich diese Verpflichtung auf Abgaben erstreckt, die erst nach dem Vertragsabschluß neu eingeführt werden (RG HRR 1928, Nr 604; BGH LM Nr 3 zu § 133 [B] = Betrieb 1953, 333 [LS]). Wenn der Pächter die Zahlung der Einkommensteuer für den Verpächter übernimmt, so ist der zu zahlende Betrag nach den tatsächlichen Einkommensverhältnissen des Verpächters zu berechnen, nämlich nach dem bei Berücksichtigung des Gesamteinkommens auf die Pachteinnahmen entfallenden Teilbetrag (OLG Oldenburg NdSRpfl 1952, 152). Auch die Übernahme der Renovierung (RGZ 136, 407, 414 f) und die laufende Unterhaltung des Pachtgegenstandes durch den Pächter können Entgeltcharakter tragen (OLG Bamberg OLGZ 1976, 195). Der Pachtzins kann ferner in der Übernahme einer Schuld des Verpächters durch den Pächter oder in der Herabsetzung des Kaufpreises bestehen, wenn der Verkäufer den Gegenstand in Zukunft als Pächter behält (RG WarnR 1927, Nr 52). Schließlich kommt als

Gegenleistung eine Gebrauchsüberlassung von Sachen oder Rechten des Pächters an den Verpächter in Frage, die bis zu einem gegenseitigen Austausch von Pachtgegenständen reichen kann (RG JR 1926, Nr 456; BayZ 1927, 74; BGH NJW-RR 1994, 971).

β)   Der Pachtzins braucht vertraglich nicht endgültig in einer bestimmten Art festgelegt zu werden. Die Parteien können vielmehr eine **Wahlschuld** zwischen Geld- und Naturalpacht vereinbaren, was unter dem Gesichtspunkt der Wertsicherungsklauseln gewisse Probleme aufwirft (Rn 200). Das Wahlrecht kann abweichend von § 262 dem Verpächter eingeräumt werden. Falls nichts anderes vereinbart ist, muß dieses Wahlrecht zu Beginn eines Pachtjahres ausgeübt werden, auch wenn der Pachtzins in anderen Zeitabständen entrichtet wird. Dies entspricht Treu und Glauben mit Rücksicht auf die Verkehrssitte, weil der andere Vertragsteil sonst nicht rechtzeitig disponieren kann (BGH LM Nr 2 zu § 6 LPachtG = RdL 1953, 242).

γ)   Die Parteien können eine **Ersetzungsbefugnis** vereinbaren, wenn primär Geldleistung oder aber Naturalleistung als Pachtzins vorgesehen ist (vgl BGH LM Nr 12 zu § 3 WährG = NJW 1962, 1568; OLG Breslau JW 1930, 2453). Die Befugnis kann nach dem Vertrag dem Pächter oder dem Verpächter zustehen. Für die Ausübung gilt grundsätzlich das gleiche wie für die Wahlschuld (Rn 178). Dies ist für eine Ersetzungsbefugnis des Pächters jedoch einzuschränken. Für ihn trägt diese Befugnis in besonderer Weise den Charakter eines Ersatzrechts gerade für den Fall, daß er die primär geschuldete Leistung nicht zu erbringen vermag. Ihm ist deshalb die Ersetzungsbefugnis noch im Zeitpunkt der Fälligkeit der Leistung zuzubilligen.

δ)   Wenn Leistungen jeder Art als Gegenleistung des Pächters zugelassen werden, ist damit nicht entschieden, daß der Vertrag ausschließlich nach Pachtrecht zu beurteilen ist (Mot II 372). Stellt die Übernahme der Gegenleistung in anderer Form als in Geld – für sich betrachtet – ein andersartiges Rechtsgeschäft dar, nimmt der Pachtvertrag einen **gemischten Charakter** an, so daß die für die andersartige Gegenleistung an sich maßgebenden Vorschriften im Rahmen des Pachtvertrags entsprechend anwendbar sind.

bb)   **Entrichtung**
Die Art und Weise der Entrichtung des Pachtzinses wird nicht dadurch festgelegt, daß der Pachtvertrag ein Dauerschuldverhältnis begründet. Es handelt sich zwar um eine einheitliche Schuld, also nicht um ein Wiederkehrschuldverhältnis mit jeweils neuem Entstehungsgrund. Gleichwohl steht es den Parteien frei, den Pachtzins in wiederkehrenden Leistungen für beliebige Zeitabschnitte zu bemessen. Dies bildet in der Praxis die Regel. Möglich ist auch die Vereinbarung einer einmaligen Leistung für die gesamte Pachtzeit (RG WarnR 1927, Nr 52; DRiZ 1934, Nr 265; BGH NJW 1995, 2548; OLG Bamberg OLGZ 1976, 195). Letzteres kommt in erster Linie bei einer bestimmten, vor allem kurzfristigen Pachtzeit oder einer Verpachtung zu einem einmaligen Zweck in Betracht. Nach der Rspr des RG gilt dies auch bei Pachtverträgen auf unbestimmte Zeit (RG DRiZ 1934, Nr 265; offengelassen von BGH NJW 1976, 2264, 2265). Dem ist zuzustimmen, weil es Sache der Parteien und damit das Risiko des Verpächters ist, die effektive Höhe des Pachtzinses zu bestimmen. Die Rendite sinkt zwar für den Verpächter mit zunehmender Pachtdauer, dafür steht ihm aber das Recht zur ordentlichen Kündigung zu. Eine solche Vereinbarung hält sich im Rahmen der Privatautonomie. Ist die Kündigung hingegen für längere Zeit ausgeschlossen und gerät der

Pachtzins dadurch in ein Mißverhältnis zur Leistung des Verpächters, kann § 138 eingreifen. Im übrigen ergeben sich bei der Vereinbarung einer einmaligen Gegenleistung im Rahmen eines auf unbestimmte Zeit abgeschlossenen Vertrags allenfalls Abgrenzungsschwierigkeiten, wenn die Parteien ihre Vereinbarung nicht als Pachtvertrag bezeichnet haben (BGH aaO). In diesem Fall ist die rechtliche Einordnung des Vertrags eine Frage der Auslegung und Wertung im Einzelfall. Die Parteien können den Pachtvertrag zur Erfüllung einer Schuld des Verpächters aus einem früheren, andersartigen Vertrag abschließen, wobei die Leistungen des jetzigen Pächters, die er im Rahmen des früheren Vertrags erbracht hat, als Vorwegleistung des Pachtzinses bestimmt werden (BGH LM Nr 1 zu § 556 = MDR 1960, 482). Möglich ist auch die Vereinbarung einer einmaligen Leistung neben wiederkehrenden Leistungen. Dabei stellt sich entsprechend den §§ 581 Abs 2, 573 die Frage der Wirksamkeit von Vorausverfügungen. Soweit die Parteien keine abweichenden Vereinbarungen getroffen haben, kann der Pächter seine Pachtzinsschuld nach Maßgabe der jeweiligen Voraussetzungen durch Leistung von Surrogaten nach den §§ 362 ff erfüllen. Ein Vergleichsgläubiger kann gegen den von ihm geschuldeten Pachtzins für den Gebrauch des Pachtgegenstandes, der ihm nach Eröffnung des Vergleichsverfahrens gewährt wird, in sinngemäßer Anwendung des § 55 S 1 Nr 1 KO grundsätzlich nicht mit dem die Vergleichsquote übersteigenden Teil seiner Gegenforderung aufrechnen (BGHZ 86, 382 = NJW 1983, 1119). Ein vertraglicher Ausschluß der Aufrechnung ist wirksam, da die Bestimmung des § 552 a nur für die Wohnraummiete gilt (OLG Köln WM 1987, 1308, 1310).

cc) Bemessung

182 α) Die Parteien können den Pachtzins in einem **festen Betrag** bemessen. Dies ist idR der Fall, wenn sie als Maßstab die Dauer des Pachtverhältnisses zugrunde legen. Eine solche Vereinbarung ist bei Pachtverhältnissen auf bestimmte und auf unbestimmte Zeit in gleicher Weise möglich. In beiden Fällen kann der Pachtzins in Form einmaliger oder wiederkehrender Leistungen entrichtet werden (Rn 181). Wiederkehrende Leistungen werden meist nach festen Zeitabschnitten bemessen, deren Dauer mit dem Pachtjahr nicht übereinzustimmen braucht und deren Bemessung den Parteien freigestellt ist. Im einzelnen hängt die Höhe des Pachtzinses dann vom Wert des Pachtgegenstandes und der Abrede der Parteien ab (Rn 191 ff).

183 β) Der Pachtzins kann von den Parteien in einem **variablen Betrag** bestimmt werden. Grundlage ist in diesen Fällen ein veränderlicher Maßstab. Hierfür kommt ein Anteil an den vom Pächter gezogenen Früchten in Betracht, wie schon in den Mot (II 422) hervorgehoben wird (RGZ 140, 206, 208; RG HRR 1934, Nr 1196; BGH WarnR 1964, Nr 88). Der Anteil kann in den Früchten selbst oder in deren Geldeswert bestehen (RGZ aaO). Derartige Vereinbarungen gehören als sog Teilpacht zu den partiarischen Rechtsverhältnissen (CROME, Die partiarischen Rechtsgeschäfte 37 ff; HUFFER, Das partiarische Geschäft als Rechtstypus [Diss München 1970]; STAUDINGER/EMMERICH Vorbem 43 zu § 581). Bei der Verpachtung einer Apotheke läßt § 8 S 3 ApothG ausdrücklich zu, den Pachtzins vom Umsatz oder Gewinn des Pächters abhängig zu machen, während eine solche Bemessung bei einem Mietvertrag durch S 2 ausgeschlossen wird. Hat sich der Pächter verpflichtet, innerhalb bestimmter Zeiträume eine Abrechnung zu erteilen, so handelt es sich idR um eine Hauptpflicht, deren Verletzung den Verpächter bei entsprechender Vereinbarung zur fristlosen Kündigung berechtigt (OLG Nürnberg

DWW 1961, 60). Im einzelnen hängt die Rechenschaftspflicht des Pächters von den vertraglichen Vereinbarungen ab (OLG Düsseldorf NJW-RR 1990, 1098).

Es ist möglich, den Anteil des Verpächters nach der Gesamtmenge der *Erzeugung* **184** durch den Pächter zu bemessen. Hierfür kommen organische Erzeugnisse des Pachtgegenstandes, die sonstige bestimmungsgemäße Ausbeute oder die in einem Betrieb hergestellten Waren in Betracht (RG JR 1925, Nr 1742; BGH LM Nr 4 zu § 133 [A]; LM Nr 39 zu § 242 [Bb] = MDR 1961, 307; LM Nr 49 zu § 242 [Bb] = NJW 1966, 105). Dies ist vor allem bei den auf die Gewinnung von Bodenschätzen gerichteten Pachtverträgen in Form eines Förderzinses üblich (RG JW 1901, 266; BGH LM aaO; OLG Bamberg JW 1932, 1066). Soll der Anteil in Geldeswert bestehen, ist auf den Verkaufspreis abzustellen. Hierbei ist es eine Frage der Auslegung, ob der Marktpreis oder der vom Pächter verlangte Verkaufspreis maßgebend ist. Bei schwankenden Preisen ist auf den Durchschnittserlös abzustellen. Auf den tatsächlichen Verkauf kommt es nicht an.

Recht verbreitet ist die Bemessung des Pachtzinses nach einem Anteil des *Umsatzes,* **185** den der Pächter erzielt (RGZ 149, 88; 160, 361, 366; RG DR 1942, 1161; OGHBrZ HEZ 2, 246; BGH Betrieb 1967, 2022; NJW 1979, 2351, 2352; OLG Celle BB 1974, 157; OLG Hamm BB 1974, 1609; OLG Stuttgart SJZ 1950, 339; AG Hamburg-Altona NJW-RR 1991, 272; Otto BlGBW 1984, 85). Welche Einnahmen des Pächters zum Umsatz gehören, ist im Einzelfall eine Frage der Auslegung des Vertrags. Die Parteien sind dabei nicht an steuerrechtliche Begriffsbestimmungen des Umsatzes in den §§ 10, 19 Abs 3 UStG gebunden. Ebensowenig sind ohne weiteres zivilrechtlich verwendete Umsatzbegriffe maßgebend, zumal auch insoweit hinsichtlich des Umfangs erhebliche Zweifel auftauchen können, so etwa im Rahmen der §§ 275 Abs 2 Nr 1, 277 Abs 1 HGB. Deshalb kann es fraglich sein, ob das Entgelt für sämtliche Lieferungen und Leistungen des Pächters erfaßt wird oder nur insoweit, als das Entgelt im Rahmen des eigentlichen Geschäftszwecks anfällt. Steuerrechtlich gehört die Umsatzsteuer nach § 10 Abs 4 S 2 UStG weder zum Entgelt als Bemessungsgrundlage noch zum Gesamtumsatz iS des § 19 Abs 3 UStG, wohl aber zum Umsatz iS des § 19 Abs 1 UStG (Sölch/Ringleb/List, UStG [1994] § 19 Rn 60). Bei der Rechnungslegung nach § 275 Abs 2 Nr 1 HGB werden die Umsatzerlöse üblicherweise netto nach Abzug der Umsatzsteuer ausgewiesen. Zudem ist fraglich, ob die tatsächlichen Einnahmen iS des § 20 UStG oder, wie im Regelfall der Umsatzbesteuerung nach § 13 Abs 1 Nr 1 a) UStG, die vereinbarten Entgelte Bemessungsgrundlage für den Pachtzins sein sollen.

Auszugehen ist von der Freiheit der Parteien, den Umsatzbegriff entsprechend den **186** Zwecken ihres Vertrags selbst zu bestimmen. Sie können dabei steuerrechtliche Kriterien zugrunde legen, vereinbarte statt der gezahlten Entgelte ansetzen und die Umsatzsteuer abziehen (Westenberger BB 1967, 1273, 1274). Ebenso können sie den Pachtzins von den Nettoerlösen iS des § 275 Abs 2 Nr 1 HGB berechnen und weitere Beträge als nur die Umsatzsteuer, wie zB andere durchlaufende Posten, mindernd berücksichtigen. Werden solche Beträge, wie etwa die Getränkesteuer, später erstattet, sind sie in die Bemessungsgrundlage einzubeziehen (BGH Betrieb 1967, 2022). Im einzelnen müssen für solche Gestaltungen jedoch konkrete Anhaltspunkte vorliegen (OLG Zweibrücken OLGZ 1972, 208). Haben die Parteien den Begriff des Umsatzes nicht näher bestimmt, sind die Bruttoeinnahmen einschließlich aller Steuern zugrunde zu legen (OLG Celle BB 1974, 157; Palandt/Putzo Rn 10). Dies gilt auch bei späteren Steuererhöhungen, falls der Pächter sich nicht vertraglich gegen dieses Risiko sichert. Da der Pächter den Pachtzins bei der Umsatzpacht in aller Regel aus seinen eigenen Einnahmen bestreiten soll, kommt es mangels abweichender Vereinbarungen grundsätzlich auf seine tatsächlichen Einnahmen, nicht aber auf die vereinbarten Entgelte an. Verwenden die Parteien nur den Begriff der Einnahmen, kann idR davon ausgegangen werden, daß sie den Umsatz im vorstehenden Sinne, nicht aber den Gewinn meinen.

187 Eine andere variable Bemessungsgrundlage für den Pachtzins ist der *Gewinn* des Pächters (RGZ 160, 361, 366; BGH NJW 1954, 425). Wenn die Parteien über die Art der Gewinnermittlung keine ausdrücklichen Vereinbarungen getroffen haben, kann hierüber grundsätzlich der Pächter bestimmen. Er muß sich jedoch im Rahmen etwaiger Rechtsvorschriften über die Gewinnermittlung halten, weil deren Anwendung in aller Regel von den Parteien stillschweigend vorausgesetzt wird. Dies gilt etwa bei Vollkaufleuten, die den Vorschriften der §§ 238 ff HGB über die Rechnungslegung unterfallen. Sofern die Parteien nicht ausdrücklich die Steuerbilanz als Bemessungsgrundlage vereinbaren, ist von der Handelsbilanz auszugehen, da diese auch im übrigen für Gläubiger des Kaufmanns maßgebend ist, während die Steuerbilanz Sonderzwecke im Verhältnis zum Staat erfüllt. Ist der Pächter handelsrechtlich nicht buchführungspflichtig, steht ihm die Art der Gewinnermittlung frei. Um willkürliche Ansätze auszuschließen, muß sich die Gewinnermittlung jedoch im Rahmen allgemein anerkannter Grundsätze ordnungsmäßiger Buchführung halten. So kann der Pächter etwa zwischen Bilanzierung nach handelsrechtlichen Vorschriften und einer Einnahme-Überschuß-Rechnung wählen, wie sie das Steuerrecht in § 4 Abs 3 EStG vorsieht. Angesichts des besonderen Zwecks steuerrechtlicher Gewinnermittlungsvorschriften kann der steuerliche Gewinn auch in diesem Fall mangels besonderer Abreden der Parteien nicht schlechthin als Bemessungsgrundlage für den Pachtzins maßgebend sein. Dies gilt etwa für die steuerrechtlichen Vorschriften des § 4 Abs 3 S 3 iVm den §§ 7 ff EStG über die Absetzung für Abnutzung, wenn handelsrechtlich an sich andere Möglichkeiten gegeben sind. Verwenden die Parteien nur den Begriff des Ertrags, kann damit der Gewinn als Reinertrag oder der Umsatz gemeint sein. Im allgemeinen liegt nach dem üblichen Sprachgebrauch die Auslegung als Gewinn näher.

188 γ) Verbreitet ist die Bemessung des Pachtzinses in einer **Verbindung von festem und variablem Betrag.** Die Parteien können zum einen den Pachtzins in einem festen Betrag nach Zeitabschnitten bemessen und unabhängig hiervon einen variablen Betrag nach der Menge der Erzeugung, dem Umsatz oder dem Gewinn des Pächters vereinbaren (RG JR 1925, Nr 1742). Zum anderen kann der Pachtzins in einem festen Betrag bestehen, der erst dann zu erhöhen ist, wenn eine bestimmte Grenze der Erzeugung, des Umsatzes oder des Gewinns überschritten wird (RGZ 160, 361, 366; OLG Hamm BB 1974, 1609; OLG Celle ZMR 1973, 109). Der variable Betrag kann aber auch danach bemessen werden, daß eine bestimmte Umsatzmenge nicht erreicht wird, etwa wenn eine Brauerei bei der Bemessung des festen Pachtzinses von einer bestimmten Abnahmemenge durch den Pächter ausgeht und sich für den Fall, daß diese Menge nicht erreicht wird, eine zusätzliche Pachtzinszahlung versprechen läßt (BGHZ 109, 314 = NJW 1990, 567). In allen Fällen ist der feste Betrag ein dem Verpächter garantierter Mindestpachtzins.

189 δ) Bei der Bemessung des Pachtzinses in einem festen Betrag trägt der Pächter das **Risiko** allein, weil er den Pachtzins entsprechend den §§ 581 Abs 1, 552 grundsätzlich auch dann schuldet, wenn er den Pachtgegenstand nicht gebraucht und dieser keine Erträge bringt. Eine Ausnahme gilt nur, wenn der Pächter wegen eines Mangels des Pachtgegenstandes entsprechend den §§ 581 Abs 2, 537 berechtigt ist, den Pachtzins zu mindern (Rn 209). Im übrigen rechtfertigen selbst Verluste des Pächters nicht ohne weiteres eine Herabsetzung. Ist der Pachtzins hingegen nach der Menge der Erzeugung, dem Umsatz oder dem Gewinn variabel gestaltet, kann er ganz entfallen, wenn diese Voraussetzungen in einem Wirtschaftsjahr nicht erfüllt werden (RG HRR 1934, Nr 1196). Dabei stellt sich allerdings die Frage, ob und inwieweit der Pächter zum Gebrauch des Pachtgegenstandes und zur Fruchtziehung oder mindestens zur Leistung von Schadensersatz verpflichtet ist (Rn 221 ff). So kann die ergänzende Vertragsauslegung ergeben, daß dem Verpächter bei der Umsatzpacht der Pachtzinsausfall während der Betriebsferien des Pächters zu ersetzen ist (OLG Hamm BB 1974, 1609). Eine Verletzung der Gebrauchspflicht kann ebenfalls einen Schadensersatzanspruch des Verpächters auslösen (Rn 224).

ε) Bei der Bemessung des Entgelts in einem variablen Betrag stellt sich die Frage **190** der **Abgrenzung zwischen Pacht- und Gesellschaftsvertrag** (STAUDINGER/EMMERICH Vorbem 43 ff zu § 581). Der partiarische Charakter eines Vertrags durch Beteiligung an der Erzeugung, dem Umsatz oder Gewinn begründet kein Gesellschaftsverhältnis. Kennzeichnend für den Gesellschaftsvertrag ist nach § 705 die Verfolgung eines bestimmten gemeinsamen Zwecks durch die Parteien eines Rechtsgeschäfts, während bei partiarischen Rechtsverhältnissen allenfalls ein gleichgerichtetes Interesse der Beteiligten vorliegt. So spricht es für einen Pachtvertrag, wenn der Eigentümer einem Dritten einen Gegenstand überläßt, ohne daß ein gemeinschaftliches Vermögen gebildet wird, der Dritte allein den Gegenstand gebraucht und Erträge zieht, während der Eigentümer nur in einer bestimmten Quote an den Erträgen beteiligt wird (Mot II 422). Darin liegt keine gemeinsame Zweckverfolgung (RGZ 149, 88, 89; 160, 361, 366; BGH NJW-RR 1988, 417). Wird dem Eigentümer jedoch ein selbständiges Recht auf Entnahmen aus einer gemeinsam geführten Wirtschaftskasse eingeräumt, besteht ein Gesellschaftsvertrag, da ein solches Entnahmerecht mit einem Pachtvertrag unvereinbar ist (RG DR 1942, 1161).

dd) Höhe

α) Die Höhe des Pachtzinses hängt von der **Vereinbarung** der Parteien ab. Sie **191** unterliegt grundsätzlich keinen Beschränkungen. Eine Grenze wird nur durch die gesetzlichen Wucherverbote gezogen, für die in erster Linie das Mißverhältnis von Leistung und Gegenleistung ausschlaggebend ist. Zivilrechtlich kann § 138 eingreifen (Rn 132). Strafrechtlich kommen § 302 a Abs 1 Nr 3 StGB und § 4 WiStrG in Betracht. Eine weitere Grenze wird bei der Apothekenpacht durch die §§ 9 Abs 2 S 2, 12 ApothG gezogen. Hiernach darf der Pachtvertrag die berufliche Verantwortlichkeit und Entscheidungsfreiheit des pachtenden Apothekers nicht beeinträchtigen. Dies kann auch schon unterhalb der Grenze des Wucherverbots durch einen unangemessen hohen Pachtzins eintreten (BREYER, ApothG § 9 Anm 5; SCHIEDERMAIR/PIECK, ApothG § 9 Rn 114 ff; vgl BGHZ 75, 214 = NJW 1980, 638 zur stillen Beteiligung nach § 8 ApothG). Ein Verstoß macht den Pachtvertrag nach § 12 ApothG nichtig. Soll der Pächter neben dem Pachtzins Vorauszahlungen auf die Nebenkosten entrichten, über die gesondert abzurechnen ist, so müssen die Parteien dies vereinbaren. Ist eine solche Vereinbarung nicht getroffen worden, kann die Vorauszahlungspflicht nicht durch richterliche Ergänzung in den Vertrag eingefügt werden (OLG Düsseldorf ZMR 1988, 97).

192 Die Parteien müssen über die Höhe des Pachtzinses grundsätzlich einig sein, da es sich um einen wesentlichen Vertragsbestandteil handelt. Die Einigung kann ausdrücklich oder stillschweigend zustande kommen. Der Vertragsabschluß scheitert jedoch nicht ohne weiteres daran, daß die Parteien **keine fest bestimmte Höhe** des Pachtzinses vorgesehen haben, sofern sie sich nur über den entgeltlichen Charakter des Vertrags einig sind und der Pachtzins bestimmbar ist. Für den Dienst- und den Werkvertrag ist in den §§ 612 Abs 2, 632 Abs 2 gesetzlich bestimmt, daß in diesen Fällen bei dem Bestehen einer Taxe die taxmäßige Vergütung, in Ermangelung einer Taxe die übliche Vergütung als vereinbart anzusehen ist. Im Miet- und Pachtrecht bestehen keine vergleichbaren Vorschriften. Sie können jedoch entsprechend angewandt werden, da ihnen ein allgemeiner Rechtsgedanke zugrunde liegt (ROQUETTE § 535 Rn 238). Bei der Pacht kommt hierbei weniger eine taxmäßige als vielmehr die übliche Vergütung in Betracht, die für einen gleichen oder ähnlichen Pachtgegenstand an dem betreffenden Ort unter normalen Verhältnissen im allgemeinen entrichtet wird. Ist eine übliche Vergütung nicht feststellbar, wird der Pachtzins in angemessener Höhe festgesetzt. Die Bestimmung steht nach den §§ 316, 315 im Zweifel dem Verpächter zu und ist nach billigem Ermessen zu treffen (RG LZ 1914, 1027 Nr 2; KG NJW 1955, 949). Ob eine solche Bestimmung der Billigkeit entspricht, ergibt sich aus einer Abwägung der objektiven wirtschaftlichen Interessenlage zwischen den Vertragspartnern (BGHZ 41, 271, 279 = NJW 1964, 1617, 1619), wobei es auf die Bedeutung und den Wert des Pachtgegenstandes ankommt. Die Bestimmung des Pachtzinses kann nach § 317 einem Dritten, zB einem Sachverständigen, überlassen werden (BFHE 102, 247 = BStBl II 1971, 566). Es genügt allerdings nicht, daß nur der Weg zur Bestimmung der Leistung angegeben ist. Auch die Gesichtspunkte, die von der zur Entscheidung berufenen Person zu berücksichtigen sind, müssen in der vertraglichen Vereinbarung enthalten sein (BGHZ 55, 248, 251 = NJW 1971, 653, 654).

193 Der Pachtzins umfaßt die **Umsatzsteuer,** die der Verpächter für die entgeltliche Überlassung des Pachtgegenstandes zu zahlen hat. Steuerbefreit ist nach § 4 Nr 12 a) UStG nur die Verpachtung von Grundstücken, grundstücksgleichen Rechten und von staatlichen Hoheitsrechten, die Nutzungen von Grund und Boden betreffen. Hierzu gehören auch Grundstücksteile, wie vor allem einzelne Räume eines Gebäudes. Soweit das Entgelt auf Teile des Pachtgegenstandes entfällt, die nicht von der Steuerbefreiung erfaßt werden, ist es zum Zwecke der Besteuerung grundsätzlich aufzuteilen. Davon wird nur bei ortsüblichen Nebenleistungen wie Heizung und dgl abgesehen. Haben die Parteien die Umsatzsteuer bei der Vereinbarung des Pachtzinses nicht gesondert ausgewiesen, kann der Verpächter deren Zahlung nicht neben dem vereinbarten Betrag verlangen, soweit die Parteien nicht eine abweichende Regelung getroffen haben oder ein dahin gehender Handelsbrauch zwischen Unternehmen besteht, die zum Vorsteuerabzug berechtigt sind.

194 β) Eine spätere **Erhöhung** des bei Vertragsabschluß vorgesehenen Pachtzinses bedarf grundsätzlich einer Vereinbarung der Parteien, da es sich um eine Änderung des Pachtvertrags handelt. In der Praxis ist eine Fülle verschiedener Anpassungsregelungen entwickelt worden (HORN NJW 1985, 1118).

αα) Die Parteien können den Pachtzins durch eine **erneute Einigung** jederzeit erhö- 195
hen, auch wenn für die gesamte Pachtzeit ein bestimmter Betrag festgelegt worden
ist. Darin liegt eine Vertragsänderung, die ihnen bei Einvernehmen offensteht. Sie
bedarf unter den Voraussetzungen der §§ 581 Abs 2, 566 der Schriftform (Rn 280).
Die Parteien können sich schon im ursprünglichen Vertrag verpflichten, den Pachtzins nach einer bestimmten Zeit (RG WarnR 1929, Nr 131; LG Münster WuM 1981, U 16
[LS]) oder beim Vorliegen gewisser Voraussetzungen durch Vereinbarung neu festzusetzen. Sie können dabei im Sinne einer Bedingung auf ein zukünftiges, ungewisses
Ereignis abstellen, dessen Eintritt die Verpflichtung zur Aufnahme von Verhandlungen über die Vertragsänderung auslöst, so etwa bei einer erheblichen Änderung der
wirtschaftlichen Verhältnisse (BGH NJW 1964, 1021). Die Bestimmung der Höhe des
Pachtzinses kann nach § 317 für den Fall, daß sich die Parteien nicht einigen, einem
Dritten, etwa einem Schiedsgericht, übertragen werden. Sind die Pachtzinsen durch
Schiedsgutachten veränderten Verhältnissen anzupassen oder neu festzusetzen, so
hat der Sachverständige bei Bestimmung der Leistung grundsätzlich Vergleichsob-
jekte mit heranzuziehen. Die zugrunde gelegten Faktoren und das Ergebnis müssen
nachprüfbar sein. Anderenfalls ist das Schiedsgutachten offenbar unbillig iS des
§ 319 Abs 1 (BGH BB 1977, 415; WM 1982, 102). Eine Schiedsklausel kann durch schlüssiges Verhalten der Parteien, etwa durch Führung eines Rechtsstreits vor dem
ordentlichen Gericht und durch rügelose Einlassung des anderen Teils, aufgehoben
werden. Die Entscheidung obliegt dann nach § 319 Abs 1 S 2 dem Gericht, ohne daß
die Beschränkungen des S 1 eingreifen (BGH BB 1977, 619). Die Parteien können sich
indessen für den Fall, daß sie sich nicht einig werden, auch ein Recht zur außerordentlichen Kündigung einräumen.

Kleiden die Parteien die Bedingung für eine Änderung des Pachtzinses in die Form 196
eines **Leistungsvorbehalts,** stellt sich nach § 3 S 2 WährG die Frage der Genehmigungsbedürftigkeit durch die Deutsche Bundesbank. Die Genehmigung ist erforderlich für die Eingehung einer Geldschuld, deren Betrag in Deutscher Mark durch den
Kurs einer anderen Währung oder durch den Preis von Gold oder anderen Gütern
oder Leistungen bestimmt werden soll. Ein Leistungsvorbehalt ist eine Vereinbarung, nach der die Vertragspartner oder ein Dritter im Falle der Änderung der Preise
oder Werte für bestimmte Güter oder Leistungen den geschuldeten Betrag neu festsetzen sollen, ohne daß das Ausmaß der Änderung bindend festgelegt ist, die
Änderung der Bezugsgröße also nur Voraussetzung oder Anlaß für die Änderung
der Leistung sein soll (BGH BB 1968, 930). Sofern die Parteien nicht ausdrücklich
etwas anderes vereinbart haben, kann idR davon ausgegangen werden, daß die Leistung nur in der Bewegungsrichtung der Bezugsgröße angepaßt werden soll (OLG
Frankfurt/M BB 1979, 1630). Ein solcher Leistungsvorbehalt ist auch bei Miet- und
Pachtverhältnissen grundsätzlich genehmigungsfrei (BGH BB 1962, 737; WM 1967, 515;
OLG Hamburg ZMR 1985, 237; DÜRKES, Wertsicherungsklauseln Rn B 48 f, D 545 ff mwNw; ders
BB 1958, 795; FRIELINGSDORF Betrieb 1982, 789; OTTO BlGBW 1984, 85; SAMM/HAFKE, Grundbesitz und Wertsicherungsklauseln 10 ff), wenn er für die vorgesehene Festsetzung des neuen
Pachtzinses im Verhandlungswege einen ausreichenden Spielraum beläßt (BGH NJW
1975, 44, 45; WILLMS/WAHLIG BB 1978, 973, 974). Die Genehmigung ist jedoch erforderlich, wenn es sich bei dem Pachtzins um eine Geldschuld handelt und die Parteien
sich genau in dem Umfang der Veränderung der vorgesehenen Bezugsgröße zu einigen haben. In diesem Fall wird der Pachtzins zwangsläufig an die Veränderung der
Bezugsgröße gebunden. Solche Klauseln in Miet- und Pachtverträgen werden von

der Deutschen Bundesbank nur genehmigt, wenn der Vertrag für die Lebenszeit einer der Parteien, für die Dauer von mindestens 10 Jahren, mit dem Recht des Mieters oder Pächters, die Vertragsdauer auf mindestens 10 Jahre zu verlängern oder in der Weise abgeschlossen ist, daß er vom Vermieter oder Verpächter durch Kündigung frühestens nach Ablauf von 10 Jahren beendet werden kann (Nr 1 b der Mitteilung Nr 1015/78 betr Grundsätze bei der Entscheidung über Genehmigungsanträge nach § 3 des WährG [Nr 2 c der WährVO für Berlin] vom 9. 6. 1978, BAnz Nr 109 vom 15. 6. 1978, S 4, abgedr. bei DÜRKES, Wertsicherungsklauseln Anh I).

197 ββ) Eine spätere Erhöhung des Pachtzinses kann auf der **ursprünglichen vertraglichen Einigung** beruhen. Räumen die Parteien einem der Vertragspartner oder generell einem Dritten ein einseitiges Bestimmungsrecht ein, gilt § 316 oder § 317, so daß die Bestimmung der neuen Höhe des Pachtzinses grundsätzlich nach billigem Ermessen zu treffen ist (Rn 195). Beruht das Bestimmungsrecht auf einem Leistungsvorbehalt, stellt sich die Frage der Genehmigungsbedürftigkeit nach § 3 WährG (Rn 196). Die Parteien können schon in der ursprünglichen vertraglichen Regelung eine Erhöhung des Pachtzinses vorsehen, die automatisch eintritt, also keiner weiteren Vereinbarung oder einseitigen Erklärung bedarf. Hierfür bietet sich die Form des Staffelpachtzinses an, indem der Pachtzins von vornherein für bestimmte Zeiträume in unterschiedlicher Höhe mit steigenden Raten festgelegt wird (OLG Celle OLGZ 1966, 6). Der rechtlichen Konstruktion nach handelt es sich um eine Pachtzinsvereinbarung, die in der Höhe nach § 163 jeweils befristet ist. Eine andere Form der automatischen Erhöhung mit dem Ziel der Wertsicherung ist es, eine aufschiebende Bedingung zu vereinbaren, bei deren Eintritt sich der Pachtzins nach § 158 Abs 1 ohne weiteres erhöht. Hierfür kann im Pachtvertrag auch auf eine Erhöhung des Entgelts abgestellt werden, das der Verpächter zu zahlen verpflichtet ist, wenn er zB die verpachteten Räume selbst nur gemietet hat (BGH WM 1981, 253).

198 Für eine derartige Wertsicherung kommen **Spannungsklauseln** in Betracht. Hiermit werden Abreden bezeichnet, die eine Schuld mit der Entwicklung des Preises oder Wertes gleichartiger oder vergleichbarer Güter oder Leistungen verknüpfen, also nicht mit dem Preis andersartiger Güter oder Leistungen (DÜRKES Rn D 5 ff; SAMM/HAFKE 15 ff; WILLMS/WAHLIG BB 1978, 973, 974). Auch wenn es sich um Geldschulden handelt, sind solche Spannungsklauseln nicht nach § 3 S 2 WährG genehmigungsbedürftig, weil nicht der Geldbetrag durch den Preis anderer Güter oder Leistungen bestimmt wird. Vielmehr wird die eigene Leistung des Gläubigers der Geldschuld anhand der gleichartigen anderen Leistung klassifiziert und zu dieser in ein gleichbleibendes Spannungsverhältnis gesetzt (BGHZ 14, 306, 310 f = NJW 1954, 1684, 1685; BGH BB 1952, 88 m Anm GRAF VON DER GOLTZ; WILLMS/WAHLIG aaO). Dies gilt auch für die Vereinbarung eines Pachtzinses, der sich jeweils dem vergleichbaren Pachtzins für Pachtgegenstände gleicher Art (DÜRKES Rn D 14, 541 ff) oder dem vom Pächter mit dem Pachtgegenstand selbst erzielten Miet- und Pachtzins anpassen soll (BGH NJW 1976, 422). Eine Spannungsklausel ist ferner anzunehmen, wenn der Pachtzins entsprechend den am Kapitalmarkt erzielbaren Zinsen angepaßt werden soll (OLG Koblenz BB 1992, 2247). Problematisch ist indessen die Frage der Gleichartigkeit im Einzelfall (DÜRKES Rn D 15 ff; WILLMS/WAHLIG aaO). Die Rspr geht dabei eher von einer formalen Gleichheit der Leistung und des Rechtsgrundes aus (BGH BB 1974, 101; OLG Hamburg ZMR 1985, 237). Ist die Gleichartigkeit nicht gegeben, bleibt die Wertsicherung des in einer DM-Geldschuld bemessenen Pachtzinses nach § 3 S 2 WährG genehmigungsbedürftig. Hierbei sind die Genehmigungsgrundsätze der Deutschen Bundesbank zu beachten (Rn 196).

Im übrigen sind **Wertsicherungsklauseln** unter den Voraussetzungen des § 3 S 2 WährG nur wirksam, wenn die Deutsche Bundesbank sie genehmigt hat (SAMM/ HAFKE 36 ff). Dies ist erforderlich für die Eingehung einer Geldschuld, deren Betrag in Deutscher Mark durch den Kurs einer anderen Währung oder durch den Preis von Gold oder anderen Gütern oder Leistungen bestimmt werden soll. Eine Wertsicherungsklausel ist auch dann genehmigungsbedürftig, wenn sie auf eine andere bereits genehmigte Wertsicherungsklausel Bezug nimmt, die in einem weiteren, dasselbe Grundstück betreffenden Miet- oder Pachtvertrag enthalten ist und ihrerseits einen genehmigungsbedürftigen Inhalt hat (BGH NJW 1983, 1909). Vor der Genehmigung ist die Vereinbarung einer Wertsicherungsklausel schwebend unwirksam. Eine nachträgliche Genehmigung hat rückwirkende Kraft (BGH WM 1959, 1160). Die Klausel kann auch dann noch genehmigt werden, wenn der Vertrag durch fristlose Kündigung des Verpächters bereits aufgelöst ist, weil die durch die Pachtzinsänderung begünstigte Partei nicht aufgrund des vertragswidrigen Verhaltens des anderen Vertragsteils benachteiligt werden darf (BGH WuM 1979, 210, 211). Die Genehmigungsfähigkeit wird selbst dadurch nicht ausgeschlossen, daß die durch die Pachtzinsänderung begünstigte Partei den Grund für die fristlose Kündigung durch den anderen Vertragsteil gesetzt hat. Die Kündigung beendet den Vertrag nur für die Zukunft. Die Genehmigung betrifft aber einen Zeitraum, in dem der Vertrag nach § 139 entweder teilweise wirksam war oder insgesamt als schwebend unwirksam jedenfalls tatsächlich vollzogen wurde. Der Genehmigungsfähigkeit steht auch nicht entgegen, daß die Laufzeit des Vertrags wegen der fristlosen Kündigung keine zehn Jahre mehr erreicht (BGH WuM 1979, 210, 211). Auf den Grund der vorzeitigen Beendigung kann es dabei im Interesse des begünstigten Teils nicht ankommen, wenn die von der Deutschen Bundesbank verlangte Mindestlaufzeit (Rn 196) vertraglich vorgesehen war. Ausnahmen sind in Mißbrauchsfällen, etwa bei einverständlicher vorzeitiger Aufhebung, möglich. Ist eine Wertsicherungsklausel nicht genehmigungsfähig, so kann sich aus Treu und Glauben eine Verpflichtung der Parteien ergeben, eine genehmigungsfreie Gleitklausel zu vereinbaren (BGH NJW 1967, 830). In Betracht kommt auch, die nicht genehmigungsfähige Klausel im Wege der ergänzenden Vertragsauslegung durch eine genehmigungsfreie Klausel zu ersetzen (BGH BB 1974, 1506; BB 1976, 483; OLG Karlsruhe BB 1981, 2097).

Der Pachtzins muß als *Geldschuld in Deutscher Mark* vereinbart sein. Die Genehmigung ist deshalb nicht erforderlich, wenn der Pachtzins wie bei der Naturalpacht in Gütern, etwa als Teil der natürlichen Früchte, oder in anderen Leistungen besteht (DÜRKES Rn D 296). Ebenfalls nicht genehmigungsbedürftig ist es, wenn eine Ersetzungsbefugnis in der Weise eingeräumt ist, daß an die Stelle des vom Pächter primär geschuldeten Geldbetrags eine schon im Vertrag nach Art und Menge genau bestimmte Naturalleistung tritt (Rn 179). Das gleiche gilt bei einer Wahlschuld zwischen Geld- und Naturalleistung (Rn 178). In beiden Fällen ist die Naturalleistung geschuldet, ohne ihrerseits von einer dritten Bezugsgröße abhängig zu sein (vgl BGH BB 1962, 737). Unerheblich ist, welcher Partei die Ersetzungsbefugnis oder das Wahlrecht zusteht. Wird der Pachtzins zwischen Inländern von vornherein in ausländischer Währung vereinbart, greift die Genehmigungsbedürftigkeit nach § 3 S 1 WährG ein.

201 Als *Bezugsgröße* iS des § 3 S 2 WährG kommen die Entwicklung der Lebenshaltungskosten, der Löhne, Gehälter oder Renten sowie der künftige Preis oder Wert sonstiger verschiedenartiger Güter oder Leistungen, auch von Grundstücken, und fremde Währungen in Betracht. Hierbei sind im einzelnen die Genehmigungsgrundsätze der Deutschen Bundesbank zu beachten, die ua auf die Dauer des Vertragsverhältnisses, die Art des Vertragsgegenstandes und des etwaigen Geschäftsbetriebs des Schuldners abstellen (vgl insbes Nr 1 b der Mitteilung Nr 1015/78 betr Grundsätze bei der Entscheidung über Genehmigungsanträge nach § 3 des WährG [Nr 2 c der WährVO für Berlin] vom 9. 6. 1978, BAnz Nr 109 vom 15. 6. 1978, S 4, abgedr bei DÜRKES, Wertsicherungsklauseln Anh I; WILLMS/WAHLIG BB 1978, 973). Die Bindung des geschuldeten Betrags an den künftigen Goldpreis ist nach Nr 2 b) der Grundsätze schlechthin ausgeschlossen. Zudem darf die Wertsicherung nach Nr 2 a) der Grundsätze nicht einseitig auf eine Erhöhung zugunsten des Gläubigers gerichtet sein. Bei einer Wertsicherungsklausel, die auf den Preis einer bestimmten Ware abstellt, hat die Rspr eine Preiserhöhung insoweit für unmaßgeblich erklärt, als sie auf der Einführung der Mehrwertsteuer beruhte (BGH NJW 1972, 677; OLG Köln OLGZ 1971, 137). Abgesehen von dem Sonderfall einer Umstellung des Besteuerungssystems, kann eine Steuererhöhung, die zu einer Preissteigerung führt, jedoch die Folgen der Wertsicherungsklausel auslösen, wenn die Klausel insoweit nicht differenziert; denn die Steuer gehört zum Preis (Rn 193). Wird in der Klausel auf ein Basisjahr Bezug genommen, auf dessen Grundlage ein veröffentlichter Index nicht existiert, so ist die Klausel nicht unwirksam. Der für ein früheres oder späteres Jahr veröffentlichte Index ist auf das vertragliche Basisjahr umzurechnen (OLG Köln WM 1987, 1308 m Anm HIRTE BB 1987, 1421).

202 Die Rspr schließt aus dem Wortlaut des § 3 S 2 WährG, daß nur solche Klauseln genehmigungsbedürftig sind, die die Geldschuld *automatisch* an die veränderte Bezugsgröße anpassen sollen. Sie leitet daraus die Genehmigungsfreiheit eines Leistungsvorbehalts ab (BGH NJW 1969, 91, 92; DÜRKES Rn B 48 f, D 545 ff mwNw). Charakteristisch für genehmigungsbedürftige Wertsicherungsklauseln ist es hiernach, daß die Höhe der geschuldeten Geldleistung unmittelbar von einer Änderung der vorgesehenen Bezugsgröße abhängt und eine Änderung dieser Bezugsgröße zugleich und unbedingt (automatisch), ohne daß es für die Anpassung der Leistungen einer zusätzlichen Tätigkeit der Vertragsteile bedarf, zu einer entsprechenden Änderung der Geldleistung führen muß (BGH aaO). Dies bedeutet, daß ein erhöhter Pachtzins bei Vorliegen der Voraussetzungen der Wertsicherungsklausel ohne weiteres fällig wird (BGH NJW 1980, 589; OLG Köln WM 1987, 1308 m Anm HIRTE BB 1987, 1421). Die Parteien können indessen abweichend von diesem Regelfall vereinbaren, daß die Aufforderung des Verpächters, den erhöhten Pachtzins zu zahlen, Voraussetzung für diesen Anspruch ist (vgl BGH WM 1979, 784, 786). Macht der Verpächter anstelle der Erhöhungen, die entsprechend dem Lebenshaltungskostenindex vereinbart sind, über viele Jahre in unregelmäßigen Abständen Zuschläge zum Pachtzins nach anderen als den vertraglich geregelten Maßstäben geltend, so kann eine spätere Nachforderung, die auf die Wertsicherungsklausel gestützt wird, verwirkt sein (OLG Celle NJW-RR 1991, 271).

203 γγ) Unabhängig von der auf Parteivereinbarungen beruhenden Wertsicherung kommt eine Erhöhung des Pachtzinses nach der Lehre vom **Wegfall der Geschäftsgrundlage** in Betracht. Unter dem Gesichtspunkt der Störung des Äquivalenzverhältnisses stellt sich die Frage einer Anpassung des Pachtzinses an geänderte Verhältnisse, wenn er als Gegenleistung für die Überlassung und Nutzung des Pachtgegenstandes durch die zwischenzeitliche Geldentwertung vor allem bei langfristigen Verträgen seinen Wert derart eingebüßt hat, daß ein grobes Mißverhältnis entstanden ist (vgl EMMERICH, Das Recht der Leistungsstörungen 337 ff mwNw; HAARMANN, Wegfall der Geschäftsgrundlage bei Dauerrechtsverhältnissen [1979]; JOACHIM BB 1988, 779; KÖHLER, Unmöglichkeit und Geschäftsgrundlage bei Zweckstörungen im Schuldverhältnis [1971] 31 ff; ders JA 1979, 498; KOLLER 309 f).

Das *RG* ließ in eng begrenzten Ausnahmefällen eine Anpassung des Pachtzinses zu, **204** wenn die Parteien am Vertrag festhielten, obwohl Krieg und Staatsumwälzung einschließlich der Geldentwertung die wirtschaftlichen Verhältnisse völlig verändert hatten, so daß Leistung und Gegenleistung in ein schlechthin unerträgliches Mißverhältnis geraten waren (RGZ 104, 218; vgl RGZ 100, 129 – Miete). Der *BGH* hat im Prinzip an dieser Rspr festgehalten. Er betont jedoch, daß nicht jede Beeinträchtigung des Gleichgewichtsverhältnisses, mit der die Beteiligten bei Vertragsabschluß nicht gerechnet hatten, den Vertragsinhalt umgestalten kann. Vielmehr bedürfe es dazu einer wirklich einschneidenden Änderung der maßgeblichen Verhältnisse, die ein starres Aufrechterhalten der früheren Vereinbarung als unvereinbar mit Recht und Gerechtigkeit erscheinen lasse. Auf dieser Grundlage ließ der BGH nur in einem mietrechtlichen Ausnahmefall eine Anpassung des Entgelts bei wesentlich gestiegenen Unkosten des Vermieters zu, die die Mieteinnahmen ganz oder doch im wesentlichen aufzehrten (BGH Betrieb 1958, 1325). In mehreren Urteilen zu Kaliabbauverträgen wurde die Anpassung hingegen mit der Begründung abgelehnt, die Verminderung der Kaufkraft des Geldes allein verändere nicht die Geschäftsgrundlage, wenn der Förderzins nach der Menge des gewonnenen Kalisalzes festgelegt sei, der Preisanstieg der Kalisalze aber nur eine Folge der allgemeinen Kaufkraftminderung des Geldes sei und darin keine Steigerung des inneren Wertes der Kalisalze zum Ausdruck komme (BGH LM Nr 34 zu § 242 [Bb] = NJW 1959, 2203; LM Nr 39 zu § 242 [Bb] = MDR 1961, 307; LM Nr 49 zu § 242 [Bb] = NJW 1966, 105). Dies wird in erster Linie mit währungsrechtlichen Erwägungen begründet, weil die Berücksichtigung der Kaufkraftminderung unter dem Gesichtspunkt des Wegfalls der Geschäftsgrundlage sonst im Ergebnis ganz allgemein zu einer Art stillschweigender Währungsgleitklausel führen würde. Auch aus § 593, der bei der Landpacht ein Recht auf Vertragsänderung einräumt, wenn sich die Verhältnisse, die für die Festsetzung der Vertragsleistungen maßgebend waren, nachhaltig in bestimmter Weise geändert haben, läßt sich keine abweichende Entscheidung ableiten. Vielmehr zeigt gerade die isolierte Aufnahme dieser landpachtrechtlichen Vorschrift in das BGB, daß es sich um eine Sonderregelung handelt, die keine allgemeine Geltung beansprucht (vgl BGH LM Nr 34 zu § 242 [Bb] = NJW 1959, 2203, 2204). Hiernach kommt eine Erhöhung des Pachtzinses wegen Störung des Äquivalenzverhältnisses nur in höchst seltenen Ausnahmefällen in Betracht.

γ) Eine spätere **Herabsetzung** des bei Vertragsabschluß vereinbarten Pachtzinses **205** folgt im wesentlichen den gleichen Regeln wie die Erhöhung (Rn 194 ff). Grundsätzlich ist eine Vereinbarung der Parteien erforderlich.

αα) Der Pachtzins kann durch eine **erneute Einigung** der Parteien jederzeit herab- **206** gesetzt werden, auch wenn für die gesamte Pachtzeit ein bestimmter Betrag festgelegt worden ist. Darin liegt idR eine Vertragsänderung, falls die Parteien nicht eindeutig einen Neuabschluß beabsichtigen und vollziehen (RG JW 1918, 302 Nr 4). Die Änderung bedarf unter den Voraussetzungen der §§ 581 Abs 2, 566 der Schriftform (Rn 280). Die Herabsetzung des Pachtzinses kann auf einen Teil der restlichen Vertragszeit beschränkt werden, so daß später wieder die ursprüngliche Vereinbarung in Kraft tritt (RG aaO). Die Parteien können sich schon im ursprünglichen Vertrag verpflichten, den Pachtzins nach einer bestimmten Zeit oder beim Vorliegen bestimmter Voraussetzungen durch eine neue Vereinbarung herabzusetzen. Dies kann in Form eines Leistungsvorbehalts geschehen, der nicht nach § 3 S 2 WährG genehmigungsbedürftig ist (Rn 196).

207 ββ) Eine spätere Herabsetzung des Pachtzinses kann bereits auf der **ursprünglichen vertraglichen Einigung** beruhen. Die Parteien können hierdurch einem der Vertragspartner oder einem Dritten ein einseitiges Bestimmungsrecht nach den §§ 316, 317 einräumen (Rn 192, 195, 197) oder eine automatische Herabsetzung des Pachtzinses vereinbaren. Hierfür bietet sich ein Staffelpachtzins in fallenden Raten (Rn 197) oder eine Wertsicherung an, indem eine nicht dem § 3 S 2 WährG unterliegende Spannungsklausel (Rn 198) oder eine genehmigungsbedürftige Wertsicherungsklausel (Rn 199 ff) vereinbart wird. Solche Wertsicherungsklauseln werden von der Deutschen Bundesbank ohnehin nur genehmigt, wenn sie nicht nur einseitig eine Erhöhung, sondern umgekehrt auch eine entsprechende Ermäßigung des Zahlungsanspruchs bei einem Sinken der Bezugsgröße bewirken (Nr 2 a der Mitteilung Nr 1015/78 betr Grundsätze bei der Entscheidung über Genehmigungsanträge nach § 3 des WährG [Nr 2 c der WährVO für Berlin] vom 9. 6. 1978, BAnz Nr 109 vom 15. 6. 1978, S 4, abgedr bei DÜRKES, Wertsicherungsklauseln Anh I; WILLMS/WAHLIG BB 1978, 973).

208 γγ) Unabhängig von der auf Parteivereinbarung beruhenden Wertsicherung kann der Pachtzins nach der Lehre vom **Wegfall der Geschäftsgrundlage** im Wege der Vertragsanpassung herabzusetzen sein. Hierfür kommen aber ebenso wie bei der Erhöhung des Pachtzinses unter dem Gesichtspunkt der Störung des Äquivalenzverhältnisses nur ganz eng begrenzte Ausnahmefälle in Betracht (Rn 203 f). Die Rspr hat eine Herabsetzung anerkannt in den Fällen einer Explosion in einem Kalibergwerk (BGH LM Nr 2 zu § 242 [Ba] = NJW 1951, 836; LM Nr 27 zu § 242 [Ba] = MDR 1959, 116) und der Unterbrechung der Rohstoffzufuhr für die Produktion des Pächters durch die Berlin-Blockade (BGH NJW 1958, 785 m Anm KUBISCH NJW 1958, 1084). Es reicht jedoch im allgemeinen nicht aus, wenn die vertragsgemäße Erfüllung dem Pächter infolge einer von beiden Parteien nicht voraussehbaren Entwicklung der Umstände lästig wird oder sich für den Pächter erheblich unvorteilhafter als erwartet auswirkt und ihm spürbare materielle Opfer abnötigt (BGH LM Nr 4 zu § 92 ZPO = WM 1957, 401, 402; JOACHIM BB 1988, 779; ders ZIP 1991, 966; PIECK PharmaZ 1979, 1461, 1462). Auch ein Umsatzrückgang, selbst wenn er zu Verlusten führt, rechtfertigt keine Herabsetzung des Pachtzinses wegen Wegfalls der Geschäftsgrundlage (OLG HAMM ZMR 1970, 53, 54). Dies ist das Risiko des Pächters (BGH NJW 1978, 2390; NJW 1981, 2405, 2406). Er bleibt auch dann an den Vertrag gebunden, wenn seine falschen Rentabilitätserwartungen vom Vertragspartner geteilt wurden (BGH BB 1974, 437; vgl BGH NJW 1970, 1313). Anders kann aber zu entscheiden sein, wenn sich auf Dauer eine Unrentabilität einstellt, die ihre Ursache in dem Pachtgegenstand als solchem hat oder in vertraglichen Vereinbarungen, wie etwa einer Wertsicherungsklausel, die die Aufwendungen des Pächters unverhältnismäßig und in unzumutbarer Weise ansteigen läßt (vgl BGH LM Nr 4 zu § 92 ZPO = WM 1957, 401, 402).

δδ) Im übrigen kommt eine Herabsetzung des Pachtzinses im Wege der **Minderung** 209 entsprechend den §§ 581 Abs 2, 537 ff bei einem Mangel des Pachtgegenstandes in Betracht, der dessen Tauglichkeit zu dem vertragsmäßigen Gebrauch aufhebt oder mindert (Rn 286 ff, 306). Im Gegensatz zu früheren Rechtsordnungen räumt das BGB dem Pächter kein Recht ein, einen Pachtzinsnachlaß zu verlangen, wenn die Fruchtziehung durch außerordentliche Ereignisse geschmälert ist. Ein solcher Remissionsanspruch war in § 534 E I ausdrücklich ausgeschlossen (Rn 3). Hierfür bestehe kein praktisches Bedürfnis, weil sich der Pächter gegen eine zufällige Beschädigung oder Vernichtung der Früchte, etwa durch Unwetter, im Wege einer Versicherung schützen könne (Mot II 423 ff). Wenn der Verpächter den Nachteil besonders ungünstiger Jahre mittragen solle, müßte er umgekehrt auch am Gewinn besonders günstiger Jahre teilnehmen. Die Vorschrift wurde nur deshalb nicht in das Gesetz übernommen, weil sie nach Ansicht der 2. Komm den unrichtigen Anschein erwecke, als werde durch sie dem Pächter ein ihm nach den allgemeinen Grundsätzen zustehendes Recht entzogen (Prot II 242 f). Das Gesetz hat demnach die Gefahr in der Weise verteilt, daß der Pächter das Risiko für eine zufällige Beschädigung oder Vernichtung der Früchte trägt. Aus der Pflicht des Verpächters zur Gewährung des Fruchtgenusses folgt hingegen, daß er im Rahmen der Gewährleistung das Risiko solcher Zufälle zu tragen hat, die den Pachtgegenstand selbst betreffen und schon die Möglichkeit der Fruchtziehung ausschließen oder beeinträchtigen, dh die Tauglichkeit zum vertragsmäßigen Gebrauch aufheben oder mindern. Im übrigen trägt der Pächter das Risiko der Fruchtziehung (Rn 169). Diese Verteilung der Gefahr steht jedoch unter dem Vorbehalt des Wegfalls der Geschäftsgrundlage (Rn 203 f, 208). Besonderheiten gelten nach § 593 für die Landpacht. Darüber hinaus können die Parteien durch vertragliche Vereinbarung das Risiko der Fruchtziehung anderweitig verteilen, wie es bei jeder variablen Bemessung des Pachtzinses anhand der gezogenen Früchte geschieht (Rn 183 ff, 189). Im einzelnen kann sich dabei der Zeitpunkt eines zufälligen Untergangs der Früchte unterschiedlich auswirken, wenn die Parteien den Pachtzins schon nach der erzeugten Menge oder erst nach dem Umsatz bzw Gewinn bemessen. Im ersteren Fall trägt der Pächter das Risiko einer Vernichtung nach der Fruchtziehung allein. Der Pächter wird aber entsprechend den §§ 581 Abs 2, 552 von der Entrichtung des Pachtzinses nicht dadurch ganz oder teilweise befreit, daß er durch einen in seiner Person liegenden Grund an der Ausübung der ihm zustehenden Rechte auf Gebrauch und Fruchtziehung verhindert wird (OLG Düsseldorf ZMR 1985, 89).

εε) Schließlich kann der Pachtzins aufgrund eines **Schadensersatzanspruchs** herab- 210 zusetzen sein, wenn er wegen einer zum Schadensersatz verpflichtenden Handlung des Verpächters oder von Personen, für die dieser einzustehen hat, bei Vertragsabschluß höher vereinbart worden ist, als es sonst geschehen wäre. Dies gilt etwa, wenn der Verpächter über den Ertrag des Pachtgegenstandes arglistig täuscht. Der Schadensersatzanspruch aus unerlaubter Handlung ist dann auf Herabsetzung des Pachtzinses oder auf vollständige Befreiung von der Vertragspflicht gerichtet, wenn der Pächter von einer Anfechtung nach § 123 absieht (RGZ 86, 334). Auch Ansprüche aus cic kommen in Betracht.

ee) Fälligkeit
α) Das Pachtrecht enthält nur für die Landpacht in § 587 eine besondere Regelung 211 der Fälligkeit des Pachtzinses. Hiernach ist der Pachtzins grundsätzlich am Ende der

Pachtzeit zu entrichten. Wird der Pachtzins nach Zeitabschnitten bemessen, so ist er am ersten Werktag nach dem Ablauf der einzelnen Zeitabschnitte zu entrichten. Im übrigen ist nach § 581 Abs 2 die mietrechtliche Vorschrift des § 551 entsprechend anzuwenden. Hieraus ergibt sich als **gesetzliche Regel** eine Vorleistungspflicht des Verpächters. Besonderheiten können sich bei einem aufgrund einer Wertsicherungsklausel erhöhten Pachtzins (Rn 202) und bei der partiarischen Pacht ergeben (Rn 183 ff).

212 Bei der *Grundstückspacht* und ebenso bei der Pacht von Räumen entsprechend § 580 und Unternehmen, zu denen Grundstücke oder Räume gehören, richtet sich die Fälligkeit nach § 551 Abs 2. Der Pachtzins ist nach dem Ablaufe je eines Kalendervierteljahres am ersten Werktag des folgenden Monats zu entrichten, sofern er nicht nach kürzeren Zeitabschnitten bemessen ist. Wenn dies der Fall ist, muß der Pachtzins entsprechend § 551 Abs 1 S 2 nach dem Ablaufe der einzelnen Zeitabschnitte entrichtet werden.

213 Bei *anderen Pachtgegenständen* als Grundstücken greift § 551 Abs 1 ein. Der Pachtzins ist grundsätzlich am Ende der Pachtzeit zu entrichten. Ist er nach Zeitabschnitten bemessen, so ist er nach dem Ablaufe der einzelnen Zeitabschnitte zu entrichten. Umfaßt der Pachtgegenstand Grundstücke und andere Gegenstände, gilt wegen der vorherrschenden Bedeutung des Grundstücks einheitlich die Regelung des § 551 Abs 2 (Rn 212).

214 Die gesetzliche Regel des § 551 gilt für die Bemessung des Pachtzinses in einem *festen oder variablen Betrag* (Rn 182 ff) in gleicher Weise, wirft allerdings bei variabler Bemessung gewisse Berechnungsschwierigkeiten auf. Wird der Pachtzins nach der Menge der gewonnenen Früchte bemessen, kommt es auf die Erzeugung nach Ablauf der Pachtzeit (§ 551 Abs 1 S 1), nach Ablauf je eines Kalendervierteljahres (§ 551 Abs 2 Regelfall) oder nach Ablauf der einzelnen Zeitabschnitte an (§ 551 Abs 1 S 2, Abs 2 Ausnahmefall). Das gleiche gilt, wenn der Pachtzins nach dem Umsatz des Pächters bemessen wird. Hierbei ist mangels anderweitiger Bestimmung der Parteien idR auf die tatsächlichen Einnahmen, nicht auf die vereinbarten Entgelte iS des Umsatzsteuerrechts abzustellen (Rn 186). Wird der Pachtzins nach dem Gewinn des Pächters bemessen, ist er unter Berücksichtigung der vorstehenden Grundsätze an dem Fälligkeitstermin zu entrichten, der der Feststellung des Gewinns folgt. Der Gewinn muß in Anlehnung an § 243 Abs 3 HGB nach den Grundsätzen ordnungsmäßiger Buchführung innerhalb der einem ordnungsmäßigen Geschäftsgang entsprechenden Zeit nach Ablauf des Wirtschaftsjahres vom Pächter festgestellt werden.

215 β) Die Parteien können **abweichende Vereinbarungen** über die Fälligkeit des Pachtzinses treffen, da die Regelung des § 551 nicht zwingend ist. Anders als im Mietrecht ist eine Vorleistungspflicht des Pächters nicht allgemein üblich, so daß für eine dahin gehende Vereinbarung nicht ohne weiteres die Verkehrssitte als Auslegungsmittel heranzuziehen ist. Vielmehr müssen eindeutige Anhaltspunkte gegeben sein, die auch in der Art und Weise der bisherigen Entrichtung des Pachtzinses durch den Pächter liegen können.

216 γ) Gerät der Pächter mit der Entrichtung des Pachtzinses in **Verzug,** greifen ent-

sprechend die §§ 581 Abs 2, 554 ein (Rn 405). Im Rahmen des Anwendungsbereichs dieser Regelung wird § 326 verdrängt.

ff) Erfüllungsort
Nach § 269 ist Erfüllungsort grundsätzlich der Wohnsitz oder der Ort der gewerblichen Niederlassung des Pächters. Unerheblich ist hingegen, wo sich der Pachtgegenstand befindet, wenn sich nicht aus den Vereinbarungen der Parteien etwas anderes ergibt. Soweit der Pachtzins in Geld zu entrichten ist, handelt es sich nach § 270 um eine Schickschuld, anderenfalls um eine Holschuld, wenn die Parteien nicht auch insoweit etwas Abweichendes vereinbaren. 217

gg) Dauer der Verpflichtung
Der Pächter ist für die Dauer des Pachtverhältnisses zur Entrichtung des Pachtzinses verpflichtet. Diese Pflicht entfällt erst mit der Beendigung des Vertrags (Rn 371 ff), die auch mit dem Untergang des Pachtgegenstandes eintreten kann (LG Köln ZMR 1985, 338; Rn 416). Der Pächter eines Grundstücks, dem ein Ankaufsrecht eingeräumt ist, kann nach Ausübung dieses Rechts bei entsprechender Auslegung des Vertrags bis zur Auflassung und Zahlung des Kaufpreises verpflichtet sein, weiterhin den Pachtzins zu entrichten, auch wenn er wirtschaftlich bereits als Eigentümer erscheint (BGH WM 1964, 1237, 1238). Gibt der Pächter den gepachteten Gegenstand nach der Beendigung der Pacht nicht oder nicht rechtzeitig zurück, so kann der Verpächter nach Maßgabe des § 584 b eine Entschädigung verlangen. Entsprechend den §§ 581 Abs 2, 552 S 3 ist der Pächter nicht verpflichtet, den Pachtzins zu entrichten, solange der Verpächter infolge der Überlassung des Gebrauchs an einen Dritten außerstande ist, dem Pächter den Gebrauch zu gewähren (OLG Düsseldorf ZMR 1986, 164; Rn 284). Ein etwaiger Schadensersatzanspruch des Verpächters wird hierdurch nicht berührt (OLG Düsseldorf ZMR 1985, 89). 218

hh) Verjährung und Verwirkung
α) Die **Verjährungsfrist** für rückständige Pachtzinsen beträgt nach § 197 vier Jahre. Dies gilt auch bei einer Bemessung der Pachtzinsen nach den vom Pächter gezogenen Früchten (RG DRpfl 1939, Nr 24; BGHZ 28, 144 = NJW 1959, 239; Rn 183 ff), für die Forderung von Schadensersatz wegen Pachtzinsausfalls (BGH NJW 1968, 692) und von Nutzungsentschädigung nach § 584 b wegen Vorenthaltung des Pachtgegenstandes (BGHZ 68, 307 = NJW 1977, 1335 m Anm WOLF LM Nr 9 zu § 557; einschränkend HECKELMANN JuS 1977, 799). Soweit eine gewerbsmäßige Verpachtung beweglicher Sachen in Betracht kommt (Rn 40 ff), gilt die zweijährige Verjährungsfrist des § 196 Abs 1 Nr 6 entsprechend, da die vierjährige Frist des § 197 insoweit in gleicher Weise wie bei der gewerbsmäßigen Vermietung beweglicher Sachen zu lang ist (Mot I 303). Ist eine Pachtzinsforderung in ein Kontokorrent iS der §§ 355 ff HGB aufzunehmen, wird die Verjährung bis zum Schluß der zur Zeit der Entstehung der Forderung laufenden Rechnungsperiode gehemmt. Anschließend beginnt die Verjährung nach den für die Forderung geltenden Vorschriften, sofern nicht ein Saldoanerkenntnis vorliegt (BGHZ 51, 346 = NJW 1969, 879). 219

β) Unabhängig von der Verjährungsfrist nimmt die Praxis im Bereich des Mietrechts auf der Grundlage des § 242 eine **Verwirkung** der Forderungen aus dem Mietverhältnis innerhalb verhältnismäßig kurzer Zeit an, wenn der Vermieter durch sein Verhalten gegenüber dem Mieter den Eindruck erweckt hat, er werde den rück- 220 ständigen Mietzins nicht nachfordern. Das gleiche gilt für die Rückforderung überzahlter Beträge (Roquette Anh nach § 558 mwNw; Staudinger/Emmerich [1995] §§ 535, 536 Rn 137). Der allgemeine Rechtsgedanke der Verwirkung gilt als Unterfall der unzulässigen Rechtsausübung auch im Pachtrecht (BGH MDR 1965, 902; KG WuM 1992, 67). So kann eine Nachforderung von Pachtzinsen, die auf eine Wertsicherungsklausel gestützt wird, verwirkt sein, wenn der Verpächter über viele Jahre in unregelmäßigen Abständen nach anderen Maßstäben Zuschläge zum Pachtzins geltend gemacht hat (OLG Celle NJW-RR 1991, 271). Welche Zeitspanne verstrichen sein muß, läßt sich nicht generell sagen. Der BGH (aaO) spricht von „geraumer Zeit". In dem entschiedenen Fall ging es um vier Jahre. Im Mietrecht werden zT schon mehrere Monate für ausreichend gehalten, insbesondere bei der Nachforderung von Betriebskosten. Die für Nebenkosten entwickelten mietrechtlichen Grundsätze sind jedoch auf das Pachtrecht nicht ohne weiteres zu übertragen (OLG Köln WM 1987, 1308, 1310). Die Zeitspanne ist in jedem Einzelfall nach Treu und Glauben mit Rücksicht auf die gesamten Umstände zu bestimmen (Roquette Anh nach § 558 Rn 3). Dabei kommt es auf die Bedeutung des Vertrags, die Höhe des Pachtzinses, die Länge der Zeitabschnitte für seine Bemessung und auf das Verhalten des Verpächters an. Vor allem durch das zusätzliche Erfordernis eines bestimmten Verhaltens des Gläubigers neben dem Zeitablauf unterscheidet sich die Verwirkung von der Verjährung.

c) Gebrauch des Pachtgegenstandes

221 aa) Eine Pflicht des Pächters, den Pachtgegenstand zu gebrauchen, ist im Gesetz nicht festgelegt. Sie ergibt sich auch nicht aus der Rechtsnatur des Pachtvertrags (RGZ 115, 17, 20; RG JR 1925, Nr 1742; aM MünchKomm/Voelskow Rn 4). Deshalb ist eine ausdrückliche oder stillschweigende **Vereinbarung** der Parteien erforderlich, um eine Gebrauchspflicht des Pächters zu begründen.

222 α) Der Umfang des Gebrauchs kann in sachlicher und zeitlicher Hinsicht **ausdrücklich** und im einzelnen geregelt werden (OLG Celle ZMR 1973, 109; OLG Hamm BB 1974, 1609). Die Übernahme einer Gebrauchspflicht liegt zB darin, daß sich der Pächter ausdrücklich verpflichtet, während der ganzen Vertragsdauer ein erstrangiges Lichtspieltheater zu betreiben (KG HRR 1933, Nr 1422). Bei einem Bodenabbauvertrag ergibt sich aus der Zusicherung des Pächters, eine bestimmte jährliche Mindestmenge zu entnehmen, eine Gebrauchspflicht (BGH WM 1983, 531, 532). Wird die Gebrauchspflicht formularmäßig übernommen, ist das AGBG zu beachten (BGH NJW 1992, 2283).

223 β) Eine **stillschweigende** Vereinbarung wird nicht ohne weiteres vermutet. Sie ergibt sich auch nicht allein aus dem Interesse des Verpächters, daß der Betrieb vom Pächter fortgeführt wird, um die Kundschaft oder eine etwaige Gewerbeerlaubnis in ihrem Bestand zu erhalten (RGZ 136, 433, 436; 138, 202, 207). Entscheidend für die stillschweigende Begründung einer Gebrauchspflicht ist zunächst die besondere Art des Pachtgegenstandes, etwa eines landwirtschaftlich genutzten oder sonstigen Grundstücks, das zur Erhaltung der Fruchtfähigkeit ständiger Bestellung bedarf, oder eines Wohn- und Einkaufszentrums sowie eines als Einheit konzipierten Geschäftshauses mit einzelnen Läden (OLG Celle NJW 1978, 2510; LG Augsburg ZMR 1973, 111). Auch insoweit sind aber strenge Anforderungen an einen entsprechenden Parteiwillen zu stellen (LG Lübeck NJW-RR 1993, 78). In gleicher Weise ist idR bei der Unternehmenspacht zu entscheiden, weil die Einstellung des Betriebs durch den

Pächter den Pachtgegenstand erheblich beeinträchtigen oder gar weitgehend vernichten würde (KOHLER AcP 71 [1887] 397, 401). Ferner kommt es auf die von den Parteien verfolgten geschäftlichen Zwecke und auf andere Abreden im Rahmen des Vertrags an, aus denen sich ein auf die Gebrauchspflicht gerichteter Parteiwille entnehmen läßt (RGZ 138, 192, 198; 138, 202, 207). Dies gilt in erster Linie für die Abrede, den Pachtzins in einem variablen Betrag zu bemessen (Rn 183 ff). Wird der Pachtzins ausschließlich nach der Menge der vom Pächter gewonnenen Früchte, nach seinem Umsatz oder Gewinn bemessen, wird zT von einer stillschweigend vereinbarten Gebrauchspflicht des Pächters ausgegangen, weil sonst im Grundsatz kein durchzusetzender Anspruch auf Pachtzins bestehe (RGZ 160, 361, 367 m Anm DAHMANN DR 1939, 1683; vgl RGZ 86, 45, 47; 149, 88, 90; OGHBrZ HEZ 2, 245, 247; BGH LM Nr 3 zu § 242 [Bf]). Zwingend ist dieser Schluß indessen nicht, da auch der Betrag als geschuldet angesehen werden kann, der als Pachtzins in Betracht kommen würde, wenn der Pächter den Pachtgegenstand weiterhin zu dem im Vertrag vorgesehenen Zweck genutzt hätte (BGH NJW 1979, 2351, 2352; STAUDINGER/EMMERICH [1995] §§ 535, 536 Rn 158 f, 174). Entscheidend sind vielmehr die Umstände des jeweiligen Falles. Im einzelnen steht es nach § 315 im billigen Ermessen des Pächters, in welchem Umfang er den Pachtgegenstand gebrauchen will. Er darf allerdings nicht arglistig längere Zeit mit dem Gebrauch aussetzen oder treuwidrig weit weniger Früchte erzeugen, als erzielbar und zu verwerten gewesen wären (OLG Bamberg JW 1932, 1066 Nr 1). Eine stillschweigend vereinbarte Gebrauchspflicht liegt auch dann nahe, wenn die Parteien neben einem festen Pachtzins einen auf jeden Fall zu entrichtenden variablen Betrag nach Erzeugung, Umsatz oder Gewinn vorgesehen haben. Bei dieser Vertragsgestaltung soll der Verpächter in vollem Umfang an den gezogenen Früchten beteiligt sein. Daraus ist ersichtlich, daß der feste Betrag nicht unbedingt die Mindestgrenze des Pachtentgelts darstellt (RGZ 160, 361, 367). Dies hängt von der Höhe des festen Betrags ab. Ist ein erheblicher Mindestbetrag vereinbart, kann nicht ohne weiteres eine Gebrauchspflicht angenommen werden (BGH LM Nr 4 zu § 133 [A]; aM BGH LM Nr 3 zu § 242 [Bf]), sondern nur dann, wenn der variable Betrag nach den Vorstellungen der Parteien den überwiegenden Teil des Pachtzinses darstellen soll. Nach den gleichen Grundsätzen ist zu entscheiden, wenn ein variabler Betrag erst nach Überschreiten einer bestimmten Grenze der erzeugten Menge, des Umsatzes oder des Gewinns neben einem festen Pachtzins zu entrichten ist (offengelassen von RGZ 160, 361, 367; aM OLG Celle ZMR 1973, 109, 111). Auch in solchen Fällen kann der variable Betrag nach dem Vertrag einen wesentlichen Teil des Pachtzinses ausmachen.

bb) Ein **Verstoß gegen die Gebrauchspflicht** ist eine Vertragsverletzung, die Schadensersatzansprüche (RG SeuffA 83, Nr 212) oder ein Kündigungsrecht des Verpächters auslösen kann (Rn 404). Ist im Vertrag die Gebrauchspflicht einschließlich der Öffnungszeiten eines Gewerbebetriebs ausdrücklich geregelt, haben die Parteien aber Betriebsferien des Pächters nicht bedacht, kann dem Pächter im Wege der ergänzenden Vertragsauslegung das Recht zuerkannt werden, den Betrieb zeitweise zu schließen. Er muß dann aber auf der Grundlage dieser Auslegung bei einer Umsatzpacht dem Verpächter den Ausfall ersetzen (OLG Hamm BB 1974, 1609), dh der Pachtzins wird nach einem fiktiven Umsatz bemessen. **224**

cc) Ein **Wegfall der Gebrauchspflicht** tritt ein, wenn die Parteien das Risiko der Fruchtziehung abweichend vom Normalfall nicht einseitig dem Pächter auferlegen. So ist der Pächter eines Ladengeschäfts in einem Wohn- und Einkaufszentrum nach **225**

den Grundsätzen des Wegfalls der Geschäftsgrundlage nicht verpflichtet, das Geschäft weiterzubetreiben, wenn sich nach der Eröffnung herausstellt, daß die Weiterführung nur Verluste einbringt, und der Verpächter bei Vertragsabschluß zu erkennen gegeben hat, daß er die Funktionsfähigkeit auch zu seinem Risiko mache (OLG Celle NJW 1978, 2510).

226 dd) Von der Verletzung der vertraglich übernommenen Gebrauchspflicht ist der Fall zu unterscheiden, daß der Pächter den Betrieb ganz einstellt oder nur noch nachlässig fortführt, weil er in der Nachbarschaft ein eigenes **Konkurrenzunternehmen** eröffnet hat. Darin kann eine zum Schadensersatz verpflichtende Vertragsverletzung liegen (RG JW 1936, 1829; KG JW 1936, 2932). Dies ist jedenfalls dann anzunehmen, wenn der Pachtgegenstand dadurch für die Zukunft selbst an Wert verliert (RGZ 160, 361, 369; BGH LM Nr 8 zu § 581 = Betrieb 1954, 103 [LS]; vgl aber OLG Celle ZMR 1973, 109).

d) Erhaltung des Pachtgegenstandes
227 Entsprechend den §§ 581 Abs 2, 536 besteht grundsätzlich eine Hauptleistungspflicht des Verpächters darin, den Pachtgegenstand instand zu halten und instand zu setzen (Rn 150 ff). Eine Sonderregelung enthalten die §§ 582 ff für die Verpachtung eines Grundstücks mit Inventar. Darüber hinaus kann der Pächter vertraglich die gesetzlich den Verpächter treffende Pflicht zur Erhaltung des Pachtgegenstandes übernehmen. Dies gilt auch für die Schönheitsreparaturen. Wenn der Pächter derartige Pflichten des Verpächters übernimmt, ändert dies nichts an deren rechtlicher Einordnung als Hauptleistung (BGHZ 77, 301, 305 = NJW 1980, 2347, 2348), wie es auch im Mietrecht angenommen wird (BGHZ 85, 267, 273 = NJW 1983, 446, 447; BGHZ 92, 363, 371 = NJW 1985, 480, 481 m Anm SONNENSCHEIN JZ 1985, 430; BGHZ 104, 6, 10 = NJW 1988, 1778, 1799; BGH NJW 1977, 36; KG JW 1934, 1428 m Anm ROQUETTE; NJW 1964, 725; OLG Hamburg NJW 1973, 2211; STAUDINGER/EMMERICH [1995] §§ 535, 536 Rn 229). Die Parteien können bestimmen, daß die Erhaltung des Pachtgegenstandes durch den Pächter nur eine Nebenleistungspflicht sein soll (KG NJW 1964, 725). Sie müssen grundsätzlich eine klare und ausdrückliche Vereinbarung hinsichtlich der Übernahme der Erhaltungspflicht treffen. Eine stillschweigende Vereinbarung kommt allenfalls bei eindeutigen Anhaltspunkten für einen dahin gehenden Parteiwillen in Betracht. Bei einer formularmäßigen Übernahme der Erhaltungspflicht sind die Vorschriften des AGBG zu beachten. Eine Formularklausel, nach der die Instandhaltung des gesamten Pachtobjekts dem Pächter obliegen soll, ist einschränkend dahin auszulegen, daß der einwandfreie Zustand des Pachtgegenstandes bei Vertragsbeginn vorausgesetzt wird und nur die durch den Pachtgebrauch verursachten Instandhaltungen erfaßt werden. Ist für die Schönheitsreparaturen kein Fristenplan aufgestellt, obliegt es dem Verpächter darzutun, in welchen Zeitabständen bei den betroffenen Räumen üblicherweise Schönheitsreparaturen zu erfolgen haben, wenn er aus der Nichtvornahme Rechte gegen den Pächter herleiten will (OLG Köln WuM 1994, 274). Mangels einer besonderen Regelung hat der Verpächter idR keinen Anspruch auf die sofortige Beseitigung von Mängeln, sofern der Mangel nicht weitere Teile des Pachtgegenstandes gefährdet (LG Mannheim WuM 1962, 89). Hat sich der Pächter verpflichtet, den Pachtgegenstand in betriebsfähigem Zustand zu erhalten, braucht er nicht schwerwiegende, von Anfang an vorhandene Mängel zu beseitigen (OLG Bamberg OLGZ 1976, 195, 201). Auch wenn er sich ganz allgemein zur Instandsetzung verpflichtet hat, sind damit idR nur nachträglich eingetretene Mängel gemeint. Wollen die

Parteien schon von der Pflicht des Verpächters aus den §§ 581 Abs 2, 536 abweichen, den Pachtgegenstand in mangelfreiem Zustand zu überlassen, müssen hierfür eindeutige Anhaltspunkte vorliegen. Beseitigt der Pächter anfängliche Mängel, ohne dazu verpflichtet zu sein, steht seinem Anspruch auf Ersatz der Aufwendungen aus § 538 Abs 2 die Übernahme der Erhaltungspflicht im übrigen nicht entgegen (LG Berlin GE 1987, 1271). Die Parteien können vereinbaren, daß dem Verpächter das Recht zur Ersatzvornahme zusteht, falls der Pächter seine Erhaltungspflicht nicht erfüllt (BGH LM Nr 36 zu § 535 = NJW 1985, 267). Eine solche Klausel kann auch formularmäßig vereinbart werden, wenn dem Pächter eine ausreichende Frist belassen wird, die Arbeiten selbst vorzunehmen (OLG Karlsruhe NJW-RR 1989, 331). Die Erhaltungspflicht und etwaige aus einem Verstoß folgende Schadensersatzansprüche sind Masseschulden, wenn der Pächter in Konkurs fällt und der Verpächter dem Konkursverwalter Gebrauch und Fruchtziehung zur Masse gewährt (OLG Düsseldorf MDR 1989, 554). Die Rspr nimmt an, die ergänzende Auslegung eines Pachtvertrags könne ergeben, daß der Pächter anstelle seiner Verpflichtung, Schönheitsreparaturen vornehmen zu lassen, bei Beendigung des Vertrags dem Verpächter einen Ausgleich in Geld zahlen zu müssen, wenn der Verpächter den Pachtgegenstand umbaue und dadurch die Schönheitsreparaturen zerstört würden (BGHZ 77, 301 = NJW 1980, 2347 m Anm TREIER LM Nr 42 zu § 581 und krit Anm GRÄFE NJW 1981, 48; EISENSCHMID WuM 1981, 242 und NIEBLING ZMR 1981, 183; OLG Düsseldorf ZMR 1994, 402; **aM** WIEK BlGBW 1981, 24; vgl SCHMID BlGBW 1981, 5, 7). Dieser Auffassung ist nur zu folgen, wenn sich aus dem Pachtvertrag eindeutig ergibt, daß der Pachtzins mit Rücksicht auf die Übernahme einer zusätzlichen Pflicht durch den Pächter geringer bemessen worden ist, weil nur dann der Ausgleich in Geld das Äquivalenzverhältnis von Leistung und Gegenleistung herstellt. Die vom Pächter übernommene Erhaltungspflicht umfaßt nicht die Auswechslung eines Heizkessels (OLG Hamm NJW-RR 1993, 1229), den Wiederaufbau einer durch Dritte zerstörten Mauer der Pachträume (OLG Koblenz WuM 1990, 16) oder die Befestigung der Hoffläche, die Wiederherstellung von Gleisanlagen, Herrichtung von Anlagen zur Ver- und Entsorgung sowie den Ausbau der Pachträume (OLG Hamburg ZMR 1985, 237). Der Pächter kann ferner im Vertrag die dem Verpächter obliegende *Verkehrssicherungspflicht* übernehmen (Rn 150 ff, 158). Dies gilt für den Pachtgegenstand und die zum Mitgebrauch überlassenen Sachen, zB für Zugänge, Treppen und andere Räume. Soweit die Verkehrssicherung öffentlicher Wege, insbesondere durch Streupflicht, auf die Anlieger übertragen ist, kann sie im Pachtvertrag auf den Pächter abgewälzt werden (BGH NJW 1985, 270). Der Verpächter muß den Pächter jedoch überwachen und eingreifen, wenn dieser nicht rechtzeitig streut (BGH NJW 1952, 61). Seine Haftung gegenüber Dritten wird durch die Übertragung der Verkehrssicherungspflicht auf den Pächter nicht ohne weiteres ausgeschlossen (BGH WuM 1986, 320).

2. Nebenpflichten

a) Allgemeines

Den Pächter trifft eine Reihe von Nebenpflichten, die ihre Grundlage im Gesetz **228** sowie in ausdrücklichen oder stillschweigenden vertraglichen Vereinbarungen finden. Ein großer Teil der Einzelpflichten beruht auf dem Prinzip von Treu und Glauben aus § 242 und ist deshalb mit gewissen Unsicherheiten bei der inhaltlichen Bestimmung behaftet. Die Pacht ist wie die Miete ein Dauerschuldverhältnis, das zu einer gesteigerten Bindung und gegenseitigen Rücksichtnahme führt. Nicht alle mietrechtlichen Grundsätze und Entscheidungen können aber bedenkenlos auf das Pachtrecht übertragen werden, weil hier vor allem im Unterschied zur Wohnraummiete normalerweise die enge persönliche Bindung des Pächters an den Pachtgegenstand fehlt und weil das Verhältnis der Parteien zueinander weniger eng ist, sondern in erster Linie von gegenläufigen wirtschaftlichen Interessen bestimmt wird.

b) Abnahme des Pachtgegenstandes

229 Der Pächter ist grundsätzlich nicht zur Abnahme des Pachtgegenstandes verpflichtet. Er gerät deshalb nicht in Schuldnerverzug, sondern nach den §§ 293 ff in Gläubigerverzug, wenn er den ihm angebotenen Pachtgegenstand nicht annimmt. Ist der Pächter hingegen nach den ausdrücklichen oder stillschweigenden Vertragsvereinbarungen zum Gebrauch des Pachtgegenstandes verpflichtet (Rn 211 ff), kann daraus eine Abnahmepflicht hergeleitet werden, weil erst die Abnahme dem Pächter den Gebrauch ermöglicht. Die Abnahmepflicht entfällt in diesen Fällen, wenn der Vertrag noch vor seinem Vollzug wirksam gekündigt wird (BGH WarnR 1971, Nr 86). Dies ist auch im Wege der ordentlichen Kündigung möglich (BGHZ 73, 350 = NJW 1979, 1288 m krit Anm Haase JR 1979, 415; aM Lenhard DWW 1980, 166; MünchKomm/Voelskow § 564 Rn 16).

c) Obhut
aa) Rechtsgrundlage

230 Eine Obhutspflicht des Pächters hinsichtlich des Pachtgegenstandes ist im Gesetz nicht ausdrücklich geregelt, sondern wird als selbstverständlich vorausgesetzt. Sie ist ebenso wie bei der Miete aus der Natur des Rechtsverhältnisses und aus den §§ 581 Abs 2, 548, 556 zu begründen, nach denen der Pächter den Pachtgegenstand zurückzugeben und für alle Veränderungen oder Verschlechterungen aufzukommen hat, die nicht durch vertragsmäßigen Gebrauch herbeigeführt worden sind (RGZ 106, 133; OLG Düsseldorf ZMR 1965, 51; OLG Naumburg OLGE 20, 110). Soweit es sich um Beeinträchtigungen handelt, die den Pächter an sich von seiner Rückgabepflicht befreien würden, wie etwa die Zwangsvollstreckung durch Gläubiger des Verpächters, läßt sich die Obhutspflicht auf das aus § 242 folgende Vertrauensverhältnis stützen (RG JW 1938, 665 Nr 11 [LS]). Die Anzeigepflicht bei Mängeln, die den Pächter entsprechend den §§ 581 Abs 2, 545 trifft, ist Ausfluß dieser im Interesse des Verpächters bestehenden Obhutspflicht (Mot II 400; RGZ 59, 161, 162). Der Pächter ist demnach auch ohne vertragliche Vereinbarung zur Obhut verpflichtet. Allerdings können Einzelheiten im Vertrag besonders geregelt werden.

bb) Inhalt

231 α) Wenn der Pachtgegenstand dem Pächter überlassen worden ist, hat der Verpächter im wesentlichen keine Möglichkeit mehr, einen unmittelbaren Einfluß auf die sachgemäße Behandlung und Schonung des Pachtgegenstandes auszuüben. Dies ist nunmehr Aufgabe des Pächters. Inhaltlich ist die Obhutspflicht deshalb darauf gerichtet, den Pachtgegenstand sachgemäß zu behandeln, ihn zu schonen und alle Schäden von ihm fernzuhalten (RGZ 84, 222; 106, 133; OLG Düsseldorf ZMR 1965, 51; Mittelstein 350 ff; Staudinger/Emmerich [1995] §§ 535, 536 Rn 177 ff). Der Pächter muß sich im Rahmen des **vertragsmäßigen Gebrauchs** halten. Bedient er sich hierbei dritter Personen als Erfüllungsgehilfen, hat er für sie nach § 278 einzustehen (RGZ 106, 133; OLG Naumburg OLGE 20, 110; OLG Nürnberg ZMR 1960, 80, 81). Nach den Umständen des Falles hat er den Pachtgegenstand gegen rechtswidrige Angriffe Dritter zu schützen

(OLG Celle VersR 1979, 264). Ein Pachtvertrag über eine industrielle Anlage, in dem die Erhaltung der Maschinen und deren Ersatz vereinbart ist, berechtigt den Pächter nicht, die Maschinen während der Pachtzeit zu entfernen und anderweitig zu benutzen (RG JR 1925, Nr 1336). Der Pächter einer Gastwirtschaft darf ein mitverpachtetes Klavier nicht aus den Pachträumen schaffen und den Gebrauch einem Dritten überlassen (LG Aachen MDR 1951, 33). Wer eine Imbißstube gepachtet hat, muß den Gefahren einer Selbstentzündung von Fettablagerungen dadurch begegnen, daß er die Abzugsanlage regelmäßig kontrolliert und reinigt (BGH NJW-RR 1988, 659). Bei Stromausfall und Frostgefahr muß das Wasser aus der Heizungsanlage abgelassen werden (LG Münster NJW-RR 1988, 1234). Der Pächter darf nach der Rspr nicht bei Handlungen eines Dritten mitwirken, durch die dem Verpächter die Verfügungsmacht über den Pachtgegenstand entzogen wird, so etwa bei der Zwangsversteigerung durch einen Gläubiger des Verpächters. Auf keinen Fall dürfe er diese Handlungen fördern (RG JW 1938, 665 Nr 11 [LS]). Aus diesen kurzen Ausführungen des RG könnte sogar die Pflicht des Pächters hergeleitet werden, bei einer Pfändung nach § 809 ZPO die Herausgabe zu verweigern und den Gläubiger auf den Weg der §§ 846, 847 ZPO zu verweisen, weil dann die Herausgabepflicht geklärt würde. Eine solche Verallgemeinerung und Weiterführung der ohne Gründe veröffentlichten Entscheidung ist jedoch nicht möglich, da § 809 ZPO nur den Schutz des Dritten bezweckt, das Verhältnis zwischen Drittem und Schuldner aber außer Betracht bleibt. Allein die Herausgabebereitschaft gegenüber dem Gerichtsvollzieher ist deshalb ohne Hinzutreten besonderer Umstände keine Verletzung der Obhutspflicht. Ist der Pächter zur Herausgabe bereit, bleibt unabhängig vom Problem der Pflichtverletzung immer noch die Frage, ob durch die Pfändung ein Schaden des Verpächters entstanden ist.

β) Im Zusammenhang mit der Obhut über den Pachtgegenstand können sich für den Pächter **Mitteilungs- und Auskunftspflichten** ergeben, wenn dies für die weitere Durchführung des Vertrags eine Rolle spielt. Hervorzuheben ist die Anzeigepflicht bei Mängeln entsprechend den §§ 581 Abs 2, 545 (Rn 307). **232**

γ) Die Obhutspflicht umfaßt nicht nur den eigentlichen Pachtgegenstand, sondern erstreckt sich auf alle **zum Gebrauch oder Mitgebrauch überlassenen Sachen**, so etwa auf Zugänge, Treppen und andere Räume (RGZ 59, 161, 162; 106, 133). **233**

δ) Der Pächter ist verpflichtet, alles zu **unterlassen,** was den Verpächter hindert, den Pachtgegenstand künftig in der bisherigen Weise zu nutzen. Er darf den Charakter des Pachtgegenstandes grundsätzlich nicht verändern, etwa den Geschäftszweig eines gepachteten Unternehmens. Dies schließt gewisse Veränderungen in der Produktion, der geführten Handelsware oder der Betriebsführung nicht aus, solange die Eigenart des Geschäfts dadurch nicht berührt wird. Die Rspr will im Einzelfall nach Treu und Glauben unter Berücksichtigung der Belange beider Teile entscheiden, inwieweit mangels besonderer vertraglicher Abreden eine Änderung des Gesamtcharakters eines gepachteten Geschäfts vom Pächter vorgenommen werden darf (BGH LM Nr 1 zu § 550). Dies soll zulässig sein, wenn die Veränderung eine Wertsteigerung mit sich bringe und der Eigentümer keine berechtigten Gründe gegen eine solche Veränderung vorbringen könne, und wenn es andererseits unbillig sei, der Änderung zu widersprechen. Gegen eine solche allgemeine Aussage bestehen trotz des Hinweises auf den Einzelfall Bedenken, weil die Gestaltung des Pachtgegenstan- **234** des grundsätzlich Sache des Eigentümers ist und er sich auch keine Wertsteigerung aufdrängen zu lassen braucht. Eine Ausnahme kann allenfalls unter dem Gesichtspunkt des Wegfalls der Geschäftsgrundlage im Wege der Vertragsanpassung zugelassen werden. Im übrigen steht es den Parteien frei, dem Pächter im Wege vertraglicher Vereinbarungen ein Recht zur Änderung des Pachtgegenstandes einzuräumen (RG HRR 1927, Nr 13). Hat der Pächter bei Beginn des Pachtverhältnisses einen Fernsprechanschluß übernommen oder ist später ein Nebenanschluß eingerichtet worden, so muß er diese Fernspracheinrichtungen bei Beendigung des Pachtvertrags dem Verpächter oder einem Nachfolgepächter belassen, wenn sonst der Pachtgegenstand verschlechtert oder in seinem Wert gemindert würde (OLG Saarbrücken OLGZ 1971, 322; LG Konstanz NJW 1971, 515; aM LG Nürnberg-Fürth MDR 1967, 47). Der Pächter darf nicht die Verlegung eines Geschäfts betreiben, wenn der Verpächter die Räume daraufhin nicht mehr entsprechend verpachten kann (RGZ 158, 180, 184; RG JW 1936, 1829; BGH LM Nr 8 zu § 581; vgl OLG Celle ZMR 1973, 109, 110). Damit hängen Fragen des Wettbewerbsschutzes zusammen (Rn 261 ff, 271).

cc) **Dauer**

235 α) Die Obhutspflicht **beginnt,** sobald der Pachtgegenstand dem Pächter überlassen worden ist, auch wenn das Pachtverhältnis erst zu einem späteren Zeitpunkt anfangen soll. Unerheblich ist, wann der Pächter den Gegenstand tatsächlich in Gebrauch nimmt. Entscheidend ist der Zeitpunkt, in dem der Verpächter die Möglichkeit unmittelbarer Einwirkungen aufgibt und auf den Pächter überträgt.

236 β) Die Obhutspflicht **endet** nicht ohne weiteres mit der Beendigung des Pachtverhältnisses, sondern erst, wenn der Verpächter die Möglichkeit unmittelbarer Einwirkungen zurückgewinnt, dh den Pachtgegenstand wieder in seine eigene Obhut nimmt oder in diejenige eines Dritten weiterüberträgt. Dies hängt idR von der Rückgabe durch den Pächter ab. Es kommt nicht darauf an, ob der Pachtgegenstand schon vor dem Ende des Vertrags (KG OLGE 10, 255) oder erst danach zurückgegeben wird (BGH LM Nr 2 zu § 556 = MDR 1967, 835). Für die Rückgabe genügt es im allgemeinen nicht, daß der Pächter den Besitz aufgibt und der Verpächter sich ohne weiteres den Besitz verschaffen könnte (§ 556 Rn 10). Gerät der Verpächter allerdings in Gläubigerverzug, beschränkt sich die Haftung des Pächters nach § 300 Abs 1 auf grobe Fahrlässigkeit.

dd) **Verstoß**

237 Ein Verstoß gegen die Obhutspflicht kann Schadensersatzansprüche aus positiver Forderungsverletzung (LG Münster NJW-RR 1988, 1234) und unerlaubter Handlung (BGH NJW-RR 1988, 659), Unterlassungsansprüche entsprechend den §§ 581 Abs 2, 550 und in schwerwiegenden Fällen ein Recht des Verpächters zur außerordentlichen fristlosen Kündigung entsprechend den §§ 581 Abs 2, 553 auslösen.

d) **Fürsorge**

238 Häufig werden Obhuts- und Fürsorgepflicht in einem Atemzug genannt, ohne daß ihr Inhalt genauer unterschieden wird (RGZ 106, 133). Wenn die Obhutspflicht auf den Pachtgegenstand bezogen wird, bleibt für die Fürsorgepflicht Raum bei der Durchführung des Vertrags im allgemeinen und hinsichtlich des Schutzes der Person und anderer Rechtsgüter des Verpächters im besonderen. Zwingend ist diese Abgrenzung allerdings nicht. Die Parteien sind verpflichtet, aufeinander Rücksicht

zu nehmen, die Durchführung des Vertrags nicht zu behindern, das gerechtfertigte Vertrauen des anderen nicht zu enttäuschen und sich loyal zu verhalten (LARENZ, Schuldrecht I § 10 II e). Der Pächter muß dafür sorgen, daß der Verpächter und die in den Schutzbereich des Vertrags einbezogenen Dritten nicht in ihrer Person oder an anderen Rechtsgütern Schaden erleiden. Hierbei hat er für seine Erfüllungsgehilfen nach § 278 einzustehen.

Ein Verstoß gegen die Fürsorgepflicht führt zu Schadensersatzansprüchen aus positiver Forderungsverletzung und aus unerlaubter Handlung. **239**

e) Duldung
aa) Besichtigung
α) Das **Gesetz** regelt nicht ausdrücklich, ob der Verpächter den Pachtgegenstand **240** während der Dauer des Pachtverhältnisses besichtigen und das Pachtgrundstück betreten darf. Der Antrag, eine Vorschrift über ein jährliches Besichtigungsrecht des Verpächters eines Grundstücks in das Gesetz aufzunehmen, wurde in den Beratungen der 2. Komm abgelehnt (Prot II 252). Ebenso wie im Mietrecht (Prot II 216) sei die Frage eines Besichtigungsrechts nur anhand der tatsächlichen Umstände des einzelnen Falles nach den Grundsätzen von Treu und Glauben zu entscheiden und entziehe sich deshalb einer positiv-rechtlichen Vorschrift.

β) Grundlage eines Besichtigungsrechts ist deshalb der **Vertrag**. Das Gesetz über- **241** läßt es primär der Vereinbarung der Parteien, insoweit Bestimmungen zu treffen. Es geht jedoch davon aus, daß ein Besichtigungsrecht auch ohne ausdrückliche Vereinbarung nach den Grundsätzen von Treu und Glauben aus § 242 besteht. Allerdings gilt dies nicht generell, nicht einmal in langen Zeitabständen (STAUDINGER/EMMERICH [1995] §§ 535, 536 Rn 188). Durch die Besichtigung wird das Gebrauchsrecht des Pächters beeinträchtigt, was er sich nur aus besonderen Gründen gefallen lassen muß (Rn 151; vgl RGZ 106, 270, 271). Solche besonderen Gründe sind ua gegeben, wenn ein drohender Schaden abzuwenden ist (LG Bremen BlGBW 1964, 159), Reparaturen durch den Verpächter erforderlich werden, wenn der Verpächter den Pachtgegenstand zu verkaufen beabsichtigt und Interessenten ihn in Augenschein nehmen wollen (RGZ aaO) oder wenn das Ende des Pachtverhältnisses bevorsteht und eine Besichtigung durch den etwaigen Nachfolgepächter notwendig ist (Prot II 216, 252). Eine Kündigung braucht nicht schon ausgesprochen zu sein, weil es dem Verpächter freistehen muß, sich schon vor der Kündigung einen Nachfolgepächter zu sichern. Dies gilt bei eigener Kündigungsabsicht in gleicher Weise wie bei ernsthaft zum Ausdruck gebrachter Absicht des Pächters. Endet das Pachtverhältnis durch Zeitablauf, entsteht das Besichtigungsrecht angemessene Zeit vor dessen Ende. Dies hängt im Einzelfall von der Bedeutung des Pachtgegenstandes ab. Als Anhaltspunkt können die Kündigungsfristen dienen, die bei einer Beendigung durch ordentliche Kündigung maßgebend wären (Rn 390 ff; § 584 Rn 19 ff). Ein Besichtigungsrecht kann sich ferner aus § 809 ergeben, wenn der Verpächter im Hinblick auf den Pachtgegenstand einen Anspruch gegen den Pächter hat oder sich Gewißheit darüber verschaffen will, sofern die Besichtigung für ihn von Interesse ist (RG WarnR 1927, Nr 142).

γ) Ist hiernach ein Besichtigungsrecht gegeben, kann es gleichwohl nicht zu belie- **242** biger Zeit **ausgeübt** werden. Der Pächter darf nicht übermäßig belästigt werden. Im einzelnen ist nach den Gründen für die Besichtigung zu unterscheiden. So kann bei

Reparaturen größere Eile geboten sein als bei Verkauf oder Neuverpachtung. In den beiden letzteren Fällen wird idR ein Tag in der Woche mit etwa drei Stunden ausreichen. Bei größeren Pachtgegenständen wie weitläufigen Gebäuden oder gewerblichen Unternehmen kann eine längere Zeit erforderlich sein. In Eilfällen ist der Zutritt an einem weiteren Wochentag geboten (RGZ 106, 270, 272).

243 δ) Eine **Durchsetzung** des Besichtigungsrechts mit Gewalt ist ausgeschlossen. Notfalls muß der Verpächter auf Duldung klagen.

244 ε) Eine **Verletzung** der Duldungspflicht durch den Pächter kann Schadensersatzansprüche aus positiver Forderungsverletzung zur Folge haben, wenn dadurch ein Verkauf oder eine Neuverpachtung scheitert (KG OLGE 16, 426; AG Bergisch-Gladbach WuM 1977, 27).

bb) **Erhaltungs- und Verbesserungsmaßnahmen**

245 Grundsätzlich ist der Verpächter aufgrund seiner Verpflichtung, dem Pächter den vertragsmäßigen Gebrauch und die Fruchtziehung zu gewähren, daran gehindert, auf den Pachtgegenstand einzuwirken. Vertraglich kann indessen ein solches Recht eingeräumt werden. Im übrigen ist die Frage, ob der Pächter verpflichtet ist, Erhaltungs- und Verbesserungsmaßnahmen des Verpächters zu dulden, zT durch die §§ 581 Abs 2, 541 a, 541 b geregelt. Diese Regelungen erfassen alle Pachtverträge über Räume. Unerheblich ist, ob ein ganzes Gebäude oder einzelne Räume verpachtet werden. Das gleiche gilt, wenn Gebäude oder Räume wie bei der Unternehmenspacht nur einen Teil des Pachtgegenstandes bilden. Sind die Voraussetzungen der §§ 541 a, 541 b insoweit nicht erfüllt, als bestimmte Baumaßnahmen nicht unter den Begriff der Erhaltung oder Verbesserung fallen, kommt dennoch eine Duldungspflicht aus § 242 in Betracht, wenn dem Pächter die Beeinträchtigung zuzumuten ist, es für den Verpächter hingegen unzumutbar ist, die Maßnahmen zu unterlassen oder zu verschieben (BGH LM Nr 1 zu § 541 a = NJW 1972, 723). Unter den gleichen Voraussetzungen besteht eine Duldungspflicht aus § 242 bei der reinen Grundstückspacht und der Pacht beweglicher Sachen, die wegen ihres Gegenstandes nicht unter die §§ 541 a, 541 b fallen.

cc) **Verpächterpfandrecht**

246 Weitere Duldungspflichten des Pächters eines Grundstücks oder von Räumen ergeben sich, wenn dem Verpächter für seine Forderungen aus dem Pachtverhältnis entsprechend den §§ 581 Abs 2, 559 ff ein Pfandrecht an den eingebrachten Sachen des Pächters zusteht (Rn 352 ff).

3. **Sonstige Pflichten**

a) **Allgemeines**

247 Im Rahmen der Vertragsfreiheit steht es den Parteien frei, dem Pächter durch vertragliche Vereinbarung weitere Pflichten aufzuerlegen. Hierbei können sie von der gesetzlichen Regelung abweichen, soweit keine zwingenden Vorschriften entgegenstehen. Dies gilt vor allem für die Überwälzung der Erhaltungspflicht auf den Pächter (Rn 227) und von Nebenkosten, die nicht bereits Bestandteil des Pachtzinses sind.

3. Titel. Miete. Pacht
II. Pacht

§ 581
248, 249

b) Kaution

aa) Die Kaution ist im Pachtrecht von ähnlich praktischer **Bedeutung** wie im 248 Mietrecht und wirft die gleichen Rechtsfragen auf (Rödding BB 1968, 934; Schopp ZMR 1969, 1; Staudinger/Emmerich [1995] § 550 b Rn 1 ff; Stenzel, Die Miet- und Pachtkaution in ihren alltäglichen Erscheinungsformen [Diss Mannheim 1974]; Weimar ZfSozH 1980, 68). Sie soll den Verpächter für seine Forderungen gegen den Pächter sichern, wird in der Praxis aber auch zur Sicherung der Forderungen Dritter wie der Lieferanten des Pächters eingesetzt (OLG Hamm WM 1970, 698 – Pacht einer Gaststätte und Sicherung der Brauerei). Der Pächter leistet die Kaution idR durch Zahlung eines Geldbetrags, was im Prinzip einem Darlehen gleichsteht. Ist der Geldbetrag zu verzinsen, darf er vom Verpächter verbraucht werden, sofern nichts anderes vereinbart ist (OLG Düsseldorf NJW 1978, 2511). Auch die Zahlung auf ein Sperrkonto (LG Mannheim ZMR 1970, 271), Hinterlegung von Wertpapieren, Verpfändung oder Sicherungsübereignung beweglicher Sachen und die Bürgschaft kommen vor.

bb) Die Kaution ist gesetzlich nicht besonders geregelt (Jakobs/Schubert 624). Sie 249 richtet sich deshalb in erster Linie nach den **Vereinbarungen der Parteien** und folgt dabei den maßgebenden Vorschriften der für die Sicherheitsleistung jeweils gewählten Rechtsform. Haben die Parteien über die inhaltliche Ausgestaltung im einzelnen keine oder nur unzureichende ausdrückliche Abreden getroffen, greift eine Reihe von Grundsätzen ein, die sich in der Entscheidungspraxis der Gerichte herausgebildet hat. Dabei geht es vor allem um eine Verzinsungspflicht, die ausdrücklich vereinbart (OLG Düsseldorf NJW 1978, 2511) oder ausgeschlossen sein kann. In Fortführung der zum Wohnraummietrecht getroffenen Entscheidung (BGHZ 84, 345 = NJW 1982, 2186), der sich der Gesetzgeber in § 550 b angeschlossen hat, wird nunmehr bei einem Miet- oder Pachtvertrag über gewerbliche Räume im Wege der ergänzenden Vertragsauslegung angenommen, daß der Vermieter oder Verpächter die Barkaution regelmäßig vom Empfang an zu dem für Spareinlagen mit dreimonatiger Kündigungsfrist üblichen Zinssatz zu verzinsen hat, wenn der Vertrag keine ausdrückliche Bestimmung über eine Verzinsung enthält (BGHZ 127, 138 = NJW 1994, 328; Heintzmann WiB 1995, 569). Damit haben sich die früheren Versuche, die Verzinsungspflicht über § 1214 zu begründen (LG Kassel NJW 1976, 1544; vgl BayObLG NJW 1981, 994; Köhler ZMR 1971, 3; Zeuner ZMR 1980, 197; aM Freund/Barthelmess NJW 1979, 2121), erledigt. Ferner geht es um eine Aufrechnung (OLG Bamberg SeuffA 64, Nr 48) und dahin gehende Verbote für den Pächter (BGH WM 1972, 335 u 776), um die Auffüllung der Kaution bei einer zwischenzeitlichen Inanspruchnahme durch den Verpächter, um ein Zurückbehaltungsrecht hinsichtlich des laufenden Pachtzinses (RG JW 1931, 3425, 3427) und um Rückzahlung nach Vertragsende. Hervorzuheben ist, daß der Verpächter die Kaution grundsätzlich auch noch nach der Beendigung des Pachtverhältnisses einklagen kann, wenn dies zur Sicherung seiner Rechte erforderlich ist (BGH LM Nr 43 zu § 581 = NJW 1981, 976, 977). Im übrigen muß er die Kaution angemessen kurze Zeit nach Beendigung des Vertrags abrechnen und zurückzahlen (OLG Celle OLGZ 1966, 6 – höchstens sechs Monate; vgl LG Köln ZMR 1977, 178 zur Miete – zwei Monate). Im allgemeinen kann von vier bis sechs Monaten ausgegangen werden (Staudinger/Emmerich [1995] § 550 b Rn 42). Entscheidend sind letztlich die Umstände des Einzelfalles (OLG Hamburg DWW 1988, 41). Erst dann wird der Anspruch auf Rückzahlung der Kaution fällig. Während der Überlegungs- und Prüfungsfrist ist eine Aufrechnung des Pächters mit der Kaution ausgeschlossen (BGHZ 101, 244, 250 = NJW 1987, 2372, 2373; BGH NJW 1972, 721, 723). Größere Zeitspannen sind hinzunehmen, wenn der Verpächter üblicherweise nur einmal jährlich abrechnet, zB die Nebenkosten bei einer größeren Zahl von Pächtern (LG Köln aaO). Eine solche Verzögerung ist aber nur tragbar, wenn ein angemessenes Verhältnis zwischen Kaution und zu erwartender Nachzahlung besteht. Anderenfalls ist ein Teil der Kaution schon vorher zurückzuzahlen. Ein Zeitraum von zwei Jahren ist im allgemeinen nicht mehr angemessen, selbst wenn dem Verpächter für die Nebenkostenabrechnung vertraglich ein solcher Zeitraum zur Verfügung steht (OLG Düsseldorf DWW 1992, 52). Der Verpächter muß nach der Beendigung des Pachtverhältnisses darlegen und beweisen, welche Ansprüche er noch hat, die durch die Kaution zu sichern sind. Sonst kann der Pächter gegenüber einem Zahlungsanspruch des Verpächters mit seinem Anspruch auf Rückzahlung der Kaution aufrechnen (BGH WM 1967, 515). Ein Aufrechnungsverbot für den Pächter gilt dann nicht mehr (OLG Celle OLGZ 1966, 6). Auf der anderen Seite ist nach Ablauf der Überlegungs- und Prüfungsfrist kein Aufrechnungsverbot oder der Ausschluß eines Zurückbehaltungsrechts für den Verpächter anzunehmen, da dies dem Zweck der Kaution widersprechen würde (BGHZ 101, 244, 251 = NJW 1987, 2372, 2373; aM OLG Celle aaO). Da die Kaution Ansprüche des Verpächters sichern soll, darf sie nicht als Druckmittel zur Anerkennung einer strittigen Forderung benutzt werden. Darin liegt ein Verstoß gegen Treu und Glauben, so daß die Fälligkeit des Rückzahlungsanspruchs eintritt (OLG Hamm WM 1970, 698). Der Anspruch des Verpächters auf Rückzahlung einer Kaution, die er unter Vorbehalt der Geltendmachung später aufgedeckter Schäden zurückgegeben hat, unterliegt nicht der kurzen Verjährung des § 558, da es sich nicht um einen Anspruch wegen Veränderungen oder Verschlechterungen des Pachtgegenstandes handelt (RGZ 142, 258, 264). Sind etwaige Ersatzansprüche des Verpächters verjährt und stehen ihm keine sonstigen Ansprüche zu, kann der Pächter mit seinem Anspruch auf Rückzahlung der Kaution gegen Ansprüche des Verpächters auf rückständige Pachtzinsen aufrechnen (OLG Karlsruhe WuM 1987, 156). Hat der Verpächter die Kaution vorbehaltlos zurückgezahlt, kann darin ein konkludenter Verzicht auf erkennbare Mängel oder Beschädigungen des zurückgegebenen Pachtgegenstandes gesehen werden (OLG München NJW-RR 1990, 20).

c) **Wettbewerbliche Beschränkungen**
aa) **Allgemeines**

250 Wettbewerbliche Beschränkungen des Pächters kommen in doppelter Hinsicht in Betracht (Rn 152 ff zum Verpächter). Zum einen geht es um Wettbewerbsbeschränkungen, die von den Parteien im Pachtvertrag als Austauschvertrag vereinbart werden und eine Preisbindung, Ausschließlichkeitsbindung oder ähnliche Beschränkungen iS der §§ 15 ff GWB zum Ziele haben. Zum anderen stellt sich im Hinblick auf das Kartellverbot des § 1 GWB die Frage, ob und inwieweit sich der Pächter verpflichten kann, dem Verpächter keinen Wettbewerb zu machen, oder ob schon kraft Gesetzes eine dahin gehende Verpflichtung besteht. Sachlich können dabei im allgemeinen Vertikalverträge zwischen Angehörigen verschiedener Wirtschaftsstufen nach den §§ 15 ff GWB und Horizontalverträge zwischen Angehörigen derselben Wirtschaftsstufe nach § 1 GWB unterschieden werden. Diese Unterscheidung ist allerdings nicht abschließend, da Kartellvereinbarungen mit Vertikalverträgen verbunden sein können (BGHZ 68, 6 = NJW 1977, 804 m Anm ULMER – Fertigbeton; STEINDORFF BB 1977, 569; ders BB 1981, 377). Das gleiche gilt für die Unterscheidung zwischen Individualverträgen iS der §§ 15 ff GWB und Kartellverträgen iS des § 1 GWB, weil individuelle Interessen und gemeinsamer Kartellzweck verbunden sein können (BGH NJW 1980, 185 – Erbauseinandersetzung; BGH BB 1979, 1163 – Ausscheiden eines Gesellschafters; BGH BB

1980, 1486 – Sortimentsabgrenzung; EMMERICH, Kartellrecht [7. Aufl 1994] 62 ff, 83 ff; K SCHMIDT BB 1979, 1173; ULMER NJW 1979, 1585). Mit diesen Vorbehalten soll im folgenden zwischen vertikalen Bindungen im Hinblick auf die §§ 15 ff GWB und horizontalen Bindungen unter dem Gesichtspunkt des § 1 GWB unterschieden werden.

bb) Vertikale Bindungen

α) Nach § 15 GWB sind Verträge zwischen Unternehmen über Waren oder gewerbliche Leistungen, die sich auf Märkte innerhalb des Geltungsbereichs des GWB beziehen, nichtig, soweit sie einen Vertragsbeteiligten in der Freiheit der **Gestaltung von Preisen oder Geschäftsbedingungen** bei solchen Verträgen beschränken, die er mit Dritten über die gelieferten Waren, über andere Waren oder über gewerbliche Leistungen schließt. Damit ist die Bindung von Preisen oder Geschäftsbedingungen in Pachtverträgen grundsätzlich nichtig. Unerheblich ist, ob der Pächter oder der Verpächter gebunden wird. Beide sind idR Unternehmer iS des GWB (OLG Düsseldorf WuW/E OLG 888, 889). Eine gesetzliche Ausnahme ist in § 16 GWB für die Preisbindung von Verlagserzeugnissen zugelassen. Darüber hinaus greift die Nichtigkeitsregel des § 15 GWB nach hM nicht ein, wenn eine Vertragspartei aufgrund in der Rechtsordnung anerkannter institutioneller Gegebenheiten in der Gestaltung ihrer Preise und Geschäftsbedingungen nicht frei ist, wie vor allem Handelsvertreter und Kommissionäre (BGHZ 51, 163, 168 = NJW 1969, 1024, 1026 mwNw; EMMERICH, Kartellrecht 150 ff). Dies gilt auch im Rahmen von Pachtverträgen, soweit der Pächter als Handelsvertreter oder Kommissionär des Verpächters tätig wird, so etwa bei der Tankstellenpacht. Ebensowenig ist § 15 GWB auf die Festsetzung der Verkaufspreise der Heimbetriebsleiter der Bundeswehrheime durch den Bund anwendbar (BGH Betrieb 1981, 2601). Bei einem Verstoß gegen § 15 GWB ist der Pachtvertrag nur nichtig, „soweit" es sich um eine unzulässige Bindung handelt. Im übrigen ist die Wirksamkeit des Vertrags aufgrund des § 19 GWB nach § 139 zu beurteilen (BGH WuW/E 1402, 1404; WuW/E 2909, 2913; OLG Hamm WuW/E OLG 2187; OLG Stuttgart WuW/E OLG 3410, 3411).

β) **Andere vertragliche Beschränkungen** der Wettbewerbsfreiheit in Austauschverträgen sind grundsätzlich wirksam. Bestimmte Vertragsvereinbarungen können jedoch unter den Voraussetzungen des § 18 GWB im Wege der Mißbrauchsaufsicht durch die Kartellbehörde mit Wirkung für die Zukunft für unwirksam erklärt werden. Auf einen bestimmten Vertragstyp kommt es nicht an, so daß auch Pachtverträge erfaßt werden (Begr zum RegE eines GWB BT-Drucks II/1158, 37; EMMERICH, Kartellrecht 171 f). Die Parteien müssen Unternehmen iS des GWB sein, was bei Pachtverträgen idR anzunehmen ist (OLG Düsseldorf WuW/E OLG 888, 889). Ferner setzt die Vorschrift voraus, daß der Vertrag Waren oder gewerbliche Leistungen betrifft. Auch dies ist bei Pachtverträgen regelmäßig der Fall, wenn mit der hM Grundstücke als Waren iS des GWB behandelt werden (EMMERICH, Kartellrecht 170).

Unter § 18 Abs 1 Nr 1 GWB fallen *Verwendungsbeschränkungen* in Pachtverträgen. Dabei handelt es sich um Vereinbarungen, die einen der Vertragsbeteiligten, idR den Pächter, in der Freiheit der Verwendung der gelieferten Waren, also des Pachtgegenstandes, anderer Waren oder gewerblicher Leistungen beschränken. Problematisch ist, zwischen den aus dem Eigentumsrecht nach § 903 fließenden Verboten mit einer dementsprechend begrenzten Gebrauchsüberlassung und einer wettbewerbsrechtlich relevanten Verwendungsbeschränkung abzugrenzen. Aufgrund des Zwecks des

GWB, den Wettbewerb als Institution zu schützen, kann eine auf das Eigentumsrecht des Verpächters oder seine Handlungsfreiheit gestützte Verwendungsbeschränkung nicht vom Anwendungsbereich des § 18 GWB ausgenommen werden (EMMERICH, in: IMMENGA/MESTMÄCKER, GWB [2. Aufl 1992] § 18 Rn 75 f; aM WOLTER, in: Frankfurter Kommentar zum GWB [1994] § 18 Rn 44 ff; MÜLLER/GIESSLER/SCHOLZ, GWB [4. Aufl 1981] § 18 Rn 15). Entscheidend ist, ob die Beschränkung den bestimmungsgemäßen Gebrauch des Pachtgegenstandes sichert oder ob der Pächter in einer Weise an den Verpächter gebunden wird, daß dessen Mitbewerber oder Dritte hinsichtlich des Marktzutritts beeinträchtigt werden. So ist etwa der Zustimmungsvorbehalt einer Brauerei zur Automatenaufstellung durch den Pächter einer Gastwirtschaft eine Verwendungsbeschränkung (BKartA WuW/E 1466, 1471).

254 *Ausschließlichkeitsbindungen* iS des § 18 Abs 1 Nr 2 GWB beschränken einen Vertragsbeteiligten darin, andere Waren oder gewerbliche Leistungen von Dritten zu beziehen oder an Dritte abzugeben. Diese Vorschrift spielt vor allem bei Bezugsbindungen des Pächters für Bier (BGHZ 83, 234 = NJW 1982, 2066; EMMERICH, in: IMMENGA/ MESTMÄCKER § 18 Rn 107 ff) sowie für Treibstoffe und Öl eine Rolle (BGHZ 81, 46 = NJW 1981, 2246; BGH BB 1968, 60; KREIS BB 1967, 942; RIESENKAMPFF BB 1968, 732; SCHMIDT/THIELE BB 1968, 886), gilt aber generell für Bezugs- oder Lieferbeschränkungen des Pächters oder des Verpächters. Die Vorschrift erfaßt jede Beeinträchtigung der Handlungsfreiheit, nicht erst den vollständigen Ausschluß von Bezugs- oder Absatzverträgen mit Dritten (KLOSTERFELDE/METZLAFF, in: LANGEN/BUNTE, GWB [7. Aufl 1994] § 18 Rn 46 ff).

255 *Vertriebsbindungen* iS des § 18 Abs 1 Nr 3 GWB beschränken einen Vertragsbeteiligten darin, die gelieferten Waren an Dritte abzugeben. Auf diese Weise können dem Pächter oder dem Verpächter bestimmte Kunden oder Absatzgebiete vorgeschrieben werden (EMMERICH, in: IMMENGA/MESTMÄCKER § 18 Rn 126 ff; KLOSTERFELDE/ METZLAFF, in: LANGEN/BUNTE § 18 Rn 65 ff).

256 Schließlich können die *Kopplungsgeschäfte* des § 18 Abs 1 Nr 4 GWB im Rahmen von Pachtverträgen eine Rolle spielen, wenn sich einer der Vertragsbeteiligten verpflichtet, sachlich oder handelsüblich nicht zugehörige Waren oder gewerbliche Leistungen abzunehmen (EMMERICH, in: IMMENGA/MESTMÄCKER § 18 Rn 138 ff; KLOSTERFELDE/METZLAFF, in: LANGEN/BUNTE § 18 Rn 82 ff).

257 Ein Eingriff aufgrund der *Mißbrauchsaufsicht* des § 18 GWB hängt davon ab, daß durch die genannten Bindungen eine für den Wettbewerb auf dem Markt erhebliche Zahl von Unternehmen gleichartig gebunden und in ihrer Wettbewerbsfreiheit unbillig eingeschränkt ist. Das gleiche gilt, wenn durch die Bindungen für andere Unternehmen der Marktzutritt unbillig beschränkt oder durch das Ausmaß solcher Beschränkungen der Wettbewerb auf dem Markt für diese oder andere Waren oder gewerbliche Leistungen wesentlich beeinträchtigt wird.

258 Neben den wettbewerbsrechtlichen Folgen ist der allgemeine *zivilrechtliche Schutz* der gebundenen Vertragspartei zu beachten, der vor allem bei einer sittenwidrigen Knebelung in der Nichtigkeit des Vertrags nach § 138 Abs 1 und bei vorsätzlicher sittenwidriger Schädigung in Ersatzansprüchen aus § 826 besteht. Die Frage einer sittenwidrigen Knebelung taucht insbesondere bei langfristigen Bierbezugsverträgen

3. Titel. Miete. Pacht
II. Pacht

auf. Dabei spielt es keine Rolle, ob die Brauerei Verpächterin ist oder ob der Pächter im Wege des Vertrags zugunsten Dritter nach § 328 eine solche Bindung gegenüber der Brauerei übernimmt (BGHZ 54, 145 = NJW 1970, 2157; vgl EMMERICH, Kartellrecht 188 f mwNw).

γ) Eine besondere wettbewerbsrechtliche Regelung besteht für **Lizenzverträge** (EMMERICH, Kartellrecht 191 ff). Nach § 20 GWB sind solche Verträge grundsätzlich unwirksam, soweit sie dem Lizenznehmer Beschränkungen im Geschäftsverkehr auferlegen, die über den Inhalt des Schutzrechts hinausgehen. In § 20 Abs 1 HS 2 GWB wird klargestellt, daß Beschränkungen hinsichtlich Art, Umfang, Menge, Gebiet oder Zeit der Ausübung des Schutzrechts nicht über dessen Inhalt hinausgehen. Nach § 20 Abs 2 GWB sind weitere Beschränkungen zulässig. Die Regelung des § 20 gilt nach § 21 GWB entsprechend für Verträge über die Überlassung oder Benutzung gesetzlich nicht geschützter Erfindungsleistungen und dgl.

δ) In § 34 GWB ist für die wettbewerbsbeschränkenden Austauschverträge der §§ 16, 18, 20 und 21 GWB die **Schriftform** vorgeschrieben (EMMERICH, Kartellrecht 215 ff; ders NJW 1980, 1363; vgl zB BGHZ 81, 46 = NJW 1981, 2246; BGHZ 83, 234 = NJW 1982, 2066; OLG Düsseldorf WuW/E OLG 2192 u 2316; OLG Hamm WuW/E OLG 2187; OLG Stuttgart WuW/E OLG 2176). Nicht nur die einzelne wettbewerbsbeschränkende Abrede, sondern der gesamte Vertrag muß das Erfordernis der Schriftform erfüllen (BGH WuW/E 903 u 1107; WM 1992, 1437, 1439). Unerheblich ist, ob der Vertrag die weiteren Voraussetzungen für einen Eingriff der Kartellbehörde erfüllt (BGH WuW/E 1081). Die Schriftform soll gerade insoweit die Nachprüfung erleichtern. Inhaltlich sind die Anforderungen an die Form in § 34 GWB teilweise abweichend von § 126 BGB geregelt (EMMERICH, Kartellrecht 219 f). So kann nach der Rspr bei Bierbezugsbindungen auf die jeweils gültigen, schriftlich festgelegten und den Beteiligten jederzeit zugänglichen Preislisten der Brauerei Bezug genommen werden (BGH NJW 1977, 822 m krit Anm EMMERICH; SCHOTT GRUR 1980, 1052).

cc) **Horizontale Bindungen**
Ähnlich wie auf seiten des Verpächters (Rn 152 ff) kann für den Pächter ein **vertragliches Wettbewerbsverbot** bestehen.

α) **Inhaltlich** kann eine solche Klausel darauf gerichtet sein, während der Dauer des Pachtverhältnisses und nach dessen Ablauf jeglichen Wettbewerb im Hinblick auf den Pachtgegenstand zu unterlassen, dh vor allem bei der Pacht von Geschäftsräumen oder Unternehmen kein neues Unternehmen zu gründen oder zu übernehmen, das dem ersteren Konkurrenz machen könnte. Das Wettbewerbsverbot kann sich auf einen Teilbereich der geschäftlichen Tätigkeit des Pächters beschränken. Dies ist bedeutsam bei der Verpachtung mehrerer Geschäfte oder Unternehmen durch einen Verpächter, der nur so die Pflicht zum Konkurrenzschutz seiner verschiedenen Pächter untereinander erfüllen kann (SCHMIDT/HACKENBERGER Betrieb 1962, 957, 958). Die Rspr läßt vertragliche Wettbewerbsverbote im Hinblick auf die §§ 138, 826 nur zu, wenn sie den Verpflichteten in seiner wirtschaftlichen Bewegungsfreiheit nicht unangemessen einschränken. Die Beschränkung darf auf keinen Fall über die schutzwerten Interessen des durch das Wettbewerbsverbot Berechtigten hinausgehen. Bei der Interessenabwägung sind die Umstände des einzelnen Falles zu berücksichtigen, vor allem der Anlaß für die Vereinbarung des Wettbewerbsverbots (BGH BB 1957, 202; LM Nr 25 zu § 581 = NJW 1964, 2203).

262 Daraus ergibt sich trotz entgegenstehender Abreden der Parteien, zB bei unbefristeten Wettbewerbsverboten, eine *zeitliche Begrenzung*, weil sich erfahrungsgemäß die Bindung eines Kundenkreises im Laufe der Zeit verflüchtigt und ein schutzwürdiges Interesse des Verpächters dann entfällt (BGH LM Nr 25 zu § 581 = NJW 1964, 2203). Die Zeitspanne hängt von der Art des Pachtgegenstandes ab. Zwei bis fünf Jahre können je nach Lage des Falles als angemessen beurteilt werden (BGH aaO – drei Jahre bei Pacht einer Apotheke; NJW 1979, 1605, 1606 – zehn Jahre bei Unternehmensverkauf unangemessen; OLG Celle ZMR 1990, 414 – drei Jahre bei Pacht einer Kfz-Werkstatt mit Tankstelle; ULMER NJW 1979, 1585, 1586).

263 Auch eine *örtliche Begrenzung* des Wettbewerbsverbots läßt sich aus der Beschränkung auf schutzwerte Interessen des Berechtigten ableiten. Unabhängig von etwaigen Vereinbarungen der Parteien gilt ein Wettbewerbsverbot nur insoweit, als angesichts der örtlichen Verhältnisse überhaupt eine Konkurrenz für den Verpächter in Betracht kommt. Bei überregional tätigen Betrieben ist ein entsprechender Bereich maßgebend.

264 Weder in zeitlicher noch in örtlicher Hinsicht ist ein Wettbewerbsverbot allein deshalb hinfällig, weil der Verpächter zur Zeit oder am Ort *kein Konkurrenzunternehmen* betreibt (RGZ 47, 238, 240; OLG Zweibrücken OLGZ 1972, 208, 211 f; aM OLG Hamm WuW/E OLG 1426). Es kommt allerdings nicht darauf an, daß eine Aufgabe der Erwerbstätigkeit des Verpächters und damit der Ausschluß jeglichen Wettbewerbs endgültig feststehen (so aber RGZ aaO). Im Interesse der Berufsfreiheit des Pächters kann es für einen Fortbestand des Wettbewerbsverbots nur entscheidend sein, ob der Verpächter gegenwärtig ein Konkurrenzunternehmen betreibt oder ob dies aufgrund konkreter Anhaltspunkte in absehbarer Zeit zu erwarten ist. Dieser Zeitraum darf nicht zu lang bemessen sein. Dabei sind die Umstände des Einzelfalles maßgebend.

265 β) **Rechtsgrundlage** für ein Wettbewerbsverbot des Pächters ist der Pachtvertrag.

αα) Die Parteien können eine **ausdrückliche Vereinbarung** treffen, in der sie Umfang und Dauer des Wettbewerbsverbots im einzelnen regeln (OLG Zweibrücken OLGZ 1972, 208). Führt diese Vereinbarung allerdings zu einer unangemessenen Einschränkung der wirtschaftlichen Bewegungsfreiheit des Pächters, so ist sie notfalls im Wege der richterlichen Entscheidung auf eine der Interessenlage nach § 242 gerecht werdende Regelung zu begrenzen, ist also nicht in vollem Umfang nichtig. Dies kann auch für Wettbewerbsverbote in Apothekenpachtverträgen angenommen werden (SCHIEDERMAIR/PIECK, ApothG § 9 Rn 155 ff, 163). Sieht man die Grundlage für die Unwirksamkeit einer übermäßigen Bindung des Pächters in § 138, liegt in der Rückführung auf eine angemessene Regelung eine Ausnahme von der vollständigen Nichtigkeit einer einzelnen sittenwidrigen Vertragsbestimmung, wie sie von der Rspr ausnahmsweise auch bei übermäßig langen Bierbezugsverträgen entsprechend § 139 zugelassen wird (BGH NJW 1972, 1459; WM 1973, 357; NJW 1974, 2089, 2090; NJW-RR 1990, 816). Dogmatisch liegt darin keine Vertragsanpassung, sondern eine richterlich festgestellte Teilnichtigkeit.

ββ) Problematisch ist, ob und inwieweit ein Wettbewerbsverbot des Pächters durch **266 schlüssige Vereinbarung** angenommen werden kann. Für die Vereinbarung eines Wettbewerbsverbots durch schlüssiges Verhalten müssen eindeutige Anhaltspunkte vorliegen, die sich aus anderen Vertragsbestimmungen oder aus der Art und Weise der Durchführung des Vertrags ergeben können. Es reicht nicht aus, daß der Pächter über längere Zeit kein Konkurrenzunternehmen eröffnet hat. Ein Pachtvertrag verbietet dem Pächter nicht, sich selbst Konkurrenz zu machen (OLG Koblenz ZMR 1993, 72). Auch aus einer vertraglich vereinbarten Gebrauchspflicht des Pächters (Rn 221 ff) läßt sich nicht ohne weiteres ein Wettbewerbsverbot ableiten, selbst wenn der Verpächter durch die Vereinbarung eines variablen Pachtzinses am Ertrag des Pachtgegenstandes beteiligt wird (Rn 183 ff). Ist der variable Pachtzins neben einem festen Mindestbetrag ausbedungen, hängt es von der Auslegung des Vertrags ab, ob sich der Pächter bemühen muß, durch eine Steigerung der Erträge auch dem Verpächter einen höheren Pachtzins zukommen zu lassen und den Ertrag des gepachteten Unternehmens nicht durch ein eigenes Konkurrenzunternehmen zu beeinträchtigen. Eine solche Verpflichtung ist im allgemeinen zu verneinen (RGZ 160, 361, 367). Selbst wenn der Pachtzins ausschließlich variabel gestaltet ist, läßt sich allein daraus unabhängig von der Frage der Gebrauchspflicht kein schlüssig vereinbartes Wettbewerbsverbot ableiten, wenn mit der Rspr dem Verpächter auch in diesen Fällen ohne Rücksicht auf den Umfang des Gebrauchs des Pachtgegenstandes jedenfalls der Pachtzins zugestanden wird, der bei einer normalen Nutzung zu dem im Vertrag vorgesehenen Zweck angefallen wäre (BGH NJW 1979, 2351, 2352). Der Ertrag hängt dann von der Konkurrenz ab, die dem Pächter in einem weiteren Unternehmen wie jedem Dritten freistehen muß, soweit er diese wirtschaftliche Betätigungsfreiheit nicht in einer eindeutigen Vereinbarung mit dem Verpächter aufgibt.

γγ) Ein unmittelbar **gesetzliches Wettbewerbsverbot** für den Pächter besteht nicht. **267** Eine entsprechende Anwendung der §§ 60, 61 HGB über Wettbewerbsbeschränkungen von Handlungsgehilfen und der §§ 112, 113 HGB für Gesellschafter scheidet wegen der andersartigen Interessenlage und der Besonderheiten dieser Vorschriften aus (BGHZ 24, 165 = NJW 1957, 988). Das gleiche gilt für das aus § 86 HGB und der Pflicht zur Interessenwahrung abgeleitete gesetzliche Wettbewerbsverbot des Handelsvertreters, sofern der Pächter nicht zugleich einen Handelsvertretervertrag mit dem Verpächter abgeschlossen hat. Nur mittelbar läßt sich aus der Obhutspflicht des Pächters (Rn 230 ff, 234) unter besonderen Umständen eine Einschränkung seiner Wettbewerbsfreiheit begründen. Er muß nämlich alles unterlassen, was den Verpächter hindert, den Pachtgegenstand künftig in der bisherigen Weise zu nutzen. Der Pächter darf deshalb nicht die Verlegung eines Geschäfts betreiben, wenn der Verpächter die Räume daraufhin nicht mehr entsprechend verpachten kann (RGZ 158, 180; RG JW 1936, 1829; BGH LM Nr 8 zu § 581; vgl OLG Celle ZMR 1973, 109, 110; KG JW 1936, 2932). Kennzeichnend ist aber, daß der Pachtgegenstand selbst durch das Verhalten des Pächters an Wert verliert, etwa durch Wegfall einer Gewerbeerlaubnis (RGZ 158, 180) oder geschäftsschädigende Äußerungen (KG JW 1936, 2932). Auch dies gilt jedoch nur mit der Einschränkung, daß der Verlegung eines Geschäfts in eigene Räume durch den Pächter nichts entgegensteht, wenn er das Geschäft in den Pachträumen im wesentlichen selbst aufgebaut hat (RGZ 165, 35, 40). Eine weitere Einschränkung der Wettbewerbsfreiheit kann sich aus § 1 UWG ergeben. So handelt der Pächter eines Getränkeverlags wettbewerbswidrig, wenn er den Pachtvertrag fristlos kündigt, den Hauptlieferanten gegen den Verpächter aufwiegelt und den Kundenstamm des Pachtunternehmens durch Weiterbelieferung an sich zieht, ohne den Verpächter rechtzeitig von seinem bevorstehenden Ausscheiden zu unterrichten und ohne den Kunden die neue Wettbewerbssituation deutlich zu machen (BGH LM Nr 208 zu § 1 UWG = NJW 1970, 471). Festzuhalten ist aber, daß das Abwerben von Kunden ohne Hinzutreten besonderer Umstände nicht wettbewerbswidrig ist, weil dies gerade Sinn und Zweck jedes wirtschaftlichen Wettbewerbs ist.

268 γ) Die **Rechtsfolgen** eines Verstoßes gegen ein Wettbewerbsverbot des Pächters hängen von der jeweiligen Rechtsgrundlage ab. Bei einer ausdrücklichen Vereinbarung kann nach den §§ 339 ff eine Vertragsstrafe verwirkt sein. Im übrigen kommen Ansprüche auf Unterlassung und auf Schadensersatz aus positiver Forderungsverletzung in Betracht. Sind die Gesellschafter zweier Handelsgesellschaften identisch, kann der gegen die eine Gesellschaft gerichtete Unterlassungsanspruch auch gegen die dem Anspruch zuwiderhandelnde andere Gesellschaft geltend gemacht werden (BGHZ 59, 64 = NJW 1972, 1421). Bei sittenwidriger vorsätzlicher Schädigung greift § 826 ein.

269 δ) Vertragliche Wettbewerbsverbote des Pächters sind ebenso wie solche auf seiten des Verpächters (Rn 156) auf ihre **Vereinbarkeit mit dem Kartellverbot** des § 1 GWB zu überprüfen. Hiernach sind ua Verträge, die Unternehmen zu einem gemeinsamen Zweck schließen, unwirksam, soweit sie geeignet sind, die Erzeugung oder die Marktverhältnisse für den Verkehr mit Waren oder gewerblichen Leistungen durch Beschränkung des Wettbewerbs zu beeinflussen. Das Wettbewerbsverbot eines Pächters ist anders als dasjenige eines Gesellschafters (BGHZ 70, 331 = NJW 1978, 1001; BEUTHIEN ZHR 142 [1978] 259) nicht Ausfluß und notwendiger Bestandteil der gesetzestypischen Vertragspflichten. Es ist deshalb nicht per se vom Anwendungsbereich des § 1 GWB ausgeschlossen. Die Vorschrift wird auch nicht dadurch unanwendbar, daß das Wettbewerbsverbot als horizontale Beschränkung im Pachtvertrag als einem Austauschvertrag vereinbart wird und daß es sich um eine einseitige Beschränkung der Wettbewerbsfreiheit handelt (Rn 156 mwNw). Entscheidend ist, ob die Parteien vor allem für die Zeit nach Beendigung des Vertrags einen gemeinsamen Zweck iS des § 1 GWB verfolgen. Dazu reicht die Verfolgung gleichgerichteter Interessen aus (BGHZ 68, 6 = NJW 1977, 804). Dies ist der Fall, wenn der Pächter in irgendeiner Weise aus dem Wettbewerbsverbot Vorteile zieht, wie etwa durch Absatzgarantien oder vorzugsweise Belieferung im Rahmen einer anderweitigen unternehmerischen Tätigkeit. Hinzu kommen muß, daß das Wettbewerbsverbot geeignet ist, die Verhältnisse auf dem jeweils relevanten Markt in spürbarer Weise zu beeinflussen. Dies hängt ganz von den Umständen des Einzelfalls ab.

4. Rückgabe des Pachtgegenstandes

270 Nach der Beendigung des Pachtverhältnisses ist der Pächter verpflichtet, den Pachtgegenstand zurückzugeben. Die Rückgabepflicht richtet sich im einzelnen nach den §§ 581 Abs 2, 556, wenn der Pachtgegenstand eine bewegliche oder unbewegliche Sache darstellt (Rn 441 ff; STAUDINGER/SONNENSCHEIN [1995] § 556 Rn 1 ff). Besonderheiten ergeben sich aus § 582 a Abs 3 für das Inventar bei der Grundstückspacht. Ist ein Recht verpachtet worden, muß der Pächter es dem Verpächter ermöglichen, die Früchte nunmehr selbst zu ziehen. Dazu hat er die Urkunden zurückzugeben, die er zu Beginn des Pachtverhältnisses erhalten hat. Bei der Verpachtung eines Unternehmens erstreckt sich die Rückgabepflicht auf das Unternehmen als solches mit sämtlichen körperlichen und unkörperlichen Bestandteilen einschließlich der Kunden- und Lieferantenbeziehungen. Dem Pächter steht für den Goodwill des zurückzugebenden Unternehmens kein Ausgleichsanspruch gegen den Verpächter zu, selbst wenn dieser als stiller Gesellschafter beteiligt war. Da die Verpachtung nur Nutzungsüberlassung auf Zeit ist, fällt nach der gesetzlichen Wertung ein Wertzuwachs dem Verpächter zu (BGH LM Nr 49 zu § 581 = NJW 1986, 2306).

5. Nachvertragliche Pflichten

Neben der Rückgabe des Pachtgegenstandes (Rn 270) kann sich für den Pächter nach der Beendigung des Vertragsverhältnisses ein nachvertragliches Wettbewerbsverbot ergeben (Rn 261 ff). Im übrigen besteht aus § 242 die nachvertragliche Pflicht, solche Handlungen zu unterlassen, die den Vertragserfolg für den Verpächter gefährden können. Die Pflicht zur Rücksichtnahme und Loyalität dauert fort. Der Pächter begeht deshalb eine positive Vertragsverletzung, wenn er sich eine erforderliche Genehmigung der zuständigen Behörde beschafft, sein Geschäft nach Ablauf der Pachtzeit in eigenen Räumen fortführen zu dürfen, und dadurch dem Verpächter die Möglichkeit genommen wird, in den Pachträumen den bisherigen Gewerbebetrieb fortzuführen oder fortführen zu lassen (RGZ 158, 180). Eine derartige Einschränkung der Handlungsfreiheit des Pächters ist nicht anzunehmen, wenn er dem Verpächter das Unternehmen abgekauft hat, um es in eigene Räume zu verlegen (RGZ 165, 35, 40). Ferner sind nachvertragliche Auskunfts- und Mitteilungspflichten des Pächters möglich (Larenz, Schuldrecht I § 10 II f), solange der Hauptanspruch, für den die Information begehrt wird, nicht verjährt ist (OLG Düsseldorf ZIP 1988, 1134; Rn 345). 271

VII. Entsprechende Anwendung mietrechtlicher Vorschriften

1. Allgemeines

a) Nach § 581 Abs 2 finden die Vorschriften über die Miete auf die Pacht entsprechende Anwendung, soweit sich nicht aus den §§ 582 bis 584 b etwas anderes ergibt. Diese Vorschriften enthalten besondere Regelungen für das Inventar bei der Pacht eines Grundstücks beliebiger Art (§§ 582, 582 a, 583 a), über das Pächterpfandrecht (§ 583), bestimmte Kündigungsfälle (§§ 584, 584 a) und über die Entschädigung für die Vorenthaltung des Pachtgegenstandes nach dem Vertragsende (§ 584 b). Im übrigen ist die **Generalverweisung** des § 581 Abs 2 aufgrund der nahen Verwandtschaft von Miete und Pacht nicht nur gesetzestechnisch, sondern auch der Sache nach gerechtfertigt. Die mietrechtlichen Vorschriften sind allerdings nur für entsprechend anwendbar erklärt, weil eine direkte Anwendung nicht in jeder Hinsicht in Betracht kommt (Mot II 422). Daraus folgt, daß die mietrechtlichen Vorschriften im Einzelfall unter Berücksichtigung der besonderen Verhältnisse der Pacht anzuwenden sind. Die Sondervorschriften über den Bestandsschutz von Mietverhältnissen über Wohnraum scheiden demgemäß für die Pacht von vornherein aus. Ein einheitlicher Pachtvertrag, der Wohnraum für den Pächter umfaßt, kann insoweit nicht aufgeteilt werden. 272

b) Die Regelung des § 580, nach der die Vorschriften über die Miete von Grundstücken grundsätzlich auch für die Miete von **Räumen** gelten, ist nach § 581 Abs 2 auf 273 die Pacht entsprechend anzuwenden. Der 2. Komm lag bei der Beratung des BGB ein Antrag vor, nach dem die §§ 571 ff ausdrücklich auf die Miete eines Grundstücksteils ausgedehnt werden sollten (Prot II 134). Der darin enthaltene Gedanke hat sich in der allgemeinen Fassung des § 580 niedergeschlagen (JAKOBS/SCHUBERT 614). Eine vergleichbare Vorschrift fehlt im Pachtrecht. Es ist nicht ersichtlich, ob bei der nachträglichen Einfügung des jetzigen § 580 in der 2. Komm (E II § 480 Abs 2; Prot II 134; JAKOBS/SCHUBERT 424, 614) die gleichgelagerte Problematik bei der Pacht übersehen worden ist oder ob eine ausdrückliche Regelung wegen der Generalverweisung des § 581 Abs 2 für überflüssig gehalten wurde. Gesetzestechnisch ist die Generalverweisung ausreichend. Dies hat zur Folge, daß zum einen die mietrechtlichen Vorschriften über Grundstücke entsprechend auf die Pacht von Räumen anzuwenden sind. Zum anderen liegt darin eine Rückverweisung auf das Pachtrecht, indem die besonderen pachtrechtlichen Vorschriften der §§ 582, 582 a, 583 und 584 über Grundstücke auch für die Pacht von Räumen gelten, soweit sie nach ihrem jeweiligen Tatbestand hierfür in Betracht kommen. Da eine anderweitige Bestimmung im Pachtrecht fehlt, greift die dahin gehende Einschränkung des § 580 für die Raumpacht nicht ein. Die Vorschriften über die Grundstückspacht sind auch dann anzuwenden, wenn die Pacht eines Unternehmens Räume umfaßt.

274 c) Für die **Kommentierung** ergibt sich aus dieser Gesetzeslage, daß die mietrechtlichen Vorschriften an dieser Stelle nicht in allen Einzelheiten dargestellt werden müssen. Sie werden deshalb im folgenden unter sachlichen Gesichtspunkten zusammengefaßt. Neben einem Überblick werden dabei die pachtrechtlich interessierenden Probleme vor allem anhand der einschlägigen Gerichtsentscheidungen und Meinungsäußerungen des Schrifttums behandelt.

2. Schriftform des Pachtvertrags

a) Allgemeines

275 Der Pachtvertrag ist grundsätzlich formlos wirksam. Formvorschriften bestehen kraft einzelgesetzlicher Anordnung nur unter bestimmten Voraussetzungen und für gewisse Arten von Pachtverträgen (Rn 128 ff). Eine Sonderregelung enthält § 566, in dem für den Pachtvertrag über ein Grundstück, der für längere Zeit als ein Jahr abgeschlossen wird, gesetzlich die Schriftform des § 126 vorgeschrieben ist. Diese Vorschrift ist zwingend. Aus der Entstehungsgeschichte ergibt sich, daß ihr Hauptzweck darin besteht, dem Erwerber des verpachteten Grundstücks, der nach § 571 in den Pachtvertrag eintritt, die Möglichkeit einer umfassenden Unterrichtung über die auf ihn zukommenden Rechte und Pflichten zu verschaffen (Prot II 149 ff). Darüber hinaus soll für die Parteien des ursprünglichen Vertrags die Beweisbarkeit langfristiger Vereinbarungen sichergestellt werden. Die Vorschrift soll die Parteien jedoch nicht davor schützen, übereilte Bindungen einzugehen (RG HRR 1933, Nr 873).

b) Anwendungsbereich

276 aa) Der Anwendungsbereich des § 566 erstreckt sich auf **Pachtverträge über Grundstücke** oder Teile von Grundstücken (Rn 9 ff), die für längere Zeit als ein Jahr abgeschlossen werden. Damit ist ein befristeter Vertrag mit einer Dauer von mehr als einem Jahr gemeint, nicht aber ein unbefristeter Vertrag, auch wenn die Parteien eine unbestimmte Dauer erwarten. Erfaßt wird ein unbefristeter Vertrag allerdings, wenn er frühestens zu einem Zeitpunkt nach Ablauf eines Jahres ordentlich gekün-

digt werden kann. Nach § 580 gilt dies auch für die Pacht von Räumen (Rn 17 f, 273). Pachtverträge über Unternehmen (Rn 87 ff) werden betroffen, sofern hierzu Grundstücke oder Räume gehören. Auf das Wertverhältnis zwischen Grundstück oder Räumen und den anderen Bestandteilen des Unternehmens kommt es nicht an, da das Erfordernis der Schriftform grundsätzlich für sämtliche Vereinbarungen eines einheitlichen Vertrags gilt. Auch ein Unterpachtvertrag, der auf längere Zeit als ein Jahr abgeschlossen wird, bedarf der Schriftform (BGHZ 81, 46 = NJW 1981, 2246).

bb) Ein **Vorvertrag** (Rn 134) unterliegt wegen des Zwecks des § 566 und der mangelnden Bindung eines Grundstückserwerbers (RGZ 86, 30, 32 f) nicht dem Formzwang dieser Vorschrift (BGH LM Nr 1 zu § 566 = NJW 1954, 71 [LS]). Hingegen ist bei der Jagdpacht der Vorvertrag wegen seiner Warnfunktion nach § 11 Abs 4 S 1 BJagdG formbedürftig (BGHZ 61, 48 = NJW 1973, 1839; Rn 57). Vom Vorvertrag ist das *Vorpachtrecht* zu unterscheiden (Rn 135). Da der Erwerber des Pachtgrundstücks entsprechend den §§ 581 Abs 2, 571 in die Verpflichtungen des Veräußerers aus einem Vorpachtrecht eintritt, ist die Begründung eines solchen Rechts unter den Voraussetzungen des § 566 formbedürftig (BGHZ 55, 71 = NJW 1971, 422). Bei einer *Verlängerungsoption* unterliegt die Absprache über die eingeräumte Optionszeit der Schriftform (BGH NJW-RR 1987, 1227).

c) Schriftform

Die Anforderungen, die an die Wahrung der schriftlichen Form gestellt werden, ergeben sich aus § 126. Hiernach müssen grundsätzlich beide Parteien dieselbe Urkunde eigenhändig durch Namensunterschrift unterzeichnen. Nur bei der Aufnahme mehrerer gleichlautender Urkunden genügt es, wenn jede Partei die für die andere Partei bestimmte Urkunde unterzeichnet. Unterläuft dabei ein Formfehler, kann der Vertrag auch durch Aufnahme einer einzigen Urkunde bestätigt werden, die beide Teile unterzeichnet haben (KG HRR 1933, Nr 1422). Die schriftliche Form wird nach § 126 Abs 3 durch die notarielle Beurkundung ersetzt.

d) Einzelfragen

aa) Für die Vereinbarungen, die im einzelnen dem Erfordernis der Schriftform unterliegen, gilt im wesentlichen das gleiche wie beim Mietvertrag. Das Erfordernis der schriftlichen Form umfaßt grundsätzlich alle Vereinbarungen, aus denen sich nach dem Parteiwillen der Vertrag zusammensetzt. Hiernach ist der **gesamte Vertragsinhalt** einschließlich der Nebenabreden formbedürftig. Treffen die Parteien schriftlich eine Pachtzinsregelung, die wegen einer Wertsicherungsklausel nach § 3 S 2 WährG der Genehmigung durch die Deutsche Bundesbank bedarf (Rn 196, 199 ff), und vereinbaren sie mündlich für den Fall der Ablehnung einen anderen Pachtzins, so entbehrt der ganze Vertrag der schriftlichen Form, wenn die Wertsicherungsklausel nicht genehmigt wird. Die mündliche Abrede ist nämlich wesentlicher Vertragsbestandteil (BGH NJW 1954, 425, 426 m Anm BENKARD LM Nr 2 zu § 566 – Genehmigung durch Preisbehörde; BGB-RGRK/GELHAAR Rn 44; OSWALD FWW 1980, 288).

bb) **Änderungen des Vertragsinhalts** sind unter den Voraussetzungen des § 566 formbedürftig. Unerheblich ist, ob die Parteien in bestehende Vereinbarungen ändernd eingreifen oder ob sie den Vertragsinhalt um neue Abreden erweitern. Die nicht von der Änderung betroffenen Teile des ursprünglichen Vertrags brauchen nicht zur Wahrung der Schriftform wiederholt zu werden (BGH LM Nr 22 zu § 566 = MDR 1974,

750). Die Schriftform wird nicht verletzt, wenn die Parteien die Klausel über eine Pachtkaution in einem Formularvertrag versehentlich nicht gestrichen haben (OLG Düsseldorf WuM 1995, 485). Haben die Parteien eine Vertragsurkunde bereits unterzeichnet, brauchen sie nach den Grundsätzen über die Zulässigkeit einer Blankettunterschrift den Vertrag trotz einer Änderung des Textes nicht erneut zu unterschreiben, wenn sie sich über die Änderung einig sind und es ihrem Willen entspricht, daß die Unterschriften für den veränderten Vertragsinhalt Gültigkeit behalten sollen (BGH LM Nr 35 zu § 581 = MDR 1973, 404). Eine Vertragsverlängerung, die mit einem Kündigungsausschluß für mehr als ein Jahr verbunden wird, bedarf der Schriftform (LG Mannheim WuM 1970, 26). Soll ein von Ehegatten abgeschlossener formbedürftiger Pachtvertrag verlängert werden, ist die Verlängerungsvereinbarung aber nur von dem Ehemann unterschrieben, so ist durch Auslegung zu ermitteln, ob seine Unterschrift zugleich in Vertretung der Ehefrau erfolgt ist (BGHZ 125, 175 = NJW 1994, 1649). Beschränkt sich eine nachträgliche Vereinbarung darauf, einen auf bestimmte Zeit formgültig abgeschlossenen Pachtvertrag zu verlängern, und genügt diese Vereinbarung nicht der Schriftform, so hat das im allgemeinen nicht zur Folge, daß der ursprüngliche Vertrag nunmehr gleichfalls der vorgeschriebenen Schriftform entbehrt (BGHZ 50, 39 = NJW 1968, 1229 m Anm Braxmaier LM Nr 16 zu § 566). Ein Parteiwechsel bedarf ebenfalls der Schriftform (RG JW 1924, 798 Nr 5). Einigen sich die Parteien formlos auf die Zurücknahme der Kündigung eines der Formvorschrift des § 566 entsprechenden mehrjährigen Pachtvertrags, so gilt dieser nur dann wieder für die gesamte ursprünglich vorgesehene Vertragsdauer, wenn er ohne wesentliche Änderungen aufrechterhalten wird (OLG München NJW 1963, 1619). Die formularmäßig vereinbarte Schriftform für Änderungen eines Pachtvertrags steht einer einverständlichen vorzeitigen Vertragsaufhebung nicht entgegen, wenn der Pächter die Besprechung, die hierüber geführt worden ist, schriftlich bestätigt und der Verpächter auf dieses Bestätigungsschreiben schweigt (OLG Düsseldorf MDR 1991, 349).

281 Im übrigen beharrte die Rspr bei Änderungsverträgen zunächst grundsätzlich auf dem Erfordernis der **Einheitlichkeit der Urkunde,** insbesondere in Gestalt einer körperlich festen Verbindung (BGHZ 40, 255 = NJW 1964, 395 m Anm Schuster LM Nr 10 zu § 566), auch wenn früher bereits betont worden war, das Formerfordernis dürfe bei getrennten Blättern eines Pachtvertrags nicht überspannt werden (RG JW 1924, 796 Nr 1 m krit Anm Henle). Diese großzügigere Auslegung wurde jedoch alsbald wieder eingeschränkt (RG JW 1926, 979 Nr 2). Erst die neuere Rspr stellt weniger strenge Anforderungen. Hiernach genügt ein Pachtverlängerungsvertrag, der auf frühere, nicht beigefügte Verträge zwischen denselben Parteien Bezug nimmt, jedenfalls dann der gesetzlichen Schriftform, wenn die neue Urkunde selbst die wesentlichen Bestandteile eines Pachtvertrags enthält und die in Bezug genommenen Urkunden, für sich betrachtet, die Schriftform ebenfalls erfüllen (BGHZ 125, 175, 177 = NJW 1994, 1649, 1650; BGH NJW 1992, 2283 mwNw; krit Haase WuM 1995, 625). Dies gilt auch, wenn Gesamtrechtsvorgänger der Parteien die früheren Verträge abgeschlossen haben (BGHZ 42, 333 = NJW 1964, 1851 m Anm Mattern LM Nr 12 zu § 566). Darüber hinaus wahrt ein schriftlicher Änderungs- oder Ergänzungsvertrag selbst dann die Form, wenn Pachtgegenstand, Pachtzins oder Dauer des Vertrags in der neuen Urkunde nicht noch einmal ausdrücklich bezeichnet sind, sofern sich nur aus ihr ergibt, daß es insoweit bei den früheren Abreden verbleiben soll (BGH LM Nr 22 zu § 566 = MDR 1974, 750).

e) Rechtsfolgen eines Formmangels

Ein Verstoß gegen die Formvorschrift hat abweichend von § 125 keine Nichtigkeit **282** zur Folge. Nach § 566 S 2 gilt der Vertrag als für unbestimmte Zeit geschlossen. Auf den Parteiwillen kommt es nicht an, da diese Vorschrift auch der Regelung des § 139 vorgeht. Die Kündigung des nunmehr unbefristeten Vertrags ist nicht für eine frühere Zeit als für den Schluß des ersten Jahres zulässig.

3. Entrichtung des Pachtzinses

a) Aus der Generalverweisung des § 581 Abs 2 folgt, daß für die **Fälligkeit** des **283** Pachtzinses die gleiche gesetzliche Regel des § 551 wie bei der Miete gilt (Rn 211 ff). Eine Sonderregelung enthält § 587 für die Landpacht.

b) Nach § 552 S 1 wird der Pächter nicht aufgrund einer **persönlichen Verhinde-** **284** **rung**, sein Gebrauchs- und Fruchtziehungsrecht auszuüben, von der Entrichtung des Pachtzinses befreit (OLG Düsseldorf ZMR 1994, 402, 405). Dieses Risiko trifft ihn grundsätzlich allein, sofern nicht ausnahmsweise die Grundsätze über den Wegfall oder die Änderung der Geschäftsgrundlage eingreifen (Rn 189, 208 f, 218). Der Verpächter muß sich nach S 2 den Wert der ersparten Aufwendungen sowie derjenigen Vorteile anrechnen lassen, die er aus einer anderweitigen Verwertung des Gebrauchs erlangt. Wenn der Verpächter jedoch wegen der Gebrauchsüberlassung an einen Dritten außerstande ist, dem Pächter den Gebrauch zu gewähren, ist der Pächter nach S 3 nicht verpflichtet, den Pachtzins zu entrichten. Aus dieser Gesamtregelung ergibt sich ein Widerspruch, wenn der Pächter den Pachtgegenstand endgültig aufgegeben hat und keinen Pachtzins mehr zahlt, wogegen der Verpächter den Gegenstand zu einem niedrigeren Pachtzins einem neuen Pächter überläßt, um den Schaden zu vermindern. Nach umstrittener Auffassung bleibt der Pächter verpflichtet, die Pachtzinsdifferenz zu zahlen, auch wenn der niedrigere Pachtzins des neuen Pächters dem erzielbaren Marktpreis entspricht. Es wäre unbillig, wenn sich der Pächter bei objektiv eindeutiger Rechtslage hinsichtlich des Fortbestandes des Pachtverhältnisses auf die mangelnde Erfüllungsbereitschaft des Verpächters berufen könnte (BGHZ 122, 163 = NJW 1993, 1645; STAUDINGER/EMMERICH [1995] § 552 Rn 52 ff mwNw).

4. Gewährleistung

a) Allgemeines

Entsprechend den §§ 581 Abs 2, 536 ist der Verpächter verpflichtet, dem Pächter den **285** Pachtgegenstand in einem zu dem vertragsmäßigen Gebrauch geeigneten Zustand zu überlassen und ihn während der Pachtzeit in diesem Zustand zu erhalten. Hierbei handelt es sich um Hauptleistungspflichten des Verpächters, deren Erfüllung der Pächter einklagen kann (Rn 150 ff). Verletzt der Verpächter diese Pflichten, liegt eine Leistungsstörung in Form der Nichterfüllung vor. Die Rechtsfolgen ergeben sich grundsätzlich aus den §§ 275, 280, 284 ff und 323 ff. Teilweise sind die Folgen der Nichterfüllung in den §§ 537 ff geregelt, so daß diese Vorschriften keine Gewährleistungsregeln im engeren Sinne darstellen. Ebenso wie im Mietrecht stellt sich damit für die Pacht das Problem, in welchem Verhältnis die allgemeinen Vorschriften über Unmöglichkeit und Verzug zu den besonderen Regeln der §§ 537 ff stehen (BGHZ 93, 142 = NJW 1985, 1025; BGH NJW 1980, 777 m Anm HAASE JR 1980, 329; JOACHIM BB 1988, 779; ders ZIP 1991, 966; KÖHLER JuS 1979, 647, 651; STAUDINGER/EMMERICH [1995] Vorbem 1 ff zu

§ 537). Das gleiche gilt für das Verhältnis der §§ 537 ff zu den Rechtsinstituten der positiven Vertragsverletzung (STAUDINGER/EMMERICH [1995] Vorbem 22 ff zu § 537) und des Wegfalls der Geschäftsgrundlage (Rn 208, 417; STAUDINGER/EMMERICH [1995] Vorbem 30 ff zu § 537). Ist der Pachtgegenstand mangelhaft, kann der Pächter gegenüber dem Anspruch auf Zahlung des Pachtzinses die Einrede des nicht erfüllten Vertrags aus § 320 erheben. Dieses Recht wird durch die Gewährleistungsvorschriften der §§ 537 ff nicht ausgeschlossen (BGHZ 84, 42 = NJW 1982, 2245 m Anm SCHUBERT JR 1983, 17; KULIS MDR 1983, 285). Der Anspruch des Verpächters auf Entrichtung des Pachtzinses erlischt, wenn der Pachtgegenstand vollständig zerstört ist und dies nicht vom Pächter zu vertreten ist (LG Aachen WuM 1981, 260 [LS]; LG Köln ZMR 1985, 338).

b) Sachmängel
aa) Allgemeines

286 Die Haftung des Verpächters für Mängel des Pachtgegenstandes beruht auf der entsprechenden Anwendung der §§ 537, 538. Weist der Pachtgegenstand Fehler auf, die seine Tauglichkeit zu dem vertragsmäßigen Gebrauch aufheben oder mindern, so ist der Pächter nach § 537 Abs 1 während dieser Zeit ganz oder teilweise von der Entrichtung des Pachtzinses befreit. Die Minderung tritt nach § 537 Abs 2 auch ein, wenn eine zugesicherte Eigenschaft fehlt oder später wegfällt. Bei anfänglichen Mängeln, später infolge eines vom Verpächter zu vertretenden Umstandes entstandenen Mängeln oder im Falle des Verzugs des Verpächters mit der Mängelbeseitigung kann der Pächter nach § 538 anstelle der Minderung Schadensersatz wegen Nichterfüllung verlangen. In gewissen Fällen ist die Haftung gesetzlich oder durch Parteiabrede ausgeschlossen (Rn 308 ff).

bb) Fehler

287 α) Der **Begriff** des Fehlers ergibt sich für das Pachtrecht aus § 537 Abs 1 S 1. Hiernach ist ein Fehler gegeben, wenn sich der Pachtgegenstand zur Zeit der Überlassung an den Pächter in einem Zustand befindet, der seine Tauglichkeit zu dem vertragsmäßigen Gebrauch aufhebt oder mindert, oder wenn im Laufe der Pachtzeit ein solcher Fehler entsteht. Entscheidend kommt es auf den vertragsmäßigen Gebrauch an (Rn 148; STAUDINGER/EMMERICH [1995] §§ 535, 536 Rn 64 ff). Wie für die Miete (STAUDINGER/EMMERICH [1995] § 537 Rn 4 ff) ist deshalb ein subjektiver Fehlerbegriff zugrunde zu legen. Unerheblich ist, ob der Fehler auf der natürlichen Beschaffenheit des Pachtgegenstandes oder auf seinen tatsächlichen oder rechtlichen Verhältnissen beruht, die mit dem Pachtgegenstand zusammenhängen und ihn in seiner Tauglichkeit zu dem vertragsmäßigen Gebrauch unmittelbar beeinträchtigen (BGH LM Nr 47 zu § 535 = NJW 1971, 424). Mittelbare Beeinträchtigungen, etwa durch eine behördliche Maßnahme, können genügen, wenn sie sich auf die Gebrauchstauglichkeit auswirken (LG Frankfurt/M NJW 1976, 1355, 1356; Rn 293). Allerdings löst nach § 537 Abs 1 S 3 nur ein erheblicher Fehler die Rechtsfolgen des § 537 aus.

288 β) Unter dem Gesichtspunkt der **Beschaffenheit** des Pachtgegenstandes kommen in erster Linie physische Mängel in Betracht. Bei *Grundstücken* ist die Versumpfung oder die Gefahr von Überschwemmungen ein Fehler (RG JW 1921, 334 m krit Anm PARTSCH), ebenso die mangelnde Vorflut (OLG Kiel SchlHAnz 1933, 122). Wenn in dieser Entscheidung die fehlende Drainage nicht als Mangel angenommen wird, weil auch ohne diese eine ordnungsgemäße Entwässerung möglich sei, kann dies nicht generell, sondern nur nach den Umständen des Einzelfalles gesagt werden. Ein verpachteter Steinbruch ist fehlerhaft, wenn er bereits teilweise ausgebeutet ist (BGH LM Nr 55 zu § 242 [Cd] = MDR 1958, 767) und der Vertrag diese Einschränkung nicht berücksichtigt. Ergeben sich bei einer mit Bruchsteinen gepflasterten Schiffslände Ausspülungen, Lockerungs- und Rutscherscheinungen, so liegt ein Fehler vor (OLG Bamberg OLGZ 1976, 195).

Bei *Gebäuden und Räumen* treten vor allem Baumängel im weitesten Sinne als Fehler auf (STAUDINGER/EMMERICH [1995] § 537 Rn 13 ff). Zu nennen sind etwa eine mangelhafte Isolierung (OLG Köln MDR 1973, 409 [LS]), ein schadhafter Durchlauferhitzer (BGH LM Nr 12/13 zu § 538 = MDR 1970, 223) sowie Mängel eines erst noch herzustellenden Kinogebäudes (BGHZ 9, 320 = NJW 1953, 1180 m Anm DELBRÜCK LM Nr 2 zu § 538). **289**

Fehler iS des § 537 können auch bei der *Rechtspacht* auftreten. Dies gilt nicht nur insoweit, als zB der Film beim Filmverwertungsvertrag (Rn 84) als sachliche Unterlage des zur Ausnutzung überlassenen Rechts Mängel aufweist (RGZ 161, 321, 324 f; BGHZ 2, 331 = NJW 1951, 705; vgl RGZ 158, 321). Da nur eine entsprechende Anwendung des § 537 in Frage kommt, kann das Recht als solches fehlerhaft sein, wenn es wegen seiner Beschaffenheit aus besonderen Gründen nicht zur Fruchtziehung geeignet ist, Gründe also, die in dem Recht selbst ihre Ursache haben und nicht unter das normale Ertragsrisiko des Pächters fallen (OLG Hamm NJW-RR 1993, 1270). **290**

Bei der *Unternehmenspacht* stellen sich ähnliche Gewährleistungsprobleme wie im Kaufrecht (HOMMELHOFF, Die Sachmängelhaftung beim Unternehmenskauf [1975]). Der Fehler kann einzelnen Bestandteilen des Unternehmens anhaften wie Grundstück, Räumen, Inventar, Rechten usw. Hierbei können auch Quantitätsmängel einen Qualitätsmangel begründen. Entfällt bei der Unternehmenspacht nach den §§ 4, 22 HGB die Berechtigung, die frühere Firma fortzuführen, so kann darin nach den Umständen des Falles ein Fehler iS des § 537 liegen (OLG Celle BB 1954, 298). Bleibt der Umsatz oder Gewinn des Unternehmens hinter den Angaben des Verpächters und den Erwartungen des Pächters zurück, ohne daß dies auf der Beschaffenheit des Unternehmens beruht, so liegt darin mit Rücksicht auf die Schwierigkeiten einer Unternehmensbewertung kein Fehler. Umsatz oder Gewinn können als Eigenschaften eines Unternehmens allerdings zum Gegenstand einer Zusicherung iS des § 537 Abs 2 S 1 gemacht werden (RG WarnR 1927, Nr 139; JW 1937, 675; Rn 295). **291**

γ) Auch wenn der Pachtgegenstand als solcher einwandfrei ist, können sich aus seinen **Beziehungen zur Umwelt** Fehler ergeben (STAUDINGER/EMMERICH [1995] § 537 Rn 40 ff). Wird ein als Kur- und Kongreßzentrum verpachteter Betrieb durch Einrichtung einer Fußgängerzone und eines Einbahnstraßensystems in unmittelbarer Nähe in seiner vertraglich vorausgesetzten verkehrsgünstigen Lage beeinträchtigt, liegt darin ein Fehler (LG Frankfurt/M NJW 1976, 1355 m abl Anm SCHULZ ZMR 1978, 240). Ist ein Garderobenbetrieb verpachtet und fallen nach der Schließung des Hauptbetriebs der Publikumsverkehr und damit die Benutzung zu dem vertragsmäßigen Zweck weg, so wird der Pachtgegenstand fehlerhaft (RG Recht 1912, Nr 43). Die Ergiebigkeit eines verpachteten Jagdrechts ist zwar grundsätzlich das Risiko des Pächters. Wird neben dem Jagdrevier jedoch ein Schießplatz angelegt und überfliegen die Geschosse das Revier, so daß dieses teilweise abgesperrt werden muß und das Wild durch Lärm vergrämt wird, ist der Pachtgegenstand fehlerhaft (OLG Celle LZ 1918, 460). Das glei- **292** che gilt, wenn die Ausübung der Jagd durch Sperrung der Zugangswege beeinträchtigt wird (OLG Celle RdL 1970, 127).

293 δ) Treffen **öffentlich-rechtliche Beschränkungen** den Pachtgegenstand, kann darin ein Fehler liegen, sofern sie auf der Beschaffenheit oder Lage des Pachtgegenstandes beruhen (BGHZ 68, 294, 296 = NJW 1977, 1285, 1286; BGH LM Nr 17 zu § 537 = WM 1971, 538; krit STAUDINGER/EMMERICH [1995] § 537 Rn 32 ff). Dies gilt etwa für Bauverbote (BGH NJW 1958, 785 m krit Anm KUBISCH NJW 1958, 1084) oder baurechtliche Nutzungsbeschränkungen (LG Berlin NJW-RR 1990, 852), das Verbot öffentlicher Tänze in einem Tanzlokal (RGZ 87, 277; 91, 310; RG WarnR 1918, Nr 110; SeuffA 73, Nr 223; **aM** RG JW 1918, 88 Nr 8), die zeitliche Beschränkung von Tanz und Musik sowie die Vorverlegung der Sperrstunde eines Nachtlokals oder einer Diskothek (RGZ 88, 96; RG WarnR 1919, Nr 9; BGHZ 68, 294 = NJW 1977, 1285 m Anm CLASSEN LM Nr 26 zu § 538 und krit Anm KRAMPE JZ 1978, 438), die aus räumlichen Gründen bedingte Versagung einer Schankerlaubnis (RG WarnR 1936, Nr 19) und für den Wegfall der Sondernutzung eines öffentlichen Weges zur Bewirtung von Gästen eines verpachteten Hotels (RG HRR 1931, Nr 1641). Entscheidend ist allerdings, ob durch die öffentlich-rechtliche Beschränkung der Vertragszweck betroffen wird (RGZ 93, 144). Wenn ein Betriebsgelände mit Hof- und Gebäudeflächen an die Pächterin „zum Zwecke ihres Betriebs" verpachtet wird, dann ist es kein Fehler des Pachtgegenstandes, wenn später eine öffentlich-rechtliche Genehmigung für einen andersartigen, bisher von der Pächterin nicht geführten Betrieb verweigert wird (BGH NJW-RR 1991, 1102). Werden Gaststättenräume nach dem Vertrag „konzessionsreif" verpachtet, so bedeutet dies nicht ohne weiteres, daß der Verpächter für die Erteilung einer Vollkonzession einstehen will, wenn die bauliche Gestaltung nur eine beschränkte Speisenkonzession zuläßt (OLG Oldenburg NJW-RR 1992, 662). Die Parteien können vereinbaren, daß es Aufgabe und Risiko des Pächters ist, sich die Konzession zu beschaffen (BGH WM 1994, 1136).

cc) Fehlen zugesicherter Eigenschaften

294 α) Nach § 537 Abs 2 S 1 treten die Rechtsfolgen dieser Vorschrift auch ein, wenn dem Pachtgegenstand eine **zugesicherte Eigenschaft** fehlt oder später wegfällt (STAUDINGER/EMMERICH [1995] § 537 Rn 53 ff). Als Eigenschaften kommen alle rechtlichen und tatsächlichen Verhältnisse in Betracht, die infolge ihrer Art und Dauer nach der Verkehrsanschauung einen Einfluß auf die Brauchbarkeit und Wertschätzung des Pachtgegenstandes auszuüben pflegen. Nicht in jeder Anpreisung oder Beschreibung des Pachtgegenstandes durch den Verpächter liegt allerdings eine Zusicherung. Der Verpächter muß vielmehr ausdrücklich oder konkludent erklären, für eine bestimmte Eigenschaft des Pachtgegenstandes eine über die normale Haftung hinausgehende Gewähr zu übernehmen und damit für deren Vorhandensein einzustehen. Diese Erklärung muß vom Pächter als vertragsmäßig verlangt und vom Verpächter in vertragsmäßig bindender Weise einschließlich etwaiger Formerfordernisse abgegeben werden (RG JW 1937, 675, 676).

295 An **Einzelfällen** aus dem Pachtrecht ist darauf hinzuweisen, daß bei der Verpachtung eines Hotels die Benutzbarkeit eines im Gemeingebrauch stehenden Weges zur Bewirtung von Gästen zugesichert werden kann, da es nicht darauf ankommt, daß der Pachtgegenstand dem Verpächter rechtlich zusteht (RG HRR 1931, Nr 1641). Ebenso kann die Benutzbarkeit von Räumen für einen bestimmten gewerblichen Zweck zugesichert werden (OLG Düsseldorf DWW 1991, 16). Gegenstand einer Zusicherung können der Umsatz (RG JW 1937, 675; WarnR 1927, Nr 139) und der Gewinn eines Geschäftsbetriebs sein (Rn 291). Es macht keinen Unterschied, ob es sich um frühere, gegenwärtige oder zukünftige Umstände handelt. Unerheblich ist auch, ob die Zusicherung im Rahmen eines Unternehmenspachtvertrags oder bei der Verpachtung eines Grundstücks oder von Räumen zum Betrieb eines Geschäfts abgegeben wird. Die Regelung des § 537 Abs 2 S 1 ist entsprechend anwendbar, wenn einer lizenzierten Erfindung zugesicherte Eigenschaften fehlen, weil sie entgegen dem Vertrag und der Patent- oder Gebrauchsmusteranmeldung nicht fabrikmäßig herstellbar und in größeren Stückzahlen vertriebsfähig ist. Der BGH (NJW 1970, 1503) hat offengelassen, ob sich der Anspruch des Lizenznehmers auf Schadensersatz wegen Nichterfüllung aus § 463 oder aus den §§ 581 Abs 2, 537 Abs 2, 538 ergibt. Fehlt die technische Brauchbarkeit einer Lizenz, kann der Lizenzgeber auch für anfängliches Unvermögen haften (BGH BB 1979, 1316). Eine schuldrechtliche Bierbezugsverpflichtung des Grundstückseigentümers bindet nicht den Pächter. Die Zusicherung, der Pachtgegenstand sei verpflichtungsfrei gegenüber jeglicher Brauerei, ist deshalb zutreffend (BGH NJW-RR 1988, 199).

β) Nach § 537 Abs 2 S 2 steht bei der Verpachtung eines Grundstücks die Zusicherung einer bestimmten **Grundstücksgröße** der Zusicherung einer Eigenschaft gleich. Dies gilt entsprechend § 580 auch bei der Raumpacht hinsichtlich einer bestimmten Zahl oder Größe von Räumen (STAUDINGER/EMMERICH [1995] § 537 Rn 62 ff). Die Anforderungen an die Zusicherung der Grundstücksgröße entsprechen der Regelung des Abs 2 S 1 (KG LZ 1932, 1322; Rn 294). Die Gewährleistung entfällt deshalb grundsätzlich, wenn das Grundstück kleiner ist als die im Pachtvertrag ohne Gewähr angegebene Größe. Dies schließt allerdings nicht die Annahme eines Fehlers iS des Abs 1 aus, wenn die geringere Fläche aus besonderen Gründen die vertragsmäßige Nutzung beeinträchtigt oder verhindert. Dies kann etwa beim Jagdpachtvertrag aufgrund eines zu kleinen Jagdbezirks eintreten (OLG Koblenz MDR 1978, 932).

dd) Rechtsfolgen

α) Die **Minderung** tritt bei der Pacht ebenso wie bei der Miete (STAUDINGER/EMMERICH [1995] § 537 Rn 68 f) kraft Gesetzes ein (OLG Köln MDR 1973, 409 [LS]). Ohne weitere Erklärungen, Vereinbarungen der Parteien oder richterlichen Gestaltungsakt ist der Pächter für die Zeit, während derer die Tauglichkeit aufgehoben ist, von der Entrichtung des Pachtzinses ganz befreit. Bei einer nur eingeschränkten Tauglichkeit ist er zur Entrichtung eines nach den §§ 472, 473 zu bemessenden Teils des Pachtzinses verpflichtet. Für diese Berechnung sind keine generellen Angaben möglich. Sie richtet sich ganz nach den Umständen des Einzelfalles (STAUDINGER/EMMERICH [1995] § 537 Rn 70 ff). Wenn dem Verpächter der Mangel bekannt ist, wird die Minderung nicht deshalb ausgeschlossen, weil der Pächter den Mangel nicht anzeigt (OLG Saarbrücken WuM 1989, 133; Rn 307). Hat der Verpächter einen Teil der Pachtzinsforderung abgetreten, so erstreckt sich eine Minderung grundsätzlich auf jeden der durch die Abtretung entstandenen Forderungsteile nach dem Verhältnis ihrer Höhe (BGH NJW 1983, 1902).

β) Unter den Voraussetzungen des § 538 Abs 1 ist der Verpächter zum **Schadensersatz wegen Nichterfüllung** verpflichtet. Für einen Mangel der in § 537 bezeichneten Art, der schon bei dem Vertragsabschluß vorhanden ist, trifft den Verpächter eine

Garantiehaftung (KRAMPE, Die Garantiehaftung des Vermieters für Sachmängel [1980]; STAUDINGER/EMMERICH [1995] § 538 Rn 4 ff). Die Regelung ist sinngemäß anzuwenden, wenn ein erst noch herzustellender Gegenstand verpachtet wird und der Mangel im Zeitpunkt der Fertigstellung oder der Übergabe vorhanden ist (BGHZ 9, 320 = NJW 1953, 1180 m Anm DELBRÜCK LM Nr 2 zu § 538). Ein anfänglicher Mangel liegt hingegen nicht vor, wenn die zuständige Behörde erst nach mehrjähriger, rechtlich an sich möglicher Zulassung einer Diskothek geltend macht, das zum Betrieb der Diskothek gepachtete Grundstück liege in einem Mischgebiet, und wenn sie deshalb für die Zukunft Einschränkungen der Nutzung verfügt (BGHZ 68, 294 = NJW 1977, 1285 m krit Anm KRAMPE JZ 1978, 438). Ebensowenig ist ein anfänglicher Sachmangel darin zu sehen, daß sich die Übergabe eines Pachtgegenstandes verzögert, weil der Ingebrauchnahme ein unbegründeter Nachbarwiderspruch entgegensteht (BGH NJW 1992, 3226).

299 Von der behördlichen Genehmigung, die den Pachtgegenstand und seine Benutzung betrifft, ist die *Genehmigungsbedürftigkeit des Vertragsabschlusses* zu unterscheiden (Rn 127). Eine solche Genehmigung ist Wirksamkeitsvoraussetzung für den Vertrag. Wird sie versagt, scheitert der zunächst schwebend unwirksame Vertrag endgültig, so daß nicht § 538, sondern allenfalls eine Haftung aus Verschulden bei Vertragsabschluß eingreift.

300 Der *Umfang des Ersatzanspruchs* aus § 538 Abs 1 erstreckt sich auf den gesamten Nichterfüllungsschaden des Pächters und etwaiger geschützter Dritter (STAUDINGER/EMMERICH [1995] § 538 Rn 32 ff). Dabei wird nicht zwischen Mangelschäden und Mangelfolgeschäden unterschieden (BGH LM Nr 12/13 zu § 538 = MDR 1970, 223; OLG Bremen VersR 1967, 86). Zu ersetzen sind demnach Sach-, Vermögens- und Gesundheitsschäden.

301 γ) Gerät der Verpächter in **Verzug mit der Mängelbeseitigung,** kann der Pächter den Mangel nach § 538 Abs 2 selbst beseitigen und Ersatz der erforderlichen Aufwendungen verlangen (STAUDINGER/EMMERICH [1995] § 538 Rn 44 ff). Die Voraussetzungen des Verzugs ergeben sich aus den §§ 284 ff. Der Verpächter kommt mit der Beseitigung der Mängel schon dann in Verzug, wenn er trotz eines Hinweises auf die Mängel deren Beseitigung ernsthaft und endgültig verweigert (LG Berlin GE 1987, 1271). Praktisch bedeutsam ist diese besondere Verzugshaftung nur für nachträgliche, vom Verpächter nicht zu vertretende Mängel, weil in den anderen Fällen bereits § 538 Abs 1 eingreift. Andere Ansprüche des Pächters auf Aufwendungsersatz, etwa aus § 684 iVm § 812, werden durch § 538 Abs 2 nicht ausgeschlossen (OLG Düsseldorf ZMR 1990, 57).

302 δ) Unter den Voraussetzungen des § 542 steht dem Pächter ein Recht zur **außerordentlichen fristlosen Kündigung** zu, wenn ihm der vertragsmäßige Gebrauch des Pachtgegenstandes ganz oder zT nicht rechtzeitig gewährt oder wieder entzogen wird (Rn 402; STAUDINGER/EMMERICH [1995] § 542 Rn 8 ff). Der Gebrauch wird vor allem dann entzogen oder nicht gewährt, wenn der Pachtgegenstand mit einem Mangel iS des § 537 behaftet ist (Mot II 418 f).

3. Titel. Miete. Pacht § 581
II. Pacht

c) Rechtsmängel
aa) Allgemeines

Die Haftung des Verpächters für Rechtsmängel des Pachtgegenstandes ergibt sich **303** nach § 581 Abs 2 aus der entsprechenden Anwendung des § 541, der ua auf die §§ 537, 538 verweist. Das Gesetz geht davon aus, daß der Pachtgegenstand dem Verpächter rechtlich nicht zustehen muß und er dennoch seine Vertragspflichten erfüllen kann. Eine Leistungsstörung tritt nur dann ein, wenn dem Pächter der vertragsmäßige Gebrauch durch das Recht eines Dritten ganz oder zT entzogen wird. Wie bei der Miete und ähnlich wie nach § 440 Abs 2 im Kaufrecht handelt es sich deshalb um eine Eviktionshaftung.

bb) Rechtsmangel

α) Die Haftung aus § 541 setzt das **Recht eines Dritten** voraus, durch das dem **304** Pächter der vertragsmäßige Gebrauch des Pachtgegenstandes oder die Fruchtziehung ganz oder teilweise entzogen wird. Hierunter fallen nur private Rechte, die sich auf den Pachtgegenstand beziehen, nicht aber öffentlich-rechtliche Beschränkungen und Verbote (STAUDINGER/EMMERICH [1995] § 541 Rn 5 ff). Es kann sich um dingliche Rechte, wie vor allem das Eigentum (OLG Zweibrücken OLGZ 1972, 208), und beschränkte dingliche Rechte handeln. Doch kommen auch obligatorische Rechte Dritter in Betracht, wenn auf ihnen die Entziehung des vertragsmäßigen Gebrauchs oder des Fruchtgenusses für den Pächter beruht. Dies ist zB bei einer grundsätzlich wirksamen Doppelverpachtung der Fall, wenn dem nicht besitzenden Pächter der Besitz des Pachtgegenstandes vorenthalten wird, weil bereits ein anderer Pächter rechtmäßig besitzt (BGH LM Nr 4 zu § 541 = MDR 1962, 398; DNotZ 1969, 672). Unerheblich ist, ob das Recht des Dritten von Anfang an besteht oder erst nach Abschluß des Vertrags und Überlassung des Pachtgegenstandes begründet wird (BGHZ 63, 132 = NJW 1975, 44; **aM** RGZ 65, 29, 33).

β) Eine **Entziehung des vertragsmäßigen Gebrauchs** ist gegeben, wenn dem Pächter **305** der Pachtgegenstand bereits überlassen war. Gleichzustellen ist der Fall, daß der Verpächter einem Pächter schon bei Beginn des Pachtverhältnisses den Gebrauch nicht gewähren kann, weil noch ein anderer Pächter den Gegenstand besitzt (BGH LM Nr 3 zu § 541 = NJW 1961, 917). Die entsprechende Anwendung auf das Pachtrecht bedeutet, daß auch die Entziehung des Fruchtgenusses unter § 541 fällt, weil es sich insoweit um eine weitere Hauptpflicht des Verpächters handelt, deren Erfüllung durch Rechte Dritter beeinträchtigt werden kann. Deshalb kommt es nicht darauf an, ob sich das beeinträchtigende Recht auf den Pachtgegenstand oder nur auf die Früchte, etwa nach deren Trennung, erstreckt. Verpachtet der Pächter erlaubterweise weiter, dann ist der Unterpächter nicht schon deshalb vor der Überlassung des Objekts zum Rücktritt oder nach Überlassung zur Kündigung berechtigt, weil er seinen Vertragsgegner für den Eigentümer gehalten und deshalb angenommen hat, er selbst werde Hauptpächter. Die bloße Existenz des Rechts eines Dritten ist im Miet- und Pachtrecht gewährleistungsrechtlich unbeachtlich, solange dem Pächter der Gebrauch des Pachtgegenstandes nicht ganz oder teilweise entzogen oder von vornherein nicht oder nicht vollständig gewährt wird (OLG Köln MDR 1981, 406). Eine Entziehung des Besitzes ist deshalb nicht schon anzunehmen, wenn bei ungeklärten Eigentumsverhältnissen in den neuen Bundesländern die Gemeinde an den Pächter mit dem Wunsch herantritt, ihrerseits als Verpächterin einen Pachtvertrag über das Grundstück abzuschließen (OLG München WuM 1995, 152). Bei der Rechtspacht und den entsprechend zu behandelnden ähnlichen Verträgen wendet die Rspr § 541 mangels eines tatsächlichen Gewaltverhältnisses nicht an, wenn der Verpächter wegen der Rechte Dritter nicht in der Lage ist, ein Recht zur Ausnutzung zu überlassen. Deshalb werden beim Filmverwertungsvertrag für die Rechtsmängelhaftung die allgemeinen Gewährleistungsvorschriften der §§ 445, 442, 440, 325, 320 herangezogen (BGHZ 2, 331 = NJW 1951, 705; STAUDINGER/EMMERICH Vorbem 91 zu § 581).

cc) Rechtsfolgen

306 Die Folgen eines Rechtsmangels ergeben sich zunächst aus der Verweisung des § 541 auf die §§ 537, 538. Hiernach tritt kraft Gesetzes eine Minderung des Pachtzinses ein. Unter den Voraussetzungen des § 538 Abs 1 steht dem Pächter ein Anspruch auf Schadensersatz wegen Nichterfüllung zu. Dies gilt auch, wenn der Verpächter wegen eines Rechtsmangels nicht in der Lage ist, dem Pächter die Nutzung des Pachtgegenstandes zu gewähren (BGH NJW 1991, 3277). Zudem kommt nach § 538 Abs 2 die Haftung wegen Verzugs mit der Mängelbeseitigung in Betracht. Aus der Verweisung des § 543 S 1 auf § 541 folgt ferner, daß ein Rechtsmangel das Recht zur außerordentlichen fristlosen Kündigung nach § 542 auslöst (BGH WM 1975, 897, 898; OLG Zweibrücken OLGZ 1972, 208, 209).

d) Mängelanzeige

307 Entsprechend den §§ 581 Abs 2, 545 ist der Pächter zur unverzüglichen Anzeige an den Verpächter verpflichtet, wenn sich im Laufe der Pachtzeit ein Mangel an dem Pachtgegenstand zeigt oder wenn eine Vorkehrung zum Schutz des Pachtgegenstandes gegen eine nicht vorhergesehene Gefahr erforderlich wird (STAUDINGER/EMMERICH [1995] § 545 Rn 6 ff). Das gleiche gilt, wenn sich ein Dritter ein Recht an dem Pachtgegenstand anmaßt. Die Anzeigepflicht des Pächters ist Ausfluß der ihm im Interesse des Verpächters obliegenden Obhutspflicht (Mot II 400; RGZ 59, 161, 162; Rn 232). Ein Verstoß gegen die Anzeigepflicht führt nach § 545 Abs 2 HS 1 zu einem Schadensersatzanspruch des Verpächters. Soweit der Verpächter infolge der Unterlassung der Anzeige außerstande war, Abhilfe zu schaffen, tritt nach § 545 Abs 2 HS 2 ein Rechtsverlust des Pächters ein (Rn 310). Dies ist nicht anzunehmen, wenn der Mangel dem Verpächter bereits bekannt war (OLG Saarbrücken WuM 1989, 133).

e) Ausschluß der Gewährleistung
aa) Gesetzlicher Ausschluß

308 α) Die Gewährleistungsrechte der §§ 537, 538 sind nach § 539 S 1 **kraft Gesetzes** ausgeschlossen, wenn der Pächter bei dem Abschluß des Vertrags *Kenntnis* von dem Mangel des Pachtgegenstandes besitzt (STAUDINGER/EMMERICH [1995] § 539 Rn 11 ff). Dies gilt für Sach- und Rechtsmängel in gleicher Weise, wie sich aus § 541 ergibt. Wird der Pachtvertrag verlängert, kommt es für die Kenntnis auf den Zeitpunkt der Vertragsänderung an (BGH NJW 1970, 1740, 1742; OLG Düsseldorf ZMR 1994, 402, 405). Bei *grobfahrlässiger Unkenntnis* eines Mangels der in § 537 Abs 1 bezeichneten Art entfällt die Gewährleistung nach § 539 S 2 iVm § 460 S 2, sofern nicht der Verpächter die Abwesenheit des Fehlers zugesichert oder den Fehler arglistig verschwiegen hat. Demnach schadet Kenntnis bei sämtlichen Mängeln iS der §§ 537, 541, während grobfahrlässige Unkenntnis beim Fehlen zugesicherter Eigenschaften iS des § 537 Abs 2 und bei Rechtsmängeln des § 541 unerheblich ist, weil die letztere Vorschrift nur auf § 539 S 1 verweist. Schließlich sind die Gewährleistungsrechte des Pächters nach § 539 S 2 iVm § 464 bei *vorbehaltloser Annahme* des Pachtgegenstandes in

Kenntnis des Mangels ausgeschlossen. Auch dieser Ausschlußtatbestand gilt nur für Mängel iS des § 537 Abs 1, also nicht beim Fehlen zugesicherter Eigenschaften und wegen der eingeschränkten Verweisung des § 541 ebensowenig bei Rechtsmängeln. Das Recht des Pächters zur außerordentlichen fristlosen Kündigung aus § 542 ist nach § 543, der auf die §§ 539 bis 541 verweist, für Sachmängel in allen Fällen des § 539, für Rechtsmängel aber nur bei positiver Kenntnis des Pächters zur Zeit des Vertragsabschlusses ausgeschlossen. Setzt der Pächter trotz Kenntnis eines Mangels den Gebrauch des Pachtgegenstandes vorbehaltlos fort und zahlt er insbesondere den Pachtzins in voller Höhe weiter, dann verliert er in entsprechender Anwendung des § 539 seine Gewährleistungsrechte sowohl für die Vergangenheit als auch für die Zukunft (BGH WuM 1992, 313; OLG München ZMR 1993, 466).

In allen Fällen des gesetzlichen Ausschlusses von Gewährleistungs- und Kündigungs- 309 rechten des Pächters ist eine *abweichende Vereinbarung* der Parteien zulässig.

β) Ein **Verstoß gegen die Pflicht zur Mängelanzeige** führt nach § 545 Abs 2 zu einem 310 Rechtsverlust des Pächters hinsichtlich der Minderung aus § 537, des Anspruchs auf Schadensersatz wegen Nichterfüllung aus § 538 und des Rechts auf außerordentliche Kündigung ohne vorherige Bestimmung einer Frist zur Abhilfe nach § 542 Abs 1 S 3, sofern der Verpächter infolge der Unterlassung der Anzeige außerstande war, den Mangel zu beseitigen. Der Rechtsverlust ist unabhängig vom Verschulden des Pächters. Das Kündigungsrecht aus § 542 bleibt erhalten, kann aber nach Abs 1 S 2 erst ausgeübt werden, wenn der Verpächter eine ihm von dem Pächter bestimmte angemessene Frist hat verstreichen lassen, ohne Abhilfe zu schaffen (STAUDINGER/ EMMERICH [1995] § 545 Rn 31). Der Rechtsverlust tritt nicht ein, wenn der Mangel dem Verpächter schon bekannt war.

γ) Die Ansprüche des Pächters aus § 538 Abs 1 und 2, die auf Schadensersatz 311 wegen Nichterfüllung und auf Aufwendungsersatz gerichtet sind, können bei einem **Mitverschulden** nach § 254 ganz oder teilweise ausgeschlossen sein (STAUDINGER/EMMERICH [1995] § 538 Rn 41 f). Ein weiterer Ausschlußtatbestand für die Rechte aus den §§ 537, 538 findet sich in § 324 Abs 1, wenn der Pächter den Mangel selbst zu vertreten hat (RGZ 157, 363, 367).

bb) Vertraglicher Ausschluß
α) Die Gewährleistungsrechte des Pächters aus den §§ 537, 538 und 541 sind 312 ebensowenig wie das Kündigungsrecht aus § 542 zwingender Natur. Dies gilt abweichend von § 537 Abs 3 auch, wenn der Pachtgegenstand Wohnraum umfaßt, sofern es sich nach der Rechtsnatur des Vertrags insgesamt um Pacht handelt (OLG Köln WM 1987, 1308, 1310). Die Parteien können deshalb im Vertrag grundsätzlich von der gesetzlichen Regelung **abweichen**. Dies zeigt schon der Umkehrschluß aus § 540. Der Pachtvertrag kann die Rechte des Pächters erweitern, beschränken oder völlig ausschließen. Die verschuldensunabhängige Haftung des Verpächters für anfängliche Mängel aus § 538 Abs 1 kann deshalb auch formularmäßig ausgeschlossen werden, da es sich um eine für das gesetzliche Haftungssystem untypische Regelung handelt. Der Pächter wird jedoch nach § 9 AGBG unangemessen benachteiligt, wenn ihm das uneingeschränkte Risiko übertragen wird, daß eine behördliche Erlaubnis erteilt wird, und wenn der Pachtvertrag bei Versagen der Erlaubnis mit dem Zeitpunkt der Erteilung des Versagungsbescheids als aufgelöst gelten soll (BGH DWW 1993, 170).

Alle Abreden, die die gesetzlichen Rechte des Pächters einschränken, sind grundsätzlich eng auszulegen (OLG Hamm ZMR 1982, 206). Die Grenzen ergeben sich aus den §§ 138, 242, 276 Abs 2 und 540, bei Formularverträgen zudem aus den §§ 9, 11 Nr 7, 8 AGBG.

313 β) Hervorzuheben ist **im einzelnen**, daß die Parteien eine Ausschlußfrist für die Geltendmachung von Gewährleistungsrechten des Pächters vereinbaren können. Die Frist darf aber nicht so kurz bemessen sein, daß die sachgemäße Vorbereitung einer etwaigen Klage unmöglich ist (RG JW 1917, 284). Sind in einem Pachtvertrag Minderung und Schadensersatz für Mängel des Pachtgegenstandes ausgeschlossen, so erstreckt sich diese Vereinbarung auch auf Körperschäden (OLG Bremen VersR 1967, 86). Ein Verzicht der Parteien auf Schadensersatzansprüche, die sich aus Mängeln des Pachtgegenstandes ergeben, erfaßt idR auch außervertragliche Ansprüche (OLG Frankfurt/M VersR 1973, 424). Die Parteien können ausdrücklich oder stillschweigend zum Inhalt des Pachtvertrags machen, daß der Verpächter für Wettbewerbshandlungen Dritter nicht einzustehen hat (RG JW 1937, 2106, 2107).

5. Erhaltungs- und Verbesserungsmaßnahmen

314 a) Die Regelung der §§ 541 a, 541 b über Erhaltungs- und Verbesserungsmaßnahmen gilt nach § 581 Abs 2 für die Pacht entsprechend. Hiernach hat der Pächter von **Räumen** unter bestimmten Voraussetzungen Einwirkungen zur Erhaltung der Pachträume oder des Gebäudes sowie Maßnahmen zur Verbesserung der gepachteten Räume oder sonstiger Teile des Gebäudes zu dulden. Mußte der Pächter infolge der Verbesserungsmaßnahmen Aufwendungen machen, kann er vom Verpächter in einem den Umständen nach angemessenen Umfang Ersatz verlangen (Rn 245).

315 b) Sind die Voraussetzungen der §§ 541 a, 541 b nicht erfüllt, weil es sich um einen **anderen Pachtgegenstand oder sonstige Maßnahmen** handelt, die nicht unter den Begriff der Erhaltung oder Verbesserung fallen, kommt eine Duldungspflicht aus § 242 in Betracht, wenn dem Pächter die Beeinträchtigung zuzumuten ist, für den Verpächter hingegen eine Unterlassung oder Verschiebung der Maßnahme unzumutbar ist (BGH LM Nr 1 zu § 541 a = NJW 1972, 723). Unter den gleichen Voraussetzungen besteht eine Duldungspflicht aus § 242 für Erhaltungs-, Verbesserungs- und sonstige Maßnahmen bei der reinen Grundstückspacht und der Pacht beweglicher Sachen, die wegen ihres Gegenstandes nicht unter die §§ 541 a, 541 b fallen.

6. Lasten des Pachtgegenstandes

316 a) Nach der **gesetzlichen Regel** der §§ 581 Abs 2, 546 hat der Verpächter die auf dem Pachtgegenstand ruhenden Lasten zu tragen. Hierzu gehören alle privatrechtlichen und öffentlich-rechtlichen Verbindlichkeiten, die auf dem Pachtgegenstand selbst ruhen und nicht nur den Verpächter persönlich treffen (STAUDINGER/EMMERICH [1995] § 546 Rn 3 ff). Der Verpächter kann nicht aufgrund anderer gesetzlicher Vorschriften, zB nach den Regeln der Geschäftsführung ohne Auftrag aus den §§ 677 ff oder der ungerechtfertigten Bereicherung nach den §§ 812 ff, vom Pächter die Erstattung verlangen. Dies gilt etwa, wenn der Verpächter einer Gastwirtschaft als Konzessionsinhaber gegenüber der Gemeinde die Getränkesteuer zu zahlen hat (LG Mannheim WuM 1976, 125). Die Grundsteuer, mit der das Pachtgrundstück belastet ist,

hat der Verpächter als Steuerschuldner auch im Innenverhältnis zum Pächter insoweit allein zu tragen, als das Pächterinventar in den für die Bewertung maßgebenden Einheitswert eingeflossen ist (OLG Celle RdL 1951, 278 [LS]; AG Hamburg NJW 1953, 66; aM OLG Königsberg HRR 1942, Nr 430). Dieser Fall kann nach § 34 Abs 4 BewG vor allem bei land- und forstwirtschaftlichen Betrieben eintreten, aber auch bei den in den §§ 26 und 70 BewG vorgesehenen Ausnahmen von dem bewertungsrechtlichen Verbot der Zusammenfassung von Wirtschaftsgütern verschiedener Eigentümer zu einer wirtschaftlichen Einheit. Hiervon können Grundbesitz und sonstiges Vermögen von Ehegatten sowie Miteigentum anderer Personen an Grundstücken betroffen sein.

b) **Abweichende Vereinbarungen,** durch die der Pächter die auf dem Pachtgegenstand ruhenden Lasten ganz oder teilweise übernimmt, sind zulässig und in der Praxis recht verbreitet (STAUDINGER/EMMERICH [1995] § 546 Rn 7 ff). Da eine solche Vereinbarung den Verpächter entlastet, trägt die Übernahme von Lasten durch den Pächter idR Entgeltscharakter und kann als eine Art der Pachtzinsleistung beurteilt werden (Rn 177). Anliegerbeiträge und Anschlußkosten sind im Zweifel keine öffentlichen Lasten, die der Pächter nach einer allgemeinen Übernahmeklausel des Pachtvertrags tragen muß (OLG Celle OLGZ 1984, 109 = MDR 1983, 402).

7. Verwendungen und Einrichtungen des Pächters

a) **Verwendungen**
Entsprechend den §§ 581 Abs 2, 547 ist der Verpächter verpflichtet, dem Pächter die auf die Sache gemachten notwendigen Verwendungen zu ersetzen. Der Pächter eines Tieres hat allerdings die Fütterungskosten zu tragen. Der Ersatz sonstiger Verwendungen richtet sich nach den Vorschriften über die Geschäftsführung ohne Auftrag. Unter den Begriff der Verwendungen fallen nach der neueren Rspr nur solche Maßnahmen, die nach dem Willen des Pächters darauf abzielen, den Bestand des Pachtgegenstandes zu erhalten, wiederherzustellen oder dessen Zustand zu verbessern. Eine Veränderung des Zustands fällt nicht unter den Verwendungsbegriff (STAUDINGER/EMMERICH [1995] § 547 Rn 12; aM MÜLLER JA 1981, 20).

b) **Einrichtungen**
Der Pächter ist entsprechend den §§ 581 Abs 2, 547 a berechtigt, eine Einrichtung, mit der er den Pachtgegenstand versehen hat, wegzunehmen (BGHZ 81, 146 = NJW 1981, 2564). Der Verpächter von Räumen kann die Ausübung des Wegnahmerechts durch Zahlung einer angemessenen Entschädigung abwenden, sofern nicht der Pächter ein berechtigtes Interesse an der Wegnahme hat. Der Begriff der Einrichtung umfaßt bewegliche Sachen, die der Pächter mit dem Pachtgegenstand verbindet und die dazu bestimmt sind, dem wirtschaftlichen Zweck des Pachtgegenstandes zu dienen. Unerheblich ist, ob die Einrichtung Scheinbestandteil iS des § 95 oder wesentlicher Bestandteil iS der §§ 93, 94 ist (STAUDINGER/EMMERICH [1995] § 547 a Rn 7). Hat der Verpächter nach Beendigung des Pachtverhältnisses den Verkehrswert von Gebäuden zu ersetzen, die der Pächter auf dem Grundstück errichtet hat, so ist bei der Wertermittlung nicht zu berücksichtigen, ob der Verpächter umsatzsteuerrechtlich zum Vorsteuerabzug berechtigt ist (BGH NJW 1991, 3036).

c) **Abweichende Vereinbarungen**
aa) Die Regelung der §§ 547, 547 a ist **nicht zwingend**, so daß der Anspruch auf

Ersatz von Verwendungen und das Wegnahmerecht vertraglich ausgeschlossen oder beschränkt werden können (STAUDINGER/EMMERICH [1995] § 547 Rn 42 ff, § 547 a Rn 33 ff). Die Ausnahme des § 547 a Abs 3 für die Wohnraummiete ist im Pachtrecht bedeutungslos.

321 bb) Die Parteien können **im einzelnen** vereinbaren, daß ein Anspruch auf Verwendungsersatz nicht mit der Vornahme der Verwendungen oder daß ein Anspruch auf Vergütung für einen sachenrechtlichen Rechtsverlust nicht im Zeitpunkt des Rechtsverlusts, sondern erst später, etwa bei Beendigung des Vertragsverhältnisses, entstehen soll (BGH LM Nr 9 zu § 951 = NJW 1957, 827). Selbst ein vollständiger Ausschluß von Verwendungsersatz- und Entschädigungsansprüchen sowie ein Ausschluß des Wegnahmerechts ohne Entschädigung des Pächters verstößt mit Rücksicht auf die Sonderregelung des § 547 a Abs 3 nicht ohne weiteres gegen die guten Sitten. Es kommt auf die Gesamtgestaltung des Vertrags im Einzelfall an (BGH LM Nr 9 zu § 547 = NJW 1967, 1223; OLG Hamburg MDR 1964, 509; **aM** LG Hamburg ZMR 1968, 89). Verzichtet der Unterpächter gegenüber dem Pächter auf alle Ersatzansprüche aus Verwendungen, so wirkt diese Vereinbarung auch im Verhältnis zwischen Unterpächter und Hauptverpächter (RGZ 158, 394). Ein Verzicht auf das Wegnahmerecht hat dingliche Auswirkungen. Wenn die Parteien vereinbaren, daß alle mit dem Grund und Boden verbundenen Anlagen auf den Verpächter übergehen sollen, werden die Anlagen keine Scheinbestandteile iS des § 95, sondern nach § 94 wesentliche Bestandteile des Grundstücks und fallen sogleich mit dem Einbau in das Eigentum des Grundstückseigentümers (BGH WM 1973, 560, 562). Es kommt nicht darauf an, ob eine Entschädigung vorgesehen ist oder nicht. Selbst der durch Zahlung einer Entschädigung bedingte Verzicht des Pächters kann die Eigenschaft der Anlagen als Scheinbestandteil nicht bewahren, weil der Pächter auch dann wie bei einem Übernahmerecht des Verpächters (BGH LM Nr 5 zu § 95 = MDR 1958, 418; Betrieb 1964, 368; Betrieb 1965, 1553) den Einbau nicht nur für eigene Zwecke, sondern auch für die des Verpächters vornimmt. Bleibt der vorübergehende Zweck trotz eines Übernahmerechts des Verpächters gewahrt, werden Einrichtungen des Pächters weder wesentliche Bestandteile noch Zubehör des Gebäudes (BGH WM 1971, 1086, 1087 f).

8. Grenzen des Gebrauchs- und Fruchtziehungsrechts

a) Umfang der vertragsmäßigen Rechte

322 aa) Der Pächter darf den Pachtgegenstand nur in den Grenzen gebrauchen und entsprechend Früchte ziehen, die durch **Gesetz und Vertrag** vorgeschrieben sind. Für den Umfang des vertragsmäßigen Gebrauchs sind in erster Linie die Vereinbarungen der Parteien maßgebend, weil hierdurch der Vertragszweck bestimmt wird. Ergänzend ist auf die gesamten Umstände wie Art und Lage des Pachtgegenstandes sowie auf die Verkehrssitte abzustellen (Rn 148; LEENEN MDR 1980, 353; STAUDINGER/EMMERICH [1995] §§ 535, 536 Rn 64 ff). Das Fruchtziehungsrecht wird von § 581 Abs 1 S 1 auf die Früchte beschränkt, die nach den Regeln einer ordnungsmäßigen Wirtschaft als Ertrag anzusehen sind. Es kann auf bestimmte Arten von Früchten beschränkt sein (Rn 164). Dem Recht des Pächters auf den vertragsmäßigen Gebrauch entspricht auf der anderen Seite seine Obhutspflicht (Rn 230 ff). Der Pächter macht einen vertragswidrigen Gebrauch, wenn er einen gepachteten Betrieb nicht nach wirtschaftlichen Grundsätzen führt, obwohl er sich hierzu verpflichtet hat (RGZ 149, 88, 90). Bei Verpachtung einer bergrechtlichen Abbaugerechtigkeit darf das Grundstück nicht zur unterirdischen Speicherung von Rohöl benutzt werden (BGH WM 1981, 129). Ist ein Grundstück zum Zwecke der Einrichtung und des Betriebs einer Tankstelle vermietet und gestattet der Vertrag, neben der Tankstelle alle Betriebe zu unterhalten, die mit der Tankstelle verbunden werden können, so ist diese Klausel nicht dahin auszulegen, daß das Grundstück durch Unterverpachtung auch zum Zwecke eines Getränkehandels genutzt werden darf (OLG Düsseldorf ZMR 1989, 13). Ein vertragswidriger Gebrauch kann auch darin liegen, daß der Pächter den Pachtgegenstand trotz der Übernahme einer Gebrauchspflicht (Rn 221 ff) nicht gebraucht. Die Gleichstellung von vertragswidrigem Gebrauch und vertragswidrigem Nichtgebrauch ist deshalb gerechtfertigt, weil die Interessen des Verpächters dadurch in gleicher Weise verletzt werden können (RGZ 160, 361, 366; RG JR 1925, Nr 1742).

bb) Veränderungen und Verschlechterungen des Pachtgegenstandes, die durch den 323 vertragsmäßigen Gebrauch herbeigeführt werden, hat der Pächter entsprechend den §§ 581 Abs 2, 548 nicht zu vertreten. Diese Vorschrift spricht nur die Selbstverständlichkeit aus, daß den Pächter keine Ersatzpflicht trifft, soweit er sich in den Grenzen des vertragsmäßigen Gebrauchs hält. Der Pachtgegenstand ist verschlechtert, wenn er von seinem Zustand im Zeitpunkt der Gebrauchsüberlassung in negativer Hinsicht abweicht. Veränderungen sind hingegen in positivem und in negativem Sinne gemeint. Hiernach ist dem Pächter zwar die normale Abnutzung des Pachtgegenstandes gestattet. Beschädigungen und vor allem bauliche Veränderungen, auch wenn diese den Pachtgegenstand verbessern, sind ihm jedoch verwehrt, soweit sie nicht durch das Recht zum vertragsmäßigen Gebrauch gedeckt sind (STAUDINGER/ EMMERICH [1995] § 548 Rn 3 ff). Er darf den Charakter des Pachtgegenstandes grundsätzlich nicht verändern (BGH LM Nr 1 zu § 550; Rn 234). Wenn zwischen den Parteien streitig ist, ob verpachtete Räume infolge des Pachtgebrauchs beschädigt worden sind, trägt der Verpächter die Beweislast dafür, daß die Schadensursache dem Obhutsbereich des Pächters entstammt. Eine in seinen eigenen Verantwortungsbereich fallende Schadensursache muß der Verpächter selbst ausräumen (BGHZ 126, 124 = NJW 1994, 2019 m Anm BAUMGÄRTEL JZ 1995, 311; BGH NJW 1994, 1880; OLG Saarbrücken WuM 1989, 133).

cc) Eine besondere Grenze für das Gebrauchsrecht des Pächters bildet die Rege- 324 lung des § 549, nach der die **Gebrauchsüberlassung an Dritte,** insbesondere die Unterverpachtung, von der Erlaubnis des Verpächters abhängt (Rn 328 ff).

b) Rechtsfolgen eines Verstoßes
aa) Entsprechend den §§ 581 Abs 2, 550 steht dem Verpächter ein Anspruch auf 325 **Unterlassung** zu, wenn der Pächter von dem Pachtgegenstand einen vertragswidrigen Gebrauch macht und den Gebrauch trotz einer Abmahnung des Verpächters fortsetzt. Das gleiche gilt für eine Fruchtziehung entgegen den Regeln einer ordnungsmäßigen Wirtschaft.

bb) Führt der vertragswidrige Gebrauch zu einem Schaden des Verpächters, stehen 326 ihm bei Verschulden des Pächters iS der §§ 276, 278 Ansprüche auf **Schadensersatz** aus positiver Vertragsverletzung und aus Delikt zu.

cc) Unter den Voraussetzungen der §§ 581 Abs 2, 553 hat der Verpächter ein Recht 327 zur **außerordentlichen fristlosen Kündigung** (Rn 404).

9. Gebrauchsüberlassung an Dritte

a) Allgemeines

328 Entsprechend den §§ 581 Abs 2, 549 Abs 1 S 1 darf der Pächter den Gebrauch des Pachtgegenstandes nicht ohne die Erlaubnis des Verpächters einem Dritten überlassen. Hierunter fällt vor allem die Unterverpachtung. Auf die Erlaubnis hat der Pächter keinen Anspruch. Die dahin gehende Regelung des § 549 Abs 2 gilt nur für die Wohnraummiete. Auch das Recht zur außerordentlichen befristeten Kündigung aus § 549 Abs 1 S 2 für den Fall der Verweigerung der Erlaubnis ist nach § 584 a Abs 1 im Pachtrecht ausgeschlossen. Da die Regelung des § 549 nach ihrer Entstehungsgeschichte (Prot II 180) im wesentlichen für die Miete unbeweglicher Sachen Bedeutung haben sollte, will der BGH (WM 1994, 557, 558) sie auf die Rechtspacht nicht anwenden. Es kommt jedoch im Einzelfall darauf an, ob für die Überlassung des Rechts die persönliche Beziehung zwischen Verpächter und Pächter eine Rolle spielt, was bei einem Dritten nicht in gleicher Weise gegeben wäre. Dies kann zB für die Unterverpachtung eines Fischereirechts angenommen werden (Rn 333).

329 Von der in § 549 geregelten Gebrauchsüberlassung ist zu unterscheiden, daß der Pächter seine Rechte aus dem Pachtvertrag durch Abtretung nach den §§ 398 ff überträgt oder daß ein Dritter neben oder anstelle des Pächters in den Pachtvertrag eintritt (Rn 124; STAUDINGER/EMMERICH [1995] § 549 Rn 18 ff).

b) Gebrauchsüberlassung
aa) Begriff im allgemeinen

330 α) Die Gebrauchsüberlassung iS des § 549 setzt voraus, daß der Pachtgegenstand einem Dritten zum **Gebrauch oder Fruchtgenuß** überlassen wird. Es kann sich um den ganzen Pachtgegenstand oder um einen Teil handeln. Die Überlassung erfordert nicht die Übertragung eines Rechts, sondern nur die Einräumung einer tatsächlichen Position. Überläßt der Pächter einer Wiese die Nutzung einem anderen, der Pflege und Düngung selbst übernimmt und ein im voraus feststehendes, stets gleiches jährliches Entgelt zahlt, so handelt es sich nicht um Grasverkauf, sondern um Gebrauchsüberlassung iS des § 549 (OLG Oldenburg NdsRpfl 1948, 15). Der Hauptfall ist die Unterverpachtung (Rn 332 ff). Da es nicht darauf ankommt, daß der Pächter seine eigene Rechtsstellung auf den Dritten überträgt, kommen auch andersartige Gebrauchsüberlassungsverträge in Betracht, zB die Miete (BGH LM Nr 2 zu § 36 MietSchG = NJW 1952, 821). Es kann auch ein Leihvertrag sein, da unerheblich ist, ob der Dritte ein Entgelt zu zahlen hat (KG HRR 1936, Nr 10; LG Aachen MDR 1963, 684). Es ist nicht entscheidend, ob der Dritte den Pachtgegenstand für eigene Rechnung oder diejenige des Pächters bewirtschaftet, sofern eine Überwachung und Leitung des Dritten durch den Pächter ausscheidet (LG Aachen aaO; aM ERMAN/SCHOPP [8. Aufl 1989] § 584 b Rn 1; SOERGEL/KUMMER Rn 44).

331 β) Eine Überlassung zum Gebrauch iS des § 549 war nach früherer Auffassung nicht gegeben und deshalb unabhängig von einer Erlaubnis des Verpächters zulässig, wenn der Pächter seinen Angehörigen oder Hausgenossen einen unselbständigen Mitgebrauch einräumte (RG BayZ 1925, 341; OLG Oldenburg OLGE 1, 405). Selbst wenn der Pächter den Pachtgegenstand vorübergehend durch Angehörige bewirtschaften ließ, weil er zB infolge des Wehrdienstes ortsabwesend war, lag darin nicht ohne weiteres eine Überlassung zum selbständigen Gebrauch, sofern dem Pächter die

Erteilung von Weisungen und die Überwachung möglich blieben (KG HRR 1936, Nr 10). Nachdem aufgrund einer Entscheidung des OLG Hamm (NJW 1982, 2876) im Mietrecht nicht mehr zwischen **selbständigem und unselbständigem Gebrauch** unterschieden wird, ist hieran auch für die Pacht nicht festzuhalten. In beiden Fällen ist deshalb eine Erlaubnis des Verpächters erforderlich. Keine Gebrauchsüberlassung liegt indessen vor, wenn der Pächter den Pachtgegenstand rechtlich voll in der Hand behält. Er kann deshalb sein Pachtrecht durch den gesetzlichen Vertreter, einen Verwalter oder Gehilfen ausüben lassen (Prot II 234, 238).

bb) Unterverpachtung
α) Der **Unterpachtvertrag** ist ein Vertrag iS der §§ 581 ff, die einschließlich der 332 Verweisung auf das Mietrecht uneingeschränkt gelten. Er ist der Hauptfall der Gebrauchsüberlassung an Dritte. Gleichzustellen ist die Vermietung des gepachteten Gegenstandes, soweit eine solche, wie vor allem bei einzelnen Teilen, in Frage kommt. Eine Unterverpachtung wird nicht dadurch ausgeschlossen, daß der Hauptvertrag ein Mietvertrag ist. Die Gleichartigkeit beider Verträge ist nicht erforderlich (BGH LM Nr 2 zu § 36 MietSchG = NJW 1952, 821; KG JR 1948, 314; OLG Celle ZMR 1973, 109; LG Göttingen NdsRpfl 1948, 242). Der Unterpachtvertrag braucht nicht den ganzen Gegenstand des Hauptvertrags zu umfassen, sondern kann sich auf Teile desselben beschränken (BGH aaO).

β) Für das **Zustandekommen** des Unterpachtvertrags gelten die allgemeinen Vor- 333 schriften (Rn 125 ff). Da es sich um ein Verpflichtungsgeschäft handelt, braucht der Mieter oder Pächter als Unterverpächter nicht Eigentümer des verpachteten Gegenstandes zu sein. Für die Wirksamkeit des Vertrags ist die Erlaubnis des Hauptvermieters oder -verpächters aus § 549 Abs 1 S 1 nicht erforderlich (RGZ 81, 59, 60; BGH WM 1977, 343, 344; STAUDINGER/EMMERICH [1995] § 549 Rn 91). Auch das BJagdG sieht im Gegensatz zu den §§ 22 Nr 3, 24 der früheren PrJagdO vom 15. 7. 1907 (PrGS 207; RG WarnR 1910, Nr 381; KG OLGE 13, 389) eine solche Zustimmung nicht als Wirksamkeitsvoraussetzung für die Unterverpachtung des Jagdrechts vor. Soweit eine Zustimmung des Verpächters gleichwohl als Gültigkeitserfordernis verlangt wird (MITZSCHKE/SCHÄFER, BJagdG § 11 Rn 94), werden Mitpacht, Weiterpacht und Unterpacht in undifferenzierter Weise gleichgestellt, obwohl eigene vertragliche Rechte des Verpächters nur bei der Mitpacht und Weiterpacht betroffen sind, weil der neue Pächter zu ihm in unmittelbare Rechtsbeziehungen tritt und deshalb die Zustimmung zur Begründung des Vertragsverhältnisses erforderlich ist. Für die Unter- und Weiterverpachtung des Fischereirechts ist nur in Art 34 BayFischereiG die Genehmigung des Verpächters als Wirksamkeitserfordernis ausdrücklich vorgesehen, ohne daß aber aus dem Fehlen einer derartigen Bestimmung in den anderen Landesgesetzen geschlossen werden könnte, die Erlaubnis des Hauptverpächters sei überflüssig. Hier greift § 549 Abs 1 S 1 unmittelbar ein, ohne aber zu einem Wirksamkeitserfordernis zu führen. Die Erlaubnis ist in erster Linie für das Innenverhältnis der Parteien des Hauptpachtvertrags bedeutsam (Rn 338). Nach § 3 Abs 1 S 2 HbgFischereiG ist eine Unterverpachtung unzulässig.

γ) Die **Rechtswirkungen** des Unterpachtvertrags entsprechen im *Verhältnis der* 334 *Vertragsparteien* zueinander denjenigen des normalen Pachtvertrags. Der Pachtzins steht allein dem Unterverpächter zu. Er ist zur Gewährung des Gebrauchs und des Fruchtgenusses gegenüber dem Unterpächter verpflichtet. Die Gewährleistungsrechte des Unterpächters aus den §§ 537 ff richten sich gegen ihn. Dies gilt vor allem, wenn der Verpächter des Hauptpachtvertrags nach dessen Ende seinen Herausgabeanspruch aus § 556 Abs 3 gegen den Unterpächter geltend macht (BGH WM 1975, 897).

335 Im *Verhältnis zwischen Hauptverpächter und Unterpächter* bestehen keine vertraglichen Beziehungen. Der Unterpächter ist nicht als Dritter in die Schutzwirkungen des Hauptvertrags einbezogen, da er durch vertragliche Ansprüche gegen seinen eigenen Verpächter ausreichend geschützt ist (OLG Hamm BB 1978, 1589, 1591; vgl BGHZ 70, 327 = NJW 1978, 883 m Anm CLASSEN LM Nr 27 zu § 538 und abl Anm HAASE JR 1978, 285; SONNENSCHEIN JA 1979, 225 mwNw). Verzichtet der Unterpächter gegenüber dem Pächter auf alle Ansprüche aus Verwendungen oder auf sein Wegnahmerecht aus den §§ 547, 547 a, so gilt dies auch im Verhältnis des Unterpächters zum Hauptverpächter (RGZ 158, 394; Rn 321). Nach der Beendigung des Hauptpachtverhältnisses hat der Hauptverpächter entsprechend den §§ 581 Abs 2, 556 Abs 3 einen unmittelbaren Herausgabeanspruch gegen den Unterpächter, auch wenn das Unterpachtverhältnis noch nicht beendet ist.

336 Das *Verhältnis zwischen Hauptverpächter und seinem Pächter* wird durch die nach § 549 Abs 1 S 1 erforderliche Erlaubnis der Unterverpachtung bestimmt. Fehlt die Erlaubnis, ist der Unterpachtvertrag zwar grundsätzlich wirksam (Rn 333). Der Pächter kann jedoch Ansprüchen auf Unterlassung aus § 550 und Schadensersatz aus positiver Vertragsverletzung sowie einem Recht zur außerordentlichen fristlosen Kündigung durch den Verpächter nach § 553 ausgesetzt sein, da die Unterverpachtung ohne Erlaubnis einen vertragswidrigen Gebrauch darstellt (Rn 343). Selbst wenn die Erlaubnis erteilt ist, hat der Pächter nach § 549 Abs 3 ein dem Unterpächter bei dem Gebrauch oder der Fruchtziehung zur Last fallendes Verschulden zu vertreten (RGZ 157, 363; RG HRR 1932, Nr 111; Rn 342).

337 δ) Für die **Beendigung** des Unterpachtvertrags gelten die gleichen Regeln wie für den normalen Pachtvertrag (Rn 371 ff). Zu beachten ist, daß sich aus dem Verhältnis der Parteien des Hauptvertrags Auswirkungen auf den Bestand des Unterpachtvertrags ergeben können. Die Beendigung des Hauptvertrags führt wegen der Selbständigkeit beider Verträge nicht ohne weiteres zum Erlöschen des Unterpachtvertrags, sofern dessen Parteien nichts anderes, etwa in Gestalt einer auflösenden Bedingung, vereinbart haben. Macht der Verpächter des Hauptvertrags aber seinen Herausgabeanspruch aus § 556 Abs 3 gegen den Unterpächter geltend, kann dieser den Unterpachtvertrag wegen Nichtgewährung des Gebrauchs entsprechend den §§ 581 Abs 2, 542 fristlos kündigen (BGH WM 1975, 897). Bei einem langfristigen Unterpachtvertrag über ein Fabrikgrundstück kann die vertragsmäßige Nutzung durch den Unterpächter davon abhängen, daß er Gewißheit über die Fortdauer seines Vertrags erlangt, weil sich nur dann die Vornahme der erforderlichen Investitionen vertreten läßt. Auch wenn der Verpächter den Hauptvertrag noch nicht gekündigt und ebensowenig vom Unterpächter die Herausgabe des Grundstücks gefordert hat, jedoch die Erlaubnis zur Unterverpachtung nicht erteilen will, kann dies die allgemeine Kündigung des Unterpachtvertrags aus wichtigem Grund durch den Unterpächter rechtfertigen (BGH LM Nr 1 zu § 542 = MDR 1959, 1005). Die Anfechtung eines Unterpachtvertrags wegen arglistiger Täuschung über die fehlende Erlaubnis des Verpächters verstößt nach § 242 gegen Treu und Glauben, wenn der anfechtende Unterpäch-

ter zuvor mit dem Verpächter einen Pachtvertrag über dieselben Räume zu gleich günstigen Bedingungen abgeschlossen hat und der bisherige Pächter dazu durch Aufhebung des Hauptpachtvertrags beigetragen hat (BGH BB 1977, 515).

c) **Erlaubnis**
aa) Entsprechend den §§ 581 Abs 2, 549 Abs 1 S 1 ist der Pächter ohne die Erlaubnis des Verpächters nicht berechtigt, den Gebrauch des Pachtgegenstandes oder von Teilen desselben (Prot II 236 f) einem Dritten zu überlassen, insbesondere den Pachtgegenstand weiterzuverpachten. Dies gilt auch für die Überlassung der Fruchtziehung. Die Erlaubnis ist grundsätzlich nicht Voraussetzung für die Wirksamkeit des Gebrauchsüberlassungsvertrags zwischen Pächter und Drittem (Rn 333). Sie betrifft idR nur das Innenverhältnis zwischen den Parteien des Hauptvertrags und die Frage, ob die Gebrauchsüberlassung an den Dritten keine Vertragsverletzung darstellt. Der **Rechtsnatur** nach steht sie deshalb der rechtfertigenden Einwilligung in einen Eingriff nahe, ist aber keine Zustimmung iS der §§ 182 ff (BGHZ 59, 3, 7 = NJW 1972, 1267). Der Verpächter kann die Erlaubnis schon im Vertrag oder nachträglich erteilen. Er kann eine generelle Erlaubnis aussprechen oder sie auf eine bestimmte Art der Gebrauchsüberlassung oder auf einen bestimmten Einzelfall beschränken (STAUDINGER/EMMERICH [1995] § 549 Rn 45). Der Pächter kann dem Umfang nach nur den ihm selbst eingeräumten vertragsmäßigen Gebrauch nach Maßgabe der Erlaubnis überlassen (OLG Düsseldorf ZMR 1989, 13). Der Pächter eines Hotels, in dem die Verpächter und Nießbraucher an dem Hotel eine Wohnung innehaben, ist trotz einer Erlaubnis zur Untervermietung nicht berechtigt, das Hotel an eine Gemeinde zur Unterbringung von Asylbewerbern zu vermieten, wenn dies mit unzumutbaren Belastungen für die Nießbraucher verbunden ist (OLG Hamm NJW 1992, 916 m Anm SONNENSCHEIN EWiR 1/92 zu § 581). In der Vereinbarung, daß der Pächter im Falle einer Erkrankung berechtigt sein soll, einen Nachfolger zu stellen, liegt nicht ohne weiteres die Erlaubnis zur Unterverpachtung (KG GE 1927, 1080).

bb) Die **Erteilung** der Erlaubnis erfolgt durch einseitige, empfangsbedürftige Willenserklärung des Verpächters oder durch vertragliche Vereinbarung der Parteien. Sie ist grundsätzlich nicht formbedürftig (STAUDINGER/EMMERICH [1995] § 549 Rn 44). Es steht dem Verpächter regelmäßig frei, ob er die Erlaubnis erteilen will (BGHZ 59, 3, 6 = NJW 1972, 1267). Anders als bei der Wohnraummiete in § 549 Abs 2 ist ein gesetzlicher Anspruch des Pächters auf Erlaubnis nicht vorgesehen. Nur im Einzelfall kann sich aus den sonstigen Vereinbarungen der Parteien iVm Treu und Glauben nach § 242 ein Anspruch des Pächters ergeben (§ 584 a Rn 12). Dies ist zB bei Familien-Pachtübergabeverträgen der Fall, wenn die Parteien bei einem langfristigen Pachtvertrag die Unterverpachtung vertraglich ausgeschlossen haben, wegen des fortgeschrittenen Alters des Pächters aber davon ausgegangen sind, daß er den Pachtvertrag nicht durchhalten könne und deshalb seine Erben die Bewirtschaftung übernehmen würden. Hier kann schon zu Lebzeiten des Pächters die Unterverpachtung an eine zu seinem Erbenkreis gehörende Person zulässig sein (OLG Breslau DJ 1937, 1087; OLG Köln RdL 1960, 48). Verweigert der Verpächter die Erlaubnis, steht dem Pächter nach § 584 a Abs 1 das in § 549 Abs 1 S 2 bestimmte Recht zur außerordentlichen befristeten Kündigung nicht zu (§ 584 a Rn 10 ff). Es ist den Parteien freigestellt, schon im Pachtvertrag einen vertraglichen Anspruch auf Erteilung der Erlaubnis zu begründen und damit zugleich den Ausschluß des Kündigungsrechts aus § 584 a Abs 1 abzubedingen (dort Rn 13).

340 **cc)** Ein einseitiger **Widerruf** der Erlaubnis ist grundsätzlich ausgeschlossen, sobald sich der Pächter dem Dritten gegenüber wirksam zur Überlassung des Pachtgegenstandes verpflichtet hat (STAUDINGER/EMMERICH [1995] § 549 Rn 48). Unerheblich ist, ob die Erlaubnis durch einseitige Willenserklärung oder im Wege der vertraglichen Vereinbarung erteilt worden ist. Die Parteien können allerdings in beiden Fällen den Widerruf vorbehalten. Der Pächter kann seinerseits auf eine bereits erteilte Erlaubnis verzichten. Da hierdurch der Vertragsinhalt geändert wird, bedarf der Verzicht der Annahme durch den Verpächter.

341 **dd)** Die Parteien können hinsichtlich der Erlaubnis **abweichende Vereinbarungen** treffen. So ist es zB möglich, für die Erteilung eine bestimmte Form vorzusehen oder für den Fall der Verweigerung das Kündigungsrecht des § 549 Abs 1 S 2 abweichend von § 584 a Abs 1 einzuräumen. Der Ausschluß abweichender Vereinbarungen durch § 549 Abs 2 S 3 gilt nur für die Wohnraummiete.

d) Haftung des Pächters für den Dritten

342 Überläßt der Pächter den Gebrauch einem Dritten, so hat er entsprechend den §§ 581 Abs 2, 549 Abs 3 ein dem Dritten bei dem Gebrauch zur Last fallendes Verschulden zu vertreten, auch wenn der Verpächter die Erlaubnis zur Überlassung erteilt hat. Das Gesetz behandelt den Dritten als Erfüllungsgehilfen des Pächters iS des § 278 (STAUDINGER/EMMERICH [1995] § 549 Rn 119). Die Regelung gilt auch, wenn ein Unterpächter den Pachtgegenstand weiterverpachtet (RG HRR 1932, Nr 111). Führt der Unterpächter einer Gaststätte beim Aufenthalt in den Pachträumen vorsätzlich eine Explosion herbei, so handelt er „bei dem Gebrauche" iS dieser Bestimmung (BGHZ 112, 307 = NJW 1991, 489). Ist die Gebrauchsüberlassung unberechtigt, so liegt schon darin eine Vertragsverletzung, die den Pächter für alle daraus entstehenden Schäden ersatzpflichtig macht.

e) Rechte des Verpächters bei unberechtigter Gebrauchsüberlassung

343 Wenn der Pächter den Gebrauch des Pachtgegenstandes einem Dritten überläßt, ohne hierzu aufgrund einer Erlaubnis des Verpächters oder wenigstens aufgrund eines dahin gehenden Anspruchs (Rn 339) berechtigt zu sein, überschreitet er sein Recht zum vertragsmäßigen Gebrauch. Der Verpächter ist deshalb unter den Voraussetzungen des § 550 berechtigt, vom Pächter Unterlassung und bei Eintritt eines Schadens Ersatz aus positiver Vertragsverletzung zu verlangen. Zudem kann ihm entsprechend den §§ 581 Abs 2, 553 ein Recht zur außerordentlichen fristlosen Kündigung zustehen. Gegen den Unterpächter kann der Hauptverpächter, der zugleich Eigentümer ist, den Herausgabeanspruch aus § 985 mit der Einschränkung des § 986 Abs 1 S 2 geltend machen. Hinzu kommen deliktische Ansprüche.

10. Verjährung von Ansprüchen auf Ersatz und Gestattung der Wegnahme

a) Allgemeines

344 Die regelmäßige Verjährungsfrist für Ansprüche beider Parteien des Pachtvertrags beträgt nach § 195 dreißig Jahre. Ausnahmen finden sich in § 197 und § 196 Abs 1 Nr 6. Hiernach beträgt die Verjährungsfrist für Ansprüche auf Rückstände von Pachtzinsen vier Jahre und bei gewerbsmäßiger Verpachtung beweglicher Sachen nur zwei Jahre (Rn 219). Dies gilt auch für die Forderung von Schadensersatz wegen Pachtzinsausfalls (BGH NJW 1968, 692) und von Nutzungsentschädigung nach § 584 b wegen Vorenthaltung des Pachtgegenstandes (BGHZ 68, 307 = NJW 1977, 1335 m Anm WOLF LM Nr 9 zu § 557; einschränkend HECKELMANN JuS 1977, 799). Eine weitere Sonderregelung der Verjährung enthält der nach § 581 Abs 2 entsprechend anzuwendende § 558 für die Ersatzansprüche des Verpächters wegen Veränderungen oder Verschlechterungen des Pachtgegenstandes sowie für die Ansprüche des Pächters auf Ersatz von Verwendungen und auf Gestattung der Wegnahme einer Einrichtung. Es kommt nicht darauf an, ob sich derartige Ansprüche unmittelbar aus dem Gesetz oder ob sie sich aus vertraglichen Vereinbarungen ergeben (RGZ 62, 329, 330; 66, 363, 364; 95, 302, 303).

b) Ersatzansprüche des Verpächters
aa) Der **Anwendungsbereich** des § 558 Abs 1 HS 1 umfaßt alle Ersatzansprüche des **345** Verpächters gegen den Pächter wegen Veränderungen oder Verschlechterungen des Pachtgegenstandes (Rn 323, 326). Diese Ansprüche verjähren in sechs Monaten, damit die Auseinandersetzung der Parteien rasch vollzogen ist (Prot II 177, 194). Hierzu zählen in erster Linie vertragliche Ansprüche aus positiver Vertragsverletzung. Unerheblich ist, ob sich die vom Pächter verletzte Pflicht unmittelbar aus dem Gesetz oder aus besonderen vertraglichen Vereinbarungen ergibt. So verjährt zB der Anspruch wegen Verletzung des Goodwill eines verpachteten Unternehmens in sechs Monaten (OLG Karlsruhe BB 1970, 147). Ebenso verjähren Ansprüche des Verpächters auf Beseitigung der Gebäudereste eines zur Ausbeutung verpachteten Tonlagers (OLG Kiel OLGE 43, 55) und maschineller Einrichtungen auf dem Pachtgrundstück (OLG Düsseldorf DWW 1993, 138). Stellt der Beseitigungsanspruch wegen des erheblichen finanziellen Aufwandes eine Hauptpflicht des Pächters dar und wandelt sich dieser Anspruch vor Ablauf der Verjährungsfrist auf der Grundlage des § 326 in einen Schadensersatzanspruch um, so wird die Verjährungsfrist, die für den Beseitigungsanspruch verstrichen ist, nicht auf die Verjährungsfrist für den Schadensersatzanspruch angerechnet (BGHZ 107, 179 = LM Nr 53 zu § 581 = NJW 1989, 1854 m abl Anm PETERS JZ 1989, 749). Ferner werden Ersatzansprüche wegen der Unterlassung einer Mängelanzeige aus § 545 Abs 2 von der Regelung des § 558 erfaßt. Ebenso verjähren Ersatzansprüche wegen unterlassener Schönheitsreparaturen und Instandsetzungsarbeiten (OLG Düsseldorf ZMR 1994, 402). Darüber hinaus wird die Vorschrift mit Rücksicht auf ihren Zweck auf gesetzliche Ersatzansprüche des Verpächters, wie etwa aus cic oder aus Delikt, angewendet (BGHZ 98, 235, 237 f = NJW 1987, 187, 188; STAUDINGER/EMMERICH [1995] § 558 Rn 6, 10). Es kommt nicht darauf an, ob der Verpächter einen Zahlungs- oder einen Wiederherstellungsanspruch geltend macht (BGH LM Nr 41 zu § 581 = NJW 1980, 389, 390; vgl BGH LM Nr 13 zu § 558 = NJW 1968, 2241; KG JW 1932, 3008 Nr 8). Ist der Anspruch des Verpächters verjährt, besteht kein Informationsbedürfnis mehr, so daß auch kein Auskunftsanspruch erhoben werden kann (OLG Düsseldorf ZIP 1988, 1134). Ein Rechtsnachfolger des Verpächters, der von der Polizeibehörde als Zustandsstörer wegen Bodenverschmutzung durch Öl verpflichtet wird, kann den Pächter seines Rechtsvorgängers nicht als Verhaltensstörer auf Erstattung der Beseitigungskosten in Anspruch nehmen, wenn gleichartige Ansprüche des Verpächters bereits im Zeitpunkt des Eigentumsübergangs verjährt waren (BGHZ 98, 235 = NJW 1987, 187 m Anm PETERS JZ 1987, 198).

bb) **Ausnahmen** vom Anwendungsbereich des § 558 gelten für Erfüllungsansprüche **346** des Verpächters, wie etwa den Rückgabeanspruch aus § 556 (STAUDINGER/EMMERICH [1995] § 558 Rn 27). Das gleiche gilt für Ersatzansprüche wegen vollständiger Zerstörung des Pachtgegenstandes (BGH NJW 1981, 2406, 2407; NJW 1993, 2797; STAUDINGER/ EMMERICH [1995] § 558 Rn 29). Auch der Anspruch des Verpächters auf Rückzahlung einer Pachtkaution, die er dem Pächter unter Vorbehalt der Geltendmachung später aufgedeckter Schäden bereits zurückgegeben hat, unterliegt nicht der kurzen Verjährung. Dieser vertragliche Rückzahlungsanspruch beruht nicht auf Veränderungen oder Verschlechterungen des Pachtgegenstandes, sondern ist nur in der Höhe davon abhängig (RGZ 142, 258, 264).

c) **Ansprüche des Pächters**

347 aa) Der **Anwendungsbereich** des § 558 Abs 1 HS 2 umfaßt die Ansprüche des Pächters auf Ersatz von Verwendungen und auf Gestattung der Wegnahme einer Einrichtung aus den §§ 547 und 547 a. So verjährt der Duldungsanspruch gegen den Verpächter, der sich aus dem Wegnahmerecht des Pächters ergibt, nach § 558 Abs 1 HS 2 (BGHZ 81, 146 = NJW 1981, 146). Die Verjährung ist nicht analog § 202 Abs 2 gehemmt, wenn der Verpächter gegenüber dem Duldungsanspruch ein Verpächterpfandrecht entsprechend den §§ 581 Abs 2, 559 geltend macht (BGHZ 101, 37 = NJW 1987, 2861 m Anm HAASE JR 1988, 326). In gleicher Weise unterliegt der Anspruch des Pächters auf Entschädigung für zurückgelassene Einrichtungen der kurzen Verjährung, selbst wenn die Parteien den Ausschluß des Wegnahmerechts und die Höhe der Entschädigung schriftlich vereinbart haben (LG Mannheim WuM 1986, 279). Ebenso wird der Anspruch auf Ersatz von Aufwendungen aus § 538 Abs 2 erfaßt. Gleichgestellt werden wegen des Gesetzeszwecks andere gesetzliche Ansprüche, etwa aus den §§ 677 ff wegen Geschäftsführung ohne Auftrag oder aus ungerechtfertigter Bereicherung nach den §§ 812 ff sowie ein etwaiger Schadensersatzanspruch, weil der Verpächter die Wegnahme einer Einrichtung zu Unrecht verweigert hat (OLG Hamm MDR 1981, 674). Verwendungsersatzansprüche des Pächters gegen den Hauseigentümer, der nicht zugleich der Verpächter ist, unterliegen jedenfalls dann der Verjährung nach § 558 Abs 1 HS 2, wenn der Hauseigentümer als schuldrechtlich Begünstigter in den Pachtvertrag miteinbezogen worden ist (OLG Düsseldorf ZMR 1988, 380).

348 bb) **Ausnahmen** vom Anwendungsbereich des § 558 gelten für solche Verwendungsersatzansprüche des Pächters, die nach den Parteivereinbarungen als Pachtvorauszahlungen behandelt werden sollen, weil der Rückerstattungsanspruch des § 557 a der regelmäßigen Verjährung von dreißig Jahren unterliegt (BGHZ 54, 347 = NJW 1970, 2289; STAUDINGER/SONNENSCHEIN [1995] § 557 a Rn 24). Das gleiche gilt, wenn Bereicherungsansprüche darauf gestützt werden, der Verpächter sei vorzeitig in den Genuß der Aufwendungen des Pächters gelangt (BGH LM Nr 11 zu § 558 = NJW 1968, 888). Ferner greift die kurze Verjährungsfrist grundsätzlich nicht ein, wenn der Pächter seine Ersatzansprüche auf ein anderes Rechtsverhältnis stützt oder wenn es sich um Ansprüche aus einem Kaufvertrag handelt, durch den sich der Pächter verpflichtet hat, nach Beendigung der Pacht das in seinem Eigentum stehende Inventar dem Verpächter zu übereignen. Auch Aufwendungen des Pächters auf das ihm gehörende Inventar sind dann keine Verwendungen iS des § 558 (RGZ 152, 100, 103).

d) **Beginn der Verjährung**

349 aa) Die Verjährung der Ersatzansprüche des **Verpächters** beginnt entsprechend den §§ 581 Abs 2, 558 Abs 2 mit dem Zeitpunkt, in dem er den Pachtgegenstand zurückerhält. Erst von diesem Zeitpunkt an ist es ihm möglich, den Pachtgegenstand auf

Veränderungen oder Verschlechterungen zu untersuchen. Dies setzt idR voraus, daß er die unmittelbare Herrschaft erlangt (STAUDINGER/EMMERICH [1995] § 558 Rn 39 ff). Die Verjährung beginnt auch dann mit der Rückgabe, wenn sich der Pächter verpflichtet hat, auf Verlangen des Verpächters den früheren Zustand wiederherzustellen, weil sonst der Verpächter mit der Ausübung des Wahlrechts den Verjährungsbeginn hinauszögern könnte (BGH LM Nr 41 zu § 581 = NJW 1980, 389, 390). In Ausnahmefällen wird Verjährungsbeginn schon vor der Rückgabe angenommen, wenn der Verpächter eine solche Art von Sachherrschaft erlangt, die es zuläßt, den Pachtgegenstand auf etwaige Mängel oder Veränderungen zu untersuchen (BGHZ 98, 59 = NJW 1986, 2103; OLG Düsseldorf BB 1989, 2069). Aus demselben Grund beginnt die Verjährung eines Anspruchs auf Wiederherstellung des früheren Zustands, der eine Vergleichsforderung darstellt, nicht erst mit der Rückgabe des Pachtgegenstandes nach Ablauf der Pachtzeit, sondern bereits dann, wenn sich der Verpächter ein umfassendes Bild von dem Zustand des Gegenstandes gemacht hat oder wenn er aufgrund eines konkreten Anerbietens dazu in der Lage war. Nur so ist gewährleistet, daß ein Vergleichsverfahren zügig abgeschlossen werden kann (BGH NJW 1994, 1858, 1861). Nach § 558 Abs 3 verjähren die Ersatzansprüche des Verpächters spätestens mit der Verjährung seines Anspruchs auf Rückgabe des Pachtgegenstandes, gem § 195 also dreißig Jahre nach der Beendigung des Vertrags.

bb) Die Verjährung der Ansprüche des **Pächters** auf Ersatz von Verwendungen und auf Gestattung der Wegnahme einer Einrichtung beginnt entsprechend den §§ 581 Abs 2, 558 Abs 2 mit der Beendigung des Pachtverhältnisses. Damit ist das rechtliche Ende des Pachtverhältnisses, nicht dessen tatsächliche Beendigung gemeint (Rn 371 ff). Mit der Veräußerung des Pachtgegenstandes scheidet der bisherige Verpächter aus dem Pachtverhältnis aus, haftet dem Pächter aber im Rahmen des § 571 Abs 2 gleich einem Bürgen, wenn es sich um ein Grundstück oder um Räume handelt. Damit endet das Pachtverhältnis iS des § 558 Abs 2 hinsichtlich der Ansprüche des Pächters auf Ersatz von Verwendungen gegen seinen früheren Verpächter (BGH LM Nr 8 zu § 558 = NJW 1965, 1225). Da sich die Veräußerung ohne Mitwirkung des Pächters vollzieht, ist allerdings zusätzlich seine Kenntnis von diesem Vorgang vorauszusetzen (STAUDINGER/EMMERICH [1995] § 558 Rn 51). Bei einer Veräußerung im Rahmen des § 571 stellt sich das Problem nicht, weil der Anspruch auf Gestattung der Wegnahme erst mit der Rückgabe an den Verpächter fällig wird. Die Verjährungsfrist für einen Schadensersatzanspruch des Pächters (Rn 347) beginnt erst mit dem Eintritt des Schadens (OLG Hamm MDR 1981, 674). **350**

cc) Die Parteien können im Pachtvertrag von der Regelung des § 558 Abs 2 **abweichende Vereinbarungen** treffen, da die Vorschrift nicht zwingend ist. So können sie vereinbaren, daß die Verjährung der Ansprüche des Verpächters oder des Pächters zu einem späteren als dem gesetzlich bestimmten Zeitpunkt beginnen soll (BGH LM Nr 3/4 zu § 558 = MDR 1964, 139; **aM** LG Karlsruhe NJW 1976, 1945). Nach § 225 S 1 kann die Verjährung aber vertraglich weder ausgeschlossen noch erschwert werden, etwa durch eine Verlängerung der Frist. Einschränkungen gelten nach den §§ 9, 24 AGBG für Vereinbarungen in Formularverträgen. Hiernach sind Abweichungen von § 558 zu Lasten des anderen Vertragsteils idR als eine unangemessene Benachteiligung zu beurteilen (STAUDINGER/EMMERICH [1995] § 558 Rn 63). **351**

11. Verpächterpfandrecht

a) Allgemeines

352 **aa)** Entsprechend den §§ 581 Abs 2, 559 S 1 steht dem Verpächter eines Grundstücks oder von Räumen für seine Forderungen aus dem Pachtverhältnis ein Pfandrecht an den eingebrachten Sachen des Pächters zu (SIBER, Das gesetzliche Pfandrecht des Vermieters, des Verpächters und des Gastwirtes nach dem Bürgerlichen Gesetzbuche für das Deutsche Reich [1900]; WEIMAR BlGBW 1978, 118). Es handelt sich um ein **gesetzliches Pfandrecht** iS des § 1257, das keinen Besitz des Verpächters voraussetzt. Die Vorschriften der §§ 1204 ff über das durch Rechtsgeschäft bestellte Pfandrecht sind hiernach entsprechend anwendbar, soweit sie nicht den rechtsgeschäftlichen Bestellungsakt betreffen oder unmittelbaren Besitz des Pfandgläubigers voraussetzen. Der Rang des Pfandrechts hängt nach § 1209 vom Zeitpunkt seiner Entstehung ab, auch soweit es künftige Forderungen des Verpächters sichert. Die Befriedigung aus dem Pfand erfolgt durch Verkauf nach den §§ 1228 ff (STAUDINGER/EMMERICH [1995] § 559 Rn 21 ff; WEIMAR BlGBW 1981, 9).

353 **bb)** Hiervon zu unterscheiden ist das **Pfandrecht des Pächters** eines Grundstücks oder von Räumen aus § 583, das ihm für die Forderungen gegen den Verpächter, die sich auf das mitgepachtete Inventar beziehen, an den in seinen Besitz gelangten Inventarstücken zusteht.

b) Voraussetzungen des Verpächterpfandrechts
aa) Grundstückspacht

354 Nach § 559 S 1 muß ein Pachtvertrag über ein Grundstück bestehen (Rn 9 ff). Gleichgestellt ist nach § 580 ein Pachtvertrag über Räume (Rn 17 ff). Diese Voraussetzung ist auch bei der Unternehmenspacht erfüllt, wenn zum Gegenstand des Pachtvertrags ein Grundstück oder Räume gehören. Das Pfandrecht steht dem Verpächter zu. Es kommt nicht darauf an, ob er Eigentümer des Grundstücks ist. Im Falle der Veräußerung des Grundstücks durch den Eigentümer, der zugleich Verpächter ist, geht das Pfandrecht nach § 571 auf den Erwerber über. Die Rechtszuständigkeit hinsichtlich des Pfandrechts kann sich ferner durch eine Abtretung der gesicherten Forderung des Verpächters nach den §§ 401, 1250 Abs 1 S 1, 1257 ändern (STAUDINGER/EMMERICH [1995] § 559 Rn 76).

bb) Eingebrachte, pfändbare Sachen des Pächters

355 Das Verpächterpfandrecht erstreckt sich nach § 559 S 1 und 3 nur auf die eingebrachten, pfändbaren Sachen des Pächters.

356 **α)** **Sachen des Pächters** sind körperliche Gegenstände iS des § 90, die in seinem Eigentum stehen (SIBER 28 ff). Besondere Probleme werfen dabei bedingtes Eigentum sowie Miteigentum und Gesamthandseigentum auf (STAUDINGER/EMMERICH [1995] § 559 Rn 35 ff). Sachen, die im Eigentum Dritter stehen, unterliegen nicht dem Pfandrecht (Mot II 404; Prot II 203 ff). Ein gutgläubiger Erwerb des Pfandrechts nach den §§ 1257, 1207 scheidet aus. Bedeutsam ist auch, ob und wann ein eingebrachter Gegenstand Grundstücksbestandteil geworden ist (RG WarnR 1920, Nr 184). Das Inventar des Pächters wird in gleicher Weise erfaßt wie die zum Verkauf bestimmten Waren (RGZ 132, 116, 119).

β) **Eingebracht** ist eine Sache, die der Pächter willentlich in den durch das Pacht- 357
verhältnis vermittelten Machtbereich des Verpächters hineingeschafft hat (SIBER
20 ff). Der Willensakt als solcher ist jedoch grundsätzlich nicht rechtserheblich (einschränkend STAUDINGER/EMMERICH [1995] § 559 Rn 26 bei Geschäftsunfähigen). Vielmehr entscheidet bei dieser Tathandlung die Verkehrsanschauung, wobei tatsächliche Anordnungen des Pächters zu berücksichtigen sind (RGZ 132, 116, 121). Ebenso spielt der
Zweck eine Rolle. Eine nur vorübergehend und ohne Zusammenhang mit dem
Pachtverhältnis auf dem Grundstück eingestellte Sache ist nicht eingebracht. Dies
gilt etwa für Gegenstände des Privatvermögens oder eines anderen Betriebs, wenn
sich die Privatwohnung oder der andere Betrieb nicht auf dem Pachtgrundstück
befinden. Der Begriff der Einbringung setzt allerdings nicht voraus, daß die Sache
von außen auf das Pachtgrundstück geschafft worden ist. Auch die auf dem Grundstück hergestellten Sachen werden von dem Pfandrecht erfaßt, weil der Schutz des
Verpächters sonst unvollkommen wäre. Hiervon sind nicht nur die vom Grundstück
getrennten Früchte betroffen, die nach § 956 in das Eigentum des Pächters gefallen
sind, sondern auch die auf dem Grundstück hergestellten sonstigen Erzeugnisse.
Dies ist auch aus § 560 S 2 zu entnehmen (RGZ 132, 116, 118 ff). Aus der ausdrücklichen Erwähnung der Früchte in § 592 läßt sich nichts Gegenteiliges schließen, weil
diese Regelung bei der Landpacht vor allem für ungetrennte Früchte eine Rolle
spielt.

γ) **Pfändbar** sind solche Sachen des Pächters, die nicht kraft ausdrücklicher gesetz- 358
licher Anordnung von der Pfändung im Wege der Zwangsvollstreckung ausgenommen sind. Maßgebend ist § 811 ZPO. Auf unpfändbare Sachen erstreckt sich das
Pfandrecht nach § 559 S 3 nicht (STAUDINGER/EMMERICH [1995] § 559 Rn 51 ff). Die Regelung ist zwingend.

cc) **Gesicherte Forderungen des Verpächters**
Das Pfandrecht entsteht nach § 559 S 1 für Forderungen des Verpächters aus dem 359
Pachtverhältnis. Hierzu gehören nur solche Forderungen, die sich aus dem Wesen
des Pachtvertrags als entgeltlicher Gebrauchsüberlassung ergeben (BGHZ 60, 22, 25 =
NJW 1973, 238, 239). Zu nennen sind vor allem Pachtzinsforderungen, Schadensersatzansprüche wegen Veränderungen oder Verschlechterungen des Pachtgegenstandes
durch vertragswidrigen Gebrauch (Rn 326) oder wegen Unterlassung der Mängelanzeige (Rn 307) sowie der Rückgabeanspruch aus § 556 und Ansprüche aus Vertragsstrafeversprechen nach § 339. Gleichgestellt sind die Ansprüche des Verpächters auf
Zahlung von Nebenkosten. Die Forderungen sind in vollem Umfang durch das Verpächterpfandrecht gesichert, da es nach § 559 S 1 nur auf das Pachtverhältnis als
Entstehungsgrund ankommt. Eine Aufteilung der Forderung nach dem Entgelt für
Grundstück oder Räume und für andere mitverpachtete Gegenstände ist im Gesetz
nicht vorgesehen.

dd) **Ausgeschlossene Forderungen**
Nach § 559 S 2 kann das Verpächterpfandrecht für künftige Entschädigungsforde- 360
rungen und für den Pachtzins, der auf eine spätere Zeit als das laufende und das
folgende Pachtjahr entfällt, nicht geltend gemacht werden (STAUDINGER/EMMERICH
[1995] § 559 Rn 64 ff, 70 ff). Damit soll eine übermäßige Sicherung des Verpächters verhindert werden. Eine weitere Ausnahme enthält § 563 (Rn 370).

c) **Erlöschen des Verpächterpfandrechts**
aa) **Gründe**

361 α) Das Verpächterpfandrecht erlischt aus den **allgemeinen Gründen,** die für das besitzlose, gesetzliche Pfandrecht gelten (STAUDINGER/EMMERICH [1995] § 560 Rn 2 ff). Dies ist vor allem nach den §§ 1257, 1252 die Tilgung der gesicherten Forderung. Ferner sind die §§ 1242 Abs 2 S 1, 1250 Abs 2, 1255, 1256 zu nennen.

362 β) Einen besonderen Grund für das Erlöschen des Verpächterpfandrechts enthält § 560 S 1. Hiernach erlischt das Pfandrecht grundsätzlich mit der **Entfernung der Sachen von dem Grundstück** (STAUDINGER/EMMERICH [1995] § 560 Rn 8 ff). Die Entfernung ist wie die Einbringung (Rn 357) eine tatsächliche Handlung. Es genügt, wenn der Pächter oder ein Dritter die haftende Sache willentlich von dem Grundstück wegschafft, ohne daß es auf einen dauerhaften Zweck der Entfernung ankommt. Wenn der Pächter von verschiedenen Personen mehrere Grundstücke gepachtet hat, auf denen er einen einheitlichen Betrieb unterhält, ist die Sache auch dann entfernt, wenn sie von dem Grundstück des einen Verpächters auf das eines anderen Verpächters geschafft wird (RGZ 74, 247). Dies gilt nicht, wenn die Grundstücke verschiedener Verpächter als Gesamtgläubiger durch einen gemeinsamen Vertrag mit dem Pächter zu einem einheitlichen Pachtgegenstand zusammengefaßt sind. Die haftenden Sachen können auch aufgrund von Hoheitsakten entfernt werden.

bb) **Ausnahmen**

363 α) Das Pfandrecht erlischt nach § 560 S 1 HS 2 nicht, wenn die **Entfernung ohne Wissen** des Verpächters erfolgt. Gleichzustellen ist nach § 166 Abs 1 das Wissen eines Vertreters (STAUDINGER/EMMERICH [1995] § 560 Rn 20). Die Vertretungsmacht muß sich allerdings auf das Pachtverhältnis beziehen.

364 β) Das Pfandrecht erlischt nach § 560 S 1 HS 2 ferner dann nicht, wenn die **Entfernung unter Widerspruch** des Verpächters erfolgt. Das Widerspruchsrecht ist nach § 560 S 2 ausgeschlossen, wenn die Entfernung im regelmäßigen Betrieb des Geschäfts des Pächters oder entsprechend den gewöhnlichen Lebensverhältnissen erfolgt (KLEINEIDAM DJZ 1906, 1359; STAUDINGER/EMMERICH [1995] § 560 Rn 33 ff). Hierzu gehört bei einem verpachteten Ladengeschäft, daß die Geschäftseinnahmen täglich aus der Kasse entfernt werden (OLG Braunschweig MDR 1980, 403). Das gleiche gilt, wenn die zurückbleibenden Sachen zur Sicherung des Verpächters offenbar ausreichen. Das Pfandrecht erlischt auch dann, wenn die Sache zwar ohne Wissen des Verpächters entfernt wird, das Pfandrecht nach § 560 S 1 HS 1 also an sich bestehenbleiben müßte, der Verpächter aber nach S 2 ohnehin kein Recht zum Widerspruch gehabt hätte (BGHZ 120, 368 = NJW 1993, 1791; STAUDINGER/EMMERICH [1995] § 560 Rn 22 mwNw).

365 γ) Nach § 561 Abs 2 S 2 **erlischt** das Pfandrecht gleichwohl mit Ablauf eines Monats, nachdem der Verpächter von der Entfernung der Sachen Kenntnis erlangt hat, wenn er nicht den Herausgabeanspruch aus S 1 dieser Bestimmung vorher gerichtlich geltend gemacht hat (Rn 368).

d) **Schutz des Verpächterpfandrechts**
aa) **Rechtsbehelfe im allgemeinen**

366 Der Verpächter hat als Pfandgläubiger ein beschränktes dingliches Recht an den

eingebrachten Sachen des Pächters. Er kann aufgrund der Vorschriften, die das Pfandrecht als dingliches Recht schützen, gegen jede Beeinträchtigung vorgehen. Hierzu zählen in erster Linie die Ansprüche aus den §§ 985 und 1004 iVm §§ 1227, 1257, ferner aus § 823 Abs 1 und § 823 Abs 2 iVm § 289 StGB. Bei einer Veräußerung der Pfandsache können sich aus § 816 Abs 1 Ansprüche auf den Erlös ergeben. Der unberechtigten Entfernung steht ein Anspruch auf Unterlassung aus § 550 entgegen. Dadurch können auch Schadensersatzansprüche aus positiver Vertragsverletzung ausgelöst werden (STAUDINGER/EMMERICH [1995] § 561 Rn 3 ff). Ansprüche auf Herausgabe und entsprechende Schadensersatzansprüche werden durch § 561 Abs 2 modifiziert, solange der Pächter nicht ausgezogen ist (Rn 368).

bb) Selbsthilferecht
Neben den allgemeinen Ansprüchen zum Schutz des Pfandrechts (Rn 366) räumt 367 § 561 Abs 1 dem Verpächter ein Selbsthilferecht ein. Wenn der Pächter einzelne, dem Pfandrecht unterliegende Sachen entfernt, darf der Verpächter dies auch ohne Anrufen des Gerichts verhindern, soweit er der Entfernung nach § 560 zu widersprechen berechtigt ist (STAUDINGER/EMMERICH [1995] § 561 Rn 13 ff). Zieht der Pächter aus, darf der Verpächter die Pfandsachen unter sonst gleichen Voraussetzungen in seinen Besitz nehmen (STAUDINGER/EMMERICH [1995] § 561 Rn 21 ff). Das Selbsthilferecht des Verpächters endet, wenn die Sachen von dem Grundstück entfernt worden sind. Ein Verfolgungsrecht steht ihm nicht zu.

cc) Ansprüche des Verpächters nach Entfernung der Sachen
Sobald die Pfandsachen vom Pachtgrundstück entfernt worden sind, ist der Verpäch- 368 ter auf die Geltendmachung der allgemeinen Ansprüche zum Schutz des Pfandrechts angewiesen (Rn 366). Sind die Sachen ohne Wissen oder unter Widerspruch des Verpächters entfernt worden, kommen nach § 561 Abs 2 S 1 ein Anspruch auf Herausgabe zum Zwecke der Zurückschaffung auf das Grundstück und nach dem Auszug des Pächters ein Anspruch auf Überlassung des Besitzes hinzu (STAUDINGER/EMMERICH [1995] § 561 Rn 26 ff). Durch diese Regelung werden die allgemeinen Ansprüche des Verpächters auf Herausgabe und entsprechende Schadensersatzansprüche in der Weise inhaltlich eingeschränkt, daß er vor einem Auszug des Pächters nur Zurückschaffung der Sachen auf das Pachtgrundstück, nicht aber Besitzverschaffung verlangen kann. Der Herausgabeanspruch des § 561 Abs 2 S 1 muß innerhalb eines Monats, nachdem der Verpächter von der Entfernung der Sachen Kenntnis erlangt hat, gerichtlich geltend gemacht werden. Wird die Klagefrist versäumt, erlischt das Pfandrecht nach S 2 dieser Vorschrift. Damit entfallen auch andere dingliche Ansprüche aus dem früheren Pfandrecht. Nach der nicht unbedenklichen hM sollen jedoch die allgemeinen vertraglichen und deliktischen Schadensersatzansprüche wie auch etwaige Bereicherungsansprüche unberührt bleiben, obwohl dadurch die Ausschlußfrist praktisch bedeutungslos wird (STAUDINGER/EMMERICH [1995] § 561 Rn 47 f).

e) Sicherheitsleistung
Nach § 562 kann der Pächter die Geltendmachung des Pfandrechts durch Sicher- 369 heitsleistung abwenden. Das Abwendungsrecht wird von der Rspr über den Wortlaut des § 562 hinaus auch Dritten als Eigentümern der vom Pächter eingebrachten Sachen eingeräumt, sofern ihnen das Verpächterpfandrecht im Rang vorgeht (BGH WM 1971, 1086, 1088). Dies kann bei der Haftung eines Anwartschaftsrechts des Pächters und bei einer Veräußerung der belasteten Sache als Sicherungseigentum im

Wege der §§ 929, 930 eine Rolle spielen (STAUDINGER/EMMERICH [1995] § 559 Rn 36 ff mwNw). Ferner wird das Abwendungsrecht nachrangigen Pfändungspfandgläubigern zugestanden. Mit der Sicherheitsleistung kann zum einen die Geltendmachung des Pfandrechts generell abgewendet werden, wenn in Höhe der Forderung des Verpächters Sicherheit geleistet wird. Statt dessen kann auch jede einzelne Sache von dem Pfandrecht befreit werden, wenn in Höhe ihres Wertes Sicherheit erbracht wird. Für die Leistung der Sicherheit sind die §§ 232 ff maßgebend.

f) Konkurrenz mit anderen Pfandrechten

370 Für die Konkurrenz des Verpächterpfandrechts mit anderen Pfandrechten gilt grundsätzlich das Prioritätsprinzip. Ähnlich wie § 49 Abs 1 Nr 2 KO, der inhaltlich unverändert als § 50 Abs 2 in die ab 1. 1. 1999 geltende InsO übernommen worden ist, enthält § 563 jedoch eine Sonderregelung für den Fall, daß eine dem Pfandrecht des Verpächters unterliegende Sache für einen anderen Gläubiger gepfändet wird. Dem anderen Gläubiger gegenüber kann das Verpächterpfandrecht nicht wegen des Pachtzinses für eine frühere Zeit als das letzte Jahr vor der Pfändung geltend gemacht werden. Dadurch wird die Sicherung von Pachtzinsrückständen eingeschränkt.

12. Beendigung des Pachtverhältnisses

a) Allgemeines

371 Die allgemeinen pachtrechtlichen Vorschriften des BGB enthalten keine umfassende Regelung der Beendigung des Pachtverhältnisses. Nur für die Pacht eines Grundstücks oder eines Rechts finden sich in § 584 Vorschriften über die ordentliche und die außerordentliche befristete Kündigung. Darüber hinaus werden bestimmte Fälle, in denen eine Kündigung im Mietrecht zulässig ist, in § 584 a für die Pacht unabhängig von der Art des Pachtgegenstandes generell ausgeschlossen. Soweit diese Sonderregelungen nicht eingreifen, sind nach § 581 Abs 2 die Vorschriften über die Beendigung des Mietverhältnisses entsprechend anzuwenden. Dies gilt grundsätzlich nicht, soweit es sich um besondere Vorschriften für Mietverhältnisse über Wohnraum handelt (Rn 378). Sondervorschriften enthalten die §§ 296 ff AktG für die Beendigung des Betriebspacht- oder Betriebsüberlassungsvertrags einer AG oder KGaA (EMMERICH/SONNENSCHEIN, Konzernrecht [5. Aufl 1993] § 15).

b) Beendigung durch Zeitablauf
aa) Pachtverhältnis auf bestimmte Zeit

372 Das Pachtverhältnis endet entsprechend den §§ 581 Abs 2, 564 Abs 1 durch Zeitablauf, wenn es auf eine bestimmte Zeit eingegangen ist. Die Dauer der Pachtzeit muß im Vertrag genau bestimmt oder aufgrund des Vertragsinhalts hinreichend bestimmbar sein. Die Pachtzeit kann dadurch fest bestimmt werden, daß im Pachtvertrag ein kalendermäßig festgelegtes oder berechenbares Datum vereinbart wird (STAUDINGER/ SONNENSCHEIN[12 (1981)] § 564 Rn 3 f). Auf diese Weise werden regelmäßig Jagd- und Fischereipachtverträge befristet (Rn 58, 69). Eine feste Pachtzeit ist auch dann vereinbart, wenn sie bis zum Eintritt eines bestimmten Ereignisses dauern soll. Eine solche Bestimmung durch den Eintritt tatsächlicher Umstände kann sich aus einer näheren Bezeichnung des Vertragszwecks ergeben. Dies gilt etwa für die Befristung eines Pachtvertrags über den Abbau von Bodenbestandteilen durch deren vollständige Ausbeutung. Damit steht die Dauer des Vertrags keineswegs im Belieben des Päch-

ters. Durch Auslegung des Vertrags ist vielmehr zu ermitteln, ob hinsichtlich der Dauer des Abbaus die ordnungsmäßigen Regeln der Technik maßgebend sind oder ob die Dauer in den Grenzen des § 315 der subjektiven Bestimmung des Pächters überlassen ist (RG JW 1909, 451). Sieht der Pachtvertrag vor, daß die Ausbeute innerhalb von drei Jahren nach ihrem Beginn vollendet sein soll, ist der Pächter aber nicht verpflichtet, innerhalb einer bestimmten Frist mit der Ausbeute zu beginnen, so ist das Pachtverhältnis nicht befristet (BGH NJW 1995, 2548, 2549). Ein Pachtverhältnis auf die Lebenszeit einer Person ist nach Maßgabe des § 163 auf bestimmte Zeit abgeschlossen.

bb) Pachtvertrag mit Optionsrecht
Ein Pachtvertrag mit Optionsrecht ist ein auf bestimmte Zeit abgeschlossener Vertrag, der einer oder beiden Parteien das Recht einräumt, den Vertrag durch einseitige Erklärung auf bestimmte oder auf unbestimmte Zeit zu verlängern (Rn 139). Ein solcher Vertrag endet nach § 564 Abs 1 durch Zeitablauf, wenn von dem Optionsrecht nicht rechtzeitig Gebrauch gemacht wird (STAUDINGER/SONNENSCHEIN[12 (1981)] § 564 Rn 5). 373

cc) Pachtvertrag mit Verlängerungsklausel
Ein Pachtvertrag mit Verlängerungsklausel ist ein auf bestimmte Zeit abgeschlossener Vertrag, der sich auf bestimmte oder auf unbestimmte Zeit verlängert, wenn nicht ein Vertragsteil innerhalb einer bestimmten Frist vor Ablauf des Pachtverhältnisses die weitere Fortsetzung ablehnt (Rn 140). Wird eine dahin gehende Willenserklärung rechtzeitig abgegeben, endet das Pachtverhältnis nach § 564 Abs 1 durch Zeitablauf (STAUDINGER/SONNENSCHEIN[12 (1981)] § 564 Rn 6). Für die Rechtzeitigkeit der Abgabe der Erklärung ist die Feiertagsregelung des § 193 zu beachten (BGH LM Nr 3 zu § 193 = NJW 1975, 40). Wenn dem anderen Vertragsteil demgegenüber eine Verlängerungsoption eingeräumt ist, hat er dieses Recht unverzüglich, jedoch nicht vor Ablauf der Kündigungsfrist auszuüben (BGH NJW 1985, 2581). Aus Gründen des sozialen Bestandsschutzes werden befristete Pachtverhältnisse über Kleingärten ähnlich wie nach § 565 a Abs 1 die Wohnraummiete (STAUDINGER/SONNENSCHEIN[12 (1981)] § 565 a Rn 6 ff) als Verträge auf unbestimmte Zeit behandelt, wenn sie mit einer unbegrenzten automatischen Verlängerungsklausel ausgestattet sind (BGHZ 113, 290 = NJW 1991, 1348). 374

c) Beendigung durch Kündigung
aa) Allgemeines
α) Grundlagen und Rechtsnatur der Kündigung
αα) Entsprechend den §§ 581 Abs 2, 564 Abs 2 kann jeder Teil das Pachtverhältnis nach den Vorschriften des § 565 kündigen, wenn die Pachtzeit nicht bestimmt ist. Ein auf unbestimmte Zeit eingegangenes Pachtverhältnis kann demnach durch ordentliche Kündigung beendet werden. Diese Aussage ist für die **Grundlagen** der Kündigung eines Pachtvertrags in mehrfacher Hinsicht unvollständig. Für die ordentliche und die außerordentliche befristete Kündigung des Pachtvertrags über ein Grundstück oder Räume sowie über ein Recht gilt die von § 565 abweichende Sonderregelung des § 584. Im übrigen kann das auf unbestimmte Zeit eingegangene Pachtverhältnis durch außerordentliche fristlose Kündigung beendet werden. Darüber hinaus spielt die außerordentliche Kündigung bei den auf bestimmte Zeit abgeschlossenen Pachtverhältnissen eine Rolle. 375

376 ββ) Für die einzelnen **Arten** der Kündigung sind unterschiedliche Voraussetzungen maßgebend. Die *ordentliche Kündigung* setzt voraus, daß die Kündigungsfrist eingehalten wird, die sich aus § 565 oder § 584 Abs 1 ergibt (Rn 390 ff). Ein die ordentliche Kündigung rechtfertigender Grund ist anders als nach § 564 b im Wohnraummietrecht nicht erforderlich (KG JW 1937, 2108 m Anm ROQUETTE). Die *außerordentliche befristete Kündigung* ist nur wirksam, wenn einer der gesetzlich vorgesehenen Gründe erfüllt ist (Rn 397, § 584 Rn 15) und die sich aus § 565 Abs 5 oder § 584 Abs 2 ergebende gesetzliche Kündigungsfrist gewahrt wird (Rn 398). Auch die *außerordentliche fristlose Kündigung* setzt voraus, daß ein gesetzlich vorgesehener oder ein sonstiger wichtiger Grund vorliegt (Rn 400 ff).

377 γγ) Die Parteien können vertraglich die **Voraussetzungen** bei allen Arten der Kündigung modifizieren, indem sie strengere oder mildere Anforderungen als das Gesetz aufstellen. Dies gilt nicht nur für die Vereinbarung einer Form der Kündigungserklärung (Rn 388), sondern auch für den Kündigungsgrund (OLG Nürnberg DWW 1961, 60; LG Mannheim BlGBW 1965, 19). Ist im Pachtvertrag vereinbart, daß eine Kündigung im Falle der Veräußerung des Pachtgegenstandes zulässig ist, so ist die Kündigung nur wirksam, wenn nicht nur ein ordnungsgemäßer Kaufvertrag, sondern auch die nach anderen Vorschriften erforderliche behördliche Genehmigung vorliegt (OLG Celle RdL 1953, 332). Ergibt die Auslegung allerdings, daß die Parteien mit der Veräußerung entsprechend dem juristischen Sprachgebrauch das dingliche Geschäft gemeint haben, so ist dessen Vollendung für die Wirksamkeit der Kündigung erforderlich. Eine schon vorher abgegebene Kündigungserklärung wird im Interesse des anderen Vertragsteils nicht geheilt. Haben die Parteien vertraglich eine schriftliche Zahlungsaufforderung des Verpächters als Voraussetzung einer außerordentlichen fristlosen Kündigung wegen Zahlungsrückstandes vorgesehen, so muß diese Erklärung für den Pächter eindeutig sein, damit er nicht im ungewissen bleibt, ob der Verpächter mit seiner Erklärung die vertraglich vereinbarten Voraussetzungen einer fristlosen Kündigung schaffen will. Anderenfalls ist die Kündigung unwirksam (BGH LM Nr 10 zu § 554 = MDR 1973, 44).

378 δδ) Der **Anwendungsbereich mietrechtlicher Kündigungsvorschriften** bei der Pacht wird durch die Sonderregelung der §§ 584, 584 a begrenzt, wie sich aus der Einschränkung in § 581 Abs 2 ergibt. Im übrigen stellt sich die Frage, ob die entsprechende Anwendung auch für solche Kündigungsvorschriften gilt, die ausdrücklich ein Mietverhältnis über Wohnraum voraussetzen, wie vor allem die Regelungen des Bestandsschutzes. Wird die Pächterwohnung aufgrund eines gesonderten und eigenständigen Mietvertrags überlassen, greifen insoweit die mietrechtlichen Vorschriften uneingeschränkt ein. Handelt es sich aber um einen einheitlichen Vertrag, der neben der Verpachtung von Grundstücken, Geschäftsräumen oder eines Unternehmens die Überlassung von Wohnräumen zum Gegenstand hat, so kann auch die Beendigung des Vertrags nur einheitlich beurteilt werden. Auszugehen ist davon, daß die Vorschriften, die tatbestandlich ein Mietverhältnis über Wohnraum voraussetzen, auf einen Pachtvertrag grundsätzlich nicht anwendbar sind. Damit ist die Anwendbarkeit im Hinblick auf die Pächterwohnung jedoch nicht generell ausgeschlossen (aM SCHOPP ZMR 1975, 97, 98). Die Rspr wendete schon die früheren Vorschriften über den Mieterschutz nicht auf Pachtverträge an (RGZ 102, 186; 103, 271; 109, 206; 122, 274), stellte aber bei gemischten Verträgen darauf ab, ob die Miet- oder die Pachtelemente vorherrschten (RGZ 108, 369; RG JW 1927, 582 Nr 7). Der überwiegende Teil gab den

Ausschlag (BGH LM Nr 3 zu § 36 MietSchG = NJW 1953, 1391 abw von RGZ 168, 44; LM Nr 11 zu § 581 = Betrieb 1954, 999). Nach den gleichen Grundsätzen kann über die Anwendbarkeit der derzeitigen Vorschriften über Wohnraummietverhältnisse auf gemischte Verträge mit Pachtelementen entschieden werden. Aus der neuen Regelung des § 585 Abs 1 S 1 zur Landpacht ergibt sich, daß die einheitliche Beurteilung als Pachtvertrag trotz der in den Vertrag einbezogenen Wohnräume dem Willen des Gesetzgebers entspricht (OLG Köln WM 1987, 1308, 1310). Selbst wenn die Pachtelemente überwiegen, können die Parteien die Anwendbarkeit der Vorschriften über die Wohnraummiete aber vertraglich vereinbaren (BGH LM Nr 15 zu § 157 [C] = MDR 1966, 228; vgl BVerfG WuM 1985, 335; BGHZ 94, 11, 17 = NJW 1985, 1772, 1773; LG Bonn WuM 1990, 378; STAUDINGER/SONNENSCHEIN [1995] § 556a Rn 10). Werden Vorschriften, die das gesetzliche Kündigungsrecht regeln, auf ein vertragliches Kündigungsrecht entsprechend angewendet, so sind die gesetzlichen Bestimmungen in vollem Umfang zu berücksichtigen (BGH LM Nr 55 zu § 242 [Cd] = MDR 1958, 766).

εε) Das Kündigungsrecht steht nach § 242 für beide Parteien unter dem Vorbehalt der **unzulässigen Rechtsausübung**. Dies gilt für die ordentliche und die außerordentliche Kündigung in gleicher Weise. Hat der Verpächter durch arglistiges Verhalten den Pächter geschädigt und dadurch bewirkt, daß der Pachtzins nicht fristgerecht gezahlt wurde, so kann es eine unzulässige Rechtsausübung darstellen, wenn der Verpächter den Vertrag wegen der Säumnis des Pächters kündigt (BGH LM Nr 55 zu § 242 [Cd] = MDR 1958, 766). Der Verpächter kann das Pachtverhältnis nicht wegen Zahlungsverzugs nach § 554 kündigen, wenn er dem Pächter das Betreten und die Bewirtschaftung des Pachtgrundstücks verboten hat und der Pächter diesem Verbot unter Einstellung der Pachtzinszahlungen nachkommt. Damit setzt sich der Verpächter in Widerspruch zu seinem früheren Verhalten (OLG Celle RdL 1966, 216). Haben die Parteien vereinbart, daß der Verpächter bei mehrmaliger verspäteter Zahlung des Pachtzinses zur Kündigung des Pachtverhältnisses berechtigt ist, so muß der vereinbarte Zahlungstermin mehrmals erheblich überschritten sein, um das Kündigungsrecht auszulösen. Bei nur geringfügiger Überschreitung ist die Kündigung nach § 242 unzulässig, zumal wenn der Verpächter dadurch in den Genuß einer vereinbarten Vertragsstrafe kommen will (LG Berlin NJW 1972, 1324). Der Einwand der unzulässigen Rechtsausübung kann sich auch daraus ergeben, daß die Kündigung eines langfristigen Vertrags, die auf § 567 gestützt wird, gegen die Verpflichtung des Kündigenden aus einer Wettbewerbsabrede verstößt (BGH LM Nr 31 zu § 581 = MDR 1968, 233).

ζζ) Liegt der Grund für eine Kündigung in einem vertragswidrigen Verhalten der anderen Partei, so kommt neben dem Kündigungsrecht ein Anspruch auf **Schadensersatz** wegen positiver Vertragsverletzung oder unerlaubter Handlung in Betracht. Veranlaßt der Pächter durch vertragswidriges Verhalten die außerordentliche fristlose Kündigung des auf unbestimmte Zeit abgeschlossenen Pachtvertrags durch den Verpächter, kann dieser den entgangenen Pachtzins nur bis zu dem Tag als Schadensersatz fordern, zu dem nach dem Vertrag eine ordentliche Kündigung durch den Pächter möglich wäre (BGH LM Nr 6 zu § 249 [Ha] = ZMR 1955, 105). Bei einem auf bestimmte Zeit abgeschlossenen Vertrag kann der nach fristloser Kündigung entgangene Pachtzins längstens für die vorgesehene Vertragsdauer als Schadensersatz verlangt werden. Der Ersatz des Pachtzinsausfalls wird allerdings erst nach und nach in den Zeitpunkten fällig, die für die jeweiligen Pachtzinsraten maßgebend gewesen wären (vgl BGH WuM 1979, 236, 237).

381 ηη) Ihrer **Rechtsnatur** nach ist die Kündigung eine einseitige, empfangsbedürftige Willenserklärung (STAUDINGER/SONNENSCHEIN[12 (1981)] § 564 Rn 8 ff). Hierfür gelten alle Vorschriften des BGB über einseitige Rechtsgeschäfte. Die Kündigungserklärung wird wirksam, wenn sie dem anderen Vertragsteil nach den §§ 130 ff zugeht. Stellvertretung ist auf beiden Seiten möglich (RG SeuffA 60, Nr 34). Wenn der Verpächter die schriftliche Kündigungserklärung einem vom Pächter zur Entgegennahme einer solchen Erklärung nicht bevollmächtigten Rechtsanwalt zuleitet, so ist die Kündigung dem Pächter zugegangen, sobald der Rechtsanwalt den Auftrag des Pächters annimmt, gegen die Kündigung nicht nur wegen Fehlens einer Empfangsvollmacht, sondern auch wegen Fehlens eines Kündigungsgrundes vorzugehen (BGH NJW 1980, 990). Die Kündigung kann nach § 174 zurückgewiesen werden, falls der Bevollmächtigte eine Vollmachtsurkunde nur in beglaubigter Abschrift vorlegt. Dies gilt auch dann, wenn die Kündigungserklärung durch Vermittlung eines Gerichtsvollziehers zugestellt wird (BGH NJW 1981, 1210).

382 θθ) Die Kündigung kann vertraglich an die **Zustimmung eines Dritten** gebunden werden. Die Zustimmung ist in diesem Fall Wirksamkeitsvoraussetzung. Fehlt sie, ist die Kündigung unwirksam und kann aus Gründen der Rechtssicherheit nicht durch Genehmigung nach den §§ 185 Abs 2, 184 Abs 1 geheilt werden (STAUDINGER/SONNENSCHEIN[12 (1981)] § 564 Rn 13).

383 ιι) Ein **vertraglicher Ausschluß** des Kündigungsrechts ist zwar nicht auf Dauer, wohl aber für eine bestimmte Zeit möglich (STAUDINGER/SONNENSCHEIN[12 (1981)] § 564 Rn 11). Zu beachten ist die Formvorschrift des § 566 S 1. Die Verlängerung eines Pachtverhältnisses mit der Vereinbarung, daß der Verpächter auf die Ausübung seines Rechts zur ordentlichen Kündigung auf nicht näher bestimmte Zeit verzichtet, bedarf der Schriftform (LG Mannheim WuM 1970, 26). Auch die Regelung des § 567 gilt für die Pacht. Daraus folgt zum einen, daß ein Pachtvertrag, der für eine längere Zeit als dreißig Jahre geschlossen ist, wirksam ist, aber einen anderen Inhalt erhält, indem er nach dreißig Jahren unter Einhaltung der gesetzlichen Frist von jedem Vertragsteil gekündigt werden kann (RG WarnR 1915, Nr 167; LZ 1927, 999). Zum anderen ergibt sich aus der zwingenden Natur des § 567, daß eine Vereinbarung der Parteien, die das Recht ausschließt, den Vertrag nach dreißig Jahren zu kündigen, unwirksam ist (BGH LM Nr 2 zu § 581 = BB 1951, 974). Da § 567 nicht die zeitliche Begrenzung einer Grunddienstbarkeit bezweckt, ist die Vorschrift auf das Kausalverhältnis eines solchen dinglichen Rechts weder unmittelbar noch analog anwendbar, selbst wenn es der Pacht ähnlich ist (BGH LM Nr 22 zu § 1018 = NJW 1974, 2123).

β) Inhalt der Kündigung

384 αα) Aus dem **Erklärungsinhalt** der Kündigung muß sich eindeutig ergeben, daß der Erklärende das Pachtverhältnis beenden will. Dabei braucht er das Wort Kündigung nicht zu gebrauchen (STAUDINGER/SONNENSCHEIN[12 (1981)] § 564 Rn 15). Wenn in einem Kaliabbauvertrag vereinbart ist, daß das Bergbauunternehmen die Vergütung so lange zu entrichten hat, wie es von dem überlassenen Abbaurecht Gebrauch macht, so ist daraus im Zweifel die Befugnis zu entnehmen, durch einseitigen Verzicht das Vertragsverhältnis zu beenden. Diese Verzichtserklärung steht einer Kündigung gleich. Die Wirksamkeit hängt deshalb davon ab, ob die Voraussetzungen einer ordentlichen oder einer außerordentlichen Kündigung erfüllt sind (BGH LM Nr 1 zu § 595). Kündigungsgrund und Kündigungstermin brauchen in der Erklärung grundsätzlich nicht angegeben zu werden (STAUDINGER/SONNENSCHEIN[12 (1981)] § 564 Rn 16, 18). Dies gilt nach umstrittener Ansicht auch für die außerordentliche Kündigung (BGH WM 1959, 538, 542; WM 1975, 897, 899; OLG Frankfurt/M AgrarR 1991, 107).

ββ) Die Zulässigkeit einer **bedingten Kündigung** ist umstritten. Sie ist gesetzlich nicht generell ausgeschlossen. Die Entscheidung hängt im Einzelfall von der gebotenen Rücksichtnahme auf den Kündigungsempfänger ab, der nicht in eine unsichere, von ihm selbst nicht weiter beeinflußbare Lage versetzt werden darf (STAUDINGER/SONNENSCHEIN[12 (1981)] § 564 Rn 19 ff).

γγ) Besonderheiten gelten für die Kündigung, wenn auf der Pächter- oder Verpächterseite eine **Mehrheit von Beteiligten** steht. Das Gesetz hat die damit verbundenen Probleme nicht ausdrücklich geregelt, sondern geht als selbstverständlich davon aus, daß ein einheitlicher Pachtvertrag nur von allen oder gegenüber allen anderen Beteiligten gekündigt werden kann (Mot II 413; BGH LM Nr 6 zu § 425 = MDR 1964, 308; STAUDINGER/SONNENSCHEIN[12 (1981)] § 564 Rn 22 ff).

δδ) Die Zulässigkeit einer **Teilkündigung** ist wie im Mietrecht umstritten (STAUDINGER/SONNENSCHEIN[12 (1981)] § 564 Rn 24 ff). Die auf einzelne *Abreden* des Pachtvertrags beschränkte Kündigung ist nicht möglich. In der früheren Rspr wurde hingegen die Zulässigkeit der auf einzelne *Teile des Pachtgegenstandes* begrenzten Kündigung auf der Grundlage des § 543 Abs 1 iVm § 469 mit gewissen Einschränkungen bejaht (RGZ 114, 243; aM RGZ 150, 321; KG JW 1927, 603). Nach heute hM ist eine Teilkündigung grundsätzlich unzulässig, soweit die Parteien dies nicht vertraglich vorgesehen haben oder die Zusammenfassung mehrerer Pachtgegenstände in einem Vertrag im Grunde nur zufällig ist, also nicht auf einer rechtlichen Zusammengehörigkeit beruht (STAUDINGER/SONNENSCHEIN[12 (1981)] § 564 Rn 27).

γ) **Form der Kündigung**
Das Gesetz enthält im allgemeinen Pachtrecht anders als § 594 f bei der Landpacht und § 564 a Abs 1 S 1 bei der Wohnraummiete keine Formvorschrift für die Kündigung. Die Kündigung ist deshalb grundsätzlich formfrei wirksam. Sie kann schriftlich, mündlich oder durch konkludentes Verhalten erklärt werden (STAUDINGER/SONNENSCHEIN[12 (1981)] § 564 Rn 28). Bei gemischten Verträgen ist hingegen § 564 a Abs 1 S 1 anwendbar, wenn der Wohnraumanteil gegenüber den Pachtelementen überwiegt (Rn 378). Die Parteien können in jedem Fall einen vertraglichen Formzwang vereinbaren (STAUDINGER/SONNENSCHEIN[12 (1981)] § 564 Rn 29). Ist für eine Kündigung, die in einem prozessualen Schriftsatz enthalten ist, die Schriftform vorgeschrieben, so ist das Formerfordernis durch den unterschriebenen Beglaubigungsvermerk des Prozeßbevollmächtigten nur dann erfüllt, wenn der Prozeßbevollmächtigte die Kündigung selbst ausgesprochen hat (BGH WuM 1987, 209). Die formularmäßige Klausel, daß die Kündigung mittels eines eingeschriebenen Briefes erklärt werden müsse, ist wegen eines Verstoßes gegen § 11 Nr 16 AGBG unwirksam.

bb) **Ordentliche Kündigung**
α) **Allgemeines**
Durch die ordentliche Kündigung wird ein auf unbestimmte Zeit eingegangenes Pachtverhältnis entsprechend den §§ 581 Abs 2, 564 Abs 2 beendet. Neben einer ordnungsgemäßen Erklärung ist die Wirksamkeit der Kündigung davon abhängig,

daß bestimmte Kündigungsfristen eingehalten werden (Rn 390 ff). Dies gilt auch für die ordentliche Kündigung eines Vertrags, der die nach § 566 erforderliche Schriftform nicht einhält und deshalb als auf unbestimmte Zeit abgeschlossen gilt. Übt der Vorpachtberechtigte das Vorpachtrecht in einem Falle aus, in dem der Pachtvertrag des Verpflichteten mit dem Dritten die Form des § 566 wahrt, so kann der Verpflichtete den mit dem Berechtigten zustande gekommenen Vertrag auch dann nicht vorzeitig durch Kündigung beenden, wenn dieser Vertrag der Schriftform entbehrt (BGHZ 55, 71 = NJW 1971, 422 m Anm BRAXMAIER LM Nr 17 zu § 571).

β) **Kündigungsfristen**

390 Die Fristen, die für die Kündigung eines auf unbestimmte Zeit eingegangenen Pachtverhältnisses maßgebend sind, ergeben sich vorrangig aus § 584 Abs 1 und im übrigen aus § 565 Abs 4. Die Parteien können hiervon abweichende Vereinbarungen treffen.

391 αα) Die Kündigung der Pacht eines **Grundstücks oder eines Rechts** ist nach § 584 Abs 1 nur für den Schluß eines Pachtjahres zulässig und hat spätestens am dritten Werktag des halben Jahres zu erfolgen, mit dessen Ablauf die Pacht enden soll (§ 584 Rn 19 ff). Das gleiche gilt für die Kündigung der Pacht von Räumen (BGH LM Nr 2 zu § 595 = ZMR 1957, 264; **aM** OLG München HRR 1939, Nr 140 – § 565 Abs 1). Da § 584 vorrangig ist, kann bei der Pacht von Geschäftsräumen auch § 565 Abs 1a nicht angewendet werden. Allerdings ist § 584 abdingbar.

392 ββ) Damit beschränkt sich die entsprechende Anwendung mietrechtlicher Vorschriften wegen der in § 581 Abs 2 angeordneten Subsidiarität auf die ordentliche Kündigung der Pacht **beweglicher Sachen.** Nach § 565 Abs 4 hängt die Kündigungsfrist von der Bemessung des Pachtzinses ab (STAUDINGER/SONNENSCHEIN$^{12\,(1981)}$ § 565 Rn 63). Ist der Pachtzins nach Tagen bemessen, kann nach Nr 1 dieser Vorschrift an jedem Tag für den Ablauf des folgenden Tages gekündigt werden. Bei der Bemessung des Pachtzinses nach längeren Zeitabschnitten muß die Kündigung nach Nr 2 spätestens am dritten Tag vor dem Tag wirksam werden, mit dessen Ablauf das Pachtverhältnis endigen soll. Die Parteien können abweichende Vereinbarungen treffen.

393 γγ) Die Pacht des **Rechts an einer beweglichen Sache** ist im Gesetz nicht besonders erwähnt. Die Gesetzesverfasser hielten dies nicht für notwendig, da in solchen Fällen die Verpachtung der Sache selbst anzunehmen sei. Diese Prämisse ist unzutreffend, da es von den Parteivereinbarungen abhängt, ob die Sache selbst oder ein Recht an der Sache verpachtet wird. Obwohl der Wortlaut des § 584 Abs 1 nur allgemein von der Pacht eines Rechts spricht, wird die Vorschrift nach einhelliger Ansicht nicht auf die Pacht von Rechten an beweglichen Sachen angewendet, weil ein solcher Pachtvertrag keiner längeren Kündigungsfrist unterliegen könne als der über die Sache selbst (BGB-RGRK/GELHAAR § 595 Rn 1; ERMAN/JENDREK § 584 Rn 1; MünchKomm/VOELSKOW § 584 Rn 2; OERTMANN § 595 Anm 2; PALANDT/PUTZO § 584 Rn 2; PLANCK/KNOKE § 595 Anm 1; SOERGEL/KUMMER § 595 Rn 1). Wenn diese Auslegung auch nicht durch den Wortlaut des § 584 Abs 1 gedeckt wird, so sprechen doch die Entstehungsgeschichte und der Zweck der Vorschrift, die dem schwankenden Fruchtgenuß bei der Grundstückspacht Rechnung tragen soll (Mot II 427), für die Auffassung des Schrifttums (§ 584

Rn 10). Für die Kündigung der Pacht eines Rechts an beweglichen Sachen ist deshalb § 565 Abs 4 maßgebend.

δδ) Die **Berechnung** der einzelnen Kündigungsfristen richtet sich nach den §§ 187 ff **394** (§ 584 Rn 19 ff). Hierbei ist § 193 zu beachten (Staudinger/Sonnenschein[12 (1981)] § 565 Rn 9 ff).

cc) **Außerordentliche Kündigung**
α) **Allgemeines**
Die Parteien können sich unter bestimmten Voraussetzungen vorzeitig von einem **395** Pachtvertrag lösen. Dies ist nach den einzelnen Vorschriften über die außerordentliche Kündigung entweder unter Einhaltung einer gesetzlichen Frist oder fristlos möglich.

β) **Außerordentliche befristete Kündigung**
αα) Die **Rechtsgrundlagen** für eine außerordentliche befristete Kündigung ergeben **396** sich aus einer abschließend geregelten Zahl gesetzlicher Vorschriften. Diese Vorschriften räumen einer oder beiden Parteien das Recht ein, vorzeitig ein Pachtverhältnis zu beenden, das auf bestimmte Zeit abgeschlossen ist, einen vertraglichen Kündigungsausschluß enthält oder das vertraglich nur mit einer längeren als der gesetzlichen Frist durch ordentliche Kündigung beendet werden kann. Die Parteien können von der gesetzlichen Regelung abweichende Vereinbarungen treffen. Dies gilt sowohl für die Voraussetzungen als auch für die Frist einer außerordentlichen Kündigung (BGH WM 1971, 798; BB 1974, 437).

ββ) Die **Einzelfälle** eines gesetzlichen Rechts zur außerordentlichen befristeten **397** Kündigung entsprechen im wesentlichen der mietrechtlichen Regelung (§ 584 Rn 15). So unterliegt ein Pachtvertrag, der nach der Vereinbarung der Parteien unkündbar sein soll, der außerordentlichen Kündigung nach § 567 S 1 (RG HRR 1931, Nr 584). Das gleiche gilt, wenn ein Bodenabbauvertrag so lange dauern soll, bis der Vorrat erschöpft ist, jedenfalls aber länger als dreißig Jahre (RGZ 96, 220). Das Kündigungsrecht des Grundstückserwerbers aus einer Zwangsversteigerung nach § 57 a ZVG gilt auch hinsichtlich eines Fischereipachtvertrags (KG JW 1934, 1252 Nr 1). Das Kündigungsrecht des Erstehers des Grundstücks ist bei bestimmten Finanzierungsbeiträgen des Pächters nach § 57 c ZVG beschränkt. Der Pächter genießt diesen Kündigungsschutz nicht, wenn die Voraussetzungen für eine Verrechnung seines Finanzierungsbeitrags nach dem Vertrag noch nicht eingetreten sind, weil die Pachträume noch nicht fertiggestellt sind und deshalb kein Pachtzins geschuldet wird (BGH ZMR 1984, 62). Hat der Verpächter die Aufwendungen auf das Pachtgrundstück gemacht und deren Wert sodann dem Pächter als zinslose Baukostenzuschüsse darlehensweise zur Verfügung gestellt, so handelt es sich nicht um Leistungen, die das Kündigungsrecht des Erstehers nach § 57 c ZVG aufschieben (BGH NJW-RR 1989, 714). Die auf Mietverhältnisse über Wohnraum zugeschnittenen Kündigungsrechte aus § 569 a Abs 5 und 6 sowie § 569 b scheiden für die Pacht aus tatbestandlichen Gründen aus und kommen allenfalls bei gemischten Verträgen in Betracht (Rn 378). Gesetzlich ausgeschlossen werden in § 584 a Abs 1 das Kündigungsrecht des Pächters aus § 549 Abs 1 bei Verweigerung der Erlaubnis zur Untervermietung oder Unterverpachtung und in § 584 a Abs 3 das Kündigungsrecht des Pächters aus § 570 bei Versetzung. In § 584 a Abs 2 wird das Kündigungsrecht aus § 569 in der Weise beschränkt, daß im Falle des Todes des Pächters nur dessen Erben kündigen können, aber nicht der Verpächter (RG WarnR 1914, Nr 116). Diese Beschränkung gilt nach § 594 d nicht bei der Landpacht.

398 γγ) Die **Kündigungsfrist** richtet sich bei der Pacht eines *Grundstücks oder eines Rechts* nach § 584 Abs 2 iVm Abs 1. Hiernach ist die außerordentliche befristete Kündigung nur für den Schluß eines Pachtjahres zulässig. Sie muß spätestens am dritten Werktag des halben Jahres erfolgen, mit dessen Ablauf die Pacht enden soll (§ 584 Rn 14 ff, 19 ff). Dies gilt auch bei der außerordentlichen befristeten Kündigung eines Pachtverhältnisses von bestimmter Dauer (OLG Celle NJW-RR 1988, 80). Für die Pacht *beweglicher Sachen und eines Rechts an beweglichen Sachen* (Rn 393; § 584 Rn 10) ist § 565 Abs 5 mit der Verweisung auf Abs 4 Nr 2 maßgebend. Die Kündigung muß spätestens am dritten Tag vor dem Tag erfolgen, mit dessen Ablauf das Pachtverhältnis beendet werden soll.

399 δδ) Die **Berechnung** der einzelnen Kündigungsfristen findet nach den §§ 187 ff statt (§ 584 Rn 19 ff). Hierbei ist § 193 zu beachten (STAUDINGER/SONNENSCHEIN[12 (1981)] § 565 Rn 9 ff).

γ) **Außerordentliche fristlose Kündigung**

400 αα) Die **Rechtsgrundlagen** für eine außerordentliche fristlose Kündigung des Pachtverhältnisses ergeben sich im wesentlichen aus der entsprechenden Anwendung der §§ 542, 544, 553, 554, 554 a, die unter bestimmten Voraussetzungen eine vorzeitige Beendigung des auf bestimmte oder auf unbestimmte Zeit abgeschlossenen Vertrags zulassen. Über die im Gesetz ausdrücklich geregelten Fälle hinaus wird auch für das Pachtrecht in stRspr eine allgemeine fristlose Kündigung aus wichtigem Grund anerkannt, wenn in der Person einer Partei Umstände eingetreten sind, die es für den anderen Teil unzumutbar erscheinen lassen, das Pachtverhältnis fortzusetzen (Rn 408; STAUDINGER/EMMERICH [1995] § 553 Rn 4 ff). Diese Kündigung findet ihre Rechtsgrundlage in § 242. Generell ist das Recht zur außerordentlichen fristlosen Kündigung gerechtfertigt durch Leistungsstörungen, die in der Person eines Vertragsteils oder in der Unzumutbarkeit begründet sind, das Vertragsverhältnis noch weiter fortzusetzen. Der Kündigende ist allerdings nicht gezwungen, fristlos zu kündigen, sondern kann wie im Arbeitsrecht eine beliebige Auslauffrist setzen (STAUDINGER/SONNENSCHEIN[12 (1981)] § 565 Rn 78).

401 ββ) Die gesetzlich geregelten **Einzelfälle** eines Rechts zur außerordentlichen fristlosen Kündigung des Pachtverhältnisses ergeben sich im wesentlichen aus den mietrechtlichen Bestimmungen. Dabei ist zu beachten, daß die Rechte und Pflichten der Parteien eines Pachtvertrags Unterschiede gegenüber dem Mietrecht aufweisen. Dies gilt vor allem hinsichtlich des Fruchtziehungsrechts (Rn 161 ff) und einer etwaigen Gebrauchspflicht des Pächters (Rn 221 ff). Da § 554 b nur für ein Mietverhältnis über Wohnraum gilt, können die Parteien die Kündigung eines Pachtverhältnisses aus wichtigem Grund vertraglich abschließend und abweichend vom Gesetz regeln (OLG Hamm ZMR 1995, 248).

402 Unter den Voraussetzungen des § 542 steht dem Pächter ein Recht zur fristlosen Kündigung wegen **Nichtgewährung des vertragsmäßigen Gebrauchs** zu. Das gleiche gilt für die Entziehung des Gebrauchs (STAUDINGER/EMMERICH [1995] § 542 Rn 8 ff). Wegen

der entsprechenden Anwendbarkeit ist die Vorschrift für die Pacht dahin gehend auszulegen, daß auch die Nichtgewährung oder Entziehung des vertragsmäßigen Fruchtgenusses erfaßt wird. Wichtigster Fall ist das Auftreten eines Sachmangels (BGH WM 1983, 660). Ein behördliches Verbot, den Pachtgegenstand zu nutzen, berechtigt den Pächter zur fristlosen Kündigung nach § 542, wenn das Verbot nicht gegen seine Person, sondern gegen den Pachtgegenstand gerichtet ist (RGZ 88, 96; OLG Düsseldorf DWW 1991, 16; DWW 1993, 99). Unerheblich ist, ob der Verpächter die Nichtgewährung des Gebrauchs zu vertreten hat (RGZ 98, 101). Beruht der Fehler des Pachtgegenstandes hingegen auf einem Verschulden des Pächters, ist die Kündigung ausgeschlossen (OLG Düsseldorf ZMR 1994, 402). Der Pachtvertrag über den Fang von Fischen und Krebsen in einem See kann gekündigt werden, wenn der See wegen einer Tierseuche von Krebsen völlig entvölkert ist, so daß dem Pächter eine wesentliche Einnahmequelle fehlt (OLG Stettin OLGE 24, 343). Der Pächter einer Apotheke kann den Pachtvertrag kündigen, wenn ihm die vertragsmäßige Nutzung dadurch entzogen wird, daß der Hauseigentümer den Mietvertrag mit dem Verpächter kündigt und damit dem Pächter das abgeleitete Recht zum Gebrauch der Geschäftsräume nimmt, die im Pachtvertrag ausdrücklich als Teil des Pachtgegenstandes genannt werden. Die Kündigung wird nicht dadurch ausgeschlossen, daß der Pächter die Räume weiterhin aufgrund eines mit dem Hauseigentümer neu abgeschlossenen Mietvertrags innehat, weil diese Nutzung nicht mehr auf dem Pachtvertrag beruht (OLG Zweibrücken OLGZ 1972, 208). Das Kündigungsrecht besteht nur, wenn der vertragsmäßige Gebrauch nicht gewährt wird oder wenn wenigstens feststeht, daß er entzogen werden wird. Allein die Ungewißheit genügt grundsätzlich nicht. Hat jedoch ein Pächter ohne Erlaubnis des Verpächters ein Fabrikgrundstück langfristig unterverpachtet, so kann die vertragsmäßige Nutzung durch den Unterpächter davon abhängen, daß er Gewißheit über die Fortdauer des mit dem Pächter geschlossenen Vertrags erlangt, weil er nach wirtschaftlichen Erwägungen nur dann die erforderlichen Investitionen machen kann. Er kann deshalb zur Kündigung des Unterpachtvertrags berechtigt sein, wenn der Verpächter die Erlaubnis zur Unterverpachtung nicht erteilen will, ohne schon seinerseits den Hauptpachtvertrag gekündigt und vom Unterpächter Herausgabe des Grundstücks verlangt zu haben (BGH LM Nr 1 zu § 542 = MDR 1959, 1005). Dabei braucht allerdings nicht auf die allgemeine Kündigung aus wichtigem Grund abgestellt zu werden, wie es in der Begründung des BGH anklingt, wenn die Vornahme der Investitionen zur vertragsmäßigen Nutzung gehört. Der Unterpächter kann auch dann das Unterpachtverhältnis aus wichtigem Grund kündigen, wenn er nach dem Inhalt seines Vertrags davon ausgehen durfte, die Erlaubnis des Hauptverpächters sei bereits oder werde noch erteilt, und wenn sich dann herausstellt, daß der Pächter und Unterverpächter die Erlaubnis nicht beibringen kann (BGH WuM 1987, 116 m Anm ECKERT EWiR 1/87 zu § 549). Ist in ein zur Nutzung überlassenes Computerprogramm eine periodische Sperre zum Schutz vor unbefugter Nutzung eingebaut, gibt dies dem Nutzungsberechtigten, der verpflichtet ist, den Mißbrauch durch Dritte zu verhindern, kein Kündigungsrecht aus § 542 (BGH NJW 1981, 2684). Ein Kündigungsrecht kann jedoch angenommen werden, wenn die Programmsperre als Druckmittel benutzt wird, um einen Wartungsvertrag abzuschließen (BGH NJW 1987, 2004, 2006). Die Kündigung ist nach § 542 Abs 1 S 2 erst zulässig, wenn der Verpächter eine ihm von dem Pächter bestimmte angemessene Frist hat verstreichen lassen, ohne Abhilfe zu schaffen. Diesem Erfordernis ist durch Bezugnahme auf eine behördliche Verfügung genügt, die dem Verpächter unter Fristsetzung die Beseitigung des Mangels der Pachträume aufgibt (BGH WM 1983,

660). Einer Fristsetzung bedarf es bei behördlichen Verboten nicht, wenn der vertragsmäßige Zustand des Pachtgegenstandes nicht in angemessener Zeit hergestellt werden kann (OLG Düsseldorf DWW 1993, 99).

403 Umfaßt der Pachtgegenstand eine Wohnung oder einen anderen zum Aufenthalt von Menschen bestimmten Raum, kann sich bei mangelhafter Beschaffenheit der Räume aus § 544 ein Recht des Pächters zur fristlosen Kündigung wegen **Gesundheitsgefährdung** ergeben (STAUDINGER/EMMERICH [1995] § 544 Rn 6 ff). Die Anwendbarkeit dieser Vorschrift auf die Pacht beschränkt sich nicht auf solche Verträge, deren Gegenstand ausschließlich Räume der genannten Art sind (aM PLANCK/KNOKE Anm 6 b). Diese Einschränkung ist dem Gesetz nicht zu entnehmen. Deshalb werden auch solche Räume erfaßt, die der Tierhaltung dienen und in denen sich Menschen nicht nur ganz vorübergehend und kurzfristig aufhalten (OLG Koblenz NJW-RR 1992, 1228). Die Gesundheitsgefährdung muß eine Folge der Beschaffenheit der Räume sein, so daß die Gefährdung von Angestellten in einem Ladenlokal durch wiederholte Übergriffe und Ausschreitungen von Kunden und Nachbarn als Kündigungsgrund ausscheidet (OLG Koblenz NJW-RR 1989, 1247). Ebenso wie im Mietrecht wird die Kündigung grundsätzlich nicht dadurch ausgeschlossen, daß nur ein Teil der Räume einer größeren Mietsache gesundheitsgefährdend ist (STAUDINGER/EMMERICH [1995] § 544 Rn 16). Die Anwendbarkeit der Vorschrift wird im Pachtrecht jedoch teilweise dahin gehend eingeschränkt, daß die gesundheitsgefährdende Beschaffenheit mitverpachteter Räume bei einem umfassenderen Pachtgegenstand nur dann zur fristlosen Kündigung berechtige, wenn die ordnungsmäßige Bewirtschaftung des gesamten Pachtgegenstandes unmöglich sei oder wesentlich erschwert werde (OLG Breslau DWohnA 1928, 576; OLG Celle MDR 1964, 924). Für die teilweise befürwortete einschränkungslose Anwendbarkeit der Vorschrift (OERTMANN Vorbem 6 zu § 581; SOERGEL/KUMMER Rn 40) spricht hingegen der Zweck, im öffentlichen Interesse allgemein die Gesundheit zu schützen. Auch im letzteren Fall steht das Kündigungsrecht jedoch unter dem Vorbehalt der unzulässigen Rechtsausübung und kann deshalb entfallen, wenn die Benutzbarkeit des Pachtgegenstandes durch die gesundheitsgefährdende Beschaffenheit einzelner Räume nicht wesentlich beeinträchtigt ist, der Pächter der Gefährdung also ausweichen kann, ohne besondere Einschränkungen im Gebrauch auf sich nehmen zu müssen. Unberührt bleibt das Kündigungsrecht aus § 542. Im Gegensatz zu dieser Vorschrift ist für eine auf § 544 gestützte Kündigung eine Fristsetzung mit der Aufforderung, Abhilfe zu schaffen, entbehrlich (OLG Koblenz NJW-RR 1992, 1228).

404 Der Verpächter ist unter den Voraussetzungen des § 553 bei **vertragswidrigem Gebrauch** zur fristlosen Kündigung berechtigt (STAUDINGER/EMMERICH [1995] § 553 Rn 27 ff). Die Grenzen des vertragsmäßigen Gebrauchs werden durch Vertrag, Verkehrssitte und Gesetz abgesteckt (Rn 322 ff). Für die Verletzung der Grenzen ist ein Verschulden des Pächters nicht erforderlich. Ein vertragswidriger Gebrauch liegt zB in der unwaidmännischen und nicht pfleglichen Jagdausübung (RG HRR 1928, Nr 417) oder in Verstößen gegen Fischereivorschriften (RG JW 1925, 1121 Nr 19). Soll der Pachtgegenstand nach dem Vertrag dazu benutzt werden, Reitpferde zu halten, ohne daß die Frage der gewerblichen Nutzung positiv oder negativ geregelt ist, so ist im Wege der Auslegung zu ermitteln, ob das gewerbsmäßige Umtreiben eines Pferdestalles einen vertragswidrigen Gebrauch bedeutet (OLG Karlsruhe ZMR 1987, 419). Die unerlaubte Überlassung des Gebrauchs an Dritte stellt zwar idR einen Kündigungsgrund dar. Dies gilt jedoch nicht für eine Untervermietung der Pächterwohnung, wenn die Parteien die Kündigung aus wichtigem Grund vertraglich auf eine unerlaubte Unterverpachtung des ganzen Pachtgegenstandes beschränkt haben (OLG Hamm ZMR 1995, 248). Hinzu kommen muß nach dem Tatbestand des § 553, daß die Rechte des Verpächters in erheblichem Maße verletzt werden. Dies ist bei Gesetzesverstößen des Pächters nicht in jedem Fall anzunehmen (RG JW 1925, 1121 Nr 19; OLG Stuttgart ZMR 1989, 377). In der bloßen Vernachlässigung des Pachtgegenstandes liegt nicht ohne weiteres ein vertragswidriger Gebrauch. Läßt der Pächter den Pachtgegenstand jedoch wegen persönlicher Gleichgültigkeit und Unfähigkeit völlig verkommen, so kann diese Verletzung der Obhutspflicht die Kündigung aus § 553 rechtfertigen (OLG Königsberg RdRN 1938, 535). Hat der Pächter eine Gebrauchspflicht übernommen, ist deren Verletzung einem vertragswidrigen Gebrauch iS des § 553 gleichzustellen (RG JR 1925 Nr 1742), zB wenn der Pächter den Betrieb nicht vertragsmäßig einrichtet oder nicht ordnungsgemäß führt (RGZ 149, 88). Besteht keine Gebrauchspflicht, kann in dem Betrieb eines weiteren Unternehmens durch den Pächter kein vertragswidriger Gebrauch gesehen werden, auch wenn dadurch der Pachtzins, der neben einem Mindestbetrag nach dem Umsatz bemessen wird (Rn 188), geringer ausfällt (RGZ 160, 361, 367). Ebenso kann bei einem Bodenabbauvertrag die unterlassene Auskiesung einen vertragswidrigen Gebrauch darstellen (BGH WM 1983, 531). Der Verstoß gegen eine Getränkebezugsverpflichtung durch anderweitigen Bezug von Getränken begründet ein Kündigungsrecht (OLG München BB 1995, 329 m krit Anm NIEBLING). Die Kündigung wegen vertragswidrigen Gebrauchs setzt für alle Alternativen des Tatbestandes auch bei der Pacht grundsätzlich eine vorherige Abmahnung durch den Verpächter voraus (RGZ 104, 26; STAUDINGER/EMMERICH [1995] § 553 Rn 31 ff). Andere als die in der Abmahnung gerügten Vertragswidrigkeiten können die Kündigung nicht begründen (RG WarnR 1920, Nr 75). Hat sich der Pächter ernsthaft und endgültig geweigert, den vertragswidrigen Gebrauch abzustellen, ist eine besondere Abmahnung iS des § 553 entbehrlich, weil sie eine leere Förmelei bedeuten würde (BGH LM Nr 13 zu § 553 = MDR 1975, 572).

Sind die Voraussetzungen des § 554 Abs 1 erfüllt, kann der Verpächter wegen **Ver-** 405 **zugs mit der Entrichtung des Pachtzinses** fristlos kündigen (OLG Hamburg OLGE 22, 266, 267; STAUDINGER/EMMERICH [1995] § 554 Rn 15 ff). Zum Pachtzins gehören auch Nebenkosten und Umlagen, soweit sie als Entgelt für die Gebrauchsüberlassung entrichtet werden, selbst wenn ihrer Berechnung nur das Prinzip der Kostendeckung zugrunde liegt (BGH WM 1975, 897, 899). Für den Verzug des Pächters mit Leistungen, die nicht zum Entgelt gehören, greifen die allgemeinen Vorschriften über den Schuldnerverzug ein (OLG Kiel SchlHAnz 1928, 26). Steht dem Pächter ein Zurückbehaltungsrecht zu, ist der Verzug nur ausgeschlossen, wenn das Recht vor oder bei Fälligkeit der Forderung ausgeübt wird (OLG Düsseldorf ZMR 1988, 304). Das Kündigungsrecht steht dem Verpächter auch zu, wenn er den Pachtzinsanspruch abgetreten hat, denn er bleibt nach wie vor Vertragspartei (OLG Naumburg OLGE 24, 340). Dabei macht es keinen Unterschied, ob der Pächter vor oder nach der Abtretung in Verzug geraten ist, weil sich auch der Verzug gegenüber dem Zessionar aufgrund etwaiger Gewährleistungsrechte nachteilig für den Verpächter als Zedenten auswirken kann. Das Gesetz bietet keinen Anhaltspunkt für eine dahin gehende Differenzierung. Haben die Parteien vertraglich als Voraussetzung der Kündigung eine formelle, schriftliche Zahlungsaufforderung des Verpächters vorgeschrieben, so muß diese Erklärung für den Pächter eindeutig sein, um die nachfolgende Kündigung nicht unwirksam zu machen (BGH LM Nr 10 zu § 554 = MDR 1973, 44). Ist die Kündigung vertraglich an eine bestimmte Dauer des Schuldnerverzugs gebunden und gerät der Gläubiger vor Fristablauf in Annahmeverzug, sind die Kündigungsvoraussetzungen nicht erfüllt (RG WarnR 1913, Nr 355). Wenn die Parteien vereinbaren, daß der Verpächter bei mehrmaliger verspäteter Zahlung des Pachtzinses zur fristlosen Kündigung berechtigt ist, setzt die Kündigung voraus, daß der vereinbarte Zahlungstermin mehrfach erheblich überschritten wird. Eine nur geringfügige Überschreitung steht nach § 242 der Kündigung entgegen (LG Berlin NJW 1972, 1324). Der wiederholten unpünktlichen oder unvollständigen Zahlung ist die ernsthafte, endgültige Weigerung gleichzustellen, in Zukunft einen erheblichen Teil des Pachtzinses nicht mehr zu entrichten (BGH WM 1985, 647). Ist das Kündigungsrecht vertraglich von einer besonderen Zahlungsaufforderung mit Fristsetzung abhängig gemacht worden, so ist der Verpächter auch dann zur Kündigung berechtigt, wenn ein Dritter anstelle des Pächters in den Vertrag eingetreten ist, letzterer aber für die Erfüllung der Pachtzinsforderungen weiterhin haftet und der Eintritt des Dritten im Zeitpunkt der Kündigung rückwirkend aufgehoben worden ist (OLG Düsseldorf ZMR 1988, 304). Bei der formularvertraglichen Bestimmung eines Kündigungsgrundes wegen Zahlungsverzugs sind die Vorschriften des AGBG zu beachten. Eine Klausel, die den Verpächter zur fristlosen Kündigung berechtigt, „wenn der Pächter mit der Zahlung einer Pachtzinsrate ganz oder teilweise länger als einen Monat nach Zahlungsaufforderung trotz schriftlicher Mahnung im Rückstand ist", verstößt wegen der erheblichen Abweichung vom Leitbild des § 554 Abs 1 Nr 1 gegen § 9 Abs 1 AGBG und ist deshalb unwirksam. Gleichwohl muß der Verpächter bei einer unmittelbar auf § 554 Abs 1 gestützten Kündigung mit der Zahlungsaufforderung und der schriftlichen Mahnung das in der Klausel vorgesehene Verfahren einhalten (BGH NJW 1987, 2506). Die besonderen Voraussetzungen des § 554 Abs 2 gelten nur für gemischte Verträge, bei denen der Wohnraumanteil überwiegt (Rn 378). Nach § 112 Nr 1 der ab 1. 1. 1999 geltenden InsO besteht für die Kündigung wegen Zahlungsverzugs eine Sperre. Hiernach kann der Verpächter ein Pachtverhältnis, das der Schuldner als Pächter eingegangen war, nach dem Antrag auf Eröffnung des Insolvenzverfahrens nicht wegen eines Verzugs mit der Entrichtung des Pachtzinses kündigen, der in der Zeit vor dem Eröffnungsantrag eingetreten ist.

406 Aus § 554 a ergibt sich für beide Parteien ein Recht zur fristlosen Kündigung bei **Unzumutbarkeit einer Fortsetzung des Pachtverhältnisses wegen schuldhafter Vertragsverletzung** (STAUDINGER/EMMERICH [1995] § 554 a Rn 13 ff). Die Regelung gilt nur für ein Pachtverhältnis über Räume. Allerdings braucht sich der Pachtgegenstand nicht auf Räume zu beschränken, sondern kann auch andere Gegenstände wie ein Grundstück und bewegliche Sachen umfassen. Kennzeichnend ist für diesen Tatbestand das Erfordernis des Verschuldens des anderen Vertragsteils hinsichtlich der Vertragsverletzung. Dadurch unterscheidet sich die erst 1963 durch das MietRÄndG I in das BGB eingefügte Vorschrift von dem schon früher auf der Grundlage des § 242 anerkannten allgemeinen Kündigungsrecht aus wichtigem Grund (Rn 400, 408). Es ist deshalb häufig schwierig, die ältere Rspr, die dem Verschulden des anderen Vertragsteils keine entscheidende Bedeutung beizumessen brauchte, systematisch zutreffend einzuordnen.

407 Da ein großer Teil der Vertragsverletzungen des Pächters schon von den §§ 553, 554 erfaßt wird, kommt für § 554 a im wesentlichen nur noch eine Verletzung *besonders vereinbarter Vertragspflichten und allgemeiner Verhaltenspflichten* in Betracht. Es besteht allerdings kein Grund, die Anwendung des § 554 a auszuschließen, wenn tatbestandlich auch andere Kündigungsgründe erfüllt sind (STAUDINGER/EMMERICH [1995] § 554 a Rn 5), wie es zT angenommen wird (OLG Düsseldorf ZMR 1990, 57). An das Vorliegen eines Kündigungsgrundes iS des § 554 a sind strenge Anforderungen zu stellen (OLG Düsseldorf ZMR 1994, 402). So können Streitigkeiten, die von einem Vertragsteil verschuldet werden (KG JW 1932, 1067 Nr 3; OLG Celle NdsRpfl 1947, 103), insbesondere Beschimpfungen und Mißhandlungen der anderen Partei (OLG München BayZ 1933, 114), ihrer Angehörigen oder ihrer Vertrauenspersonen (RGZ 94, 234), ein Recht zur fristlosen Kündigung geben. Das gleiche ist anzunehmen, wenn der Verpächter trotz einer Vielzahl von Mahnungen über viele Jahre hinweg keine Nebenkostenabrechnung aufstellt und selbst nach der Aufstellung noch Schwierigkeiten macht, den Rückzahlungsanspruch des Pächters zu erfüllen (OLG Düsseldorf DWW 1991, 78). Die Störung des Vertrags kann auf dem Verhalten Dritter oder von Angehörigen einer Partei beruhen, das sich diese nach § 278 zurechnen lassen muß (BGH LM Nr 6 zu § 553 = MDR 1961, 226; STAUDINGER/EMMERICH [1995] § 553 Rn 20 f). Das Kündigungsrecht kann sich auch dann ergeben, wenn spezielle Kündigungsgründe tatbestandlich nicht erfüllt sind, die Fortsetzung des Pachtverhältnisses aber gleichwohl unzumutbar ist. Die ständig unpünktliche Zahlung des Pachtzinses kann deshalb unabhängig davon, ob die Voraussetzungen des § 554 Abs 1 gegeben sind, eine Kündigung nach § 554 a rechtfertigen (OLG Düsseldorf DWW 1992, 113).

Über die gesetzlich ausdrücklich geregelten Fälle hinaus wird in stRspr auf der Grundlage des § 242 ein Recht zur fristlosen Kündigung wegen **Unzumutbarkeit einer Fortsetzung des Pachtverhältnisses aus sonstigen wichtigen Gründen** anerkannt (STAUDINGER/EMMERICH [1995] § 553 Rn 4 ff). In Anlehnung an die §§ 626, 723 ist bei allen Dauerschuldverhältnissen wie auch der Pacht, die ein gutes Einvernehmen und ein gegenseitiges Vertrauen der Parteien erfordern, eine fristlose Kündigung aus wichtigem Grund zuzulassen. Ein wichtiger Grund ist gegeben, wenn durch das Verhalten einer Partei das gegenseitige Vertrauensverhältnis so nachhaltig zerrüttet ist, daß ein gedeihliches Zusammenwirken der Vertragspartner nicht mehr zu erwarten ist (BGH LM Nr 24 zu § 581 = NJW 1963, 1451). Das Kündigungsrecht wird vor allem in solchen Fällen bejaht, in denen der Pachtvertrag eine besonders vertrauensvolle, friedliche Zusammenarbeit erfordert (RG JR 1925, Nr 1009; HRR 1933, Nr 344; JW 1937, 1146; BGH LM Nr 24 zu § 581 = NJW 1963, 1451, hierzu KOENIG WuM 1964, 37; WM 1965, 1216, 1217). Es beschränkt sich jedoch nicht auf die Fälle, die ein persönliches Zusammenwirken erfordern, sondern greift auch dann ein, wenn die Durchführung des Vertrags aufgrund besonderer Umstände erheblich gefährdet wird und wenn dem Kündigenden deshalb eine weitere Fortsetzung nicht mehr zuzumuten ist (RGZ 150, 193, 199; 160, 361, 366; BGH NJW 1951, 836; LM Nr 1 zu § 595; WM 1967, 515, 517). Die allgemeine Kündigung aus wichtigem Grund ist im Gegensatz zu § 554 a nicht davon abhängig, daß der Kündigungsgegner den Grund zu vertreten hat (RGZ 94, 234, 236; 150, 193, 204). Ein etwaiges Verschulden ist allerdings bei der nach § 242 gebotenen Interessenabwägung zu berücksichtigen. Bei einem überwiegenden Verschulden des Kündigungsgegners ist das Kündigungsrecht idR begründet, während es im umgekehrten Fall, in dem die Schuld des Kündigenden überwiegt, regelmäßig ausgeschlossen ist. Allerdings braucht die Zerrüttung des Vertragsverhältnisses nicht vorwiegend vom Kündigungsgegner verursacht worden zu sein (OLG Celle BB 1962, 3, hierzu GLASER B|GBW

1964, 72). Es genügt, wenn beide Parteien in gleichem Maße zur Zerrüttung beigetragen haben oder wenn eine überwiegende Verursachung durch den Kündigungsgegner nicht feststellbar ist (BGH LM Nr 24 zu § 581 = NJW 1963, 1451). Die drohende Umqualifizierung der Gebrauchsüberlassung nach § 32 a GmbHG in haftendes Kapital ist kein wichtiger Kündigungsgrund, da die Umqualifizierung Folge einer anderweitigen, nicht ausgenutzten Kündigungsmöglichkeit ist (BGHZ 109, 55, 61 = NJW 1990, 516, 517; OLG Karlsruhe ZIP 1994, 1183, 1185).

dd) Wirkung der Kündigung

409 α) Sind die jeweiligen tatbestandlichen Voraussetzungen erfüllt, führt die Kündigung zur **Beendigung des Pachtverhältnisses.** Dies geschieht entweder fristlos oder nach Ablauf der maßgebenden Kündigungsfrist. Wenn bei der ordentlichen Kündigung eine unrichtige Kündigungsfrist angegeben oder die maßgebende Frist nicht eingehalten wird (Rn 390 ff; § 584 Rn 19 ff), wirkt die Kündigung idR zum nächstzulässigen Termin, sofern der Kündigende das Pachtverhältnis auf jeden Fall beenden will und dieser Wille dem Kündigungsempfänger erkennbar ist (OLG Frankfurt/M NJW-RR 1990, 337; OLG Köln RdL 1960, 48). Ist eine Partei zur fristlosen Kündigung berechtigt, kann sie wie im Arbeitsrecht auch eine beliebige Auslauffrist setzen, wenn eine sofortige Beendigung des Vertrags, etwa wegen der Suche nach einem Nachfolger, nicht ihrem Interesse entspricht. Ob die tatbestandlichen Voraussetzungen der Kündigung erfüllt sind, richtet sich nach dem Zeitpunkt des Zugangs der Erklärung. Unerheblich ist, wenn die Kündigungsgründe später wegfallen oder sich ändern. Da es anders als bei der ordentlichen Kündigung eines Mietverhältnisses über Wohnraum nach § 564 b nicht darauf ankommt, ob der Verpächter ein berechtigtes Interesse an der Beendigung hat, spielt der Fortbestand solcher Interessen im Pachtrecht keine Rolle. Ist der Tatbestand für eine außerordentliche fristlose Kündigung nicht erfüllt, kommt eine Umdeutung der Erklärung in eine ordentliche Kündigung oder in ein Angebot zur einvernehmlichen Vertragsaufhebung in Betracht (STAUDINGER/SONNENSCHEIN[12 (1981)] § 564 Rn 39 ff; einschränkend BGH NJW 1981, 43). Auch die Umdeutung einer ordentlichen Kündigung in eine außerordentliche „fristlose" Kündigung ist möglich, wenn die Erklärung für den angegebenen Termin verspätet ist, dieser aber beim Vorliegen entsprechender Kündigungsgründe im Wege einer Auslauffrist aufrechterhalten werden kann (STAUDINGER/SONNENSCHEIN[12 (1981)] § 565 Rn 78).

410 β) Die Parteien können die Beendigung des Pachtverhältnisses durch **Widerruf oder Rücknahme** der Kündigung verhindern (HEROLD BlGBW 1972, 126; STAUDINGER/SONNENSCHEIN[12 (1981)] § 564 Rn 42 f). Der Widerruf setzt nach § 130 Abs 1 S 2 voraus, daß er vorher oder gleichzeitig mit der Kündigungserklärung zugeht. Im übrigen kann der Eintritt der Rechtsfolgen einer durch Zugang bereits wirksam gewordenen Kündigung von den Parteien nur einverständlich beseitigt werden. Die Rücknahme der Kündigung ist deshalb nicht einseitig, sondern nur durch Vertrag möglich. War das Pachtverhältnis noch nicht beendet, bleibt der bisherige Vertrag in Kraft (BGH LM Nr 22 zu § 566 = NJW 1974, 1081). Nach der Beendigung des Vertrags liegt in der Rücknahme der Kündigung ein neuer Vertragsabschluß (OLG Hamm ZMR 1979, 249). Setzt der Pächter nach der Beendigung des Pachtverhältnisses den Gebrauch des Pachtgegenstandes einseitig fort, liegt darin keine Rücknahme der Kündigung (LG Hannover ZMR 1979, 248; **aM** OLG Karlsruhe OLGE 2, 480). Die Kündigung kann und braucht nicht einseitig als zurückgenommen zu gelten, weil sich das Pachtverhältnis unter den Voraussetzungen des § 568 verlängert.

γ) Die schuldhafte Vertragsverletzung einer Partei kann der anderen nicht nur ein **411** Kündigungsrecht, sondern auch Ansprüche auf **Schadensersatz** einräumen. Dies gilt vor allem für Schäden, die dem Kündigenden aus der Beendigung des Pachtverhältnisses erwachsen (STAUDINGER/EMMERICH [1995] § 554 a Rn 7) und umfaßt in erster Linie den Pachtzinsausfall bis zu einer Wiederverpachtung (OLG Düsseldorf ZMR 1985, 89 u 297). Unerheblich ist, wenn sich nach der Räumung der Vertragsabschluß mit einem Dritten hinauszögert, weil der Verpächter nur zu neuen Bedingungen verpachten will (OLG Frankfurt/M WuM 1992, 436). Entscheidend ist, ob sich der Verpächter im Rahmen seiner Pflicht aus § 254 Abs 2 S 1 hält, den Schaden möglichst zu mindern (BGH WM 1984, 171, 172). Die positive Vertragsverletzung kann auch in einer grundlosen fristlosen Kündigung liegen (BGH NJW 1988, 1268). Es kommt sonst aber nicht darauf an, ob der Kündigende den Vertrag nach einer Vertragsverletzung des Gegners ordentlich oder außerordentlich fristlos beendet. Im übrigen löst die ordentliche Kündigung grundsätzlich keine Schadensersatzansprüche aus. Dies gilt nicht in gleicher Weise für die außerordentliche befristete Kündigung, die etwa nach § 19 S 3 KO bzw nach § 109 Abs 1 S 2 der ab 1. 1. 1999 geltenden InsO zu Schadensersatzansprüchen des Kündigungsempfängers wegen der vorzeitigen Beendigung des Pachtverhältnisses führen kann. Auch im übrigen können dem Kündigungsempfänger Schadensersatzansprüche aus positiver Vertragsverletzung oder aus unerlaubter Handlung zustehen, wenn der Kündigende bei einer außerordentlichen Kündigung wahrheitswidrig das Bestehen eines Kündigungsgrundes vorgibt und der Gegner dadurch einen Schaden erleidet. Eine unwirksame außerordentliche befristete Kündigung ist nicht ohne weiteres eine unerlaubte Handlung iS eines Eingriffs in den eingerichteten und ausgeübten Gewerbebetrieb nach § 823 Abs 1, weil die Rechtswidrigkeit nicht einfach mit der Unwirksamkeit der Kündigung gleichzusetzen ist (BGH BB 1978, 1589, 1590). Die formularmäßige Vereinbarung einer Vertragsstrafe für den Fall der vorzeitigen Auflösung des Pachtverhältnisses ist nach § 11 Nr 6 oder § 9 AGBG unwirksam (OLG Hamburg DWW 1988, 41).

d) Beendigung aufgrund sonstiger Umstände
α) Mit Zeitablauf und Kündigung wird in § 564 nur ein Teil der Gründe genannt, **412** durch die ein Pachtverhältnis beendet wird. Andere Gründe, die bei einer Vielzahl von Schuldverhältnissen in Betracht kommen, werden im Gesetz nicht immer wieder aufgezählt, um überflüssige Wiederholungen zu vermeiden. Auch gesetzlich nicht ausdrücklich geregelte Gründe sind möglich. So können die Parteien ein auf bestimmte oder auf unbestimmte Zeit eingegangenes Pachtverhältnis durch einen **Aufhebungsvertrag** vorzeitig beenden. Ein solcher Vertrag ist aufgrund der Vertragsfreiheit nach § 305 zulässig (STAUDINGER/SONNENSCHEIN[12 (1981)] § 564 Rn 45 ff). Er kann durch schlüssige Willenserklärungen zustande kommen. Ob in einer unwirksamen Kündigung das Angebot zum Abschluß eines Aufhebungsvertrags liegt, ist eine Frage der Auslegung. Dies kann auch bei einer fristlosen Kündigung nicht grundsätzlich ausgeschlossen werden (PALANDT/PUTZO § 564 Rn 14; STAUDINGER/SONNENSCHEIN[12 (1981)] § 564 Rn 41; **aM** BGH WM 1984, 171, 172; einschränkend BGH NJW 1981, 43). Haben die Parteien formularmäßig die Schriftform für Änderungen des Pachtvertrags vereinbart, steht dies einem Aufhebungsvertrag nicht entgegen, wenn der Pächter die hierüber geführte Besprechung schriftlich bestätigt und der Verpächter auf dieses Bestätigungsschreiben schweigt (OLG Düsseldorf MDR 1991, 349). Der Verpächter muß den nicht verbrauchten Teil einer etwaigen Vorauszahlung auf den Pachtzins gem § 557 a nach Rücktrittsgrundsätzen zurückzahlen (OLG Celle MDR

1978, 492; STAUDINGER/SONNENSCHEIN [1995] § 557 a Rn 13, 26 ff). Die Parteien können sich für den Fall einer vorzeitigen Aufhebung des Pachtverhältnisses eine Abfindung versprechen. Der Abfindungsanspruch entfällt jedoch, wenn der Pachtgegenstand vor dem vorgesehenen Räumungstermin unverschuldet vernichtet wird (LG Frankfurt/ M NJW 1976, 572 m krit Anm DOPJANS NJW 1976, 898). Eine Formularklausel, in der sich der Verpächter für den Fall, daß das Pachtverhältnis auf Wunsch des Pächters vorzeitig einvernehmlich beendet wird, eine Vertragsstrafe versprechen läßt, ist nach § 11 Nr 6 oder § 9 AGBG unwirksam (BGH NJW 1985, 57).

413 β) Ist der Fortbestand eines Pachtverhältnisses vertraglich von einer **auflösenden Bedingung** abhängig, endet es nach § 158 Abs 2 mit dem Eintritt des zukünftigen ungewissen Ereignisses (STAUDINGER/SONNENSCHEIN[12 (1981)] § 564 Rn 50).

414 γ) Ein **Rücktrittsrecht** kann sich aus einer vertraglichen Vereinbarung oder unmittelbar aus dem Gesetz ergeben. Bei einem vertraglichen Rücktrittsrecht sind die §§ 346 ff anders als nach § 570 a bei der Wohnraummiete vor und nach der Überlassung des Pachtgegenstandes in gleicher Weise anwendbar (STAUDINGER/SONNENSCHEIN[12 (1981)] § 564 Rn 51). Ein gesetzliches Rücktrittsrecht nach den §§ 325, 326 greift nur vor der Überlassung des Pachtgegenstandes ein (STAUDINGER/SONNENSCHEIN[12 (1981)] § 564 Rn 52). Hierbei kann sich das Problem ergeben, ob eine Erklärung des Rücktrittsberechtigten auf die Geltendmachung von Schadensersatz oder auf die Lösung vom Vertrag abzielt (BGH NJW-RR 1988, 1100). Nach der Überlassung wird das gesetzliche Rücktrittsrecht beider Parteien nach heutiger Auffassung (BGHZ 50, 312, 315 = NJW 1969, 37) im Gegensatz zur früheren Rspr (RGZ 105, 167; 149, 88, 92; RG BayZ 1925, 341) generell durch das Recht zur außerordentlichen fristlosen Kündigung oder durch einen Schadensersatzanspruch aus § 538 verdrängt (STAUDINGER/SONNENSCHEIN[12 (1981)] § 564 Rn 53).

415 δ) Ähnlich wie im Mietrecht (STAUDINGER/SONNENSCHEIN[12 (1981)] § 564 Rn 54 f) stellt sich für den Pachtvertrag die Frage, ob und wie lange eine **Anfechtung** geltend gemacht werden kann. Überwiegend wird die Anfechtbarkeit unabhängig von der Überlassung des Pachtgegenstandes bejaht, wenn ein Anfechtungsgrund erfüllt ist (RGZ 102, 225; 157, 173; RG JW 1912, 25; DWohnA 1935, 268; KG MDR 1967, 404 mwNw). Teilweise wird die rückwirkende Anfechtung nach der Überlassung nur bei arglistiger Täuschung nach § 123 zugelassen (BROX/ELSING JuS 1976, 1, 5). Ebenso wie beim Rücktrittsrecht (Rn 414) ist jedoch auch hier davon auszugehen, daß die Anfechtung nach der Überlassung generell durch ein Recht zur außerordentlichen fristlosen Kündigung ersetzt wird. Damit entfallen die Rückwirkung und die Schwierigkeiten der Rückabwicklung eines in Vollzug gesetzten Dauerschuldverhältnisses. Auf jeden Fall ist die Ausschlußfrist des § 124 Abs 1 zu beachten (OLG Düsseldorf ZMR 1988, 462).

416 ε) Das Pachtverhältnis wird nach den §§ 275 Abs 1, 323 Abs 1 beendet, wenn eine **Unmöglichkeit der Gewährung des vertragsmäßigen Gebrauchs** eintritt, die von keiner der Parteien zu vertreten ist (RGZ 146, 60, 64; OGHBrZ HEZ 2, 245, 248; LG Frankfurt/M NJW 1976, 572 m krit Anm DOPJANS NJW 1976, 898; STAUDINGER/SONNENSCHEIN[12 (1981)] § 564 Rn 56).

417 ζ) Bei einem **Wegfall der Geschäftsgrundlage** tritt wie im Mietrecht (STAUDINGER/

EMMERICH [1995] Vorbem 33 zu § 537; EMMERICH, Das Recht der Leistungsstörungen 358 f; STAUDINGER/SONNENSCHEIN[12] [(1981)] § 564 Rn 57) auch für den Pachtvertrag ein Recht zur Kündigung aus wichtigem Grund an die Stelle des sonst maßgebenden Rücktrittsrechts. Nach stRspr ist eine Beendigung des Vertrags aber nur gerechtfertigt, wenn ein Ausgleich der beiderseitigen Parteiinteressen nicht auf dem weniger einschneidenden Wege einer Anpassung der Vertragsleistungen unter Aufrechterhaltung des Vertrags zu erwarten ist (RGZ 107, 151; RG BayZ 1924, 290; WarnR 1926, Nr 80, 106; BGH LM Nr 2 zu § 242 [Ba] = NJW 1951, 836, 837; LM Nr 1 zu § 595). Entscheidend ist die Risikoverteilung (JOACHIM BB 1988, 779; ders ZIP 1991, 966). Eine Kündigung kommt deshalb bei Eintritt solcher Umstände nicht in Betracht, die im Risikobereich der jeweiligen Partei liegen. So rechtfertigt der bloße Umsatzrückgang nicht die Kündigung durch den Pächter, weil es zu seinem unternehmerischen Risiko gehört, Einnahmen zu erzielen, die den Pachtzins decken (BGH LM Nr 32 zu § 133 [C] = MDR 1971, 209; OLG Hamm ZMR 1970, 53). Der Pächter eines Hotels kann sich nicht auf den Wegfall der Geschäftsgrundlage eines langfristigen Pachtvertrags berufen, wenn das Hotel bei Vertragsabschluß eine ausreichende Einrichtung aufweist, aber aufgrund einer vorhersehbaren wirtschaftlichen Entwicklung, vor allem hinsichtlich der Ansprüche von Gästen an den Komfort eines Hotels, Äquivalenzstörungen eintreten. Dies gilt selbst dann, wenn die weitere Erfüllung des Pachtvertrags durch den Pächter den Verfall seines Vermögens zur Folge haben könnte (BGH NJW 1978, 2390). Dem Verpächter steht kein Kündigungsrecht wegen Wegfalls der Geschäftsgrundlage zu, wenn der Pächter nach Abschluß des Vertrags den Betrieb von Konkurrenzunternehmen aufnimmt, ohne dabei gegen den Pachtvertrag zu verstoßen, und wegen des Umsatzrückgangs des gepachteten Unternehmens der vom Umsatz abhängige Pachtzins geschmälert wird (RGZ 160, 361, 365).

η) Der **Erwerb des Eigentums oder Nießbrauchs** an dem Pachtgegenstand durch den 418 Pächter beendet den Vertrag. Dies gilt nicht, wenn das dingliche Recht vom Pächter gemeinsam mit einem Dritten erworben wird, weil dann der ursprüngliche Pächter und die dinglich Berechtigten als Verpächter nicht dieselben Personen sind (RGZ 49, 285, 286). Der Pächter eines Grundstücks, dem ein Ankaufsrecht eingeräumt ist, kann nach der Ausübung dieses Rechts bei entsprechender Auslegung des Vertrags noch bis zur Auflassung und Zahlung des Kaufpreises zur weiteren Entrichtung des Pachtzinses verpflichtet sein, auch wenn er wirtschaftlich bereits als Eigentümer erscheint (BGH WM 1964, 1237, 1238). Die Entstehung eines unwiderruflichen tatsächlich-öffentlichen Wegs und seine Überleitung als öffentliche Straße in Form eines Eigentümerwegs nach Art 53 Nr 3 BayStrWG lassen ein Pachtverhältnis unberührt, wenn gerade der Pächter den Weg für den öffentlichen Verkehr nutzbar macht (BayObLGZ 1974, 226). Die Eigentumsverhältnisse ändern sich insoweit nicht.

θ) Das **Erlöschen eines Dauerwohn- oder Dauernutzungsrechts** (Rn 76) beendet kraft 419 Gesetzes nach den §§ 37 Abs 1, 31 Abs 3 WEG einen Pachtvertrag, den der Berechtigte über die seinem Recht unterliegenden Gebäude- oder Grundstücksteile abgeschlossen hat. Bei Veräußerung oder Heimfall des Rechts gilt nach § 37 Abs 2 und 3 S 1, § 31 Abs 3 WEG die Regelung des § 571.

ι) Mit der **Veräußerung eines verpachteten Grundstücks** tritt der Erwerber unter 420 den Voraussetzungen des § 571 aufgrund eines selbständigen Rechts und nicht als Rechtsnachfolger des Verpächters in ein bestehendes Pachtverhältnis ein (BGH NJW

1962, 1388, 1390). Dies gilt auf der Grundlage des § 14 BJagdG auch bei der Veräußerung eines Eigenjagdbezirks, obwohl nur das Jagdrecht Gegenstand des Pachtvertrags ist. Die Veräußerung eines zu einem gemeinschaftlichen Jagdbezirk gehörigen Grundstücks hat nach dieser Vorschrift auf den Pachtvertrag keinen Einfluß. Bei der Fischereipacht besteht diese Rechtslage zT kraft besonderer landesgesetzlicher Anordnung (Rn 67). Generell erlischt das Pachtverhältnis mit dem bisherigen Verpächter.

421 ϰ) Neben den allgemeinen Vorschriften (Rn 61) ergibt sich für die **Beendigung des Jagdpachtvertrags** aus § 13 BJagdG ein besonderer Grund. Hiernach erlischt der Vertrag kraft Gesetzes, wenn dem Pächter der Jagdschein unanfechtbar entzogen worden ist oder wenn die Gültigkeitsdauer des Jagdscheins abgelaufen ist und entweder die zuständige Behörde die Erteilung eines neuen Jagdscheins unanfechtbar abgelehnt hat oder der Pächter die Voraussetzungen für die Erteilung eines neuen Jagdscheins nicht fristgemäß erfüllt. Letzteres gilt aber nur, wenn der Pächter trotz einer Aufforderung der zuständigen Behörde nicht innerhalb der ihm gesetzten Frist die Erteilung eines neuen Jagdscheins beantragt (LG Landau MDR 1968, 496; MITZSCHKE/ SCHÄFER, BJagdG § 13 Rn 9 ff). Besondere landesrechtliche Vorschriften bestehen zT für die Beendigung des Fischereipachtvertrags (Rn 72).

422 λ) **Sonstige Gründe** für die Beendigung eines Pachtverhältnisses ergeben sich aus der Rechtsnatur einer Partei oder aus besonderen gesetzlichen Bestimmungen. Soweit die Parteien eines Pachtvertrags natürliche Personen sind, endet der Vertrag nicht ohne weiteres durch den Tod einer Partei, sondern wird mit dem Erben fortgesetzt. Mit dem Untergang einer juristischen Person ist der Pachtvertrag beendet, wenn nicht im Wege der Umwandlung oder Verschmelzung eine Gesamtrechtsnachfolge stattfindet (RG HRR 1942, Nr 257). Nach § 61 BauGB kann ein Pachtverhältnis im Umlegungsverfahren durch den Umlegungsplan als Verwaltungsakt aufgehoben werden. Weitere Möglichkeiten der Aufhebung ergeben sich nach § 182 BauGB im Sanierungsverfahren in einem förmlich festgelegten Sanierungsgebiet und aus § 183 BauGB bei Festsetzung der anderweitigen Nutzung eines unbebauten Grundstücks durch den Bebauungsplan. Auch im Enteignungsverfahren können nach § 86 Abs 1 Nr 3 BauGB oder anderen enteignungsrechtlichen Vorschriften (BGH WuM 1993, 114) die Rechte aus einem Pachtverhältnis entzogen werden.

13. Stillschweigende Verlängerung

423 a) Entsprechend den §§ 581 Abs 2, 568 gilt das Pachtverhältnis als auf unbestimmte Zeit verlängert, wenn der Pächter den Gebrauch des Pachtgegenstandes nach dem Ablauf der Pachtzeit fortsetzt und weder der Verpächter noch der Pächter seinen entgegenstehenden Willen innerhalb einer Frist von zwei Wochen dem anderen Teil gegenüber erklärt (STAUDINGER/EMMERICH[12 (1981)] § 568 Rn 7 ff). Die Frist beginnt für den Pächter mit der Fortsetzung des Gebrauchs, für den Verpächter mit dem Zeitpunkt, in dem er von der Fortsetzung Kenntnis erlangt. Die Verlängerung des Pachtverhältnisses wird nicht nur vermutet. Es handelt sich um eine **Fiktion.** Die Vorschrift gilt auch für die Pacht und wird nicht durch die Regelung des § 584 b über die Entschädigungspflicht bei verspäteter Rückgabe ausgeschlossen (RG HRR 1932, Nr 1648; R REUTER DJZ 1900, 478).

b) Dem **Tatbestand** nach fällt unter § 568 jede Art der Beendigung des Pachtverhältnisses (Rn 371 ff). Die Fortsetzung des Gebrauchs ist keine Willenserklärung oder Willensbetätigung, sondern ein rein tatsächlicher Vorgang. Da es auf die Willensrichtung der Parteien nicht ankommt, braucht der Pächter nicht den Willen zu betätigen, den Pachtgegenstand weiter zum Fruchtgenuß zu benutzen (**aM** Mot II 431). Wegen der Regelung des § 552 kommt es nicht einmal darauf an, daß der Pächter den Gegenstand weiterhin in vollem Umfang entsprechend dem Vertragszweck tatsächlich benutzt. Entscheidend ist allein, daß er ihn mit der Möglichkeit weiterer Benutzung behält. Dies muß allerdings über eine bloße Vorenthaltung iS des § 584 b hinausgehen (dort Rn 8 ff). Auch in einer Unterverpachtung ist ein Gebrauch zu sehen (RG HRR 1932, Nr 111), selbst wenn der Pächter einen entgegenstehenden, aber nicht erklärten Willen hatte und dem Unterpächter den Besitz nicht mehr vermitteln wollte (BGH WuM 1986, 281). Setzt ein Unterpächter nach Beendigung des Unterpachtverhältnisses den Gebrauch in tatsächlicher Hinsicht unverändert fort, so steht sein nicht erklärter Wille, den Pachtbesitz nur noch aufgrund eines zwischenzeitlich mit dem Hauptverpächter unmittelbar abgeschlossenen Pachtvertrags ausüben zu wollen, der Fortsetzung des Unterpachtverhältnisses nach § 568 nicht entgegen (OLG Düsseldorf DWW 1992, 366). Ist das Pachtverhältnis durch eine außerordentliche fristlose Kündigung des Pächters beendet worden, setzt er aber den Gebrauch fort, braucht darin keine einseitige Rücknahme der Kündigung gesehen zu werden, die ohnehin nicht möglich ist (LG Hannover ZMR 1979, 248; Rn 410; **aM** OLG Karlsruhe OLGE 2, 480), weil sich das Pachtverhältnis unter den Voraussetzungen des § 568 verlängert. Der Widerspruch, der den Eintritt der Fiktion des § 568 verhindert, ist eine einseitige, empfangsbedürftige Willenserklärung (STAUDINGER/EMMERICH[12 (1981)] § 568 Rn 16).

14. Eintritt des Grundstückserwerbers in den Pachtvertrag

a) Anwendungsbereich

aa) Entsprechend den §§ 581 Abs 2, 571 Abs 1 tritt der Erwerber eines verpachteten Grundstücks an Stelle des Verpächters in die sich während der Dauer seines Eigentums aus dem Pachtverhältnis ergebenden Rechte und Pflichten ein, wenn das Pachtgrundstück nach der Überlassung an den Pächter von dem Verpächter an einen Dritten veräußert wird. Der Anwendungsbereich der Vorschrift betrifft im Kern die Pacht von **Grundstücken** (Rn 9 ff). Hierzu zählen nicht nur die reine Grundstückspacht, sondern auch Bodenabbauverträge (RGZ 94, 279, 280; RG JW 1919, 379 u 674; BayObLGZ 10, 280; Rn 14 f), ferner die Gestattung der Quellwasserentnahme gegen ein einmaliges Entgelt (RG HRR 1934, Nr 1197) und die Verpachtung geschlossener Privatgewässer zur Fischerei, weil nicht das Fischereirecht, sondern das Seegrundstück den Pachtgegenstand bildet (KG OLGE 38, 93). Gleichgestellt ist die Pacht von *Grundstücksteilen* (Rn 9) und nach § 580 die Pacht von *Räumen* (Rn 17 ff). Dabei spielt es keine Rolle, ob die verpachteten Räume Bestandteil eines grundstücksgleichen Rechts sind, wie etwa nach § 11 ErbbVO das aufgrund eines Erbbaurechts errichtete Bauwerk oder nach § 1 Abs 3 WEG das Teileigentum an nicht zu Wohnzwecken dienenden Gebäudeteilen. Beim Erbbaurecht gilt § 571 aber nur im Verhältnis zwischen Pächter und Erbbauberechtigtem, nicht aber gegenüber dem Grundstückseigentümer (STAUDINGER/EMMERICH[12 (1981)] § 571 Rn 19 c).

bb) Beschränkt sich der Pachtvertrag auf bewegliche Sachen, fällt er nicht unter

§ 571. Problematisch ist die Anwendbarkeit dieser Vorschrift aber, wenn die **Pacht eines Grundstücks mit weiteren Gegenständen** verbunden ist. Soweit es sich um *wesentliche Bestandteile* des Grundstücks handelt, teilen sie nach § 93 ohne weiteres das rechtliche Schicksal der Hauptsache. Fraglich ist, ob § 571 auch für mitverpachtete *bewegliche Sachen und Rechte* gilt, wie vor allem bei der Verpachtung eingerichteter Geschäftsräume (Rn 17 ff, 27 ff) und bei der Unternehmenspacht (Rn 87 ff). Die Rspr geht dem Problem dadurch aus dem Weg, daß sie bei solchen zusammengesetzten Verträgen im Zweifel einen vertraglichen Ausschluß der §§ 571 ff annimmt (KG JW 1925, 2266 m krit Anm RUTH und Anm JOSEF JW 1926, 718). Das Schrifttum stimmt dem teilweise zu, soweit sich der Vertrag über Grundstück oder Räume und über die mitverpachteten Gegenstände nicht getrennt beurteilen läßt (MITTELSTEIN 650; JOSEF JW 1926, 718; ders Gruchot 49, 737, 753 f).

427 Für die Lösung des Problems ist das Ziel des § 571 entscheidend, Mieter und Pächter bei einer Veräußerung des Grundstücks in der Weise zu schützen, daß der Grundstückserwerber neuer Vertragspartner wird und ihnen so der Vertragsgegenstand erhalten bleibt. Dieser Schutzzweck legt eine extensive Auslegung nahe. Erstreckt sich die Grundstücks- oder Raumpacht auf bewegliche Sachen, was für die Verpachtung eingerichteter Geschäftsräume geradezu typisch ist, handelt es sich um einen einheitlichen Vertrag. Die Regelung des § 571 knüpft an die Veräußerung des Grundstücks an und bindet den Erwerber für die Dauer seines Eigentums an dem Grundstück. Erstreckt sich diese Veräußerung nach § 926 auf bewegliche Sachen, die nach den §§ 97, 98 Zubehör des Grundstücks sind, so ist auch der Geltungsbereich des § 571 auf diese Sachen auszudehnen (KG OLGE 38, 93; OLG Kiel DRiZ 1933, Nr 79). Zum Schutz des Pächters kann einer formalen Trennung der Veräußerungsgeschäfte keine Bedeutung beigemessen werden. Andere Sachen sowie Rechte, die nicht in einem Rechtsakt mit dem Grundstück veräußert werden können, werden hingegen nicht von § 571 erfaßt. Insoweit ist der Abschluß eines neuen Pachtvertrags mit dem Erwerber erforderlich, soweit sich der Pächter hinsichtlich der beweglichen Sachen nicht mit dem schwächeren Schutz des § 986 Abs 2 begnügen will. Wird nur das Grundstück veräußert, während mitverpachtete bewegliche Sachen im Eigentum des bisherigen Verpächters bleiben, wird der Pachtvertrag nicht in zwei selbständige Verträge aufgespalten, sondern besteht im Interesse des Pächters als einheitlicher Vertrag fort, so daß der bisherige Verpächter und der Grundstückserwerber Gesamtgläubiger und Gesamtschuldner werden (STAUDINGER/EMMERICH[12 (1981)] § 571 Rn 32). Ähnliches gilt, wenn mitverpachtete Rechte nicht mitveräußert werden. Die gleichen Probleme ergeben sich, wenn an dem Grundstück mehrere Personen beteiligt sind oder wenn das Grundstück an verschiedene Personen veräußert wird. Werden hingegen das Grundstück einerseits und bewegliche Sachen oder Rechte andererseits an verschiedene Personen veräußert, greift § 571 nur für den Grundstückserwerber ein. Insoweit ist der Pachtvertrag auf jeden Fall aufzuteilen. Im übrigen ist der Pächter nur durch § 986 Abs 2 geschützt. Die Komplikationen zeigen, daß in derartigen Fällen eine vertragliche Vereinbarung der Beteiligten unter Einbeziehung des Pächters empfehlenswert ist.

428 cc) Für die Veräußerung oder Belastung eines verpachteten **Schiffs**, das im Schiffsregister eingetragen ist, gelten entsprechend den §§ 581 Abs 2, 580 a die Vorschriften der §§ 571, 572, 576 bis 579 sinngemäß. Für Verfügungen über den Pachtzins enthält § 580 a Abs 2 eine besondere Regelung.

dd) Die Pacht von **Rechten** wird grundsätzlich nicht von § 571 erfaßt. Hiervon sind **429** jedoch mehrere Ausnahmen zu machen.

α) Gegenstand der **Jagdpacht** ist das Jagdausübungsrecht, das aus dem Jagdrecht **430** des Grundstückseigentümers abgeleitet ist (Rn 54). Es handelt sich um Rechtspacht. Deshalb war die Geltung des § 571 aufgrund seines auf die Grundstückspacht beschränkten Tatbestandes in stRspr zunächst abgelehnt worden (RGZ 70, 70; 98, 101). Die entsprechende Anwendung der §§ 571 bis 579 sowie modifiziert des § 57 ZVG wurde erst durch § 16 des RJagdG vom 3. 7. 1934 (RGBl I 549) angeordnet und ist nunmehr in § 14 BJagdG bestimmt. Dies gilt sowohl für die vollständige oder teilweise Veräußerung eines Eigenjagdbezirks als auch für die Veräußerung des zu einem gemeinschaftlichen Jagdbezirk gehörigen Grundstücks. Nicht erfaßt wird hingegen die Begründung eines neuen oder die Verlängerung des bisherigen Jagdpachtverhältnisses durch eine Jagdgenossenschaft, wenn die Voraussetzungen des § 7 BJagdG für die Entstehung eines Eigenjagdbezirks hinsichtlich eines Teils der Grundstücke bereits vor dem Vertragsabschluß eingetreten waren (BGHZ 62, 297 = NJW 1974, 1655).

β) Bei der Überlassung von Fischereigewässern ist zu unterscheiden, ob das **431** Grundstück (KG OLGE 38, 93) oder das **Fischereirecht** verpachtet ist (Rn 62). Im letzteren Fall ist der Tatbestand des § 571 nicht erfüllt. Wird nur das Fischereirecht an einem fremden Gewässer veräußert, kann die Vorschrift aufgrund landesgesetzlicher Bestimmungen eingreifen (Rn 67). Dem ist gleichzustellen, daß das Grundstück, mit dem das Fischereirecht verbunden ist, veräußert wird (KG JW 1934, 1252 Nr 1; BERGMANN, Fischereirecht 185). Dies ist durch die enge Verbindung von Grundstückseigentum und Fischereirecht gerechtfertigt.

γ) Ist die **Rechtspacht mit der Überlassung eines Grundstücks** verbunden, ergibt sich **432** die Frage, ob § 571 entsprechend anwendbar ist. Soweit das verpachtete Recht nicht veräußerlich ist, stellt sich das Problem nicht. Dies gilt für die Verpachtung eines Nießbrauchs (Rn 75) und einer beschränkten persönlichen Dienstbarkeit (Rn 76). Bei der Verpachtung einer Grunddienstbarkeit (Rn 74) ist § 571 insoweit unmittelbar anwendbar, als das herrschende Grundstück veräußert wird und damit die Dienstbarkeit als Bestandteil iS des § 96 auf den Erwerber übergeht. Teilweise ist die entsprechende Anwendung des § 571 im Gesetz ausdrücklich angeordnet, so für die Veräußerung eines verpachteten Dauernutzungsrechts (Rn 76) in den §§ 37 Abs 2 und 3, 31 Abs 3 WEG, oder sie ergibt sich aus einer Verweisung auf die Vorschriften des BGB über Grundstücke, so in § 11 ErbbVO für die Veräußerung eines verpachteten Erbbaurechts (Rn 79). Darüber hinaus ist § 571 wegen seines Charakters als Sondervorschrift idR nicht entsprechend anwendbar. Dies wird zwar in erster Linie für andersartige Rechtsverhältnisse als Miete oder Pacht ausgeführt (STAUDINGER/EMMERICH[12 (1981)] § 571 Rn 21 f), gilt aber für einen anderen Vertragsgegenstand als ein Grundstück in gleicher Weise. So wird die Anwendung des § 571 auf die Rechtspacht auch dann abgelehnt, falls das Recht überlassen wird, eine in eine größere Organisation integrierte Einrichtung zu nutzen (Rn 45), selbst wenn sich die Nutzung auf ein Grundstück, Räume oder Teile derselben erstreckt (RGZ 97, 166; RG DJZ 1925, 432; BGH LM Nr 31 zu § 581 = MDR 1968, 233). Nach dieser Auffassung, die auf die Rspr zum MietSchG zurückgeht (BGH aaO), fällt nicht jede Überlassung eines örtlichen Bereichs zur Nutzung unter den Begriff der Raumüberlassung. Der Pächter muß vielmehr die tatsächliche Gewalt im Sinne einer wenigstens teilweise oder zeitweise selbständigen Verfügungsmöglichkeit ausüben. Dies hängt ganz von den Umständen und der Vertragsgestaltung im Einzelfall ab. Auch soweit die Benutzung eines Grundstücks nur als Nebenleistung erscheint, ändert dies nicht die rechtliche Natur eines Rechtspachtvertrags (RGZ 70, 70, 74). Hat der Pächter keinen Besitz, scheidet die Anwendbarkeit des § 571 aus. Kann der Pächter jedoch die tatsächliche Gewalt über ein Grundstück oder dessen Teile ausüben, wird durch das dann beherrschende Element der Grundstücksüberlassung auch der Vertragscharakter als solcher bestimmt, so daß nicht mehr Rechtspacht, sondern Grundstücks- oder Raumpacht vorliegt. Damit ist § 571 unmittelbar anwendbar.

b) Veräußerung durch den Verpächter

433 Der Tatbestand des § 571 setzt voraus, daß das verpachtete Grundstück von dem Verpächter an einen Dritten veräußert worden ist. Das Grundstück ist veräußert, sobald der rechtsgeschäftliche Eigentumserwerb nach den §§ 873, 925 durch Auflassung und Eintragung vollendet ist (Staudinger/Emmerich[12 (1981)] § 571 Rn 27 ff). Für einen Erwerb im Wege der Zwangsversteigerung gelten die §§ 57 ff ZVG.

c) Überlassung an den Pächter

434 Weiteres Tatbestandsmerkmal des § 571 ist die Überlassung des Grundstücks an den Pächter, bevor es veräußert worden ist (Staudinger/Emmerich[12 (1981)] § 571 Rn 36 ff). Die Anforderungen, die an die Überlassung zu stellen sind, richten sich nach dem vertragsmäßigen Gebrauch, der dem Pächter nach § 536 einzuräumen ist. Hierzu gehört nach § 581 auch der Fruchtgenuß. Eine bloße Besitzübertragung unter Ausschluß des Fruchtziehungsrechts genügt deshalb nicht einer vertragsmäßigen Überlassung iS des § 571.

d) Rechtsfolgen

435 aa) Der Erwerber des Grundstücks tritt an Stelle des Verpächters in die sich während der Dauer seines Eigentums aus dem Pachtverhältnis ergebenden **Rechte und Verpflichtungen** ein (Staudinger/Emmerich[12 (1981)] § 571 Rn 46 ff). Es handelt sich nicht um eine Rechtsnachfolge zwischen dem bisherigen Verpächter und dem Grundstückserwerber, sondern um einen unmittelbaren Eintritt kraft Gesetzes in das bestehende Pachtverhältnis. Dabei tritt der Erwerber in sämtliche Rechte und Pflichten ein, die sich aus dem Pachtverhältnis ergeben. Dies gilt auch für ein Vorpachtrecht, das der bisherige Verpächter dem Pächter zu dem Zweck eingeräumt hat, diesem die Fortsetzung des Gebrauchs und der Nutzung des gepachteten Grundstücks nach Beendigung des ursprünglichen Vertrags zu ermöglichen (BGHZ 55, 71 = NJW 1971, 422 m Anm Braxmaier LM Nr 17 zu § 571). Der Eintritt des Grundstückserwerbers in den Pachtvertrag wird nicht durch eine Auflassungsvormerkung zugunsten des ankaufsberechtigten Pächters verhindert, auch wenn der Ankaufsfall durch den Grundstückserwerb eintritt (BGH LM Nr 13 zu § 883 = MDR 1974, 919 m Anm U H Schneider JR 1974, 515). Maßgebend ist der Inhalt des Pachtvertrags, wie er im Zeitpunkt der Grundstücksveräußerung besteht. Entscheidend ist, welche Rechte und Pflichten in diesem Zeitpunkt begründet sind. Auf ihre Fälligkeit oder die Abhängigkeit von Bedingungen kommt es nicht an. Vor der Umschreibung des Eigentums im Grundbuch stehen dem Erwerber gegen den Pächter Ansprüche auf Pachtzins nur dann zu, wenn der Verpächter diese Ansprüche an den Erwerber abtritt (OLG Düsseldorf DWW 1993, 76). Sind vor der Veräußerung des Grundstücks der Pachtvertrag oder ein Verlängerungs-

vertrag abgeschlossen und das Grundstück an den Pächter überlassen worden, so tritt der Grundstückserwerber auch dann in den Vertrag ein, wenn der Pachtzeitraum erst nach dem Grundstückserwerb beginnt (BGHZ 42, 333, 340 = NJW 1964, 1851, 1852). Hat sich der Verpächter vertraglich verpflichtet, das bei Pachtende vorhandene Inventar des Pächters gegen Entgelt zu übernehmen, trifft diese Verpflichtung im Falle der Veräußerung des Grundstücks den Erwerber (BGH LM Nr 9 zu § 571 = NJW 1965, 2198; aM OLG Kassel OLGE 17, 16). Im allgemeinen kommen für einen Eintritt des Erwerbers nur solche Rechte und Pflichten in Betracht, die sich auf den Pachtgegenstand, seine Überlassung und Rückgabe sowie auf die Entrichtung der Gegenleistung beziehen oder die auf Vereinbarungen beruhen, die in einem unlösbaren Zusammenhang mit dem Pachtvertrag stehen (RG JW 1906, 58; JW 1939, 286; BGH LM Nr 9 zu § 571 = NJW 1965, 2198). Ist dies der Fall, kommt es nicht mehr darauf an, ob sich die Rechte und Pflichten aus dem Gesetz oder aus vertraglichen Vereinbarungen ergeben, selbst wenn solche Vereinbarungen in einem gesonderten Vertragswerk enthalten sind. Entscheidend ist, welche Abreden nach dem Willen der Parteien einen untrennbaren Bestandteil des Pachtvertrags bilden sollen (STAUDINGER/EMMERICH[12 (1981)] § 571 Rn 52 f).

bb) Rechte und Pflichten aus **selbständigen Nebenabreden**, die nur anläßlich des **436** Abschlusses eines Pachtvertrags getroffen werden oder damit in wirtschaftlichem Zusammenhang stehen, gehen nicht auf den Grundstückserwerber über (STAUDINGER/EMMERICH[12 (1981)] § 571 Rn 54). Dies hat die Rspr zB für ein Darlehensversprechen des Pächters gegenüber dem Verpächter (RG JW 1939, 286) und für ein beiderseitiges Wettbewerbsverbot mit Vertragsstrafeversprechen angenommen, weil nach dem Wortlaut des § 571 nur solche Rechte und Pflichten in Betracht kämen, die aus dem Wesen der Miete oder Pacht als einem auf entgeltliche Gebrauchsüberlassung gerichteten Vertragsverhältnis abzuleiten seien (RG JW 1906, 58). Gegen eine Verallgemeinerung dieser Entscheidung bestehen Bedenken, weil nicht das Wesen der Pacht, sondern der Parteiwille über die untrennbaren Vertragsbestandteile entscheidet. Diese Bedeutung kann nach dem Parteiwillen auch einem Wettbewerbsverbot beizumessen sein. Vereinbart der Verpächter, der sein Grundstück verkauft hat, vor Eintragung des Erwerbers als Eigentümer im Grundbuch mit dem Pächter, daß die Pachtzeit eines langfristigen Pachtvertrags verkürzt wird, so ist die Vergütung, die er dem Pächter dafür zusagt, nicht eine ohne weiteres kraft Gesetzes auf den Erwerber übergehende Verpflichtung, da die Entschädigung keine Leistung aus dem auslaufenden Pachtverhältnis ist (BGH LM Nr 4 zu § 571 = MDR 1961, 930).

cc) Die **Rechtsstellung des bisherigen Verpächters** ergibt sich aus § 571 Abs 1 und 2. **437** Er scheidet wegen des Eintritts des Grundstückserwerbers aus dem Pachtverhältnis aus, haftet jedoch für den Schaden, den der Erwerber bei Nichterfüllung seiner Pflichten zu ersetzen hat, wie ein Bürge, der auf die Einrede der Vorausklage verzichtet hat. Hiervon kann sich der Verpächter durch Mitteilung des Eigentumsübergangs gegenüber dem Pächter befreien, wenn dieser gerade dadurch Kenntnis vom Eigentumsübergang erlangt und das Pachtverhältnis nicht für den ersten Termin kündigt, für den eine ordentliche Kündigung möglich ist (STAUDINGER/EMMERICH[12 (1981)] § 571 Rn 84 ff).

dd) Da § 571 nicht zwingend ist, sind **abweichende Vereinbarungen** der Parteien **438** grundsätzlich zulässig. Aus der Betroffenheit von drei Personen ergeben sich allerdings gewisse Schranken, da zweiseitige Abreden nicht die Rechte Dritter beschneiden können (STAUDINGER/EMMERICH[12 (1981)] § 571 Rn 81 ff; MAYER ZMR 1990, 121, 123).

e) Weitere Sondervorschriften

439 In den §§ 572 bis 579, die nach § 581 Abs 2 entsprechend anzuwenden sind, finden sich weitere Sondervorschriften für den Fall der Veräußerung sowie der Belastung des verpachteten Grundstücks. In § 572 sind Fragen der Sicherheitsleistung durch den Pächter geregelt. § 573 begrenzt die Wirksamkeit von Vorausverfügungen des Verpächters über den Pachtzins, während § 574 Schranken für Rechtsgeschäfte über die Entrichtung des Pachtzinses zwischen Pächter und Verpächter aufstellt. Durch § 575 wird dem Pächter in Anlehnung an § 406 die Aufrechnungsmöglichkeit, die er dem bisherigen Verpächter gegenüber bereits erworben hat, hinsichtlich der Pachtzinsforderung des Grundstückserwerbers erhalten. Durch § 576 wird ähnlich wie in § 409 das Vertrauen des Pächters auf eine Anzeige des Verpächters über die Veräußerung geschützt. Die Vorschriften der §§ 571 bis 576 gelten nach § 577 entsprechend bei einer Belastung des Pachtgrundstücks mit dem Recht eines Dritten, wenn durch die Ausübung des Rechts dem Pächter der vertragsmäßige Gebrauch oder der Fruchtgenuß entzogen wird. Nach § 578 kann bei einer Veräußerung oder Belastung vor Überlassung des Grundstücks der Erwerber durch Erfüllungsübernahme die gleiche Rechtsstellung wie in den Fällen der §§ 571 Abs 1 und 577 erlangen. In § 579 wird der Fall der Weiterveräußerung des verpachteten Grundstücks durch den Erwerber geregelt.

15. Rückerstattung vorausbezahlter Pachtzinsen

440 Aus der entsprechenden Anwendung der §§ 581 Abs 2, 557 a ergibt sich eine allgemeine Regelung für die Frage, nach welchen Grundsätzen der Verpächter bei einer Beendigung des Pachtverhältnisses verpflichtet ist, den für eine spätere Zeit im voraus gezahlten Pachtzins zurückzuerstatten. Die Vorschrift gilt für jede Art der Beendigung des Vertrags (OLG Celle MDR 1978, 492; STAUDINGER/SONNENSCHEIN [1995] § 557 a Rn 13). Die Verpflichtung zur Rückerstattung richtet sich grundsätzlich nach den Vorschriften über den Rücktritt vom Vertrag in § 347. Wird das Pachtverhältnis wegen eines Umstandes beendet, den der Verpächter nicht zu vertreten hat, greift die weniger strenge Bereicherungshaftung nach Maßgabe des § 818 ein. So haftet der Verpächter nur nach Bereicherungsgrundsätzen, wenn den Erben des Pächters in einem langfristigen Pachtvertrag für den Fall, daß der Pächter vorzeitig stirbt, ein außerordentliches Kündigungsrecht eingeräumt worden ist. Die Erben können sich deshalb nicht auf den Wegfall der Geschäftsgrundlage berufen, wenn sich der Pächter zur Zahlung eines Baukostenzuschusses für den Neubau eines Gebäudes verpflichtet hat und vor dessen Fertigstellung stirbt (OLG Celle MDR 1967, 1012). Abweichende Vereinbarungen sind im Pachtrecht grundsätzlich zulässig, da die entgegenstehende Regelung des § 557 a Abs 2 nur für Mietverhältnisse über Wohnraum gilt. Bei Formularverträgen sind aber die Vorschriften des AGBG zu beachten. So ist nach § 9 AGBG eine Klausel unwirksam, die eine Tilgung des vom Pächter geleisteten Finanzierungsdarlehens in Jahresraten in der Weise vorsieht, daß der Verpächter für jedes Jahr der Vertragsdauer von der anteiligen Darlehensschuld befreit wird, auch wenn das Pachtjahr gerade erst begonnen hat (OLG München ZMR 1994, 15). Besonderheiten ergeben sich aus den §§ 573, 574 für den Verpächterwechsel bei einer Grundstücksveräußerung (STAUDINGER/SONNENSCHEIN [1995] § 557 a Rn 38).

16. Rückgabe des Pachtgegenstandes

a) Rückgabe durch den Pächter
aa) Voraussetzungen

Der vertragliche Rückgabeanspruch des Verpächters gegen den Pächter ergibt sich **441** aus der entsprechenden Anwendung der §§ 581 Abs 2, 556 Abs 1 (BGH LM Nr 1 zu § 556 = MDR 1960, 432; LG Mannheim WuM 1964, 11; Rn 270). Es handelt sich um eine selbständige Leistungspflicht des Pächters, die außerhalb des synallagmatischen Zusammenhangs steht. Der Anspruch setzt voraus, daß zwischen den Parteien ein wirksames Pachtverhältnis bestanden hat, das beendet worden ist (OLG München NJW-RR 1989, 524). Anderenfalls kommt eine bereicherungsrechtliche Rückabwicklung in Betracht, was insbesondere bei fehlgeschlagener Unternehmenspacht Schwierigkeiten aufwirft (Schwintowski JZ 1987, 588). Die Regelung des § 556 Abs 1 gilt auch im Verhältnis zwischen Pächter und Unterpächter. Hierbei geht der Anspruch des Pächters wahlweise auf Herausgabe an ihn oder an den Hauptverpächter (OLG München aaO). Der Grund sowie die Art und Weise der Beendigung sind unerheblich. Der Zeitpunkt, in dem das Pachtverhältnis endet, ergibt sich aus § 564 oder aus den Vereinbarungen der Parteien (Staudinger/Sonnenschein [1995] § 556 Rn 6). Besondere Vorschriften gelten nach § 582 a für die Rückgewähr eines mit Inventar verpachteten Grundstücks.

bb) Rechtsfolgen

α) Die Vorschrift ist auf **Rückgabe des Pachtgegenstandes** an den Verpächter gerich- **442** tet. Damit ist bei Grundstücken und beweglichen Sachen grundsätzlich die Einräumung des unmittelbaren Besitzes gemeint (Staudinger/Sonnenschein [1995] § 556 Rn 9 ff). Das gleiche gilt für Sachen, die im Rahmen der Rechtspacht überlassen worden sind, wie vor allem Urkunden über das verpachtete Recht und Grundstücke oder Räume, die als Nebenleistung zur Ausübung des Rechts gedient haben (Rn 144). Bei Apothekenpachtverträgen, die unter der Geltung des Konzessionssystems abgeschlossen worden waren, sah es die Rspr als eine Frage der Vertragsauslegung an, ob der Pächter, der selbst die räumlichen und sachlichen Voraussetzungen für den Betrieb zu schaffen hatte, nach der Beendigung des Pachtverhältnisses dem Verpächter die Apotheke mit Räumen, Einrichtung, Warenlager und Kundenstamm zur Verfügung zu stellen hatte (BGH LM Nr 1 zu § 597 = ZMR 1961, 162; LM Nr 1 a zu § 597 = NJW 1964, 2204; LM Nr 1 b zu § 597). Nach den gleichen Grundsätzen ist bei der Unternehmenspacht hinsichtlich solcher Gegenstände zu verfahren, die erst der Pächter selbst geschaffen hat. Nach dem Vertrag kann sich die Herausgabepflicht auch hierauf erstrecken. Dies kann bei Sachen und Rechten, wie etwa Kundenforderungen, die Pflicht des Pächters begründen, sie rechtsgeschäftlich auf den Verpächter zu übertragen. Der Warenbestand, den der Pächter bei Pachtbeginn durch Kauf übernommen hat, ist bei Beendigung des Pachtverhältnisses nicht zurückzugeben oder wertmäßig auszugleichen (BGH WuM 1992, 246), sofern die Parteien nicht etwas anderes vereinbart haben. Der Pächter hat den Gebrauch einer mit dem verpachteten Unternehmen überlassenen Firma einzustellen, so daß der Verpächter sie wieder verwenden kann (KG OLGE 27, 300). Will der Verpächter eine in der Zwischenzeit vom Pächter begründete Firma fortführen, ist nach § 22 HGB dessen Zustimmung erforderlich (Staub/Hüffer, HGB [4. Aufl 1983] § 22 Rn 80). Hierzu kann der Pächter bei entsprechender Auslegung des Pachtvertrags verpflichtet sein. Die Fortführung der Firma des Pächters kann eine Haftung des Verpächters aus § 25 HGB auslösen (RGZ

133, 318, 323). Ähnliche Grundsätze gelten für bloße Geschäftsbezeichnungen (BGH MDR 1959, 184). Ein Ausgleichsanspruch für den mit der Rückgabe an den Verpächter zu übertragenden Goodwill steht dem Pächter nicht zu, auch wenn der Verpächter gleichzeitig stiller Gesellschafter war (BGH LM Nr 49 zu § 581 = NJW 1986, 2306).

443 β) Mit dem Pachtgegenstand ist das **Zubehör** zurückzugeben (STAUDINGER/SONNENSCHEIN [1995] § 556 Rn 16). Insoweit ist die Sonderregelung der §§ 582, 582 a zu beachten. Die Verpflichtung kann sich nach dem Vertrag auf das Zubehör erstrecken, das im Eigentum des Pächters oder Dritter steht. Dies gilt auch für Fernsprecheinrichtungen, die der Pächter bei Beendigung des Pachtvertrags dem Verpächter oder einem Nachfolgepächter belassen muß, wenn sonst der Pachtgegenstand verschlechtert oder in seinem Wert gemindert würde (OLG Saarbrücken OLGZ 1971, 322; LG Konstanz NJW 1971, 515; aM LG Nürnberg-Fürth MDR 1967, 47).

444 γ) Über den **Zustand**, in dem der Pachtgegenstand zurückzugeben ist, enthält § 556 keine Regelung. Der Pächter braucht den Pachtgegenstand deshalb grundsätzlich nur in dem Zustand zurückzugeben, in dem sich dieser zur Zeit der Beendigung des Pachtverhältnisses befindet (BGHZ 86, 204 = NJW 1983, 1049 m Anm HAASE JR 1983, 364; BezG Cottbus WuM 1994, 146; Rn 227; STAUDINGER/SONNENSCHEIN [1995] § 556 Rn 17). Einrichtungen und bauliche Veränderungen durch den Pächter sind grundsätzlich zu beseitigen, soweit sie nicht nach dem Vertrag dem Verpächter zu belassen sind (STAUDINGER/SONNENSCHEIN [1995] § 556 Rn 20 f). Veränderungen oder Verschlechterungen des Pachtgegenstandes, die durch den vertragsmäßigen Gebrauch eingetreten sind, hat der Pächter nach § 548 nicht zu vertreten (Rn 323). Er kann sich jedoch vertraglich zur Wiederherstellung verpflichten. Stehen der Wert des Pachtgegenstandes und der Wiederherstellungsaufwand in einem krassen Mißverhältnis, ist dem Pächter die Wiederherstellung nicht zuzumuten, so daß er den Verpächter nach § 251 Abs 2 in Geld entschädigen kann (BGH NJW 1976, 235). Wenn ein Pachtvertrag nach Eröffnung des Vergleichsverfahrens über das Vermögen des Pächters fortgesetzt worden ist, so trägt der Verpächter, der seinen Wiederherstellungsanspruch außerhalb des Vergleichsverfahrens geltend macht, die Behauptungs- und Beweislast dafür, daß die zu beseitigenden Veränderungen nach der Eröffnung des Vergleichsverfahrens eingetreten sind und somit nicht von dem Vergleich erfaßt werden (BGH NJW 1994, 1858). Die Rspr nimmt im Wege der ergänzenden Vertragsauslegung an, der Pächter müsse anstelle seiner Verpflichtung zur Vornahme von Schönheitsreparaturen einen Ausgleich in Geld zahlen, wenn der Verpächter den Pachtgegenstand umbauen wolle und dadurch die Schönheitsreparaturen zerstört würden (BGHZ 77, 301 = NJW 1980, 2347; OLG Düsseldorf ZMR 1994, 402; Rn 227).

445 δ) **Teilleistungen** des Pächters bei Erfüllung der Rückgabepflicht sind nach § 266 grundsätzlich unzulässig (STAUDINGER/SONNENSCHEIN [1995] § 556 Rn 22). Der Pächter erfüllt seine Rückgabepflicht deshalb nicht, falls er nur einen Teil der gepachteten Räume zurückgibt, selbst wenn es sich dabei um sämtliche Gewerberäume handelt, die zusammen mit den noch zurückbehaltenen Wohnräumen verpachtet worden sind (LG Mannheim MDR 1965, 140).

446 ε) Die Rückgabepflicht entsteht sofort nach dem **Zeitpunkt** oder Tag der Beendigung des Pachtverhältnisses (BGH NJW 1989, 451, 452; STAUDINGER/SONNENSCHEIN [1995] § 556 Rn 23 ff; aM JAUERNIG/TEICHMANN § 556 Anm 2 a; MUTTER ZMR 1991, 329). Der Pächter ist nach § 271 Abs 2 zwar grundsätzlich berechtigt, die Leistung auch schon vorher zu bewirken. Dies gilt aber nur im Zweifel und ist zB ausgeschlossen, wenn der Pachtgegenstand durch die vorzeitige Rückgabe beeinträchtigt wird (RG Recht 1919, Nr 43) oder wenn es dem Verpächter nicht möglich ist, den vorzeitig zurückgegebenen Pachtgegenstand unterzubringen. Auch bei einer vertraglich übernommenen Gebrauchspflicht des Pächters (Rn 221 ff) ist eine vorzeitige Rückgabe idR ausgeschlossen.

ζ) Der **Ort der Rückgabe** richtet sich bei unbeweglichen Sachen nach ihrer Belegenheit. Bewegliche Sachen sind grundsätzlich am Wohnsitz des Verpächters zurückzugeben (STAUDINGER/SONNENSCHEIN [1995] § 556 Rn 27 f). **447**

η) Die **Durchsetzung des Rückgabeanspruchs** richtet sich nach den Vorschriften der ZPO (STAUDINGER/SONNENSCHEIN [1995] § 556 Rn 30 ff). Sie steht nach § 242 unter dem Vorbehalt von Treu und Glauben. Das Verlangen des Verpächters, ein zur Errichtung einer Notwohnung überlassenes Pachtgrundstück gemäß den im Pachtvertrag getroffenen Vereinbarungen entschädigungslos zu räumen, verstößt allerdings weder gegen gesetzliche Vorschriften noch gegen Treu und Glauben, wenn diese Rechtsfolgen dem Pächter für den Fall der Inanspruchnahme des Grundstücks zu öffentlichen Zwecken bekannt sein mußten (LG Mannheim WuM 1971, 154). Es ist auch keine unzulässige Rechtsausübung, wenn der Verpächter den Pachtgegenstand nach Beendigung des Pachtverhältnisses nur in der Absicht herausverlangt, den bisherigen Pächter zur Vereinbarung eines höheren Pachtzinses zu veranlassen (BGH WM 1980, 1073). Ist der Vertrag als Pachtvertrag zu qualifizieren, steht dem Pächter kein Recht zum Widerspruch gegen eine Kündigung aus § 556 a zu, auch wenn Wohnräume zum Pachtgegenstand gehören (LG Mannheim aaO). Der Herausgabeanspruch kann deshalb entgegen § 940 a ZPO ohne Einschränkung im Wege der einstweiligen Verfügung durchgesetzt werden (LG Wiesbaden NJW-RR 1993, 1293). Nimmt die Obdachlosenbehörde den Verpächter wegen der Obdachlosigkeit des früheren Pächters in Anspruch, ist sie wegen der dadurch entstehenden Nachteile zur Entschädigung verpflichtet (OLG Hamm ZMR 1995, 25). **448**

b) Ausschluß des Zurückbehaltungsrechts
aa) Dem Pächter kann für etwaige eigene Schadensersatz- oder Verwendungsersatzansprüche nach den §§ 273 oder 1000 ein Zurückbehaltungsrecht gegenüber dem Rückgabeanspruch des Verpächters zustehen (STAUDINGER/SONNENSCHEIN [1995] § 556 Rn 43 ff). Das Zurückbehaltungsrecht ist entsprechend den §§ 581 Abs 2, 556 Abs 2 für den Pächter eines **Grundstücks** (Rn 9 ff) ausgeschlossen, weil die darin liegende besondere Sicherheit in keinem Verhältnis zu den Gegenansprüchen des Pächters steht (Prot II 189). Der Ausschluß erstreckt sich auf die Bestandteile des Grundstücks. Er gilt aber nicht für das Zubehör (Prot II 246, 248 f) und wird zudem durch das Pächterpfandrecht des § 583 an Inventarstücken des Verpächters eingeschränkt. Ist ein Pachtvertrag zur Erfüllung einer Schuld aus einem Dienst- oder Werkvertrag abgeschlossen, so ist dem Pächter nach Beendigung des Pachtverhältnisses die Geltendmachung eines Zurückbehaltungsrechts gegenüber dem Herausgabeanspruch aus § 556 Abs 1 auch verwehrt, wenn die Schuld des Verpächters aus dem früheren Vertrag noch nicht vollständig erfüllt ist (BGH LM Nr 1 zu § 556 = MDR 1960, 482). Die Geltendmachung ist selbst dann ausgeschlossen, wenn dem Pächter gerade für die Auflösung des Pachtverhältnisses ein Entschädigungsanspruch zusteht (RGZ 108, 137; **449**

LG Mannheim WuM 1971, 154). Die Regelung des § 556 Abs 2 ist zwar nicht zwingend. In der Vereinbarung eines Entschädigungsanspruchs für die vorzeitige Beendigung des Pachtverhältnisses kann aber nicht ohne weiteres eine stillschweigend hiervon abweichende Vereinbarung gesehen werden (RGZ aaO).

450 bb)   Neben der Grundstückspacht gilt § 556 Abs 2 entsprechend den §§ 581 Abs 2, 580 für die Pacht von **Grundstücksteilen und Räumen**. Die Vorschrift ist auf die Unternehmenspacht anwendbar, wenn zum Vertragsgegenstand Grundstücke oder Räume gehören, ist dann aber hierauf sowie auf deren wesentliche Bestandteile zu beschränken. Sie ist darüber hinaus auf die Rechtspacht entsprechend anzuwenden, wenn im Rahmen dieses Vertrags Grundstücksteile oder Räume als unselbständige Nebenleistung an den Pächter überlassen worden sind (Rn 144).

c)   **Herausgabeanspruch gegen einen Dritten**

451 Entsprechend den §§ 581 Abs 2, 556 Abs 3 steht dem Verpächter nach der Beendigung des Pachtverhältnisses ein unmittelbarer Herausgabeanspruch gegen einen Dritten zu, dem der Pächter den Gebrauch des Pachtgegenstandes überlassen hat (STAUDINGER/SONNENSCHEIN [1995] § 556 Rn 49 ff). Diese Grenze gilt in erster Linie für die Unterverpachtung, sobald das Hauptpachtverhältnis beendet ist (OLG München NJW-RR 1989, 524; LG Mannheim ZMR 1966, 48). Die Vorschrift erfaßt auch andere Fälle, in denen der Pächter den Pachtgegenstand einem Dritten zum Gebrauch überlassen hat, zB die Untervermietung und Leihe. Sie gilt auch bei mehrfach gestuften Pachtverhältnissen, so daß der Hauptverpächter oder der jeweilige Unterverpächter die Herausgabe von dem Unterpächter verlangen kann. Dies ist auch bei mehrfach gestuften Kleingartenpachtverhältnissen anzunehmen, wenn die Voraussetzungen des § 10 Abs 3 BKleingG für einen Eintritt des Verpächters in die Verträge mit den Kleingärtnern bei Kündigung des Zwischenpachtverhältnisses nicht erfüllt sind (BGHZ 119, 300 = NJW 1993, 55; BGH MDR 1994, 1212).

d)   **Ansprüche bei verspäteter Rückgabe**

452 Die Regelung des § 557 Abs 1 über die Ansprüche bei verspäteter Rückgabe wird für die Pacht durch § 584 b verdrängt. Diese Vorschrift stellt nicht schlechthin auf eine Entschädigung des Verpächters in Höhe des vereinbarten Pachtzinses ab, sondern berücksichtigt die Nutzungen während der Zeit der Vorenthaltung des Pachtgegenstandes im Verhältnis zu den Nutzungen des ganzen Pachtjahres (§ 584 b Rn 18). Soweit § 557 Abs 2 bis 4 die Vermietung von Wohnraum betrifft, scheidet eine entsprechende Anwendung auf die Pacht grundsätzlich aus (Rn 378). Sind Wohnräume im Rahmen eines einheitlichen Pachtvertrags überlassen worden, wird zT die Gewährung einer gerichtlichen Räumungsfrist nach § 721 oder § 794 a ZPO zugelassen, soweit die Pacht- und die Wohnräume aus tatsächlichen Gründen getrennt zurückgegeben werden können, also eine teilbare Leistung vorliegt (OLG Hamburg MDR 1972, 955; LG Hamburg WuM 1993, 36 u 203; LG Köln NJW-RR 1989, 404; LG Mannheim WuM 1971, 154, 156; ZMR 1974, 48; ZMR 1993, 79; ZMR 1994, 21; BAUMBACH/LAUTERBACH/ALBERS/HARTMANN, ZPO [53. Aufl 1995] § 721 Rn 3; **aM** LG Frankfurt/M WuM 1994, 15; LG Wiesbaden NJW-RR 1993, 1293). Diese Auffassung, die den Schutz des Pächters in seinem persönlichen Wohn- und Lebensbereich verfolgt, kann aber nicht zur entsprechenden Anwendbarkeit des § 557 Abs 3 führen, die den Mieter von Wohnraum für die Dauer der Räumungsfrist von der Verpflichtung zum Ersatz eines weiteren Schadens entbindet. Insoweit geht es nicht mehr um den Schutz des persönlichen

Lebensbereichs. Eine weitergehende, materielle Entlastung des Pächters ist nicht geboten.

VIII. Abweichende Vereinbarungen

Die Regelung des § 581 ist abdingbar, soweit die charakteristischen Merkmale der **453** Pacht erhalten bleiben (MünchKomm/Voelskow Rn 23; Palandt/Putzo Rn 4). Diese Grenze gilt vor allem für das Fruchtziehungsrecht. Auf die Einzelheiten abweichender Vereinbarungen ist bei den jeweiligen Rechten und Pflichten der Parteien eingegangen. Bei Formularpachtverträgen sind die Vorschriften des AGBG zu beachten.

Vorbemerkungen zu §§ 582—583 a

Schrifttum

Bewer, Bewertung des Inventars bei Pachtübergaben, RdL 1966, 198
Breme, Zum Pachtinventar, JW 1922, 65
H Bruns, Das „pächtereigene Inventar" bei Pachtende, RdL 1969, 141
Dahmann, Pachtgutinventar, in: Handwörterbuch der Rechtswissenschaft Bd IV (1927) 344
Esser/Weyers, Schuldrecht II (7. Aufl 1991) § 23 II 3 (S 195 f)
Fensch, Das landwirtschaftliche Inventar (1926)
Gitter, Gebrauchsüberlassungsverträge (1988) § 4 B II 2 (S 124 ff)
Krückmann, Die Inventarpacht mit Schätzungspreis und der Valutasturz (1921)
Larenz, Schuldrecht II/1 (13. Aufl 1986) § 49 I (S 282 ff)
Leonhard, Die Bewertung des landwirtschaftlichen Pachtinventars bei der Rückgabe (1921)
ders, Zum Pachtinventar, JW 1922, 70 f
ders, Schuldrecht II (1931) 177 ff

Loos, Die Behandlung der Wertänderung von Pachtgegenständen im Betriebspachtvertrag, NJW 1963, 990
G Meyer, Technische Veralterung bei eisern übernommenem Inventar, RdL 1967, 66
Moser, Das eiserne Inventar in der Landwirtschaft, AgrarR 1985, 40
Oertmann, Rechtsgutachten über die landwirtschaftliche Inventarfrage (1921)
Reichel, Inventarpacht mit Vorauszahlung der Schätzungssumme, AcP 122 (1934) 117
H Richter, Die Inventarfrage, JW 1921, 1195, 1348
ders, Das landwirtschaftliche Inventar (1922)
Sprenger, Der Eigentumserwerb durch Einverleibung in ein Inventar (1904)
vWendorff, Über den Pachtkredit nach dem Urteil des BGH vom 26. 4. 1961, RdL 1965, 221
Wolff/Raiser, Sachenrecht (10. Bearb 1957) § 76
Wolf/Eckert, Hdb Rn 1686 ff (S 386 ff).

Systematische Übersicht

1. Geschichte	1	b) Beispiele ... 7
2. Anwendungsbereich	2	5. Inventarkauf ... 8
3. Überblick	3	a) Vereinbarung ... 8
4. Inventar	5	b) Kaufrecht ... 11
a) Begriff	5	c) Rückkauf ... 13

Vorbem zu §§ 582 ff

2. Buch
7. Abschnitt. Einzelne Schuldverhältnisse

Alphabetische Übersicht
(zugleich zu den §§ 582–583 a)

Ablehnungsrecht des Verpächters § 582 a 35 ff
- Beweislast § 582 a 36
- Eigentumserwerb des Pächters § 582 a 38
- Gestaltungsrecht § 582 a 38
- Voraussetzungen § 582 a 36 f
- Wertausgleich § 582 a 40 ff
- Wirkungen § 582 a 28
- Zweck § 582 a 35
Anwendungsbereich
 2; § 582 3; § 582 a 5 ff; § 583 3; § 583 a 3 f
Ausbesserungspflicht des Pächters § 582 6 f
Ausgleichsanspruch § 582 a 40 ff

Dauer der Gefahrtragung § 582 a 11

Eigentumserwerb des Verpächters § 582 a 20 ff
- Anschaffung § 582 a 23
- Anwendungsbereich § 582 a 5 ff
- Eigentumsvorbehalt § 582 a 26 f
- Einverleibung § 582 a 24
- Gesetzlicher Erwerb § 582 a 28
- Gutgläubiger Erwerb § 582 a 26 f
- Realakt § 582 a 25
- Überinventar § 582 a 2, 20 f
- Voraussetzungen § 582 a 22 ff
Eigentumsverhältnisse 3 ff
Eigentumsvorbehalt § 582 a 26
Eisernviehvertrag § 582 a 1 ff
Eintritt eines neuen Pächters § 582 a 30, 54
Einverleibung § 582 a 24 f
Ergänzungspflicht des Verpächters § 582 9 ff
Erhaltungspflicht des Pächters
 § 582 4 ff; § 582 a 12 ff

Gefahrtragung § 582 a 9 ff
Geschichte 1; § 582 a 1 f, 40 f

Inflation § 582 a 40 f, 49 f
Inventar 5 ff
Inventarkauf 8 ff
Inventarverzeichnis § 582 17

Kauf 8 ff

Mehrbestand § 582 a 2

Pfandrecht des Pächters § 583 1 ff
- Abwendung § 583 6
- Anwendungsbereich § 583 3
- Gesicherte Forderungen § 583 4
- Umfang § 583 5
- Zurückbehaltungsrecht § 583 7
- Zweck § 583 2
Risiko der technischen Entwicklung § 582 a 51 f
Rückgewährpflicht des Pächters § 582 a 31 ff
Rückkauf des Inventars 13 f

Tiere § 582 13 ff; § 582 a 6

Unternehmenspacht
 2; § 582 3; § 582 a 5, 44; § 583 a 2 f

Verfügungsbefugnis des Pächters § 582 a 15 ff
- Rechtsnatur § 582 a 16
- Überinventar § 582 a 19
- Umfang § 582 a 17 f
- Zweck § 582 a 15 f
Verfügungsbeschränkung des Pächters
 13; § 583 a 1 ff
- Anwendungsbereich § 583 a 3 f
- Ausnahmen § 583 a 6
- Nichtigkeit § 583 a 5
Verjährung § 582 a 53
Verschlechterungen § 582 a 9
Viehverstellung § 582 a 6

Währungsrisiko § 582 a 40 ff, 49 f
Wertausgleich § 582 a 40 ff
- Anwendungsbereich § 582 a 44
- Ausgleichsanspruch § 582 a 53 f
- Auskunftspflicht § 582 a 48
- Ermittlung § 582 a 45 ff
- Geschichte § 582 a 40 f
- Inflation § 582 a 41, 49 f
- Mitwirkungspflichten § 582 a 48
- Schätzung § 582 a 46 f
- Technische Entwicklung § 582 a 51 f
- Unternehmenspacht § 582 a 44
- Währungsrisiko § 582 a 40 ff, 49 f

Oktober 1995

- Wertermittlung — § 582 a 45 ff
- Zurückbehaltungsrecht — § 582 a 54
- Wirtschaft, ordnungsmäßige — § 582 a 17

Zurückbehaltungsrecht — § 582 a 54; § 583 7

1. Geschichte

Das Gesetz enthält in den §§ 582 bis 583 a besondere Vorschriften für den Fall, daß 1
ein Grundstück mit Inventar verpachtet wird. Diese Vorschriften sind erst durch das Gesetz zur Neuordnung des landwirtschaftlichen Pachtrechts vom 8. November 1985 (BGBl I 2065) in das BGB eingefügt worden (s o Vorbem 7 f zu § 581). Inhaltlich entsprechen sie mit wenigen Ausnahmen den früheren §§ 586 bis 590 (vgl die Begr zum RegE BT-Drucks 10 [1983]/509, S 13 ff; den Ausschußbericht BT-Drucks 10 [1985]/3830 S 28 f). Zur Erläuterung der §§ 582 ff kann daher unbedenklich auf Literatur und Rechtsprechung zu den früheren §§ 586 ff zurückgegriffen werden.

2. Anwendungsbereich

Die §§ 582 bis 583 a gelten für die gesamte Grundstückspacht einschließlich namentlich der Landpacht (§ 585 Abs 2). Beispiele sind die Verpachtung von Fabriken, 2
Gasthöfen oder Theatern mit ihrem Fundus (Prot II 516). Sie können außerdem entsprechend auf die Verpachtung von *Unternehmen* angewandt werden, jedenfalls, wenn zu dem Unternehmen Grundstücke gehören und die Parteien vertraglich eine den §§ 582 ff entsprechende Regelung getroffen haben (RG WarnR 1920 Nr 141, S 170).

3. Überblick

Geregelt sind in den §§ 582 bis 583 a lediglich die Fälle der einfachen Mitverpachtung 3
des Inventars (sog schlichte Mitverpachtung; § 582) und der Übernahme des Inventars zum Schätzwert mit der Verpflichtung zur Rückgewähr zum Schätzwert bei Vertragsende (§ 582 a). Im wesentlichen ungeregelt geblieben ist hingegen der häufige Fall des **Verkaufs** des Inventars durch den Verpächter an den Pächter, weil man der Meinung war, daß ein Bedürfnis zur Regelung dieser Fälle nicht bestehe (Mot II 439). Erst 1985 wurde durch das genannte Reformgesetz (o Rn 1) ein einzelner Aspekt des Fragenkreises in § 583 a geregelt.

Die praktische Bedeutung der §§ 582 bis 583 a scheint gering zu sein. Offenbar wer- 4
den die mit dem Inventar zusammenhängenden Fragen heute meistens in einer vom Gesetz abweichenden Weise vertraglich geregelt (vgl zB Loos NJW 1963, 990; Wolf/Eckert, Hdb Rn 1688 [S 386]).

4. Inventar

a) Begriff

Mit Rücksicht auf die großen Schwierigkeiten hat das Gesetz auf eine Definition des 5
Inventarbegriffs verzichtet (Mot II 426). Der Begriff ist weiter als der des Zubehörs (s §§ 97, 98 Abs 2) und umfaßt die Gesamtheit der beweglichen Sachen, die für die Betriebsführung auf einem Grundstück bestimmt sind und in einem entsprechenden

räumlichen Verhältnis zu dem Grundstück stehen. Für die genaue Abgrenzung ist in erster Linie die Verkehrsauffassung maßgebend. Auf die Eigentumsverhältnisse kommt es hingegen nicht an; namentlich spielt es keine Rolle, ob die fraglichen Sachen im Eigentum des Verpächters oder des Pächters stehen. Entsprechend § 98 Nr 2 gehören auch die Erzeugnisse des Grundstücks dazu, soweit sie zur Fortführung des Betriebs bis zur nächsten Ernte erforderlich sind (RGZ 142, 201, 202; RG HRR 1931 Nr 597; BGHZ 41, 6, 7 = NJW 1964, 495; BGH LM Nr 9 zu § 571 BGB = NJW 1965, 2198; RdL 1960, 213; OLG Kiel SchlHAnz 1974, 111; OLG Celle RdL 1960, 209, 211; OLG Düsseldorf ZMR 1987, 377; LG Nürnberg/Fürth MDR 1967, 47 Nr 46; LG Konstanz NJW 1971, 515; DAHMANN, in: Handwörterbuch der Rechtswissenschaft Bd IV 344; LARENZ II/1 § 49 I [S 282 f]; PALANDT/PUTZO § 582 Rn 2; vWENDORFF RdL 1965, 221, 222; WOLF/ECKERT Hdb Rn 1686; MünchKomm/VOELSKOW Vorbem 2 zu § 582).

6 Innerhalb des Inventars unterscheidet man nach unterschiedlichen Gesichtspunkten verpächtereigenes und pächtereigenes Inventar sowie lebendes und totes Inventar. Zum toten Inventar gehören neben den Geräten insbesondere die Vorräte, die landwirtschaftlichen Erzeugnisse sowie die Aussaat und der Dünger, wobei die letzteren häufig auch als Feld- und Wieseninventar bezeichnet werden. Entsprechend der unterschiedlichen Regelung der Rechtsverhältnisse am Inventar in den §§ 582 ff muß man außerdem noch zwischen dem mitverpachteten Inventar (§ 582), dem zum Schätzwert übernommenen Inventar (§ 582 a) und dem Kaufinventar unterscheiden (§ 583 a).

b) Beispiele

7 Nach dem Gesagten (o Rn 5 f) sind zB Inventar bei einer Gaststätte außer den Vorräten die Anrichte, die Zapfanlage und die Kühlanlage (OLG Düsseldorf ZMR 1987, 377) sowie bei landwirtschaftlichen Grundstücken insbesondere das Milchvieh (OLG Kiel SchlHAnz 1974, 111), die noch nicht geernteten Früchte (OLG Celle RdL 1960, 209, 211) sowie das gesamte auf dem Grundstück zur Betriebsführung befindliche Gerät (vWENDORFF RdL 1965, 221, 222). Hingegen gehören zum Inventar nicht bloße bauliche Maßnahmen wie zB die Sanitär- und Elektroarbeiten in einer Gaststätte (OLG Düsseldorf ZMR 1987, 377) oder der Fernsprechanschluß (OLG Saarbrücken OLGZ 1971, 322, 325 f; LG Konstanz NJW 1971, 515; LG Nürnberg/Fürth MDR 1976, 47).

5. Inventarkauf

a) Vereinbarung

8 Sowohl im Falle des § 582 als auch in dem des § 582 a bleibt der Verpächter Eigentümer des Inventars (RGZ 152, 100, 102 f; BGH LM Nr 9 zu § 571 = NJW 1965, 2198; RdL 1960, 213; OLG Celle RdL 1960, 209, 211; MDR 1965, 831 f; vgl § 582 a Abs 2 S 2). Denn nur unter dieser Voraussetzung kann das Inventar überhaupt Gegenstand des Pachtvertrages sein (s Mot II 425; Prot II 243). *Kauft* der Pächter hingegen das Inventar von dem Verpächter, so scheidet das Inventar als Gegenstand des Pachtvertrages aus (RGZ 152, 100, 103).

9 Ob ein Kauf des Inventars vorliegt, ist eine Frage der Auslegung der Parteiabreden im Einzelfall. Eine Vermutung für das Vorliegen eines Kaufvertrages über das Inventar besteht nicht, auch nicht bei Übernahme des Inventars zum Schätzpreis, so daß der Pächter, der eine derartige Abrede behauptet, dafür die *Beweislast* trägt. Aus

der Vereinbarung einer Verzinsung der Anfangsschätzsumme allein ergibt sich gleichfalls noch nicht ohne weiteres der Abschluß eines Kaufvertrages, da es sich hierbei auch um einen bloßen Zuschlag zum Pachtzins handeln kann (RG WarnR 1923/24 Nr 71, S 86, 87).

Zulässig ist auch die Abrede, daß der Pächter nur einen *Teil* des Inventars kauft, **10** während es hinsichtlich des Restes bei der Geltung der §§ 582 a f bleiben soll (BGH LM Nr 1 zu § 589 = MDR 1960, 834 = RdL 1960, 213). Ebenso ist es allein eine Frage der Vereinbarung der Parteien, ob der Kaufpreis sofort *fällig* sein soll oder ob er bis zum Vertragsende gestundet wird, wobei im zweiten Fall eine Verzinsung des Kaufpreises (zusätzlich zum Pachtzins) üblich ist (OLG Celle RdL 1960, 209, 211).

b) Kaufrecht
Beim Kauf des Inventars durch den Pächter handelt es sich um einen normalen **11** Kaufvertrag neben dem Pachtvertrag, auf den ausschließlich Kaufrecht Anwendung findet (RGZ 152, 100, 103; RG JW 1927, 1516, 1518 Nr 2; OLG Celle RdL 1960, 209, 211). Folglich richtet sich in diesem Fall zB die Verjährung des Kaufpreisanspruchs des Verpächters nicht nach § 558, sondern nach den §§ 195 ff (RGZ 152, 100, 102 f).

Hat sich der Verpächter im Falle der Stundung des Kaufpreises das Eigentum an dem **12** Inventar vorbehalten (§ 455), so kann er nach § **809** eine Besichtigung des Inventars nur verlangen, wenn er daran ein besonderes Interesse nachweist, zB infolge schlechter Wirtschaftsführung des Pächters (RG WarnR 1927 Nr 142, S 247 f).

c) Rückkauf
Mit dem Kauf des Inventars seitens des Pächters wird häufig das Recht oder die **13** Pflicht des Verpächters zum Rückkauf des Inventars bei Vertragsende verbunden. In zwei Fällen ist heute aufgrund des 1985 in das Gesetz eingefügten § 583 a diese Rückkaufpflicht des Verpächters sogar zwingendes Recht. Und auch in den übrigen Fällen wird man nach Treu und Glauben von einer Rückkaufpflicht des Verpächters auszugehen haben, solange die Parteien nicht ausdrücklich das Gegenteil vereinbart haben, weil der Pächter in aller Regel an einer derartigen Vereinbarung ein elementares Interesse hat (§§ 133, 157, 242; Bruns RdL 1969, 141).

Die Rückkaufpflicht des Verpächters bei Vertragsende geht nach § **571** auf den **14** Grundstückserwerber über (RG JW 1905, 487 Nr 5; BGH LM Nr 9 zu § 571 = NJW 1965, 2198). Hat jedoch der Grundstückserwerber das Eigentum an dem Inventar bereits zuvor durch den Zuschlag in der Zwangsversteigerung erworben, so handelt es sich um einen Fall des § 323, so daß er dem Pächter nichts mehr schuldet (RG JW 1905, 487 Nr 5).

Ist der Verpächter verpflichtet, das Inventar bei Vertragsende zum **Schätzpreis** **15** zurückzukaufen, so ist bei der Bewertung des Inventars grundsätzlich von den jetzigen Werten (und nicht von den Werten bei Vertragsbeginn) auszugehen (OLG Dresden LZ 1927, 1160, 1161).

§ 582

[1] Wird ein Grundstück mit Inventar verpachtet, so obliegt dem Pächter die Erhaltung der einzelnen Inventarstücke.

[2] Der Verpächter ist verpflichtet, Inventarstücke zu ersetzen, die infolge eines vom Pächter nicht zu vertretenden Umstandes in Abgang kommen. Der Pächter hat jedoch den gewöhnlichen Abgang der zum Inventar gehörenden Tiere insoweit zu ersetzen, als dies einer ordnungsmäßigen Wirtschaft entspricht.

Materialien: E I § 535; II § 526; III § 579; Mot II 425 f; Prot II 243 f; Gesetz zur Neuordnung des landwirtschaftlichen Pachtrechts vom 8. 11. 1985 (BGBl I 2065).

Systematische Übersicht

1.	Geschichte	1	4. Ergänzungspflicht des Verpächters	9
2.	Anwendungsbereich	3	5. Tiere	13
3.	Erhaltungspflicht des Pächters	4	a) Ergänzungspflicht des Pächters	13
a)	Grundsatz	4	b) Eigentum	16
b)	Umfang	6	6. Inventarverzeichnis	17
c)	Schadensersatzpflicht	8		

Alphabetische Übersicht

Siehe Vorbem zu §§ 582–583 a.

1. Geschichte

1 § 582 regelt den Fall der einfachen oder schlichten Mitverpachtung des (verpächtereigenen) Inventars. Die Vorschrift geht zurück auf das Gesetz zur Neuordnung des landwirtschaftlichen Pachtrechts vom 8. 11. 1985 (BGBl I 2065) und entspricht im wesentlichen dem alten § 586. Ein sachlicher Unterschied besteht lediglich insofern, als in Abs 2 S 2 der Vorschrift die Worte „aus den Jungen" gestrichen worden sind, um dem Pächter zu ermöglichen, Tiere auch dadurch zu ersetzen, daß er sie sich von dritter Seite beschafft (u Rn 14). Eine Übergangsvorschrift für Altverträge aus der Zeit vor dem 1. Juli 1986 findet sich in Art 219 EGBGB.

2 Ursprünglich war noch die Klarstellung beabsichtigt gewesen, daß der Pächter auch zum Gebrauch und zur Nutzung des mitverpachteten Inventars berechtigt ist (Mot II 425; Prot II 243). Später wurde diese Bestimmung jedoch als selbstverständlich gestrichen (s §§ 535, 581 Abs 1). Die praktische Bedeutung der Vorschrift scheint gering zu sein (ebenso schon Prot II 243).

2. Anwendungsbereich

§ 586 gilt für die gesamte Grundstückspacht (s o Vorbem 2 zu § 582), also nicht nur für die landwirtschaftliche Pacht (§ 585 Abs 2), sondern zB auch für die Pacht gewerblich genutzter Grundstücke (Prot II 516) oder für die Pacht einer Kiesgrube (RG WarnR 1943 Nr 10, S 28 f). Die Vorschrift kann außerdem je nach den Umständen des Falles entsprechend auf die Unternehmenspacht angewandt werden (RG WarnR 1920 Nr 141, S 170; Loos NJW 1963, 990 f; PALANDT/PUTZO § 582 Rn 1).

3. Erhaltungspflicht des Pächters

a) Grundsatz

Wenn ein Grundstück mit Inventar verpachtet wird, folgt an sich aus den §§ 581 Abs 2 und 536 die Verpflichtung des **Verpächters**, das mitverpachtete Inventar während der ganzen Vertragsdauer in einem zum vertragsmäßigen Gebrauch des Pächters geeigneten Zustand zu erhalten. Davon geht im Grundsatz auch § 582 aus, so daß grundsätzlich der Verpächter und nicht etwa der Pächter Gegenstände, die durch den vertragsmäßigen Gebrauch des Pächters verbraucht werden, ergänzen muß (s noch § 548). Aus demselben Grund bleiben Aufwendungen des Pächters auf die einzelnen Inventarstücke Verwendungen iS des § 547 mit der Folge, daß etwaige Ersatzansprüche des Pächters nach § 558 verjähren (RGZ 152, 100, 102 ff).

§ 582 modifiziert diese Rechtslage nur in einzelnen Beziehungen (s u Rn 9). Das geschieht, indem im Falle der Mitverpachtung des Inventars die allgemeine Ergänzungspflicht des Verpächters durch eine Erhaltungspflicht des **Pächters** begrenzt wird. Deshalb bestimmt § 582 Abs 1, daß in diesem Fall der Pächter zur Erhaltung der einzelnen Inventarstücke verpflichtet ist.

b) Umfang

Nach den §§ 581 Abs 2 und 548 hat der Pächter an sich Veränderungen oder Verschlechterungen des mitverpachteten Inventars, die durch seinen vertragsmäßigen Gebrauch herbeigeführt werden, nicht zu vertreten. Hieran ändert auch § 582 Abs 1 nichts. In Erweiterung des § 547 Abs 1 S 2 bestimmt § 582 Abs 1 jedoch, daß der Pächter die einzelnen Inventarstücke erhalten muß, so daß er (und nicht der Verpächter) alle erforderlichen und wirtschaftlich lohnenden Ausbesserungen vorzunehmen hat (s LARENZ II/1 § 49 I [S 383]).

Beispiele sind die Kosten der Fütterung der Tiere (ebenso schon § 547 Abs 1 S 2), die Wartungs- und Kurkosten der Tiere, die Kosten der Reparatur der mitverpachteten Gerätschaften und dergleichen mehr. Der Pächter trägt die Reparaturkosten auch dann, wenn sie durch den natürlichen *Verschleiß* von Maschinen bei ihrem Gebrauch notwendig werden oder wenn es sich um umfangreiche Maßnahmen handelt (RG WarnR 1943 Nr 10, S 28, 29 f; PALANDT/PUTZO § 582 Rn 7; WOLF/ECKERT, Hdb Rn 1689). Dasselbe gilt für die Kosten einer Generalüberholung solcher Geräte oder der Miete von Ersatzstücken während der Überholung (RG aaO; BGB-RGRK/GELHAAR § 586 Rn 1). Eine Versicherungspflicht des Pächters ergibt sich hieraus nicht; wenn nichts anderes vereinbart ist, ist die Versicherung des Inventars vielmehr Sache des Verpächters, da dieser die Gefahr des zufälligen Untergangs des Inventars trägt (§ 582 Abs 2 S 1;

Palandt/Putzo § 582 Rn 7; MünchKomm/Voelskow § 582 Rn 3; Wolf/Eckert, Hdb Rn 1689).

c) Schadensersatzpflicht

8 § 586 ändert nichts an der Schadensersatzpflicht des Pächters bei einer von ihm zu **vertretenden** Verletzung seiner Obhutspflicht (§§ 276, 545, 548, 581 Abs 2). Folglich ist der Pächter zum Schadensersatz verpflichtet, wenn einzelne Inventarstücke infolge eines von ihm zu vertretenden Umstandes verschlechtert oder zerstört werden. Gemäß § 249 muß er dann grundsätzlich die beschädigten Stücke reparieren oder ersetzen (RG WarnR 1943 Nr 10, S 28, 29 ff).

4. Ergänzungspflicht des Verpächters

9 Die Erhaltungspflicht des Pächters (oben Rn 4 ff) ist nur eine Einschränkung der allgemeinen, sich schon unmittelbar aus den §§ 581 Abs 2 und 536 ergebenden Verpflichtung des Verpächters, das mitverpachtete Inventar in einem zum vertragsmäßigen Gebrauch des Pächters geeigneten Zustand zu erhalten und deshalb notfalls auch zu ergänzen (o Rn 5; Mot II 425 f; Prot II 243 f; Loos NJW 1963, 990 f). Zur Klarstellung hebt dies § 582 Abs 2 S 1 nochmals durch die Bestimmung hervor, daß der Verpächter verpflichtet bleibt, Inventarstücke zu ergänzen, die infolge eines von dem Pächter **nicht** zu vertretenden Umstandes in Abgang kommen (s o Rn 8).

10 § 582 Abs 2 S 1 bedeutet, daß der Verpächter die Gefahr des **zufälligen** Untergangs der einzelnen Inventarstücke trägt, so daß der Pächter in einem derartigen Fall nicht darauf beschränkt ist, den Pachtzins zu mindern (§§ 581 Abs 2, 537), sondern, insoweit in Übereinstimmung mit § 536, auch Erfüllung durch Neuanschaffung verlangen kann. Die Folge ist namentlich, daß der Verpächter die Last der **Neuinvestitionen** tragen muß, wenn das mitverpachtete Inventar durch den vertragsmäßigen Gebrauch des Pächters „in Abgang kommt", dh so aufgebraucht wird, daß eine Reparatur (die nach § 582 Abs 1 dem Pächter obliegt) nicht mehr möglich oder wirtschaftlich sinnlos ist (RG WarnR 1943 Nr 10, S 28, 29 f; Loos NJW 1963, 990 f). Zu beachten bleibt jedoch, daß § 582 kein zwingendes Recht enthält, so daß die Parteien in jeder Hinsicht etwas anderes vereinbaren können.

11 Die Ergänzungspflicht des Verpächters ist nicht dahin zu verstehen, daß er jedes einzelne zufällig in Abgang gekommene Inventarstück während der gesamten Vertragsdauer unverzüglich ersetzen müßte. Er muß vielmehr lediglich dafür Sorge tragen, daß das Inventar **insgesamt** dauernd in einem zum vertragsmäßigen Gebrauch des Pächters geeigneten Zustand erhalten bleibt (MünchKomm/Voelskow § 582 Rn 2).

12 Die Ergänzungspflicht des Verpächters entfällt daher namentlich dann, wenn das noch vorhandene Inventar bereits vollauf für die Zwecke des Pächters ausreicht. Denkbar ist das zB dann, wenn zwischenzeitlich bereits angeschaffte neue Geräte wesentlich leistungsfähiger als alte jetzt in Abgang gekommene Geräte sind, so daß sie deren Aufgaben ohne weiteres mitübernehmen können.

5. Tiere

a) Ergänzungspflicht des Pächters

Eine Ausnahme von der Ergänzungspflicht des Verpächters (o Rn 9 ff) enthält § 582 Abs 2 S 2 durch die Bestimmung, daß der Pächter verpflichtet bleibt, den gewöhnlichen Abgang der zu dem Inventar gehörenden Tiere insoweit zu ersetzen, als dies einer ordnungsmäßigen Wirtschaft entspricht. Diese Ausnahmevorschrift betrifft nach den Vorstellungen der Gesetzesverfasser lediglich den Fall, daß der auf dem Grundstück vorhandene Viehbestand eine Einheit bildet; andernfalls soll der Pächter berechtigt bleiben, jedes einzelne Tierjunge zu verkaufen (Prot II 244).

In der ursprünglichen Fassung des § 582 Abs 2 S 2 (= § 586 Abs 2 S 2 aF) war noch hinzugefügt, daß die Ergänzung der Tiere „aus den Jungen" erfolgen müsse. Dieser Zusatz ist 1985 bei der Neufassung der Vorschriften (o Rn 1) gestrichen worden, um dem Pächter die Möglichkeit zu eröffnen, Tiere auch dadurch zu ersetzen, daß er sich die Tiere von Dritten auf dem Markt beschafft (Begr zum RegE BT-Drucks 10/509, S 15).

Die Ergänzungspflicht beschränkt sich auf die Fälle des gewöhnlichen Abgangs der zu dem Inventar gehörenden Tiere, dh auf solche Fälle, wie sie im Rahmen einer ordnungsmäßigen Wirtschaft regelmäßig vorkommen. Außergewöhnliche Abgänge durch besondere Unglücksfälle wie zB Tierseuchen gehören nicht hierher, so daß in solchen Fällen eine Ergänzungspflicht des Pächters nicht angenommen werden kann.

b) Eigentum

Die Ergänzungspflicht des Pächters hat nur schuldrechtliche Bedeutung, so daß er an den Tierjungen zunächst nach § 956 das Eigentum erwirbt. Es ist eine Frage des Einzelfalles, ob er das Eigentum anschließend nach § 930 auf den Verpächter überträgt oder nicht, wobei dann schon in der Pacht das Besitzmittlungsverhältnis liegt. Die Beweislast für den Eigentumserwerb nach § 930 trägt der Verpächter (BGH WM 1960, 1148, 1149 = BB 1960, 997; MünchKomm/Voelskow § 582 Rn 4).

6. Inventarverzeichnis

Errichten die Parteien bei Vertragsbeginn ein sog Inventarverzeichnis, so hat dieses grundsätzlich nur die Bedeutung einer Beweisurkunde, so daß ein Gegenbeweis möglich bleibt. Wenn nicht ausdrücklich das Gegenteil vereinbart ist, stellt das Inventarverzeichnis keinen Anerkennungsvertrag dar, der bei Unrichtigkeit nur durch Anfechtung beseitigt werden könnte (so RG WarnR 1910 Nr 147 S 153 = Recht 1910 Nr 1519). Nur bei der Landpacht sind die Parteien seit 1986 nach § 585 b zur Aufstellung eines solchen Verzeichnisses gegenseitig verpflichtet.

§ 582 a

[1] Übernimmt der Pächter eines Grundstücks das Inventar zum Schätzwert mit der Verpflichtung, es bei Beendigung der Pacht zum Schätzwert zurückzugewähren, so trägt er die Gefahr des zufälligen Untergangs und der zufälligen Verschlechterung des

§ 582 a   2. Buch
7. Abschnitt. Einzelne Schuldverhältnisse

Inventars. Innerhalb der Grenzen einer ordnungsmäßigen Wirtschaft kann er über die einzelnen Inventarstücke verfügen.

[2] Der Pächter hat das Inventar in dem Zustand zu erhalten und in dem Umfang laufend zu ersetzen, der den Regeln einer ordnungsmäßigen Wirtschaft entspricht. Die von ihm angeschafften Stücke werden mit der Einverleibung in das Inventar Eigentum des Verpächters.

[3] Bei Beendigung der Pacht hat der Pächter das vorhandene Inventar dem Verpächter zurückzugewähren. Der Verpächter kann die Übernahme derjenigen von dem Pächter angeschafften Inventarstücke ablehnen, welche nach den Regeln einer ordnungsmäßigen Wirtschaft für das Grundstück überflüssig oder zu wertvoll sind; mit der Ablehnung geht das Eigentum an den abgelehnten Stücken auf den Pächter über. Besteht zwischen dem Gesamtschätzwert des übernommenen oder dem des zurückzugewährenden Inventars ein Unterschied, so ist dieser in Geld auszugleichen. Den Schätzwerten sind die Preise im Zeitpunkt der Beendigung der Pacht zugrunde zu legen.

Materialien: E I § 544; II § 527 bis 529; III § 580 bis 582; BGB §§ 587 bis 589; Mot II 433 ff; Prot II 259, 516; Gesetz zur Neuordnung des landwirtschaftlichen Pachtrechts vom 8. 11. 1985 (BGBl I 2065).

Systematische Übersicht

I.	Geschichte	1	a)	Anschaffung	23
			b)	Einverleibung	24
II.	Zweck	3	c)	Kein gutgläubiger Erwerb	26
			3.	Wirkungen	28
III.	Anwendungsbereich		4.	Abweichende Vereinbarungen	29
1.	Unternehmenspacht	5	5.	Eintritt eines neuen Pächters	30
2.	Viehverstellung	6			
			IX.	Abwicklung bei Vertragsende	31
IV.	Voraussetzungen	7	1.	Rückgewährpflicht des Pächters	32
			a)	Umfang	32
V.	Gefahrtragung		b)	Rückgewähr	34
1.	Bedeutung	9	2.	Ablehnungsrecht des Verpächters	35
2.	Dauer	11	a)	Zweck	35
			b)	Voraussetzungen	36
VI.	Erhaltungspflicht des Pächters	12	c)	Wirkungen	38
			3.	Wertausgleich	40
VII.	Verfügungsbefugnis		a)	Geschichte	40
1.	Zweck	15	b)	Anwendungsbereich	44
2.	Umfang	17	c)	Wertermittlung	45
			d)	Währungsrisiko	49
VIII.	Eigentumserwerb		e)	Risiko der technischen Entwicklung	51
1.	Überblick	20	f)	Ausgleichsanspruch	53
2.	Voraussetzungen	22	g)	Abweichende Vereinbarungen	55

Oktober 1995

3. Titel. Miete. Pacht § 582 a
II. Pacht 1–4

Alphabetische Übersicht

Siehe Vorbem zu §§ 582–583 a.

I. Geschichte

In § 582 a gibt das Gesetz Sondervorschriften für den Fall der Übernahme des Inventars durch den Pächter zum Schätzwert mit der Verpflichtung zur Rückgabe bei Vertragsende ebenfalls zum Schätzwert. Vorbild dieser Vorschrift ist der Eisernvieh- oder **Eiserninventarvertrag** des früheren Rechts (vgl insbes ALR I 21 §§ 474 ff; Art 1821 ff Code Civil; Mot II 433; BREME JW 1922, 65 f; KRÜCKMANN JW 1922, 68 f; aM RICHTER JW 1921, 1195 f). Dementsprechend war ursprünglich auch beabsichtigt gewesen, den Anwendungsbereich der Vorschrift auf die landwirtschaftliche Pacht zu beschränken (Mot II 438 f). Erst in den Beratungen der 2. Kommission wurde ihr Anwendungsbereich auf die gesamte Grundstückspacht erweitert, weil auch bei der Verpachtung von Theatern oder Gasthöfen entsprechende Abreden vorkämen (Prot II 516). 1

Die geltende Fassung des § 582 a beruht auf dem Gesetz zur Neuordnung des landwirtschaftlichen Pachtrechts vom 8. 11. 1985 (BGBl I 2065). Durch dieses Gesetz sind die früheren §§ 587 bis 589 in einer Vorschrift zusammengefaßt worden. Ursprünglich hatte dabei die Absicht bestanden, abweichend von der bisherigen Rechtslage dem Pächter das Eigentum an dem sogenannten **Überinventar** zuzuweisen, um ihm die Modernisierung und Verbesserung des Inventars zu erleichtern und seine Kreditbasis zu verbreitern (s die Begr zum RegE BT-Drucks 12 [1983]/509 S 15). Dieser Plan stieß jedoch auf verbreitete Kritik (zB MOSER AgrarR 1985, 40, 42) und wurde deshalb wieder aufgegeben, nicht zuletzt deshalb, weil man befürchtete, die geplante Regelung werde zu Unklarheiten bei der Eigentumslage am Inventar führen (Ausschußbericht BT-Drucks 10 [1985]/3830 S 28; zustimmend LARENZ II/1 § 49 I [S 284]). Weitere Änderungen betrafen den der Ermittlung des Schätzwertes zugrundezulegenden Zeitpunkt (s § 582 a Abs 3 S 4 und dazu die Begr aaO S 15; den Ausschußbericht aaO S 28). 2

II. Zweck

Die Gesetzesverfasser gingen davon aus, daß die Parteien mit der Abrede der Übernahme und Rückgabe des Inventars zum Schätzwert im wesentlichen dieselben Zwecke wie mit einem Kauf und Rückkauf des Inventars verfolgten. Mit dieser Begründung wurde vor allem die Gefahrtragungsregelung des § 582 a Abs 1 S 1 gerechtfertigt (Mot II 437; zust RG Gruchot 62 [1918] 108, 109). Tatsächlich sind die beiden Fälle indessen kaum vergleichbar, da der Verpächter bei der Übernahme des Inventars zum Schätzwert anders als im Falle des Inventarkaufs Eigentümer des Inventars bleibt (Vorbem 8 ff zu § 582), so daß das Inventar hier (neben dem Grundstück) Gegenstand des Pachtvertrages ist (Mot II 435; BGH LM Nr 9 zu § 571 = NJW 1965, 2198; vgl auch RGZ 104, 394, 398; OLG Kiel SchlHAnz 1954, 116, 117). 3

Daraus folgt, daß der Zweck des § 582 a in erster Linie darin besteht, das Inventar, das zum Grundstück gehört und für dessen Wirtschaftlichkeit ausschlaggebend ist, während der ganzen Vertragsdauer in einem für die Betriebsführung geeigneten 4

Zustand zu erhalten. Damit soll erreicht werden, daß der Verpächter bei Rückgabe des Grundstücks den Betrieb sogleich fortführen kann (Mot II 435; RGZ 104, 394, 396; OLG Celle MDR 1965, 831, 832; Krückmann JW 1922, 68 f; s u Rn 12). Für den Pächter bedeutet die Übernahme des Inventars zum Schätzwert deshalb eine erhebliche Belastung, so daß solche Abreden heute offenbar nur noch selten vorkommen (Moser AgrarR 1985, 40; MünchKomm/Voelskow § 582 a Rn 2).

III. Anwendungsbereich

1. Unternehmenspacht

5 § 582 a gilt für die gesamte Grundstückspacht einschießlich der Landpacht (§ 585 Abs 2; Vorbem 2 zu § 582). Die Vorschrift ist außerdem entsprechend auf die Unternehmenspacht anwendbar, wenn bei ihr eine Übernahme des Inventars zum Schätzwert mit der Verpflichtung zur Rückgewähr zum Schätzwert vereinbart ist (RG WarnR 1920 Nr 141, S 170). Solche Abreden sind vor allem denkbar und sinnvoll bei Überlassung der Firma oder bei Lizenzierung von Schutzrechten zusammen mit der Verpachtung des Unternehmens (s zB Loos NJW 1963, 990, 993 f; Soergel/Kummer §§ 586–590 Rn 17; MünchKomm/Voelskow § 582 a Rn 3).

2. Viehverstellung

6 § 582 a gilt weiter entsprechend für die sogenannte Viehverstellung. Man versteht darunter die Verpachtung einer Viehherde zum Schätzwert mit der Verpflichtung zur Rückgabe der Herde bei Vertragsende ebenfalls zum Schätzwert (Mot II 439; MünchKomm/Voelskow 582 a Rn 3).

IV. Voraussetzungen

7 § 582 a ist nur anwendbar, wenn zu der Übernahme des Inventars zum Schätzwert die Verpflichtung des Pächters hinzutritt, das Inventar bei Vertragsende zum Schätzwerte zurückzugewähren. Fehlt diese **Rückgewährpflicht** zum Schätzwert, so ist je nach den Abreden der Parteien nur § 582 anzuwenden oder ein Kauf des Inventars zum Schätzwert anzunehmen (Palandt/Putzo § 582 a Rn 3).

8 Für die Anwendung des § 582 a ist insbesondere kein Raum, wenn der Pächter das Inventar **gekauft** hat. Dies gilt selbst dann, wenn der Kaufpreis bis zum Vertragsende gestundet wird oder wenn der Verpächter zum Rückkauf verpflichtet ist. Was im Einzelfall vorliegt, ist eine Auslegungsfrage; eine Vermutung in der einen oder anderen Richtung besteht nicht (s Vorbem 8 ff zu § 582).

V. Gefahrtragung

1. Bedeutung

9 Nach § 582 a Abs 1 S 1 trägt der Pächter bei Übernahme des Inventars zum Schätzwert – anders als im Falle des § 582 – die Gefahr des zufälligen Untergangs und der zufälligen Verschlechterung des Inventars. Das bedeutet vor allem, daß der Pächter bei einer von ihm nicht zu vertretenden Verschlechterung oder Zerstörung einzelner

Inventarstücke den Pachtzins entgegen § 537 nicht mindern kann. Eine Konsequenz dieser Gefahrtragungsregel ist außerdem die Erhaltungspflicht des Pächters (s unten Rn 12 f).

Die Gefahr der zufälligen Verschlechterung des Inventars umfaßt auch die Gefahr 10 einer **technischen Veralterung** der einzelnen Inventarstücke (BEWER RdL 1966, 198, 200; aM G MEYER RdL 1967, 66 f). Auch die Regelung des § 582 a Abs 3 S 3 deutet darauf hin, daß der Pächter dieses Risiko tragen muß.

2. Dauer

Die Gefahrtragungsregel des § 582 a Abs 1 S 1 gilt nur **während** der Pachtzeit, dh nur 11 bis zum Vertragsende (Mot II 439; anders die überwiegende Meinung, zB BGB-RGRK/ GELHAAR § 588 Rn 1; LEONHARD Bd II 178; PALANDT/PUTZO § 582 a Rn 5; MünchKomm/VOELSKOW § 582 a Rn 4). In der Zeit nach Vertragsende bis zur Rückgabe der Pachtsache hat es bei der Anwendung der allgemeinen Vorschriften und namentlich der Verzugsregeln sein Bewenden (s §§ 287 S 2, 300 Abs 1; Mot II 439). Durch diese Vorschriften wird der Verpächter in jeder Hinsicht ausreichend geschützt.

VI. Erhaltungspflicht des Pächters

Nach § 582 a Abs 2 S 1 hat der Pächter das Inventar in dem Zustand zu erhalten und 12 in dem Zustand laufend zu ersetzen, der den Regeln einer ordnungsmäßigen Wirtschaft entspricht. Vor allem in dieser Bestimmung kommt der *Zweck* der ganzen Regelung zum Ausdruck (s oben Rn 4): Das Inventar soll sich jederzeit in einem Zustand befinden, der dem Verpächter bei Rückgabe des Pachtgrundstückes ohne weiteres die Fortführung des Betriebs ermöglicht (s Mot II 435; o Rn 4).

Maßstab der Erhaltungs- und Ersetzungspflicht des Pächters sind seit der Neufassung 13 des § 582 a Abs 2 S 1 durch das Reformgesetz von 1985 nur noch die Regeln einer ordnungsmäßigen Wirtschaft, während es auf den Zustand und den Umfang des Inventars bei Übergabe zum Schätzwert nicht mehr ankommt (MünchKomm/VOELSKOW § 582 a Rn 6). Der Pächter muß deshalb durch Gebrauch oder Zufall schadhaft oder minderwertig gewordene Inventarstücke reparieren, untergegangene Inventarstücke ersetzen und das Inventar insgesamt, soweit dies den Regeln einer ordnungsmäßigen Wirtschaft entspricht, modernisieren, wozu auch die Neuanschaffung bisher nicht vorhandener Inventarstücke gehören kann (o Rn 10). Maßstab ist entsprechend dem Zweck der Regelung (o Rn 4, 12) durchweg allein, ob dem Verpächter bei objektiver Betrachtungsweise aufgrund des Zustandes des Inventars eine ordentliche Fortführung des Betriebs möglich ist. Eine **Nutzungsänderung** kommt bei der Landpacht nur im Rahmen des § 590 Abs 2 und 3 in Betracht (s dazu MünchKomm/VOELSKOW aaO).

Die Erhaltungspflicht des Pächters bezieht sich nur auf das Inventar in seiner 14 **Gesamtheit**. Deshalb ist der Pächter nicht notwendig zum Ersatz jedes einzelnen Stückes verpflichtet, wenn die übrigen Stücke für die Betriebsführung vollauf ausreichen (s BGB-RGRK/GELHAAR § 588 Rn 3; G MEYER RdL 1967, 66 f).

VII. Verfügungsbefugnis

1. Zweck

15 Nach § 582 a Abs 1 S 2 kann der Pächter über die einzelnen Inventarstücke, obwohl sie im Eigentum des Verpächters stehen (s § 582 a Abs 2 S 2, u Rn 20 ff), innerhalb der Grenzen einer ordnungsmäßigen Wirtschaft verfügen (ebenso für den Nießbrauch § 1048 Abs 1 S 1). Diese Verfügungsbefugnis des Pächters war einer der wichtigsten Gründe für die frühere Verbreitung der Übernahme des Inventars zum Schätzwerte, weil ohne sie eine wirtschaftliche Nutzung des Inventars häufig kaum möglich ist (Mot II 435). Jedoch begrenzt der Zweck des § 582 a, das Inventar des Verpächters in dem zur Bewirtschaftung des Grundstücks geeigneten Zustand zu erhalten (oben Rn 4, 12), die Verfügungsbefugnis des Pächters in wichtigen Beziehungen.

16 Die rechtliche Konstruktion der Verfügungsbefugnis des Pächters ist umstritten. Es kommt sowohl eine konkludente Einwilligung des Verpächters (§§ 183, 185; so zB PALANDT/PUTZO § 582 a Rn 6; SOERGEL/KUMMER §§ 586–590 Rn 12) als auch die Annahme eines gesetzlichen Gestaltungsrechtes des Pächters in Betracht. Die Frage hat indessen keine praktische Bedeutung hat, so daß sie offen bleiben kann.

2. Umfang

17 § 582 a Abs 1 S 2 zieht der Verfügungsbefugnis des Pächters in zweierlei Hinsicht Grenzen: Sie besteht einmal nur in den Grenzen einer ordnungsmäßigen Wirtschaft und bezieht sich zum anderen lediglich auf einzelne Inventarstücke, also nicht auf das Inventar in seiner Gesamtheit. Dies bedeutet, daß der Pächter allein über einzelne Inventarstücke im Rahmen des Üblichen und Angemessenen verfügen darf, in keinen Fall jedoch über das gesamte Inventar (OLG Celle MDR 1965, 831, 832).

18 Erlaubt ist nach dem Gesagten (o Rn 17) **zB** der Verkauf solcher Stücke, die nicht mehr benötigt werden oder die für die Zwecke des Grundstücks nicht mehr brauchbar sind, etwa der Verkauf einzelner Viehstücke im Herbst, die sich nach der Lage der Wirtschaft nicht zur Überwinterung eignen. Die Übereignung einzelner Viehstücke an einen Dritten zur Sicherheit für einen Kredit kann im Einzelfall ebenfalls durch die Verfügungsbefugnis des Pächters gedeckt sein, namentlich, wenn die fraglichen Tiere jederzeit unschwer aus den Jungtieren ersetzt werden können (OLG Celle MDR 1965, 831, 832).

19 Aus der früheren Fassung des § 588 Abs 2 S 1 aF wurde überwiegend der Schluß gezogen, die geschilderten Grenzen für die Verfügungsbefugnis des Pächters (o Rn 17 f) hätten keine Bedeutung für das vom Pächter zusätzlich angeschaffte sogenannte Mehr- oder **Überinventar**, so daß er über dieses frei verfügen könne (Mot II 436; OLG Celle MDR 1965, 831, 832; STAUDINGER/EMMERICH [12] §§ 587, 588 Rn 19). Nach der Änderung des § 588 durch das Gesetz von 1985 kann jedoch hieran heute nicht mehr festgehalten werden, da sich seitdem die Erhaltungs- und Ersetzungspflicht des Pächters nicht mehr wie früher (§ 588 Abs 1 S 2 aF) an dem Zustand bei Übergabe, sondern allein an dem orientiert, was den Regeln einer ordnungsmäßigen Wirtschaft entspricht (§ 582 a Abs 2 S 1, o Rn 13 ff).

VIII. Eigentumserwerb

1. Überblick

Nach § 582 a Abs 2 S 2 werden die vom Pächter angeschafften Stücke mit ihrer Einverleibung in das Inventar Eigentum des Verpächters. Das gilt auch für das Überinventar (o Rn 2, s § 582 a Abs 3 S 2 HS 2). Vergleichbare Regelungen finden sich für den Nießbrauch in § 1048 Abs 1 S 2 HS 2 und für die Vorerbschaft in § 2111 Abs 2 (s SPRENGER, Eigentumserwerb durch Einverleibung [1904]). 20

Der Eigentumserwerb des Verpächters am Inventar wurde sowohl im Interesse des Verpächters als auch der Hypothekengläubiger vorgesehen, denen nach § 1120 das Inventar haftet (Mot II 436). Die Regelung kann nach ihrem Zweck uU entsprechend auf die Verpachtung von Unternehmen angewandt werden (JAEGER JW 1919, 107; vgl auch für den Nießbrauch BGH LM Nr 12 zu § 930 = MDR 1975, 225). 21

2. Voraussetzungen

Der Eigentumserwerb des Verpächters setzt vor allem zweierlei voraus, einmal die Anschaffung der Inventarstücke durch den Pächter und zum andern deren Einverleibung in das Inventar. Außerdem ist noch erforderlich, daß das Eigentum an den fraglichen Inventarstück nicht Dritten zusteht. Alle diese Voraussetzungen müssen erfüllt sein, wenn der Verpächter Eigentum erwerben soll, wobei die zeitliche Reihenfolge keine Rolle spielt. 22

a) Anschaffung
Der Begriff der Anschaffung ist im denkbar weitesten Sinne auszulegen. Auch der Erwerb von Jungtieren nach § 956 fällt darunter, so daß diese Tiere mit ihrer Einverleibung in das Inventar gleichfalls in das Eigentum des Verpächters übergehen (OLG Celle MDR 1965, 831 f; BGB-RGRK/GELHAAR § 588 Rn 4; SOERGEL/KUMMER §§ 586—590 Rn 10; MünchKomm/VOELSKOW § 582 a Rn 5). 23

b) Einverleibung
Unter der Einverleibung des vom Pächter angeschafften Inventarstückes in das Inventar versteht man die räumliche und wirtschaftliche Einfügung des Stücks in das Inventar. Dazu ist idR die Einbringung des Stücks in das Grundstück erforderlich (Mot II 436; OLG Celle MDR 1965, 831 f; WOLFF/RAISER § 76 II 2). 24

Die Einverleibung ist eine Rechtshandlung, so daß sie Geschäftsfähigkeit erfordert und bei Willensmängeln angefochten werden kann. Vertretung ist möglich (WOLFF/RAISER § 76 II 2). 25

c) Kein gutgläubiger Erwerb
aa) Letzte Voraussetzung des Eigentumserwerbs des Verpächters ist vorheriger Eigentumserwerb des Pächters. Ein gutgläubiger Erwerb des Verpächters an Sachen Dritter ist nicht möglich. Wichtig ist dies namentlich für Inventarstücke, die der Pächter lediglich unter **Eigentumsvorbehalt** erworben hat. Aus dem Gesagten folgt, daß der Verpächter an diesen Stücken gleichfalls nur ein Anwartschaftsrecht erlangen kann (OLG Stuttgart Recht 1909 Nr 1860; OLG Braunschweig Recht 1910 Nr 878; OLG 26

Dresden JW 1931, 3461; Palandt/Putzo § 582 a Rn 9; MünchKomm/Voelskow § 582 a Rn 5; Wolf/Raiser § 76 III).

27 **bb)** Ein gutgläubiger Erwerb des Verpächters an Sachen Dritter kommt nur bei Rückgabe des Inventars in Betracht, wenn die Parteien in diesem Augenblick tatsächlich noch einen Übereignungswillen haben. In aller Regel dürfte dies jedoch zu verneinen sein (aM Soergel/Kummer §§ 586–590 Rn 11; Wolff/Raiser § 76 III).

3. Wirkungen

28 Mit der Einverleibung erwirbt der Verpächter das Eigentum an den vom Pächter angeschafften Stücken **kraft Gesetzes** (offen gelassen in Mot II 436). Ein entgegenstehender Wille des Pächters vermag daher den Eigentumserwerb des Verpächters nicht zu verhindern (RGSt 7, 41, 44; OLG Dresden JW 1931, 3461 Nr 2; OLG Celle MDR 1965, 831 f; Wolff/Raiser § 76 II 1). Dies gilt auch für das sogenannte Überinventar (o Rn 2, 20; Mot II 436; OLG Celle MDR 1965, 831 f); der Verpächter hat jedoch insoweit ein Ablehnungsrecht (§ 582 a Abs 3 S 2 HS 2).

4. Abweichende Vereinbarungen

29 § 588 ist nicht zwingend (RG BayZ 1920, 25 = Recht 1920 Nr 3093). Die Parteien können daher den Eigentumserwerb des Verpächters ausschließen, zB durch die Abrede, daß der Pächter mit Bezahlung des Inventars das Eigentum daran erwerben soll. Der Pächter wird dann mit der Anschaffung und Einverleibung der einzelnen Stücke in das Inventar deren Eigentümer, und zwar ohne Rücksicht auf einen entgegenstehenden Willen des Verpächters (RG WarnR 1912 Nr 214, S 236, 237 f).

5. Eintritt eines neuen Pächters

30 Wenn anstelle des bisherigen Pächters ein neuer Pächter durch Vertrag mit diesem unter Zustimmung des Verpächters in den Vertrag eintritt, liegt hinsichtlich des Inventars, das nach wie vor dem Verpächter gehört, kein Kaufvertrag vor, so daß eine kaufrechtliche Sachmängelhaftung des alten Pächters ausscheidet. Die Rechtsfolgen etwaiger Mängel des Inventars können daher in einem derartigen Fall allein nach den vertraglichen Absprachen zwischen den beiden Pächtern beurteilt werden (KG JW 1931, 3460 Nr 1).

IX. Abwicklung bei Vertragsende

31 § 582 a Abs 3 regelt im Anschluß an den früheren § 589 die Abwicklung des Pachtverhältnisses bei Übernahme des Inventars zum Schätzpreis durch. Im einzelnen gibt das Gesetz Bestimmungen über die Rückgewährpflicht des Pächters, das Ablehnungsrecht des Verpächters und den Wertausgleich zwischen Pächter und Verpächter.

1. Rückgewährpflicht des Pächters

a) Umfang

32 Nach § 582 a Abs 3 S 1 hat der Pächter bei Beendigung der Pacht das vorhandene

Inventar dem Verpächter zurückzugewähren. Zurückzugeben ist mithin das gesamte bei Vertragsende **vorhandene** Inventar, aber auch nur dieses.

Bleibt das vorhandene Inventar im Wert hinter dem Inventar zurück, das dem Pächter bei Vertragsbeginn übergeben wurde, so hat der Verpächter lediglich einen Anspruch auf Wertausgleich (§ 582 a Abs 3 S 3); er kann hingegen jetzt nicht mehr die Ergänzung des Inventars verlangen (RG WarnR 1920 Nr 141, S 170 f = Recht 1920 Nr 3095). Anders verhält es sich nur, wenn der Pächter schuldhaft gegen seine Erhaltungspflicht verstoßen hat, weil der Verpächter dann auch Schadensersatz fordern kann (§§ 582 a Abs 2 S 1, 276, 249; s o Rn 12 ff). *Übersteigt* das vorhandene Inventar hingegen das dem Pächter übergebene Inventar, so erstreckt sich seine Rückgewährpflicht auch auf dieses sogenannte Über- oder Mehrinventar (o Rn 2). Der Verpächter hat jedoch in diesem Fall das Ablehnungsrecht des § 582 a Abs 3 S 2 (s u Rn 35 ff). 33

b) Rückgewähr
Der Pächter muß das Inventar (o Rn 33) dem Verpächter „zurückgewähren" (§ 582 a Abs 3 S 1), dh zurückgeben im Sinne des § 556 Abs 1, und zwar in dem Zustand, der dem § 582 a Abs 1 und 2 entspricht (s o Rn 12 ff, 33; MünchKomm/VOELSKOW § 582 a Rn 7). Erfüllungsort für die Rückgewährpflicht des Pächters ist derjenige Ort, wo sich die Inventarstücke befinden, und damit grundsätzlich das Pachtgrundstück (§ 269 Abs 1 BGB). Fällig wird die Rückgewährpflicht mit der rechtlichen Beendigung des Pachtverhältnisses (§ 271 Abs 1). 34

2. Ablehnungsrecht des Verpächters

a) Zweck
Durch die Vereinbarung, daß der Pächter das Inventar zum Schätzwert übernimmt und zum selben Wert zurückzugewähren hat, soll sichergestellt werden, daß der Verpächter im Falle der Rückgabe des Grundstücks den bisherigen Betrieb ohne weiteres fortführen kann (o Rn 4). Weitergehende Zwecke verfolgt die gesetzliche Regelung nicht, so daß der Verpächter die Übernahme derjenigen vom Pächter angeschafften Inventarstücke ablehnen kann, die nach den Regeln einer ordnungsmäßigen Wirtschaft für das Grundstück überflüssig oder zu wertvoll sind (§ 582 a Abs 3 S 2 HS 1). Mit der Ablehnung geht das Eigentum an den abgelehnten Stücken, das der Verpächter zuvor nach § 582 a Abs 2 S 2 erworben hatte, wieder kraft Gesetzes auf den Pächter über (§ 582 a Abs 3 S 2 HS 2). 35

b) Voraussetzungen
aa) Das Ablehnungsrecht beschränkt sich auf die Inventarstücke, die nach den Regeln einer ordnungsmäßigen Wirtschaft für das Grundstück überflüssig oder zu wertvoll sind (§ 582 a Abs 3 S 2 HS 1). Ob dies der Fall ist, beurteilt sich nicht nach den Vorstellungen des Verpächters, sondern nach einem *sachlich-objektiven* Maßstab, wobei die *Beweislast* den Verpächter trifft (Mot II 438; PALANDT/PUTZO § 582 a Rn 12; MünchKomm/VOELSKOW § 582 a Rn 8). Bloße Preissteigerungen bei dem Inventar geben dem Verpächter daher kein Ablehnungsrecht (RGZ 104, 394, 395). 36

bb) Der Verpächter hat ein Ablehnungsrecht zB, wenn der Pächter anstelle von Arbeitspferden wertvolle Reitpferde oder wenn er unnötig aufwendige Maschinen 37 angeschafft hat. Sind mehrere Inventarstücke überflüssig, so hat der Verpächter die Wahl, welches der einzelnen Inventarstücke er ablehnen will (Mot II 438).

c) Wirkungen

38 Das Ablehnungsrecht ist ein *Gestaltungsrecht*, das durch einseitige empfangsbedürftige Willenserklärung des Verpächters ausgeübt wird. Mit der Ausübung dieses Gestaltungsrechts durch den Verpächter (§ 130) geht das *Eigentum* an den abgelehnten Inventarstücken nach § 582 a Abs 3 S 2 HS 2 kraft Gesetzes wieder auf den Pächter über (Mot II 438). Ein entgegenstehender Wille des Pächters ist unbeachtlich.

39 Die Folge des Rückfalls des Eigentums an den Pächter ist vor allem, daß die abgelehnten Stücke bei dem *Wertausgleich* nach § 582 a Abs 3 S 3 nicht zu berücksichtigen sind. Macht der Verpächter hingegen von seinem Ablehnungsrecht keinen Gebrauch, so sind auch die überflüssigen oder zu wertvollen Inventarstücke in den Wertausgleich einzubeziehen (Mot II 438; RGZ 104, 394, 399).

3. Wertausgleich

a) Geschichte

40 Der Kern des Rechtsinstituts der Inventarübernahme zum Schätzwert ist der früher in § 589 Abs 3 aF und heute in § 582 a Abs 3 S 3 geregelte Ausgleichsanspruch. Nach § 589 Abs 3 aF hatte, wenn der Gesamtschätzungswert der übernommenen Stücke höher oder niedriger als der gesamte Schätzungswert der zurückzugewährenden Stücke ist, im ersten Fall der Pächter dem Verpächter und im zweiten Fall der Verpächter dem Pächter den Mehrbetrag zu ersetzen. Unter der Geltung dieser Bestimmung war vor allem umstritten gewesen, wer das **Währungsrisiko**, dh das Risiko einer Veränderung des Geldwertes zwischen Vertragsbeginn und Vertragsende zu tragen hat (s STAUDINGER/EMMERICH[12] § 589 Rn 16 ff). Die überwiegende Meinung ging in Übereinstimmung mit dem Willen der Gesetzesverfasser (Mot II 437) zuletzt dahin, daß Preissenkungen zwischen Vertragsbeginn und Vertragsende dem Verpächter zugute kommen, während sich zwischenzeitliche Preissteigerungen zugunsten des Pächters auswirken sollten, so daß im Grundsatz der **Verpächter** das Risiko von Preissteigerungen tragen mußte (RG Gruchot 62 [1918] 108, 109; WarnR 1920 Nr 141, S 170 = SeufArch 75 Nr 151, S 267 = Recht 1920 Nr 3094; KG JW 1921, 1349; OLG Kiel SchlAnz 1954, 116, 118).

41 Von dem Grundsatz, daß der Verpächter das Währungsrisiko tragen muß (o Rn 40), wurden Ausnahmen allein in Fällen einer grundstürzenden Veränderung der Wirtschafts- und Währungsverhältnisse zugelassen. Gedacht war dabei natürlich in erster Linie an die inflationären Verhältnisse nach dem ersten und dem zweiten Weltkrieg, so daß in diesen Fällen die Anfangswerte entsprechend dem in der Zwischenzeit eingetretenen Kaufkraftverlust der Währung in die Werte bei Vertragsende umgerechnet werden mußten (RGZ 104, 394, 396 ff; RG WarnR 1923/24 Nr 71, S 86 f; BGH LM Nr 1 zu § 589 BGB = MDR 1960, 834 = RdL 1960, 213; OLG Celle RdL 1960, 209, 211 f; OLG Kiel aaO; sehr str).

42 An diesen Grundsätzen haben die Gesetzesverfasser nach 1985 nicht uneingeschränkt festgehalten. Unterschiede im Schätzwert, die allein eine Folge der Veränderung der Kaufkraft sind, sollen vielmehr fortan nicht mehr berücksichtigt werden

(Begr zum RegE BT-Drucks 10 [1983]/509, S 15). Deshalb wurde in den Ausschußberatungen in § 582 a Abs 3 als neuer Satz 4 die Bestimmung hinzugefügt, daß den Schätzwerten die Preise im Zeitpunkt der **Beendigung** der Pacht zugrunde zu legen sind. Man wollte dadurch erreichen, daß sich Preisänderungen für das Inventar während der Pachtzeit nicht einseitig zu Lasten der einen oder der anderen Partei auswirken (s dazu ausführlich den Ausschußbericht BT-Drucks 10 [1985]/3830 S 28).

43 Ausschlaggebend für die Änderung war die Überlegung, man müsse schon deshalb von dem Preisniveau bei Vertragsende ausgehen, weil der Verpächter etwa fehlendes Inventar ebenfalls nur zu den Preisen bei Pachtende wiederbeschaffen könne; aus diesem Grund müßten die Schätzwerte zu Beginn der Pachtzeit auf die Preisverhältnisse bei Pachtende umgerechnet werden. Das entspreche auch der Schätzungsordnung für das landwirtschaftliche Pachtwesen von 1982 (s u Rn 46). Diese Schätzungspraxis habe sich bewährt, so daß andere Fragen wie die Berücksichtigung technischer und züchterischer Innovationen oder die qualitative Bewertung der Inventarstücke im Gesetz nicht geregelt zu werden brauchten.

b) Anwendungsbereich
44 Der Wertausgleich nach § 582 a Abs 3 S 3 kommt bei der gesamten Grundstückspacht einschließlich der Landpacht in Betracht (§ 585 Abs 2). Die Regelung ist außerdem entsprechend auf die Unternehmenspacht anwendbar, wenn die Parteien bei dieser eine Übernahme des Inventars durch den Pächter zum Schätzwert vereinbart haben (RG WarnR 1920 Nr 141, S 170 f = SeufArch 75 Nr 151, S 267 f = Recht 1920 Nr 3094). Bewertungsprobleme ergeben sich hier namentlich bei Überlassung der Firma sowie im Falle der Mitverpachtung von Schutz- und Urheberrechten (s dazu Loos NJW 1963, 990, 993 f). Die Folge ist, daß in der Praxis für diese Fragen von § 582 a Abs 3 abweichende Abreden verbreitet sind (Loos aaO).

c) Wertermittlung
45 Für die Ermittlung des Ausgleichsanspruchs sind der Gesamtwert des Inventars bei Vertragsbeginn und bei Vertragsende einander gegenüberzustellen. Dabei müssen grundsätzlich *dieselben* Bewertungsgrundsätze und -maßstäbe angewandt werden

46 Die Schwierigkeiten einer derartigen Wertermittlung, vor allem bei einer langen Vertragsdauer, sind bekannt. In der Praxis wird deshalb häufig der Wertermittlung vertraglich die von den Landwirtschaftskammern beschlossene **Schätzungsordnung** für das landwirtschaftliche Pachtwesen idF vom 10. 11. 1982 zugrunde gelegt, wovon auch die Gesetzesverfasser ausgegangen sind (Ausschußbericht BT-Drucks 10/3830 S 28; MünchKomm/VOELKSKOW § 582 a Rn 10; PALANDT/PUTZO § 582 a Rn 11). Nach dieser Schätzungsordnung, die bei einer Einigung der Parteien auf sie die Bedeutung von allgemeinen Geschäftsbedingungen hat, erfolgt die Schätzung des lebenden Inventars grundsätzlich zu Marktpreisen (Art 17 aaO), während bei der Schätzung des toten Inventars vom sogenannten wirtschaftlichen Gebrauchswert ausgegangen wird (Art 18 aaO). Einzelheiten der Wertermittlung speziell bei dem eisernen Inventar (§ 582 a) regelt ergänzend Art 24 der Schätzungsordnung (s im einzelnen BEWER RdL 1966, 198).

47 Die Schätzung der Anfangs- und Endwerte des Inventars erfolgt gewöhnlich durch landwirtschaftliche **Sachverständige**. In diesem Fall sind auf die Schätzung die §§ 317 bis 319 anwendbar, so daß die Schätzung für die Parteien (nur) *unverbindlich* ist, wenn sie grob unbillig ist (§ 319 Abs 1 S 1; RG WarnR 1922 Nr 37, S 41, 42; OLG Kiel SchlHAnz 1929, 92; 1954, 116, 117).

48 Bei der Schätzung müssen beide Parteien nach Treu und Glauben **mitwirken**. Sie sind daher verpflichtet, dem Sachverständigen, der die Schätzung vornimmt, die erforderlichen *Auskünfte* zu erteilen und ihn auf verborgene, nur ihnen bekannte *Mängel* des Inventars hinzuweisen. So darf zB der Pächter bei Vertragsende nicht verschweigen, daß große Teile der landwirtschaftlichen Vorräte verdorben sind oder daß einzelne Maschinen äußerlich nicht erkennbar, ihre Funktionsfähigkeit aber erheblich beeinträchtigende Mängel aufweisen (OLG Kiel SchlHAnz 1929, 92 ff).

d) **Währungsrisiko**

49 aa) Die **Währungsumstellungen** von 1923 und 1948 sind ohne Einfluß auf den Wertausgleich. Es ist daher bei dem Vergleich der Anfangs- und Endwerte Goldmark = Reichsmark = DM zu setzen.

50 bb) Nach dem früheren Recht (§ 589 Abs 3 aF) mußte grundsätzlich der Verpächter das Risiko von Preissteigerungen tragen (Mot II 437; o Rn 40 ff; STAUDINGER/EMMERICH[12] § 589 Rn 16 ff; sehr str). Hingegen bestimmt jetzt § 582 a Abs 3 S 4 ausdrücklich, daß den Schätzwerten die Preise in Zeitpunkt der **Beendigung** der Pacht zugrunde zu legen sind, um zu verhindern, daß Preisänderungen einseitig zum Nachteil des Verpächters ausschlagen, so daß zur Ermittlung des Wertausgleichs die Schätzwerte zu Beginn der Pachtzeit auf die Preisverhältnisse bei Pacht umgerechnet werden müssen (o Rn 42 f; Begr zum RegE BT-Drucks 10/509 S 15; Ausschußbericht BT-Drucks 10/3830 S 28; LARENZ II/1 § 49 I [S 284]; MünchKomm/VOELSKOW § 582 a Rn 10; PALANDT/PUTZO § 582 a Rn 13). Ebenso wurde früher bereits bei grundstürzenden Veränderungen der Währungsverhältnisse, dh bei inflationären Entwicklungen wie nach dem ersten und dem zweiten Weltkrieg verfahren (o Rn 41). Dies bedeutete zB, daß bei einem zwischenzeitlichen Kaufkraftverlust von 75% auf die Anfangswerte ein Aufschlag von ebenfalls 75% zu berechnen war (STAUDINGER/EMMERICH[12] § 589 Rn 18). Ebenso ist jetzt generell zu verfahren (vgl dazu schon RGZ 104, 394, 401 f; BGH LM Nr 1 zu § 589 BGB = MDR 1960, 834 = RdL 1960, 213).

e) **Risiko der technischen Entwicklung**

51 In der Literatur war seit jeher umstritten, wer bei dem Wertausgleich das Risiko einer Wertminderung des Inventars durch die zwischenzeitliche technische Entwicklung tragen muß (s BEWER RdL 1966, 198; G MEYER RdL 1967, 66; SOERGEL/KUMMER §§ 586–590 Rn 14). In den Beratungen des Gesetzes zur Neuordnung des landwirtschaftlichen Pachtrechts ist die Frage ausdrücklich offengelassen worden, da man der Meinung war, zumindest im Bereich der Landwirtschaft könne diese Frage ohne weiteres der „seit langenm bewährten Schätzungspraxis" überlassen werden, was immer das bedeuten mag (Ausschußbericht BT-Drucks 10/3830 S 28; s o Rn 43).

52 Für den Regelfall, dh vorbehaltlich abweichender Vereinbarungen der Parteien, dürfte davon auszugehen sein, daß das Risiko der technischen Entwicklung der **Pächter** zu tragen hat. Denn angesichts der stürmischen technischen Entwicklung muß heute jedermann mit einer Entwertung des Inventars durch den Fortschritt der Tech-

nik rechnen, zumal bei langfristigen Verträgen. Aus auch praktischen Gründen dürfte sich für den Regelfall eine abweichende Entscheidung verbieten.

f) Ausgleichsanspruch
Ergibt sich bei Vergleich der Anfangs- und Endwerte ein Saldo zugunsten einer 53 Partei, so steht dieser ein Ausgleichsanspruch gegen die andere zu (§ 582 a Abs 3 S 3). Der Anspruch auf den Saldo ist bei Vertragsende fällig (§ 271). Erfüllungsort ist der Ort, wo das Pachtgrundstück belegen ist, nicht etwa der Wohnsitz einer der Parteien (RG Recht 1904, 107 Nr 410). Der Anspruch verjährt in der Frist des § 558 (RGZ 95, 302, 303 f; aM WOLF/ECKERT, Hdb Rn 1700 [S 389]). Wird das Grundstücke veräußert, so geht die Verpflichtung zum Wertausgleich nach den §§ 581 Abs 2, 593 b und 571 auf den Erwerber über (MünchKomm/VOELSKOW § 582 a Rn 11; wohl auch BGH LM Nr 9 zu § 571 BGB = NJW 1965, 2198 = MDR 1966, 45).

Der Ausgleichsanspruch des Pächters ist gesichert durch ein *Pfandrecht* an den in 54 seinen Besitz gelangten Inventarstücken des Verpächters (§ 583). Außerdem steht dem Pächter gegenüber dem Rückgewähranspruch des Verpächters (§ 582 a Abs 3 S 1) ein *Zurückbehaltungsrecht zu* (§ 273), weil § 556 Abs 2 hier nicht anwendbar ist (Prot II 246; SOERGEL/KUMMER §§ 586–590 Rn 18).

g) Abweichende Vereinbarungen
§ 582 a Abs 3 S 3 und 4 ist nicht zwingend, so daß die Parteien in jeder Hinsicht etwas 55 anderes vereinbaren können (BGB-RGRK/GELHAAR § 589 Rn 6). Verbreitet sind vor allem Abreden über die Bewertungsgrundsätze sowie über die Festlegung einheitlicher Bewertungszeitpunkte.

Hatten die Parteien zB vereinbart, daß die Schätzsumme bei Vertragsbeginn *sofort* 56 an den Verpächter *ausbezahlt* wird und daß bei Vertragsende eine erneute Schätzung des Inventars zu erfolgen hat, so ist ebenso wie in den Fällen des § 582 a Abs 3 zu verfahren. Maßgebend für den Wertvergleich sind somit auch hier die Werte bei Vertragsende (anders früher REICHEL AcP 122, 117, 122 ff).

§ 583

[1] Dem Pächter eines Grundstücks steht für die Forderungen gegen den Verpächter, die sich auf das mitgepachtete Inventar beziehen, ein Pfandrecht an den in seinen Besitz gelangten Inventarstücken zu.

[2] Der Verpächter kann die Geltendmachung des Pfandrechts des Pächters durch Sicherheitleistung abwenden. Er kann jedes einzelne Inventarstück dadurch von dem Pfandrecht befreien, daß er in Höhe des Wertes Sicherheit leistet.

Materialien: E I § 536; II § 530; III § 583; BGB § 590; Mot II 426; Prot II 244 ff; Gesetz zur Neuordnung des landwirtschaftlichen Pachtrechts vom 8. 11. 1985 (BGBl I 2065).

Systematische Übersicht

1.	Geschichte	1	5.	Umfang	5
2.	Zweck	2	6.	Abwendung	6
3.	Anwendungsbereich	3	7.	Zurückbehaltungsrecht	7
4.	Gesicherte Forderungen	4			

Alphabetische Übersicht

Siehe Vorbem zu §§ 582–583 a.

1. Geschichte

1 § 583 entspricht dem früheren § 590. Durch das Gesetz zur Neuordnung des landwirtschaftlichen Pachtrechts von 1985 ist lediglich die frühere Verweisung auf § 562 (§ 590 Abs 1 S 2 aF) durch sinngemäße Übernahme des Textes des § 562 in den neuen § 583 Abs 2 ersetzt worden, um die Verständlichkeit des Gesetzestextes zu fördern (s den Ausschußbericht BT-Drucks 10 [1985]/3830 S 28).

2. Zweck

2 § 583 Abs 1 gewährt dem Pächter eines Grundstücks für seine Forderungen gegen den Verpächter hinsichtlich des mitgepachteten Inventars ein Pfandrecht an den in seinen Besitz gelangten Inventarstücken. Damit wird naturgemäß in erster Linie bezweckt, die Pächteransprüche gegen den Verpächter zu sichern. Außerdem soll § 583 den Pächter während der Dauer der Pacht vor der Gefahr schützen, durch Herausgabeansprüche Dritter oder durch Pfändung des Inventars durch Gläubiger des Verpächters in der Verfügung über das Pachtinventar beeinträchtigt zu werden; dies wird dadurch erreicht, daß das Pfandrecht des Pächters kraft Gesetzes auch an den Inventarstücken Dritter entsteht (u Rn 5; Prot II 247 f; Begr zum RegE BT-Drucks 10 [1983]/509 S 15 f; BGHZ 34, 153, 157 = NJW 1961, 502; LARENZ II/1 § 49 I [S 284]).

3. Anwendungsbereich

3 Der Anwendungsbereich des § 583 deckt sich mit dem der §§ 582 f (s o Vorbem 2 zu § 582). Er umfaßt deshalb die gesamte Grundstückspacht einschließlich der Landpacht (§ 582 Abs 2; RG BayZ 1910, 404).

4. Gesicherte Forderungen

4 Gesichert sind alle Forderungen des Pächters gegen den Verpächter mit Bezug auf das mitgepachtete Inventar. Zu denken ist dabei in erster Linie an einen etwaigen Ausgleichsanspruch des Pächters nach § 582 a Abs 3 S 3 (s § 582 a Rn 40 ff), an Verwendungsersatzansprüche des Pächters wegen der Ergänzung von Inventarstücken an Stelle des hierzu verpflichteten Verpächters (§ 582 Abs 2 S 1) sowie an Ansprüche des Pächters auf Rückgabe einer Kaution für das Inventar (Begr zum RegE BT-Drucks 10/509 S 15; BGB-RGRK/GELHAAR § 590 Rn 1; MünchKomm/VOELSKOW § 583 Rn 2).

5. Umfang

Das Pfandrecht des Pächters erstreckt sich entsprechend seinem Zweck (oben Rn 2) **5**
auf *alle* in den Besitz des Pächters gelangten Inventarstücke ohne Rücksicht auf die
Eigentumsverhältnisse an ihnen. Namentlich werden auch Inventarstücke, die im
Eigentum *Dritter* stehen, von dem Pfandrecht erfaßt (BGHZ 34, 153, 157 = NJW 1961,
502; PALANDT/PUTZO § 583 Rn 2; MünchKomm/VOELSKOW § 583 Rn 2).

6. Abwendung

Nach § 583 Abs 2 kann der Verpächter die Geltendmachung des Pfandrechts durch **6**
Sicherheitsleistung abwenden; die Sicherheitsleistung kann notfalls auch durch Stellung eines Bürgen erfolgen (§ 232 Abs 2).

7. Zurückbehaltungsrecht

Neben dem Pfandrecht steht dem Pächter wegen der genannten Ansprüche (o Rn 4) **7**
nach § 273 ein Zurückbehaltungsrecht an dem Inventar zu (Prot II 246), während er
ein Zurückbehaltungsrecht am Grundstück nicht hat (§§ 581 Abs 2, 556 Abs 2, 596
Abs 2). Die Ausübung dieses Zurückbehaltungsrechtes kann der Gläubiger gleichfalls durch Sicherheitsleistung abwenden; jedoch ist hier die Sicherheitsleistung
durch Bürgen ausgeschlossen (§ 273 Abs 3), so daß insoweit das Zurückbehaltungsrecht eine weitergehende Wirkung als das Pfandrecht hat (s o Rn 6; kritisch dazu
MünchKomm/VOELSKOW § 583 Rn 4).

§ 583 a

Vertragsbestimmungen, die den Pächter eines Betriebes verpflichten, nicht oder nicht ohne Einwilligung des Verpächters über Inventarstücke zu verfügen oder Inventar an den Verpächter zu veräußern, sind nur wirksam, wenn sich der Verpächter verpflichtet, das Inventar bei der Beendigung des Pachtverhältnisses zum Schätzwert zu erwerben.

Materialien: Gesetz zur Neuordnung des landwirtschaftlichen Pachtrechts vom 8. 11. 1985
(BGBl I 2065).

Alphabetische Übersicht

Siehe Vorbem zu §§ 582–583 a.

1. Zweck

Die Vorschrift des § 583 a ist erst 1985 durch das Gesetz zur Neuordnung des land- **1**
wirtschaftlichen Pachtrechts (BGBl I 2065) in das Gesetz eingefügt worden. Dahinter
stand die Erfahrung, daß in Pachtverträgen über Betriebe häufig dem Pächter weit-

gehende Verfügungsbeschränkungen hinsichtlich des Inventars auferlegt werden, namentlich, wenn und soweit der Pächter das in dem Pachtbetrieb befindliche Inventar vom Verpächter oder von dem früheren Pächter erwirbt (s die Begr zum RegE BT-Drucks 10 [1983]/509 S 16).

2 Gegen Verfügungsbeschränkungen des Pächters ist nach Meinung der Gesetzesverfasser grundsätzlich nichts einzuwenden, solange sie durch eine Inventarabnahmeverpflichtung des Verpächters ausgeglichen werden. Häufig fehle jedoch eine derartige Abnahmeverpflichtung des Verpächters. Namentlich in den beiden im Gesetz geregelten Fällen bedeute dann die einseitige Beschränkung der Verfügungsbefugnis des Pächters eine schwere Benachteiligung, weshalb in diesen Fällen zusätzliche Bestimmungen zu seinem Schutz erforderlich seien (zust LARENZ II/1 § 49 I; MünchKomm/VOELSKOW § 583 a Rn 2). Für Altverträge aus der Zeit vor dem 1. Juli 1986 enthält Art 219 EGBG eine Übergangsregelung.

2. Anwendungsbereich

3 Der Anwendungsbereich des § 583 a ist enger als der der §§ 582 f (s o Vorbem 2 zu § 582). Denn die Vorschrift gilt nicht für die gesamte Grundstückspacht, sondern nur für die Pacht eines Betriebes einschließlich der Landpacht (§ 585 Abs 2). Ausgenommen ist mithin die reine Grundstückspacht. Die Anwendung der Vorschrift setzt außerdem voraus, daß das Inventar nicht dem Verpächter gehört (dann §§ 582 f), sondern dem Pächter oder einem Dritten (PALANDT/PUTZO § 583 a Rn 1). Wichtigster Anwendungsfall der Vorschrift ist der Fall des Kaufs des Inventars vom Verpächter (s o Vorbem 8 ff zu § 582).

4 In den geregelten Fällen (o Rn 3) wendet sich das Gesetz gegen zwei Abreden, einmal gegen die Verpflichtung des Pächters, über die Inventarstücke nicht oder doch nicht ohne Einwilligung des Verpächters zu verfügen, zum andern gegen die Verpflichtung, das Inventar an den Verpächter zu veräußern. Grundsätzlich unbedenklich ist hingegen eine Abrede, wonach der Pächter verpflichtet ist, das Inventar an einen etwaigen Nachfolger zu verkaufen (MünchKomm/VOELSKOW § 583 a Rn 3).

3. Rechtsfolgen

5 Die genannten Abreden (o Rn 4) sind grundsätzlich nichtig (§ 134). Das ist zwingendes Recht (Begr zum RegE BT-Drucks 10/509 S 16). Die Auswirkungen der Nichtigkeit dieser Abreden auf den gesamten Pachtvertrag beurteilen sich nach § 139, wobei Teilnichtigkeit des Vertrages jedoch die Regel sein dürfte (PALANDT/PUTZO § 583 a Rn 4).

6 Die weitere Folge der Nichtigkeit der Abreden (o Rn 5) ist, daß der Pächter in seiner Verfügungsbefugnis über die fraglichen Inventarstücke nicht mehr beschränkt ist. Etwas anderes gilt nur, wenn sich der Verpächter verpflichtet, das Inventar bei Vertragsende zum Schätzwert zu erwerben (§ 583 a); in diesem Fall sind dann auch die dem Pächter auferlegten Verfügungsbeschränkungen (o Rn 4) wirksam.

3. Titel. Miete. Pacht § 584
II. Pacht

§ 584

[1] Ist bei der Pacht eines Grundstücks oder eines Rechts die Pachtzeit nicht bestimmt, so ist die Kündigung nur für den Schluß eines Pachtjahres zulässig; sie hat spätestens am dritten Werktag des halben Jahres zu erfolgen, mit dessen Ablauf die Pacht enden soll.

[2] Diese Vorschriften gelten bei der Pacht eines Grundstücks oder eines Rechts auch für die Fälle, in denen das Pachtverhältnis unter Einhaltung der gesetzlichen Frist vorzeitig gekündigt werden kann.

Materialien: E I § 537; II § 535; III § 588; Mot II 426 ff; Prot II 246 ff, 515 f; Art 1 Nr 1 G zur Neuordnung des landwirtschaftlichen Pachtrechts vom 8. 11. 1985 (BGBl I 2065); Begr zum RegE BT-Drucks 10/509, 16; Ausschußbericht BT-Drucks 10/3830, 28.

Schrifttum

FRÄNKEL, Das Miet- und Pachtrecht nach dem Bürgerlichen Gesetzbuch für das Deutsche Reich (1897)
JAKOBS/SCHUBERT, Die Beratung des Bürgerlichen Gesetzbuchs in systematischer Zusammenstellung der unveröffentlichten Quellen, Recht der Schuldverhältnisse II (1980)

SCHUBERT, Die Vorlagen der Redaktoren für die erste Kommission zur Ausarbeitung des Entwurfs eines Bürgerlichen Gesetzbuches, Recht der Schuldverhältnisse II (1980)
STIFF, Pachtjahr, Recht 1910, 639.

Systematische Übersicht

I.	**Allgemeine Kennzeichnung**	
1.	Überblick	1
2.	Entstehung der Vorschrift	2
3.	Zweck der Vorschrift	4
II.	**Voraussetzungen**	
1.	Gegenstand des Pachtvertrags	5
a)	Grundstück	5
b)	Recht	8
2.	Pachtvertrag auf unbestimmte Zeit	12
3.	Besondere Voraussetzungen der außerordentlichen befristeten Kündigung	14
III.	**Rechtsfolgen**	
1.	Allgemeines	17
2.	Kündigungserklärung	18
3.	Kündigungsfrist	19
IV.	**Abweichende Vereinbarungen**	23

Alphabetische Übersicht

Abweichende Vereinbarungen	19, 23
Beweislast	23
Entstehung der Vorschrift	2
Form der Kündigung	18
Gegenstand des Pachtvertrags	5
Grundstück	5
– Begriff	5
– Raum	6
– Wohnraum	7
Kündigung	
– außerordentliche befristete	14, 17

– ordentliche	12, 17
Kündigungserklärung	18
Kündigungsfrist	19, 21
Kündigungsschutz	7
Landpacht	1 ff, 15, 18
Lizenzvertrag	11
Optionsrecht	13
Pachtvertrag	5
– auf bestimmte Zeit	13
– auf unbestimmte Zeit	12
Recht	8
– Aneignungsrecht	9
– Begriff	8
– beschränktes dingliches Recht	9
– bewegliche Sache	10
– Immaterialgüterrecht	11
– integrierte Einrichtung	9
Rechtsfolgen	17
Reform	3, 18
Unternehmen	6
Verlängerungsklausel	13
Voraussetzungen	5
Widerruf	22
Wirkung der Kündigung	22
Zubehör	5 f
Zweck der Vorschrift	4

I. Allgemeine Kennzeichnung

1. Überblick

1 Für die Beendigung eines Pachtverhältnisses sind aufgrund der Verweisung des § 581 Abs 2 grundsätzlich die Vorschriften über die Miete entsprechend anwendbar (§ 581 Rn 371 ff). In § 584 stellt das Gesetz jedoch für die Kündigung des Pachtvertrags über ein Grundstück oder ein Recht eine Sondervorschrift auf. Die ordentliche Kündigung eines auf unbestimmte Zeit eingegangenen Pachtverhältnisses ist nach Abs 1 abweichend von § 565 Abs 1 oder Abs 1a mit halbjähriger Kündigungsfrist nur für den Schluß eines Pachtjahres zulässig. Dabei kommt es nicht auf den Zeitraum an, nach dem der Pachtzins bemessen wird. Die gleiche Frist ist bei diesen Pachtgegenständen in Abs 2 für die außerordentliche befristete Kündigung vorgeschrieben. Die außerordentliche fristlose Kündigung ist in § 584 nicht geregelt (BGB-RGRK/GELHAAR § 595 Rn 3; ERMAN/JENDREK Rn 2; OERTMANN § 595 Anm 1; PALANDT/PUTZO Rn 3). Insoweit bleiben die mietrechtlichen Vorschriften uneingeschränkt entsprechend anwendbar (§ 581 Rn 400 ff). Das gleiche gilt für die Beendigung durch Zeitablauf (§ 581 Rn 372 ff). Die Kündigungsfristen bei der Landpacht sind in § 594 a besonders geregelt.

2. Entstehung der Vorschrift

2 a) Die Vorschrift betraf in der **ursprünglichen Fassung** des BGB als § 595 alle Pachtverhältnisse über Grundstücke und Rechte in gleicher Weise, galt also auch für die Landpacht. Sie ändert nach dem Vorbild früherer Gesetze gegenüber der Miete die Kündigungsfrist und den Kündigungstermin, zu dem das Pachtverhältnis beendet werden kann (Mot II 427). Ausgangspunkt war bei den Beratungen des Gesetzentwurfs die Bestimmung des Art 588 Dresdener Entw, nach der die Pachtzeit bei unbefristeter Verpachtung eines landwirtschaftlichen Grundstücks so lange dauern sollte, als zur vollständigen Ziehung einer Ernte erforderlich sei (SCHUBERT 248). Hiervon sah die 1. Komm zugunsten einer Kündigungsregelung ab, wie sie zuvor für das

Mietrecht beschlossen worden war. Im einzelnen wurden die unterschiedlichsten Vorschläge unterbreitet (JAKOBS/SCHUBERT 672 ff). Die nach den gesetzlichen Vorbildern bestehende Beschränkung auf landwirtschaftliche Grundstücke wurde nicht übernommen, um das Gesetz durch Festsetzung einer einheitlichen Frist zu vereinfachen (Mot II 427; JAKOBS/SCHUBERT 674, 675). Ein späterer Antrag, die auf sechs Monate festgesetzte Kündigungsfrist auf ein Jahr zu verlängern, stieß auf Ablehnung (Prot II 247, 248; JAKOBS/SCHUBERT 682). Abweichend von der Regelung des ALR I, 21 § 343 und entsprechenden Gesetzgebungsanträgen wurde als Kündigungstermin nicht der Ablauf des Wirtschaftsjahres vorgesehen, sondern der Schluß eines Pachtjahres. Der Begriff des Wirtschaftsjahres, der sich vor allem wegen der unterschiedlichen klimatischen Verhältnisse kaum durch das Gesetz festlegen lasse, wurde als zu schwankend und unbestimmt angesehen. Die 2. Komm strich die in § 537 Abs 2 E I enthaltene Vorschrift, daß das erste Pachtjahr mit dem Anfang der Pacht beginne, weil dies selbstverständlich sei (Prot II 515 f; JAKOBS/SCHUBERT 685). Obwohl der Justizausschuß des Bundesrats die mietrechtliche Regelung des § 565 Abs 1 über den Kündigungstag dahin gehend änderte, daß die Kündigung nicht am ersten, sondern spätestens am dritten Werktag zu erfolgen habe, wurde davon abgesehen, die pachtrechtliche Bestimmung insoweit anzupassen, weil hierfür kein Bedürfnis bestehe (JAKOBS/SCHUBERT 548, 686). Die Vorschrift ist in der Fassung des § 535 E II, abgesehen von einer geringfügigen redaktionellen Änderung, Gesetz geworden.

b) Mit der **Reform** durch das Gesetz zur Neuordnung des landwirtschaftlichen 3 Pachtrechts vom 8. 11. 1985 (BGBl I 2065) sind die Vorschriften über die nichtlandwirtschaftlichen Pachtverhältnisse und über die Landpacht getrennt worden. Der frühere § 595 regelt nunmehr als § 584 die Kündigungsfristen bei der nichtlandwirtschaftlichen Pacht von Grundstücken und Rechten, während § 594 a eine erheblich abweichende Regelung für die Landpacht enthält. Dabei ist § 584 Abs 1 gegenüber dem früheren § 595 Abs 1 aus Gründen der Rechtsvereinheitlichung während des Gesetzgebungsverfahrens insoweit geändert worden, als der Kündigungstermin im Einklang mit § 594 a vom ersten auf den dritten Werktag der Kündigungsfrist verlegt worden ist (Ausschußbericht BT-Drucks 10/3830, 28). Im übrigen ist die Vorschrift nur redaktionell geringfügig geändert worden.

3. Zweck der Vorschrift

Die von der Miete abweichende Regelung der gesetzlichen Kündigungsfrist und des 4 Kündigungstermins bei der Pacht von Grundstücken und Rechten beruht auf einem wesentlichen Unterschied zwischen beiden Rechtsverhältnissen (Mot II 427). Das Gebrauchsrecht des Mieters und seine Möglichkeit, aus dem Gebrauch Vorteile zu ziehen, bleiben idR während der ganzen Dauer des Mietverhältnisses gleich. Hingegen ist der Pächter eines Grundstücks meist nur während einer kürzeren oder längeren Zeit des Jahres in der Lage, tatsächlich Früchte zu ziehen. Deshalb soll die Länge der Kündigungsfrist bei der Pacht beide Parteien zwingen, das erste Jahr und mangels rechtzeitiger Kündigung auch die folgenden Jahre an der Pacht festzuhalten (Mot II 427; PLANCK/KNOKE § 595 Anm 2). Dies entspricht dem Wesen der Pacht, die häufig auf eine größere Dauer angelegt ist als die Miete (OERTMANN § 595 Anm 1). Vor allem für die früher mitgeregelte Kündigung der Pacht eines landwirtschaftlichen Grundstücks spielten diese Überlegungen eine wichtige Rolle. Darüber hinaus soll die längere Kündigungsfrist der Tatsache Rechnung tragen, daß das bevorstehende

Ende der Pacht regelmäßig beide Parteien zu zeitraubenden Maßnahmen veranlassen wird, indem der Verpächter einen neuen Pächter suchen oder sich selbst auf die Übernahme der Bewirtschaftung vorbereiten muß oder indem sich der Pächter um ein neues Pachtgrundstück bemüht (Mot II 427). Das gleiche gilt im Interesse der Einfachheit des Gesetzes für die Pacht von Rechten (Mot II 428; JAKOBS/SCHUBERT 676).

II. Voraussetzungen

1. Gegenstand des Pachtvertrags

a) Grundstück

5 aa) Die Vorschrift setzt in der 1. Alt einen Pachtvertrag über ein Grundstück voraus. Der **Begriff** des Grundstücks entspricht der Regelung des § 565 Abs 1 (§ 581 Rn 9; STAUDINGER/SONNENSCHEIN[12] [1981] § 565 Rn 15). Ein Grundstück ist ein abgegrenzter Teil der Erdoberfläche, der im Grundbuch als Grundstück geführt wird. Das Gesetz unterscheidet nicht nach der jeweiligen Beschaffenheit und Art der Nutzung. Die Regelung sollte durch eine einheitliche Frist vereinfacht werden. Den Parteien konnte es überlassen werden, durch eine abweichende Vereinbarung Kündigungstermin und Kündigungsfrist ihren besonderen Bedürfnissen anzupassen (Mot II 427; JAKOBS/SCHUBERT 674, 675). Damit werden neben forstwirtschaftlich genutzten Grundstücken auch gewerblichen, freiberuflichen oder rein privaten Zwecken dienende Pachtgrundstücke erfaßt. Der Pachtvertrag kann sich auf Teile eines Grundstücks im Rechtssinne beschränken (BFHE 126, 63 = BStBl II 1979, 37) oder mehrere Grundstücke umfassen (§ 581 Rn 9). Dies gilt zunächst für die reine Grundstückspacht über den Grund und Boden, auch wenn Wirtschaftsanlagen als wesentliche Bestandteile des Grundstücks oder Zubehör als bewegliche Sachen hinzukommen.

6 bb) Anders als das Mietrecht unterscheidet das Pachtrecht nicht zwischen Grundstücken und Räumen (§ 581 Rn 17). Ein **Raum** ist ein allseits umschlossener Teil eines festen Gebäudes, der so groß ist, daß sich ein Mensch darin aufhalten kann. Zu den Gebäuden zählen alle unbeweglichen, mit dem Erdboden fest verbundenen Bauwerke, die zum Aufenthalt von Menschen bestimmt und geeignet sind (STAUDINGER/ EMMERICH [1995] Vorbem 42 zu §§ 535, 536). Wegen der Verweisung des § 581 Abs 2 auf § 580 sind die Vorschriften über die Grundstückspacht auch auf die Pacht von Räumen anwendbar (§ 581 Rn 273). Die Kündigungsfrist des § 584 gilt deshalb auch für die Raumpacht (BGH LM Nr 2 zu § 595 = ZMR 1957, 264; BGB-RGRK/GELHAAR § 595 Rn 1; ERMAN/JENDREK Rn 1; MünchKomm/VOELSKOW Rn 2; **aM** OLG München HRR 1939, Nr 140 – § 565). Dabei macht es keinen Unterschied, ob sich der Pachtvertrag über ein Grundstück auf das gesamte darauf errichtete Gebäude erstreckt oder ob der Vertrag auf einzelne Räume eines Gebäudes beschränkt ist. Sind in den Pachtvertrag bewegliche Sachen, zB als Zubehör, einbezogen, ist die Kündigungsfrist des § 584 für den ganzen Vertrag maßgebend, weil das einheitliche Rechtsverhältnis insoweit nicht aufgespalten werden kann. Dies gilt zB für die Unternehmenspacht (§ 581 Rn 87 ff).

7 cc) Umfaßt ein Pachtvertrag über ein Grundstück auch **Wohnraum**, wie vor allem die Pächterwohnung, gilt für den ganzen Vertrag die Kündigungsfrist des § 584 (MünchKomm/VOELSKOW Rn 2; PALANDT/PUTZO Rn 1). Da es sich nicht um ein Mietverhältnis über Wohnraum handelt, sind neben § 565 Abs 3 auch die sonstigen beson-

deren Schutzvorschriften wie der Kündigungsschutz nach § 564 b und die Sozialklausel des § 556 a grundsätzlich unanwendbar (LG Mannheim WuM 1971, 154, 156; SCHOPP ZMR 1975, 97, 98; SOERGEL/KUMMER Rn 6). Dies gilt nach den für Mischmietverhältnisse aufgestellten Grundsätzen jedoch nur dann, wenn der zur Fruchtziehung genutzte Anteil des Grundstücks überwiegt (§ 581 Rn 378; aM SCHOPP ZMR 1975, 97, 98).

b) **Recht**
aa) Die Vorschrift erfaßt in der 2. Alt neben der Grundstückspacht den Pachtvertrag über ein Recht. Der **Begriff** des verpachtungsfähigen Rechts wird vom Gesetz nicht näher bestimmt. Aus dem Wesen des Pachtvertrags ergibt sich allerdings, daß es sich um ein Recht handeln muß, das eine Fruchtziehung erlaubt und dessen Ausübung einem anderen überlassen werden darf. Hierzu sind in erster Linie private subjektive Rechte geeignet, wie zB beschränkte dingliche Rechte, Immaterialgüterrechte, Forderungen und Aneignungsrechte. Auch selbständige Gerechtigkeiten werden erfaßt. Darüber hinaus können öffentliche Rechte verpachtet werden, soweit nicht zwingende Vorschriften des öffentlichen Rechts entgegenstehen (§ 581 Rn 43 ff). 8

bb) Als Pacht eines Rechts iS des § 584 kommen in erster Linie solche Verträge in Betracht, die sich auf dingliche Rechte an einem **Grundstück** beziehen oder bei denen die Nutzung des Rechts im Zusammenhang mit einem Grundstück steht. Ersteres gilt für die Verpachtung von beschränkten dinglichen Rechten, soweit diese ein Fruchtziehungsrecht zum Inhalt haben oder schuldrechtlich zur Fruchtziehung überlassen werden können. Als Dienstbarkeiten sind die Grunddienstbarkeit (§ 581 Rn 74), der Nießbrauch (§ 581 Rn 75) und die beschränkte persönliche Dienstbarkeit zu erwähnen (§ 581 Rn 76). Ferner sind die Reallast (§ 581 Rn 77) und Nutzungspfandrechte (§ 581 Rn 78) zu nennen, während auf das Erbbaurecht nach § 11 Abs 1 S 1 ErbbVO die Vorschriften über die Grundstückspacht, also § 584 Abs 1 1. Alt, entsprechend anwendbar sind (§ 581 Rn 79). Rechtspacht ist auch die Pacht von Gerechtigkeiten (§ 581 Rn 47 ff). Darüber hinaus nimmt die Rspr eine Rechtspacht an, wenn das Recht überlassen wird, im Zusammenhang mit einem Grundstück eine in eine größere Organisation integrierte Einrichtung zu nutzen, wobei die Abhängigkeit von der Organisation, wie zB einem andersartigen Hauptbetrieb, kennzeichnend ist (§ 581 Rn 45). Dabei ist es nicht entscheidend, daß das Grundstück, Räume oder Teile derselben mit überlassen werden. Schließlich fällt die Verpachtung von Aneignungsrechten wie die Jagd- und Fischereipacht unter § 584, soweit diese Verträge über die gesetzliche Mindestdauer hinaus auf unbestimmte Zeit abgeschlossen werden (§ 581 Rn 61, 72). 9

cc) Die Regelung des § 584 ist auf die Pacht **beweglicher Sachen** (§ 581 Rn 40 ff) unanwendbar, falls diese nicht in einem einheitlichen Pachtvertrag über ein Grundstück oder über Räume mitverpachtet werden. Insoweit verbleibt es bei der allgemeinen Kündigungsregelung der §§ 581 Abs 2, 565 Abs 4 (BGB-RGRK/GELHAAR § 595 Rn 1; JAUERNIG/TEICHMANN Anm 1; MünchKomm/VOELSKOW Rn 2; PLANCK/KNOKE § 595 Anm 1). Wird hingegen ein Recht an einer beweglichen Sache verpachtet, was insbesondere für einen Nießbrauch in Betracht kommt, so ist § 584 seinem Wortlaut nach anwendbar. Dies wird jedoch nach allgM im Wege restriktiver Auslegung zu Recht abgelehnt (BGB-RGRK/GELHAAR aaO; MünchKomm/VOELSKOW aaO; OERTMANN § 595 Anm 2; PLANCK/KNOKE aaO; SOERGEL/KUMMER Rn 1). Da bei der Verpachtung des Rechts an 10 einer beweglichen Sache idR die Sache selbst zur Fruchtziehung überlassen wird, kann nach dem Zweck der Vorschriften (Rn 4; STAUDINGER/SONNENSCHEIN[12] [1981] § 565 Rn 4) keine längere Kündigungsfrist gelten, als wenn die Sache als solche verpachtet wird (Mot II 428).

11 **dd)** Als **sonstige Rechte**, die in den Anwendungsbereich des § 584 fallen, kommen vor allem Immaterialgüterrechte in Betracht (§ 581 Rn 81 ff). Werden solche Rechte entgeltlich zur Nutzung überlassen, kann es sich um einen Pachtvertrag handeln oder um einen Vertrag eigener Art mit pachtähnlichem Charakter, auf den pachtrechtliche Vorschriften entsprechend anwendbar sind. Dies gilt vor allem für einfache Lizenzverträge über geschützte oder ungeschützte Erfindungen, Geheimverfahren oder Know-how, die dem Lizenznehmer ein obligatorisches Benutzungsrecht einräumen (§ 581 Rn 82). Wird ein Lizenzvertrag für die Dauer des Schutzrechts abgeschlossen, was sich auch im Wege der Auslegung ergeben kann, endet der Vertrag mit dem Erlöschen des Schutzrechts, so daß eine ordentliche Kündigung nach § 584 ausscheidet (LINDENMAIER, PatG [6. Aufl 1973] § 9 Rn 59; LÜDECKE/FISCHER, Lizenzverträge [1957] 576; STUMPF/GROSS, Der Lizenzvertrag [6. Aufl 1993] Rn 477; TETZNER, Das materielle Patentrecht der Bundesrepublik Deutschland [1972] § 9 Rn 13; vgl RG GRUR 1937, 1003; GRUR 1940, 558). Haben die Parteien den Lizenzvertrag jedoch ausdrücklich auf unbestimmte Zeit abgeschlossen oder betrifft er kein befristetes Schutzrecht, so richtet sich die Kündigung nach § 584 (LINDENMAIER aaO; STUMPF/GROSS Rn 483). Bei gesellschaftsähnlichen Verträgen greifen die §§ 723 ff ein (LINDENMAIER aaO).

2. Pachtvertrag auf unbestimmte Zeit

12 **a)** Es muß sich um einen Pachtvertrag auf **unbestimmte Zeit** handeln. Die Pachtzeit ist unbestimmt, wenn die Parteien die Dauer des Vertragsverhältnisses nicht durch Angabe eines Endtermins oder den Ablauf bestimmter Zeiteinheiten festgelegt haben und die Pachtzeit auch nicht aufgrund des Vertragsinhalts durch den Gegenstand des Vertrags oder den Eintritt eines bestimmten Ereignisses fest vereinbart ist (§ 581 Rn 372). Entscheidend ist, daß der Vertrag keine Zeitbestimmung enthält, so daß er grundsätzlich nur durch Kündigung beendet werden kann. Einer Kündigung ist gleichzustellen, wenn der Pächter, zB bei einem Bodenabbauvertrag, nach den Vereinbarungen durch einseitige Verzichtserklärung auf die Ausübung seiner Rechte verzichten kann (BGH LM Nr 1 zu § 595). Die Pachtzeit ist ferner dann unbestimmt, wenn die Parteien zwar eine Höchstdauer und damit eine bestimmte Zeit festgelegt haben, aber unter dem Vorbehalt, sich im Wege der ordentlichen Kündigung schon früher von dem Vertrag lösen zu dürfen. Wird die nach den §§ 581 Abs 2, 566 gebotene Schriftform nicht eingehalten, gilt der Vertrag als auf unbestimmte Zeit geschlossen (§ 581 Rn 282), so daß sich die Kündigung nach § 584 richtet (OLG Kiel SchlHAnz 1915, 57, 58; PALANDT/PUTZO Rn 1).

13 **b)** Ein Pachtvertrag auf **bestimmte Zeit** endet nach den §§ 581 Abs 2, 564 Abs 1 durch Zeitablauf (§ 581 Rn 372). Dies gilt auch für einen Pachtvertrag mit Optionsrecht, sofern die berechtigte Partei nicht rechtzeitig von ihrem Optionsrecht Gebrauch macht (§ 581 Rn 373). Ebenso endet ein Pachtvertrag mit Verlängerungsklausel durch Zeitablauf, wenn ein Vertragsteil innerhalb einer bestimmten Frist vor Ablauf des Pachtverhältnisses die weitere Fortsetzung ablehnt (§ 581 Rn 374). In Verträgen ist insoweit manchmal von Kündigung die Rede. Dies ist jedoch eine untechnische Formulierung für eine Willenserklärung des Inhalts, eine Fortsetzung des Pachtverhältnisses werde abgelehnt (STAUDINGER/SONNENSCHEIN[12] [1981] § 564 Rn 6 mwNw). Teilweise werden in der Praxis Optionsrecht und Verlängerungsklausel in der Weise kombiniert, daß die Anfrage des einen Vertragsteils nach Fortsetzung des Vertrags von dem anderen Teil innerhalb einer bestimmten Frist abgelehnt werden muß, um den Vertrag zu beenden. Auch wenn vertraglich für die Anfrage oder die Ablehnungserklärung die Frist des § 584 vereinbart wird, handelt es sich nicht um die Kündigungsfrist iS dieser Vorschrift. Haben die Parteien vereinbart, daß das Pachtverhältnis nach Ausübung des Optionsrechts oder aufgrund der Verlängerungsklausel auf unbestimmte Zeit fortgesetzt wird, kann es grundsätzlich nur noch durch Kündigung nach Maßgabe des § 584 beendet werden (SOERGEL/KUMMER § 595 Rn 3).

3. Besondere Voraussetzungen der außerordentlichen befristeten Kündigung

a) Nach § 584 Abs 2 gelten die Vorschriften des Abs 1 bei der Pacht eines Grundstücks oder eines Rechts auch für die Fälle, in denen das Pachtverhältnis unter Einhaltung der gesetzlichen Frist vorzeitig gekündigt werden kann. Damit stellt die Bestimmung keinen eigenständigen Kündigungsgrund auf, sondern regelt nur die **gesetzliche Kündigungsfrist**, auf die in den anderweitig geregelten Fällen der außerordentlichen befristeten Kündigung verwiesen wird. In diesen Ausnahmefällen, deren besondere Voraussetzungen jeweils erfüllt sein müssen, können sich die Parteien trotz einer an sich noch länger andauernden, fest bestimmten Vertragszeit oder trotz eines vertraglichen Kündigungsausschlusses bzw einer vertraglich nur mit einer längeren als der Halbjahresfrist des § 584 Abs 1 möglichen ordentlichen Kündigung vorzeitig von dem Pachtverhältnis lösen (§ 581 Rn 396 ff). Für die außerordentliche befristete Kündigung kommt es also nicht darauf an, ob der Pachtvertrag auf bestimmte oder auf unbestimmte Zeit abgeschlossen ist (OLG Celle NJW-RR 1988, 80). 14

b) Die außerordentliche befristete Kündigung ist für folgende **Fälle** gesetzlich geregelt, die sich zT nach § 581 Abs 2 aus der entsprechenden Anwendung mietrechtlicher Vorschriften ergeben: 15

§ 541 b Abs 2 S 2 – Kündigungsrecht des Pächters bei Modernisierung der Pachträume, wobei nach § 581 Abs 2 nur auf den Kündigungsgrund und nicht auf die von § 584 abweichende Kündigungsfrist verwiesen wird; § 567 S 1 – Kündigungsrecht beider Vertragsteile bei Pachtvertrag über mehr als dreißig Jahre; § 569 Abs 1 – Kündigungsrecht der Erben bei Tod des Pächters (Rn 16); § 1056 Abs 2 – Kündigungsrecht des Eigentümers bei Verpachtung durch Nießbraucher über die Dauer des Nießbrauchs hinaus; § 2135 – Kündigungsrecht des Nacherben bei Verpachtung durch Vorerben über die Dauer der Vorerbschaft hinaus; § 30 Abs 2 ErbbVO – Kündigungsrecht des Grundstückseigentümers bei Erlöschen des Erbbaurechts; § 57 a ZVG – Kündigungsrecht des Erstehers in der Zwangsversteigerung; § 19 KO – Kündigungsrecht des Verpächters und des Konkursverwalters bei Konkurs des Pächters, nach § 109 Abs 1 S 1 der ab 1. 1. 1999 geltenden InsO beschränkt auf ein Kündigungsrecht des Insolvenzverwalters; § 21 Abs 4 S 1 KO, § 57 a ZVG – Kündigungsrecht des Erwerbers eines vom Gemeinschuldner verpachteten Grundstücks oder eingetragenen Schiffs, ab 1. 1. 1999 ersetzt durch § 111 InsO; § 51 Abs 2 VerglO – Kündigungsrecht des vom Vergleichsverfahren betroffenen Pächters, ab 1. 1. 1999 ersetzt durch § 109 Abs 1 S 1 InsO; Art 42 des G Nr 59 der US-Militärregierung Deutschland (ABlMR AmZ, Ausg G, vom 10. 11. 1947), Art 34 des G Nr 59 der Britischen Militärregierung Deutschland (VOBl BRZ 1949, 152) – Kündigungsrecht des Rückerstattungsberechtigten. Vgl zur Landpacht §§ 594 b, 594 c, 594 d.

16 c) Damit ergeben sich gewisse **Abweichungen vom Mietrecht** (STAUDINGER/SONNENSCHEIN[12] [1981] § 564 Rn 33). Dies beruht nicht nur darauf, daß einzelne Fälle der außerordentlichen befristeten Kündigung speziell für Mietverhältnisse, insbesondere solche über Wohnraum, vorgesehen sind. Darüber hinaus finden sich ausdrückliche Ausnahmen in § 584 a. So gibt es kein Kündigungsrecht des Pächters bei Verweigerung der Erlaubnis zur Unterverpachtung entsprechend den §§ 581 Abs 2, 549 Abs 1 S 2, des Verpächters beim Tod des Pächters entsprechend § 569 Abs 1 und des Pächters bei einer Versetzung nach einem anderen Ort entsprechend § 570.

III. Rechtsfolgen

1. Allgemeines

17 Bei der unbefristeten Pacht eines Grundstücks oder eines Rechts ist die ordentliche Kündigung (§ 581 Rn 389 ff) nach § 584 Abs 1 nur für den Schluß eines Pachtjahres zulässig. Die Kündigung hat spätestens am dritten Werktag des halben Jahres zu erfolgen, mit dessen Ablauf die Pacht enden soll. Die gleiche Frist gilt in diesen Fällen nach Abs 2 für die außerordentliche befristete Kündigung (§ 581 Rn 396 ff), ohne daß es darauf ankommt, ob der Pachtvertrag befristet oder unbefristet ist. Eine besondere Frist ergibt sich wegen des Vorrangs des § 584 auch nicht aus § 541 b Abs 2 S 2 für die Kündigung wegen Modernisierung der Pachträume. Beide Arten der Kündigung stehen nach § 242 unter dem Vorbehalt der unzulässigen Rechtsausübung (§ 581 Rn 379).

2. Kündigungserklärung

18 Das Kündigungsrecht ist durch einseitige, empfangsbedürftige Willenserklärung auszuüben (§ 581 Rn 381 ff). Hierfür gelten alle Vorschriften des BGB über einseitige Rechtsgeschäfte. Eine besondere Form ist für die Kündigung des Pachtvertrags nicht vorgeschrieben. Eine Ausnahme gilt nach § 594 f für die Landpacht. Die Kündigung anderer Pachtverträge ist deshalb formfrei möglich, sofern die Parteien nicht einen vertraglichen Formzwang vereinbart haben (§ 581 Rn 388). Hiervon wird in der Praxis durch Vereinbarung der schriftlichen Kündigung oder der Kündigung durch eingeschriebenen Brief häufig Gebrauch gemacht. Bei der Vereinbarung durch Formularpachtverträge ist zu beachten, daß die Kündigung nach § 11 Nr 16 AGBG nicht an eine strengere Form als die Schriftform oder an besondere Zugangserfordernisse gebunden werden kann. Die Kündigung durch eingeschriebenen Brief kann nur im Wege der Individualabrede nach § 1 Abs 2 AGBG vereinbart werden. Die Kündigungserklärung wird wirksam, wenn sie dem anderen Vertragsteil nach den §§ 130 ff zugeht. Stellvertretung ist auf beiden Seiten möglich (RG SeuffA 60, Nr 34).

3. Kündigungsfrist

19 a) Nach § 584 Abs 1 HS 1 ist die Kündigung nur für den Schluß eines Pachtjahres

zulässig. Damit ist der **Kündigungstermin** bestimmt, nämlich der Tag, mit dessen Ablauf die Kündigung das Pachtverhältnis beendet. Unerheblich ist, ob dieser Tag auf einen Sonnabend, einen Sonn- oder Feiertag fällt. Das Pachtverhältnis verlängert sich in diesen Fällen nicht nach § 193, der allein auf den Ablauf einer Frist nicht anwendbar ist. Diese Vorschrift ist nur für etwaige Leistungspflichten der Parteien bedeutsam, die sich aus der Beendigung des Vertrags ergeben (STAUDINGER/SONNENSCHEIN[12] [1981] § 565 Rn 12). Pachtjahr ist das mit dem Abschluß des Pachtvertrags beginnende bewegliche Jahr (Mot II 427 f; Prot II 515 f) und zwar ohne Rücksicht darauf, ob es mit dem Kalenderjahr oder Wirtschaftsjahr übereinstimmt (RG Recht 1914, Nr 1558; BGB-RGRK/GELHAAR § 595 Rn 2; FRÄNKEL 92; MünchKomm/VOELSKOW Rn 3; PALANDT/PUTZO Rn 2; aM STIFF Recht 1910, 639). Die Parteien können das Pachtjahr vertraglich abweichend vom Vertragsbeginn festlegen, so daß es zB mit dem Wirtschaftsjahr übereinstimmt. Diese Vereinbarung ist auch für den Kündigungstermin maßgebend. Die Regelung des § 594 a Abs 1 S 2, nach der im Zweifel das Kalenderjahr als Pachtjahr gilt, betrifft nur die Landpacht. Im einzelnen ist das Pachtjahr nach den §§ 187, 188 zu berechnen.

b) Nach § 584 Abs 1 HS 2 hat die Kündigung spätestens am dritten Werktag des halben Jahres zu erfolgen, mit dessen Ablauf die Pacht enden soll. Hierdurch wird der **Kündigungstag** bestimmt, an dem die Kündigungserklärung durch Zugang beim Empfänger spätestens wirksam werden muß. Zu den Werktagen gehört weder der Sonntag noch ein am Erklärungsort staatlich anerkannter allgemeiner Feiertag (STAUDINGER/DILCHER[12] § 193 Rn 3 ff). Das gleiche gilt für den Sonnabend (STAUDINGER/SONNENSCHEIN[12] [1981] § 565 Rn 11 mwNw). Dadurch wird allerdings nicht ausgeschlossen, daß der Kündigende seine Erklärung an einem solchen Tag abgibt. Ebensowenig ist aus § 193 zu schließen, daß eine Kündigungserklärung, die dem Empfänger an einem solchen Tag tatsächlich zugeht, rechtlich noch nicht zugegangen ist. Entscheidend ist, daß der Zugang in diesen Fällen vor dem letztlich maßgebenden Werktag liegt (STAUDINGER/SONNENSCHEIN[12] [1981] § 565 Rn 9). Dies ist der dritte Werktag des halben Jahres vor dem Schluß des Pachtjahres. Die Halbjahresfrist ist nach den §§ 187 bis 189 zu berechnen.

c) Die **Kündigungsfrist** ist somit nicht nach einem festen Zeitabschnitt bemessen. Sie liegt zwischen Kündigungstag und Kündigungstermin und ergibt sich nur mittelbar aus diesem zeitlichen Abstand. Sie beträgt knapp ein halbes Jahr und kann jeweils nach Lage der Sonn- oder Feiertage sowie der Sonnabende unterschiedlich lang sein.

d) Die **Wirkung** der Kündigung besteht darin, das Pachtverhältnis mit Ablauf der Kündigungsfrist zu beenden (§ 581 Rn 409). Ist eine Kündigung verspätet oder ist ein unrichtiger Kündigungstermin angegeben, wirkt sie zum nächstzulässigen Termin, sofern der Kündigende das Pachtverhältnis auf jeden Fall beenden will und dieser Wille dem anderen Vertragsteil genügend erkennbar ist (OLG Frankfurt/M NJW-RR 1990, 337; OLG Köln RdL 1960, 48; STAUDINGER/SONNENSCHEIN[12] [1981] § 564 Rn 18). Der Widerruf einer Kündigung ist nach § 130 Abs 1 S 2 nur möglich, wenn er vorher oder gleichzeitig mit der Kündigungserklärung zugeht. Im übrigen können die Parteien die Rechtsfolgen einer durch Zugang wirksam gewordenen Kündigungserklärung nur noch einverständlich beseitigen. Heben die Parteien die Kündigung vor Ablauf der Kündigungsfrist durch Vereinbarung auf, bleibt der bisherige Vertrag in Kraft.

Daraus folgt, daß die Schriftform entsprechend den §§ 581 Abs 2, 566 nicht gewahrt zu werden braucht und daß eine von der Landeszentralbank genehmigte Wertsicherungsklausel nicht erneut genehmigt werden muß (BGH LM Nr 22 zu § 566 = NJW 1974, 1081). Ist das Pachtverhältnis durch die Kündigung bereits beendet worden, können die Parteien es durch einverständliche Aufhebung der Kündigungswirkungen nur neu begründen (§ 581 Rn 410).

IV. Abweichende Vereinbarungen

23 Die Regelung des § 584 ist nicht zwingend (BGB-RGRK/GELHAAR § 595 Rn 1; ERMAN/ JENDREK Rn 1; JAUERNIG/TEICHMANN Anm 1; MünchKomm/VOELSKOW Rn 4; PALANDT/PUTZO Rn 1). Die gesetzliche Regel sollte den besonderen Bedürfnissen des einzelnen Falls anzupassen sein (Mot II 427). Die Parteien können deshalb abweichende Vereinbarungen hinsichtlich des Kündigungstermins und der Kündigungsfrist treffen. Sie können den Kündigungstermin zB auf das Ende des Wirtschafts- oder des Kalenderjahres legen, die Kündigungsfrist verlängern oder verkürzen und dabei für die ordentliche und die außerordentliche befristete Kündigung unterschiedliche Regelungen vereinbaren. Die Beweislast für eine von der gesetzlichen Kündigungsfrist abweichende Vereinbarung obliegt der Partei, die sich darauf beruft (OLG Braunschweig SeuffA 61, Nr 242). Bei Formularpachtverträgen sind die Vorschriften des AGBG zu beachten.

§ 584 a

[1] Dem Pächter steht das in § 549 Abs. 1 bestimmte Kündigungsrecht nicht zu.

[2] Der Verpächter ist nicht berechtigt, das Pachtverhältnis nach § 569 zu kündigen.

[3] Eine Kündigung des Pachtverhältnisses nach § 570 findet nicht statt.

Materialien: E I §§ 533, 538; II § 536; III § 589; Mot II 423, 428 f; Prot II 233 ff, 249 ff; Art 1 Nr 1 G zur Neuordnung des landwirtschaftlichen Pachtrechts vom 8. 11. 1985 (BGBl I 2065); Begr zum RegE BT-Drucks 10/509, 16; Ausschußbericht BT-Drucks 10/3830.

Schrifttum

FRÄNKEL, Das Miet- und Pachtrecht nach dem Bürgerlichen Gesetzbuch für das Deutsche Reich (1897)
JAKOBS/SCHUBERT, Die Beratung des Bürgerlichen Gesetzbuchs in systematischer Zusammenstellung der unveröffentlichten Quellen, Recht der Schuldverhältnisse II (1980)

SCHUBERT, Die Vorlagen der Redaktoren für die erste Kommission zur Ausarbeitung des Entwurfs eines Bürgerlichen Gesetzbuches, Recht der Schuldverhältnisse II (1980).

Systematische Übersicht

I.	**Allgemeine Kennzeichnung**		1.	Allgemeines ———— 10
1.	Überblick ———— 1		2.	Verweigerung der Erlaubnis zur Unterverpachtung ———— 11
2.	Entstehung der Vorschrift ———— 2		3.	Tod des Pächters ———— 16
3.	Zweck der Vorschrift ———— 7		4.	Versetzung des Pächters ———— 17
II.	**Ausschluß des Rechts zur außerordentlichen befristeten Kündigung**		**III.**	**Abweichende Vereinbarungen** ———— 18

Alphabetische Übersicht

Abweichende Vereinbarungen ———— 14, 17, 18
Ausschluß des Kündigungsrechts ———— 10 ff

Beweislast ———— 18

Entstehung der Vorschrift ———— 2

Reform ———— 6

Tod des Pächters ———— 4, 8, 16

Unterverpachtung
– Anspruch auf Erlaubnis ———— 12
– Mieter ———— 15
– Pächter ———— 11

Versetzung des Pächters ———— 5, 9, 17

Wohnraum ———— 13, 16

Zweck der Vorschrift ———— 7

I. Allgemeine Kennzeichnung

1. Überblick

Die Vorschrift schränkt abweichend vom Mietrecht die Möglichkeiten für eine **1** außerordentliche befristete Kündigung ein. Der Pächter hat nach § 584 a Abs 1 im Gegensatz zu § 549 Abs 1 S 2 kein Recht zur außerordentlichen Kündigung, wenn der Verpächter die zur Unterverpachtung notwendige Erlaubnis verweigert. Der Verpächter kann beim Tod des Pächters nach Abs 2 nicht außerordentlich kündigen, während dieses Recht den Erben des Pächters entsprechend den §§ 581 Abs 2, 569 Abs 1 erhalten bleibt. Übt der Pächter einen Beruf als Soldat, Beamter, Geistlicher oder Lehrer an öffentlichen Unterrichtsanstalten aus, steht ihm nach Abs 3 bei einer Versetzung entgegen § 570 kein Recht zur außerordentlichen befristeten Kündigung zu.

2. Entstehung der Vorschrift

Die Vorschrift ist während der Beratungen des Gesetzentwurfs in der 2. Komm aus **2** mehreren selbständigen Bestimmungen zusammengewachsen (JAKOBS/SCHUBERT 672 ff, 684). Sie ist bis auf redaktionelle Änderungen in der Fassung des § 538 E II als § 596 Gesetz geworden.

a) In § 516 E I war zunächst die Untervermietung ohne Erlaubnis des Hauptver- **3** mieters grundsätzlich für zulässig erklärt. Die **Unterverpachtung** wurde hingegen in § 533 E I ausnahmsweise an die Einwilligung des Verpächters gebunden, wenn der

Pachtzins des Hauptpachtvertrags in einem Bruchteil der gezogenen Früchte bestehen sollte. Hierzu diente Art 582 Dresdener Entw als Vorbild (Mot II 423; SCHUBERT 246, 425), während das ALR I, 21 §§ 313, 314 die Einwilligung unabhängig von der Art der Pachtzinsbemessung vorschrieb und nur bei der Zusammenfassung „mehrerer Wirthschaftsrubriken oder Vorwerke" einzelne Ausnahmen zuließ. Nachdem die 2. Komm beschlossen hatte, die Untervermietung ohne Erlaubnis des Vermieters in § 493 E II für unzulässig zu erklären (Prot II 178 ff), wurde die gleiche Lösung für die Unterverpachtung getroffen, wobei die dahin zielenden Anträge jedoch kein Kündigungsrecht für den Fall vorsahen, daß der Verpächter die Erlaubnis zur Unterverpachtung verweigerte (Prot II 233 ff). Weitere Anträge, dem Pächter eines Landguts oder eines gewerblichen Unternehmens die Unterverpachtung einzelner Grundstücke oder eines Nebenbetriebs ohne Erlaubnis des Hauptverpächters zu gestatten, wurden abgelehnt. Ebensowenig wurde dem Vorschlag zugestimmt, die Unzulässigkeit einer Unterverpachtung auf Landgüter und gewerbliche Unternehmen zu beschränken (Prot II 233, 236 f).

4 b)   In § 538 E I war zunächst vorgesehen, das Recht zur außerordentlichen befristeten Kündigung im Gegensatz zur mietrechtlichen Vorschrift des § 526 E I beim **Tod des Pächters** sowohl für dessen Erben als auch für den Verpächter auszuschließen. Abweichend von dem Vorbild des ALR I, 21 §§ 368, 369, 374 sollte mit Rücksicht auf die Vermögensinteressen des sonst zu kündigenden Vertragsteils an der Regel festgehalten werden, daß der Tod einer Partei die Rechte und Pflichten aus vermögensrechtlichen Verträgen nicht beeinflusse (Mot II 428 f; JAKOBS/SCHUBERT 677 f). Die Vorkommission des RJA sah den Ausschluß des Kündigungsrechts für die Erben des Pächters jedoch als unbillig an (JAKOBS/SCHUBERT 681). Dementsprechend wurde in der 2. Komm eine Fassung der Vorschrift beschlossen, nach der beim Tod des Pächters das außerordentliche Kündigungsrecht dem Verpächter nicht zustehen sollte. Der weitergehende Antrag, den Erben des Pächters das Kündigungsrecht nur einzuräumen, wenn der Verpächter seine Einwilligung zur Unterverpachtung versage, wurde abgelehnt (Prot II 249 ff; JAKOBS/SCHUBERT 682 f).

5 c)   Von Beginn der Beratungen an unumstritten war der schon in § 538 E I vorgesehene Ausschluß des Rechts zur außerordentlichen befristeten Kündigung durch den Pächter im Fall seiner **Versetzung als Beamter** oder in ähnlicher Stellung (Mot II 429; Prot II 250; JAKOBS/SCHUBERT 678, 681).

6 d)   Bei der **Reform** durch das Gesetz zur Neuordnung des landwirtschaftlichen Pachtrechts vom 8. 11. 1985 (BGBl I 2065) ist der frühere § 596 unverändert als § 584 a übernommen worden. Die Regelung gilt nach § 585 Abs 2 nicht mehr für die Landpacht. Da insoweit auch die Verweisung des § 581 Abs 2 auf § 570 und § 549 Abs 1 S 2 nicht eingreift, ist es beim Ausschluß der außerordentlichen befristeten Kündigung im Fall der Versetzung des Pächters und der Verweigerung der Erlaubnis zur Unterverpachtung geblieben. Die Unterverpachtung ist ohne ein Kündigungsrecht in § 589 besonders geregelt. Abweichend von der früheren Rechtslage und dem geltenden § 584 a Abs 2 ist für die Landpacht in § 594 d beim Tode des Pächters neben den Erben auch dem Verpächter das außerordentliche Kündigungsrecht eingeräumt worden.

3. Zweck der Vorschrift

a) Die regelmäßige Unzulässigkeit der **Unterverpachtung** beruht auf der Erwägung, daß die Person des Pächters für die ordnungsmäßige Behandlung des Pachtgegenstandes und dessen Nutzbarkeit von entscheidender Bedeutung ist. Meistens wählt sich der Verpächter deshalb den Pächter mit Rücksicht auf dessen persönliche Tüchtigkeit aus. Da dies im Grunde für alle Pachtgegenstände gilt, wurden die in der 2. Komm vorgeschlagenen gesetzlichen Einschränkungen der Unzulässigkeit einer Unterverpachtung abgelehnt. Vor allem bei Landgütern widerspreche die Unterverpachtung ohne Einwilligung des Verpächters idR dem Vertragswillen, dem Interesse des Verpächters und der Landeskultur, weil der Unterpächter häufig nur auf kurze Zeit pachte und deshalb kein Interesse daran habe, den Boden dauernd ertragsfähig zu erhalten (Prot II 234, 236 f). Diese Erwägungen gelten in ähnlicher Weise für andere Pachtgegenstände. Auf dieser Grundlage ist der Zweck zu erklären, der mit dem Ausschluß des Kündigungsrechts bei Verweigerung der Erlaubnis zur Unterverpachtung verfolgt wird. Der Verpächter soll auch nicht mittelbar durch eine drohende Kündigung gezwungen werden, sich mit einem Unterpächter einverstanden zu erklären, zumal der Pächter, falls er persönlich verhindert sei, sein Recht für sich durch Gehilfen oder Verwalter ausüben lassen könne (Prot II 234).

b) Der ursprünglich in § 538 E I vorgesehene generelle Ausschluß des Rechts zur außerordentlichen befristeten Kündigung beim **Tod des Pächters** beruhte auf der Erwägung, daß der Pachtgegenstand im Gegensatz vor allem zur Wohnraummiete nicht in erster Linie dazu dient, die persönlichen Bedürfnisse zu befriedigen, sondern daß meist erhebliche Vermögensinteressen auf dem Spiel stehen. Vermögensrechtliche Verträge sollten aber durch den Tod eines Vertragsteils nicht beeinträchtigt werden (Mot II 428 f). Gleichwohl setzte sich bei den weiteren Beratungen des Gesetzentwurfs die Auffassung durch, daß ein Ausschluß des Kündigungsrechts den Erben des Pächters gegenüber unbillig sei (Jakobs/Schubert 681). Wenn die Erben nicht selbst dazu befähigt seien, den Pachtgegenstand zu bewirtschaften, müßten sie mangels einer Einwilligung zur Unterverpachtung einen Verwalter bestellen. Dessen Kosten würden aber den Ertrag des Pachtgegenstandes nicht selten ganz aufzehren. Dieser besonderen Interessenlage soll die Kündigungsmöglichkeit für die Erben Rechnung tragen. Der Ausschluß des Kündigungsrechts für den Verpächter dient ebenfalls dem Schutz der Erben. Es kann sein, daß die Erben mit Rücksicht auf die Verwendungen, die der Pächter in der ersten Zeit des Vertragsverhältnisses gemacht hat, ein erhebliches Vermögensinteresse an der Fortdauer der Pacht während der ganzen Vertragszeit haben, um diese Verwendungen wieder aus dem Pachtgegenstand herauswirtschaften zu können (Prot II 250; Jakobs/Schubert 682).

c) Der Ausschluß des außerordentlichen Kündigungsrechts für den Pächter im Fall seiner **Versetzung als Beamter** ist mit Rücksicht auf den Unterschied zwischen Miet- und Pachtverhältnissen bestimmt worden (Mot II 429). Die Regelung des § 570, die als § 527 E I noch auf die Wohnung beschränkt war, ist trotz der Erweiterung auf Räume, die der Mieter für sich oder seine Familie gemietet hat, ganz auf die persönlichen Wohnbedürfnisse zugeschnitten. Dieses persönliche Wohnbedürfnis tritt bei der Pacht, die auf Fruchtziehung gerichtet ist, in den Hintergrund oder fehlt je nach Pachtgegenstand völlig.

II. Ausschluß des Rechts zur außerordentlichen befristeten Kündigung

1. Allgemeines

10 Die Parteien können sich unter bestimmten Voraussetzungen im Wege der außerordentlichen befristeten Kündigung vorzeitig von einem Pachtvertrag lösen (§ 581 Rn 396 ff). Die Rechtsgrundlagen ergeben sich aus einer abschließend geregelten Zahl gesetzlicher Vorschriften, die zT auf der nach § 581 Abs 2 entsprechenden Anwendung mietrechtlicher Vorschriften beruhen (§ 584 Rn 15). Hiervon macht § 584 a drei wichtige Ausnahmen. Die Vorschrift betrifft außer der Landpacht alle anderen Arten von Pachtgegenständen (FRÄNKEL 95).

2. Verweigerung der Erlaubnis zur Unterverpachtung

11 a) Nach § 584 a Abs 1 steht dem **Pächter** das in § 549 Abs 1 S 2 bestimmte Kündigungsrecht nicht zu. Der Pächter ist ohne die Erlaubnis des Verpächters nicht berechtigt, den Gebrauch des Pachtgegenstandes einem Dritten zu überlassen, insbesondere den Pachtgegenstand weiter zu vermieten oder zu verpachten (§ 581 Rn 328 ff). Während dem Mieter ein Recht zur außerordentlichen befristeten Kündigung zusteht, falls der Vermieter die Erlaubnis zur Gebrauchsüberlassung ohne wichtigen Grund in der Person des Dritten verweigert, soll der Pächter den Verpächter auch nicht mittelbar durch eine angedrohte Kündigung zwingen können, sich mit einem Unterpächter einverstanden zu erklären (Rn 7). Neben der Unterverpachtung werden noch andere Verträge zur Überlassung des Gebrauchs an Dritte erfaßt, zB Miete oder Leihe (§ 581 Rn 330, 332).

12 b) Der Ausschluß des Kündigungsrechts besagt zugleich, daß dem Pächter im allgemeinen kein **Anspruch auf die Erlaubnis** zur Gebrauchsüberlassung an Dritte zusteht (PALANDT/PUTZO Rn 2).

13 aa) Dies gilt zunächst hinsichtlich eines **gesetzlichen Anspruchs**. Im Mietrecht wird zwar erwogen, im Einzelfall auf der Grundlage des § 242 einen dahin gehenden Anspruch des Mieters zu bejahen (STAUDINGER/EMMERICH [1995] § 549 Rn 46). Im Pachtrecht ist von solchen Ausnahmen angesichts der Entstehungsgeschichte und des Zwecks des § 584 a (Rn 3, 7) grundsätzlich abzusehen, da die Person des Pächters von entscheidender Bedeutung ist. Kann der Pächter den Pachtgegenstand nicht selbst bewirtschaften, steht es ihm frei, sein Recht für sich durch den gesetzlichen Vertreter, durch Verwalter oder Gehilfen ausüben zu lassen (Prot II 234, 238). Hiervon weicht die Praxis bei sogenannten Familien-Pachtübergabeverträgen vor allem zwischen Eltern und Kindern ab (OLG Breslau DJ 1937, 1087; OLG Köln RdL 1960, 48; § 581 Rn 339). Dies muß sich allerdings auf erbberechtigte Kinder beschränken, denen gegenüber der Verpächter die spätere Übernahme der Pacht durch Erbfolge ohnehin nicht verhindern kann, da sein Recht zur außerordentlichen befristeten Kündigung beim Tode des Pächters durch § 584 a Abs 2 ausgeschlossen wird. Ist dem Pächter im Rahmen des Pachtgegenstandes auch Wohnraum überlassen, soll nach zT vertretener Auffassung § 549 Abs 2, der dem Mieter unter bestimmten Voraussetzungen einen Anspruch auf Erteilung der Erlaubnis zur Untervermietung einräumt (STAUDINGER/EMMERICH [1995] § 549 Rn 64 ff), nicht entsprechend anwendbar sein (BGB-RGRK/GELHAAR § 596 Rn 1; SOERGEL/KUMMER § 596 Rn 2). Diese Vorschrift sei nur im Mietrecht

angebracht, weil das Recht zur Untervermietung ein soziales, seit langem überkommenes Dauerrecht sei (SOERGEL/KUMMER aaO). Demgegenüber ist zu bedenken, daß in § 584 a Abs 1 lediglich das Recht zur außerordentlichen Kündigung nach § 549 Abs 1 S 2 ausgeschlossen ist, im übrigen aber die Verweisung des § 581 Abs 2 auf § 549 und damit auf dessen Abs 2 nicht berührt wird. Der Anspruch auf Erteilung der Erlaubnis ist zwar in das Gesetz aufgenommen worden, um den Mieter von Wohnraum nicht zur Kündigung zu zwingen (Begr zum RegE eines MietRÄndG II [BT-Drucks IV/806, 9]), setzt also ein Mietverhältnis über Wohnraum voraus. Obwohl dieser Grund im Pachtrecht wegen § 584 a Abs 1 nicht durchgreift, ist die Interessenlage für den Pächter nicht anders als für den Mieter, wenn etwa nach Abschluß des Vertrags Wohnraum durch Tod oder Wegzug von Familienangehörigen oder Arbeitnehmern überflüssig wird und leersteht. Da es auch nur um einen Teil des Wohnraums geht und nicht um die Bewirtschaftung des Pachtgegenstandes, die weiterhin der Person des Pächters obliegt, geht es ohnehin nur um eine Untervermietung. Einer entsprechenden Anwendung des § 549 Abs 2 steht deshalb nichts entgegen.

bb) Es ist den Parteien freigestellt, schon im Pachtvertrag einen **vertraglichen** **Anspruch** auf Erteilung der Erlaubnis zur Unterverpachtung oder Untervermietung zu begründen. Ein solcher Anspruch kann ausdrücklich vereinbart werden. Er kann sich auch im Wege der Auslegung aus dem gesamten Vertragsinhalt ergeben. Versagt der Verpächter in einem solchen Fall ständig und planmäßig die Erlaubnis, um den Pächter zur Aufgabe der Pacht zu veranlassen, handelt es sich um eine zum Schadensersatz verpflichtende positive Vertragsverletzung (RGZ 138, 359, 364 f). Darüber hinaus kann davon ausgegangen werden, daß die Parteien mit der Vereinbarung eines vertraglichen Anspruchs auf Erteilung der Erlaubnis im allgemeinen zumindest stillschweigend den Ausschluß des Kündigungsrechts aus § 584 a Abs 1 abbedingen, sofern der Verpächter die Erlaubnis grundlos verweigert. **14**

c) Das Recht zur außerordentlichen befristeten Kündigung ist nach § 584 a Abs 1 nur für den Pächter, nicht für den **Mieter** ausgeschlossen. Einer Unterverpachtung steht nicht entgegen, daß der Hauptvertrag ein Mietvertrag ist. Dies gilt etwa, wenn der Mieter von Räumen ein Unternehmen gründet und darin betreibt, das er später mit den Räumen unterverpachten will (BGH LM Nr 2 zu § 36 MietSchG = NJW 1952, 821; KG JR 1948, 314; OLG Celle ZMR 1973, 109; LG Göttingen NdsRpfl 1948, 242), oder wenn der Garten eines gemieteten Hauses einem Dritten zur selbständigen Nutzung überlassen werden soll. Verweigert der Vermieter in derartigen Fällen die Erlaubnis zur Unterverpachtung, wird das Kündigungsrecht des Mieters aus § 549 Abs 1 S 2 nicht berührt. **15**

3. Tod des Pächters

Stirbt der Mieter, so sind nach § 569 Abs 1 sowohl der Erbe als auch der Vermieter berechtigt, das Mietverhältnis unter Einhaltung der gesetzlichen Frist für den ersten zulässigen Termin zu kündigen (FRÄNKEL 95; STAUDINGER/SONNENSCHEIN[12] [1981] § 569 Rn 4 ff). Dieses Recht zur außerordentlichen befristeten Kündigung gilt aufgrund der Verweisung in § 581 Abs 2 beim Tode des Pächters für dessen Erben entsprechend. Beim Tode eines von mehreren Pächtern steht dessen Erben das Kündigungsrecht aufgrund der Einheitlichkeit des Rechtsverhältnisses aber nur zu, wenn dies vertraglich vorgesehen ist (RGZ 90, 328, 330 f; STAUDINGER/SONNENSCHEIN[12] [1981] § 569 Rn 7). Bei **16** der Pacht eines Grundstücks oder eines Rechts richten sich Kündigungstermin und Kündigungsfrist nach § 584 (dort Rn 5 ff, 19 ff), im übrigen nach den §§ 581 Abs 2, 565 Abs 5 (STAUDINGER/SONNENSCHEIN[12] [1981] § 565 Rn 74 ff). Der Verpächter ist hingegen aufgrund des § 584 a Abs 2 nicht berechtigt, das Pachtverhältnis nach § 569 zu kündigen (RGZ 90, 328, 329; RG WarnR 1914, Nr 116). Der Ausschluß des Kündigungsrechts dient dem Schutz der Erben (Rn 8). Bei der Landpacht ist der Gesetzgeber in § 594 d von diesem Ziel abgewichen. Die Vorschriften der §§ 569 a, 569 b, die bei einem Mietverhältnis über Wohnraum für den Fall des Todes des Mieters eine Sonderrechtsnachfolge des Ehegatten oder von Familienangehörigen ermöglichen, sind im Pachtrecht wegen ihres besonderen, auf die Wohnraummiete zugeschnittenen Zwecks unanwendbar. Es ist auch nicht möglich, den Pachtvertrag hinsichtlich des der Fruchtziehung dienenden Teils und der Pächterwohnung aufzuteilen und nur für die Wohnung eine Sondernachfolge zuzulassen (BGB-RGRK/GELHAAR § 596 Rn 1; MünchKomm/VOELSKOW Rn 3; SOERGEL/KUMMER § 596 Rn 5).

4. Versetzung des Pächters

17 Militärpersonen, Beamte, Geistliche und Lehrer an öffentlichen Unterrichtsanstalten können das Mietverhältnis nach § 570 in Ansehung der Räume, die sie für sich oder ihre Familie an dem bisherigen Garnison- oder Wohnort gemietet haben, unter Einhaltung der gesetzlichen Frist für den ersten zulässigen Termin kündigen (STAUDINGER/EMMERICH[12] [1981] § 570 Rn 5 ff). Die Regelung bezweckt, die freie Versetzbarkeit der Beamten im öffentlichen Interesse zu fördern. Das Recht zur außerordentlichen befristeten Kündigung ist hingegen für den Pächter, der zugleich zu dem begünstigten Personenkreis des § 570 gehört, nach § 584 a Abs 3 ausgeschlossen. Hierfür ist der Unterschied zwischen Miet- und Pachtverhältnis bestimmend (Rn 9). Der Ausschluß des Kündigungsrechts gilt für den ganzen Vertrag, auch soweit die Wohnung des Pächters zum Pachtgegenstand gehört. Eine Aufteilung des einheitlichen Rechtsverhältnisses ist nicht möglich. Unverkennbar ist allerdings, daß sich bei der zunehmenden Bedeutung der Nebenerwerbswirtschaft auch für Pächter, die zugleich Beamte sind, ein praktisches Bedürfnis für eine vorzeitige Beendigung des Pachtverhältnisses ergibt. Diese Möglichkeit kann der betroffene Personenkreis durch eine von § 584 a Abs 3 abweichende Vereinbarung eines Kündigungsrechts sicherstellen.

III. Abweichende Vereinbarungen

18 Die Regelung des § 584 a ist in vollem Umfang abdingbar (Prot II 236; BGB-RGRK/GELHAAR § 596 Rn 5; ERMAN/JENDREK Rn 1; JAUERNIG/TEICHMANN Anm 1; MünchKomm/VOELSKOW Rn 4; OERTMANN § 596 Anm 2; PALANDT/PUTZO Rn 1). So können die Parteien dem Pächter ein Recht zur außerordentlichen befristeten Kündigung einräumen, falls der Verpächter die notwendige Erlaubnis zur Unterverpachtung verweigert. Sie können das Kündigungsrecht beim Tod des Pächters neben dessen Erben auch dem Verpächter zugestehen. Andererseits kann das außerordentliche Kündigungsrecht der Erben abweichend von den §§ 581 Abs 2, 569 Abs 1 ausgeschlossen werden. Wird ein solcher Kündigungsausschluß allerdings in einem Formularpachtvertrag vereinbart, ist im Zweifel eine unangemessene Benachteiligung der Erben anzunehmen, die nach § 9 Abs 2 Nr 1 AGBG zur Unwirksamkeit der Klausel führt. Sie ist mit den wesentlichen Grundgedanken des § 569, der die Erben auch im Pachtrecht schützen soll

(Rn 8), nicht zu vereinbaren (SONNENSCHEIN NJW 1980, 1713, 1718). Schließlich können die Parteien dem Pächter vertraglich das Kündigungsrecht aus § 570 einräumen. Über den erwähnten Fall hinaus sind bei Formularpachtverträgen die Vorschriften des AGBG zu beachten. Insoweit sind hinsichtlich der Vereinbarung von Kündigungsrechten vor allem die Klauselverbote des § 11 Nr 15 über die Änderung der Beweislast und des § 11 Nr 16 AGBG über Form und Zugangserfordernisse der Kündigungserklärung bedeutsam.

§ 584 b

Gibt der Pächter den gepachteten Gegenstand nach der Beendigung des Pachtverhältnisses nicht zurück, so kann der Verpächter für die Dauer der Vorenthaltung als Entschädigung den vereinbarten Pachtzins nach dem Verhältnis verlangen, in dem die Nutzungen, die der Pächter während dieser Zeit gezogen hat oder hätte ziehen können, zu den Nutzungen des ganzen Pachtjahres stehen. Die Geltendmachung eines weiteren Schadens ist nicht ausgeschlossen.

Materialien: E I § 542; II § 537; III § 590; Mot II 431 f; Prot II 256 ff; Art 1 Nr 1 G zur Neuordnung des landwirtschaftlichen Pachtrechts vom 8. 11. 1985 (BGBl I 2065); Begr zum RegE BT-Drucks 10/509, 16; Ausschußbericht BT-Drucks 10/3830.

Schrifttum

CROME, Die partiarischen Rechtsgeschäfte nach römischem und heutigem Reichsrecht (1897)
FRÄNKEL, Das Miet- und Pachtrecht nach dem Bürgerlichen Gesetzbuch für das Deutsche Reich (1897)
JAKOBS/SCHUBERT, Die Beratung des Bürgerlichen Gesetzbuchs in systematischer Zusammenstellung der unveröffentlichten Quellen, Recht der Schuldverhältnisse II (1980)

R REUTER, Zulässigkeit der reconductio tacita bei der Pacht nach BGB, DJZ 1900, 478
SCHUBERT, Die Vorlagen der Redaktoren für die erste Kommission zur Ausarbeitung des Entwurfs eines Bürgerlichen Gesetzbuches, Recht der Schuldverhältnisse II (1980).

Systematische Übersicht

I. Allgemeine Kennzeichnung	bb) Vorenthaltung der tatsächlichen Gewalt ___ 9
1. Überblick ___ 1	cc) Möglichkeit der Rückgabe ___ 13
2. Entstehung der Vorschrift ___ 2	dd) Rücknahmewille des Verpächters ___ 14
3. Zweck der Vorschrift ___ 4	ee) Dauer der Vorenthaltung ___ 15
II. Nutzungsentschädigung	2. Rechtsfolgen ___ 16
1. Voraussetzungen ___ 5	a) Allgemeines ___ 16
a) Pachtvertrag ___ 5	b) Vereinbarter Pachtzins ___ 17
b) Beendigung der Pacht ___ 6	aa) Grundsatz ___ 17
c) Vorenthaltung des Pachtgegenstandes ___ 8	bb) Bemessung nach dem Verhältnis der Nutzungen ___ 18
aa) Begriff ___ 8	c) Fälligkeit des Anspruchs ___ 19

d) Verjährung des Anspruchs — 20
e) Sonstige Rechtsfolgen — 21

III. Weitergehender Schadensersatz
1. Anspruchsgrundlagen — 24

2. Umfang des Schadensersatzes — 25

IV. Konkurrenzen — 26

V. Abweichende Vereinbarungen — 29

Alphabetische Übersicht

Abweichende Vereinbarungen — 29
Apothekenpacht — 10

Beendigung der Pacht — 6
Bereicherungsanspruch — 4, 14, 16 f, 26, 28
Bewegliche Sache — 5, 20
Beweislast — 25, 29

Entgangener Gewinn — 25
Entstehung der Vorschrift — 2

Fälligkeit der Nutzungsentschädigung — 19

Grundstück — 5, 10, 22

Kaufvertrag — 9
Konkurrenzen — 26

Landpacht — 3, 7
Landwirtschaftliches Grundstück — 2, 5, 7, 23

Mitverschulden des Verpächters — 16, 25

Nutzungen — 2, 18
Nutzungsentschädigung — 5
– Bemessung — 17
– Fälligkeit — 19
– Rechtsfolgen — 16
– vereinbarter Pachtzins — 17
– Verjährung — 20
– Voraussetzungen — 5

Pachtvertrag — 5
Pachtzins — 16
Pfandrecht — 16

Raum — 1, 5, 10, 22
Recht — 5, 10
Rechtsfolgen — 16
Reform — 3

Schaden — 16
Schadensersatz — 24 f, 27
– Anspruchsgrundlagen — 24
– Umfang — 25
– Verjährung — 28

Teilpacht — 18

Unternehmen — 5, 10
Unterverpachtung — 5, 13

Verjährung — 20, 28
Verlängerung der Pacht — 7, 9
Verschulden — 8, 24, 29
Vorenthaltung des Pachtgegenstandes — 8
– Begriff — 8
– Dauer — 15
– Möglichkeit der Rückgabe — 13
– Nutzungsentschädigung — 17
– Rückgabeanspruch — 9
– Rücknahmewille — 14
– sonstige Rechtsfolgen — 21
– Teilleistungen — 11
– Verletzung sonstiger Pflichten — 12
– Verschulden — 8

Wohnraum — 1, 11, 22, 25, 29

Zurückbehaltungsrecht — 6, 9
Zweck der Vorschrift — 4

I. Allgemeine Kennzeichnung

1. Überblick

Sobald das Pachtverhältnis beendet ist, hat der Pächter den Pachtgegenstand entsprechend den §§ 581 Abs 2, 556 zurückzugeben (§ 581 Rn 441 ff). In § 584 b sind Ansprüche des Verpächters für den Fall geregelt, daß der Pächter den Pachtgegenstand nicht oder nicht rechtzeitig zurückgibt. Hierbei handelt es sich zum einen um den Anspruch auf Nutzungsentschädigung für die Dauer der Vorenthaltung aus S 1, zum anderen um die Geltendmachung eines weiteren Schadens nach S 2. Die Bestimmung entspricht im Prinzip der mietrechtlichen Regelung des § 557, weicht aber als Sondervorschrift hinsichtlich der Bemessung der Nutzungsentschädigung davon ab. Der als Entschädigung zu zahlende Mietzins richtet sich genau nach der Dauer der Vorenthaltung und wird in gleichbleibender Höhe nach den jeweils vereinbarten Zeitabschnitten bemessen. Der Verpächter kann hingegen den vereinbarten Pachtzins nur nach dem Verhältnis verlangen, in dem die Nutzungen, die der Pächter während der Dauer der Vorenthaltung gezogen hat oder hätte ziehen können, zu den Nutzungen des ganzen Pachtjahres stehen. Abweichend von § 557 Abs 1 S 2 kommt es nur auf den vereinbarten, nicht auf einen ortsüblichen Pachtzins an, selbst wenn der Pachtgegenstand Räume umfaßt. Ferner gelten für den Verpächter nicht die Beschränkungen eines weitergehenden Schadensersatzanspruchs, wie sie für den Vermieter von Wohnraum in § 557 Abs 2 bis 4 enthalten sind. Hierfür kommt es nicht darauf an, ob der Pachtgegenstand auch Wohnraum umfaßt.

2. Entstehung der Vorschrift

a) Die Vorschrift ist in der **ursprünglichen Fassung** des BGB als § 597 in Zusammenhang mit der heutigen Regelung des § 568 entstanden, nach der das Mietverhältnis grundsätzlich als auf unbestimmte Zeit verlängert gilt, wenn der Mieter den Gebrauch der Sache nach dem Ablauf der Mietzeit fortsetzt. Neben dieser als § 524 E I entworfenen Bestimmung war in § 525 E I, dem Vorläufer des § 557 BGB, vorgesehen, daß der Vermieter für die Zeit der Fortsetzung des Gebrauchs eine Entschädigung in Höhe des vertragsmäßigen Mietzinses fordern könne, wenn der Mieter den Gebrauch nach Ablauf der Mietzeit ohne Verlängerung des Mietverhältnisses fortsetze. Diese Regelung sollte abweichend von den Vorschriften des ALR I, 21 §§ 334, 335, aber übereinstimmend mit den Art 570, 578 Dresdener Entw auf die Pacht entsprechend anzuwenden sein (Mot II 432; Schubert 245 f, 386 ff, 423). Ein in der 1. Komm gestellter Antrag, die in die späteren §§ 524, 525 E I eingegangene mietrechtliche Regelung bei der Pacht landwirtschaftlich benutzter Gegenstände für unanwendbar zu erklären, stieß auf Ablehnung. In § 542 E I wurde die Nutzungsentschädigung bei der Pacht eines landwirtschaftlichen Grundstücks allerdings nur insofern zugelassen, als der Pächter während der ganzen Dauer eines oder mehrerer Pachtjahre den Fruchtgenuß behalten habe (Jakobs/Schubert 674, 676 f). Trotz der Zweifel, ob sich diese Einschränkung nicht von selbst verstehe, wurde eine ausdrückliche Regelung für ratsam gehalten, um einer nicht unwichtigen Streitfrage vorzubeugen (Mot II 432; Jakobs/Schubert 677). Auf Anregung der Vorkommission des RJA dehnte die 2. Komm die Regelung auf alle Pachtgegenstände aus und ließ die Entschädigung auch bei einer Fortsetzung des Fruchtgenusses für eine kürzere Zeit als ein Pachtjahr zu. Darüber hinaus wurde bestimmt, daß die Entschädigung nicht nur nach der Dauer der Vorenthaltung, sondern auch nach den in diese Zeit fallenden Nutzungen zu bestimmen sei (Prot II 256 ff; Jakobs/Schubert 680 ff). Abgesehen von redaktionellen Verbesserungen, ist die Vorschrift idF des § 537 E II als § 597 Gesetz geworden.

3 b) Bei der **Reform** durch das Gesetz zur Neuordnung des landwirtschaftlichen Pachtrechts vom 8. 11. 1985 (BGBl I 2065) ist der frühere § 597 bis auf geringfügige redaktionelle Verbesserungen inhaltlich unverändert als § 584 b in den Untertitel über die nichtlandwirtschaftliche Pacht übernommen worden. Für die Landpacht ist hingegen mit § 597 nF eine dem geltenden § 557 Abs 1 S 1 HS 1 und S 2 entsprechende Vorschrift geschaffen worden, weil die für das Mietrecht getroffene Regelung bei den landwirtschaftlichen Verhältnissen angemessener sei als die des seinerzeit geltenden § 597 (Begr zum RegE BT-Drucks 10/509, 26 f). Warum das abweichend von den bei der Entstehung des BGB maßgebenden Erwägungen (Rn 2) so sein soll, wird nicht näher begründet.

3. Zweck der Vorschrift

4 Die Vorschrift des § 584 b bezweckt, dem Verpächter auf einfache Art und Weise eine Mindestentschädigung einzuräumen, wenn ihm der Pächter den Pachtgegenstand nach der Beendigung des Pachtverhältnisses vorenthält und die Voraussetzungen für eine stillschweigende Verlängerung entsprechend den §§ 581 Abs 2, 568 nicht erfüllt sind. Eine solche Regelung wurde für praktisch zweckmäßig gehalten, um Streitigkeiten über die Höhe eines etwaigen Schadensersatz- oder Bereicherungsanspruchs in einfacher und angemessener Weise abzuschneiden (Mot II 415). So wird ein Schadensersatzprozeß vereinfacht, wenn der Pächter den Pachtgegenstand bei einem Streit über die Dauer der Pachtzeit unberechtigt nicht zurückgibt und weiterhin Früchte zieht (Prot II 257). Die von § 557 abweichende Bemessung der Entschädigung nach dem Verhältnis der gezogenen oder ziehbaren Nutzungen während der Dauer der Vorenthaltung zu den Nutzungen des ganzen Pachtjahres soll dem Umstand Rechnung tragen, daß sich die Nutzungen bei der Pacht häufig ungleichmäßig auf das ganze Pachtjahr verteilen und eine Bemessung des Entschädigungsanspruchs allein nach der Dauer der Vorenthaltung zu einem unbilligen Ergebnis führen kann (Prot II 257; Jakobs/Schubert 677; Warneyer § 597 Anm 1). Wie § 584 b S 2 zeigt, soll durch diese Regelung allerdings nicht ausgeschlossen werden, daß der Verpächter nach den allgemeinen Vorschriften einen weiteren Schaden geltend macht.

II. Nutzungsentschädigung

1. Voraussetzungen

a) Pachtvertrag

5 Zwischen den Parteien muß nach § 584 b S 1 ein Pachtverhältnis bestanden haben. Die Vorschrift gilt deshalb nicht zwischen Hauptverpächter und Unterpächter. Der Vertrag muß wirksam zustande gekommen sein und darf auch nicht aufgrund einer Anfechtung nach § 142 Abs 1 von Anfang an nichtig sein. Auf die Rückabwicklung fehlgeschlagener Verträge ist die Vorschrift nicht anwendbar. Die Art des Pachtgegenstandes ist unerheblich, ausgenommen die Landpacht, für die in § 597 eine

Sonderregelung besteht. Im übrigen gilt die Vorschrift deshalb in gleicher Weise für die Pacht von Grundstücken zu jedweder Nutzung, für die Pacht von Räumen, beweglichen Sachen, Unternehmen und Rechten (§ 581 Rn 9 ff), bei Rechten allerdings nur, soweit nach dessen jeweiliger Art oder nach von den Parteien getroffenen Nebenabreden irgendein körperlicher Gegenstand zurückzugeben ist und damit vorenthalten werden kann.

b) Beendigung der Pacht
aa) Das Pachtverhältnis muß **beendet sein**. Wann dies der Fall ist, ergibt sich aus den §§ 584, 581 Abs 2, 564. Ein befristetes Pachtverhältnis endet mit Ablauf der vereinbarten Zeit (§ 581 Rn 372). Bei einem Pachtverhältnis auf unbestimmte Zeit ist der Zeitpunkt maßgebend, zu dem der Pächter oder Verpächter ordentlich gekündigt hat (§ 581 Rn 389 ff, 409; § 584 Rn 19 ff). Das gleiche gilt unabhängig von der vereinbarten Dauer der Pacht bei einer außerordentlichen befristeten oder fristlosen Kündigung (§ 581 Rn 395 ff, 409; § 584 Rn 19 ff). Wird das Pachtverhältnis einvernehmlich aufgehoben, ist der von den Parteien vereinbarte Zeitpunkt entscheidend (§ 581 Rn 412). Bei einer Beendigung aufgrund sonstiger Umstände kommt es auf den Eintritt des jeweiligen Grundes an (§ 581 Rn 413 ff). Ist das Pachtverhältnis nicht beendet oder bestehen Zweifel an der Wirksamkeit einer Kündigung durch den Verpächter, so ist der Pächter mangels eines Zurückbehaltungsrechts nicht berechtigt, weitere Zahlungen zu verweigern, weil er entweder den Pachtzins aus dem fortbestehenden Vertrag oder die Entschädigung aus § 584 b schuldet (RG JW 1931, 3425 m Anm RICHTER; BGB-RGRK/GELHAAR § 597 Rn 1; SOERGEL/KUMMER § 597 Rn 6).

bb) Das Pachtverhältnis muß **beendet bleiben**. Die Regelung des § 584 b greift deshalb nicht ein, wenn die Parteien den Vertrag unmittelbar vom Zeitpunkt der Beendigung an durch ausdrückliche oder stillschweigende Vereinbarung verlängern, wenn der Vertrag entsprechend den §§ 581 Abs 2, 568 durch Fortsetzung des Gebrauchs und der Fruchtziehung als verlängert gilt (RG HRR 1932, Nr 111 u 1648; BGB-RGRK/GELHAAR § 597 Rn 1; OERTMANN § 597 Anm 1; PALANDT/PUTZO Rn 1; PLANCK/KNOKE § 597 Anm 1; R REUTER DJZ 1900, 478).

c) Vorenthaltung des Pachtgegenstandes
aa) Begriff
Der Begriff der Vorenthaltung ist erst in den §§ 499, 537 E II in den Gesetzentwurf aufgenommen worden, während in § 525 E I von der Zeit der Fortsetzung des Gebrauchs die Rede war. Die Entstehungsgeschichte trägt nichts dazu bei, den Begriff der Vorenthaltung zu klären (JAKOBS/SCHUBERT 507). Darüber hinaus ist der Tatbestand des § 584 b ebenso wie der des § 557 insofern ungenau gefaßt, als zum einen vorausgesetzt wird, daß der Pächter den gepachteten Gegenstand nicht zurückgibt, und daß zum anderen von der Vorenthaltung gesprochen wird, für deren Dauer die Nutzungsentschädigung zu entrichten ist. Daraus wird geschlossen, daß die Vorenthaltung nicht einfach mit der Nichtrückgabe gleichzusetzen ist. Eine Vorenthaltung liegt nur dann vor, wenn der Pächter den Pachtgegenstand nicht zurückgibt, obwohl ihm das möglich ist, und wenn dieses Verhalten des Pächters dem Willen des Verpächters widerspricht (BGH NJW 1960, 909, 910 mwNw; STAUDINGER/SONNENSCHEIN [1995] § 557 Rn 11 ff). Auf ein Verschulden des Pächters hinsichtlich der Vorenthaltung kommt es nicht an (RG HRR 1932, Nr 111; OLG Kiel SchlHAnz 1927, 43; BGB-RGRK/GELHAAR § 597 Rn 1; ERMAN/JENDREK Rn 2; PALANDT/PUTZO Rn 3).

bb) Vorenthaltung der tatsächlichen Gewalt

9 α) Der Pächter ist entsprechend den §§ 581 Abs 2, 556 grundsätzlich verpflichtet, dem Verpächter den **unmittelbaren Besitz** an dem Pachtgegenstand zu verschaffen (STAUDINGER/SONNENSCHEIN [1995] § 556 Rn 9 ff). Eine Vorenthaltung setzt deshalb voraus, daß der Pächter dem Verpächter nicht nach § 854 die tatsächliche Gewalt über den Pachtgegenstand einräumt, so daß der Rückgabeanspruch nicht erfüllt wird. Dies ist zunächst der Fall, wenn der Pächter den Pachtgegenstand in seinem Besitz behält. Nicht erforderlich ist, daß er weiterhin den Gebrauch ausübt und Früchte zieht (Prot II 258; RGZ 99, 230, 231 f; PALANDT/PUTZO Rn 3). Dies ergibt sich schon aus dem Wortlaut der Vorschrift, die auf die Nutzungen abstellt, die der Pächter hätte ziehen können. Eine Vorenthaltung ist auch dann anzunehmen, wenn der Pächter weder unmittelbarer noch mittelbarer Besitzer ist, den Pachtgegenstand aber aufgrund seiner Rechtsbeziehungen zu dem besitzenden Dritten, zB nach den §§ 812 Abs 1, 823 oder 861, herausverlangen und dann dem Verpächter zurückgeben könnte (offengelassen von RGZ 99, 230, 232). Macht der Pächter zulässigerweise ein Zurückbehaltungsrecht geltend, weil die §§ 581 Abs 2, 556 Abs 2 nicht eingreifen (§ 581 Rn 449 f), so liegt keine Vorenthaltung iS des § 584 b vor, soweit sich der Pächter auf die bloße Zurückbehaltung beschränkt und den Gegenstand nicht weiterhin nutzt (BGHZ 65, 56, 59 = NJW 1975, 1773 m Anm HAASE JR 1976, 22). Wenn der Pächter nach Ablauf der Pachtzeit das gepachtete Grundstück aufgrund eines Kaufvertrags behält, dessen Erfüllung der Verpächter wegen rechtlich begründeter Meinungsverschiedenheiten über die Höhe des Kaufpreises zunächst zu Recht verweigert, so liegt für die Zeit bis zur Auflassung keine Pachtverlängerung, sondern eine Vorenthaltung iS des § 584 b vor (OLG Kiel SchlHAnz 1927, 43; WARNEYER § 597 Anm 1).

10 β) Im übrigen kann von einer Vorenthaltung nur so weit die Rede sein, wie der **Umfang der Rückgabeverpflichtung** des Pächters reicht. Grundsätzlich braucht der Pächter nur das zurückzugeben, was er zuvor von dem Verpächter oder dessen Geheißpersonen erhalten hat. Besondere Probleme warf dabei früher die Apothekenpacht auf, nachdem sich das BVerfG für die Niederlassungsfreiheit auf dem Gebiet des Apothekenrechts ausgesprochen hatte (BVerfGE 7, 377 = NJW 1958, 1035; § 581 Rn 48). Da es sich hinsichtlich der Überlassung der Konzession um Rechtspacht handelt, stellte sich die Frage, ob der Pächter nach der Beendigung der Pacht das gesamte Unternehmen einschließlich der von ihm selbst beschafften Räume, der Einrichtung und des Warenlagers an den Verpächter der Konzession herausgeben mußte und deshalb bei einer Vorenthaltung nach § 597 aF eine danach bemessene Entschädigung zu zahlen hatte. Die Rspr hat ein Übernahmerecht des Verpächters mit einer entsprechenden Herausgabe- und Übertragungspflicht des Pächters nicht aus den gesetzlichen Bestimmungen der §§ 556, 597 aF abgeleitet, sondern allein aus dem Inhalt des jeweiligen Vertrags. Nur wenn der Vertrag ein Übernahmerecht zum Inhalt hatte, kamen eine Vorenthaltung und damit eine Entschädigungspflicht nach § 597 aF in Betracht (BGH LM Nr 1 zu § 597; LM Nr 1 a zu § 597 = NJW 1964, 2204; LM Nr 1 b zu § 597; LM Nr 2 zu § 597 = NJW 1968, 197). Die gleichen Probleme können sich neben der Rechtspacht auch bei der Grundstücks- oder Raumpacht stellen, wenn erst der Pächter das wirtschaftliche Unternehmen schafft, dem das Grundstück oder die Räume als Grundlage dienen. Hier richtet es sich im Einzelfall nach dem Vertragsinhalt, ob der Pächter nach der Beendigung des Pachtverhältnisses über das Grundstück oder die Räume hinaus das gesamte Unternehmen zur Verfügung stellen muß und bei einer Vorenthaltung des letzteren eine Entschädigung nach § 584 b schuldet.

γ) **Teilleistungen** des Pächters sind nach § 266 bei der Erfüllung der Rückgabepflicht grundsätzlich unzulässig (STAUDINGER/SONNENSCHEIN [1995] § 556 Rn 22). Gibt der Pächter nur einen Teil des einheitlichen Pachtgegenstandes zurück, hat dies zur Folge, daß der ganze Gegenstand vorenthalten wird und der Pächter nicht nur einen Teil der Entschädigung schuldet (BGB-RGRK/GELHAAR § 597 Rn 1; SOERGEL/KUMMER § 597 Rn 3). Dies gilt etwa bei der Verpachtung einer Gastwirtschaft, wenn die zurückgegebenen Galasträume und die vom Pächter vorenthaltenen Wirtschafts- und Wohnräume nach ihrer Lage, Größe und Verwendbarkeit einen einheitlichen Pachtgegenstand darstellen, weil sie nur als Gesamtheit sachgemäß weiterverpachtet werden können (LG Mannheim MDR 1965, 140). Die mietrechtlichen Kündigungsschutzvorschriften sind auf Pachtverträge nicht anwendbar und rechtfertigen deshalb wegen der Einheitlichkeit des Rechtsverhältnisses auch hinsichtlich des Wohnraums kein anderes Ergebnis (§ 581 Rn 378). Ist die Annahme der Teilleistung dagegen für den Verpächter zumutbar, weil er die einzelnen Teile des Pachtgegenstandes in Zukunft getrennt verpachten will, so beschränkt sich die Vorenthaltung auf die nicht zurückgegebenen Teile mit der Folge, daß auch die Entschädigung nur anteilig zu entrichten ist.

δ) Der Pachtgegenstand wird nicht vorenthalten, wenn der Pächter ihn zwar zurückgibt, aber seine **weiteren Pflichten** nicht erfüllt, die im Rahmen der Rückgabepflicht bestehen (STAUDINGER/SONNENSCHEIN [1995] § 557 Rn 16). Dies gilt zB für unterbliebene Schönheitsreparaturen, Beseitigung von Schäden und die Wegnahme von Einrichtungen, Anlagen und Gebäuden, die der Pächter in Ausübung seines Pachtrechts angebracht oder errichtet hat (RG JW 1910, 939; LG Köln MDR 1966, 239).

cc) **Möglichkeit der Rückgabe**
Der Pachtgegenstand wird dem Verpächter nur vorenthalten, wenn und solange seine Rückgabe nicht objektiv unmöglich ist. Wenn der Pachtgegenstand im Zeitpunkt der Beendigung des Vertragsverhältnisses untergegangen ist oder wenn dies später geschieht, entfällt die Vorenthaltung in dem Zeitpunkt, in dem die Rückgabe objektiv unmöglich wird (STAUDINGER/SONNENSCHEIN [1995] § 557 Rn 18 mwNw). Streitig ist, ob der Pachtgegenstand auch dann vorenthalten wird, wenn die Rückgabe dem Pächter subjektiv unmöglich ist. Diese Frage stellt sich vor allem bei der Unterverpachtung über das Ende des Hauptpachtverhältnisses hinaus (RG HRR 1932, Nr 111). Sie wird von der hM zu § 557 bejaht (BGHZ 90, 145, 149 f = NJW 1984, 1527, 1528 m Anm ECKERT ZIP 1984, 615; OLG Hamburg ZMR 1953, 112; vgl STAUDINGER/SONNENSCHEIN [1995] § 557 Rn 20 f mwNw), während eine abweichende Auffassung das Unvermögen der objektiven Unmöglichkeit gleichstellt (LG Düsseldorf MDR 1954, 419; LG Hamburg ZMR 1960, 44; LG Köln MDR 1959, 762; vgl STAUDINGER/SONNENSCHEIN [1995] § 557 Rn 22 mwNw). Entscheidend ist, ob dem Pächter die Rückgabe sofort oder in einem späteren Zeitpunkt möglich ist, selbst wenn er sich den Pachtgegenstand zunächst wiederbeschaffen muß (STAUDINGER/SONNENSCHEIN [1995] § 557 Rn 24). Dies ist bei der Unterverpachtung oder Untervermietung durch den Hauptpächter regelmäßig anzunehmen, so daß der Pachtgegenstand von der Beendigung des Hauptpachtverhältnisses an vorenthalten wird. Die Vorenthaltung wird nicht durch die frühere Erlaubnis des Hauptverpächters zur Überlassung des Gebrauchs an einen Dritten ausgeschlossen

(SOERGEL/KUMMER § 597 Rn 4). Dies gilt grundsätzlich auch, wenn dem Hauptverpächter bei Erteilung der Erlaubnis erkennbar war, daß die Unterpacht möglicherweise länger als das Hauptpachtverhältnis andauern würde. Der Hauptpächter ist insoweit nicht nach § 242 schutzbedürftig, weil er bei solchen zeitlichen Unterschieden davon ausgehen kann, daß der Hauptverpächter ihm nach dem Ende des Hauptpachtverhältnisses nicht ohne weiteres die Nutzungen unentgeltlich überlassen will.

dd) Rücknahmewille des Verpächters

14 Die Vorschrift des § 584 b knüpft Ersatzansprüche an ein vertragswidriges Verhalten des Pächters, der seine Rückgabepflicht nicht erfüllt. Ein vertragswidriges Verhalten ist nur gegeben, wenn der Pachtgegenstand gegen den Willen des Verpächters nicht zurückgegeben wird (STAUDINGER/SONNENSCHEIN [1995] § 557 Rn 25 ff). Eine Vorenthaltung scheidet deshalb aus, wenn der Verpächter zu erkennen gibt, daß er die Rückgabe des Pachtgegenstandes nicht wünscht, weil er etwa eine Kündigung des Pächters für unwirksam hält und deshalb den Vertrag zu Unrecht für fortbestehend hält (RGZ 103, 289, 290; RG JW 1937, 809 m Anm ROQUETTE; BGH LM Nr 2 zu § 557 = NJW 1960, 909; WM 1973, 383, 386; OLG Düsseldorf DWW 1991, 16) oder weil er den Pachtgegenstand trotz der Beendigung des Vertrags nicht zurückfordert, um einen neuen Vertrag mit dem Pächter abzuschließen (KG NJW 1971, 432). Die Vorenthaltung kann trotz des fehlenden Rücknahmewillens auch nicht mit der Begründung bejaht werden, der Pächter sei zur Rückgabe nicht in der Lage (BGH LM Nr 2 zu § 557 = NJW 1960, 909, 910; aM RG WarnR 1934, Nr 176; SOERGEL/KUMMER § 597 Rn 2). Rücknahmewille und Möglichkeit der Rückgabe sind selbständige Merkmale des Begriffs der Vorenthaltung. Nicht erforderlich ist, daß der Rücknahmewille auf einem Nutzungswillen des Verpächters beruht (OLG München ZMR 1993, 466). Ist der Tatbestand des § 584 b nicht erfüllt, schuldet der Pächter nur unter den Voraussetzungen der §§ 812, 818 eine Nutzungsentschädigung, die idR dem objektiven Pachtwert entspricht (KG aaO; vgl BGH WM 1973, 383, 386).

ee) Dauer der Vorenthaltung

15 Die Vorenthaltung beginnt mit dem Zeitpunkt, in dem das Pachtverhältnis beendet ist. Sie endet, sobald der Pächter seine Rückgabepflicht erfüllt oder wenn ihm die Erfüllung unmöglich wird (STAUDINGER/SONNENSCHEIN [1995] § 557 Rn 27). Die Dauer der Vorenthaltung ist neben dem Verhältnis der in dieser Zeit gezogenen oder möglichen Nutzungen zu den Nutzungen des ganzen Pachtjahres ein Kriterium, nach dem die Höhe der Entschädigung bemessen wird.

2. Rechtsfolgen

a) Allgemeines

16 Nach der Beendigung des Pachtverhältnisses entsteht für die Dauer der Vorenthaltung zwischen den früheren Vertragsparteien ein gesetzliches Schuldverhältnis (STAUDINGER/SONNENSCHEIN [1995] § 557 Rn 28 mwNw), aus dem sich in erster Linie der Anspruch des Verpächters auf Nutzungsentschädigung nach § 584 b S 1 ergibt (Rn 17 ff). Hierbei handelt es sich wie im Mietrecht nach zT vertretener Ansicht um einen reinen Schadensersatzanspruch (BGH NJW 1961, 916; OLG Frankfurt/M Betrieb 1987, 2195; ZMR 1987, 177; OLG Karlsruhe ZMR 1987, 261) oder um einen schadensersatzähnlichen Anspruch (LG Göttingen MDR 1959, 928), während andere einen vertraglichen Abwicklungsanspruch (LG Stuttgart ZMR 1987, 153; ERMAN/JENDREK § 557 Rn 2)

oder einen vertraglichen Anspruch eigener Art annehmen (BGHZ 68, 307, 310 = NJW 1977, 1335, 1336; BGHZ 90, 145, 151 = NJW 1984, 1527, 1528; BGHZ 104, 285, 290 = NJW 1988, 2665, 2666). Die Streitfrage ist im wesentlichen theoretischer Natur, da der Anspruch in jedem Fall auf Entschädigung des Verpächters gerichtet ist (Mot II 415; RG SeuffA 69, Nr 30; KG HRR 1932, Nr 107). Soweit aber der Nutzungsentschädigung kein Schadensersatzcharakter beigemessen wird, ist es folgerichtig, eine Kürzung wegen mitwirkenden Verschuldens nach § 254 abzulehnen (BGHZ 90, 145, 150 = NJW 1984, 1527, 1528; BGHZ 104, 285, 290 = NJW 1988, 2665, 2666). Die Höhe des Anspruchs ist unabhängig davon, ob und inwieweit der Verpächter aus der Vorenthaltung des Pachtgegenstandes einen Schaden erlitten hat und ob der Pächter den Pachtgegenstand noch tatsächlich genutzt hat (RG WarnR 1934, Nr 176; BGH NJW 1961, 916; KG HRR 1934, Nr 855). Der Verpächter kann als Mindestschaden den vereinbarten Pachtzins verlangen. Eine Haftung wegen Fortführung der Firma nach § 25 HGB erfaßt auch die Nutzungsentschädigung (BGH NJW 1982, 577 = WM 1981, 1255). Die Geltendmachung eines weiteren Schadens ist nach § 584 b S 2 nicht ausgeschlossen (Rn 24 f). Das gleiche gilt für Bereicherungsansprüche aus den §§ 812 ff, auch wenn sie über den vereinbarten Pachtzins hinausgehen (Rn 26). Im übrigen können sich aus dem gesetzlichen Schuldverhältnis weitere Rechte und Pflichten der Parteien ergeben, die insbesondere dann bedeutsam werden, wenn der Pächter den Pachtgegenstand weiterhin nutzt (Rn 21 ff). Der Verpächter eines Grundstücks hat für seine Forderungen aus dem Pachtverhältnis, zu denen auch die Entschädigungsansprüche des § 584 b gehören, entsprechend den §§ 581 Abs 2, 559 ein Pfandrecht an den eingebrachten Sachen des Pächters (Staudinger/Emmerich [1995] § 559 Rn 24 ff, 58, 61).

b) Vereinbarter Pachtzins
aa) Grundsatz
Der Verpächter kann nach § 584 b S 1 für die Dauer der Vorenthaltung als Entschädigung den vereinbarten Pachtzins nach dem Verhältnis verlangen, in dem die Nutzungen, die der Pächter während dieser Zeit gezogen hat oder hätte ziehen können, zu den Nutzungen des ganzen Pachtjahres stehen. Vereinbarter Pachtzins ist der Betrag, der vertraglich zur Zeit der Beendigung des Pachtverhältnisses zu entrichten war. Dieser Betrag braucht nicht mit dem bei Vertragsabschluß vereinbarten Pachtzins übereinzustimmen, sondern kann aufgrund der Parteivereinbarungen auch nachträglich erhöht oder ermäßigt worden sein (§ 581 Rn 191 ff). Ein im Zeitpunkt des Vertragsendes geminderter Pachtzins bleibt für die Dauer der Vorenthaltung maßgebend, solange der Fehler des Pachtgegenstandes nicht beseitigt ist (OLG Düsseldorf DWW 1991, 16). Eine Minderung ist dagegen ausgeschlossen, wenn sich der Pachtgegenstand nach Beendigung des Pachtverhältnisses erstmalig oder weiter verschlechtert (Staudinger/Sonnenschein [1995] § 557 Rn 32 mwNw). Ebenso scheidet nach dem Vertragsende eine Erhöhung der Nutzungsentschädigung aufgrund solcher Abreden aus, die von den Parteien in dem früheren Vertrag getroffen worden sind. Dies gilt nicht nur für Wertsicherungsklauseln (BGH WM 1973, 383, 386; § 581 Rn 199 ff), sondern auch für sonstige Vereinbarungen, die dem Verpächter ein Recht auf Erhöhung des Pachtzinses einräumen (§ 581 Rn 194 ff). Die abweichende Auffassung beruft sich zu Unrecht auf den Grundsatz, der Verpächter dürfe bei Vorenthaltung des Pachtgegenstandes keinesfalls schlechter gestellt werden als während der Dauer des Vertrags (so BGB-RGRK/Gelhaar § 597 Rn 3; MünchKomm/Voelskow Rn 5; Soergel/Kummer § 597 Rn 6, alle unter Hinweis auf BGH-Urt v 30. 10. 1963 – VIII ZR 114/62; vgl BGH WM 1973, 383, 386; KG HRR 1932, Nr 107). Solche Klauseln verlieren mit dem Vertragsende ihre Wirksam-

keit, da sie im Gegensatz zu einem vertraglichen Minderungs- oder Aufrechnungsverbot den Inhalt der Pachtzinsvereinbarung und damit des Vertrags nach dessen Ende ändern sollen. Der Verpächter kann insoweit allenfalls einen weitergehenden Schadensersatzanspruch iS des § 584 b S 2 (Rn 24 f) oder Bereicherungsansprüche aus den §§ 812 ff geltend machen (Rn 26). Umfaßt der vereinbarte Pachtzins die Umsatzsteuer, ist auch die Entschädigung entsprechend zu bemessen (BGHZ 104, 285 = NJW 1988, 2665).

bb) Bemessung nach dem Verhältnis der Nutzungen

18 Die Entschädigung richtet sich in erster Linie nach der Dauer der Vorenthaltung des Pachtgegenstandes. Dabei ist der nach längeren Zeitabschnitten bemessene Pachtzins ggf tageweise umzurechnen. Die Höhe der Entschädigung ist darüber hinaus von dem Verhältnis abhängig, in dem die Nutzungen, die der Pächter während dieser Zeit gezogen hat oder hätte ziehen können, zu den Nutzungen des ganzen Pachtjahres stehen. Diese Bestimmung berücksichtigt, daß sich die Nutzungen vor allem bei Grundstücken, Saisonbetrieben und auch anderen Pachtgegenständen häufig ungleichmäßig über das Pachtjahr verteilen (Prot II 257; Rn 4; PLANCK/KNOKE § 597 Anm 2). Nutzungen sind nach § 100 die Früchte und die Gebrauchsvorteile des Pachtgegenstandes. Zum einen ist auf die Nutzungen abzustellen, die der frühere Pächter während der Dauer der Vorenthaltung tatsächlich gezogen hat. Zum anderen kommt es auf die Nutzungen an, die er während dieser Zeit hätte ziehen können. Maßgebend sind die Regeln einer ordnungsmäßigen Wirtschaft (BGB-RGRK/GELHAAR § 597 Rn 2; ERMAN/JENDREK Rn 3; PLANCK/KNOKE § 597 Anm 2). Entscheidend ist, welche Nutzungen nach den Regeln erzielbar gewesen wären, die nach allgemeiner Auffassung in den betroffenen Kreisen bestehen, um den Pachtgegenstand ordentlich und durchschnittlichen Anforderungen genügend zu bewirtschaften. Bleiben die Nutzungen dahinter zurück, weil der frühere Pächter den Pachtgegenstand nur noch schlecht oder gar nicht mehr bewirtschaftet, so ist der mögliche höhere Ertrag maßgebend. Liegen die tatsächlichen Nutzungen jedoch höher, weil überdurchschnittlich gut gewirtschaftet wird, ist dieser Betrag entscheidend. Die Regelung ist auch auf die Teilpacht anwendbar, bei der sich der Pachtzins an sich nach den tatsächlich gezogenen Nutzungen bemißt (§ 581 Rn 183 ff). Es besteht kein Grund, im Rahmen des § 584 b bei der Teilpacht die erzielbaren Nutzungen außer Betracht zu lassen (aM CROME 122 f), zumal die Pflicht zur Zahlung des Pachtzinses auch bei einem noch bestehenden Pachtverhältnis nicht ohne weiteres deshalb entfällt, weil der Pächter den Pachtgegenstand nicht nutzt (BGH NJW 1979, 2351, 2352). Verschiedenartige Nutzungen sind mit ihrem jeweiligen objektiven Wert zusammenzurechnen. Der maßgebende Betrag ist in das Verhältnis zu den gesamten Nutzungen eines Pachtjahres zu setzen, die hätten erzielt werden können. Hieraus ergibt sich eine Verhältniszahl, nach der aus dem Jahrespachtzins der Teil des Pachtzinses für die Dauer der Vorenthaltung zu berechnen ist (FRÄNKEL 93 f). Die Entschädigung, die sich allein aus der Dauer der Vorenthaltung ergeben würde, kann sich dadurch erhöhen oder ermäßigen. Erstreckt sich die Vorenthaltung genau über ein oder mehrere Pachtjahre, wird der Jahrespachtzins durch die Verhältnisrechnung nicht verändert (PLANCK/KNOKE § 597 Anm 2). Das gleiche gilt, wenn die Nutzungen, wie etwa bei einem Lagerplatz, während des ganzen Jahres annähernd gleichbleiben (KG JW 1938, 2140; BGB-RGRK/ GELHAAR § 597 Rn 2; SOERGEL/KUMMER § 597 Rn 5).

3. Titel. Miete. Pacht § 584 b
II. Pacht 19—23

c) Fälligkeit des Anspruchs

Die Fälligkeit der Nutzungsentschädigung richtet sich grundsätzlich nach der Regelung, die der Pachtvertrag für die Fälligkeit des Pachtzinses vorsah (STAUDINGER/ SONNENSCHEIN [1995] § 557 Rn 34). Der Pächter kann deshalb nach § 284 Abs 2 auch ohne Mahnung mit der Leistung der Entschädigung in Verzug geraten (aM OLG Köln MDR 1966, 761). Für eine Fälligkeit nach Maßgabe des früheren Pachtzinses sind die Ähnlichkeit beider Ansprüche und das Bestreben entscheidend, weder den Verpächter noch den Pächter zu benachteiligen, wie es einerseits bei einer Fälligkeit mit dem Ende der Vorenthaltung oder andererseits bei täglicher Fälligkeit eintreten würde (BGH NJW 1974, 556; BGB-RGRK/GELHAAR § 597 Rn 3; MünchKomm/VOELSKOW Rn 1). 19

d) Verjährung des Anspruchs

Der Anspruch auf Nutzungsentschädigung verjährt im Interesse eines alsbaldigen Rechtsfriedens wie der Pachtzinsanspruch, an dessen Stelle er tritt, grundsätzlich nach § 197 in der Frist von vier Jahren (KG NJW 1971, 432; OLG Königsberg HRR 1936, Nr 869; BGB-RGRK/GELHAAR § 597 Rn 6; MünchKomm/VOELSKOW Rn 1; SOERGEL/KUMMER § 597 Rn 7; vgl BGHZ 68, 307, 310 = NJW 1977, 1335, 1336 m Anm WOLF LM Nr 9 zu § 557; einschränkend HECKELMANN JuS 1977, 799). Bei der gewerbsmäßigen Verpachtung beweglicher Sachen kann wegen der Ähnlichkeit der Interessenlage § 196 Abs 1 Nr 6 entsprechend angewendet werden (§ 581 Rn 219). Die sechsmonatige Verjährungsfrist entsprechend den §§ 581 Abs 2, 558 scheidet hingegen aus, da es sich bei der Nutzungsentschädigung nicht um einen Ersatzanspruch wegen Veränderungen oder Verschlechterungen des Pachtgegenstandes handelt (OLG Königsberg HRR 1936, Nr 869). 20

e) Sonstige Rechtsfolgen

aa) Mit dem Ende des Pachtverhältnisses erlöschen grundsätzlich alle vertraglichen Rechte und Pflichten. Aufgrund der Vorenthaltung des Pachtgegenstandes entsteht zwischen den Parteien ein **gesetzliches Schuldverhältnis**. Hieraus ergeben sich neben der Nutzungsentschädigung aus § 584 b weitere Rechte und Pflichten, die vor allem eingreifen, wenn der frühere Pächter den Pachtgegenstand weiterhin nutzt. Die inhaltliche Bestimmung dieser Rechte und Pflichten hat zu berücksichtigen, daß der Pächter den Pachtgegenstand möglicherweise nur noch vorübergehend ausschließlich im eigenen Interesse nutzt und daß der Verpächter ihm den Besitz nicht eigenmächtig entziehen oder ihn in der Ausübung des Besitzes stören darf (MÜLLER MDR 1971, 253; STAUDINGER/SONNENSCHEIN [1995] § 557 Rn 45 ff). 21

bb) Der **Verpächter** ist bei der Grundstücks- oder Raumpacht verpflichtet, dem Pächter weiterhin einen gefahrlosen Zugang zu ermöglichen und alle Gefahren zu beseitigen, die vom Besitz des Pachtgegenstandes ausgehen können. Weitergehende Instandhaltungen braucht er nicht vorzunehmen. Versorgungsleistungen sind insoweit in angemessenem Umfang zur Verfügung zu stellen, als es sich um die Pächterwohnung handelt, damit nicht ein mittelbarer Druck zur Räumung entsteht. Im übrigen ist der Verpächter nicht verpflichtet, solche Versorgungsleistungen zu erbringen, die zur Aufrechterhaltung eines Betriebs durch den Pächter notwendig sind. 22

cc) Der **Pächter** ist zur Obhut über den Pachtgegenstand verpflichtet. Eine vertraglich übernommene Pflicht, Schönheits- und andere Reparaturen vorzunehmen, 23 wirkt jedoch nicht fort. Dies gilt auch für sonstige besondere vertragliche Pflichten, die nicht typischerweise zum Mindestinhalt eines Pachtverhältnisses gehören und nach Sinn und Zweck des nunmehr bestehenden gesetzlichen Schuldverhältnisses nicht dessen Inhalt prägen. Zu beachten ist aber, daß nicht Rückgewährpflichten durch die Vorenthaltung beeinträchtigt werden, weil der Rückgabeanspruch des Verpächters noch nicht erfüllt ist. So kann den früheren Pächter hinsichtlich des Inventars eine Erhaltungspflicht nach den §§ 582, 582 a treffen.

III. Weitergehender Schadensersatz

1. Anspruchsgrundlagen

24 Nach § 584 b S 2 ist die Geltendmachung eines weiteren Schadens durch den Verpächter nicht ausgeschlossen. Hierbei handelt es sich nicht um eine selbständige Anspruchsgrundlage. Die Vorschrift stellt klar, daß neben der Mindestentschädigung weitere Schadensersatzansprüche aus den allgemeinen Vorschriften unberührt bleiben (STAUDINGER/SONNENSCHEIN [1995] § 557 Rn 48 ff). Hierzu gehören in erster Linie Ansprüche wegen Schuldnerverzugs nach den §§ 284 ff (KG NJW 1970, 951). Ferner kommen Ansprüche aus positiver Vertragsverletzung und unerlaubter Handlung nach den §§ 823 ff in Betracht. Derartige Ansprüche setzen im Gegensatz zur Nutzungsentschädigung des § 584 b S 1 voraus, daß der Pächter den Pachtgegenstand schuldhaft nicht zurückgegeben hat.

2. Umfang des Schadensersatzes

25 Der Umfang des zu ersetzenden Schadens richtet sich nach den §§ 249 ff. Damit wird vor allem der entgangene Gewinn iS des § 252 erfaßt. Dieser Gewinn kann der Höhe nach dem bisherigen Pachtzins entsprechen, wenn nach dem gewöhnlichen Lauf der Dinge oder nach den besonderen Umständen mit Wahrscheinlichkeit erwartet werden konnte, daß der Verpächter den Pachtgegenstand bei rechtzeitiger Rückgabe zu den gleichen Bedingungen erneut verpachtet hätte (KG NJW 1970, 951). Das gleiche gilt, wenn die vorzeitige Beendigung der Pacht auf einer Vertragsverletzung des Pächters beruht und der Verpächter bei einer erneuten Verpachtung nicht den bisherigen Pachtzins erzielen kann. Der entgangene Gewinn kann auch höher sein, wenn es dem Verpächter sonst gelungen wäre, einen günstigeren Vertrag abzuschließen. Anders als die Mindestentschädigung nach § 584 b S 1, die an die Dauer der Vorenthaltung gebunden ist (Rn 8 ff), kann der Ersatz des entgangenen Gewinns auch auf eine Zeit nach der verzögerten Rückgabe entfallen, wenn es dem Verpächter deshalb nicht gelingt, den Pachtgegenstand alsbald neu zu verpachten. Ein anderer Unterschied zur Mindestentschädigung liegt darin, daß der Verpächter einen weitergehenden Schaden darlegen und im Streitfall beweisen muß. Als weiterer Schaden kommen neben dem entgangenen Gewinn andere Vermögenseinbußen sowie Veränderungen und Verschlechterungen des Pachtgegenstandes in Betracht, die sich im Rahmen der §§ 581 Abs 2, 548 halten (STAUDINGER/SONNENSCHEIN [1995] § 557 Rn 52). Unterliegt der Verpächter mit dem zu ersetzenden Schaden der Umsatzsteuer, ist auch diese Steuer Schadensbestandteil und damit vom Pächter zu ersetzen (OLG Hamm ZMR 1980, 375). Der Pächter kann gegenüber den sonstigen Schadensersatzansprüchen des Verpächters den Einwand mitwirkenden Verschuldens nach § 254 geltend machen (STAUDINGER/SONNENSCHEIN [1995] § 557 Rn 53). Die in § 557 Abs 2

bis 4 enthaltenen Einschränkungen bei der Vermietung von Wohnraum gelten nicht für die Pacht, auch soweit im Rahmen des Pachtgegenstandes Wohnraum mit überlassen ist.

IV. Konkurrenzen

1. Im Rahmen des § 557 ist umstritten, in welchem Verhältnis die Regelung zu den **verschuldensunabhängigen Ansprüchen** aus ungerechtfertigter Bereicherung nach den §§ 812 ff und aus dem Eigentümer-Besitzer-Verhältnis der §§ 987 ff steht (STAUDINGER/SONNENSCHEIN [1995] § 557 Rn 66 ff). Das gleiche Problem stellt sich für die Pacht. Auch hier ist mit der hM davon auszugehen, daß die Vorschriften über die Herausgabe einer ungerechtfertigten Bereicherung und der vom früheren Pächter als nichtberechtigtem Besitzer gezogenen Nutzungen uneingeschränkt neben § 584 b anwendbar bleiben, selbst wenn sie zu einem über den vereinbarten Pachtzins hinausgehenden Anspruch führen (BGH LM Nr 2 zu § 597 = BGH NJW 1968, 197, hierzu RÜBER NJW 1968, 1611; BGB-RGRK/GELHAAR § 597 Rn 5; STAUDINGER/SONNENSCHEIN [1995] § 557 Rn 67 ff mwNw). 26

2. Neben der Nutzungsentschädigung des § 584 b S 1 können die **weitergehenden Schadensersatzansprüche**, wie das Gesetz in S 2 ausdrücklich hervorhebt, uneingeschränkt geltend gemacht werden. 27

3. Die **Verjährung** der Ansprüche auf Schadensersatz und aus ungerechtfertigter Bereicherung, die mit dem Entschädigungsanspruch aus § 584 b S 1 konkurrieren, beträgt wie für diesen Anspruch entsprechend § 197 vier Jahre (Rn 20), da der Zweck der kurzen Verjährungsfrist beeinträchtigt würde, wenn der Verpächter nach Ablauf der vierjährigen Frist gleichartige Ansprüche in anderer rechtlicher Gestalt durchsetzen könnte (BGHZ 68, 307, 311 = NJW 1977, 1335, 1336 m Anm WOLF LM Nr 9 zu § 557; einschränkend HECKELMANN JuS 1977, 799). Ein andersartiger Schaden wird aber von der kurzen Verjährungsfrist nicht berührt, da insoweit der Zweck des § 197, über die Pachtzinsforderung alsbald Rechtsfrieden eintreten zu lassen, nicht eingreift (offengelassen von BGHZ 68, 307, 312 = NJW 1977, 1335, 1336). Werden für die Zeit nach Beendigung eines Pachtverhältnisses Ansprüche auf Nutzungsentschädigung geltend gemacht, ohne daß die Voraussetzungen des § 584 b erfüllt sind, so unterliegen diese Ansprüche nach § 195 der regelmäßigen Verjährung von dreißig Jahren (KG NJW 1971, 432). 28

V. Abweichende Vereinbarungen

Die Vorschrift des § 584 b ist anders als § 557 in vollem Umfang abdingbar (JAUERNIG/ TEICHMANN Anm 1; MünchKomm/VOELSKOW Rn 1). Dies gilt auch, wenn Wohnräume zum Pachtgegenstand gehören. Die Parteien können die Vorenthaltung an ein Verschulden des Pächters binden, die Entschädigung unabhängig von dem Verhältnis der Nutzungen nur nach der Dauer der Vorenthaltung bemessen oder eine Mindestentschädigung ohne Rücksicht auf die tatsächliche Zeit der Vorenthaltung festsetzen. Bei Formularpachtverträgen sind die Vorschriften des AGBG zu beachten. Neben der Generalklausel des § 9 AGBG kommen vor allem in Betracht die Klauselverbote aus § 11 Nr 3 für ein Aufrechnungsverbot, aus § 11 Nr 5 über die Pauschalierung von 29

Schadensersatzansprüchen, aus § 11 Nr 6 über Vertragsstrafen und aus § 11 Nr 15 AGBG über die Beweislastverteilung.

III. Landpacht*

§ 585

(1) Durch den Landpachtvertrag wird ein Grundstück mit den seiner Bewirtschaftung dienenden Wohn- oder Wirtschaftsgebäuden (Betrieb) oder ein Grundstück ohne solche Gebäude überwiegend zur Landwirtschaft verpachtet. Landwirtschaft ist die Bodenbewirtschaftung und die mit der Bodennutzung verbundene Tierhaltung, um pflanzliche oder tierische Erzeugnisse zu gewinnen, sowie die gartenbauliche Erzeugung.

(2) Für Landpachtverträge gelten § 581 Abs. 1 und die §§ 582 bis 583 a sowie die nachfolgenden besonderen Vorschriften.

(3) Die Vorschriften über Landpachtverträge gelten auch für die Pacht forstwirtschaftlicher Grundstücke, wenn die Grundstücke zur Nutzung in einem überwiegend landwirtschaftlichen Betrieb verpachtet werden.

Materialien: BT-Drucks 10/508; 10/509; 10/3830; 10/3498.

Schrifttum

BARNSTEDT/STEFFEN, Gesetz über das gerichtliche Verfahren in Landwirtschaftssachen (LwVG) (5. Aufl 1993)
BEYER, Milchquotenpächterschutz bei Betriebspacht, AgrarR 1994, 218
BOTH, Zur Auslegung des § 554 Abs 1 Nr 1 BGB bei Verzug mit einem Teil des Mietzinses, NJW 1970, 2197
DE WITT/SCHIRP, Die Rechte des Land-Pächters in der Enteignung, AgrarR 1994, 109
DIEDERICHSEN, Anmerkung zum Urteil des BGH vom 20. 5. 1964 (VIII ZR 235/63), NJW 1964, 2269
DÜSING, Zur Problematik des Übergangs von Referenzmengen bei Rückgewähr der Pachtsache, AgrarR 1988, 93
FASSBENDER/HÖTZEL/LUKANOW, Landpachtrecht (2. Aufl 1993); zitiert: FHL
FASSBENDER/HÖTZEL/VJEINSEN/PIKALO, Höfeordnung (3. Aufl 1994); zitiert: FHvJP
FISCHER/WÖHRMANN, Kommentar zum Landpachtgesetz (2. Aufl 1954)
GRAFMÜLLER, Freistellung von LPGen von vertraglichen Ansprüchen aus Gebäudeunterhaltung, AgrarR 1992, 226
GRAGES, Die Lieferrechte der Zuckerrübenanbauer (Diss Köln 1989)
ders, Zuckermarktordnung und Rechtsbezie-

---

* Die Kommentatoren danken den Herren VorsRiOLG KLAUS WANGARD, DirAG DIETRICH LÜTGENS, MinRat WALTER SCHILLING und RA Dr HORST GEROLD für ihre Vorarbeiten zu den §§ 585–597 sowie Frau Referendarin KATRIN MOTSCHENBACH für ihre Mithilfe bei der Korrektur des Manuskriptes.

hungen zwischen Zuckerfabriken und Zuckerrübenanbauern, RdL 1990, 141
ders, Rechtsbeziehungen zwischen Zuckerfabriken und Zuckerrübenanbauern, RdL 1990, 227
GRÖGER, Zum Verwendungsersatz des Pächters bei Pachtende – Milchreferenzmenge –, AgrarR 1991, 68
HENSE, Pfand- und Zurückbehaltungsrechte des abziehenden Pächters, RdL 1952, 311
HOFFMANN, Stand der Rechtsprechung zum Grundstücksverkehrs-, Landpacht- und Höferecht (begleitende Arbeitsunterlagen der Deutschen Anwaltsakademie aus Anlaß der jährlich stattfindenden Goslarer Agrarrechtswoche)
HURST, Die Reinigungs- und Streupflicht des Anliegers und Erdgeschoßbewohners aus rechtlicher Sicht, ZMR 1967, 67
JACOBS, Die Begrenzung des Verwendungsersatzes, AcP 167 (1967) 350
JAKOBS/SCHUBERT, Die Beratung des Bürgerlichen Gesetzbuches, systematische Zusammenstellung der unveröffentlichten Quellen Recht der Schuldverhältnisse II §§ 433 – 651 (1980)
KEIDEL, Anmerkung zum Beschluß des BGH vom 29. 1. 1952 (V BLw 16/51), RdL 1952, 127
KLAUSER, Aufwendungsersatz bei Neubauten und werterhöhenden Verwendungen auf fremden Grund und Boden, NJW 1965, 513
KÖHNE, Bewertung landwirtschaftlicher Flächen und Betriebe in: Handbuch des Agrarrechts Band I (1982)
KRÄMER, Anmerkung zum Urteil des OLG Celle vom 8. 6. 1962 (AZ 7 U 100/61), NJW 1962, 2301
KROESCHELL, Das neue Landpachtrecht und die DGAR, AgrarR 1987, 304
LANGE/WULFF, Kommentar zum Landpachtgesetz (2. Aufl 1955)
LANGE/WULFF/LÜDTKE-HANDJERY, Landpachtrecht (3. Aufl 1989); zitiert: LWLH
LIPPMANN, Die Superinventarischen Bauten des Pächters, JW 1925, 1075
LUKANOW, Nutzungsänderung und Verwendungsersatzanspruch des Pächters in der Pachtrechtsnovelle, AgrarR 1984, 264
ders, Der Pächterquotenschutz bei Milchwirtschaftsbetrieben, AgrarR 1994, 115
ders, Kreispachtverträge – erste Urteile des BGH, AgrarR 1994, 358

ders, Rechtsprobleme bei Kreispachtverhältnissen, AgrarR 1995, 236
MAYER, Überlegungen über die Auflösung der Rechtsverhältnisse zwischen Kreis, LPG und Eigentümer, AgrarR 1992, 188
MOSER, Zum Verwendungsersatz des Pächters bei Pachtende – Milchreferenzmenge –, AgrarR 1990, 161
NETZER, Systematisch-historische Darstellung der Regelungen zur Referenzmengenübertragung in den EG-Vorschriften und ihrer Umsetzung in der Milch-Garantiemengen-Verordnung, AgrarR 1988, 102
PICKER, Der Anspruch auf Verwendungsersatz und das Prinzip „Kauf bricht nicht Miete", NJW 1982, 8
PIKALO, Landpachtrecht in der notariellen Praxis, DNotZ 1981, 276
ders, Das neue Landpachtrecht, NJW 1986, 1472
SCHOPP, Bedeutung und Grenzen von § 541 a BGB, ZMR 1965, 193
SONNENSCHEIN, Die Entwicklung des privaten Wohnraummietrechts 1984 und 1985, NJW 1986, 2731
ders, Inhaltskontrolle von Formularmietverträgen nach dem AGB-Gesetz, NJW 1980, 1719
STEFFEN, Gesetz zur Neuordnung des landwirtschaftlichen Pachtrechts (1), RdL 1986, 29
ders, Gesetz zur Neuordnung des landwirtschaftlichen Pachtrechts (2), RdL 1986, 60
STERNEL, Mietrecht (3. Aufl 1988)
THEISINGER, Äquivalenzstörung beim Pachtvertrag infolge beitragsneuregelung zur Berufsgenossenschaft, AgrarR 1985, 8
UPMEIER ZU BELZEN, Die landwirtschaftliche Familiengesellschaft als Gesellschaft Bürgerlichen Rechts (Diss Köln 1966)
VJEINSEN, Existenzberechtigung des § 17 Abs 2 HöfeO unter besonderer Berücksichtigung „moderner" Hofübergabeverträge, AgrarR 1983, 261
ders, Zur Änderung des Landwirtschaftsanpassungsgesetzes, AgrarR 1991, 177
VORWERK/VSPRECKELSEN, Kommentar zum Grundstücksverkehrsgesetz (1963)
WANGARD, Nochmals: Die Aufnahme eines Dritten in die Wohnung, ZMR 1986, 73

WEIMAR, Vermieterpfandrecht und Wegnahmerecht des Mieters, ZMR 1967, 196
ders, Die gesundheitsgefährdende Wohnnung, ZMR 1960, 226
WITT, Das Pfandrecht am Inventar des landwirtschaftlichen Betriebs (Diss Hohenheim 1974)
WOLF/ECKERT, Handbuch des gewerblichen Miet-, Pacht- und Leasingrechts (6 Aufl.) Köln 1991.

Systematische Übersicht

I. Allgemeine Kennzeichnung	
1. Normzweck	1
2. Normgehalt	2
a) Begriffsmerkmale	2
b) „Eiserne" Verpachtung	4
c) Forstflächen	5
3. Anwendungsbereich des Landpachtrechts	6
II. Definitions- und Abgrenzungsfragen	
1. Zu anderen (vorhergehenden) Vereinbarungen	7
a) Pachtvorvertrag, Vorpachtvertrag	7
b) Vorhand, Pachtvorrang	8
c) Pachtoption	9
2. Art des Landpachtvertrages	10
a) Grundstücks- und Betriebspacht	10
b) Hauptpacht und Unterpacht	11
c) Einzelpacht und Sammelpacht	13
d) Deputat- und Heuerlingsverträge	14
e) Landpacht und Kleingartenpacht	16
f) Sonstige Vertragsformen und Abgrenzungen	17
III. Der Gegenstand des Landpachtvertrages	
1. Grundstückspacht	19
a) Allgemeines	19
b) Grundstück	20
c) Verpachtung überwiegend zur Landwirtschaft	21
2. Betriebspacht	22
a) Definition	22
b) Abgrenzungsfragen	23
3. Forstflächen	27
4. Sonstiges	28
a) Milchquote	28
b) Zuckerrübenlieferrechte	29
c) Sonstiges	30
IV. Die Parteien des Pachtvertrages	
1. Einzelpersonen, Personenmehrheiten	31
2. Natürliche/juristische Personen	32
3. Parteiwechsel	34
4. Rechte und Pflichten der Vertragsparteien	35
V. Vertragsabschluß, Wirksamkeitsvoraussetzungen, Anzeigepflichten	
1. Abschluß	36
2. Form	37
3. Genehmigungs- und Anzeigeerfordernisse	38
VI. Abdingbarkeit	40
VII. Verfahrenrechtliches	41
VIII. Besonderheit in den Neuen Ländern	
1. Altrechtliche Vertragsbeziehung	42
2. Überleitungsrecht	43

Alphabetische Übersicht

Abdingbarkeit	40
Altenteilsvertrag, Abgrenzung zur Landpacht	17
Anzeigepflicht, des Landpachtvertrages	39
Arten des Landpachtvertrages, Abgrenzungen	10 ff
Betriebspacht	22 ff
– Abgrenzung zur Grundstückspacht	10
Deputat-Vertragsverhältnis	14
Einzelpacht, Abgrenzung zur Sammelpacht	13
„eiserne" Verpachtung	4

3. Titel. Miete. Pacht
III. Landpacht

§ 585
1–3

Form des Landpachtvertrages	37	Option	9
Forstflächen	27		
		Pachtvorrang	7
Genehmigung des Landpachtvertrages	38	Pachtvorvertrag	7
Grundstückspacht	19 ff	Parteiwechsel, während der Vertragslaufzeit	34
		Pflugtausch	12
Heuerlingsvertrag	15	Produktionsbeschränkungen	28
Kleingartenpacht, Abgrenzung zur Landpacht	16	Referenzmengen	28 f
Kontingente	28		
Kreispachtverträge	42	Sammelpacht, Abgrenzung Einzelpacht	13
		Sonderrecht, landwirtschaftliches	3, 21
Landpachtverkehrsrecht, Anzeigepflicht	39		
Landwirtschaft, Verpachtung zur	21	Unterpacht, Abgrenzung zur Hauptpacht	11
Mehrheit von Personen, als Vertragspartei	31 f	Verfahrensrecht	41
Milchquote	28	Vorhand	7
		Vorpachtvertrag	7
Neue Bundesländer, Besonderheiten	42	Zuckerrübenlieferrechte	29

I. Allgemeine Kennzeichnung

1. Normzweck

Der Regelungsgehalt dieser Bestimmung tritt an die Stelle des im Zuge der Landpachtnovelle aufgehobenen § 1 Abs 2, 3, LPachtG. Sie definiert den Landpachtvertrag als eine spezielle Form des allgemeinen Pachtvertrages (§§ 581 ff) und grenzt ihn derart ab. 1

2. Normgehalt

a) Begriffsmerkmale

Die Bestimmung definiert die Begriffsmerkmale eines Landpachtvertrages als einer Vereinbarung, die eine **eigentypische Sonderform** des allgemeinen Pachtvertrages (§ 585 Abs 1) darstellt. 2

Eigentypisch ist dabei zunächst die Beschränkung des Pachtvertrag-Gegenstandes: Dieser kann nur ein (oder mehrere) Grundstück(e) sein, wobei zwei Alternativen möglich sind:

Wird das Grundstück mit den zu seiner Bewirtschaftung dienenden Wohn- oder Betriebsgebäuden verpachtet, handelt es sich um eine **Betriebspacht**, ansonsten nur um eine **Grundstückspacht**, die zumeist eine Zupacht zu dem pächterseits ohnehin bewirtschafteten landwirtschaftlichen Betrieb darstellt.

Hinsichtlich der **Zweckausrichtung** ist eigentypisches Merkmal die Verpachtung 3

„überwiegend zur Landwirtschaft"; dies bedeutet eine Abgrenzung von Bewirtschaftungsformen mit gewerblichem Charakter.

Stets muß aber die Anpachtung in **Gewinnerzielungsabsicht** erfolgen. Zu Fragen des Synallagmas vgl § 587 Rn 5 ff. Es ist dies ein Ausfluß des Grundsatzes, daß auch die Landpacht ein **landwirtschaftliches Sonderrecht** darstellt, dessen *Existenz nur soweit und solange zu verantworten ist, als es darum geht, leistungsfähige Betriebe in bäuerlicher Hand zu erhalten* (BVerfG AgrarR 1985, 15; zu der insoweit weiteren Rechtsprechung und Literatur FHvJP, HöfeO [3. Aufl] § 4 Rn 4).

Aus der Definition des Landpacht- als eines speziellen Pachtvertrages folgt, daß im übrigen der Landpachtvertrag den Begriffsmerkmalen des allgemeinen Pachtvertrages iSv § 581 Abs 1 entsprechen muß, siehe die Verweisung in § 585 Abs 2.

b) „Eiserne" Verpachtung

4 § 585 Abs 2 erstreckt den Geltungsbereich des speziellen Landpachtrechts auch auf die Normen über die **Inventarverpachtung** nach den §§ 582 bis 583 a. Diese Bezugnahme bedeutet auch, daß nun in den Fällen der Inventar-Anpachtung im Zusammenhang mit einer Grundstückspacht von einem Landpachtvertrag iS der §§ 585 ff die Rede sein kann.

c) Forstflächen

5 Nach Abs 3 sind auch solche Forstflächen Gegenstand eines Landpachtvertrages, die zu einem überwiegend landwirtschaftlichen Betrieb zugepachtet werden. Es ist dies die begrüßenswerte Klarstellung einer vor der Landpachtnovelle umstrittenen Frage (s dazu STAUDINGER/PIKALO[12] Anh zu § 597 Rn 49, 65; FISCHER/WÖHRMANN § 1 LPachtG Rn 10).

Von dieser Ausnahmeentwicklung abgesehen unterliegt die Verpachtung fortstwirtschaftlicher Grundstücke und/oder Betriebe nur den Regelungen der § 581 ff (PALANDT/PUTZO Rn 5).

3. Anwendungsbereich des Landpachtrechts

6 Infolge der aufgrund dieser Bestimmung vorzunehmenden Abgrenzung gelten die §§ 585 bis 597 für Landpachtverträge in ihrer jeweils spezifischen Ausgestaltung (Betriebs- oder Grundstückspacht), und zwar – je nach Inhalt und Umfang der Vereinbarungen – mit oder ohne Inventar.

II. Definitions- und Abgrenzungsfragen

1. Zu anderen (vorhergehenden) Vereinbarungen

a) Pachtvorvertrag, Vorpachtvertrag

7 Der Pachtvorvertrag ist noch kein Landpachtvertrag, vielmehr eine verbindliche Vereinbarung der Parteien, die darauf gerichtet ist, künftig einen Pachtvertrag abzuschließen.

Demgegenüber räumt der Vorpachtvertrag den Berechtigten die Möglichkeit ein, in einen vom Verpächter mit einem Dritten abgeschlossenen Pachtvertrag einzutreten (LWLH Rn 40). Auf dieses Rechtsverhältnis sind die Bestimmungen über das Vorkaufsrecht (§ 504 ff) entsprechend anzuwenden (FHL Rn 53 mwN).

b) Vorhand, Pachtvorrang
Eine dementsprechende Vereinbarung hat in die Verpflichtung des Verpächters zum **8** Inhalt, die Pachtsache zunächst einem bestimmten Interessenten anzubieten. Diese Verpflichtung beschränkt den Verpächter nur für den Fall einer von ihm angestrebten weiteren Verpachtung; hindert ihn aber nicht, den Gegenstand der Vereinbarung zu veräußern, in Eigenbewirtschaftung zu nehmen (FHL Rn 22) oder sonstwie zu nutzen.

c) Pachtoption
Es ist dies ein Pachtvertrag unter der aufschiebenden Bedingung, daß eine Vertrags- **9** partei von dem ihr eingeräumten Recht Gebrauch macht, durch einseitige Erklärung (Optionserklärung) den Vertrag zustandezubringen oder eine auslaufende Vereinbarung zu verlängern (LWLH Rn 14).

2. Art des Landpachtvertrages

a) Grundstücks- und Betriebspacht
Diese Unterscheidungsmöglichkeit folgt bereits aus dem Gesetzestext des Abs 1. **10** Werden gemeinsam mit dem Grundstück die zu seiner Bewirtschaftung dienenden Wohn- oder Wirtschaftsgebäude verpachtet, handelt es sich um eine Betriebspacht. Diese ist mit („eiserne" Verpachtung) und ohne Inventar-Mitpachtung denkbar.

Diese Unterscheidung ist in folgenden Fällen von besonderer Bedeutung:

– für den Umfang der Verpächter-Pflichten hinsichtlich Überlassung und Erhaltung sowie der Pächter-Pflicht zur ordnungsgemäßer Bewirtschaftung und Ausbesserung, § 586;
– bei der Bewertung bzw Bemessung des Pachtschutzes nach § 595;
– im Zusammenhang mit der Zurücklassung vorhandener landwirtschaftlicher Erzeugnisse, § 596 b;
– nicht jedoch im Zusammenhang mit der Vertrags-Überleitung bei auf Pächterseite erfolgendem Betriebsübergang im Wege der vorweggenommenen Erbfolge, § 593 a; denn der Regelungsgehalt dieser Bestimmung beschränkt sich auf die Zupacht von Grundstücken (nicht Betrieben) zu dem vom Pächter übergebenen (eigenen) Betrieb (vgl § 593 a Rn 7 ff).

b) Hauptpacht und Unterpacht
Ersteres ist das Vertragsverhältnis zwischen (Haupt-)Verpächter und (Haupt-)-Päch- **11** ter, letzteres das Rechtsverhältnis bei Weiterverpachtung durch den (Haupt-) Pächter an einen Dritten (Unterpächter).

Zu den rechtlichen Beziehungen der drei beteiligten Parteien vgl im einzelnen § 589 Rn 22 ff, zur Zulässigkeit/Erlaubnispflicht der Unterpacht vgl § 589 Rn 11 ff.

In Fällen des **Pflugtausches** wird die Bewirtschaftung von Grundstücken, etwa zum **12**

Zwecke der Arbeitserleichterung oder der besseren Einhaltung der Fruchtfolge, unter verschiedenen Pächtern/Eigentümern getauscht. Soweit Flächen derart von einem Pächter weggegeben werden, liegt eine genehmigungspflichtige Gebrauchsüberlassung an Dritte iSv § 589 vor (vgl § 589 Rn 4; LWLH Rn 24)

c) **Einzelpacht und Sammelpacht**

13 Die **Einzelpacht** hat die Vertragsbeziehungen zwischen zwei Vertragsparteien (die aus mehreren Personen bestehen können) über einen Pachtgegenstand (der aus mehreren Grundstücken und/oder Gebäuden bestehen kann) zum Gegenstand. Von **Sammelpacht** ist die Rede, wenn mehrere Pachtverträge in einer Urkunde zusammen gefaßt werden; Hauptanwendungsfall ist die Verpachtung verschiedener Pachtgegenstände durch einen Verpächter an verschiedene Pächter (LWLH Rn 34).

d) **Deputat- und Heuerlingsverträge**

14 sind *gemischte Verträge*, deren Einordnung nach sorgfältiger Beurteilung und Gewichtung der Lebensvorgänge und wechselseitig geschuldeten Leistungen zu erfolgen hat (STAUDINGER/LÖWISCH [1995] § 305 Rn 29 ff, 32 ff).

Ein **Deputatvertragsverhältnis** liegt vor, wenn landwirtschaftliche Flächen zur Eigenbewirtschaftung sowie Fruchtziehung als Teil der Entlohnung aus einem Dienstvertragsverhältnis zur Verfügung gestellt werden. Überwiegendes Element bei diesem „gemischten Vertrag mit aneinandergereihten Typen" (STAUDINGER/LÖWISCH [1995] § 305 Rn 38) ist die Erbringung von Dienstleistungen gegen Entgelt, an dessen Stelle nur zu einem untergeordneten Anteil die Zurverfügungstellung von Land tritt. Daher steht diese Überlassung mit dem Dienstvertrags-Verhältnis in einem derart engen Zusammenhang, daß von einem (gesonderten) Landpacht-Vertragsverhältnis nicht die Rede sein kann (LWLH Rn 13 mwN). Endet das Dienstvertragsverhältnis (etwa auch, weil arbeitsrechtliche Schutzmechanismen nicht greifen), hat dies automatisch die Rückgabepflicht des Deputatlandes zur Konsequenz, ohne daß der Dienstverpflichtete weiteren Schutz (etwa nach § 595) in Anspruch nehmen kann.

15 **Heuerlings-Verträge** werden Vereinbarungen genannt, in denen jemand („Heuerling") landwirtschaftlichen Flächen (auch einen zumeist kleinen Betrieb [„Heuerlingsstelle"]) zur eigenen Bewirtschaftung erhält. In Ergänzung seiner zumeist nur geringen finanziellen Gegenleistung verpflichtet er sich, seine oder seiner Familienangehörigen Arbeitskraft und/oder die (Mit-)Benutzung von Inventargegenständen dem Vertragspartner zur Verfügung zu stellen.

Im Unterschied zum Dienstvertrag mit Deputatland-Gewährung schuldet der Heuerling also dem Vertragspartner nicht die gesamte, sondern nur einen Teil seiner Arbeitskraft (LWLH Rn 14). Als überwiegendes Element erscheint hier die Zurverfügungstellung landwirtschaftlicher Flächen (eines Betriebes), so daß das Vertragsverhältnis insgesamt als Landpachtvertrag einzuordnen ist.

e) **Landpacht und Kleingartenpacht**

16 Letztere ist keine Landpacht, da sie nicht zur erwerbsmäßigen (gärtnerischen) Nutzung, sondern eher als Art der Freizeitgestaltung betrieben wird (vgl dazu weiter Rn 3).

Das Kleingarten-Pachtrechtsverhältnis regelt sich nach den Bestimmungen der §§ 581 bis 584 b, ergänzt um die Sondervorschriften des Bundeskleingartengesetzes vom 28. 2. 1983 (BGBl I 210; BGBl III 235; vgl dazu weiter LWLH Rn 21 ff; FHL Rn 40 ff).

f) Sonstige Vertragsformen und Abgrenzungen
Wird Acker- oder (häufiger) Gartenland im Rahmen eines **Altenteilvertrages** zum Zwecke der (Mit-)Benutzung überlassen (Naturalaltenteil), handelt es sich nicht um Landpacht. Denn die Altenteilsgewährung insgesamt ist geschuldete Gegen- oder Abfindungsleistung aus Anlaß des Generationswechsels hinsichtlich eines landwirtschaftlichen Betriebes (LWLH Rn 19). Im **Nießbrauchsrecht** wird zwar auf das Landpachtrecht verwiesen (§§ 1048 Abs 2, 1055 Abs 2); gleichwohl handelt es sich bei der Nießbrauchs-Gewährung landwirtschaftlicher Flächen nicht um ein Landpacht-Vertragsverhältnis (LWLH Rn 27; FHL Rn 59). 17

Die Unterscheidung nach den verwandschaftlichen Beziehungen (**Fremdpacht, Familienpacht**) ist zB von Bedeutung für die Frage der Anzeigepflicht nach dem LPachtVG (LWLH Rn 35). 18

Vgl zu **weiteren** möglichen (seltenen) **Sonderformen** FHL Rn 59 ff und LWLH Rn 25 ff.

III. Der Gegenstand des Landpachtvertrages

1. Grundstückspacht

a) Allgemeines
Es ist dies die **Grundform** eines jeden Landpacht-Verhältnisses. Das bedeutet, daß zB ein Grundstückspachtvertrag ohne Gebäudepacht ein Landpacht-Vertragsverhältnis sein kann, nicht aber umgekehrt. 19

b) Grundstück
Darunter ist in erster Linie derjenige abgegrenzte Teil der Erdoberfläche zu verstehen, der im Bestandsverzeichnisses des Grundbuchs unter einer eigenen Nummer eingetragen ist (FHL Rn 28 mwN). Darüber hinaus können auch reale Grundstücksteile Gegenstand des Landpacht-Vertragsverhältnisses sein. Diese müssen alsdann allerdings konkret bestimmt sein, am besten im Rahmen der Pachtgegenstands-Beschreibung nach § 585 b (vgl § 585 b Rn 7). 20

c) Verpachtung überwiegend zur Landwirtschaft
Zur Annahme eines Landpacht-Vertragsverhältnisses gehört weiter, daß das Grundstück überwiegend zur **landwirtschaftlichen Nutzen** verpachtet wird. *Insoweit ist das Vertragsverhältnis gegenüber beabsichtigter Nutzung zu Hobby- oder gewerblichen Zwecken abzugrenzen.* Dabei ist nach Art und Umfang der beruflichen Tätigkeit zu fragen; nicht nach der Rechtsform, in der diese stattfindet. Daher ist für die Beurteilung eines Pacht- als Landpachtverhältnis unerheblich, ob der Pächter die Eintragung in das Handelsregister herbeiführt (§ 3 HGB) oder ob auf Pächterseite eine Personenhandelsgesellschaft (OHG, KG) oder eine juristische Person (AG, GmbH, Genossenschaft) beteiligt ist. Gerade letztere sind in den neuen Bundesländern häufig anzutreffen. 21

Unter **„Landwirtschaft"** in diesem Sinne sind Ackerbau, Wiesen- und Weidewirtschaft, der Erwerbsgarten- oder Obstbau, der Weinbau, die Gärtnerei, die Imkerei und die Binnenfischerei zu verstehen (LWLH Rn 59 ff; FHL Rn 33 ff).

Die Verpachtung hat **überwiegend** zu diesen Zwecken zu geschehen. Derart hat die Abgrenzung zu hobby- bzw gewerbsmäßiger Nutzung zu erfolgen (FHL Rn 33 f). In diesem Zusammenhang erlangt die bereits zitierte (Rn 3) Rechtsprechung – in erster Linie des Bundesverfassungsgerichts – **Bedeutung, nach der zur Rechtfertigung jedes landwirtschaftlichen Sonderrechts gehört, leistungsfähige Betriebe in bäuerlicher Hand zu erhalten**. Von einem Landpacht-Vertragsverhältnis kann mithin auch nicht die Rede sein, wenn der Pachtgegenstand zwar landwirtschaftlicher Nutzung dienen soll, seine Bewirtschaftung hingegen nicht als Teil der Bewirtschaftung eines *leistungsfähigen* Betriebes angesehen werden kann. Diese Frage spielt – in erster Linie überhöhten Pachtzinses – speziell bei der Betriebspacht (vgl unten Rn 22) eine Rolle. In Fällen der Grundstückspacht (Zupacht) sind nicht nur der Pachtgegenstand und die darauf bezogenen Vertragsbedingungen isoliert zu betrachten; vielmehr insgesamt der Pächter-Betrieb unter Einschluß der zugepachteten Fläche.

Ist ein Pacht- demzufolge nicht als Landpachtverhältnis einzustufen, kommen die Vorschriften der §§ 585 ff nicht zur Anwendung. Dem Pächter steht also insbesondere kein Pachtschutz nach § 595 zu, s dort Rn 3, 27, 30.

2. Betriebspacht

a) Definition

22 Werden zusammen mit einem (oder mehreren) Grundstück(en) die zu dessen (deren) Bewirtschaftung dienenden Wohn- oder Wirtschaftsgebäude mitverpachtet, ist von Betriebspacht die Rede (FHL Rn 11).

Damit liegt die **Schwelle** für die Qualifikation einer Landpacht als Betriebspacht **unterhalb der Anpachtung eines vollständigen landwirtschaftlichen Betriebes** (dh „Hofes") im herkömmlichen Sinne. Die Zusammenführung einer bestimmten Fläche sowie der zu ihrer Bewirtschaftung notwendigen Gebäude als Vertragsgegenstand reicht aus (FHL Rn 14).

Die Gebäude können alternativ oder kumulativ Wohn- oder Wirtschaftszwecken dienen. Letzteres wird der Normalfall einer „Hofespacht" sein; ersteres ist zB bei Viehhaltung im Freien denkbar.

Zu weitgehend ist die Forderung von Faßbender (FHL Rn 16), wonach zur Betriebspacht ein Umfang gehört, der – gegebenenfalls mit weiteren eigenen bzw von dritter Seite zugepachteten Flächen – eine ausreichende Existenzgrundlage ermöglicht. Dies wird nach dem Gesetzeswortlaut nicht verlangt, und dies hat auch nichts mit der sowieso vorzunehmenden Abgrenzung zu Zwecken landwirtschaftlicher und nicht hobbymäßiger Bewirtschaftung zu tun (dazu Rn 21). Daher wird man von Betriebspacht auch im (umgekehrten) Fall sprechen können, daß ein Landwirt zu bereits im Rahmen einer ausreichenden wirtschaftlichen Grundlage bewirtschafteten Flächen weitere – und diese mit Gebäuden hinzupachtet; wobei sie die Betriebspacht dann auf diese Zupachtung beschränkt.

Stets ist allerdings – und insoweit FASSBENDER zu folgen – Voraussetzung der Qualifizierung eines Vertragsverhältnisses als Landpacht-Vertrag, daß er allein oder in Kombination mit der Bewirtschaftung weiterer Flächen/Gebäude einen ausreichend großen und ertragreichen landwirtschaftlichen Betrieb darstellt (vgl oben Rn 3, 21). Diese Frage wird insbesondere Bedeutung bei der Verpachtung nur (oder im wesentlichen) eines Wohngebäudes mit einem Grundstück haben. Nur wenn dies zum Zwecke der Bewirtschaftung eines **leistungsfähigen Betriebes** geschieht, wird Landpacht- und nicht Wohnraum-Mietrecht zur Anwendung kommen.

b) Abgrenzungsfragen

Von einem **Mischbetrieb** ist die Rede, wenn sich der Pacht-Gegenstand aus einem 23 landwirtschaftlichen und einem gewerblichen Betriebsteil zusammensetzt. Ferner müssen – unabhängig von vertraglicher Gestaltung – beide Betriebsteile so eng miteinander verflochten sein, daß ihre Trennung für einen oder beide nachteilig wäre (vgl LWLH Rn 50; FHL Rn 20 ff). Daher bleiben stets beide Betriebsteile einer einheitlichen rechtlichen Betrachtung unterworfen (FHL aaO); auf einen solchen Pachtgegenstand findet das **Landpachtrecht** nur Anwendung, wenn der **landwirtschaftliche Betriebsteil überwiegt**;

Demzufolge ist auch die Verpachtung eines **Nebenbetriebes** stets Betriebspacht; 24 davon spricht man, wenn der Pachtgegenstand dem (im Pächter-Eigentum stehenden oder von dritter Seite angepachteten) Hauptbetrieb zu dienen bestimmt ist (FHL Rn 24 ff; LWLH Rn 52).

Sind hingegen die beiden Betriebsteile entweder selbstständig oder problemlos zu 25 trennen, liegt kein gemischter Betrieb sondern ein **Doppelbetrieb** vor, auf dessen (nur) landwirtschaftlichen Teil das Landpachtrecht anwendung findet (FHL Rn 21; LWLH Rn 51).

Gleichermaßen gilt bei der Grundstückspacht und gemischter Nutzung Landpacht- 26 recht nur:
– bei Untrennbarkeit: wenn die landwirtschaftliche Nutzung überwiegt sowie
– bei Trennbarkeit: hinsichtlich des landwirtschaftlichen Grundstücksteils.

3. Forstflächen

Soweit Forstflächen Gegenstand des Vertragsverhältnisses sind, ist zu unterschei- 27 den:

Sind diese – im Verhältnis zu dem landwirtschaftlichen Pachtgegenstand – **untergeordneten Umfangs**, liegt insgesamt und ohne weiteres ein **Landpacht**-Vertragsverhältnis nach den §§ 585 ff vor. Die Abgrenzung ist etwa so vorzunehmen, wie zwischen gewerblich und landwirtschaftlich genutzten Misch- oder Doppelbetrieben (vgl oben Rn 23, 25; LWLH Rn 53).

Bei der Verpachtung von **ausschließlich forstwirtschaftlich genutzten Flächen** ist weiter zu differenzieren: Ist der Pächter – gleichgültig, ob nur durch diese Anpachtung oder in Zusammenhang mit eigenen bzw von dritter Seite gepachteten Forstflächen – nur Inhaber eines forstwirtschaftlichen Betriebes, liegt keine Landpacht vor und finden die §§ 581 bis 584 b Anwendung. Nur in den Fällen einer Zupacht zu einem landwirtschaftlichen Betrieb liegt nach Abs 3 Landpacht vor.

4. Sonstiges

a) Milchquote

28 Im Rahmen der Marktordnungs-Regeln der Europäischen Gemeinschaft (Union) wurde mit Verordnung des Rates der EG am 27. 6. 1968 (Nr 804/68) ein Richtpreis für Milch und ein Interventionspreis für Abnahmepflicht für Milchprodukte eingeführt. Dies führte in den Folgejahren zu einer steigenden Überproduktion an Milch, die 1983/84 durch den EG-Haushalt nicht mehr zu finanzieren war. Infolge dessen wurde durch die Verordnung des Rates vom 31. 8. 1984 (Nr 856/84 und 857/84) eine Milchkontingent-Regelung eingeführt. Diese beschränkt die Milch-Produktion auf das dem Landwirt zugeteilte – nach Maßgabe der Produktion der Vorjahre berechnete – Kontingent ([Anlieferungs-]**Referenzmenge**, gemeinhin auch „*Milchquote*" genannt). Jede darüber hinausgehende Produktion wird mit Sonder-Abgaben in einer Höhe belegt, die sie als absolut unwirtschaftlich erscheinen läßt. Die EG-Ratsverordnungen wurden durch die **Milchgarantiemengen-Verordnung** (MGVO, später MGV) in nationales Recht umgesetzt, die zwischenzeitlich in der 32. Änderungsverordnung vom 26. 9. 1994 (BGBl I 2575) besteht.

Ihrer rechtlichen Qualifikation nach ist die Referenzmenge eine abgabenfreie Lieferungsberechtigung zu einem gestützten Preis, die subventionsähnlichen Charakter hat (BGH AgrarR 1991, 343).

Sie ist grundsätzlich **streng flächenakzessorisch**, dh nicht aus dem Zusammenhang mit derjenigen zur Milcherzeugung genutzten Fläche zu lösen, auf der die Milcherzeugung (vor Inkrafttreten der MGV oder später) aufgenommen worden ist (BGH RdL 1995, 139; sa BFH BStBl 1994 II 538). Seit der 16. Änderungsverordnung ist ab 1990 jedoch die zeitlich beschränkte Überlassung eines Teils der betrieblichen Referenzmenge ohne gleichzeitige Überlassung (Verkauf, Verpachtung) der dazugehörigen Fläche möglich („**Quoten-Leasing**" rechtlich ungenau, vgl FHL Rn 14). Nur unter diesen Voraussetzungen kann die Referenzmenge Gegenstand eines gesonderten Pacht-Vertrages sein, der **kein Landpachtvertrag** ist.

Die EU-rechtlichen Bestimmungen sehen wie die MGV (§ 7) einen **begrenzten Pächterschutz** vor. Soweit nach den Grundsatz der Flächenakzessorietät jedoch die Referenzmenge bei Pachtende an den Verpächter zurückfällt, hat der Pächter in Ermangelung entgegenstehender Vereinbarungen keinen Ausgleichsanspruch für den Verlust der – häufig ihm (dem Pächter) ursprünglich selbst einmal zugeteilten – Referenzmenge. Denn diese ist weder Grundstücks-Bestandteil noch ist die Verwendung iSv § 591 (vgl dazu ausführlich § 596 Rn 34).

b) Zuckerrübenlieferrechte

29 Hier ist die rechtliche Behandlung uneinheitlich. Denn im Gegensatz zur Milchquote hat nicht der Landwirt sondern die Zuckerfabrik eine Quote erhalten, die sie an die sie beliefernden Landwirte weitergibt. Dies geschieht im Rahmen besonderer, zumeist kollektiver Vereinbarungen zwischen den Fabriken wirkt, empfiehlt es sich, Pächter wie Anteilseigner sind.

In **Ermangelung** einer der Milchquote vergleichbaren **Dritten geessorietät** sind die Rübenlieferrechte in den meisten Fällen zwischen den Landwirten – unter notwendiger Zustimmung der Zuckerfabrik meinsam zu verklagen; entbehrlich ist d – **frei handelbar**. Sie können mithin auch Gegenstand eines Nutzungs-Vertragsverhältnisses sein, das kein Landpachtverhältnis ist (vgl dazu ausf GRAGES, Die Lieferrechte der Zuckerrübenanbauer [Diss Köln 1989]; ders RdL 1990, 141, 227; FHL Rn 19 ff).

c) **Sonstiges**

Zur Anpachtung spezieller, mit landwirtschaftlichen Grundstücken zusammenhängender Rechte siehe LWLH Rn 56 ff; FHL Rn 4, 7. Derart reine Rechtspacht ist keine Landpacht (FHL Rn 53). **30**

IV. **Die Parteien des Pachtvertrages**

1. **Einzelpersonen, Personenmehrheiten**

Vertragsparteien können sowohl auf Verpächter- wie auf Pächterseite Einzelpersonen oder Personengemeinschaften (Eigentümergemeinschaften, Pächtergemeinschaften) sein. **31**

Gerade auf Pächterseite kommt es häufig vor, daß mehrere Landwirte in Form einer **BGB-Gesellschaft** (§§ 705 ff) zusammenarbeiten und in diesem Rechtssinne Pächter werden.

Der Normalfall ist die Verpachtung durch den Grundstückseigentümer; daneben kommen in erster Linie sonstige dinglich (Abbaurecht, Nießbrauchsrecht) oder obligatorisch (Hauptpächter im Falle der Unterpacht) Berechtigte in Betracht, (vgl LWLH Rn 43 f).

2. **Natürliche/juristische Personen**

Gleichgültig für die Qualifizierung als Landpachtvertrag ist weiterhin, ob die Vertragsparteien natürliche Personen, Personengesellschaften oder -gemeinschaften oder juristische Personen sind. **32**

Von der Möglichkeit der Bewirtschaftung landwirtschaftlicher Betriebe in Form **juristischer Personen** ist vor allem in den **Neuen Bundesländern**, in Zusammenhang mit der Umwandlung Landwirtschaftlicher Produktionsgenossenschaften, Gebrauch gemacht worden. Durch das Landwirtschafts-Anpassungsgesetz (LAnpG) vom 29. 6. 1990 in der Fassung vom 3. 7. 1991 (BGBl I 1418) war den Landwirtschaftlichen Produktionsgenossenschaften die Möglichkeit eröffnet worden, zur Vermeidung ihrer Liquidation sich in eine oder mehrere natürliche oder juristische Personen aufzuspalten bzw umzuwandeln (vgl dazu vJEINSEN, Zur Änderung des Landwirtschaftsanpassungsgesetzes, AgrarR 1991, 177). Der Tradition ihrer Organisation zu DDR-Zeiten folgend, haben sich die landwirtschaftlichen Produktionsgenossenschaften überwiegend in Form eingetragener Genossenschaften (eG) organisiert, darüber hinaus finden sich – teilweise regional sehr unterschiedlich – zumeist Aktiengesellschaften und Gesellschaften mit beschränkter Haftung. **33**

3. Parteiwechsel

34 Abgesehen von der Möglichkeit des Parteiwechsels durch dreiseitige Vereinbarungen (Eintritt eines Dritten, LWLH Rn 47) hat der in bestimmten Fällen erfolgende **Parteiwechsel kraft Gesetzes** eine besondere Bedeutung:

Auf **Verpächterseite** folgt nach §§ 593 b; 571 bis 579 die Verpächter- im Regelfall der Eigentümer-Stellung (vgl ausf die Kommentatur zu diesen Bestimmungen).

Auf **Pächterseite** erfolgt ein gesetzlicher Wechsel des Vertragspartners nach § 593 a im Falle der Betriebsübergabe im Wege der vorweggenommenen Erbenfolge.

Bei **Tod einer Vertragspartei** wird das Rechtsverhältnis mit dem/den Erben fortgesetzt (ausf mit Hinweis auf die teilweise unterschiedlichen landesrechtlichen Regelungen LWLH Rn 48), der Verpächter hat ein außerordentliches Kündigungsrecht nach § 594 d.

4. Rechte und Pflichten der Vertragsparteien

35 Diese sind in erster Linie im § 586 zusammengefaßt, soweit sie sich nicht aus allgemeinen Miet- und pachtrechtlichen Regelungen ergeben; auf die jeweils dortigen Ausführungen wird verwiesen.

V. Vertragsabschluß, Wirksamkeitsvoraussetzungen, Anzeigepflichten

1. Abschluß

36 Der Landpachtvertrag als schuldrechtlicher Vertrag kommt nach den Regeln des Allgemeinen Teils zustande, Stellvertretung ist zulässig (LWLH Rn 40 f).

2. Form

37 Andere als kurzfristige Vertragsverhältnisse unterliegen nach § 585 a der Schriftform, zur weiteren Erläuterung sei auf die dortigen Ausführungen verwiesen.

3. Genehmigungs- und Anzeigeerfordernisse

38 Zivilrechtlich (zB in Bezug auf Minderjährige oder vollmachtlos Vertretene) gelten die allgemeinen Bestimmungen. Speziell **landpachtrechtliche Genehmigungen** sind für die Wirksamkeit des Vertrages **nicht notwendig**.

39 Im Regelfalle sind Landpachtverträge nach § 2 LPachtVG **anzeigepflichtig**; und zwar gleichermaßen der Neuabschluß wie anschließende Vertragsänderungen. Ausnahmen regelt § 3 LPachtVG, bei dem speziell die Anzeigebefreiung für Landpachtverträge zwischen nahen Verwandten und Ehegatten hervorzuheben ist.

Die Nichtanzeige hat jedoch **nicht die Unwirksamkeit** des Landpachtvertrages zur Folge (LWLH § 2 LPachtVG Rn 19). Die Parteien riskieren jedoch **Ordnungsmaßnahmen** nach § 10 LPachtVG. Darüber hinaus ist eine *Vertragsanpassung im Sinne von § 593* nur möglich, wenn ein anzeigepflichtiger Landpachtvertrag auch angezeigt ist (§ 9 LPachtVG).

Nach erfolgter Anzeige hat die zuständige Behörde die Möglichkeit einer **Beanstandung** des Landpachtvertrages in (zusammengefaßt) Fällen einer ungesunden Bodenverteilung und eines Mißverhältnisses zwischen Pachtzins und Ertragsmöglichkeit, § 4 LPachtVG. Kommen die Vertragsparteien der Beanstandung **nicht** nach, **gilt** der Landpachtvertrag nach Ablauf der gesetzten Frist **als aufgehoben**, wenn nicht vorher ein Vertragsteil einen Antrag auf gerichtliche Entscheidung gestellt hat, § 7 Abs 2 LPachtVG.

Zu den Einzelheiten der Anzeigepflicht sowie dieses Beanstandungsverfahrens sei auf die Kommentierungen zum LPachtVG verwiesen.

VI. Abdingbarkeit

Wie die Regelung in § 581 (STAUDINGER/SONNENSCHEIN [1995] Rn 453) ist auch die des § 585 **grundsätzlich abdingbar**, soweit die charakteristischen Wesensmerkmale der Landpacht erhalten bleiben. Dies bezieht sich insbesondere auf den Vertragszweck („zur Landwirtschaft") sowie das Fruchtziehungsrecht des Pächters (LWLH Rn 3). Auch könnte die (völlige) Aufhebung der Pachtzins-Zahlungspflicht die Pachteigenschaft zu Fall bringen.

Soweit einzelne Bestimmungen des Landpachtrechts nicht dispositiv sind, ist darauf bei der jeweiligen Kommentierung verwiesen.

Unabhängig davon ist die rechtsgeschäftliche Gestaltungsfreiheit der Vertragsparteien nach den allgemeinen Grundsatzregelungen eingeschränkt. Dies bezieht sich in erster Linie auf die zwingenden Nichtigkeitsnormen des BGB. Darüber hinaus ist bei vorformulierten Verträgen oder solchen mit beigefügten Allgemeinen Vertragsbedingungen einer Seite eine Wirksamkeitsprüfung nach Maßgabe des AGBG vorzunehmen.

VII. Verfahrenrechtliches

Das LwVG weist Streitigkeiten aus Landpachtverträgen grundsätzlich der Freiwilligen Gerichtsbarkeit zu. In erster Instanz entscheidet das Amtsgericht als Landwirtschaftsgericht, in zweiter der Landwirtschaftssenat des Oberlandesgerichts. Ausnahmsweise ist unter den besonderen Voraussetzungen des § 24 LwVG die Rechtsbeschwerde zum Bundesgerichtshof eröffnet.

Nicht ganz einsichtig ist, daß nach § 1 LwVG nur Streitigkeiten aus genau genannten Bestimmungen des Landpachtrechts sowie solche aus der „Landpacht im übrigen" (§ 1 Nr 1 a LwVG) dieser Jurisdiktion zuordnet. Dies führt in vielen Fällen zu schwierigen Abgrenzungsfragen zu denjenige Landpachtstreitigkeiten, die zwar auch in dem vorgenannten Instanzenzug, aber nach den Vorschriften der ZPO durchzuführen sind („streitige Landpachtsachen"). Im einzelnen sei dazu auf die Kommentatur zu den jeweiligen Bestimmungen verwiesen.

Besonders problematisch sind die Fälle, in denen – nebeneinander – Auseinandersetzungen zwischen denselben Vertragsparteien und denselben Vertragsgegenstand betreffend vorliegen, von denen einige streitige, andere nicht streitige Landpachtsachen sind. Nach dem Urteil des OLG Oldenburg vom 5. 4. 1994 (10 U 16/93, nicht veröffentlicht) ist die prozessuale Verbindung derart unterschiedlicher Verfahren nicht zulässig.

Streitigkeiten speziell und nur aus § 585 erscheinen nur in Ausnahmefällen denkbar; soweit sie vorkommen, wird in Ermangelung der Benennung des § 585 in § 1 Ziff 1 LwVG nach § 48 LwVG in ZPO-Verfahren zu entscheiden sein.

VIII. Besonderheit in den Neuen Ländern

1. Altrechtliche Vertragsbeziehung

42 Soweit während des Bestehens der DDR landwirtschaftliche Nutzflächen in Eigentum des Volkes überführt oder unter dementsprechende Verwaltung gestellt worden waren, wurden durch die Räte der Kreise mit den landwirtschaftlichen Produktionsgenossenschaften Pachtverträge abgeschlossen (sog **„Kreispachtverträge"**, vgl zur Konstruktions dieser Vertragsbeziehungen etwa GRAFMÜLLER AgrarR 1992, 226; MAYER AgrarR 1992, 188; OLG Naumburg AgrarR 1995, 305; LUKANOW AgrarR 1995, 326). Dies und die anschließende Rechtsprechung hat zu einer erheblichen Benachteiligung der Grundstückseigentümer bzw Rückgabeberechtigten geführt. Die Eigentümer hatten zu den Räten der Kreise keinerlei direkte Vertragsbeziehungen, mit der Konsequenz fehlender vertraglicher (Schadensersatz) Rechte. Derartige Beziehungen bestanden nur zwischen den Räten der Kreise und den Landwirtschaftlichen Produktionsgenossenschaften. Dazu ist aber jetzt entschieden, daß die derzeit bestehenden Landkreise und Länder keine Rechtsnachfolger der ehemaligen Räte der Kreise sind (BGH AgrarR 1995, 15; LUKANOW AgarR 1994, 358; zum Rechtsweg für derartige Streitigkeiten s BGH AgrarR 1995, 51; 1995, 146; RdL 1995, 68). Dies hat zur Konsequenz, daß auch keinerlei mittelbare Schadensersatzansprüche – etwa wegen Schlechtbewirtschaftung – mehr geltend gemacht werden können.

2. Überleitungsrecht

43 Das noch zu Zeiten des Bestehens der DDR veröffentliche Landwirtschaftsanpassungsgesetz vom 29. 6. 1990 (GblDDR Nr 42/90 vom 20. 7. 1990 S 642 ff) regelte in § 51 ff die Übernahme der Pacht-Bestimmungen des BGB, und zwar ab seinem Inkrafttreten (1. 3. 1990). Innerhalb einer Jahresfrist sollten alle Nutzungsverhältnisse derart in Pachtverträge umgewandelt werden.

Diese Bestimmung ist im Einigungsvertrag (Art 232 § 3 Abs 2 EGBG) unberührt gelassen worden, so daß es als Redaktionsversehen erscheint, daß nach § 3 Abs 1 vom Zeitpunkt der Wiedervereinigung an bürgerlichrechtliches Pachtrecht auch in den Neuen Bundesländern gelten sollte (FHL Rn 66).

3. Titel. Miete. Pacht
III. Landpacht

§ 585 a

§ 585 a

Ein Landpachtvertrag, der für länger als zwei Jahre geschlossen wird, bedarf der schriftlichen Form. Wird die Form nicht beachtet, so gilt der Vertrag als für unbestimmte Zeit geschlossen.

Materialien: BT-Drucks 10/508; 10/509; 10/3830; 10/3498.

Schrifttum

Siehe § 585.

Systematische Übersicht

I.	Überblick	1		b) Inhalt	13
1.	Normgehalt und Zweck	2	2.	Vertragsänderungen und -verlängerungen	
a)	Zeitdauer	2			
b)	Hauptzweck des Formzwanges	3	a)	Umfang	14
c)	Übergangsrecht	4	b)	Formerfordernisse	16
2.	Anwendungsbereich	5	3.	Heilung	17
3.	Verhältnis der Vorschrift				
a)	zu sonstigen Vorschriften des Landpachtrechts	8	III.	Formmangel und Treu und Glauben	18
b)	zum Landpachtverkehrsgesetz	10	IV.	Vereinbarte Schriftform	19
c)	zu anderen Vorschriften	11	V.	Folge fehlender Form (S 2)	22
II.	Umfang und Inhalt des Formerfordernisses	12	VI.	Abdingbarkeit	23
1.	Vertragsschluß		VII.	Beweislast	24
a)	Umfang	12			

Alphabetische Übersicht

Abdingbarkeit	23	Heilung, des Formmangels	17
Anwendungsbereich	5		
Beweislast	24	Mindestinhalt, des Schriftformerfordernisses	12
Einheitlichkeit, der Urkunde	13	notarielle Beurkundung, Verhältnis zum Schriftformerfordernis	11
Fehlen der Schriftform, Konsequenzen	22		
Formularverträge	21	Pachtvorvertrag	6
gemischter Vertrag, Umfang des Formzwangs	5	Treu und Glauben, Berufen auf ... bei fehlender Form	18
gerichtliche Entscheidung, als Alternative zur Schriftform	9	Übergangsrecht	4

Alfred Pikalo/Ulrich von Jeinsen

Umfang des Formzwangs 12	vorformulierte Verträge 21
– bei gemischtem Vertrag 5	Vorpachtvertrag 6
Vereinbarungen, in Formularverträgen 21	Zeitdauer, als Voraussetzung für den Formzwang 2, 7
Vereinbarungen, zur Schriftform 19 ff	
Vertragsänderung, Anspruch auf 8	Zweck, des Formzwanges 3
Vertragsänderungen, Notwendigkeit der Schriftform 14 ff	

I. Überblick

1 Die Vorschrift tritt anstelle des bisher über § 581 Abs 2 geltenden § 566 S 1 und 2 HS 1. Im Gegensatz zum früheren Recht greift der Formzwang jedoch erst bei Verträgen mit mehr als zweijähriger Laufzeit ein. Das stimmt mit der Neuregelung der Kündigungsfrist in § 594 a überein.

1. Normgehalt und Zweck

a) Zeitdauer

2 Die Vorschrift unterstellt den **länger als zwei Jahre** geschlossenen Landpachtvertrag der Schriftform (§ 126), wobei ein Formverstoß nicht nach § 125 S 1 zur Nichtigkeit, sondern zur Existenz eines Pachtverhältnisses auf unbestimmte Zeit mit der Kündigungsmöglichkeit nach § 594 a Abs 1 führt.

b) Hauptzweck des Formzwanges

3 Dieser folgt aus der Entstehungsgeschichte des § 566: Bei Übergang zu dem mieterschützenden Grundsatz „*Kauf bricht nicht Miete*" (§ 571) hielt es der Gesetzgeber zum Ausgleich für geboten, dem Grundstückserwerber zu ermöglichen, sich über den Inhalt der auf ihn übergehenden (langfristigen) Bindungen durch Vertragseinsicht zuverlässig zu unterrichten. Andererseits sollte aber der Mieter nicht wegen Nichtigkeit des Vertrages schutzlos gestellt werden (STAUDINGER/EMMERICH[12 (1981)] § 566 Rn 2; ausf LWLH Rn 2).

Die Vorschrift dient weiter der *Beweissicherung* zwischen den Beteiligten, nicht jedoch ihrem Schutz vor Eingehung langfristiger Bindung (STAUDINGER/EMMERICH[12 (1981)] § 566 Rn 4). Wegen ihrer Schutzfunktion im Interesse des Grundstückserwerbers wird einer strengen und nicht nachsichtigen Handhabung der Formvorschrift das Wort geredet (STAUDINGER/EMMERICH[12 (1981)] § 566 Rn 3 und BGH LM zu § 566 Nrn 6 und 7).

Den Grundstückserwerber vermag die Vorschrift nur recht *unvollkommen* zu schützen: Zum einen werden Landpachtverträge vielfach überhaupt nicht schriftlich oder nur formmangelhaft abgeschlossen oder während der Laufzeit abgeändert. Zum anderen mögen erforderliche behördliche Genehmigungen (zB nach § 3 WährG) oder die Anzeige nach § 2 LPachtVG fehlen (zu den Konsequenzen vgl § 585 Rn 39; FHL § 2 LPachtVG Rn 35 ff). Dem Vertragstext läßt sich im übrigen auch nicht entnehmen, ob eine Vertragsänderung durch gerichtliche Entscheidung (nach §§ 588, 590, 591, 593 oder § 595) erfolgt ist.

Im Hinblick auf die Neuregelung des § 594 a (Verlängerung der Kündigungsfrist für auf unbestimmte Zeit abgeschlossene Verträge auf praktisch zwei Jahre) sollten auch kurzfristige Verträge schriftlich abgeschlossen werden. Bei längerfristigen nicht formgerechten Verträgen ist zu beachten, daß eine vereinbarte Verkürzung der gesetzlichen Kündigungsfrist ebenfalls der Schriftform bedarf (§ 594 a Abs 2 S 1).

c) Übergangsrecht

Ist vor dem 1. Juli 1986 ein Vertrag mit einer Laufzeit zwischen einem und zwei **4** Jahren abgeschlossen worden, verbleibt es bei der alten Rechtslage und der Vertrag gilt als auf unbestimmte Zeit eingegangen (STAUDINGER/VJEINSEN[12] Art 219 EGBGB Rn 3). Im Interesse der Rechtssicherheit läßt Art 219 Abs 1 S 1 EGBGB die Wirkung der Fristüberschreitung des § 566 Abs 1 für vor dem 1. Juli 1986 ebenso unberührt wie die Kündigungsfrist des § 595 a aF für vor dem Stichtag ausgesprochene Kündigungen (hierzu PALANDT/PUTZO § 594 a Rn 1).

2. Anwendungsbereich

Die Vorschrift ist nur auf **Landpachtverträge** und diesen unter den Voraussetzungen **5** des § 585 Abs 3 gleichgestellten Zupachtverträge über forstwirtschaftliche Grundstücke anwendbar. Sie gilt nicht bei unentgeltlicher Bewirtschaftungsüberlassung oder wenn die Bewirtschaftung im wesentlichen unentgeltlich zu bloß vorübergehenden Zwecken überlassen wird. Hier wird häufig von der Vereinbarung eines Pachtzinses abgesehen, damit der Eigentümer frei von pachtrechtlichen Beschränkungen über den Grundbesitz verfügen kann. Es gibt jedoch zahlreiche Grenzfälle, insbesondere im familiären Bereich, bei einem Pachtzins unter üblicher Höhe. Hervorzuheben ist, daß die Vereinbarung eines bloßen Gefälligkeitspachtzinses bei Vorliegen der Voraussetzungen eines Pachtverhältnisses im übrigen nicht zum Fortfall der Bindungen des Grundstückserwerbers führt und solche Verträge gerade im Hinblick auf die für den Erwerber nachteiligen Folgen der Schriftform unterliegen. Zu Einzelheiten der Abgrenzung von Landpacht- zu anderen Vertragsverhältnissen siehe § 585 Rn 7 ff.

Ist der Pachtvertrag Teil eines **gemischten Vertrages**, erfaßt der Formzwang des § 585 a den **gesamten Vertrag**, kann jedoch durch eine höherrangige Formvorschrift (zB § 313) verdrängt werden.

Dem Formzwang unterliegen auch Optionsvereinbarungen bezüglich eines Landpachtvertrages (PALANDT/PUTZO § 566 Rn 3) sowie der Unterpachtvertrag einschließlich des Pflugtauschvertrages, Vertragsverlängerungen und nicht nur unwesentliche -änderungen und -ergänzungen, ferner der in Erfüllung eines Vorvertrages abgeschlossene Pachtvertrag (PALANDT/PUTZO aaO), der Vertragsschluß in Erfüllung eines Vermächtnisses sowie der durch Ausübung des Vorpachtrechts zustandekommende Pachtvertrag (STAUDINGER/EMMERICH[12 (1981)] § 566 Rn 16 unter Hinweis auf BGHZ 55, 76; str). Formbedürftig ist weiter eine Vereinbarung mit Alt- und Neupächter über einen Pächterwechsel (FHL Rn 18).

Der Schriftform bedürfen nicht Vorpacht- und Pachtvorverträge, weil der Grund- **6** stückserwerber nicht an solche Vereinbarungen gebunden ist (STAUDINGER/EMMERICH[12 (1981)] § 566 Rn 9; FHL Rn 15), mit Ausnahme eines Vorpachtrechtes für den Fall der

Vertragskündigung (KG OLGE 13, 379). Gleichfalls nicht formgebunden ist die Ausübung des Vorpachtrechts, ferner nicht die Aufhebung des gesamten Vertrages, die gemeinsame Aufhebung einer Kündigung bei Wiederherstellung des im wesentlichen unverändert bleibenden Vertrages (PALANDT/PUTZO § 566 Rn 4), Pächter- oder Verpächterwechsel aufgrund Gesetzes, einmalige (Abstands-) Zahlungen an den Verpächter, zB für den Vertragsabschluß oder eine Vertragsverlängerung, sofern hierin nicht die Pachtzinszahlung liegt (STAUDINGER/EMMERICH[12 (1981)] § 566 Rn 29), ferner alle Vereinbarungen mit Dritten anläßlich Vertragsschluß oder Veräußerung, zB Vereinbarungen zwischen Verpächter und Grundstückserwerber, für eine bestimmte Zeit keine Pachtzinserhöhung oder Kündigung vorzunehmen (PALANDT/PUTZO § 566 Rn 4). Formlos möglich sind auch Sondervereinbarungen der Vertragsparteien aus Anlaß des Pachtvertragsabschlusses, die mit einem Landpachtvertrag nichts zu tun haben (FHL Rn 17).

7 Dem Anwendungsbereich der Vorschrift unterfallen nur Verträge **mit mehr als zweijähriger Dauer**. Die Frist berechnet sich ab dem vereinbarten Tag des Vertragsbeginns, nicht dem Datum der Unterzeichnung (siehe auch LWLH Rn 7).

Für länger als zwei Jahre abgeschlossen sind nicht nur Verträge mit einer diese Frist überschreitenden, in Jahreszahlen bemessenen Pachtzeit. Betroffen sind auch alle Verträge, die – zumindest nach den Vorstellungen der Beteiligten – auf eine Dauer von mehr als zwei Jahren angelegt sein können/sollen (STAUDINGER/EMMERICH[12 (1981)] § 566 Rn 11). Dazu gehören etwa Verträge

- mit unbestimmter Dauer, wenn die Kündigung nicht erstmals zum Ablauf des zweiten Jahres erfolgen kann;
- die sich ohne Kündigung zum Ende der Zwei-Jahres-Frist automatisch verlängern (FHL Rn 5);
- die auf Lebenszeit einer Partei oder eines Dritten (PALANDT/PUTZO § 566 Rn 7) eingegangen ist;
- deren Laufzeit sonst von einem zukünftigen ungewissen Ereignis (zB auflösende Bedingung) abhängt;
- bei denen der Verpächter von Anfang an oder später auf sein Kündigungsrecht verzichtet;
- mit Verlängerungsklauseln oder Optionen, die dem Pächter die einseitige Verlängerung eines auf bestimmte Zeit abgeschlossenen Vertrages ermöglichen;
- mit Bestimmungen über Pachtvorauszahlungen, die auf einen über zwei Jahre währenden Zeitraum angerechnet werden sollen.

Die die Vertragsdauer nur mittelbar über zwei Jahre hinaus verlängernden Vereinbarungen mit Dritten führen nicht zu einer Anwendung des § 585 a (zB Verzicht des Grundstückserwerbers gegenüber dem Veräußerer auf Pachtvertragskündigung für einen Zeitraum über zwei Jahre).

3. Verhältnis der Vorschrift

a) Zu sonstigen Vorschriften des Landpachtrechts
8 Das Fehlen der im § 585 b – abdingbar – angeordneten *Beschreibung* der Pachtsache

berührt die Wirksamkeit eines im übrigen formgerecht abgeschlossenen Vertrages nicht.

Soweit Vorschriften des Landpachtrechts einem Vertragsteil einen **Anspruch auf Vertragsänderung**, Abgabe der Willenserklärung zum entsprechenden Vertragsschluß gewähren (siehe §§ 588, 590, 591, 593, 594 d, 595), ist fraglich, ob und wieweit diese Vorschriften den Formzwang des § 585 a verdrängen und damit entweder formlose Vertragsänderungen möglich werden oder das Pachtverhältnis in eines auf unbestimmte Zeit umgewandelt wird. Für formfreie Vertragsänderung spricht zunächst, daß das Verlangen wie bei einer Vertragsänderung inhaltlich hinreichend bestimmt sein muß. Ferner sieht nur § 595 Abs 4 für den Pachtverlängerungsantrag die Schriftform vor, woraus im Umkehrschluß Formfreiheit in den übrigen Fällen gefolgert werden könnte. *Jedoch widerspräche es der Schutzfunktion des Schriftformerfordernisses*, eine formlose Vertragsänderung nur mit der Begründung zuzulassen, daß sie auf ein gesetzlich vorgesehenes Anpassungsverlangen zurückgeht; dies insbesondere deshalb, weil dann die ersichtlich vom Gesetzgeber nicht gewollte Möglichkeit stillschweigenden Vertragsschlusses (§ 151) bestünde (vgl dazu auch STAUDINGER/EMMERICH [§ 1995] § 556 a Rn 80). Hinzu kommt, daß auf einseitiges Verlangen zurückgehende Vertragsänderungen häufig darüber hinaus gehende Regelungen enthalten und dann die Grenzziehung zu formfrei zulässigen Vereinbarungen kaum noch möglich wäre. Zu Änderungen der Pachtsachen nach § 590 s dort Rn 36.

Bei streitig gebliebenem Anpassungsverlangen ist durch die **gerichtliche Entscheidung** 9 ein entsprechender nachträglicher schriftlicher Vertragsschluß entbehrlich. Entweder kommt der Entscheidung selbst (§ 21 LwVG: Beschluß) Gestaltungskraft zu (§ 595 Abs 6 [PALANDT/PUTZO § 595 Rn 13] und § 594 d Abs 2 S 4 [STAUDINGER/SONNENSCHEIN [1995] für § 556 a, dort Rn 82]). Ersetzt hingegen die Entscheidung die Erklärung des anderen Teils (§ 588 Abs 4 S 2; 590 Abs 2 S 3; 591 Abs 2 S 3), gilt diese mit Rechtskraft der Entscheidung als abgegeben. Der Vertragsschluß setzt jedoch weiter voraus, daß die Erklärung des anderen Vertragsteils in der erforderlichen Form abgegeben wird und dem Gegner zugeht (STAUDINGER/EMMERICH[12 (1981)] § 566 Rn 19).

Ist der Abschluß des Pachtvertrages Teil eines gerichtlichen **Vergleichs**, wird die Schriftform durch eine entsprechende gerichtliche Protokollierung ersetzt (§§ 127 a, 126 Abs 3).

§ 594 b geht § 585 a insoweit vor, als bei Verträgen mit mehr als dreißigjähriger Laufzeit danach eine Kündigung mit der Frist des § 594 a zulässig ist, also trotz Wahrung der Schriftform eine Umwandlung in ein Vertragsverhältnis auf unbestimmte Zeit erfolgt.

b) zum Landpachtverkehrsgesetz
Die Anzeigepflicht nach § 2 LPachtVG hat mit der Formgebundenheit längerfristi- 10 ger Verträge nichts zu tun.

c) zu anderen Vorschriften
Vereinbaren die Beteiligten individualvertraglich für den Vertragsabschluß Schrift- 11 form (§§ 125 S 2, 127) gilt der gesamte Vertrag bis zur schriftlichen Fixierung nach § 154 S 2 (im Zweifel) als nicht geschlossen, so daß auch § 585 a S 2 nicht gilt

(Palandt/Putzo § 566 Rn 14; aA Staudinger/Emmerich[12 (1981)] § 566 Rn 61, der entgegen § 154 S 2 mit Rücksicht auf § 566 S 2 im Zweifel Wirksamkeit annimmt).

§ 585 a S 2 verdrängt § 139, so daß der Formmangel die Wirksamkeit des Vertrages mit Ausnahme der Bestimmungen über dessen Dauer unberührt läßt.

§ 313 erstreckt den notariellen **Beurkundungszwang** auch auf solche Landpachtverträge und sonstige pachtrechtliche Vereinbarungen (Pachtoptions- und -anpachtsrechte, Vorpachtrechte, Pachtvorverträge), die gewollter rechtlicher Bestandteil des Grundstücksveräußerungsvertrags (§ 313) selbst sind.

Überträgt der Eigentümer zwecks **vorweggenommener Erbfolge** seinen Betrieb unter Nießbrauchsvorbehalt auf den Übernehmer und verpachtet ihn diesem gleichzeitig auf Grund seines Nießbrauchs (sog Rheinische Hofübergabe, FHvJP § 17 Rn 40), ist der Pachtvertrag als gewollter Bestandteil des Übergabevertrags vom Beurkundungserfordernis des § 313 mit erfaßt. Diese Bestimmung ersetzt nach § 126 Abs 3 die nach § 585 a erforderliche Schriftform. Daher wird in solchen Fällen jeder Formmangel (also auch bei mündlichem Vertragsschluß) durch § 313 S 2 geheilt (BGH AgrarR 1978, 225; zu zusammengesetzten und gemischten Verträgen s Palandt/Heinrichs § 313 Rn 32). Entsprechendes gilt, wenn ein an den Übernehmer bereits verpachteter Betrieb „rheinisch" übertragen wird und die Vertragsparteien auf Grund Nießbrauchsvorbehalts die Pachtbedingungen ändern (vgl Pikalo DNOtZ 1981, 276).

Wird (etwa für die Dauer des Pachtvertrags) dem Pächter ein **Vor- oder Ankaufsrecht** am Pachtgrundbesitz bestellt, bedarf der Pachtvertrag in seiner Gesamtheit der Mitbeurkundung (Staudinger/Emmerich[12 (1981)] § 566 Rn 8; RGZ 110, 327; 125, 261); dies kann auch nicht durch die bloße Bestellung eines dinglichen Vorkaufsrechts umgangen werden (zur Heilung entspr § 313 S 2 vgl BGH DNOtZ 1968, 93). Die Wirkungen aus § 313 reichen in diesem Zusammenhang weit: hat beispielsweise der Verpächter dem Pächter ein Vorkaufs- oder Ankaufsrecht für die Dauer des Pachtverhältnisses oder danach eingeräumt, bedarf etwa die Vereinbarung über die frühere Beendigung des Pachtvertrags der Form des § 313 (BGH AgrarR 1972, 324).

Bedurfte die mit dem nicht oder nicht vollständig mitbeurkundeten Pachtvertrag nach dem Beteiligtenwillen eine Einheit bildende Veräußerung der Genehmigung nach dem GrdstVG, erfaßt diese das verdeckte Geschäft nicht, und das Grundstücksgeschäft einschließlich Pachtvertrag kann erst mit Ablauf der Jahresfrist des § 7 Abs 3 GrdstVG wirksam werden (BGH NJW 1981, 1957).

II. Umfang und Inhalt des Formerfordernisses

1. Vertragsschluß

a) Umfang

12 Formbedürftig ist der gesamte Vetragsinhalt (LWLH Rn 8) einschließlich aller Vereinbarungen, die Teil des Pachtvertrages sein sollen. Grundsätzlich muß also der gesamte Vertragsinhalt durch die Unterschrift der Parteien gedeckt sein (LWLH Rn 13).

Sollen für den Vertrag die gesetzlichen Bestimmungen gelten, gehören zu dessen **Mindestinhalt**: Bezeichnung der Vertragsparteien, Pachtgegenstand, Pachtzeit und Pachtzins (BGH NJW 1975, 1653, 1654). Die Pachtzeit ist durch Beginn und Ende bzw Dauer festzulegen, Datum und Ort der Unterzeichnung sind entbehrlich.

In der Niederschrift nicht enthaltene mündliche Absprachen können für die Auslegung des Vertragstextes herangezogen werden. Eine Auslegung unter Heranziehung außerhalb einer Urkunde liegender Umstände setzt allerdings voraus, daß der einschlägige rechtsgeschäftliche Wille der Beteiligten in der formgerechten Urkunde einen, wenn auch nur unvollkommenen oder andeutungsweisen Ausdruck gefunden hat (sogenannte Andeutungslehre, BGH NJW 1983, 1610, 1611 mwN).

b) **Inhalt**
Was Schriftform im einzelnen bedeutet, ist in § 126 geregelt. Auf die dortige Kommentierung sei daher prinzipiell verwiesen. Auch im Landpachtrecht ist die Einhaltung durch strenge Auslegung zu ermitteln (FHL Rn 3).

§ 126 Abs 2 fordert die Unterzeichnung durch die Beteiligten auf derselben Urkunde *(Grundsatz der Einheitlichkeit der Urkunde)*, läßt es aber bei mehreren gleichlautenden Urkunden genügen, wenn jede Partei die für die andere bestimmte Urkunde unterzeichnet. Nicht ausreichend sind jeweils nur von einer Partei getrennt unterzeichnete(r) Antrag und Annahme oder Briefwechsel.

Sind Ehegatten Vertragspartner, gilt im landwirtschaftlichen Pachtrecht nicht der Erfahrungsgrundsatz des sozialen Mietrechts, wonach ein Ehegatte den anderen vertreten will/soll. Unterschreibt nur ein Ehegatte, ist der Vertrag insgesamt formunwirksam, also (auch) nicht nur mit diesem formwirksam zustandegekommen; dies gilt jedenfalls dann, wenn ersichtlich beide Ehegatten Vertragspartei werden (BGH AgrarR 1994, 275 = RdL 1994, 122).

Die der Schriftform unterliegenden Vereinbarungen müssen **in derselben Urkunde** enthalten, die Zusammengehörigkeit mehrerer Blätter einer Urkunde eindeutig (etwa durch körperliche Verbindung) erkennbar sein. Die Beifügung ergänzender Schriftstücke ist zulässig, erfordert jedoch entsprechende, hinreichend deutliche Bezugnahme in der Haupturkunde und erkennbare und gewollte, dauerhafte Verbindung (KG Berlin OLGR 1995, 49). Eine solche ist nach der Rechtsprechung (zB BGHZ 40, 255, 262 f) nur gegeben, wenn zu ihrer Aufhebung eine teilweise Substanzverletzung oder Gewaltanwendung erforderlich ist. Die Zusammenfügung muß mit Wissen und Wollen aller Vertragsteile erfolgt sein, nachträgliches Zusammenfügen durch einen Teil ohne Wissen des anderen genügt nicht (BGHZ 50, 39, 32).

Die Unterschriften müssen den gesamten Text der Urkunde – im Falle ordnungsgemäßer Beifügung ergänzender Schriftstücke nur der Haupturkunde – decken. Nachträge oberhalb der Unterschrift werden von dieser gedeckt, solche unterhalb der Unterschrift müssen neu unterschrieben werden (PALANDT/HEINRICHS § 126 Rn 5). Blankounterschrift reicht aus.

Erforderlich ist weiter Zugang der Urkunde gegenüber dem anderen Vertragsteil;

formlose Mitteilung genügt nur, wenn der Empfänger auf Übersendung verzichtet hat (PALANDT/HEINRICHS § 126 Rn 11).

2. Vertragsänderungen und -verlängerungen

a) Umfang

14 Der Formzwang umfaßt alle Vertragsänderungen und -verlängerungen, wenn die Laufzeit unter Einbeziehung der Änderung noch mehr als zwei Jahre beträgt (arg PALANDT/PUTZO § 566 Rn 16). Der Formzwang ergreift auch Aufhebung oder Beschränkung einzelner Rechte und Pflichten – insbesondere Pachtzinssenkung oder Vertragsverlängerung –, auch wenn die Aufhebung des gesamten Vertrages formfrei ist (STAUDINGER/EMMERICH[12 (1981)] § 566 Rn 43 a).

(Teilweise) Änderungen hinsichtlich der Vertragsparteien (Beitritt, Ausscheiden, Wechsel) werden von Emmerich (STAUDINGER/EMMERICH[12 (1981)] § 566 Rn 36 f mwN zur Gegenmeinung) entgegen verbreiteter Ansicht stets für formbedürftig gehalten (s dazu auch LWLH Rn 10). Sicher dürfte sein, daß der sich durch einen dreiseitigen Vertrag vollziehende Wechsel (vgl BGH NJW 1975, 1653, 1654) und der Neuabschluß eines selbständigen Pachtvertrages zwischen Verpächter und Neupächter – unter gleichzeitiger, nach herrschender Meinung formlos wirksamer, Aufhebung des Altvertrages – dem Formzwang unterliegen. Gleiches gilt in den Fällen der Vertragsübernahme durch einen neuen Pächter, da dazu stets die Zustimmung des Verpächters erforderlich ist.

Wird ein schriftlich abgeschlossener Vertrag formunwirksam geändert, wandelt sich der ganze Vertrag in einen mit unbestimmter Dauer um (FHL Rn 11; STAUDINGER/EMMERICH[12 (1981)] § 566 Rn 34).

15 **Formfrei** wirksam sind Änderungen, die nur für eine kürzere Zeit als zwei Jahre gelten sollen. Gleiches gilt auch für die Aufhebung des formwirksam nur schriftlich zu schließenden Landpachtvertrages (LWLH Rn 11 mwN). Ebenfalls ist die Erweiterung der Grenze vertragsgemäßen Gebrauchs durch Gestaltung im Einzelfall formfrei möglich (zB Zustimmung zur Unterverpachtung [STAUDINGER/EMMERICH[12 (1981)] § 566 Rn 39]), nicht jedoch zB die Erlaubnis zur Nutzungsänderung gem § 590. Zu weiteren Beispielen in diesem Zusammenhang siehe FHL Rn 12.

b) Formerfordernisse

16 Insoweit gilt im Grundsatz das für den Vertragsschluß dargestellte (so Rn 13) entsprechend. Um die Schriftform des § 126 zu wahren, muß die Vertragsänderung in einen **räumlichen Zusammenhang** mit dem Ursprungsvertrag gebracht, also auf diesem angebracht oder mit ihm verbunden werden (FHL Rn 14). Insbesondere genügt nicht, unter bloßer Bezugnahme auf den formgerechten ursprünglichen Vertrag die vereinbarte Änderung in eine Änderungsurkunde aufzunehmen, ohne diese fest mit der Haupturkunde zu verbinden (STAUDINGER/EMMERICH[12 (1981)] § 566 Rn 38). Dies zu vergessen führt dazu, daß nicht nur der Änderungsvertrag, sondern nunmehr der auch zunächst formgerecht eingegangene Vertrag formungültig ist und damit die Kündigungsmöglichkeit nach § 594 a eröffnet wird.

Nur zögernd hat der BGH die *strengen Anforderungen* an die Einheitlichkeit der

Urkunde für Verlängerungs- und Ergänzungsverträge *gelockert*. So reicht nunmehr aus, daß bei bloßer Bezugnahme im Änderungs- der Ursprungsvertrag bis zum Ende von dessen Laufzeit fest vereinbart bleibt, wenn dessen vereinbarter Laufzeit lediglich ein weiterer Zeitabschnitt angefügt, dessen Inhalt aber unverändert bleiben soll (BGHZ 50, 39, 43; MünchKomm/FÖRSCHLER § 126 Rn 11). Auch wird heute als ausreichend angesehen, daß die Änderungsurkunde selbst alle wesentlichen Bestandteile des Pachtvertrages enthält oder die Bezugnahme auf die Haupturkunde eindeutig das Festhalten der Beteiligten an den dort niedergelegten Vereinbarungen ergibt und die Änderung von den Vertragsteilen der Haupturkunde oder ihren Gesamtrechtsnachfolgern unterzeichnet wird (BGHZ 42, 333, 338 f; 52, 25, 28 f; STAUDINGER/EMMERICH[12 (1981)] § 566 Rn 39). Nach neuester Rechtsprechung reicht es aus, wenn eine Nachtragsurkunde auf den Ursprungsvertrag Bezug nimmt, selbst formwirksam ist und diesen nicht ersetzen soll (BGH AgrarR 1994, 275 = RdL 1994, 122). Diese Liberalisierung erscheint bedenklich; sie führt bei Streitigkeiten zu denjenigen Darlegungs- und Beweisschwierigkeiten, die das Formerfordernis gerade vermeiden soll, namentlich zur Schaffung von Rechtsklarheit unter den Vertragsparteien ebenso wie gegenüber dem ausdrücklich (so Rn 3) in den Schutzbereich einbezogenen Grundstückserwerber.* Daher fordert das OLG Celle (OLGR 1994, 330) zu Recht die auch körperlich feste Verbundenheit der Nachtrags- mit der Ursprungsurkunde.

3. Heilung

Eine Heilung durch Erfüllung ist nicht möglich. Wird die unterbliebene Niederschrift nachgeholt, wird der Vertrag ex nunc formgültig (STAUDINGER/EMMERICH[12 (1981)] § 566 Rn 24 unter Hinweis auf LG Hildesheim MDR 1958, 103). Ein Anspruch darauf besteht aber nur, wenn die Beteiligten dies vorher verabredet haben oder wenn sie eine solche Abrede nachträglich (formlos) treffen. **17**

III. Formmangel und Treu und Glauben

Entbehrt der mehrjährige Pachtvertrag der Schriftform, *kann sich jede Partei auf den Formmangel berufen*. Ein **treuwidriges Verhalten** mit der Folge, daß der Vertrag auf die gesamte vereinbarte Zeit geschlossen gilt, wird nur in den **seltenen Fällen** angenommen, wenn die Formgültigkeit zu einem nicht nur harten, sondern schlechthin **unerträglichen Ergebnis** führt und ein notwendiger Ausgleich mit anderen Mitteln nicht zu erzielen ist (BGH NJW 1984, 607; STAUDINGER/EMMERICH[12 (1981)] § 566 Rn 55; vgl dazu ergänzend FHL Rn 46 ff; LWLH Rn 21 ff). Das ist angesichts der für den Formverstoß normierten Folge des S 2 sowie der Sozialklausel des § 595 nur in besonders gelagerten Ausnahmefällen möglich. Auch wenn ausnahmsweise eine Aufrechterhaltung der formunwirksam vereinbarten Vertragslaufzeit unter dem Aspekt der Treuepflicht geboten ist, wirkt dies nur zwischen den Vertragsteilen. Dem durch den **18**

---

* Im Bereich von Unternehmenskaufverträgen durch Anteilserwerb zielt ein Hauptteil der juristischen Überprüfung im Vorfeld („due diligence") darauf ab, zu verhindern, daß im Nachhinein „unbekannte" vertragliche Verpflichtungen des Unternehmens auftauchen. Wer dies einmal getan hat, weiß, welch' umfangreiche Listen dazu abgearbeitet werden müssen (vgl etwa WEGEN WIB 94, 291, 532). Es erscheint kaum sinnvoll, im landwirtschaftlichen Pachtrecht durch falsch verstandene Liberalisierung auf einen Schutz zu verzichten, den das Gesetz selbst bietet.

Formzwang geschützten Grundstückserwerber (§ 571) wird die Berufung auf die Formungültigkeit nicht gestattet (BGHZ 40, 255, 261).

Voraussetzung für die Anwendung von Treu und Glauben ist stets das Vorliegen eines wirksamen Vertrages mit hinreichend bestimmtem Inhalt (ggf §§ 315 ff) sowie, daß die Partei, die an der Laufzeitvereinbarung festhalten will, schutzwürdig ist. Nicht genügt, daß die Vertragsteile den Vertrag langjährig durchgeführt haben. Beiderseitige Unkenntnis der Formbedürftigkeit – insbesondere infolge Fahrlässigkeit – verdient in der Regel keinen Schutz (PALANDT/HEINRICHS § 125 Rn 19). Erst recht scheidet eine Aufrechterhaltung der Abrede über die Vertragsdauer aus, wenn der sich auf den Treuegedanken berufende Vertragsteil den Formverstoß bei Vertragsschluß kannte; und zwar auch dann, wenn er den Entschluß, sich dies zunutze zu machen, erst später faßte (MünchKomm/FÖRSCHLER § 125 Rn 62; RGZ 180, 181).

Treuwidriges Verhalten kann namentlich dann vorliegen (STAUDINGER/EMMERICH[12 (1981)] § 566 Rn 55 ff), wenn der sich auf den Formmangel Berufende schuldhaft den anderen Teil von der Einhaltung der Form abgehalten hat oder ein Vertragsteil nach einer ihm günstigen formlosen Vertragsänderung auch noch den weiteren Vorteil einer vorzeitigen Kündigung des Ursprungsvertrages ziehen will (zB Pachtzinssenkung, vgl BGH NJW 1975, 1653, 1655) oder ein Vertragsteil im Falle formlos vereinbarter Nachholung der Schriftform gleichwohl unter Berufung auf die Formgültigkeit kündigt.

IV. Vereinbarte Schriftform

19 Denkbar ist, daß *die Parteien eines von vornherein auf unbestimmte Dauer angelegten Vertrages Schriftform vereinbaren.* Deren Nichteinhaltung hat nach § 154 S 2 im Zweifel zur Folge, daß der Vertrag als **nicht abgeschlossen** gilt. Etwas anderes gilt nur, sofern sich Anhaltspunkte dafür ergeben, daß die vereinbarte Form *nicht Voraussetzung* der vertraglichen Bindung sein, sondern nur der Beweissicherung dienen sollte. Von einem formlos wirksamen Vertrag wird in diesen Fällen idR auszugehen sein, wenn die Abrede über die Form nachträglich getroffen oder dem Pächter das Pachtgrundstück vor Unterzeichnung vorbehaltlos überlassen wurde (STAUDINGER/EMMERICH[12 (1981)] § 566 Rn 61 ff).

20 Ist Schriftform vereinbart, gilt diese Abrede auch für **spätere Vertragsänderungen**, nicht aber für eine Vertragsaufhebung insgesamt. Im Falle einer lediglich zu Beweiszwecken vereinbarten Schriftform kann jeder Beteiligte die Nachholung der unterbliebenen Form verlangen (PALANDT/HEINRICHS § 125 Rn 12; MünchKomm/FÖRSCHLER § 125 Rn 82). Unterliegt in einem solchen Fall der formlos eingegangene Vertrag zugleich dem Formzwang des § 585 a, hat dies zur Folge, daß eine Kündigung nach § 594 a unwirksam (§ 242) ist, weil der Kündigungsgegner sich ihr gegenüber auf die Verpflichtung des Kündigenden zur Nachholung der Schriftform berufen kann (so schon RGZ 97, 219, 223; 141, 370, 373). Ein Anspruch auf Nachholung schriftlicher Abfassung des Vertrages besteht jedoch nur, wenn die Vertragsteile die Formabrede tatsächlich getroffen und diese nicht nachträglich (konkludent) wieder aufgehoben haben. Gegenüber dem Erwerber des verpachteten Grundstücks besteht der Anspruch und damit der Kündigungsschutz nicht (§ 571; MünchKomm/FÖRSCHLER § 125 Rn 70).

21 Die von den Beteiligten vereinbarte Schriftform kann jederzeit wieder **aufgehoben**

werden. Das gilt sowohl, wenn die Beteiligten die Schriftform für den Vertragsschluß vereinbart haben wie auch, wenn für Änderungen, Ergänzungen oder Vertragsaufhebung die Schriftform gelten soll. Die Aufhebung der Formabrede kann hierbei formlos oder stillschweigend erfolgen, muß aber klar erkennbar sein (BGH NJW 1976, 1395). Sie kann sich auf einzelne Vertragsbestimmungen, insbesondere im Falle ihrer nachträglichen Änderung, beschränken.

Ohne Bedeutung ist hierbei der Inhalt einer vertraglichen Schriftformklausel, insbesondere die Bestimmung, daß der Verzicht auf die Schriftform dieser bedürfe (PALANDT/HEINRICHS § 125 Rn 14, sehr str, aA SONNENSCHEIN NJW 1986, 2731, 2733 unter Hinweis auf LG Baden-Baden ZMR 1984, 167; MünchKomm/FÖRSCHLER § 125 Rn 76 unter Hinweis auf BGH NJW 1976, 1396, der jedoch einer entsprechend abgefaßten Schriftformklausel nur mit Rücksicht auf die Kaufmannseigenschaft beider Vertragsteile Bindungswirkung zugesprochen hat). Die formlose Abrede der Beteiligten gilt auch dann, wenn diese an die vereinbarte Form nicht gedacht haben. Unterliegt der formlos geänderte Vertrag zugleich dem Formerfordernis des § 585 a, kann dies zu einer Umwandlung des Vertrages in einen solchen mit unbestimmter Dauer führen. War nachträglich schriftliche Fixierung der Änderungsabrede vereinbart, kann dies einer Kündigung gemäß § 595 a entgegengehalten werden.

Was die in den dem AGBG unterliegenden **Formularverträgen** anzutreffenden Schriftformklauseln anbelangt, hat sich inzwischen wohl als herrschende – in den Einzelheiten noch umstrittene – Meinung herausgebildet, daß diese wegen des Vorranges der Individualvereinbarungen (§ 4 AGBG) mündlichen Abreden ihre Wirksamkeit nicht nehmen (MünchKomm/KÖTZ § 4 AGBG Rn 4 je mwN). Das gilt insbesondere für mündliche Abreden nach Vertragsschluß (BGH NJW 1985, 322; 1986, 1809), aber auch für die formularmäßige Bestimmung, mündliche Nebenabreden seien nicht getroffen. Handelt für den Verwender eine Hilfsperson, kann sich die Unwirksamkeit der mündlichen Abrede indes aus einer insoweit fehlenden Vertretungsmacht ergeben (PALANDT/HEINRICHS aaO; MünchKomm/KÖTZ § 4 AGBG Rn 11). In Betracht kommt dann möglicherweise aber Duldungs- oder Anscheinsvollmacht.

V. Folge fehlender Form (S 2)

Ist die Schriftform nicht eingehalten, ist zunächst durch Auslegung zu ermitteln, ob die Parteien überhaupt einen Landpachtvertrag eingehen wollten. Bejahendenfalls wird der Vertrag zu einem mit unbestimmter Dauer (S 2); diese Bestimmung ist lex spezialis gegenüber § 139 (FHL Rn 44). Die Kündigungsmöglichkeit regelt sich dann nach § 594 a.

Ist im Falle einer Vertragsänderung eine formunwirksame Verlängerung vereinbart, läuft das Vertragsverhältnis jedenfalls bis zum ursprünglich formwirksam vereinbarten Ende und verlängert sich danach unbefristet (BGH AgrarR 1994, 275 = RdL 1994, 122).

VI. Abdingbarkeit

§ 585 a ist nach allgemeiner Meinung (LWLH Rn 3 mwN) **zwingend**, so daß ein Pachtvertrag mit einer Laufzeit von mehr als zwei Jahren nicht formlos abgeschlossen werden kann. Dies gilt wegen seiner drittschützenden Wirkung (§ 571, so Rn 3), verstärkt durch den zusätzlichen Schutzgehalt des § 595, dessen in Abs 8 festgelegte Unabdingbarkeit auch in den Bereich des § 571 hineingehoben wird (PIKALO DNotZ 1981, 282).

Haben die Vertragsteile jedoch die nachträgliche schriftliche Abfassung vereinbart und sollte hiervon nicht die Wirksamkeit des Vertrags abhängen, kann jeder Vertragsteil Niederschrift verlangen. Das hat zur Folge, daß eine vorzeitige Kündigung gemäß § 594 a nicht möglich ist. Auf diese Weise läßt sich der Formzwang umgehen. Zu weitgehend erscheint es indes, wie Emmerich (STAUDINGER/EMMERICH[12 (1981)] § 566 Rn 69) eine Abrede der Beteiligten über eine bestimmte, zwei Jahre überschreitende Vertragslaufzeit in der Regel als Vereinbarung über eine nachträgliche schriftliche Vertragsabfassung zu interpretieren. Zwar wird der Schutzzweck der Vorschrift (§ 571) hierdurch nicht tangiert, weil der Grundstückserwerber an die Abrede nachträglicher Beurkundung nicht gebunden ist, doch würde damit die Berufung auf den Formmangel stets treuwidrig.

VII. Beweislast

24 Wird über ein Rechtsgeschäft eine *formrichtige Urkunde* erstellt, begründet diese die – widerlegbare – *Vermutung der Vollständigkeit und Richtigkeit* für sich. Das gilt sowohl bei durch Gesetz geforderter als auch vereinbarter Schriftform, auch wenn diese nur Beweiszwecken dient (PALANDT/HEINRICHS § 125 Rn 15), ferner im Anwendungsbereich des AGBG. Die Vermutung geht dahin, daß eine vor Niederschrift des Rechtsgeschäftes getroffene mündliche Abrede anderen oder ergänzenden Inhalts durch die anschließende schriftliche abgeändert wurde oder weitere Vereinbarungen nicht getroffen wurden.

Wer sich bei gesetzlich nicht formgebundenem Vertrag auf die Vereinbarung der Schriftform beruft, trägt hierfür ebenso die Beweislast wie derjenige, der bei gesetzlich geltender oder unstreitig vereinbarter Schriftform behauptet, diese diene nur der Beweissicherung (PALANDT/HEINRICHS § 154 Rn 6) oder sie sei einverständlich aufgehoben (PALANDT/HEINRICHS § 125 Rn 14).

§ 585 b

(1) Der Verpächter und der Pächter sollen bei Beginn des Pachtverhältnisses gemeinsam eine Beschreibung der Pachtsache anfertigen, in der ihr Umfang sowie der Zustand, in dem sie sich bei der Überlassung befindet, festgestellt werden. Dies gilt für die Beendigung des Pachtverhältnisses entsprechend. Die Beschreibung soll mit der Angabe des Tages der Anfertigung versehen werden und ist von beiden Teilen zu unterschreiben.

(2) Weigert sich ein Vertragsteil, bei der Anfertigung einer Beschreibung mitzuwirken, oder ergeben sich bei der Anfertigung Meinungsverschiedenheiten tatsächlicher Art, so kann jeder Vertragsteil verlangen, daß eine Beschreibung durch einen Sachverständigen angefertigt wird, es sei denn, daß seit der Überlassung der Pachtsache mehr als neun Monate oder seit der Beendigung des Pachtverhältnisses mehr als drei

Monate verstrichen sind; der Sachverständige wird auf Antrag durch das Landwirtschaftsgericht ernannt. Die insoweit entstehenden Kosten trägt jeder Vertragsteil zur Hälfte.

(3) Ist eine Beschreibung der genannten Art angefertigt, so wird im Verhältnis der Vertragsteile zueinander vermutet, daß sie richtig ist.

Materialien: BT-Drucks 10/508; 10/509; 10/3830; 10/3498.

Schrifttum

Siehe § 585.

Systematische Übersicht

I.	**Allgemeine Kennzeichnung**		**IV.**	**Anfertigung der Beschreibung**
1.	Normgehalt und Normzweck	1	1.	durch die Vertragsteile selbst — 12
	Zweck der Vorschrift	2	2.	durch einen Sachverständigen — 13
2.	Verhältnis zum früheren Recht	3	a)	Sachliche Voraussetzungen — 13
3.	Anwendungsbereich	4	b)	Verfahren — 16
4.	Verhältnis der Norm zu den übrigen Vorschriften des Landpachtrechts	5	c)	Kosten — 19
			V.	**Duldungspflichten** — 20
II.	**Inhalt und Zeitpunkt der Beschreibung**		**VI.**	**Wirkung der Beschreibung** — 21
1.	Inhalt	6	**VII.**	**Abdingbarkeit** — 22
2.	Zeitpunkt	9		
III.	**Form der Beschreibung**	10		

Alphabetische Übersicht

Abdingbarkeit, der Vorschrift — 22
Anfertigung, durch die Vertragsparteien — 12
– durch einen Sachverständigen — 13 ff
Anwendungsbereich — 4

Beschreibung, Duldungspflichten — 20
– Form — 10 f
– Inhalt und Umfang — 6 ff
– Wirkung — 21

Duldungspflichten, der Vertragsparteien bei Aufstellung der Beschreibung — 20

Form. der Beschreibung — 10 f
früheres Recht, Verhältnis dazu — 3

Inhalt, der Beschreibung — 6 ff

Kosten, des gerichtlichen Verfahrens — 19

Mitwirkung der Parteien, Verweigerung und deren Konsequenzen — 13 ff

Sachverständiger, als die Beschreibung Aufstellender — 13 ff

Umfang der Beschreibung, bei Betriebspacht — 8
– der Beschreibung, bei Grundstückspacht — 7

Verfahren, gerichtliches bei Sachverständigenbenennung 14 f, 16 ff	Zeitpunkt, der Aufstellung der Beschreibung 9
Wirkung der Beschreibung 21	Zweck, der Vorschrift 1

I. Allgemeine Kennzeichnung

1. Normgehalt und Normzweck

1 Die durch das Gesetz vom 8.11.1985 neu in das Landpachtrecht eingefügte Dispositivnorm sieht eine gemeinsam durch Verpächter und Pächter anzufertigende Beschreibung der Pachtsache jeweils bei Beginn und Ende des Pachtverhältnisses vor.

2 **Zweck der Vorschrift** ist es, Streitigkeiten zwischen den Vertragsparteien zu vermeiden, die sich aus der fehlenden Feststellung der tatsächlichen Grundlagen für die Verteilung von Rechten und Pflichten ergeben können. Es besteht hier eine besondere Möglichkeit der Beweissicherung (FHL Rn 5), die natürlich nicht mit einem Beweisverfahren im Sinne der ZPO verglichen/verwechselt werden darf.

So hat etwa der Pächter nach § 586 Abs 1 S 2 die gewöhnlichen Ausbesserungen der Pachtsache auf seine Kosten durchzuführen. Weil der Verpächter aber die Pachtsache in einem zu der vertragsmäßigen Nutzung geeigneten Zustand zu überlassen hat (§ 586 Abs 1 S 1), muß er neben den außergewöhnlichen auch die gewöhnlichen Ausbesserungen tragen (§ 586 Abs 2 mit §§ 537, 538 ff), soweit letztere bereits bei Pachtbeginn erforderlich sind (STAUDINGER/SONNENSCHEIN[12 (1981)] § 582 aF Rn 17). Eine bei Pachtbeginn gefertigte Beschreibung stellt Umfang und Zustand der Pachtsache zu diesem Zeitpunkt außer Streit und legt damit bis zum Beweis des Gegenteils (Abs 3) die Tatsachen-Grundlage fest, aufgrund derer über Ansprüche der Vertragsteile zu entscheiden ist.

Zur Bedeutung der Beschreibung im Zusammenhang mit Veränderungen der Pachtsache vgl § 590 Rn 4, 36.

Eine besondere Veranlassung zu detaillierter Beschreibung geben die Fälle der sog **„eisernen Verpachtung"**, in denen bei der Betriebspacht das Inventar mit verpachtet wird und der Pächter dessen Wert als Teil des Pachtentgelts zu verzinsen sowie bei Pachtende zurückzugeben hat.

2. Verhältnis zum früheren Recht

3 Bis zum 30. 6. 1986 enthielt das Pachtrecht, auch soweit es aus dem BGB ausgegliedert war, keine entsprechende Bestimmung, wenngleich in der Praxis, insbesondere bei Betriebspachten, eine Hofbeschreibung üblich war (FHL Rn 4). Ein im Gesetzgebungsverfahren zum BGB gestellter Antrag, bei der Pacht eines Landgutes eine dem späteren § 1034 entsprechende Regelung aufzunehmen, wurde abgelehnt (JAKOBS/ SCHUBERT, Recht der Schuldverhältnisse II 671). Wegen ihrer Zweckmäßigkeit wurde die

Beschreibung der Pachtsache weitgehend praktiziert. Daher hielt der Gesetzgeber der Landpachtnovelle es für angezeigt, die Beteiligten stets dazu anzuhalten.

3. Anwendungsbereich

Nach § 585 Abs 2 stellt § 585 b eine besondere Vorschrift für **Landpachtverträge** dar, die also auf andere Arten keine Anwendung findet. Die Interessenlage bei anderen als Landpachtverhältnissen ist allerdings aufgrund der Verweisung auf das Mietrecht in § 581 Abs 2 im wesentlichen die gleiche. Es hätte daher nahegelegen, die Beschreibung der Pachtsache unter den §§ 582 bis 584 b als allgemeine Vorschrift für alle Pachtverhältnisse aufzunehmen.

Die gesetzliche Beschränkung auf das Landpachtrecht schließt aber nicht aus, eine Beschreibung der Pachtsache auch in anderen Fällen – etwa bei der Verpachtung eines ganzen Gewerbebetriebes – ausdrücklich zu vereinbaren. Nicht zweckmäßig wäre es jedoch, nur die entsprechende Anwendung des § 585 b zu vereinbaren. Dadurch könnte nicht die Zuständigkeit des Landwirtschaftsgerichts zur Bestellung eines Sachverständigen für die Erstellung der Beschreibung begründet werden.

4. Verhältnis der Norm zu den übrigen Vorschriften des Landpachtrechts

Eine Beschreibung der Pachtsache soll regelmäßig bei Pachtbeginn und -ende erstellt werden. Ihre Anfertigung prägt daher mit das gesetzliche Leitbild des Landpachtvertrages (MünchKomm/Voelskow Rn 1). Im Hinblick auf die im Landpachtrecht geregelten Anspruchsgrundlagen dient die Beschreibung der Pachtsache durch ihre Vermutungswirkung der Klärung und Durchsetzung erhobener Ansprüche aus dem Vertragsverhältnis.

II. Inhalt und Zeitpunkt der Beschreibung

1. Inhalt

Die Vorschrift bestimmt nur die Feststellung von Umfang und Zustand der Pachtsache bei ihrer Überlassung bzw bei Beendigung des Pachtverhältnisses. Auf eine weitergehende Konkretisierung der Merkmale der Pachtbeschreibung wurde wegen der Unterschiedlichkeit der Pachtverhältnisse verzichtet (FHL Rn 15; Regierungsentwurf BT-Drucks 10/509 S 17). Der Umfang der Beschreibung wird von den Vertragsparteien festgelegt; er bestimmt das Ausmaß der Vermutungswirkung des Abs 3.

Bei der Pacht einzelner Grundstücke ist in der Regel deren Identifizierung ausreichend. Wenn sich die Pachtsache in ordnungsgemäßem Zustand befindet, genügt die allgemeine Feststellung dieser Tatsache. Nähere Angaben sind nur erforderlich, wenn weitere Gegenstände (wesentliche Bestandteile, Zubehör) mitverpachtet sind und/oder der Zustand dies verlangt. Detaillierte Beschreibungen empfehlen sich weiter, wenn die Flächen in einem besonderen Kulturzustand übergeben, den es zu erhalten gilt. Dies ist etwa dann der Fall, wenn die Flächen die besonderen Voraussetzungen erfüllen, nach denen die darauf gezogenen Früchte als aus biologischem Anbau anerkannt werden.

8 Wird *ein landwirtschaftlicher Betrieb im ganzen* verpachtet, wird der Zweck der Regelung, nämlich einen Streit zu vermeiden, um so eher erreicht, je detaillierter die Beschreibung der Pachtsache ausfällt. Hinsichtlich des Umfangs empfiehlt sich ggf die Beifügung von Inventarverzeichnissen, hinsichtlich des Zustandes die Hinzuziehung eines Sachverständigen, dessen Feststellungen ebenfalls Bestandteil der Beschreibung werden sollten. In den Fällen der *„eisernen Verpachtung"* gehört zu der Auflistung und Zustandsbeschreibung die Bewertung jedes einzelnen Inventargegenstandes. Nur dann liegen die Voraussetzungen für eine reibungslose Pachtrückgabe vor. Eine vollständige Zusammenstellung möglicher Punkte einer Beschreibung findet sich bei LWLH Rn 10 ff.

2. Zeitpunkt

9 Sinnvoll ist die Aufnahme/Ergänzung der Beschreibung bei wirtschaftlichem Vertragsbeginn und -ende, und zwar jeweils auf den Übergabe- bzw Rückgabezeitpunkt bezogen (nicht das Datum des Vertragsschlusses). Sie empfiehlt sich darüber hinaus bei jeder Änderung des Pachtgegenstandes sowie bei Wechsel des Vertragspartners.

III. Form der Beschreibung

10 Eine Beschreibung liegt nur vor, wenn sie in der **schriftlichen Form des § 126** erfolgt ist (aA LWLH Rn 9). Bei einem langfristigen Pachtvertrag ist dieses Erfordernis ausreichend berücksichtigt, wenn (auch) die Beschreibung unterschrieben ist und ein räumlicher Zusammenhang mit der Haupturkunde (s § 585 a Rn 13) besteht. Im übrigen bestätigt die hier vertretene Auffassung Abs 1 S 3, der bei Anfertigung der Beschreibung durch die Vertragsparteien deren Unterschriften zwingend vorschreibt. Die Unterzeichnung dokumentiert die Einigung der Vertragsteile über den Inhalt der Beschreibung und rechtfertigt die in Abs 3 angeordneten Rechtsfolgen.

Die Unterzeichnung der *durch einen Sachverständigen* angefertigten Beschreibung ist in § 585 b nicht vorgesehen. Aus der Notwendigkeit der Schriftform für die Beschreibung ist zu folgern, daß eine von ihm gefertigte Beschreibung ebenfalls zu unterzeichnen ist.

11 Die fehlende Datumsangabe führt nicht zur Unwirksamkeit der Beschreibung. Insoweit ist Abs 1 S 3 – entgegen dem Referentenentwurf vom 29. 4. 1976 – als bloße Sollvorschrift ausgestaltet. Fehlt das Datum oder liegt es ganz erheblich außerhalb des von § 585 b Abs 1 vorgesehenen Zeitraumes, können sich Zweifel hinsichtlich der Einhaltung des Formerfordernisses ergeben. Jedenfalls beeinträchtigen Abweichungen vom (zu beweisenden) Datum der Übergabe den Beweiswert der Beschreibung.

IV. Anfertigung der Beschreibung

1. durch die Vertragsteile selbst

12 Das Gesetz sieht vor, daß die Beschreibung regelmäßig durch die Vertragsparteien

gemeinsam angefertigt wird. Die Mitunterzeichnung der von einem Vertragsteil gefertigten Beschreibung durch den anderen Teil reicht aus.

2. durch einen Sachverständigen

a) Sachliche Voraussetzungen

Verweigert ein Teil seine Mitwirkung bei der Anfertigung oder können sich beide 13 nicht auf den Inhalt einigen und/oder wird sie nicht von beiden unterschrieben, so kann jeder Teil die Anfertigung durch einen Sachverständigen verlangen. Gleiches gilt, wenn ein Vertragsteil die Erstellung der gemeinsamen Beschreibung in einer Weise verzögert, daß sie ihrem Zweck (so Rn 2) nicht mehr gerecht zu werden droht. Einer Abmahnung oder gar Fristsetzung mit Ablehnungsandrohung bedarf es vor Einleitung des gerichtlichen Verfahrens nicht.

Das Verlangen kann auch der Vertragsteil stellen, an dessen Verhalten die gemeinsame Beschreibung gescheitert ist.

Das Verlangen ist nicht an den anderen Vertragsteil zu richten, (aA PALANDT/PUTZO 14 Rn 9), sondern erschöpft sich in dem einseitig möglichen **Antrag an das Landwirtschaftsgericht** auf Sachverständigenernennung (MünchKomm/VOELSKOW Rn 5). Der Gesetzgeber hat wegen der bei der Durchsetzung zu befürchtenden zeitlichen Verzögerungen bewußt auf die Begründung eines solchen Anspruchs verzichtet (RegE BT-Drucks 10/509 S18).

Das Verlangen muß innerhalb einer Frist von **neun Monaten** nach Überlassung der Pachtsache bzw drei Monaten nach Pachtende gestellt werden. Diese Regelung ist wenig glücklich; insbesondere, weil nach Bestellung des Sachverständigen die Frist bis zur tatsächlichen Erstellung der Beschreibung idR erheblich sein wird. Unter Berücksichtigung der realistischen Fristen kann sich der Zustand der Pachtsache so verändert haben, daß die Beschreibung nicht mehr die Aussagekraft hat, die ihr zukommen soll (so Rn 2).

Die Gefahr, das verfolgte Ziel zu verfehlen, besteht in Sonderheit im Falle einer nach 15 *Pachtende notwendigen Sachverständigenbeschreibung.* Der Grund liegt hier in der Verjährungsregelung des § 591 b. Danach beträgt die Verjährungsfrist für Ansprüche der Pachtvertragsparteien gegeneinander sechs Monate ab Beendigung des Pachtverhältnisses. Der Antrag auf Sachverständigenernennung kann die Verjährungsfrist nicht nach den §§ 220 Abs 1, 209 unterbrechen, da eine zur *Wirkung eines Beweissicherungsverfahrens* im Kauf- und Werkvertragsrecht analoge Regelung im Landpachtrecht ebenso *fehlt* wie im Mietrecht (vgl insoweit STAUDINGER/EMMERICH [1995] § 558 Rn 57). Um einer drohenden Verjährung vorzubeugen, wird die fordernde Partei gezwungen sein, neben dem Antrag auf Sachverständigenernennung auch Leistungsklage einzureichen, wobei sie hinsichtlich deren Bezifferung das Prozeß(kosten)risiko nicht vermeiden kann, das ihm die Sachverständigenbenennung nach § 585 b Abs 2 gerade abnehmen sollte.

b) Verfahren

Der **Antrag** auf Sachverständigenernennung kann schriftlich oder zu Protokoll der 16 Geschäftsstelle eines jeden Amtsgerichts gestellt werden (§§ 9 LwVG; 11 FGG). Er muß in jedem Fall innerhalb der maßgeblichen Frist beim örtlich zuständigen Amtsgericht – Landwirtschaftsgericht – eingehen. Über den Antrag entscheidet das Landwirtschaftsgericht im Verfahren der freiwilligen Gerichtsbarkeit (§§ 9 ff; 1 Nr 1 LwVG), wobei eine Zuziehung ehrenamtlicher Richter nicht erforderlich ist (§ 20 Abs 1 Nr 6 a LwVG).

Ob die gesetzlichen Voraussetzungen für eine Ernennung gegeben sind, hat das Landwirtschaftsgericht von Amts wegen festzustellen (§§ 9 LwVG; 12 FGG). Vor seiner Entscheidung hat es den Beteiligten Gelegenheit zur Stellungnahme, insbesondere zur Person des in Aussicht genommenen Sachverständigen zu geben (§ 14 Abs 2 S 1 LwVG).

17 Den Sachverständigen **bestimmt** das Gericht nach **freiem Ermessen**. Da die gerichtliche Tätigkeit allein auf die Ernennung beschränkt ist, sind die prozessualen Vorschriften der §§ 15 FGG; 402 ff ZPO nicht über § 9 LwVG anwendbar. Trotzdem wird das Gericht bei der Auswahl des Sachverständigen eine Einigung der Vertragsteile auf eine bestimmte Person ebenso zu beachten haben wie von den Beteiligten vorgebrachte Ablehnungsgründe (vgl §§ 404 Abs 4; 406 ZPO).

Die Ernennung des Sachverständigen erfolgt durch gerichtlichen, zu begründenden **Beschluß**. Er ist als „in der Hauptsache ergangen" iSv § 21 Abs 2 LwVG anzusehen, da er das gerichtliche Verfahren abschließt (MünchKomm/Voelskow Rn 12). Er ist daher auch nach § 21 Abs 2 S 1 LwVG von Amts wegen zuzustellen und kann nach § 22 Abs 1 LwVG mit der **sofortigen Beschwerde** angefochten werden.

18 Von der von dem Sachverständigen angefertigten Beschreibung erhält jeder Vertragsteil eine **Ausfertigung**. Bei der – gesetzlich nicht geregelten – Weigerung zur Anfertigung der Beschreibung werden die §§ 408, 409 ZPO sinngemäß anwendbar sein, ebenso § 411 Abs 1 S 2, Abs 2 ZPO über die Befugnis des Gerichts zur Fristbestimmung für die Anfertigung und der Festsetzung von Ordnungsgeld bei Fristversäumung (MünchKomm/Voelskow Rn 11).

Die *Klage des einen Vertragsteils gegen die Richtigkeit* der Feststellungen des Sachverständigen ist gegen den anderen Teil, nicht den Sachverständigen, zu erheben (MünchKomm/Voelskow Rn 6).

c) **Kosten**

19 Gem § 585 b Abs 2 S 2 hat jeder Vertragsteil die Kosten von Gericht und Sachverständigem je zur Hälfte zu tragen, gleichgültig ob er zur Mitwirkung an einer gemeinsam zu fertigenden Beschreibung bereit war oder nicht. Die Gerichtskosten bestimmen sich über § 33 LwVG nach der Kostenordnung. Für Gebühren und Auslagen des Sachverständigen gelten die Vorschriften des ZuSEG (MünchKomm/Voelskow Rn 13; aA FHL Rn 36, 40), denn der Sachverständige wird zwar im Interesse der Vertragsteile, nicht aber in deren Auftrag tätig. Er wird vielmehr allein durch das Gericht ernannt, das auch auf seine Tätigkeit einwirken kann.

V. **Duldungspflichten**

20 Weil die Beschreibung der Pachtsache deren *vorherige Besichtigung zwingend vor-*

aussetzt, bestehen gegenseitige Duldungspflichten. Wird der Besitz nur von einem Vertragsteil ausgeübt, muß dieser dem anderen Teil und/oder dessen Bevollmächtigten und Hilfspersonen (Privatsachverständige) das Betreten und Besichtigen der Pachtsache gestatten. Gleiches gilt gegenüber einem ernannten Sachverständigen und dessen Hilfskräften (LWLH Rn 42).

Hat nach Beendigung eines Pachtverhältnisses bereits ein *neuer Pächter* die Pachtsache in Besitz genommen, ist dieser verpflichtet, in gleichem Umfang das Besichtigen und Betreten zu gestatten (MünchKomm/VOELSKOW Rn 7).

VI. Wirkung der Beschreibung

Ist eine Beschreibung der Pachtsache durch die Vertragsteile oder einen Sachverständigen angefertigt worden, hat sie im Verhältnis der Vertragsteile – nicht auch gegenüber Dritten – die **Vermutung der Richtigkeit** für sich. Dies bezieht sich jedoch nur auf den/die beschriebenen Pachtgegenstand/-gegenstände. Hingegen ist die Richtigkeits- keine Vollständigkeitsvermutung dahin, daß sie bis zum Beweis des Gegenteils stets das gesamte Pachtobjekt erfaßt (FHL Rn 43). 21

Derjenige Vertragsteil, der die Unrichtigkeit der Beschreibung behauptet, muß diese darlegen und beweisen. Eine dementsprechende Klage geht zweckmäßigerweise auf die Feststellung des behaupteten Zustands, der dann für die Vertragsparteien in Rechtskraft erwächst. Dies gilt unabhängig davon, ob es sich um eine von den Parteien oder durch den Sachverständigen angefertigte Beschreibung handelt.

Nicht zu folgen ist der Ansicht (MünchKomm/VOELSKOW Rn 8), die bei einer von den Vertragspartnern gemeinsam errichteten Beschreibung den Gegenbeweis auf die Fälle beschränkt, daß ein gemeinsamer Irrtum vorgelegen hat oder der beweisbelastete Teil seine Erklärung noch wirksam anfechten kann. *§ 585 b soll die tatsächlichen Voraussetzungen der die Kosten- und Lastenverteilung zwischen Verpächter und Pächter regelnden Normen feststellen und insoweit Streitigkeiten vermeiden helfen.* Dieser Zweck wird vereitelt, wenn eine erwiesenermaßen unrichtige Beschreibung zur Entscheidungsgrundlage wird, nur weil mit ihr zu weitgehende Beweisvermutungen verknüpft werden. Selbst wenn bei keinem Vertragsteil ein Irrtum vorlag, sollte die Gründung von Ansprüchen nur auf richtige Sachverhalts-Feststellungen möglich sein. Zu geringe Möglichkeiten der nachträglichen Korrektur verhindern zumindest die Bereitschaft der Pachtvertragsparteien zu einvernehmlicher Mitwirkung an einer Zustandsbeschreibung und wirken so dem mit § 585 b verfolgten gesetzgeberischen Ziel entgegen bzw führen zu unnötigen gerichtlichen Bestellungen von Sachverständigen.

Eine Beschreibung, die nach Form oder Inhalt nicht den Anforderungen des § 585 b Abs 1 oder 2 entspricht, löst die Vermutungswirkung des Abs 3 nicht aus.

VII. Abdingbarkeit

Die Abdingbarkeit des § 585 b Abs 1 ergibt sich bereits aus seiner Ausgestaltung als Sollvorschrift; sie ist ganz oder teilweise möglich (LWLH Rn 3 ff). 22

§ 586

(1) Der Verpächter hat die Pachtsache dem Pächter in einem zu der vertragsmäßigen Nutzung geeigneten Zustand zu überlassen und sie während der Pachtzeit in diesem Zustand zu erhalten. Der Pächter hat jedoch die gewöhnlichen Ausbesserungen der Pachtsache, insbesondere die der Wohn- und Wirtschaftsgebäude, der Wege, Gräben, Dränungen und Einfriedigungen, auf seine Kosten durchzuführen. Er ist zur ordnungsgemäßen Bewirtschaftung der Pachtsache verpflichtet.

(2) Für die Haftung des Verpächters für Sach- und Rechtsmängel der Pachtsache sowie für die Rechte und Pflichten des Pächters wegen solcher Mängel gelten die Vorschriften des § 537 Abs. 1 und 2, der §§ 538 bis 541 sowie des § 545 entsprechend.

Materialien: BT-Drucks 10/508; 10/509; 10/3830; 10/3498.

Schrifttum

Siehe § 585.

Systematische Übersicht

I.	Übersicht, systematische Stellung	1	6.	Erhaltungspflicht	25
II.	Die Pachtsache und ihr Zustand	7	IV.	**Pflichten des Pächters**	
			1.	Überblick	32
III.	**Pflichten des Verpächters**		2.	Ordnungsgemäße Bewirtschaftung	33
1.	Überblick	8	a)	Allgemeines	33
2.	Der geeignete Zustand	9	b)	Sinn und Auswirkung der Vorschrift	34
3.	Überlassung	12	c)	Inhalt der Pächterpflicht	35
a)	Begriff, Inhalt	12	d)	Rechtsbehelfe des Verpächters	37
b)	Zeitpunkt	13	3.	Gewöhnliche Ausbesserungen	38
c)	Folgen	14	a)	Begriff	38
4.	Leistungsstörungen	16	b)	Anwendungsbereich	40
a)	Verhältnis Gewährleistung – Unmöglichkeit/Unvermögen	16	aa)	Umfänglich	40
			bb)	Zeitlich	42
b)	Verzug des Verpächters	17	c)	Vornahme auf Kosten des Pächters	46
c)	Positive Vertragsverletzung	18	d)	Besichtigungs- und Auskunftsrecht des Verpächters	48
d)	Wegfall der Geschäftsgrundlage	19			
5.	Die Haftung des Verpächters	20			
a)	Mängelgewährleistung	20	V.	**Abdingbarkeit**	49
b)	Fehlen einer zugesicherten Eigenschaft	22	VI.	**Prozessuales**	50
c)	Ausschluß der Gewährleistung	23			

3. Titel. Miete. Pacht § 586
III. Landpacht

Alphabetische Übersicht

Abdingbarkeit	49
Ausbesserungen, Ersatzvornahme	46 f
– gewöhnliche und außergewöhnliche	3, 29
– gewöhnliche, als Pächterpflicht	38 ff
Auskunfts- und Besichtigungsrechte, des Verpächters	48
Besichtigungs- und Auskunftsrechte, des Verpächters	48
Besitzschutzrechte, des Pächters	14
Bewirtschaftung, ordnungsgemäße, als Pächterpflicht	33 ff
– als Ausfluß landwirtschaftlichen Sonderrechts	34
biologischer Landbau, Umstellung auf	36
Eigenschaft, zugesicherte	22
eiserne Verpachtung, Erhaltungspflichten	30
Erhaltung des Zustands der Pachtsache, als Hauptpflicht	2
Erhaltungspflicht, des Verpächters	25 ff
Ersatzvornahme, der Ausbesserungen durch den Verpächter	46 f
Fehler, Haftung des Verpächters	20
Flächenstillegungsprogramme, Teilnahme an	36
Fruchtziehungsrecht, als Folge der Überlassung	15
Gebrauchsüberlassung, als Hauptpflicht	2
Geschäftsgrundlage, Wegfall der	19
Gewährleistung, Ausschluß der Haftung	23 f
– Haftung des Verpächters	20 ff
– und Unmöglichkeit	16
Hauptpflicht, des Verpächters	4
Hauptpflicht, des Pächters	4
Herrichtung der Pachtsache, durch Verpächter	10
Informationspflichten, des Pächters	37
Kontingente, Erhaltung durch den Pächter	36
Lasten der Pachtsache, Verteilung	3
Leistungsstörungen	16 ff
Mangel, Haftung des Verpächters	20
Milchquote, Erhaltung durch den Pächter	36
Nutzung, vertragsgemäße, als Grundlage der Vertragspflichten	7
Pächter, Nebenpflichten, zur Information	37
– Pflicht zur Beachtung von Umweltauflagen	36
– Pflicht zur gewöhnlichen Ausbesserung	38 ff
– Pflicht zur ordnungsgemäßen Bewirtschaftung	33 ff
– Teilnahme an Flächenstillegungsprogrammen	36
– Vertragspflichten	32 ff
Pachtsache, Herrichtung	10
– Überlassung	12 ff
– Zerstörung der	31
positive Vertragsverletzung	18
Produktionsquoten, Erhaltung durch den Pächter	36
Sonderrecht, landwirtschaftliches, Auswirkung auf Berwirtschaftungspflicht	34
Überlassung, Folgen	14 f
– Zeitpunkt	13
Überlassungspflicht, des Verpächters	12 ff, 27
– Inhalt	12
– Nebenpflichten	12
Umweltauflagen, Beachtung durch den Pächter	36
Unmöglichkeit, und Gewährleistung	16
Verfahrensrecht	50
Verkehrssicherungspflicht, des Verpächters	25
Verkehrssicherungspflichten, des Pächters	39
Verpächter, Ausschluß der Gewährleistungshaftung	23 f
– Besichtigungs- und Auskunftsrechte	48
– Erhaltungspflicht	25 ff
– Gewährleistungshaftung	20 ff
– Nebenpflicht bei Überlassung	12
– Nebenpflichten bei Überlassung	12
– Pflicht zur Herrichtung der Pachtsache	10
– Überlassungspflicht	12 ff, 27

– Verkehrssicherungspflicht	25	Zeitpunkt, der Überlassung der Pachtsache	13
– Vertragspflichten	2, 8 ff	Zerstörung der Pachtsache	31
Vertragsgemäßheit, der Nutzung, als Vertragsgrundlage	7	Zuckerrübenlieferrechte, Erhaltung durch den Pächter	36
Vertragsverletzung, positive	18	zugesicherte Eigenschaft	22
Verzug, des Verpächters	17	Zustand der Pachtsache, Erhaltung	2
		– der Pachtsache, als Basis der Vertragspflichten	7
Wegfall der Geschäftsgrundlage	19	– geeigneter zur Gebrauchsüberlassung	9, 26

I. Übersicht, systematische Stellung

1 Die Bestimmung faßt die grundlegenden **wechselseitigen Vertragspflichten hinsichtlich Gebrauchsüberlassung, Nutzung und Erhalt** der Pachtsache zusammen.

2 Übereinstimmend mit der vorhergehenden Regelung der §§ 581 Abs 2, 536 bestimmt § 586 Abs 1 S 1 die **Hauptpflicht des Verpächters** zur **Gebrauchsüberlassung**; ergänzt dahin, daß die Pachtsache in einem dem angestrebten Nutzungszweck entsprechenden, geeigneten **Zustand** zu überlassen und (verpächterseits) zu **erhalten** ist.

3 **Abs 1 S 2** entspricht § 582 aF. Dementsprechend sind die **Lasten** zwischen den Parteien dahingehend **verteilt**, daß der **Pächter** die **gewöhnlichen Ausbesserungen** an der Pachtsache – die Aufzählung in S 2 ist nur beispielhaft und nicht ausschließlich – auf seine Kosten vorzunehmen hat. Dem **Verpächter** obliegen die **außergewöhnlichen Ausbesserungen**. Diese Verteilung beruht einmal auf einer im landwirtschaftlichen Bereich üblichen Verkehrssitte (so schon Mot II 429 f); zum anderen entspricht sie dem Wesen der Pacht und findet sich auch beim von der Interessenlage vergleichbaren Nießbrauch (§ 1041) wieder.

4 In **Abs 1 S 3** ist nunmehr die **Pächterpflicht zur ordnungsmäßigen Bewirtschaftung** ausdrücklich normiert. Diese konnte bisher nur den §§ 581 Abs 1 S 1, 591 S 1 aF entnommen werden, da die dort geregelten Rechtsfolgen eine ordnungsmäßige Bewirtschaftung voraussetzten. Es liegt im Interesse einer klaren und verständlichen Fassung des Landpachtrechts, die ordnungsmäßige Bewirtschaftung als eine **wesentliche Hauptpflicht** des Pächters herauszustellen.

5 Abs 2 regelt die Rechtsfolgen bei Sach- und Rechtsmängeln, wobei wegen der vergleichbaren Interessenlage eine weitgehende Verweisung auf die entsprechenden mietrechtlichen Vorschriften der §§ 537 Abs 1 u 2; 538 bis 541 geboten war, entsprechend der Generalverweisung früheren Rechts (in § 581 Abs 2). § 537 Abs 3 ist wegen seiner ausschließlichen Bedeutung für die Wohnraummiete ausgenommen.

6 § 545 Abs 2 verweist auf das fristlose Kündigungsrecht nach § 542. Obwohl diese Vorschrift in § 586 Abs 2 nicht in Bezug genommen worden ist, findet sie Anwendung, wie auch daraus folgt, daß § 594 e Abs 1 auf § 542 verweist.

II. Die Pachtsache und ihr Zustand

Dieser dem Vertragsverhältnis zugrundegelegte und (§ 585 b) tunlichst genau zu fixierende **Vertragsgegenstand ist Objekt umfangreicher Verpächter-** (su Rn 8 ff) **und Pächterpflichten** (su Rn 32 ff). Durch das Abstellen auf die **vertragsmäßige** und nicht lediglich die gewöhnliche oder übliche **Nutzung** in S 1 kommt auch hier den Vereinbarungen der Parteien herausragende Bedeutung zu. Es besteht insoweit eine Vergleichbarkeit zu § 459 Abs 1 S 1 („nach dem Vertrag vorausgesetzten Gebrauch"). Wie im Kauf- ist auch im Pachtrecht die ausdrückliche oder stillschweigende Willenseinigung der Parteien über einen bestimmten Zweck maßgebend (vgl dazu ausf STAUDINGER/EMMERICH [1995] §§ 535, 536 Rn 64 ff). Insoweit genügt aber auch, daß die Zweckbestimmung für beide Partner Geschäftsgrundlage geworden ist (RGZ 131, 343, 352; BGH LM Nr 10 zu § 459); einseitig gebliebene Zweckvorstellungen (Motive) wirken dagegen nicht ausgestaltend.

Dem Ziel einer möglichst weitgehenden Konkretisierung sollten kaum Grenzen gesetzt werden, ggf empfiehlt sich die Festlegung bestimmter Nutzungsarten und Fruchtfolgen (LWLH Rn 10). Denn an diesen Festlegungen orientieren sich ua die Verpächter-Pflichten zur Gebrauchsüberlassung (STAUDINGER/EMMERICH [1995] §§ 535, 536 Rn 69). Besondere Bedeutung kommt ihr bei „besonderen" Bewirtschaftungsformen zu, wie zB bei beizubehaltendem/beabsichtigtem alternativem Landbau, etwa nach den strengen Richtlinien bestimmter Vereinigungen (zB „Bioland"). Fehlt sie oder ist sie auch nur zweifelhaft, hat dies Auswirkungen auf Unterlassungs- bzw Erfüllungsansprüche zur ordnungsgemäßen Bewirtschaftung (LWLH Rn 40) ebenso wie auf die Fragen nach erforderlicher Erhaltung/Verbesserung (§ 588), Änderung der landwirtschaftlichen Bestimmung (§ 590) oder außerordentlicher Kündigung wegen Schlechtbewirtschaftung (§§ 594 e; 553)

III. Pflichten des Verpächters

1. Überblick

Bereits nach dem bisher geltenden Pachtrecht hatte der Pächter durch die Inbezugnahme des § 536 einen Erfüllungsanspruch auf Herstellung eines zum vertragsmäßigen Gebrauch geeigneten Zustands bzw auf Schadensersatz wegen Nichterfüllung (Mot II 373).

Wie den Vermieter treffen den Verpächter zwei Hauptleistungspflichten, die über die (§§ 585 Abs 2, 581 Abs 1) geregelte Pflicht der Gebrauchsgewährung hinausgehen. § 586 Abs 1 S 1 gibt dem Pächter demnach, unabhängig von den sonstigen Rechtsbehelfen, einen eigenständigen klagbaren Anspruch auf **Überlassung und Erhaltung** der Pachtsache in einem zur vertragsmäßigen Nutzung geeigneten Zustand.

2. Der geeignete Zustand

Gleich dem in § 537 verwendeten Begriff der Tauglichkeit wird durch das Merkmal der Eignung hier derjenige, durch die Vertragsgemäßheit (so Rn 7) weiter konkretisierte Zustand beschrieben, (STAUDINGER/SONNENSCHEIN [1995] § 581 Rn 148), der durch die Bezugnahme von § 537 in § 586 Abs 2 ua die **Grenze zur Mangelhaftigkeit** darstellt.

10 Je nach Vereinbarung ist dabei der vorhandene Zustand genügend oder hat der Verpächter Pflichten zur vorherigen **Veränderung** (zB Beseitigung übermäßiger Verunkrautung, Dränierung von Ackerflächen, Ausbesserung an Gebäuden). Denkbar ist auch, daß der Verpächter in einem längeren Zeitraum vor Übergabe Bewirtschaftungsbeschränkungen oder -umstellungen einzuhalten hat, um dem Pächter eine bestimmte Wirtschaftweise zu ermöglichen/erleichtern (zB „Bioland").

Die Ermöglichung der vertragsmäßigen Nutzung kann es auch erforderlich machen, dem Pächter Rechte zur Mitbenutzung (zB von Wegen für die An- und Abfahrt) einzuräumen (ERMAN/SCHOPP § 581 Rn 27) oder eigene Rechte abzutreten (LWLH Rn 8).

11 Gleichfalls kann zur Übergabe der Pachtsache in dem nach dieser Bestimmung verlangten Zustand das Zurverfügungstellen von Gebäuden und/oder Einrichtungen gehören, die im Vertrag nicht ausdrücklich genannt, aber zu der durch ihn zugrundegelegten Wirtschaftsweise des Pächters notwendig sind. Dazu gehören etwa die zur Viehhaltung notwendigen Zäune und Tränken, ggf auch Stallungen und Vorratseinrichtungen für Futter.

Ändert sich der Zustand der Pachtsache nach § 590 Abs 2, ist dieser neue Maßstab auch für die wechselseitigen Pflichten nach § 586 (§ 590 Rn 30) ausschlaggebend.

Wegen weiterer Einzelheiten zu dem Zustand, in dem sich die Pachtsache (im Regelfall) zu befinden hat (vgl LWLH Rn 11 ff und FHL Rn 12).

3. Überlassung

a) Begriff, Inhalt

12 Entsprechend der in § 581 Abs 1 S 1 normierten Pflicht zur „Gewährung" hat der Verpächter durch **Übergabe** von Sachen und Einräumung von Rechten – frei von Mängeln und Rechten Dritter – alles Erforderliche zu tun, um dem Pächter die Bewirtschaftung der Pachtsache in dem vereinbarten Zustand zu ermöglichen (BGHZ 19, 85, 93 f; BGH LM Nr 31 zu 581). Dies geschieht im Regelfall durch die *Verschaffung unmittelbaren Besitzes*, in Einzelfällen kann die Einräumung lediglich mittelbaren Besitzes oder Mitbesitzes ausreichen (vgl zur Miete RGZ 108, 204 f; RG JW 1905, 46 Nr 13; STAUDINGER/EMMERICH [1995] §§ 535, 536 Rn 21 ff), weiter durch die Verschaffung der Rechtsausübungsmöglichkeit bei mitverpachteten Rechten.

Stets ist vermieterseits **aktives Tun** verlangt, Dulden reicht – wie im Mietrecht (BGHZ 19, 93) – nicht. Dies bedeutet zB bei der Mitverpachtung von Zuckerrübenlieferrechten, daß der Verpächter gegenüber der Zuckerfabrik die Erklärungen abzugeben hat, die zur Rechtsübertragung für die Dauer des Pachtverhältnisses auf den Pächter verlangt werden.

Nebenpflichten des Verpächters können sich in diesem Zusammenhang auch auf Auskünfte über den Zustand sowie die bisherige Nutzung der Pachtsache erstrecken (für Fragen der Milcherzeugung s OLG Celle 7 U [Lp] 220/89 nicht veröffentlicht).

b) Zeitpunkt

Dieser entspricht dem vereinbarten **Beginn des Pachtverhältnisses**. Ebenso wie bei der **13** Miete sind Leistung und Gegenleistung nicht Zug um Zug zu erfüllen, vielmehr trifft den Verpächter eine gesetzliche **Vorleistungspflicht** (§ 587 Abs 1). Diese gesetzliche Regelung ist jedoch dispositiv, so daß zB hinsichtlich des Pachtzinses Vorleistung des Pächters vereinbart werden kann. Dann hat der Pächter Überlassung der Pachtsache Zug um Zug gegen Pachtzins-Zahlung zu verlangen (STAUDINGER/SONNENSCHEIN [1995] § 581 Rn 146; RG JW 1906, 333 Nr 8).

Bei Pflichtverletzung des Verpächters hinsichtlich der Überlassungspflicht hat der Pächter ein Zurückbehaltungsrecht hinsichtlich der Pachtzinszahlung; dies gilt auch, wenn dieser den Pachtzins vorzuleisten hat (LWLH Rn 17; vgl ausf STAUDINGER/EMMERICH [1995] §§ 535, 536 Rn 25 ff), darüber hinaus die Ansprüche auf Erfüllung bzw Schadensersatz wegen Nichterfüllung (§§ 325 f, 537, 538, 586 Abs 2) oder Pachtzinsminderung.

c) Folgen

In Konsequenz dessen hat der Pächter anschließend **Besitzschutzrechte** (§§ 859 ff) **14** und ist durch das Pfandrecht an dem mitverpachteten Inventar (§§ 585 Abs 2, 583) geschützt. Im Fall der Grundstücksveräußerung hat der Pächter die Schutzstellung aus § 571, der nach § 593 b entsprechend anwendbar ist.

An den nach der Überlassung der Pachtsache gezogenen Boden- oder Tierfrüchten **15** (§ 99) erwirbt der Pächter Eigentum mit ihrer Trennung von der Muttersache, §§ 956, 957, wobei die Besitzüberlassung den guten Glauben iSv § 957 vermitteln kann. Dies gilt nach §§ 585 Abs 2; 581 Abs 1 aber nur insoweit, als die Früchte nach den Regeln einer ordnungsmäßigen Wirtschaft als Ertrag anzusehen sind. Diese Einschränkung grenzt die zulässige von (die Substanz betreffender) übermäßiger **Fruchtziehung** ab. So stehen dem Pächter etwa durch Raubbau oder zur Unzeit gewonnene Früchte ebensowenig zu wie durch Windbruch gefallenes Holz.

4. Leistungsstörungen

a) Verhältnis Gewährleistung – Unmöglichkeit/Unvermögen

Wie bereits im früheren Pachtrecht durch die Generalverweisung des § 581 Abs 2 aF **16** sind für das Landpachtrecht nach § 586 Abs 2 nF die Gewährleistungsregeln des Mietrechts entsprechend anwendbar.

Verstöße des Verpächters gegen seine Pflichten zur Gebrauchsüberlassung (so Rn 12 ff) stellen Leistungsstörungen dar, aufgrund derer der Pächter prinzipiell Ansprüche aus den §§ 275, 280, 284 ff und 323 ff geltend machen kann. Daher stellt sich im Landpacht- ebenso wie im Mietrecht – die Frage, in welchem Verhältnis die speziellen Vorschriften der §§ 537 ff zu den allgemeinen Regelungen über Leistungsstörungen stehen. Dies hängt in erster Linie von dem Zeitpunkt der Leistungsstörung (vor/nach Übergabe) ab (vgl dazu im einzelnen STAUDINGER/EMMERICH [1995] § 537 Rn 12). Prinzipiell regeln sich Verstöße gegen die Verpächterpflicht der Nutzungsgewährung nicht nach den Bestimmungen des Allgemeinen Schuldrechts sondern nach den §§ 537, 538 (BGH RdL 1991, 257).

b) Verzug des Verpächters

20 Voraussetzung für eine Anwendung von § 326 ist erst einmal, daß der Verpächter in Verzug (§ 286), jedoch noch in der Lage ist, seine Leistung, wenn auch verspätet, zu erbringen. Sonst liegt ein Fall der Unmöglichkeit und damit des § 325 vor.

c) Positive Vertragsverletzung

18 Ein Schadensersatzanspruch aus diesem rechtlichen Gesichtspunkt ist durch die Sondervorschriften der §§ 537, 538 nicht ausgeschlossen (OLG Frankfurt WuM 1984, 78; STAUDINGER/EMMERICH [1995] Vorbem 22 zu § 537). Er erfaßt die Fälle eines Verstoßes gegen eine Nebenleistungspflicht, der nicht zur Unmöglichkeit oder zur Mangelhaftigkeit der Sache führt. Dabei darf der Begriff des Fehlers iSd § 537 nicht zu sehr ausgeweitet werden (OLG Frankfurt aaO). So kann aus der bloßen Möglichkeit einer schädlichen Einwirkung von Naturkräften auf die Pachtsache nicht ohne weiteres der Schluß gezogen werden, diese sei fehlerhaft. Dies gilt etwa in einer dem vom OLG Frankfurt entschiedenen Fall vergleichbaren Weise für die Einwirkung ungewöhnlich starker Regenfälle bei der Verpachtung landwirtschaftlicher Flächen.

d) Wegfall der Geschäftsgrundlage

19 Die Vertragsanpassung aus diesem Grunde darf nicht zu einer Änderung der gesetzlichen oder vertraglichen Risikoverteilung führen (STAUDINGER/EMMERICH [1995] Vorbem 30 ff zu § 537). Umstände, die in den Risikobereich einer Vertragspartei fallen, geben dieser in der Regel nicht das Recht, eine Änderung der Vertragspflichten zu ihren Gunsten herbeizuführen, weil anderenfalls die in der Vertragsgestaltung liegende Risikoverteilung in einer für die Vertragspartner nicht tragbaren Weise verändert würde (BGH NJW 1981, 2405 zur Gewinnerwartung bei einem zu gewerblichen Zwecken überlassenen Grundstück; BGHZ 74, 370 zum Risiko künftiger Bebaubarkeit beim Kauf von Bauerwartungsland; BGH LM Nr 46 zu § 581 zur Rentabilität beim Kiesabbau). Es darf nicht außer Betracht bleiben, daß grundsätzlich der Pächter das sog Verwendungsrisiko trägt. Hinsichtlich des vereinbarten Pachtzinses findet sich in § 593, hinsichtlich der Pachtdauer in § 595 eine gesetzlich vorgesehene Korrekturmöglichkeit. Eine *Vertragsanpassung wegen Zweckverfehlung wird daher in aller Regel nur die Ausnahme sein.*

5. Die Haftung des Verpächters

a) Mängelgewährleistung

20 Zum Begriff des Fehlers und seine Abgrenzung gegenüber der Leistungsstörung im Bereich der Vertragserfüllung siehe im einzelnen STAUDINGER/EMMERICH (1995) § 537 Rn 4. Hervorzuheben ist, daß es für die Anwendung der §§ 537 f auf das Vorhandensein eines **Fehlers zur Zeit der Überlassung** ankommt. Für einen später, während der Pachtzeit entstehenden Fehler muß der Verpächter einstehen, da er nach § 586 Abs 1 während der gesamten Vertragsdauer zur Erhaltung der Pachtsache in einem zur vertragsmäßigen Nutzung geeigneten Zustand verpflichtet ist (STAUDINGER/EMMERICH [1995] §§ 537 Rn 12). Leistungsstörungen im Bereich der Gebrauchsüberlassung sind nach § 538 abzuwickeln und nicht nach den Regeln des allgemeinen Schuldrechts (BGH RdL 91, 257 = AgrarR 92, 72). Besteht ein Mangel der Pachtsache bei Vertragsbeginn, begründet dieser ohne entsprechende Vorbehaltserklärung keine

Pächterrechte auf Gewährleistung; er begründet auch keinen späteren Ersatzanspruch, wenn die Pachtsache später vom Pächter in einen ordnungsgemäßen Zusand versetzt wird (OLG Köln 23 U 4/88 nicht veröffentlicht).

Beispielsfälle aus der Landwirtschaft: Ein Fehler am Grundstück ist regelmäßig bei 21 drohender Versumpfung oder Überschwemmung (RG JW 1921, 334) oder mangelnder Vorflut (OLG Kiel SchlHAnz 1933, 122) gegeben. Ebenso kann eine fehlende Dränage die vertragsmäßige Nutzung beeinträchtigen und somit ein Fehler sein (die erstmalige Anlage von Dränagen zählt zu den Verpächterpflichten). Dagegen liegt das normale Ertragsrisiko beim Pächter. Bei den mitverpachteten Gebäuden kommen in erster Linie Baumängel in Betracht. Hinsichtlich des Inventars ist auf die normalerweise zu erwartende Funktionsfähigkeit abzustellen. Fehler können auch in öffentlich-rechtlichen Beschränkungen bestehen. Im Einzelnen wird insoweit verwiesen auf die Zusammenstellungen bei PALANDT/PUTZO § 537 Rn 14 und STAUDINGER/ SONNENSCHEIN (1995) § 581 Rn 287 ff. Als Mangel der Pachtsache ist zB auch anerkannt, wenn in dem Grundstück die Betonplatte einer ehemaligen FLAK-Stellung liegt, die vom Pflug erfaßt werden kann (OLG München RdL 90, 148 = AgrarR 91, 134).

b)   Fehlen einer zugesicherten Eigenschaft
Zum Begriff vgl STAUDINGER/EMMERICH (1995) § 537 Rn 53 ff sowie § 581 Rn 294. 22 Bei **längerfristigen Verträgen** folgt aus dem Schriftformerfordernis des § 585 a, daß auch die zugesicherten Eigenschaften schriftlich im Vertrag festzuschreiben sind. Nicht ausreichend ist insoweit die Beschreibung der Pachtsache gemäß § 585 b, da sie nur den Zustand bei Beginn des Pachtverhältnisses festhält, ohne irgendwelche Verpflichtungen des Verpächters zu beinhalten.

Nach § 537 Abs 2 S 2 steht bei der Verpachtung eines Grundstücks die Zusicherung einer bestimmten **Grundstücksgröße** der Zusicherung einer Eigenschaft gleich. Daraus folgt, daß jedenfalls bei unwesentlichen Abweichungen (bis 10%, s zur Auslegung des Begriffes „ca" PALANDT/HEINRICHS § 157 Rn 16) dem Pächter keine Gewährleistungsansprüche zustehen, wenn die verpachtete Fläche im Pachtvertrag nur in einer ungefähren Größe angegeben worden ist, die dann unterschritten wird. Größere Abweichungen können aber Fehler iSv § 537 Abs 1 sein, wenn hierdurch die vertragsmäßige Nutzung beeinträchtigt wird (STAUDINGER/SONNENSCHEIN [1995] § 581 Rn 296). Sie berechtigen auch zur Minderung des Pachtzinses (STAUDINGER/EMMERICH [1995] §§ 537 Rn 64).

c)   Ausschluß der Gewährleistung
Kenntnis des Mangels schließt Gewährleistungsansprüche aus (STAUDINGER/EMMERICH 23 [1995] § 537 Rn 83).

Im Landpachtrecht können die Gewährleistungsrechte des Pächters aus § 537 (Min- 24 derung), § 538 (Schadensersatz wegen Nichterfüllung) und § 541 (Minderung und Schadensersatz wegen Nichterfüllung bei einem Rechtsmangel) vertraglich ausgeschlossen werden. Bei vorformulierten Verträgen sind die Grenzen von § 9 AGBG zu beachten.

6. Erhaltungspflicht

25 Als weitere **Hauptpflicht** trifft den Verpächter die Verpflichtung, die Pachtsache während der Dauer des Pachtverhältnisses in einem zur vertragsmäßigen Nutzung geeigneten Zustand zu **erhalten** (STAUDINGER/EMMERICH [1995] §§ 535, 536 Rn 32). *Dies geht über die allgemeine Duldungspflicht hinaus*, die schon in der Verpflichtung zur Gebrauchsgewährung (§§ 585 Abs 2, 581 Abs 1) enthalten ist. **Verstößt** der Verpächter gegen diese Pflicht, regeln sich die Ansprüche des Pächters nach § 326 (OLG Celle RdL 1988, 321).

Verpächterpflicht in diesem Zusammenhang ist vielmehr, alle Maßnahmen in Bezug auf die Pachtsache zu ergreifen, die nicht als gewöhnliche Ausbesserung Pächterpflicht sind (LWLH Rn 22 iVm Rn 32). Wie schon zum alten Landpachtrecht, kann auch hier zur Abgrenzung der Rechte und Pflichten auf die Lastenverteilung beim Nießbrauch zurückgegriffen werden (LWLH Rn 31).

Erhaltung ist dabei alles, was zur Instandsetzung zwecks Mängelbeseitigung nötig ist, um die Sache in einem zum vertragsgemäßen Gebrauch geeigneten Zustand zu erhalten. Demgegenüber fallen in den Verantwortungsbereich des Pächters alle Maßnahmen zur Behebung von Folgen des üblichen Gebrauchs der Pachtsache, die nach dem gewöhnlichen Lauf der Dinge von Zeit zu Zeit (regelmäßig) zur Erhaltung oder Wiederherstellung der Gebrauchsfähigkeit notwendig werden (vgl Rn 39; zur Abgrenzung s BGH RdL 1993, 37).

In engem Zusammenhang mit Instandhaltungs-, Instandsetzungs- und Ausbesserungspflichten steht die Pflicht der **Verkehrssicherung**, die teilweise dem Verpächter, teilweise dem Pächter obliegt. Soweit sie durch notwendige Ausbesserungen der Pachtsache erreicht wird, liegt sie im Verantwortungsbereich des Pächters. Dagegen sind nachträgliche Maßnahmen, die aufgrund bau-, feuer- oder gewerbepolizeilicher Vorschriften notwendig werden, vom Verpächter auf seine Kosten durchzuführen, da er im Falle einer Neuverpachtung diese Maßnahmen im Rahmen der Überlassung zur vertragsmäßigen Nutzung ebenfalls hätte treffen müssen (so auch ERMANN/SCHOPP § 581 Rn 27). Nichts anderes kann gelten für zwingend vorgeschriebene Maßnahmen des Umweltschutzes (STAUDINGER/SONNENSCHEIN [1995] § 581 Rn 158).

Die Erhaltungspflicht des Verpächters wirkt als Verkehrssicherungspflicht gegenüber dem Pächter und seiner Familie (LWLH Rn 21).

26 Maßstab ist der **vertragsgemäße Zustand** der Pachtsache, also derjenige, der dem Pächter die – an seiner (vertraglich zugrundegelegten) Wirtschaftsweise orientierte – beabsichtigte ordnungsgemäße Wirtschaftsweise ermöglicht. Demzufolge besteht die Erhaltungspflicht nicht um ihrer selbst willen; sie entfällt also etwa insoweit, als bestimmte Teile des Pachtgegenstandes pächterseits nicht genutzt werden oder dieselben Bewirtschaftungsergebnisse durch Alternativmaßnahmen mit gleicher Kostenstruktur erzielt werden können (BGH AgrarR 92, 341 = RdL 92, 38). Gleichfalls ist der Verpächter nicht verpflichtet, ein defektes Inventarstück mit hohem finanziellen Aufwand in den ursprünglichen Zustand zu versetzen, wenn dem Pächter nach einer (preiswerteren) Alternativmaßnahme die gleichen betriebswirtschaftlichen Ressourcen zur Verfügung stehen (LWLH Rn 23).

In diesem Zusammenhang hat der Verpächter insbesondere den **störungsfreien** 27
Gebrauch der Pachtsache zu ermöglichen, also etwa alle nach § 906 unzulässigen
Einwirkungen zu verhindern. Dabei sind Grenzen und Schranken in der Eigentumsnutzung zu beachten, die aufgrund besonderer gesetzlicher Anordnung oder
gewohnheitsrechtlicher Handhabung bestehen. Beispiele dazu sind etwa die Zulässigkeit des Betretens fremder Grundstücke, auch der Wege und Wälder, zB nach
§ 14 BWaldG, sowie vielen Feld- und Forstordnungsgesetze der Länder (vgl im einzelnen PALANDT/BASSENGE § 903 Rn 11 ff mwN).

Teil der Verpächterpflicht zur Gewährung störungsfreien Gebrauchs können auch 28
Pflichten sein bzw werden, *die mit der eigentlichen Substanzerhaltung unmittelbar
nichts zu tun haben.* So kann es – namentlich bei der Verpachtung von Betrieben mit
Direktvermarktung (zB Gärtnereien) – zu den Verpächter-Pflichten gehören, das
Entstehen von Konkurrenzunternehmen zu dem verpachteten Betrieb nicht zu
ermöglichen.

Eine **Ausnahme** gilt, soweit dem Pächter Beeinträchtigungen bei Vertragsabschluß
bekannt gewesen und von ihm gebilligt worden sind (vgl OLG Celle, OLGE 24, 358; OLG
Dresden, OLGE 18, 14; OLG Frankfurt, WuM 1981, 63).

Aus der Pflicht des Verpächters, die Pachtsache in einem zur vertragsmäßigen Nut- 29
zung geeigneten Zustand zu überlassen und zu erhalten und aus der auf die gewöhnlichen Ausbesserungen beschränkte Überbürdung der Lasten auf den Pächter folgt,
daß dem Verpächter alle **außergewöhnlichen Ausbesserungen** obliegen (PALANDT/PUTZO
§ 582 Rn 6 f). Hierzu werden auch alle Maßnahmen gerechnet, die infolge Brand,
Überschwemmung, Erdbeben oder sonstige ungewöhnliche Witterungseinflüsse
bedingt sind. Diese hat der Verpächter auf seine Kosten vornehmen zu lassen, wobei
es ihm – ebensowenig wie dem Pächter – gestattet ist, die notwendigen Materialien
dem Pachtgrundstück zu entnehmen.

Völlig anders hingegen stellt sich die Situation in den Fällen der bei Betriebspacht 30
häufig praktizierten **eisernen Verpachtung** iSv § 582 a dar (vgl § 585 Rn 4). Dann folgt
aus der den Pächter treffenden Rückgabepflicht in dem übernommenen Wertumfang
und -zustand, daß ihn allein die Erhaltungspflicht der Pachtsache in dem Umfang
trifft, die ansonsten dem Verpächter obliegt (vgl LWLH § 582 a Rn 12 mwN).

Unterschiedlich sind die Wiederherstellungspflichten der Vertragsparteien im Falle 31
der völligen oder teilweisen **Zerstörung der Pachtsache** zu beurteilen. Kein Zweifel
besteht daran, daß diejenige Vertragspartei neben der Wiederherstellungs- auch eine
Schadensersatzpflicht trifft, die die Zerstörung **zu vertreten** hat (BGH AgrarR 92, 341 =
RdL 92, 38).

Hat keine Partei die Zerstörung zu vertreten, erlöschen die wechselseitigen Vertragspflichten zur Gebrauchsüberlassung, Pachtzinszahlung und damit auch Wiederherstellung. Etwas anderes wird nur gelten, wenn eine Partei (im Regelfall der
Verpächter) die Pachtsache gegen Zerstörung **versichert** hat. Dann wird man es als
Nebenpflicht ansehen müssen, die erhaltene Versicherungssumme zur Ersatzbeschaffung einzusetzen (vgl ausf LWLH Rn 25).

Nach Vertragsende hat der Verpächter die Pachtsache grundsätzlich nicht mehr in einem ordnungsgemäßen Zustand zu erhalten. Seine Verpflichtung aus § 586 Abs 1 S 1 entfällt (BGH WM 1961, 455; WOLF/ECKERT Rn 303); soweit indessen von der Pachtsache Gefahren für den Pächter und das Inventar ausgehen, hat er diese zu beseitigen.

IV. Pflichten des Pächters

1. Überblick

32 Anders als im Miet- ist es im landwirtschaftlichen Pachtrecht seit jeher Pächterpflicht, neben der **ordnungsgemäßen Bewirtschaftung** für die gewöhnlichen **Ausbesserungen der Pachtsache** zu sorgen (Mot II 429 f). Dementsprechend wiederholt die Bestimmung die bisher in § 582 aF enthaltene Regelung in einer – nicht abschließenden – Aufzählung, ergänzt um die Ausbesserungspflicht hinsichtlich der Dränungen. Nicht erwähnt und auch nicht mit erfaßt ist das **Inventar**. Nach §§ 585 Abs 2, 582 (der nahezu unverändert § 586 aF entspricht) trifft insoweit auch die **Erhaltungspflicht** den Pächter, während die Ergänzungspflicht – abgesehen von der Sonderregelung für lebendes Inventar – dem Verpächter obliegt.

2. Ordnungsgemäße Bewirtschaftung

a) Allgemeines

33 *Im Rahmen des bisher geltenden Pachtrechts* wurde in der Literatur zum Teil eine aus § 591 abgeleitete Pflicht des Pächters zur ordnungsmäßigen Bewirtschaftung des Pachtgegenstandes angenommen (BGB-RGRK/GELHAAR § 591 Rn 1; ERMANN/SCHOPP § 591 Rn 2; PALANDT/PUTZO § 591 Rn 1; STAUDINGER/PIKALO[12] Anh zu § 597 Rn 64; MünchKomm/ VOELSKOW [1. Aufl] § 591 Rn 2). Dementsprechend wird in dem Verstoß dagegen ein vertragswidriger Gebrauch gesehen, der Ansprüche auf Unterlassung (§ 550), Schadensersatz wegen positiver Vertragsverletzung oder das Recht des Verpächters zur fristlosen Kündigung (§ 553) zur Folge haben konnte. Anderer Auffassung war im wesentlichen STAUDINGER/SONNENSCHEIN[12 (1981)] (§ 591 Rn 11) unter Berufung auf die bei den Beratungen des Gesetzentwurfs maßgeblichen Überlegungen. In § 586 Abs 1 S 3 ist die **Bewirtschaftungspflicht des Pächters nunmehr ausdrücklich gesetzlich normiert** worden.

b) Sinn und Auswirkung der Vorschrift

34 Die Bewirtschaftungspflicht des Pächters bei Verpachtung landwirtschaftlich genutzter Grundstücke liegt ebenso im schutzwürdigen Interesse des Verpächters wie dem der Allgemeinheit (STAUDINGER/PIKALO[12] Anh zu § 597 Rn 64; ERMANN/SCHOPP § 581 Rn 28). Sie ist nicht zuletzt Konsequenz des Bestehens eines landwirtschaftlichen Sonder-Pachtrechts an sich, das – wie andere landwirtschaftsrechtliche Sonderrechte (zB HöfeO, §§ 1371 Abs 4, 2049, 2306) auch – seine **Rechtfertigung darin findet, im öffentlichen Interesse ertragsfähige landwirtschaftliche Betriebe in bäuerlicher Hand zu erhalten** (so grundlegend BVerfG AgrarR 1985, 12 ; BGH NJW 1989, 1222; BGH RdL 1992, 217).

c) Inhalt der Pächterpflicht

35 Die Ordnungsmäßigkeit der Bewirtschaftung bestimmt sich zunächst nach den getroffenen **Vereinbarungen**, darüber hinaus dem **Vertragszweck**, *der im Zweifel in der*

Erhaltung des Zustandes der Pachtsache im Zustand der Übergabe liegt. Sie orientiert sich letztlich an den Anforderungen, die an die Fähigkeiten/Tätigkeiten eines durchschnittlich sachkundigen und verantwortungsbewußten Landwirts zu stellen sind. Dies deckt sich weitgehend mit den Anforderungen, die an die Wirtschaftsfähigkeit im Sinne von § 6 IV HöfeO gestellt werden (s hierzu im einzelnen FHvJP § 6 HöfeO Rn 40 ff).

Ergänzend wird man zur Begriffsdefinition offizielle Leitlinien heranziehen können, wie sie zB von der Agrarministerkonferenz von München am 23. 9. 1987 verabschiedet worden sind. Im Mittelpunkt solcher gesetzgeberischer Überlegungen und Maßnahmen haben in den letzten Jahren umweltpolitische Fragen gestanden. Dabei spielt der Gesichtspunkt einer gesunden Ernährung eine ebenso große Rolle wie die Erhaltung eines gesunden, chemisch unbelasteten Bodens für die kommenden Generationen. Die Bundesregierung ist im Begriff, durch eine Verordnung die Grundsätze der guten fachlichen Praxis beim Düngen im Verordnungswege näher zu regeln (vgl AgrarR 1995, 301).

36

In diesem Zusammenhang kommt einem höheren **Umweltbewußtsein** wie auch in dessen Folge sog „alternativen Wirtschaftsweisen" eine **zunehmende Bedeutung** zu. Sie führen zu schwierigen Beurteilungen, wenn der Landpachtvertrag überhaupt keine Konkretisierungen im Hinblick auf eine (ordnungsgemäße) Wirtschaftsweise enthält. Daß desungeachtet dem Pächter nicht gestattet ist, umweltbelastende Stoffe (Klärschlamm, unerlaubte „Pflanzenschutzmittel") ein- bzw aufzubringen, ist zwischenzeitlich ein begrüßenswerter Stand der Rechtsprechung (OLG Köln AgrarR 1991, 323).

Die Nichtbewirtschaftung von landwirtschaftlichen Nutzflächen im Rahmen der **Flächenstillegungsprogramme** der Europäischen Union wird als ordnungsgemäße Bewirtschaftung anzusehen sein. Denn sie ist Voraussetzung für die Berechtigung des Pächters, die vorgesehenen Beihilfen für Ertragsausfälle zu erhalten, die ihn andererseits in die Lage versetzen, die vereinbarte Pacht zu „erwirtschaften". Dies wird jedenfalls solange gelten, wie dauerhafte Substanzschäden durch geeignete Pflegemaßnahmen vermieden werden.

Soweit Gegenstand des Pachtvertrages auch **Produktionsquoten** (derzeit für Zucker und Milch, vgl § 585 Rn 28 f) sind oder solche während der Dauer des Vertragsverhältnisses (neu) festgesetzt werden, ist es Inhalt der Pächterpflicht zur ordnungsgemäßen Bewirtschaftung, alles zu tun, um (bei erstmaliger Zuteilung) möglichst hohe Produktionsquoten zu bekommen und diese dann auch zu erhalten. Denn es hat sich gezeigt, daß – speziell im Bereich der Milchviehwirtschaft – der Verkehrswert landwirtschaftlicher Flächen ohne Quote bis zur Unverkäuflichkeit sinkt. Zum Schicksal von (flächenakzessorischen) Produktionsquoten bei Vertragsende siehe § 596 Rn 34 ff. Hingegen geht die Pächterpflicht nicht soweit, die auf dem Pachtgegenstand lastenden Produktionsquoten auszubauen, so daß er insoweit bei Pachtende „mehr" zurückzugeben hat als er übernommen hat (OLG Celle OLGE 1994, 32).

Soweit den Landwirten zur Reduktion von Überproduktionen **staatliche Leistungen für die Aufgabe bestimmter Produktionszweige** angeboten werden (zB Milchaufgabevergütung), entspricht deren Annahme nur dann einer ordnungsgemäßen Wirtschaftsweise, wenn sichergestellt ist, daß diese nur während der Pachtzeit wirken und der Pachtgegenstand bei Vertragsende mit voller Produktionsmöglichkeit wieder zurückgegeben werden kann. Dies wird sich nach den geltenden Regeln kaum realisieren lassen, weshalb beispielsweise die Inanspruchnahme von Milchaufgabevergütung öffentlichrechtlich ohnehin nur mit Verpächter-Zustimmung möglich ist (BVerwG AgrarR 1994, 404).

Problematischer sind die Fälle, in denen der Pächter bisher im konventionellen Landbau bewirtschaftete Flächen übernimmt, diese anschließend aber zum **biologischen Landbau** (ohne Verwendung anorganischen Düngers oder jedweder chemischer Pflanzenschutzmittel) nutzt. Dadurch lassen sich höhere Verunkrautungen häufig nicht vermeiden, die – wenn die Unkräuter das Aussamungsstadium erreichen – den Boden langfristig erheblich schädigen können. Bei einer derartigen Umstellung wird man nicht per se von einer nicht (mehr) ordnungsgemäßen Bewirtschaftung sprechen können. Vielmehr wird es darauf ankommen, daß der Boden bei Vertragsende (§ 596) ordnungsgemäß (und sei es auch wieder im konventionellen Sinne) zurückgegeben wird. Zu Fragen des Verwendungsersatzes aufgrund der Wirtschaftsumstellung s § 591 Rn 12; zu Fragen von Ausgleichsleistungen bei Pachtende § 596 Rn 33.

d) Informationspflichten des Pächters, Rechtsbehelfe des Verpächters

37 Wenn auch gewiß der Pächter nicht zur unaufgeforderten laufenden **Informationserteilung** über Zustand und Entwicklung der Pachtsache verpflichtet ist (zB zum Stand der mitverpachteten Lieferrechte), besteht eine derartige Pflicht jedoch bei signifikanten Änderungen, die Auswirkungen auf die Zeit nach Vertragsende erwarten lassen (OLG Celle AgrarR 1994, 234 = OLGE 1994, 48).

Hat der Verpächter den begründeten Verdacht, der Pächter verstoße gegen seine Vertragspflichten, hat er ein ggf auch gerichtlich durchsetzbares Besichtigungs- und **Auskunftsrecht**. Bei Verstößen des Pächters kann der Verpächter auf **Unterlassung** klagen (§ 590 a), **Schadensersatzansprüche** geltend machen (§§ 280, 286, 325, 326) oder das Pachtverhältnis fristlos kündigen (§§ 594 e, 553).

3. Gewöhnliche Ausbesserungen

a) Begriff

38 Auf eine nähere Definition hat der Gesetzgeber bewußt verzichtet (Mot II 430) und es Lehre und Rechtsprechung überlassen, ihn auszufüllen. Dies hat in der Vergangenheit zu weitgehend übereinstimmender Definition geführt, so daß bei der Neuregelung des Landpachtrechts kein Bedürfnis bestand, diesen Begriff näher zu beschreiben.

39 Unter gewöhnlichen Ausbesserungen werden ganz allgemein alle **durch normale Abnutzung** und Einwirkung im Laufe der Pachtzeit wirtschaftlich **notwendigen Maßnahmen** verstanden, die dazu dienen, das Pachtobjekt in seinem Wert zu erhalten (ERMAN/SCHOPP § 582 Rn 1). Dabei ist unerheblich, ob es sich um eine Abnutzung der Pachtsache durch vertragsmäßige Nutzung oder um eine Verschlechterung der Pachtsache durch sonstige Umstände (zB übliche Witterungseinflüsse) handelt (Münch-Komm/VOELSKOW Rn 1). Auch Maßnahmen, die durch häufige und typische Betriebsrisiken bedingt sind, gehen zu Lasten des Pächters (STAUDINGER/SONNENSCHEIN [1995] § 582 Rn 7); ebenso können ihn Maßnahmen treffen, die **Verkehrssicherungscharakter** haben (so Rn 25).

Dagegen sind **Verbesserungsmaßnahmen**, die das Pachtobjekt in einen gegenüber dem Zeitpunkt des Vertragsabschlusses höherwertigen Zustand versetzen, keine „Ausbesserungen". Sie fallen deshalb auch nicht dem Pächter zur Last, auch wenn sie die Bewirtschaftungsmöglichkeiten steigern. Gleiches gilt, wenn – etwa bei Durchrostungen – rein technisch auch durch Ausbesserungen keine Substanzerhaltung erreicht werden kann; dann können dementsprechende Maßnahmen vom Pächter auch nicht verlangt werden (OLG Oldenburg 10 WLw 4/89 nicht veröffentlicht).

Gehen die Maßnahmen des Pächters darüber hinaus, stehen ihm möglicherweise neben einem Verwendungsersatz- (§ 591) ein Wegnahmeanspruch bei Pachtende (§ 591 a) zu.

b) Anwendungsbereich
aa) Umfänglich

Die Pächterpflicht betrifft den **Pachtgegenstand insgesamt** und beinhaltet etwa hinsichtlich der Nutzflächen Reparaturen an Wegen, Gräben, Brücken, Zäunen, Windschutzanlagen, Brunnen, Tränken, Wasserleitungen; hinsichtlich der Wohn- und Wirtschaftsgebäude auch die wesentlichen Bestandteile, nicht dagegen Scheinbestandteile, die in seinem Eigentum stehen, § 95 (LIPPMANN JW 1925, 1075). **40**

Zu den gewöhnlichen Ausbesserungen gehören etwa (zu weiteren Beispielsfällen vgl LWLH Rn 31 ff):

– Schönheitsreparaturen an Gebäuden;
– die Beseitigung von Witterungsschäden;
– die Beseitigung von Beschädigungen Dritter;
– das Ausbessern von Wegen, nicht jedoch deren erstmalige Befestigung;
– das Weißen und Desinfizieren der Ställe (BGB-RGRK/GELHAAR § 582 Rn 1; SOERGEL/ KUMMER § 582 Rn 3), und zwar nicht nur nach einer Maul- und Klauenseuche, sondern auch vorbeugend (MünchKomm/VOELSKOW § 586 Rn 1; ERMAN/SCHOPP § 582 Rn 1);
– die Unterhaltung eines Teichablaufs (BGH RdL 1993, 37).

Daß die Erhaltung der **Dränungen** insoweit auch zu den Pächterpflichten gehört, ist zwar seit der Landpachtnovelle nun ausdrücklich Bestandteil der gesetzlichen Regelung, war aber schon seit jeher Pächterpflicht (MünchKomm/VOELSKOW Rn 1 unter Hinweis auf RG Recht 1930 Nr 1027). **41**

bb) Zeitlich

Der Pächter ist nur zu den **während der Vertragszeit** erforderlich werdenden Ausbesserungen verpflichtet. Solche, die durch davor liegende – sei es durch Ver- oder Vorpächter – Vernachlässigung notwendig werden, gehen mangels anderweitiger vertraglicher Grundlage zulasten des Verpächters als Bestandteil seiner Pflicht zur Gebrauchsüberlassung (Rn 12, vgl auch ERMAN/SCHOPP aaO). Jedoch sind *bei Vertragsschluß vorhandene Abnutzungserscheinungen*, die noch keine Ausbesserung erfordern oder die Überlassung in vertragsgemäßem Zustand nicht tangieren (zB bei **42**

Übergabe einer gebrauchten Maschine), im Rahmen der späteren Instandsetzung voll vom Pächter zu tragen, denn das Gesetz sieht eine weitergehende Differenzierung nicht vor (STAUDINGER/SONNENSCHEIN [1995] § 581 Rn 7).

43 Nicht erfaßt von der Pächterpflicht ist die **nach Vertragsende** anfallende Ausbesserung, da § 586 einen bestehenden Pachtvertrag voraussetzt. Dies gilt grundsätzlich auch, wenn der Pächter dem Verpächter das Pachtobjekt vorenthält und die Rechtsfolgen des § 597 eingreifen (STAUDINGER/SONNENSCHEIN aaO). Im Gegensatz zu der früheren Regelung, die von einer Vertragsverlängerung durch die Gebrauchsfortsetzung ausging (§§ 581 Abs 2, 568), kommt dies nach der Neuregelung nur noch unter den Voraussetzungen des § 594 in Betracht, während § 568 keine entsprechende Anwendung mehr findet (BT-Drucks 10/509 zu § 594). *In der Zeit des Pächter-Besitzes nach Vertragsablauf* besteht zwischen den Parteien ein Abwicklungsschuldverhältnis, innerhalb dessen (entsprechend der nach § 557 für Mietverhältnisse geltenden und in § 597 übernommenen Regelung) der Pächter zur Erhaltung der Pachtsache und des übernommenen Inventars und damit zur Durchführung gewöhnlicher Ausbesserungen verpflichtet bleibt (MünchKomm/VOELSKOW § 557 Rn 227). Zu den Rückgabepflichten des Pächters vgl § 596.

44 Die Pächterpflicht zur Vornahme gewöhnlicher Ausbesserungen ist im Zusammenhang mit der grundsätzlichen Erhaltungspflicht des Verpächters während der Pachtzeit zu sehen. Daraus folgt, daß der Pächter sich **nicht** darauf beschränken kann, **am Ende der Pachtzeit (einmalig)** diese Maßnahmen zu treffen. Der Schutz des verpächterseits zur Verfügung gestellten Eigentums gebietet es, auch für die ordnungsgemäße Rückgabe im Falle einer vorzeitigen Vertragsbeendigung Sorge zu tragen. Daher erfordern die Pflichten zur ordnungsmäßigen Bewirtschaftung sowie zur Rückgabe der Pachtsache in einem der ordnungsmäßigen Bewirtschaftung entsprechenden Zustand (§ 596 Abs 1) eine Ausbesserung, *sobald der Schaden die Erreichung des Vertragszwecks beeinträchtigt*. Insbesondere sind Schäden, die die Verkehrssicherheit gefährden, unverzüglich zu beseitigen.

c) Vornahme auf Kosten des Pächters

45 Die ausdrückliche Hervorhebung, daß die Ausbesserung auf Kosten des Pächters zu erfolgen hat, soll deutlich machen, daß **Ersatzansprüche des Pächters**, sei es aus Auftragsrecht, sei es aus ungerechtfertigter Bereicherung, in diesen Fällen **ausgeschlossen** sind (zu weitergehenden Maßnahmen des Pächters vgl Rn 30 aE).

Bei den Beratungen zu § 582 aF war ein Antrag abgelehnt worden, Pächter und Verpächter – diesem für die ihm obliegenden außergewöhnlichen Ausbesserungen – die *Entnahme des notwendigen Materials* (entsprechend der beim Nießbrauch geltenden Regelung [§§ 1043, 1044]) aus dem Grundstück selbst zu gestatten. Die zur Ausbesserung benötigten Materialien darf der Pächter also nur dem Pachtgrundstück entnehmen, wenn sie Teil des ihm gebührenden Pachtertrages sind (MünchKomm/VOELSKOW § 586 Rn 1). Alle Abweichungen müssen einer Regelung durch die Vertragsparteien vorbehalten bleiben (MünchKomm/VOELSKOW aaO).

46 Eine Vorschrift, daß der **Verpächter** bei Verzug des Pächters die Ausbesserung **selbst vornehmen** dürfe und den Ersatz der aufgewandten Kosten vom Pächter verlangen könne, ist trotz entsprechender Überlegungen seinerzeit nicht in das BGB aufge-

nommen worden und hat auch in die Neuregelung des Landpachtrechts keinen Eingang gefunden. Es gelten insoweit die allgemeinen Vorschriften. Danach kann der Verpächter insbesondere neben einer Leistungsklage auf Vornahme der Handlung von seinem Recht auf außerordentliche Kündigung (§ 594 e) Gebrauch machen.

d) **Besichtigungs- und Auskunftsrecht des Verpächters**
Wie das Miet- sah/sieht auch das (Land)Pachtrecht kein ausdrückliches Besichtigungsrecht des Verpächters zur Überprüfung der Einhaltung der hier beschriebenen Pächterpflichten vor. Entsprechende Überlegungen bei den Beratungen des BGB fanden keine Mehrheit. Grund hierfür war letztlich die Erwägung, daß im Einzelfall häufigere als einmalige Besichtigungen erforderlich sein könnten, denen der Pächter dann unter Hinweis auf die im laufenden Jahr bereits erfolgte Besichtigung widersprechen könnte.

Ob dem Verpächter die Besichtigung zu gestatten sei, soll nach der Literatur nach den tatsächlichen Gegebenheiten des Einzelfalles sowie Treu und Glauben entschieden werden. Während zum Teil dem Verpächter ein dem Vermieter entsprechendes Besichtigungsrecht eingeräumt wird (LWLH Rn 29 unter Hinweis auf §§ 586 Abs 2 iVm 545; MünchKomm/VOELSKOW § 586 Rn 2), beschränkt sich dieses nach anderer Auffassung auf ein Besichtigungsrecht in größeren Abständen (BGH VersR 1965, 413) und in besonderen Ausnahmefällen (STAUDINGER/SONNENSCHEIN [1995] § 581 Rn 240 ff).

Letzterer Auffassung ist zu folgen. Eine Gleichstellung mit den Rechten des Vermieters läßt außer Betracht, daß diesen, im Gegensatz zum Verpächter, auch die normale Instandhaltungspflicht trifft. Das macht es notwendig, daß der Vermieter sich vom Zustand der Mietsache überzeugen muß, und zwar aufgrund eigener Augenscheinseinnahme (so auch ERMAN/SCHOPP § 536 Rn 26 mwN). Die Besichtigung durch den Verpächter beeinträchtigt regelmäßig das Gebrauchsrecht des Pächters und ist daher auf Ausnahmefälle zu beschränken. Zum Teil ergeben sich solche aus dem Gesetz, etwa aus § 809 oder §§ 586 Abs 2, 545, wenn Reparaturen durch den Verpächter notwendig werden. Auch zur Abwendung eines drohenden Schadens kann eine Besichtigung zulässig sein (LG Bremen, BlGBW 1964, 159). Anläßlich der Beendigung des Pachtverhältnisses (gleich aus welchem Grunde) ist dem Verpächter ein – auch häufigeres – Besichtigungsrecht zuzugestehen, um sich angemessen um eine Nachpachtung kümmern zu können.

Allenfalls bei **begründeter Annahme**, der Pächter komme seinen Pflichten nicht nach, und dadurch sei eine substantielle Verschlechterung der Pachtsache zu befürchten, ist dem Verpächter ein Besichtigungsrecht zuzugestehen. Dieses ist allerdings schonend und ohne übermäßige Belästigung des Pächters auszuüben. Eine gewaltsame Durchsetzung ist ausgeschlossen; vielmehr ist im Weigerungsfall auf Duldung bzw Auskunft zu klagen (STAUDINGER/SONNENSCHEIN [1995] § 581 Rn 243).

V. **Abdingbarkeit**

Die gesamte Regelung des § 586 ist dispositiv (LWLH Rn 3 mwN). Jedwede modifizierende Regelungen sind jedoch unter dem Gesichtspunkt des § 9 AGBG kritisch zu würdigen, insbesondere bei einer zu weitgehenden, zulasten des Pächters gehenden

Verlagerung der Pflichten betreffend (zusammengefaßt) die Erhaltungsaufwendungen für die Pachtsache (FHL Rn 9; SONNENSCHEIN NJW 1980, 1719).

VI. Prozessuales

49 Streitigkeiten aus dieser Norm entscheidet das Landwirtschaftsgericht im streitigen Verfahren (§§ 1 Nr 1 a iVm 48 LwVG; MünchKomm/VOELSKOW Rn 5; LWLH Rn 42).

§ 586 a

Der Verpächter hat die auf der Pachtsache ruhenden Lasten zu tragen.

Materialien: BT-Drucks 10/508; 10/509; 10/3830; 10/3498.

Schrifttum

Siehe § 585.

Systematische Übersicht

I.	Bedeutung der Vorschrift	1	c) Öffentliche Lasten	6
			2) Abgrenzung zu persönlichen Lasten	7
II.	Verhältnis zum früheren Recht	3	3) Veränderungen während der Vertragsdauer	8
III.	Die grundsätzliche Lastentragungspflicht des Verpächters		IV. Die Wirkung abweichender Vereinbarungen	9
1.	Begriffsdefinition	4		
a)	Allgemein	4		
b)	Private Lasten	5	V. Verfahrensrechtliches	12

Alphabetische Übersicht

Abdingbarkeit	1, 9	– Begriff	4
		– öffentliche	6
Beiträge zu Bodenverbänden etc	6	– persönliche	7
Berufsgenossenschaftsbeiträge	7	– private	5
		Vereinbarungen, Auswirkungen im Innenverhältnis	11
Dauer, der Lastenverteilung	8	Verfahrensrecht	12
Erbfolge, vorweggenommene	11		
Landwirtschaftskammerbeiträge	6	Wirkung, von Vereinbarungen	11
Lasten, Auslegung und Abgrenzung	4 ff, 11		

I. Bedeutung der Vorschrift

Gemäß und im Einklang mit der überkommenen gesetzlichen Regelung will das Gesetz durch diese **Dispositivregelung** (BT-Drucks 10/509 S 17) klarstellen, wer die zahlreichen verschiedenen, auf dem Pachtobjekt ruhenden Lasten tragen muß. Während der Nießbraucher dem Eigentümer gegenüber verpflichtet ist, die meisten der auf der Sache ruhenden öffentlichen und privaten Lasten zu tragen (§ 1047 BGB), ist die gesetzliche Regelung bei Miete (§ 546) und Landpacht (im alten Recht nach §§ 581 Abs 2 iVm 546; jetzt nach § 586 a) entgegengesetzt orientiert. Dabei bringt es die Eigenart des Landpachtverhältnisses mit sich, daß hier häufig von der gesetzlichen Regelung abweichende Vereinbarungen erfolgen (ERMAN/SCHOPP § 581 Rn 36). 1

Die vertragliche Vereinbarung bedarf aber grundsätzlich der **Anzeige nach § 2 Abs 1 S 2 LPachtVG**. Wird während der Vertragslaufzeit die (gesetzliche oder vereinbarte) Regelung über die Lastentragungspflicht durch Nachtragsvereinbarungen nur zu Lasten des Verpächters abgeändert, ist aber versäumt worden, dies der Behörde anzuzeigen, so sollte dies nach dem höheren Sinngehalt des § 9 LPachtVG jedenfalls dann einer Entscheidung zugunsten des Verpächters auf dessen Antrag nach § 593 nicht entgegenstehen, wenn die – meist entschuldbare – Versäumung der Anzeige noch vor der Entscheidung nachgeholt wird. 2

II. Verhältnis zum früheren Recht

Die Vorschrift **entspricht** inhaltlich voll der Regelung in **§ 546**, die bisher über § 581 Abs 2 auch für die Pacht Geltung hatte. 3

III. Die grundsätzliche Lastentragungspflicht des Verpächters

1. Begriffsdefinition

a) Allgemein
Unter „Lasten" im Sinne dieser Vorschrift fallen alle Verbindlichkeiten, **die auf der Sache selbst ruhen** oder den Eigentümer, Besitzer oder Rechtsinhaber als solchen treffen; seien sie privat- oder öffentlichrechtlicher Natur (BGH NJW 1980, 2465; BGB-RGRK/GELHAAR § 546 Rn 1): Ergänzend sei auf die Kommentierungen zu § 546 verwiesen (STAUDINGER/EMMERICH [1995] § 546 Rn 3 ff). 4

b) Private Lasten
Private Lasten sind im wesentlichen die durch das Grundstück gesicherten dinglichen Rechte, also (Gegenleistungen für) Dienstbarkeiten, Reallasten, Hypotheken- und Grundschuldzinsen. 5

c) Öffentliche Lasten
Zu den öffentlichen zählen alle auf der Sache selbst ruhenden Steuern, Gebühren und Beiträge, ferner die dem Grundstückseigentümer obliegenden Dienstleistungen. Dazu zählen Grundsteuern, Kanalisationsabgaben (RG JW 10, 105; RG 116, 111), Müllabfuhrgebühren (LG Marburg, MDR 1978, 758), Straßenreinigungskosten (KG JW 1931, 3467), Kehr- und Schornsteinfegergebühren (LG Aachen, WuM 1976, 180), Anliegerbeiträge und etwaige Gebäude- und Hauszinssteuern (STAUDINGER/EMMERICH [1995] 6

§ 546 Rn 3) sowie Deich- und Bodenverbandsbeiträge, ferner Reinigungs- und Streupflichten (Hurst, ZMR 1967, 67).

Die Umlage zu den **Landwirtschaftskammern** ist – soweit es diese Institutionen gibt – in einzelnen Bundesländern unterschiedlich geregelt. Beitragspflichtig ist zumeist der Schuldner der Grundsteuer, wobei einzelne Landesgesetze ausdrücklich die Abwälzung der Beiträge auf den Pächter (mangels abweichender Vereinbarung) regeln. Eine umfassende Zusammenstellung aller landesgesetzlichen Regeln und Besonderheiten findet sich bei FHL Rn 14 bis 21.

Beiträge zu Wasser-, Boden- und anderen „Unterhaltungsverbänden" sowie Teilnehmergemeinschaften zur Flurbereinigung haben eher einen öffentlich- denn privatrechtlichen Bezug. Bei Vereinbarungen in diesem Bereich ist besonders auf die Verteilung bzw Anrechnung oder Erstattung der teils erheblichen Zuschüsse zu achten.

2. Abgrenzung zu persönlichen Lasten

7 Nicht zu den von dieser Vorschrift erfaßten Lasten gehören dagegen die rein persönlichen einer Vertragspartei, wie die Vermögensabgabe nach dem Lastenausgleichsgesetz sowie die Soforthilfeabgabe (BGH LM Nr 11 zu § 535 BGB), die Vermögensteuer (RGZ 122, 335; RG JW 1927, 1753 Nr 2) und die Prämien für die Feuerversicherung (OLG Marienwerder JZ 1919, 821 Nr 2; Staudinger/Emmerich [1995] § 546 Rn 6; BGB-RGRK/Gelhaar § 546 Rn 1; Erman/Schopp § 546 Rn 1; aA LWLH Rn 6), aber auch Nebenkosten wie Heiz-, Energie- und Wasserkosten.

Ebenfalls von § 586 a nicht erfaßt und vom Pächter zu tragen sind die Beiträge zur landwirtschaftlichen **Berufsgenossenschaft**. Der frühere § 815 RVO, der die Möglichkeit vorsah, die Beiträge zur Berufsgenossenschaft auch vom Grundstückseigentümer, also dem Verpächter zu erheben, ist mit Wirkung vom 1. 1. 1984 durch Art II § 4 Nr 1 und § 40 Abs 4 SGB X vom 18. 8. 1980 aufgehoben worden. Nach der Neuregelung ist an die Stelle der Eigentümer-Veranlagung die des Unternehmers getreten.

Die Lastentragungspflicht des Verpächters grenzt sich insoweit entscheidend durch Beantwortung der Frage ein, ob es sich um Leistungen handelt, die „aus der Pachtsache zu entrichten sind", ob also ein innerer Zusammenhang zwischen der Belastung und der Pachtsache einerseits oder der Person einer Vertragspartei andererseits besteht (BGB-RGRK/Gelhaar § 546 Rn 1).

3. Veränderungen während der Vertragsdauer

8 Diese Verteilung gilt grundsätzlich **für die gesamte Dauer des Pachtverhältnisses**.

Ist der Pächter zur Übernahme aller öffentlichen Lasten verpflichtet und kommen neue (zB Steuern) hinzu, so hat er diese zu tragen (BGH LM 11 zu § 535).

Während der Vertragsdauer auftretende **gravierende Äquivalenzstörungen** (angesichts des zumeist engen Zusammenhangs zwischen Pachtzins und Lasten) zwingen im

Rahmen des Interessenausgleichs zu einer Angleichung der Lastentragungsvereinbarung an die veränderten Umstände (§ 593). Dem tragen die heute üblichen Normalpachtverträge schon weitgehend Rechnung, wenn sie vorsehen, daß bei einer Erhöhung der öffentlichen Abgaben und Lasten um einen bestimmten Prozentsatz entweder über die Verteilung der Lasten neu verhandelt werden soll oder daß der Mehrbetrag von beiden Parteien je zur Hälfte getragen werden soll (zur Äquivalenzstörung des Pachtvertrages infolge der Beitragsneuregelung zur Berufsgenossenschaft siehe THEISINGER AgrarR 1985, 8).

IV. Die Wirkung abweichender Vereinbarungen

Die Bestimmung ist ihrem Grundsatz nach **dispositiv**. 9

Die häufig in Formularpachtverträgen enthaltenen Klauseln über die weitgehende 10 Abwälzung der Lastentragung auf den Pächter verstoßen nicht gegen § 138 oder die **Bestimmungen des AGBG** und die ihm zukommende Schutzfunktion. Trotz § 9 AGBG ist sie – möglicherweise anders als es nach § 546 auf den Mieter zulässig wäre (vgl STAUDINGER/EMMERICH [1995] § 546 Rn 8, 11) – wirksam; denn es ist nicht zu übersehen, daß der Landpächter ganz anders als ein Mieter das Verhältnis von Aufwand zu Ertrag einer Anpachtung betriebswirtschaftlich kalkuliert und einschätzen kann, was er übernimmt. Derart entspricht die weitgehende Übernahme der Lasten durch den Pächter der bereits in der Vergangenheit im Bereich der Landwirtschaft weitgehend geübten Handhabung.

Da nach der Gesetzesformulierung der Verpächter allein verpflichtet ist, gehen Unklarheiten im Zusammenhang mit einer anderen Verteilung im Zweifel zu seinen Lasten (LWLH Rn 2; FHL Rn 27).

Klauseln, die den Pächter zur Übernahme der (oder aller) öffentlichen Lasten verpflichten, sind dahin **auszulegen**, daß damit diejenigen gemeint sind, die nach den Regeln einer ordnungsmäßigen Bewirtschaftung aus dem Ertrag der Pachtsache und nicht aus der Vermögenssubstanz bestritten werden können (LWLH Rn 2 mwN; ERMAN/SCHOPP § 546 Rn 36; BGB-RGRK/GELHAAR § 546 Rn 2 mit Hinweis auf RG 115, 209 – Rentenbankzinsen – und RG JW 1929, 1396 – Industriebelastung –). 11

Anderes wird dann zu gelten haben, wenn die (Betriebs-)Verpachtung ersichtlich zum Zwecke der **Vorbereitung der Erbfolge** geschieht, bei denen also die Pachtzinsbemessung in erster Linie Versorgungscharakter hat und die dem Pächter sogar bestimmte Schutzmechanismen gegen eine Vertragsbeendigung gewährt (vgl für den Geltungsbereich der Nordwestdeutschen HöfeO FHvJP § 6 Rn 18). In diesen Fällen erscheint es vertretbar zu sein, dem Pächter auch die persönlichen Lasten (so Rn 7) aufzuerlegen.

Sind vom Pächter die **Lasten** eines Gebäudes übernommen worden, so fallen die Straßenreinigungskosten nicht darunter, weil diese unabhängig davon, ob das Grundstück bebaut ist oder nicht, anfallen (KG JW 1931, 3467). Ebenso fallen unter eine derart **pauschal formulierte Regelung** nicht Anlieger- und Erschließungsbeiträge (OLG Celle MDR 1983, 402) oder die persönlichen Steuern des Verpächters (LG Mannheim WuM 1976, 125)

Vereinbaren die Parteien entgegen der gesetzlichen Regelung eine Abwälzung der öffentlichen Lasten auf den Pächter, so entfaltet dies nur Rechtswirkungen in diesem **Innenverhältnis**. Im Außenverhältnis gegenüber dem öffentlichen Leistungsberechtigten bleibt der Verpächter verpflichtet. Soweit der Pächter derart Verpächter-Pflichten „übernimmt", besteht im Zweifel nur eine Erstattungs- nicht aber eine Freistellungspflicht.

V. Verfahrensrechtliches

12 Gerichtliche Auseinandersetzungen im Hinblick auf diese Bestimmung sind streitige Landpachtsachen im Sinne von § 1 Nr 1 a LwVG.

§ 587

(1) Der Pachtzins ist am Ende der Pachtzeit zu entrichten. Ist der Pachtzins nach Zeitabschnitten bemessen, so ist er am ersten Werktag nach dem Ablauf der einzelnen Zeitabschnitte zu entrichten.

(2) Der Pächter wird von der Entrichtung des Pachtzinses nicht dadurch befreit, daß er durch einen in seiner Person liegenden Grund an der Ausübung des ihm zustehenden Nutzungsrechts verhindert wird. Die Vorschriften der § 552 Satz 2 und 3 gelten entsprechend.

Materialien: BT-Drucks 10/508; 10/509; 10/3830; 10/3498.

Schrifttum

Siehe § 585.

Systematische Übersicht

I.	Überblick	
1.	Normgehalt und -zweck	1
2.	Entstehungsgeschichte, Verhältnis zum bisherigen Recht	3
II.	Inhalt der Norm	
1.	Allgemeine Grundlagen	4
a)	Begriffsdefinition	4
b)	Die Höhe des Pachtzinses	5
c)	Anpassungs- und Abänderungsmöglichkeiten	8
2.	Fälligkeit	11
3.	Rechtzeitige Entrichtung	16
a)	Allgemeine Grundsätze	16
b)	Aufrechnung, Zurückbehaltung	17
4.	Verzug	18
III.	Nutzungsverhinderung (Abs 2)	
1.	Grundsatzregelung (S 1)	20
a)	Problemstellung	20
b)	Ausnahmen	21
2.	Anrechnungspflicht des Verpächters (Abs 2 S 2; § 552 S 2)	23
a)	Kein Pflichtzuwachs zulasten des Verpächters	23
b)	Ersparte Aufwendungen und sonstige Vorteile	24
3.	Befreiung des Pächters von der Pachtzinspflicht (Abs 2; § 552 S 3)	25

IV. Verjährung und Verwirkung	28	VI. Verfahrens- und Beweislastfragen	
		1. Verfahren	32
V. Abdingbarkeit	30	2. Beweislast	33

Alphabetische Übersicht

Pachtzins, Fehlen einer Vereinbarung	7	Verfahrensfragen	32
– Fixierung	5	Verjährung und Verwirkung	28 f
– Fortzahlungspflicht bei Nutzungsverhinderung	20 ff	Verpächter, Gebrauchsgewährung als Gegenleistung	2
– Höhe	5	Vorfälligkeitsklausel	31
– Schickschuld	16		
– Verjährung und Verwirkung	28 f	Wertanpassungsklauseln	9
– Verzug	18		
		Zurückbehaltungsrecht	17
üblicher Pachtzins, bei Fehlen einer Vereinbarung	7		

I. Überblick

1. Normgehalt und -zweck

Abs 1 bestimmt die Fälligkeit der pächterseits nach den §§ 585 Abs 1 S 1; 581 Abs 1 S 2 zu erbringenden Gegenleistung (verkürzt: **Pachtzins**), indem er die mietrechtliche Norm des § 551 Abs 1 übernimmt. **1**

Abs 2 regelt, daß in der persönlichen Sphäre des Pächters – seinem Risikobereich – liegende Verhinderungen zur Ausübung seiner Gebrauchsbefugnis keinen Einfluß auf den Fortbestand seiner Zahlungsverpflichtung haben, wie es im übrigen auch hinsichtlich seiner Bewirtschaftungspflicht nach § 586 (siehe dort Rn 33 ff) gilt. **Der Pächter schuldet den Pachtzins allein für die Gebrauchsgewährung**, also ohne Rücksicht darauf, ob er den Gebrauch ausübt oder ausüben kann bzw will. Das bedeutet, daß er als Sachleistungsgläubiger grundsätzlich das Verwendungsrisiko tragen muß (STAUDINGER/EMMERICH [1995] § 552 Rn 11). Dieser Grundsatz wird für die Fälle anderweitiger Verwertung (S 2) und Gebrauchsüberlassung an Dritte (S 3) zugunsten des Pächters eingeschränkt. **2**

Härten werden im Rahmen des § 594 c bzw des § 594 d ausgeschaltet (BT-Drucks 8/141, S 16); vgl im übrigen auch die Sonderregelungen in §§ 588 Abs 3 S 1; 593.

2. Entstehungsgeschichte, Verhältnis zum bisherigen Recht

Die Bestimmung ist mit Art 1 Nr 1 des LPachtNeuOG neu gefaßt worden. Sie ersetzt in Abs 1 den bisher über § 581 Abs 2 aF geltenden § 551 Abs 1 und den § 584 aF. Abs 2 tritt an die Stelle des früher über § 581 Abs 1 aF anzuwendenden § 552. **3**

Die Neuregelung bringt keine bedeutsamen Änderungen. Jedenfalls ist die Vorleistungspflicht des Verpächters gesetzliches Leitbild geblieben. Der noch in § 584 aF erwähnte Begriff des Pachtjahres, der sich lediglich als (entbehrliche) Spezialnorm zur allgemeinen Grundsatzregelung des § 587 Abs 1 darstellte, geht in der jetzigen Fassung „Pachtzeit" bzw „Zeitabschnitt" auf. Im übrigen findet sich der Pachtjahres-Begriff außer in § 584 auch in § 594 a (vgl FHL § 594 a Rn 13).

II. Inhalt der Norm

1. Allgemeine Grundlagen

a) Begriffsdefinition

4 Der Pachtzins ist das vereinbarte Entgelt des Pächters für die ihm vom Verpächter zu gewährende Nutzungs- und Gebrauchsbefugnis am Pachtgegenstand in dem vereinbarten Umfang. Er besteht regelmäßig in einer (wiederkehrenden), auch oft währungsgesicherten, **Geldzahlung**, ist aber auch in **geldwerten Leistungen** jeder Art möglich, mögen sie wiederkehrbarer oder einmaliger Art sein. Beispiele hierfür sind: Die Lieferung von Sachen, Naturalien, die Übernahme von Dienst-, Altenteils- bzw Werkleistungen (bauliche Maßnahmen, Renovierungen, vgl § 585 Rn 15), Übernahme von Lasten und Schulden, Abschreibungen von Feldeinrichtungen, oder auch die Gebrauchsüberlassung von Sachen und Rechtsstellungen des Pächters zugunsten des Verpächters (vgl zu weiteren denkbaren Möglichkeiten FHL Rn 6; LWLH Rn 4 bis 6).

Gleichermaßen sind Teil der pächterseits geschuldeten Gegenleistung die kraft gesetzlicher Bestimmungen als Vertragsinhalt angeordneten oder ausdrücklich vereinbarten weiteren Pächter- wie zB Erhaltungspflichten (§ 586 Abs 1 S 1 u 2) oder die gerichtlichen Anordnungen im Rahmen der §§ 595 Abs 6; 595 a.

b) Die Höhe des Pachtzinses

5 Sie ist – unbeschadet § 4 Abs 1 Nr 3 LPachtVG – grundsätzlich **frei vereinbar**. Sie kann **fest fixiert**, an einem Versorgungsbedarf (auf Verpächterseite, etwa bei Pachtverträgen zur Vorbereitung der Erbfolge) oder Umsatz- oder Ertragslage (auf Pächterseite) **variabel** orientiert werden. Möglich ist gleichfalls eine Verbindung von festen und variablen Anteilen (STAUDINGER/SONNENSCHEIN [1995] § 581 Rn 191 ff).

6 Wird die Leistung des Landübernehmers in einer solch **minimalen Art und Höhe** bestimmt, daß sie nicht im entferntesten mit einem üblichen Pachtpreis vergleichbar ist, liegt kein Pacht- sondern ein **Leihvertrag** vor (zB wenn der Pächter von der Bewirtschaftungspflicht freigestellt ist bzw lediglich Verunkrautung oder Müllablagerung zu verhindern hat).

7 **Unterbleib**t bei einem gewollten Pachtvertrag eine **Vereinbarung** über den Pachtzins, gilt die Verpflichtung zur Zahlung des **üblichen**, wobei mangels anderweitiger Anhaltspunkte der Verpächter die Höhe nach billigem Ermessen festsetzen darf. Gleiches gilt im Zweifel bei Unwirksamkeit einer genehmigungsbedürftigen Währungsklausel (FHL § 587 Rn 7 u STAUDINGER/PIKALO[12] Anh zu § 597 Rn 82 mwN und BGH DNotZ 1986, 472 ff).

c) Anpassungs- und Abänderungsmöglichkeiten

8 Diese sind gerade für die gerechte Funktion der Landpacht als Dauerschuldverhält-

nis unentbehrlich. Hierbei kommt der vertraglichen Initiative und Gestaltung die primäre Bedeutung zu. Vielfach sind die Anpassungsgrundsätze schon in der Vertragsurkunde vereinbart und bedürfen lediglich der entsprechenden Konkretisierung. Hierbei kann die Anpassung auch einem Sachverständigen – unbeschadet der gerichtlichen Nachprüfbarkeit auf Unrichtigkeit oder offenbare Unbilligkeit – übertragen werden (LWLH Rn 7; FHL Rn 7; WÖHRMANN/HERMINGHAUSEN § 2 Rn 9 u 10; PRITSCH § 2 Rn FV S 119; über die Grenzen der Zulässigkeit BARNSTEDT/STEFFEN, LwVG § 2 Rn 13).

Wertsicherungsklauseln sind bei langfristigen Pachtverträgen häufig und werden **9** regelmäßig als genehmigungsfreie Anpassungsklauseln nicht der Genehmigung nach § 3 WährG unterliegen, so etwa bei Vereinbarung eines Leistungsvorbehalts, daß der Pachtpreis bei Änderung der Lebenshaltungskosten mangels Einigung durch einen Schiedsgutachter angepaßt werden soll (STAUDINGER/PIKALO[12] Anh zu § 597 Rn 60 ff mwN; FHL § 587 Rn 7 u LWLH Rn 5 mit Hinweis auf die Genehmigungsgrundsätze der Deutschen Bundesbank und weiterer Rechtsprechung zu § 587).

Jede Änderungsvereinbarung ist nach § 2 LPachtVG der Landwirtschaftsbehörde **10** **anzuzeigen**, soweit nicht die Befreiungserfordernisse der §§ 3, 4 LPachtVG gegeben sind.

2. Fälligkeit

Wegen der grundsätzlichen Vorleistungspflicht des Verpächters gebührt ihm der **11** Pachtzins nach den Regeln des Abs 1 **nachträglich**.

Findet der Pachtvertrag bzw der Zeitabschnitt, nach dem der Pachtzins bemessen wird, ein **vorzeitiges Ende** (§§ 594 c, 553, 554 a), wird der der vorzeitigen Beendigung entsprechende anteilige Pachtzins sofort fällig (LWLH Rn 8 mit Hinweis auf BGB-RGRK/ GELHAAR § 551 Rn 1).

Abweichungen von der gesetzlichen Vorleistungspflicht des Verpächters können sich **12** abgesehen von Vereinbarungen insbesondere aus der Natur der Sache ergeben. Hat etwa der Pächter übernommen, als Entgelt auch Zins- und/oder Tilgungsraten einer Darlehensschuld des Verpächters zu zahlen, richtet sich die Zahlungspflicht nach der Fälligkeit der übernommenen Verbindlichkeiten; derartige Fälle sind insbesondere bei einer Verpachtung im Zuge der vorweggenommenen Erbfolge häufig.

Bei der **partiarischen Pacht** hängt die Ermittlung der Pachthöhe von vorhergehenden **13** Feststellungen, insbesondere vom Umfang von Fruchtziehung bzw Umsatz ab. Daher kann zur Fälligkeit die entsprechende Klarstellung bzw eine Mitteilung seitens des Verpächters gehören (LWLH Rn 4).

Ein **Heuerlingsvertrag** kann eine täglich fällige Pachtzinszahlung bewirken (LWLH **14** Rn 10). Zu gebräuchlichen Pachtjahr-Vereinbarungen zB bei der Stücklandpacht, der Verpachtung von Ackerland in der rheinischen Bucht, bei Weidewirtschaft oder beim Weinbau sei verwiesen auf FHL Rn 12.

Evtl vereinbarte Pachtzins-**Nebenleistungen** (vgl dazu § 586 a Rn 9 ff) sind im Zweifel zu **15** denjenigen Terminen fällig, zu denen sie verpächterseits dem jeweiligen Gläubiger gegenüber geschuldet sind. Handelt es sich um Verbrauchskosten, zu deren Festsetzung eine Abrechnung erforderlich ist, ist der Pächteranteil nach Zugang der Abrechnung mit entsprechender Zahlungsaufforderung fällig. Zu vorherigen Abschlagszahlungen ist der Pächter nur bei entsprechender Vereinbarung verpflichtet.

3. Rechtzeitige Entrichtung

a) Allgemeine Grundsätze

16 Die Geldpacht ist regelmäßig Schickschuld (§ 270), weshalb der Betrag grundsätzlich vom Pächter auf dessen Kosten und Gefahr an den Verpächter zu dessen Wohnsitz zu übermitteln ist (§§ 270 Abs 1, 269 Abs 1). Bei **bargeldloser Zahlung** muß der Überweisungsauftrag vor Fristablauf beim Geldinstitut eingegangen sein und die Deckung auf dem Konto ausreichen (OLG Celle MDR 1969, 1007; PALANDT/HEINRICHS § 270 Rn 7). Maßgebend ist, daß der Pächter das zur Übermittlung Erforderliche getan hat (BGH NJW 1964, 499), so daß außergewöhnliche Verzögerungen im Überweisungsverfahren keinen Verzug begründen.

Besteht der Pachtzins nicht aus einer festen Geldleistung, wie etwa bei Berechnung nach dem Ertrag, erweitert sich die Pächterpflicht, so zB auf zusätzliche Erstellung eines Verzeichnisses (§ 260) und/oder Rechnungslegung (FHL § 587 Rn 16).

b) Aufrechnung, Zurückbehaltung

17 Die Ausübung eines Aufrechnungs- oder Zurückbehaltungsrechts hindert den Eintritt der Verzugsfolgen; zur Zulässigkeit eines Ausschlusses in Formularverträgen vgl § 11 Nr 3 AGBG.

Ist ein Aufrechnungsverbot vereinbart, ist dem Pächter die Ausübung eines Zurückbehaltungsrechts nicht verwehrt (BGH NJW 1974, 367, 368).

4. Verzug

18 Bei Fälligkeit der Pachtzinsschuld kommt der Pächter bei nicht rechtzeitiger Leistungserbringung in Verzug, bei kalendermäßig bestimmter Leistungszeit ohne vorherige Anmahnung (§ 284 Abs l). Die vom Pächter zu vertretenden Umstände ergeben sich aus den §§ 276 bis 279. Der Pächter ist also gem § 279 auch für mangelnde finanzielle Leistungsfähigkeit oder Fehler bei der geschäftlichen Disposition verantwortlich (BGHZ 36, 315).

19 Die Rechte des Verpächters im Verzugsfalle richten sich zunächst auf den **Verzugsschaden** auf Grundlage der §§ 286 ff. Dabei richten sich Inhalt und Art des Anspruchs nach den §§ 249 bis 255. Daneben gibt § 594 e dem Verpächter ein außerordentliches **Kündigungsrecht**. Ein gesetzliches **Rücktrittsrecht** nach den §§ 325, 326 ist nur vor der Überlassung des Pachtobjekts möglich. Während der Zeit der Überlassung wird das Rücktrittsrecht generell durch das Recht zur außerordentlichen fristlosen Kündigung oder auf Schadensersatz nach § 538 verdrängt (so STAUDINGER/SONNENSCHEIN [1995] § 581 Rn 216; BGHZ 50, 312, 315 = NJW 1969, 37).

III. Nutzungsverhinderung (Abs 2)

1. Grundsatzregelung (S l)

a) Problemstellung

Der Fortbestand der Pachtzahlungspflicht im Fall eines im Risikobereich des Päch- 20
ters liegenden Unvermögens zur Pachtnutzung (§ 587 Abs 1 S 1) stellt sich nach hM als abdingbare (vgl Rn 30) Ausnahmeregelung zu den §§ 323, 324 dar, dies unabhängig davon, ob der Verhinderungsfall schon vor der Überlassung oder erst nachträglich eingetreten ist. (ERMAN/SCHOPP § 552 Rn 1; PALANDT/PUTZO § 552 Rn l; LWLH Rn 11; STERNEL, Mietrecht III Rn 96 ; im einzelnen umstritten STAUDINGER/EMMERICH [1995] § 552 Rn 4 und 5 ff; RGZ 79, 92, 95). Auf ein **Verschulden** des Pächters an der Nutzungsverhinderung kommt es **nicht** an.

Grundsätzlich fallen in den **Risikobereich des Pächters**:

- eine witterungsbedingte Nutzungsbeeinträchtigung, unbeschadet einer Pachtzins-Anpassungsmöglichkeit bei verwüstenden Naturereignissen gemäß § 593 Abs 2 S 2;
- verschlechterte Ertragslagen durch Fehlbewirtschaftung (§ 593 Abs 1 S 2);
- Vertrags- bzw Gewinneinbußen infolge ungünstiger Rahmenbedingungen, insbes infolge von Produktionsbeschränkungen, unbeschadet etwaiger Anpassungsmöglichkeiten aus § 593 oder aus § 242, letztere in Anlehnung an den Aspekt des Wegfalls der Geschäftsgrundlage, wenn es ausnahmsweise darum geht, den Pächter vor Eintritt einer untragbaren Härte – Existenzvernichtung – zu bewahren (vgl BGH NJW 1982, 2405 f). Nur insoweit bedeutet dies eine Auflockerung des in § 552 (§ 587 Abs 2 S l) verankerten Grundsatzes, daß der Mieter (Pächter) das Verwendungsrisiko zu tragen hat (STAUDINGER/EMMERICH [1995] § 552 Rn 9 mwN; FHL Rn 24);
- auch die Auswirkungen (weiterer) die Nutzung einschränkender Umweltschutz-Bestimmungen liegen grundsätzlich im Risikobereich des Pächters; also zB auch die Einbeziehung der Pachtflächen in Wasser-, Natur- oder Landschaftsschutzgebiete;
- wenn grundsätzlich auch staatlich verfügte Bewirtschaftungsverbote und -gebote im Rahmen der Sozialbindung des Eigentums nach Art 14 Abs 1 S 2 GG entschädigungslos hinzunehmen sind (vgl BVerfGE 52,1, 27 ff; 58, 300, 318 ff, 330 ff), treffen im Falle der Verpachtung die dadurch eintretenden Nutzungsbeschränkungen den Risikobereich des Pächtes.

Für die besonders gravierenden Konsequenzen von **Tod oder Berufsunfähigkeit** des Pächters enthalten die §§ 594 c, d Sonderkündigungsrechte.

b) Ausnahmen

Demgegenüber wird der **Pächter** von seiner Verpflichtung zur Pachtzinszahlung 21
befreit, solange der Verpächter (gleichviel ob verschuldet oder nicht) ihm nicht den vertragsgemäßen Gebrauch und Genuß des Pachtobjekts (§§ 581 Abs 1 S 1; 586 Abs 1 S l, s dort Rn 9 bis 15) zu gewähren vermag. Darüber hinaus kann sich der Verantwortungsbereich des Verpächters erweitern, wenn und insoweit Eigenschaften zugesichert wurden (§ 586 Abs 2 iVm § 537 Abs 2).

22 Der Pächter ist auch dann von der Leistungspflicht frei, wenn der Hinderungsgrund **von keiner Vertragspartei zu vertreten** und er (objektiv) in der Nutzung gehindert ist, etwa aufgrund von Naturereignissen oder gesetzlichen Nutzungsverboten außerhalb von Flächenstillegungsprogrammen wegen der Ausgleichsleistungen (LWLH Rn 13; FHL Rn 29).

2. Anrechnungspflicht des Verpächters (Abs 2 S 2; § 552 S 2)

a) Kein Pflichtenzuwachs zulasten des Verpächters

23 Kreis und Umfang der Rechte und Pflichten des Verpächters werden durch die im persönlichen Bereich des Pächters liegenden Gründe an seiner Bewirtschaftungsverhinderung grundsätzlich nicht berührt. Wenn die Bewirtschaftungs- vertragliche Hauptpflicht des Pächters ist (namentlich bei einer Betriebspacht, vgl § 586 Rn 33 ff), ist eine Betriebsstillegung betriebsschädigend und löst neben der Berechtigung des Verpächters zur außerordentlichen Kündigung Schadensersatzansprüche aus.

Für den Verpächter besteht mangels anderweitiger Vereinbarung grundsätzlich keine Verpflichtung, einen vom Pächter vorgeschlagenen **Ersatzpächter** zu akzeptieren (BGH NJW 1947, 842), auch nicht, um einen Pächter-Schaden zu mindern. § 254 wird grundsätzlich nicht für anwendbar gehalten; die Weigerung wird grundsätzlich nicht als arglistig anzusehen sein (vgl BGH NJW 1981, 43).

b) Ersparte Aufwendungen und sonstige Vorteile

24 Gemäß dem in § 587 Abs 2 S 2 bezogenen § 552 S 2 muß sich der Verpächter den Wert ersparter Aufwendungen und solcher Vorteile anrechnen lassen, die er aus einer anderen Gebrauchsverwertung erlangt. Er ist allerdings nicht zu derart anderer Nutzung verpflichtet (STAUDINGER/EMMERICH [1995] § 552 Rn 18). Mit dieser Regelung soll vermieden werden, daß der Verpächter aus der persönlichen Verhinderung des Pächters einen Vorteil erzielt, wenn er selbst keinen Nachteil erfährt (PALANDT/PUTZO § 552 Rn 6).

Überläßt der Verpächter während einer Nutzungsstillegung das Pachtobjekt vorübergehend einem Dritten, ist das Entgelt hierfür anrechnungspflichtig (MünchKomm/VOELSKOW § 552 Rn 5; LWLH Rn 14 ff; FHL Rn 29 ff).

3. Befreiung des Pächters von der Pachtzinspflicht (Abs 2; § 552 S 3)

25 Schon § 323 entbindet den Pächter von seiner Pachtzinspflicht, soweit es dem Verpächter nicht möglich ist, ihm Gebrauch und Nutzung (erstmalig) zu gewähren. Über § 552 S 3 ist der Pächter konsequenterweise von der Verpflichtung zur Pachtzahlung solange entbunden, wie der **Verpächter** durch Überlassung des Pachtobjekts an einen Dritten **außerstande** ist, ihm **Gebrauch und Nutzung zu gewähren** (vgl dazu ausf STAUDINGER/EMMERICH [1995] § 552 Rn 44 ff).

Unerheblich ist, ob die Überlassung **entgeltlich** ist oder nicht (OLG Hamm BB 1966, 1046, LWLH Rn 18). Grund kann etwa die bereits erfolgte Überlassung der Bewirtschaftung auf Dauer an ein Kind im Rahmen vorweggenommener Erbfolge sein. Im Geltungsbereich der Höfeordnung gehört dazu nicht einmal eine ausdrückliche Vereinbarung des Eigentümers mit dem Miterben, § 6 Abs 1 HöfeO (FHvJP § 6 Rn10); diesem steht allein aufgrund der (geschützten) Wirtschaftsüberlassung ein eigenes Besitzrecht zu (BGH AgrarR 1991, 194).

Auch bei nur **vorübergehender** anderweitiger Vergabe (Verpachtung oder unentgeltlicher Nutzungsüberlassung) ist der Pächter für diese Zeit von der Zahlungspflicht befreit.

Nutzt der Verpächter das Pachtobjekt während der Verhinderung des Pächters selbst oder überläßt er die Nutzung einem Dritten, ohne die Interessensphäre des Pächters wesentlich zu beeinträchtigen, besteht dessen Zahlungspflicht grundsätzlich fort, dies indes unter Anrechnung der Vorteile des Verpächters aus der Eigen- oder Fremdnutzung (LWLH Rn 18 mwN).

Im übrigen ist der **Pächter** bei eigener Leistungsbereitschaft grundsätzlich berechtigt, **26** das Pachtverhältnis nach §§ 594 e Abs 1; 542 fristlos zu **kündigen** (STAUDINGER/EMMERICH [1995] § 552 Rn 51).

Findet der Verpächter für den das Pachtobjekt noch während der Pachtzeit endgültig **27** aufgebenden Pächter einen **Ersatzpächter**, der nur eine geringere Pacht zahlt, kann der Verpächter den Erstpächter auf Zahlung des Unterschiedsbetrags in Anspruch nehmen (OLG Hamm NJWRR 1986, 507; BGB-RGRK/GELHAAR § 552 Rn 10; STAUDINGER/ EMMERICH [1995] § 552 Rn 52 ff).

IV. Verjährung und Verwirkung

Die **Pachtzinsforderung** des Verpächters jedweder Art einschließlich der Nebenko- **28** sten **verjährt** nach vier Jahren, § 197 (vgl STAUDINGER/SONNENSCHIEN [1995] § 581 Rn 219; LWLH Rn 20), beginnend mit dem Beginn des auf den Fälligkeitseintritt folgenden Jahres.

Die Verwirkung ist von Amts wegen (STERNEL, Mietrecht III Rn 146) zu berücksichtigen. **29** Sie setzt neben dem Zeitmoment (Verstreichen eines längeren Zeitraums seit der Möglichkeit der Geltendmachung) auch noch ein Umstandsmoment (besondere, sich aus der Gesamtheit des Sachverhalts ergebende Umstände, aus denen der Pächter entnehmen darf, daß der Verpächter von einer Inanspruchnahme absieht) voraus (BGH NJW 1984, 1684 mwN). Daher sollte das Vorliegen einer Verwirkung mit einer gewissen **Zurückhaltung** beurteilt werden. Dies wird auch und gerade in den Fällen einer Betriebsverpachtung zwecks vorweggenommener Erbfolge gelten; dann dürfte die Entscheidung letztlich davon abhängen, inwieweit der Pachtzins Versorgungscharakter hat.

V. Abdingbarkeit

Die gesetzliche Sonderregelung zur Leistungsbestimmung **ist dispositiv**. Dies wird **30** insbesondere hinsichtlich der Vorleistungspflicht des Verpächters relevant, gilt aber auch für alle anderen Komponenten der Pachtzinshöhe und -zahlungsmodalitäten (LWLH Rn 2).

Abweichungen von der Gesetzeslage werden auch häufig hinsichtlich der sog „**Neben-**

kosten" (zB Kammer- und Versicherungsbeiträge) vereinbart; ferner finden sie sich häufig in Fällen der Betriebspacht, in denen der Pächter in mehrmals jährlich fälligen Raten vorleistet.

31 Stets sind Abweichungen an den Maßstäben zwingenden Rechts (zB §§ 134, 138) sowie in vorformulierten Verträgen an denen des AGBG zu messen. **Vorformulierte Vorfälligkeitsklauseln**, nach denen bei Zahlungsrückstand mit nur einer Rate sämtliche bis Ende der Vertragszeit geschuldeten Beträge fällig werden sollen, sind im Landpachtvertragsrecht im Gegensatz zur gewerblichen Miete und Pacht nach § 11 Nr 6 AGBG unwirksam.

VI. Verfahrens- und Beweislastfragen

1. Verfahren

32 Über Streitigkeiten aus der Norm wird im **streitigen Verfahren** nach § 48 LwVG vom Landwirtschaftsgericht (§ 1 Nr 1 a LwVG) entschieden.

Anders ist es, wenn für die zu regelnde Pachtzinsangelegenheit die landwirtschaftsgerichtliche Zuständigkeit im FGG-Verfahren (nach § 1 Nr 1 LwVG) gegeben ist,

– weil der Pachtzins Gegenstand von Abwicklungsanordnungen im Sinne des § 595 ist, über die auf Antrag das Landwirtschaftsgericht im FGG-Verfahren zu entscheiden hat (§ 595 a Abs 3 S 2)
– oder weil im ZPO-Pachtzinsstreit (§§ 1 Nr 1 a, 2 Abs 1; 48 LwVG) ein Antrag auf Pachtzinsanpassung nach § 593 gestellt ist; dann wäre das ZPO-Verfahren solange auszusetzen bis im FGG-Verfahren über den Antrag entschieden ist (FHL Rn 78 zu Art 3 LPachtNeuoG).

2. Beweislast

33 Im Bereich des Abs 1 obliegt dem Verpächter die Beweislast für abweichende Fälligkeitsvoraussetzungen des Pachtzinses, während der Pächter für die Erfüllung bzw für das Vorliegen eines von der Erfüllung befreienden Sachverhalts beweispflichtig ist (LWLH Rn 21 mwN).

Im Bereich des Abs 2 iVm § 552 S 2, 3 ist der Pächter beweispflichtig

– für die in seiner Sphäre liegende Verhinderung an der Nutzungsausübung;
– für Aufwendungsersparnisse des Verpächters bzw eine anderweitige Nutzung;
– für das Fehlen der Erfüllungsbereitschaft des Verpächters (im einzelnen umstritten vgl LWLH Rn 21);
– dafür, daß die Voraussetzungen für die Annahme eines geeigneten Ersatzpächters gegeben waren (LWLH aaO; FHL Rn 35; für die Miete MünchKomm/VOELSKOW § 552 Rn 16).

§ 588

(1) Der Pächter hat Einwirkungen auf die Pachtsache zu dulden, die zu ihrer Erhaltung erforderlich sind.

(2) Maßnahmen zur Verbesserung der Pachtsache hat der Pächter zu dulden, es sei denn, daß die Maßnahme für ihn eine Härte bedeuten würde, die auch unter Würdigung der berechtigten Interessen des Verpächters nicht zu rechtfertigen ist. Der Verpächter hat die dem Pächter durch die Maßnahme entstandenen Aufwendungen und entgangenen Erträge in einem den Umständen nach angemessenen Umfang zu ersetzen. Auf Verlangen hat der Verpächter Vorschuß zu leisten.

(3) Soweit der Pächter infolge von Maßnahmen nach Absatz 2 Satz 1 höhere Erträge erzielt oder bei ordnungsgemäßer Bewirtschaftung erzielen könnte, kann der Verpächter verlangen, daß der Pächter in eine angemessene Erhöhung des Pachtzinses einwilligt, es sei denn, daß dem Pächter eine Erhöhung des Pachtzinses nach den Verhältnissen des Betriebes nicht zugemutet werden kann.

(4) Über Streitigkeiten nach den Absätzen 1 und 2 entscheidet auf Antrag das Landwirtschaftsgericht. Verweigert der Pächter in den Fällen des Absatzes 3 seine Einwilligung, so kann sie das Landwirtschaftsgericht auf Antrag des Verpächters ersetzen.

Materialien: BT-Drucks 10/508; 10/509; 10/3830; 10/3498.

Schrifttum

Siehe § 585.

Systematische Übersicht

I.	**Überblick**		**III.**	**Die Duldungspflicht des Pächters nach Abs 2**
1.	Normgehalt und Zweck	1		
2.	Verhältnis zum bisherigen Recht	2	1.	Verbesserungsmaßnahmen 13
3.	Geltungsbereich der Vorschrift	3	2.	Die Duldungspflicht des Pächters und ihre Grenzen 14
4.	Verhältnis der Vorschrift		3.	Ersatzansprüche des Pächters 17
a)	zum Mietrecht	4	4.	Die Vorschußleistung 19
b)	zu den anderen Vorschriften des Landpachtrechts	6	**IV.**	**Der Anspruch auf Pachtzinserhöhung**
c)	Sonstiges	7	1.	Die Voraussetzungen 20
II.	**Die Duldungspflichten des Pächters nach Abs 1**		2.	Das Erhöhungsverlangen 21
1.	Erhaltung der Pachtsache	8	3.	Die Angemessenheit der Erhöhung 22
2.	Die Duldungspflicht	10	4.	Die Unzumutbarkeit nach den Verhältnissen des Betriebes 23
3.	Ansprüche des Pächters	12		

V. Schadensersatzansprüche der Vertragsparteien	24
VI. Zur Abdingbarkeit	26
VII. Die Zuständigkeit des Landwirtschaftsgerichts (Abs 4)	
1. Verfahren	27
2. Antrag	28
3. Sonstiges	29

Alphabetische Übersicht

Abdingbarkeit	26
Angemessenheit, der Pachtzinserhöhung	22
Duldungspflichten, des Pächters bei Erhaltung	8 ff
– des Pächters bei Verbesserung	14 ff
Erhaltungsmaßnahmen, der Pachtsache	8
– Erforderlichkeit	9
Gerichtsverfahren, mangels Einigung	27 ff
Pächter, Anspruch auf Vorschußleistung	19
– Duldungspflichten bei Erhaltung	8 ff
– Duldungspflichten bei Verbesserung	14 ff
– Ersatzansprüche bei Duldung	12
– Ersatzansprüche bei Verbesserung	17 f
– Schadensersatzansprüche	25
– Unzumutbarkeit der Pachtzinserhöhung bei Verbesserung	23
Pachtsache, Erhaltungsmaßnahmen	8
Pachtzinserhöhung, Angemessenheit	22
– Anspruch des Verpächters bei Verbesserung	20 ff
– Zumutbarkeit für Pächter	23
Schadensersatzansprüche, der Vertragsparteien	24 f
Streitigkeiten, Entscheidung durch das Landwirtschaftsgericht	27 ff
Überblick	1
Verbesserungsmaßnahmen, des Verpächters	13 ff
Verfahren, vor dem Landwirtschaftsgericht	27 ff
Verhältnis, zum bisherigen Recht	2
– zum Mietrecht	4
Verpächter, Anspruch auf Pachtzinserhöhung bei Verbesserung	20 ff
– Pflicht zur Vorschußleistung	19
– Schadensersatzansprüche	26
Vorschußleistungspflicht, des Verpächters	19

I. Überblick

1. Normgehalt und Zweck

1 Die Vorschrift **ermöglicht dem Verpächter** in Anlehnung an die mietrechtlichen Vorschriften der §§ 541 a und b; 3 MHG die Durchführung von Maßnahmen zur **Erhaltung und Verbesserung** der Pachtsache. Hierbei korrespondiert die in Abs l normierte Duldungspflicht mit dem Anspruch des Pächters auf Erhaltung der Pachtsache gemäß § 586 Abs l S 1. Die Vorschrift hat insoweit nur Klarstellungsfunktion (BT-Drucks 10/509 S 19).

Die Absätze 2 und 3 gestatten dem Verpächter ausnahmsweise solche Einwirkungen auf die Pachtsache, die Verbesserungen sind, und zwar unabhängig vom Einverständnis des Pächters. *Durch die Möglichkeit, ertragssteigernde Maßnahmen durch Pachtzinserhöhung in den Grenzen der Zumutbarkeit für den Pächter umzulegen*, soll dem Verpächter eine rechtzeitige Modernisierung etwa in den Fällen ermöglicht werden, in denen einerseits der Pächter daran wegen nur noch kurzer Vertragslaufzeit nicht mehr interessiert ist, die andererseits aber dem Verpächter eine bessere Ausgangslage für eine Weiterverpachtung oder künftige Eigenbewirtschaftung schafft (BT-Drucks 10/509 S 19).

2. Verhältnis zum bisherigen Recht

Die Vorschrift tritt an die Stelle der für die Landpacht bisher über die Verweisung in § 581 Abs 2 aF geltenden mietrechtlichen Vorschriften der §§ 541 a und b und passen die Rechtslage den besonderen landpachtrechtlichen Bedürfnissen an. 2

3. Geltungsbereich der Vorschrift

Sie erfaßt sowohl die Betriebs- wie die Stücklandpacht und ist Rechtsgrundlage für alle Verpächter-Maßnahmen zur Erhaltung und Verbesserung der Pachtsache insgesamt (Gebäude und Grundstücke). 3

4. Verhältnis der Vorschrift

a) zum Mietrecht

Aufgrund der jetzt im Landpachtrecht enthaltenen **Sonderregelung** ist jetzt ein Rückgriff auf die §§ 541 a und b auch insoweit ausgeschlossen, als deren nicht in § 588 übernommener Inhalt auch nicht entsprechend anzuwenden ist (PALANDT/PUTZO § 588 Rn 1). 4

Darüber hinaus soll diese Sonderregelung im Landpachtrecht zu einer **Verdrängung** etwaiger Ansprüche aus §§ 537, 538 Abs 1 auf **Pachtzins-Minderung** wegen Gebrauchs-Beeinträchtigung im Zusammenhang mit der Durchführung der Erhaltungsmaßnahme bzw auf Ersatz der dadurch verursachten Nachteile des Pächters führen (FHL Rn 8). Indes hat der Gesetzgeber zwar die generelle Verweisung auf die mietrechtlichen Vorschriften beseitigt, jedoch die §§ 537, 538 Abs 1 in die Verweisung des § 586 Abs 2 einbezogen, so daß dem zur Duldung der Verpächter-Maßnahmen verpflichteten Pächter Ansprüche aus §§ 537, 538 Abs 1 zustehen können (für das Mietrecht MünchKomm/VOELSKOW § 541 a Rn 4; PALANDT/PUTZO § 541 a Rn 4; STAUDINGER/EMMERICH [1995] § 541 a und b Rn 23). 5

b) zu den anderen Vorschriften des Landpachtrechts

§ 591 regelt Rechtslage und -folgen bei werterhöhenden Verbesserungsmaßnahmen seitens des Pächters an der Pachtsache. 6

c) Sonstiges

Die Gesetzesbegründung (BT-Drucks 10/509 S 19) stellt klar, daß § 588 Abs 3 unberührt von den Vorschriften der § 70 Abs 1 iVm § 58 Abs 1 Satz 2 und § 71 des Flurbereinigungsgesetzes bleibt, nach denen die Flurbereinigungsbehörde bei Verbesserungen der Pachtsache durch Maßnahmen der Flurbereinigung auf Antrag des Verpächters im Flurbereinigungsplan eine Erhöhung des Pachtzinses festzusetzen hat. 7

II. Die Duldungspflichten des Pächters nach Abs 1

1. Erhaltung der Pachtsache

8 Nach der gesetzlichen Regelung des § 586 Abs 1 trifft den **Verpächter die Pflicht zur Erhaltung** der Pachtsache in einem zur vertragsmäßigen Nutzung geeigneten Zustand (S 1), doch hat der **Pächter die gewöhnlichen Ausbesserungen** auf seine Kosten vorzunehmen (S 2; zur Abgrenzung im einzelnen vgl § 586 Rn 25 ff; 38 ff). **Dementsprechend** ist auch im Normalfall die Grenze bei der Beurteilung der Duldungspflichten zu ziehen; dies gilt nur dann nicht, wenn der Verpächter zur Gefahrabwendung Ausbesserungen durchführt; dann kann ihm der Pächter wohl kaum den Zutritt verweigern (so LWLH Rn 13 f).

9 Die Frage nach der **Erforderlichkeit** der Erhaltungsmaßnahme ist **nach objektiven Kriterien**, unter Zugrundelegung der in § 586 festgelegten Verpächter-Pflichten zu beurteilen (für das Mietrecht s STAUDINGER/EMMERICH [1995] § 541 a und b Rn 16).

Dient eine Verpächter-Maßnahme zugleich der Erhaltung und der Verbesserung der Pachtsache und lassen sich beide Maßnahmen nicht ohne zumutbaren Aufwand trennen, soll für eine Einordnung unter dem Kostengesichtspunkt das wirtschaftliche Schwergewicht der Maßnahmen ausschlaggebend sein (für das Mietrecht vgl SCHOPP ZMR 1965, 193, 194; 1983, 11; STAUDINGER/EMMERICH [1995] § 541 a und b Rn 15).

2. Die Duldungspflicht

10 Der **Verpächter** hat als **Nebenpflicht** dem Pächter bevorstehende Maßnahmen so rechtzeitig wie möglich mitzuteilen, daß dieser entsprechend disponieren kann (§ 541 b Abs 2 S 1 analog); unterbleibt diese, ist die Duldunspflicht des Pächters nicht fällig (STAUDINGER/EMMERICH [1995] § 541 a und b Rn 67 ff).

Weiter hat er bei Durchführung der Maßnahmen die geringst mögliche Beeinträchtigung des Pächterbetriebes zu wählen (FHL Rn 7).

11 Die Pächterpflicht zur Duldung von Erhaltungsmaßnahmen (Abs 1) umfaßt alle mit deren Durchführung **notwendigerweise einhergehenden Einwirkungen** auf die Pachtsache, die den Pachtgebrauch in irgendeiner Weise beschränken, insbesondere durch Besichtigung, vorübergehende Räumung, Immissionen, Entziehung von Licht und Luft oder die Beanspruchung landwirtschaftlicher Nutzfläche. Die Duldungspflicht des Pächters ist grundsätzlich **nicht eingeschränkt**, da der Verpächter zur Erhaltung uneingeschränkt verpflichtet ist (PALANDT/PUTZO § 541a Rn 6). Sie ist auch nicht auf Passivität beschränkt, *vielmehr können den Pächter Mitwirkungspflichten treffen* (LWLH Rn 19). Diese können auch vertraglich begründet sein, etwa durch die Verpflichtung des Pächters zur Leistung von Hand- und Spanndiensten (FHL Rn 7).

3. Ansprüche des Pächters

12 Im Gegensatz zu § 588 Abs 2 S 2 (Verbesserungsmaßnahmen) stehen dem Pächter **Ansprüche** auf Ersatz eigener Aufwendungen (zB für vorübergehende Anmietung einer Ersatzwohnung oder auf Ertragsausfall) **nicht zu**. Nach Abschluß der Erhal-

tungsarbeiten kann er aber Wiederherstellung des vertragsgemäßen Zustandes des Pachtgegenstandes verlangen, wozu auch Reinigungsarbeiten gehören (MünchKomm/ VOELSKOW § 541 a Rn 8). Unberührt bleiben etwaige Rechte des Pächters aus §§ 537 und 538 Abs 1 iVm § 586 Abs 2.

III. Die Duldungspflicht des Pächters nach Abs 2

1. Verbesserungsmaßnahmen

Der Begriff der „Maßnahme" ist **nicht auf „Verwendung" beschränkt** (BT-Drucks 10/509 S 19). *Dazu gehören sämtliche Maßnahmen, die zu einer objektiven Erhöhung des Gebrauchs- oder Substanzwertes der Pachtsache führen, ohne nur Erhaltungsmaßnahmen zu sein.* Die Gesetzesbegründung (BT-Drucks 10/509 S19) nennt als Beispiele Dränung, die Anlage von Wirtschaftswegen und die Modernisierung von Ställen. Verbesserungsmaßnahme kann auch der Einbau einer Heizanlage oder die Befestigung von Hofraum und -zufahrt sein (vgl zur Abgrenzung mit Beispielen LWLH Rn 22 ff; FHL Rn 9). Wie § 588 Abs 3 zeigt, muß eine Verbesserungsmaßnahme nicht zu einer Steigerung der Ertragsfähigkeit der Pachtsache führen. Denkbar sind insoweit sogar Maßnahmen, die die **Umweltverträglichkeit** des Betriebes zwar verbessern, seine Produktivität jedoch vermindern können.

13

2. Die Duldungspflicht des Pächters und ihre Grenzen

Im Gegensatz zu den Erhaltungs- soll der Pächter **nur** solche **Verbesserungsmaßnahmen** dulden müssen, die ihm **zugemutet** werden können. Die Duldungspflicht entfällt daher, wenn die vorgesehenen Verbesserungsmaßnahmen für den Pächter eine Härte bedeuten würden, die auch unter Würdigung der berechtigten Verpächter-Interessen nicht zu rechtfertigen ist (arg § 541 b Abs 1 S 1). Das erfordert bei Vorliegen einer Härte auf der Pächterseite eine umfassende Interessenabwägung der Belange beider Seiten, in die mit Rücksicht auf § 586 Abs 1 Satz 2 auch eine etwaige Erhöhung der Unterhaltskosten einzubeziehen ist (MünchKomm/VOELSKOW Rn 6; FHL Rn 10; STAUDINGER/EMMERICH [1995] § 541 a und b Rn 42 ff).

14

Ob die Maßnahme für den Pächter zu einem Härtefall wird, hängt in aller Regel auch davon ab, inwieweit er sich **rechtzeitig** darauf einstellen kann. Daher wird für die Frage der Zumutbarkeit viel davon abhängen, wie rechtzeitig die Ankündigung von Verpächterseite erfolgt (FHL Rn 7).

Anders als § 541 b führt die Härteklausel *keine Beispiele* für im Pächterinteresse zu berücksichtigende Umstände auf. Hieraus kann aber nicht gefolgert werden, daß die in §541 b genannten **Härtefälle** im Landpachtrecht keine Berücksichtigung finden können (MünchKomm/VOELSKOW Rn 6). Art und Umfang der vorzunehmenden Arbeiten, deren bauliche Folgen (§ 586 Abs 1 S 2) oder vorhergegangene Pächter-Verwendungen können durchaus im Einzelfall eine auch durch berechtigte Verpächter-Interessen nicht zu rechtfertigende Härte begründen (FHL Rn 10). Mit Rücksicht auf die Regelung des § 588 Abs 3 bleibt indes – anders als bei § 541 b – eine Pachtzins-Erhöhung bei der Interessenabwägung außer Betracht (MünchKomm/VOELSKOW Rn 6). Fehlt der vorgesehenen Verbesserungsmaßnahme eine ertragssteigernde Wirkung, wie dies beispielsweise bei Maßnahmen zu einer besseren Umweltverträglichkeit des

15

Betriebes der Fall sein kann, ist diese nicht ohne weiteres für den Pächter unzumutbar. Maßnahmen, die zu einer **Produktivitätsverminderung** des Betriebes führen, braucht der Pächter jedoch in aller Regel – auch wenn es sich um „Umweltmaßnahmen" handelt – nicht hinzunehmen.

16 *Liegt für den Pächter ein Härtefall vor*, soll nach Auffassung von MünchKomm/ VOELSKOW (Rn 6) nur in Ausnahmefällen dem Verpächterinteresse an der Verbesserung Vorrang zukommen. Dies soll dann der Fall sein, wenn die Notwendigkeit von Verbesserungsmaßnahmen wegen einer unvorhergesehen Entwicklung bei Abschluß des Pachtvertrages nicht berücksichtigt werden konnte und dem Verpächter ohne Durchführung der Maßnahme nach Vertragsbeendigung erheblich größere Nachteile entstünden als dem Pächter. Dies kann bei einer nur noch kurzen Restlaufzeit des Pachtvertrages von bis zu 3 Jahren – entsprechend der gesetzlichen Wertung in §§ 590 Abs 2 S 4, 591 Abs 2 S 2 – grundsätzlich nicht zu einem überwiegenden Verpächterinteresse führen. Aus den Gesetzesmaterialien ergibt sich indessen, daß der Gesetzgeber dem Verpächter insbesondere in Fällen einer nur noch kurzen Vertragslaufzeit die Durchführung von Verbesserungsmaßnahmen ermöglichen wollte, weil von einer rechtzeitigen Modernisierung für den Verpächter abhängen kann, ob die Pachtsache nach Ablauf der Pachtzeit noch rentabel weiter verpachtet oder genutzt werden kann. Zwischen dem Interesse des von einer Härte getroffenen Pächters am Unterbleiben der Maßnahme und dem Interesse des Verpächters an deren Durchführung wird daher **in jedem Einzelfall abzuwägen** sein, wobei gerade bei nur noch kurzer Vertragslaufzeit dem Verpächterinteresse an der künftigen Verwertung der Pachtsache besonderes Gewicht zukommen dürfte (FHL § 588 Rn 10).

3. Ersatzansprüche des Pächters

17 § 588 Abs 2 S 2 gibt dem zur Duldung verpflichteten Pächter **Anspruch auf Ersatz von Aufwendungen und entgangener Erträge** in einem dem Umfang nach angemessenen Verhältnis. Aufwendungen können ihm etwa wegen anderweitiger Unterbringung von Familie bzw Inventar während der Modernisierungsmaßnahme oder bei der Beseitigung von durch die Verpächtermaßnahme verursachten Schäden entstehen (LWLH Rn 31; FHL Rn 12 mit weiteren Beispielen). Nicht zu ersetzen ist dagegen der abstrakte Gebrauchsvorteil (BT-Drucks 10/509 S 19). Dadurch wird jedoch die Möglichkeit einer abstrakten Berechnung des entgangenen Gewinns gemäß § 252 S 2 nicht ausgeschlossen.

18 Aufwendungsersatz und entgangenen Gewinn kann der Pächter nur in einem den Umständen nach **angemessenen Umfang** verlangen. Das bedeutet, daß nicht generell alle Aufwendungen zu ersetzen sind, sondern auf den Einzelfall abzustellen ist (PALANDT/PUTZO § 541 b Rn 26). Die Hinnahme geringfügiger Belastungen wird dem Pächter zuzumuten sein.

4. Die Vorschußleistung

19 Auf Verlangen des Pächters hat der **Verpächter** Vorschuß zu leisten (§ 588 Abs 3 S 3). Hierbei müssen Art und Umfang der voraussichtlichen Aufwendungen dargelegt und der Höhe nach aufgeschlüsselt werden (PALANDT/PUTZO § 541 b Rn 27). Entsprechendes gilt für ein Vorschußverlangen bezüglich entgangener Erträge. Anders als

§ 541 b Abs 3 beschränkt § 588 Abs 2 den Pächteranspruch nicht auf Aufwendungsersatz und Vorschußzahlung.

Wird Vorschußzahlung **verweigert**, braucht der Pächter die Verpächter-Maßnahme **nicht zu dulden** (§ 273 Abs 1; STAUDINGER/EMMERICH [1995] § 541 a und b Rn 86; FHL Rn 11).

IV. Der Anspruch auf Pachtzinserhöhung

1. Die Voraussetzungen

Pachtzinserhöhungen aufgrund Verbesserungsmaßnahmen gemäß Abs 2 S 1 schienen dem Gesetzgeber (BT-Drucks 10/509 S 19) nur gerechtfertigt, *wenn sich die Verbesserungen der Pachtsache auch auf die Produktivität des Betriebes positiv auswirken können*. Abs 3 gewährt dem Verpächter daher nur dann einen Anspruch auf Einwilligung in eine Pachtzinserhöhung, wenn der Pächter **infolge der Verbesserungsmaßnahme tatsächlich höhere Erträge** erzielt oder bei ordnungsgemäßer Bewirtschaftung (hierzu oben § 586 Rn 33 ff) erzielen könnte (Kausalität, vgl LWLH Rn 51). Das erfordert einen Vergleich der tatsächlichen bzw der bei ordnungsgemäßer Bewirtschaftung möglichen Ertragslage vor und nach Durchführung der Verbesserungsmaßnahme, wobei die Ertragslage beeinflussende andere Faktoren (zB Witterungsverhältnisse) unberücksichtigt bleiben. 20

Ertragssteigernde Verbesserungsmaßnahmen werden vor allem im Bereich der **Betriebspacht** vorkommen (zB Modernisierung von Stallgebäuden), sind aber auch bei der Stücklandpacht denkbar (zB Anlegung von Dränungen, wenn der Pachtzins aufgrund fehlender Dränung niedriger bemessen war [FHL Rn 13]).

2. Das Erhöhungsverlangen

Liegen die Voraussetzungen für eine Pachtzinserhöhung vor, liegt in dem Erhöhungsverlangen die Geltendmachung des Anspruchs auf Vertragsänderung, dh auf Abgabe der Willenserklärung zum entsprechenden Vertragsschluß. Einer besonderen **Form** bedarf das Verlangen selbst **nicht**. Für die Änderungsvereinbarung ist jedoch § 585 a (Schriftformerfordernis) zu beachten (so § 585 a Rn 14 ff). 21

3. Die Angemessenheit der Erhöhung

Der Verpächter kann nur eine angemessene Erhöhung verlangen. Dies wird sich nach dem Umfang einer (möglichen) **Ertragssteigerung** beurteilen, die auf die Verbesserungsmaßnahme zurückzuführen ist. Dabei ist jedoch gleichfalls die durch die andere (möglicherweise intensivere) Wirtschaftsweise notwendige Kostenbelastung mit zu berücksichtigen. 22

Angemessenheit der Erhöhung bedeutet nicht, daß diese eine gute Verzinsung des Investitionskapitals des Verpächters erreicht (FHL Rn 19). Dessen Höhe steht nicht zwingend in wirtschaftlich vernünftigem Verhältnis zu einer (möglichen) Produktivität-Steigerung.

4. Die Unzumutbarkeit nach den Verhältnissen des Betriebes

23 Ausgeschlossen ist eine an sich angemessene Pachtzins-Erhöhung, wenn diese dem Pächter nach den konkreten Verhältnissen des Betriebes nicht zugemutet werden kann. Die Gesetzesmaterialien (BT-DruckS 10/509 S 19) nennen als Beispiele für eine Unbilligkeit der Pachtzinserhöhung, daß die Pachtzeit sich dem Ende nähert oder, wenn der Pächter sich wegen einer ungünstigen Betriebsstruktur oder ungünstiger Marktbedingung in einer wirtschaftlich angespannten Situation befindet. Als nur noch kurze Pachtzeit wird entsprechend der gesetzlichen Wertung in §§ 590 Abs 2 S 2; 591 Abs 2 S 2 ein Zeitraum von bis zu 3 Jahren anzusehen sein (MünchKomm/ VOELSKOW § 588 Rn 8). Ist dem Pächter eine Erhöhung in geringerer Höhe als dem an sich angemessenen Umfang zumutbar, entfällt der Anspruch nicht – wie es der Gesetzeswortlaut zunächst nahelegt – gänzlich, sondern nur, soweit die Pachtzinserhöhung für den Pächter unzumutbar ist.

V. Schadensersatzansprüche der Vertragsparteien

24 Verstößt der Pächter gegen seine Duldungspflichten nach Abs 1 oder 2, ist er dem Verpächter schadensersatzpflichtig (LWLH Rn 30).

25 Umgekehrt ist der Pächter unter dem Gesichtspunkt der positiven Vertragsverletzung schadensersatzberechtigt, wenn der Verpächter im Zusammenhang mit der Durchführung von (berechtigten) Maßnahmen Pflichtverletzungen begeht (LWLH Rn 32).

VI. Zur Abdingbarkeit

26 Die Vorschrift ist dispositives Recht und in den Grenzen des AGBG und des § 242 abdingbar (PALANDT/PUTZO § 588 Rn 1) und zwar auch zuungunsten des Pächters und soweit dessen Wohnraum betroffen ist (LWLH Rn 2; FHL Rn 3). § 541b Abs 4 greift nicht ein.

VII. Die Zuständigkeit des Landwirtschaftsgerichts (Abs 4)

1. Verfahren

27 Der Gesetzgeber (BT-Drucks 10/509 S 19) ist davon ausgegangen, daß bei fehlender Einigung der Beteiligten über die Duldungspflicht von Erhaltungs- (§ 588 Abs l) bzw Verbesserungsmaßnahmen und Pächteransprüchen auf Ersatz- und Vorschußleistungen (§ 588 Abs 2) oder über eine Pachtzinserhöhung (§ 588 Abs 3) durch rechtzeitiges Einschalten berufsständischer Pachtschlichtungsstellen ein angemessener Interessenausgleich gefunden werden kann. Für den Streitfall hat er mit Rücksicht auf „den rechtsgestaltenden Einschlag" (vgl BT-Drucks 10/509 S 19) die zu treffenden Entscheidungen in § 588 Abs 4 dem Landwirtschaftsgericht zugeordnet, das nach § 9 iVm § 1 Nr 1 LwVG im Verfahren der **freiwilligen Gerichtsbarkeit** entscheidet (LWLH Rn 5).

2. Antrag

Antragsberechtigt ist der jeweils die Leistung / Zustimmung Beanspruchende. Eine **Frist** besteht nicht. 28

Antragsinhalt ist in den Fällen der begehrten Duldung von Verpächter-Maßnahmen gemäß § 588 Abs 1 und Abs 2 S 1, zu entscheiden, daß der Pächter die vorgesehene Maßnahme zu dulden habe, im Falle der Geltendmachung der Pachtzinserhöhung gemäß § 588 Abs 3 die erforderliche Einwilligung des Pächters zu ersetzen und in den Fällen der Forderung von Ersatz- und Vorschußleistung gemäß § 588 Abs 2 Sätze 2 und 3 zu entscheiden, daß der Verpächter zur Zahlung der verlangten Beträge verpflichtet ist sowie festzustellen, daß er vorher mit den Maßnahmen nicht beginnen darf.

3. Sonstiges

Wird die Einwilligung des Pächters zur Pachtzinserhöhung durch die Entscheidung ersetzt, führt dies nur zu einer Vertragsänderung. Die Festsetzung einer erhöhten Pacht mangels Einwilligung iSv Abs 2 ist keine streitige Pachtsache (es gilt das FGG-Verfahren), wogegen die Durchsetzung des Zahlungsanspruches im ZPO-Verfahren nach § 45 LwVG (BARNSTEDT/STEFFEN § 1 Rn 79; PALANDT/PUTZO § 588 Rn 8) erfolgt. Ein evtl einheitliches Verfahren aufgrund verbundener Anträge ist zu trennen (OLG Stuttgart RdL 1991, 54). 29

§ 589

(1) Der Pächter ist ohne Erlaubnis des Verpächters nicht berechtigt,

1. die Nutzung der Pachtsache einem Dritten zu überlassen, insbesondere die Sache weiter zu verpachten,

2. die Pachtsache ganz oder teilweise einem landwirtschaftlichen Zusammenschluß zum Zwecke der gemeinsamen Nutzung zu überlassen.

(2) Überläßt der Pächter die Nutzung der Pachtsache einem Dritten, so hat er ein Verschulden, das dem Dritten bei der Nutzung zur Last fällt, zu vertreten, auch wenn der Verpächter die Erlaubnis zur Überlassung erteilt hat.

Materialien: BT-Drucks 10/508; 10/509; 10/3830; 10/3498.

Schrifttum

Siehe § 585.

Systematische Übersicht

I.	Entstehungsgeschichte	1	2. Familien-Pachtübergabeverträge	18
			3. Wohnraum	19
II.	Normzweck	2	4. Tod des Pächters	20
			5. Zupachtflächen	21

III. **Erlaubnispflichtige Fremdnutzung**
1. Normbereich des § 589 Abs 1
a) Die Nutzungsüberlassung Abs 1 Nr 1 — 3
b) Gesellschaftsrechtliche Einbringung (Abs 1 Nr 2) — 6
c) Abgeleitete Nutzziehung — 8
d) Änderung der Pächter-Rechtsform — 9
e) Auskunftsanspruch — 10

VI. **Annex: Unterpacht**
1. Begriff — 22
2. Abgrenzungen — 23
3. Rechtsbeziehungen zwischen Verpächter und Pächter
a) Erlaubte Unterpacht — 25
b) Unerlaubte Unterpacht — 27
4. Verhältnis zwischen (Haupt-)Verpächter und Unterpächter — 30

IV. **Die Erlaubnis**
1. Rechtsnatur — 11
2. Erteilung — 12
3. Kein Anspruch auf Erlaubniserteilung — 14
4. Wirkung der Erlaubnis — 15
5. Konsequenzen fehlender Erlaubnis — 15
6. Widerruf der Erlaubnis — 16

5. Verhältnis zwischen Haupt-Pächter und Unterpächter — 31

VII. **Haftung des Pächters bei Nutzungsüberlassung an Dritte (Abs 2)** — 32

VIII. **Abdingbarkeit** — 33

V. **Sonderfälle**
1. Berufsunfähigkeit des Pächters — 17

IX. **Verfahrensfragen** — 34

Alphabetische Übersicht

Abdingbarkeit	33	– Form der	12 f
Abtretung der Pächterrechte	8	– kein Anspruch auf	14
Anspruch, kein ... auf Erlaubnis	14	– Widerruf	16
Auskunftsrecht, des Verpächters	10	– Wirkung	15
Berufsunfähigkeit, des Pächters	17	Familien-Pachtübergabeverträge	18
		fehlende Erlaubnis, Konsequenzen	15
Dauer, als Merkmal der Nutzungsüberlassung	3	Gesellschaft, Einbringung des Pachtrechts in	6 f
Definition, der Nutzungsüberlassung	3 ff	
Einbringung, des Pachtrechts in Gesellschaft	6 f	Kündigungsrecht, des Verpächters bei unerlaubter Unterpacht	28
Einzelfall, Erstreckung der Erlaubnis auf	13	
Entgeltlichkeit, der Nutzungsüberlassung	5	Normzweck	2
Erbfolge, vorweggenomene, auf Pächterseite	18	Nutzungsüberlassung, bei Abtretung der Pächterrechte	8
Erlaubnis, des Verpächters	11 ff	– bei Änderung der Pächter-Rechtsform	9
– Erstreckung nur auf den Einzelfall	13	– Dauer	3
– fehlende, Konsequenzen	15	– Definition	3

Oktober 1995

– Einbringung des Pachtrechts in Gesellschaft	6 f
– Entgeltlichkeit	5
– keine bei abgeleiteter Nutzziehung	8
Nutzziehung, abgeleitete	8
Pächter, Berufsunfähigkeit	17
– Betriebsübertragung im Wege vorweggenommener Erbfolge	18
– Haftung bei Nutzungsüberlassung	32
– Tod	20
Pächter-Rechtsform, Änderung der	9
Pächterrechte, Abtretung der	8, 24
Pflugtausch, als Fall der Nutzungsüberlassung	4
Rechtsbeziehungen, bei Unterpacht	25 ff
Tod, des Pächters	20
Unterpacht	22 ff
– als Fall der Nutzungsüberlassung	4
– erlaubte	25 f
– Rechtsbeziehungen	25 ff
– unerlaubte	27 ff
Verfahrensfragen	34
Verpächter, Auskunftsrecht	10
– Erlaubnis	11 ff
– Kündigungsrecht bei unerlaubter Unterpacht	28
Widerruf der Erlaubnis	16
Wirkung, der Erlaubnis	15
Wohnraum, mitverpachteter, keine anderweitige Behandlung	19
Zupachtflächen, Besonderheit	21

I. Entstehungsgeschichte

Die Vorschrift geht auf das LPachtNeuOG zurück. Es entspricht Abs 1 Nr 1 dem **1** § 549 Abs 1 S 1 iVm § 581 Abs 2 aF und § 596 Abs 1 aF, der Abs 2 dem § 539 Abs 3 iVm § 581 Abs 2 aF. Neu ist Abs 1 Nr 2 als Klarstellung zu Abs 1 Nr 1.

II. Normzweck

Die Vorschrift geht in Übereinstimmung mit § 549 Abs 1 S 1 Abs 1 Nr 1 von dem **2** Grundsatz aus, daß der Pächter ohne Erlaubnis des Verpächters **nicht zur Nutzungsüberlassung an Dritte** – insbesondere zur Unterverpachtung – berechtigt ist. *Das Gesetz schützt das (Vertrauens-) Interesse des Verpächters, daß die Pachtsache nur von demjenigen genutzt wird, dem er sie übergeben hat.* Denn die Pacht ist – mehr noch als die Miete – ein persönliches, von gegenseitigem Vertrauen getragenes Rechtsverhältnis. Daher soll sich der Verpächter – wie auch bereits der Vermieter – nicht gegen seinen Willen einen anderen Vertragspartner aufdrängen lassen müssen (STAUDINGER/EMMERICH [1995] § 549 Rn 2; WOLF/ECKERT Rn 346). Mehr noch als bei dem Vermieter muß es bei dem Verpächter seiner Entscheidung vorbehalten bleiben, welche Risiken der hinsichtlich Fähigkeiten (zur Bedeutung s § 586 Rn 33 ff) und Solvenz seines Vertragspartners einzugehen bereit ist. Diese Besonderheit des Pachtrechts wird nicht mehr wie bisher in § 596 Abs 1 aF ausdrücklich erwähnt, sondern als selbstverständliche Folge des Abs 1 Nr 1 angesehen.

Bei den Beratungen zur Landpachtnovelle ist lange überlegt worden, ob in Fällen der Unterpacht oder (wenigstens) die Einbringung in eine Gesellschaft die durch den Verpächter verweigerte Zustimmung durch eine solche des Landwirtschaftsgerichts ersetzbar werden sollte; derartige Überlegungen sind aber auf Anraten der DGAR nicht weiterverfolgt worden (KROESCHELL AgrarR 1987, 304).

III. Erlaubnispflichtige Fremdnutzung

1. Normbereich des § 589 Abs 1

a) Die Nutzungsüberlassung Abs 1 Nr 1

3 Eine erlaubnispflichtige Nutzungsüberlassung der Pachtsache an einen Dritten liegt vor, wenn der Pächter entgegen seiner aus § 586 Abs 1 S 3 folgenden Pflicht die **eigenverantwortliche Bewirtschaftung** und/oder Nutzziehung ganz oder teilweise **aufgibt** und diese stattdessen einem Dritten gestattet (STAUDINGER/SONNENSCHEIN [12] § 596 Rn 11, 12; ERMAN/SCHOPP § 549 Rn 5). Dabei ist nach neuerer Auffassung in Rechtsprechung und Literatur (OLG Hamm NJW 1982, 2876; WANGARD ZMR 1986, 73; STAUDINGER/EMMERICH [1995] § 549 Rn 15) gleichgültig, ob der Dritte selbstständig oder unselbstständig sowie ganz oder partiell nutzt; entscheidend ist vielmehr, ob seine Nutzung auf eine **bestimmte Dauer** ausgelegt ist.

4 **Hauptanwendungsfall** der selbständigen Nutzungsüberlassung ist die **Unterpacht**, daneben kommen *Miete oder Leihe* in Betracht. Dazu gehört auch der *Pflugtausch* als wechselseitige Einräumung selbständiger Nutzung an Einzelgrundstücken zum Zwecke der Arrondierung (STAUDINGER/PIKALO [12] Anh zu § 597 Rn 76). Auch Unterpacht zum Zwecke der Nachholung einer unterbliebenen Übergabe im Rahmen der vorweggenommenen Erbfolge des Pächterbetriebes (§ 593 a Rn 2) ist genehmigungspflichtig, auch wenn die Übergabe nach § 593 a ohne Verpächter-Genehmigung möglich ist (§ 593 a Rn 1).

5 **Gleichgültig** ist im übrigen, ob die Überlassung **entgeltlich** oder unentgeltlich erfolgt. Ist dem Pächter **Tierhaltung** gestattet, bezieht sich dies im Zweifel nur auf pächtereigene, nicht auch fremde Tiere; hält der Pächter letztere oder duldet er dies, kann ihm nach Abmahnung fristlos gekündigt werden (OLG Nürnberg AgrarR 1991, 106)

b) Gesellschaftsrechtliche Einbringung (Abs 1 Nr 2)

6 Auch für die Sonderfälle der Einbringung der Pachtsache in eine landwirtschaftliche Kooperation (zumeist in Form einer Gesellschaft Bürgerlichen Rechts) macht das Gesetz, im Unterschied zum Regierungsentwurf, **keine Ausnahme** (FHL Rn 12 ff). Die ursprünglich geplante Kooperationsklausel des § 589 Abs 2 Regierungsentwurf (BT-Drucks 10/509 S 19) ist zum Schluß der Beratungen gestrichen worden, da nachteilige Auswirkungen auf die Verpachtungsbereitschaft landwirtschaftlicher Grundeigentümer befürchtet wurden (BT-Drucks 10/3830 S 29).

Durchgehender Leitgedanke des Gesetzes ist, daß die Herrschaft und Obhut über die Pachtsache bei der/den Person/en zu verbleiben hat, der/denen der Verpächter sie vertragsgemäß anvertraut hat. In Abweichung vom Reformvorhaben enthält Abs 1 Nr 2 also keinen über Nr 1 hinausgehenden Regelungsinhalt, vielmehr lediglich die Klarstellung, daß der Pächter weiter nicht berechtigt ist, die Pachtsache ganz oder teilweise ohne Erlaubnis des Verpächters einem landwirtschaftlichen Zusammenschluß zum Zwecke der gemeinsamen Nutzung zu überlassen.

Mithin ist **jede Form** der gemeinschafts- oder gesellschaftsrechtlichen Einräumung von Mit-Nutzungsrechten Dritter an der Pachtsache der unberechtigten Gebrauchsüberlassung gleichzustellen, da durch sie in die vom Verpächter gewollte eigenständige Bewirtschaftung der Pachtsache durch seine/n Pächter eingegriffen wird.

Unter Beachtung dieser Grundsätze bleiben demgemäß **erlaubnisfrei** alle Maßnahmen des Pächters, die nicht zu einer gemeinsamen Nutzung der Pachtsache nach erfolgter dementsprechender gesellschaftsrechtlicher Einbringung führen. Unter diesen Voraussetzungen kann der Pächter sich etwa ohne Erlaubnis des Verpächters an Maschinen- und Betriebsgemeinschaften beteiligen, solange er nicht verpächtereigenes Inventar einbringt (FHL Rn 13 ff). 7

Mietrechtlich sind **gesellschaftsinterne Vorgänge** wie der Wechsel von Gesellschaftern ohne Einfluß auf das Mietverhältnis (STAUDINGER/EMMERICH [1995] § 549 Rn 32). Ob dieser Grundsatz auf das Landpachtrecht übertragen werden kann, erscheint jedoch angesichts des Regelungsgehalts von § 589 Abs 1 Nr 2 bedenklich: wenn nach dem spezifischen Gesetzeswortlaut bereits die Einbringung des Landpacht-Vertragsgegenstandes in einen Zusammenschluß ohne Verpächter-Zustimmung nicht gestattet ist, liegt nahe, auch jeden Wechsel in der Zusammensetzung des Zusammenschlusses als die Identität des Vertragspartners genauso tangierend von der Verpächter-Erlaubnis abhängig zu machen.

c) Abgeleitete Nutzziehung
Das Nutzungsrecht des Pächters umfaßt allerdings die **Befugnis**, ohne Verpächter-Erlaubnis **abgeleiteten Allein- oder Mitgebrauch** einzuräumen. Hierhin gehören zB die Fallgestaltungen, in denen der Pächter persönlich gehindert ist, die Pachtsache selbst zu nutzen und sich entschließt, sein Recht durch Gehilfen oder/und Verwalter ausüben zu lassen (OLG Koblenz AgrarR 1985, 261); ferner – soweit Wohnraum mitverpachtet ist – die Aufnahme Dritter, wenn diese keinen selbständigen Haushalt begründen (wegen der Einzelheiten STAUDINGER/EMMERICH [1995] § 549 Rn 4 mwN); auch die unselbständige Überlassung eines Teils des Betriebsgebäudes zB zur Lagerung ist zulässig, solange allein der Pächter die Herrschaft über die Pachträume behält (OLG Hamm WM 1973, 525). Diese Gestattung ist **nur in den Grenzen ordnungsgemäßer Bewirtschaftung erlaubnisfrei** (§ 586 Abs 1 S 3). 8

Die **Abtretung** von Pächterrechten (zur Abgrenzung von der Unterpacht s Rn 24) hingegen ist wiederum als originäre Nutzung des Pachtgegenstandes durch den Dritten **erlaubnispflichtig.**

d) Änderung der Pächter-Rechtsform
Eine Nutzungsüberlassung liegt nicht vor, wenn die Pächter selbst/allein (zB Pächterehepaar) die Bewirtschaftung in einer BGB- oder Handelsgesellschaft fortsetzen, da dann die Herrschaft und Obhut über die Pachtsache bei den Personen verbleibt, denen der Verpächter sie einräumen wollte (BGH NJW 1955, 1066). Diese Personenidentität ist aber bei Einbeziehung eines Dritten, der bislang nicht (Mit-)Pächter war, nicht mehr gegeben (MünchKomm/VOELSKOW [1. Aufl] § 549 Rn 16); dann liegt eine erlaubnispflichtige Überlassung iSd § 589 Abs 1 Nr 2 vor. 9

Besonderheiten gelten für die Änderung der Rechtsform im Wege der **Erbfolge**. Übernimmt eine Erbengemeinschaft nach dem Tod des Pächters die Bewirtschaftung, gilt § 594 d.

e) Auskunftsanspruch

10 Um beurteilen zu können, ob eine übermäßige Einräumung unselbständiger Nutzungsrechte vorliegt, hat der Pächter dem Verpächter auf Verlangen Auskunft über die Ausgestaltung der Rechtsposition des/der das Pachtobjekt (mit)nutzenden Dritten zu geben.

IV. Die Erlaubnis

1. Rechtsnatur

11 Die Erlaubnis ist keine Zustimmung iSd §§ 182 ff, sondern eine **einseitig empfangsbedürftige Willenserklärung** iSd § 130 (LWLH Rn 16; FHL Rn 21; ; STAUDINGER/EMMERICH [1995] § 549 Rn 42; BGB-RGRK/GELHAAR § 549 Rn 6; PALANDT/PUTZO § 549 Rn 6). Sie ist daher keine Wirksamkeitsvoraussetzung für die Vereinbarung des Pächters mit dem Dritten über die Einräumung der (Mit-) Nutzungsüberlassung (siehe etwa für die Unterverpachtung BGH NJW 1972, 1267). Sie muß entweder gegenüber dem anwesenden Pächter abgegeben werden oder diesem zugehen (§ 130 Abs 1).

2. Erteilung

12 Da § 585a die Schriftform für Landpachtverträge nicht zwingend vorschreibt, erscheint es richtig, auch für die Erlaubnis eine bestimmte Form nicht vorzusehen. Die Erlaubnis kann – wie im Mietrecht – **formlos**, auch durch konkludentes Verhalten, erteilt werden, im Regelfall aber nicht durch bloße Duldung (STAUDINGER/ EMMERICH [1995] § 549 Rn 44 mwN; BGH WM 1987, 431; WOLF/ECKERT Rn 346). Stillschweigen wird in den seltensten Fällen – und nur bei Vorhandensein eines außergewöhnlichen Vertrauenstatbestandes – genügen. Für eine Gestattung der Nutzungsüberlassung spricht indessen eine längere, widerspruchslose Duldung (LWLH Rn 18; MünchKomm/ VOELSKOW [1. Aufl] § 549 Rn 18; STAUDINGER/EMMERICH [1995] § 549 Rn 27 a), die Kenntnis des Verpächters von diesem Zustand voraussetzt.

13 **Formularverträge** sehen durchgehend vor, daß der Pächter nur mit schriftlicher Erlaubnis des Verpächters die Nutzung des Hofes oder Teile hiervon einem anderen überlassen, insbesondere unterverpachten darf. Die vertraglich vereinbarte Form hat nur deklaratorische Bedeutung; die Erlaubnis kann gleichwohl formlos erklärt werden; darlegungs- und beweispflichtig für die erteilte Genehmigung ist im Streitfall der Pächter.

Die Erlaubnis ist **im Zweifel** nur für den bestimmten **Einzelfall** erteilt, da die Person des Dritten für die Willensbildung des Verpächters von maßgeblicher Bedeutung ist (STAUDINGER/EMMERICH [1995] § 549 Rn 43; WOLF/ECKERT Rn 346; so Rn 2).

Sinnvoll ist es, bereits bei Abschluß des Pachtvertrages klarzustellen, daß die Erlaubnis des Verpächters nicht erforderlich ist, wenn der Pächter geringfügige Flächen aus besonderem Anlaß, etwa eines Arbeitsverhältnisses überläßt.

3. Kein Anspruch auf Erlaubniserteilung

14 Der Pächter hat grundsätzlich keinen Anspruch auf Erlaubniserteilung; dem freien

Ermessen des Verpächters unterliegt es, ob er die Erlaubnis erteilen will (FHL Rn 23; STAUDINGER/EMMERICH [1995] § 549 Rn 43).

Ebenso wie der gewerbliche Mieter kann der Landpächter sich nicht auf § 549 Abs 2 S 2 berufen. So ist der Verpächter selbst dann nicht verpflichtet, einer Unterverpachtung zuzustimmen, wenn sich nach Abschluß des Pachtvertrages herausgestellt hat, daß dem Pächter ohne die Unterverpachtung die volle Ausnutzung der Vorteile des langjährigen günstigen Pachtverhältnisses nicht möglich ist (BGH WM 1968, 650 f).

Darüber hinaus ist dem Landpächter aber im Unterschied zum gewerblichen Mieter grundsätzlich auch die Möglichkeit genommen, auf die Verweigerung der Erlaubnis zur selbständigen Nutzungsüberlassung mit der außerordentlichen Kündigung zu reagieren, § 549 Abs 1 S 2 gilt im Landpachtrecht nicht.

Die Konsequenzen einer Erlaubnis-Verweigerung sind anders als im Mietrecht geregelt. Das Recht des Mieters zur **außerordentlichen Kündigung** (§ 549 Abs 1 S 2) steht dem Pächter **nicht** zu; dieser soll den Verpächter auch nicht mittelbar durch eine angedrohte Kündigung zwingen können, mit einem Unterpächter einverstanden zu sein (STAUDINGER/SONNENSCHEIN [12] § 596 Rn 7, 11).

4. Wirkung der Erlaubnis

Stets gestattet sie nur solche Nutzungen durch den Dritten, die auch dem Pächter selbst gestattet wären (BGH WM 1984, 1031).

Zur Unterpacht vgl oben Rn 4 und unten Rn 27 ff. Überläßt der Pächter mit Erlaubnis des Verpächters die Pachtsache einem landwirtschaftlichen Zusammenschluß, so bleibt der Pächter als alleiniger Vertragspartner des Verpächters zur ordnungsgemäßen Rückgabe der Pachtsache verpflichtet (SOERGEL/KUMMER Rn 3).

5. Konsequenzen fehlender Erlaubnis

Schließt der Pächter die Vereinbarung der (Mit-) Nutzungsüberlassung **mit dem Dritten** nicht unter dem Vorbehalt (= der Bedingung) der Verpächter-Zustimmung, besteht insoweit ein **wirksamer Vertrag**, der vom Pächter nicht erfüllt werden kann. Nur theoretisch kommt dann in erster Linie § 326 zur Anwendung. Denn ist der Vertrag schon in Vollzug gesetzt, tritt an die die Stelle des Rücktritts- das Kündigungsrecht (STAUDINGER/OTTO [1995] § 326 Rn 27; PALANDT/HEINRICHS § 326 Rn 1). Der Verpächter ist also im Regelfall gem § 594 e iVm § 553 zur außerordentlichen Kündigung berechtigt (FHL Rn 25).

6. Widerruf der Erlaubnis

Die erteilte Erlaubnis kann der Verpächter generell nur bei entsprechendem **Vorbehalt** anläßlich der Erteilung widerrufen (STAUDINGER/EMMERICH [1995] § 549 Rn 50). Er hat dieses Recht darüber hinaus, wenn trotz Abmahnung die Pachtsache derart vertragswidrig genutzt wird, daß er bei entsprechendem Verhalten seines originären Vertagspartners diesem gegenüber zur Kündigung aus wichtigem Grund berechtigt wäre (WOLF/ECKERT Rn 346). Widerrufsrechte **aus wichtigem Grund** bleiben daneben unberührt (STAUDINGER/EMMERICH [1995] § 549 Rn 48).

V. Sonderfälle

1. Berufsunfähigkeit des Pächters

17 Aus Gründen der sozialen Gerechtigkeit hat das Gesetz für den Fall der Berufsunfähigkeit des Pächters den Ausschluß des Kündigungsrechtes mit der Regelung des § 594 c **durchbrochen** (BT-Drucks 10/509 S 24). Der im Sinne der Vorschriften der gesetzlichen Rentenversicherung berufsunfähig gewordene Pächter kann hiernach das Pachtverhältnis fristgemäß kündigen, wenn der Verpächter der selbständigen Überlassung der Pachtsache (in der Regel Unterverpachtung) an einen Dritten, der eine ordnungsgemäße Bewirtschaftung verspricht, widerspricht.

2. Familien-Pachtübergabeverträge

18 Der Fall der Übergabe des gepachteten Betriebes als Ganzen im Wege der vorweggenommenen Erbfolge an einen Dritten (zumeist seinem künftigen Hofnachfolger) ist **im Gesetz nicht als Ausnahme geregelt**. Im Gegenteil legt § 593 a nahe, daß die Übergabe des Betriebes als Ganzes nur mit Zustimmung des Verpächters wirksam ist. Dies entspricht der allgemeinen Regelung in § 415. Eine grundsätzlich zustimmungsfreie Übergabe des „Pachthofes" an den „Hofprätendenten" dürfte daher abzulehnen sein. Treu und Glauben werden nur gleichsam im Vorfeld des § 594 c Abs 2 in Ausnahmefällen eine andere Entscheidung rechtfertigen können, da die gesetzliche Neuregelung eine unzumutbare Belastung des Pächters weitgehend durch die §§ 594 c, 594 d Abs 2, aber auch durch § 593 a vermeidet (weitergehend zu § 596 aF STAUDINGER/SONNENSCHEIN [12] Rn 12; OLG Köln RdL 1960, 48).

Zur Behandlung von Zupachtflächen zu einem zu übergebenden Betrieb vgl unten Rn 20.

3. Wohnraum

19 Ist dem Betriebspächter gleichzeitig Wohnraum überlassen worden, so hat er grundsätzlich auch unter den Voraussetzungen des § 549 Abs 2 **keinen Anspruch auf Erteilung der Erlaubnis zur Untervermietung** (BGB-RGRK/GELHAAR § 596 Rn 1). § 589 sieht ausdrücklich die Regelung des § 549 Abs 2 nicht vor. Für die rechtliche Beurteilung des mitverpachteten Wohnraums ist daher ausschließlich Landpachtrecht maßgebend; anderenfalls bestünde die **Gefahr**, daß bei Beendigung des Hauptpachtverhältnisses eine **Spaltung** zwischen dem landwirtschaftlichen Teil und dem Wohnteil eintritt und der Dritte sich auf mietrechtliche Kündigungsschutzbestimmungen berufen kann.

4. Tod des Pächters

20 Bei Tod des Pächters hat der **Verpächter** gem § 594 d Abs 2 eine **Einschränkung seines freien Ermessens** bei der Auswahl des Nachfolgepächters dann hinzunehmen, wenn die ordnungsgemäße Bewirtschaftung durch die Erben oder einen von ihnen beauf-

tragten Miterben oder Dritten gewährleistet erscheint. Im Streitfall entscheidet das Landwirtschaftsgericht. Unabhängig vom Willen des Verpächters kann kraft Gesetzes aber nur der Wechsel auf die Rechtsnachfolger des Pächters und die Beauftragung eines sachkundigen Miterben oder Dritten durch diese erfolgen; erlaubnispflichtig bleibt weiterhin eine von den Erben angestrebte Unterverpachtung (PALANDT/PUTZO § 594 d Rn 5).

5. Zupachtflächen

Einen weiteren Sonderfall des Pächterwechsels enthält § 593 a. Bei Übergabe eines Betriebes mit land- und forstwirtschaftlichen Pachtflächen im Wege vorweggenommener Erbfolge muß der Verpächter den ordnungsgemäß wirtschaftenden Betriebsnachfolger (Übernehmer) als Pächter seiner Zupachtfläche akzeptieren, ohne daß es seiner Zustimmung oder des Abschlusses eines neuen Pachtvertrages bedarf (PALANDT/PUTZO § 593 a Rn 3).

VI. Annex: Unterpacht

1. Begriff

Der Unterpachtvertrag (Regelfall der Überlassung an Dritte) ist ein **echter Landpachtvertrag** mit allen Rechten und Pflichten. Als eigenständiger schuldrechtlicher Vertrag ist er sowohl von der Erteilung der Erlaubnis als auch vom Bestand des Hauptpachtvertrags unabhängig (vgl auch für das Mietrecht STAUDINGER/EMMERICH [1995] § 549 Rn 91; MünchKomm/VOELSKOW [1. Aufl] § 549 Rn 27); nur der Hauptpächter bleibt aus dem Hauptpachtvertrag berechtigt und verpflichtet.

Ist der Unterpachtvertrag für länger als 2 Jahre geschlossen, bedarf er gem § 585 a ebenfalls der **Schriftform**.

2. Abgrenzungen

Von der Unterpacht zu unterscheiden ist der Pächterwechsel. Dieser kann durch Vereinbarung gem §§ 415, 305 zwischen ausscheidendem und eintretendem Pächter gegenüber dem Verpächter nur bei Zustimmung des Verpächters wirksam werden (BGH WM 1967, 746; STAUDINGER/EMMERICH [1995] § 549 Rn 22 ff; WOLF/ECKERT Rn 345, 347). Ohne Zustimmung des Verpächters vollzieht sich der Pächterwechsel lediglich ausnahmsweise in den Fällen der §§ 593 a, 594 d Abs 2.

Zur Vermeidung späterer Streitigkeiten ist stets darauf zu achten, daß die **Haftung** zwischen Alt- und Neupächter für die bereits bestehenden und die künftigen Schulden eindeutig **geregelt** ist.

Die **Abtretung von Pächterrechten** ist in entsprechender Anwendung der Bestimmung ebenfalls nur mit Erlaubnis des Verpächters möglich, weil das Recht des Pächters auf Nutzziehung nicht selbstständig abtretbar ist (im Ergebnis wie im Mietrecht, s STAUDINGER/EMMERICH [1995] § 549 Rn 19). Stimmt der Verpächter nicht zu, liegt regelmäßig eine unerlaubte Unterpacht iSd § 589 Abs 1 S 1 vor (WOLF/ECKERT Rn 346).

3. Rechtsbeziehungen zwischen Verpächter und Pächter

a) Erlaubte Unterpacht

25 Nach erlaubter Überlassung der Pachtsache an den Unterpächter beurteilen sich die Rechtsbeziehungen zwischen Verpächter und Hauptpächter weiterhin allein nach dem von ihnen abgeschlossenen Pachtvertrag. Einen Unterpachtzuschlag kann der Verpächter nur bei entsprechender Vereinbarung verlangen; diese kann auch vorformuliert getroffen werden (WOLF/ECKERT Rn 347).

Der Hauptpächter hat gegenüber dem Verpächter jede schuldhafte vertragswidrige Nutzung des **Unterpächters**, der als sein **Erfüllungsgehilfe** betrachtet wird (STAUDINGER/ EMMERICH [1995] § 549 Rn 119), zu vertreten (§§ 589 Abs 2, 278). Der Verpächter kann den Hauptpächter daher selbst bei vertragswidriger Nutzung des Unterpächters auf Unterlassung in Anspruch nehmen (§§ 590 a, 589 Abs 2) oder ihm nach erfolgloser Abmahnung fristlos kündigen (§§ 594 e Abs 1, 553, 554 a, 589 Abs 2).

Von dem Unterpächter ausgehende Störungen kann der Verpächter auch selbst nach Maßgabe der §§ 823, 1004 abwenden (STAUDINGER/EMMERICH [1995] § 549 Rn 66).

26 Nach **Beendigung des Hauptpachtverhältnisses** kann der Verpächter die **Herausgabe** des Pachtobjektes von dem Hauptpächter auch dann verlangen, wenn dieser nur noch mittelbaren Besitz hat. Der Hauptpächter kann dabei seine Rückgabepflicht nicht durch Abtretung seines Anspruchs auf Rückgabe gegenüber dem Unterpächter erfüllen (BGH NJW 1971, 2065). Für die weitere Nutzung des Pachtobjektes schuldet der Hauptpächter bis zur Herausgabe Nutzungsentschädigung gem § 597 BGB, zu weiteren Einzelheiten siehe die dortige Kommentierung.

b) Unerlaubte Unterpacht

27 Auf den vom Unterpächter geschuldeten, möglicherweise höheren Pachtzins kann der Verpächter aus keinem Rechtsgrund zugreifen (BGH NJW 1964, 1853; aA [Anspruch aus § 816] DIEDERICHSEN NJW 1964, 2296; WOLF/ECKERT Rn 348).

28 Hält der Hauptpächter trotz Abmahnung des Verpächters an der Unterpacht fest, so ist der Verpächter zur **fristlosen Kündigung** des Pachtverhältnisses gem §§ 594 e Abs 1, 553 berechtigt, da hierin regelmäßig ein erheblicher Vertragsverstoß liegt (vgl OLG Hamburg NJW 1982, 1157; BGH NJW 1985, 2527).

Der Kündigung wird grundsätzlich der **Einwand des Rechtsmißbrauchs** nicht entgegengehalten werden können, da von § 242 angesichts der gesetzlichen Neuregelung nur mit **größter Zurückhaltung** Gebrauch gemacht werden sollte. Anderenfalls würde die vom Gesetzgeber gewollte erlaubnisgebundene Unterverpachtung ausgehöhlt; dem Pächter unzumutbare Situationen dürften grundsätzlich durch die gesetzlichen Ausnahmeregelungen hinreichend berücksichtigt sein.

Bis zur Erteilung der Erlaubnis ist die Unterverpachtung unberechtigt, selbst wenn der Hauptpächter einen Anspruch auf Erlaubniserteilung haben sollte.

29 Bei unerlaubter Verpachtung muß der Pächter zusätzlich jeden von dem Dritten verursachten Schaden an der Pachtsache unabhängig vom Verschulden übernehmen

(**Zufallshaftung**), es sei denn, er kann nachweisen, daß der Schaden auch ohne die (Unter-)Verpachtung eingetreten wäre (STAUDINGER/EMMERICH [1995] § 549 Rn 121; BGB-RGRK/GELHAAR § 549 Rn 16; PALANDT/PUTZO § 549 Rn 11). Grundlage ist die Analogie zu § 287 S 2. Da der Pächter wegen der unerlaubten Verpachtung schon nach den allgemeinen Grundsätzen für adäquate Folgen haftet, bedeutet Zufallshaftung, daß ausnahmsweise nicht nur für adäquate sondern für alle Folgen der unerlaubten Verpachtung gehaftet wird (ausnahmsweise Geltung der Äquivalenztheorie im Zivilrecht).

4. Verhältnis zwischen (Haupt-)Verpächter und Unterpächter

Der Verpächter hat gegenüber dem Unterpächter **keine vertraglichen Ansprüche** (vgl ausf STAUDINGER/EMMERICH [1995] § 549 Rn 100 ff). Lediglich bei Beendigung des Hauptpachtverhältnisses kann er aus quasi-vertraglichem Recht den Unterpächter aus § 596 Abs 3 unmittelbar auf Rückgabe in Anspruch nehmen. Gegenüber dem Unterpächter steht ihm weder ein Pachtzinsanspruch noch ein gesetzliches Pfandrecht an den eingebrachten Sachen des Unterpächters zu. Anstelle vertraglicher Schadenersatzansprüche bestehen allenfalls solche aus unerlaubter Handlung (STAUDINGER/EMMERICH [1995] § 549 Rn 107). Denkbar sind indessen Ansprüche des Unterpächters gegenüber dem (Haupt-) Verpächter auf Verwendungsersatz aus GoA und ungerechtfertigter Bereicherung (WOLF/ECKERT Rn 353). **30**

5. Verhältnis zwischen Haupt-Pächter und Unterpächter

Siehe zunächst Rn 22. Der Unterpachtvertrag ist als **normaler Pachtvertrag** unabhängig von der Erlaubnis des Verpächters gültig (BGH NJW 1986, 308). Hat der Pächter ausnahmsweise den Unterpachtvertrag ausdrücklich oder stillschweigend von der Erlaubnis des Verpächters abhängig gemacht, liegt hierin eine Bedingung iSd § 158. **31**

Ein wirksamer Unterpachtvertrag verpflichtet den Hauptpächter, für die versprochene Nutzungsüberlassung einzustehen. Kann er dieser Pflicht wegen **verweigerter Erlaubnis** seines Verpächters nicht nachkommen, **haftet** er dem Unterpächter vor Übergabe aus § 326, danach gem §§ 586 Abs 2, 541 bei Rückforderung wegen eines Rechtsmangels (WOLF/ECKERT Rn 349, 351). Diese Haftung greift auch dann ein, wenn der Hauptpächter durch die Beendigung des Hauptpachtverhältnisses nicht mehr in der Lage ist, dem Unterpächter den Gebrauch der Mietsache zu gewähren.

Nimmt der Verpächter den Unterpächter als Dritten auf Herausgabe der Pachtsache in Anspruch, kann der Hauptpächter seiner Verpflichtung zur Nutzungsgewährung nicht mehr nachkommen, so daß ihm auch keine Ansprüche auf den Unterpachtzins mehr zustehen; ferner ist der Unterpächter nach §§ 594 e Abs 1, 542 zur fristlosen Kündigung des Unterpachtvertrages berechtigt. Hat der Hauptpächter die Beendigung des Hauptpachtverhältnisses zu vertreten, haftet er dem Unterpächter gem §§ 586 Abs 2, 538 zudem auf Schadenersatz (WOLF/ECKERT Rn 351 mwN).

Im übrigen wird der Unterpachtvertrag entsprechend den Regeln für den Hauptpachtvertrag beendet und rückabgewickelt.

VII. Haftung des Pächters bei Nutzungsüberlassung an Dritte (Abs 2)

32 Bei erlaubter Nutzungsüberlassung haftet der Pächter für durch den Dritten verursachte Schäden an der Pachtsache nur insoweit, als der Dritte schuldhaft gehandelt hat.

In den Fällen der unerlaubten Nutzungsüberlassung an den Dritten muß der Pächter zusätzlich auch für Schäden einstehen, die der Dritte unverschuldet mitverursacht hat (Zufallshaftung, so Rn 29).

VIII. Abdingbarkeit

33 Die Vorschrift ist weiterhin **dispositiv;** bei der Verwendung vorformulierter Verträge sind die Bestimmungen des AGBG zu beachten.

IX. Verfahrensfragen

34 Über die Rechtsstreitigkeiten aus erlaubter und unerlaubter Nutzungsüberlassung an Dritte hat das Landwirtschaftsgericht im Wege des streitigen Verfahrens (ZPO-Verfahren) gem §§ 1 Nr 1 a, 2 Abs 1, 48 LwVG zu entscheiden (LWLH Rn 26).

Das Fortsetzungsverlangen der Erben nach dem Tod des Pächters gem § 549 d Abs 2 betrifft indessen eine Landpachtsache der freiwilligen Gerichtsbarkeit (FGG-Verfahren).

§ 590

(1) Der Pächter darf die landwirtschaftliche Bestimmung der Pachtsache nur mit vorheriger Erlaubnis des Verpächters ändern.

(2) Zur Änderung der bisherigen Nutzung der Pachtsache ist die vorherige Erlaubnis des Verpächters nur dann erforderlich, wenn durch die Änderung die Art der Nutzung über die Pachtzeit hinaus beeinflußt wird. Der Pächter darf Gebäude nur mit vorheriger Erlaubnis des Verpächters errichten. Verweigert der Verpächter die Erlaubnis, so kann sie auf Antrag des Pächters durch das Landwirtschaftsgericht ersetzt werden, soweit die Änderung zur Erhaltung oder nachhaltigen Verbesserung der Rentabilität des Betriebes geeignet erscheint und dem Verpächter bei Berücksichtigung seiner berechtigten Interessen zugemutet werden kann. Dies gilt nicht, wenn der Pachtvertrag gekündigt ist oder das Pachtverhältnis in weniger als drei Jahren endet. Das Landwirtschaftsgericht kann die Erlaubnis unter Bedingungen und Auflagen ersetzen, insbesondere eine Sicherheitsleistung anordnen sowie Art und Umfang der Sicherheit bestimmen. Ist die Veranlassung für die Sicherheitsleistung weggefallen, so entscheidet auf Antrag das Landwirtschaftsgericht über die Rückgabe der Sicherheit; § 109 der Zivilprozeßordnung gilt entsprechend.

(3) Hat der Pächter das nach § 582 a zum Schätzwert übernommene Inventar im Zusammenhang mit einer Änderung der Nutzung der Pachtsache wesentlich vermindert, so kann der Verpächter schon während der Pachtzeit einen Geldausgleich in

entsprechender Anwendung des § 582 a Abs. 3 verlangen, es sei denn, daß der Erlös der veräußerten Inventarstücke zu einer zur Höhe des Erlöses in angemessenem Verhältnis stehenden Verbesserung der Pachtsache nach § 591 verwendet worden ist.

Materialien: BT-Drucks 10/508; 10/509; 10/3830; 10/3498.

Schrifttum

Siehe § 585.

Systematische Übersicht

I.	**Normzweck und Entstehungsgeschichte**	1	a) Voraussetzungen	21
			b) Wirkung	25
			c) Bedingungen/Auflagen des Landwirtschaftsgerichts	26
II.	**Veränderung der landwirtschaftlichen Bestimmung der Pachtsache**	3	5. Auswirkung auf die Rückgabepflicht, Wiederherstellung	30
1.	Landwirtschaftliche Bestimmung der Pachtsache	4		
2.	Änderung	5	IV. **Ausgleichsanspruch des Verpächters (Abs 3)**	
3.	Erlaubnis des Verpächters	7	1. Grundsatz	31
4.	Wirkung der (fehlenden) Erlaubnis	11	2. Ausnahme: angemessene Reinvestition	33
III.	**Nutzungsänderungen bei (beibehaltener) landwirtschaftlicher Bestimmung (Abs 2)**	13	V. **Abdingbarkeit, vertragliche Konkretisierung**	35
1.	Änderung	14		
2.	Änderungswirkung innerhalb der Pachtzeit	15	VI. **Verfahren, Beweislast**	
3.	Änderungswirkung über die Pachtzeit hinaus; Errichtung von Gebäuden	17	1. Verfahren	39
4.	Die Ersetzung der Zustimmung	20	2. Beweis- bzw Darlegungslast	40

Alphabetische Übersicht

Abdingbarkeit	35 ff	Beweislast	40 f
Änderung, der landwirtschaftlichen Bestimmung der Pachtsache	3 ff	biologische Bewirtschaftung, Nutzungsänderung	14
– der Nutzung, bei Beibehaltung der landwirtschaftlichen Bestimmung	14 ff	Erlaubnis, bei Errichtung von Gebäuden	18 f
Auflagen, des Landwirtschaftsgerichts	26 ff	– des Verpächters	7 ff
Ausgleichsanspruch, des Verpächters	31 f	– Ersetzung durch Landwirtschaftsgericht	20 ff
– keiner des Verpächters bei Reinvestition	33 f	– fehlende, Konsequenzen	11 ff
		– kein Rechtsanspruch auf	10
Bedingungen, des Landwirtschaftsgerichts	26 ff	– keine bei Nutzungsänderung innerhalb der Pachtzeit	15
Bestimmung, landwirtschaftliche, der Pachtsache	3 ff		

– notwendig bei Nutzungsänderung über die Pachtzeit hinaus	17 ff	– Zulässigkeit innerhalb der Pachtzeit	15
Ersetzung der Erlaubnis, Bedingungen, Auflagen	26 ff	Pachtende, Rückgabepflicht des Pächters	30
– durch Landwirtschaftsgericht	20 ff	Pächter, Rückgabepflicht bei Pachtende	30
– Sicherheitsleistung	29	Rückgabe, des Pächters bei Pachtende	30
– Wirkung	25		
Interessen, gegenläufige, hinsichtlich des Zustandes der Pachtsache	1	Sicherheitsleistung, Anordnung des Landwirtschaftsgerichts	29
		Verfahrensfragen	39
Landwirtschaftsgericht, Ersetzung der Erlaubnis	20 ff	Verpächter, Ausgleichsanspruch	31 f
		– Erlaubnis bei Änderung der landwirtschaftlichen Bestimmung	3,7 ff
Nutzungsänderung, bei Beibehaltung der landwirtschaftlichen Bestimmung	14 ff	– kein Ausgleichsanspruch bei Reinvestition	33 f
– biologische Wirtschaftsführung	14		
– Flächenstillegung	14	Zustand der Pachtsache, gegenläufige Interessen der Parteien	1
– innerhalb der Pachtzeit, keine Erlaubnis	15		
– über die Pachtzeit hinaus	17 ff	Zweck, der Bestimmung	1

I. Normzweck und Entstehungsgeschichte

1 **Bei der Bewirtschaftung** der Pachtsache haben die Parteien des Landpachtvertrages – besonders in Fällen der Betriebspacht – zumeist **gegenläufige Interessen**. Der Verpächter möchte in erster Linie den Wert der Pachtsache erhalten sehen und sieht dies zumeist durch eine möglichst die Verhältnisse bei Pachtbeginn „konservierenden" Wirtschaftsweise gewährleistet. Hingegen werden im Pächterinteresse mögliche Nutzungsänderungen zur Ertragssteigerung – etwa zum Zwecke der Anpassung der Wirtschaftsweise an sich ändernde Verhältnisse – liegen.

Umgekehrt wird jeder Verpächter an der dynamischen Weiterentwicklung seines Eigentums interessiert sein, die er bei Eigenbewirtschaftung im Zweifel selbst vornehmen würde. Er ist andererseits vor risikoreichen oder solchen Pächterinvestitionen zu schützen, die er nach Vertragsende übernehmen muß, die für ihn aber – etwa mangels eigener Spezialisierung – unbrauchbar oder gar schädlich sind.

Letztlich ist zu berücksichtigen, daß sich Pächter-Investitionen grundsätzlich während der Pachtzeit amortisieren sollen (FHL Rn 68).

2 Diesem Interessengegensatz soll die grundsätzliche Novellierung der Rechtslage zu dieser Problematik besser als die vorhergehende Regelung Rechnung tragen (BT-Drucks 10/509 S 20).

Nach dem alten § 583 war die Änderung der wirtschaftlichen Bestimmung eines landwirtschaftlichen Grundstücks grundsätzlich nur mit Erlaubnis des Verpächters zulässig, wenn ihre Wirkungen über das Ende der Pachtzeit hinausgingen. Diese Regelung wurde allgemein als zu wenig sachgerecht angesehen (BT-Drucks 10/509 S 20).

Die Neuregelung soll durch eine weitergehende Differenzierung einen besseren Ausgleich und damit bessere Nutzungsmöglichkeiten der Pachtsache schaffen.

Die Vorschrift gilt für alle unter § 585 fallenden Pachtverhältnisse, also sowohl für Betriebs- wie für Stücklandpacht.

II. Veränderung der landwirtschaftlichen Bestimmung der Pachtsache

Beabsichtigt der Pächter insoweit eine Veränderung, bedarf er nach Abs 1 stets der **3** (**vorherigen**) Zustimmung des Verpächters. Dies gilt unabhängig davon, ob die landwirtschaftliche Bestimmung vorübergehend oder auf Dauer bzw für die Pachtzeit oder darüber hinaus geändert werden soll.

1. Landwirtschaftliche Bestimmung der Pachtsache

Es ist dies die der Pachtsache von sich aus anhaftende und/oder von den Vertrags- **4** parteien durch ausdrückliche oder stillschweigende Vereinbarung dem Rechtsverhältnis zugrundegelegte **Widmung** zu Zwecken der landwirtschaftlichen Nutzung, also der Erzeugung pflanzlicher oder tierischer Produkte aufgrund von Bodenbewirtschaftung oder mit Bodennutzung verbundener Tierhaltung bzw der Gartenbau. Hier zeigt sich die Bedeutung einer Beschreibung der Pachtsache iSv § 585 b.

2. Änderung

Diese Bestimmung wird geändert, wenn die Pachtsache anders als in diesem Sinne **5** genutzt wird.

Dies ist bereits bei einer Zuführung zu **gewerblicher Nutzung** (OLG Karlsruhe AgrarR 1988, 23) der Fall, etwa wenn landwirtschaftliche Nutzflächen als Campingplatz oder Gebäude als gewerbliche Lagerhalle oder Ferienwohnung zweckentfremdet genutzt werden. Erst recht liegt eine genehmigungspflichtige Nutzungsänderung vor, wenn dadurch in landwirtschaftsfremder Weise die Substanz der Pachtsache berührt wird, wie bei der **Ausbeute** von Sand, Kies, Ton oä. Auch eine die landwirtschaftliche Bestimmung übersteigende Intensivierung ist Veränderung im Sinne dieser Vorschrift; wie dies beispielsweise der Fall ist, wenn die Verbindung zwischen Tierhaltung und Bodenbewirtschaftung nicht mehr besteht und daher die Grenze zur Gewerblichkeit (s § 51 BewG) überschritten wird.

Obwohl das Gesetz nur von „Pachtsache" spricht, ist bei der Beurteilung nicht danach zu fragen, ob der gesamte Gegenstand des Pachtvertrages durch die Maßnahme seine landwirtschaftliche Bestimmung verliert, also bei der Betriebspacht zB die gesamte Besitzung ihre landwirtschaftliche Widmung. Eine solche Auslegung würde dem Schutzzweck der Norm nicht gerecht. Die Verpächterinteressen sind jedoch schon dann in eine die Genehmigung voraussetzenden Weise berührt, wenn ein **abgrenzbarer Teil der Pachtsache**, also etwa ein Grundstück oder Gebäude, so verändert werden soll, daß die Widmung zu Zwecken landwirtschaftlicher Nutzung entfällt.

Aktives Tun des Pächters ist dazu nicht unbedingt Voraussetzung. Die Veränderung **6** kann auch Folge von **Unterlassen** sein, dies etwa dann, wenn Flächen durch Nichtbewirtschaftung veröden oder erodieren. Flächenstillegungen, erst recht im Zusammenhang mit entsprechenden Programmen oder Auflagen, fallen allerdings nur darunter, wenn sie zu dauerhaften Substanzschäden führen, die sich durch geeignete Pflegemaßnahmen hätten vermeiden lassen.

3. Erlaubnis des Verpächters

7 Diese muß nach dem ausdrücklichen Gesetzeswortlaut **vor der beabsichtigten Nutzungsänderung** erteilt sein. Zu Einzelheiten vgl § 589 Rn 11 ff. Die Erlaubnis formlos zu erteilen, ist unter Beweis-Gesichtspunkten sehr risikoreich, so daß sich eine individualvertragliche Anpassung anbietet.

8 Die Erlaubnis kann für einen konkreten Fall erklärt werden; sie kann auch für eine Reihe von Vorhaben und auch bereits im Pachtvertrag erklärt werden. Sie verpflichtet den Pächter aber nicht zur Durchführung der Maßnahme.

9 Eine Erlaubnis unter **Widerrufsvorbehalt** ist nicht ausreichend, kann aber einen Vertrauenstatbestand schaffen, der einen späteren Widerruf unzulässig erscheinen läßt.

10 Angesichts der Bedeutung der (beabsichtigten) Veränderung besteht **kein Rechtsanspruch** des Pächters auf Erteilung der Erlaubnis. Diese kann daher konsequenterweise nicht durch eine Entscheidung des Landwirtschaftsgerichts ersetzt werden (so ausdrücklich der Regierungsentwurf BT-Drucks 10/509 S 21). Die Verweigerung begründet keine Ansprüche auf Schadensersatz, Pachtzinsminderung oder -anpassung (§ 593) oder ein Recht des Pächters zu fristloser Kündigung.

4. Wirkung der (fehlenden) Erlaubnis

11 Nimmt der Pächter eine die landwirtschaftliche Bestimmung der Pachtsache verändernde Maßnahme **ohne (vorherige)** Genehmigung vor, hat der Verpächter einen Anspruch auf Unterlassung bzw Beseitigung sowie ggf auf Schadensersatz. Darüber hinaus wird er den Vertrauensbruch zum Anlaß einer fristlosen Kündigung nehmen können. Zu den Konsequenzen bei durch die Pächtermaßnahme vermindertem „eisern" mitverpachtetem Inventar vgl unten Rn 32.

12 **Erteilt der Verpächter die Erlaubnis**, wird die modifizierte Nutzung vertragsgemäß mit allen sich daraus ergebenden Konsequenzen, auch bei späterer (nochmaliger) Änderung. Erlaubte Nutzungsänderungen im Sinne dieser Bestimmung unterliegen **nicht der Anzeigepflicht** nach § 2 Abs 1 LPachtVG (s auch FHL Rn 88).

III. Nutzungsänderungen bei (beibehaltener) landwirtschaftlicher Bestimmung (Abs 2)

13 Berührt die vom Pächter beabsichtigte Änderung die landwirtschaftliche Bestimmung der Pachtsache nicht, ist zu differenzieren.

1. Änderung

Stets muß eine Änderung im Verhältnis zur (bisherigen bzw vereinbarten) landwirtschaftlichen Nutzung beabsichtigt sein. Dies ist solange nicht der Fall, wie sich der Pächter im durch § 586 gesteckten Rahmen der ordnungsgemäßen Bewirtschaftung bewegt (FHL Rn 22). Zu beurteilen sind dabei, ob die landwirtschaftliche Nutzung des individuell betroffenen Grundstücks oder Gebäudes, also nicht der „Pachtsache" insgesamt, geändert werden soll (arg Rn 5 aE).

14

Ob eine Maßnahme eine Änderung darstellt, ist nach dem **Zeitpunkt ihrer** (beabsichtigten) **Vornahme** zu beurteilen und nicht rückwirkend zum Zeitpunkt der Rückgabe der Pachtsache.

Die Teilnahme an **Flächenstillegungsprogrammen** (§ 586 Rn 36) als solche ist noch keine Änderung im Sinne dieser Vorschrift, wenn sie die Nutzungsbeschränkung der Pachtsache nicht über das Vertragsende hinaus bindet.

Soweit den Landwirten zur Reduktion von Überproduktionen **staatliche Leistungen für die Aufgabe bestimmter Produktionszweige** angeboten werden (zB Milchaufgabevergütung), entspricht deren Annahme nur dann einer unveränderten Wirtschaftsweise, wenn sichergestellt ist, daß diese nur während der Pachtzeit wirken und der Pachtgegenstand bei Vertragsende mit voller Produktionsmöglichkeit wieder zurückgegeben werden kann. Dies wird sich nach den geltenden Regeln kaum realisieren lassen, weshalb beispielsweise die Inanspruchnahme von Milchaufgabevergütung öffentlichrechtlich ohnehin nur mit Verpächter-Zustimmung möglich ist (BVerwG AgrarR 1994, 404; RdL 1995, 160). Derart ist der Verpächter als zur fristlosen Kündigung berechtigt bereits dann angesehen worden, wenn der Pächter – ohne die vorherige Zustimmung des Verpächters einzuholen – Weideland umwidmete, um Milchrente zu erlangen (BGH LwZR 11/91 nicht veröffentlicht).

Die **Umstellung der Bewirtschaftung** (einzelner Flächen) auf eine **biologische** ist zweifellos eine Änderung der bisherigen Nutzung. Ob sie bei Zustimmungsverweigerung des Verpächters gerichtlich erzwungen werden kann, wird im Rahmen der durchzuführenden Interessenabwägung von den anschließenden Nutzungsmöglichkeiten durch den Verpächter abhängen (su Rn 23).

Generell wird häufig eine Nutzungsänderung nach Abs 2 mit **Investitionen** des Pächters einhergehen, für deren (ggf) Ausgleich mangels anderweitiger Vereinbarungen der Regelungsmechanismus des **§ 591** gilt.

2. Änderungswirkung innerhalb der Pachtzeit

Sind die Wirkungen der Änderung auf die Pachtzeit beschränkt, bedarf diese **keiner Erlaubnis** des Verpächters.

15

Die Wiederherstellung des ursprünglichen Zustandes am Ende der Pachtzeit muß allerdings in einem Umfang gewährleistet sein, daß die **Anschluß-Bewirtschaftung** im Sinne der (durch die getroffenen Vereinbarungen durchgeführten) Widmung der Pachtsache vor der Änderung ohne zeitliche Verzögerung oder wirtschaftliche

Beeinträchtigung **möglich** ist. Bricht der Pächter zB Dauerweiden zu Ackerland um, reicht nicht aus, daß die Flächen bei Pachtzeitende noch nicht wieder als Dauerweiden mit entsprechender Ertragskraft zu benutzen sind.

16 Das **Ende der Pachtzeit** bestimmt sich nach den vertraglichen Vereinbarungen. Sind feste Laufzeit oder (längere) Kündigungsfristen nicht vereinbart, muß der ursprüngliche Zustand innerhalb der nach § 594 a laufenden Kündigungsfrist wiederherstellbar sein, damit die Änderung genehmigungsfrei ist. Dabei wird der Pächter nicht eine von ihm evtl bereits beabsichtigte Verlängerung des Vertragsverhältnisses nach § 595 mit einkalkulieren oder gar ein Verlängerungsverlangen mit noch nicht wiederhergestelltem Zustand begründen können. Denn sonst könnte derart der Schutzzweck der Norm unterlaufen, also die Ausnahme zur Regel werden.

Zwar braucht der Pächter keine Belastung bei Vertragsende aufgrund eigener **fristloser Kündigung** wegen schwerwiegenden Verpächter-Fehlverhaltens einzukalkulieren. Andersherum bringt dem Pächter die Herbeiführung des Vertragsendes aufgrund fristloser Kündigung des Verpächters keine Entlastung hinsichtlich des noch nicht wiederhergestellten Zustandes. Denn erweist sich die fristlose Kündigung (wegen schwerwiegenden Fehlverhaltens der anderen Vertragsseite) als berechtigt, ist der Kündigende in erste Linie schutzwürdig.

3. Änderungswirkung über die Pachtzeit hinaus; Errichtung von Gebäuden

17 Wirkt die Änderung über die Pachtzeit hinaus, bedarf die Maßnahme der **vorherigen Zustimmung** des Verpächters. Zu Einzelheiten vgl § 589 Rn 11 ff.

18 Ebenfalls stets **zustimmungspflichtig** ist nach S 2 die **Errichtung von Gebäuden**. Darunter sind alle Arten von Baulichkeiten zu verstehen, sofern sie mit dem Grund und Boden fest verbunden werden und damit wesentliche Bestandteile des Grundstücks werden, § 94 (aA FHL Rn 41, 43, die ein allseits umschlossenes Bauwerk fordern und eine feste Verbindung mit dem Grund und Boden für unwichtig halten). Mithin sind Gebäude in diesem Sinne auch Befestigungsanlagen, Mauern, Bodenplatten oä. Gleichfalls darunter fallen Umbaumaßnahmen an Gebäuden größeren Stils (LWLH Rn 20). Die Erlaubnis muß auch hier **vor der Durchführung** der beabsichtigten Maßnahme vorliegen und kann nicht im Nachhinein verlangt oder durch gerichtliche Entscheidung ersetzt werden.

19 Nimmt der Pächter derartige Maßnahmen ohne vorherige Verpächter-Erlaubnis vor, hat dieser die gleichen Rechte wie im Falle des Verstoßes gegen Abs 1 (siehe Rn 11). Zu Einzelheiten der Erlaubnis so Rn 7 ff.

4. Die Ersetzung der Zustimmung

20 Die verweigerte Zustimmung des Verpächters kann der Pächter durch die Entscheidung des **Landwirtschaftsgerichts** ersetzen lassen.

a) Voraussetzungen

21 Der Verpächter muß die **Zustimmung** (ausdrücklich oder konkludent) **verweigern**. Davon kann ausgegangen werden, wenn der Verpächter auf eine entsprechende

Pächter-Anfrage innerhalb angemessener Frist überhaupt nicht antwortet oder seine Zustimmung von unzumutbaren Bedingungen (auch Gegenleistungen) abhängig macht.

Weitere Voraussetzung ist, daß die beabsichtigte Änderung zur **Erhaltung oder nachhaltigen Verbesserung der Rentabilität** des Pächter-Betriebes **geeignet** erscheint. Der insoweit anzustellenden Untersuchung ist stets die vom Pächter aktuell und insgesamt bewirtschaftete Betriebseinheit zugrundezulegen. Dies ist im Falle der Betriebspacht der Pachtgegenstand, ansonsten der Pächter-Betrieb, zu dem die Stückländereien bzw der Pachtbetrieb hinzugepachtet ist. Die beabsichtigte Rentabilitätsverbesserung muß – nach betriebswirtschaftlichen Grundsätzen kalkuliert – realistisch erscheinen; ihr Erfolg muß also nicht als sicher vorhergesagt werden müssen.

Da das Gesetz von einer Erhaltung oder Verbesserung der **Rentabilität** spricht, ist eine **bereits vorhandene** des Pächter-Betriebes vorauszusetzen. Es erscheint nicht sachgerecht, dem Verpächter die Zustimmung zu Maßnahmen zuzumuten, durch die der verlustreich wirtschaftende Pächterbetrieb erst wieder in die Gewinnzone kommen will.

Letztlich muß die Änderung dem Verpächter **zumutbar** sein. Dazu sind die Interessen der Vertragsparteien – das des Pächters an einem möglichst rentablen Betrieb, das des Verpächters an Erhalt und Rückgabefähigkeit des Pachtgegenstandes im vereinbarten (also idR einmal übergebenen) Zustand – gegeneinander abzuwägen. Auf Verpächterseite wird insoweit in erster Linie zu beantworten sein, ob es ihm zumutbar ist, dem Pächter bei Vertragsende den Mehrwert der Verbesserung zu ersetzen (§ 591 Abs 1). Denn häufig wird der Verpächter mit guten Gründen der Veränderung widersprechen, etwa wenn er sich die Ausgleichszahlungen finanziell nicht zutraut und / oder selbst – aufgrund anderer oder nicht so weitgehender Qualifikation / Spezialisierung – anschließend mit der Investition nichts anfangen kann.

Da der Pächter den Pachtgegenstand grundsätzlich wie übernommen bzw wie vereinbart zurückgeben muß, sind derartige individuelle Umstände in der Person des **Verpächters** bei der Interessenabwägung im Zweifel gegenüber den Pächterinteressen **vorrangig**. Denn die Ausnahmeregelung des § 590 b Abs 2 Satz 3 kann den Grundsatz nicht außer Kraft setzen, daß sich Pächter-Investitionen während der Pachtzeit amortisieren sollten (FHL Rn 68).

Zur Interessenabwägung bei der Bewirtschaftungsumstellung auf eine **biologische** so Rn 14; zu evtl Ausgleichspflichten im Rahmen von § 591 siehe dort Rn 13.

Nach dem ausdrücklichen Gesetzeswortlaut kann die Verpächter-Zustimmung **nicht ersetzt** werden, wenn – gleich aus welchem Grunde – das Vertragsverhältnis gekündigt ist oder in weniger als drei Jahren – gerechnet ab (rechtskräftiger) gerichtlicher Entscheidung – endet. Gleichfalls ist eine gerichtliche Ersetzung nicht möglich, wenn der Pächter entgegen dem Gesetzeswortlaut erst die Maßnahme durchführt, dann keine Genehmigung erhält und anschließend das Landwirtschaftsgericht anruft.

b) Wirkung

25 Die (**rechtsgestaltende**) **gerichtliche Entscheidung** fixiert – wie in § 595 Abs 3 – den Vertragsinhalt. Sie verpflichtet den Pächter aber nicht zur Durchführung der Maßnahme. Fehlt die Ersetzung, ist die Nutzungsänderung gesetzeswidrig und berechtigt den Verpächter zu denselben Reaktionen wie im Falle der erlaubnislosen Änderung der landwirtschaftlichen Bestimmung (so Rn 11).

c) Bedingungen/Auflagen des Landwirtschaftsgerichts

26 Mit diesem Instrumentarium wird das Landwirtschaftsgericht in die Lage versetzt, in Fällen zu helfen, in denen es eigentlich die Ersetzung versagen müßte (vgl insbesondere oben Rn 23), dies aber doch als **unbillige Härte gegenüber dem Pächter** ansieht. Aus der Systematik der Bestimmung folgt, daß meist der die Genehmigungs-Ersetzung begehrende Pächter dadurch belastet wird. Jedoch ist – zumindest theoretisch – auch eine Belastung des Verpächters denkbar.

27 Dabei ist im Falle einer **Bedingung** die (auch rechtskräftige) Ersetzung solange nicht wirksam, wie die Bedingung nicht erfüllt ist. Sie empfiehlt sich hinsichtlich essentieller Begleit- bzw Kompensationsmaßnahmen, die sinnvollerweise vor bzw während der Investitionsphase erfüllt werden können. Eine besonders wichtige Bedingung kann sein, daß die Parteien sich vorher über die Modalitäten der Rückgabe, auch der Leistung von Verwendungsersatz (§ 591), zu einigen haben.

28 **Auflagen** hingegen berühren die Wirksamkeit der gerichtlichen Ersetzung nicht und bieten sich für solche Maßnahmen an, die bis zum Pachtende durchzuhalten bzw bei Pachtende durchzuführen sind, wozu auch die Wiederherstellung des ursprünglichen Zustandes gehören kann. Werden sie nicht erfüllt, kann die begünstigte Partei auf Leistung klagen.

29 Das Instrument der **Sicherheitsleistung** wird das Landwirtschaftsgericht einsetzen, wenn es mit finanziellen Schäden des (zumeist) Verpächters rechnet, desungeachtet aber ein Bedürfnis des Pächters anerkennt, die Maßnahme auszuführen. Die Sicherheitsleistung kann als Bedingung oder Auflage ausgestaltet werden, wegen der Bedeutung wird vornehmlich die erste Alternative in Betracht kommen; jedenfalls ist aber eine klare Formulierung vonnöten.

Da das Gericht auch hinsichtlich der Art der Sicherheitsleistung freien Gestaltungsspielraum hat, ist es nicht auf die in § 232 genannten Sicherungsmittel beschränkt. Besondere Bedeutung wird daher angesichts ihrer Praktikabilität der Stellung eines Bürgen zukommen.

Entfällt der (gerichtlich zu bestimmende) Anlaß zur Sicherheitsleistung, kann nach Abs 2 S 6 deren **Rückgabe** verlangt und dies notfalls auch gerichtlich durchgesetzt werden. Zur weiteren Ausgestaltung des Verfahrens bei Rückgabe verweist das Gesetz auf § 109 ZPO.

5. Auswirkung auf die Rückgabepflicht, Wiederherstellung

30 Hat der Verpächter der Veränderung zugestimmt oder ist diese durch landwirtschaftsgerichtliche Entscheidung ersetzt worden, **entspricht der veränderte Zustand**

dem vertragsgemäßen, der mithin Maßstab für die Verpflichtungen der Vertragsparteien zu Gebrauchsüberlassung, Erhaltung und Bewirtschaftung (§ 586) ist. Auch bestimmt sich danach – vorausgesetzt, es liegen keine Mängel vor – der Gegenstand bei Pachtende. Daneben besteht grundsätzlich die Berechtigung des Pächters, nach § 591 bei Pachtende Verwendungsersatz zu verlangen.

IV. Ausgleichsanspruch des Verpächters (Abs 3)

1. Grundsatz

Ist das Inventar in das Vertragsverhältnis mit einbezogen (§ 582 a), liegt also ein Fall der „eisernen Verpachtung" vor, kann die veränderte Wirtschaftsweise Auswirkung auf den Inventarbestand haben. Beispiele sind etwa das Unterlassen der Ersatzanschaffung einer übernommenen Maschine, die durch Veränderung überflüssig wurde oder die Umstellung von Viehhaltung auf viehlose Wirtschaftsweise.

In diesen Fällen wird die **Ausgleichspflicht** hinsichtlich des Minderwertes (§ 582 a Abs 3) vom Ende der Pachtzeit auf den Zeitpunkt der Abschaffung des Inventars **vorverlagert**. Dies ist jedoch nur dann der Fall, wenn die Inventarminderung im Zusammenhang mit der Nutzungsänderung steht. Zur Berechnung gilt § 582 a Abs 3 Satz 4 entsprechend (LWLH Rn 41).

Da der gesetzestreue Pächter nicht schlechter gestellt sein sollte als der gesetzeswidrig handelnde, wird dem Verpächter der vorgezogene **Ersatzanspruch auch** zuzusprechen sein, wenn die Inventarverminderung im Zusammenhang mit einer **nicht erlaubten Änderung** der landwirtschaftlichen Bestimmung (Abs 1) oder erlaubnispflichtigen Nutzungsänderung (Abs 2) ohne Erlaubnis/Ersetzung erfolgt. Wählt der Verpächter diese Alternative, entfällt sein Recht aus § 582 a Abs 2; beide sind nebeneinander nicht denkbar (LWLH Rn 40).

Eine analoge Anwendung dieser Bestimmung auf alle (übrigen) Fälle von Verminderungen des „eisern" mitgepachteten Inventars ist angesichts des Ausnahmecharakters der Bestimmung abzulehnen.

2. Ausnahme: angemessene Reinvestition

Der Ausgleichsanspruch des Verpächters entfällt, wenn der Pächter den **Erlös einer Inventarveräußerung** in angemessenem Umfang wieder in die Pachtsache **investiert** und dadurch die Voraussetzungen schafft, bei Pachtende nach § 591 Verwendungsersatz zu erhalten.

Als Veräußerung kommt dabei jedes Rechtsgeschäft in Betracht, solange als Gegenleistung Geldzahlungen erfolgen. Denkbar ist zB auch das Einbringen des Inventargegenstandes in eine Gesellschaft (LWLH Rn 42); der Normalfall ist allerdings der Verkauf.

Dieser Erlös muß in einer Weise reinvestiert werden, die zu einer **dauerhaften Wertverbesserung** der Pachtsache und damit zu einem Anspruch des Pächters auf Verwendungsersatz wegen Werterhöhung bei Pachtende führt. Eine dem Erlös identische

Werterhöhung der Pachtsache ist nicht notwendig; das Wertverhältnis zwischen Erlös und Verbesserung muß aber angemessen sein. Dabei wird die nach § 591 vorzunehmende Bewertung – auch unter dem Gesichtspunkt der Brauchbarkeit der Reinvestition für den Verpächter – an dieser Stelle vorwegzunehmen sein.

Ob der Pächter derart reinvestiert anstatt den Betrag sogleich auszuzahlen ist ebenso in seine **freie Entscheidung** gestellt wie die Art der Reinvestition. Erfolgt die Reinvestition nur mit einem Teil des Erlöses, ist der überschießende Betrag auszuzahlen. Anders als zB in § 13 Abs 2 HöfeO muß der Pächter die Reinvestition nicht innerhalb eines bestimmten Zeitraums vornehmen, um in den Genuß dieser Vorschrift zu kommen (aA FHL, die unverzügliche Reinvestition fordern, Rn 84).

V. Abdingbarkeit, vertragliche Konkretisierung

35 Wie bereits die vorhergehende Bestimmung des § 583 aF (vgl dazu STAUDINGER/EMMERICH[12] § 583 Rn 21) ist § 590 **kein zwingendes Recht**. Die Regelungen aller drei Absätze können ausgeschlosssen oder modifiziert werden.

36 Häufig empfehlen sich an der jeweiligen vertraglichen Situation orientierte Änderungen, Ergänzungen oder Klarstellungen. Bereits der Beschreibung der Pachtsache (§ 585 b) kommt in diesem Zusammenhang eine besondere Bedeutung zu. Durch sie kann die landwirtschaftliche Bestimmung iSv Abs 1 konkretisiert und die Art der landwirtschaftlichen Nutzung iSv Abs 2 Satz 1 in einer Weise festgeschrieben werden die einen Streit zu der Frage minimiert, was eine Änderung ist. Ein in den Vertrag aufgenommener Katalog bereits genehmigter Änderungen und deren Kompensierung und / oder Einfluß auf Pachtzins oder -laufzeit können für beide Parteien sehr früh wertvolle Klarheit schaffen. Häufig führen an den Verpächter herangetragene Bitten um Genehmigung zu Anpassungen des Vertragsinhalts (Schriftform notwendig, vgl § 585 a). In manchen Fällen empfiehlt sich die Einsetzung eines Schiedsgerichts zur Beilegung von Streitigkeiten (zur Anwendung der §§ 1025 ff ZPO im FGG-Verfahren vgl LWLH § 588 Rn 6 mwN).

37 Stets erscheint die Vereinbarung der Schriftform für Anfrage und Erlaubnis sinnvoll.

38 Soweit modifizierende Regelungen in vorformulierten Vertragsmustern enthalten sind, ist unter dem Gesichtspunkt des AGBG Vorsicht geboten, denn die Norm hat verpächter- und pächterschützende Komponenten.

VI. Verfahren, Beweislast

1. Verfahren

39 Streitigkeiten nach Abs 1 und 3 sind nach § 1 Nr 1 a LwVG im ZPO-Verfahren, solche nach Abs 2 nach §§ 1 Nr 1; 9 LwVG im FGG-Verfahren zu entscheiden (so auch LWLH Rn 50, während FHL [Rn 85] den Streit um den Ausgleichsanspruch nach Abs 3 dem FGG-Verfahren zuordnen). Zuständig ist stets, auch für Unterlassungs- und Schadensersatzansprüche, das Landwirtschaftsgericht.

2. Beweis- bzw Darlegungslast

Sie trifft den Verpächter für **40**

- ein gekündigtes Pachtverhältnis oder dessen Ende innerhalb von 3 Jahren;
- eine Inventarminderung zur Durchsetzung einer vorzeitigen Ausgleichsforderung nach Abs 3;
- eine Änderung der landwirtschaftlichen Bestimmung/Nutzung, wenn der Pächter dies bestreitet.

Der Pächter hingegen ist darlegungs- bzw beweisbelastet für **41**

- eine Wiederherstellung der Änderung in der Pachtzeit;
- die Verweigerung des Verpächters, ihm die Erlaubnis zu erteilen in den Fällen einer gerichtlichen Ersetzungsmöglichkeit;
- die Notwendigkeit einer Veränderungsmaßnahme für die Rentabilität seines Betriebes;
- ein angemessenes Verhältnis von Erlös zu Reinvestition iSv Abs 3.

§ 590 a

Macht der Pächter von der Pachtsache einen vertragswidrigen Gebrauch und setzt er den Gebrauch ungeachtet einer Abmahnung des Verpächters fort, so kann der Verpächter auf Unterlassung klagen.

Materialien: BT-Drucks 10/508; 10/509; 10/3830; 10/3498.

Schrifttum

Siehe § 585.

1. Entstehungsgeschichte, Regelungsgehalt, Anspruchskonkurrenzen

Die Bestimmung gibt dem Verpächter einen **gesonderten Unterlassungsanspruch** für **1**
den Fall eines vertragswidrigen Gebrauchs der Pachtsache durch den Pächter. Sie ist nunmehr eine eigenständige landpachtrechtliche Regelung, die den Verweis auf die vom Wortlaut her identische Bestimmung des § 550 (über § 581 Abs 2 aF) entbehrlich macht.

Dieser Anspruch steht **neben** denjenigen des Verpächters auf außerordentliche Kün- **2**
digung (§§ 554 e Abs 1; 553) und Schadensersatz wegen positiver Vertragsverletzung oder (bei Beschädigungen) unerlaubter Handlung (vgl dazu im einzelnen STAUDINGER/ EMMERICH [1995] § 550 Rn 1 mwN). Wegen der im Gesetz durch die Notwendigkeit einer vorherigen Abmahnung enthaltenen Warnfunktion scheidet die Anwendung von § 1004 aus (LWLH Rn 1; aA STAUDINGER/EMMERICH [1995] § 550 Rn 3). Da es sich bei dem

Anspruch aus § 590 a um einen vertraglichen Erfüllungsanspruch handelt (LWLH Rn 5), besteht der Anspruch aus § 1004 aber gegenüber einem Dritten.

2. Anspruchsinhalt und Durchsetzung

3 Maßstab des vertragsgemäßen Gebrauchs ist zunächst der Landpachtvertrag in seiner konkreten Ausgestaltung. Der Gegenstand des Pachtvertragsverhältnisses regelt sich nach den getroffenen Vereinbarungen (§ 585), die ordnungsgemäße Bewirtschaftungspflicht als vertragsgemäßer Gebrauch nach § 586 Abs 2. Auch hier zeigt sich, wie hilfreich die Existenz einer Beschreibung der Pachtsache (§ 585 b) ist.

4 **Jeder Verstoß** des Pächters gegen vertragliche oder gesetzliche (§§ 586 Abs 1 Satz 3; 586 a; 588; 589; 590; 593 a Satz 3; 906) Nutzungspflichten und -beschränkungen stellt einen vertragswidrigen Gebrauch dar und gibt dem Verpächter (auch) den Anspruch auf Unterlassung. Zu Beispielsfällen sei auf die Gründe für eine fristlose Kündigung in § 594 e verwiesen.

5 Dabei kann der Verstoß des Pächters sowohl in einem **Tun wie in einem Unterlassen** bestehen (LWLH Rn 7; STAUDINGER/EMMERICH [1995] § 550 Rn 7). Verstöße von Erfüllungsgehilfen hat er sich über § 278 zurechnen zu lassen, ebenso die Verhaltensweisen sonstiger Dritter, die er – aus welchem Grunde auch immer – an dem Gebrauch der Pachtsache beteiligt (STAUDINGER/EMMERICH [1995] § 550 Rn 4; LWLH Rn 7; zu Beispielen siehe FHL Rn 5).

Für den Unterlassungsanspruch reicht die objektive Pflichtwidrigkeit des Pächter-Verhaltens, **schuldhaftes Handeln ist nicht notwendig** (STAUDINGER/EMMERICH [195] § 550 Rn 4, 17 [str]). Gleichfalls bedarf es weder einer besonderen Gefährdung der Pachtsache oder des Rückgabeanspruchs des Verpächters (LWLH Rn 8).

Ein im Prinzip vertragswidriger Gebrauch kann sich bei längerem Dulden in vertragsgemäßen verwandeln, den der Verächter dann weiter hinzunehmen hat (OLG Karlsruhe RdL 1987, 208 = AgrarR 1988, 23).

Ist eine Personenmehrheit Pächter und geschieht der vertragswidrige Gebrauch nur durch einen von ihnen, ist dieser Anspruchsgegner, § 425.

3. Abmahnung

6 Anspruchsvoraussetzung des Verpächter-Anspruchs ist stets eine **vorherige** Abmahnung, die jedenfalls wohl empfangsbedürftig ist (zur rechtlichen Einordnung siehe STAUDINGER/EMMERICH [1995] § 550 Rn 8 mwN; LWLH Rn 9).

Sie muß stets dem Pächter **zugehen**, nicht dem vertragswidrig handelnden Dritten. Sind mehrere Pächter vorhanden, muß die Abmahnung – auch bei vertragswidrigem Handeln von nur einem – allen zugehen. Denn es geht auch um die Rechtsstellung aller, und sie müssen zumindest die Möglichkeit des Einwirkens auf den vertragswidrig Handelnden haben.

In ihr ist das vorwerfbare und abzustellende Verhalten (nicht zuletzt aus Beweiszwecken) präzise zu beschreiben, weshalb sich **trotz Formfreiheit** auch die **Schriftform empfiehlt**. Einer Fristsetzung zur Abänderung bedarf es ebensowenig wie der Androhung gerichtlicher Schritte.

Die Abmahnung ist ausnahmsweise **entbehrlich**, wenn der Pächter zu erkennen gibt, daß er ihrer ungeachtet sein Verhalten fortsetzen wird; beweispflichtig dafür ist der Verpächter (STAUDINGER/EMMERICH [1995] § 550 Rn 13).

4. Unterlassungsanspruch

Setzt der Pächter ungeachtet der Abmahnung sein beanstandetes Verhalten fort (genauer: stellt er es nicht unverzüglich ein), entsteht der – notfalls gerichtlich durchzusetzende – Unterlassungsanspruch des Verpächters (STAUDINGER/EMMERICH [1995] § 550 Rn 19 ff). Dabei ist vom Pächter unverzügliche Reaktion zu erwarten.

Unterbricht der Pächter das beanstandete Verhalten und nimmt es später in gleicher Weise wieder auf, ist eine erneute Abmahnung entbehrlich.

Stellt hingegen der Pächter die abgemahnte Verhaltensweise ein, entfällt der Unterlassungsanspruch, ungeachtet eines daneben auch ohne Abmahnung entstandenen Verpächteranspruchs auf Schadensersatz.

5. Abdingbarkeit

Die Vorschrift ist **dispositiv**. Abändernde Regelungen bieten sich vor allem an, wenn die (Mit-)Bewirtschaftung durch Dritte, zB im Rahmen einer Bewirtschaftungsgemeinschaft (§§ 705 ff) zu erwarten ist. Stets ist auf die Einhaltung der Schriftform (§ 585 a) zu achten. In den Fällen der Verwendung formularmäßiger Vertragsmuster sind die Vorschriften des AGBG zu beachten.

6. Verfahrensfragen

Entsprechend den Möglichkeiten in § 550 (STAUDINGER/EMMERICH [1995] § 550 Rn 21) kann der Verpächter sowohl durch Klage wie durch einstweilige Verfügung vorgehen.

Das Verfahren ist ein „übriges" Landpachtverfahren im Sinne von § 1 Nr 1 a LwVG, so daß die Vorschriften der ZPO zur Anwendung kommen (LWLH Rn 12).

§ 590 b

Der Verpächter ist verpflichtet, dem Pächter die notwendigen Verwendungen auf die Pachtsache zu ersetzen.

Materialien: BT-Drucks 10/508; 10/509; 10/3830; 10/3498.

§ 590 b

Schrifttum

Siehe § 585.

Systematische Übersicht

I. Überblick	
1. Normgehalt und Zweck ... 1	d) Keine Verwendungen ... 11
2. Verhältnis zum bisherigen Recht ... 2	2. Verwendungen auf die Pachtsache ... 13
3. Verhältnis der Vorschrift ... 3	a) Allgemeines ... 13
a) zum BGB-Landpachtrecht ... 3	b) Rechte als Teil des Pfandobjekts ... 14
b) zu sonstigen BGB-Normen ... 5	3. Der Anspruch ... 15
4. Anwendungsbereich ... 6	a) Entstehung ... 15
	b) Art und Umfang ... 17
II. Ersatzansprüche des Pächters	c) Verjährung ... 19
1. Notwendige Verwendungen	4. Zum Unterpachtverhältnis ... 20
a) Verwendungsbegriff ... 7	**III. Zur Abdingbarkeit** ... 21
b) Notwendige Verwendungen ... 8	
c) Verhältnis zu nützlichen Verwendungen ... 10	**IV. Verfahren und Beweislast** ... 22

Alphabetische Übersicht

Abdingbarkeit ... 21	Verwendungen, notwendige ... 7 ff
Anwendungsbereich, der Vorschrift ... 6	– notwendige, auf die Pachtsache ... 13 f
	– notwendige, Beispiele ... 9
Beweislast ... 22	– notwendige, keine bei Luxusaufwendungen ... 9
Luxusaufwendungen, keine notwendigen Verwendungen ... 9	– notwendige, Negativabgrenzung ... 11
	– notwendige, Vorsorgemaßnahmen ... 8
Normgehalt, der Vorschrift ... 1	Verwendungsersatzanspruch ... 15 ff
	– Art und Umfang ... 17
Pachtsache, als Objekt der Verwendungen ... 13 f	– Entstehung ... 15
	– Gläubiger ... 16
Unterpacht, Auswirkung auf Verwendungsersatzanspruch ... 20	– Sicherung ... 18
	– Verjährung ... 19
Verfahrensfragen ... 22	Vorsorgemaßnahmen, als notwendige Verwendungen ... 8
Verhältnis der Vorschrift, zu anderen ... 3 ff	
Verwendungen, Begriff ... 7	Zweck, der Vorschrift ... 1

I. Überblick

1. Normgehalt und Zweck

1 Der **neu eingeführte** § 590 b regelt die Ersatzpflicht des Verpächters für notwendige Verwendungen des Pächters auf die Pachtsache. Er ist **inhaltsgleich** mit der entsprechenden Mietnorm des § 547 Abs 1 S 1. § 547 Abs 1 S 2 wird im Landpachtrecht (§ 585 Abs 2) durch die §§ 582, 582 a überlagert, und § 547 Abs 2 wird durch den neu eingeführten § 591 ersetzt; letzteres zwecks Minimierung der Problematik aus „aufgedrängter Bereicherung" zulasten des Verpächters. Deshalb werden die in § 547 Abs 2 bezogenen Vorschriften über die auftragslose Geschäftsführung nicht mehr auf das Landpachtrecht (jetzt § 591) erstreckt.

2. Verhältnis zum bisherigen Recht

Aus vorgenannten Gründen ist gemäß der BT-Drucks 10/3830 S 29 nunmehr die 2 ehemalig einheitliche Regelung (§ 547) für notwendige und nützliche Verwendungen für das Landpachtrecht **in zwei Normen getrennt geregelt**, unter Voranstellung des § 590 b für die notwendigen Verwendungen.

Im übrigen bleiben die umfassenden kritischen Hinweise von STAUDINGER/EMMERICH (1995) zu § 547 Rn 3, insbes über die bisherige „unglückliche Verweisungstechnik der BGB-Verfasser" und die Regelung der Materie gleich in drei Normen, nämlich §§ 538 Abs 2 (jetzt bezogen durch § 586), 547 (jetzt 590 b und 591) und 547 a (jetzt 591 a) gesetzlich wohl nicht mehr ganz unberücksichtigt. Denn die weite Zweckausrichtung, die das LPachtNeuoG in § 591 Abs 2 auch iVm mit § 590 Abs 2 für die Funktion des Verwendungsbegriffs gesetzt hat, sollten für die weitere Auslegung – wenn nicht gar Prägung des Verwendungsgehalts – den vorgezeichneten landwirtschaftlichen Betriebsrahmen geben.

Bezüglich des Übergangsrechts gilt Art 219 EGBGB.

3. Verhältnis der Vorschrift

a) zum BGB-Landpachtrecht

Die Verwendungsmaßnahmen aus § 590 Abs 2 können sich unbeschadet einer weit- 3 gehenden Übereinstimmung des Wortlauts des § 590 Abs 2 S 3 mit § 591 Abs 2 je nach Sachlage auch als notwendige Verwendungen iSv § 590 b darstellen, während anderseits nicht jede in Übereinstimmung mit § 590 Abs 2 vorgenommene Maßnahme (Investitions- oder Nutzungsänderung) eine Ersatzpflicht aus § 591 Abs 1 auslöst (vgl LWLH § 591 Rn 5).

Im übrigen sei bei Errichtung eines Gebäudes auf dem Pachtgrundbesitz durch den 4 Pächter verwiesen:

- auf die grundsätzlich vorrangige Anwendung des § 590 Abs 2 bei Änderung der landwirtschaftlichen Nutzung;
- bezüglich des Ersatzanspruchs des Pächters wegen Unanwendbarkeit der §§ 994 ff auf §§ 538 Abs 2 und 547 (STAUDINGER/EMMERICH [1995] § 547 Rn 8).

b) zu sonstigen BGB-Normen

Zu § 812: Hat der Pächter auf seine Kosten erhebliche Verwendungsmaßnahmen im 5 Hinblick auf seinen langfristigen Pachtvertrag ausgeführt, der nun vorzeitig endet, können hieraus dem Verpächter Bereicherungsansprüche (§§ 812 ff) erwachsen; zur Verjährungsfrage s Rn 19.

4. Anwendungsbereich

6 Die Norm ist nur auf Landpachtverhältnisse (§ 585 ff) anwendbar und nur, soweit der Verpächter mit der Vornahme einer ihm obliegenden Verwendungsmaßnahme in Verzug ist, es sich um notwendige Verwendungen (in Abgrenzung zu denen aus § 591) handelt, sowie (in Abgrenzung zu § 994) der Pächter vertraglich besitzberechtigt ist.

II. Ersatzansprüche des Pächters

1. Notwendige Verwendungen

a) Verwendungsbegriff

7 Verwendungen sind „Aufwendungen für die Sache", die nach dem Pächterwillen darauf abzielen, den Bestand der Pachtsache zu erhalten, wiederherzustellen oder ihren Zustand zu verbessern (s im einzelnen STAUDINGER/EMMERICH [1995] § 547 Rn 12 ff; LWLH § 591 Rn 4; FHL § 590 b Rn 4 und § 591 Rn 7 und 8; alle mwN). Verwendungsmaßnahmen können übrigens nicht ohne zerstörende Einwirkungen auf das Objekt wieder rückgängig gemacht werden.

Als Verwendungen kommen **geldwerte Leistungen aller Art** in Betracht, insbesondere Kapital, Geld- und Sachwerte und Arbeitsleistungen. Es handelt sich hierbei um willentliche Leistungen für das Pachtobjekt zu dessen Erhaltung, Wiederherstellung, Verbesserung oder Veränderung. Im Zuge der Rechtsentwicklung hat sich gegenüber einem enger gefaßten Verwendungsbegriff entsprechend den Erfordernissen der wirtschaftlichen Entwicklung ein weiter gefaßter herausgebildet.

Die **weitere Begriffsdefinition** entspricht der des Mietrechts: Verwendungen sind solche Maßnahmen, die zur Erhaltung der Pachtsache erforderlich sind, jedoch nicht solche, die ihren erstmaligen vertragsgemäßen Zustand herstellen sollen. Aufwendungen des Pächters zu letzterem können nur als Ersatzanspruch nach §§ 586 Abs 2, 538 Abs 2 ausgeglichen werden (BGH AgrarR 1991, 245 = RdL 1991, 10).

b) Notwendige Verwendungen

8 Dies sind solche, die zur Erhaltung des Pachtobjekts im vertragsgemäßen Zustand oder zu seiner ordnungsgemäßen Bewirtschaftung entsprechend dem vorausgesetzten Nutzungszweck (FHL § 590 b Rn 5) oder zur ordnungsgemäßen Bewirtschaftung notwendig sind und die bei Nichtvornahme dem Eigentümer zur Last gefallen wären. Hierzu gehören **insbesondere „Vorsorgemaßnahmen"** (STERNEL V Rn 145), die das Pachtobjekt „vor einer unmittelbar bevorstehenden Gefahr der Verschlechterung" bewahren sollen (STAUDINGER/EMMERICH [1995] § 547 Rn 19 mwN; LWLH § 590 b Rn 5).

Jedenfalls richtet sich die Frage, ob sich Verwendungen auf Grund einer Änderung der bisherigen landwirtschaftlichen Nutzungsart als notwendige (§ 590 b) oder nützliche (§ 591) darstellen, nach dem **Verwendungszweck** auf Grund der erstrebten geänderten Nutzung, zu der der Verpächter seine vorherige Erlaubnis erteilt oder das Landwirtschaftsgericht diese ersetzt hat (§ 590 Abs 2; LWLH § 590 b Rn 6 f).

9 Als **Beispiele** notwendiger Verwendungen seien angeführt (zu weiteren LWLH Rn 4; FHL

Rn 5): der Bau einer Stützmauer, Errichtung von Wirtschaftsgebäuden, Wiederaufbau durch Feuer beschädigter gepachteter Gebäude (zu weiteren Beispielen s STAUDINGER/EMMERICH [1995] § 547 Rn 20).

Stets geht es nur um den angemessenen Umfang; notwendige Verwendungen in **Luxusausführung** ohne Verpächterzustimmung geben hinsichtlich der durch die Luxusanfertigung erhöhten Kosten keinen Ersatzanspruch; dies auch nicht im Anwendungsbereich des § 591, soweit der Kostenaufwand bei Pachtende keinen wirtschaftlichen Mehrwert begründet (LWLH § 591 Rn 4).

c) **Verhältnis zu nützlichen Verwendungen**
Sachlich einheitliche Verwendungen können sich zugleich rechtlich teils als „notwendige", teils als „nützliche" (§ 591) darstellen mit den jeweils unterschiedlichen Rechtsfolgen bezüglich der Verpächter-Ersatzpflicht (FHL § 590 b Rn 8). **10**

d) **Keine Verwendungen**
Die landwirtschaftliche Zweckausrichtung wirkt sich insbesondere dahin aus, daß Verwendungen zu **nichtlandwirtschaftlichen, insbesondere gewerblichen Zwecken** (Umwandlung in Campingplätze) grundsätzlich nicht Verwendungsersatzansprüche der §§ 590 b, 591 auslösen. **11**

Keine ersatzpflichtigen „Verwendungen" sind weiter:

- gewöhnliche Ausbesserungen des Pachtobjekts, da diese der Pächter auf seine Kosten bewirken muß (§ 586 Abs 1 S 2, s STAUDINGER/EMMERICH [1995] § 547 Rn 21);
- Verwendungen, die der Pächter in Erfüllung seiner ihm obliegenden Bewirtschaftungspflicht (§ 586 Abs 1 S 3, LWLH Rn 5) oder Inventarerhaltungspflicht nach § 582 vornimmt;
- Aufwendungen, zu deren Erbringung sich der Pächter verpflichtet hat (LWLH Rn 5);
- Aufwendungen, durch die der Pächter erst das Pachtobjekt in vertragsgemäßen Zustand setzt (LWLH Rn 1; BGH NJW 1984, 1552);
- die Behebung eines vom Pächter schuldhaft verursachten Schadens (PALANDT/PUTZO § 547 Rn 7);
- die Stillegung landwirtschaftlicher Nutzflächen (LWLH Rn 9);
- grundsätzlich staatliche Subventionen (im einzelnen LWLH Rn 1).

Die Erlangung von **Produktionskontingenten und Referenzmengen** für die bewirtschafteten Pachtflächen ist nach übereinstimmender Auffassung der Rechtsprechung gleichfalls keine notwendige oder nützliche Verwendung, die dem Pächter einen Ersatzanspruch für Wertschöpfungen des Pachtgegenstandes zu geben vermögen. Es handelt sich dabei nur um eine Produktionsbeschränkung, die bei Pachtende entschädigungslos auf den Verpächter übergeht (s § 591 Rn 13 mwN). **12**

2. **Verwendungen auf die Pachtsache**

a) **Allgemeines**
Objekt der landpachtrechtlichen Verwendungen ist der Gegenstand des Landpachtvertrages. Bezüglich der verwendungsrechtlichen Besonderheiten im Inventarbe- **13**

reich sei verwiesen auf § 590 Abs 3 sowie auf die nach § 582 mögliche Pächterpflicht zur Inventarerhaltung bei Mitverpachtung.

b) Rechte als Teil des Pfandobjekts

14 Es kann für den Pächter zweckmäßig sein, zur Erhaltung oder Verbesserung mitgepachteter Rechte bzw Rechtsstellungen (LWLH § 585 Rn 56) Maßnahmen zu treffen, die über den Rahmen einer Bewirtschaftungspflicht (§ 586 Abs 1 S 3) hinausgehen. Die Aufwendungen hierfür rechtfertigen nach dem Sinn- und Zweckgehalt der §§ 590 b und 591 ihre Anwendung **auch** unter dem Aspekt der Verwendungsersatzansprüche für den Pächter.

3. Der Anspruch

a) Entstehung

15 Mangels abweichender Vereinbarung entsteht der Ersatzanspruch des Pächters grundsätzlich mit der **Vornahme der Verwendung** (FHL Rn 9; STAUDINGER/EMMERICH [1995] § 547 Rn 22; BGHZ 5, 197, 199), im Falle des § 538 (Abs 2) indes nur bei Verzug des Verpächters mit der Mängelbeseitigung, was auch für die zulässige Anwendung des § 547 anstelle des § 538 zu beachten ist (im einzelnen umstritten, STAUDINGER/EMMERICH § 538 Rn 56 ff; vgl auch FHL § 547 Rn 7).

Der Pächter kann übrigens vor Ausführung der Verwendungen vom Verpächter **Vorschuß** verlangen (BGHZ 47, 272; 56, 141). Auch kann sich bei **Gefahr im Verzug** eine Pflicht des Pächters zur Vornahme notwendiger Verwendungen auch ohne Inverzugsetzung des Verpächters ergeben (BGH NJW 1963, 1823; FHL § 590 b Rn 7).

16 **Anspruchsgläubiger** ist der verwendende Pächter, im Fall des § 593 a regelmäßig der Betriebsnachfolger. Schuldner ist der Verpächter, der diese Position zur Zeit der Vornahme der Verwendung innehatte.

b) Art und Umfang

17 Der – abtretbare – Aufwendungsersatzanspruch des Pächters ist grundsätzlich ein Geldanspruch in Höhe des Werts der Pächteraufwendungen im notwendigen Umfang.

Der Ersatzanspruch schließt etwaige Schadensersatz- bzw Minderungsansprüche (§§ 586, 538, 537) nicht aus (vgl STAUDINGER/EMMERICH [1995] § 538 Rn 24 ff). Im übrigen ergibt sich der Inhalt des Anspruchs aus den vertraglichen Vereinbarungen und den §§ 256, 257.

18 c) Zur **Sicherung** der Pächterersatzansprüche sei verwiesen auf das Pächterpfandrecht, § 583.

d) Verjährung

19 Der Lauf der **sechsmonatigen** Verjährungsfrist für die Verwendungsersatzansprüche des Pächters beginnt mit der **Beendigung des Pachtverhältnisses**. Bei vorzeitiger Aufgabe des Nutzungsrechts beträgt die Verjährungsfrist bei einem etwaigen Bereicherungsanspruch des Verpächters gegen den Pächter an sich dreißig Jahre, was den

vorherigen Eintritt einer Verwirkung nicht ausschließt (STAUDINGER/EMMERICH [1995] § 547 Rn 38 mwN).

4. Zum Unterpachtverhältnis

Aus dessen Struktur (vgl § 589 Rn 22 ff) folgt, daß die beiden Verwendungsabwicklungs-Verhältnisse (Hauptverpächter/Pächter und Pächter/Unterpächter) jeweils **getrennt** zu beurteilen und zu behandeln sind und der Unterpächter gegen den Hauptverpächter jedenfalls keine unmittelbaren Ersatzansprüche herleiten kann. 20

Allerdings kann der Hauptpächter seinerseits seine Ansprüche stellen und diese an den Unterpächter abtreten.

III. Zur Abdingbarkeit

Die Norm ist im Rahmen der Grundsätze der Vertragsfreiheit grundsätzlich ganz oder teilweise abdingbar und kann durch andere Regelungen ersetzt werden (STAUDINGER/EMMERICH [1995] § 547 Rn 22; FHL Rn 1; LWLH Rn 2). Bei Verwendung vorformulierter Vetragsmuster sind die Bestimmungen des § 9 AGBG zu beachten (zu dem Fall einer zu einseitigen Lastenverteilung siehe BGH NJW 1967, 1224). 21

Zur Schriftform von – auch späteren – Vertragsänderungen vgl § 585 a und die dortige Kommentierung.

IV. Verfahren und Beweislast

Der Verwendungsanspruch des Pächters ist im **streitigen Verfahren** vor dem Landwirtschaftsgericht nach § 1 Nr 1 a iVm § 48 LwVG einzuklagen. Die Beweislast für die anspruchsbegründenden Tatsachen obliegt dem Pächter und für das Vorliegen von der gesetzlichen Regelung abweichender Vereinbarungen dem Verpächter (LWLH § Rn 14). 22

§ 591

(1) Andere als notwendige Verwendungen, denen der Verpächter zugestimmt hat, hat er dem Pächter bei Beendigung des Pachtverhältnisses zu ersetzen, soweit die Verwendungen den Wert der Pachtsache über die Pachtzeit hinaus erhöhen (Mehrwert).

(2) Weigert sich der Verpächter, den Verwendungen zuzustimmen, so kann die Zustimmung auf Antrag des Pächters durch das Landwirtschaftsgericht ersetzt werden, soweit die Verwendungen zur Erhaltung oder nachhaltigen Verbesserung der Rentabilität des Betriebes geeignet sind und dem Verpächter bei Berücksichtigung seiner berechtigten Interessen zugemutet werden können. Dies gilt nicht, wenn der Pachtvertrag gekündigt ist oder das Pachtverhältnis in weniger als drei Jahren endet. Das Landwirtschaftsgericht kann die Zustimmung unter Bedingungen und Auflagen ersetzen.

(3) Das Landwirtschaftsgericht kann auf Antrag auch über den Mehrwert Bestim-

mung treffen und ihn festsetzen. Es kann bestimmen, daß der Verpächter den Mehrwert nur in Teilbeträgen zu ersetzen hat, und kann Bedingungen für die Bewilligung solcher Teilzahlungen festsetzen. Ist dem Verpächter ein Ersatz des Mehrwerts bei Beendigung des Pachtverhältnisses auch in Teilbeträgen nicht zuzumuten, so kann der Pächter nur verlangen, daß das Pachtverhältnis zu den bisherigen Bedingungen so lange fortgesetzt wird, bis der Mehrwert der Pachtsache abgegolten ist. Kommt keine Einigung zustande, so entscheidet auf Antrag das Landwirtschaftsgericht über eine Fortsetzung des Pachtverhältnisses.

Materialien: BT-Drucks 10/508; 10/509; 10/3830; 10/3498.

Schrifttum

Siehe § 585.

Systematische Übersicht

I.	**Allgemeine Kennzeichnung**	
1.	Normgehalt und Normzweck	
a)	Normgehalt	1
b)	Normzweck	2
2.	Verhältnis zu früherem Recht	3
3.	Anwendungsbereich	5
4.	Verhältnis der Vorschrift zum LPachtVG	8
II.	**Die Ersatzpflicht des Verpächters**	
1.	Andere als notwendige Verwendungen	9
a)	Verwendungen	9
b)	Andere als notwendige Verwendungen	15
2.	Zeitpunkt	16
3.	Zustimmung des Verpächters	17
4.	Zur Fristbeschränkung nach Abs 2 S 2	25
5.	Zum Mehrwert-Ersatzanspruch	26
a)	Grundsätzliches	26
b)	Entstehung	27
c)	Fälligkeit	28
d)	Höhe	31
e)	Gläubiger und Schuldner des Anspruchs	32
f)	Anspruchskonkurrenz	34
g)	Sicherung des Anspruchs	35
III.	**Ersetzung der Verpächterzustimmung (Abs 2)**	
1.	Bedeutung	36
2.	Verfahrensrechtliche Voraussetzungen	37
a)	Antrag	37
b)	Eine gewisse Vertragsdauer	38
c)	Verweigerte Verpächter-Zustimmung	39
3.	Materiellrechtliche Voraussetzungen	40
a)	Eignung zur Betriebserhaltung oder nachhaltigen Rentabilitätsverbesserung	40
b)	Zumutbarkeit	43
4.	Zustimmungsersetzung unter Bedingungen bzw Auflagen (S 3)	44
a)	Überblick	44
b)	Bedingungen	47
c)	Auflagen	48
5.	Beschränktes Antragsrecht des Verpächters	49
IV.	**Gerichtliche Mehrwertbestimmung (Abs 3)**	
1.	Überblick und Regelung nach S 1 und 2	50
2.	Mehrwertberechnung	51
3.	Pachtfortsetzung zwecks Mehrwertabgeltung (Abs 3 S 3 und 4)	57

3. Titel. Miete. Pacht
III. Landpacht

§ 591

V.	**Verjährung**	58	
VI.	**Abdingbarkeit**	59	
VII.	**Verfahren**		60

Alphabetische Übersicht

Abdingbarkeit	59
Anwendungsbereich, der Bestimmung	4 ff
Anzeigepflicht, nach dem LPachtVG	8
Auflagen	48
Bedingungen	47
Bedingungen, Auflagen, des Gerichts	44 ff
– des Verpächters	19
Betriebsverbesserung, als Merkmal nützlicher Verwendungen	11
biologische Wirtschaftsweise	13
Ersetzung, gerichtliche, Anspruch nur bei Mindestvertragsdauer	38
– gerichtliche, Antrag	37
– gerichtliche, Antragsrecht	49
– gerichtliche, Bedingungen, Auflagen	44 ff
– gerichtliche, der Zustimmung	25, 36 ff
– gerichtliche, und Mehrwertbestimmung	52
– gerichtliche, Voraussetzungen	40 ff
– gerichtliche, Zumutbarkeitsprüfung	43
Fortsetzung des Vertragsverhältnisses, zur Mehrwertabgeltung	57
Mehrheit, von Verpächtern oder Pächtern	23
Mehrwert-Ersatzanspruch	26 ff
– Absicherung	35
– Anspruchskonkurrenz	34
– bei Betriebsveräußerung	29
– Entstehung	27
– Fälligkeit	28, 30
– Gläubiger und Schuldner	32 f
– Höhe	31
– Verjährung	30
Mehrwertabgeltung, durch Pachtfortsetzung	57
Mehrwertbestimmung, gerichtliche	50 ff
– gerichtliche, und gerichtliche Ersetzung	52
– gerichtliche, Vollstreckbarkeit	53
Milchquote	13
Mindest-Vertragsdauer, als Anspruchsvoraussetzung	38
Pächter, Mehrheit	23
Pachtfortsetzung, zur Mehrwertabgeltung	57
Pachtsache, als Objekt der Verwendung	15
Produktionsquoten	13
Schadensersatzpflicht, keine, des Verpächters bei Verweigerung	22
Sicherung, des Anspruchs auf Mehrwert-Ersatz	35
Sonderrecht, landwirtschaftliches	42
Unterpacht	24
Verfahrensfragen	60
Verhältnis der Bestimmung, zum früheren Recht	3
Verjährung, des Mehrwert-Ersatzanspruches	30, 58
Verpächter, beschränktes Antragsrecht	49
– Mehrheit	23
– Zustimmung	17 ff
Verwendungen, Begriff	9
Verwendungen, nützliche, Abgrenzung zu notwendigen	10, 14
– nützliche, bei biologischer Wirtschaftsweise	13
– nützliche, bei Produktionsquoten	13
– nützliche, Beispiele	12 ff
– nützliche, Erfordernis der Betriebsverbesserung	11 f
– nützliche, für die Pachtsache	15
– nützliche, Verpächterzustimmung	17 ff
– nützliche, Zeitpunkt	16
Vollstreckbarkeit, der gerichtlichen Mehrwertbestimmung	53
Voraussetzungen, der gerichtlichen Ersetzung	40 ff
Zeitpunkt, der nützlichen Verwendung	16
Zuckerrübenlieferrechte	13
Zustimmung, des Verpächters	17 ff
– Bedingungen, Auflagen	19
– bei Unterpacht	24

§ 591
1—3
2. Buch
7. Abschnitt. Einzelne Schuldverhältnisse

– Form	20	– Zeitpunkt	18
– gerichtliche Ersetzung	25, 36 ff	Zweck, der Bestimmung	2
– keine Schadensersatzpflicht bei Verweigerung	22		

I. Allgemeine Kennzeichnung

1. Normgehalt und Normzweck

a) Normgehalt

1 Die Bestimmung regelt als **besonders eigenständige Neuschöpfung** der Landpachtnovelle die Ersatzpflicht des Verpächters für **nützliche Verwendungen** des Pächters in Bezug auf die Pachtsache. *Sie ist die Ergänzung zu § 590 b*, der (wie früher § 547 Abs l) die Ersatzpflicht für notwendige Pächterverwendungen anordnet. Die Ersatzpflicht besteht nur dann, wenn der Verpächter den Verwendungen des Pächters zugestimmt hat. Sie besteht nur in Höhe des Werts, den die Pachtsache aufgrund der Verwendungen über die Pachtzeit hinaus erlangt (Mehrwert).

Eine **verweigerte Zustimmung** kann im Rahmen des Abs 2 durch die **gerichtliche ersetzt** werden. Dies jedoch nur insoweit, als die Verwendungen zur Erhaltung oder nachhaltigen Verbesserung der Rentabilität des Betriebs geeignet sind; dies steht im Einklang mit dem seit einiger Zeit neu herausgebildeten Grundsatz der Förderungswürdigkeit leistungsfähiger Betriebe (BVerfG AgrarR 1995, 15; s ausf § 585 Rn 21). Das gerichtliche Verfahren nach den Abs 2 und 3 ist auf **angemessenen Interessenausgleich** ausgerichtet.

Die in Abs 3 S 3 und 4 vorgesehene Möglichkeit einer **Fortsetzung des Pachtverhältnisses** auf Pächterinitiative zur Mehrwertabgeltung erscheint verwandt mit dem Regelungsbereich des § 595 (Pachtverlängerung), mit dem Unterschied, daß § 595 nach seinem Abs 8 grundsätzlich unabdingbar ist.

b) Normzweck

2 *Die Neuregelung verbessert die Stellung des Pächters* im Zusammenhang mit seiner (dynamischen) Betriebsbewirtschaftung. Sie soll gleichzeitig ein geeignetes Mittel zur nachhaltigen Verbesserung der Betriebsrentabilität darstellen und sein Investitionsinteresse animieren. Der Aufbau des § 591 ist wegweisend für die sukzessive individualgerechte Bewältigung des Mehrwertproblems. Hier ist wie in den anderen Normen gerichtlicher Vertragsgestaltung (§§ 590, 593, 595) das Erfordernis **eines vorangegangenen Versuchs zur gütlichen Einigung** vorgeschaltet. *Der fehlgeschlagene Einigungsversuch ist Voraussetzung für eine Sachentscheidung in Abs 2 und 3.*

2. Verhältnis zu früherem Recht

3 Nach dem *früheren Recht* konnte der Pächter Aufwendungsersatz nur nach den Vorschriften der §§ 812 ff oder über § 547 Abs 2 der auftraglosen Geschäftsführung (§§ 677 ff) verlangen. *Diese Regelungen wurden als nicht mehr ausreichend angesehen, um den Bedürfnissen des landwirtschaftlichen Strukturwandels Rechnung zu tragen.* Speziell das Erfordernis, sowohl im Interesse als auch nach dem wirklichen oder mutmaßlichen Willen des Verpächters zu handeln, erschwerte beachtlich die Begründung eines Ersatzanspruchs des Pächters und beeinträchtigte damit dessen Investitionsbereitschaft.

Damit bestand die Gefahr, daß der Pächter für seine Aufwendungen ersatzlos blieb; so insbesondere, wenn trotz der objektiven Wertsteigerung der Verpächter aus subjektiven Gründen am Mehrwert nicht interessiert war (dazu JAKOBS AcP 167, 350; LAUSNER NJW 1965, 513; zur subjektiven Bewertung BGHZ 10, 171, 180; 23, 61).

Neu eingeführt sind der (**objektive**) Mehrwertbegriff des § 591 Abs 1 als Grundlage des Verwendungsersatzanspruchs, ferner das **Zustimmungserfordernis** des Verpächters nach Abs 2 sowie die **Entscheidungsmöglichkeit des Landwirtschaftsgerichts** nach Abs 2 S 3 bzw Abs 3.

3. Anwendungsbereich

Die Norm bezieht sich auf **alle Landpachtverhältnisse**, sowohl auf die Betriebspacht wie die Stücklandpacht (BT-Drucks 10/509 S 21). Hierbei entstehen die Wertersatzansprüche nur insoweit, als die **Verwendungen während der Pachtzeit** erfolgt sind und auch nicht im Verwendungszeitpunkt die landwirtschaftliche Qualifikation verloren haben (LWLH Rn 3).

Die Norm bezieht sich auch auf Einrichtungen (§ 591 a), mit denen der Pächter das Pachtobjekt versehen hat (BT-Drucks 10/509 S 22; STAUDINGER/EMMERICH [1995] § 547 Rn 29), soweit diese wegen ihres betiebswirtschaftlichen Werts gleichfalls Verwendungen sind.

Die Norm bezieht sich **nicht** auf

– Maßnahmen zur Mängelbeseitigung des Pächters, soweit er sich bei Vertragsbeginn keine dementsprechenden Rechte vorbehalten hat (OLG Köln 23 U 4/88 nicht veröffentlicht);
– Ausbesserungsmaßnahmen iSv § 586 Abs 1 S 2;
– bei Inventarpacht auf Erhaltungsmaßnahmen nach §§ 582 Abs 2, 582 a sowie auch nicht auf bloß notwendige Verwendungen;
– Verwendungen auf die Pachtsache, die vor Abschluß, nach Beendigung des Landpachtverhältnisses oder nach Verlust der landwirtschaftlichen Zwecksetzung erfolgt sind (vgl LWLH § 591 Rn 3);
– Ansprüche aus Verträgen, die vor dem 1. Juli 1986 geschlossen sind, es sei denn, daß ein Vertragsteil nach Art 219 Abs 1 EGBGB erklärt hat, daß das alte Recht Anwendung finden soll;
– bei Abbedingung der Bestimmung bzw bei Verwendungen, die sich als Teil des geschuldeten Pachtzinses darstellen (BGH LM § 662 Nr 28) oder bei denen kostenlose Vornahme vereinbart war.

4. Verhältnis der Vorschrift zum LPachtVG

Der Ausschluß oder die Abänderung der gesetzlichen Mehrwertausgleichsregelung als Teil eines nach § 2 LPachtVG anzeigebedürftigen Landpachtvertrags ist grundsätzlich in beanstandungsfähiger Hinsicht irrelevant. Deshalb **entfällt** auch ein **Anzeigebedürfnis** für entsprechende pachtvertragliche Abänderungsvereinbarungen (FHL § 591 Rn 41; § 590 Rn 62). Wird aber zB (etwa anläßlich der Vereinbarung des Ausschlusses der Verwendungsersatzregelung aus § 591) der Pächter zur Leistung nützlicher Verwendungen verpflichtet, die über den Rahmen der gesetzlichen Leistungspflicht hinausgehen, besteht eine Anzeigepflicht nach § 4 Abs 1 Nr 3 LPachtVG.

Der Gehalt landwirtschaftsgerichtlicher Entscheidungen unterliegt weder im Rahmen des Zustimmungsverfahrens (§ 591 Abs l und 2) noch des Mehrwertverfahrens (Abs 3 der Norm) der Anzeigepflicht nach § 2 LPachtVG.

II. Die Ersatzpflicht des Verpächters

1. Andere als notwendige Verwendungen

a) Verwendungen

9 Zum Begriff vgl die Erläuterungen zu § 590 b (Rn 7 ff).

b) Andere als notwendige Verwendungen

10 Es ist dies einerseits die **Abgrenzung** zu den notwendigen Verwendungen, deren Ersatzmöglichkeit bzw -pflicht sich nach § 590 b richtet. Andererseits bedeutet die in letztgenannter Norm enthaltene Beschränkung auf „notwendige" im Verpächterinteresse eine Abgrenzung zu nützlichen oder nur vom Pächter für sinnvoll gehaltenen, hinsichtlich derer die Ersatzpflicht nicht besteht. Es erfolgt hier also auch eine Abgrenzung auch gegenüber Luxusaufwendungen zu denen Verpächter zustimmen kann, aber nicht muß (STAUDINGER/EMMERICH [1995] § 547 Rn 26; LWLH Rn 4)

11 **Wesentliches Erfordernis** für den Mehrwertersatzanspruch des Pächters ist, daß die Verwendung – und zwar nach objektiver Betrachtungsweise – **zur Erhaltung oder nachhaltigen Verbesserung des Betriebs geeignet** ist.

Dies rechtfertigt eine entsprechend weite Gesetzesauslegung, nach der zB nicht nur Maßnahmen der Erhaltung oder Verbesserung von Betriebs- und Wohngebäuden, sondern auch deren Errichtung durch den Gesetzeszweck gedeckt wird, gleichviel ob es sich dabei um eine Ersatzmaßnahme oder die Neuerrichtung im Rahmen einer ordnungsgemäßen landwirtschaftlichen Nutzung handelt.

In diesem Sinne hat die Rechtsentwicklung akzeptiert, daß grundlegende Veränderungen der Pachtsache als Verwendungen angesehen werden können (BGHZ 41, 160; nunmehr zweifelnd BGH NJW 1974, 743). Bleibt indes der landwirtschaftliche Betriebscharakter auch nach einer Bestimmungs- oder Nutzungsänderung (§ 590 Abs 2) gewahrt und erweisen sich nun grundlegende Veränderungen baulicher Art als sachgerecht und rentabilitätsverbessernd, erlangen damit auch solche den Charakter von vom Normzweck getragenen nützlichen Verwendungen.

12 **Typisch nützliche Verwendungen** im Sinne der Norm sind danach die zur Erhaltung und/oder Wiederherstellung bzw Verbesserung des Pachtobjekts vom Pächter erbrachten Aufwendungen, die nicht

– nach § 586 Abs 1 S 2 oder vereinbarungsgemäß ausgleichsfrei zu erbringen sind;
– notwendige Verwendungen im Sinne von § 590 b sind;
– oder dem objektiven Maßstab der nachhaltigen Betriebsverbesserung nicht gerecht werden, wie etwa „Luxusverwendungen".

Dazu gehören zB die erlaubte (§ 590) Umwandlung von Weide- in Ackerland oder umgekehrt Anpflanzungen, die Anlage von Wegen, Drainagen oder Teichen, Verbesserung, Ausbau oder Umbau an Wirtschafts- und Wohngebäuden, Anlage von Leitungen, Silos oder Trocknungsanlagen (vgl zu weiteren Beispielsfällen STAUDINGER/ EMMERICH [1995] § 547 Rn 29; FHL § 591 Rn 9; LWLH Rn 5).

Ein zunehmend wichtiger Faktor wird insoweit die zunächst aufwendige, mittelfristig häufig sehr erfolgversprechende Umstellung der Produktion auf **biologische Wirtschaftsweise** (vgl dazu § 586 Rn 36; 596 Rn 33).

Verwendungen müssen sich nicht notwendig in der Anschaffung und/oder Verbesserung vorhandener Sachen konkretisieren: In einer Zeit, in der die Inhaberschaft von **Produktionsquoten (Zucker, Milch)** zunehmend an Bedeutung gewinnt, ist es sachgerecht, auch solche Pächteraufwendungen zu unterstützen, die sich insoweit auf Erwerb oder Ausbau richten. Der Erwerb der Produktionsquote ist ebensowenig als Verwendung anzusehen wie die Quote selbst eine Verwendung ist, sie ist eine Produktionsbeschränkung, die nach Vertragsende (§ 596) auf den Verpächter (entschädigungslos) übergeht (BGH LwZR 3/90; OLG Schleswig AgrarR 1991 227; OLG Köln AgrarR 1990, 53; OLG Celle RdL 1990, 92 [sogar bei Extrazahlungen des Pächters]; AgrarR 1991 108; gute Zusammenfassung zu diesem Thema bei HOFFMANN, Schrift zu der Goslarer Agrarrechtswoche [1991]; siehe auch MOSER AgrarR 1990, 161; GRÖGER AgrarR 1991, 86; vgl auch § 590 b Rn 12). Auch öffentlichrechtlich bestehen keine Bedenken gegen Zuordnung der Milchquote an den Verpächter bei Pachtende (BVerwG RdL 1991, 101). 13

Stellt der Pächter die **Bewirtschaftungsform** (einzelner Flächen) auf eine **biologische** um, hat dies in der Umstellungsphase häufig erhebliche Aufwendungen zur Folge, bis die Flächen als biologisch bewirtschaftete (zB „Bioland") anerkannt werden und in zweiter Konsequenz ausreichende Erträge bringen. Es ist andererseits nicht zu verkennen, daß in Zeiten drastisch sinkender Marktfruchtpreise derart umgestellte Flächen einen eigenen **Wert** repräsentieren.

Die Anwendung der Bestimmung kommt auch zum Zuge, wenn sich bei einer vom Pächter vorzunehmenden, ihm obliegenden notwendigen Verwendung zeigt, daß aus betriebswirtschaftlich sinnvollen Gründen zweckmäßigerweise **anstelle der notwendigen Verwendung eine umfassendere (andere)** nützliche vorgenommen wird. Denn findet sich der Pächter im eigenen Interesse zwecks Verbesserung der Betriebsrentabilität bereit, die umfassendere, werterhöhende Verwendung vorzunehmen, sollte ihm die Befugnis zustehen, im Weigerungsfalle des Verpächters die Entscheidung des Landwirtschaftsgerichts auf Zustimmungsersetzung herbeizuführen. 14

c) **Verwendungen für die „Pachtsache"**
„Pachtsache" ist der *Gegenstand des Landpachtvertrages* einschließlich der damit verbundenen Einrichtungen sowie das mitgepachtete Inventar (§ 582). Es macht keinen Unterschied, ob die Einrichtungen mitverpachtet oder vom Pächter angeschafft 15

sind, soweit sie (vertraglich) am Ende der Pachtzeit an den Verpächter zurückzugeben sind.

Bei gemischten Betrieben besteht der Mehrwertersatzanspruch nur insoweit, als die Verwendungen den landwirtschatflichen Betrieb (-steil) betreffen.

2. Zeitpunkt

16 Die Verwendung muß **während der Pachtzeit** und während der Dauer der landwirtschaftlichen Zweckerfüllung erfolgt sein. Ansonsten bestehen allenfalls Ansprüche aus (auftragloser) Geschäftsführung (§§ 670, 683) oder ungerechtfertigter Bereicherung.

3. Zustimmung des Verpächters

17 Die „Zustimmung" des Verpächters zur nützlichen Verwendung ist **rechtliche Voraussetzung für die Begründung seiner Mehrwertersatzpflicht**.

18 Sie kann vor der Maßnahme oder danach erfolgen, wie aus den Gesetzesmaterialien (BT-Drucks 10/509 zu § 591 Abs 1 S 2) folgt.

19 Der Verpächter kann die Zustimmung von **Bedingungen oder Auflagen** abhängig machen, die er für sachgerecht hält und die das Landwirtschaftsgericht nach Abs 2 S 3 anordnen kann. Die Zustimmung kann widerruflich oder unwiderruflich erteilt werden.

20 Eine bestimmte **Form** ist für den Pächter-Antrag (anders als in § 595 Abs 4) oder die Zustimmung **nicht** notwendig. Beides kann auch konkludent erfolgen (s etwa zur Verpächterzustimmung durch Mitwirkung im Baugenehmigungsverfahren OLG Stuttgart RdL 1995, 63). Jedoch empfiehlt sich aus Gründen der Rechtssicherheit die Schriftform (ähnlich wie bei der Zustimmung nach § 590, s dort Rn 7). Zu diesem Zweck sollte auch der Pächter den Verpächter im Zustimmungsersuchen über die zu dessen Entscheidungsfindung notwendigen Einzelheiten schriftlich informieren.

21 **Verweigert** der Verpächter nachhaltig jede Stellungnahme dazu und kann auf seine Zustimmung auch nicht ausnahmsweise aus anderen Umständen geschlossen werden, so gilt sie ebenso als nicht erteilt wie bei einer definitiven Absage. Stillschweigen des Verpächters hindert den Pächter nicht, die Vornahme des Verwendungsaufwands gleichwohl zu riskieren – zumindest in den Erlaubnisgrenzen des § 590 – ; er kann aber auch bei deren Überschreitung es darauf ankommen lassen, daß der Verpächter nachträglich noch zustimmt. Weigert sich der Verpächter, die **Zustimmung im gewünschten Umfang** zu erteilen, kann diese Zustimmung im Rahmen des Abs 2 der Norm auf Antrag des Pächters durch das Landwirtschaftsgericht ersetzt werden.

22 Da ein Pächteranspruch auf Zustimmungserteilung trotz der Ersetzungsbefugnis des Abs 2 nicht besteht (LWLH § 591 Rn 7 bis 10 und FHL § 591 Rn 10 und 11), führt die Verweigerung seitens des Verpächters auch bei späterer **Ersetzung nicht zu Schadensersatzpflichten**.

Bei einer **Mehrheit von Pächtern** haben grundsätzlich alle das Verlangen zu stellen; es **23** sei denn, die Vertragsparteien benennen (evtl schon im Vertrag) einen als insoweit vertretungsberechtigt. Bei **mehreren Verpächtern** ist die Zustimmung von allen zu erteilen bzw bedarf es zur Wirksamkeit des Mehrwertersatzanspruchs der Ersetzung der Zustimmung aller durch das Landwirtschaftsgericht.

Im Falle der **Unterpacht** bestehen keine direkten Vertragsbeziehungen zwischen Ver- **24** pächter und Unterpächter (vgl ausf § 589 Rn 22 ff). Derart sind für den Unterpächter sowohl die Zustimmung des Hauptpächters wie (durch diesen veranlaßt) die des Verpächters erforderlich.

4. Zur Fristbeschränkung nach Abs 2 S 2

Die in Abs 2 S 2 aufgeführten Fälle der nur noch kurzfristigen Vertragslaufzeit **25** schließen die Zulässigkeit eines Pächterantrags auf gerichtliche Ersetzung der verweigerten Zustimmung aus. Auch kurzfristige Überschreitungen dieser gesetzlichen Fristen sind bei der gerichtlicherseits vorzunehmenden Interessenabwägung zu berücksichtigen (vgl Rn 43).

5. Zum Mehrwert-Ersatzanspruch

a) Grundsätzliches
Der „Mehrwert" (Abs 1; Abs 2 S 1) als Anspruchsgegenstand und Herzstück der **26** Norm ist **der Wert, um den die vom Pächter mit Verpächter-Zustimmung getätigten nützlichen Verwendungen an der Pachtsache deren Wert bei Beendigung des Pachtverhältnisses über die Pachtzeit hinaus erhöhen.**

b) Entstehung
Die Ausgleichsleistung entsteht dem Grunde und Höhe nach bereits **mit der Ausfüh-** **27** **rung der Verwendung** (LWLH Nr 18). Bis zur Fälligkeit bei Pachtende verändert sich jedoch die Höhe, *ausgleichspflichtig ist der dann noch vorhandene Mehrwert.* Für die Notwendigkeit dieser Differenzierung spricht, daß nach der Begründung des Regierungsentwurfes (BT-Drucks 10/509 S 122) die Bestimmung des Anspruchs nach Lage der Umstände schon vor Pachtende notwendig sein kann, so zB schon im Verfahren über die Ersetzung der Verpächter-Zustimmung nach Abs 2; es muß aber schon dann eine sachgerechte Mehrwertbestimmung möglich sein, eine Möglichkeit, die in Abs 5 der Norm auf Antrag einer Partei vorgesehen ist.

Derart entsteht ein **(zunächst aufschiebend bedingter)** Pächteranspruch auf den (etwaigen) Mehrwertausgleich bei Vorliegen der folgenden **Voraussetzungen**: erstens bei Erteilung der Verpächter-Zustimmung, oder deren Ersetzung; zweitens nach Vornahme der Pächterverwendung und drittens mit der Pachtbeendigung bei vorhandenem Mehrwert bzw schon vor Pachtbeendigung bei vorzeitiger landwirtschaftsgerichtlicher Festsetzung des Mehrwerts.

c) Fälligkeit
Der für die Berechnung und Entrichtung der Ersatzpflicht maßgebliche Zeitpunkt ist **28** nach Abs 1 der Norm die **rechtliche Beendigung des Pachtverhältnisses**. Der Beendigungsbegriff entspricht dem auch sonst im Landpachtrecht üblichen, vgl §§ 584 b,

596 mit den jeweiligen Erläuterungen. Auf den Beendigungsgrund kommt es grundsätzlich nicht an.

29 Wie sich der Fall der **Betriebsveräußerung** auswirkt ist **zweifelhaft**. Gewiß wird wohl überwiegend vertreten, daß die Veräußerung des Pachtobjektes eine rechtliche „Beendigung" des Pachtverhältnisses darstellt, unbeschadet der Eintrittswirkungen des Pächters in das Pachtverhältnis nach § 571 Abs 1 (BGH NJW 1965, 1225, ihm folgend FHL § 591b Rn 9, wohl auch LWLH Rn19). Andere differenzieren weitergehender bezüglich der Auswirkungen im Verwendungsbereich (PICKER, NJW 1982, 8 ff und schon frühzeitig FISCHER/WÖHRMANN LPachtG § 8 Rn 5, LANGE/WULFF LPachtG § 3 Rn 39, ferner ERMAN/SCHOPP § 571 Rn 12, der unter Hinweis auf RGZ 55, 293 bemerkt, daß im Bereich des § 265 ZPO dem Erwerber [§ 571] die Stellung eines Rechtsnachfolgers des Veräußerers zuerkannt wird).

Diesseits wird auf das sachgerecht differenzierte Auslegungsbedürfnis, insbesondere im Bereich des neuen § 591, und zwar im Widerspruch zu den Auffassungen von FHL und LWLH die folgende Auffassung vertreten:

– Bei der Leistung der nutzbringenden Verwendungen handelt es sich um einen gerade im Landpachtbereich geforderten und vertragstypischen Vorgang, so daß der Grundstückserwerber nach § 571 in das unter anderem durch die Zustimmung des Verpächters inhaltlich bestimmte Pachtverhältnis ebenso eintritt wie in dessen Mehrwert-Ersatzverpflichtung.

– Handelt es sich um eine vom Pächter schon in die Wege geleitete sachgerechte Verwendung, die etwa schon teilweise ausgeführt ist, so erscheint es nicht sachgerecht, den einheitlichen Verwendungsvorgang in zwei Teile zu zerlegen, in den bereits fertiggestellten Verwendungsteil und in den noch nicht erledigten; der Pächter kann auch hier einen Mehrwertersatz erst nach Beendigung des Pachtverhältnisses vom Erwerber verlangen.

– Hat der Pächter bereits ein Verwendungsobjekt mit Zustimmung des Verpächters fertiggestellt, so mindern sich die Bedenken, dem Pächter schon einen Mehrwertersatzanspruch zum Zeitpunkt des Wirksamwerdens der Veräußerung des Pachtobjekts zuzusprechen. Indes wird auch diesseits einer sachgerechten Auslegung für richtig gehalten, den Vorgang der Veräußerung nicht als Beendigung des Pachtverhältnisses im Sinne des § 591 Abs 2 zu würdigen, trotz des etwa möglichen Arguments, daß Verwendungen möglichst bald abgegolten werden sollen.

– Wegen der offen gebliebenen Zweifel über die rechtlich eindeutigen Auslegungsmöglichkeiten erscheint es aber sachgerecht, daß sämtliche Beteiligte (veräußernder Verpächter, Erwerber und Pächter) sich über die etwaigen Zweifelsfragen anläßlich der Veräußerung abstimmen und einigen; nicht zuletzt, um den Pächter nicht der Gefahr der kurzfristigen Verjährung seiner Verwendungsansprüche (§ 591 b) auszusetzen.

30 Wird – etwa aufgrund einer Änderungsvereinbarung – das Pachtobjekt, an dem die Verwendungen vorgenommen wurden, vor **Ende des Vertragsverhältnisses** im übrigen

zurückgegeben, ist der darauf entfallende Mehrwert-Ersatzanspruch fällig. Denn insoweit liegt in der Rückgabe eine (teilweise) Vertragsbeendigung.

Gibt der Pächter nach Ablauf der Pachtzeit das Pachtobjekt dem Verpächter **nicht zurück** (indem er es etwa eigenmächtig weiter nutzt, ohne daß dies als Verlängerung der Pachtzeit anzusehen ist), hindert dies nicht, den Mehrwertersatzanspruch des Pächters als entstanden anzusehen, der zB durch Gegenansprüche des Verpächters wegen der unterlassenen Rückgabe und der daraus resultierenden Schadensersatzansprüche aufgebraucht werden kann.

Die **Verjährung** richtet sich nach 591 b (OLG Stuttgart RdL 1995, 63; LWLH Rn 20).

d) Höhe
Die Mehrwertbestimmung erfolgt durch die Gegenüberstellung der Werte des Pacht- **31** objekts mit und ohne die Verwendungen (LWLH § 591 Rn 13 und 14). Eine Beschränkung auf die (noch nicht abgeschriebenen) Verwendungskosten des Pächters findet dabei nicht statt (LWLH Rn 17), vielmehr werden die **Verkehrswerte miteinander verglichen**.

e) Gläubiger und Schuldner des Anspruchs
Gläubiger ist der **Pächter**, der die Verwendungen getätigt hat bzw sind seine Erben. **32** Tritt bei der **vorweggenommenen Erbfolge** in einen Hof bzw Landgut der Übernehmer in bestehende Zupachtverhältnisse ein (§ 581 a), so wird nach Lage der Sache meist auch der Verwendungsanspruch als an ihn abgetreten gelten (vgl LWLH § 591 Rn 18). Bei einer **Mehrheit** von Pächtern steht diesen der Anspruch als Gesamtberechtigte zu.

Im Falle der **Unterpacht** besteht der Anspruch des die Verwendung tätigenden Unterpächters gegen den Hauptpächter, der wiederum gegenüber dem Verpächter berechtigt ist.

Die Abtretung des Anspruchs ist zulässig, sofern (§ 399) dadurch keine Inhaltsveränderung eintritt.

Schuldner der Mehrwertersatzverpflichtung ist grundsätzlich der **Verpächter**, der dies **33** zur Zeit der Beendigung des Pachtverhältnisses ist, mag es sich hierbei um den Verpächter zur Zeit des Vertragsabschlusses handeln oder um dessen Erben oder bei einem Wechsel des Verpächters dessen Nachfolger zum Ende der Pachtzeit.

f) Anspruchskonkurrenz
Trotz gewisser Wechselbeziehungen des Ordnungsbereichs der nützlichen Verwen- **34** dungen (§ 591) mit dem der Bestimmungs- und Nutzungsänderung (§ 590) bestehen **grundsätzlich keine Anspruchskonkurrenzen**, weil keine Regelung die andere verdrängt (FHL § 591 Rn 29). Fehlt die Verpächter-Erlaubnis nach § 590 Abs 2 zur Nutzungsänderung, so kann diese nicht nach § 591 Abs 2 ersetzt werden. Dagegen ist eine Verbindung der Anträge nach §§ 591 Abs 2 und 590 Abs 2 möglich und empfehlenswert.

Was das **Verhältnis** der verwandten Regelungsbereiche der **nützlichen** (§ 591) zu den notwendigen (§ 591 b) Verwendungen angeht, so können sich Überschneidungen beider Regelungsbereiche dann ergeben, wenn nicht eindeutig ist, ob die vom Pächter vorzunehmende Verwendung eine notwendige oder nützliche ist. Dann empfiehlt sich die Klarstellung im Verfahren nach § 591. Erscheint die konkrete vom Pächter beabsichtigte Verwendung gleichzeitig zum Teil als notwendig, zum Teil als eine darüber hinausgehend, sollte die Klarstellung durch das landwirtschaftsgerichtliche Verfahren nach Abs 2 und Abs 3 S 1 (Feststellung eines Mehrwerts) erfolgen.

Eine Konkurrenz mit **anderen gesetzlichen Ansprüchen** wird im Regelfall nicht praktisch. Bei Nichtigkeit des Pachtverhältnisses sind nur die §§ 994 ff anwendbar, eine Konkurrenz zu den §§ 590, 591 scheidet dann aus. Die §§ 994 ff sind weiter im Verhältnis zu den §§ 667 ff und 812 ff leges speziales.

Mangels Anspruchsgrundlage in § 591 wird bei ausfallender Verpächter-Zustimmung ggf eine Anwendung der Grundsätze der Geschäftsführung ohne Auftrag mit denen des Bereicherungsrechts zwecks Wertausgleich für zulässig gehalten (vgl LWLH Rn 21). Dies erscheint bedenklich, da auch in vergleichbaren Fällen ein entsprechender Rückgriff verneint wird (zu § 633 Abs 3 vgl BGHZ 92, 123).

g) Sicherung des Anspruchs

35 Neben dem gesetzlichen **Pfandrecht** des Pächters aus § 583 gewähren § 591 Abs 3 S 3, 4 dem Pächter eine **Vertragsfortsetzung** bis zur Abgeltung des Mehrwert-Anspruchs. Vertragliche Sicherheitsleistungen können sich in den Möglichkeiten des § 223 sowie der Vereinbarung einer Kaution oder dinglichen Sicherung konkretisieren.

III. Ersetzung der Verpächterzustimmung (Abs 2)

1. Bedeutung

36 Angesichts der Bedeutung innovativer betrieblicher Entwicklung einerseits und der Konsequenzen fehlender Zustimmung für den Ersatzanspruch des Pächters andererseits hat der Gesetzgeber eine **Korrekturmöglichkeit** dafür geschaffen, daß der Verpächter den beabsichtigten Pächter-Maßnahmen – aus welchen Gründen auch immer – nicht zustimmt. Diese Zustimmung kann dann durch die Entscheidung des Landwirtschaftsgerichts ersetzt werden.

2. Verfahrensrechtliche Voraussetzungen

a) Antrag

37 **Antragsberechtigt** ist der bzw sind (bei Personengemeinschaft so Rn 23) alle Pächter. Der **Sachantrag** hat zum Gegenstand, die Verpächter-Zustimmung zu den konkret aufgeführten Verwendungsmaßnahmen zu ersetzen. Über die Anordnung von **Bedingungen und Auflagen** (Abs 2 S 3) entscheidet das Gericht von Amts wegen, ohne daß es hierzu eines besonderen Antrags bedarf (vgl BARNSTEDT/STEFFEN LwVG § 14 Rn 76).

Der das Verfahren einleitende Antrag ist an **keine Frist** gebunden; es gelten desungeachtet die allgemeinen Vorschriften über die Verwirkung. Dem Antrag ist eine sachliche **Begründung** beizufügen, aus der sich das Vorliegen der gesetzlichen Voraussetzungen nach Abs 2 S 1 für die Ersetzung der verweigerten Verpächter-Zustimmung ergibt. Zur Möglichkeit eines Verpächter-Antrags vgl Rn 49.

b) eine gewisse Vertragsdauer
Nach Abs 2 S 2 darf der Pachtvertrag **nicht wirksam gekündigt** sein (LWLH Rn 22; § 590 **38** Rn 28); dabei ist der Grund für die Kündigung ebenso gleichgültig wie die Frage, ob sie ordentlich oder außerordentlich erfolgte.

Der Vertrag darf auch **nicht in weniger als drei Jahren enden** (LWLH § 590 Rn 29; BARNSTEDT/STEFFEN LwVG § 14 Rn 72, 73; FHL Rn 15). Die Regelung entspricht wörtlich der in § 590 Abs 2 S 4. Ihr Sinn ist, daß in derartigen Fällen die Zustimmungsersetzung dem Pächter wegen des relativ kurzen Zeitraums kaum mehr zu berücksichtigende Vorteile gegenüber der Interessenlage des Verpächters bringt (RegE BT-Drucks 10/509 Abs 2 S 21 und zu § 589 Abs 2 S 19). Auch kurzfristige Überschreitungen dieser gesetzlichen Fristen sind bei der gerichtlicherseits vorzunehmenden Interessenabwägung zu berücksichtigen (vgl Rn 43).

Für die Berechnung kommt es auf das vertraglich vereinbarte oder gerichtlich festgesetzte (§ 595 Abs 6) Vertragsende an; eine nach § 595 erst begehrte Zusatzpachtzeit ist unberücksichtigt zu lassen (FHL Rn 15; LWLH Rn 29).

c) verweigerte Verpächter-Zustimmung
Ihr Nachweis ist eine weitere Anspruchsvoraussetzung (BARNSTEDT/STEFFEN LwVG § 14 **39** Rn 72).

Erteilt der Verpächter erst im gerichtlichen Verfahren seine Zustimmung, können ihm die hierdurch entstandenen **Verfahrenskosten** jedenfalls dann auferlegt werden, wenn der Pächter sein Fortsetzungsbegehren sachgerecht begründet hat (FHL Rn 11, 12 und zu § 590 Rn 34).

3. materiellrechtliche Voraussetzungen

a) Eignung zur Betriebserhaltung oder nachhaltigen Rentabilitätsverbesserung
Es sind dies nahezu die gleichen Erfordernisse wie in § 590 Abs 2 S 2 (s dort Rn 22), **40** jedoch mit dem sachgerechten Unterschied, daß nach § 591 der Betrieb zur Erhaltung der nachhaltigen Rentabilitätsverbesserung geeignet sein muß (Gesetzeswortlaut: „*geeignet ist*"), während nach dem Gesetzeswortlaut des § 590 genügt, daß der Betrieb zur Verbesserung der Rentabilität „*geeignet erscheint*". Zum Verständnis des unterschiedlichen Gesetzeswortlauts ist zu bemerken, daß die konkreten Verbesserungsmaßnahmen in § 591 besser deren betriebswirtschaftliche Überprüfung ermöglichen als die Rentabilitätsprognose einer Nutzungsänderung (§ 590).

Was den Aspekt der Rentabilität „des Betriebs" angeht, handelt es sich anerkanntermaßen (FHL Rn 13 und LWLH § 590 Rn 24) **um den vom Pächter geführten Betrieb**, gleichviel, ob dies ein Eigentumsbetrieb des Pächters mit Zupachtland oder ein Pachtbetrieb des Pächters ist.

Die Erfassung der nachhaltigen **Rentabilitätsverbesserung** des Betriebs verlangt eine **41** „**Schätzung für die Zukunft**" (LWLH § 590 Rn 25) auf betriebswirtschaftlicher Grundlage. Zur begrifflichen und betriebswirtschaftlichen Erfassung des Rentabilitätsbegriffs im einzelnen sei auf FHL (§ 590 Rn 40) verwiesen. Hiernach stellt sich die Betriebsrentabilität als der Betriebsgewinn in Prozentsätzen des im Betrieb eingesetzten Kapitals dar. Dabei sind die Belastungen durch Fremdkapital mit zu berücksichtigen, so daß die Zinsen für das Fremdkapital als Aufwand zu behandeln sind. Bei alledem wird entscheidend der zu erwartende (positive) Einfluß der Verbesserungsmaßnahmen auf die betriebliche Rentabilität zu beurteilen sein.

Zumeist wird im Verfahren *die Stellungnahme eines Sachverständigen* nicht zu umgehen sein; vor allem, wenn es gilt, den „nachhaltigen" Verbesserungseffekt unter Mitberücksichtigung der zu veranschlagenden Marktentwicklungsfaktoren zu beurteilen (FHL § 590 Rn 41).

42 Wenn auch der Gesetzeswortlaut die Erhaltung und die nachhaltige Rentabilitätsverbesserung scheinbar gleichrangig nebeneinander stellt, so darf nicht außer Acht gelassen werden, daß es auch hier um die **Erhaltung leistungsfähiger Betriebe in bäuerlicher Hand** gehen muß (so Rn 1 mwN). Daher werden Pächter und ihre Betriebe von vornherein auszuscheiden haben, bei denen vorhergesagt werden kann, daß sie auch durch die beabsichtigte Maßnahme nicht in einen eine hinreichende Kapitalverzinsung ermöglichenden bäuerlichen Familienbetrieb hineinwachsen. In solchen Fällen ist – namentlich bei beabsichtigten Maßnahmen auf Zupachtflächen – dem Verpächter um so weniger zumutbar, durch gerichtliche Entscheidung zu Ersatzleistungen gezwungen zu werden.

b) Zumutbarkeit

43 Die zu prüfende Zumutbarkeit der vom Pächter beabsichtigten betrieblichen Maßnahmen mit ihren Folgewirkungen für den Verpächter erfordert eine **beiderseitige Interessenabwägung**.

Dabei liegen die **Pächter-Interessen** bereits aufgrund seiner Bitte um Zustimmung bzw späterer Begründung seines Antrages relativ klar auf der Hand. Sie orientieren sich an seinen betriebswirtschaftlichen Vorstellungen und Möglichkeiten, die – insbesondere dann, wenn es um Maßnahmen auf Zupacht-Flächen geht – nicht immer und ausschließlich etwas mit dem Pachtverhältnis und -gegenstand zu tun haben.

In der **Vorstellungswelt des Verpächters** geht es um andere, teilweise nicht einmal kongruente, Fragen: etwa, ob und in welcher Weise er den Pachtgegenstand anschließend in Eigenbewirtschaftung nehmen oder weiterverpachen möchte, ob er dessen Veräußerung anstrebt oder ihn im Wege vorweggenommener Erbfolge abgeben möchte. Bei allen diesen und evtl anderen Absichten kann die Pächter-Maßnahme stören; sei es durch nicht vorhandene oder eingeschränkte Brauchbarkeit wegen (anderweitiger oder nicht vorhandener) Spezialisierung, sei es schlicht durch die Belastung mit der Pflicht zur Zahlung des Ersatzanspruches.

Es mag als agrarpolitisch gewollte „Wohltat des Gesetzgebers" akzeptiert werden, dem Pächter die Möglichkeit zu geben, den Verpächter zur Duldung einer individuell gewollten Investition mit nachfolgender Entschädigungspflicht zu zwingen. Mit den **Eigentumsrechten** des Verpächters ist dies aber nur soweit und solange vereinbar, wie die Gerichte ernsthaft die individuellen Interessen des Verpächters hinsichtlich Nutzungsmöglichkeit und Abfindungspflicht berücksichtigen und das Überwiegen der Pächter-Interessen an strengen, aber nicht überstrengen Maßstäben messen. Daher hat zB das OLG Oldenburg (Beschluß vom 22. 4. 1993 10 W 25/92, nicht veröffentlicht) zu Recht darauf hingewiesen, daß an die Zustimmungsersetzung um so höhere Maßstäbe anzulegen seien, je kürzer die Restlaufzeit des Vertrages ist; und zwar auch über die in Abs 2 genannte Frist hinaus.

4. Zustimmungsersetzung unter Bedingungen bzw Auflagen (S 3)

a) Überblick

Es sind dies die dem Landwirtschaftsgericht zur Verfügung gestellten Möglichkeiten, **44** bei der im vorstehenden Sinne vorzunehmenden Interessenabwägung **Korrekturen** der widerstreitenden Anträge vorzunehmen, um so zu einem sachgerechten Ergebnis zu gelangen. *Die bedingt erteilte Zustimmungsersetzung schiebt die Wirksamkeit der Zustimmung bis zum Eintritt der Bedingung hinaus. Demgegenüber zwingt die Auflage den Pächter zu dem gerichtlicherseits festgelegten Handeln.* Im übrigen kann auch die bedingte Zustimmungsersetzung mit Auflagen verbunden werden. Die Bedingung suspendiert, zwingt aber nicht, die Auflage zwingt, aber suspendiert nicht (FHL § 590 Rn 50).

Wird die Zustimmung des Verpächters zu einer Verwendung unter einer **Bedingung** **45** ersetzt, die nicht erfüllt wird, so entfällt ein Wertersatzanspruch des Pächters auf der Grundlage des § 591; dies schließt im übrigen Ersatzansprüche aus anderen Anspruchsgrundlagen nicht aus.

Die nicht erfüllte **Auflage** läßt den Wertersatzanspruch des Pächters grundsätzlich **46** unberührt. Erfüllt der Pächter die Auflage nicht (vollständig), ist die Zustimmung gleichwohl mit allen Konsequenzen durch die gerichtliche Entscheidung ersetzt. Der Verpächter hat die Möglichkeit, den Pächter durch gerichtliche Entscheidung zur Durchsetzung zu zwingen. Endet das Pachtverhältnis vorher, stehen ihm Aufrechnungs- bzw Zurückbehaltungsrechte zu.

Da die Auflagen stets (auch) zulasten des Pächters gehen, sollten sie nicht ohne vorherige Ankündigung angeordnet werden. Dann hat der Pächter die Möglichkeit, seinen Antrag auf Genehmigungsersetzung zurückzuziehen, falls ihm die Auflagen zu drückend erscheinen.

Zur Anordnung von Bedingungen und Auflagen bedarf es keines besonderen Sachantrags.

b) Bedingungen

Bedingungen werden in erster Linie die Absicherung der Durchführung der Pächter- **47** Maßnahme betreffen. In Betracht kommt insbesondere der Nachweis, daß die **Finanzierung** der vorgesehenen Verwendung **sichergestellt** ist und dem Verpächter vor Beginn nachgewiesen wird. Andere/weitere Bedingungen können die Versicherung für aus der Verwendung drohende Risiken betreffen oder eine den Verpächter schützende Sicherheitsleistung zum Gegenstand haben.

Denkbar sind weiter Bedingungen, die die vorherige (rechtskräftige) Einholung der zur Errichtung notwendigen Genehmigungen betreffen.

Auch sind Bedingungen denkbar, die eine Verbindung mit dem den Verpächter bei Pachtende treffenden Ausgleichsleistungen herstellen; etwa der Art, daß der Pächter auf einen Mehrwertausgleich ganz oder teilweise verzichtet, so daß der Verpächter höchstens einen für tragbar gehaltenen Höchstbetrag auszugleichen haben wird. Von Bedeutung kann gleichfalls die Bedingung sein, daß der Pächter sich dann mit einer Vertragsverlängerung (Abs 3 S 4) zu für beide Seiten auskömmlichen Konditionen einverstanden erklärt (zum Weigerungsfall des Pächters vgl unten Rn 57).

Trotz der Regelung des § 593 und des Abs 3 S 3 erscheint es zulässig, die Ersetzung der Zustimmung von dem Einverständnis des Pächters in einen **erhöhten Pachtzins** abhängig zu machen. Damit wäre dem Verpächter das Risiko genommen, seinerseits später den Nachweis einer Veränderung der maßgebenden Verhältnisse führen zu müssen. Dies insbesondere, damit ihm der Pächter bei einer Auseinandersetzung nach § 593 nicht entgegenhalten kann, daß wertverbessernde Verwendungen schon deshalb nicht zu veränderten Verhältnissen geführt haben, weil im Verfahren nach § 591 Abs 2 S 1 das Landwirtschaftsgericht von der Festsetzung entsprechender Bedingungen abgesehen hat.

c) **Auflagen**

48 Als solche kommen etwa folgende Verpflichtungen des Pächters in Betracht:

- bestimmte Maßnahmen bei Durchführung der Maßnahme einzuhalten, auch unter Aufsicht eines vom Gericht bestellten Fachmannes;
- Unterhaltungs- und Erhaltungs-, ggf auch Inspektionsmaßnahmen;
- das Pachtobjekt bei Pachtbeendigung wieder so herzustellen, wie es sich ohne die Verwendung darstellen würde.

Denkbar ist auch, daß das Landwirtschaftsgericht die vorstehend als Beispiele für Bedingungen genannten Möglichkeiten (nur) als Auflagen ausgestaltet.

Soweit der Finanzierungs-Gläubiger die **grundbuchliche Absicherung** eines Finanzierungsdarlehens verlangt, wird vom Verpächter die Zurverfügungstellung seines **Grundeigentums nur in Ausnahmefällen** verlangt werden können. Zwingend ist dabei dann, daß die Löschung bzw Pfandfreigabe zum Ende der Pachtzeit durch den Pächter (zB durch Bankbürgschaft) sichergestellt ist.

5. **Beschränktes Antragsrecht des Verpächters**

49 Wenn auch dem Verpächter im Bereich des Abs 2 im Gegensatz zum Pächter keine besondere Antragsbefugnis ausdrücklich eingeräumt ist, ist doch entsprechend anerkannter Handhabung im Anwendungsbereich des § 595 (Rn 5, 67) die Befugnis zuzuerkennen, ein negatives Feststellungsverfahren zu beantragen, zB daß es sich nicht um nützliche zur Erhaltung oder Steigerung der Rentabilität handelnde Verwendungen handelt, sondern etwa um notwendige (§ 590 b) oder Luxusverwendungen (oben Rn 10,12) oder um solche, die nur teilweise im Rahmen dieser Norm liegen. Denkbar ist auch ein Antrag des Inhalts, daß es sich bei nützlichen Verwendungen um für ihn unzumutbare handelt oder daß es sich um eine nicht erlaubte oder erlaubnispflichtige Nutzungsänderung (§ 590) handelt (FHL § 591 Rn 17; vgl ergänzend Rn 51).

IV. Gerichtliche Mehrwertbestimmung (Abs 3)

1. Überblick und Regelung nach S 1 und 2

Abs 3 regelt **zwei Antragsbereiche**: Den einen über die **Mehrwertbestimmung** und Festsetzung (S 1) mit der konkretisierenden Bestimmung in Abs 2 über die Wertersetzung in Teilbeträgen bzw die Festsetzung von Bedingungen für die Bewilligung der Teilzahlungen. Der zweite Regelungsbereich (S 3 und 4) betrifft den **Mehrwertersatz** durch Fortsetzung des Pachtverhältnisses mit Antragsbefugnis an das Landwirtschaftsgericht bei fehlgeschlagener Vorverhandlung.

2. Mehrwertberechnung

Die Mehrwertberechnung nach S 1 erfolgt ebenso wie die nach S 3 auf **Antrag des Pächters**, mag auch dieser eigens als Antragsberechtigter erwähnt sein (BARNSTEDT/STEFFEN LwVG § 14 Rn 78). Indes ist allgemein anerkannt (FHL Rn 18), dem Verpächter eine Antragsbefugnis auf negative Feststellung zuzuerkennen, daß ein Mehrwert aus der beabsichtigten oder durchgeführten Verwendung des Pächters bei Pachtende nicht besteht.

Das Verfahren nach Abs 3 setzt **nicht** voraus, daß **zuvor ein Verfahren nach Abs 2** stattgefunden haben muß, zumal Streitigkeiten über den Mehrwertersatz auch bei Verwendungen möglich sind, zu denen der Verpächter schon nach Abs 1 zugestimmt hat (BARNSTEDT/STEFFEN LwVG § 14 Rn 80). Im übrigen kann der Antrag nach Abs 3 schon im Verfahren nach Abs 2 oder auch später als gesonderter Antrag gestellt werden ltab für das Bestimmungsrecht unter Berücksichtigung der Möglichkeit der Bedingungs- oder Auflagenfestlegung.

Der Sachantrag nach S 1 hat zum Ausdruck zu bringen, daß dem Verpächter die Zahlung des Mehrwerts aufgegeben wird (BARNSTEDT/STEFFEN § 14 Rn 81; FHL Rn 18)

Der nicht eindeutige Ausdruck „festsetzen" in S 1 ist im Einklang mit der Begründung im Regierungsentwurf (BT-Drucks 10/509 S 22) dahin zu verstehen, daß das Landwirtschaftsgericht einen **vollstreckungsgeeigneten Titel** erlassen kann: Hiernach soll die Differenzierung dem Gericht vor allem ermöglichen, schon bei einem Antrag auf Mehrwertbestimmung noch vor erfolgter Pächter-Investition den auf das Pachtende zu ermittelnden Mehrwert zu bestimmen, mag auch die Wertfestsetzung durch einen vollstreckbaren Zahlungstitel erst nach Beendigung des Pachtverhältnisses erfolgen können, dies unbeschadet einer Einigung der Vertragsparteien auf frühere Festsetzung der Fälligkeit (FHL Rn 18 u 51; LWLH Rn 3).

Der nicht zeitgebundene Antrag auf Mehrwertbestimmung kann ebenso wie der Antrag auf Zustimmungsersetzung noch vor Ausführung der Verwendungen gestellt werden, muß aber spätestens mit dem Antrag auf Zustimmungsersetzung gestellt und kann mit diesem kumuliert werden.

Bei dem Mehrwert handelt es sich nach dem Wortlaut des Abs 1 um den Wert, um den die Pächterverwendungen den „**Wert der Pachtsache über die Pachtzeit hinaus erhöhen**". Wegen der Verflochtenheit dieser Bestimmung in Abs 1 mit ihren tragenden, in Abs 2 S 1 aufgezeigten Faktoren der Erhaltung oder nachhaltigen Verbesserung der Rentabilität des Betriebs beanspruchen diese Aspekte grundsätzlich auch einen beachtlichen Einfluß auf die Auslegung des Begriffs „Wert der Pachtsache". Denn die betriebliche Rentabilität spielt de facto eine beachtliche Rolle; nicht nur für die Höhe des Mehrwerts, sondern auch für dessen Aufbringung, sowohl unter den Aspekten des Abs 2 S 3 und des Abs 3 S 2 bezüglich der Teilleistungen, ersatzweise der Fortsetzung des Pachtverhältnisses (Abs 3 S 3 und 4), als auch hinsichtlich der in Abs 2 S 1 und Abs 3 S 3 konkretisierten materiellrechtlichen Faktoren bezüglich der Zumutbarkeit für den Verpächter (LWLH Rn 52).

Die Bedeutung, die Auswirkungen der Verbesserungen insbesondere unter dem Aspekt ihrer betrieblichen Rentabilität zu sehen, ergibt sich aus Art 25 der Schätzungsordnung für das landwirtschaftliche Pachtwesen.

Die wirtschaftliche Komplexität, die bei der Mehrwertfestsetzung zu berücksichtigen ist, macht im Regelfall die Anhörung eines landwirtschaftlichen **Sachverständigen** notwendig.

54 Auch eine teilweise Vorverlegung des Zeitpunkts der Zahlungspflicht vor den gesetzlichen Zeitpunkt der Beendigung des Pachtverhältnisses ist nicht zulässig; dies wohl auch dann nicht, wenn die Nutzungsmöglichkeit vorzeitig auf den Pächter übergeleitet wird.

Zum Erlaß der Sachentscheidung ist Voraussetzung, daß sich im Zeitpunkt der Entscheidung übersehen läßt, ob ein Mehrwert eingetreten ist oder nicht. Wenn nein, ist das Gericht berechtigt, eine Sachentscheidung abzulehnen und den Antrag als zur Zeit unbegründet zurückzuweisen; zumindest solange der Vertrag noch nicht abgelaufen ist (BARNSTEDT/STEFFEN § 21 LwVG Rn 98 mit Hinweis auf die von LUKANOW AgrarR 1984, 264, 269 aufgezeigten Schwierigkeiten).

55 Im übrigen wird (LWLH Rn 30 f) es als zweifelhaft angesehen, ob Abs 3 S 2 nur ein gesetzlich genanntes Beispiel für eine landwirtschaftsgerichtliche Entscheidung aufstellt oder ob auch andere ähnliche Bestimmungen zugelassen sind, zB Stundung der ganzen Abfindungsforderung oder Teilleistung. Aus den Landpachtnormen lassen sich keine grundsätzlichen Stundungsregelungen für den Mehrtwertausgleich entnehmen, anders bei angeordneter Teilzahlung. Grundsätzlich wird erwartet, daß der Pächter zur Begleichung seiner Forderung die Fortsetzung des Pachtverhältnisses verlangt. Hiernach soll der Pächter bei Pachtende zumindest Ratenzahlungen auf seine Ausgleichsforderung oder die Nutzungsmöglichkeit des wertverbesserten Pachtobjekts erhalten (im einzelnen hierzu LWLH Rn 30). Dies spricht gegen die Annahme der generellen Zulässigkeit von Stundungsanordnungen.

56 Des weiteren ist die praktisch bedeutsame Frage ebenfalls nicht abschließend geklärt, ob schon vor Beendigung des Pachtverhältnisses vom Verpächter zu erbringende **Teilleistungen** angeordnet werden können. Auch wenn LWLH (Rn 33) die Höhe von Teilleistungen an der des Nutzungswertes orientiert, bestehen grundsätz-

lich aus Gründen des Verpächterschutzes Bedenken. Denn dieser erhält den „Gegenwert" erst bei Pachtende und trägt bei vorverlagerter Teilzahlung insoweit das wirtschaftliche Risiko des Vorhandenseins des „Gegenwertes" bei Pachtende.

Für die Bewilligung von Teilzahlungen bzw bei Festsetzung von Bedingungen (in S 2) bedarf es keines besonderen Antrags. Das Gericht entscheidet hierüber von Amts wegen (BARNSTEDT/STEFFEN § 14 LwVG Rn 82). Zu den Entscheidungskriterien für die Bestimmung von Teilleistungen, Bedingungen und Auflagen sei insbesondere verwiesen auf LWLH Rn 30 f und FHL Rn 16.

Der Anspruch des Pächters auf den Mehrwert wie auch sein Anwartschaftsrecht aus diesem Anspruch sind abtretbar.

Im Zusammenhang mit der Festsetzung des Mehrwerts kann das Landwirtschaftsgericht auf Antrag Teilbeträge zur Abzahlung des Mehrwerts festsetzen, insbesondere anordnen, daß ein gestellter Antrag auf Teilzahlung abgelehnt wird. Wird vom Gericht eine Abgeltung des Mehrwerts nur in Teilbeträgen für den Pächter für erbringbar und zumutbar gehalten, so kann es die Details näher festlegen. Hierbei können auch Bestimmungen über die Verzinsung der fälligen Mehrwert-Restforderung getroffen werden (zu allem LWLH Rn 31 bis 33).

Die Mehrwertregelung erfordert eine Interessenabwägung entsprechend den bereits in Abs 1 S 1 zugrundegelegten, in Abs 2 S 1 näher präzisierten und in Abs 3 S 3 noch fallgerecht angepaßten Leitaspekten. Hierbei kommt neben den objektiven Kriterien der Eignung der Verwendungen zur Erhaltung oder nachhaltigen Verbesserung der Rentabilität des Betriebs dem Begriff der Zumutbarkeit eine besondere Bedeutung auch bei der Festlegung von Teilleistungen und deren Höhe zu (vgl LWLH Rn 32 f). Ein kritisches Augenmerk ist insbesondere auf die Problematik der etwaigen Verlängerung des Pachtverhältnisses bei Unzumutbarkeit der Mehrwertersatzleistungen durch den Verpächter zu richten.

3. Pachtfortsetzung zwecks Mehrwertabgeltung (Abs 3 S 3 und 4)

Ist dem Verpächter nach seiner sozialen und wirtschaftlichen Situation **nicht zuzumuten, den Mehrwertersatz in Geld zu leisten**, so kann der Pächter nur verlangen, daß das Pachtverhältnis zu den bisherigen Bedingungen solange fortgesetzt wird, bis die Mehrwertschuld des Verpächters abgegolten ist (S 3).

Ob die Voraussetzungen hierfür vorliegen, kann schon im Verfahren nach Abs 3 S 2 geltend gemacht werden.

Beruft sich der **Verpächter** auf **Unzumutbarkeit** im Sinne von Abs 3 S 3 und zeigt sich der Pächter nicht an einer Fortsetzung interessiert, ist damit im Zweifel dessen Begehren auf Zustimmungsersetzung (Abs 2 S 1) abzulehnen. Zu einer Entscheidung durch das Landwirtschaftsgericht nach S 3 kann es dann nicht mehr kommen. Eine Ausnahme kann nur dann gelten, wenn der Interessenwiderstreit ausnahmsweise auf andere Weise gelöst werden kann.

V. Verjährung

58 Auszugehen ist von der gesetzlichen Grundsatzregelung des § 591 b, nach der die Ersatzansprüche des Pächters aus Verwendungsersatz binnen **sechs Monaten** verjähren, beginnend mit dem Zeitpunkt der **Beendigung des Pachtverhältnisses**. Indes gilt die längere Verjährungsfrist nach § 218, falls die Mehrwertbestimmung vor Pachtende bzw Beginn der Verwendungsmaßnahme erfolgt ist (FHL Rn 27).

Im Falle der Grundstücksveräußerung (§ 571) soll der Lauf der sechsmonatigen Verjährungsfrist für den Mehrwertsanspruch nach hA schon mit der rechtswirksamen Veräußerung (BGH NJW 1965, 1225) und der Kenntnis des Pächters hiervon (LWLH § 591 b Rn 18 mwN) beginnen. Diese Auffassung ist abzulehnen: wenn dem Pächter der Ersatzanspruch weder gegenüber dem veäußernden Verpächter noch gegenüber dem Erwerber aus Anlaß der Veräußerung zustehen soll (vgl oben Rn 29), kann die Verjährungsfrist erst mit Ende der Pachtdauer gegenüber dem Erwerber zu laufen beginnen.

VI. Abdingbarkeit

59 Die völlige oder teilweise Abbedingung der Norm ist nach einhelliger Auffassung **zulässig** (LWLH Rn 2; FHL Rn 6).

Wird der Mehrwert-Ersatzanspruch für gewisse Fälle, etwa bei vorzeitigem Vertragsende ausgeschlossen und/oder der Ausschluß als Versprechen einer Vertragsstrafe (§ 339) auszulegen sein (vgl BGH LM § 339 Nr 13 Rn 3 zu § 590 b), so kann sich – namentlich in Muster-Pachtverträgen aus §§ 9, 11 Nr 6 AGBG – daraus die Unwirksamkeit ergeben (STAUDINGER/EMMERICH [1995] § 547 Rn 52).

VII. Verfahren

60 Die landwirtschaftsgerichtlichen Entscheidungen im Rahmen des Abs 2 und Abs 3 der Norm ergehen nach § 1 Nr 1 LwVG im Verfahren nach § 9 LwVG, also den Grundsätzen der freiwilligen Gerichtsbarkeit (s auch BGH RdL 1991, 195). Dies gilt auch in Fällen der Verbindung mit anderen Ansprüchen (etwa §§ 596 b, § 588 Abs 2 S 2, § 590 Abs 5, der auch einen Verrechnungszusammenhang mit den Pächteransprüchen aus § 591 beinhaltet).

Ebenfalls unterliegen Verfahren auf Grund von Feststellungsanträgen der Vertragsparteien (vgl hinsichtlich des Verpächters Rn 49) über das Bestehen oder Nichtbestehen einer Pächterverwendung oder eines Mehrwertersatzanspruchs des Pächters der landwirtschaftsgerichtlichen Zuständigkeit nach den §§ 1 Nr 1 und 9 LwVG (s zur Zulässigkeit derartiger Feststellungsanträge auch im FGG-Verfahren OLG Stuttgart RdL 1995, 63).

(Getrennte) Verfahren nach § 590 Abs 3 und § 597 b unterstehen dem landwirtschaftsgerichtlichen Verfahren nach §§ 1 Nr 1 a iVm § 48 LwVG.

Auch hier gilt das Prinzip der Meistbegünstigung, wenn die dementsprechend vom Gericht belehrte Partei das unrichtige Rechtsmittel einlegt (BGH AgrarR 1991, 195)

3. Titel. Miete. Pacht § 591 a
III. Landpacht

In dringenden Fällen besteht die Möglichkeit zum Erlaß einer vorläufigen Anordnung nach § 18 LwVG (vgl Pikalo NJW 1986, 1474 und LWLH Rn 26).

§ 591 a

Der Pächter ist berechtigt, eine Einrichtung, mit der er die Sache versehen hat, wegzunehmen. Der Verpächter kann die Ausübung des Wegnahmerechts durch Zahlung einer angemessenen Entschädigung abwenden, es sei denn, daß der Pächter ein berechtigtes Interesse an der Wegnahme hat. Eine Vereinbarung, durch die das Wegnahmerecht des Pächters ausgeschlossen wird, ist nur wirksam, wenn ein angemessener Ausgleich vorgesehen ist.

Materialien: BT-Drucks 10/508; 10/509; 10/3830; 10/3498.

Schrifttum

Siehe § 585.

Systematische Übersicht

I.	Normzweck und Überblick	1	IV.	Abwendungsrecht des Verpächters
			1.	Übernahmerecht und dessen Ausübung ... 11
II.	Einrichtungen	3	a)	Erklärung ... 12
III.	Wegnahmerechte des Pächters		b)	Zeitpunkt ... 13
1.	Anwendungsbereich	4	2.	Entgegenstehendes Pächter-Interesse ... 14
2.	Einbringung durch den Pächter	5	3.	Entschädigung ... 15
3.	Wegnahmerecht des Pächters	6	4.	Übernahmepflicht des Verpächters ... 16
a)	Inhalt	6	V.	Abdingbarkeit ... 17
b)	Zeitpunkt	7		
c)	Anzeigepflicht des Pächters	8	VI.	Verjährung ... 18
d)	Ausschluß des Wegnahmerechts	9		
4.	Wegnahmepflicht des Pächters	10	VII.	Verfahrensrecht ... 19

Alphabetische Übersicht

Abdingbarkeit	17	Einrichtungen, Definition	3
Abwendungsrecht, des Verpächters	11 ff	Pächter, Wegnahmepflicht	10
– Entschädigung	15	– Wegnahmerecht	4 ff
– Erklärung	12		
– und Pächterinteresse	14		
– Zeitpunkt	13	Spannungsverhältnis, zwischen den Vertragsparteien	2
Eigentum, Auswirkungen auf Wegnahmerecht	6	Übernahmepflicht, des Verpächters	16

Verfahrensfragen	19	– Ausschluß	9
Verjährung, von Ansprüchen	18	– Eigentumsfragen	6
Verpächter, Abwendungsrecht	11 ff	– Inhalt	6
– Übernahmepflicht	16	– Konsequenzen für Rückgabe	6
		– Zeitpunkt	7
Wegnahmerecht, Anzeigepflicht	8		

I. Normzweck und Überblick

1 Diese durch das LPachtNeuOG **neu eingeführte Bestimmung** ist das landpachtrechtliche **Gegenstück zu** der wohnraum-mietrechtlichen Bestimmung des **§ 547 a**, auf dessen Kommentierung in Zweifelsfällen verwiesen werden kann.

Mehr noch als im Miet- bestand im Landpachtrecht ein Regelungsbedürfnis. Die Unterhaltungspflicht des Pächters nach § 586 Abs 1 S 2 hat eine statische Komponente und erfaßt den Pachtgegenstand so, wie er übergeben und zu unterhalten ist. Demgegenüber hat der auf dem Pachtgegenstand pächterseits praktizierte landwirtschaftliche Betrieb eine vorrangig **dynamische Komponente**, in dem er die Wirtschaftsweise an sich verändernde Verhältnisse anpaßt. Es wird daher der Normalfall (jedenfalls bei der Betriebspacht) sein, daß der Pächter den Pachtgegenstand im Laufe der Zeit mit Einrichtungen ausstattet. Dies ist auch ohne erlaubnisfähige Änderung der bisherigen Nutzung (§ 590 Abs 2) denkbar und kann sich als nicht ausgleichspflichtige nützliche Verwendung iSv § 591 Abs 2 darstellen.

2 Die Norm löst das **Spannungsverhältnis** zwischen dem Pächter-Interesse auf Investitionen während der Pachtzeit und Kompensation bei deren Ende auf der einen Seite sowie dem Verpächter-Interesse an der Erhaltung des derart weiter entwickelten Betriebes auf der anderen.

II. Einrichtungen

3 „Einrichtung" im Sinne der Norm ist nicht zu verwechseln mit Bestandteilen oder Zubehör (§§ 93 ff), obwohl Überschneidungen möglich sind.

Mit „Einrichtung" im Sinne der Bestimmung werden **alle beweglichen Gegenstände** bezeichnet, mit denen der Pächter die Pachtsache während der Pachtzeit versehen hat und die dazu bestimmt sind, deren Zweck zu dienen (BGHZ 101, 37). Eine Einrichtung kann durch die Verbindung mit der Pachtsache zu deren wesentlichem Bestandteil (§§ 93, 94, 946, 947) werden. Ansonsten ist sie im Regelfall Pächtereigentum (STAUDINGER/EMMERICH [1995] § 547 a Rn 7).

Einrichtungen können nützliche Verwendungen im Sinne von § 591 sein (FHL Rn 6).

Beispiele für Einrichtungen sind Maschinen, Fütterungsanlagen, eine Werkstatt, Anlagen zur Reinigung, Trocknung und Lagerung von Getreide, Beregnungsanlagen und dergleichen (zu weiteren Beispielen STAUDINGER/EMMERICH [1995] § 547 a Rn 4 ff; LWLH Rn 6 f; FHL Rn 4 ff).

III. Wegnahmerechte des Pächters

1. Anwendungsbereich

Voraussetzung ist stets das Vorhandensein eines wirksamen Landpacht-Vertrages; **4** dazu sowie zu Abgrenzungsfragen vgl die Kommentierung zu § 585.

2. Einbringung durch den Pächter

Der Pächter muß die Pachtsache mit der Einrichtung versehen haben. Das bedeutet, **5** er muß den Einbau selbst oder durch Dritte, jedenfalls aber **auf eigene Kosten** veranlaßt haben.

3. Wegnahmerecht des Pächters

a) Inhalt

Der Pächter ist zur Wegnahme derartiger Einrichtungen befugt, **gleichgültig**, ob sie **6** (sein) gesondertes **Eigentum** geblieben oder durch Verbindung mit der Pachtsache Eigentum des Verpächters geworden sind. Derart beinhaltet das Wegnahmerecht des Pächters eine Duldungspflicht des Verpächters mit dinglichem Charakter (FHL Rn 8 mwN).

Als selbständiges Recht ist das Wegnahmerecht **abtretbar, es unterliegt der kurzen Verjährung** des § 591 b (FHL Rn 8; LWLH Rn 9). Das Recht besteht gegenüber dem Verpächter wie auch dessen Rechtsnachfolger, auch bei Veräußerung und Anwendbarkeit von § 571 (LWLH Rn 11).

Nach der Wegnahme ist die Pachtsache auf Pächter-Kosten in den **vorherigen Zustand** (§ 258) bzw den vertraglich hinsichtlich der Rückgabe vereinbarten zu versetzen, (LWLH Rn 10).

b) Zeitpunkt

Der Pächter kann sein Wegnahmerecht **jederzeit** ausüben, also ebenso während der **7** Dauer des Vertragsverhältnisses wie aus Anlaß von dessen Beendigung. Auch noch nach Rückgabe besteht dieser Anspruch, der dann auf Duldung der Trennung und Herausgabe gerichtet ist (LWLH Rn 9). Unter dem Gesichtspunkt des „ dolo agit ...." wird dem Pächter die Wegnahme jedoch solange verwehrt sein, wie er für die zugrundeliegende Investition Verwendungsersatz beansprucht.

c) Anzeigepflicht des Pächters

Eine generelle Anzeigepflicht im Hinblick auf die beabsichtigte Wegnahme einer **8** Einrichtung wird abgelehnt und nur ausnahmsweise angenommen (str, vgl LWLH Rn 18; STAUDINGER/EMMERICH [1995] § 547 a Rn 26 mwN). Dies erscheint in Ansehung der Abwendungs-Rechte des Verpächters unrichtig zu sein. Denn ist die Wegnahme erst einmal durchgeführt, kann sie vom Verpächter praktisch nicht mehr abgewendet werden. Es liegt daher nahe, hier denselben Rechtsgedanken anzuwenden, der § 593 a S 2 zugrundeliegt. Daher wird man den Pächter **stets vor Wegnahme als zur Anzeige verpflichtet** ansehen müssen, mit der Konsequenz einer Schadensersatzpflicht aus positiver Vertragsverletzung im Falle der Nichtbeachtung.

d) Ausschluß des Wegnahmerechts

9 Der Pächter ist nicht zur Wegnahme befugt, wenn:

- er die Pachtsache mit der Einrichtung in Erfüllung seiner Unterhaltungspflicht aus § 586 Abs 1 S 2 versehen hat;
- es sich um eine notwendige Verwendung handelt, für die dem Pächter ein Ausgleichsanspruch nach § 590 b zusteht (LWLH Rn 8);
- sein Recht abbedungen wurde (vgl Rn 17) oder die Vertragsparteien (nachträglich) etwas anderes vereinbart haben;
- der Verpächter insoweit sein Verpächterpfandrecht (§ 592) geltend macht (LWLH Rn 13);
- er durch die Geltendmachung von Mehrwert-Ansprüchen nach § 591 Abs 2 konkludent auf den Wegnahmeanspruch verzichtet hat (LWLH aaO);
- die Wegnahme ausnahmsweise als unzulässig erscheint, etwa weil dadurch die Einrichtung zerstört oder unbrauchbar würde oder die Pachtsache selbst in nicht wiederherzustellender Weise beeinträchtigt würde.

4. Wegnahmepflicht des Pächters

10 Eine solche besteht im Regelfall nicht, kann sich nur ausnahmsweise aus den vertraglichen Vereinbarungen und/oder den allgemeinen Pflichten des Pächters zur Rückgabe des Pachtobjektes (§ 596) ergeben (STAUDINGER/EMMERICH [1995] § 547 Rn 3; FHL Rn 10; LWLH Rn 17).

IV. Abwendungsrecht des Verpächters

11 Der Verpächter kann nach S 2 im Regelfall die Wegnahme dadurch abwenden, daß er die Einrichtung gegen Zahlung einer Entschädigung übernimmt.

1. Übernahmerecht und dessen Ausübung

a) Erklärung

12 Dazu muß der Verpächter dem Pächter eindeutig seine Übernahme- und Zahlungsbereitschaft erklären sowie ggf seine Fähigkeit hierzu nachweisen.

b) Zeitpunkt

13 Die Erklärung kann nicht mehr zur Übernahme führen, wenn der Pächter die Einrichtung bereits weggenommen hat (STAUDINGER/EMMERICH [1995] § 547 Rn 24; FHL Rn 17; LWLH Rn 14). Hier zeigt sich die Notwendigkeit, eine Nebenpflicht des Pächters zur Information vor der Wegnahme zu begründen (so Rn 8), damit das Abwendungsrecht des Verpächters nicht zur Farce wird und er zumindest Schadensersatzansprüche behält.

Aber auch sonst begegnet die Durchführung des Abwendungsrechts teilweise *praktischen Schwierigkeiten*: Macht der Pächter von seinem Wegnahmerecht während der Pachtzeit Gebrauch, wird der Verpächter (insbesondere bei größeren Einrichtungsgegenständen) zumeist überhaupt nicht die Möglichkeit haben, den Einrichtungsgegenstand zu übernehmen und zu lagern.

2. Entgegenstehendes Pächter-Interesse

Der Pächter kann Übernahme und Entschädigung seitens des Verpächters ausnahmsweise abwenden, wenn er ein **berechtigtes Interesse** an der Wegnahme hat. Dies wird im Zweifelsfall, jedenfalls bei Vorliegen „**vernünftiger Gründe**" (STAUDINGER/ EMMERICH [1995] § 547 a Rn 32) zu bejahen sein. Ein berechtigtes Interesse besteht insbesondere dann, wenn der Pächter auf die Weiternutzung der Einrichtung – etwa angesichts ihrer Individualität oder eines groben Mißverhältnisses zwischen Nutz- und Entschädigungswert – betriebswirtschaftlich dringend angewiesen ist (vgl dazu weiter LWLH Rn 15).

3. Entschädigung

Die Angemessenheit der verpächterseits zu leistenden Entschädigung wird sich in erster Linie am **Verkehrswert** der Einrichtung zum Zeitpunkt der beabsichtigten Wegnahme orientieren (vgl § 591 Rn 31, so auch STAUDINGER/EMMERICH [1995] § 547 Rn 28; LWLH Rn 13; aA FHL Rn 16). Stets sind davon jedoch die pächterseits aus Anlaß des Ausbaus ersparten Aufwendungen abzuziehen.

Die Art der Entschädigung unterliegt der Parteivereinbarung, sie muß dem Pächter nicht in Geld zufließen (LWLH Rn 2).

4. Übernahmepflicht des Verpächters

Eine solche kann ausnahmsweise bei entsprechender vertraglicher Vereinbarung oder dann bestehen, wenn im Rahmen eines Ersetzungsverfahrens nach § 591 Abs 2, 3 das Landwirtschaftsgericht dementsprechende Auflagen gemacht hat.

V. Abdingbarkeit

Nach S 3 kann das Wegnahmerecht des Pächters ausgeschlossen werden; eine derartige Vereinbarung ist jedoch nur bei gleichzeitiger Regelung eines angemessenen Ausgleichs wirksam (LWLH Rn 2). Dies ist auch bei vertraglich vereinbarten Einschränkungen des Pächterrechts zu berücksichtigen. Auch dieser muß nicht in einer Geldentschädigung zum Zeitpunkt der Belassung (spätestens Rückgabe) bestehen, kann sich vielmehr auch in anderen Vorteilen (zB Pachtzinshöhe) konkretisieren.

Bei formularmäßiger Regelung sind die Vorschriften des AGBG (insbesondere §§ 9, 11 Nr 6) zu beachten.

VI. Verjährung

Ansprüche der Vertragsparteien aus dieser Bestimmung verjähren nach § 591 b Abs 1 in sechs Monaten (STAUDINGER/EMMERICH [1995] § 558 Rn 4, 6; FHL Rn 21; LWLH Rn 19).

VII. Verfahrensrecht

Streitigkeiten aus dieser Bestimmug sind solche der „Landpacht im übrigen" im

Sinne von § 1 Nr 1 a LwVG, so daß sich das streitige Gerichtsverfahren nach den Regeln der ZPO richtet.

§ 591 b

(1) Die Ersatzansprüche des Verpächters wegen Veränderung oder Verschlechterung der verpachteten Sache sowie die Ansprüche des Pächters auf Ersatz von Verwendungen oder auf Gestattung der Wegnahme einer Einrichtung verjähren in sechs Monaten.

(2) Die Verjährung der Ersatzansprüche des Verpächters beginnt mit dem Zeitpunkt, in welchem er die Sache zurückerhält. Die Verjährung der Ansprüche des Pächters beginnt mit der Beendigung des Pachtverhältnisses.

(3) Mit der Verjährung des Anspruchs des Verpächters auf Rückgabe der Sache verjähren auch die Ersatzansprüche des Verpächters.

Materialien: BT-Drucks 10/508; 10/509; 10/3830; 10/3498.

Schrifttum

Siehe § 585.

Systematische Übersicht

I.	**Allgemeines**		**III.**	**Beginn der Verjährung der Ansprüche**
1.	Entstehungsgeschichte und Zweck der Vorschrift	1	1.	des Verpächters (§ 591 b Abs 1 und Abs 3) ... 9
2.	Anwendungsbereich	2	2.	des Pächters (§ 591 b Abs 2 S 2) ... 10
a)	Vertragsart	2	**IV.**	**Besonderheiten für die Verjährung**
b)	Betroffener Personenkreis	3	1.	bei einer Veräußerung der Pachtsache ... 11
II.	**Die Ansprüche der Vertragsparteien im einzelnen**		2.	bei einem Streit um die Beendigung des Pachtverhältnisses ... 12
1.	des Verpächters	4	3.	bei Verhandlungen über die gegenseitigen Ansprüche ... 13
a)	wegen Veränderung der Pachtsache	5		
b)	wegen Verschlechterung der Pachtsache	6	**V.**	**Abdingbarkeit** ... 14
c)	Ansprüche, die nicht nach dieser Vorschrift verjähren	7	**VI.**	**Verfahrensrechtliches** ... 15
2.	des Pächters	8		

Alphabetische Übersicht

Abdingbarkeit	14	Hemmung der Verjährung, durch Verhandlungen	13
Anwendungsbereich, der Vorschrift	2 f		

Pächteransprüche	8	Verjährung, Beginn	9 f
– Verjährungsbeginn	10	Verpächteransprüche	4 ff
Pachtsache, Veräußerung	11	– keine Verjährung nach § 591 b	
		– Verjährungsbeginn	9
Streit, über Pachtvertragsende	12	– wegen Veränderung	5
		– wegen Verschlechterung	6
Veräußerung, der Pachtsache	11		
Verfahrensfragen	15	Zweck, der Vorschrift	1
Verhandlungen, Hemmung der Verjährung	13		

I. Allgemeines

1. Entstehungsgeschichte und Zweck der Vorschrift

Diese Verjährungsregelung für die Landpacht ist durch das LPachtNeuoG eingefügt 1 worden. Hierbei wurde die für die **Pacht** im allgemeinen und für die **Miete** nach §§ 558, 581 Abs 2 geltende kurze Verjährung **inhaltsgleich** übernommen. Dies deshalb, weil bei allen drei Rechtsformen bei Beendigung des Vertragsverhältnisses bzw bei Rückgabe der Miet- bzw Pachtsache *möglichst rasch eine abschließende Klärung der gegenseitigen Ansprüche der Vertragsteile* herbeigeführt werden soll (STAUDINGER/ EMMERICH [1995] § 558 Rn 2). Diese abschließende Klärung könnte durch eine längere Verjährungsfrist infolge der dann möglichen faktischen Veränderung der Miet- oder Pachtsache nur erschwert werden.

2. Anwendungsbereich

a) Vertragsart
Die Vorschrift gilt nur für die **Landpacht** iSv § 585. Angesichts der Inhaltsgleichheit 2 mit den entsprechenden miet- und pachtrechtlichen Vorschriften kommt es praktisch aber nicht zu Abgrenzungsschwierigkeiten.

Auch auf Verträge, die sinngemäß dem Landpachtvertrag ähneln, ist die kurze Verjährung des § 591 b anzuwenden. Dies gilt etwa für Heuerlings- oder Pflugtauschverträge, soweit sie nicht schon ohnehin schon unter den Begriff Landpachtvertrag fallen, vgl § 585 Rn 14.

b) Betroffener Personenkreis
Die Verjährungsbestimmungen des § 591 b gelten nicht nur für die **Vertragsparteien** 3 **des Landpachtvertrages**. Vielmehr müssen sie auch Anwendung finden auf Ansprüche **Dritter**, die durch diesen Vertrag betroffen werden. Hierzu gehören die Familienangehörigen und Mitarbeiter des Pächters. Weiterhin gelten diese Bestimmungen für den Personenkreis, dem durch den Pachtvertrag der Mitgebrauch der Pachtsache überlassen worden ist. Dies gilt insbesondere dann, wenn dritten Personen mit Zustimmung des Verpächters durch den Pächter die Pachtsache oder ein Teil von ihr überlassen worden ist (vgl für die Miete BGH NJW 1976, 1843; STAUDINGER/EMMERICH [1995] § 558 Rn 21 ff; PALANDT/PUTZO § 558 Rn 5).

II. Die Ansprüche der Vertragsparteien im einzelnen

1. des Verpächters

4 Sie beziehen sich auf die Ersatzansprüche des Verpächters wegen Veränderung oder Verschlechterung der verpachteten Sache (STAUDINGER/EMMERICH [1995] § 558 Rn 8 ff).

a) wegen Veränderung der Pachtsache

5 Schadensersatzansprüche des Verpächters werden in erster Linie bei allen Fällen des § 590 vorliegen, also bei Bestimmungs- oder Nutzungsänderung des Pächters ohne vorherige Erlaubnis des Verpächters bzw des Landwirtschaftsgerichts. Es handelt sich also um Fälle, in denen der Pächter die Veränderungen bei Pachtende beseitigen müßte, um die Pachtsache so wie vereinbart zurückzugeben.

Ist in dem Pachtvertrag ausdrücklich vereinbart, daß der Pächter bei bestimmungsgemäßem Gebrauch der Pachtsache auftretende Veränderungen und Verschlechterungen zu ersetzen habe, so gilt dafür in gleicher Weise die kurze Verjährungsfrist des § 591 b (vgl für die Miete BGH NJW 1980, 389; PALANDT/PUTZO § 558 Rn 6).

b) wegen Verschlechterung der Pachtsache

6 Eine Verschlechterung liegt immer dann vor, wenn der Zustand der Pachtsache nachteilig von demjenigen abweicht, den sie (vereinbarungsgemäß) bei Pachtende und Rückgabe haben sollte. Auch eine unerlaubte Veränderung des gepachteten eisernen Inventarbestandes begründet einen der kurzen Verjährung unterliegenden Schadensersatzanspruch des Verpächters.

Dasselbe muß gelten, wenn dieser für den Verpächter nachteilige Zustand durch eine vertraglich vereinbarte Umgestaltung der Pachtsache geschaffen wurde. Die Verschlechterung der Pachtsache wird besonders bei Verletzung der dem Pächter nach §§ 586 Abs 1 S 2 und 3; 582 a Abs 1 S 2 obliegenden Verpflichtungen vorliegen. Auch der Ersatz einer aus der Verletzung von Nebenpflichten entstandene Schaden gehört hierzu, wie zB aufgrund Unterlassens eines vertraglich vereinbarten Abschlusses einer Feuerversicherung. Der Pächter ist gleichfalls schadensersatzpflichtig bei Verletzung der ihm obliegenden Obhuts- und Anzeigepflicht (vgl BGH NJW 1964, 545; NJW 1965, 151). Hierzu gehören insbesondere die Ersatzansprüche wegen unterlassener Unterhaltung der Pachtsache (vgl PALANDT/PUTZO § 558 Rn 6).

c) Ansprüche, die nicht nach dieser Vorschrift verjähren

7 Beachtet werden muß allerdings, daß schon nach dem Wortlaut des § 591 b nicht alle Ansprüche des Verpächters der kurzen Verjährung unterliegen. Unter die Bestimmung fällt zB nicht der Verpächter-Anspruch auf rückständige Pachtzinsen. Ist die Pachtsache vollständig zerstört worden, fallen darauf gegründete Ansprüche nicht unter die kurze Verjährungszeit des § 591 b (vgl für die Miete BGH NJW 1981, 2406). Dies muß auch für den Unterlassungsanspruch des Verpächters wegen vertragswidrigen Gebrauchs der Pachtsache nach § 590 a gelten, für den Rückgabeanspruch nach § 596 und für den Pachtzinsfortzahlungsanspruch nach § 597. Zu weiteren Beispielsfällen siehe STAUDINGER/EMMERICH (1995) § 558 Rn 25 f; LWLH Rn 8, FHL Rn 12.

2. des Pächters

Diese beziehen sich in erster Linie auf die Ansprüche auf Verwendungs-Ersatz nach §§ 590 b, 591 Abs 1 sowie auf Gestattung der Wegnahme von Einrichtungen nach § 591 a. Gleichfalls unterliegt der Anspruch des Pächters auf Mehrwertersatz nach § 582 a Abs 3 S 3 der kurzen Verjährungszeit, wenn er das zurückzugebende Inventar durch wesentlich wertvolleres ersetzt hat (STAUDINGER/EMMERICH [1995] § 558 Rn 32 ff).

III. Beginn der Verjährung der Ansprüche

1. des Verpächters (§ 591 b Abs 1 und Abs 3)

Entscheidender Zeitpunkt des Verjährungsbeginns ist die **Rückgabe der Pachtsache**. Diese ist erst dann erfolgt, wenn der Verpächter in der Lage ist, die zurückgegebene Pachtsache auf Mängel oder Veränderungen zu untersuchen, um diese geltend machen zu können (vgl BGH NJW 1980, 390; 1968, 2241; 57, 1436; STAUDINGER/EMMERICH [1995] § 558 Rn 38 ff). Dazu muß der Verpächter Besitzer der Pachtsache geworden und darf nicht gehindert sein, die notwendigen Untersuchungen zur Ermittlung von etwaigen Schadensersatzansprüchen anzustellen.

Dementsprechend kann bei der Verpachtung einer Sachgesamtheit (zB Betriebspacht, vgl § 585 Rn 10) die Verjährung erst dann beginnen, wenn die Pachtsache insgesamt zurückgegeben ist. Anderes kann allenfalls dann gelten, wenn die Einzelteile der Sachgesamtheit sich als jeweils selbständige Teile darstellen, die mit den anderen Teilen in keinem wirtschaftlichen Zusammenhang stehen. Ist eine Sachgesamtheit durch mehrere Verträge verpachtet, beginnt die Verjährungsfrist selbstständig mit der Rückgabe des jeweils verpachteten Teils.

Gleichgültig ist, ob zur Zeit der Rückgabe das Vertragsverhältnis bereits beendet ist.

Die Verjährung der Verpächteransprüche nach § 591 b Abs 3 dürfte kaum praktisch werden, weil der Anspruch des Verpächters auf Rückgabe der Pachtsache gemäß § 195 nach 30 Jahren verjährt.

2. des Pächters (§ 591 b Abs 2 S 2)

Für den Pächter hingegen ist der entscheidende Zeitpunkt des Verjährungsbeginns die **rechtliche und nicht tatsächliche Beendigung des Pachtverhältnisses** (vgl BGH NJW 1986, 254; 1968, 2241; STAUDINGER/EMMERICH [1995] § 558 Rn 49 ff). Dementsprechend soll innerhalb der Pachtzeit keine Verjährung eintreten (vgl KRÄMER NJW 1962, 2301). Wird der Pachtvertrag (einverständlich oder) nach § 595 fortgesetzt, so tritt an die Stelle des ursprünglichen Vertragsendes das Ende der Verlängerungs- bzw Fortsetzungszeit.

IV. Besonderheiten für die Verjährung

1. bei einer Veräußerung der Pachtsache

Nach § 593 b sind in einem solchen Falle auf den Landpachtvertrag die §§ 571 bis 579 anzuwenden (vgl dazu weiter STAUDINGER/EMMERICH [1995] § 558 Rn 52).

Hinsichtlich der Verwendungsersatzansprüche des Pächters, die in der Zeit vor der Veräußerung der Pachtsache entstanden sind, ist die Frage nach dem Anspruchsgegner und der Fälligkeit von besonderer Bedeutung; vgl dazu im einzelnen § 591 Rn 29.

2. bei einem Streit um die Beendigung des Pachtverhältnisses

12 Ein solcher Streit wird meistens bei einer umstrittenen außerordentlichen Kündigung des Verpächters vorkommen. Auch wenn der Pächter die Wirksamkeit der Kündigung gerichtlich anficht, bleibt für ihn unklar, ob seine Ersatzansprüche einer Verjährung unterliegen oder nicht. Insoweit sollte er vorsorglich versuchen, ein Anerkenntnis des Verpächters oder einen Verzicht auf die Geltendmachung der Verjährungseinrede zu erreichen.

3. bei Verhandlungen über die gegenseitigen Ansprüche

13 Wenn die Vertragspartner nach Beendigung eines Pachtvertrages über ihre gegenseitigen Ansprüche verhandeln, dürfte eine Hemmung der Verjährung gegeben sein (vgl BGH NJW 1985, 798; Palandt/Heinrichs Überbl v § 194 Rn 12).

V. Abdingbarkeit

14 Bei Abschluß eines Landpachtvertrages muß neben der Verjährungsregelung des § 591 b das zwingende allgemeine Verjährungsrecht des BGB beachtet werden, insbes § 225. Danach kann die kurze Verjährung des § 591 b **weder ausgeschlossen noch erschwert** werden. Eine unmittelbare Verlängerung oder eine andere Erschwerung der kurzen Verjährung ist demnach ausgeschlossen (vgl für die Miete BGH NJW 1984, 290; OLG Frankfurt NJW 1971, 1754; Staudinger/Emmerich [1995] § 558 Rn 62; Palandt/Putzo § 558 Rn 3). Nach der Rechtsprechung des BGH kann indirekt jedoch die kurze Verjährung ausgeweitet werden. Die Entstehung oder Fälligkeit des Anspruchs, der der Verjährung unterliegt, kann vertraglich hinausgeschoben werden (vgl BGH NJW 1984, 290; Palandt/Putzo § 558 Rn 3). Dagegen ist eine Abkürzung der Verjährungsfrist nach § 225 S 2 zulässig. Erfolgt eine solche Abkürzung in einem Formularvertrag, sind allerdings die Erschwernisse nach § 9 Abs 2 AGBG zu beachten.

VI. Verfahrensrechtliches

15 Je nach Art des geltend gemachten Anspruchs kann die Verjährungsfrage im streitigen oder dem Verfahren der freiwilligen Gerichtsbarkeit ausgetragen werden (vgl LWLH Rn 22).

§ 592

Der Verpächter hat für seine Forderungen aus dem Pachtverhältnis ein Pfandrecht an den eingebrachten Sachen des Pächters sowie an den Früchten der Pachtsache. Für künftige Entschädigungsforderungen kann das Pfandrecht nicht geltend gemacht werden. Mit Ausnahme der in § 811 Nr 4 der Zivilprozeßordnung genannten Sachen

erstreckt sich das Pfandrecht nicht auf Sachen, die der Pfändung nicht unterworfen sind. Die Vorschriften der §§ 560 bis 562 gelten entsprechend.

Materialien: BT-Drucks 10/508; 10/509; 10/3830; 10/3498.

Schrifttum

Siehe § 585.

Systematische Übersicht

I.	**Allgemeine Kennzeichnung**		a)	Entfernung der Sachen	20
1.	Überblick	1	b)	Ausnahmesachverhalte	21
2.	Verhältnis zu anderen Vorschriften	2	c)	Ausschluß des Widerspruchsrechts	24
			3.	Beweislast	25
II.	**Wesen und Wirkungen des Verpächterpfandrechts**	3	**VI.**	**Das Selbsthilferecht des Verpächters (§§ 592 S 4, 561)**	
III.	**Begründung und Inhalt des Verpächterpfandrechts**		1.	Allgemeine Grundsätze	26
1.	Landpachtvertrag	5	2.	Das Selbsthilferecht vor Entfernung der Sachen (§ 561 Abs 1)	
2.	Verpächterforderungen		a)	Voraussetzungen	27
a)	Gesicherte Forderungen	6	b)	Verhinderung der Entfernung	28
b)	Nicht gesicherte Forderungen	7	c)	Inbesitznahme	29
3.	Pfandgegenstand	8	3.	Die Rechtslage nach Entfernung der Sachen (§ 561 Abs 2)	30
a)	Eingebrachte Sachen des Pächters	8	a)	Herausgabeanspruch	30
b)	Früchte der Pfandsache	12	b)	Erlöschen des Anspruchs	31
IV.	**Pfandrechtskonkurrenzen**		4.	Beweislast	32
1.	Zu den Pfändungspfandrechten	13	**VII.**	**Sicherheitsleistung des Pächters (§§ 592 S 4, 562)**	
2.	Zum Früchtepfandrecht	14	1.	Allgemeines	33
3.	Zum Inventarpfandrecht nach dem Pachtkreditgesetz	15	2.	Die Abwendung des Pfandrechts	34
4.	Die Rechtslage bei Unterverpachtung und bei landwirtschaftlicher Kooperation	16	3.	Die Sicherheitsleistung	35
a)	Unterverpachtung	16	**VIII.**	**Die Vollziehung des Verpächterpfandrechts**	36
b)	Kooperationen	17			
V.	**Erlöschen des Verpächterpfandrechts**		**IX.**	**Grundsätzlich nachgiebiges Recht**	37
1.	Die allgemeinen Erlöschensgründe	18	**X.**	**Verfahren**	38
2.	Das Erlöschen nach den §§ 592 S 4, 560	19			

Alphabetische Übersicht

Abdingbarkeit	37	Rechte, des Verpächters	4
Beweislast	25, 32	Schadensersatzansprüche	6
		Selbsthilferecht, des Verpächters	26 ff
Eigentum, des Pächters	11	Sicherheitsleistung, des Pächters	33 ff
Einbringung, des Pfandgegenstandes	10		
Entfernen, des Pfandgegenstandes, Rechtslage danach	30 f	Unterverpachtung	16
		Verfahrensfragen	38
Forderungen, (un)gesicherte	6 f	Verhältnis, der Vorschrift zu anderen	2
Früchte, als Pfandgegenstand	12	Verpächter, Ausschluß des Widerspruchsrechts	24
Früchtepfandrecht	14	Verpächter, Selbsthilfrecht	26 ff
		– Widerspruch gegen Entfernen	23 f
Inventarpfandrecht	15	Verpächterpfandrecht, Begründung	5 ff
		– Erlöschen	18 ff
Konkurrenzen, des Verpächterpfandrechts	13 ff	– gesicherte Forderungen	6 f
Kooperation, unter Pächtern	17	– Konkurrenzen	13 ff
		– Pfandgegenstand	8 ff
Pächter, Eigentum	11	– Selbsthilferecht	26 ff
– Sicherheitsleistung	33 ff	– Vollziehung	36
Pachtzinsforderungen	6	– Vorrang bei Früchten	12
Pfandgegenstand	8 ff	– Wesen	3
– Einbringung	10	– Wirkung	4
– Entfernen	20 ff		
– Früchte	12	Widerspruch, des Verpächters gegen Entfernen	23 f
– Pächter-Eigentum	11		
– Rechtslage nach Entfernen	30 f	Widerspruchsrecht, Ausschluß	24

I. Allgemeine Kennzeichnung

1. Überblick

1 Die Bestimmung gibt entsprechend der bisherigen Rechtslage die bislang in den §§ 581 Abs 2, 585 getroffene Regelung wieder, unter Beibehaltung der Verweisungen auf die §§ 560 bis 562. Anstelle der bisherigen Beschränkung auf Pachtzinsforderungen sichert das Pfandrecht nunmehr **alle Verpächter-Forderungen** aus dem Pachtverhältnis.

2. Verhältnis zu anderen Vorschriften

2 Weitergehend als das Vermieter- (§ 559 S 2) kann dieses Verpächterpfandrecht für den **gesamten Pachtzins** geltend gemacht werden (zur restriktiven Auslegung des § 559 vgl STAUDINGER/EMMERICH [1995] § 559 Rn 56 ff). Es besteht ferner gegenüber einem Pfändungspfandgläubiger und bezüglich des gesamten rückständigen Pachtzinses. Es erstreckt sich auch auf die Früchte der Pfandsache und auf die nach § 811 Nr 4 ZPO der Pfändung nicht unterworfenen Sachen. Es erfaßt (soweit vorhanden) auch Rechtsfrüchte.

Das Korrelat zum Verpächterpfandrecht ist das Pächterpfandrecht (§§ 585 Abs 2; 583).

(Zu der Funktion des § 1257 vgl STAUDINGER/EMMERICH [1995] § 559 Rn 12; PALANDT/BASSENGE § 1247 Rn 2). Im übrigen kann neben dem gesetzlichen für den Verpächter auch ein rechtsgeschäftliches Pfandrecht bestellt werden (PALANDT/PUTZO § 559 Rn 2); dies dürfte aber im Gegensatz etwa zur Sicherungsübereignung kaum von praktischer Bedeutung sein. Auch kann der Verpächter eingebrachte Sachen nach § 808 ZPO pfänden.

Zu den Pfandrechtskonkurrenzen vgl Rn 3.

Das Verpächterpfandrecht geht dem Wegnahmerecht des Pächters aus § 591 a vor (entsprechend dem Vorrang zu § 547 a; vgl WEIMAR ZMR 1967, 196; STAUDINGER/EMMERICH [1995] § 559 Rn 20).

Das Verpächterpfandrecht wird über § 823 Abs 1 (BGH WPM 1965, 704) sowie §§ 823 Abs 2 BGB, 289 StGB geschützt.

II. Wesen und Wirkungen des Verpächterpfandrechts

Auf das gesetzliche besitzlose Verpächterpfandrecht finden über § 1257 die allgemeinen Vorschriften über das rechtsgeschäftliche Pfandrecht entsprechende Anwendung, jedoch naturgemäß mit Ausnahme der Bestimmungen, die den Besitz am Pfandobjekt voraussetzen. Daher ist ein gesetzlicher Pfandrechtserwerb kraft guten Glaubens ausgeschlossen (vgl STAUDINGER/EMMERICH [1995] § 559 Rn 16).

Zum Pfandrechtsschutz siehe §§ 1257, 1227, zum Umfang der Pfandrechtsverhaftung §§ 1257, 1222.

Das Pfandrecht gibt dem **Verpächter** insbesondere die **folgenden Rechte**:

- zur Zurückbehaltung der eingebrachten Pächtersachen (§ 561 Abs 1) einschließlich des daraus resultierenden Selbsthilferechts;
- auf Verfolgung fortgeschaffter Sachen des Pächters (§ 561 Abs 2);
- zur Befriedigung aus den vorgenannten Sachen, soweit dies zur Befriedigung der pfandgeschützten Forderungen des Verpächters erforderlich ist (§§ 1257, 1228, 1233 1241). Nach Eintritt der Voraussetzungen für die Befriedigung aus dem Pfand steht dem Verpächter gegen den Besitzer das Klagerecht auf Pfandherausgabe zum Zwecke des Verkaufs zu (STAUDINGER/EMMERICH [1995] § 559 Rn 21).

Der Pächter hat dem Verpächter, zumindest auf dessen Befragen, zur Vermeidung einer Schadensersatzpflicht, die Pfändung eingebrachter Sachen durch Drittgläubiger zu offenbaren. Bei unerlaubter Wegschaffung und Veräußerung der eingebrachten Pächter-Sachen geht das Verpächterpfandrecht auf den Erlös über (RGZ

119, 265). Dagegen besteht – anders als bei der Hypothek (§ 1127) – kein Ersatzpfandrecht an der Versicherungsforderung wegen Zerstörung der Sache (RG HRR 34, 1677); ebensowenig gibt es ein Pfandrecht am Ersatzanspruch des Eigentümers gegen den Zerstörer der Pfandsache. Auch besteht kein dem § 281 entsprechender Anspruch auf Einräumung eines Pfandrechts am Ersatzanspruch (RGZ 94, 22; 105, 87).

III. Begründung und Inhalt des Verpächterpfandrechts

1. Landpachtvertrag

5 Voraussetzung ist zunächst das Bestehen eines **Landpachtverhältnisses**.

2. Verpächterforderungen

a) Gesicherte Forderungen
6 Das Pfandrecht sichert nur Forderungen, die **aus dem Pachtverhältnis selbst heraus** entstanden sind, nicht also solche, die dem Verpächter aus einem anderen Rechtsverhältnis heraus gegen den Pächter zustehen. Ob es sich im Einzelfall um eine Forderung aus dem Pachtverhältnis handelt, entscheidet sich danach, ob zwischen der Forderung und dem Pachtverhältnis ein innerer Zusammenhang besteht (RGZ 37, 888 ff; 38, 60, 71 ff).

Dazu gehört in erster Linie die **Pachtzinsforderung**. Entgegen miet- oder allgemeinen pachtrechtlichen Beschränkungen sind in der Landpacht alle rückständigen sowie zukünftigen Pachtzinsforderungen gesichert; ferner auch sog Nebenkosten, die der Pächter entweder kraft Gesetzes (§ 586 a) oder aufgrund vertraglicher Vereinbarung zu tragen hat (zB Heizkosten für die Beheizung der Wirtschaftsgebäude oder der Pächterwohnung). Das Verpächterpfandrecht erstreckt sich auch auf den Zahlungsanspruch des Verpächters aufgrund der Inventar-Übernahme durch den Pächter (RGZ 38, 66, 69 f).

Zu den gesicherten Forderungen gehören darüber hinaus alle im Zusammenhang mit der Pachtsache entstandenen **Schadensersatzansprüche**, etwa wegen Verschlechterung oder Beschädigung aufgrund vertragswidrigen Gebrauchs, aus Verletzung der Anzeigepflicht (§ 545) oder der Rückgabepflicht (BGHZ 60, 22). Gesichert sind außerdem eventuelle Ausgleichsansprüche nach §§ 582 a Abs 3 und 590 Abs 3, Ansprüche auf Zinsen und Vertragsstrafen (§ 1210), Verpächter-Forderungen gegenüber dem Vorpächter, wenn der Pächter dessen Verbindlichkeiten übernommen hat (BGH WPM 1965, 703) sowie die Kosten der Rechtsverfolgung einschließlich der der Kündigung und der Pfandverwertung, allerdings nicht die infolge der Rechtsverfolgung gegen einen Bürgen entstandenen Kosten (Palandt/Putzo § 559 Rn 12).

Ob das Pfandrecht sich auch auf den Verpächter-Anspruch auf Leistung der Kaution erstreckt, ist umstritten (verneinend insoweit RGZ 37, 88, 92; aA wohl Staudinger/Emmerich [1995] § 559 Rn 60 und MünchKomm/Voelskow § 592 Rn 4). Bei einem dem Pächter vom Verpächter als Betriebskapital gewährten Darlehen hat das Reichsgericht (RGZ 37, 88, 91 f) diesen inneren Zusammenhang verneint. Der an dieser Entscheidung geübten Kritik von Voelskow (MünchKomm/VOELSKOW § 592 Rn 4) ist beizupflichten. Die Abgrenzung hat im Hinblick auf die Zweckbestimmung des Darlehens zu erfolgen; soll es der Pachtsache zugute kommen, ist der innere Zusammenhang zu bejahen. Anders ist es demnach nur, wenn das Darlehen zu Privatzwecken des Pächters gegeben wird.

b) Nicht gesicherte Forderungen
Entsprechend der mietrechtlichen Regelung des § 559 S 2 kann der Verpächter nach S 2 das Pfandrecht nicht für künftige Entschädigungsforderungen geltend machen. Dies sind alle Ersatzansprüche, die noch nicht mit Erfolg eingeklagt werden können, deren Entstehung noch ungewiß ist, weil sie von zukünftigen Ereignissen abhängig sind (BGH LM Nr 51 zu § 535 BGB), die mit anderen Worten „noch nicht liquide" sind (so STAUDINGER/EMMERICH [1995] § 559 Rn 64 ff). Dies ist nicht identisch mit der Fälligkeit, da Schadensersatzansprüche im Zeitpunkt ihrer Entstehung fällig werden. Für die Beurteilung, ob es sich um eine gegenwärtige oder zukünftige Entschädigungsforderung handelt, ist abzustellen auf den Zeitpunkt der (auch vorgerichtlichen) Geltendmachung des Pfandrechts. Beispiele für zukünftige Entschädigungsforderungen sind (zitiert nach STAUDINGER/EMMERICH [1995] § 559 Rn 69):

– Forderungen für Schäden, die sich erst nach Beendigung des Pachtverhältnisses ergeben, so wenn jetzt noch nicht feststeht, ob und zu welchen Bedingungen die Sache anderweitig verpachtet werden kann (RGZ 142, 201);
– Forderungen wegen einer mangelhaften Instandhaltung der Pachtsache, die erst geltend gemacht werden können, wenn feststeht, daß der Pächter seine Instandhaltungspflicht nicht erfüllt hat;
– Forderungen wegen einer Kündigung durch den Konkursverwalter (RG JW 1909, 424);
– Ansprüche des Verpächters wegen einer Vorenthaltung der Pachtsache;
– alle betagten und befristeten Ersatzansprüche.

3. Pfandgegenstand

a) Eingebrachte Sachen des Pächters
Das Pfandrecht des Landverpächters besteht – **erweitert** gegenüber denjenigen des Vermieters und sonstigen Verpächters – an den eingebrachten und pfändbaren Pächter-Sachen auch insoweit, als das zum Wirtschaftsbetrieb erforderliche Gerät und Vieh nebst dem nötigen Dünger betroffen ist; desgleichen landwirtschaftliche Erzeugnisse, soweit sie zur Unterhaltssicherung des Pächters, seiner Familie und seiner Arbeitnehmer oder zur Fortführung der Wirtschaft bis zur nächsten Ernte gleicher oder ähnlicher Erzeugnisse erforderlich sind.

Für den **Begriff der Sache** – generell definiert nach § 90 – spielt es keine Rolle, ob der Gegenstand vorübergehend mit dem Grundstück verbunden ist wie beispielsweise bei einem Gewächshaus des Pächters, das gleichwohl dem Verpächterpfandrecht unterliegt (RGZ 132, 120).

Nicht eindeutig ist die Rechtslage bei Wertpapieren und ähnlichen Urkunden. Nach Emmerich (STAUDINGER/EMMERICH [1995] § 559 Rn 7 ff) ist darauf abzustellen, ob die jeweilige Urkunde einen eigenen Vermögenswert besitzt. Danach unterliegen dem

Verpächterpfandrecht: Inhaberpapiere, Schecks, Wechsel, Banknoten jeder Währung. Nicht erfaßt sind dagegen sämtliche auf den Namen lautende Schuldurkunden, insbesondere die sogenannten Legitimationspapiere, wie beispielsweise Sparbücher, auf den Namen lautende Hypothekenbriefe und Lebensversicherungspolicen (§ 952). Gleiches gilt für Ansprüche und Forderungen des Pächters, es sei denn, es handelt sich um sog Rechtsfrüchte der Pachtsache (s Rn 12 aE).

Dem Verpächterpfandrecht unterliegen ebenfalls **nicht** Versicherungsansprüche, die an die Stelle vernichteter eingebrachter Sachen getreten sind (RG GE 1934, 730). Gleiches gilt bezüglich des Erlöses für solche dem Pfandrecht unterliegenden Sachen, die der Pächter eigenmächtig entfernt und veräußert hat. Insoweit verbleiben dem Verpächter nur Ansprüche nach § 816 Abs 1 S 1 bzw § 823 Abs 1.

10 Die weiter zur Pfandrechts-Entstehung notwendige **Einbringung der Sachen** im rechtlichen Sinne bedeutet, daß der Pächter sie in den durch das Pachtverhältnis vermittelten Machtbereich des Verpächters verbracht hat. Dabei muß die Einbringung auf eine gewisse Dauer angelegt sein und nicht nur zu einem vorübergehenden Zweck erfolgen (RGZ 132, 116). Abzugrenzen ist in diesem Zusammenhang zwischen der Einbringung und der bloßen Einstellung (s hierzu STAUDINGER/EMMERICH [1995] § 559 Rn 25 ff).

Die Einbringung muß **während der Vertragsdauer** erfolgen, eine davor oder danach erfolgte begründet kein Pfandrecht (LWLH Rn 8). Zur Einbringung ist nicht erforderlich, daß die eingebrachten Sachen in der Folgezeit auch ständig in diesem Bereich verbleiben; weiter ist nicht erforderlich, daß dabei dem Pächter die Entstehung des (gesetzlichen) Pfandrechts bewußt ist/wird.

Voraussetzung einer pfandrechtsrelevanten Einbringung ist ferner, daß sie **willentlich** geschieht. Dazu gehört auch die Geschäftsfähigkeit des Pächters (zum Meinungsstand zur Frage der vollen Geschäftsfähigkeit s STAUDINGER/EMMERICH [1995] § 559 Rn 25).

11 Das Pfandrecht des Verpächters entsteht grundsätzlich nur an eingebrachten Sachen im **Pächter-Eigentum**. Besteht dieses auflösend-bedingt, entsteht das Pfandrecht mit der Einbringung, bei Bedingungseintritt geht es unter (streitig: dagegen PALANDT/PUTZO § 559 Rn 7; zu folgen aber wohl STAUDINGER/EMMERICH [1995] § 559 Rn 36, der wegen der Identität der Interessenlage § 161 Abs. 2 für entsprechend anwendbar hält). Hat der Pächter aufschiebend-bedingtes Eigentum (etwa bei Eigentumsvorbehalt des Verkäufers), entsteht mit der Einbringung noch kein Verpächterpfandrecht. In diesem Fall hat der Verpächter aber ein Pfandrecht am Anwartschaftsrecht des Pächters mit der Folge, daß der Verpächter durch Zahlung den Bedingungseintritt herbeiführen kann und er ein Pfandrecht an der Sache selbst erwirbt, das vorrangig ist gegenüber etwaigen in der Zwischenzeit begründeten Pfändungspfandrechten Dritter (BGH LM Nr 3 zu § 559 BGB).

Ist der Pächter nur **Miteigentümer**, gilt § 1258 entsprechend (STAUDINGER/EMMERICH [1995] § 559 Rn 42). Ist Pächterin eine **Gesellschaft**, so ist zu unterscheiden: bei einer BGB-Gesellschaft ist jeder einzelne Pächter, so daß die eingebrachten Sachen aller Gesellschafter dem Verpächterpfandrecht unterliegen. Bei OHG oder KG haften nur die von der Gesellschaft eingebrachten Sachen, nicht aber die Sachen der (persönlich haftenden) Gesellschafter (STAUDINGER/EMMERICH [1995] § 559 Rn 43 ff mwN).

Ist der Pächter Vorerbe, so unterliegen alle von ihm eingebrachten Nachlaßgegenstände dem Verpächterpfandrecht, da er auch als Vorerbe voller Eigentümer ist (RGZ 80, 30).

b) Früchte der Pfandsache
Nach § 592 S 1 erfaßt das Verpächterpfandrecht **auch die Früchte** der Pachtsache. Zugrunde zu legen ist die Begriffsbestimmung des § 99. Nach hM entsteht das Pfandrecht an Früchten schon **vor ihrer Trennung**, und zwar in dem Augenblick, „in dem im natürliche Sinne erstmals von Früchten die Rede sein kann, obwohl vor Trennung der Früchte diese an sich noch im Eigentum des Verpächters stehen". Macht der Verpächter von seinem Pfandrecht Gebrauch, erwirbt der Pächter mit der Trennung der Früchte zwar nach § 956 das Eigentum, jedoch belastet mit dem Pfandrecht des Verpächters (RGZ 132, 116). Das bedeutet aber andererseits, daß bei einer Kündigung des Pachtvertrages vor der Ernte der Früchte das Pfandrecht an ihnen nicht mehr voll wirksam werden kann (RG HRR 1931 Nr 597).

Durch die Möglichkeit, das Pfandrecht auch schon an nicht getrennten Früchten geltend machen zu können, erlangt der Verpächter den **Vorrang vor jedem anderen Pfändungsgläubiger**, der die Früchte nach § 810 ZPO pfändet. Er kann gemäß § 805 ZPO auf vorzugsweise Befriedigung klagen (MünchKomm/VOELSKOW § 592 Rn 5).

Nach § 99 Abs 3 BGB zählen zu den Früchten auch die sog Rechtsfrüchte, also Ansprüche, die dem Pächter aus der Pachtsache erwachsen, wie etwa der Anspruch auf den Unterpachtzins (BGB-RGRK/GELHAAR § 585 Rn 4).

IV. Pfandrechtskonkurrenzen

1. Zu den Pfändungspfandrechten

Nach §§ 1257, 1209 richtet sich der Rang des Verpächterpfandrechts nach dem Zeitpunkt seiner Bestellung. Es geht daher allen nachträglich begründeten Pfandrechten vor (§ 563, allerdings für die Landpacht ohne die darin enthaltene Beschränkung auf den Pachtzins des letzten Jahres). Im übrigen gilt das Prioritätsprinzip, dh daß ein bei Einbringung der Sache bereits bestehendes Pfändungspfandrecht dem Verpächterpfandrecht vorgeht.

Vorrangig ist dagegen das Verpächterpfandrecht einem nach § 810 ZPO bestellten Pfändungspfandrecht an den Früchten (su Rn 14).

Denkbar ist auch das Zusammentreffen des Verpächterpfandrechts mit einem Pfändungspfandrecht des Verpächters. Beide stehen dann selbständig nebeneinander, wobei der Pächter dem Pfändungspfandrecht gegenüber alle Einwendungen, die einem Schuldner gegen die Zwangsvollstreckung zustehen, geltend machen kann (OLG Frankfurt MDR 1975, 228).

2. Zum Früchtepfandrecht

14 **Lieferanten von Düngemitteln und Saatgut** steht nach dem Gesetz zur Sicherung der Düngemittel- und Saatgutversorgung vom 19. 1. 1949 (BGBl III 403 – 11 idF des Gesetzes vom 30. 7. 1951, BGBl I 476; vgl dazu LG Braunschweig RdL 1991, 127) für ihre Ansprüche aus der Lieferung solcher Produkte ein gesetzliches Pfandrecht an der Pfändung unterliegenden Grundstücksfrüchten zu. Dieses Pfandrecht geht allen anderen dinglichen Rechten, so auch dem Verpächterpfandrecht, vor.

Durch dieses sog Früchtepfandrecht nicht erfaßt werden die nach § 811 Nr 4 ZPO unpfändbaren sog Wirtschaftsfrüchte iSd § 98 Abs 2 BGB (MünchKomm/VOELSKOW § 592 Rn 7), die ihrerseits aber dem Verpächterpfandrecht unterliegen.

Steht der Pächter mit dem Lieferanten in einem Kontokorrentverhältnis, so erlischt das Pfandrecht des Lieferanten nicht dadurch, daß in das Kontokorrent auch dessen Forderungen aus anderen Lieferungen eingestellt werden. Es erlischt auch nicht dadurch, daß der Pächter dem Lieferanten Erzeugnisse der laufenden Ernte liefert und der Erlös im Kontokorrent gutgeschrieben wird.

3. Zum Inventarpfandrecht nach dem Pachtkreditgesetz

15 Um dem Pächter landwirtschaftlicher Flächen und Betriebe eine Möglichkeit der Kreditbeschaffung einzuräumen, wurde das Inventarpfandrechtsgesetz vom 9. 7. 1926 (RGBl I 399, 412) geschaffen, das am 5. 8. 1951 als Pachtkreditgesetz (BGBl I 494) neu gefaßt wurde. Ausgehend davon, daß das Pächter-Inventar regelmäßig sein einziges und wichtigstes Kapital ist, auf dessen Besitz er angewiesen ist, wurde zugunsten bestimmter Kreditinstitute ein besitzloses Pfandrecht geschaffen, dessen Gegenstand das dem Pächter gehörende Inventar ist. Dieses entspricht begrifflich weitgehend dem Zubehör im Sinne der §§ 97 und 98 Abs 2. Im Gegensatz zum Früchtepfandrecht des Dünger- und Saatgutlieferanten erfaßt das Inventarpfandrecht auch die sog Wirtschaftsfrüchte, nicht aber die Verkaufsfrüchte, die ihrerseits dem Früchtepfandrecht unterliegen (MünchKomm/VOELSKOW § 592 Rn 7). Damit ist eine Konkurrenz der Pfandrechte nach dem Gesetz zur Sicherung der Düngemittel- und Saatgutversorgung und dem Pachtkreditgesetz ausgeschlossen.

Das Verpächterpfandrecht und das Inventarpfandrecht des PKrG besitzen denselben Rang (STAUDINGER/EMMERICH[12 (1981)] § 585 Rn 23). Dementsprechend ist in § 11 PKrG geregelt, daß der Verpächter zur Befriedigung oder Sicherstellung seiner durch das Verpächterpfandrecht gesicherten Ansprüche die Hälfte des Erlöses erhält.

4. Die Rechtslage bei Unterverpachtung und bei landwirtschaftlicher Kooperation

a) Unterverpachtung

16 Zu den Rechtsverhältnissen des Verpächters zu Haupt- und Unterpächter sowie dem zwischen Haupt- und Unterpächter vgl § 589 Rn 22. Ebensowenig wie einen Pachtzinsanspruch hat der Verpächter ein Pfandrecht an den vom Unterpächter eingebrachten Sachen (STAUDINGER/EMMERICH [1995] § 559 Rn 49; PALANDT/PUTZO § 549 Rn 20). Aus den normalen pachtvertraglichen Beziehungen zwischen Haupt- und Unterpächter folgt ein Pfandrecht an den vom Unterpächter eingebrachten Sachen. Nach §§ 592 S 1, 99 Abs 3 steht dem Verpächter gegen den Pächter ein Pfandrecht an dessen Pachtzinsanspruch gegen den Unterpächter zu. Das Verhältnis der beiden konkurrierenden Pfandrechte des Pächters und des Verpächters an dieser Forderung wird durch § 1209 geregelt: es gilt das Prioritätsprinzip – das ältere Recht geht dem jüngeren vor –, beide Pfandrechte sind bei gleichzeitiger Entstehung gleichrangig.

b) Kooperationen
Bringen Eigentümer ihr Land in einen landwirtschaftlichen Zusammenschluß zur Nutzung – insbesondere in eine BGB-Gesellschaft als Pächter – ein, so weist WITT (Das Pfandrecht am Inventar des landwirtschaftlichen Betriebs [Diss Hohenheim 1974] 143 ff, 150) die Anwendbarkeit des PKrG auf die Verpfändung des Betriebsinventars der Kooperation mit eingehender Begründung nach und stellt unter Hinweis auf § 11 PKrG das Konkurrenzverhältnis zwischen Inventar- und Verpächterpfandrecht heraus (WITT 155, 156): Die beiden Pfandrechte erstrecken sich auf das gesamte Inventar untereinander zu gleichem Rang, unabhängig vom Zeitpunkt der Bestellung (BGH NJW 1970, 2212), so daß im Falle der Pfandverwertung eine Erlösteilung gemäß § 11 PKrG stattzufinden hat und beim Ausfall des einen der Erlösanteil dem anderen zuwächst, ohne starr auf die Hälfte beschränkt zu sein (§ 11 Abs 1 S 4 PKrG). Witt sieht keine Bedenken, den Anwendungsbereich des PKrG auch auf die sog landwirtschaftlichen Familiengesellschaften beispielsweise zwischen Vater und Sohn (vgl UPMEIER ZU BELZEN S 35 ff) zu erstrecken, jedenfalls dann, wenn ausschließlich das Betriebsinventar in das Gesellschaftsvermögen überführt wird, also der Gesellschaft kein Grundbesitz gehört, der als Hypothekenhaftung zur Verfügung gestellt werden könnte (UPMEIER ZU BELZEN 157).

Akzeptiert man den Standpunkt Witts über die Anwendbarkeit des PKrG bei Kooperationen, in denen der Eigentümer Land zur Nutzung einbringt, auf das der Kooperation gehörende Betriebsinventar an, so muß entsprechendes auch für den Zusammenschluß gelten, der sich auf das von den Pächtern zur Nutzung eingebrachte Pachtland stützt.

Soweit der Pächter durch die Einbringung der Pachtländereien (und ggf angepachteten Inventars) in den landwirtschaftlichen Zusammenschluß Rechte erlangt, steht dem Verpächter an diesen Rechten gemäß den §§ 592 S 1, 99 Abs 3 das Verpächterpfandrecht zu; soweit es sich hierbei um gesamthänderisch gebundene Gemeinschaftsrechte handelt, gilt dies beschränkt nach § 717, dh an den in Satz 2 dieser Vorschrift genannten Ansprüchen.

Bringt der Pächter eigenes eingebrachtes Inventar in den Zusammenschluß zur bloßen Nutzung ein, wobei das Inventar auf dem Pachtbesitz verbleibt (§ 560 S 1), so behält der Verpächter sein Pfandrecht an diesem Inventar. Bringt der Pächter sein auf dem Pachtgrundbesitz verbleibendes Inventar in den Zusammenschluß zu gesellschaftsrechtlichem Eigentum ein, so erwerben die in Gesamthandsgemeinschaft verbundenen Gesellschafter dieses Eigentum nur belastet mit dem Verpächterpfandrecht.

V. Erlöschen des Verpächterpfandrechts

1. Die allgemeinen Erlöschensgründe

18 Da über § 1257 für das (gesetzliche) Verpächterpfandrecht die Vorschriften über das rechtsgeschäftlich bestellte entsprechende Anwendung finden, gelten entsprechend auch die allgemeinen Erlöschensgründe.

Als solche kommen in Betracht:

- rechtmäßige Veräußerung des Pfandes (§ 1242 Abs 2 S 1);
- Forderungsabtretung mit Ausschluß des Pfandrechtsübergangs (§ 1250 Abs 2);
- Erlöschen der Forderung (§ 1252);
- Aufhebung des Pfandrechts (§ 1255);
- Vereinigung von Pfandrecht und Eigentum (§ 1256).

Das Pfandrecht erlischt des weiteren durch Untergang oder dauernde Wertlosigkeit der Pfandsache (RGZ 96, 185).

Da es sich beim Verpächterpfandrecht um ein besitzloses gesetzliches Pfandrecht handelt, kommt der Erlöschensgrund des § 1253 – Erlöschen durch Pfandrückgabe – nicht in Betracht. Die Rückgabe eines vom Verpächter in Besitz genommenen Pfandes kann aber die Aufhebung des Pfandrechts nach § 1255 bedeuten (PALANDT/PUTZO § 1257 Rn 7).

2. Das Erlöschen nach den §§ 592 S 4, 560

19 Das Verpächterpfandrecht ist ein besitzloses Pfandrecht, das dem Pächter als Eigentümer weiterhin den Besitz an der dem Pfandrecht unterliegenden Sache beläßt. Erforderlich für das Bestehen des Pfandrechts ist aber, daß die Pfandsache sich auf dem Pachtgegenstand befindet. Nach der gem S 4 entsprechend anwendbaren Vorschrift des § 560 erlischt das Verpächterpfandrecht mit der Entfernung der Sache von dem Grundstück, es sei denn, daß die Entfernung ohne Wissen oder unter Widerspruch des Verpächters erfolgt.

a) Entfernung der Sachen

20 Dabei ist Entfernung jedes **willentliche Wegschaffen** der Sache durch den Pächter oder einen Dritten (RGZ 71, 418). Erforderlich ist demnach das gleiche bewußte Handeln wie bei der Einbringung der Sache (§ 559). Der Streit, ob bei einer nur vorübergehenden Entfernung der Sache (etwa eines Kraftfahrzeugs) das Verpächterpfandrecht erlischt, ist aber mehr theoretischer Natur, da auch die Verfechter dieser Auffassung die Neubegründung annehmen, wenn die Sache auf das Verpächtergrundstück zurückgebracht wird (s hierzu OLG Karlsruhe NJW 1971, 624; OLG Hamm MDR 1981, 407; STAUDINGER/EMMERICH [1995] § 560 Rn 11).

Das Verpächterpfandrecht erlischt auch, wenn der **Gerichtsvollzieher** die Sachen des Pächters entfernt. Der Verpächter ist dann durch § 805 hinreichend geschützt (STAUDINGER/EMMERICH [1995] § 560 Rn 12 f mwN). Der Pfändungsgläubiger seinerseits kann aber auf die Rechte des Pächters aus § 560 S 2 verweisen (RGZ 71, 418). Dem Einwand, daß die zurückgebliebenen Sachen zu seiner Sicherheit ausreichen, kann der Verpächter dadurch begegnen, daß er auf sein Pfandrecht an den zurückgebliebenen Sachen verzichtet (BGHZ 27, 227).

b) **Ausnahmesachverhalte**
Trotz der Entfernung der Pfandsache vom Pachtgrundstück bleibt das Verpächterpfandrecht bestehen, wenn die Entfernung entweder ohne Wissen des Verpächters oder gegen seinen Widerspruch geschieht.

Ohne Wissen des Verpächters ist nicht gleichbedeutend mit heimlicher Fortschaffung der Sachen (Prot II 207 F); abzustellen ist allein auf die **positive Kenntnis** des Verpächters oder seines Vertreters; grob fahrlässige Unkenntnis reicht zum Erlöschen des Verpächterpfandrechts nicht aus. Beobachtet dagegen der Verpächter die Entfernung der Sachen, ohne darauf zu reagieren, so ist davon auszugehen, daß er auf das Pfandrecht verzichtet (STAUDINGER/EMMERICH [1995] § 560 Rn 20). Nach hM erlischt das Pfandrecht des Verpächters auch, wenn die Entfernung zwar ohne sein Wissen erfolgt, er ihr aber auch bei Kenntnis wegen Vorliegens der Voraussetzungen von § 560 S 2 nicht hätte widersprechen können, er diese vielmehr hätte dulden müssen (PALANDT/PUTZO § 560 Rn 7; STAUDINGER/EMMERICH [1995] § 560 Rn 22 mwN).

Das Verpächterpfandrecht erlischt nicht bei sofortigem **Widerspruch** nach Kenntniserlangung. Zur Durchsetzung seines berechtigten Widerspruchs steht dem Verpächter das **Selbsthilferecht** des § 561 zu (su Rn 26). Der Widerspruch muß entweder vor oder während der Entfernung der Pfandsache erklärt werden, ein erst danach erklärter ist wirkungslos. Unterbleibt ein Widerspruch seitens des Verpächters, so erlischt mit der Entfernung der Sache sein Pfandrecht. Gleiches gilt, wenn dem Verpächter kein Widerspruchsrecht zusteht, er vielmehr zur Duldung verpflichtet ist (§ 560 S 2).

c) **Ausschluß des Widerspruchsrechts**
Nach der nicht abdingbaren Vorschrift des § 560 S 2 hat der Verpächter die Entfernung der dem Verpächterpfandrecht unterliegenden Sachen zu dulden, wenn:

– die Entfernung im regelmäßigen Betriebe des Geschäfts des Pächters erfolgt;
– sie den gewöhnlichen Lebensverhältnissen des Pächters entspricht;
– die zurückbleibenden Sachen zur Sicherung des Verpächters offenbar ausreichen.

Ob die Voraussetzungen der Duldungspflicht vorliegen, bestimmt sich nach dem Zeitpunkt der Entfernung.

Die Entfernung von Sachen durch den Konkursverwalter ist kein Fall der §§ 560, 561, mit der Konsequenz, daß dem Verpächter kein Widerspruchsrecht zusteht. Er ist vielmehr auf die Rechte aus § 127 KO – abgesonderte Befriedigung – verwiesen (STAUDINGER/EMMERICH [1995] § 560 Rn 29 mwN).

Unter die erste Alternative fallen alle Vorgänge, die normalerweise zum Geschäftsbetrieb des Pächters gehören, also beispielsweise die Veräußerung von Waren, die Ablieferung auf dem Grundstück hergestellter Waren, die Entfernung der Tageskasse (OLG Braunschweig MDR 1980, 403). In diesen Fällen steht zu erwarten, daß die entfernten Sachen alsbald wieder ersetzt werden (BGH LM Nr 2 zu § 560).

Entfernung entsprechend den gewöhnlichen Lebensverhältnissen des Pächters bedeutet zB die Mitnahme von Sachen auf Reisen, die Weggabe zum Zwecke der Reparatur oder die Gefälligkeitsleihe (PALANDT/PUTZO § 560 Rn 9).

Das Widerspruchsrecht des Verpächters entfällt ferner, wenn er durch die zurückbleibenden Sachen offenbar ausreichend gesichert ist. Dies ist an dem voraussichtlichen Verwertungserlös zu messen (PALANDT/PUTZO § 560 Rn 10). Offenbar bedeutet, daß dies ohne nähere Untersuchung für den Verpächter erkennbar ist; also bleiben zB alle Sachen mit zweifelhafter Eigentumslage außer Betracht. Neben dem Pächter selbst können sich auch dessen Gläubiger und Dritte auf die verbleibende ausreichende Sicherung berufen (BGHZ 27, 227; STAUDINGER/EMMERICH [1995] § 560 Rn 39 ff).

3. Beweislast

25 Den Pächter trifft die Beweislast für die Entfernung der Sachen, den Verpächter für das Vorliegen eines der Ausnahmetatbestände, daß die Entfernung ohne sein Wissen oder gegen seinen Widerspruch erfolgt ist. Gelingt dem Verpächter dieser Beweis, so hat der Pächter die Voraussetzungen der Duldungspflicht des Verpächters (S 2) zu beweisen. Beruft sich ein Dritter auf fehlendes Eigentum des Pächters an einer Sache, so hat er und nicht der Verpächter dies zu beweisen (STAUDINGER/EMMERICH [1995] § 560 Rn 42).

VI. Das Selbsthilferecht des Verpächters (§§ 592 S 4, 561)

1. Allgemeine Grundsätze

26 Über die jedem Pfandgläubiger zustehenden Rechte aus den §§ 816, 823 BGB sowie § 1227 iVm den §§ 985 und 1004 hinaus räumt § 592 S 4 iVm § 561 dem Verpächter ein weitgehendes Selbsthilferecht ein. Dieses Recht besteht hinsichtlich aller dem Pfandrecht unterliegenden Sachen, deren Entfernung er widersprechen kann (§ 561 Abs 1), also nicht hinsichtlich solcher Sachen, deren Entfernung er nach § 560 S 2 dulden muß.

Die Ausübung des Selbsthilferechts hat **schonend** zu erfolgen; also derart, daß der Verpächter nicht auf mehr Sachen zugreifen darf als zu seiner Sicherung erforderlich sind. Abzugrenzen ist danach, was für ihn insoweit **offenbar erkennbar** ist.

§ 561 ist nicht abdingbar, jedenfalls insofern, als das Selbsthilferecht des Verpächters nicht erweitert werden kann (PALANDT/PUTZO § 561 Rn 3).

2. Das Selbsthilferecht vor Entfernung der Sachen (§ 561 Abs 1)

a) Voraussetzungen

27 Das Selbsthilferecht hat zur **Voraussetzung** die Pächter-Absicht, die der Pfändung unterliegenden Sachen vom Pachtgrundstück zu entfernen. Es ist zeitlich derart begrenzt, daß es vor dem Beginn der Entfernung noch nicht (OLG Düsseldorf ZMR

1983, 376) und nach der Entfernung, also nach Überschreiten der Grundstücksgrenzen, nicht mehr ausgeübt werden kann. Es beschränkt sich damit praktisch auf den Zeitpunkt der versuchten Entfernung. Der Verpächter hat somit abgesehen von dem Sonderfall des § 229 kein Recht zur sog Nacheile (PALANDT/PUTZO § 561 Rn 5; STAUDINGER/EMMERICH [1995] § 561 Rn 16).

b) Verhinderung der Entfernung
Der Verpächter hat sich zunächst darauf zu beschränken, der Entfernung zu widersprechen. Bleibt der Pächter bei seinem Entschluß, die Sachen zu entfernen, so ist im Rahmen der Verhältnismäßigkeit eine dahingehende **Gewaltanwendung** zulässig, daß der Verpächter beispielsweise durch das Verschließen von Türen oder ähnliche Maßnahmen die Entfernung zu verhindern sucht, oder, wenn dieses nicht zum Erfolg führt, er diesen Personen die Sachen abnehmen darf (STAUDINGER/EMMERICH [1995] § 561 Rn 17 ff mwN). Dabei darf der Verpächter keine Gewalt gegen Personen anwenden. 28

c) Inbesitznahme
Zieht der Pächter vom Pachtgrundstück ab, dh gibt er den Besitz daran endgültig auf, so reicht zur Sicherung des Verpächters die bloße Verhinderung der Entfernung der dem Pfandrecht unterliegenden Sachen nicht aus. In diesem Fall darf der Verpächter die Sachen selbst in Besitz nehmen. Voraussetzung des Rechts zur Inbesitznahme ist, daß der Pächter mit dem Auszug tatsächlich begonnen hat. Macht er seinen Entschluß wegen der Ausübung des Selbsthilferechts durch den Verpächter wieder rückgängig, so erlischt dieses. 29

Mit der Inbesitznahme treffen den Verpächter alle Rechte und Pflichten eines jeden Pfandgläubigers. Er ist zur Verwahrung verpflichtet und hat die Sachen nach seiner Befriedigung zurückzugeben. Nach den Vorschriften über die Geschäftsführung ohne Auftrag kann er Verwendungsersatz verlangen (§ 1216). Lagert der Verpächter die Sachen in den vom Pächter gepachteten Räumen, kann er weder Lagergeld fordern noch mit der Begründung, der Pächter enthalte ihm die Räume vor, Schadensersatz nach § 597 fordern (STAUDINGER/EMMERICH [1995] § 561 Rn 24).

3. Die Rechtslage nach Entfernung der Sachen (§ 561 Abs 2)

a) Herausgabeanspruch
Das **Selbsthilferecht des Verpächters endet**, sobald die Sachen vom Pachtgrundstück entfernt worden sind. Nach diesem Zeitpunkt tritt an seine Stelle ein **Herausgabeanspruch**. Er entspricht der zum Schutz des rechtsgeschäftlich bestellten Pfandrechts getroffenen Regelung des § 1227. Voraussetzung des Anspruchs ist, daß die Sachen entweder ohne Wissen des Verpächters oder gegen seinen Widerspruch entfernt worden sind. Da es sich um einen dinglichen Herausgabeanspruch handelt, kann er gegen jeden unmittelbaren oder mittelbaren Besitzer der Sache, also nicht bloß den Pächter, gerichtet werden (STAUDINGER/EMMERICH [1995] § 561 Rn 31 mwN). Der Anspruchsgegner muß nicht identisch sein mit der Person, die die Sache vom Pachtgrundstück entfernt hat. Zur Vorbereitung des Herausgabeanspruchs hat der Verpächter einen Auskunftsanspruch (LG Mannheim WuM 1978, 92). 30

Der Anspruch ist auf **Zurückschaffung** der Sache auf das Pachtgrundstück gerichtet sowie im Falle der Räumung der Pachtsache durch den Pächter auf Herausgabe an den Verpächter. Gibt der Pächter die Sache heraus, obliegt dem Verpächter deren Zurückschaffung. Kann der Verpächter wegen des Auszugs des Pächters Herausgabe an sich selbst verlangen, so erhält er die Rechtsstellung eines Faustpfandrechtsgläubigers.

Gegenüber dem Herausgabeanspruch kann sich der Besitzer auf gutgläubig lastenfreien Eigentums-, vorrangigen Nießbrauchs- oder Faustpfandrechtserwerb berufen (STAUDINGER/EMMERICH [1995] § 561 Rn 40 mwN). Das gesetzliche Pfandrecht eines neuen Verpächters hat dagegen entsprechend § 1209 keinen Vorrang.

b) Erlöschen des Anspruchs

31 Nach § 561 Abs 2 S 2 erlischt das Pfandrecht mit dem Ablauf eines Monats, nachdem der Verpächter von der Entfernung der Sachen Kenntnis erlangt hat. Er hat bis dahin diesen Anspruch gerichtlich geltend zu machen. Die Frist ist eine **Ausschlußfrist**, deren Berechnung sich nach den §§ 187 Abs 1, 188 Abs 2 richtet und die vertraglich nicht verlängert werden kann (STAUDINGER/EMMERICH [1995] § 561 Rn 42 ff).

Die Frist beginnt mit der **Kenntnis** des Verpächters zu laufen, nicht mit dem Zeitpunkt der tatsächlichen Entfernung der Sachen. Die Frist läuft auch unabhängig davon, ob der Verpächter weiß, wo und in wessen Besitz die Sachen sich befinden. Unter gerichtlicher Geltendmachung ist jede erkennbare Rechtsverfolgungsmaßnahme zu verstehen, also neben der Klageerhebung beispielsweise auch der Antrag auf Erlaß einer einstweiligen Verfügung auf Zurückschaffung der Sachen (KG OLGE 20, 189; 27, 156) oder der Antrag auf Hinterlegung des Erlöses beim Vollstreckungsgericht, § 805 Abs 4 ZPO (KG JW 1933, 921).

Da § 561 nicht für die Pfändung und Verwertung der Pächtersachen durch andere Gläubiger gilt, ist die Klage des Verpächters auf vorzugsweise Befriedigung aus § 805 ZPO nicht an die Monatsfrist gebunden.

Die Versäumung der Monatsfrist hat das Erlöschen des Pfandrechts zur Folge. Unberührt davon bleiben die Ansprüche des Verpächters aus Vertrag und unerlaubter Handlung wegen schuldhafter, rechtswidriger Verletzung des Pfandrechts (PALANDT/PUTZO § 561 Rn 14; aA STAUDINGER/EMMERICH [1995] § 561 Rn 47). Allerdings ist § 254 wegen schuldhafter Fristversäumung zu berücksichtigen (RGZ 119, 265).

4. Beweislast

32 Der Verpächter ist für den Bestand des Pfandrechts sowie für Bestand und Umfang des Selbsthilferechts beweispflichtig (STAUDINGER/EMMERICH [1995] § 561 Rn 53). Ebenso hat er die rechtzeitige gerichtliche Geltendmachung zu beweisen. Behauptet der Besitzer der Sache ein vorrangiges Recht, so ist er insoweit beweispflichtig. Eine etwaige Bösgläubigkeit bei Erwerb des Rechts hat hingegen wieder der Verpächter zu beweisen.

VII. Sicherheitsleistung des Pächters (§§ 592 S 4, 562)

1. Allgemeines

Nach § 592 S 4 iVm § 592 kann der Pächter die dem Verpächterpfandrecht unterliegenden Sachen frei bekommen, wenn er Sicherheit leistet.

33

Dies kann einmal dadurch geschehen, daß er die Geltendmachung des Pfandrechts insgesamt durch Sicherheitsleistung abwendet. Er kann aber auch jede einzelne Sache dadurch vom Pfandrecht befreien, daß er in der Höhe ihres Wertes Sicherheit leistet (§ 562 HS 2). Der Pächter hat das Recht, von seinem Abwendungsrecht jederzeit während des laufenden Pachtverhältnisses Gebrauch zu machen.

§ 562 ist zwingend und nicht zum Nachteil des Pächters abdingbar (STAUDINGER/EMMERICH [1995] § 562 Rn 3).

2. Die Abwendung des Pfandrechts

Der Pächter kann die Geltendmachung des Verpächterpfandrechts dadurch abwenden, daß er in Höhe der Verpächterforderung Sicherheitsleistung anbietet. *Nimmt der Verpächter das Angebot nicht an, so verliert er sein Widerspruchs- (§ 560 S 1)* und das Selbsthilferecht (§ 561 Abs 1).

34

Das Abwendungsrecht steht neben dem Pächter auch dem Dritten, der Eigentümer der eingebrachten Sache ist, zu (BGH WM 1971, 1086), ferner einem nachrangigen Pfändungsgläubiger (KG GE 1928, 986; STAUDINGER/EMMERICH [1995] § 562 Rn 5). Der Verpächter ist verpflichtet, dritten Eigentümern und Pfändungsgläubigern seine Forderung nach Art und Höhe mitzuteilen (BGH WM 1971, 1086).

Die Sicherheitsleistung bewirkt, daß der Verpächter sein Pfandrecht nicht mehr geltend machen kann. Übt er gleichwohl das Selbsthilferecht noch aus, so macht er sich ersatzpflichtig (BGB-RGRK/GELHAAR § 562 Rn 1).

Der Pächter kann die Geltendmachung des Verpächterpfandrechts auch an einzelnen Sachen durch Sicherheitsleistung in Höhe deren Wertes abwenden. Die Sicherheit bewirkt, daß das Pfandrecht an diesem einzelnen Gegenstand erlischt. Danach neu eingebrachte Gegenstände unterliegen wieder unbeschränkt dem Verpächterpfandrecht.

3. Die Sicherheitsleistung

Die Sicherheitsleistung selbst richtet sich nach den §§ 232–240, auf die wegen der Einzelheiten verwiesen wird. Die Sicherheit kann auch von einem Dritten (KG GE 1928, 986) oder durch die Stellung eines Bürgen (§§ 232 Abs 2, 239) geleistet werden. Bei Sicherheitsleistung durch Wertpapiere kann der Verpächter deren Hinterlegung verlangen (OLG Dresden OLGE 36, 61).

35

VIII. Die Vollziehung des Verpächterpfandrechts

36 Die Vollziehung des Pfandrechts richtet sich nach den §§ 1257, 1228. Danach hat der Verpächter zum Zwecke der Verwertung der Sache ein Recht auf deren Herausgabe. Die Verwertung selbst erfolgt durch Pfandverkauf nach den §§ 1233 ff, insbesondere im Wege der Versteigerung nach § 1235.

IX. Grundsätzlich nachgiebiges Recht

37 Die Regelung ist dispositiv (RGZ 141, 102). Auch sind Beschränkungen möglich, etwa auf eingebrachte Sachen oder Früchte.

Ob eine – stillschweigende – Abbedingung angenommen werden kann, wenn der Pächter eine vereinbarte Kaution stellt (vgl §§ 592 S 4, 562), ist Auslegungssache. Ein Pfandrechtszugriff wird aber insoweit gegen Treu und Glauben verstoßen, als sich der Verpächter aus der Kaution befriedigen kann.

Nicht abdingbar ist die im öffentlichen Interesse zugunsten des Pächters liegende Schutzvorschrift des § 560 S 2 (PALANDT/PUTZO § 560 Rn 7); ebensowenig ist eine vertragliche Erweiterung des Selbsthilferechts des Verpächters aus § 561 zugelassen (zB bezüglich unpfändbarer Sachen) oder Verlängerung der Ausschlußfrist des § 561 Abs 2 S 2 (PALANDT/PUTZO § 561 Rn 3). Auch § 562 kann nicht zum Nachteil des Pächters abbedungen werden (STAUDINGER/EMMERICH [1995] § 562 Rn 3; PALANDT/PUTZO § 562 Rn 1).

X. Verfahren

38 Bei Streitigkeiten über das Verpächterpfandrecht nach § 592 entscheidet das Landwirtschaftsgericht im streitigen Verfahren, § 48 iVm § 1 Nr 1 a LwVG (MünchKomm/VOELSKOW § 592 Rn 10).

§ 593

(1) Haben sich nach Abschluß des Pachtvertrages die Verhältnisse, die für die Festsetzung der Vertragsleistungen maßgebend waren, nachhaltig so geändert, daß die gegenseitigen Verpflichtungen in ein grobes Mißverhältnis zueinander geraten sind, so kann jeder Vertragsteil eine Änderung des Vertrages mit Ausnahme der Pachtdauer verlangen. Verbessert oder verschlechtert sich infolge der Bewirtschaftung der Pachtsache durch den Pächter deren Ertrag, so kann, soweit nichts anderes vereinbart ist, eine Änderung des Pachtzinses nicht verlangt werden.

(2) Eine Änderung kann frühestens zwei Jahre nach Beginn der Pacht oder nach dem Wirksamwerden der letzten Änderung der Vertragsleistungen verlangt werden. Dies gilt nicht, wenn verwüstende Naturereignisse, gegen die ein Versicherungsschutz nicht üblich ist, das Verhältnis der Vertragsleistungen grundlegend und nachhaltig verändert haben.

(3) Die Änderung kann nicht für eine frühere Zeit als für das Pachtjahr verlangt werden, in dem das Änderungsverlangen erklärt wird.

(4) Weigert sich ein Vertragsteil, in eine Änderung des Vertrages einzuwilligen, so kann der andere Teil die Entscheidung des Landwirtschaftsgerichts beantragen.

(5) Auf das Recht eine Änderung des Vertrages nach den Absätzen 1 bis 4 zu verlangen, kann nicht verzichtet werden. Eine Vereinbarung, daß einem Vertragsteil besondere Nachteile oder Vorteile erwachsen sollen, wenn er die Rechte nach den Absätzen 1 bis 4 ausübt oder nicht ausübt, ist unwirksam.

Materialien: BT-Drucks 10/508; 10/509; 10/3830; 10/3498.

Schrifttum

Siehe § 585.

Systematische Übersicht

I.	**Überblick**	a)	Zwei-Jahres-Frist nach Vertragsbeginn bzw -änderung — 16
1.	Normgehalt und Zweck — 1		
2.	Früheres Recht und Textgeschichte — 2	b)	Wirkung nur ab dem laufenden Pachtjahr (Abs 3) — 17
a)	Vergleich zum früheren Recht — 2		
b)	Textgeschichte — 3	4.	Das Abänderungsbegehren und seine Ablehnung — 18
3.	Verhältnis der Vorschrift — 4		
a)	zum Verfassungsrecht — 4		
b)	zu sonstigen Vorschriften des BGB-Landpachtrechts — 5	**III.**	**Gerichtliches Verfahren zur Änderung** 19
		1.	Die Einleitung des landwirtschaftsgerichtlichen Verfahrens durch Antragstellung (Abs 4) — 20
c)	zum LPachtVG (speziell § 8 Abs 1 S 2) — 6		
d)	Verhältnis zu sonstigen Vorschriften — 7	a)	Antragsberechtigung — 21
aa)	zu § 242 BGB — 7	b)	Form und Frist — 23
bb)	Abänderungsmöglichkeiten nach § 323 ZPO — 8	c)	Inhalt des Antrags — 24
		2.	Verfahrensgrundsätze — 25
II.	**Vorgerichtliches Änderungsbegehren**	**IV.**	**Unabdingbarkeit, unzulässige Vereinbarungen**
1.	Anwendungsbereich — 9		
2.	Materielle Voraussetzungen für eine Vertragsanpassung — 10	1.	Grundsatz — 27
		2.	Beispiele — 28
a)	Änderung der Verhältnisse — 11	3.	Zulässige Vereinbarungen und ihre Grenzen — 29
b)	Grobes Mißverhältnis — 15		
3.	Formelle Voraussetzungen bzw Hinderungsgründe		

Alphabetische Übersicht

Abdingbarkeit	27 ff	Vereinbarungen, anstelle der gesetzlichen Bestimmung	29
Änderungsbegehren	18	Verhältnis, der Vorschrift zu anderen	4 ff
Anwendungsbereich, der Vorschrift	9	Verhältnisse, Änderung	11 ff
Beweislast	24	Vertragsanpassung, Änderung der Verhältnisse	11 ff
früheres Recht, Vergleich	2 f	– Änderungsbegehren	18
		– formelle Voraussetzungen	16 f
Gerichtsverfahren, Antrag	20 ff	– gerichtliches Verfahren	19 ff
– Darlegungsfragen	24	– grobes Mißverhältnis	15
– Entscheidungsgrundsätze	25 f	– Hinderungsgründe	16 f
– Verfahrensgrundsätze	25 f	– Voraussetzungen	10 ff
– zur Vertragsanpassung	19 ff		
		Zweck, der Vorschrift	1
Mißverhältnis, grobes	15		

I. Überblick

1. Normgehalt und Zweck

1 Die Bestimmung sichert die sach- und funktionsgerechte **Kontinuität** des Landpachtvertrags, indem sie das rechtliche Instrumentarium (Anspruch auf Vereinbarung, ersatzweise landwirtschaftsgerichtliche Entscheidung) anbietet, zur **Anpassung** von Vertragsbedingungen, die im Laufe der Pachtzeit grob ungleichgewichtig geworden sind, mit Ausnahme der Vertragsdauer.

Sie hilft mithin in den Fällen, in denen nach Vertragsschluß infolge nachhaltiger Veränderung der zugrundegelegten bzw maßgebenden Verhältnisse die beiderseitigen Vertragsleistungen in ein **grobes Mißverhältnis** zueinander geraten sind. Hierbei bietet die Vorschrift eine für die Landpacht als Dauerschuldverhältnis geradezu unentbehrliche Grundlage an zur erforderlichen Konkretisierung des nach Treu und Glauben wegen veränderter Geschäftsgrundlage zu ermittelnden und festzulegenden Wiederherstellung des Gleichgewichts der beiderseitigen Vertragsleistungen. Ihre Anwendung und die des mit ihr verwandten § 595 fördert die vom Gesetzgeber erwünschte Neigung der Verpächter zur Verpachtung.

Der in den §§ 593 u 595 als grundsätzlich unabdingbar (zuletzt § 10 LPachtG) geschützte Regelungsgehalt ist seit der Herausbildung des Landpachtrechts in der RPachtO als zwingendes Recht verankert, *um dem (ehedem oft) wirtschaftlich schwächeren Pächter im öffentlichen Interesse vor den ihm drohenden typischen Beeinträchtigungen seiner Existenzgrundlage abzuschirmen.* Deshalb werden einerseits Verstöße – insbesondere Umgehungen – des Schutzwerts mit der Sanktion **der Unwirksamkeit** dieser Maßnahmen geahndet (§ 593 Abs 5).

2. Früheres Recht und Textgeschichte

a) Vergleich zum früheren Recht

Die Bestimmung tritt an die Stelle von § 7 LPachtG. Grundsätze der bisherigen Rechtsprechung hierzu können weitgehend – indes mit gewissen nachstehend bemerkten Einschränkungen – auch für die Auslegung der jetzigen Norm herangezogen werden. Dies gilt aber nur insoweit, als sich nicht aus der teilweise geänderten Gesetzesfassung etwas anderes ergibt bzw eine gewisse Akzentverschiebung durch die freiere Stellung des Pächters, die landwirtschaftsgerichtlichen Gestaltungsmöglichkeiten in anderen Bestimmungen der Neuregelung und die erhöhte Bedeutung des von der Vorschrift betonten Vorrangs des privaten Einigungsversuchs vor der gerichtlichen Entscheidung der Norm eingetreten ist.

Letzteres bedeutet auch, daß bei mißlingender Einigung der Vertragsparteien grundsätzlich das Gericht versuchen sollte, die Parteien zunächst zu einer gütlichen Verständigung zu bewegen. Wenn die Neuregelung an den bisherigen § 7 LPachtG anknüpft, geschieht dies im übrigen unter Korrektur gewisser Einzelheiten, die sich als nicht praktikabel erwiesen haben: Ob ein grobes Mißverhältnis im Sinne der Vorschrift vorliegt, ist demnach (so die amtliche Begründung) nicht mehr „unter Berücksichtigung der ganzen Vertragsdauer" zu beurteilen, sondern unter dem neu eingeführten Gesichtspunkt der **nachhaltigen Änderung der maßgebenden Verhältnisse**. Auch hat man davon Abstand genommen, anstelle des Worts „Verhältnisse" den Begriff „Voraussetzungen" in die Neuregelung aufzunehmen, um den Kreis der für die Berücksichtigung maßgeblichen Faktoren nicht uferlos zu erweitern.

Die in Abs 5 im Interesse der Funktionssicherheit der Vorschrift angeordnete **Unabdingbarkeit** entspricht grundsätzlich dem Regelungsgehalt des bisherigen § 10 LPachtG.

Schon vor dem LPachtG hatte § 5 RPachtO eine weitergehende und einschneidendere Regelung des Inhalts von Landpachtverträgen auf Antrag vorgesehen, der auch von Dritten gestellt werden konnte; hiernach war eine Änderung nur aus öffentlichem Interesse (volkswirtschaftlich nicht gerechtfertigt) möglich, so daß die über Gebühr zurückgedrängten privatwirtschaftlichen Interessen der Vertragsparteien allenfalls nur mittelbar eine Rolle spielten (vgl FISCHER/WÖHRMANN, LPachtG § 7 Rn 1).

b) Textgeschichte

Die Norm hat entsprechend ihrer Bedeutung ihren Niederschlag in allen Vorentwürfen gefunden. Wenn sie anstelle der Fassung des Entwurfs vom 1. 2. 1972:

> „Haben sich nach Abschluß des Vertrags die Voraussetzungen nachhaltig geändert, ..."

es bei dem Wortlaut des § 7 LPachtG „Verhältnisse" belassen hat, bedeutet dies eine Zurückhaltung gegenüber der mit dem Wort „Voraussetzungen" erstrebten Absicht, daß alle nur denkbaren, auch persönlichen Umstände berücksichtigt werden sollen.

Die Begründung vom Juni 1973 zum damaligen Referentenentwurf führt im einzelnen aus, weshalb die frühere Fassung der Berücksichtigung der „ganzen Vertragsdauer" als mit zu berücksichtigender Maßstab für die Entscheidung als nicht praktikabel abzulehnen war.

3. Verhältnis der Vorschrift

a) zum Verfassungsrecht

4 Die Norm (iVm § 9 LPachtVG) hat die ehedem mE möglichen Bedenken wegen Verstoßes gegen den Gleichheitsgrundsatz (Art 3 GG), die noch § 7 Abs 2 S 2 LPachtG nahegelegt hatte, beseitigt, da die nunmehrige Regelung keine einseitige Sanktion nur gegen den Verpächter bei unterlassener Vertragsanzeige (§ 2 LPachtVG) verhängt.

b) Zu sonstigen Vorschriften des BGB-Landpachtrechts

5 Die Rechtsgrundsätze des § 593 sind von Bedeutung im Zusammenhang mit § 588 Abs 3 (bei Maßnahmen zur Verbesserung der Pachtsache).

Nach § 595 Abs 2 S 2 kann der Pächter die Fortsetzung des Pachtverhältnisses zu den bisherigen Vertragsbedingungen nur verlangen, wenn dies für den Verpächter zumutbar ist; ansonsten muß er mit einer angemessenen Änderung der Vertragsbedingungen einverstanden sein.

Dagegen dürfte mE § 590 Abs 2 S 5 dem Gericht nicht die Befugnis geben, als Bedingung die Anpassung der Vertragsleistungen im übrigen iS des § 593 anzuordnen; indes bleibt den Beteiligten die Befugnis offen, eine solche Änderung mit der Begründung nach § 593 zu beantragen.

Unberührt von der Änderungsmöglichkeit aus § 593 bleiben im übrigen die Vorschriften der §§ 586, 537, die eine Minderung der Pächterleistungen regeln. Hier ist zu unterscheiden: Die Minderung bleibt zulässig, wenn das Pachtobjekt bereits *zum Zeitpunkt seiner Überlassung* an den Pächter mit Fehlern behaftet war, die ihre Tauglichkeit zum vertragsgemäßen Gebrauch aufheben oder mindern oder wenn eine zugesicherte Eigenschaft fehlt. In Fällen dieser Art hat das Landwirtschaftsgericht im Rahmen des neu eingeführten § 48 LwVG über das Minderungsbegehren zu entscheiden. Ist der Minderungsanspruch erst während des Laufs des Pachtvertrags entstanden und liegt im ganzen eine nachhaltige Veränderung der Verhältnisse iS des § 593 vor, können sich der auch in diesem Fall bestehende Minderungsanspruch aus den §§ 586, 537 mit dem Antrage auf Änderung des Pachtzinses nach § 593 überschneiden und der Pächter hat dann die Wahl, welchen Weg er beschreiten will (LANGE/WULFF, LPachtG § 7 Rn 69 d).

c) zum LPachtVG (speziell § 8 Abs 1 S 2)

6 Zu dem verfassungsrechtlich höchst bedenklichen Spannungsverhältnis dieser Norm, die über § 593 hinaus eine gerichtliche Abänderungsmöglichkeit des Vertragsinhalts von Amts wegen auch bei fristgerecht angezeigten Verträgen anordnet, zu den verfassungsrechtlichen Grundsätzen des Art 14 GG, der Vertragsfreiheit und der Verhältnismäßigkeit sei verwiesen auf PIKALO NJW 1986, 200. Des weiteren ist auf die Wechselbeziehung von § 9 LPachtVG zu § 593 Abs 4 zu verweisen.

Aufgrund eines nach dieser Vorschrift begehrten Änderungsverlangens erfolgte Vertragsänderungen sind nach § 2 LPachtVG anzeigepflichtig (LWLH Rn 15,17).

d) Verhältnis zu sonstigen Vorschriften
aa) zu § 242 BGB

§ 593 schließt als Spezialregelung in seinem Rahmen die Anwendung von § 242 grund- 7
sätzlich aus. Ein darüber hinausgehender Ausschluß dürfte nicht sachgerecht sein (zu weit deshalb mE LANGE/WULFF, LPachtG § 7 Rn 69 b). Es dürfte deshalb eher FISCHER/ WÖHRMANN (LPachtG § 7 Rn 42) zu folgen sein, der einen Ausschluß des § 242 „nur in der Regel" für gegeben hält. Da die jetzige Fassung der Norm bewußt in Abs 1 S 1 die Formulierung „Verhältnisse" anstelle derjenigen mancher Vorentwürfe, in denen der Ausdruck „Voraussetzungen" vorgesehen war, sind durchaus Fälle denkbar, in denen rechtserhebliche Voraussetzungen wegfallen, die die Parteien als Geschäftsgrundlage zugrunde gelegt haben und die außerhalb des Rahmens des § 393 liegen (zB bestimmte persönliche Verhältnisse oder Verhaltensweisen eines Beteiligten, namentlich im Bereich von Familienpachtverträgen und dergl mehr). Für solche Fälle müßte mE eine weitergehende Anpassungsmöglichkeit erhalten bleiben.

bb) Abänderungsmöglichkeiten nach § 323 ZPO

Haben Eltern ihren Besitz im Wege „vorweggenommener Erbfolge" verpachtet (vgl 8
dazu vJEINSEN AgrarR, 1983, 261) und ist zur Anpassung des Pachtzinses die Anwendung von § 323 ZPO vereinbart, fragt sich, ob für die Anpassung das Landwirtschaftsgericht nach § 593 oder das Prozeßgericht nach § 323 IV ZPO zuständig ist. Dabei kommt es entscheidend darauf an, ob und inwieweit die Gegenleistung des Pächters Renten- bzw Versorgungscharakter hat und keine „angemessene" Pachtzinshöhe darstellt; insoweit wäre das Prozeßgericht zuständig. Dabei wird schon der Vereinbarung der Anwendbarkeit von § 323 ZPO (die häufig aus Gründen der vollen steuerlichen Abzugsfähigkeit der Leistungen beim Zahlenden zur Anwendung kommt; vgl BFH BStBl 1992, II, 78, 499; 1993, 1540) entscheidende Indizwirkung zukommen.

II. Vorgerichtliches Änderungsbegehren

1. Anwendungsbereich

Die Norm findet grundsätzlich auf alle **Landpachtverträge** (§ 585) Anwendung, und 9
zwar auch auf diejenigen, die nach § 2 LPachtVG von der Anzeigepflicht ausgenommen sind, also auch auf die Pachtverträge unter nahen Angehörigen (§ 3 Abs 1 Nr 2 LPachtVG).

Ist indes ein nach § 2 LPachtVG anzeigebedürftiger Pachtvertrag **nicht angezeigt** worden, so ist die Vertragspartei, die die Vertragsänderung begehrt, nach § 9 LPachtVG von der Befugnis **ausgeschlossen**, beim Landwirtschaftsgericht die Vertragsänderung zu beantragen (§ 593 Abs 4). Im Gegensatz zur früheren Regelung (§ 7 Abs 2 S 2 LPachtG) ist jedoch **Heilung** möglich: wenn die Anzeige (auch verspätet, etwa kurz vor Stellung des Antrags nach § 593 Abs 4) erfolgt, hat das Gericht in der Sache zu entscheiden. Nur wird in diesem Fall das Gericht vorher den Abschluß des Anzeigeverfahrens abzuwarten haben.

Auch auf das **Unterpachtverhältnis** ist die Norm anwendbar. Dabei wird bei der sachlichen Entscheidung oft mit zu berücksichtigen sein, ob der unterverpachtende Pächter seinerseits gegen den Hauptverpächter ein Änderungsbegehren nach § 593 mit Erfolg durchsetzen kann.

Der Vorschrift unterliegen auch die zur Zeit des Inkrafttreten der Landpachtnovelle (1. 7. 1986) laufenden Pachtverträge. War ein solcher Vertrag bereits durch Gerichtsbeschluß oder Vereinbarung geändert, ist § 593 Abs 2 zu beachten; im übrigen muß die in § 593 Abs 1 S 1 verlangte nachhaltige Änderung der Verhältnisse nach dem Beschluß oder der Vereinbarung eingetreten sein (so auch die frühere Regelung, LANGE/WULFF, LPachtG zu § 7 Rn 63 c).

2. Materielle Voraussetzungen für eine Vertragsanpassung

10 Nach Abs 1 müssen sich nach Vertragsabschluß die für die Festsetzung der Vertragsleistungen maßgebenden **Verhältnisse nachhaltig so verändert** haben, daß einer Partei ein Festhalten daran **unzumutbar** erscheint

a) Änderung der Verhältnisse

11 Zu dem aus § 7 LPachtG übernommenen Begriff der „Verhältnisse" und seine Abgrenzung gegenüber „Voraussetzungen" vgl oben Rn 2.

„Verhältnisse" sind die **wirtschaftlichen Rahmenbedingungen**, unter denen das Vertragsverhältnis begonnen wurde, und zwar in

- **allgemein wirtschaftlicher Hinsicht**: dies ist der **Regelfall**, der für Vertragsänderungen infrage kommt; darunter fallen Geldentwertungen, Steuererhöhungen, wirtschaftspolitische Lenkungsmaßnahmen (wie Abbau von Subventionen, Einführung einer Kontingentierung (**aA** OLG Oldenburg AgrarR 1994 373); oder in

- **betriebsbezogener Hinsicht**: berücksichtigt werden sollen (**ausnahmsweise**) auch die auf den Betrieb des Pächters bezogenen Verhältnisse, so daß etwa Beeinträchtigungen durch Witterungsverhältnisse, Tierseuchen oä berücksichtigt werden (LWLH Rn 8).

Veränderte Bedingungen auf dem Pachtmarkt sind allein kein Grund für ein Anpassungsverlangen, da aus agrarstrukturellen Gründen insoweit eine gewisse Kontinuität beibehalten werden soll, der bei längerfristigen Verträgen durch die ursprüngliche Vereinbarung Rechnung getragen werden soll (vgl dazu mit beachtlichen Gegenargumenten LUKANOW, in: FHL Rn 26).

Zu den Schwierigkeiten, die Veränderung der Verhältnisse (später) auf die Durchführung wertverbessernder Verwendungen zu stützen, sei auf die Ausführungen zu § 591 (Rn 47) verwiesen.

Wenn der Verpächter sich weigert, dem **Pächter** die Teilnahme an Flächenstillegungsprogrammen zu ermöglichen (s § 586 Rn 36), kann dieser die Reduzierung des Pachtzinses verlangen. Zu weiteren **Beispielen** für die Vertragsanpassung aufgrund veränderter Verhältnisse sei auf die ausführliche Kommentierung bei LUKANOW (FHL Rn 24 ff und 39 ff) verwiesen.

Im übrigen kann (vgl Rn 1) auf die Kommentierung zu § 7 LPachtVG zurückgegriffen werden.

Hingegen wird man die Einflußmöglichkeit der **persönlichen Rahmenbedingungen** 12 (praktisch werden nur die des Pächters und seiner Familie) **nicht** als Änderungsgrund ansehen können; hier schafft § 594 c für den Fall der Berufsunfähigkeit ebenso eine ausreichende Korrekturmöglichkeit (so Rn 3) wie § 594 d für den Fall der Rechtsnachfolge von Todes wegen.

Des weiteren kann man das Gefüge von Leistung und Gegenleistung nicht an den **betriebswirtschaftlichen Fähigkeiten** des Pächters zur ertragskräftigen Bewirtschaftung der Pachtsache messen (Abs 1 S 2, vgl FHL Rn 32 f).

Von Gesetzes wegen (Abs 1 S 1) kann die vereinbarte **Pachtdauer** über § 593 nicht geändert werden, hier kommt die Spezialregelung des § 595 zum Zuge (OLG Stuttgart RdL 1989, 10).

Weiter werden nur **nachhaltige** Änderungen berücksichtigt, so daß einmalig wir- 13 kende Beeinträchtigungen (zB Hagelschlag) keine, auch nicht nur das entsprechende Wirtschaftsjahr betreffende, Korrekturen rechtfertigen (LWLH Rn 10; FHL Rn 34).

Letztlich müssen die Änderungen **nach Vertragsschluß** eingetreten sein, so daß eine 14 etwa fehlende Übereinstimmung des wechselseitigen Leistungsgefüges mit den Verhältnissen zur Zeit des Vertragsabschlusses über diese Norm nicht nachträglich korrigiert werden kann (vgl dazu Rn 3; OLG Oldenburg AgrarR 1990, 141; vgl weiter ausführlich FHL Rn 36 ff; aA OLG Köln RdL 1994 106 = AgrarR 1994, 134, wonach ein ursprünglich unter dem ortsüblichen liegender Pachtzins dem Pächter nicht notwendigerweise als Vorteil durch quotalen Abschlag erhalten bleiben muß).

b) Grobes Mißverhältnis

Leichte oder mittelschwere Beeinträchtigungen des Gleichgewichts von Leistung 15 und Gegenleistung reichen zur Begründung eines Anpassungsverlangens nicht; vielmehr muß für die fordernde Vertragsseite die **Grenze des noch Zumutbaren** überschritten worden sein; und zwar durchaus in einer an den Maßstäben des **Wegfalls der Geschäftsgrundlage** orientierten Betrachtungsweise (FHL Rn 35). Geht es um eine **Pachtzinsanpassung**, ist durchaus ein Bezug zu den für vergleichbare Flächen aktuell gezahlten Beträgen herzustellen (LWLH Rn 12).

3. Formelle Voraussetzungen bzw Hinderungsgründe

a) Zwei-Jahres-Frist nach Vertragsbeginn bzw -änderung

Weil evtl bei Vertragsabschluß getroffene Fehlüberlegungen einer Vertragsseite über 16 diese Bestimmung nicht korrigiert werden sollen (vgl oben Rn 14), soll die Anpassung frühestens zwei Jahre nach Pachtbeginn erstmals verlangt werden können (Abs 2 S 1, vgl FHL Rn 55).

Nach einer durchgeführten Anpassung soll dieselbe Frist vor einem neuen Verlangen verstreichen; dies nicht zuletzt deshalb, damit nicht durch laufende und zu kurzfristige Änderungsverlangen jede kontinuierliche betriebswirtschaftliche Planung unmöglich wird (LWLH Rn 24). Bezugspunkt ist jeweils die vorhergegangene Einigung oder rechtskräftige landwirtschaftsgerichtliche Entscheidung.

Die Gesetzesformulierung („ zwei Jahre nach ... verlangt werden") ist keine zusätzliche formelle Voraussetzung derart, daß erst nach zwei Jahren das Verlangen zugehen darf, um wirksam zu sein. Vielmehr geht es darum, daß erst **ab dem dritten Pachtjahr** nach Vertragsbeginn (LWLH Rn 24) die erste Änderung begehrt werden kann. Dies deckt sich mit der Regelung in Abs 3.

Vor Ablauf der Zwei-Jahres-Frist kann das Änderungsverlangen nur unter den Ausnahme-Bedingungen des Abs 2 S 2 in formell berechtigter Weise gestellt werden.

b) Wirkung nur ab dem laufenden Pachtjahr (Abs 3)

17 Anders als beispielsweise im Mietrecht (§ 2 MHRG) kann die Vertragsänderung nicht nur für die Zukunft begehrt werden; es wirkt vielmehr für das Pachtjahr, in dem das (berechtigte) Änderungsverlangen zugeht (LWLH Rn 26; FHL Rn 56). Die Anpassung wirkt rückwirkend ab Beginn des Pachtjahres, in dem eine Partei die Änderung verlangt und den Umfang der begehrten Änderung zumindest substantiiert dargelegt hat (OLG Koblenz RdL 1990, 93 = AgrarR 1991, 52).

4. Das Abänderungsbegehren und seine Ablehnung

18 Zu Rechtsnatur und Wirkung des Änderungsverlangens vgl die Kommentierung zu § 595 (Rn 51).

Das Anpassungsbegehren kann **formlos** gestellt werden; es ist an keine **Frist** gebunden, jedoch ist die Rückwirkungsklausel des Abs 3 zu beachten.

In dem Anpassungsverlangen ist konkret die – durch die Änderung der Verhältnisse begründete – Vetragsanpassung zu fordern. Zur „ Substantiierung" vgl Rn 17, 24, 26.

III. Gerichtliches Verfahren zur Änderung

19 Kommt es aufgrund des Änderungsverlangens nicht zu einer Vereinbarung unter den Vertragsparteien, kann die die Änderung fordernde ein auf gerichtliche Regelung gerichtetes Verfahren in Gang setzen.

1. Die Einleitung des landwirtschaftsgerichtlichen Verfahrens durch Antragstellung (Abs 4)

20 Das Verfahren wird durch Antrag eines Vertragsteils eingeleitet. Dabei handelt es sich wie bei dem Antrag nach § 595 Abs 6 nicht um einen Verfahrens-, sondern um einen **Sachantrag**, der das Gericht bei seiner Entscheidung bindet (Barnstedt/Steffen LwVG § 14 Rn 24; Lange/Wulff, LPachtG § 7 Rn 68; Wöhrmann/Herminghausen § 14 Rn 3; Pritsch § 14 LX β VI c, 190).

a) Antragsberechtigung

Antragsberechtigt ist **jede Vertragspartei**; besteht eine Partei aus mehreren Personen, können diese nur gemeinschaftlich handeln (§§ 745, 2038 Abs 1), denn ihre Stellung richtet sich grundsätzlich nach dem jeweiligen materiellen Gemeinschafts- (eheliches Güterrecht, Gesellschaftsrecht, BGB-Miteigentumsrecht) bzw Erbengemeinschaftsrecht. Die Folge ist hier eine Mehrheitsbeteiligung (so auch KEIDEL RdL 1952, 127 mwN). Hierbei hat der BGH in seinem Beschluß vom 29. 1. 1952 auf eine Auflockerung der Mitwirkungsbefugnisse aller Gemeinschafter in § 2038 Abs I S 2 hingewiesen.

Der **Erwerber** des verpachteten Grundstücks tritt nach den §§ 593 b, 571 vom Zeitpunkt ab Eigentumsübergang in den Pachtvertrag ein. Von diesem Zeitpunkt an muß sich auch ein Antrag des Pächters nach den §§ 7, 8 LPachtVG gegen ihn richten (vgl BARNSTEDT/STEFFEN LwVG § 14 Rn 25). Mit Zustimmung des Pächters kann der Verpächter in das anhängige Pachtschutzverfahren aus § 593 eintreten (ebenso OLG Freiburg RdL 1950, 168; WÖHRMANN/HERMINGHAUSEN § 9 Rn 40; BARNSTEDT/STEFFEN § 9 LwVG Rn 78).

Zur Berechtigung des **Gegners** eines Anpassungsverlangens, seinerseits einen negativen Feststellungsantrag zu stellen vgl § 595 Rn 67.

b) Form und Frist

Der Antrag kann schriftlich, aber auch zu Protokoll der Geschäftsstelle des zuständigen Gerichts gestellt werden (§ 11 FGG).

c) Inhalt des Antrags

Als Sachantrag sind die gewünschten Änderungen der Vertragsleistungen präzise zu bezeichnen (vgl BARNSTEDT/STEFFEN, LwVG § 14 Rn 30). Schlüssigkeitsvoraussetzung ist ein fehlgeschlagenes vorgerichtliches Anpassungsbegehren.

Der die Anpassung Verlangende muß die wesentliche dauernde Veränderung der wirtschaftlichen Verhältnisse **darlegen und beweisen**, insbesondere auch unter Berücksichtigung dessen, was die Parteien bei Vertragsbeginn wollten. Der Darlegungpflicht im Hinblick auf die Veränderungen kann auch durch Verweis auf Vergleichspachtzinsen genügt werden (OLG Koblenz RdL 1990, 93 = AgrarR 1991 52).

2. Verfahrensgrundsätze

Das Landwirtschaftsgericht entscheidet über die Festsetzung im nichtstreitigen Verfahren der freiwilligen Gerichtsbarkeit (FHL Rn 59; LWLH Rn 27), die Einforderung danach noch nachzuzahlender Beträge aber im streitigen. Derart kann auch nicht das Anpassungsverfahren (inzident) durch eine „verfrühte" Zahlungsklage ersetzt werden (OLG Oldenburg Urteil vom 6. 5. 1993 10 U 18/92, nicht veröffentlicht).

Verbundene Anträge sind daher zu trennen, getrennte Verfahren sind notwendig, können aber verbunden werden (OLG Stuttgart RdL 1991, 54).

Nach der Aufhebung des § 13 LwV iVm der Einfügung des § 47 LwVG ist das im Rahmen des § 593 – und auch des § 595 – angegangene Landwirtschaftsgericht ausschließlich und unabdingbar (anstelle des Prozeßgerichts oder eines etwa vereinbarten Schiedsgerichts) zuständig und zwar auch hinsichtlich der zu klärenden Vorfragen. Dies gilt nur nicht, wenn Vorfragen zur Zeit der Antragstellung bereits Gegenstand eines schon anhängigen Rechtsstreits sind (vgl ÄndG Art 5).

Wird mit dem Verfahren aus § 593 ein streitiges Verfahren (etwa wegen Minderung des Pachtzinses) verbunden, ermöglicht der neu eingeführte § 48 Abs 1 LwVG mittels seiner Verweisung auf § 10 LwVG die Zuständigkeit desselben Landwirtschaftsgerichts.

26 Der **Umfang** der Anpassung ist letztlich in das **tatrichterliche Ermessen** gestellt. Grundsätzlich ist dabei das Verhältnis zwischen angemessenem Pachtzins und Ertrag nach der **Deckungsbeitragsrechnung** des Betriebes durchzuführen. Bei der gerichtlichen Überprüfung sind auch die Grundsätze zu berücksichtigen, die zur Beanstandung von Pachtverträgen nach § 2 LPachtVG entwickelt wurden (OLG Oldenburg RdL 1989, 310 = AgrarR 1990, 141).

Eine Orientierung dabei ausschließlich an **Indizes bleibt problematisch**. So hat etwa das OLG Oldenburg (RdL 1989, 254 = AgrarR 1990, 141) entschieden, daß eine automatische Anpassung des Pachtzinses an die Entwicklung der Schweinepreise nur zulässig ist, wenn mit den Erzeugnissen von den Pachtflächen auch Schweinemast betrieben wird.

IV. Unabdingbarkeit, unzulässige Vereinbarungen

1. Grundsatz

27 Nach Abs 5 ist die Vorschrift **zwingendes Recht**. Ihren Regelungsmechanismus störenden Vereinbarungen sind daher im Zweifel unwirksam.

Die **Folgen** einer unwirksamen Vereinbarung als Bestandteil eines Pachtvertrags richten sich nach dem Sinngehalt des Abs 5 S 2, der insoweit als Spezialvorschrift zu § 139 dessen Unwirksamkeitsvermutung für den ganzen Vertrag in das Gegenteil verkehrt. Unwirksam bleibt somit grundsätzlich nur die in Abs 5 S 2 gekennzeichnete Vereinbarung (so auch LANGE/WULFF, LPachtG § 10 Rn 91 unter Bezug auf RG v 8.5.1925, Gruchot 68, 518 für das Mietrecht und so auch für die RPachtO BGH RdL 1952, 243).

2. Beispiele

28 Unwirksam ist etwa ein (rechtsgeschäftlicher) Verzicht auf das Recht, eine Änderung des Vertrags nach den Abs 1 bis 4 zu verlangen. Gleichgültig ist, ob dies für die ganze Pachtsache bzw Vertragslaufzeit oder jeweils Teile davon, durch eine oder beide Vertragsparteien, untereinander oder in Bezug auf Dritte (etwa iSv § 328) geschieht. Gleichermaßen sind Vereinbarungen unwirksam, die die Rechtsstellung eines Beteiligten aus § 593 Abs 1 bis 4 mittelbar beeinträchtigen. Darunter fallen etwa Vertragsstrafen, Rücktritts- oder außerordentliche Kündigungsrechte oder sonstige Nachteile, die für den Fall der Ausübung der Rechte nach den Abs 1 bis 4 zugunsten der anderen Seite gelten sollen.

3. Zulässige Vereinbarungen und ihre Grenzen

Kein Verstoß gegen Abs 5 sind Vereinbarungen, nach denen Pachtzinsänderungen **29** an andere, weniger strenge Voraussetzungen als § 593 angeordnet, geknüpft werden (OLG Hamm RdL 1954, 49; Lange/Wulff, LPachtG zu § 7 Rn 63 e; Wöhrmann RdL 1952, 251). Die Vertragsteile werden in Fällen dieser Art sich jedoch auf § 593 berufen können, wenn die Anwendung der vertraglichen Vereinbarung so wenig eine Anpassung an geänderte Verhältnisse ermöglicht, daß praktisch schon von einem Ausschluß von § 593 die Rede ist. Dabei ist der Umfang der zum Zeitpunkt des Anpassungsverlangens eingetretenen Änderungen ein wichtiges Indiz. Klauseln, die die Anpassung an den Preisindex koppeln und zur zusätzlichen Kontrolle periodische Überprüfung durch Sachverständige anordnen, sind zulässig (OLG Stuttgart RdL 1991, 205).

Vereinbarungen, nach denen ein **Schiedsgutachter(-kollegium)** bei veränderten Verhältnissen auf Antrag einer Vertragspartei die angemessene Vertragsanpassung, insbesondere der Pachtzinshöhe, festlegen soll, sind wirksam, wenn das Schiedsgutachten für die Beteiligten als Grundlage für ihren anschließenden gütlichen Einigungsversuch gedacht ist, also nicht als bindende Entscheidung anstelle des Landwirtschaftsgerichts.

Haben die Vertragsschließenden eine Anpassungsregelung iS des **§ 323 ZPO** getroffen, ist durch Auslegung zu ermitteln, ob die Beteiligten damit die Berechtigung zur Anpassung auch für solche Fälle haben vereinbaren wollen, in denen (noch) von einem groben Mißverhältnisses iSv § 593 die Rede ist.

§ 593 a

Wird bei der Übergabe eines Betriebes im Wege der vorweggenommenen Erbfolge ein zugepachtetes Grundstück, das der Landwirtschaft dient, mit übergeben, so tritt der Übernehmer anstelle des Pächters in den Pachtvertrag ein. Der Verpächter ist von der Betriebsübergabe jedoch unverzüglich zu benachrichtigen. Ist die ordnungsgemäße Bewirtschaftung der Pachtsache durch den Übernehmer nicht gewährleistet, so ist der Verpächter berechtigt, das Pachtverhältnis unter Einhaltung der gesetzlichen Kündigungsfrist zu kündigen.

Materialien: BT-Drucks 10/508; 10/509; 10/3830; 10/3498.

Schrifttum

Siehe § 585.

Systematische Übersicht

I.	**Überblick**		3.	Anwendungsbereich der Vorschrift	4
1.	Normgehalt und Zweck	1	4.	Verhältnis der Vorschrift	5
2.	Früheres Recht, Textgeschichte	3	a)	zum Verfassungsrecht	5

b) zu sonstigen Vorschriften — 6
II. Inhalt und Wirkungen
1. Voraussetzungen — 7
a) Betriebsübergabe — 7
b) Übergabe eines Zupachtgrundstücks — 8
aa) Zupachtgrundstück — 8
bb) Teilweise Übergabe — 9
c) Zeitpunkt — 10
d) Benachrichtigung — 11
e) Andere Formen der Übergabe — 12
2. Rechtsfolgen — 14
a) Eintritt des Übernehmers als Pächter in den Zupachtvertrag — 14
b) Zustimmung des Verpächters — 17
III. Benachrichtigung des Verpächters (S 2)
1. Bedeutung — 18
2. Verpflichtung zur unverzüglichen Benachrichtigung — 19

3. Verstoß gegen das Benachrichtigungserfordernis — 20
IV. Kündigungsrecht des Verpächters (S 3)
1. Voraussetzung — 21
2. Kündigung — 23
3. Beweislast — 25
V. Abdingbarkeit — 26
VI. Verfahrensrecht — 27
VII. Zur entsprechenden Anwendung der Vorschrift — 28
1. Betriebsübergang im Zuweisungsverfahren (§§ 13 ff GrdstVG) — 29
2. Hoferbfolge in Anerbengut — 30
3. Betriebsübergang bei Erbauseinandersetzung eines Landguts nach BGB — 31
4. Übergabe eines Pachtbetriebes — 32

Alphabetische Übersicht

Abdingbarkeit — 26
Anerbengut — 30
Anwendung, entsprechende der Vorschrift — 28 ff
Anwendungsbereich, der Vorschrift — 4
Benachrichtigung, des Verpächters — 11, 18ff
Betriebsübergabe, Begriff — 7
– Formen — 7, 12 f
– Rechtsfolgen — 14 ff
– rückständige Pächterpflichten — 15
– Umfang — 9
– Vertragsidentität — 14
– Zeitpunkt — 10
Beweislast — 25

Erbfolge, vorweggenommene — 7

Form, der Verpächter-Kündigung — 23

Grundstücksverkehrsrecht — 29

Kündigung, des Verpächters, Form — 23
Kündigungsrecht, des Verpächters — 21 ff
– des Verpächters, Pachtschutz — 24

– des Verpächters, Voraussetzungen — 21 f

Landgut, entsprechende Anwendung bei Erbauseinandersetzung — 31

mehrere landwirtschaftliche Betriebe, auf Pächterseite — 5

Pachtbetrieb, entsprechende Anwendung bei dessen Übergang — 32
– Inanspruchnahme von Pachtschutz — 24
– mehrerer landwirtschaftlicher Betriebe — 5
– Übergang rückständiger Pflichten — 15
Pächterstellung, gesetzliche Zession — 14
Pachtschutz, Inanspruchnahme durch den Pächter — 24

Unverzüglichkeit, der Benachrichtigung — 11, 19

Verfahrensfragen — 27
Verhältnis, der Vorschrift zu anderen — 5 f
Verpächter, Benachrichtigung — 11, 18 ff
– keine Zustimmung notwendig — 17
– Kündigungsrecht — 21 ff

vorweggenommene Erbfolge	7	Zupachtgrundstück	8
		Zweck, der Vorschrift	1
Zession, gesetzliche der Pächterstellung	14		

I. Überblick

1. Normgehalt und Zweck

Die Vorschrift regelt das pachtrechtliche Schicksal eines betriebszugehörigen **Zupachtgrundstücks** im Falle der Betriebsübergabe zwecks **vorweggenommener Erbfolge**. Sie bezweckt, die **Bewirtschaftungseinheit** eines landwirtschaftlichen Eigentumsbetriebes mit seinen Zupachtländereien über den Betriebsübergang im Zuge einer vorweggenommenen Erbfolge hinaus in der Hand des Übernehmers auch rechtlich zu erleichtern.

Dies geschieht durch den in der Vorschrift angeordneten **gesetzlichen Eintritt** des **Übernehmers als Pächter** in das laufende Pachtverhältnis anstelle des Übergebers (des bisherigen Pächters). Damit wird den Beteiligten erspart, dies bei Vertragsabschluß oder bei Betriebsübergabe besonders zu vereinbaren. Voraussetzung hierfür ist nur, daß die Zupachtländereien im Zuge der Betriebsübergabe dem Nachfolger mit übergeben werden.

Der Übergeber scheidet damit als bisheriger Pächter aus dem laufenden Pachtverhältnis aus, ohne daß es hierzu einer Zustimmung des Verpächters bedarf. Der Verpächter ist von der Betriebsübergabe „unverzüglich" (§ 593 a S 2) zu benachrichtigen. Dabei wird der Übergang des Zupachtverhältnisses auf den Pächter (mangels abweichender Vereinbarung) grundsätzlich **auch gegen den Willen des Verpächters** ermöglicht. Diesem ist lediglich das Recht der *vorzeitigen Kündigung* (§ 593 a) unter Einhaltung der gesetzlichen Kündigungsfrist (§ 594 a) für den Fall eingeräumt, daß die *ordnungsgemäße Bewirtschaftung der Zupachtländereien durch den Übernehmer nicht gewährleistet* ist.

Wie der Pächter bei der teilweisen Veräußerung der ihm vom Verpächter verpachteten Grundstücke eine **Aufsplitterung** seines Pachtverhältnisses hinnehmen muß (STAUDINGER/EMMERICH[12 (1981)] § 571 Rn 33), dürfte grundsätzlich das gleiche für den Verpächter gelten, wenn sein Pächter nur einen Teil des Pachtgrundbesitzes dem Pächter bei der Betriebsübergabe übergibt.

Wird das Zupachtgrundstück im Zuge der Betriebsübergabe nicht mit übergeben, verbleibt es bei dem Pachtverhältnis mit dem bisherigen Pächter; eine Befugnis zur Unterverpachtung an den Betriebsnachfolger ohne Erlaubnis des Verpächters ist nicht zulässig. Der Pächter kann aber seine Rechtsstellung per letztwilliger Verfügung auf den Betriebsnachfolger – mit den Folgen aus § 594 d – übertragen.

2. Früheres Recht, Textgeschichte

Die Norm ist neu. Wenn der Pächterwechsel kraft gesetzlicher Anordnung das „persönliche Band" der Vertragsparteien zueinander im Interesse der Erhaltung der

Betriebseinheit und Kontinuität lockert, stellt sich dies mehr als ein rechtliches, als ein faktisches Novum dar. Denn dergestalt wurden bereits bislang regelmäßig die Zupachtverhältnisse bei Betriebsübergaben als sachgerecht im Zuge stillschweigender oder ausdrücklicher Parteivereinbarung gehandhabt. Soweit dies ausnahmsweise nicht geschah, hat bereits die Rechtsprechung diesen Weg – zumindest im Ergebnis – vorgezeichnet.

Die Norm in jetziger Fassung findet sich bereits als § 589 a im Referentenentwurf vom 29. 4. 1976 mit dem früheren S 2 („Einer Zustimmung des Verpächters bedarf es nicht."), der nun als entbehrlich gestrichen wurde.

3. Anwendungsbereich der Vorschrift

4 Die Vorschrift ist wegen ihrer Stellung im Landpachtbereich (§§ 585 ff) nur anwendbar, soweit es um zugepachtete Grundstücke im Rahmen eines **Landpachtvertrags** geht; mithin wohl nicht, wenn ein Forstbetrieb übergeben wird, zu dem landwirtschaftliche Grundstücke zugepachtet sind (vgl PALANDT/PUTZO § 593 a Rn 1). Indes kann die entsprechende Anwendbarkeit der Vorschrift im Rahmen des Zupacht-Verhältnisses vereinbart werden. Andererseits steht die Zupachtung forstwirtschaftlicher Grundstücke zu einem landwirtschaftlichen Betrieb, der übergeben wird (§ 585 Abs 3), der Anwendbarkeit der Vorschrift nicht entgegen, sofern nur, was im Zweifel anzunehmen ist, die zugepachtete Forstwirtschaftsfläche dem landwirtschaftlichen Betrieb dienlich ist.

Übergibt der Inhaber **mehrerer landwirtschaftlicher Betriebe**, der umfangreiche Ländereien zugepachtet hat, einen Betrieb zwecks vorweggenommener Erbfolge einem Abkömmling, muß klar sein, welche Zupachtflächen als zugehörig mit übergehen. Wichtiges Indiz dabei wird sein, ob die Flächen von der übergebenen Hofstelle vor der Übergabe bewirtschaftet wurden.

4. Verhältnis der Vorschrift

a) zum Verfassungsrecht

5 Die dem Pächter eingeräumte Gestaltungsbefugnis, im Rahmen der Vorschrift an seine Stelle einen anderen Pächter auch gegen den Willen des Verpächters zu setzen, bedeutet immerhin einen Eingriff in die Vertragsrechte des Verpächters und gerät damit in ein Spannungsverhältnis zu Art 14 GG, das gewiß weitgehend durch die dem Verpächter in S 2 der Vorschrift eingeräumte Kündigungsbefugnis abgemildert wird. Indes sind namentlich bei verschuldeten Betrieben Fallgestaltungen denkbar, in denen dem Verpächter der bisherige Pächter kreditwürdiger (finanziell vertrauenswürdiger) erscheint als der Übernehmer, ohne daß dies schon nachweislich zu einer Kündigungsbefugnis ausreicht. Hinzu kommt, daß die Regelung des § 593 a dem Altpächter dem Verpächter gegenüber keine Bürgenhaftung für die ordnungsgemäße Vertragserfüllung seitens des Neupächters auferlegt, wie solches in der Grundsatzregelung des § 571 verankert ist. Gleichwohl dürften diese Aspekte nicht ausreichen, grundlegende Bedenken gegen die Verfassungskonformität der jetzigen Regelung durchgreifen zu lassen. Immerhin kann sich Veranlassung bieten, bei Abschluß von Pachtverträgen die Anwendung der Dispositiv-Vorschrift des § 593 a auszuschließen.

b) zu sonstigen Vorschriften

Der Schutzzweck des § 585 b ist darauf gerichtet, durch die Beschreibung der Pachtsache die Gefahr von Streitigkeiten hierüber zwischen den Pachtvertragsparteien zu mildern. Daher ist eine neue Beschreibung anläßlich der Übergabe nicht notwendig.

Da die Norm eine gesetzliche Zession der Pächterstellung anordnet, dürfte der Eintritt in den Pachtvertrag von der Anzeigepflicht nach dem LPachtVG befreit sein.

Kommt die Vorschrift nicht zur Anwendung und behält der Übergebende die Zupachtflächen, kann sich dies bei der Genehmigungsfähigkeit des Hofübergabevertrages (§ 17 HöfeO) auswirken, wenn die Herausnahme der Zupachtländereien aus der Bewirtschaftungseinheit des Hofs dessen Ertragskraft zu sehr schwächen würde.

II. Inhalt und Wirkungen

1. Voraussetzungen

a) Betriebsübergabe

Es muß sich zunächst um die Übergabe eines bewirtschafteten landwirtschaftlichen Betriebs zur landwirtschaftlichen Nutzung handeln.

"**Betrieb**" ist die organisatorische Zusammenfassung der zur landwirtschaftlichen Bewirtschaftung erforderlichen Grundlagen (Ländereien, regelmäßig mit einer zugehörigen Wirtschaftsstelle als Betriebsmittelpunkt und normalerweise Inventar) zu einer funktionsgerechten landwirtschaftlichen Wirtschaftseinheit. Da der Begriff derselbe ist wie in § 585 Abs 1 S 1, sei auf die dortigen Erläuterungen verwiesen, obwohl es bei § 593 a nicht um die Übergabe von Verpächter auf Pächter geht. Der Betrieb muß im **Eigentum** des übergebenden Pächters stehen.

Die **Übergabe** ist im Gesetz als eine solche der „**vorweggenommenen Erbfolge**" charakterisiert. Dieses Rechtsinstitut gibt es im BGB nicht; darunter wurde von Rechtsprechung und Literatur die besondere Schenkung unter Auflagen weiterentwickelt, bei der ein (landwirtschaftlicher) Betrieb schon zu Lebzeiten des Eigentümers in die nächste Generation übertragen wird, gegen die Gewährung von Leistungen finanzieller oder natureller Art, die in erster Linie Versorgungscharakter haben. Eine gesetzliche Regelung befindet sich etwa in § 17 der HöfeO für die Nordwestdeutschen Bundesländer. Der Begriff der vorweggenommenen Erbfolge soll nach der Rspr des OLG Celle (AgrarR 1991, 350) weit zu fassen sein. Darunter sollen nicht nur Pacht- und Wirtschaftsüberlassungsverträge fallen, sondern generell alles, was mit gleitender Hofübergabe zu tun hat. Aus den in Rn 15 genannten Gründen wird diese Auffassung nicht geteilt.

Dem Begriff des Übergabevertrages widerspricht nicht, wenn Grundstücke vom Übergeber zurückbehalten oder zur Abfindung weichender Erben verwandt werden; desgleichen nicht, wenn der Übergebende seinen (großen) Hof im Zuge der Übergabe in zwei Betriebe zerlegt und getrennt an mehrere überträgt. Der Verpächter hat dann die Aufteilung der Zupachtländereien unter den Nachfolgepächtern hinzunehmen.

b) Übergabe eines Zupachtgrundstücks
aa) Zupachtgrundstück

8 Bei dem zugepachteten Grundstück kann es sich um **ein einzelnes oder** um eine **Mehrheit** zugepachteter Flächen handeln, gleichviel, ob sie von einem oder verschiedenen Verpächtern angepachtet sind. Dem gleich stehen abtretbare Rechte, die zur landwirtschaftlichen Grundstücksnutzung berechtigen wie etwa bei Verwaltungsvereinbarung über die Grundstücksnutzung in einer Erbengemeinschaft.

Übergebender Eigentümer und Pächter des Zupachtgrundstücks sind regelmäßig identisch, indes sind Ausnahmen denkbar. Übergibt zB die Ehefrau als Betriebseigentümerin unter Mitwirkung ihres Ehemanns ein von diesem zu ihrem Betrieb zugepachtetes Grundstück, dürfte dies der Anwendung der Vorschrift nicht entgegenstehen.

bb) Teilweise Übergabe

9 Die Parteien des Übergabevertrags können mangels anderweitiger Vereinbarung mit dem Verpächter bestimmen, daß einzelne Zupachtverhältnisse von dem Übergang der Pächterstellung auf den Übernehmer ausgeschlossen sein sollen. Dies gilt sowohl, wenn es sich um verschiedene Verpächter handelt, wie auch bei Anpachtung mehrerer Grundstücke von dem gleichen Verpächter.

c) Zeitpunkt

10 Die Fixierung des für den Eintritt des Übernehmenden in das Pachtverhältnis maßgeblichen Zeitpunkts ist von Bedeutung für die allseitige Abgrenzung der Rechte und Pflichten.

Zweckmäßigerweise ist dabei mangels anderweitiger Vereinbarung auf das Datum der **Besitzübergabe** des im Wege vorweggenommener Erbfolge übertragenen Betriebes abzustellen.

d) Benachrichtigung

11 Auf diesen Zeitpunkt ist dann auch bei Beurteilung der **Unverzüglichkeit** der Benachrichtigung des Verpächters abzustellen.

e) Andere Formen der Übergabe

12 Häufig geschieht die Vorbereitung der Erbfolge in landwirtschaftliche Betriebe nicht durch Übereignung unter Lebenden. Vielmehr behält sich der Betriebsinhaber das Eigentum und damit auch eine „letzte Kontrolle" vor und läßt den als Erben Ausersehenen den Betrieb bereits eigenverantwortlich bewirtschaften (pachten). Dies ist ein nicht nur weit verbreiteter, sondern speziell bei langfristigen, über eine imaginäre Ruhestandsgrenze hinausgehend angelegten Verträgen ein steuer- und altersgeldrechtlich anerkannter Vorgang (vgl vJEINSEN AgrarR 1983, 261).

Es ist **zweifelhaft**, die Bestimmung auf derartige, auf Dauer angelegte Fallgestaltungen **entsprechend** anzuwenden. Denn die Genehmigungserfordernisse des Hofübergabevertrages durch das Landwirtschaftsgericht (§ 18 Abs 3 HöfeO) wie auch der

Genehmigung nach dem GrstVG haben in diesem Zusammenhang auch eine Schutzwirkung für den Verpächter, die von wirtschaftlich entscheidender Bedeutung sein kann (Rn 15, 23).

Hat sich der Übergebende bei der sogenannten **„Rheinischen Hofübergabe"** den **13** lebenslangen Nießbrauch an der übergebenen Besitzung vorbehalten und sie gleichzeitig dem Übernehmer verpachtet, ist im Zweifel nicht anzunehmen, daß er sich die weitere Nutzung der Zupachtländereien vorbehalten wollte. Demgemäß bleibt es auch in diesen Fällen grundsätzlich bei dem Eintritt des Übernehmers in das Zupachtverhältnis.

2. Rechtsfolgen

a) Eintritt des Übernehmers als Pächter in den Zupachtvertrag

Es handelt sich um eine **Zession der Pächterstellung kraft Gesetzes**. Der Übernehmer **14** erhält – weitergehender als es der Rechtsstellung des Erwerbers als Nachfolger in die Vermieterrechte und -verpflichtungen nach § 571 Abs 1 BGB entspricht – die volle Rechtsstellung eines Nachfolgepächters. Den Verpächter trifft **keine Bürgenhaftung** für die Erfüllung der künftigen Verpflichtungen des Nachfolgepächters wie dies § 571 Abs 2 für den Veräußerer anordnet.

Die **Vertragsidentität** bleibt über den Pächterwechsel hinaus erhalten, wenn nicht einzelne Zupachtflächen von der Übergabe ausgenommen werden. Dies gilt auch für den Fall, daß im Zuge dessen die Vertragsbedingungen geändert werden (Anzeigepflicht nach § 2 LPachtVG).

Dem Nachfolgepächter wachsen das Pächterpfandrecht am Inventar nach den §§ 585 Abs 2, 583, ferner die Rechte zu, die sich aus Maßnahmen des bisherigen Pächters zur Verbesserung der Pachtsache (§ 588 Abs 2) ergeben. Ihn trifft dann auch die Verpflichtung zur Leistung eines Geldausgleichs nach § 590 Abs 3.

Dem Nachfolgepächter steht der Anspruch auf Verwendungsersatz aus § 590 b zu. Der Altpächter kann sich diesen Ersatzanspruch im Übergabevertrag vorbehalten. Entsprechendes gilt für die Ansprüche aus § 591 (Verwendungsersatz bei Mehrwert) und für das Wegnahmerecht aus § 591 a.

Das vor Übergabe entstandene Verpächterpfandrecht nach § 592 bleibt bestehen und erweitert sich um die eingebrachten Sachen des Nachfolgepächters.

Da der Nachfolgepächter im vollem Umfang in die Rechtsstellung des Altpächters **15** eintritt, treffen ihn nicht nur seine Verpflichtungen ab Eintritt, sondern er ist auch anstelle des Altpächters für dessen **rückständige Verpflichtungen** dem Verpächter gegenüber verantwortlich. Dieser Zustand bleibt bestehen, auch wenn der Verpächter nach § 593 a S 3 das Pachtverhältnis kündigt. Denn der Nachfolgepächter bleibt Pächter bis zum Zeitpunkt des Wirksamwerdens dieser Verfügung.

Eine andere Auslegung gibt die Gesetzesformulierung nicht her. Dies kann zu mißlichen Ergebnissen führen, etwa dann, wenn sich der Neupächter in schlechteren wirtschaftlichen Verhältnissen befindet, dem Verpächter der Pächterwechsel nicht unverzüglich angezeigt wird und dadurch erhebliche, nicht zu realisierende Pachtrückstände entstehen. Daher sind wohl auch, allerdings ohne weitergehende Begründung, FHL (Rn 30; zweifelnd LWLH Rn 11) der Auffassung, daß der Altpächter für seine, vor der Übergabe entstandenen, Verbindlichkeiten weiterhaftet. Indes dürfte das Risiko eher theoretisch sein, angesichts des in HöfeO und GrstVG (Rn 21) enthaltenen Kontrollmechanismus'.

16 Der Eintritt des Nachfolgepächters kann ausnahmsweise zur Folge haben, daß der Verpächter ein bereits entstandenes, aber bislang nicht ausgeübtes Kündigungsrecht aus wichtigem Grund, zB wegen schlechter Wirtschaftsweise oder gar Wirtschaftsunfähigkeit des Altpächters verliert. Dies gilt jedoch nicht (§ 242), wenn die Betriebsübergabe nur erfolgt ist, um sich den Folgen einer bevorstehenden Kündigung des Verpächters zu entziehen.

b) **Zustimmung des Verpächters**

17 Die in den Vorentwürfen vorgesehene Bestimmung, daß sich die Pächternachfolge kraft Gesetzes **ohne Zustimmung** des Verpächters vollzieht, ist als entbehrlich angesehen und in die Norm nicht mehr aufgenommen worden. Gleichwohl kann eine Zustimmung zweckmäßig sein, etwa um dadurch frühzeitig Gewißheit zu erlangen, daß der Verpächter kein Kündigungsrecht aus S 3 geltend machen wird.

III. Benachrichtigung des Verpächters (S 2)

1. Bedeutung

18 Gesetzlich ist die als Vertragspflicht angeordnete Verpflichtung zur Benachrichtigung des Verpächters über den Betriebsübergang **keine Wirksamkeitsvoraussetzung** für den Eintritt des Übernehmers als Pächter. Dies ist wohl deshalb so geregelt, damit nicht an dieser Formalität der fast stets als agrarwirtschaftlich sachgerecht anzusehende Eintritt des Betriebsnachfolgers als Folgepächter scheitert. Die Beteiligten können Konsequenzen aus einer Verletzung der Benachrichtigungspflicht ziehen.

Die Benachrichtigungspflicht dient in erster Linie der **Rechtssicherheit und -klarheit**. Sie liegt vorab im Verpächter-Interesse, zur Klärung der Vertragspartnerschaft sowie der sich aus dem Wechsel ergebenden Rechte (S 3).

Die Benachrichtigung braucht – anders die Regelung in § 594 S 4 – keinen Hinweis auf eine etwaige Kündigungsbefugnis zu enthalten.

2. Verpflichtung zur unverzüglichen Benachrichtigung

19 Aus Gründen der Rechtssicherheit wäre ideal, wenn beide Partner des Übergabevertrages den Verpächter benachrichtigen (weitergehend STEFFEN RdL 1986, 29). Es reicht aber, wenn **Alt- oder Neupächter** (auch namens des anderen) die Benachrichtigung kundgibt, soweit dadurch dem Verpächter die notwendige Klarheit verschafft wird. Insoweit verbleibende Zweifel oder gar unterlassene Informationen können die Benachrichtigung als unzureichend erscheinen lassen

Die Benachrichtigung hat die Betriebsübergabe zum Gegenstand, zweckmäßigerweise unter Hinweis auf ihren Zeitpunkt. Sie hat unverzüglich, also ohne schuldhaftes Zögern (§ 121 Abs 1 S 1) zu geschehen.

Eine besondere **Form** für die Benachrichtigung ist gesetzlich **nicht vorgeschrieben**, im Gegensatz zu den sonst relativ zahlreichen Schriftformerfordernissen bei landpachtrechtlich bedeutsamen Erklärungen (§§ 594 S 3, 594 a Abs 1 S 3, § 594 d Abs 2 S 3, § 594 f, § 595 Abs 4). Deshalb genügt grundsätzlich die mündliche Benachrichtigung.

3. Verstoß gegen das Benachrichtigungserfordernis

Ein solcher (verspätete oder gar unterlassene Benachrichtigung) hindert zwar weder den Eintritt der Rechtswirkungen aus S 1 noch dürfte sich daraus ohne weiteres ein Grund zur außerordentlichen Kündigung ergeben (OLG Celle AgrarR 1991, 350; so auch OLG Hamm 10 U 97/89 nicht veröffentlicht). **20**

Falls indes der Verpächter auf Befragen nachhaltig darüber im Unklaren gelassen wird, ob (und ggf hinsichtlich welcher Flächen) der Übernehmer Nachfolgepächter sein soll oder gar Übergeber und Übernehmer über die Nachfolge und/oder deren Zeitpunkt streiten, kann dies einen wichtigen Grund zur Kündigung rechtfertigen. Die Kündigung wäre vorsorglich dem Altpächter und dem Übernehmer gegenüber auszusprechen.

Die beiden Teile der Pächterseite müssen auch sonstige Nachteile tragen, die die Verletzung der gesetzlichen Mitteilungspflicht zur Folge haben und die sich aus einer daraus resultierenden Unklarheit des Verpächters ergeben, insbesondere bei Wahrnehmung seiner Vertragsrechte.

IV. Kündigungsrecht des Verpächters (S 3)

1. Voraussetzung

Voraussetzung des Kündigungsrechts ist, daß die **ordnungsgemäße Bewirtschaftung** des Pachtobjekts durch den Übernehmer **nicht gewährleistet** ist. Dies dürfte angesichts der genehmigungsrechtlichen Kontrolle (§ 2 GrdstVG, § 17 HöfeO), der der Übergabevertrag unterliegt, nur ausnahmsweise der Fall sein. **21**

Bezüglich des Begriffs der ordnungsgemäßen Bewirtschaftung sei auf § 586 (Rn 33 ff) verwiesen. Dies ist nach einem strengen, aber nicht überstrengen Maßstab zu beurteilen. Die ordnungsgemäße Bewirtschaftung erscheint mithin als nicht gewährleistet, wenn der Übernehmer kraft seiner Ausbildung und bisherigen Tätigkeit nicht die Annahme rechtfertigt, daß er die Pachtländereien ordnungsgemäß zu bewirtschaften vermag.

Darüber hinaus steht dem Verpächter gerade im Zusammenhang mit dem Übergang der Pächterstellung gemäß § 593 a ein **Kündigungsrecht aus allgemeinem wichtigem Grund** zu (§ 594 a, bezogen auf 594 e), etwa, wenn die Beziehung zu dem Übernehmer in persönlicher (Feindschaft) oder sonstiger Weise so schwerwiegend belastet **22**

ist, daß die erforderlichen Voraussetzungen für die geordnete Funktion eines Dauerschuldverhältnisses nicht zu erwarten sind. Überhaupt bleibt § 594 e unberührt.

2. Kündigung

23 Die Frist zum Ausspruch der Kündigung (§§ 593 a S 3, 594 a Abs 2) beginnt, wenn der Verpächter zuverlässig den Wechsel in der Pächterstellung erfährt. Unter diesem Aspekt kommt der in Satz 2 statuierten Benachrichtigungspflicht eine besondere Bedeutung zu.

Hat der Verpächter die ihm gesetzte **Frist verpaßt**, verbleibt ihm die Möglichkeit der außerordentlichen Kündigung im Rahmen des § 594 e und der daselbst bezogenen Vorschriften, falls nachträglich durch den Nachfolge-Pächter ein dementsprechender Grund geschaffen wird.

Der Lauf der Kündigungsfrist (§ 594 a S 2) **endet vorzeitig**, wenn der Verpächter nach erlangter Kenntnis sich endgültig damit **einverstanden** erklärt, was auch durch konkludentes Handeln erfolgen kann. Dann kann der Verpächter nicht mehr auf ihm bis dahin bekannte Gründe zurückgreifen, die die mangelnde Bewirtschaftungseignung des Übernehmers dartun könnten.

Für die Form der Kündigung schreibt § 584 f zwingend die **Schriftform** vor. Dabei muß der Kündigungswille unmißverständlich zum Ausdruck kommen. Ein Kündigungsgrund muß nicht angegeben werden. Die Kündigung wird mit Zugang (§§ 130, 132) an den Pächter wirksam.

24 Die Kündigung löst das Pachtverhältnis nicht mit rückwirkender Kraft (rückbezogen auf den Zeitpunkt des Eintritts des Nachfolgers in das Pachtverhältnis) auf, sie beendet die Pacht erst gemäß § 594 a (so Rn 15).

Der Rechtsnachfolger kann sich gegen die Kündigung **nicht** mit einem **Pachtschutzverfahren** nach § 595 wehren (siehe § 595 Abs 3 Nr 2).

Eine unberechtigte Kündigung kann in besonders gelagerten Fällen das Vertrauensverhältnis zwischen den Vertragsparteien so stören, daß sie dem Pächter einen hinreichend wichtigen Grund zur Kündigung des Pachtverhältnisses geben können.

3. Beweislast

25 Die Beweislast für das Vorhandensein von Kündigungsgründen obliegt zwar dem Verpächter; indes treffen den Alt- und den Neupächter auf Grund der pachtvertraglichen Beziehungen eine umfassende Auskunfts- und Darlegungspflicht.

V. Abdingbarkeit

26 Die Vorschrift ist **dispositiv**. Beläßt man es indes bei der Grundsatzregelung des § 593 a S 1, so ist die Geltung von S 2 nicht abdingbar (FHL Rn 41; aA LWLH Rn 2).

VI. Verfahrensrecht

Über Streitigkeiten aus dieser Bestimmung entscheidet das Landwirtschaftsgericht im streitigen Verfahren nach §§ 1 Nr 1 a); 48 LwVG (LWLH Rn 23).

VII. Zur entsprechenden Anwendung der Vorschrift

In einer Reihe anderer Fälle fragt sich, ob aus sachlich gerechtfertigten Gründen (Ausfüllung einer Regelungslücke bzw erhöhter Sachgerechtigkeit) vertreten werden kann, der entsprechenden Anwendung des § 593 a den Vorrang vor der sonst gewiesenen Anwendung des § 594 d zu geben, obwohl gegen die analoge Anwendbarkeit des § 593 a dessen Ausnahmecharakter sprechen könnte.

1. Betriebsübergang im Zuweisungsverfahren (§§ 13 ff GrdstVG)

Für die entsprechende Anwendung der Vorschrift in den landwirtschaftsgerichtlichen Verfahren über die Zuweisung eines im erbengemeinschaftlichen Eigentum kraft gesetzlicher Erbfolge stehenden landwirtschaftlichen Betriebes an einen Miterben auf dessen Antrag nach § 13 ff GrdstVG sprechen gute Gründe: Die Zuweisung wird als „nachgeholte Betriebsübergabe" nach dem mutmaßlichen oder präsumtiven Willen des Erblassers (§ 15 Abs 1 S 1 und 2 GrdstVG) charakterisiert. Gerade der Zupacht hat der Gesetzgeber für die Zuweisung besondere Bedeutung beigemessen (§ 14 Abs 1 S 2 GrdstVG); dieser wird nur bei Realisierung der Erstreckung der Zuweisungsmöglichkeit auf das Zupachtland Rechnung getragen.

Wenn die Zuweisung auch der Zupachtländereien auf Antrag des Zuweisungsempfängers mit Zustimmung schon des Verpächters (§§ 398, 581 Abs 2, 549) – nicht auch der weichenden Erben -bislang für zulässig erachtet wurde (VORWERK/VSPRECKELSEN, GrdstVG §§ 13 – 15 Rn 54), so ist mittlerweile durch § 593 a verfestigt, daß die fehlende Verpächter-Zustimmung (wegen der Sozialbindung) kein Hindernis für die Zuordnung des Pachtlandes an den Betriebsnachfolger zu sein braucht.

Mit dieser Lösung wird die zusätzliche Verfahrenskomplikation aus § 594 d vermieden, die zu Lasten der weichenden Miterben noch mit dem Nachteil ihres Verbleibens in der Mithaftung für die Pächterverpflichtung verbunden wäre.

2. Hoferbfolge in Anerbengut

Gehört zum Nachlaß des Erblassers ein Anerbengut, zB ein Hof im Sinne der HöfeO, mit Zupachtländereien, das nur einem Erben, dem Hoferben, zufällt, folgt die Pächterstellung gleichfalls dem Eigentümerwechsel. Dies ergibt sich bereits aus der Formulierung von § 593 a, die von „vorweggenommener Erbfolge" spricht, so, wie sie in § 17 HöfeO kodifiziert ist. Darüber hinaus entspricht diese Regelung dem Sinngehalt landwirtschaftlichen Sonderrechts, leistungsfähige Betriebe in bäuerlicher Hand zu erhalten (BVerfG AgrarR 1985, 12). Letztlich dürfte hier – angesichts der anerbenrechtlich geringen Abfindung der weichenden Erben – um so weniger Rechtfertigung dafür zu finden sein, die weichenden Erben für Verpflichtungen aus einem Pachtvertrag mithaften zu lassen, von dessen Beerbung und damit auch Bewirtschaftung sie gerade ausgeschlossen wurden.

3. Betriebsübergang bei Erbauseinandersetzung eines Landguts nach BGB

31 Die dementsprechende Teilungsanordnung nach den §§ 2049, 2312 hat gleichfalls in erster Linie abfindungsbeschränkende Konsequenzen. Daher sollte hier – mit denselben Argumenten wie in Anerbengut-Fällen – dasselbe gelten. Einziger Unterschied ist der Zeitpunkt: während etwa bei Geltung der HöfeO (§ 4) die landwirtschaftliche Besitzung nicht Bestandteil des Gesamt-Nachlasses wird und derart nicht (zunächst) der Verfügungsbefugnis der Erbengemeinschaft unterliegt (FvJHP § 4 Rn 5), gilt in Landgut-Fällen der Pachtvertrags-Übergang erst ab Durchführung der Erbauseinandersetzung.

4. Übergabe eines Pachtbetriebes

32 Schließlich besteht dieselbe Interessenlage bei Übergang eines Pachtbetriebes, z.B. einer Domänenpachtung. Wenn hier – mit Verpächter-Zustimmung – der Generationswechsel unter Lebenden oder von Todes wegen eintritt, sollten dem auch die Vertragsverhältnisse hinsichtlich der Zupachtflächen (von dritter Seite) folgen. Auch hier ist die Interessenlage auf allen Seiten dieselbe (vgl aber die unter Rn 15 geäußerten Bedenken dagegen, den Verpächter „unkontrolliert" mit einem Neupächter zu konfrontieren, dessen alleinige Übernahme der Vertragspflichten bereits bis zum Wirksamwerden einer Verpächter-Kündigung nach § 593 S 3 erhebliche Nachteile zur Konsequenz haben kann).

§ 593 b

Wird das verpachtete Grundstück veräußert oder mit dem Recht eines Dritten belastet, so gelten die §§ 571 bis 579 entsprechend.

Materialien: BT-Drucks 10/508; 10/509; 10/3830; 10/3498.

Schrifttum

Siehe § 585.

1. Normzweck unter besonderer Berücksichtigung des § 571

1 Die im **neu eingeführten** § 593 b statuierte entsprechende Anwendung der §§ 571 bis 579 auf Grundstücksveräußerungen im Landpachtbereich (anstelle der früheren Verweisungen in § 581 Abs 2) ist nur wegen des neu eingeführten Untertitels „Landpacht" erforderlich geworden und bringt **keine sachlichen Änderungen**.

Die §§ 571 ff sollen dem insbesondere im Landpachtbereich bedeutsamen Fortbestand des Pachtverhältnisses vor seiner sonst durch den Eigentumswechsel drohenden Gefährdung, besonders im Interesse des Pächters, schützen. Der im Gesetz (§ 571 Abs l) verankerte Grundsatz „Kauf bricht nicht Miete/Pacht" verleiht dem Pachtverhältnis einen Bestandsschutz von nahezu dinglicher Art (Pikalo DNotZ 1981,

281). Bei rechtsgeschäftlicher Veräußerung des verpachteten Grundbesitzes nach dessen Überlassung an den Pächter tritt der Erwerber nach Maßgabe der §§ 571 ff in alle sich aus dem Pachtverhältnis ergebenden Rechte und Pflichten für die Dauer seines Eigentums ein. Daß diese Schutzwirkung für die Pacht und Überlassung des Pachtobjektes an den Pächter abhängig gemacht wird, zeigt, welche enorme Bedeutung diesem Faktum – dem Gebrauchs- und Nutzungsbesitz – vom Gesetz beigemessen wird.

Der Veräußerung gleichgestellt werden durch §§ 577, 578 Fälle von Belastungen des Pachtgrundstücks mit Rechten, die dem Pächter den vertragsgemäßen Gebrauch entziehen; hierzu gehören insbesondere Nießbrauch oder Erbbaurecht.

In allen Fällen gilt der Pächter-Schutz allerdings nur insoweit, als der **Pachtvertrag** 2 auch **wirksam** ist oder rückwirkend wirksam wird. Insoweit dient die dem § 571 korrespondierende Formvorschrift des § 585 a nicht nur dem Interesse des Erwerbers, sich einwandfrei über Art und Umfang der auf ihn zukommenden Bindungen zu informieren, sondern vor allem auch dem Pächterinteresse an der Bindung des Erwerbers an einen länger laufenden Pachtvertrag.

2. Anwendungsbereich

Kraft ausdrücklicher gesetzlicher Anordnung gilt die Vorschrift entsprechend bei der 3 Jagdpacht (§ 14 BJagdG), in den Fällen der Verpachtung durch den Nießbraucher (§ 1056), Vorerben (§ 2135), Erbbauberechtigten (§ 30 ErbbauRVO) sowie die Veräußerung durch den Konkursverwalter (§ 21 Abs 4 KO), im Rahmen der Zwangsversteigerung (§§ 57 ff ZVG) und bei Veräußerung und Heimfall des Dauerwohnrechts (§ 37 Abs 2 und 3 WEG). Hinsichtlich der Besonderheiten in der Anwendung ist auf diese Vorschriften im einzelnen zu verweisen.

Nicht entsprechend anwendbar ist § 571 auf Pachtvor- (STAUDINGER/EMMERICH[12 (1981)] § 571 Rn 23) oder Unterpachtverträge (STAUDINGER/EMMERICH[12 (1981)] § 571 Rn 17). Keine Anwendung findet § 571 auch auf dingliche Rechte, so daß ein Erwerber nicht danach in obligatorische Abreden zwischen Veräußerer (Grundstückseigentümer) und Erbbauberechtigten oder den Inhaber eines Wohnungsrechts (§ 1093) eintritt.

3. Verhältnis zu sonstigen Vorschriften des Landpachtrechts

Unter dem Aspekt des § 593 gibt der Eintritt des Erwerbers als solcher grundsätzlich 4 keinen gerechtfertigten Grund, eine Vertragsänderung zu beantragen (§ 593); der Erwerber tritt in ein laufendes Änderungsverfahren ein.

Im Bereich des § 595 verliert der laufende Pachtvertrag nicht den Charakter des bisherigen iSd § 595 Abs 6 S 2. Der Veräußerer tritt in ein laufendes Pachtschutzverfahren ein.

Der Eintritt des Erwerbers in das Vertragsverhältnis ist kein nach § 2 LPachtG anzeigebedürftiger Vorgang (FHL, LPachtvG § 2 Rn 16; STAUDINGER/PIKALO[12] Anh zu § 597 Rn 117; LANGE/WULFF, LPachtG § 3 Rn 39; FISCHER/WÖHRMANN, LPachtG § 3 Rn 6). Denn dabei handelt es sich nicht um den Neuabschluß eines Pachtvertrags, sondern den unmittelbaren Eintritt des Pächters kraft Gesetzes in das bestehende Pachtverhältnis infolge des Eigentumserwerbs, worauf ausdrücklich die Prot II 139 hinweisen (STAUDINGER/EMMERICH[12 (1981)] § 571 Rn 47).

4. Abdingbarkeit

5 § 571 ist **grundsätzlich abdingbar** (LWLH Rn 3; STAUDINGER/EMMERICH[12 (1981)] § 571 Rn 81; PALANDT/PUTZO § 571 Rn 4; MünchKomm/VOELSKOW § 571 Rn 7). Eine entsprechende Vereinbarung zwischen Verpächter (Veräußerer) und Erwerber kann nur mit Zustimmung des Pächters wirksam getroffen werden (STAUDINGER/EMMERICH[12 (1981)] § 571 Rn 83). Diese bedarf weder der Form des § 585 a noch der Anzeige nach § 2 LPachtVG.

Sie verstößt auch nicht gegen die zwingende Verbotsnorm des § 595 Abs 8 (Unzulässigkeit des Verzichts auf Pachtschutz), weil es sich bei der Abbedingung der Rechtsfolgen aus § 571 anläßlich der Veräußerung unter Mitwirkung des Pächters im Verhältnis zwischen Pächter und Verpächter um eine Art „Ablaufvereinbarung" handelt. Angesichts des Schutzzweckes von § 595 Abs 8 ist allerdings problematisch, bereits bei Abschluß des Pachtvertrages den Ausschluß der Rechtsfolgen aus § 571 auch wirksam zu vereinbaren. Jedoch können die Pachtvertragsparteien wirksam ein Kündigungsrecht des Verpächters für den Fall vereinbaren, daß eine verpachtete Teilfläche, etwa als Bauland, veräußert werden soll. Hierdurch wird die Pachtschutzmöglichkeit (§ 595) nicht ausgeschlossen; immerhin vermindert eine solche Vereinbarung die Wahrscheinlichkeit, daß gegebenenfalls dem Pächter ein nennenswerter Pachtschutz gewährt wird (vgl FHL Rn 24 und PIKALO DNotZ 1981, 282).

5. Einzelheiten

6 Wegen der Einzelheiten zu Voraussetzungen und Wirkungen sei auf die Kommentierung zu den §§ 571 bis 579 verwiesen.

6. Verfahrensrecht

7 Bei Streitigkeiten zwischen den Vertragsparteien kann das Landwirtschaftsgericht angerufen werden, das im streitigen Verfahren entscheidet (§ 48 iVm § 1 Nr 1 a LwVG).

§ 594

Das Pachtverhältnis endet mit dem Ablauf der Zeit, für die es eingegangen ist. Es verlängert sich bei Pachtverträgen, die auf mindestens drei Jahre geschlossen worden sind, auf unbestimmte Zeit, wenn auf die Anfrage eines Vertragsteils, ob der andere Teil zur Fortsetzung des Pachtverhältnisses bereit ist, dieser nicht binnen einer Frist von drei Monaten die Fortsetzung ablehnt. Die Anfrage und die Ablehnung bedürfen der schriftlichen Form. Die Anfrage ist ohne Wirkung, wenn in ihr nicht auf die Folge der Nichtbeachtung ausdrücklich hingewiesen wird und wenn sie nicht innerhalb des drittletzten Pachtjahres gestellt wird.

3. Titel. Miete. Pacht
III. Landpacht

§ 594

Materialien: BT-Drucks 10/508; 10/509; 10/3830; 10/3498.

Schrifttum

Siehe § 585.

Systematische Übersicht

I.	**Allgemeine Kennzeichnung**		2.	Die Verlängerungsfiktion der Sätze 2 bis 4	10
1.	Überblick	1	a)	Pachtverhältnis auf bestimmte Zeit	11
2.	Entstehung und Zweck der Vorschrift	2	b)	Die Anfrage und deren Inhalt	12
II.	**Beendigung eines auf bestimmte Zeit abgeschlossenen Pachtverhältnisses**		c)	Schriftliche Anfrage (S 3)	13
			d)	Weitere Wirksamkeitsvoraussetzungen der Anfrage (S 4)	14
1.	Beendigung durch Zeitablauf	4			
a)	Pachtverhältnis auf bestimmte Zeit	4	e)	Ablehnung der Anfrage (S 2)	15
b)	Sonderfälle der Pachtverhältnisse auf bestimmte Zeit	5	f)	Mehrere Personen als Vertragsparteien	16
2.	Vorzeitige Beendigung von Pachtverträgen mit bestimmter Laufzeit	7	3.	Eintritt und Rechtsfolgen der Verlängerung	17
III.	**Verlängerung des Pachtverhältnisses**		4.	Beseitigung der Rechtsfolge der Verlängerung	18
1.	Möglichkeiten einer ausdrücklichen Verlängerung	8	IV.	**Abdingbarkeit**	19
a)	Parteivereinbarung	8			
b)	Gerichtliche Entscheidung	9	V.	**Verfahren**	20

Alphabetische Übersicht

Abdingbarkeit	19	Verfahrensfragen	20
Ablehnung, der Anfrage	15	Verlängerung	8 ff
Anfrage, zur Vertragsverlängerung	12	– durch Vereinbarung	8
Beendigung, durch Zeitablauf	4 ff	– gerichtliche Entscheidung	9
befristete Pachtverträge, Beendigung	4 ff	Verlängerungsfiktion	10 ff
Form, einer Verlängerungsvereinbarung	8	– Ablehnung	15
mehrere Personen, als Vertragspartei	16	– Anfrage	12 f
Option	5	– befristete Pachtverträge	11
Pachtverträge, befristete	4 ff	– Beseitigung	18
		– Wirkung	17
		Verlängerungsklausel	6
		Verlängerungsvereinbarung, Form	8
		Zweck, der Vorschrift	2

I. Allgemeine Kennzeichnung

1. Überblick

1 Von den beiden häufigsten Beendigungsarten eines Pachtverhältnisses – Zeitablauf oder Kündigung (§§ 594 a bis 594 e, 586 Abs 2, 545, 593 a) – regelt § 594 die Pachtbeendigung durch Ablauf der vereinbarten Pachtzeit. S 1 entspricht der bisherigen Regelung (§§ 581 Abs 2 aF, 564 Abs 1). Neu eingeführt im Zuge der Reform ist die Verlängerungsmöglichkeit gemäß den S 2 bis 4.

2. Entstehung und Zweck der Vorschrift

2 Mit der in S 1 der Vorschrift wörtlich übernommenen Grundsatzregelung des § 564 Abs 1 wird vorsorglich klargestellt, daß es zur Beendigung eines auf bestimmte Zeit eingegangenen Pachtverhältnisses keiner Kündigung bedarf.

Die in den Sätzen 2 bis 4 neu geschaffene Verlängerungsregelung tritt an die Stelle des bisherigen § 568 (OLG Köln AgrarR 1990, 263), dessen Regelung für Landpachtverhältnisse als unzulänglich erachtet wurde. Sie soll beide Vertragsteile davor schützen, daß derjenige, dem an der Fortsetzung des laufenden Pachtvertrages liegt, von dem anderen oft bis zum letzten Augenblick im Unklaren gelassen wird, ob er mit einer Verlängerung des Vertrages rechnen kann. Dadurch wird es dem Betroffenen außerordentlich erschwert, notwendige Entscheidungen zeitgerecht zu treffen, was besonders für den Pächter existenzgefährdend werden kann. Um diesem Mißstand abzuhelfen, ist vorgesehen, daß jeder Vertragsteil durch Anfrage bei dem anderen klären kann, ob dieser zur Fortsetzung der Pacht bereit ist (BT-Drucks 10/509 S 24).

Trotz dieser praktischen Verbesserung kann sich das Fehlen einer § 569 entsprechenden Regelung – neben der nunmehrigen der Sätze 2 bis 4 – künftig dann als Lücke erweisen, wenn sich herausstellen sollte, daß die Verpächter künftig öfter aus Bindungsscheue die Pächteranfrage nach S 2 vorsorglich abschlägig bescheiden, aber gleichwohl das Pachtverhältnis nach Ablauf der Pachtzeit stillschweigend weiterlaufen lassen.

3 Problematisch ist, ob sich die stillschweigende Fortsetzung des Pachtverhältnisses als Neuabschluß eines (anzeigepflichtigen) Pachtvertrages (vgl § 585 Rn 39) darstellt. Dies dürfte jedenfalls dann zu verneinen sein, wenn die Verlängerungsvereinbarung noch vor Vertragsablauf getroffen wird. Allerdings bleibt eine Vertragsverlängerung unter abgeänderten Bedingungen anzeigepflichtig. Zum anderen wird sich der Pächter künftig deutlicher als zuvor vergewissern müssen, daß der Verpächter trotz seiner Ablehnung mit der Fortsetzung des Pachtverhältnisses einverstanden ist, um sich nicht den Nachteilen aus § 597 auszusetzen.

II. Beendigung eines auf bestimmte Zeit abgeschlossenen Pachtverhältnisses

1. Beendigung durch Zeitablauf

a) Pachtverhältnis auf bestimmte Zeit

4 Die Grundsatzregelung über die Beendigung eines Pachtverhältnisses durch Zeitab-

lauf bezieht sich nur auf Pachtverhältnisse, die **auf bestimmte Zeit eingegangen** sind. Dabei ist gleichgültig, ob die Zeitbestimmung nach Daten oder Zeitabschnitten getroffen worden ist.

Auch der Eintritt eines bestimmten Ereignisses, dessen Eintritt gewiß ist, dessen Zeitpunkt aber noch nicht feststeht, ist als auf bestimmte Zeit vereinbart anzusehen, zB Pachtvertrag auf Lebenszeit. Ein unter einer auflösenden Bedingung (Eintritt eines ungewissen Ereignisses, § 158 Abs 2) abgeschlossener Pachtvertrag wird regelmäßig mit einer bestimmten oder unbestimmten Zeitdauer gekoppelt sein. Dann endet das Pachtverhältnis durch Zeitablauf, falls dies nicht vorher durch Eintritt der auflösenden Bedingung geschieht.

b) Sonderfälle der Pachtverhältnisse auf bestimmte Zeit
Der mit einem **Optionsrecht** gekoppelte Pachtvertrag kann auf bestimmte oder unbestimmte Zeit abgeschlossen sein. Im erstgenannten Fall endet der Vertrag nach § 594 S 1 durch Zeitablauf, wenn der Optionsberechtigte nicht rechtzeitig – jedenfalls vor Beendigung der Pachtzeit (STAUDINGER/SONNENSCHEIN[12 (1981)] § 564 Rn 3; BGH WM 1967, 935) – durch ausdrückliche Erklärung sein Optionsrecht ausübt. 5

Pachtverträge mit **Verlängerungsklausel**, die auf bestimmte Zeit abgeschlossen sind, verlängern sich auf bestimmte oder unbestimmte Zeit, wenn nicht ein Vertragspartner vor Ablauf des Pachtverhältnisses dessen Fortsetzung ablehnt. Die Ablehnungserklärung hat in der vereinbarten Form und Frist zu erfolgen, wobei es sachgerecht ist, einen möglichst frühzeitigen Erklärungszeitpunkt zu vereinbaren, um dem Erklärungsempfänger die rechtzeitige Einstellung auf das Pachtende zu ermöglichen, entsprechend dem Grundgedanken des § 594 S 2 bis 4. Lehnt keine der Vertragsparteien die Fortsetzung ab, so verlängert sich das alte Pachtverhältnis stillschweigend; es entsteht kein neues Pachtverhältnis (BGH NJW 1974, 1081). 6

2. Vorzeitige Beendigung von Pachtverträgen mit bestimmter Laufzeit

Insoweit ist zunächst auf die Anlässe der Anfechtung (s hierzu STAUDINGER/SONNENSCHEIN[12 (1981)] § 564 Rn 54), Unmöglichkeit der Gewährung des vertragsmäßigen Gebrauchs (STAUDINGER/SONNENSCHEIN[12 (1981)] § 564 Rn 56) oder des Wegfalls der Geschäftsgrundlage (STAUDINGER/SONNENSCHEIN[12 (1981)] § 564 Rn 57) zu verweisen. Hinzu kommen der Abschluß eines Aufhebungsvertrages (s hierzu STAUDINGER/SONNENSCHEIN[12 (1981)] § 564 Rn 45), der Eintritt einer auflösenden Bedingung (STAUDINGER/SONNENSCHEIN[12 (1981)] § 564 Rn 50), die vorzeitige Beendigung durch eine außerordentliche Kündigung oder durch einen vorbehaltenen Rücktritt (STAUDINGER/SONNENSCHEIN[12 (1981)] § 564 Rn 51 ff; PALANDT/PUTZO § 564 Rn 7). 7

III. Verlängerung des Pachtverhältnisses

1. Möglichkeiten einer ausdrücklichen Verlängerung

a) Parteivereinbarung
Denkbar ist zunächst die Verlängerung durch Parteivereinbarung. Sie bedarf für einen Zeitraum von mehr als zwei Jahren der Schriftform (§ 585 a, s Rn 14), sofern nicht ausnahmsweise eine strengere Form vorgeschrieben/vereinbart ist. 8

Als Verlängerungsvereinbarung ist auch die vom Verpächter stillschweigend hingenommene Fortsetzung des Pachtverhältnisses durch den Pächter zu werten. Dann gilt das Pachtverhältnis auf unbestimmte Zeit fort. *Es fehlt zwar an einer dem § 568 entsprechenden Vorschrift für Landpachtverträge, so daß die Fiktionswirkung der Zwei-Wochen-Frist dieser Bestimmung nicht angewandt werden kann.* Die Annahme der stillschweigenden Vertragsfortsetzung rechtfertigt sich jedoch aus dem Bedürfnis der Praxis im Einklang mit agrarpolitischen, wirtschaftlichen und sozialen Gründen, und zwar sowohl bei Unterbleiben einer Anfrage gemäß S 2 bis 4 als auch unter Umständen nach Ablehnung einer erfolgten Anfrage.

b) Gerichtliche Entscheidung

9 Die andere Alternative der Vertragsverlängerung ist die durch landwirtschaftsgerichtliche Entscheidung nach § 595. Die gerichtliche Verlängerung gibt dem Vertrag eine weitere bestimmte Laufzeit im Sinne der Ausführungen (s u Rn 17).

2. Die Verlängerungsfiktion der Sätze 2 bis 4

10 Abgesehen von den Fällen einer **konkludenten Vertragsverlängerung** (durch Weiterbewirtschaftung, trotz Nichtanwendbarkeit von § 568, vgl OLG Köln AgrarR 1990, 263) gilt das Pachtverhältnis hiernach unter den folgenden Umständen als auf unbestimmte Zeit über den vereinbarten Ablaufzeitpunkt hinaus als verlängert.

a) Pachtverhältnis auf bestimmte Zeit

11 Es muß sich um ein auf bestimmte Zeit laufendes Pachtverhältnis handeln, dessen Laufzeit auf mindestens 3 Jahre vereinbart wurde. Die Vereinbarung eines früheren möglichen Auflösungsgrundes (zB auflösende Bedingung) ist unschädlich, solange dieser nicht eingetreten ist.

Bei einem auf mehr als 30 Jahre abgeschlossenen Pachtvertrag macht die Regelung des § 594 b eine Anfrage nach § 594 S 2 und der dort bestimmten Frist entbehrlich.

Da die gemäß § 594 eintretende Verlängerung auf unbestimmte Zeit erfolgt, ist eine zwei- oder mehrmalige Verlängerung nach § 594 nicht möglich. Im Hinblick auf § 594 a beinhaltet die Regelung des § 594 praktisch eine einmalige Verlängerungsmöglichkeit um 2 Jahre.

b) Die Anfrage und deren Inhalt

12 Pächter oder Verpächter müssen an den jeweils anderen Vertragsteil die in S 2 bis 4 gekennzeichnete schriftliche Anfrage richten, sofern es ihnen nicht nur um eine alsbaldige Klärung über das weitere Schicksal des Pachtvertrages, sondern auch zusätzlich um eine Verlängerung des Vertrages geht.

Angesichts der Fiktionswirkung der Anfrage ist notwendig, daß sie der geschäftsfähigen Vertragspartei oder deren gesetzlichen Vertreter oder Bevollmächtigten zugeht. Sie ist ein Vertragsantrag im Sinne von § 145, der nach § 594 S 2 innerhalb einer Frist von drei Monaten ab Zugang angenommen werden kann. Der Anfragende ist für die Dauer der gesetzlichen Annahmefrist an den Antrag gebunden (MünchKomm/VOELSKOW § 594 Rn 4).

Der Pächter, der nicht um Pachtverlängerung nachfragt, kann gleichwohl die Fortsetzung des Pachtverhältnisses nach § 595 beantragen. Jedoch kann der Verpächter im Verfahren nach § 595 die Fortsetzung des Pachtverhältnisses erfolgreich ablehnen, wenn der Pächter zuvor auf die Anfrage des Verpächters nach § 594 die Fortsetzung abgelehnt hat.

Enthält die Anfrage das Angebot zur Fortsetzung des Pachtverhältnisses zu geänderten Bedingungen und läßt sich der Adressat darauf nicht ein, gilt das Vertragsverhältnis zu den alten Konditionen fort.

c) Schriftliche Anfrage (S 3)

Das Schriftlichkeitserfordernis der Anfrage dient der Rechtsklarheit und -sicherheit; sie ist erforderlich, um den Befragten mittels des Hinweises des S 4 vor einem Rechtsverlust durch etwa nicht hinreichende Kenntnis der Folgen des Schweigens zu bewahren. Fehlt es an der korrekten Form, hat dies die Nichtigkeit der Erklärung zur Folge (LWLH Rn 11). **13**

d) Weitere Wirksamkeitsvoraussetzungen der Anfrage (S 4)

Die Anfrage muß, um ihre Fiktionswirkungen ausüben zu können, auf die Folge der Nichtbeantwortung (Fortsetzung des Pachtverhältnisses auf unbestimmte Zeit) ausdrücklich hinweisen. Ist dies in der Anfrage nicht geschehen, reicht es nicht aus, den Hinweis des S 4 (ohne Wiederholung der Anfrage) nachzureichen. Die Anfrage ist mit dem Hinweis zu wiederholen. **14**

Das Gesetz verleiht der Anfrage die ihr eigenen Fiktionswirkungen (Fortsetzungsfiktion) nur dann, wenn die Anfrage innerhalb des drittletzten Pachtjahres gestellt wird; eine vorherige oder spätere Stellung der Anfrage reicht nicht aus.

e) Ablehnung der Anfrage (S 2)

Die Vertragsverlängerung tritt nur ein, falls die befragte Vertragspartei die Anfrage nicht fristgerecht ablehnt. Die Ablehnung bedarf gleichfalls zu ihrer Wirksamkeit der Schriftform (LWLH Rn 15). **15**

Adressat des Ablehnungsbescheids ist die anfragende Partei. Hat ein rechtsgeschäftlich Bevollmächtigter die Anfrage gestellt, ist die Ablehnung ihm wie dem Vollmachtgeber gegenüber wirksam, wenn sich aus der dem Ablehnenden bekannten Inhalt der Vollmacht die Berechtigung zur Inempfangnahme ergibt.

Als Ablehnung ist jede Äußerung anzusehen, aus der sich ergibt, daß die befragte Partei nicht uneingeschränkt und vorbehaltlos mit der Fortsetzung des Pachtverhältnisses (zu den bisherigen Bedingungen) bereit ist. Macht die befragte Partei die Vertragsfortsetzung von einer Änderung der Vertragsbedingungen abhängig, so finden hierauf die Vorschriften der §§ 145 ff Anwendung, ohne daß die Verlängerungsfiktion aus § 594 Platz greifen kann.

f) Mehrere Personen als Vertragsparteien

Besteht eine Vertragspartei aus mehreren Personen, so ist die Anfrage von allen zu stellen bzw an alle zu richten, damit sie die Fiktionswirkungen auslösen kann (OLG **16**

Braunschweig OLGE 1994, 189). Häufig wird man hier aber von einem (stillschweigend) Bevollmächtigten ausgehen müssen.

3. Eintritt und Rechtsfolgen der Verlängerung

17 Bei ordnungsgemäßer, fristgerechter, schriftlicher Anfrage (S 2) tritt mit Verstreichen der dreimonatigen Antwortfrist die Rechtsfolge ein, daß das Pachtverhältnis als vom vereinbarten Zeitpunkt seines Ablaufs auf unbestimmte Zeit verlängert wird, und zwar mit den Rechtsfolgen aus § 594 a (abgesehen von der Bestimmung des Abs 1 S 2).

4. Beseitigung der Rechtsfolge der Verlängerung

18 Die Rechtsfolge der fiktiven Verlängerung des Pachtverhältnisses auf unbestimmte Zeit kann stets durch formlose Vereinbarung der Vertragsparteien beseitigt werden; sei es durch Aufhebungsvertrag oder Abänderungsvertrag, der indes im Fall des § 585 a der Schriftform bedarf.

Denkbar ist weiter die Anfechtung. Da dem **Schweigen** auf die Anfrage nach der gesetzlichen Konstruktion die Bedeutung einer fiktiven Willenserklärung beigelegt wird (STAUDINGER/DILCHER [12] Vorbem 43 zu §§ 116 ff), erscheint es gerechtfertigt, dem Verpächter dann auch eine Anfechtungsmöglichkeit zu eröffnen; sei es entsprechend § 123, falls mit der Anfrage eine rechtserhebliche Täuschung oder Drohung einherging oder eine entsprechende Anwendung des § 119 BGB, wenn sich der Angefragte über die Auslegung der Belehrungsklausel des S 4 vor allem bei mißverständlicher Fassung geirrt hat.

Das Kündigungsrecht aus § 594 a Abs 1 S 1 steht den Vertragsparteien erst nach Ablauf der ursprünglich vereinbarten Vertragszeit zu.

IV. Abdingbarkeit

19 Die Bestimmung ist abdingbar, das Vertragsverhältnis kann einvernehmlich – auch konkludent durch Weiterbewirtschaftung – fortgesetzt werden (OLG Köln AgrarR 1990, 263).

V. Verfahren

20 Bei Streitigkeiten zwischen den Vertragsparteien kann das Landwirtschaftsgericht angerufen werden, das im streitigen Verfahren entscheidet (§ 48 iVm § 1 Nr 1 a LwVG).

§ 594 a

(1) Ist die Pachtzeit nicht bestimmt, so kann jeder Vertragsteil das Pachtverhältnis spätestens am dritten Werktag eines Pachtjahres für den Schluß des nächsten Pachtjahres kündigen. Im Zweifel gilt das Kalenderjahr als Pachtjahr. Die Vereinbarung einer kürzeren Frist bedarf der Schriftform.

3. Titel. Miete. Pacht
III. Landpacht

§ 594 a

(2) Für die Fälle, in denen das Pachtverhältnis unter Einhaltung der gesetzlichen Frist vorzeitig gekündigt werden kann, ist die Kündigung nur für den Schluß eines Pachtjahres zulässig; sie hat spätestens am dritten Werktag des halben Jahres zu erfolgen, mit dessen Ablauf die Pacht enden soll.

Materialien: BT-Drucks 10/508; 10/509; 10/3830; 10/3498.

Schrifttum

Siehe § 585.

Systematische Übersicht

I.	**Allgemeine Kennzeichnung**		c)	Kündigungsfrist ___ 9
1.	Entstehung der Vorschrift ___ 1		aa)	Begriff des Pachtjahres ___ 10
2.	Zweck der Vorschrift ___ 2		bb)	Fristberechnung ___ 11
			d)	Formerfordernis ___ 12
II.	**Inhalt der Vorschrift**		2.	Beendigung des Pachtverhältnisses
1.	Beendigung des Pachtverhältnisses			durch vorzeitige Kündigung ___ 13
	durch ordentliche Kündigung ___ 3		a)	Allgemeines ___ 13
a)	Pachtvertrag ohne bestimmte Laufzeit 3		b)	Fälle einer vorzeitigen Kündigung ___ 14
b)	Kündigung		c)	Fristberechnung ___ 15
aa)	Allgemeine Grundsätze ___ 4		d)	Formerfordernis ___ 16
bb)	Inhalt der Kündigung ___ 5			
cc)	Mehrheit von Beteiligten ___ 6		III.	**Grundsätzlich nachgiebiges Recht** ___ 17
dd)	Parteiwechsel während der Pachtzeit _ 7			
ee)	Teilkündigung ___ 8		IV.	**Verfahren, Beweislast** ___ 18

Alphabetische Übersicht

Abdingbarkeit ___ 17		Kündigungsgrund, Angabe ___ 5	
Berechnung, der Kündigungsfrist ___ 11		Mehrheit, von Beteiligten ___ 6	
Beweislast ___ 18		Parteiwechsel, während der Vertragszeit _ 7	
Frist, der Kündigung ___ 9, 14		unbefristete Pachtverträge, Beendigung	
Kündigung ___ 4 ff		durch Kündigung ___ 3 ff	
– Angabe von Gründen ___ 5		Verfahrensfragen ___ 18	
– Form ___ 12, 16		vorzeitige Kündigung ___ 13 ff	
– Frist ___ 9 ff		– Fälle der ___ 14	
– Grundsätze ___ 4		– Form ___ 16	
– Inhalt ___ 5		– Fristberechnung ___ 15	
– Parteiwechsel ___ 7			
– teilweise ___ 8		Zweck, der Vorschrift ___ 2	
– vorzeitige ___ 13 ff			

I. Allgemeine Kennzeichnung

1. Entstehung der Vorschrift

1 Die in § 595 Abs 1 aF normierte halbjährliche Kündigungsfrist sollte nach dem Willen des Gesetzgebers im Hinblick auf die Besonderheiten der Landpacht, insbesondere der dort notwendigen langfristigen Planung und Disposition deutlich verlängert werden. Uneinigkeit bestand lediglich darüber, ob die für angemessen erachtete zweijährige Kündigungsfrist sowohl für die ordentliche wie die außerordentliche Kündigung gelten sollte (s insoweit die Entwürfe vom Juni 1972 und vom 29. 4. 1976). Letztendlich hat sich in den Fällen der vorzeitigen Kündigung die Meinung durchgesetzt, die in Anlehnung an die Regelung des § 584 Abs 1 eine halbjährliche Kündigungsfrist für ausreichend ansah. In Anlehnung an die mietrechtliche Kündigungsfrist des § 565 Abs 2 S 1 ist als Kündigungstag, an dem die Kündigungserklärung dem Empfänger zugegangen sein muß, der dritte Werktag statt des nach § 595 aF geltenden ersten Werktages bestimmt worden.

2. Zweck der Vorschrift

2 Durch die Vervierfachung der bisher geltenden halbjährlichen Kündigungsfrist auf 2 Jahre sollte die Rechtsstellung des Pächters gestärkt werden. Dem liegt die Auffassung des Gesetzgebers zugrunde, daß es unter den heutigen betriebs- und marktwirtschaftlichen Bedingungen in der Regel nicht möglich ist, einen Pachtvertrag in einem kürzeren Zeitraum ordnungsgemäß und ohne vermeidbare Verluste abzuwickeln (BT-Drucks 10/509 S 14 Ziff 6). Dem insbesondere bei der Stücklandpacht denkbaren Interesse an einer kürzeren Kündigungsfrist, wenn ein landwirtschaftliches Grundstück nur noch für eine kürzere Zeit als zwei Jahre zur landwirtschaftlichen Nutzung zur Verfügung steht, soll Satz 3 Rechnung tragen, der die Möglichkeit, eine kürzere Kündigungsfrist zu vereinbaren, eröffnet. Zur Vermeidung späterer Streitigkeiten ist hier Schriftform vorgeschrieben (BT-Drucks 10/509 S 24 zu § 594 a).

II. Inhalt der Vorschrift

1. Beendigung des Pachtverhältnisses durch ordentliche Kündigung

a) Pachtvertrag ohne bestimmte Laufzeit

3 § 594 a gilt nur für auf unbestimmte Zeit geschlossene Landpachtverträge. Er dürfte daher bei schriftlichen Landpachtverträgen nur selten zum Tragen kommen, da neben der Beschreibung des Pachtobjekts und der Höhe des Pachtzinses die Pachtdauer regelmäßig zu den wesentlichen Regelungstatbeständen eines Pachtvertrages gehören dürfte. Seine Bedeutung dürfte sich daher im wesentlichen auf die Fälle beschränken, in denen die Schriftform nicht gewahrt worden ist (§ 585 S 2), bzw in denen die Verlängerungsfiktion wirksam wird (§ 594 S 2).

b) Kündigung
aa) Allgemeine Grundsätze

4 Die Kündigung ist eine **einseitige empfangsbedürftige Willenserklärung**, zu der jede Vertragspartei berechtigt ist. Neben dem Zugangserfordernis (§§ 130 ff) hängt ihre Wirksamkeit von der Beachtung der im Zuge der Neuordnung eingeführten Schrift-

form ab (§§ 594 f). Sind die Personen des Kündigungsempfängers (zB ein Erbe einer Vertragspartei) oder sein Aufenthalt unbekannt, eröffnet sich der Weg der Ersatzzustellung oder der öffentlichen Zustellung nach § 132 BGB. Im übrigen kann insbesondere die Vereitelung der Zustellung durch den Kündigungsempfänger zur Folge haben, daß sich dieser nicht auf den verspäteten Zugang der Kündigung berufen kann (BGHZ 67, 271).

Für einen nicht voll Geschäftsfähigen muß grundsätzlich sein gesetzlicher Vertreter die Kündigung erklären. Gleiches gilt, wenn der Kündigungsempfänger nicht voll geschäftsfähig ist; in diesem Fall muß die Kündigungserklärung an den gesetzlichen Vertreter gerichtet werden (LG Berlin ZMR 1982, 238).

Die Kündigung durch einen Nichtberechtigten kann nicht entsprechend § 185 Abs 2 durch spätere Genehmigung des Berechtigten mit rückwirkender Kraft wirksam werden (PALANDT/HEINRICHS § 185 Rn 2 mwN).

Als einseitige Willenserklärung bedarf die Kündigung zu ihrer Wirksamkeit nicht der Annahme durch den Kündigungsempfänger.

Nach Zugang der Kündigung ist ihr Widerruf oder ihre einseitige Rücknahme nicht mehr möglich – § 130 Abs 1 S 2 – (HEROLD BlGBW 72, 126; STAUDINGER/SONNENSCHEIN[12 (1981)] § 564 Rn 42 mwN).

bb) Inhalt der Kündigung
Die Kündigungserklärung muß den Kündigungswillen **eindeutig und unbedingt** zum 5 Ausdruck bringen. Ein bestimmter **Kündigungsgrund** braucht weder bei der ordentlichen noch bei der außerordentlichen Kündigung angegeben zu werden, wird aber namentlich bei letzterer zweckmäßig sein (STAUDINGER/SONNENSCHEIN[12 (1981)] § 564 Rn 16 mwN). Ebensowenig ist die Wirksamkeit nicht von dem Anlaß des Kündigenden zur Abgabe der Erklärung (zB Bemühen um günstigere Vertragskonditionen für die Zukunft) berührt.

Die Angabe eines Kündigungstermins ist nicht vorgeschrieben. Das Pachtverhältnis endet mangels einer Angabe im Kündigungsschreiben zum gesetzlich nächstzulässigen Zeitpunkt. Wird die Kündigung bei unbestimmter Pachtzeit zu einem erklärten Termin verspätet ausgesprochen, so tritt die Wirkung zum nächstzulässigen Termin allerdings nur dann ein, wenn dies dem Willen des Kündigenden entspricht und dieser Wille auch dem anderen Vertragsteil genügend klar erkennbar wird (STAUDINGER/SONNENSCHEIN[12 (1981)] § 564 Rn 18).

cc) Mehrheit von Beteiligten
Bei einer Mehrheit von Beteiligten auf der einen oder anderen Vertragsseite muß 6 grundsätzlich wegen der **Einheitlichkeit** des Pachtvertrages die Kündigungserklärung von allen Kündigenden gegenüber allen Vertragspartnern erklärt werden (Mot II 413; STAUDINGER/SONNENSCHEIN[12 (1981)] § 564 Rn 22 ff mwN).

Eine Vereinfachung läßt sich insoweit nur durch **Bevollmächtigung** je eines der Gemeinschafter auf jeder Vertragsseite erreichen, die Kündigung auszusprechen oder zu empfangen. Diese Vollmacht ist formlos wirksam (§ 167 Abs 2); jedoch sollte sie zweckmäßigerweise im Hinblick auf § 174 schriftlich erteilt werden; sie kann auch im Pachtvertrag enthalten sein, wobei die Vollmacht sich ausdrücklich auf die Kündigung erstrecken muß (STAUDINGER/SONNENSCHEIN[12 (1981)] § 564 Rn 23). Bei Formularverträgen sind die §§ 9 Abs 1 und 10 Nr 6 AGBG zu beachten. Im übrigen sind die gesetzlichen Möglichkeiten der Mehrheitsbeschlußfassung der Gemeinschafter nach den §§ 2038, 745 zu beachten (BGH RdL 1951, 87).

Die Kündigung eines Pachtvertrages über eine landwirtschaftliche Besitzung seitens einer Erbengemeinschaft als Verpächterin stellt keine Verfügung über einen Nachlaßgegenstand dar; sondern ist eine Verwaltungshandlung im Sinne des § 2038. Die Kündigung erfordert daher nicht die Mitwirkung aller Miterben, sondern kann nach § 745 von der Mehrheit der Miterben beschlossen werden. Wollen einzelne Miterben auf der Verpächterseite einer Kündigung des Pächters entgegentreten, so kann dies, da es sich hierbei um eine Verwaltungsmaßnahme ohne Verfügungscharakter handelt, auch jeder einzelne Verpächter für sich tun (KEIDEL RdL 1952, 128; BGH RdL 1952, 125 ff).

dd) Parteiwechsel während der Pachtzeit
7 Bei einem Parteiwechsel während des Laufes des Pachtvertrages geht das Kündigungsrecht auf den **Nachfolger** über.

ee) Teilkündigung
8 Eine Teilkündigung (zB für einzelne Parzellen) ist – falls nicht vertraglich vereinbart –, angesichts der grundsätzlichen Einheitlichkeit des Pachtverhältnisses, **unzulässig**. Zum umgekehrten Fall des auf einen Teil des Pachtgegenstandes bezogenen Schutzantrages (§ 595 Rn 35).

c) Kündigungsfrist
9 Nach Abs 1 kann jeder Vertragsteil das Pachtverhältnis spätestens am dritten Werktag eines Pachtjahres für den Schluß des nächsten Pachtjahres kündigen.

aa) Begriff des Pachtjahres
10 Die für den Fall der fehlenden vertraglichen Fixierung vom Gesetzgeber vorgesehene Lösung, daß im Zweifel das Kalenderjahr als Pachtjahr gelte (Abs 1 S 2), dürfte an den Bedürfnissen und Gegebenheiten der Praxis vorbeigehen. Diese orientiert sich vielmehr regelmäßig an der Ernte im Herbst, da anschließend – also noch vor Ende des Kalenderjahres – schon erhebliche Vorarbeiten im Hinblick auf die Bestellung für die nächste Wachstumsperiode notwendig werden. Diese Arbeiten hat der Pächter als Konsequenz aus der ihm obliegenden Pflicht zur ordnungsgemäßen Bewirtschaftung zu erbringen, ohne dafür nach § 596 a Ersatz verlangen zu können (su § 596 a Rn 2). Landesüblich beginnt das Pachtjahr ohne ausdrückliche Vereinbarung häufig am 1. Oktober oder am 11. November – Martini – (PALANDT/PUTZO § 594 a Rn 2).

bb) Fristberechnung
11 Nach § 186 gelten auch für die Fristberechnung bei der Kündigung von Landpachtverträgen die Auslegungsvorschriften der §§ 187 ff. Der Fristbeginn bestimmt sich nach § 187 Abs 2, das Fristende demgemäß nach § 188 Abs 2. Ist das Pachtjahr gleich dem Kalenderjahr, so beginnt es am 1.1. und endet am 31.12.

§ 594 a bestimmt als Kündigungstag den dritten Werktag eines Pachtjahres. Dann muß die Kündigungserklärung dem Empfänger wirksam zugegangen sein. Dadurch, daß ausdrücklich auf den dritten Werktag abgestellt wird, ist eine Regelung getroffen worden, die jeden Streit über die Anwendbarkeit des § 193 ausschließt.

Das Pachtverhältnis endet bei einer wirksamen Kündigung am Ende des nächsten Pachtjahres, wobei unerheblich ist, ob dieser Tag auf einen Sonnabend, Sonntag oder Feiertag fällt. § 193 ist in diesem Fall eines bloßen Fristablaufs nicht anwendbar (STAUDINGER/SONNENSCHEIN[12 (1981)] § 565 Rn 4).

Eine verspätete Kündigung kann uU in eine Kündigung zum nächstmöglichen Zeitpunkt oder einen Antrag auf Vertragsaufhebung umgedeutet werden (SOERGEL/KUMMER Nachträge 7. Lfg [Mai 1986] § 594 a Rn 2).

d) Formerfordernis
Die Kündigung bedarf der Schriftform. Insoweit wird auf die Kommentierung zu § 594 f verwiesen.

2. Beendigung des Pachtverhältnisses durch vorzeitige Kündigung

a) Allgemeines
Unter bestimmten Voraussetzungen ist es den Parteien gestattet, sich vorzeitig vom Pachtvertrag zu lösen. Dabei unterscheidet der Gesetzgeber zwischen den Fällen einer fristgebundenen und einer fristlosen vorzeitigen Kündigung.

§ 594 a Abs 2 erfaßt die Fälle, in denen eine vorzeitige Kündigung unter Einhaltung der gesetzlichen Frist zulässig ist. Für diese Fälle bestimmt Abs 2 die Dauer der Frist.

Nicht erfaßt sind daher die Fälle einer vorzeitigen Kündigung, in denen das Gesetz nicht auf die gesetzliche Frist verweist, sondern eine eigene Frist bestimmt. Der Gesetzgeber räumt in bestimmten Fällen den Parteien das Recht ein, das Pachtverhältnis vorzeitig unter Einhaltung einer bestimmten Frist zu kündigen; nämlich dann, wenn sich die tatsächlichen Verhältnisse während der Pachtzeit so wesentlich verändern, daß eine Bindung an den Pachtvertrag nicht mehr zumutbar erscheint.

Die Voraussetzungen einer außerordentlichen fristlosen Kündigung regelt § 594 e; insoweit wird auf die dortige Kommentierung verwiesen.

b) Fälle einer vorzeitigen Kündigung
Möglichkeiten der vorzeitigen fristgerechten Kündigung mit eigenen Fristen bestehen zunächst nach § 594 b bei Verträgen mit einer Laufzeit über 30 Jahren und nach § 594 d beim Tod des Pächters.

Weiter können unter Einhaltung der sich nach § 594 a Abs 2 bestimmenden Frist Landpachtverträge in folgenden Fällen gekündigt werden:

– § 593 a; Kündigungsrecht des Verpächters, wenn bei der Übergabe eines Betriebs

im Wege der vorweggenommenen Erbfolge die ordnungsmäßige Bewirtschaftung der Pachtsache durch den Übernehmer nicht gewährleistet ist;
- §§ 593 b, 571 Abs 2 S 2; Kündigungsrecht des Pächters im Falle der Grundstücksveräußerung;
- § 594 c; Kündigungsrecht des Pächters im Falle seiner Berufsunfähigkeit;
- § 1056; Kündigungsrecht beider Parteien bei Verpachtung durch den Nießbraucher, wenn der Nießbrauch während laufender Pachtzeit endet;
- §§ 2135, 1056; Kündigungsrecht des Nacherben bei Verpachtung durch den Vorerben über die Dauer der Vorerbschaft hinaus;
- § 30 Abs 2 ErbbauRVO; Kündigungsrecht des Grundstückseigentümers bei Erlöschen des Erbbaurechts;
- § 19 KO; Kündigungsrecht des Verpächters und des Konkursverwalters bei Konkurs des Pächters;
- § 51 Abs 2 VerglO; Kündigungsrecht des vom Vergleich betroffenen Pächters;
- § 57 a ZVG; Kündigungsrecht des Erstehers in der Zwangsversteigerung.

c) Fristberechnung
15 Es gelten auch hier die Vorschriften der §§ 187 ff, vgl oben Rn 11.

d) Formerfordernis
16 Auch die vorzeitige Kündigung bedarf der Schriftform iSd §§ 594 f.

III. Grundsätzlich nachgiebiges Recht

17 Abweichende Vereinbarungen der Parteien über die Länge der Kündigungsfrist sind grundsätzlich zulässig. Allerdings bedarf die Vereinbarung einer kürzeren Kündigungsfrist der Schriftform. Aus der Beschränkung des Schriftformerfordernisses auf diese Änderung folgt, daß die Verlängerung der Kündigungsfristen formlos möglich ist (PALANDT/PUTZO § 594 a Rn 1).

IV. Verfahren, Beweislast

18 Bei Streitigkeiten entscheidet das Landwirtschaftsgericht im streitigen Verfahren. Dies gilt insbesondere hinsichtlich der Auswirkung eines vorzeitig beendeten Landpachtvertrages (§ 595 a Abs 2 und 3).

Derjenige, der sich auf eine vom Kalenderjahr abweichende Vereinbarung der Bestimmung des Pachtjahres beruft, hat diese zu beweisen.

§ 594 b

Wird ein Pachtvertrag für eine längere Zeit als dreißig Jahre geschlossen, so kann nach dreißig Jahren jeder Vertragsteil das Pachtverhältnis spätestens am dritten Werktag eines Pachtjahres für den Schluß des nächsten Pachtjahres kündigen. Die Kündigung ist nicht zulässig, wenn der Vertrag für die Lebenszeit des Verpächters oder des Pächters geschlossen ist.

Materialien: BT-Drucks 10/508; 10/509; 10/3830; 10/3498.

Schrifttum

Siehe § 585.

Systematische Übersicht

I. Allgemeine Kennzeichnung	2. Rechtsfolge	6
1. Entstehung der Vorschrift 1	3. Kündigungsfrist	7
2. Zweck der Vorschrift 2	4. Ausschluß des Kündigungsrechts	
3. Zwingendes Recht 3	(S 2)	9
II. Inhalt der Vorschrift	III. Verfahrensrecht	10
1. Anwendungsbereich 4		

I. Allgemeine Kennzeichnung

1. Entstehung der Vorschrift

§ 594 b ist an die Stelle der früheren Regelung der §§ 581 Abs 2, 567 getreten. Er übernimmt sie mit dem Unterschied, daß nicht die gesetzliche Kündigungsfrist des § 594 a Abs 2, sondern die längere zweijährige Kündigungsfrist des § 594 a Abs 1 gilt. **1**

2. Zweck der Vorschrift

Der Grund für die – modifizierte – Beibehaltung der mietrechtlichen Regelung des § 567 ist, daß das gesetzgeberische Motiv des **Ausschlusses einer Art „Erbmiete bzw -pacht"** auch heute noch von Bedeutung sein soll (BT-Drucks 10/509 S 24 zu § 594 b). Die Parteien sollen, wenn sie eine längere als 30-jährige Besitzüberlassung wünschen, eine entsprechende dingliche Veränderung herbeiführen. Es ist für die Beteiligten auch nicht annähernd möglich, die Entwicklung über einen Zeitraum von mehr als 30 Jahren vorherzusehen und in ihrer Vertragsgestaltung zu berücksichtigen (BT-Drucks aaO). **2**

3. Zwingendes Recht

Wie § 567 ist auch § 594 b grundsätzlich zwingend (PIKALO NJW 1986, 1472 ff, so auch LWLH Rn 2). Ein vertraglicher Ausschluß des Kündigungsrechts nach Ablauf von 30 Jahren wäre unwirksam, zu den Rechtsfolgen su Rn 9. **3**

Aus dem Zweck der Vorschrift der Verhinderung erbpachtähnlicher Landpachtverträge folgt, daß eine kürzere Kündigungsfrist wirksam vereinbart werden kann (MünchKomm/VOELSKOW Rn 2).

II. Inhalt der Vorschrift

1. Anwendungsbereich

4 Abgesehen von Landpachtverträgen, die ausdrücklich eine längere als 30jährige Laufzeit beinhalten, gelten als Verträge im Sinne dieser Vorschrift:

- Pachtverhältnisse, die für 30 Jahre oder eine kürzere Zeit abgeschlossen worden sind, aber aufgrund einer Option auf einen über 30 Jahre hinausgehenden Zeitraum ausgedehnt werden können;
- Pachtverhältnisse, die auf unbestimmte Zeit abgeschlossen sind und bei denen die Kündigung mindestens für einen Vertragspartner für längere Zeit als 30 Jahre ausgeschlossen ist;
- Pachtverhältnisse, bei denen ein rechtlicher oder wirtschaftlicher Zwang zur Vertragsverlängerung oder zum Abschluß entsprechender Verträge besteht; Voraussetzung ist, daß die Gesamtdauer der Verträge 30 Jahre überschreitet (im einzelnen MünchKomm/VOELSKOW § 567 Rn 2 mwN);
- Pachtverhältnisse, die mit dem Eintritt eines künftigen, ungewissen Ereignisses enden, sofern nur die Möglichkeit besteht, daß das Ereignis bis zum Ablauf von 30 Jahren nicht eintritt (s auch STAUDINGER/EMMERICH[12 (1981)] § 567 Rn 6);
- Pachtvorverträge; insoweit ist § 594 b entsprechend anwendbar (MünchKomm/VOELSKOW § 567 Rn 2; STAUDINGER/EMMERICH[12 (1981)] § 567 Rn 4 und 9 mwN).

Eine Verpachtung auf Lebenszeit oder bis zum Eintritt des Rentenalters ist nicht schon per se als eine mehr als dreißigjährige zu qualifizieren (LWLH Rn 9).

Streitig ist, ob das Kündigungsrecht des § 594 b auch eingreift, wenn bei einem auf unbestimmte Zeit geschlossenen Pachtvertrag die Kündigung in der Weise erschwert ist, daß sie eine Entschädigungspflicht des Kündigenden auslöst (so MünchKomm/VOELSKOW § 567 Rn 2 mit Fußnote 4; aA STAUDINGER/EMMERICH[12 (1981)] § 567 Rn 8, der in der Vereinbarung einer Entschädigungspflicht des Kündigenden nur dann eine Umgehung des § 594 b sieht, wenn die Kündigung vertraglich von Bedingungen oder Verpflichtungen abhängig gemacht ist, deren Erfüllung unmöglich ist oder eine übermäßige wirtschaftliche Erschwerung der Kündigung darstellt; so auch LWLH Rn 4).

5 Keine Anwendung findet § 594 b bei Kausalgeschäften, die der Bestellung einer Grunddienstbarkeit zugrunde liegen (MünchKomm/VOELSKOW § 567 Rn 3; STAUDINGER/EMMERICH § 567[12 (1981)] Rn 4 a) und bei Vorpachtrechten, weil durch deren Ausübung jeweils ein neuer Vertrag zustande kommt (MünchKomm/VOELSKOW § 567 Rn 3).

2. Rechtsfolge

6 Ein Verstoß gegen § 594 b führt **nicht zur Nichtigkeit** des Vertrages, eine entgegenstehende Vereinbarung hat nicht die Nichtigkeit des gesamten Pachtvertrages zur Folge, insbesondere auch nicht hinsichtlich der vereinbarten Vertragsdauer. Für die Anwendung von § 139 ist demzufolge kein Raum. Anstelle der unwirksamen Bestimmung tritt vielmehr die Kündigungsfrist des § 594 b (BGH LM Nr 2 und 31 zu § 581).

Denkbar ist allerdings, daß ein Vertrag wegen der übermäßigen Bindung einer oder beider Parteien gegen § 138 verstößt und deshalb nichtig ist (STAUDINGER/EMMERICH[12 (1981)] § 567 Rn 9). Die Kündigung nach § 594 b kann im Ausnahmefall eine unzulässige Rechtsausübung darstellen (PALANDT/PUTZO § 567 Rn 6 unter Hinweis auf BGH LM Nr 31 zu § 581; aA MünchKomm/VOELSKOW § 567 Rn 4).

3. Kündigungsfrist

Bei der Berechnung der Vertragslaufzeit ist nicht auf den Zeitpunkt des Vertragsabschlusses, sondern der Überlassung der Pachtsache an den Pächter abzustellen (STAUDINGER/EMMERICH[12 (1981)] § 567 Rn 10). Die Festlegung auf 30 Jahre bedeutet aber keine Fristsetzung zur Ausübung des Kündigungsrechts etwa mit der Folge, daß dieses verwirkt sei, wenn es nicht innerhalb eines angemessenen Zeitraums nach Ablauf der 30 Jahre ausgeübt werde. Die Kündigung kann vielmehr nach 30-jähriger Vertragslaufzeit zu jedem beliebigen Zeitpunkt erklärt werden. Die Kündigungserklärung setzt die Kündigungsfrist in Gang, die sich abweichend von § 567 hier nicht nach § 594 a Abs 2 – gesetzliche Kündigungsfrist – bestimmt, sondern wie in § 594 a Abs 1 fast zwei Jahre beträgt – am dritten Werktag eines Pachtjahres für den Schluß des nächsten Pachtjahres –. **7**

Zur Fristberechnung siehe § 594 a Rn 9 ff. **8**

4. Ausschluß des Kündigungsrechts (S 2)

Das Kündigungsrecht des § 594 b Abs 1 ist ausgeschlossen, wenn der Pachtvertrag für die Lebensdauer des Pächters oder des Verpächters oder beider Vertragsparteien geschlossen worden ist. Sind auf einer Seite mehrere Personen beteiligt, so ist das Kündigungsrecht bis zum Tode des Letztversterbenden ausgeschlossen. Ein auf Lebenszeit geschlossener Vertrag bedarf nach § 585 a immer der Schriftform. **9**

Als Ausnahme zum Regelfall des § 594 b S 1 ist S 2 eng auszulegen (OLG München HRR 1942 Nr 852).

Er ist auf juristische Personen nicht, auch nicht entsprechend, anwendbar (STAUDINGER/EMMERICH[12 (1981)] § 567 Rn 12).

Ebensowenig ist S 2 auf erbrechtliche Verhältnisse anwendbar (STAUDINGER/EMMERICH[12 (1981)] § 567 Rn 13 unter Hinweis auf LG Mannheim DWW 1968, 258).

III. Verfahrensrecht

Streitigkeiten aus dieser Bestimmung heraus sind nach §§ 1 Nr 1 a, 48 LwVG im (streitigen) ZPO-Verfahren zu entscheiden. **10**

§ 594 c

Ist der Pächter berufsunfähig im Sinne der Vorschriften der gesetzlichen Rentenversicherung geworden, so kann er das Pachtverhältnis unter Einhaltung der gesetzlichen Kündigungsfrist kündigen, wenn der Verpächter der Überlassung der Pachtsache zur

§ 594 c
1

Nutzung an einen Dritten, der eine ordnungsgemäße Bewirtschaftung gewährleistet, widerspricht. Eine abweichende Vereinbarung ist unwirksam.

Materialien: BT-Drucks 10/508; 10/509; 10/3830; 10/3498.

Schrifttum

Siehe § 585.

Systematische Übersicht

I.	**Allgemeines**	1	b)	Widerspruch des Verpächters	3
			2.	Kündigungsfrist	5
II.	**Inhalt der Vorschrift**		3.	Formerfordernis	6
1.	Voraussetzungen des Kündigungs-		4.	Abdingbarkeit	7
	rechts des Pächters	2			
a)	Begriff der Berufsunfähigkeit	2	III.	**Verfahren**	8

I. Allgemeines

1 Von Beginn der Überlegungen zur Neuordnung des Landpachtrechts an bestand Einigkeit darüber, daß aus Gründen der sozialen Gerechtigkeit ein Sonderkündigungsrecht bei Berufsunfähigkeit eingeräumt werden sollte (BT-Drucks 10/509 S 14). Die im Vorentwurf des Bundesjustizministeriums vom Juni 1972 gefundene Regelung hat in der Folgezeit keine Veränderungen mehr erfahren.

Hierzu heißt es in der amtlichen Begründung (BT-Drucks 10/509 S 24): „Die vorgesehene Regelung schränkt aus Gründen der sozialen Gerechtigkeit den bisher in § 596 Abs 1 enthaltenen Kündigungsausschluß ein. Es wäre unbillig, einen Pächter an seinen vertraglichen Verpflichtungen auch dann festzuhalten, wenn er wegen Berufsunfähigkeit die Pachtsache nicht mehr selber bewirtschaften kann, vom Verpächter aber daran gehindert wird, die Bewirtschaftung einem Dritten zu überlassen, der eine ordnungsmäßige Bewirtschaftung und damit die Erfüllung der Pächterpflichten gewährleistet".

Die Regelung ist sinnvoll, wenn sich auch die Frage aufdrängt, ob für sie ein praktisches Bedürfnis bestand oder besteht. Ein Verpächter, der auf der Weiterbewirtschaftung durch einen berufsunfähigen Landwirt besteht, dürfte gegen seine eigenen Interessen handeln, da mit der zu erwartenden nicht mehr ordnungsmäßigen Bewirtschaftung auch eine Gefährdung der Pachtzins-Zahlung und eine Verschlechterung der Pachtsache zu befürchten ist.

II. Inhalt der Vorschrift

1. Voraussetzungen des Kündigungsrechts des Pächters

a) Begriff der Berufsunfähigkeit

Nach S 1 definiert sich der Begriff der Berufsunfähigkeit nach den Vorschriften der gesetzlichen Rentenversicherung, dh nach den §§ 1246 RVO, 23 AVG. Abzustellen ist daher auf § 1246 Abs 2 RVO, danach gilt: „Berufsunfähig ist ein Versicherter, dessen Erwerbsfähigkeit infolge von Krankheit oder anderen Gebrechen oder Schwächen seiner körperlichen oder geistigen Kräfte auf weniger als die Hälfte derjenigen eines körperlich oder geistig gesunden Versicherten mit ähnlicher Ausbildung und gleichwertigen Kenntnissen und Fähigkeiten herabgesunken ist. Der Kreis der Tätigkeiten, nach denen die Erwerbsfähigkeit eines Versicherten zu beurteilen ist, umfaßt alle Tätigkeiten, die seinen Kräften und Fähigkeiten entsprechen und ihm unter Berücksichtigung der Dauer und des Umfangs seiner Ausbildung sowie seines bisherigen Berufs und der besonderen Anforderungen seiner bisherigen Berufstätigkeit zugemutet werden können".

Trotz des in § 1246 RVO enthaltenen Zusammenhangs zwischen Berufs- und Erwerbsunfähigkeit ist im Rahmen des § 594 c zwischen den beiden Begriffen zu unterscheiden. Das Kündigungsrecht des § 594 c beschränkt sich aus dem Sinn der Vorschrift auf den Fall der **Berufsunfähigkeit als Landwirt**; gleichgültig, ob der Pächter durch Umschulung oder andere Maßnahmen einer anderen Tätigkeit nachgehen kann und somit als erwerbsfähig anzusehen ist.

Unerheblich ist, auf welchen Ursachen die Berufsunfähigkeit beruht. Entscheidend ist allein eine seelisch oder körperlich bedingte Einschränkung der Leistungsfähigkeit, die den Grad der Berufsunfähigkeit erreicht und die in absehbarer Zeit nicht zu beheben ist. Die Angabe von Gründen in der Kündigungserklärung ist nicht notwendig, sie müssen jedoch zum Zeitpunkt der Kündigung gegeben sein (OLG Frankfurt AgrarR 1991, 107).

Haben die Parteien **keine höchstpersönliche Bewirtschaftung** der Pachtsache durch den Pächter vereinbart, ist dessen Berufsunfähigkeit soweit und solange unmaßgeblich, als die ordnungsgemäße Bewirtschaftung durch Erfüllungsgehilfen gewährleistet ist.

b) Widerspruch des Verpächters

Neben der Berufsunfähigkeit ist **weitere Voraussetzung** des Kündigungsrechts des Pächters, daß der Verpächter der Überlassung der Pachtsache zur Nutzung an einen Dritten widerspricht, obwohl dieser eine ordnungsmäßige Bewirtschaftung gewährleistet. Das Kündigungsrecht ist ausgeschlossen, wenn der Widerspruch des Verpächters gegen die beabsichtigte Nutzungsüberlassung begründet ist.

Der Widerspruch des Verpächters setzt voraus, daß er zuvor über die Berufsunfähigkeit und die Person des zur Übernahme vorgesehenen Nachfolgers unterrichtet worden ist. Angesichts der an verschiedenen Stellen des Landpachtrechts vorgeschriebenen Schriftform (siehe nur §§ 594 S 4, 594 a Abs 1 S 3, 594 d Abs 2 S 3,

594 f), ist hier davon auszugehen, daß sowohl die Mitteilung an den Verpächter als auch dessen Widerspruch nicht formgebunden sind.

Zum Begriff der Nutzungsüberlassung siehe § 589 Rn 3 ff. Regelmäßiger Fall ist der der Unterverpachtung; denkbar ist daneben die Leihe, etwa wenn die Pachtsache einem Dritten, zB dem Ehegatten oder einem nahen Angehörigen unentgeltlich überlassen wird (MünchKomm/VOELSKOW Rn 3).

4 Der Widerspruch des Verpächters löst **nur dann das Kündigungsrecht** des Pächters aus, wenn der zur Nutzungsüberlassung vorgesehene Dritte die Gewähr einer ordnungsmäßigen Bewirtschaftung bietet. Dies ist dann der Fall, wenn der Dritte über die dazu notwendige(n) Ausbildung, Kenntnisse und/oder Erfahrungen verfügt und derart zur ordnungsgemäßen Bewirtschaftung iS von § 586 Abs 1 in der Lage ist (vgl dort Rn 33 ff).

Diese Voraussetzungen hat der Pächter als derjenige, der hieraus Rechte herleiten will, zu **beweisen**.

2. Kündigungsfrist

5 Hat der Pächter nach dieser Vorschrift ein Kündigungsrecht, gilt die Kündigungsfrist nach § 594 a Abs 2, dh die Kündigung hat spätestens am dritten Werktag des halben Jahres zu erfolgen, mit dessen Ablauf das Pachtverhältnis enden soll. Die Kündigung kann aber erst erfolgen, nachdem der Verpächter der Nutzungsüberlassung widersprochen hat.

Nach der amtlichen Begründung (BT-Drucks 10/509 S 24) soll der Pächter nur in dem Pachtjahr zur Kündigung berechtigt sein, in dem er dem Verpächter vergeblich einen geeigneten Übernehmer angeboten hat („er muß kündigen"). Diese Auffassung wird vom Gesetzeswortlaut nicht gedeckt, da er die beispielsweise in der nachfolgenden Vorschrift des § 594 d Abs 1 S 2 enthaltene Bestimmung, daß die Kündigung nur für den ersten Termin erfolgen kann, für den sie zulässig ist, gerade nicht enthält. Das Kündigungsrecht des Pächters unterliegt daher nur den allgemein gültigen zeitlichen Begrenzungen, etwa in der Weise, daß nach Ablauf einer angemessenen Überlegungsfrist Verwirkung eintreten kann (so auch MünchKomm/VOELSKOW Rn 3).

3. Formerfordernis

6 Die Kündigung hat nach §§ 594 f schriftlich zu erfolgen. Wegen der Einzelheiten wird auf die dortige Kommentierung verwiesen.

4. Abdingbarkeit

7 Nach S 2 ist eine abweichende Vereinbarung unwirksam. Sie würde den Schutzzweck der Vorschrift unterlaufen.

III. Verfahren

Über Streitigkeiten entscheidet das Landwirtschaftsgericht im streitigen Verfahren **8**
(§ 48 iVm § 1 Nr 1 a LwVG).

§ 594 d

(1) Stirbt der Pächter, so sind sowohl seine Erben als auch der Verpächter berechtigt, das Pachtverhältnis mit einer Frist von sechs Monaten zum Ende eines Kalendervierteljahres zu kündigen. Die Kündigung kann nur für den ersten Termin erfolgen, für den sie zulässig ist.

(2) Die Erben können der Kündigung des Verpächters widersprechen und die Fortsetzung des Pachtverhältnisses verlangen, wenn die ordnungsgemäße Bewirtschaftung der Pachtsache durch sie oder durch einen von ihnen beauftragten Miterben oder Dritten gewährleistet erscheint. Der Verpächter kann die Fortsetzung des Pachtverhältnisses ablehnen, wenn die Erben den Widerspruch nicht spätestens drei Monate vor Ablauf des Pachtverhältnisses erklärt und die Umstände mitgeteilt haben, nach denen die weitere ordnungsgemäße Bewirtschaftung der Pachtsache gewährleistet erscheint. Die Widerspruchserklärung und die Mitteilung bedürfen der schriftlichen Form. Kommt keine Einigung zustande, so entscheidet auf Antrag das Landwirtschaftsgericht.

(3) Gegenüber einer Kündigung des Verpächters nach Absatz 1 ist ein Fortsetzungsverlangen des Erben nach § 595 ausgeschlossen.

Materialien: BT-Drucks 10/508; 10/509; 10/3830; 10/3498.

Schrifttum

Siehe § 585.

Systematische Übersicht

I.	**Allgemeine Kennzeichnung**			c)	Mehrheit von Pächtern und Verpächtern _____ 8
1.	Überblick _____ 1		3.	Kündigungsfristen und -termine _____ 10
2.	Entstehung und Zweck der Vorschrift _____ 2		a)	Kündigungsfrist _____ 10
3.	Verhältnis zu anderen Vorschriften _____ 3		b)	Kündigungstermin _____ 11
II.	**Kündigungsbefugnis der Pächtererben und des Verpächters (Abs 1)** _____ 4		c)	Folgen der Fristversäumung _____ 12
1.	Tod des Pächters _____ 5		**III.**	**Widerspruchsrecht der Erben nach Abs 2**
2.	Kündigungsberechtigung _____ 6		1.	Ordnungsmäßige Bewirtschaftung der Pachtsache durch die Pächtererben _____ 13
a)	der Pächtererben _____ 6			
b)	des Verpächters _____ 7			

2. Übertragung der Bewirtschaftungsführung auf einen Erben oder Dritten _____ 16	V. Anrufung des Landwirtschaftsgerichts (Abs 2 S 4) _____ 21
3. Fristgerechte Benachrichtigung des Verpächters _____ 17	VI. Ausschluß des Fortsetzungsanspruchs aus § 595 (Abs 3) _____ 25
4. Formgerechte Benachrichtigung des Verpächters _____ 18	VII. Ersatzansprüche der Pächtererben bei Kündigung während des laufenden Pachtjahres _____ 26
IV. Ablehnungsrecht des Verpächters (Abs 2 S 2) _____ 19	VIII. Grundsätzlich nachgiebiges Recht _____ 27

Alphabetische Übersicht

Abdingbarkeit	27	Mehrheit, bei einer Vertragspartei	8
Ablehnungsrecht, des Verpächters	19		
Ausschluß, des Fortsetzungsanspruchs	25	ordnungsgemäße Bewirtschaftung, als Widerspruchsgrund	14 f
Benachrichtigung, des Verpächters	17 f		
Berechtigung zur Kündigung	6 f	Pächtererben, Ersatzanspruch	26
		– Kündigungsberechtigung	6
Dritter, Übertragung der Bewirtschaftung	16	– Widerspruchsrecht	13 ff
Ersatzanspruch, der Pächtererben	26	Testamentsvollstrecker	9
		Tod, des Pächters	5
Fortsetzungsanspruch, Ausschluß	25		
Frist, Versäumnis	12	Übertragung, der Bewirtschaftung auf Dritten	16
gerichtliche Entscheidung	21 ff		
		Verhältnis, der Vorschrift, zu anderen	3
Interessenlage, der Vertragsparteien	2	– Ablehnungsrecht	19
		– Benachrichtigung	17 f
Kündigungsbefugnis, der Pächtererben	4 ff	– Kündigungsberechtigung	7
– der Pächtererben, Voraussetzungen	5 ff		
Kündigungsfrist	10	Widerspruchsrecht, der Erben	13 ff
Kündigungstermin	11		
		Zweck, der Vorschrift	2

I. Allgemeine Kennzeichnung

1. Überblick

1 Die Vorschrift regelt das Schicksal des Pachtvertrages beim **Tod des Pächters**, indem sie grundsätzlich **jeder Vertragspartei das Kündigungsrecht** nach Abs 1 zuerkennt. Hierbei ist das Kündigungsrecht des Verpächters neu eingeführt. Abs 2 räumt aus gewissen sachlich gerechtfertigten Gründen den Erben des Pächters ein Widerspruchsrecht ein.

Oktober 1995

Wie bisher trifft das Gesetz für den **Tod des Verpächters keine besondere Regelung**. Deshalb wird nach allgemeinen Erbrechtsgrundsätzen das Pachtverhältnis mit den Erben des Verpächters fortgesetzt, ohne daß deshalb einer Partei das Kündigungsrecht zusteht; dann haben alle Mitglieder der Erbengemeinschaft die vertraglichen Rechte/Pflichten gemeinsam wahrzunehmen (OLG Celle OLGE 1994, 189). Etwaige Probleme, die sich aus veränderten Umständen ergeben (zB die dem Verpächter gewährte Kaution erscheint in den Händen nicht vertrauenswürdiger Erben gefährdet) Lassen sich nach allgemeinen Grundsätzen, insbesondere durch eine Vertragsanpassung bei veränderter Geschäftsgrundlage lösen.

2. Entstehung und Zweck der Vorschrift

Abs 1 beinhaltet eine ausgewogenere Angleichung der Rechtsstellung beider Vertragsteile hinsichtlich ihrer Kündigungsberechtigung. Damit wird einmal dem berechtigten **Individualinteresse des Verpächters** Rechnung getragen und die Gefahr einer Mißwirtschaft durch ungeeignete Erben gebannt. In der amtlichen Begründung heißt es hierzu (BT-Drucks 10/509 S 24 zu § 594 d): „Der Grund für diese Besserstellung des Verpächters gegenüber der geltenden Rechtslage liegt darin, daß oftmals keiner der Erben willens oder in der Lage ist, den landwirtschaftlichen Betrieb fortzuführen und deshalb auch der Verpächter die Möglichkeit haben muß, in einem solchen Fall das Pachtverhältnis aufzulösen."

Den berechtigten **Interessen des Pächters** an einer Fortsetzung des Pachtverhältnisses trägt Abs 2 Rechnung, der in ausdrücklicher Anlehnung an § 556 a dem Pächter ein Widerspruchsrecht einräumt, während noch in früheren Entwürfen der Konstruktion eines Ausschlusses des Kündigungsrechts des Verpächters der Vorzug gegeben worden war. Die amtliche Begründung für die nun Gesetz gewordene Regelung des Abs 2 lautet (BT-Drucks 10/509 aaO): „Erscheint die ordnungsgemäße Bewirtschaftung durch die Erben oder durch einen von diesen beauftragten Miterben oder Dritten gewährleistet, kann der Kündigung widersprochen und Fortsetzung des Pachtverhältnisses verlangt werden. ... Die Vorschrift lehnt sich an den in der Ausgangslage vergleichbaren § 556 a an. In beiden Fällen steht dem Verpächter oder Vermieter ein Kündigungsrecht zu, das aber nicht durchgreifen soll, wenn – was der Kündigende nicht im voraus zu wissen braucht – die Erben des Pächters oder der Mieter der Kündigung widersprechen und die Voraussetzungen für den Widerspruch im Streitfall beweisen können".

Abs 3 stellt – so die amtliche Begründung – klar, daß die Erben nicht zusätzlich auf die Härteklausel des § 595 zurückgreifen dürfen, da sie durch die Möglichkeit des Vorgehens nach § 594 d Abs 2 ausreichend geschützt sind.

3. Verhältnis zu anderen Vorschriften

Die Vorschrift ist nicht erweiternd anwendbar auf den Übergang des Pachtverhältnisses bei Beendigung einer juristischen Person, insbesondere der Auflösung eines Vereins (RG HRR 42, 257). Ebensowenig kommt die Vorschrift bei bloßer Verschollenheit des Pächters zur Anwendung.

Der Einengung des Kündigungsrechts nach Abs 1 S 2 darf nicht die formaljuristisch nicht notwendige, die Verpächterinteressen untragbar gefährdende und agrarpolitisch zudem unerwünschte Wirkung zugemessen werden, daß sie das spätere außerordentliche Kündigungsrecht des Verpächters aus wichtigem Grund bei einer sich später zeigenden Mißwirtschaft der Pächtererben auszuschließen vermag.

Wie § 593 a für die vorweggenommene Erbfolge, so sichert § 594 d für die Erbfolge im Zuge des Todes in vertretbarer Weise die Aufrechterhaltung des Pachtverhältnisses und die Integrität der Betriebskontinuität.

Die Grundsätze der erbrechtlichen Gesamtnachfolge der Pächtererben in die Pächterstellung wird durch Abs 2 grundsätzlich nicht durchbrochen. Die Übertragung der Betriebsführung ändert nichts am weiteren Fortbestand der Miterben-Pächterstellung aller Pächtererben. Weigert sich ein Miterbe, hierzu seine Zustimmung zu geben, so kann er, zur Vermeidung der Verpächterkündigung, von der Mehrheit der Miterben entsprechend den §§ 2038 Abs 2, 745 überstimmt werden; notfalls kann eine Klage bzw ein Antrag auf Erlaß einer einstweiligen Verfügung des übernahmefähigen und -willigen Miterben gegen die widerstrebenden und ungeeigneten Miterben in Betracht kommen, um das Pachtverhältnis vor der Kündigung durch den Verpächter zu schützen.

II. Kündigungsbefugnis der Pächtererben und des Verpächters (Abs 1)

4 Die Kündigung setzt voraus:

1. Tod des Pächters

5 Die Todeserklärung steht dem Tode gleich; dagegen reicht bloße Verschollenheit nicht aus. Ist der Pächter eine juristische Person, so kann ihre Beendigung durch Liquidation nicht dem Tod einer natürlichen Person gleichgestellt werden. Insoweit gilt die zu § 569 entwickelte Rechtsauffassung auch für das Landpachtverhältnis, die wegen der unterschiedlichen Interessenlage bei natürlicher und juristischer Person sowohl eine direkte als auch eine entsprechende Anwendung des § 569 verneint (STAUDINGER/SONNENSCHEIN[12][1981] § 569 Rn 5).

2. Kündigungsberechtigung

a) der Pächtererben

6 Das Kündigungsrecht steht den Erben des Pächters zu, wobei sich die Erbenstellung nach den §§ 1922 ff bestimmt. Der Verpächter kann die Wirksamkeit der Kündigung nicht von einem Nachweis der Erbeneigenschaft abhängig machen (KG JW 1918, 517). Dieser Risikoaufbürdung zu Lasten des Verpächters muß aber eine Schadensersatzpflicht des nicht hinreichend zur Kündigung berechtigten Pächtererben aus dem Gesichtspunkt der positiven Vertragsverletzung entsprechen.

b) des Verpächters

7 Der Verpächter ist naturgemäß zur Kündigung erst nach Kenntnis vom Tode des Pächters in der Lage. Die gesetzliche Regelung schreibt – vom Sonderfall des Abs 2 S 2 abgesehen – den Pächtererben **keine besondere Benachrichtigungspflicht** vor. Es stellt sich deshalb die Frage, ob die Erben des Pächters aus Treu und Glauben ver-

pflichtet sind, dem Verpächter vom Tode des Pächters Nachricht zu geben, damit der Verpächter die 6-Monatsfrist des § 594 d Abs 1 einhalten kann, oder ob die Annahme vertretbar ist, daß die 6-Monatsfrist erst vom Zeitpunkt der Kenntnis des Verpächters vom Tod des Pächters an zu laufen beginnt. Entsprechend der gesetzlichen Regelung in vergleichbaren Fällen, zB § 2332 Abs 1, ist davon auszugehen, daß für den Verpächter die Frist erst mit seiner Kenntnis vom Tod des Pächters zu laufen beginnt.

Eine aus dem Grundsatz von Treu und Glauben herzuleitende Verpflichtung der Pächtererben zur Mitteilung über den Tod des Pächters dürfte nur dann anzunehmen sein, wenn der Verpächter danach fragt. Es empfiehlt sich deshalb, im Pachtvertrag dem Pächter mit Wirkung für seine Erben eine solche Benachrichtigungspflicht ausdrücklich aufzuerlegen.

c) Mehrheit von Pächtern und Verpächtern

Es ist von dem herrschend anerkannnten Grundsatz auszugehen, daß ein einheitliches Pachtverhältnis bei mehreren Pächtern oder Verpächtern nur von allen oder gegen alle anderen Beteiligten gekündigt werden kann (PALANDT/PUTZO § 569 Rn 5; MünchKomm/VOELSKOW § 569 Rn 6; BGB-RGRK/GELHAAR Rn 4; STAUDINGER/SONNENSCHEIN[12][1981] § 564 Rn 22 unter Hinweis auf Mot II 413). Weiter ist herrschend anerkannt, daß beim Tode eines von mehreren Pächtern wegen der grundsätzlichen Unteilbarkeit des Pachtverhältnisses lediglich den Erben des einen Pächters das Kündigungsrecht nicht gewährt werden kann (PALANDT/PUTZO § 569 Rn 5). Haben indes die Parteien eine entsprechende Vereinbarung getroffen, so kann die Vorschrift auch beim Tode eines von mehreren Mitpächtern anwendbar sein (STAUDINGER/SONNENSCHEIN[12][1981] § 569 Rn 7).

Hat der Pächter mehrere Erben hinterlassen, kann die Kündigung wegen § 2040 nur von allen Miterben gemeinsam erklärt werden (STAUDINGER/SONNENSCHEIN[12][1981] § 569 Rn 14). Ist der Verpächter selbst Miterbe, so bedarf es nach wohl hM seiner Mitwirkung bei der Kündigung durch die Erbengemeinschaft nicht (PALANDT/EDENHOFER § 2040 Rn 1 mwN). Die nach § 2040 notwendige gemeinschaftliche Verfügung erfordert keine Gleichartigkeit und Gleichzeitigkeit der Erklärung. Erforderlich ist nur, daß sich die – wegen des Formerfordernisses schriftlichen – Erklärungen zu einer einheitlichen Verfügung ergänzen (KGJ 53, 133).

Die Kündigung kann nach allgemeinen Rechtsgrundsätzen auch seitens bzw gegenüber einem Bevollmächtigten erfolgen. So wird beim Vorhandensein mehrerer Erben häufig einer als faktisch für die Erbengemeinschaft Handelnder hervortreten, für den der Rechtsschein der Vollmacht sprechen kann. Im übrigen richten sich die Folgen eines vollmachtlosen Handelns eines Miterben nach § 180. Haben die Erben eine Auseinandersetzung vorgenommen und ist dabei einem Miterben das Pachtobjekt zugeteilt worden, so wird dieser im Zweifel als Bevollmächtigter zur Abgabe und Entgegennahme von Kündigungen betreffend das Pachtobjekt angesehen werden können.

Der Kündigungsempfänger kann eine Kündigung nach § 174 zurückweisen, wenn der Bevollmächtigte ihm keine Vollmachtsurkunde vorlegt. Insoweit sind aber die Grundsätze von Treu und Glauben zu beachten (AG Darmstadt ZMR 1982, 270). Liegt keine vorherige Zustimmung der Miterben zu der lediglich von einem von ihnen erklärten Kündigung vor, so wird diese nur dann wirksam, wenn die übrigen Miterben sie nachträglich genehmigen (BGHZ 19, 138).

9 Der **Testamentsvollstrecker** ist nach Annahme seines Amts (§ 2202 Abs 1) zum Ausspruch und zur Entgegennahme von Kündigungen als legitimiert anzusehen. Eine vor Annahme des Amts durch den Erben selbst ausgesprochene Kündigung ist unwirksam, da seine Verfügungsbefugnis bereits vom Erbfall an beschränkt ist (BGHZ 25, 275).

Bezüglich der Beteiligung Minderjähriger wird auf die §§ 111 S 1 und 131 verwiesen (siehe auch STAUDINGER/SONNENSCHEIN[12 (1981)] § 569 Rn 19).

3. Kündigungsfristen und -termine

a) Kündigungsfrist

10 Was die sechsmonatige Kündigungsfrist des Abs 1 anbetrifft, so richten sich Lauf und Berechnung nach den Vorschriften der §§ 186 ff, insbesondere 187, 188, 190.

Die Kündigung ist nur zum Ende eines Kalendervierteljahres, dh zum 31. 3., 30.6., 30.9. und 31.12. zulässig. Soll die Kündigung zum 31.12. erfolgen, so muß sie spätestens am 30.6. zugegangen sein. Fällt der 30.6. auf einen Sonnabend, Sonntag oder gesetzlichen Feiertag, so greift § 193 BGB nicht ein, da diese Vorschrift für gesetzliche Kündigungsfristen nicht gilt (BGHZ 59, 267; PALANDT/HEINRICHS § 193 Rn 3 mwN). § 193 dient dem Interesse des Erklärenden, nicht aber dem Interesse des Gekündigten. Dagegen dienen die gesetzlichen Kündigungsfristen dem Schutz des Kündigungsempfängers und müssen diesem daher unverkürzt zur Verfügung stehen (STEFFEN RdL 1986, 61).

b) Kündigungstermin

11 Entsprechend dem Wortlaut des § 569 Abs 1 S 2 kann auch im Bereich des § 594 d die Kündigung **nur für den ersten Termin** erfolgen, für den sie zulässig ist. Deshalb können die zu § 569 Abs 1 S 2 entwickelten Rechtsgrundsätze für die Anwendung des § 594 d Abs 1 S 2 übernommen werden. Hiernach ist anerkannt, daß es dem Zweck der Vorschrift nicht genügt, allein auf die sich nach dem Todeszeitpunkt objektiv ergebende Kündigungsmöglichkeit abzustellen; es kommt vielmehr darauf an, ob es den Parteien auch subjektiv möglich ist, unter Berufung auf § 594 d zu kündigen. Dies setzt auf Seiten der Pächtererben voraus, daß sie vom Tod des Pächters und der Regelung seiner Erbfolge ebenso Kenntnis haben wie vom Namen und der Anschrift des Verpächters. Gleiches hat umgekehrt auch für den Verpächter zu gelten. Entscheidend abzustellen ist deshalb auf den Zeitpunkt, in dem die Kündigung dem Berechtigten bei Anwendung der im Verkehr erforderlichen Sorgfalt erstmalig subjektiv möglich ist (STAUDINGER/SONNENSCHEIN[12 (1981)] § 569 Rn 12 mwN). Hieraus können sich nach dem Bekanntwerden des Pächtertodes zusätzliche Erkundigungspflichten für die Beteiligten ergeben. Auch ist anerkannt, daß die Kündigung wirksam schon vor Ablauf des Erbschafts-Ausschlagungstermins seitens des vorläufigen Erben erfolgen kann, ohne daß darin eine Annahme der Erbschaft erblickt werden muß. Entsprechend kann der Verpächter dem vorläufigen Erben gegenüber kündigen, ohne daß die Wirksamkeit der Kündigung durch die spätere Erbschaftsausschlagung

berührt wird. Der Kündigungstermin ist von der Annahme der Erbschaft unabhängig (STAUDINGER/SONNENSCHEIN[12][1981] § 569 Rn 20).

c) Folgen der Fristversäumung
Eine absichtliche oder auch infolge unverschuldeter Rechtsunkenntnis verspätete **12** Kündigung ist unwirksam. Dies schließt nicht aus, daß die Parteien die Auflösung des Pachtverhältnisses einverständlich vereinbaren können. Der Kündigungsempfänger könnte sich indes von der Vereinbarung lösen, wenn er dabei von der irrigen Meinung ausgegangen ist, daß es ich um eine wirksame Kündigung gehandelt habe (§§ 242, evtl 119).

III. Widerspruchsrecht der Erben nach Abs 2

1. Ordnungsmäßige Bewirtschaftung der Pachtsache durch die Pächtererben

Der Widerspruch setzt voraus, daß die ordnungsmäßige Bewirtschaftung des Pacht- **13** objekts durch die Pächtererben gewährleistet erscheint. Zum Begriff der **ordnungsmäßigen Bewirtschaftung** der Pachtsache wird zunächst auf § 586 und die dortige Kommentierung (Rn 33 ff) verwiesen.

Die Bewirtschaftung „durch die Erben" des Pächters setzt nach Sinn und Zweck der **14** Vorschrift lediglich voraus, daß mit dem notwendigen Maß an Sicherheit erwartet werden kann, daß das Pachtobjekt – mag es sich hierbei um einen Betrieb oder bloß um Stückländereien handeln – **ordnungsgemäß in Erbenhand weiter bewirtschaftet** wird. Dabei ist nicht darauf abzustellen, daß die Erben sämtlich zur Bewirtschaftung geeignet sein müssen, ebensowenig, daß sie sämtlich die Bewirtschaftung führen; es muß **genügen**, wenn auch nur **einer** oder einige von ihnen faktisch in der Lage sind, das Pachtobjekt zu bewirtschaften und dies auch demgemäß tun. Dabei dürfen sie sich auch geeigneter Hilfskräfte bedienen.

Die ordnungsmäßige Bewirtschaftung „**erscheint gewährleistet**", wenn rechtlich aner- **15** kannte Merkmale (zB Wirtschaftsfähigkeit) der Erben oder Merkmale der praktischen Erfahrung erwarten lassen, daß die Bewirtschaftung im Erbenbereich sich ordnungsgemäß und reibungslos vollziehen wird. Letzteres kann beispielsweise angenommen werden, wenn ein bereits älterer Pächter im wesentlichen seine Familienangehörigen (= Erben) zur Zufriedenheit ordnungsgemäß hat wirtschaften lassen bzw wenn das vorhandene und weiter beschäftigte Personal verläßlich ist und damit die Gewähr einer ordnungsmäßigen Bewirtschaftung bietet.

2. Übertragung der Bewirtschaftungsführung auf einen Erben oder Dritten

Ein Widerspruchsrecht der Pächtererben kann auch damit begründet werden, daß **16** die Wirtschaftsführung nach dem Pächtertod einem der Erben oder einem von der Erbengemeinschaft beauftragten Dritten übertragen worden ist bzw werden wird. Voraussetzung ist auch hier, daß hierdurch die ordnungsgemäße Bewirtschaftung der Pachtsache gewährleistet ist. Im einzelnen:

Hinsichtlich der **Übertragung der Bewirtschaftungsführung** entspricht die Regelung derjenigen in § 6 Abs 1 Nr 1 HöfeO. Daher ist nur diese faktische Maßnahme erforderlich mag sie auch häufig in Form eines Vertragsverhältnisses erfolgen (FHvJP § 6 Rn 14).

Was die **Qualifikation** des Übernehmers angeht, so muß dieser „zur ordnungsmäßigen Bewirtschaftung der Pachtsache" (s o Rn 13) geeignet erscheinen, was regelmäßig mit den zur Wirtschaftsfähigkeit herausgebildeten Grundsätzen konform gehen dürfte. Wem immer die Bewirtschaftungsführung übertragen worden ist, er muß zum ordnungsmäßigen Umgang mit allen Pachtgegenständen in der Lage sein, daß ihre Gesamtheit die Pachtsache bildet, deren ordnungsmäßige Bewirtschaftung in § 594 d Abs 2 S 1 gefordert wird.

Während die Entscheidung über die Kündigung oder den Widerspruch eine Verfügung über einen Nachlaßgegenstand iSd § 2040 darstellt, ist die Übertragung der Bewirtschaftung auf einen Miterben oder einen Dritten eine Verwaltungsmaßnahme iSd § 2038, an der der einzelne Miterbe mitzuwirken hat. Im Weigerungsfalle kann seine Mitwirkung im Klagewege erzwungen werden (BGHZ 6, 76).

3. Fristgerechte Benachrichtigung des Verpächters

17 Nach Abs 2 S 2 müssen die Pächtererben den Widerspruch spätestens **3 Monate vor Ablauf des Pachtverhältnisses** erklären. Der Zeitpunkt des Pachtendes wird durch den Zeitpunkt der Kündigung bestimmt.

Bei einer **Erbengemeinschaft** gelten für die Erklärung des Widerspruchs die gleichen Anforderungen wie bei einer Kündigung, dh also, daß gemäß § 2040 ein gemeinschaftlicher Widerspruch aller Miterben erforderlich ist. Dies gilt in gleicher Weise auch für den Verzicht auf das Widerspruchsrecht, da dieser die Beendigung des Pachtverhältnisses zur Folge hat.

4. Formgerechte Benachrichtigung des Verpächters

18 Nach Abs 2 S 3 hat die Widerspruchserklärung **in schriftlicher Form** zu erfolgen. Dies entspricht dem in § 594 f geregelten Formerfordernis. Wegen weiterer Einzelheiten wird daher auf die Kommentierung zu § 594 f verwiesen.

Neben dem Widerspruch haben die Pächtererben dem Verpächter die **Umstände mitzuteilen**, nach denen die weitere ordnungsmäßige Bewirtschaftung der Pachtsache gewährleistet erscheint. Diese Mitteilung kann gesondert von der Widerspruchserklärung erfolgen. Sie ist aber gleichermaßen frist- und formgebunden wie diese. Die Mitteilung erfordert eine kurze Darlegung der Merkmale, die die Bewirtschaftungsfähigkeit des Übernehmers begründen; hierzu dürften auch Angaben über seine wirtschaftliche Solidität gehören. Wird die Mitteilung dieser Umstände unterlassen, so ist der Widerspruch unwirksam.

Zur Wirksamkeit des Widerspruchs ist es nicht erforderlich, daß der Mitteilung der Pächtererben Unterlagen beigefügt werden, aus denen sich die Wirtschaftsfähigkeit und Bonität des Übernehmers ergeben. Die – fristgebundene – Mitteilung soll den Verpächter nur in die Lage versetzen, sich ein Urteil bilden zu können. Verlangt er allerdings den Nachweis der behaupteten Fähigkeit, so haben die Pächtererben dem zu entsprechen. Dies unterliegt aber nicht der Fristgebundenheit, vielmehr gelten hier die allgemeinen Grundsätze, daß nämlich im Interesse des Verpächters an einer möglichst schnellen Entscheidung über die Person des künftigen Pächters die Vorlage alsbald erfolgen soll. Bei Differenzen darüber, ob die Nachweise ausreichen, den Widerspruch zu begründen, entscheidet auf Antrag das Landwirtschaftsgericht (Abs 2 S 4).

IV. Ablehnungsrecht des Verpächters (Abs 2 S 2)

Nach Abs 2 S 2 und 3 kann der Verpächter **in drei Fällen** die Fortsetzung des Pachtverhältnisses trotz des Widerspruchs der Pächtererben ablehnen:

- bei verspätetem Widerspruch;
- bei unterlassener oder verspätet erfolgter Mitteilung der Umstände, nach denen die weitere ordnungsmäßige Bewirtschaftung der Pachtsache gewährleistet erscheint;
- bei Nichteinhaltung der vorgeschriebenen Schriftform (S 3).

Zu diesen rein formellen Ablehnungsgründen tritt das Ablehnungsrecht des Verpächters **hinzu**, wenn ihm aufgrund der ihm mitgeteilten Umstände die ordnungsmäßige Bewirtschaftung der Pachtsache durch den Pächtererben oder den von diesem beauftragten Dritten nicht gewährleistet erscheint. Insbesondere in dieser Frage kann es zu den Meinungsverschiedenheiten kommen, für deren Klärung in S 4 die Anrufung des Landwirtschaftsgerichts vorgesehen ist. Das schließt nicht aus, daß die Entscheidung des Landwirtschaftsgerichts auch bei Differenzen in der Frage der Fristwahrung beantragt werden kann.

Im Gegensatz zum Widerspruch ist die Ablehnung weder form- noch fristgebunden. Dies folgt daraus, daß der Gesetzgeber im Kündigungsrecht Form- und Fristerfordernisse jeweils ausdrücklich normiert hat (§§ 594, 594 a, 594 d Abs 1, Abs 2 S 2, 3, 594 f), bezüglich der Ablehnung jedoch nichts bestimmt ist.

Hinsichtlich der **Frist**, innerhalb der die Ablehnung zu erfolgen hat, gelten daher – wie schon im Zusammenhang mit der Beibringung der Nachweise über die Geeignetheit des Übernehmers ausgeführt – die allgemeinen Grundsätze. Dabei ist auszugehen vom Interesse beider Parteien an einer möglichst schnellen Klarheit über die Fortgeltung des Pachtverhältnisses. Das bedeutet, daß die Erklärung zwar nicht unverzüglich, jedoch **alsbald**, dh unter Berücksichtigung einer angemessenen Überlegungsfrist des Verpächters zu erfolgen hat, wobei die Angemessenheit jeweils nach den Umständen des Einzelfalles letztlich nach Treu und Glauben zu beurteilen ist. Solche zu berücksichtigenden Umstände können zB Krankheit oder Ortsabwesenheit des Verpächters sein. Abzulehnen ist eine Einschränkung der angemessenen Entscheidungsfrist des Verpächtes durch eine Fristsetzung des Pächters. Damit würde der Wille des Gesetzgebers, der den Verpächter aus gutem Grund vor einer überstürzten Entscheidung durch eine abstrakte Fristsetzung schützen will, unterlaufen.

Die Ablehnungserklärung ist auch an kein Formerfordernis gebunden. Sie kann ebenso mündlich wie schriftlich erfolgen. Zu empfehlen ist jedoch eine schriftliche

Erklärung, und zwar nicht nur aus Gründen der besseren Beweisbarkeit, sondern auch zur genauen Fixierung des Ablehnungsgrundes. Ebenso wie der Pächter gezwungen ist, die Umstände mitzuteilen, auf die er seinen Widerspruch stützt, ist vom Verpächter eine Angabe des Ablehnungsgrundes zu fordern. Erst die Kenntnis des Ablehnungsgrundes und die Prüfung seiner Stichhaltigkeit durch den Pächter versetzt diesen in die Lage zu entscheiden, ob er eine Entscheidung des Landwirtschaftsgerichts beantragen will oder nicht.

V. Anrufung des Landwirtschaftsgerichts (Abs 2 S 4)

21 Kommt eine Einigung zwischen den Erben des Pächters und dem Verpächter nicht zustande, so kann nach Abs 2 S 4 **jede Partei** das Landwirtschaftsgericht anrufen und dessen Entscheidung beantragen.

22 Der Antrag kann schriftlich gestellt oder zu Protokoll der Geschäftsstelle des Landwirtschaftsgerichts erklärt werden. Anwaltszwang besteht nicht. Daraus folgt, daß zu große Anforderungen an die Darlegungspflicht des Antragstellers nicht zu stellen sind. Es reicht aus, daß deutlich wird, um was für ein Verfahren es sich handeln soll und welches Ziel angestrebt wird.

23 **Der Antrag ist nicht fristgebunden.** Jedoch gelten auch hier die allgemeinen Erwägungen, nach denen im Interesse einer baldmöglichen Klärung über die Fortgeltung des Pachtverhältnisses und der zu treffenden Dispositionen die alsbaldige Anrufung des Landwirtschaftsgerichts erwartet werden kann.

Die **Beweis- bzw Darlegungslast** liegt bei den Pächtererben, die die Umstände, nach denen die ordnungsmäßige Bewirtschaftung der Pachtsache durch sie oder einen Dritten gewährleistet ist, zu beweisen haben.

24 Hinsichtlich der **Verfahrensart** ist zu unterscheiden, ob das Landwirtschaftsgericht wegen Streitigkeiten nach Abs 1 oder Abs 2 angerufen wird. Bei solchen nach Abs 1, wie etwa der Wirksamkeit der Kündigung, entscheidet das Landwirtschaftsgericht im streitigen Verfahren (§ 48 iVm § 1 Nr 1 a LwVG). Dagegen hat es bei Streitigkeiten nach Abs 2 – Widerspruchsrecht der Pächtererben und Ablehnungsrecht des Verpächters – im Verfahren der freiwilligen Gerichtsbarkeit zu entscheiden (§ 9 iVm § 1 Nr 1 LwVG). Zu den praktischen Schwierigkeiten dieser Regelung siehe MünchKomm/VOELSKOW Rn 6.

VI. Ausschluß des Fortsetzungsanspruchs aus § 595 (Abs 3)

25 Nach Abs 3 ist der Fortsetzungsanspruch des § 595 ausdrücklich ausgeschlossen. Der Grund liegt darin, daß durch das den Pächtererben in Abs 2 eingeräumte Widerspruchsrecht deren Interesse an einer Fortführung des Pachtverhältnisses ausreichend geschützt werden (BT-Drucks 10/509 S 25). Liegen die Voraussetzungen einer ordnungsmäßigen Bewirtschaftung für die Zukunft nicht vor, was ggf durch das Landwirtschaftsgericht geprüft und festgestellt werden kann, so liegen die Voraussetzungen, unter denen nach § 595 ein Fortsetzungsanspruch der Pächtererben begründet sein kann, ebenfalls nicht vor. Insoweit bedeutet der Ausschluß im Ergebnis keine Verkürzung der Rechte der Pächtererben.

VII. Ersatzansprüche der Pächtererben bei Kündigung während des laufenden Pachtjahres

Endet aufgrund einer Kündigung nach § 594 d das Pachtverhältnis im Laufe des Pachtjahres, so folgen die Ersatzansprüche der Pächtererben aus § 596 a. 26

VIII. Grundsätzlich nachgiebiges Recht

Die Vorschrift enthält grundsätzlich nachgiebiges Recht. Daran ändert auch die ordnungspolitische Zielrichtung der Vorschrift nichts (dieser Meinung aber PALANDT/PUTZO § 594 d Rn 1; hierbei wird verkannt, daß schon § 569 Abs 1, dem § 594 d Abs 1 nachgebildet ist, kein zwingendes Recht ist; siehe STAUDINGER/SONNENSCHEIN[12] [1981] § 569 Rn 24 mwN; die Unabdingbarkeit des Abs 2 folgt auch nicht aus dem Rechtsgedanken des § 556 a Abs 7, da die Sozialklausel des § 556 a speziell auf das Mietverhältnis zugeschnitten ist und von der Interessenlage nicht ohne weiteres auf das Landpachtrecht zu übertragen ist). 27

Denkbar – und durchaus zweckmäßig – kann es sein im Pachtvertrag die Zustimmung des Verpächters im voraus dazu zu erteilen, daß bei einer Betriebsübertragung an einen geeigneten Pächtererben, der allein das Pachtverhältnis fortsetzen soll, die übrigen Pächtererben aus dem Pachtverhältnis entlassen werden. Dies erleichtert insbesondere im Anerbenrecht den Übergang von Zupachtverhältnissen auf den Hoferben.

§ 594 e

(1) Ohne Einhaltung einer Kündigungsfrist ist die Kündigung des Pachtverhältnisses in entsprechender Anwendung der §§ 542 bis 544, 553 und 554 a zulässig.

(2) Der Verpächter kann das Pachtverhältnis ohne Einhaltung einer Kündigungsfrist auch kündigen, wenn der Pächter mit der Entrichtung des Pachtzinses oder eines nicht unerheblichen Teiles des Pachtzinses länger als drei Monate in Verzug ist. Ist der Pachtzins nach Zeitabschnitten von weniger als einem Jahr bemessen, so ist die Kündigung erst zulässig, wenn der Pächter für zwei aufeinanderfolgende Termine mit der Entrichtung des Pachtzinses oder eines nicht unerheblichen Teiles des Pachtzinses in Verzug ist. Die Kündigung ist ausgeschlossen, wenn der Verpächter vorher befriedigt wird. Sie wird unwirksam, wenn sich der Pächter durch Aufrechnung von seiner Schuld befreien konnte und die Aufrechnung unverzüglich nach der Kündigung erklärt.

Materialien: BT-Drucks 10/508; 10/509; 10/3830; 10/3498.

Schrifttum

Siehe § 585.

Systematische Übersicht

I.	**Allgemeine Kennzeichnung**	1
II.	**Kündigungsrecht des Pächters**	
1.	Vorenthaltung des Gebrauchs (§§ 594 e Abs 1, 542)	3
a)	Vertragsmäßiger Gebrauch	4
b)	Nichtgewähren des Gebrauchs	5
c)	Wiederentziehen des Gebrauchs	8
d)	Erheblichkeit	9
e)	Fristsetzung	10
f)	Ausschluß des Kündigungsrechts	12
g)	Teilkündigung	13
h)	Beweislast	14
2.	Gesundheitsgefährung (§§ 594 e Abs 1, 544)	15
a)	Pachtgegenstand	16
b)	Erheblichkeit der Gefährdung	17
c)	Ausschluß des Kündigungsrechts	21
d)	Fristsetzung	23
e)	Beweislast	24
III.	**Kündigungsrecht des Verpächters**	
1.	Vertragswidriger Gebrauch (§§ 594 e Abs 1, 533)	25
a)	Begriff des vertragswidrigen Gebrauchs	26
b)	Abmahnung	28
c)	Weitere Voraussetzungen des Kündigungsrechts	29
aa)	Erhebliche Verletzung der Rechte des Verpächters	30
bb)	Erhebliche Gefährdung der Sache	31
d)	Beweislast	32
2.	Zahlungsverzug des Pächters (§ 594 e Abs 2)	33
a)	Jährliche Pachtzinsfälligkeit	34
aa)	Pachtzins	35
bb)	Nicht unerheblicher Teil	36
cc)	Verzug	37
dd)	3-Monatsfrist	38
b)	Kürzere Pachtzinsfälligkeit	39
c)	Kündigungsausschluß	40
d)	Unwirksamkeit der Kündigung infolge Aufrechnung (§ 594 e Abs 2 S 4)	41
e)	Beweislast	42
IV.	**Kündigungsrecht beider Parteien**	
1.	Schuldhafte Vertragsverletzung (§§ 594 e Abs 1, 554 a)	43
a)	Vertragsverletzung	44
b)	Verschulden	45
c)	Unzumutbarkeit der Vertragsfortsetzung	46
d)	Fallbeispiele	47
e)	Beweislast	48
f)	Schadensersatzansprüche	49
2.	Unzumutbarkeit aus sonstigem wichtigen Grund (§ 242)	50
V.	**Kündigung**	
1.	Form	51
2.	Frist	52
3.	Inhalt	53
4.	Wirkung	54
VI.	**Abdingbarkeit der Vorschrift**	56
1.	§ 594 e iVm § 542 – Kündigung wegen Vorenthaltung des Gebrauchs	57
2.	594 e iVm § 544 – Kündigung wegen Gesundheitsgefährdung	58
3.	§ 594 e iVm § 553 – Kündigung bei vertragswidrigem Gebrauch	59
4.	§ 594 e iVm § 554 a – Kündigung wegen schuldhafter Vertragsverletzung	60
5.	§ 594 e Abs 2 – Kündigung bei Zahlungsverzug	61
VII.	**Verfahren**	62

Alphabetische Übersicht

Abdingbarkeit	56 ff
Abmahnung	28
Aufrechnung, des Pächters	41
behördliches Verbot, als Fall der Gebrauchsvorenthaltung	7
Beweislast	14, 24, 32, 42, 48
Erheblichkeit, der Störung	9

3. Titel. Miete. Pacht
III. Landpacht

§ 594 e

Fristsetzung, bei Pächterkündigung	10 f	Schadensersatzansprüche	49
Gebrauchsvorenthaltung, Kündigungsrecht des Pächters	3 ff	Teilkündigung	13
Gesundheitsgefährdung, bei Pächterkündigung	15 ff	Unzumutbarkeit, der Vertragsfortsetzung	46 f
– Ausschluß des Kündigungsrechts	21	Verfahrensfragen	62
– Beispiele	19 f	Verpächter, Kündigungsrecht	25 ff
– Beweislast	24	– bei Zahlungsverzug	33 ff
– Erheblichkeit	17	– vertragswidriger Gebrauch	26 ff
– Fristsetzung	23	Verpächter, Schadensersatzansprüche	49
– Zeitpunkt	18	Vertragsfortsetzung, Unzumutbarkeit	46 f
		– Beweislast	48
Kündigung, Form	51	Vertragsverletzung, als Kündigungsgrund	44 f
– Frist	52	vertragswidriger Gebrauch	25 ff
– Wirkung	54 f	– Abmahnung	28
Kündigungsrecht, beider Parteien	43 ff	– Begriff	26 f
		– Beweislast	32
Mehrheit, von Pächtern	27	– Erheblichkeit	30 f
Mietrecht, Verweisung	1	Verzug, des Pächters mit Pachtzinszahlung	37 ff
Pächter, Kündigungsrecht, Ausschluß	12	wichtiger Grund, als Kündigungsgrund	50
– behördliches verbot	7	Wirkung, der Kündigung	54 f
– bei Gebrauchsvorenthaltung	3 ff		
– bei Gesundheitsgefährdung	15 ff	Zahlungsverzug des Pächters	33 ff
– Beweislast	14	– Beweislast	42
– Erheblichkeit der Störung	9	– Erheblichkeit	36
– Fristsetzung	10 f	– Kündigungsausschluß	40
– Teilkündigung	13	– Verzug	37
– Wiederentzug des Gebrauchs	8	Zerrüttung, als Kündigungsgrund	50
Pächter, Schadensersatzansprüche	49		

I. Allgemeine Kennzeichnung

Wegen der einem Mietverhältnis weitgehend vergleichbaren Situation insbesondere **1** auch des Interessenausgleichs zwischen den Vertragsparteien **verweist § 594 e** im wesentlichen auf die entsprechenden **Vorschriften des Mietrechts**. Dies ist sachlich richtig, jedoch stört die Verweisung die angestrebte Übersichtlichkeit des Landpachtrechts als eines eigenständigen, in sich geschlossenen Rechtsgebiets.

Von der Verweisung ausdrücklich ausgenommen ist § 554, der das fristlose Kündigungsrecht des Vermieters bei Zahlungsverzug des Mieters regelt. Insoweit ist für den Fall des **Zahlungsverzuges des Pächters die Sonderregelung des § 594 e Abs 2** getroffen worden. Grund für die Schaffung dieser Sondervorschrift sind die gegenüber der Miete unregelmäßig erheblich längeren Zahlungstermine bei der Landpacht (BT-Drucks 10/509 S 25). Inhaltlich enthält allerdings nur Abs 1 S 1 eine dahingehende Sonderregelung, daß der Verpächter dann zur fristlosen Kündigung berechtigt ist, wenn der Pächter mit der Entrichtung des Pachtzinses oder eines nicht unerheblichen Teils desselben bei jährlicher Pachtzinszahlung länger als drei Monate im Verzug ist. S 2 entspricht § 554 Abs 1 S 1 Nr 1, in S 3 und 4 sind die Regelungen aus § 554 Abs 1 S 2 und 3 inhaltlich voll übernommen worden.

2 Über die im Gesetz ausdrücklich geregelten Fälle hinaus wird für das Pachtrecht nach herrschender Meinung ein Recht zur fristlosen Kündigung aus wichtigem Grund **auch bei fehlendem Verschulden anerkannt**, wenn in der Person eines Vertragsteils Umstände eingetreten sind, die es unter Abwägung der beiderseitigen Interessen und nach strenger Prüfung für den anderen Vertragsteil unzumutbar erscheinen lassen, das Pachtverhältnis fortzusetzen (STAUDINGER/SONNENSCHEIN [1995] § 581 Rn 400). Rechtsgrundlage für eine solche Kündigung ist eine Analogie zu den gesetzlich geregelten Fällen (zB §§ 626, 723). Dieselben Rechtserwägungen gelten auch für das Landpachtverhältnis, so daß über die ausdrücklich genannten Kündigungsgründe hinaus auch hier für beide Parteien eine Kündigung aus wichtigem Grund gerechtfertigt sein kann (SOERGEL/KUMMER, Nachträge [7. Lfg, Mai 1986] § 594 e Rn 1).

II. Kündigungsrecht des Pächters

1. Vorenthaltung des Gebrauchs (§§ 594 e Abs 1, 542)

3 Nach den §§ 594 e Abs 1, 542 kann der Pächter den Pachtvertrag ohne Einhaltung einer Frist kündigen, wenn ihm der vertragsmäßige Gebrauch entweder nicht rechtzeitig gewährt oder aber wieder entzogen wird.

Dieses Kündigungsrecht stellt eine wesentliche **Verstärkung der Pächterrechte** gegenüber den allgemeinen Rechtsbehelfen bei Leistungsstörungen dar (Mot II 419). Das bedeutet, daß der Pächter in der Zeit zwischen Vertragsabschluß und Überlassung der Pachtsache unter den Voraussetzungen der §§ 325, 326 (vom Verpächter zu vertretendes Unmöglichwerden und Verzug des Verpächters) entweder zurücktreten oder fristlos kündigen kann (STAUDINGER/EMMERICH [1995] § 542 Rn 3). Steht in diesem Zeitraum bereits fest, daß bei Beginn des Pachtverhältnisses die Voraussetzungen des § 542 gegeben sein werden, so hat der Pächter ebenfalls das Recht zur fristlosen Kündigung; das gilt allerdings dann nicht, wenn lediglich Zweifel an der Leistungsfähigkeit des Verpächters bestehen (BGH LM Nr 1 zu § 542 BGB). Die Kündigung nach §§ 594 e, 542 schließt die Geltendmachung der Rechte aus den §§ 586 Abs 2, 537, 538 nicht aus (STAUDINGER/EMMERICH [1995] § 542 Rn 4).

a) Vertragsmäßiger Gebrauch

4 Der Begriff des vertragsmäßigen Gebrauchs ist identisch mit dem Begriff der **vertragsmäßigen Nutzung des § 586**. Es kann daher zunächst auf die Kommentierung zu § 586 Rn 8 ff verwiesen werden. Abzustellen ist regelmäßig auf den Wortlaut des Vertrages, die Beschreibung nach § 585 b und den darin zum Ausdruck gekommenen Parteiwillen. Bei Zweifeln ist dieser Wille durch Auslegung nach § 157 zu ermitteln. Ausgehend von dem, was die Vertragsparteien vereinbart haben, hat jedes Zurückbleiben der Verpächterleistung hinter diesem Maßstab das Kündigungsrecht des Pächters aus den §§ 594 e, 542 zur Folge. Zu gewähren ist, wenn der Pachtvertrag keine besonderen Einzelheiten enthält, in jedem Fall eine Pachtsache in dem Zustand, daß der gewöhnliche und übliche Gebrauch möglich ist. Dies folgt schon aus den §§ 585 Abs 2, 581 Abs 1.

b) Nichtgewähren des Gebrauchs

Wird dem Pächter der vertragsmäßige Gebrauch der Pachtsache nicht rechtzeitig 5
gewährt, kann er das Pachtverhältnis fristlos kündigen. Dabei ist, um das Kündigungsrecht ausüben zu können, der **Grund für die Nichterfüllung ebensowenig von Bedeutung** wie die Frage, ob der Verpächter die Nichterfüllung zu vertreten hat (BGH LM Nr 6 zu § 542 BGB). Nicht erforderlich ist, daß die Pachtsache insgesamt nicht zur Verfügung gestellt wird. Es genügt auch eine teilweise Nichtgewährung, wobei allerdings der zurückgehaltene Teil nicht bloß unerheblich sein darf, sondern sein Fehlen die Nutzung der Pachtsache insgesamt beeinträchtigen muß.

Ist der **Pächter** selbst aus von ihm **zu vertretenden Gründen** am Gebrauch der Pacht- 6
sache gehindert, ist ihm die Kündigungsmöglichkeit des § 542 **versagt**. Das Kündigungsrecht lebt aber wieder auf, wenn der Pächter die Pachtsache gebrauchen will und kann, der Verpächter aber zur Erfüllung nicht gewillt oder in der Lage ist (STAUDINGER/EMMERICH [1995] § 542 Rn 10; BGH LM Nr 3 zu § 542 BGB).

Beruht die Nichtgewährung auf einem **behördlichen Verbot**, so kann der Pächter vom 7
Recht der fristlosen Kündigung nach § 542 Gebrauch machen, wenn sich das Verbot nicht gegen seine Person, sondern die Pachtsache richtet (STAUDINGER/SONNENSCHEIN [1995] § 581 Rn 402). Gleiches gilt, wenn der Verpächter sich weigert, behördlichen Umbauanordnungen nachzukommen, von denen die weitere Genehmigung des Betriebes abhängig gemacht wird (KG HRR 1937 Nr 502).

Ein Fall der Nichtgewährung im Sinne des § 542 liegt auch vor, wenn die rechtzeitig übergebene Pachtsache mit tatsächlichen oder rechtlichen Mängeln behaftet ist oder ihr zugesicherte Eigenschaften fehlen. Gerade das Fehlen zugesicherter Eigenschaften wird in besonderem Maße den vertragsmäßigen Gebrauch beeinträchtigen.

c) Wiederentziehen des Gebrauchs

Wird dem Pächter der Gebrauch der zunächst überlassenen Pachtsache nachträglich 8
ganz oder teilweise wieder entzogen, so kann er das Pachtverhältnis ebenfalls nach § 542 fristlos kündigen. Auch hier gilt, daß bei nur teilweiser Entziehung diese sich erheblich auf den vertragsmäßigen Gebrauch der Pachtsache insgesamt auswirken muß. Ein schuldhaftes Verhalten des Verpächters ist nicht erforderlich. Als Entziehung zu werten ist **jede Störung** des Pächters **in dem** ihm zustehenden **vertragsmäßigen Gebrauch** (OLG Köln NJW 1972, 1814). Gleichgültig ist, ob es sich um einen Sach- oder Rechtsmangel oder um den nachträglichen Wegfall einer zugesicherten Eigenschaft handelt. In jedem Einzelfall ist zu prüfen, ob der vertragsmäßige Gebrauch beeinträchtigt ist. Wegen der Besonderheit des Landpachtverhältnisses verbietet sich eine undifferenzierte Übernahme der für das Mietrecht und das normale Pachtrecht entschiedenen Fallbeispiele.

d) Erheblichkeit

Die fristlose Kündigung wegen Nichtgewährung oder späterer Entziehung des 9
Gebrauchs setzt voraus, daß die Störung erheblich ist. Dies gilt nicht nur bei einer lediglich teilweisen Vorenthaltung des Gebrauchs sondern auch bei einer Gebrauchsbeeinträchtigung der Pachtsache insgesamt. Die Prüfung, ob eine fristlose Kündigung gerechtfertigt ist, hat sich am **besonderen Interesse des Pächters** zu orientieren (§ 542 Abs 2). Liegt ein Mangel vor, ist wegen des Anspruchs des Pächters auf den

vertragsmäßigen Gebrauch zunächst einmal davon auszugehen, daß er auch erheblich ist. Eine Bewertung als unerheblich ist nur gerechtfertigt, wenn es sich allenfalls um einen marginalen Mangel handelt (STAUDINGER/EMMERICH [1995] § 542 Rn 20 ff mwN).

e) **Fristsetzung**

10 Der Pächter kann das Pachtverhältnis erst dann fristlos kündigen, wenn er dem Verpächter zuvor eine angemessene Frist gesetzt hat, um diesem Gelegenheit zu geben, Abhilfe zu schaffen (§ 542 Abs 1 S 2). Eine **Form** für die Erklärung, mit der dem Verpächter die Frist gesetzt wird, ist **nicht erforderlich**. Schon aus Gründen der Beweiserleichterung in Bezug auf den gerügten Mangel und die Fristsetzung selbst ist Schriftform zu empfehlen. Dies gilt um so mehr, als die Willenserklärung die zu beseitigende Störung und die dafür gesetzte Frist so genau als möglich bezeichnen muß. Daher reicht eine bloße Mängelanzeige nach § 545 nicht aus (RG WarnR 1916/18 Nr 74). Die Fristsetzung ist jederzeit widerruflich. Erfolgt der Widerruf nach Fristablauf, so ist in ihm ein Verzicht auf das Kündigungsrecht zu sehen (STAUDINGER/ EMMERICH [1995] § 542 Rn 30).

11 Die dem Verpächter zu setzende Frist hat **angemessen** zu sein. Was angemessen ist, entscheidet sich nach den Umständen des Einzelfalles. Da durch die Fristsetzung dem Verpächter eine letzte Möglichkeit eingeräumt werden soll, seinen vertragsmäßigen Pflichten nachzukommen, hat sich die Angemessenheit an dem Zeitaufwand zu orientieren, der zur Abhilfe des Erfüllungshindernisses normalerweise erforderlich ist. Ist danach die gesetzte Frist zu kurz bemessen, so ist die Fristsetzung nicht unwirksam, sondern es gilt die angemessene Frist, die **notfalls gerichtlich bestimmt** werden kann (RG HRR 1934 Nr 1444; STAUDINGER/EMMERICH [1995] § 542 Rn 32).

Nach den §§ 594 e Abs 1, 542 Abs 1 S 3 bedarf es **keiner Fristsetzung**, wenn die Erfüllung des Vertrages infolge des die Kündigung rechtfertigenden Umstandes für den Pächter kein Interesse hat. Bei der Annahme des Interessewegfalls ist Zurückhaltung geboten; er ist zu beschränken auf die Fälle, in denen infolge des Mangels der vertragsmäßige Gebrauch der Sache nicht mehr möglich ist (STAUDINGER/EMMERICH [1995] § 542 Rn 35 ff).

Über den in S 3 genannten Fall des Interessewegfalls hinaus ist eine Fristsetzung auch dann entbehrlich, wenn dem Verpächter entweder eine Beseitigung der Störung nicht möglich ist (RGZ 94, 29; BGH NJW 1980, 777) oder er die Beseitigung ernstlich und endgültig verweigert (s STAUDINGER/EMMERICH [1995] § 542 Rn 37).

f) **Ausschluß des Kündigungsrechts**

12 Nach den §§ 594 e Abs 1, 543 finden auf das Kündigungsrecht des Pächters die Vorschriften der §§ 539 bis 541 entsprechende Anwendung. Das bedeutet, daß unter den dort genannten Voraussetzungen – bei Sachmängeln entweder Kenntnis des Mangels bei Vertragsabschluß oder grob fahrlässige Nichtkenntnis oder rügelose Annahme der mangelhaften Sache, bei Rechtsmängeln positive Kenntnis bei Vertragsabschluß – das Kündigungsrecht ausgeschlossen ist. Darüber hinaus ist es ausgeschlossen, wenn der Pächter die Störung zu vertreten hat oder er den Verpächter vertragswidrig an der Beseitigung hindert (STAUDINGER/EMMERICH [1995] § 542 Rn 54).

g) Teilkündigung

Ist nur der vertragsmäßige Gebrauch eines Teils der Pachtsache vorenthalten, so **13** kann entsprechend den §§ 469 und 471, auf die § 543 ausdrücklich verweist, eine Teilkündigung in Betracht kommen. Das setzt aber voraus, daß sich die teilweise Mangelhaftigkeit nicht auf die gesamte Pachtsache auswirkt. Bei einer zulässigen Teilkündigung ist der Pachtzins entsprechend § 471 herabzusetzen.

h) Beweislast

Die Voraussetzungen des Kündigungsrechts aus den §§ 594 e Abs 1, 542 hat der **14** Pächter darzulegen und zu beweisen. Dies schließt die Fristsetzung oder die Umstände, nach denen eine solche entbehrlich ist, ein. Dagegen hat der Verpächter zu beweisen, daß er den vertragsmäßigen Gebrauch der Sache rechtzeitig gewährt oder bei Störungen vor Fristablauf Abhilfe geschaffen hat. Bei Streitigkeiten über die Erheblichkeit der Störung hat der Verpächter die Unerheblichkeit zu beweisen, da grundsätzlich von der Erheblichkeit ausgegangen wird (BGH LM Nr 22 zu § 537).

2. Gesundheitsgefährdung (§§ 594 e Abs 1, 544)

Nach den §§ 594 e Abs 1, 544 kann der Pächter das Pachtverhältnis fristlos kündigen, **15** wenn eine Wohnung oder ein anderer zum Aufenthalt von Menschen bestimmter Raum so beschaffen ist, daß die Benutzung mit einer erheblichen Gefährdung der Gesundheit verbunden ist.

a) Pachtgegenstand

Ob es sich um Räumlichkeiten handelt, die den Schutz des § 544 genießen, bestimmt **16** sich nach der vertraglichen Zweckbestimmung. Dies ist unzweifelhaft der Fall, wenn Räume **zu Wohnzwecken** mitverpachtet worden sind, wobei es gleichgültig ist, ob der Pächter selbst darin wohnt oder Angehörige oder Arbeitnehmer des Pächters. Diese Personen sind in den Schutzbereich des § 544 miteinbezogen. Soweit § 544 darüber hinaus von anderen zum Aufenthalt von Menschen bestimmten Räumen spricht, reicht es aus, wenn nach der vertraglichen Zweckbestimmung sich dort wenigstens vorübergehend Menschen aufhalten. In Betracht kommen in erster Linie **Betriebsgebäude** sowie Büros, Lagerräume, Werkstätten und ähnliche Räumlichkeiten. Im Rahmen der Landpacht von besonderer Bedeutung sind Viehställe, die von § 544 erfaßt werden, wenn in ihnen ständig gearbeitet wird.

b) Erheblichkeit der Gefährdung

§ 544 setzt eine Gesundheitsgefährdung, keine schon eingetretene Gesundheitsschä- **17** digung voraus. Da das Recht zur fristlosen Kündigung eine scharfe Waffe in der Hand des Pächters ist, muß die drohende Gefährdung **erheblich** sein (STAUDINGER/ EMMERICH [1995] § 544 Rn 9 ff). Ob die Gefahr erheblich ist, entscheidet sich nach den Umständen des Einzelfalles, wobei aber immer zwei Kriterien zu beachten sind: Zum ersten muß die Gefährdung naheliegend sein, ohne daß ihr Eintritt unmittelbar bevorstehen müßte; jedoch reicht die nur entfernte Möglichkeit einer gesundheitlichen Schädigung nicht aus (RGZ 88, 168; KG JW 1930, 2975). Zum anderen muß die drohende Gesundheitsschädigung nachhaltig sein; ein lediglich vorübergehendes Unbehagen der vom Schutzzweck erfaßten Personen reicht als Kündigungsgrund nicht aus (RGZ 51, 210; RG WarnR 1911 Nr 323 S 360). Der Grad der Gesundheitsgefährdung bestimmt sich nach **objektiven Maßstäben** und nicht nach den subjektiven

Empfindungen des Pächters. Dies folgt nicht zuletzt aus dem sozialpolitischen Zweck der Vorschrift, die allgemeine Volksgesundheit zu schützen.

Für das Kündigungsrecht des Pächters ohne Bedeutung ist die Ursache der Gesundheitsgefährdung und die Frage, ob der Verpächter sie zu vertreten hat (AG Bremerhaven WuM 1975, 147).

18 Bei der Beurteilung, ob eine erhebliche Gesundheitsgefährdung gegeben ist, ist auf den **Zeitpunkt der Kündigung** abzustellen. Ist in diesem Zeitpunkt bereits abzusehen, daß die Gefahrenquelle leicht zu beheben und der Verpächter hierzu auch bereit ist, fehlt es an der Erheblichkeit der Gefährdung (RGZ 88, 168; OLG Celle NdsRpfl 1964, 154).

19 Als **Beispiele** einer erheblichen Gesundheitsgefährdung können in Betracht kommen das Auftreten von Ungeziefer (LG Mannheim DWW 1976, 236), übermäßige Feuchtigkeit, zB in den Wänden (LG Mannheim ZMR 1977, 154), Pilz- und Schwammbefall, ungenügende Heizung (LG Mannheim ZMR 1977, 154), Einsturzgefahr der Gebäude (KG JW 1930, 2975), übermäßige Lärm- und Geruchseinwirkungen (BGHZ 29, 289; RGZ 88, 168), die gefährliche Beschaffenheit von Treppen oder Fußböden (RG Gruchot 66, 664) oder ganz allgemein der Zustand des Holzwerks (vgl zu weiteren Beispielen STAUDINGER/EMMERICH [1995] § 544 Rn 17).

20 Ist nur der Zustand **einzelner Räume** gesundheitsgefährdend, so kommt es auf die Umstände des jeweiligen Einzelfalles an, ob eine fristlose Kündigung in Betracht kommt oder nicht. Entscheidend abzustellen ist darauf, ob durch die eingeschränkte Benutzbarkeit einzelner Räume der Gebrauch der gesamten Pachtsache wesentlich beeinträchtigt wird. Sind die betroffenen Räume nur von untergeordneter Bedeutung, so kommt eine fristlose Kündigung nicht in Betracht (STAUDINGER/EMMERICH [1995] § 544 Rn 16). In Betracht kommen kann aber eine Kündigung nach den §§ 594 e Abs 1, 542, die allerdings vorherige Fristsetzung seitens des Pächters erfordert. Da § 543 nur die Kündigung nach § 542, nicht aber die nach § 543 erfaßt, kommt eine Teilkündigung, beschränkt auf die Räume, deren Zustand gesundheitsgefährdend ist, nicht in Betracht (OLG Celle MDR 1964, 924; STAUDINGER/EMMERICH [1995] § 544 Rn 18).

c) **Ausschluß des Kündigungsrechts**

21 Streitig ist, ob der **Pächter** das Kündigungsrecht aus den §§ 594 e Abs 1, 544 auch dann in Anspruch nehmen kann, wenn er die **Gefährdung selbst schuldhaft herbeigeführt** hat. Nach hM soll das Kündigungsrecht des Pächters dann ausgeschlossen sein (RGZ 51, 210 ff; OLG Hamburg JW 1916, 1293; LG Mannheim DWW 1975, 72; ERMAN/SCHOPP § 544 Rn 7; BGB-RGRK/GELHAAR § 544 Rn 9). Dagegen soll nach anderer Ansicht das Kündigungsrecht bestehen bleiben; jedoch sei der Pächter dem Verpächter zum Schadensersatz verpflichtet (WEIMAR ZMR 1960, 226 f; STAUDINGER/EMMERICH [1995] § 544 Rn 26 mwN. Ausgehend vom Schutzzweck der Vorschrift, die allgemeine Volksgesundheit zu erhalten, ist der **letzteren Ansicht** zu folgen, zumal von einem Ausschluß des Kündigungsrechts auch solche Personen betroffen sein können, die ohne Einfluß auf die Verursachung des gesundheitsgefährdenden Zustands gewesen sind, nämlich Angehörige und Arbeitnehmer des Pächters.

Die gleichen Erwägungen gelten auch dann, wenn der Pächter die **Anzeige nach § 545 unterlassen** oder die Beseitigung der Ursache durch den Verpächter verhindert hat. Auch in diesen Fällen wird der Verpächter regelmäßig auf die Geltendmachung von Schadensersatzansprüchen beschränkt sein, wenn auch im Einzelfall die Geltendmachung des Kündigungsrechts durch den Pächter rechtsmißbräuchlich und damit ausgeschlossen sein kann.

Anders als in § 542 wird im Rahmen des § 544 das Kündigungsrecht des Pächters durch seine Kenntnis vom Mangel nicht ausgeschlossen. Nach § 539 sind nur das Recht auf Minderung und der Schadensersatzanspruch, nicht aber das Kündigungsrecht ausgeschlossen.

Dem Kündigungsrecht des Pächters steht **keine Kündigungspflicht** gegenüber. Es steht im Ermessen des Pächters, ob er überhaupt kündigt, ob er dem Verpächter zuvor eine Frist setzt (kann wegen § 542 von Bedeutung sein) und wann er letztlich kündigt. Keinesfalls ist der Pächter verpflichtet, sofort zu kündigen, wenn er den gesundheitsgefährdenden Zustand festgestellt hat. Der Pächter kann auch unter Bestimmung einer Frist kündigen, da er regelmäßig zunächst neue Räumlichkeiten suchen muß.

d) Fristsetzung
Anders als die fristlose Kündigung wegen Nichtgewährung des vertragsmäßigen Gebrauchs nach § 542 setzt die Kündigung wegen Gesundheitsgefährdung nach § 544 **keine Fristsetzung** voraus (BGHZ 29, 289; RG SeuffA 71 [1916] Nr 229 S 400; AG Bremerhaven WuM 1975, 147; STAUDINGER/EMMERICH [1995] § 544 Rn 20).

e) Beweislast
Die Voraussetzungen des Kündigungsrechts, nämlich den gesundheitsgefährdenden Zustand, hat der Pächter zu beweisen. Wendet demgegenüber der Verpächter ein, daß das Kündigungsrecht ausgeschlossen sei, so hat er das Vorliegen eines solchen Ausnahmetatbestandes zu beweisen.

III. Kündigungsrecht des Verpächters

1. Vertragswidriger Gebrauch (§§ 594 e Abs 1, 533)

Nach den §§ 594 e Abs 1, 553 kann der Verpächter das Pachtverhältnis fristlos kündigen, wenn der Pächter **ungeachtet einer Abmahnung durch vertragswidrigen Gebrauch** der Pachtsache die Rechte des Verpächters in erheblichem Maße verletzt oder die Pachtsache erheblich gefährdet.

a) Begriff des vertragswidrigen Gebrauchs
Der Begriff des vertragswidrigen Gebrauchs entspricht dem des § 590 a, der seinerseits der für das Mietrecht geltenden Regelung des § 550 nachgebildet ist. Wegen der Einzelheiten wird daher auf die Kommentierung zu § 590 a (Rn 3 ff) verwiesen. Die Vertragsgemäßheit des Gebrauchs ist in erster Linie am Vertrag, sodann am Gesetz und der Verkehrssitte zu messen. Dabei ist im Landpachtrecht in besonderem Maße auf die ordnungsmäßige Bewirtschaftung der Pachtsache abzustellen, zu der der Pächter verpflichtet ist (§ 586 Abs 1 S 3; siehe dort Rn 33 ff). Ein von der Lage des Pacht-

gegenstandes weit entfernter Wohnort des Pächters begründet für sie allein noch kein Recht zur fristlosen Kündigung (OLG Stuttgart RdL 1995, 153).

Nach hM nicht erforderlich ist, daß der Pächter seine Vertragspflichten **schuldhaft verletzt** (STAUDINGER/EMMERICH [1995] § 544 Rn 28 f mwN). Da jedoch das Kündigungsrecht aus § 553 eine vorherige Abmahnung des Pächters verlangt, dürfte die Fortsetzung des vertragswidrigen Gebrauchs regelmäßig vorsätzlich, dh schuldhaft sein (RG JW 1920, 377; OLG Hamburg WuM 1982, 41).

Wird der vertragswidrige Gebrauch von einem **Angehörigen oder Arbeitnehmer** oder einem sonstigen Erfüllungsgehilfen des Pächters ausgeübt, so hat er dies nach § 278 BGB **zu vertreten.** Hat er die Nutzung der Pachtsache einem Dritten überlassen, so hat er dessen vertragswidrigen Gebrauch nach § 589 Abs 3 zu vertreten.

27 Streitig ist, ob bei einer **Mehrheit von Pächtern** der vertragswidrige Gebrauch **durch einen von ihnen** den Verpächter zur fristlosen Kündigung gegenüber allen Pächtern berechtigt. Dieser wohl herrschenden Auffassung (s ERMAN/SCHOPP § 553 Rn 4) widerspricht EMMERICH (STAUDINGER/EMMERICH [1995] § 553 Rn 30), der unter Bezugnahme auf § 425 BGB die fristlose Kündigung nur gegenüber dem Pächter für gerechtfertigt ansieht, der die Pachtsache vertragswidrig gebraucht hat. Etwas anderes solle nur dann gelten, wenn trotz Abmahnung der Pächter mit ausdrücklicher Billigung der anderen Pächter den vertragswidrigen Gebrauch fortsetze. Da, anders als bei der Miete, in der Landpacht regelmäßig eine gemeinsame Nutzung durch alle Pächter in der Weise erfolgt, daß ein vertragswidriger Gebrauch sofort von allen Mitpächtern zu erkennen ist, dürfte in dem Unterlassen, auf den vertragsbrüchigen Pächter einzuwirken, ein eigenständiges Verschulden liegen, das den Verpächter zumindest zur fristlosen Kündigung aus wichtigem Grund berechtigt.

b) Abmahnung

28 Der Verpächter kann das Pachtverhältnis wegen vertragswidrigen Gebrauchs der Pachtsache durch den Pächter erst dann fristlos kündigen, wenn er diesen zuvor abgemahnt hat, der Pächter die Vertragsverletzung jedoch fortsetzt (STAUDINGER/EMMERICH [1995] § 553 Rn 31 ff). Dem Pächter soll die Möglichkeit gegeben werden, die Kündigung zu vermeiden, indem er den vertragswidrigen Gebrauch fortan unterläßt. Dieses setzt voraus, daß der Verpächter ihn bei der Abmahnung genau auf den beanstandeten vertragswidrigen Gebrauch hinweist, so daß er sich in Zukunft danach richten kann (LG Gießen WuM 1981, 232). Lediglich in allgemeiner Form angebrachte Beschwerden reichen als Abmahnung iSd §§ 594 e, 553 nicht aus (BGB-RGRK/GELHAAR § 553 Rn 11).

Die Abmahnung selbst ist eine rechtsgeschäftsähnliche Handlung und unterliegt den Vorschriften über Rechtsgeschäfte (OLG Celle WuM 1982, 206; STAUDINGER/EMMERICH [1995] § 550 Rn 8).

Eine **Fristsetzung** zur Beendigung des vertragswidrigen Gebrauchs ist im Gesetz **nicht vorgesehen.** Das bedeutet nicht, daß der Pächter die Vertragsverletzung sofort zu unterlassen hat. Dies wird häufig gar nicht möglich sein, so beispielsweise in dem vom Gesetzgeber besonders herausgestellten Fall der unbefugten Gebrauchsüberlassung an einen Dritten. Dem Pächter ist vielmehr eine angemessene Frist einzuräumen, um die Pachtsache vom Dritten zurückzufordern. Räumt der Dritte innerhalb der vom Pächter gesetzten Frist, so entfällt das Kündigungsrecht des Verpächters (RG JW 1920, 140 Nr 5). Gleiches soll gelten, wenn der Pächter gegenüber dem Dritten Räumungsklage erhebt; dagegen gilt dies nicht, wenn der Verpächter selbst gegen den Dritten auf Räumung klagt (STAUDINGER/EMMERICH [1995] § 553 Rn 33).

Die Abmahnung ist gegen den Vertragsgegner zu richten; das bedeutet, daß bei einer Mehrheit von Pächtern alle abgemahnt werden müssen, selbst wenn nur einer die Pachtsache vertragswidrig gebraucht. Ebenso wie bei der Kündigung können die Pächter auch in Bezug auf die Abmahnung einen von ihnen bevollmächtigen, diese für sie alle entgegenzunehmen (OLG Hamburg BlGBW 1961, 334).

Auf das Erfordernis der Abmahnung kann grundsätzlich nicht verzichtet werden. Ausnahmen sind in Einzelfällen zugelassen worden, so bei arglistigem Verhalten des Pächters (KG JW 1927, 2817), bei ernstlicher und endgültiger Erfüllungsverweigerung durch den Pächter oder wenn der Pächter mit Bedacht einen endgültigen Zustand geschaffen hat, dessen kurzfristige Änderung nicht möglich ist (BGH LM Nr 13 zu § 553 BGB; STAUDINGER/EMMERICH [1995] § 553 Rn 35 mwN). Weiter ist ein Abmahnung entbehrlich, wenn dem Pächter vertragsgerechtes Verhalten gar nicht möglich ist und die Abmahnung deshalb sinnlos wäre.

Neben der Abmahnung setzt § 553 weiter voraus, daß der Pächter den vertragswidrigen Gebrauch der Pachtsache gleichwohl fortsetzt. Das bedeutet, daß grundsätzlich das Recht des Verpächters zur fristlosen Kündigung immer entfällt, wenn der Pächter den vertragswidrigen Gebrauch aufgrund der Abmahnung beendet, bevor die Kündigung wirksam geworden ist (RG BayZ 1925, 165). Wird der vertragswidrige Gebrauch erst nach der Kündigung beendet, bleibt diese wirksam, es sei denn, sie sei aus anderen Gründen unwirksam, etwa wegen fehlender Abmahnung oder bei unzulänglich bemessener Frist zur Beendigung der Vertragsverletzung. Auch bei einer anschließenden Behebung der formalen Mängel kann eine neue Kündigung nicht mehr auf die den Gegenstand der unwirksamen Kündigung bildende Vertragsverletzung gesetzt werden (LG Mannheim MDR 1974, 584 Nr 61).

c) Weitere Voraussetzungen des Kündigungsrechts
§ 553, auf den § 594 e Bezug nimmt, verlangt als Voraussetzung des Kündigungsrechts, daß durch den vertragswidrigen Gebrauch entweder die Rechte des Verpächters erheblich verletzt werden, wobei die unbefugte Gebrauchsüberlassung der Pachtsache an einen Dritten als ein solcher Fall ausdrücklich herausgestellt wird, oder die Pachtsache erheblich gefährdet wird. 29

aa) Erhebliche Verletzung der Rechte des Verpächters
Dadurch, daß der Gesetzgeber eine erhebliche Verletzung der Verpächterrechte fordert, wird deutlich, daß nicht jeder Verstoß gegen die Vertragspflichten eine fristlose Kündigung rechtfertigen kann. Es ist vielmehr immer auf die Umstände des Einzelfalles abzustellen und letztlich im Rahmen einer nach Treu und Glauben vorzunehmenden Interessenabwägung zu prüfen und zu entscheiden, ob die Vertragsverletzung so schwer und nachhaltig ist, daß eine fristlose Kündigung in Betracht kommt oder nicht (AG Euskirchen ZMR 1964, 86; AG Düren ZMR 1968, 114; ERMAN/SCHOPP § 553 Rn 4; STAUDINGER/EMMERICH [1995] § 553 Rn 38). Eine erhebliche Verletzung der Rechte 30

des Verpächters dürfte immer gegeben sein, wenn der Pächter die vertraglich vorgesehene Art der Bewirtschaftung gegen den Willen des Verpächters ändert.

Die Verpächterrechte sind immer erheblich verletzt, wenn der Pächter die Pachtsache unbefugt einem Dritten zum Gebrauch überläßt. Für die Landpacht bedeutet dies, daß jeder Verstoß gegen § 589 Abs 1 den Verpächter zur fristlosen Kündigung berechtigen kann, wenn die weiteren Voraussetzungen (Abmahnung usw) gegeben sind. Die Gebrauchsüberlassung ist im Sinne der Nutzungsüberlassung nach § 589 zu verstehen, dh die Einräumung eines selbständigen Gebrauchsrechts des Dritten unter Aufgabe der tatsächlichen Sachherrschaft durch den Pächter. Das Kündigungsrecht des Verpächters knüpft aber noch nicht an die bloße Gebrauchsüberlassung an den Dritten an; erforderlich ist vielmehr, daß der Pächter dem Dritten die Sache trotz Abmahnung durch den Verpächter beläßt. Dies setzt eine entsprechende Willensentscheidung des Pächters voraus, die jedoch nicht schuldhaft sein muß, wie beispielsweise bei einem entschuldbaren Irrtum über das Recht zur Gebrauchsüberlassung (STAUDINGER/EMMERICH [1995] § 553 Rn 54).

Ist dem Pächter Tierhaltung gestattet bezieht sich dies im Zweifel nur auf pächtereigene; hält er fremde Tiere, kann nach Abmahnung fristlos gekündigt werden (OLG Nürnberg AgrarR 91, 106).

bb) Erhebliche Gefährdung der Sache

Nach § 545 trifft den Pächter eine allgemeine Obhuts- und Anzeigepflicht (siehe § 586 Abs 2). Wird durch die Vernachlässigung dieser Pflichten die Pachtsache erheblich gefährdet, so liegt darin ebenfalls ein vertragswidriger Gebrauch iSd § 553 und damit ein Kündigungsgrund, der den Verpächter nach vorheriger Abmahnung und Fortsetzung des vertragswidrigen Gebrauchs durch den Pächter zur fristlosen Kündigung berechtigt (STAUDINGER/EMMERICH [1995] § 553 Rn 46 ff). Die Verletzung der allgemeinen Obhuts- und Anzeigepflicht ist indes nur ein denkbarer Fall der in § 553 allgemein als Kündigungsgrund genannten Vernachlässigung der Sorgfalt. Zu messen ist das in jedem Einzelfall an den individuellen vertraglichen Verpflichtungen, die der Pächter übernommen hat.

Wie bei der Verletzung der Rechte des Verpächters muß auch die Gefährdung der Pachtsache erheblich sein. Gehören zur Pachtsache auch Wohnräume oder andere Räumlichkeiten, so sind die im Mietrecht getroffenen Fallentscheidungen auch auf das Landpachtrecht übertragbar. Danach liegt eine erhebliche Gefährdung der Pachtsache vor bei wiederholten erheblichen Wasserschäden (AG Aachen DWW 1974, 237; siehe auch AG Köln WuM 1972, 141 zur Frage, wann ein Wasserschaden erheblich ist), bei der Lagerung gefährlicher Sachen, beim Unterlassen von Vorsichtsmaßnahmen gegen Frost, bei der Anbringung gefährlicher Installationen (vgl weiter STAUDINGER/EMMERICH [1995] § 553 Rn 49). Des weiteren kann in einem Verstoß gegen die Pflicht zur ordnungsmäßigen Bewirtschaftung der Pachtsache eine erhebliche Gefährdung liegen, etwa bei übermäßiger Verqueckung oder bei Versumpfung des Bodens. Besonderes Gewicht dürften in diesem Zusammenhang zunehmend Umweltverstöße gewinnen, wie etwa eine Überdüngung des Bodens; zur Klärschlammaufbringung s OLG Köln 23 U 9/90 nicht veröffentlicht.

In Zeiten erheblicher Überproduktion an Marktfrüchten kommt der Gewährung und Aufrechterhaltung von **Produktionsquoten** besondere Bedeutung zu; ohne diese – zumeist an die Fläche gebundenen – verliert Ackerland häufig erheblich an Wert. Werden durch den Pächter diese Quoten gefährdet, bedeutet dies zugleich eine **Gefährdung der Pachtsache**. Dies gilt auch dann, wenn in der Person eines Grundeigentümers die Maßnahmen beanstandungsfrei wäre: Soweit den Landwirten zur Reduktion von Überproduktionen **staatliche Leistungen für die Aufgabe bestimmter Produktionszweige** angeboten werden (zB Milchaufgabevergütung), entspricht deren Annahme nur dann einer ordnungsgemäßen Wirtschaftsweise, wenn sichergestellt ist, daß diese nur während der Pachtzeit wirken und der Pachtgegenstand bei Vertragsende mit voller Produktionsmöglichkeit wieder zurückgegeben werden kann. Denn es ist Sache des Verpächters (Eigentümers, vgl § 903), zu entscheiden, wie er die Fläche bzw den Betrieb weiter nutzen (lassen) will.

Dies wird sich nach den geltenden Regeln kaum realisieren lassen; weshalb beispielsweise die Inanspruchnahme von Milchaufgabevergütung öffentlichrechtlich ohnehin nur mit Verpächter-Zustimmung möglich ist (BVerwG AgrarR 1994, 404). Eine fristlose Kündigung ist um so mehr berechtigt, wenn der Pächter dazu auch noch betriebliche Umgestaltungen vornimmt, die die Wiederaufnahme der Herstellung kontingentierter Produkte weiter erschweren; so hat der BGH die fristlose Kündigung eines Verpächters dann akzeptiert, wenn der Pächter – ohne vorherige Zustimmung einzuholen – Weideland umwidmet, um Milchrente zu erhalten (BGH LwZR 11/91 nicht veröffentlicht).

d) Beweislast
Der Verpächter hat die Voraussetzungen des Kündigungsrechts, dh den vertragswidrigen Gebrauch, die Abmahnung, die Fortsetzung des vertragswidrigen Gebrauchs sowie die Verletzung seiner Rechte bzw die Gefährdung der Pachtsache zu beweisen. 32

2. Zahlungsverzug des Pächters (§ 594 e Abs 2)

Ebenso wie für das Mietrecht in § 554 sieht auch das Landpachtrecht ein fristloses 33 Kündigungsrecht des Verpächters bei Zahlungsverzug des Pächters vor. Die Regelung des § 594 e Abs 2 beinhaltet keine materiellrechtlichen Abweichungen von § 554, sie trägt lediglich den abweichenden Fälligkeitsterminen des Pachtzinses in der Landpacht Rechnung. Zahlt der Pächter den Pachtzins Fregelmäßig unpünktlich, ohne aber die Fristen § 594 e Abs 2 zu überschreiten, so kann darin ein Kündigungsgrund nach § 554 a wegen vertragswidrigen Verhaltens liegen.

a) Jährliche Pachtzinsfälligkeit
Ist der Pächter bei jährlicher Pachtzinszahlung mit der Entrichtung des ganzen oder 34 eines nicht unerheblichen Teils des Pachtzinses länger als drei Monate in Verzug, so ist der Verpächter zur fristlosen Kündigung berechtigt.

aa) Pachtzins
Zum Pachtzins können auch Nebenkosten und Umlagen gehören, soweit sie als Entgelt für die Gebrauchsüberlassung entrichtet werden (BGH WM 1975, 897). 35

bb) Nicht unerheblicher Teil

36 Bleibt der Pächter lediglich mit einem Teil des Pachtzinses rückständig, so darf dieser **nicht nur geringfügig** sein (RGZ 86, 334). Ob es sich um einen nicht unerheblichen Teil des Pachtzinses handelt, bestimmt sich nach den **gesamten Umständen des Einzelfalles** und danach, ob der rückständig gebliebene Rest im Verhältnis zur gesamten Pachtzinsrate geringfügig ist oder nicht (LG Kassel ZMR 1970, 307; ERMAN/SCHOPP § 554 Rn 4). Da § 594 e dem Verpächter bei unter einem Jahr liegenden Pachtfälligkeiten das Kündigungsrecht erst bei einem Verzug für zwei aufeinanderfolgende Termine einräumt, was in der Praxis einen erheblichen Pachtrückstand bedeuten kann, dürfte als ein nicht unerheblicher Teil bei jährlicher Pachtzinszahlung mindestens der halbe Pachtzins anzusehen sein. Im übrigen dürften zur Frage der Erheblichkeit die gleichen Überlegungen anzustellen sein wie im Rahmen des § 554 (s hierzu BOTH NJW 1970, 2197).

cc) Verzug

37 Ist die Fälligkeit des Pachtzinses kalendermäßig bestimmt, so bedarf es keiner Mahnung, um den Pächter in Verzug zu setzen (§ 284 Abs 2). Dies dürfte regelmäßig schon im Hinblick auf § 587 der Fall sein. Fehlt es an einer kalendermäßigen Bestimmung, so setzt erst die vorausgegangene Mahnung den Pächter in Verzug. Die Zahlungsunfähigkeit des Pächters schließt seinen Verzug nicht aus (§ 279). Der Verzug kann allerdings nach § 285 ausgeschlossen sein, wenn der Pächter den Pachtzins am letzten Tag der Frist abgesandt hat, dieser aber verspätet beim Verpächter eintrifft (BGHZ 44, 178; BGH LM Nr 7 zu § 284). Ein Verzug liegt auch dann nicht vor, wenn der Pächter eine Einrede geltend machen kann, zB die Verjährungseinrede erheben oder ein Zurückbehaltungsrecht geltend machen kann (LG Hamburg ZMR 1984, 128; LG Berlin MDR 1983, 843), wenn er mindern kann, oder aber wenn er nach dem Tod des Verpächters dessen Erben nicht kennt und nicht ermitteln kann (BGH LM Nr 35 zu § 581).

dd) 3-Monatsfrist

38 Der Verpächter ist erst zur fristlosen Kündigung berechtigt, wenn der Pächter mit einem zumindest nicht unerheblichen Teil des Pachtzinses länger als drei Monate im Verzug ist. Diese 3-Monatsfrist berechnet sich ab der Fälligkeit, die entweder vertraglich oder gesetzlich (§ 587) bestimmt ist.

b) Kürzere Pachtzinsfälligkeit

39 Ist der Pachtzins nach Zeitabschnitten von weniger als einem Jahr bemessen, so ist die Kündigung erst zulässig, wenn der Pächter **für zwei aufeinanderfolgende Termine** mit der Entrichtung des Pachtzinses oder eines **nicht unerheblichen Teils** desselben im Verzug ist.

Die Fälligkeit bestimmt sich hier nach § 587, wobei es sich um Wochen-, Monats- oder Quartalstermine handeln kann.

Die Grenze zur Erheblichkeit des Rückstandes dürfte auch hier bei **der Hälfte** des jeweils geschuldeten Betrages liegen, so daß eine fristlose Kündigung dann gerechtfertigt sein kann, wenn der Pächter von zwei aufeinanderfolgenden Pachtzinsraten jeweils nur die Hälfte gezahlt hat, er also zahlenmäßig sich mit einer Rate im Rückstand befindet.

c) Kündigungsausschluß

40 Das Kündigungsrecht des Verpächters ist ausgeschlossen, wenn der Pächter vor der Kündigung den Verpächter **befriedigt**. Dabei ist unerheblich, in welchem Maße der Fälligkeitszeitpunkt überschritten worden ist. Entscheidend ist allein, daß die Kündigung noch nicht wirksam geworden ist. Das bedeutet, daß der Verpächter vollständig befriedigt worden sein muß, bevor die Kündigung dem Pächter zugegangen ist (BGH WarnR 1970 Nr 191). Ausreichend ist auch hier, daß der geschuldete Betrag rechtzeitig abgesandt worden ist, gleichgültig, wann er beim Verpächter eintrifft (RGZ 99, 257; STAUDINGER/EMMERICH [1995] § 554 Rn 54).

Darüber hinaus kann das Kündigungsrecht im Einzelfall wegen **Treuwidrigkeit** ausgeschlossen sein. So wird bei langfristigen Verträgen von beiden Seiten eine besondere Rücksichtnahme verlangt, die soweit gehen kann, daß der Verpächter auch einen zeitweiligen Zahlungsverzug des Pächters hinnehmen muß (RGZ 150, 232; STAUDINGER/EMMERICH [1995] § 554 Rn 53). Widersprüchliches und arglistiges Verhalten des Verpächters kann zum Kündigungsausschluß führen (BGH LM Nr 55 zu § 242). Hat der Verpächter in der Vergangenheit den Zahlungsverzug des Pächters wiederholt unbeanstandet hingenommen, so muß er den Pächter darauf hinweisen, wenn er das zukünftig nicht mehr tolerieren und von seinem Kündigungsrecht Gebrauch machen will (BGH LM Nr 1 zu § 554 b).

d) Unwirksamkeit der Kündigung infolge Aufrechnung (§ 594 e Abs 2 S 4)

41 Konnte der Pächter sich durch Aufrechnung mit einer Gegenforderung von seiner Schuld befreien, so wird die Kündigung unwirksam, wenn er **die Aufrechnung unverzüglich nach der Kündigung** erklärt. Das bedeutet, daß die Aufrechnungslage im Zeitpunkt der Kündigung bestanden haben muß. Da die Aufrechnung gemäß § 389 rückwirkende Kraft hat, läßt die Aufrechnungserklärung noch nachträglich den Kündigungsgrund wegfallen mit der Konsequenz, daß die bereits erklärte Kündigung ihre Wirksamkeit verliert (vgl ausf STAUDINGER/EMMERICH [1995] § 554 Rn 56 ff mwN).

Die Aufrechnung ist unverzüglich, nachdem dem Pächter die Kündigungserklärung zugegangen ist, zu erklären. Unverzüglich bedeutet ohne schuldhaftes Zögern (§ 121 Abs 1 S 1). Als nicht mehr unverzüglich ist es anzusehen, wenn der Pächter die Aufrechnung erst zwei Wochen nach Zugang der Kündigung erklärt (BGH WM 1971, 1828). Streitig ist, ob der Verpächter sich gegenüber einer unverzüglich erklärten Aufrechnung auf einen vertraglichen Aufrechnungsausschluß berufen kann (dagegen OLG Celle OLGE 1966, 6; LG Mannheim 1974, 145; bejahend LG Frankfurt WM 1974, 28). Aus dem Sinn der Vorschrift, den Verpächter beim Zahlungsverzug des Pächters vor übermäßigen finanziellen Risiken und Verlusten durch die Möglichkeit der fristlosen Kündigung zu schützen, folgt, daß zumindest bei einer Aufrechnung mit einer rechtskräftig festgestellten oder nicht bestrittenen Gegenforderung der Aufrechnungsausschluß nicht geltend gemacht werden kann.

e) Beweislast

42 Die Voraussetzungen des Kündigungsrechts, also dem Zahlungsverzug, hat der Verpächter zu beweisen. Demgegenüber liegt die Beweislast für das Vorliegen eines Kündigungsausschlusses, zB die Befriedigung des Verpächters oder die unverzüglich erklärte Aufrechnung, beim Pächter.

IV. Kündigungsrecht beider Parteien

1. Schuldhafte Vertragsverletzung (§§ 594 e Abs 1, 554 a)

43 Nach § 554 a können beide Parteien das Vertragsverhältnis fristlos kündigen, wenn der andere Vertragsteil schuldhaft in einem solchen Maße seine Verpflichtungen verletzt, daß dem anderen Vertragspartner die **Fortsetzung** des Vertragsverhältnisses **nicht zugemutet werden kann**. Obwohl diese erst später eingefügte Vorschrift speziell für die Raummiete gilt, bedeutet dies **nicht**, daß die entsprechende Anwendbarkeit im Rahmen der Landpacht sich auf die Fälle beschränkt, in denen von der Pacht auch **Räumlichkeiten** erfaßt werden. Übertragen werden auf Landpachtverhältnisse soll vielmehr der in § 554 a zum Ausdruck gekommene Grundgedanke, daß Pflichtverletzungen einer Partei, die die Grenzen der Zumutbarkeit überschreiten, der anderen Partei grundsätzlich das Recht geben sollen, sich vom Vertrag zu lösen. Es handelt sich insofern bei der Regelung des § 554 a nur um einen Teilbereich des in der Literatur und Rechtsprechung allgemein entwickelten Kündigungsrechts aus wichtigem Grunde, das neben § 554 a immer noch gegeben sein kann, da hier nur schuldhafte Vertragsverletzungen erfaßt werden.

a) Vertragsverletzung

44 Das Kündigungsrecht aus § 554 a setzt eine Vertragsverletzung voraus, die die Fortsetzung des Vertragsverhältnisses für den anderen Vertragsteil unzumutbar werden läßt. Da der Gesetzgeber das Recht zur fristlosen Kündigung nur ausnahmsweise zubilligt, muß die Vertragsverletzung **besonders schwerwiegend** sein. Wesentlicher Maßstab bei der Beurteilung der Schwere einer Vertragsverletzung hat dabei zu sein, ob aufgrund der Pflichtwidrigkeit der anderen Partei die Fortsetzung des Pachtverhältnisses, sei es auch nur bis zum Ablauf der ordentlichen Kündigungsfrist oder bis zum sonstigen, normalerweise eintretenden Vertragsende, unzumutbar ist. Dabei ist **ein objektiver Maßstab** anzulegen, dh die Betrachtungsweise eines unbefangenen Dritten (BGH LM Nr 4 zu § 554 a; LG Mannheim WuM 1974, 175; 1978, 68; STAUDINGER/EMMERICH [1995] § 554 a Rn 14). Ob eine Vertragsverletzung letztlich dieses Gewicht hat, hängt immer von den Besonderheiten des Einzelfalles ab. Lediglich geringfügige Behinderungen einer Vertragspartei reichen für eine fristlose Kündigung nicht aus (BGH LM Nr 4 zu § 554 a BGB).

Entscheidend ist immer, daß der Kündigungsgrund aus dem Risikobereich des Vertragsgegners kommt. Gründe aus dem eigenen Risikobereich des Kündigenden, etwa Unrentabilität der Landpacht tragen niemals eine fristlose Kündigung (BGH LM Nr 70 zu § 535).

b) Verschulden

45 Die Vertragsverletzung führt nur dann zur fristlosen Kündigung, wenn sie schuldhaft begangen worden ist. Es gelten insoweit die Vorschriften der §§ 276 ff. Voraussetzung ist daher grundsätzlich die Schuldfähigkeit des Kündigungsgegners (§§ 276 Abs 1 S 2, 827). Zu beachten ist allerdings § 827 S 2, der durchaus praktische Bedeutung gewinnen kann, wenn die Vertragsverletzung nach dem vorherigen Genuß alkoholischer Getränke begangen worden ist.

Nach § 278 hat die vertragswidrig handelnde Partei für das Verschulden ihrer Erfüllungsgehilfen einzustehen. In Betracht kommen insoweit neben den Angehörigen in erster Linie Arbeitnehmer der Parteien.

Haben beide Parteien ihre Pflichten schuldhaft verletzt, so kommt es darauf an, wer das Pachtverhältnis überwiegend gestört und die Vertragsgrundlage zerstört hat. Eigene schuldhafte Vertragsverletzungen schließen zwar das Recht zur fristlosen Kündigung nicht grundsätzlich aus, es sei denn, sie sind schwerwiegender als die des Vertragsgegners; jedoch ist in diesen Fällen Zurückhaltung geboten, ob die Waffe der fristlosen Kündigung gerechtfertigt ist. Dies hängt von den Umständen des Einzelfalles ab, insbesondere auch von der Frage, inwieweit Vertragsverletzungen durch das Verhalten der anderen Partei provoziert worden sind. Grundsätzlich soll das Recht zur fristlosen Kündigung nur der vertragsgetreuen Partei zur Verfügung stehen (STAUDINGER/EMMERICH [1995] § 554 a Rn 17).

c) Unzumutbarkeit der Vertragsfortsetzung

Die schuldhaft begangene Vertragsverletzung muß wegen ihrer Schwere zur Unzumutbarkeit der Vertragsfortsetzung führen. Ob dies der Fall ist, beurteilt sich aufgrund einer umfassenden Interessenabwägung unter Berücksichtigung der Besonderheiten des Einzelfalles. Auch hier sind objektive Kriterien und nicht die persönlichen Empfindsamkeiten des Kündigenden als Maßstab anzulegen. So ist für die Beurteilung bedeutsam, ob es sich um einen einmaligen Vorgang handelt (LG Mannheim WuM 1974, 175); auch das Verhalten des Kündigungsgegners vor der Vertragsverletzung – sowohl in positiver wie in negativer Hinsicht – oder auch sein Verhalten nach dem Vorfall, insbesondere, wenn es zu keinen weiteren Beanstandungen Anlaß gegeben hat, ist für die Beurteilung heranzuziehen (AG Frankfurt WuM 1978, 127).

d) Fallbeispiele

Die Palette der denkbaren, zur fristlosen Kündigung berechtigenden Pflichtverletzungen reicht von verbalen und tätlichen Auseinandersetzungen bis zur Verletzung von Obhuts- und Treupflichten. Die Vertragsverletzungen können sowohl die Person des Vertragsgegners wie auch die Pachtsache betreffen.

Kündigungsgründe können sein:

- grobe Beleidigungen und Tätlichkeiten gegen die andere Vertragspartei (BGH RdL 1963, 155; AG Köln WuM 1975, 37; LG Köln WuM 1981, 233); hier gilt aber, daß einmalige Vorfälle regelmäßig nicht ausreichen, insbesondere wenn keine Wiederholung zu erwarten ist (STAUDINGER/EMMERICH [1995] § 554 a Rn 24 f);
- intimes Verhältnis zwischen dem Ehemann der Verpächterin und der Tochter des Pächters (OLG Hamm AgrarR 1984, 277);
- die Bedrohung der anderen Partei mit Geiselnahme (LG Mannheim ZMR 1977, 80);
- Strafanzeige gegen die andere Vertragspartei (BGH DB 1969, 1143); dies gilt allerdings nur, wenn sie leichtfertig angebracht worden ist und die erhobenen Vorwürfe unsachlich sind (LG Berlin MDR 1966, 240);
- ständige unpünktliche Pachtzinszahlung, wobei jedoch im Einzelfall eine vorherige Abmahnung erforderlich sein kann, insbesondere wenn die zögerliche Zahlungsweise über einen längeren Zeitraum unbeanstandet toleriert worden ist

(BGH WPM 1974, 343; LG Hamburg MDR 1983, 319; STAUDINGER/EMMERICH [1995] § 554 a Rn 38 ff);
- Verwahrlosung der Räumlichkeiten und Gebäude (LG Frankfurt WuM 1974, 55);
- Brandstiftung aus Verärgerung über eine angedrohte Kündigung (LG Mannheim DWW 1976, 33);
- Nichterfüllung von öffentlich-rechtlichen Auflagen (OLG Frankfurt WuM 1980, 133);
- jede Form der Erfüllungsverweigerung (BGH ZMR 1979, 351);
- die Weigerung, schwerwiegende Mängel zu beseitigen (LG Köln WuM 1977, 200; STAUDINGER/EMMERICH [1995] § 554 a Rn 34 mwN);
- die Ablehnung einer berechtigten Pachtzinserhöhung aufgrund einer zulässigen Wertsicherungsklausel (LG Mannheim ZMR 1977, 80);
- die wiederholte Übervorteilung des Pächters bei den Nebenabgaben (AG Kassel ZMR 1969, 17 Nr 15).

Ein Grund zur fristlosen Kündigung aus speziell **landpachtrechtlichen Gründen** wird immer dann gegeben sein, wenn eine Vertragspartei gegen spezielle landpachtrechtliche (Neben)Pflichten verstößt. Dazu gehören insbesondere wechselseitige Informationspflichten, wie diejenige der Pächterseite nach § 593 a zur unverzüglichen Information (siehe OLG Celle AgrarR 1991, 350; so auch OLG Hamm 10 U 97/89 nicht veröffentlicht).

e) Beweislast
48 Die Partei, die das Pachtverhältnis fristlos kündigt, hat das Vorliegen eines Kündigungsgrundes zu beweisen.

f) Schadensersatzansprüche
49 Neben dem Recht, das Pachtverhältnis fristlos zu kündigen, bestehen Schadensersatzansprüche der kündigenden Partei wegen der schuldhaften Vertragsverletzung des Vertragsgegners uneingeschränkt fort. Dabei erfaßt der Schadensersatzanspruch auch solche Schäden, die durch die Kündigung erst entstanden sind, zB auf Seiten des Pächters der Ersatz der Umzugskosten, eine evtl Pachtdifferenz usw (BGH LM Nr 4 zu § 554 a), oder auf Seiten des Verpächters die entgehenden Pachtzinsen (BGH ZMR 1979, 351; STAUDINGER/EMMERICH [1995] § 554 a Rn 7). Bei beiderseitigen Vertragsverletzungen kann der Kündigungsgegner seinerseits wegen der schuldhaften Vertragsverletzung des Kündigenden Schadensersatz verlangen (STAUDINGER/EMMERICH [1995] § 554 a Rn 17 mwN).

2. Unzumutbarkeit aus sonstigem wichtigen Grund

50 § 554 a beschränkt das Recht zur fristlosen Kündigung auf diejenigen Fälle, in denen eine Vertragspartei das Vertrauensverhältnis in unzumutbarer Weise schuldhaft zerrüttet hat. Aus der Erkenntnis heraus, daß gerade bei einem Miet- und Pachtverhältnis ein besonders ausgeprägtes Vertrauensverhältnis erforderlich ist, nicht zuletzt wegen der oft längeren Laufzeit, hat die Rechtsprechung seit langem ein verschuldensunabhängiges außerordentliches Kündigungsrecht anerkannt, **wenn aufgrund der Spannungen zwischen den Parteien eine weitere Zusammenarbeit nicht mehr möglich war** (RGZ 94, 234 ff; 150, 193 ff; RG HRR 1933, Nr 344). Diese Rechtsprechung ist bis zum heutigen Tage aufrecht erhalten worden; es ist lediglich an die Stelle der notwendi-

gen vertrauensvollen, friedlichen Zusammenarbeit der Parteien das Kriterium der Unzumutbarkeit der Vertragsfortsetzung getreten (RG HRR 1941 Nr 539).

Was die Schwere der Störung, das Maß der Zerrüttung des Vertrauensverhältnisses und die Frage der Unzumutbarkeit einer Fortsetzung des Pachtverhältnisses anbetrifft, so gelten hier die gleichen Erwägungen und Anforderungen wie bei einer Kündigung nach § 554 a. Wegen der Einzelheiten wird daher auf die dortigen Ausführungen verwiesen.

Auch bei einer Kündigung aus wichtigem Grund gilt, daß der Kündigungsgrund im Risikobereich des Kündigungsgegners liegen muß. Ist das gegenseitige Vertrauensverhältnis beiderseits völlig zerrüttet, so ist unter Abwägung der beiderseitigen Interessen zu prüfen, ob einer Partei oder möglicherweise sogar beiden Parteien die Fortsetzung des Vertragsverhältnisses nicht mehr zuzumuten ist. Da § 554 a im Rahmen seiner entsprechenden Anwendung auf die Landpacht nicht auf Vertragsverletzungen im Zusammenhang mit Räumlichkeiten beschränkt ist und damit praktisch alle Fälle einer schuldhaften Vertragsverletzung erfaßt, gewinnt das Recht zur fristlosen Kündigung aus wichtigem Grund in erster Linie Bedeutung für die Fälle fehlender Schuldfähigkeit des Vertragspartners, so wenn der Kündigungsgegner geisteskrank ist (LG Köln MDR 1974, 232; LG Mannheim NJW 1976, 1407).

V. Kündigung

1. Form

Die Kündigung bedarf zu ihrer Wirksamkeit der **Schriftform**. Dies folgt zwingend aus 51 § 594 f.

2. Frist

Die Kündigung kann in den Fällen des § 594 e grundsätzlich fristlos erklärt werden. 52 Jedoch ist bei einer Kündigung wegen Vorenthaltung des Gebrauchs (§ 542) zunächst eine Fristsetzung durch den Pächter erforderlich. Dementsprechend hat bei der fristlosen Kündigung des Verpächters wegen vertragswidrigen Gebrauchs der Pachtsache (§ 553) zunächst eine Abmahnung des Pächters zu erfolgen.

Das Recht zur fristlosen Kündigung bedeutet **nicht**, daß diese auch **unmittelbar nach Kenntnis vom Kündigungsgrund erklärt** werden muß. Allerdings hat der Kündigungsberechtigte sein Kündigungsrecht innerhalb einer **angemessenen Zeit** auszuüben. Nach einer Frist von 2 bis 3 Monaten nach der Vertragsverletzung ist eine Kündigung verwirkt (LG Koblenz WuM 1976, 98; STAUDINGER/EMMERICH [1995] § 554 a Rn 11 mwN). Ein übermäßig langes Abwarten läßt aus der Sicht des Kündigungsgegners den Schluß zu, daß dem Kündigenden die Fortsetzung des Vertragsverhältnisses zumutbar ist.

3. Inhalt

In den Fällen, in denen eine Fristsetzung bzw Abmahnung der fristlosen Kündigung 53 vorherzugehen hat, ist eine genaue Beschreibung der beanstandeten Mängel und Vertragsverletzung erforderlich, um dem Vertragsgegner Gelegenheit zur Abhilfe zu geben. In allen anderen Fällen ist dies nicht gesetzlich vorgeschrieben, jedoch aus praktischen Gründen zu empfehlen. Dies gilt schon zu Beweiszwecken im Fall einer streitigen Auseinandersetzung mit dem Kündigungsgegner.

Zum Zeitpunkt der Kündigung müssen die Gründe jedoch gegeben sein (OLG Frankfurt AgrarR 1991, 107).

4. Wirkung

54 Durch die fristlose Kündigung wird das Landpachtverhältnis mit deren Zugang beendet. Erforderlich ist, daß der geltend gemachte Kündigungsgrund im Zeitpunkt, in dem die Kündigungserklärung wirksam wird, dh dem Kündigungsgegner zugeht, tatsächlich vorliegt.

55 Die **Umdeutung einer unwirksamen fristlosen Kündigung in eine ordentliche** Kündigung ist auf der Grundlage des § 140 möglich. Erforderlich hierzu ist, daß die fristlose Kündigung den inneren und äußeren Erfordernissen einer ordentlichen Kündigung entspricht und erkennbar vom Willen des Kündigenden mit erfaßt ist (STAUDINGER/ EMMERICH[12 (1981)] § 564 Rn 32 mwN).

Neben dem Recht auf Kündigung können den Parteien Schadensersatzansprüche zustehen (so Rn 49); statt des Kündigungsrechts kann auch ein Unterlassungsanspruch geltend gemacht werden.

VI. Abdingbarkeit der Vorschrift

56 Die Abdingbarkeit der Vorschrift ist differenziert nach den einzelnen Kündigungsgründen zu beurteilen, und zwar – in der Reihenfolge des § 594 e Abs 1 und 2 behandelt –.

1. § 594 e iVm § 542 – Kündigung wegen Vorenthaltung des Gebrauchs

57 Diese Vorschrift ist grundsätzlich abdingbar; etwas anderes gilt nach § 543 S 2 lediglich für die Wohnraumüberlassung. Sind Gegenstand des Landpachtvertrages auch Wohnräume, so kann bei unterbliebener Überlassung dies den Pächter zur fristlosen Kündigung des gesamten Pachtverhältnisses berechtigen, wenn ohne die Wohnräume die Bewirtschaftung der Pachtsache wesentlich erschwert wäre (OLG Celle MDR 1964, 924).

2. 594 e iVm § 544 – Kündigung wegen Gesundheitsgefährdung

58 Diese Vorschrift dient dem öffentlichen Interesse an der allgemeinen Volksgesundheit und ist daher zwingend. Im übrigen gelten auch hier die zu § 542 dargelegten Erwägungen, daß wegen der fehlenden Nutzungsmöglichkeit der Räume die Bewirtschaftung insgesamt so erschwert werden kann, daß deshalb eine Kündigung des gesamten Pachtverhältnisses gerechtfertigt sein kann.

3. § 594 e iVm § 553 – Kündigung bei vertragswidrigem Gebrauch

Diese Vorschrift ist grundsätzlich abdingbar und kann vertraglich sowohl erweitert 59
als auch eingeschränkt werden (STAUDINGER/EMMERICH [1995] § 553 Rn 67). Einschränkungen ergeben sich nach § 554 a für die Wohnraummiete.

4. § 594 e iVm § 554 a – Kündigung wegen schuldhafter Vertragsverletzung

Diese Vorschrift gilt im Mietrecht nur für die Anmietung von Wohnräumen und ist 60
Kraft Gesetzes zwingend (S 2). Dies gilt auch im Pachtrecht (BGH NJW 1992, 2628). Im Landpachtrecht ist der Geltungsbereich dieses Kündigungsgrundes über die Pacht von Wohnräumen hinaus dahin zu erweitern, daß bei schuldhaften Vertragsverletzungen eines Vertragsteils der andere das Pachtverhältnis aus wichtigem Grund fristlos kündigen kann. Für diesen erweiterten Bereich sind abweichende Vereinbarungen zulässig.

5. § 594 e Abs 2 – Kündigung bei Zahlungsverzug

Diese Vorschrift ist abdingbar. Da das Kündigungsrecht wegen Zahlungsverzugs des 61
Pächters für das Landpachtrecht gesondert geregelt worden ist, gilt auch die eine zum Nachteil des Mieters abweichende Vereinbarung bei der Vermietung von Wohnraum verbietende Regelung des § 554 Abs 2 S 3 nicht. Dies folgt nicht zuletzt daraus, daß auch bei mitverpachteten Wohnräumen für diese regelmäßig kein eigenständiger Pachtzins vereinbart wird, sondern ein die gesamte Pachtsache erfasssender Betrag ausgehandelt wird.

VII. Verfahren

Bei Streitigkeiten entscheidet das Landwirtschaftsgericht im streitigen Verfahren 62
(§ 48 iVm § 1 Nr 1 a LwVG).

§ 594 f

Die Kündigung bedarf der schriftlichen Form.

Materialien: BT-Drucks 10/508; 10/509; 10/3830; 10/3498.

Schrifttum

Siehe § 585.

Systematische Übersicht

I.	Überblick	2. Normzweck	2
1.	Verhältnis zum bisherigen Recht und Entstehungsgeschichte 1	3. Anwendungsbereich	3

4.	Verhältnis der Vorschrift zum Mietrecht (§ 564 a)	2. Der Inhalt des Kündigungsschreibens	7
		3. Folgen des Formverstoßes	10
		4	

II. Die Schriftform der Kündigung
1. Die Voraussetzungen des Schrifterfordernisses 5

III. Abdingbarkeit der Vorschrift 11

IV. Verfahrensfragen 12

I. Überblick

1. Verhältnis zum bisherigen Recht und Entstehungsgeschichte

1 Die Vorschrift ist für das Landpachtrecht **neu**. Sie hat ein gewisses Vorbild in der mietrechtlichen Vorschrift des § 564 a Abs 2 BGB, die aufgrund des Art 1 Nr 5 des 1. MietRÄndG angefügt und durch Art 1 Nr 6 des 3. MietRÄndG neu gefaßt wurde.

Sie erscheint in den Entwürfen seit dem 6. 11. 1976 – BT-Drucks 677/76 –, aus systematischen Gründen anstelle der ursprünglich (BT-Drucks 8/141) noch als § 594 e Abs 3 vorgesehenen Regelung.

2. Normzweck

2 Die Vorschrift ist die praktische Konsequenz der Vielzahl von Schriftformregelungen des landwirtschaftlichen Pachtrechts (§§ 585 a, 585 b, 594, 594 d Abs 2, 595 Abs 2). Sie dient der **Rechtssicherheit**, aus ähnlichen Gründen wie § 564 a Abs 1 (vgl dazu PALANDT/PUTZO § 564 a Rn 2) sowie ua der Erleichterung der Fristberechnung bei § 595 Abs 7*.

3. Anwendungsbereich

3 Die Vorschrift schützt Landpachtverträge im Sinne des § 585 aller Art vor ihrer Vernichtung durch Kündigungen aller Art, die von einem Kündigungsberechtigten in nicht schriftlicher Form ausgesprochen werden.

Sie gilt daher zB auch für Unterpachtverträge, ferner für Pachtverträge mit Verlängerungsklausel, bei denen die Verlängerung durch eine binnen einer bestimmten Frist vor Vertragsablauf abzugebende Erklärung abgelehnt werden muß.

Sie gilt für **alle Arten von Kündigungen**, also gleichgültig, ob es sich um eine ordentliche, um eine außerordentliche befristete, eine außerordentliche fristlose Kündi-

---

* Daher ist auch der Aspekt einer beachtenswerten sozialen Schutzbedürftigkeit des Pachtverhältnisses von Bedeutung, dessen Bestand nicht etwa durch eine übereilte mündliche Kündigung unnötig gefährdet werden soll. Insoweit erfährt das – auch nur für eine geringe Zupachtfläche – vereinbarte Landpachtverhältnis einen stärkeren Bestandsschutz als anderer Dauerschuldverhältnisse einschließlich der außerlandwirtschaftlichen Pacht beispielsweise der Dienstvertrag oder das Gesellschaftsverhältnis, bei denen die Schriftform für die Kündigung nicht vorgesehen ist.

gung aus wichtigem Grund oder nach § 242 handelt, oder ob es sich um eine vertraglich zulässige teilweise Kündigung (bezüglich nur eines Teils des Pachtobjektes) handelt.

Gleichgültig ist ferner, ob der Verpächter oder der Pächter kündigt oder ob es sich um die Kündigung einer sonstigen hierzu berechtigten Person (Konkursverwalter) handelt.

Bei Mischbetrieben – jedenfalls bei gemischten Betrieben und landwirtschaftlichen Nebenbetrieben – gelten die gleichen Grundsätze wie bei der Vertragskontrolle nach dem LPachtVG. Daher bedarf bei einem gemischten Betrieb, dessen landwirtschaftlicher Betriebsteil überwiegt und bei einem landwirtschaftlichen Betrieb mit gewerblichem Nebenbetrieb die Pachtvertragskündigung der Schriftform. Im umgekehrten Fall ist die mündlich ausgesprochene Kündigung des Pachtverhältnisses über den Gesamtbetrieb auch bezüglich des landwirtschaftlichen Betriebsteils wirksam.

Sind durch einheitlichen Vertrag ein landwirtschaftlicher und ein gewerblicher Betrieb angepachtet (Doppelbetrieb) ist die Frage, ob die bloß mündlich ausgesprochene Kündigung des Gesamtvertrages unter Zugrundelegung von § 139 zu beantworten.

4. Verhältnis der Vorschrift zum Mietrecht (§ 564 a)

Auch hinsichtlich des mitverpachteten Wohnraums gilt § 594 f und nicht § 564 a, so daß es im Kündigungsschreiben weder der Mitteilung der Kündigungsgründe noch der Hinweise nach Abs 2 der letztgenannten Vorschrift bedarf.

Gleichfalls braucht der Verpächter den Pächter nicht auf die Möglichkeit des Pachtschutzes nach § 595 entsprechend dem § 564 a Abs 2 hinzuweisen. Schließlich gilt § 594 f auch für die Kündigung nur vorübergehend verpachteter Ländereien (vgl § 595 Abs 3 Nr 4, anders § 564 a Abs 3).

II. Die Schriftform der Kündigung

1. Die Voraussetzungen des Schrifterfordernisses

Die Schriftform verlangt nach § 126 Abs 1, daß die Kündigung in einem Schriftstück erklärt und von dem Kündigenden eigenhändig durch Namensunterschrift oder notariell beglaubigtes Handzeichen unterzeichnet ist. Gemäß § 126 Abs 3 genügt die in notarieller Urkunde ausgesprochene Kündigung dem Schrifterfordernis. Die Kündigung kann auch im Prozeßverfahren mittels Einreichung eines Schriftsatzes (STAUDINGER/SONNENSCHEIN[12 (1981)] § 564 a Rn 12) oder durch Einlegung eines Rechtsmittels gegen ein klagabweisendes Urteil erfolgen.

Besteht die kündigende Partei (Verpächter oder Pächter) aus **mehreren Personen**, so muß das Kündigungsschreiben von allen unterzeichnet sein. Kündigt ein Vertreter, braucht die Vollmacht grundsätzlich nicht schriftlich erteilt zu sein (§ 167 Abs 2); indes kann die Kündigung bei Nichtvorlage der Vollmachtsurkunde zurückgewiesen werden, § 174 (LG Wiesbaden WuM 1967, 184; **aA** AG Frankfurt ZMR 1969, 86).

Die wechselseitige **Bevollmächtigungsklausel** mehrerer Personen auf einer Vertragsseite zur Abgabe bzw Entgegennahme von Willenserklärungen gibt nach hM nicht die Befugnis zum Ausspruch der Kündigung (Soergel/Kummer § 564 a Rn 18). Eine unwiderrufliche Vollmacht unterliegt dem Formzwang des § 594 f (Staudinger/Sonnenschein[12 (1981)] § 564 a Rn 13).

Für einen nicht voll **Geschäftsfähigen** muß grundsätzlich sein gesetzlicher Vertreter die Kündigung erklären.

6 **Formfrei** sind hingegen:

- der Pachtaufhebungsvertrag;
- die vertragsgemäße Aufhebung der Kündigung vor Beendigung des Pachtvertrages (Staudinger/Sonnenschein[12 (1981)] § 564 a Rn 10);
- die Rücktrittserklärung (Staudinger/Sonnenschein[12 (1981)] § 564 a aaO), mag der Rücktritt vertraglich vorbehalten oder kraft Gesetzes zulässig sein; indes ist ein Rücktritt anstelle der Kündigung nur zulässig, falls das Pachtobjekt noch nicht überlassen ist;
- die Anfechtungserklärung wegen Irrtums (§ 119) bzw arglistiger Täuschung (§ 123), die nach hM grundsätzlich nur bis zur Überlassung des Pachtobjekts zulässig ist, während danach nur das Recht zur außerordentlichen fristlosen Kündigung besteht; lediglich eine Mindermeinung gibt dem Getäuschten das Anfechtungsrecht aus § 123 auch nach Überlassung des Pachtobjekts.

Ist in den vorgenannten Fällen die Rücktritts- bzw Anfechtungserklärung nach Überlassung des Pachtobjekts in eine außerordentliche fristlose Kündigungserklärung **umzudeuten**, so gilt grundsätzlich das Erfordernis der Schriftform nach § 594 f, soweit nicht im Einzelfall Treu und Glauben zugunsten des Getäuschten eine Ausnahme zulassen.

2. Der Inhalt des Kündigungsschreibens

7 Die Kündigungserklärung muß den Kündigungswillen **eindeutig und unbedingt** zum Ausdruck bringen. *Ein bestimmter Kündigungsgrund braucht weder bei der ordentlichen noch bei der außerordentlichen Kündigung angegeben zu werden*, wird aber namentlich bei letzterer zweckmäßig sein.

Nach Zugang der Kündigung ist ihr **Widerruf** oder ihre **Rücknahme nicht mehr möglich** (§ 130 Abs 1 S 2).

Will der Kündigende mittels der Kündigung eine Änderung der Vertragsbedingungen erreichen, so ist grundsätzlich deswegen die Kündigung nicht (etwa nach § 138) nichtig.

8 Die Angabe eines **Kündigungstermins** ist nicht vorgeschrieben. Das Pachtverhältnis endet mangels einer Angabe im Kündigungsschreiben zum gesetzlich nächst zulässigen Zeitpunkt. Wird die Kündigung zu einem erklärten Termin verspätet ausgesprochen, etwa im Bereich des § 594 a bei unbestimmter Pachtzeit, so tritt die Wirkung zum nächst zulässigen Termin nur dann ein, wenn dies dem Willen des Kündigenden entspricht und dieser Wille auch dem anderen Vertragsteil genügend klar erkennbar wird.

Eine **Teilkündigung** (beispielsweise für nur einzelne Parzellen) ist, falls nicht vertraglich vereinbart, wegen der grundsätzlichen Einheitlichkeit des Pachtverhältnisses **unzulässig** (aA FHL Rn 5). Dies schließt für den umgekehrten Fall der Pachtverlängerung im Verfahren nach § 595 nicht aus, daß im Einverständnis mit dem Verpächter die Pachtfortsetzung auch nur auf einen Teil der Pachtsache beschränkt werden kann.

3. Folgen des Formverstoßes

Die Nichteinhaltung der gesetzlich vorgeschriebenen Schriftform bewirkt nach § 125 S 1 die **Nichtigkeit** der ausgesprochenen Kündigung.

Der Berufung auf die Nichtigkeit können ausnahmsweise **Treu und Glauben** (§ 242) entgegenstehen. Dies gilt etwa (vgl auch § 585 a Rn 16 ff):

- bei arglistigem Verhalten, wenn ein Vertragsteil in Kenntnis der Rechtslage den anderen davon abgehalten hat, die schriftliche Form zu wahren (STAUDINGER/SONNENSCHEIN[12 (1981)] § 564 a Rn 14; LWLH Rn 8 mwN; PALANDT/HEINRICHS § 125 Rn 22);
- wenn anderenfalls das Ergebnis schlechthin unerträglich wäre;
- ferner bei gesundheitsschädlichem Zustand des Pachtobjekts (SOERGEL/KUMMER § 564 a Rn 7).

Haben beide Parteien in (zunächst) Unkenntnis der Unwirksamkeit der formnichtigen Kündigung das Pachtverhältnis als erloschen betrachtet, so kann vor Abzug des Pächters zumindest der Kündigungsadressat die Fortsetzung des Pachtverhältnisses verlangen, solange nicht Treu und Glauben, zB bei zwischenzeitlich anderweitiger vertraglicher Bindung, entgegenstehen.

Läßt sich der Kündigungsadressat auf die formnichtige Kündigung ein, so darf daraus nur dann auf den Abschluß eines Pachtaufhebungsvertrages geschlossen werden, wenn sich beide Parteien der Formnichtigkeit bewußt waren. Ist der Pächter in Unkenntnis der vom Verpächter ausgesprochenen formnichtigen Kündigung abgezogen, so wird er grundsätzlich daraus keine Rechte, auch nicht auf Schadensersatz, herleiten können. Denn er hätte zumindest Pachtschutzantrag (§ 595) stellen können.

III. Abdingbarkeit der Vorschrift

Wie auch § 564 a (STAUDINGER/SONNENSCHEIN[12 (1981)] § 564 a Rn 32) kann auch das Schriftformerfordernis aus § 594 f **nicht wirksam abbedungen werden.**(Dies wird durch den Sinn und Zweck der Formvorschriften der §§ 126, 125 gehindert; danach wäre eine bloß mündlich ausgesprochene Kündigung selbst dann nichtig, wenn ihre Zulässigkeit pachtvertraglich vereinbart worden wäre. Die Kündigung müßte grundsätzlich unter Wahrung der Schriftform wiederholt werden, soweit nicht ausnahmsweise Treu und Glauben die Wirksamkeit rechtfertigen [vgl Rn 23].) Die derart nichtige Vereinbarung der Zulässigkeit einer mündlichen Kündigung wird über § 139 nicht zur

Gesamtnichtigkeit des Landpachtvertrages führen. In vorformulierten Verträgen ergibt sich dies bereits aus § 6 AGBG.

Der an sich nach § 126 Abs 3 zulässigen Vereinbarung einer strengeren Form, zB der notariellen Beglaubigung oder Beurkundung , können Bedenken aus § 11 Nr 16 AGBG entgegenstehen (Soergel/Kummer § 564 a Rn 30). Die Vereinbarung der Kündigungsübermittlung durch eingeschriebenen Brief ist hingegen zulässig, da sie dem erhöhten Bedürfnis der Sicherheit des Rechtsverkehrs dient und deshalb häufig in Miet- und Pachtverträgen vereinbart wird (aA MünchKomm/Voelskow § 564 a Rn 19). Im übrigen ist nach der Rechtsprechung die Vereinbarung einer bestimmten Übersendungsform im Zweifel nicht eine besondere Wirksamkeitsvoraussetzung, sondern nur eine Beweiserleichterung. Daher ist die Kündigung nicht unwirksam, wenn sie nur als einfacher Brief zugeht.

Nach § 140 kann die mündliche Kündigung wirksam in ein Angebot zum Abschluß eines Pachtaufhebungsvertrages, der formlos wirksam ist (Staudinger/Sonnenschein[12 (1981)] § 564 a Rn 15; BGH NJW 1981, 43, 976) umgedeutet werden. Davon ist aber noch nicht auszugehen, wenn der Empfänger der unwirksamen Kündigung diese in Unkenntnis der Formnichtigkeit „annimmt"; denn dies würde den Schutzzweck der Vorschrift vereiteln (Soergel/Kummer § 564 a Rn 4).

IV. Verfahrensfragen

12 Streitigkeiten über die Formwirksamkeit der Kündigungen gehören zu den streitigen Landpachtsachen, die nach §§ 1 Nr 1 a; 48 LwVG im ZPO-Verfahren von den Landwirtschaftsgerichten zu entscheiden sind (LWLH Rn 23).

§ 595

(1) er Pächter kann vom Verpächter die Fortsetzung des Pachtverhältnisses verlangen, wenn

1. bei der Betriebspacht der Betrieb seine wirtschaftliche Lebensgrundlage bildet,

2. bei der Pacht eines Grundstücks der Pächter auf dieses Grundstück zur Aufrechterhaltung seines Betriebes, der seine wirtschaftliche Lebensgrundlage bildet, angewiesen ist

und die vertragsmäßige Beendigung des Pachtverhältnisses für den Pächter oder seine Familie eine Härte bedeuten würde, die auch unter Würdigung der berechtigten Interessen des Verpächters nicht zu rechtfertigen ist. Die Fortsetzung kann unter diesen Voraussetzungen wiederholt verlangt werden.

(2) Im Falle des Absatzes 1 kann der Pächter verlangen, daß das Pachtverhältnis so lange fortgesetzt wird, wie dies unter Berücksichtigung aller Umstände angemessen ist. Ist dem Verpächter nicht zuzumuten, das Pachtverhältnis nach den bisher geltenden Vertragsbedingungen fortzusetzen, so kann der Pächter nur verlangen, daß es unter einer angemessenen Änderung der Bedingungen fortgesetzt wird.

(3) Der Pächter kann die Fortsetzung des Pachtverhältnisses nicht verlangen, wenn

1. er das Pachtverhältnis gekündigt hat;

2. der Verpächter zur Kündigung ohne Einhaltung einer Kündigungsfrist oder im Falle des § 593 a zur vorzeitigen Kündigung unter Einhaltung der gesetzlichen Frist berechtigt ist;

3. die Laufzeit des Vertrages bei der Pacht eines Betriebes, der Zupacht von Grundstücken, durch die ein Betrieb entsteht, oder bei der Pacht von Moor- und Ödland, das vom Pächter kultiviert worden ist, auf mindestens achtzehn Jahre, bei der Pacht anderer Grundstücke auf mindestens zwölf Jahre vereinbart ist;

4. der Verpächter die nur vorübergehend verpachtete Sache in eigene Nutzung nehmen oder zur Erfüllung gesetzlicher oder sonstiger öffentlicher Aufgaben verwenden will.

(4) Die Erklärung des Pächters, mit der er die Fortsetzung des Pachtverhältnisses verlangt, bedarf der schriftlichen Form. Auf Verlangen des Verpächters soll der Pächter über die Gründe des Fortsetzungsverlangens unverzüglich Auskunft erteilen.

(5) Der Verpächter kann die Fortsetzung des Pachtverhältnisses ablehnen, wenn der Pächter die Fortsetzung nicht mindestens ein Jahr vor Beendigung des Pachtverhältnisses vom Verpächter verlangt oder auf eine Anfrage des Verpächters nach § 594 die Fortsetzung abgelehnt hat. Ist eine zwölfmonatige oder kürzere Kündigungsfrist vereinbart, so genügt es, wenn das Verlangen innerhalb eines Monats nach Zugang der Kündigung erklärt wird.

(6) Kommt keine Einigung zustande, so entscheidet auf Antrag das Landwirtschaftsgericht über eine Fortsetzung und über die Dauer des Pachtverhältnisses sowie über die Bedingungen, zu denen es fortgesetzt wird. Das Gericht kann die Forderung des Pachtverhältnisses jedoch nur bis zu einem Zeitpunkt anordnen, der die in Absatz 3 Nr 3 genannte Fristen, ausgehend vom Beginn des laufenden Pachtverhältnisses, nicht übersteigt. Die Fortsetzung kann auch auf einen Teil der Pachtsache beschränkt werden.

(7) Der Pächter hat den Antrag auf gerichtliche Entscheidung spätestens neun Monate vor Beendigung des Pachtverhältnisses und im Falle einer zwölfmonatigen oder kürzeren Kündigungsfrist zwei Monate nach Zugang der Kündigung bei dem Landwirtschaftsgericht zu stellen. Das Gericht kann den Antrag nachträglich zulassen, wenn es zur Vermeidung einer unbilligen Härte geboten erscheint und der Pachtvertrag noch nicht abgelaufen ist.

(8) Auf das Recht, die Verlängerung eines Pachtverhältnisses nach den Absätzen 1 bis 7 zu verlangen, kann nur verzichtet werden, wenn der Verzicht zur Beilegung eines Pachtstreits vor Gericht oder vor einer berufsständischen Pachtschlichtungsstelle erklärt wird. Eine Vereinbarung, daß einem Vertragsteil besondere Nachteile oder besondere Vorteile erwachsen sollen, wenn er die Rechte nach den Absätzen 1 bis 7 ausübt oder nicht ausübt, ist unwirksam.

Materialien: BT-Drucks 10/508; 10/509; 10/3830; 10/3498.

Schrifttum

Siehe § 585.

Systematische Übersicht

I.	**Überblick**	
1.	Normgehalt und Zweck	
a)	Normgehalt	1
b)	Zweck	3
2.	Verhältnis zum früheren Recht	4
3.	Anwendungsbereich	6
a)	Sachlich	6
b)	Persönlich	7
c)	Laufende Pachtverträge	8
d)	Keine Anwendbarkeit	9
e)	Übergangsrecht	10
4.	Verhältnis der Vorschrift	11
a)	Zu Bestimmungen des Miet- bzw Pachtrechts	11
b)	zu sonstigen Vorschriften des BGB	12
c)	Zum LPachtVG	13
5.	Unabdingbarkeit	14
II.	**Pachtvertragliche Voraussetzungen für den Pachtschutz (Abs 1 S 1)**	
1.	Landpachtvertrag	16
2.	Vertragswirksamkeit	17
3.	Laufender Pachtvertrag	18
4.	Schutz vor vertragsmäßiger Beendigung	19
5.	Fortsetzungsverlangen	21
III.	**Die beiderseitige Interessenabwägung**	
1.	Überblick	22
2.	Die Abwägungsfaktoren	23
a)	Auf Pächterseite	23
aa)	Grundzüge	23
bb)	Betriebspacht	24
cc)	Grundstückspacht	27
b)	Auf Verpächterseite	28
3.	Die Abwägung der beiderseitigen Interessenlagen	29
4.	Wiederholte Fortsetzung (Abs 1 S 2)	31
IV.	**Fortsetzungsdauer und (sonstige) Vertragsänderungen (Abs 2)**	
1.	Überblick	32
2.	Dauer	34
3.	Teilweise Fortsetzung (Abs 6 S 3)	35
4.	Fortsetzung bei (sonstiger) Vertragsänderung (Abs 2 S 2)	36
V.	**Ausschluß des Fortsetzungsanspruchs (Abs 3)**	
1.	Vorbemerkung	38
2.	Vorherige Pächter-Kündigung	39
3.	Fristlose und vorzeitige Kündigungsbefugnis des Verpächters	40
4.	Erreichte Maximalfrist (Abs 3 Nr 3)	42
5.	Fortsetzungsausschluß bei beabsichtigter Eigennutzung (Abs 3 Nr 4)	45
a)	Vorübergehende Verpachtung	45
b)	Eigene bzw anderweitige Nutzung	46
aa)	Eigennutzung des Verpächters	47
bb)	Erfüllung gesetzlicher oder sonstiger öffentlicher Aufgaben	49
VI.	**Die Pächtererklärungen (Fortsetzungsverlangen) im Vorverfahren (Abs 4)**	
1.	Bedeutung und Rechtsnatur	50
2.	Mehrere Beteiligte auf einer Vertragsseite	52
a)	Auf Pächterseite	52
b)	Auf Verpächterseite	53
3.	Schriftform (Abs 4 S 1)	54
4.	Frist	55
5.	Erklärungsinhalt	56
6.	Auskunftspflichten und -rechte	57
a)	Auskunftspflichten des Pächters	57
b)	Auskunftsrechte des Pächters	58
VII.	**Das Verpächter-Verhalten im Vorver-**	

3. Titel. Miete. Pacht
III. Landpacht

§ 595

fahren, insbesondere die Ablehnung des Pachtschutzverlangens	
1. Überblick	59
2. Ablehnung des Fortsetzungsverlangens (Abs 5)	61
a) Rechtsnatur	61
b) Form und Fristen	62
c) Wirkung	63
3. Modifikation der Ablehnung	64
VIII. Landwirtschaftsgerichtliches Verfahren (Abs 6 und 7)	
1. Grundsatzregelung	65
2. Entscheidungsantrag	66
a) Antragsbefugnis	66
aa) Des Pächters	66
bb) Des Verpächters	67
cc) Mehrheit von Beteiligten auf einer Vertragsseite	68
b) Antragsform	69
c) Antragsinhalt	70
aa) Auf Pächterseite	70
bb) Auf Verpächterseite	71
3. Antragsfristen (Abs 7)	
a) Grundzüge S 1	72
b) Nachträgliche Zulassung des Pachtschutz-Antrages bei Fristversäumung (S 2)	74
4. Die gerichtliche Entscheidung im Fortsetzungsverfahren (Abs 6)	75
a) Verfahrensrecht, Entscheidungskompetenz	75
b) Sachliche Entscheidung	76
aa) Vertragsfortsetzung	77
(1) Dauer und Höchstdauer	77
(2) Fortsetzungsbedingungen	78
bb) Abweisung	79
5. Rechtsnatur und Wirkungen der gerichtlichen Fortsetzungsentscheidung	80
IX. Zwingender Rechtsgehalt und seine Grenzen (Abs 8)	
1. Rechtliche Sicherung des Funktionszwecks der Norm	82
a) Grundzüge	82
b) Wirkungen eines verbotenen Verzichts	85
c) Zur Unwirksamkeit von Umgehungsvereinbarungen	86
2. Zulässiger Verzicht vor kompetenter Stelle	87
a) Zur Beilegung eines Pachtstreits	89
b) Kompetente Stelle	91
aa) Gerichte	91
bb) Pachtschlichtungsstellen	92
c) Formerfordernis	93

Alphabetische Übersicht

Abdingbarkeit	14, 82 ff
Ablehnung, des Fortsetzungsverlangens, durch den Verpächter	61 ff
– Form	62
– Fristen	62
– teilweise	64
– Wirkung	63
Antrag, im gerichtlichen Verfahren	69 ff
Antragsbefugnis, in gerichtlichem Verfahrens	66 ff
Anwendung, keine der Vorschrift	9
– Landpachtvertrag als Voraussetzung	16 ff
– nur bei vertragsgemäßer Beendigung	19 f
– und außerordentliche Kündigung	19
– Voraussetzungen	15 ff
Anwendungsbereich, bei Mischbetrieben	6
– der Vorschrift	6 ff
– laufende Pachtverträge	8
– persönlich	7
– sachlich	6
Anzeige, des Fortsetzungsbeschlusses	81
Auskunft, Pflichten des Pächters	58
– Rechte des Pächters	57
Ausschluß, des Fortsetzungsanspruchs	38 ff
beiderseitige Interessenlagen, Abwägung	29 f
Betriebspacht, Interessenabwägung	24 ff
Dauer, der Fortsetzung	34
Eigennutzung, kein Anspruch auf Vertragsfortsetzung	45 ff
Erklärungspflicht, vorgerichtliche des Verpächters	59 f
Form, des Fortsetzungsverlangens	54

Fortsetzung, Dauer	34	Landpachtvertrag, als Anwendungsvoraussetzung	16 ff
– Grundsätzliches	32 ff		
– teilweise	35		
– und Vertragsänderung	36 f	Maximalfrist, kein Anspruch auf Vertragsfortsetzung	42 ff
– und Vertragsanpassung	37		
Fortsetzungsanspruch, Ausschluß	38 ff	mehrere Beteiligte, auf Pächterseite	52
Fortsetzungsverlangen, Ablehnung durch den Verpächter	61 ff	– auf Verpächterseite	53
		– im gerichtlichen Verfahren	68
– Bedeutung	50	Mischbetriebe	6
– des Pächters	50 ff		
– Erklärungsinhalt	56	öffentliche oder gesetzliche Aufgaben, kein Anspruch auf Vertragsfortsetzung	49
– Form	54		
– Frist	55		
– Rechtsnatur	51	Pächter, Auskunftsrechte und -pflichten	57 f
– wiederholtes	31	– Interessenabwägung	23 ff
Frist, des Fortsetzungsverlangens	55	Pächterkündigung, kein Anspruch auf Vertragsfortsetzung	39
fristlose Kündigung, kein Anspruch auf Vertragsfortsetzung	40 f		
		Pächterseite, mehrere Beteiligte	52
Fristversäumung, bei gerichtlichem Pachtschutzantrag	74	Sozialschutz, des Pächters	3
früheres Recht	4 f		
		teilweise Ablehnung des Fortsetzungsverlangens	64
gerichtliches Verfahren,	65 ff		
– Antragsbefugnis	66 ff	teilweise Fortsetzung	35
– Antragsform	69		
– Antragsfristen	72 ff	Übergangsrecht	10
– Antragsinhalt	70 f	Umgehung, der Vorschrift	86 f
– Entscheidung	75 ff		
– Entscheidungsbefugnis	77 ff	Verfahrensfragen	75
– Fortsetzung unter Inhaltsänderung	78	Verhältnis, der Vorschrift zu anderen	11 ff
– Sachentscheidung	76	Verpächter, Ablehnung des Fortsetzungsverlangens	61 ff
– Wirkung, der Entscheidung	80 f		
gesetzliche oder öffentliche Aufgaben, kein Anspruch auf Vertragsfortsetzung	49	– Interessenabwägung	27
		– vorgerichtliche Verhaltenspflichten	59 f
Grenzen, des gerichtlichen Pachtschutzes	77	Verpächterseite, mehrere Beteiligte	53
Grundstückspacht, Interessenabwägung	27	Vertragsänderung	36 f
		Vertragsanpassung, bei Fortsetzung	37
Interessenabwägung	22 ff	Vertragsbedingungen, Anpassung bei gerichtlicher Entscheidung	78
– bei Betriebspacht	24 ff		
– bei Grundstückspacht	27	Verzicht, auf Pachtschutz	88 ff
– der beiderseitigen Interessenlagen	29 f	vorübergehende Verpachtung, kein Anspruch auf Vertragsfortsetzung	45
– Faktoren auf Pächterseite	23 ff		
– Faktoren auf Verpächterseite	28	Wirkung, der gerichtlichen Entscheidung	80 f
Kündigung, außerordentliche	19	Zweck, der Vorschrift	3

I. Überblick

1. Normgehalt und Zweck

a) Normgehalt

Die Bestimmung ist eine der zentralen der Landpachtnovelle. Die Möglichkeit des Pächters, die Fortsetzung eines sonst zu Ende gehenden Pachtverhältnisses zu erwirken, ist im **Verhältnis zu der Vorgänger-Vorschrift (§ 8 LPachtG) entscheidend erweitert** worden. Anstelle einer ausnahmsweise zum Zuge kommenden „richterlichen Vertragshilfe" hat der Pächter nunmehr einen Fortsetzungsanspruch (LWLH Rn 17; FHL Rn 1; kritisch dazu KROESCHELL Stellungnahme 1977 zum Referentenentwurf BT-Drucks 841). 1

Die nunmehrige Gesetzesfassung spricht von der „**Fortsetzung des Pachtverhältnisses**"; im Gegensatz zu der „Verlängerung" des § 8 LPachtG. Damit soll klargestellt werden, daß bei Vertragsfortsetzung über seine -verlängerung hinaus auch die **Änderung sonstiger vertraglicher Bestimmungen** möglich ist.

Der Pächter-Anspruch **setzt voraus:** 2

(1) einen wirksamen, insbesondere nicht abgelaufenen Pachtvertrag (Rn 16, 17),
(2) das Vorliegen besonderer gesetzlicher Voraussetzungen (Abs 1, s u Rn 22 ff),
(3) das Fehlen der Ausschlußgründe (Abs 3, s u Rn 38 ff),
(4) für die gerichtliche Durchsetzung: den vorhergehenden, erfolglos gebliebenen Einigungsversuch in einer Art „privaten Vorverfahrens" (s u Rn 50 ff).

Abs 8 statuiert die grundsätzliche **Unabdingbarkeit** der Vorschrift (s u Rn 82 ff).

b) Zweck

Ziel der Bestimmung ist die Erhaltung des Pachtverhältnisses im Interesse eines **Sozialschutzes des Pächters**. Dieser Schutz bezieht sich auf den landwirtschaftlichen Betrieb als wirtschaftliche sowie die mitgepachteten Wohngebäude als persönliche Existenzgrundlage des Pächters und seiner Familie, so daß eine gewisse **Verwandtschaft zu § 556 a** besteht. *Derart kann in Zweifelsfällen auf die Auslegung dieser Bestimmung verwiesen werden.* 3

Die *Sicherung der Volksernährung* – noch ein tragender Gesichtspunkt im Zusammenhang mit § 8 LPachtG (LWLH Landpachtrecht [2. Aufl] § 8 Rn 70) *ist demgegenüber zurückgetreten* (FHL Rn 1; LWLH Rn 1). Desungeachtet wird auch diese Norm – namentlich bei Beurteilung des Pächterschutzes – nach den Grundsätzen auszulegen sein, die das Bundesverfassungsgericht (AgrarR 1995, 12) im Zusammenhang mit der **Privilegierung jeglichen landwirtschaftlichen Sonderrechts** (s § 585 Rn 3; § 586 Rn 34) aufgestellt hat: *Soweit und solange es das gesetzgeberische Ziel ist, landwirtschaftliches Sonderrecht – hier also die die Vertragsfreiheit tangierende Verlängerung von Pachtverhältnissen – zu schaffen bzw erhalten, ist dies nur soweit und solange anzuwenden, als der gesetzgeberische Wille erreicht wird, leistungsfähige Betriebe in bäuerlicher Hand zu erhalten.*

2. Verhältnis zum früheren Recht

4 Die vorhergehende Vorschrift (§ 8 LPachtG) geht in ihren Grundlagen auf die RPachtO vom 30. 7. 1940 (RGBl S 1065) zurück. Deren strenge Handhabung war durch die Verordnung vom 11. 10. 1944 (RGBl S 245) noch perfektioniert worden. Diese enthielt die Bestimmung einer gesetzlichen Verlängerung von Pachtverträgen; von diesem Geist war die weitere Entwicklung des Pachtschutzes nach 1945 weitgehend getragen. *Derart wurden Pachtverlängerungen zum Regelfall.* Dies führte zu einer *wirtschaftsschädlichen Erstarrung* des Pachtmarktes, die erst durch die Regelung von § 8 LPachtG wieder aufgelockert wurde. Im Rahmen der Landpachtnovelle ist die Sozialklausel des § 8 LPachtG in Aufbau und Formulierung der Sozialklausel des Wohnraummietrechts (§ 556 a) angepaßt und inhaltlich modifiziert worden.

Insgesamt ist der Pachtschutz nach der Neuregelung konkreter und einengender geregelt als bisher: Die Haupt-Charakteristika der Lebensgrundlage des angepachteten Betriebes bzw der Notwendigkeit der Zupachtfläche zur Aufrechterhaltung des Pächter-Betriebes waren nach früherem Recht nur unter anderem zu berücksichtigende Aspekte. *Während bisher schlechthin ein bloßes Überwiegen der Pächterinteressen ausreichte, besteht nach der Neuregelung Anspruch auf Pachtschutz nur (noch), wenn dessen Versagung für den Pächter bzw seine Familie eine untragbare Härte darstellte.* Überdies kann im Gegensatz zu § 8 Abs 1 c LPachtG ein abgelaufener Vertrag nicht mehr unter Festsetzung einer weiteren Laufzeit wieder in Kraft gesetzt werden (§ 595 Abs 7 S 2).

5 Während die gerichtliche Pachtschutz-Gewährung nach § 8 LPachtG die Bestimmung einer weiteren Pachtdauer und damit eines neuen Vertrages war (BGH RdL 1954, 11), folgt aus der in § 595 enthaltenen Formulierung „Fortsetzung", daß der **bisherige Vertrag bis zu seinem neuen Ende weiterläuft**, mit den bisher geltenden und eventuell veränderten Bedingungen (LWLH Rn 76 f).

Neu ist weiter, daß – abweichend von der bisherigen Regelung – **Pachtschutz nur noch vom Pächter verlangt** werden. Indes dürften **Ausnahmefälle** denkbar sein, in denen der **Verpächter** – dann aber über § 242 – eine Vertragsverlängerung durchsetzen kann; so beispielsweise dann, wenn ein Pachtvertragsverhältnis als Vorstufe zur Hofübergabe eingegangen wurde sowie der alternde Betriebseigentümer aus der Pachtung sein „Altenteil" bezieht und auf die Fortsetzung des Vertragsverhältnisses angewiesen ist.

Anders als in § 8 LPachtG **differenziert** die Neuregelung in ihren Regelungsaspekten **zwischen Betriebs- und reiner Grundstückspacht** (§ 585 Abs 1, vgl dort Rn 10).

Neu ist auch das dem gerichtlichen Pachtschutzverfahren notwendigerweise vorhergehende (und fehlgeschlagene) Vorverfahren auf einvernehmliche Regelung (Abs 4 und 6) mit der Beachtung der dafür statuierten Fristen (Abs 5).

3. Anwendungsbereich

a) Sachlich

6 Die Vorschrift gilt für alle **Landpachtverträge im Sinne von § 585**; gleichviel, ob sie nach dem LPachtVG anzeigebedürftig sind oder nicht sowie, ob sie angezeigt wurden oder nicht. Sie gilt ebenso für die landwirtschaftliche Betriebspacht wie für die Pacht von Einzelgrundstücken.

Bei **Mischbetrieben** muß der landwirtschaftliche Charakter überwiegen, um das Landpachtrecht und damit auch das Pachtschutzrecht anzunehmen.

Unerheblich ist, ob der Pächter (aktuell) die Flächen bewirtschaftet oder (zB im Rahmen der Rotationsbrache) ungenutzt läßt (s § 586 Rn 36).

b) **Persönlich**
Pachtschutz gilt auch, soweit eine **Anzeigepflicht** nach § 3 LPacht VG nicht besteht sowie für mündlich abgeschlossene Verträge (OLG Köln RdL 1982, 51). 7

Auch der **Unterpächter** ist pachtschutzberechtigt, jedoch nur gegenüber dem Haupt-Pächter (s zum Verhältnis zueinander § 589 Rn 22 ff).

Grundsätzlich ist unerheblich, ob der Pächter ein Vollerwerbs- oder **Nebenerwerbslandwirt** ist. Stets muß aber der Pächter erwerbswirtschaftlich tätig sein (Abgrenzung zum „Hobbybetrieb", vgl § 585 Rn 21).

Für Pachtschutz ist weiter unerheblich, ob Pächter eine natürliche Person, eine Personenmehrheit oder eine juristische Person ist (FHL Rn 9; Rn 23 aE).

c) **Laufende Pachtverträge**
Pachtschutz besteht nur bei solchen Pachtverträgen, die noch nicht abgelaufen sind (Abs 7 S 2). 8

Dies führt bei auflösend bedingten Pachtverträgen regelmäßig zur Versagung von Pachtschutz, weil die auflösende Bedingung regelmäßig so unvorhergesehen eintritt, daß eine vorherige Antragstellung nicht erfolgen kann (Pikalo NJW 1986, 1473; ausführlich LWLH Rn 21 mwN, auch zu der nach früherem Recht bereits kontrovers diskutierten Frage, inwieweit dem Pächter in derartigen Fällen mit einer entsprechenden Anwendung der Pachtschutzregelungen geholfen werden kann).

d) **Keine Anwendbarkeit**
dieser Norm besteht für 9

– Pachtschutz-Anträge des Verpächters;
– abgelaufene oder nichtige Pachtverträge;
– die in Abs 3 der Norm von der Anwendung ausgeschlossenen Verträge/Fälle;
– für Pachtschutz des Unter-Pächters gegenüber dem Verpächter.

e) **Übergangsrecht**
Insoweit sei auf Art 219 EGBGB verwiesen. Die Vorschrift gilt auch für Pachtverträge, die zum Zeitpunkt des Inkrafttretens der Landpachtnovelle (1. Juni 1986) bereits liefen. 10

4. Verhältnis der Vorschrift

a) Zu Bestimmungen des Miet- bzw Pachtrechts

11 Bei **Veräußerung** des Pachtobjektes gilt § 571. Geschieht diese während eines laufenden Pachtschutz-Verfahrens, hat die Veräußerung (§ 265 ZPO) auf das Verfahren keinen Einfluß; der bisherige Verpächter kann das Pachtschutzverfahren also fortsetzen. Bei Zustimmung des Pächters kann der Erwerber in das Verfahren eintreten.

Das vorzeitige **Kündigungsrecht** des Verpächters im Fall des § 593 a bleibt unberührt und versagt dem (nachfolgenden) Pächter Pachtschutz nach § 595 (Abs 3 Nr 2). Lehnt der Verpächter die Pächteranfragen nach § 594 S 2 auf Fortsetzung form- und fristgerecht ab, kann er in gleicher Weise dem Fortsetzungsverlangen im Pachtschutzverfahren widersprechen (§ 595 Abs 5 S 1; LWLH § 594 Rn 17; FHL § 594 Rn 25).

Nach § 594 d Abs 3 ist im Falle des **Todes des Pächters** ein Pacht-Fortsetzungsverlangen dessen Erbe gegenüber der Kündigung des Verpächters ausgeschlossen, und zwar unbeschadet des Widerspruchsrechts des Pächtererben im Rahmen und in den Grenzen des § 594 d Abs 2.

b) zu sonstigen Vorschriften des BGB

12 Hinsichtlich der bei Betriebspacht mitverpachteten Pächter-Wohnung besteht neben dem Fortsetzungsverlangen nach § 595 **keine Berechtigung des Pächters nach § 556 a vorzugehen**.

In besonders gelagerten Fällen kann auch für den Pächter **über § 242 ein weitergehender Schutz** vor Vertragsbeendigung erfolgen, als dieser nach § 595 möglich ist. Dies ist insbesondere in den Fällen denkbar, in denen die Betriebspacht die Vorstufe der (vorweggenommenen) Erbfolge in den landwirtschaftlichen Betrieb darstellt. Wie im Bereich der Höfeordnung für die Nordwestdeutschen Bundesländer in § 6 Abs 1 der im Vertrauen auf eine spätere Erbenstellung Tätige bzw Ausgebildete (weitgehend) vor später willkürlicher entgegenstehender Handlungsweise des Eigentümers geschützt ist, ist ein vergleichbarer Schutz erst recht dem in vorweggenommener Erbfolge tätigen Betriebspächter zu gewähren, weil dieser durch vertragliche Bindung und erbrachte Gegenleistung um so schützenswerter erscheint (vgl dazu im einzelnen FHvJP § 6 Rn 7 ff).

c) Zum LPachtVG

13 Der **Pächter-Anspruch auf Vertragsfortsetzung wird durch eine unter Verstoß gegen § 2 LPachtVG unterbliebene Anzeige nicht berührt** (s zum Verhältnis der Landpacht- zu den Landpachtverkehrsvorschriften § 585 Rn 39). Gleichermaßen ist (anders als im Rahmen der Vertragsänderung nach § 593, vgl § 9 LPachtVG) die unterlassene Anzeige kein Hinderungsgrund für den Pächter, gerichtliche Hilfe nach § 595 Abs 6 in Anspruch zu nehmen.

Haben sich die Beteiligten nach § 595 über eine Vertrags-Fortsetzung geeinigt, ist diese nach § 2 LPachtVG **anzeigebedürftig** (LWLH LPachtVG Rn 15).

Unbeschadet der Vorzugsstellung langfristiger Pachtverträge nach § 595 Abs 3 Nr 3 im Pachtschutzverfahren ist die Vertragsdauer in § 4 LPachtVG als solche nicht als ein besonderer Beanstandungsgrund aufgeführt. Sie ist desungeachtet im Vertrags-Prüfungsverfahren zu berücksichtigen, wie die Erwähnung in § 2 Abs 1 LPachtVG zeigt. Man wird jedoch nicht soweit gehen können, dem Landwirtschaftsgericht nach § 8 LPachtVG die Befugnis einer Änderung der Vertragsdauer einzuräumen. Dies folgt aus dem Wortlaut von § 8 Abs 1 S 2 LPachtVG, der dem Gericht nur die Befugnis gibt, den Vertrag „insoweit" zu ändern, als es sich um eine auf § 4 Abs 1 Nr 3 LPachtVG gestützte Beanstandung (Pachtzinshöhe) handelt.

5. Unabdingbarkeit

Der soziale Schutzzweck der Norm (vgl BT-Drucks 10/509 zu § 595 Abs 8 S 26) rechtfertigt **14** ihre grundsätzliche Unabdingbarkeit, wie dies schon nach § 10 Abs 2 bis 4 LPachtG der Fall war. Im einzelnen s u Rn 82 ff.

II. Pachtvertragliche Voraussetzungen für den Pachtschutz (Abs 1 S 1)

Die Anwendbarkeit der Norm steht unter folgenden Grundsatz-Voraussetzungen: **15**

1. Landpachtvertrag

Dessen begriffliche Merkmale ergeben sich aus § 585, auf die dortigen Erläuterun- **16** gen wird verwiesen, insbesondere auch im Hinblick auf die Abgrenzung eines Landpacht- zu einem sonstigen Pachtverhältnis sowie dem Stellenwert der Unterpacht.

2. Vertragswirksamkeit

Dieser Vertrag muß wirksam sein. Ein nichtiger oder anfechtbarer Vertrag kann **17** nicht Grundlage eines Fortsetzungsbegehrens sein.

3. Laufender Pachtvertrag

Nach § 595 Abs 7 S 2 darf der Landpachtvertrag noch nicht abgelaufen sein, wenn er **18** dem Pächter einen Fortsetzungsanspruch geben soll; dies unterscheidet die Anwendbarkeit der Bestimmung von ihrer Vorgängerin (§ 8 Abs 1 c LPachtG).

4. Schutz vor vertragsmäßiger Beendigung

Schließlich gilt der Pachtschutz-Anspruch nur zur Verhinderung der vertragsmäßigen **19** Beendigung des Pachtverhältnisses. Die Rechte des Verpächters bei Vorhandensein von Gründen zur **außerordentlichen Kündigung** (beispielsweise nach §§ 593 a bis 594 e) bleiben davon **unberührt** (vgl im einzelnen LWLH Rn 20).

Eine vertragsmäßige Pachtbeendigung liegt vor **20**

- bei einer auf bestimmte Zeit abgeschlossenen, durch Zeitablauf endenden Vereinbarung (§ 594 Abs 1 S 1);
- bei Pachtverhältnissen, bei denen das Vertragsende – abweichend von der

ursprünglichen Vereinbarung – nachträglich zu einem bestimmten Zeitpunkt vertraglich festgelegt wurde (zB § 594);
- bei Bestimmung des Pachtendes durch Pachtfortsetzungbeschluß des Landwirtschaftsgerichts nach Abs 6 S 1;
- bei Pachtverträgen mit Verlängerungsklausel: Zeitablauf nach der die Beendigung auslösenden Handlung (Widerspruch, Kündigung);
- bei auf unbestimmte Zeit eingegangenen Pachtverhältnissen: durch Kündigung (§ 594 a) und Ablauf der Kündigungsfrist;
- in Fällen der Vereinbarung des Pachtendes bei Eintritt eines künftigen (ungewissen) Ereignisses, wenn dieses eingetreten ist (vgl LWLH Rn 23).

5. Fortsetzungsverlangen

21 Der Pächter muß seinen Anspruch zunächst gegenüber dem Verpächter (Abs 4, 5) und im Verweigerungsfalle durch Antrag beim Landwirtschaftsgericht (Abs 6) geltend machen.

III. Die beiderseitige Interessenabwägung

1. Überblick

22 Die „angemessene" (= ausgewogene) Abwägung der Interessenlagen beider Vertragsteile ist nach wie vor funktionsnotwendiges Element für die Pachtfortsetzung, dies indes im Verhältnis zum früheren Recht mit einer bemerkenswert anderen Akzentuierung: Abgesehen davon, daß der **Verpächter** aus der Pachtschutz-Bestimmung heraus **nicht mehr antragsberechtigt** ist (vgl zu Ausnahmen oben Rn 5), spielt bei der Interessenabwägung auch **keine Rolle** mehr, ob eine Pachtverlängerung **die bessere Bewirtschaftung** des Pachtobjektes erwarten läßt. Ferner kommt es **nicht mehr** darauf an, ob die Verlängerung wegen eines Überwiegens der Pächterinteressen **dringend geboten** erscheint; **ausreichend ist** vielmehr die Feststellung, daß – in Abwägung mit der normgerechten Interessenlage des Verpächters – die Nichtfortsetzung der Pacht für den Pächter und seine Familie eine **unzumutbare Härte** bedeuten würde.

2. Die Abwägungsfaktoren

a) Auf Pächterseite
aa) Grundzüge

23 Das Gesetz definiert den für die Beurteilung bedeutsamen Begriff der „**Härte**" nicht näher. Daher ist insoweit auf die **Sozialklausel im Wohnraummietrecht** (§ 556 a) zurückzugreifen (Regierungsentwurf BT-Drucks 10/509 zu § 595 Abs 1 S 25). Daraus folgt, daß eine Härte nur „**eine Beeinträchtigung sein kann, die diejenigen Nachteile übersteigt, die mit der Aufgabe des Pachtobjektes üblicherweise verbunden sind**" (LWLH Rn 29, unter Hinweis auf STAUDINGER/EMMERICH [1995] § 556 a Rn 26 ff; allgemein zum Begriff der untragbaren Härte OLG Köln AgrarR 1991, 322).

Zur Rechtsstellung des Pächters im Falle der **Enteignung** verpachteten Landes vgl deWITT/SCHIRP AgrarR 1994, 108.

Diese weitergehenden Nachteile könnten **persönlicher** (zB Alter, Gesundheit) und/

oder **wirtschaftlicher Natur** sein. Die Beurteilung des Pachtgegenstandes als (wesentlicher Bestandteil der) aktuellen Existenzgrundlage des Pächters und seiner Familie kommt dabei eine herausragende Bedeutung zu. Diese wird noch verstärkt, wenn der Pächter nachweisen kann, sich vergeblich um eine anderweitige, zumutbare Existenzgrundlage bemüht zu haben (FHL Rn 28 mwN).

Bei der Bewertung des **Einflusses eines Pacht-Endes auf die Lebensgrundlage des Pächters und seiner Familie** sind die gesamten Einkunfts- und Vermögensverhältnisse der Pächter-Familie (also auch die außerlandwirtschaftlichen) zu berücksichtigen. Dabei wird es aber lediglich auf die Situation des Pächters und allenfalls seines Ehegatten, nicht hingegen sonstiger (unterhaltspflichtiger) Verwandter ankommen.

Ist Pächter eine **Personenmehrheit**, etwa eine aus mehreren Landwirten bestehende Gesellschaft Bürgerlichen Rechts, werden die Konsequenzen des Pachtvertragsendes für wenigstens die Familie eines Gesellschafters zu beurteilen sein

bb) Betriebspacht

In diesen Fällen (vgl zur näheren Definition § 585 Rn 10; zur Abgrenzung auch OLG Celle AgrarR 1988, 169) muß der landwirtschaftliche Betrieb die **wirtschaftliche Lebensgrundlage des Pächters und seiner Familie bilden**. Dieses Erfordernis reicht als solches zur Bejahung eines Pachtschutz-Antrages noch nicht aus; es ist gleichsam die **Grundlage** der (darüber hinaus) anzustellenden **Interessenabwägung** (FHL Rn 19). Findet mithin der Pächter seine ausreichende Lebensgrundlage kontinuierlich und unabhängig vom Pachtbetrieb, ist grundsätzlich – ohne weitere Interessenabwägung – sein Fortsetzungsanspruch unbegründet. **24**

Zur Bestimmung dessen, was als „**wirtschaftliche Lebensgrundlage**" anzusehen ist, mag auf die Vorgänger-Vorschrift des § 8 Abs 1 LPachtG und ihre Interpretation zurückgegriffen werden (LWLH Rn 24). Danach muß der Pachtbetrieb nicht die alleinige wirtschaftliche Lebensgrundlage des Pächters sein; es genügt vielmehr, daß der Betrieb **im wesentlichen Umfang** die wirtschaftliche Lebensgrundlage des Pächters darstellt. Daher wird darauf abzustellen sein, ob die Pächter-Familie ihren Lebensunterhalt aus Besitz, Gebrauch und Nutzung des Pachtbetriebes gewinnen kann und gewinnt. **25**

Unter Hinweis auf § 14 GrdstVG wird auch bei der Betriebspacht zu berücksichtigen sein, inwieweit (von dritter Seite) zugepachtete Ländereien zum Betriebsergebnis beitragen.

Stets geht es aber um den landwirtschaftlichen Betrieb des Pächters; bei (überwiegend) **gewerblicher Nutzung** des Pachtgegenstandes besteht kein Pachtschutz (OLG Karlsruhe AgrarR 1990, 50).

Ein wichtiger Fall der Anwendung ist gegeben, wenn der Prätendenten eines **formlos bindenden Hofübergabevertrages** (FHvJP § 6 Rn 18; § 17 Rn 163 ff) in Form eines Pachtvertrages Pachtschutz bis zum Tode des Übergebers begehrt (OLG Hamm AgrarR 1991, 322).

Besondere **Investitionen** des Pächters und seiner Familie in das Pachtobjekt als solches sind kein gesondertes Argument für einen Pachtschutz über § 595 (zu den Möglichkeiten einer Pachtverlängerung nach § 591 Abs 3 S 3 siehe § 591 Rn 57). Zur Behandlung der Milchquote im Falle des Vertragsendes siehe § 596 Rn 34. Hat der Pächter nach § 590 genehmigungsfreie **Veränderungen** an der Pachtsache vorgenommen, die er bis zum Pachtende noch nicht wieder in ihren ursprünglichen Zustand zurückversetzen konnte (vgl § 590 Rn 16), so ist dies allein noch kein Argument für eine Pachtvertragsverlängerung. Der **Verlust der Milchquote** begründet gleichfalls für sich allein jedoch keinen Pachtverlängerungsanspruch des Pächters (OLG Köln AgrarR 1994, 135; zu den gemeinschaftsrechtlichen Aspekten des Pächterschutzes im Bereich der Milchquoten siehe LUKANOW AgrarR 1994, 59).

26 Insbesondere bei (insgesamt) **nebenerwerblich** tätigen Landwirten ist die Frage eines Beitrags der Erträgnisse aus dem zugepachteten Betrieb zur wirtschaftlichen Lebensgrundlage kritisch und **zurückhaltend** zu beurteilen.

Im Zuge landwirtschaftlicher Konzentrationen gewinnt zunehmend die Frage an Bedeutung, wie auf Pächterseite die Bewirtschaftung **mehrerer** (ehemals selbständig geführter) **landwirtschaftlicher Betriebe** zu bewerten ist. Bei der vorzunehmenden Abwägung wird es darauf ankommen, welchen Anteil die Erträgnisse aus dem Zupacht-Betrieb, um den es im Pachtschutzverfahren konkret geht, an den Erträgnissen der gesamten pächterseits betriebenen Landwirtschaft hat und ob eine Herausnahme dieser Einkunftsquelle die wirtschaftliche Lebensgrundlage des Pächters in einer Pachtschutz rechtfertigenden Weise beeinträchtigt. Diese Frage wird auch unter Berücksichtigung der Struktur sowie Dauerhaftigkeit des/der übrigen Pächterbetriebe(s) zu beantworten sein; insoweit kommt es auch auf die Dauer der übrigen Pachtverhältnisse bzw den Eigentumsanteil des Pächters an seinem Gesamtbetrieb an.

Angesichts der in die Gesamt-Abwägung einzubeziehenden Pächter-Familie ist es gleichgültig, ob der zupachtende Betrieb dem Pächter selbst oder dem Ehegatten gehört bzw von diesem angepachtet ist.

cc) Grundstückspacht
27 Es ist dies die Zupacht zu einem bereits bestehenden Pächterbetrieb. Pachtschutz ist insoweit an drei Voraussetzungen geknüpft:

– Der Pächterbetrieb muß zu seiner Aufrechterhaltung auf die Zupacht angewiesen sein;
– der Pächterbetrieb muß die wirtschaftliche Lebensgrundlage des Pächters und/oder seiner Familie bilden;
– auch die übrigen allgemeinen Voraussetzungen, insbesondere die gebotene Interessenabwägung, muß gegeben sein bzw erfolgen.

Gleichgültig ist auch hier, ob der zupachtende Pächterbetrieb in dessen Eigentum steht oder seinerseits auch angepachtet ist; letzterenfalls wird die **Dauer dieses Vertragsverhältnisses** bei der Interessenabwägung sowie bei der Dauer der zuzugestehenden Vertragsverlängerung zu berücksichtigen sein (s Rn 34).

Angesichts der in die Gesamt-Abwägung einzubeziehenden Pächter-Familie ist es gleichgültig, ob der zupachtende Betrieb dem **Pächter selbst oder dem Ehegatten** gehört bzw von diesem angepachtet ist.

Grundsätzlich soll der zupachtrechtliche Fortsetzungsanspruch **denselben Voraussetzungen** unterliegen, **wie** dies **bei der Betriebspacht** der Fall ist (Protokoll des Bundestags-Ernährungsausschusses Nr 44 vom 10. 12. 1984 Anlage 2). Speziell ist bei der Abwägung zu berücksichtigen, welchen Einfluß die Herausnahme der Pachtfläche auf Organisations- und Ertragsstruktur des Pächter-Betriebes hat. Dabei werden auch Kosten/Nachteile zu berücksichtigen sein, die dem Pächter durch eine schädliche oder gar untragbare Umstrukturierung seines restlichen Betriebes entstehen, auch unter Berücksichtigung des Verlustes staatlicher Förderungsmaßnahmen oder den Überbestand von Inventar in Bezug auf den Verlust ausreichender landwirtschaftlicher Produktionsfläche (LWLH Rn 26 ff; FHL Rn 35 ff).

Ist der zupachtende Betrieb des Pächters ein **Nebenerwerbsbetrieb**, der erst durch die Zupacht-Flächen zum Vollerwerbsbetrieb wird, werden die Pächterinteressen in aller Regel überwiegen. Bildet der Pächterbetrieb hingegen trotz der Zupacht für den Pächter und seine Familie keine ausreichende Lebensgrundlage, besteht auch unter dem Gesichtspunkt der Erhaltung leistungsfähiger Betriebe in bäuerlicher Hand vom gedanklichen Ansatz her kaum ein Grund zur Gewährung von Pächterschutz.

b) Auf Verpächterseite

Im Gegensatz zu den Pächterinteressen (wirtschaftliche Lebensgrundlage, Härte für die Pächter-Familie) sind diejenigen des Verpächters im Gesetz **nicht näher definiert**. Es ist nur von „berechtigten" Interessen die Rede. **28**

Ansatzpunkt für die Ausgestaltung ist das (in der Regel) **Eigentum** des Verpächters mit allen sich daraus ergebenden schutzwürdigen Gesichtspunkten (Art 14 GG) sowie Rechten (§§ **903 ff**). Abgesehen von Bedenken auf Verpächterseite hinsichtlich **ordnungsgemäßer Bewirtschaftung** und Instandhaltung der Pachtsache sind auch die Interessen des Verpächters vorrangig zu berücksichtigen, den Pachtgegenstand künftig **anders als durch Verpachtung zu nutzen**. Dies kann durch Eigenbewirtschaftung des Verpächters oder eines Familienangehörigen geschehen oder auch in Form einer „Umwidmung" der landwirtschaftlichen Flächen, zB für Bauland. Auch ein pachtfreier Verkauf (§ 571) ist ein entscheidender, auf Verpächterseite zu berücksichtigender Gesichtspunkt.

3. Die Abwägung der beiderseitigen Interessenlagen

Die Abwägung der gewiß häufig auf beiden Seiten vorhandenen, mit gleicher Berechtigung vorgebrachten Interessen verlangt (letztlich) die Prüfung, **ob die Pachtbeendigung für den Pächter – unter Berücksichtigung der berechtigten Verpächter-Interessen – eine „nicht zu rechtfertigende Härte" wäre**. Nur wenn dies zu bejahen ist, ist dem Fortsetzungsanspruch stattzugeben. Dabei ist die Gesamt-Situation des Pächters – auch im Hinblick auf übrige Einkunfts- und Vermögensquellen – heranzuziehen. Des weiteren ist zu beurteilen, welche zumindest mittelfristige Perspektive der übrige landwirtschaftliche Pächterbetrieb hat: Besteht dieser – gleichgültig ob Betriebs- oder Zupacht – aus nur geringen, minderwertigen und/oder ihrerseits nur **29** (noch) kurzfristig angepachteten Flächen, wird man insgesamt nicht mehr davon sprechen können, daß auf der Pächterseite ein schutzwürdiger landwirtschaftlicher Betrieb vorhanden ist, der ihm und seiner Familie eine ausreichende Lebensgrundlage gewährleistet. Dann ist es auch nicht gerechtfertigt, die Pächterinteressen insoweit als überwiegend anzusehen, als die im Pachtschutzverfahren zu beurteilende Betriebs- oder Zupacht eine Art „letzten Strohhalm" für seine wirtschaftliche Existenz und die seiner Familie darstellt.

30 Denn auch im Rahmen der Interessenabwägung ist der Grundsatz zu berücksichtigen, daß jegliches landwirtschaftliches Sonderrecht (und dazu gehört auch der Pachtschutz) nur soweit und solange zu verantworten ist, als es darum geht, **leistungsfähige Betriebe in bäuerlicher Hand zu erhalten** (s o Rn 3 mwN).

Unterpacht als bloße Vermögensverwaltung auf Pächterseite wird regelmäßig der Anerkennung eines Pachtschutzes entgegenstehen.

Die nach Abs 1 S 2 mögliche wiederholte Fortsetzung des Pachtvertrags-Verhältnisses (su Rn 31) kann bei der Abwägung zu Lasten des Pächters erschwerend berücksichtigt werden; dies insbesondere dann, wenn sich der Pächter auf die Unzumutbarkeit einer „nunmehr" drohenden Umstrukturierung oder auch die Beeinträchtigung des Familieneinkommens beruft, er aber schon längst hätte Vorsorge treffen können.

4. Wiederholte Fortsetzung (Abs 1 S 2)

31 Ausdrücklich ist dem Pächter aufgrund der Landpachtnovelle die Möglichkeit gegeben, den Fortsetzungsanspruch wiederholt geltend zu machen. Dem setzen allerdings die zeitlichen Höchstgrenzen des Abs 3 Nr 3 einen festen Rahmen.

Wiederholte Fortsetzung kann sowohl bei der Betriebs- wie der Grundstückspacht begehrt werden (BT-Drucks 10/509 § 595 Abs 1 S 25).

IV. Fortsetzungsdauer und (sonstige) Vertragsänderungen (Abs 2)

1. Überblick

32 Zusätzlich zu der bereits in Abs 1 S 2 herausgestellten wiederholten Fortsetzungsmöglichkeit regelt Abs 2 weitere Grundsätze über die zeitliche Dauer der Pacht-Verlängerungsmöglichkeit. Diese erfolgt auf Verlangen des Pächters, soweit „dies unter Berücksichtigung aller Umstände angemessen ist" (Abs 2 S 1).

S 2 engt für gewisse Fallgestaltungen **den Gehalt des Fortsetzungsanspruchs dahin ein**, daß die Fortsetzung nur bei **angemessener Änderung der Vertragsbedingungen** zugestanden werden kann. Insoweit entspricht Abs 2 dem Wortlaut und Gehalt von § 556 a Abs 2. Dies macht die Handhabung der nunmehrigen Pachtfortsetzungs-Norm flexibler als dies im Bereich des § 8 LPachtG der Fall war; dieser Vorschrift war eine derartige Koppelung von Pachtfortsetzungs- und sonstigem Vertragsänderungsrecht (§ 7 LPachtG) fremd.

Im Rahmen der gerichtlichen Auseinandersetzung vorgeschalteten Vorverfahrens ist **33**
auch eine **gütliche Einigung über die Fortsetzungsdauer** notwendig. Indes verlangt die
Schriftform des Fortsetzungsverlangens (Abs 4) nicht auch die Angabe einer konkreten Verlängerungsfrist; vielmehr reicht es, daß das Verlangen sinngemäß eine
angemessene Verlängerung begehrt (LWLH Rn 39, einschränkend FHL Rn 82). Unter
dem Gesichtspunkt seiner Prozeßchancen ist dem Pächter aber dringend anzuraten,
seinen Fortsetzungsanspruch so konkret wie möglich zu umreißen (s u Rn 56).

2. Dauer

Die angemessene Dauer der Fortsetzung findet vorab ihre zeitliche Grenze in den **34**
Fristen des Abs 3 Nr 3 iVm Abs 6 S 2. Handelt es sich um die Grundstückspacht zu
einem pächterseits (von dritter Seite) angepachteten Betrieb, wird dessen Vertragsdauer die äußerste Grenze der zuzugestehenden Grundstückspacht-Vertragsverlängerung darstellen.

Im übrigen wird der Pächter im Rahmen seines Verlängerungsbegehrens Vorgaben
zu machen und darzulegen haben, warum gerade diese Frist von ihm als angemessen
angesehen wird. *Je weniger schlüssig oder beweisbar die (insoweit) Pächter-Argumentation für die Zukunft anzusehen ist, um so weniger lang wird der Zeitraum der
angemessenen Fortsetzung gerichtlicherseits zu fixieren sein.*

Statistische Erhebungen über gerichtlich erlaubte Anpassungsfristen sind nicht
bekannt. Lediglich bei der Stückland-Pacht ist von einem Verlängerungsanspruch
von einem bis zu drei Jahren als üblich auszugehen (FHL Rn 45 mwN).

3. Teilweise Fortsetzung (Abs 6 S 3)

Die Fortsetzung eines von mehreren Pachtverträgen unter denselben Parteien regelt **35**
sich jeweils isoliert nach § 595. Besonderer Regelungsbedarf besteht, wenn der Pächter ein und dasselbe Vertragsverhältnis jedoch lediglich teilweise fortsetzen
möchte.

Gesetzlicher Vorläufer von Abs 6 S 3 ist der frühere § 8 Abs 1 S 2 LPachtG. Der
Unterschied in der Formulierung („Pachtgegenstand, Pachtsache") bedeutet keinen
sachlichen Unterschied.

*Die einheitliche Fortsetzung des Vertragsverhältnisses ist die Grundlage, die teilweise
nach dieser Bestimmung die* **Ausnahme**. Derart ist auch im Zweifel ein Fortsetzungsverlangen des Pächters zu interpretieren. Demzufolge ist bei der vorzunehmenden
Interessenabwägung die Berechtigung einer teilweisen Fortsetzung gesondert und
kritisch zu überprüfen. Es wird vor allem mit dem regelmäßigen Verpächter-Interesse zu vergleichen sein, eine Zersplitterung des Pachtgegenstandes zu vermeiden.
Indes kann auch der Verpächter – zB bei Verkauf einzelner Parzellen als Bauland –
an einer nur teilweisen Fortsetzung des Pachtvertrags-Verhältnisses interessiert sein
(LWLH Rn 37).

4. Fortsetzung bei (sonstiger) Vertragsänderung (Abs 2 S 2)

36 Grundsätzlich ist Gegenstand des Fortsetzungsverlangens der existierende Pachtvertrag mit seinem gesamten Leistungsgefüge.

Diese neue in das Pachtfortsetzungsrecht eingeführte Bestimmung trägt einem **praktischen Bedürfnis** Rechnung. *Dem Pächter soll auch dann ein Fortsetzungsanspruch ermöglicht werden, wenn die Voraussetzungen des Abs 1 nur bei entsprechender Anpassung der sonstigen Vertragsbedingungen zwecks Herstellung eines wechselseitig gerechten Leistungsgefüges angenommen werden können.*

37 Schon nach der Gesetzesformulierung geht es um einen (weiteren) **Verpächter-Anspruch auf Vertragsanpassung**, der neben demjenigen des § 593 steht und diesem in Fällen eines Pächter-Fortsetzungsverlangens vorgeht. Erfahrungsgemäß kommen folgende Regelungsaspekte in Betracht:

– die Erhöhung des Pachtzinses;
– die Übernahme von Kosten und Lasten zur Erhaltung und Nutzung des Pachtobjektes, die nach der gesetzlichen Regelung den Verpächter treffen;
– insbesondere hinsichtlich Erhaltungsmaßnahmen an Pachtgebäuden;
– Herausnahme von Teilflächen aus der Pacht, damit dem Verpächter eine anderweitige Verwendungsmöglichkeit ermöglicht wird.

Ob und inwieweit diesen Verpächter-Ansprüchen zu folgen ist, ist im Rahmen der Interessenabwägung nach Abs 1 zu berücksichtigen. Denn der Pächter wird regelmäßig überhaupt nicht vorhersehen (und sein Verlangen dementsprechend beschränken) können, in welcher Hinsicht und welchem Umfang dem Verpächter Vertragsänderungen vorschweben (LWLH Rn 34).

V. Ausschluß des Fortsetzungsanspruchs (Abs 3)

1. Vorbemerkung

38 Die Regelung über einzelne Fälle des Ausschlusses eines Fortsetzungsanspruchs findet ihren Ursprung in § 8 Abs 2 LPachtG und ihr wohnraummietliches Gegenstück in § 556 a Abs 4. Im Gegensatz zu § 8 Abs 2 LPachtG ist jedoch der Ausschluß eines Fortsetzungsanspruchs nicht (mehr) an die landpachtverkehrsrechtliche Anzeige geknüpft (vgl dazu grundsätzlich Rn 13).

Abgesehen von den übrigen Fällen (zB wirksamer außerordentlicher Verpächter-Kündigung, LWLH Rn 47; s o Rn 19 f) normiert Abs 2 vier Fallgestaltungen des Fortsetzungsausschlusses.

2. Vorherige Pächter-Kündigung

39 Der Pachtfortsetzungsanspruch ist bei jeglicher (wirksamen) Pächter-Kündigung **ausgeschlossen**, sei sie ordentlich oder außerordentlich, fristlos oder fristgerecht.

Kündigen beide Vertragsparteien, hängt die Anwendbarkeit dieser Regelung davon ab, welche Kündigung vorher wirkt; ist dies die Pächter-Kündigung, bleibt es bei einem Ausschluß des Fortsetzungsanspruchs (LWLH Rn 46; STAUDINGER/EMMERICH [1995] § 556 a Rn 61). Da die Norm eine Ausgestaltung des venire contra factum proprium darstellt, wird diese Konsequenz auch vorliegen, wenn „zufällig" die Kündigungen beider Vertragsteile auf denselben Zeitpunkt wirken.

3. Fristlose und vorzeitige Kündigungsbefugnis des Verpächters

Ist der Verpächter aus besonderem Grund zur fristlosen Kündigung des Vertragsverhältnisses (§ 594 e) berechtigt, **entfällt der Fortsetzungsanspruch**. Diese auch in § 556 a Abs 4 Nr 2 enthaltene Regelung trägt dem Umstand Rechnung, daß der Pächter durch seinen Fortsetzungsanspruch nicht dasjenige ungeschehen machen kann, was den Verpächter zur fristlosen Kündigung berechtigt (STAUDINGER/EMMERICH [1995] § 556 a RN 62). **40**

Daneben gibt der Sonderfall der Verpächter-Kündigung wegen **Betriebsübergabe** (§ 593 a S 3) dem Pächter keinen Fortsetzungsanspruch.

Der Pachtschutz entfällt bei Vorhandensein einer entsprechenden **Befugnis auf Verpächter-Seite zu außerordentlicher Kündigung**; nicht notwendig ist, daß der Verpächter diese Kündigung auch erklärt (hat). Abzugrenzen sind hingegen die Fälle einer Verwirkung des Kündigungsrechts (LWLH Rn 48). Demgegenüber wird das Fortsetzungsverlangen des Pächters nach § 594 d Abs 3 nicht schon durch die bloße Kündigungsbefugnis des Verpächters, sondern erst durch die Ausübung des Kündigungsrechts gegenüber den Pächtererben ausgeschlossen. **41**

4. Erreichte Maximalfrist (Abs 3 Nr 3)

Entsprechend der vorhergehenden Regelung (§§ 8 Abs 2 a, 2 LPachtG) hat auch die nunmehrige Regelung die **langfristigen Pachtverträge** mit gesetzlicher Mindestdauer für **nicht fortsetzungsfähig** erklärt. Hierbei hat die neue Regelung die Mindestdauer für Betriebs- und diesen gleichgestellten Pachten (§ 2 Abs 1 a−c LPachtG) von 18 Jahren beibehalten, indes die Mindestdauer bei der Parzellenpacht von 9 Jahren auf 12 Jahre erhöht. **42**

Demzufolge unterliegen der 18-jährigen Mindestdauer als Voraussetzung für die Pachtschutz-Versagung: **43**

− die Betriebspachten (vgl § 585 Rn 10);
− die Zupacht von Einzelgrundstücken, durch die ein landwirtschaftlicher Betrieb besteht;
− sowie (nur in anderer Formulierung, LWLH Rn 54) die Pacht von vom Pächter kultiviertem Moor- oder Ödland.

Dabei ist dem Erfordernis der Entstehung eines landwirtschaftlichen Betriebes durch Zupacht auch dann genügt, wenn der Pächter eine fehlende Hofstelle oder sonst für die Bewirtschaftung unentbehrliche Gebäude hinzupachtet oder -mietet (LWLH Rn 53), gleichgültig, von wem dies erfolgt.

44 Zweifelhaft ist, ob die **Langfristigkeit** des Vertragsverhältnisses von vornherein vereinbart sein muß (s o LWLH Rn 50) oder dieser Zustand auch **als Konsequenz mehrfacher Vertragsverlängerung** erreicht sein kann. Letzterer Auffassung ist der Vorzug zu geben. Gesetzgeberisches Ziel ist es, die zu langfristige Bindung der Vertragsteile aneinander zu vermeiden, um so auch einer Erstarrung des Pachtmarktes (s o Rn 4) entgegenzuwirken. Dazu ist es gleichgültig, ob der Zustand des Erreichens der Maximalfrist durch ursprünglich einmalige oder nacheinander mehrmalige Vereinbarung erreicht wurde (vgl zu den Fundstellen Rn 77). Mithin kommt es für das Bestehen eines Fortsetzungsanspruchs allein darauf an, ob zum Zeitpunkt des Wirksamwerdens der ihm vorhergehenden Kündigung die Höchstgrenzen erreicht sind oder nicht.

5. Fortsetzungsausschluß bei beabsichtigter Eigennutzung (Abs 3 Nr 4)

a) Vorübergehende Verpachtung

45 Hat der Verpächter bei Vertragsabschluß die Absicht gehabt, dem Pächter das Pachtobjekt nur für eine Übergangszeit zu überlassen in der Annahme, die Eigennutzung (danach) wieder aufnehmen (lassen) zu wollen, liegt keine „Dauerverpachtung" vor und besteht derart **kein Fortsetzungsanspruch**.

Der dementsprechende Verpächter-Wille muß bei Vertragsabschluß **erkennbar zum Ausdruck gekommen** sein; und zwar ausdrücklich oder nach Lage der Umstände (OLG Hamm RdL 1953, 133; OLG Celle RdL 1954, 125; OLG Köln AgrarR 1989, 51; FHL Rn 69; LWLH Rn 586). *Das Absehen von einem Schriftform-Erfordernis ist nur auf den ersten Blick ein Widerspruch gegenüber § 585 a.* Denn die vorübergehende Nutzung als Ausschluß des Fortsetzungsanspruchs ist kein vertraglicher Regelungsbestandteil, dies wäre eine Umgehung der Unabdingbarkeit der Pachtschutz-Vorschrift (Abs 8); vielmehr ist die nur vorübergehende Nutzung ein einseitiger Verpächter-Vorbehalt, der (nur) dem Pächter gegenüber in hinreichender Deutlichkeit zum Ausdruck kommen muß.

Ein Pachtschutz-Anspruch des Pächters besteht in derartigen Fällen um so weniger, je länger der Pächter die durch den Verpächter beabsichtigte Bewirtschaftungsübernahme kennt und er sich derart darauf einstellen konnte (OLG Köln AgrarR 1989, 50).

Einer **befristeten Betriebsverpachtung** kommt **nicht** ohne weiteres der Charakter einer vorübergehenden im Sinne dieser Bestimmung zu; indes kann bei mehrjähriger Pächter-Kenntnis von der Verpächter-Absicht auf Eigenbewirtschaftung dessen berechtigtes Interesse an der Versagung an Pachtschutz überwiegen (OLG Köln AgrarR 1989, 50 f).

Gleichgültig ist, ob der Verpächter die anschließende Eigennutzung selbst betreiben oder durch seinen Vorbehalt **Familienangehörige** – etwa im Sinne einer vorweggenommenen Erbfolge – begünstigen will (arg § 564 b Abs 2 Nr 2). Umgekehrt wird man auch auf Pächterseite auf die Familie abstellen müssen; von vorübergehender Nutzung iSv Abs 3 Satz 4 kann etwa dann nicht die Rede sein, wenn der Betrieb seit Jahrzehnten an die Pächter-Familie verpachtet war (OLG Köln AgrarR 1989, 50).

Die Beweislast für eine bloße vorübergehende Verpachtung mit anschließender Absicht auf (anderweitige) Eigennutzung obliegt dem Verpächter (FHL Rn 70).

b) Eigene bzw anderweitige Nutzung
Im übrigen ist der Ausschluß der Pachtfortsetzung nur bei Vorliegen einer der beiden **46** nachgenannten Fallgestaltungen zugelassen:

aa) Eigennutzung des Verpächters
Anders als in § 8 Abs 2 b LPachtG ist nun nicht mehr notwendig, daß der Verpächter **47** das Pachtobjekt vor der Verpachtung persönlich bewirtschaftet hat. Auch der Rechtsnachfolger (durch Erbfolge oder Kauf) bleibt zur späteren Übernahme der Eigenbewirtschaftung berechtigt.

Mangels gesetzlicher Präzisierung braucht die Eigennutzung **nicht** (mehr) eine **landwirtschaftliche** zu sein, gewerbliche oder bauliche (Wohnungsbau) Nutzung reicht aus.

Nutzung bedeutet im Regelfall **unmittelbare Nutzung** durch Eigenbewirtschaftung; im Gegensatz zur Nutzziehung, etwa bei anderweitiger Verpachtung. Zulässig ist jedoch auch eine Nutzung mit Hilfe Dritter, so bei der Beschäftigung von Hilfskräften und/ oder Beitritt zu einer Bewirtschaftungsgemeinschaft. Letzteres wird jedenfalls dann gelten, wenn der Verpächter darin aktiv mitarbeitet (LWLH Rn 61).

Bei anschließender nur **teilweiser Eigennutzung** auf Verpächterseite ist auch nur insoweit der Pachtschutz ausgeschlossen. **48**

Gibt der Verpächter im Laufe der Pachtzeit seine **Absicht zur Eigennutzung auf**, wird er nur in Ausnahmefällen verpflichtet sein, dies dem Pächter gegenüber zu erklären. Seine darauf gegründete Einrede gegen einen Fortsetzungsanspruch fällt allerdings weg.

In entsprechender Anwendung der zu § 564 b ergangenen Rechtsprechung ist der Verpächter allerdings schadensersatzpflichtig, wenn er die anschließende Eigennutzung nur vortäuscht, aber nicht praktiziert bzw praktizieren läßt (FHL Rn 74).

bb) Erfüllung gesetzlicher oder sonstiger öffentlicher Aufgaben
Unter der Voraussetzung bloß vorübergehender Verpachtung (s o Rn 45) besteht des **49** weiteren kein Pachtschutz, wenn das Pachtobjekt zur Erfüllung gesetzlicher oder sonstiger öffentlicher Aufgaben verwendet werden soll. Diese Regelung ist in die Pachtschutznovelle auf Anregung der Siedlungs- und Gemeinnützigen Wohnungsunternehmen hin erfolgt (Protokoll des Bundestags-Ernährungsausschusses Nr 34/II Anlagen 25, 27).

Aus der Gesetzesformulierung („will") folgt, daß der hiernach begünstigte Verpächterkreis zunächst nur die Träger gesetzlicher oder öffentlicher Aufgaben umfassen soll, so zB Landgesellschaften, Gemeinden, Siedlungsunternehmen usw (FHL Rn 75). Indes wird – in entsprechender Anwendung der Norm – auch kein Fortsetzungsanspruch des Pächters in dem Ausnahmefall bestehen, daß – bei nur vorübergehender Verpachtung – der Verpächter anschließend die Fläche derartigen öffentlichen Aufgaben zugänglich machen soll (so zB bei Beanspruchung als öffentliche Wegefläche durch den Träger der Straßenbaulast).

Denn der Zweck der Bestimmung, die betreffenden Flächen besitzlos der Allgemeinheit zugänglich zu machen, wird auch in diesem Fall erfüllt.

VI. Die Pächtererklärungen (Fortsetzungsverlangen) im Vorverfahren (Abs 4)

1. Bedeutung und Rechtsnatur

50 Der Gesetzgeber hat das Verfahren ausdrücklich „zweistufig" angelegt. **Erster Schritt** ist das vom Pächter vorprozessual zu stellende Fortsetzungsverlangen. Nur falls daraufhin keine Verständigung erfolgt, ist die Voraussetzung für die sachliche Entscheidungskompetenz des Landwirtschaftsgerichts gegeben (LWLH Rn 74).

Damit ist das vom Pächter zu stellende Fortsetzungsverlangen für seine verfahrensrechtliche Position von Bedeutung; der **Nachweis des ergebnislosen Vorverfahrens** ist materielle Anspruchs- bzw *„Schlüssigkeitsvoraussetzung"* für das anschließende gerichtliche Verfahren (FHL Rn 89).

Das Pächter-Verlangen ist nur **entbehrlich**, wenn es zur bloßen **Förmelei** würde; speziell also dann, wenn der Verpächter bereits erklärt hat, er werde – unter keinen Umständen – einem Fortsetzungsverlangen zustimmen.

51 Seiner **Rechtsnatur** nach ist das Fortsetzungsverlangen insoweit eine geschäftsähnliche Handlung, als es – für sich genommen – zwar noch keine Vertragsfortsetzung bewirkt, wohl aber die Vorstufe dazu insoweit schafft, als nur dadurch der Anspruch auf gerichtliche Pachtfortsetzung begründet wird.

2. Mehrere Beteiligte auf einer Vertragsseite

a) Auf Pächterseite

52 Fraglich ist, wie divergierenden Pächter-Interessen Rechnung zu tragen ist. Zu den früheren Rechten der RPachtO und des LPachtG wurde die Auffassung vertreten, daß auch nur ein (Mit)Pächter erfolgreich ein Fortsetzungsverlangen bestellen und ggf das Vertragsverhältnis allein fortsetzen könne (vgl BGH RdL 1963, 103 mwN).

Hingegen neigt die Rechtsprechung (BGH aaO) zu der Auffassung, daß grds im Rahmen des Fortsetzungsverlangens die Pächter-Person nicht ausgewechselt werden kann. Dieser Meinung ist auch die Literatur (LWLH Rn 80 ff; FHL Rn 91) Dieses Ergebnis ist insbesondere dann sachlich gerechtfertigt wenn sich die betreffende Personenmehrheit speziell zum **gemeinsamen Zweck** der Anpachtung (§ 705) zusammengeschlossen hat und derart **einheitlich** dem Verpächter gegenüber treten sollte und gegenübergetreten ist.

Anders kann die Sachlage ausnahmsweise zu beurteilen sein, wenn die Personenmehrheit durch Scheidung oder Erbfall nicht mehr bzw auf einmal vorhanden ist. Hier können zur Bejahung eines Fortsetzungsverlangens mit nur einem die Grundsätze des § 594 d Abs 2 (s dort Rn 8) herangezogen werden.

b) Auf Verpächterseite

Auch hier ist grundsätzlich von der **Einheit** des Pachtverhältnisses auszugehen und **53** das Pachtschutz-Verlangen an alle Verpächter zu richten und diesen gegenüber zu verfolgen; aber auch hier dürften Ausnahmen in Abwägung der allseitigen berechtigten Interessen zulässig sein; so beispielsweise, wenn ein Verpächter bei vorübergehender Pacht den Pachtgegenstand künftig allein nutzen will (Abs 3 Ziff 4), vgl im übrigen LWLH Rn 80.

3. Schriftform (Abs 4 S 1)

Angesichts der gesetzlich eindeutigen Regelung führt die **Nichtbeachtung** der Form **54** grundsätzlich zur **Nichtigkeit** der Erklärung nach § 125 S 1. Da es sich hier um eine gesetzliche Schriftform handelt, genügen telegrafische oder Übermittlung per Telefax nicht (LWLH Rn 38; PALANDT/HEINRICHS § 126 Rn 11; STAUDINGER/EMMERICH [1995] § 556 a Rn 67).

Bei mehreren Vertragsparteien ist das Fortsetzungsverlangen grundsätzlich von allen Pächtern an alle Verpächter zu richten.

4. Frist

Die Frist vor Pachtvertrags-Ende, innerhalb derer das Fortsetzungsverlangen zuge- **55** hen muß, ist von der Dauer des Vertragsverhältnisses abhängig; bei Nichtbeachtung hat der Verpächter ein (besonderes) Ablehnungsrecht nach Abs 5 (s u Rn 61).

5. Erklärungsinhalt

Das Fortsetzungsverlangen sollte allein schon deshalb hinsichtlich Dauer und Bedin- **56** gungen **hinreichend präzisiert** werden, um bei Einverständnis des Verpächters „automatisch" zu einer Fortsetzungsvereinbarung zu kommen. Notwendig ist nur der – allerdings eindeutig erklärte – Pächter-Wille zur Fortsetzung des Vertragsverhältnisses.

Ist das Fortsetzungsverlangen aber hinsichtlich seiner Ausgestaltung so präzise gefaßt, daß der Verpächter schriftlich zustimmen kann und zustimmt, liegt darin die der Form des § 585 a ohne weiteres genügende Fortsetzungsvereinbarung. Auch zur Eingrenzung prozessualer – auch unter Kostengesichtspunkten – Risiken ist es ratsam, das Fortsetzungsverlangen zu begründen und mit einer gewünschten Zeitdauer zu versehen (LWLH Rn 39; FHL Rn 82, je mwN). Je genauer umrissen die Fortsetzungs-Vorstellungen des Pächters sind und mitgeteilt werden, desto intensiver muß sich damit der Verpächter vorprozessual auseinandersetzen, kann also etwa in einem anschließenden Verfahren nicht (teilweise) anerkennen oder für erledigt erklären.

6. Auskunftspflichten und -rechte

a) Auskunftspflichten des Pächters

Da der Verpächter für seine Entscheidung regelmäßig auf hinreichende sachliche **57** Information angewiesen sein wird, gibt Abs 4 S 2 ihm einen entsprechenden Auskunftsanspruch zu den Gründen des Fortsetzungsverlangens.

b) Auskunftsrechte des Pächters

58 Das Gesetz erlegt dem Verpächter nicht in gleicher Weise Auskunftspflichten auf; diese können aber sinnvoll sein, zB im Hinblick auf seine Vorstellungen zu Modalitäten einer Vertragsanpassung (Abs 2 S 2). Daher wird der Verpächter unter dem Gesichtspunkt des § 242 allgemein insoweit als auskunftspflichtig angesehen (LWLH Rn 44; BGB-RGRK/GELHAAR § 242 Rn 44; BGHZ 87, 371).

VII. Das Verpächter-Verhalten im Vorverfahren, insbesondere die Ablehnung des Pachtschutzverlangens

1. Überblick

59 Die gesetzliche Regelung fordert **keine ausdrückliche Erklärung des Verpächters**; dies ist gewiß wenig verständlich im Hinblick auf die andersartige Regelung des § 594 und die des Abs 6 S 1, wonach der gerichtliche Antrag auf Pachtschutz das Scheitern des Vorverfahrens voraussetzt.

Erklärt sich der Verpächter nicht, kann der Pächter mithin im Rahmen des Pachtschutzantrages in **Darlegungsnot** kommen. Erklärt sich der Verpächter nicht definitiv und/oder treten die Verhandlungen auf der Stelle, kann der Pächter deshalb in entsprechender Anwendung von § 326 dem Verpächter eine Frist zur endgültigen Erklärung setzen und nach deren Ablauf gerichtlichen Pachtschutzantrag stellen.

60 Erklärt sich der Verpächter, sind verschiedene **Varianten** denkbar:

(1) Ist er mit dem (hinreichend spezifizierten) Fortsetzungsverlangen einschränkungslos **einverstanden**, kann die Erklärung als „Annahme" ausgelegt werden mit der Konsequenz des Zustandekommens einer Fortsetzungs-Vereinbarung; diese bedarf dann allerdings zum Erreichen der zumeist gewünschten Längerfristigkeit der Form des § 585 a.

(2) Erklärt sich der Verpächter mit dem Fortsetzungsverlangen **nicht einverstanden**, ist dem Pächter die Möglichkeit zur Inanspruchnahme gerichtlichen Pachtschutzes gegeben.

(3) In der Praxis wird das Fortsetzungsverlangen häufig Veranlassung für **Neuverhandlungen** unter den Vertragsparteien sein, die in einem – dann wiederum formbedürftigen (§ 585 a) – neuen Vertrag enden.

2. Ablehnung des Fortsetzungsverlangens (Abs 5)

a) Rechtsnatur

61 Dem in Abs 5 dem Verpächter zuerkannten Recht auf Ablehnung kommt die rechtliche Qualifikation einer **Einrede** zu, da der Fortsetzungs-Verweigerungsgrund nicht von Amts wegen zu beachten ist (LWLH Rn 67).

Macht demzufolge der Verpächter seine Einwilligung **„von Bedingungen abhängig"**, wird das Vertragsverhältnis nicht ohne weiteres zu diesen fortgesetzt; es bedarf vielmehr einer Fortsetzungsvereinbarung bzw kann der Pächter gerichtlichen Pachtschutz in Anspruch nehmen.

Der Verpächter kann seine Ablehnung der Pachtfortsetzung – gleichgültig ob im gerichtlichen Verfahren oder davor erklärt – jederzeit zurücknehmen.

Gründe zur Ablehnung des Fortsetzungsverlangens sind in Abs 5 nicht aufgeführt: Der Verpächter kann wegen Verfristung (Versäumung der gesetzlichen Frist zur Erklärung des Fortsetzungsverlangens) ablehnen; zum anderen auch dann, wenn der Pächter früher die Fortsetzung des Vertragsverhältnisses nach § 594 abgelehnt hat. Ergänzend kann sich der Verpächter auf alle Gründe berufen, auch und besonders auf die aus Abs 3.

b) Form und Fristen

Die Verpächter-Verweigerung ist eine **empfangsbedürftige Willenserklärung**, die formlos abgegeben werden kann (LWLH Rn 40). **62**

Eine Frist zu ihrer Abgabe ist nicht vorgeschrieben; allein rechtfertigt dies, nach Ablauf einer Überlegungsfrist pächterseits eine Nachfrist zu setzten (vgl Rn 59).

c) Wirkung

Die Ablehnung des Fortsetzungsanspruchs durch den Verpächter – wie im übrigen auch sein Schweigen – bedeutet die vorgerichtliche **Abweisung des Pachtschutz-Antrages** und eröffnet dem Pächter die Möglichkeit zur Inanspruchnahme gerichtlicher Hilfe. **63**

Dabei beschränkt sich die Ablehnung auf die Vereitelung des Fortsetzungsanspruchs, berührt demgegenüber nicht den (laufenden) Pachtvertrag.

3. Modifikation der Ablehnung

Beschränkt der Verpächter seine Ablehnung auf nur einen Teil des Pachtobjekts, kommt insoweit noch kein fortgesetzter Pachtvertrag zustande (arg § 150 Abs 2). Es ist dann Sache des Pächters, sich damit zufriedenzugeben oder insgesamt einen Antrag auf gerichtliche Entscheidung zu stellen. **64**

VIII. Landwirtschaftsgerichtliches Verfahren (Abs 6 und 7)

1. Grundsatzregelung

Das gerichtliche Pachtschutzverfahren setzt die Ablehnung des vorprozessualen Pachtschutz-Antrags des Pächters voraus; diesen Sachverhalt hat der Pächter zur Schlüssigkeit seines Antrags vorzutragen und bei Bestreiten zu beweisen (s o Rn 50). **65**

2. Entscheidungsantrag

a) Antragsbefugnis
aa) Des Pächters
66 Antragsbefugt ist in dem Verfahren lediglich der Pächter.

bb) Des Verpächters
67 Dem Verpächter steht (s o Rn 5) nur in **Ausnahmefällen** ein eigenes, auf Fortsetzung gerichtetes Antragsrecht zu.

Soweit der Pächter vor dem Landwirtschaftsgericht noch keinen Pachtfortsetzungs-Antrag gestellt hat, ist der Verpächter berechtigt, seinerseits feststellen zu lassen, daß dem Pächter kein Anspruch zusteht (LWLH Rn 85; FHL Rn 90). § 595 begründet insoweit kein Antragsmonopol des Pächters (OLG Köln AgrarR 1989, 50). Stellt der Pächter danach gerichtlichen Pachtschutz-Antrag, erledigt sich der Verpächter-Antrag, ist der auf Zurückweisung gerichtete Verpächter-Antrag eine zulässige Antragsänderung entsprechend § 263 ZPO (BARNSTEDT/STEFFEN, LwVG § 9 Rn 108).

Rechtsschutzbedürfnis des Verpächters ist gegeben, wenn der Pächter ihm gegenüber erklärt hat, Pachtschutz in Anspruch nehmen zu wollen und auch nicht vor Pachtende abzuziehen (OLG Köln AgrarR 1989, 50) oder wenn der Pächter die Klarstellung möchte, daß dem Pächter aus einem der in Abs 3 aufgeführten Ausschlußgründe kein Pachtschutz zusteht.

Seine Auffassung, daß der Pachtvertrag nur unter modifizierten Bedingungen (Abs 2 S 2) fortgesetzt wird, muß der Verpächter nicht mit einem dementsprechenden Antrag unterlegen; denn wenn er dazu Gründe vorträgt, sind diese vom Gericht auch ohne Antrag zu berücksichtigen (aA FHL Rn 90).

cc) Mehrheit von Beteiligten auf einer Vertragsseite
68 Zur Wahrung der **Einheitlichkeit des Pachtverhältnisses** sind grundsätzlich auf Pächter- wie Verpächterseite alle Vertragsbeteiligten an dem Gerichtsverfahren zu beteiligen. Sämtliche Pächter haben mithin – evtl in getrennten Schriftsätzen – Pachtschutz geltend zu machen und den Antrag gegen alle Verpächter zu stellen.

Davon zu unterscheiden sind **Sammelpachtverträge**, bei denen in einer Urkunde eine Anzahl selbständiger Verträge zusammengefaßt werden; dies ist etwa der Fall, wenn ein Verpächter seinen Grundbesitz aufgeteilt an verschiedene Pächter verpachtet. Hier sind die einzelnen Pachtverhältnisse grundsätzlich unabhängig voneinander pachtschutzfähig.

Umgekehrt müssen bei einem Verpächter-Feststellungsantrag (s o Rn 67) sämtliche Verpächter den Antrag einheitlich stellen.

b) Antragsform
69 Anträge können sowohl schriftlich wie auch nach §§ 9 LwVG, 11 FGG zu Protokoll der Geschäftsstelle gestellt werden.

c) Antragsinhalt
aa) Auf Pächterseite

Mindestvoraussetzung ist zunächst die schlüssige Behauptung, daß **vorprozessualer** **70** **Pachtschutzantrag** gestellt wurde und eine Einigung nicht erzielt werden konnte; zweckmäßigerweise sollte dabei das schriftliche Fortsetzungsverlangen (Abs 4 S 1) einschließlich einer etwa erteilten Pächterauskunft nach Abs 4 S 2 überreicht werden.

Weiter notwendig ist der **Antrag auf Pachtfortsetzung**. Soweit der Pächter die Fortsetzung **zu geänderten Bedingungen** oder nur bezüglich eines Teils der Pachtsache beantragt, hat er dies in der Antragsschrift auszuführen.

Jedenfalls ist – allein zur Vermeidung von Prozeßrisiken – eine möglichst konkrete Antragsfassung zu befürworten (zur Formulierung des vorgerichtlichen Pachtschutz-Antrags s o Rn 50).

Über den gestellten Antrag hinaus darf die Pachtfortsetzung nicht ausgesprochen werden.

bb) Auf Verpächterseite

Sie muß (s o Rn 67) den Feststellungsantrag enthalten, daß das konkret zu umschrei- **71** bende Pachtvertragsverhältnis nicht fortgesetzt werden kann.

3. Antragsfristen (Abs 7)

a) Grundzüge S 1

Die Frist für den Pachtschutzantrag ist abhängig von der Vertragszeit; sie muß bei **72** Gericht eingegangen sein:

– bei Verträgen mit einer 12monatigen oder kürzeren Kündigungsfrist: spätestens zwei Monate nach Zugang der Kündigung;
– in allen anderen Fällen: spätestens neun Monate vor Beendigung des Pachtverhältnisses; dies ist bei zeitlich befristeten Pachtverträgen, solche mit gesetzlicher Kündigungsfrist (§ 584) sowie Verträgen mit vertraglich vereinbarter Kündigungsfrist der Fall.

Bei **Stücklandpacht mit unbestimmter Zeitdauer** ist die gesetzliche Regelung **wenig** **73** **praktikabel**. Denn der Pächter müßte bereits nach einem Pachtjahr vom Verpächter schriftlich Pachtfortsetzung verlangen und den Fortsetzungsantrag bei unterbliebender Reaktion drei Monate später bei Gericht einreichen (FHL Rn 92).

b) Nachträgliche Zulassung des Pachtschutz-Antrages bei Fristversäumung (S 2)

Wie bei § 8 Abs 1 S 3 LPachtG ist die nachträgliche Antragstellung zur **Vermeidung** **74** **unbilliger Härten** zulässig. Dagegen ist sie nunmehr nicht zulässig, wenn der Vertrag bereits abgelaufen ist.

Ein Fall unbilliger Härte ist etwa gegeben, wenn den Pächter kein Verschulden an der Fristversäumung trifft (OLG Celle RdL 1957, 80). Insbesondere bei irriger Annahme über das weitere Schweben von Einigungsverhandlungen oder Irrtum des

Pächters über die Unwirksamkeit einer ausgebrochenen Kündigung kann ein Fall unbilliger Härte gegeben sein (LWLH Rn 89, PALANDT/HEINRICHS Überbl v § 194 Rn 12).

Ob der Pachtschutzantrag Erfolg haben wird, ist in diesem Zusammenhang keine Frage (LWLH Rn 89).

4. Die gerichtliche Entscheidung im Fortsetzungsverfahren (Abs 6)

a) Verfahrensrecht, Entscheidungskompetenz

75 Streitigkeiten aus § 595 sind (§§ 1 Nr 1; 9 LwVG) **Landwirtschaftssachen der freiwilligen Gerichtsbarkeit**. Hiernach gelten die Grundsätze der Amtsermittlung (§§ 9 LwVG, 12 FGG), die mit der sofortigen Beschwerde (§ 22 LwVG) anfechtbare Entscheidung ergeht in Beschlußform.

Ähnlich der **Beweislast** im Zivilprozeß ist auch im Verfahren der freiwilligen Gerichtsbarkeit grundsätzlich derjenige darlegungspflichtig, der eine für sich rechtlich vorteilhafte Position behauptet. Derart geht die Nichterweislichkeit zu seinen Lasten.

Zur **Schlüssigkeit** des Pächter-Antrages (s o Rn 50) gehört mithin die Behauptung eines gescheiterten Vorverfahrens. Diese Darlegung – unter Vermeidung der Kostenrisiken – kann schwierig sein, da (s o Rn 50) für die ablehnende Verpächter-Erklärung keine Schriftform notwendig ist.

Auch im übrigen ist der Pächter für das Vorliegen der Pachtschutzvoraussetzungen darlegungspflichtig. Er sollte – und hier rechtfertigt sich ein möglichst präziser vorgerichtlicher Pachtschutzantrag (s o Rn 56) – von Anfang an seine genauen Vorstellungen über die Modalitäten der Vertragsfortsetzung (Dauer, evtl Abänderung nach Abs 2 S 2) sogleich mit beantragen und begründen.

Hält sich das Landwirtschaftsgericht in Ermangelung eines Landpacht-Vertrages (zur Abgrenzung vgl § 585 Rn 21) für **unzuständig**, hat es den Rechtsstreit nach Anhörung der Parteien von Amts wegen gemäß § 12 Abs 1 LwVG an das zuständige Prozeßgericht abzugeben (aA STEFFEN RdL 1987, 85, der eine Verweisung nach § 281 ZPO für notwendig hält).

b) Sachliche Entscheidung

76 Das Landwirtschaftsgericht hat nach Abs 6 S 1 über die Fortsetzung des Landpachtverhältnisses sowie deren Modalitäten (Dauer, Bedingungen) zu entscheiden. Gründe, die bereits in **vorhergehenden, rechtskräftig abgeschlosssenen Pachtschutzverfahren** geltend gemacht wurden, können in erneutem Verfahren nicht erneut zur Entscheidungsgrundlage werden. Denn die Begründung/Ablehnung des Pachtverlängerungs-Anspruchs ist in materielle Rechtskraft erwachsen (OLG Oldenburg 10 WLw 16/89 nicht veröffentlicht).

aa) Vertragsfortsetzung
(1) Dauer und Höchstdauer

77 Das Landwirtschaftsgericht ist in der Bestimmung der weiteren Vertragsdauer frei.

Es kann also eine feste Verlängerungszeit, einen bestimmten Endtermin oder eine Pachtverlängerung auf unbestimmte Zeit (LWLH Rn 75) bestimmen.

Der zeitlichen Höchstdauer sind indes unter doppeltem Aspekt **Grenzen gesetzt**: Weder darf das Landwirtschaftsgericht über den Pächter-Antrag hinausgehen noch die in Abs 3 Nr 3 bestimmten Höchstlaufzeiten überschreiten.

In Bezug auf diese Höchstlaufzeiten hat das Landwirtschaftsgericht (Abs 6 S 2) **vom Beginn des laufenden Pachtverhältnisses** aus zu rechnen. Die Auslegung dieser Eingrenzung (Abs 6 S 2: „Pachtverhältnis"; Abs 3 Nr 3: „Pachtvertrag") ist umstritten. Pachtschutz ist nach diesseitiger Auffassung zu versagen, wenn das Pachtverhältnis als Überlassungsform bereits über die in Abs 3 Nr 3 genannten Zeiträume angedauert hat (OLG Celle AgrarR 1988, 169; OLG Celle AgrarR 1990, 22 unter Bezugnahme auf PIKALO NJW 1986, 1465; Beschluß vom 20. 6. 1994 Az 7 W 24/94 [nicht veröffentlicht]; OLG Schleswig AgrarR 1988, 167; OLG Oldenburg 10 W 69/91 und 2/92 nicht veröffentlicht; kritisch LWLH Rn 76; zum Übergangsrecht bei langfristigen Vertragsverhältnissen vgl OLG Schleswig AgrarR 1988, 283).

(2) Fortsetzungsbedingungen
Grundsätzlich erfolgt die Pachtfortsetzung zu den bisherigen Vertragsbedingungen. **78** Ausnahmsweise gilt dies nicht **bei Unzumutbarkeit** für den Verpächter. Dann hat das Gericht die Pachtfortsetzung auch unter angemessener **inhaltlicher Änderung** der bisherigen Vertragsbedingungen zu beschließen (Abs 6 S 1 iVm Abs 2 S 2, der auch die Grenzen der Änderungsbefugnis umreißt, s o Rn 36).

Zugelassen ist auch die Beschränkung der Pachtfortsetzung auf einen Teil der Pachtsache, entsprechend dem bisherigen Recht (§ 8 Abs 1 S 3 LPachtG), so Rn 35. Zur Entscheidungskompetenz des Landwirtschaftsgerichts in diesen Fällen s § 595 a Rn 7.

Die Anordnung der wiederholten Pachtfortsetzung ist zulässig, allerdings nur im Rahmen der Höchstdauer von Abs 6 S 2 iVm Abs 3 Nr 3.

bb) Abweisung
Der nicht für begründet befundene Fortsetzungsantrag führt zu dessen Abweisung. **79** Wird der Fortsetzungsanspruch nur **bezüglich eines Teils** des Pachtobjekts für begründet gehalten, so kann auf Antrag des Pächters diesem Teil unter entsprechender Veränderung der Vertragsbedingungen (Pachtzins-Festsetzung) stattgegeben werden.

5. Rechtsnatur und Wirkungen der gerichtlichen Fortsetzungsentscheidung

Der die Pachtfortsetzung rechtsgestaltend anordnende **Gerichtsbeschluß** bewirkt eine **80** dem Beschlußinhalt entsprechende **Änderung des Vertragsinhalts**. Derart war bereits in § 11 Abs 2 LPachtG eine mit Wirkung für die Vertragsteile anordnende Fiktion statuiert, während das jetzige Recht eine entsprechende ausdrückliche Regelung für entbehrlich hält. Bei dieser Änderung des Vertragsinhalts handelt es sich nicht um eine vertragliche, sondern um eine gerichtliche Änderung.

Aus dem nunmehrigen Begriff der „Fortsetzung" anstelle der früheren Formulierung „Verlängerung" folgt, daß die bislang vereinbarte vertragsmäßige Beendigung gegenstandslos geworden und das bisherige Pachtverhältnis mit den nunmehr geänderten Bedingungen bis zum neu festgesetzten Endzeitpunkt weiterläuft. Damit ist die frühere Auffassung des BGH (RdL 1954, 11) *als überholt anzusehen* (vgl hierzu auch kritisch LWLH Rn 77).

81 Der **Fortsetzungsbeschluß** ist **nicht** nach § 2 LPachtVG **anzeigebedürftig** (LWLH Rn 96). Wird **jedoch** das landwirtschaftsgerichtliche Verfahren durch einen **Vergleich** beendet, ist dieser eine vertragliche Einigung mit der Konsequenz ihrer Anzeigepflicht.

IX. Zwingender Rechtsgehalt und seine Grenzen (Abs 8)

1. Rechtliche Sicherung des Funktionszwecks der Norm

a) **Grundzüge**

82 Die zwingende Vorschrift des Abs 8 sichert den rechtlichen Funktionszweck von § 595, in dem sie das in den Abs 1–7 statuierte **Recht des Pächters auf Vertragsfortsetzung für unverzichtbar** (S 1) und die in S 2 aufgeführten **Umgehungsgeschäfte für unwirksam** erklärt.

Unzulässig ist zunächst die **Aufgabe des materiellrechtlichen Fortsetzungsanspruchs** nach Abs 1 der Norm, gleichgültig, ob im Pachtvertrag oder einer späteren (Pachtverlängerungs-)Vereinbarung enthalten. Dem **gleichgestellt** sind Rechtsgestaltungen, die der Wirkung eines **Verzichts** gleichkommen, etwa Rücktrittsrechte mit rückwirkender Auflösungskraft (LWLH Rn 6).

83 Unzulässig sind weiter **Teilverzichte**, gleichgültig, ob sie den materiellen Fortsetzungsanspruch zum Gegenstand haben oder dessen Durchsetzung erschweren; dazu gehören etwa Vereinbarungen,

– die die Rechtsstellung des Pächters bezüglich des Fortsetzungsantrags aus Abs 4 erschweren, insbesondere sein Antragsrecht abbedingen;
– die die Frage der unbilligen Härte in einer für den Pächter negativen Weise festschreiben;
– die die Bedingungen einer Pachtfortsetzung (Abs 2 S 2) bereits festschreiben;
– die für den Pächter ungünstigeren Antragsfristen als in Abs 7 vorgesehen statuieren.

Unzulässig ist weiter die Vereinbarung eines **Schiedsgerichts**, das den Fortsetzungsanspruch hinsichtlich seines Durchsetzungs-Mechanismus außer Kraft setzt (BGH RdL 1952, 206; Fischer/Wöhrmann, LPachtG § 10 Rn 6; Lange/Wulff, LPachtG § 10 Rn 91 h; LWLH Rn 7).

Kein Verzicht (und damit wirksam) ist die einvernehmliche Vertragsaufhebung der Pachtvertrags-Parteien zu einem bestimmten Zeitpunkt.

84 Verboten ist nur ein **Verzicht des Pächters** auf seine Rechte; diejenigen des Verpächters sind nicht in vergleichbarer Weise beschränkt (LWLH Rn 15).

b) Wirkungen eines verbotenen Verzichts
Ein vereinbarter Verzicht – gleich welchen Umfangs – ist **nichtig**, § 134. § 139 kommt allerdings nicht zur Anwendung, da dies den Sinn der Norm in ihr Gegenteil verkehren würde (LWLH Rn 8).

c) Zur Unwirksamkeit von Umgehungsvereinbarungen
Nach S 2 sind auch solche Vereinbarungen unwirksam, nach denen einem Vertragsteil besondere Vor- oder Nachteile erwachsen sollen, wenn er die Rechte nach den Abs 1–7 ausübt bzw nicht ausübt.

Warum derartige Vereinbarungen „unwirksam" sind, der Verzicht in Abs 1 demgegenüber „nichtig", ist nicht ganz klar. Beide Ausdrücke werden nicht immer konsequent in demselben Sinne verwandt, und ein unwirksames Geschäft hat im Gegensatz zu einem nichtigen immer noch die Chance, ein wirksames zu werden (FLUME, Lehrbuch zum Allgemeinen Teil des BGB [1975] 448).

Unwirksam im Sinne von S 2 sind beispielsweise

– Zahlungsversprechen oder die Vereinbarung sonstiger Zuwendungen an den Pächter für den Fall fristgerechten/vereinbarten Abzugs;
– Pachtzinsermäßigung bei Nicht-Geltendmachung von Pachtschutz (LWLH Rn 14);
– Vertragsstrafevereinbarungen, Pachterhöhungs- oder sonstige zusätzliche Verpflichtungen des Pächters für den Fall seines nicht fristgerechten Abzugs, insbesondere Auflösung des Pachtvertrages mit Geltendmachung von Pachtschutz;
– ein Rücktrittsrechts des Verpächters bei Fortsetzungsanspruch des Pächters.

2. Zulässiger Verzicht vor kompetenter Stelle

Die Wirksamkeit des Pachtschutzverzichts ist an zwei Voraussetzungen geknüpft:

a) Zur Beilegung eines Pachtstreits
Dieser muß **nicht** notwendigerweise bereits **vor Gericht** anhängig sein; es reicht, daß der Pächter ein Pacht-Fortsetzungsverlangen bestellt und sich der Verpächter damit nicht einverstanden erklärt hat (FHL Rn 106).

Bei dem Pachtstreit muß es sich nicht um einen aus § 595 handeln; eine zulässige Verzichts-Vereinbarung ist vielmehr **auch aus Anlaß anderer Streitigkeiten** zu den Vertragsparteien möglich (FHL aaO).

Stets aber muß ein wirksamer Vertrag vorliegen und in Lauf gesetzt worden sein; es erscheint **unzulässig**, den Betriff des „Pachtstreits" auf die **Verhandlungen zum Vertragsabschluß** auszudehnen, so daß auf diesem „Umweg" doch wiederum von vornherein ein Verzicht des Pächters auf Pachtfortsetzungsanspruch vereinbart werden kann. Derart ist diese Ausnahme-Vorschrift restriktiv auszulegen und nur auf diejenigen Fälle anzuwenden, in denen im Rahmen eines laufenden Vertragsverhältnisses der Pächter als Beitrag zu einem beiderseitigen Nachgeben auf Pachtschutz-Rechte verzichtet.

Wenngleich die Bestimmung des Abs 8 S 1 sich nur auf die Verzichtserklärung bezieht, wird man unter dem Gesichtspunkt der Einheitlichkeit der Erklärung (arg § 313) verlangen müssen, daß **die insgesamt zur Beilegung des Pachtstreits getroffene Vereinbarung** – einschließlich des Verzichts – **schriftlich vor der zuständigen Stelle abgegeben** wird. Dafür spricht im übrigen auch das Schriftformerfordernis des § 585 a, zum Erreichen einer längerfristigen Vereinbarung.

b) **Kompetente Stelle**

aa) **Gerichte**

91 Da Schiedsgerichte im Zusammenhang mit Pachtschutz-Verfahren regelmäßig keine Rolle spielen (s o Rn 83), beschränkt sich die Zuständigkeit auf die ordentlichen Gerichte.

Regelmäßig ist damit das Landwirtschaftsgericht im Zusammenhang mit einem gerichtlich anhängigen Pachtstreit-Verfahren gemeint; mangels dementsprechender Eingrenzung ist theoretisch für die Verzichtserklärung **jedes deutsche Gericht – gleich welcher Instanz – zur Entgegennahme befugt** (LWLH Rn 9). Dabei ist es dem jeweiligen Gericht überlassen, den Verzicht vor dem Kollegialorgan oder einem einzelnen Richter entgegenzunehmen. Da jedoch stets der Zusammenhang mit einem Pachtstreit bestehen muß, ist die Verzichts-Abgabe vor einem anderen als dem Landwirtschaftsgericht ein meist nur theoretischer Fall.

bb) **Pachtschlichtungsstellen**

92 Damit gemeint sind die von Berufsverbänden und/oder Landwirtschaftskammern gebildeten Schlichtungsstellen (LWLH Rn 10; FHL Rn 106). Zur Entwicklung der Pachtschlichtungsstelle im Bereich der Landwirtschaftskammer Westfalen-Lippe vgl AgrarR 1987, 74.

Ihre Zuständigkeit zur Inempfangnahme einer Verzichtserklärung wird regelmäßig bei vorgerichtlichen Pachtstreitigkeiten gegeben sein.

c) **Formerfordernis**

93 Das für Landpacht-Vereinbarungen zu beachtende grundsätzliche Schriftform-Erfordernis (§ 585 a) erstreckt sich auch auf den vergleichsweisen Verzicht auf Pachtfortsetzung. Diesem Erfordernis wird durch Wahrung der dem Gericht obliegenden Protokollierungsform nach §§ 15 Abs 6 LwVG, 160 Abs 3 Nr 1 ZPO, 16 S 3 LwVG, 126 Abs 3 genügt.

Im übrigen ist der Vorgang gemäß § 2 Abs 1 LPachtVG vom Anzeigeerfordernis freigestellt.

§ 595 a

(1) **Soweit die Vertragsteile zur vorzeitigen Kündigung eines Landpachtvertrages berechtigt sind, steht ihnen dieses Recht auch nach Verlängerung des Landpachtverhältnisses oder Änderung des Landpachtvertrages zu.**

(2) **Auf Antrag eines Vertragsteiles kann das Landwirtschaftsgericht Anordnungen über die Abwicklung eines vorzeitig beendeten oder eines teilweise beendeten Land-**

pachtvertrages treffen. Wird die Verlängerung eines Landpachtvertrages auf einen Teil der Pachtsache beschränkt, kann das Landwirtschaftsgericht den Pachtzins für diesen Teil festsetzen.

(3) Der Inhalt von Anordnungen des Landwirtschaftsgerichts gilt unter den Vertragsteilen als Vertragsinhalt. Über Streitigkeiten, die diesen Vertragsinhalt betreffen, entscheidet auf Antrag das Landwirtschaftsgericht.

Materialien: BT-Drucks 10/508; 10/509; 10/3830; 10/3498.

Schrifttum

Siehe § 585.

Systematische Übersicht

I.	Allgemeine Kennzeichnung		III. Richterliche Vertragshilfe (Abs 2)	8
1.	Normgehalt	1		
2.	Verhältnis zum früheren Recht	5	IV. Wirkungen (Abs 3)	9
3.	Anwendungsbereich	6		
			V. Abdingbarkeit	10
II.	Die vorzeitige Kündigung (Abs 1)	7		
			VI. Verfahrensfragen	11

I. Allgemeine Kennzeichnung

1. Normgehalt

§ 595 a regelt **verschiedene Sachverhalte**, die nur einen losen Zusammenhang zueinander aufweisen. Der Systematik des Gesetzes und dem Verständnis der Bestimmungen wäre die Trennung der einzelnen Absätze dieser Vorschrift zu jeweils eigenen Paragraphen dienlich gewesen. **1**

§ 595 a Abs 1 stellt klar, daß das Recht zur vorzeitigen Kündigung eines Landpachtvertrages nicht durch eine gerichtliche Änderung (§ 593 Abs 4) oder Verlängerung (§ 595 Abs 6) dieses Vertrages ausgeschlossen wird. Abs 2 S 1 begründet die Befugnis des Landwirtschaftsgerichts, Anordnungen über die Abwicklung eines vorzeitig oder teilweise beendeten Landpachtvertrages zu treffen. **2**

Abs 2 S 2 stellt im wesentlichen nur die sich aus § 595 Abs 6 S 3 in Verbindung mit S 1 ergebene Ermächtigung des Landwirtschaftsgerichts klar, bei einer gerichtlich angeordneten teilweisen Vertragsverlängerung den Pachtzins festzusetzen. Eigenständige Bedeutung kommt der Bestimmung bei einverständlicher teilweiser Vertragsverlängerung ohne Pachtzinsfestsetzung zu. **3**

Abs 3 schließlich stellt klar, daß Anordnungen des Landwirtschaftsgerichts wie ver- **4** tragliche Vereinbarungen der Beteiligten zu behandeln sind. Wie diese Vereinbarungen unterliegen auch getroffene Anordnungen der jederzeitigen Überprüfung des Landwirtschaftsgerichts.

2. Verhältnis zum früheren Recht

5 Nach der amtlichen Begründung soll § 595 a Abs 1 die Regelung des früheren § 9 LPachtG unverändert übernehmen, wonach die Verlängerung oder Änderung eines Landpachtvertrages das Recht der Vertragsteile unberührt ließ, das Pachtverhältnis „aus besonderem vertraglichen, aus gesetzlichen oder aus wichtigem Grunde" vorzeitig zu kündigen. § 595 a Abs 2 entspricht weitgehend der Regelung des § 11 Abs 1 LPachtG, dessen S 2 in § 595 a Abs 2 S 2 wörtlich übernommen ist. Dort fehlt gegenüber § 11 Abs 1 S 1 LPachtG lediglich die Regelung über die Abwicklung eines aufgrund behördlicher Beanstandung aufgehobenen Landpachtvertrages; dies ist jetzt in § 8 Abs 2 LPachtVG enthalten. § 595 a Abs 3 S 1 entspricht § 11 Abs 2 LPachtG, der allerdings noch klarstellte, daß seine Rechtsfolge nicht nur Abwicklungsanordnungen, sondern unter anderem auch Anordnungen über die Änderung und Verlängerung eines Landpachtvertrages betraf. § 595 a Abs 3 S 2 wurde neu in das Gesetz eingeführt.

3. Anwendungsbereich

6 Die Bestimmung ist nach ihrem Abs 2 auf alle Landpachtverträge iSv § 585 Abs 1 und 3 anwendbar. Eine darüber hinausgehende Anwendung kommt nicht in Betracht. Dies folgt hinsichtlich der Absätze 2 und 3 bereits daraus, daß sie Sonderfälle der gerichtlichen Vertragshilfe regeln, die keine Basis für eine Analogie bilden können. In § 595 a Abs 1 hingegen ist ein Rechtsgedanke positiviert, der auch ohne ausdrückliche Vorschrift Geltung beanspruchen kann. Für eine Analogie ist kein Bedarf. Andererseits darf die Vorschrift auch nicht zu dem unzutreffenden Umkehrschluß verleiten, der in ihr enthaltene Rechtsgedanke gelte in anderen Fällen, insbesondere bei Vertragsverlängerungen und -anpassungen nach den § 556 a bis 556 c nicht (MünchKomm/VOELSKOW Rn 1).

II. Die vorzeitige Kündigung (Abs 1)

7 § 595 a Abs 1 besagt nur etwas Selbstverständliches und ist im Grunde überflüssig (SOERGEL/KUMMER Rn 2; MünchKomm/VOELSKOW Rn 1). Die aus § 9 LPachtG übernommene Regelung war ursprünglich eine Reaktion auf die Bestimmungen des § 4 RPachtO gewesen, wonach der Verpächter der Zustinmmung des Pachtamtes bedurfte, wenn er einen vom Pachtamt verlängerten Vertrag vorzeitig kündigen wollte. Bereits im Rahmen des LPachtG war die Klarstellung im Hinblick auf § 11 Abs 2 (jetzt § 595 a Abs 3 S 1) überflüssig (vgl FISCHER/WÖHRMANN § 9 LPachtG Rn 1). Bei der Reform des Landpachtrechts bestand um so weniger Anlaß, die Regelung durch ihre Übernahme ins BGB fortzuführen.

Die Fälle einer vorzeitigen Kündigung werden in § 595 a nicht geregelt, sondern vorausgesetzt. Auch aus § 594 a Abs 2 kann nicht gefolgert werden, daß nur in den dort behandelten Fällen der Kündigung unter Einhaltung der gesetzlichen Frist eine vorzeitige Kündigung vorliegt (aA MünchKomm/VOELSKOW Rn 1). § 594 a Abs 2 hat allein den Zweck, die regelmäßige Kündigungsfrist nach § 594 Abs l zu verkürzen, wenn ein Recht zur vorzeitigen Kündigung besteht. Entsprechend der Formulierung in dem früheren § 9 LPachtG ist daher unter Abs l jedes aus vertraglichem, gesetzlichem oder wichtigem Grunde sich ergebende Recht zur vorzeitigen Kündigung zu fassen (SOERGEL/KUMMER Rn 2).

Bei Vorliegen der entsprechenden Voraussetzungen kann der Kündigungsberechtigte kündigen, ohne Rücksicht auf eine etwaige Verlängerung des Landpachtverhältnisses oder Änderung des Landpachtvertrages. Dabei weist die Unterscheidung zwischen dem Landpachtverhältnis bei Verlängerung und dem Landpachtvertrag bei Änderung nicht auf einen sachlichen Unterschied hin, sondern beruht lediglich auf der insoweit unterschiedlichen Terminologie in den §§ 593, 595.

III. Richterliche Vertragshilfe (Abs 2)

Abs 2 räumt dem Landwirtschaftsgericht in S 1 die Befugnis ein, auf Antrag Anordnungen über die Abwicklung eines vorzeitig oder teilweise beendeten Landpachtvertrages zu treffen. 8

Eine **vorzeitige** Beendigung liegt vor, wenn ein Vertragsteil – aus welchem Grunde auch immer – gekündigt hat. Vom Wortlaut umfaßt wird auch die **einvernehmliche Aufhebung** des Pachtvertrages. Da die den Wortsinn einschränkende Verweisung auf vorzeitige Kündigungsfälle, die in § 11 Abs I LPachtG enthalten war, nicht übernommen wurde und ein vergleichbares Bedürfnis nach richterlicher Gestaltung der Vertragsabwicklung besteht, ist die Bestimmung auch bei einverständlicher Vertragsaufhebung anwendbar (FHL Rn 2). Gleiches gilt für die Beendigung des Vertragsverhältnisses aufgrund Eintritts einer auflösenden Bedingung.

Eine **teilweise Beendigung** tritt ein, wenn das Landwirtschaftsgericht im Pachtschutzverfahren die Fortsetzung des Vertrages gemäß § 595 Abs 6 S 3 auf einen Teil der Pachtsache beschränkt hat.

Einen Sonderfall bildet die einverständliche teilweise Vertragsaufhebung, ohne daß sich die Beteiligten über den neuen Pachtzins für die restliche Pachtsache einigen. In Abweichung von den allgemeinen Grundsätzen führt die fehlende Einigung hier nicht zur Unwirksamkeit der Vereinbarung, weil nach Abs 2 S 2 das Landwirtschaftsgericht den Pachtzins festsetzen kann (MünchKomm/VOELSKOW Rn 2).

IV. Wirkungen (Abs 3)

Alle Entscheidungen des Landwirtschaftsgerichts nach Abs 2 werden Vertragsinhalt des Landpachtvertrages. Wie in den Fällen der gerichtlich festgesetzten Vertragsverlängerung (§ 595 Rn 13, 81) bedarf nicht die Entscheidung, wohl aber der zur Verfahrensbeendigung geschlossene Vergleich der Anzeige nach § 2 LPachtG. 9

V. Abdingbarkeit

Die Abdingbarkeit des § 595 a Abs l richtet sich nach der jeweiligen, das Recht zur vorzeitigen Kündigung regelnden Norm. Läßt diese eine Abbedingung zu, kann das 10 betreffende Kündigungsrecht auch für die Zeit nach einer Vertragsverlängerung oder Anpassung ausgeschlossen werden.

Die Absätze 2 und 3 ergänzen die Befugnisse und das Verfahren des Landwirtschaftsgerichts bei Verlängerung und Anpassung von Landpachtverträgen gemäß §§ 593, 595. Ebenso wie bei diesen Vorschriften ist von der Unabdingbarkeit der gesetzlichen Regelung auszugehen.

VI. Verfahrensfragen

11 In den Fällen des Abs 2 und 3 entscheidet das Landwirtschaftsgericht im FGG-Verfahren gem §§ 1 Nr 1; 9 LwVG (LWLH Rn 21).

§ 596

(1) Der Pächter ist verpflichtet, die Pachtsache nach Beendigung des Pachtverhältnisses in dem Zustand zurückzugeben, der einer bis zur Rückgabe fortgesetzten ordnungsgemäßen Bewirtschaftung entspricht.

(2) Dem Pächter steht wegen seiner Ansprüche gegen den Verpächter ein Zurückbehaltungsrecht am Grundstück nicht zu.

(3) Hat der Pächter die Nutzung der Pachtsache einem Dritten überlassen, so kann der Verpächter die Sache nach Beendigung des Pachtverhältnisses auch von einem Dritten zurückfordern.

Materialien: BT-Drucks 10/508; 10/509; 10/3830; 10/3498.

Schrifttum

Siehe § 585.

Systematische Übersicht

I.	Entstehungsgeschichte	1	c)	Nicht vertragsgemäßer Zustand	12
			d)	weitere Einzelheiten	13
II.	Überblick	2	2.	Fälligkeit	17
			3.	Leistungsort	21
III.	Voraussetzungen des Anspruchs auf		4.	Zurückbehaltungsrecht (Abs 2)	22
	Rückgabe	5	5.	Verjährung	23
			6.	Protokoll über die Rückgabe	24
IV.	Rückabwicklung des Pachtverhältnisses		V.	Ersatzansprüche des Verpächters bei nicht vertragsgemäßer Rückgabe	
1.	Rückgabe	6			
a)	Rückgabehandlung	7	1.	Bloße Nichterfüllung	25
b)	Zustand der Pachtsache	9	2.	Unmöglichkeit der Rückgabe	26

3. Titel. Miete. Pacht §596
III. Landpacht

3.	Verspätete Rückgabe	27
4.	Rückgabe in nicht ordnungsgemäßem Zustand	28
a)	Allgemeines	28
b)	Rücknahmeverweigerung des Verpächters	29
5.	Teilweise Räumung	30

VI. Ersatzansprüche des Pächters für Verbesserungen der Pachtsache

1.	Ersatzlos geschuldete Verbesserungen	31
2.	Notwendige Verwendungen	32
3.	Nützliche Verwendungen	33

4.	Lieferrechte und -beschränkungen, Subventionen	34
a)	Lieferrechte und -beschränkungen	34
b)	Subventionsleistungen	35

VII. Rückgabeanspruch gegenüber Dritten (Abs 3)

| 1. | Zweck der Vorschrift | 36 |
| 2. | Voraussetzungen | 37 |

VIII. Abdingbarkeit — 39

IX. ZPO-Verfahren — 40

Alphabetische Übersicht

Abdingbarkeit	39
Ausbesserungspflichten	10
Auskunftsansprüche, anläßlich der Rückgabe	16
biologische Wirtschaftsweise	14
DDR, Kreispachtverträge	15
Dritter, als Schuldner des Rückgabeanspruchs	36 f
Ersatzansprüche, des Pächters	31 ff
– des Verpächters	25 ff
Fälligkeit, des Rückgabeanspruchs	17 ff
forstwirtschaftliche Nutzung	14
Kreispachtverträge	15
Leistungsort, der Rückgabe	21
Milchquote	34
ordnungsgemäße Bewirtschaftung	2 f
ordnungsgemäßer Zustand, bei Rückgabe nicht vorhanden	28 ff
Pächter, Ersatzansprüche	31 ff
– Ersatzansprüche bei Produktionsquoten	34
Pachtsache, Zustand bei Rückgabe	9 ff
Produktionsbeschränkungen	34
Räumung, teilweise	30

Räumungsschutz, bei Wohnraum	20
Rückgabe	6 ff
– Auskunftsansprüche	16
– Fälligkeit des Anspruchs	17 ff
– in nicht ordnungsgemäßem Zustand	28 ff
– Leistungsort	21
– Protokoll	24
– Umfang	8
– Unmöglichkeit	26
– verspätete	27
– von Drittem	36 f
– Voraussetzungen	5
– vorzeitige	18
– Zustand	2, 9 ff
Rückgabehandlung	7
Rücknahme, Verweigerung durch den Verpächter	29
Subventionen	35
teilweise Räumung	30
Unmöglichkeit, der Rückgabe	26
Verfahrensfragen	40
Verjährung	23
Verpächter, Ersatzansprüche	25 ff
– Rücknahmeverweigerung	29
Verwendungen, Ersatzansprüche des Pächters	32 f
Wirtschaftsweise, biologische	14
Wohnraum, Räumungsschutz	20

Zuckerrübenlieferrechte	34	– nicht vertragsgemäß	12 ff
Zurückbehaltungsrecht	22	– Veränderungen	11
Zustand der Pachtsache, bei Rückgabe	9 ff		

I. Entstehungsgeschichte

1 Die Vorschrift geht auf das LPachtNeuOG vom 8. 11. 1985 zurück und entspricht in Abs 1 dem § 591 S 1 aF. § 591 S 2 aF ist hierher nicht übernommen worden, da die Bestellung zur ordnungsgemäßen Bewirtschaftung gehört (BT-Drucks 10/509 S 26). Die Absätze 2 und 3 entsprechen den Absätzen 2 und 3 des geltenden § 556 iVm § 581 Abs 2 aF.

II. Überblick

2 Im Unterschied zum Miet- oder sonstigen Pachtrecht beinhaltet § 596 Abs 1 für das Landpachtrecht eine dispositive **Sonderregelung**: Der Landwirtschaftspächter muß danach den Pachtgegenstand in dem Zustand zurückgewähren, der **ordnungsgemäßer Bewirtschaftung** entspricht. Das muß nicht der Zustand sein, in dem er sich bei Vertragsbeginn befunden hat (BGH NJW 1983, 1049; WOLF/ECKERT Rn 289).

3 § 596 Abs 1 knüpft ausdrücklich an die in § 586 Abs 1 S 3 statuierte Pächterpflicht zur ordnungsgemäßen Bewirtschaftung an und setzt konsequenterweise voraus, daß der Zustand der Pachtsache bei Rückgabe das Ergebnis dementsprechenden Verhaltens widerspiegeln muß. Um einen ordnungsgemäßen Zustand der Pachtsache bis zum Ende des Pachtverhältnisses sicherzustellen, hat der Gesetzgeber die **Bewirtschaftungspflicht des Pächters in § 586 Abs 1 S 3 als fortgesetzt geschuldete Tätigkeit** normiert. § 596 Abs 1 verstärkt dies mit dem Merkmal „fortgesetzt". Daraus folgt zugleich, daß die ordnungsgemäße Bewirtschaftung **bis zur endgültigen Abwicklung** des Pachtverhältnisses geschuldet ist und zwar in der Weise, daß auch nach Ende der Pacht dauerhafte Erträge aus dem Pachtobjekt erzielt werden können (STAUDINGER/ SONNENSCHEIN [1995] § 584b Rn 25). Abgesichert wird dies zusätzlich dadurch, daß der Pächter bestimmte landwirtschaftliche Erzeugnisse entspr § 596 b zurücklassen muß.

4 Die **weiteren Regelungen** zur Rückabwicklung des Landpachtvertrages finden sich in §§ 596 a (Halmtaxe), 596 b (Zurücklassung von Erzeugnissen), 597 (Ersatzansprüche des Verpächters für die Vorenthaltung der Pachtsache) sowie in den §§ 582 a bis 583 a (eiserne Verpachtung).

III. Voraussetzungen des Anspruchs auf Rückgabe

5 Die Rückgabepflicht setzt die Beendigung eines wirksamen Landpachtvertrages voraus. Aus welchen Gründen das Pachtverhältnis beendet worden ist, ob zB durch Zeitablauf, Kündigung oder einverständliche Absprache, ist ohne Bedeutung (LWLH Rn 9). Liegt kein wirksamer Pachtvertrag vor, verbleibt es bei den Ansprüchen aus §§ 812 ff, 985.

IV. Rückabwicklung des Pachtverhältnisses

1. Rückgabe

Mit der Beendigung des Pachtverhältnisses ist der Pächter verpflichtet, das Pachtobjekt in dem Zustand zurückzugeben, der einer bis zur Rückgabe fortgesetzten ordnungsgemäßen Bewirtschaftung entspricht.

a) Rückgabehandlung
Die Rückgabe selbst vollzieht sich in der Weise, daß **der Pächter dem Verpächter den unmittelbaren Besitz an der Pachtsache einräumt**. Dies gilt **auch** dann, wenn nicht er, sondern ein **Dritter** unmittelbaren Besitz an der Pachtsache hat (BGHZ 56, 308). Zur Erfüllung des Rückgabeanspruchs genügt nicht die Abtretung des Herausgabeanspruchs gegenüber dem Dritten; ihn kann der Verpächter aus eigenem Recht gem § 596 Abs 3 zusätzlich in Anspruch nehmen (vgl § 589 Rn 30).

Mit dem unmittelbaren Besitz muß der Verpächter die gesamte Pachtsache **mit allen Einrichtungen und Anlagen** zu seiner uneingeschränkten Disposition erlangen; hierzu gehören ua

– die Räumung der Betriebsstelle von Pächterinventar
– und die Übergabe der Schlüssel (PALANDT/PUTZO § 596 Rn 1; WOLF/ECKERT Rn 289)
– nebst der ungetrennten Früchte.

b) Zustand der Pachtsache
Mit der schlichten Rückgabe der Pachtsache erfüllt der Pächter seine Rückgabepflicht nicht. Er hat darüber hinaus die Pachtsache in **vertragsgemäßem Zustand** zu übergeben, dh nach dem ausdrücklichen Wortlaut des § 596 Abs 1 in dem Zustand, der einer bis zur Rückgabe fortgesetzten ordnungsgemäßen Bewirtschaftung entspricht.

Ob das Pachtobjekt sich in einem derartigen Zustand befindet, beurteilt sich zunächst nach den zum **Vertragsinhalt** erhobenen Vorstellungen der Parteien, wie er sich aus dem Landpachtvertrag sowie einer nach § 585 b erstellten **Beschreibung** der Pachtsache darstellt. Diese Angaben sind die **Basis**, die häufig (zB zur Bestellung, Bodenbearbeitung und Düngung) detaillierte Regelungen hinsichtlich des zurückzugebenden Zustands enthält. Darauf aufbauend ist ggf weiter zu fragen, ob aus der Sicht eines verständigen Landwirtes die Bewirtschaftung des Pachtobjekts bei der Rückgabe den Anforderungen entspricht, die die Parteien bei Vertragsschluß zugrunde gelegt haben; unerhebliche Abweichungen müssen außer Betracht bleiben.

Können **keine besonderen Vereinbarungen** der Parteien festgestellt werden, verbleibt es bei der Beurteilung des Bewirtschaftungszustandes nach **objektiven Kriterien**. Es ist mithin danach zu fragen, ob der Pächter seinen **Bewirtschaftungs- und Ausbesserungspflichten** nachgekommen ist, dh nach den Regeln gewirtschaftet hat, die nach allgemeiner Auffassung in landwirtschaftlichen Kreisen einzuhalten sind, um einen ordentlichen, durchschnittlichen Anforderungen genügenden Bewirtschaftungsstand der konkreten Pachtsache zu erreichen (BGB-RGRK/GELHAAR § 591 Rn 1; vgl dazu ausführlich § 586 Rn 32 ff, 38 ff).

11 Ist während der Vertragszeit der Zustand der Pachtsache einvernehmlich geändert worden (§ 590 Rn 30), ist dieser der Maßstab auch für die Rückgabe. Besondere Schwierigkeiten bereiten in diesem Zusammenhang hingegen **während der Vertragslaufzeit eingetretene Änderungen** in den Vorstellungen einer Vertragspartei oder der Allgemeinheit über den Inhalt ordnungsgemäßer Bewirtschaftung. Auch insoweit gilt, daß sich die Rückgabepflicht prinzipiell an der Ordnungsgemäßheit der Bewirtschaftung während der Vertragslaufzeit orientiert. Das bedeutet, daß der **Verpächter** etwa ebenso den Zustand der Pachtsache nach zulässiger biologischer Wirtschaftsweise und/oder als Konsequenz ordnungsgemäßer Einbeziehung in Flächenstillegungsprogramme hinnehmen muß wie der **Pächter** zu Allgemeingut gewordene Erkenntnisse hinsichtlich der Bodenbelastung mit Schadstoffen (zB aufgrund übermäßiger Düngung, Einsatz von unzulässig gewordenen Pflanzenschutzmitteln oder Gülleaufbringung) der Bewirtschaftungs- und damit der Rückgabepflicht zugrundezulegen hat. In Zweifelsfällen wird ein Vertragsverstoß des Pächters während der Bewirtschaftung mit entsprechenden Pflichten anläßlich der Rückgabe umso weniger anzunehmen sein, wie nicht der Verpächter während der Vertragslaufzeit gemahnt bzw auf eine Klärung hingewirkt hat.

c) **Nicht vertragsgemäßer Zustand**

12 Nicht vertragsgemäß ist folglich der Bewirtschaftungszustand, der einer fortgesetzten ordnungsgemäßen Bewirtschaftung nicht entspricht. Die bloße **Erhaltung des bei Übergabe vorgefundenen Zustands der Pachtsache reicht nicht aus**; ein bei Antritt der Pacht schlechter Zustand der Pachtsache ist nur dann vom Verpächter am Pachtende hinzunehmen, wenn der Pächter trotz ordnungsgemäßer Bewirtschaftung keine Abhilfe schaffen konnte.

d) **weitere Einzelheiten**

13 Sind während der Pachtzeit Grenzsteine abhanden gekommen, müssen diese pächterseits ersetzt werden (OLG Koblenz AgrarR 1994, 101).

14 Zu Fragen der Nutzungsänderungen vgl § 590 Abs 2 und die dortige Kommentierung. Speziell die land- und forstwirtschaftlichen Nutzflächen sind in einem ordnungsgemäß und bestimmungsgemäß gepflegten, gedüngten und – je nach Übergabezeitpunkt – bestellten Zustand zurückzugeben. Hat zB der Päcker – außerhalb einer Vereinbarung mit dem Verpächter (s § 586 Rn 36) – die Bewirtschaftung der Flächen auf **biologische Wirtschaftsweise** umgestellt und sind daher – unter dem Gesichtspunkt konventioneller Wirtschaftsweise – die Flächen zu stark verunkrautet, ist dies kein ordnungsgemäßer Rückgabezustand. Die Umwandlung von Ackerin Weideland soll bei einem Milchviehbetrieb unter dem Gesichtspunkt des Erhalts der Referenzmenge unschädlich sein, da auch Ackerland eine zur Milcherzeugung dienende Fläche ist (OLG Hamm AgrarR 1991, 133) Dies erscheint auch akzeptabel, wenn zum Zeitpunkt der Rückgabe eine ordnungsgemäße Bewirtschaftung des Milchviehbetriebes (mit Weidehaltung, wenn dazugehörig) gewährleistet ist.

Wenn Flächen zur **forstwirtschaftlichen** Nutzung verpachtet wurden, besteht keine Pflicht zur Rodung von Stubben (OLG Hamm AgrarR 1990, 201).

In der **ehemaligen DDR** waren die Flächen vieler nicht enteigneter Eigentümer **15** zwangsweise an die Räte der Kreise verpachtet, die diese dann ihrerseits an Landwirtschaftliche Produktionsgenossenschaften weiter verpachteten (sog „**Kreispachtverträge**"). Bei der Rückabwicklung dieser Verträge war streitig, wem gegenüber die Eigentümer Ansprüche wegen Veränderung/Verschlechterung durchsetzen konnten. Diese Frage ist mittlerweile vom BGH (AgrarR 1995, 15, 19) dahingehend entschieden, daß die Eigentümer praktisch keinerlei Anspruchsgegner haben: die Räte der Kreise existieren nicht mehr, die Neuen Bundesländer haften nicht als ihre Rechtsnachfolger; die Eigentümer haben mangels Vertragsbeziehung auch keine direkten Ansprüche gegenüber den Landwirtschaftlichen Produktionsgenossenschaften, denkbar ist nur die Abtretung von Schadensersatzansprüchen der ehemaligen Räte der Kreise gegen die Landwirtschaftlichen Produktionsgenossenschaften.

Auskunftsansprüche des Verpächters zur Vorbereitung der Rückgabe bestehen allen- **16** falls unmittelbar vorher (OLG Celle AgrarR 1994, 234; aA OLG Oldenburg AgrarR 1994, 268).

2. Fälligkeit

Der Rückgabeanspruch des Verpächters ist **unmittelbar mit Beendigung des Land-** **17** **pachtverhältnisses** fällig, nach hM gem § 193 am Tage nach Pachtende (LWLH Rn 11; STAUDINGER/SONNENSCHEIN [1995] § 556 Rn 23; MünchKomm/VOELSKOW [1. Aufl] § 556 Rn 22; aA WOLF/ECKERT Rn 289: letzter Tag der Pachtzeit).

Eine **vorzeitige Rückgabe** nach Maßgabe des § 271 Abs 2 ist dem Pächter nur mit **18** **Verpächter-Zustimmung** möglich. Dieser verzichtet mit der Rücknahme des Pachtobjektes bis zum Vertragsende auf die vom Pächter geschuldete ordnungsgemäße Bewirtschaftung. Ohne Zustimmung des Verpächters fallen mithin Fälligkeit und Erfüllbarkeit zusammen.

Die Fälligkeit **entfällt**, wenn der Pächter nach Maßgabe des § 595 eine **Fortsetzung** des **19** Pachtverhältnisses erwirken kann. Die Entscheidung des Landwirtschaftsgerichtes setzt im Wege des gestaltenden Beschlusses eine neue Frist für die Beendigung des Vertrages fest. Überschneiden sich Räumungsklage nach § 596 als streitiges Verfahren gem § 1 Nr 1 a LwVG und das Verfahren auf Vertragsfortsetzung als FGG-Verfahren, so ist das **Räumungsverfahren** gem §§ 48 Abs 1 LwVG, 148 ZPO **auszusetzen**, da das FGG-Verfahren nach § 595 vorrangig ist.

Soweit **Wohnraum** mitverpachtet ist, kann der **Räumungsschutz** nach § 721 ZPO iVm **20** § 48 Abs 1 LwVG bedeutsam werden. Die Gewährung einer derartigen Räumungsfrist beseitigt Fälligkeit und Verzug nicht (vgl PALANDT/HEINRICHS § 284 Rn 14). Ansprüche auf Ersatz des weiteren Schadens sind indessen in analoger Anwendung des § 557 Abs 3 ausgeschlossen.

3. Leistungsort

Die Rückgabe der Pachtsache hat an dem Ort zu erfolgen, an dem sich die Grund- **21** stücke befinden. Hiernach beurteilt sich auch der Gerichtsstand (§ 29 ZPO iVm § 48 Abs 1 LwVG).

4. Zurückbehaltungsrecht (Abs 2)

22 Gegenüber dem Rückgabeanspruch des Verpächters steht dem Pächter wegen aller Gegenansprüche, die sich auf den Grundbesitz beziehen, insbesondere wegen solcher auf Ersatz von Verwendungen, **kein Zurückbehaltungsrecht** zu. Die gesetzliche Regelung beruht auf der Überlegung, daß die Gegenansprüche des Pächters regelmäßig außer Verhältnis zum Wert des Pachtgegenstandes stehen. Sie ist inhaltsgleich mit § 556 Abs 2, (s STAUDINGER/EMMERICH [1995] § 556 Rn 43 ff) Etwas anderes gilt nur wegen der Forderungen des Pächters, die sich auf das mitgepachtete Inventar beziehen, was aus §§ 585 Abs 2, 583 Abs 1 folgt.

Kann der Verpächter sein Herausgabeverlangen mangels wirksamen Pachtvertrages nicht auf § 596, sondern nur auf §§ 985, 812 ff stützen, ist § 273 gleichfalls nicht ausgeschlossen (STAUDINGER/EMMERICH [1995] § 556 Rn 43). Für die gerichtliche Durchsetzung des Herausgabeanspruchs ist in jedem Fall die Zuständigkeit des Landwirtschaftsgerichts gegeben, gleichgültig, ob dieser auf § 596 oder auf § 985 gestützt wird (OLG Köln AgrarR 1990, 263).

5. Verjährung

23 Der **Rückgabeanspruch** des Verpächters hinsichtlich aller Gegenstände der Verpachtung (BGH NJW 1985, 2103) unterliegt der regelmäßigen Verjährungsfrist von **30 Jahren** (§ 195, s STAUDINGER/EMMERICH [1995] § 556 Rn 78). Die beiderseitigen **Ersatzansprüche** verjähren in **6 Monaten** nach näherer Maßgabe des § 591 b. Verhandeln die Parteien während der Verjährungsfrist und darüber hinaus über eine einvernehmliche Regelung, ist die Verjährungseinrede innerhalb einer nach Abbruch der Verhandlungen laufenden Überlegungsfrist **unzulässige Rechtsausübung** (PALANDT/HEINRICHS vor § 194 Rn 12 ff). Dies soll nach einer Entscheidung des OLG Köln (AgrarR 1993, 150) jedoch nicht gelten, wenn die Parteien (nur) gemeinsam einen Gutachter mit der Mangelfeststellung beauftragen.

6. Protokoll über die Rückgabe

24 *Angesichts der außerordentlichen wirtschaftlichen Tragweite empfiehlt sich für die Vertragsparteien eine protokollierte Übergabeverhandlung.* Der etwaige vertragswidrige oder überobligationsmäßige Zustand des Pachtobjekts ist im Übergabeprotokoll festzuhalten. Die Übergabeverhandlung hat Vergleichscharakter, so daß grundsätzlich nur die aufgenommenen Mängel oder Verbesserungen in einem späteren Rechtsstreit Berücksichtigung finden können (BGH NJW 1983, 446, 448).

Soweit keine Übergabeverhandlung stattfindet, der Verpächter die Pachtsache aber vorbehaltlos zurücknimmt, gibt er zu erkennen, daß er die Rückgabe als vertragsgerecht angesehen hat. Gem § 363 trifft ihn daher die Beweislast, wenn er sich später darauf berufen will, der Pächter habe seine Rückgabepflicht nicht erfüllt (vgl WOLF/ECKERT Rn 291).

V. Ersatzansprüche des Verpächters bei nicht vertragsgemäßer Rückgabe

1. Bloße Nichterfüllung

Gibt der Pächter die Pachtsache bei Pachtende nicht zurück – etwa weil er die Kündigung des Verpächters nicht für wirksam hält –, liegt kein Fall einer Leistungsstörung vor. Bei bloßer **Nichtleistung** des Pächters muß der Verpächter seinen **Erfüllungsanspruch** – hier seinen Rückgabeanspruch – durchsetzen (vgl PALANDT/HEINRICHS vor § 275 Rn 1). Für die Dauer der Vorenthaltung gewährt § 597 dem Verpächter jedoch einen Anspruch auf Nutzungsentschädigung in Höhe des vereinbarten Pachtzinses. Weitergehende Schadensersatzansprüche stehen ihm erst zu, wenn der Pächter den Verzug zu vertreten hat (§ 597 S 2 iVm §§ 284, 286). Hierzu auch § 597 Rn 12.

2. Unmöglichkeit der Rückgabe

Ist dem Pächter die Rückgabe der Pachtsache auf Dauer **objektiv unmöglich**, wird er gem § 275 Abs 1 von seiner Pflicht zur Rückgabe frei. Dabei steht die nachträgliche Unmöglichkeit der Leistung dem nachträglichen Unvermögen des Pächters gleich (§ 275 Abs 2). Hat der Pächter die Unmöglichkeit zu vertreten, haftet er nach § 280 auf Schadensersatz.

Objektive (nachträgliche) Unmöglichkeit kann nach dem herrschenden engen Unmöglichkeitsbegriff nur angenommen werden, wenn der gegenständlich verstandene Leistungserfolg weder vom Schuldner noch von irgendeinem Dritten herbeigeführt werden kann, dh die Leistung endgültig unerbringlich ist (vgl MünchKomm/EMMERICH § 275 Rn 3 ff). Dies wird nur selten anzunehmen sein – zB bei Untergang oder Zerstörung der Pachtsache (vgl PALANDT/HEINRICHS § 275 Rn 5).

Nach Maßgabe des § 275 Abs 2 kann das nachträgliche Unvermögen des Pächters zur Rückgabe ebenfalls zu seiner Leistungsbefreiung führen. „Unvermögen" liegt aber nicht bereits dann vor, wenn allein der Schuldner zur Leistung außerstande ist; hinzukommen muß, daß der Schuldner auch zur Beschaffung der Leistung – notfalls durch den Einsatz erheblicher finanzieller Mittel – nicht in der Lage ist (vgl MünchKomm/EMMERICH § 275 Rn 52 ff; PALANDT/HEINRICHS § 275 Rn 13). Der Pächter, der die Pachtsache an einen Dritten **unterverpachtet** hat, kann sich folglich gegenüber dem Rückgabeanspruch des Verpächters nicht darauf berufen, ihm selbst stehe zur Zeit gegenüber seinem Unterpächter kein Herausgabeanspruch zu (vgl MünchKomm/EMMERICH § 275 Rn 54). Demgemäß kann der Verpächter für die Dauer der Vorenthaltung eine Nutzungsentschädigung nach § 597 beanspruchen (vgl BGH NJW 1984, 1527 f; im übrigen hierzu § 597 Rn 9).

Subjektive Unmöglichkeit (Unvermögen) ist auch dann zu verneinen, wenn der Pächter persönlich nicht in der Lage ist, die Pachtsache in einem ordnungsgemäß bewirtschafteten Zustand zurückzugeben. Der Pächter hat sich zu bemühen, die vertraglich geschuldete Leistung zu ermöglichen (vgl MünchKomm/EMMERICH aaO); solange Dritte gegen entsprechende Vergütung einen ordnungsgemäßen Zustand der Pachtsache herstellen können, fehlt es an einem Unvermögen des Pächters iSd § 275 Abs 2. In Ausnahmefällen ist indessen eine derartige Leistungserschwerung denkbar, daß der Pächter nicht an seiner Pflicht zur ordnungsgemäßen Rückgabe festgehalten werden kann (vgl MünchKomm/EMMERICH § 275 Rn 55, 19 mwN zur sog wirtschaftlichen Unmöglichkeit).

3. Verspätete Rückgabe

27 Erfolgt die Rückgabe gegen den Willen des Verpächters verspätet, so kann dieser **Nutzungsentschädigung nach § 597** beanspruchen. Ist der Pächter für die Verzögerung verantwortlich, kann der Verpächter unter den Voraussetzungen des **Verzuges** gem § 286 Abs 1 einen **weiteren Verzögerungsschaden** ersetzt verlangen. § 326 ist nicht anwendbar, da die Rückgabepflicht als bloße Abwicklungspflicht nicht Bestandteil des Synallagmas ist (vgl PALANDT/HEINRICHS Einf v § 320 Rn 16; vgl auch § 597 Rn 12).

4. Rückgabe in nicht ordnungsgemäßem Zustand

a) Allgemeines

28 Nimmt der Verpächter die Pachtsache in nicht ordnungsgemäßem Bewirtschaftungszustand zurück, hat er zunächst **mangels einer Vorenthaltung keinen Ersatzanspruch aus § 597** (BGH WM 1974, 260; WOLF/ECKERT Rn 302).

Hat er wegen des vertragswidrigen Zustands der Pachtsache Pachtausfallschäden, stehen ihm **Schadensersatzansprüche aus positiver Vertragsverletzung** dann zu, wenn der Pächter die Schlechterfüllung zu vertreten hat (hierzu auch § 597 Rn 12). Diese Anspruchsgrundlage gilt auch für die übrigen Schäden des Verpächters zB Kosten zur Wiederherstellung eines ordnungsgemäßen Zustandes der Pachtsache

Nimmt der Verpächter den Pächter auf **Schadensersatz wegen nicht durchgeführter, laufender Unterhaltungs- und Bewirtschaftungsmaßnahmen** in Anspruch, muß er grundsätzlich seinem Pächter in Anlehnung an § 326 Abs 1 (MünchKomm/EMMERICH vor § 275 Rn 138) zusätzlich eine angemessene **Nachfrist** zu deren Vornahme setzen und gleichzeitig erklären, daß er nach ungenutztem Fristablauf die Annahme der Leistungen ablehnt. Die Pflichtverletzung des Pächters betrifft, wie § 586 Abs 1 S 1 klarstellt, eine **Hauptleistungspflicht** (§ 586 Rn 33 ff). Ebenso wie im Mietrecht bei unterlassenen Schönheitsreparaturen, die der Mieter vertraglich übernommen hat (PALANDT/HEINRICHS § 326 Rn 9 mwN), erhält der Pächter damit Gelegenheit, die durch die ordnungswidrige Unterhaltung und Bewirtschaftung verursachten Mängel innerhalb der gesetzten Nachfrist kostengünstig zu beseitigen. Diese Vorgehensweise ist lediglich in den Fällen des § 326 Abs 2 entbehrlich, wobei stets die Umstände des Einzelfalls entscheidend sind. Hat der Verpächter das Pachtverhältnis vorzeitig wegen vertragswidriger Bewirtschaftung beenden können, wird es regelmäßig angesichts der Unfähigkeit und Unzuverlässigkeit des Pächters keiner Nachfristsetzung mehr bedürfen; dies muß ferner auch in den Fällen ernsthafter und endgültiger Erfüllungsverweigerung gelten (PALANDT/HEINRICHS § 326 Rn 20); schließlich aber auch immer dann, wenn die Parteien den dispositiven § 326 bereits im Pachtvertrag oder im Rahmen der Rückgabeverhandlungen abbedungen haben.

b) Rücknahmeverweigerung des Verpächters

29 Verweigert der Verpächter die Rücknahme der Pachtsache in dem angebotenen ordnungswidrigen Zustand, gerät er wegen der Sonderregelung des § 596 grundsätzlich

nicht in Annahmeverzug, wenn er gleichzeitig dem Pächter eine angemessene Frist setzt, innerhalb derer dieser die Pachtsache in einen **ordnungsgemäßen Zustand** zu versetzen hat. Ist die Fristsetzung indessen erkennbar ohne Erfolgsaussicht oder dem Verpächter nicht mehr zumutbar, muß dieser die Pachtsache nicht zuletzt im Interesse einer zügigen Vertragsabwicklung auch im vertragswidrigen Zustand zurücknehmen, anderenfalls kommt er in Annahmeverzug.

Hierdurch unterscheidet sich die Rechtsstellung des Verpächters von der des Vermieters, der nach BGH NJW 1983, 1049 die Mietsache uneingeschränkt auch dann zurücknehmen muß, wenn sie sich in einem vertragswidrigen Zustand befindet (vgl zum Mietrecht STAUDINGER/EMMERICH [1995] § 556 Rn 17 mwN; STAUDINGER/SONNENSCHEIN § 556 Rn 17). Die durch die berechtigte Rücknahmeverweigerung entstehenden **Pachtausfallschäden** kann der Verpächter nicht über § 597 ersetzt verlangen, da ihm der Pächter – bei gebotener gegenständlicher Betrachtungsweise – die Pachtsache nicht vorenthält (hM zu § 557 – vgl MünchKomm/VOELSKOW [1. Aufl] § 557 Rn 8 mwN). In Betracht kommen insoweit nur Schadensersatzansprüche aus positiver Vertragsverletzung und unerlaubter Handlung (vgl auch § 597 Rn 7, 14).

5. Teilweise Räumung

Läßt der Pächter nur einzelne Sachen zurück, stellt sich ebenso wie im Mietrecht die Frage, ob eine **unzulässige Teilleistung** iSd § 266 vorliegt, die Rückgabe mithin insgesamt als vertragswidrig anzusehen ist. Ist dies zu bejahen, kann der Verpächter die Rücknahme der Pachtsache verweigern, ohne in Annahmeverzug zu geraten; gleichzeitig ist er bei unzulässiger Teilleistung berechtigt, seinen Vorenthaltungsschaden aus § 597 BGB geltend zu machen.

Grundsätzlich ist der Pächter nicht zu Teilleistungen berechtigt; im Einzelfall können indessen Treu und Glauben ein abweichendes Ergebnis rechtfertigen; dem Verpächter bleiben dann lediglich Ersatzansprüche nach den allgemeinen Regeln. Dies gilt auch für seine Kosten aus Aufbewahrung der Pächtersachen (vgl WOLF/ECKERT Rn 292).

VI. Ersatzansprüche des Pächters für Verbesserungen der Pachtsache

1. Ersatzlos geschuldete Verbesserungen

Aus der Bewirtschaftungspflicht des Pächters folgt eine Einschränkung seiner Ansprüche auf Aufwendungsersatz; regelmäßig wird die ordnungsgemäße Bewirtschaftung zu einer Verbesserung der Pachtsache führen. **Ersatzlos** bleiben alle Verbesserungsmaßnahmen, soweit sie **innerhalb ordnungsgemäßer Bewirtschaftung** geschuldet sind; es sind dies vor allem die gewöhnlichen Ausbesserungen iSd § 586 Abs 1 S 2, wozu ua laufende Ausbesserungen der Wohn- und Wirtschaftsgebäude, der Wege, Gräben, Dränungen und Einfriedungen gehören.

Überschreiten die Aufwendungen diesen Rahmen, ist – soweit die Parteien keine abweichende Regelung getroffen haben – nach dem Gesetz zwischen notwendigen, nützlichen und sonstigen Verwendungen zu unterscheiden.

2. Notwendige Verwendungen

32 Notwendige Verwendungen **hat der Verpächter** gem § 590 b im Hinblick auf seine aus § 586 Abs 1 S 1 folgende Überlassungs- und Erhaltungspflicht **zu erstatten**. Zu beachten ist dabei jedoch der doppelt eingeschränkte Verwendungsbegriff des Bundesgerichtshofs (vgl BGHZ 41, 157). Die Verwendungen dürfen die Sache zum einen nicht grundlegend verändern; zum anderen sind die Verwendungen nur dann notwendig, wenn sie zur Abwendung einer der Pachtsache drohenden Gefahr oder zu ihrer Erhaltung erforderlich sind (BGH WM 1983, 766). Aufwendungen, die dazu dienen, die Sache in einen vertragsgemäßen Zustand zu versetzen oder einen Sachmangel zu beheben, sind regelmäßig nicht unbedingt notwendig; insoweit ist der Pächter nur berechtigt, nach §§ 586 Abs 2, 538 Abs 2 vorzugehen, dh er kann Ersatz seiner Aufwendungen zur Mängelbeseitigung nur dann beanspruchen, wenn er den Verpächter in Verzug gesetzt hat (vgl WOLF/ECKERT Rn 332 mwN; vgl auch OLG Köln 23 U 4/88 nicht veröffentlicht).

Besteht bei Vertragsbeginn ein Mangel, hinsichtlich dessen der Pächter keinen Vorbehalt erklärt und den er beseitigt hat, steht ihm bei Vertragsende diesbezüglich kein Ersatzanspruch zu.

3. Nützliche Verwendungen

33 Ersatz seiner übrigen – nicht notwendigen – Verwendungen kann der Pächter nur verlangen, soweit es sich nicht um Maßnahmen der Ausbesserungs- und/oder Bewirtschaftungspflicht handelt und sie dem Verpächter nützlich sind. Die Voraussetzungen folgen aus § 591. Danach schuldet der Verpächter nur **Ersatz des Mehrwertes**.

Dazu können auch Aufwendungen gehören, die der Pächter zur vereinbarten Umstellung (von Teilflächen) auf biologische Wirtschaftsweise gehabt hat (s § 586 Rn 36; 591 Rn 12).

4. Lieferrechte und -beschränkungen, Subventionen

a) Lieferrechte und -beschränkungen

34 Im Rahmen des **Abbaus der Überproduktion** an sog Marktfrüchten hat die EU für Zucker und Milch spezielle Systeme von Produktionsquoten eingeführt. Danach kann der Landwirt (vereinfacht) nur noch im Rahmen der ihm zugewiesenen Quote produzieren und abliefern; jede darüber hinausgehende Produktion wird (Zucker) nicht oder zu selten mit auskömmlichen Preisen abgenommen bzw wird (Milch) mit Abgaben belegt.

Die Quoten für **Zucker** sind dabei den Zuckerfabriken erteilt worden, die diese nach tw sehr unterschiedlichen Systematiken an Landwirte weitergeben und auch die Weitergabe unter den Landwirten regeln (vgl dazu § 585 Rn 29). Für die Usancen einiger im Bezirk des OLG Celle ansässigen Zuckerfabriken und des durch sie praktizierten Verkehrs mit Rübenlieferrechten vgl drei neuere Entscheidungen des OLG Celle (OLGR 1994, 256; AgrarR 1994, 209; AgrarR 1994, 234). Danach muß eine mitverpachtete Rübenquote bei Vertragsende zurückgegeben werden. Dies geschieht jedoch aufgrund einer (ggf erzwungenen) rechtlichen Einigung unter den Pachtvertragsparteien und nicht, auch nicht auf grund der Usancen der Zuckerfabriken, „automatisch" (OLG Celle OLGR 1995, 48). Der Verpächter hat keinen Anspruch auf Übertragung der Rübenquote, wenn diese dem Pächter von der Fabrik zugewiesen wurde und ihm vertraglich ein Rückgabeanspruch bei Vertragsende nicht zusteht. Es gibt keine Nebenpflichten des Pächters zu laufender Information über den Stand der mitverpachteten Lieferrechte während der Vetragszeit.

Im Bereich der **Milchproduktion** sind die Quoten („Anlieferungsreferenzmenge") den einzelnen Landwirten zugeteilt; wie sie (an die Fläche gebunden) von einem Landwirt auf den anderen übergehen, regelt die MGV (Milch-Garantiemengen-Verordnung), die seit ihrer Einführung in 1984 mittlerweile in der 32. Änderungsverordnung (§ 585 Rn 28; vgl die Zusammenstellung von NETZER AgrarR 1988, 102 f; ferner BVerwG AgrarR 1995, 347, 349, 350) gilt. Sie enthält in § 7 spezielle (öffentlichrechtliche) Pächterregelungen. Zivilrechtlich wurde heftig diskutiert, wie die zur Zeit eines laufenden Pachtverhältnisses dem Pächter zugewiesene Referenzmenge bei Ende des Pachtverhältnisses zu behandeln ist (zur unübersichtlichen Rechtslage s FHL Rn 20; DÜSING AgrarR 1988, 93 ff). Diese Frage ist von weittragender wirtschaftlicher Bedeutung: Bliebe die Quote bei dem Pächter, wäre auf den (ehemals) Pachtflächen keine Milchproduktion mehr zulässig. Überdies hat sich gezeigt, daß der Verkehrswert von Ländereien ohne die flächenakzessorische Referenzmenge tw bis zur Unverkäuflichkeit gemindert ist. Bleibt hingegen die Quote bei dem Verpächter (Eigentümer), stellt sich die Frage, wie der Pächter für die zurückgelassene Referenzmenge zu entschädigen ist.

Produktionsquoten für Milch stellen nach der Rechtsprechung des BGH (V ZR 53/90, nicht veröffentlicht) kein Recht iSv § 541 dar. Sie gehen bei Pachtende auf den Verpächter über. Der Erwerb der Produktionsquote ist ebensowenig als Verwendung anzusehen wie die Quote selbst eine Verwendung ist; sie ist eine Produktionsbeschränkung, die nach Vertragsende (§ 596) auf den Verpächter (entschädigungslos) übergeht (siehe § 591 Rn 13; vgl auch BGH LwZR 3/90; OLG Schleswig AgrarR 1991, 227; OLG Köln AgrarR 1990, 53; OLG Celle RdL 1990, 92 [sogar bei Extrazahlungen des Pächters]; AgrarR 1991, 108; gute Zusammenfassung zu diesem Thema bei HOFFMANN in der Schrift zu der Goslarer Agrarrechtswoche [1991]; siehe auch MOSER AgrarR 1990, 161; GRÖGER AgrarR 1991, 86; auch LUKANOW Agrar R 1994, 115; BEYER AgrarR 1994, 218; vgl auch § 590 b Rn 12). Dies gilt auch in Fällen der Stücklandpacht (OLG Koblenz AgrarR 1995, 155). Öffentlichrechtlich bestehen gleichfalls keine Bedenken gegen die Zuordnung der Referenzmenge an den Verpächter bei Pachtende (BVerwG RdL 1991, 101).

b) Subventionsleistungen

Soweit Subventionsleistungen betriebs- oder flächenbezogen gewährt werden, auch über die Pachtdauer hinaus, gebühren sie dem Verpächter. Vgl zu der Frage, inwieweit die Inanspruchnahme von Subventionen der ordnungsgemäßen Bewirtschaftung entspricht (Milchrente) § 586 Rn 36.

VII. Rückgabeanspruch gegenüber Dritten (Abs 3)

1. Zweck der Vorschrift

36 Durch sie wird sichergestellt, daß der Verpächter den Dritten auch dann auf Herausgabe der Pachtsache in Anspruch nehmen kann, wenn er nicht Vertragspartner oder wenigstens Eigentümer ist. Für diese Fallgestaltungen könnte die Abtretung der Herausgabeansprüche des Hauptpächters dann nicht weiterhelfen, wenn dieser sich dem Unterpächter gegenüber längerfristig gebunden hätte. Ein derartiges Ergebnis würde der Natur der Unterpacht widersprechen, die in Entstehung und Fortbestand vom Hauptpachtverhältnis abhängt (MünchKomm/VOELSKOW [1. Aufl] § 556 Rn 36).

2. Voraussetzungen

37 Daher gewährt Abs 3 dem Verpächter gegenüber dem Dritten einen **besonderen vertraglichen Anspruch, obwohl er mit diesem keinen Vertrag geschlossen hat.** Der Anspruch setzt lediglich voraus, daß das wirksame Hauptpachtverhältnis rechtlich beendet ist, die Pachtsache befugt oder unbefugt gem § 589 dem Dritten zur eigenverantwortlichen Nutzung überlassen worden ist, der Dritte die Pachtsache noch in Besitz hat und ergebnislos vorab zur Herausgabe des Pachtobjektes aufgefordert worden ist (MünchKomm/VOELSKOW [1. Aufl] § 556 Rn 38; PALANDT/PUTZO § 556 Rn 19).

38 Die Rückgabe wird von **Hauptpächter und Dritten als Gesamtschuldner** geschuldet (§ 431; OLG Celle NJW 1953, 1475), wobei den Dritten auch die Herausgabe der Pachtsache an den Hauptpächter gem § 428 befreit (PALANDT/PUTZO § 556 Rn 20). Wegen der Ansprüche gegen den Hauptpächter für den Fall der Unterpacht s § 589 Rn 30.

Da der Titel gegen den Hauptpächter nicht gegenüber dem Dritten wirkt, empfiehlt es sich, Pächter wie Dritten **gemeinsam zu verklagen**; entbehrlich ist dies lediglich unter den Voraussetzungen des § 325 ZPO und des § 886 ZPO. In dem Verfahren kann der Dritte dem Verpächter gegenüber alle Einwendungen erheben, die der Hauptpächter gegenüber dem Verpächter hat (LWLH Rn 26).

VIII. Abdingbarkeit

39 Die Vorschrift ist in allen Teilen **dispositiv**; speziell der Ausschluß des Zurückbehaltungsrechts (Rn 22) kann abbedungen werden (STAUDINGER/EMMERICH [1995] § 556 Rn 48).

IX. ZPO-Verfahren

40 Die gerichtliche Verfolgung der Rückgabeansprüche hat vor dem Landwirtschaftsgericht im Wege des **streitigen Verfahrens** (ZPO-Verfahren) gem §§ 1 Nr 1 a, 2 Abs 1, 48 LwVG zu erfolgen. Für den Fall, daß Räumungsklage und ein Verfahren auf Vertragsfortsetzung zusammentreffen, sind beide Verfahren getrennt zu führen und ist das Räumungsverfahren ggf auszusetzen (§ 148 ZPO).

Vorgreiflich hat das Landwirtschaftsgericht ferner dann gem § 1 Nr 1 LwVG im Rahmen des FGG-Verfahrens zu entscheiden, wenn eine Partei gem §§ 595 a Abs 2 S 1, 8

3. Titel. Miete. Pacht §596a
III. Landpacht

Abs 2 S 3 LPachtVG beantragt, Anordnungen über die Abwicklung eines vorzeitig beendeten oder teilweise beendeten Landpachtvertrages zu treffen. Der Inhalt der getroffenen Anordnungen gilt unter den Parteien nach § 595 a Abs 3 S 1 als Vertragsinhalt. Das Landwirtschaftsgericht stellt damit verbindlich fest, ob und unter welchen Voraussetzungen die Rückgabe als ordnungsgemäß angesehen werden kann. Die Erfüllung der Anordnungen hat wiederum im ZPO-Verfahren zu erfolgen (BARNSTEDT/STEFFEN § 1 LwVG Rn 49, 51; FHL § 595 a Rn 10).

Für die gerichtliche Durchsetzung des Herausgabeanspruchs ist in jedem Fall die Zuständigkeit des Landwirtschaftsgerichts gegeben; gleichgültig, ob dieser auf § 596 oder auf § 985 gestützt wird (OLG Köln AgrarR 1990, 263).

§ 596 a

(1) Endet das Pachtverhältnis im Laufe eines Pachtjahres, so hat der Verpächter dem Pächter den Wert der noch nicht getrennten, jedoch nach den Regeln einer ordnungsgemäßen Bewirtschaftung vor dem Ende des Pachtjahres zu trennenden Früchte zu ersetzen. Dabei ist das Ernterisiko angemessen zu berücksichtigen.

(2) Läßt sich der in Absatz 1 bezeichnete Wert aus jahreszeitlich bedingten Gründen nicht feststellen, so hat der Verpächter dem Pächter die Aufwendungen auf diese Früchte insoweit zu ersetzen, als sie einer ordnungsmäßigen Bewirtschaftung entsprechen.

(3) Absatz 1 gilt auch für das zum Einschlag eingesehene, aber noch nicht eingeschlagene Holz. Hat der Pächter mehr Holz eingeschlagen, als bei ordnungsmäßiger Nutzung zulässig war, so hat er dem Verpächter den Wert der die normale Nutzung übersteigenden Holzmenge zu ersetzen. Die Geltendmachung eines weiteren Schadens ist nicht ausgeschlossen.

Materialien: BT-Drucks 10/508; 10/509; 10/3830; 10/3498.

Schrifttum

Siehe § 585.

Systematische Übersicht

I. Entstehungsgeschichte	1	3. Vorzeitige Beendigung im Laufe des Pachtjahres ... 8
II. Überblick	2	4. Wertersatz im einzelnen ... 10
		a) Allgemeine Kennzeichnung ... 10
III. Wertansatz nach Abs 1		b) Zwischen Pachtende und Rückgabe getrennte Früchte ... 11
1. Landpachtvertrag	6	c) Umfang des Wertersatzanspruchs ... 13
2. Beendigung des Pachtverhältnisses	7	d) Fälligkeit ... 17

IV. Aufwendungsersatz nach Abs 2
1. Allgemeine Kennzeichnung — 18
2. Aufwendungsersatz im einzelnen — 19
   a) Keine zuverlässige Wertermittlung der ungetrennten Früchte — 19
   b) Umfang des Anspruchs — 20
   c) Fälligkeit — 22

V. Regelungen für forstwirtschaftlich genutzte Grundstücke
1. Wertersatzanspruch des Pächters nach Abs 3 S 1 — 23
2. Besondere Ersatzansprüche des Verpächters — 24
   a) Ersatz für nicht ordnungsgemäßen Einschlag (Abs 3 S 2) — 24
   b) Weitere Schadensersatzansprüche (Abs 3 S 3) — 25
   c) Verpächterpfandrecht — 26

VI. Sicherungsrechte des Pächters: Pächterpfandrecht und Zurückbehaltungsrecht — 27

VII. Entsprechende Anwendung — 28

VIII. Dispositive Regelung — 29

IX. ZPO-Verfahren — 30

Alphabetische Übersicht

Abdingbarkeit — 29
Aufwendungen, Arten — 19
Aufwendungsersatz, Abs 2 — 18 ff
– Berechnung — 20
– Bewertungszeitpunkt — 21
– Fälligkeit — 22

Beendigung, im Laufe des Pachtjahres — 8
– des Landpachtvertrages — 6
– Fallbeispiele — 9
– Gründe sind nicht entscheidend — 7

Ende, von Pacht- und Fruchtziehungsrecht — 2

Fälligkeit — 17, 22
forstwirtschaftlicher Betrieb — 23 f
Früchte, getrennte — 11

Halmtaxe — 3

Kleingartenpacht, entsprechende Anwendung — 28
Nießbrauch, entsprechende Anwendung — 28
Pächter, Anspruch auf Wertersatz — 10
– Aufwendungsersatz — 18
– Fruchtziehungsrecht — 2
– Pfandrecht — 27
Verfahrensfragen — 30
Verpächter, Pfandrecht — 26

Wertersatz, Abs 1 — 6 ff
– Berechnung — 13
– Fälligkeit — 17
– Umfang — 13 ff

I. Entstehungsgeschichte

1 Die dispositive Vorschrift ist durch Art 1 Nr 1 des LPachtNeuOG vom 8. 11. 1985 eingefügt worden; sie löst den bisherigen § 592 aF ab und erweitert die Rechte des Pächters bei vorzeitigem Pachtende.

II. Überblick

2 Mit dem **Ende des Pachtverhältnisses** erlischt das **Fruchtziehungsrecht** des Pächters; ihm gebühren nur die Früchte, die er während der Dauer seiner Berechtigung getrennt hat (§ 101 Nr 1); nur an diesen kann er kraft wirksamer Aneignungsgestattung gem § 956 Eigentum erwerben. *Die noch nicht getrennten Früchte sind dem Verpächter zurückzulassen.* Zu den zwischen Pachtende und Rückgabe getrennten Früchten siehe Rn 11. Diese Rechtslage kann der Pächter **nicht** durch **vermehrte Fruchtziehung** kompensieren, da er die Pachtsache in dem Zustand zurückgeben muß, der einer bis zur Rückgabe ordnungsgemäßen Bewirtschaftung entspricht (§ 596 Abs 1, s dort Rn 9). Alle Früchte, die nach diesen Maßstäben nicht geerntet werden dürfen, sind demgemäß schuldrechtlich und dinglich dem Verpächter zuzuordnen. Aus Billigkeitsgründen mildert § 596 a die sich hieraus ergebenden wirtschaftlichen Nachteile des Pächters dahin, daß ihm **Ersatzansprüche** in abgestufter Form zugestanden werden.

Mit Abs 1 S 1 wird dem Pächter zunächst über § 592 aF hinaus für den Fall **vorzeitiger** **3** **Beendigung** der Pacht ein Ersatzanspruch nach der sog **Halmtaxe** zugebilligt, dh nach dem Wert der noch nicht getrennten Früchte. *Mit dieser Änderung soll dem Umstand Rechnung getragen werden, daß sich der Produktionsaufwand des Pächters nicht in den Bestellungskosten erschöpft.* Bei der Feststellung des Wertes der noch nicht getrennten Früchte sind sowohl die ersparten Ernteaufwendungen als auch nach S 2 das Ernterisiko des Pächters zu berücksichtigen (BT-Drucks 10/509 S 26).

Endet die Pacht zu einer Zeit, in der der Wert der Früchte aus jahreszeitlichen **4** Gründen nicht festgestellt werden kann, eine „**Halmtaxe" nicht möglich** ist, hat der Pächter gem Abs 2 nur einen Anspruch auf Ersatz seiner **Aufwendungen** für die Bestellung (BT-Drucks aaO). Zu beachten ist, daß die Neuregelung einen Aufwendungsersatz und nicht nur einen Ersatz der Bestellungskosten vorsieht.

Mit Abs 3 S 1 wird für den **forstwirtschaftlichen Bereich** eine dem Abs 1 entspre- **5** chende Regelung getroffen. S 2 verpflichtet den Pächter zum Wertersatz, wenn er mehr Holz geschlagen hat, als bei ordnungsgemäßer Nutzung zulässig war. Da der Vorzeitige Einschlag überdies eine bedeutsame Minderung späterer Erträge verursachen kann, stellt S 3 klar, daß der Verpächter nicht gehindert ist, auch diesen weiteren Schaden geltend zu machen (BT-Drucks 10/509 S 26).

III. Wertansatz nach Abs 1

1. Landpachtvertrag

§ 596 a ist eine Sondervorschrift für die Abwicklung von Landpachtverträgen bei **6** vorzeitiger Beendigung. Voraussetzung für den Wertersatzanspruch nach Abs 1 ist demgemäß, daß ein wirksamer Landpachtvertrag iSd § 585 bestanden haben muß. War der Landpachtvertrag von Anfang an unwirksam, kommen lediglich die allgemeinen Vorschriften in Betracht (§§ 812 ff, 987 ff, 998).

2. Beendigung des Pachtverhältnisses

Der Wertersatzanspruch setzt weiter voraus, daß das Pachtverhältnis beendet ist; die **7** landpachtrechtliche Sonderverbindung zwischen Pächter und Verpächter muß erloschen sein.

Die **Gründe**, aus denen das Pachtverhältnis beendet wurde (Zeitablauf oder Kündigung), sind ohne Bedeutung. Insbesondere ist **nicht entscheidend**, ob der Pächter die Beendigung **zu vertreten** hat, da der Ersatzanspruch entgegen SOERGEL/KUMMER (§ 592 Rn 1) nicht an ein vertragsgerechtes Verhalten des Pächters gebunden ist (STAUDINGER/SONNENSCHEIN[12] § 592 Rn 7).

3. Vorzeitige Beendigung im Laufe des Pachtjahres

8 Weitere Voraussetzung ist die vorzeitige Beendigung des Pachtverhältnisses **im Laufe des Pachtjahres**. Dies bedeutet, daß der Pächter dann keinen Wertersatzanspruch nach § 596 a hat, wenn der Pachtvertrag – wie regelmäßig – mit dem Schluß des Pachtjahres endet.

Was unter Pachtjahr zu verstehen ist, beantwortet sich zu allererst aus dem Pachtvertrag; dabei muß der Vertragsbeginn nicht identisch sein mit dem Anfang des Pachtjahres. Haben die Parteien das Pachtjahr nicht bestimmt, greift § 594 a Abs 1 S 2 ein, wonach im Zweifel das Kalenderjahr als Pachtjahr gilt.

9 Fallgestaltungen vorzeitiger Beendigung des Pachtverhältnisses im Laufe des Pachtjahres sind demgemäß lediglich:

– außerordentliche Kündigung wegen des Todes des Pächters gem § 594 d;
– fristlose Kündigung nach
§ 594 e aus wichtigem Grund,
§ 542 bei Nichtgewährung des Gebrauchs der Pachtsache,
§ 544 bei Gesundheitsgefährdung des Pächters,
§ 553 bei vertragswidrigem Gebrauch,
§ 594 a Abs 2 bei Nichtzahlung der Pacht;
– Vertragsaufhebung, wobei in besonderen Fällen der Wille der Vertragsparteien dahin gehen kann, daß Ersatzansprüche des Pächters aus § 596 a ausgeschlossen sein sollen; darlegungs- und beweispflichtig hierfür ist der Verpächter.

Im übrigen kann das Vertragsverhältnis nur zum Schluß des Pachtjahres gekündigt werden, so daß die besonderen Ersatzansprüche aus § 596 a nicht in Betracht kommen.

4. Wertersatz im einzelnen

a) Allgemeine Kennzeichnung

10 Während § 592 aF dem Pächter nur einen Anspruch auf Ersatz der Bestellungskosten gewährte, spricht § 596 a Abs 1 dem Pächter einen **weitergehenden Anspruch auf Wertersatz**, dh Geldersatz für die Früchte zu, die nach den Regeln ordnungsgemäßer Bewirtschaftung erst nach Pachtende, aber noch innerhalb des (nach den ursprünglichen Vereinbarungen) laufenden Pachtjahres geerntet werden können.

Gegenstand von Ersatzansprüchen sind nur die aufgrund des Pachtrechts zu gewinnenden **unmittelbaren Sachfrüchte** gem §§ 101 Nr 1, 99 Abs 1, wobei § 101 Nr 1 die unmittelbaren Rechtsfrüchte den unmittelbaren Sachfrüchten gleichstellt (MünchKomm/HOLCH § 101 Rn 6). Mittelbare Sach- und Rechtsfrüchte, also die Erträge, die eine Sache oder ein Rechtsvermögen eines Rechts gewähren (zB Pachtzinsen aus Unterpacht über ein Wohnhaus oder eine Gaststätte) werden von § 596 a nicht erfaßt.

Der auf Billigkeitserwägungen beruhende § 596 a wird weiter dadurch **begrenzt**, daß der Pächter Ersatz nur für die Früchte beanspruchen kann, die bei ordnungsgemäßer Bewirtschaftung noch **während des laufenden Pachtjahres** zu trennen (ernten) sind. Demgemäß müssen die Früchte aus der Herbstbestellung dann außer Ansatz bleiben, wenn die Fruchtreife erst nach Ablauf des Pachtjahres eintritt (STAUDINGER/ SONNENSCHEIN[12] § 592 Rn 19).

Was „den Regeln einer ordnungsgemäßen Bewirtschaftung" entspricht, beurteilt sich unter besonderer Beachtung des Vertragsinhalts nach dem objektiven Urteil eines verständigen Landwirtes. Es ist zu fragen, ob aus dieser Sicht die Fruchtreife noch im laufenden Pachtjahr zu erwarten ist (vgl zum Schlüsselbegriff der ordnungsgemäßen Bewirtschaftung § 586 Rn 33 ff; § 596 Rn 9).

b) Zwischen Pachtende und Rückgabe getrennte Früchte
Die vom Pächter entsprechend seiner aus § 596 folgenden Pflicht zur ordnungsgemäßen Bewirtschaftung zwischen Pachtende und Rückgabe getrennten Früchte **gebühren** nicht dem Verpächter, sondern weiterhin **dem Pächter**.

Außerhalb des Landpachtrechts muß zwar davon ausgegangen werden, daß das Pachtende einen Wechsel im Fruchtziehungsrecht nach sich zieht. § 101 Nr 1 bestimmt aber, daß die unmittelbaren Sach- und Rechtsfrüchte demjenigen gebühren, der bei Anfallen der Früchte der Berechtigte ist (MünchKomm/HOLCH § 101 Rn 2 ff).

Mit dem **Erlöschen des Pachtverhältnisses** ist nur noch der **Verpächter Berechtigter**, so daß ihm nicht nur die ungetrennten, sondern auch die erst nach Pachtende, aber noch vor Rückgabe getrennten Früchte zugeordnet werden müssen. Zum Ausgleich bestimmt § 102, daß der Verpächter dem Pächter die Gewinnungskosten für die getrennten Früchte zu erstatten hat. Dieser schuldrechtlichen Rechtslage entspricht die dingliche, da die herrschende Meinung in Anknüpfung an RGZ 78, 36 auf dem Standpunkt steht, daß der Pächter nur an den während der Dauer seiner Berechtigung getrennten Früchten gem § 956 Eigentum erwerben kann (PALANDT/BASSENGE § 956 Rn 2).

Für das **Landpachtrecht** sind diese Grundsätze jedoch bei sachgerechter Auslegung der §§ 596, 596 a dahin **abzuwandeln**, daß dem Pächter als Ausgleich für seine bis zur Rückgabe geschuldete ordnungsgemäße Bewirtschaftung auch die Früchte seiner Arbeit gebühren müssen. Die „Dauer seiner Berechtigung" iSd § 101 Nr 1 erstreckt sich folglich bis zur tatsächlichen Abwicklung des Pachtverhältnisses, bis zur Rückgabe. Dieses Auslegungsergebnis liegt den §§ 596, 596 a offenkundig zugrunde: Dies folgt auch daraus, daß andernfalls die Anpassung des § 102, der nur eine Erstattung der Gewinnkosten vorsieht, an die Neuregelung des § 596 a Abs 1 geboten gewesen wäre, da sachliche Gründe für eine Schlechterstellung des Pächters hinsichtlich der von ihm im Rahmen ordnungsgemäßer Bewirtschaftung zwischen Pachtende und Rückgabe getrennten Früchten nicht bestehen.

c) Umfang des Wertersatzanspruchs

13 Der Wertersatz wird in Geld geschuldet. Zu ersetzen ist der **gemeine Wert** der ungetrennten Früchte, dh ihr nach objektiven Kriterien zu ermittelnder Verkehrswert. Dieser Bewertungsvorgang wird mit Halmtaxe umschrieben. Dabei ist das besondere Interesse des Pächters an den Früchten ebenso wie der spätere tatsächliche Gewinn unbeachtlich (PALANDT/THOMAS § 818 Rn 19).

Der Verkehrswert der ungetrennten Früchte wird nach dem **Ertragswert** ermittelt, dh der Differenz aus den für den Stichtag zu erwartenden Einnahmen und Ausgaben (vgl KÖHNE 176, 178), wobei die einzelnen Stellgrößen zu schätzen sind, so daß im Rechtsstreit Raum für § 287 Abs 2 ZPO sein wird. **Bewertungsstichtag** sollte mit Rücksicht darauf, daß der Umfang der zurückzulassenden Früchte erst bei Rückgabe feststeht, nicht das Pachtende, sondern der **Zeitpunkt der Rückgabe** bzw der Rückgabeverhandlung sein.

14 Zu den „**Einnahmen**" gehören:

- die voraussichtlichen Erlöse aus Verkäufen von Feldfrüchten aller Art und tierischen Produkten (Wolle, Milch, Jungvieh etc).

15 Zu den „**Ausgaben**" gehören:

- die voraussichtlichen Ernteaufwendungen (die für die Einbringung der Ernte erforderlichen Betriebskosten);
- das erkennbare Ernterisiko (Ertragseinbußen der Ernte, soweit sie objektiv nach den jeweiligen Gegebenheiten zu erwarten sind; vollkommen unvorhersehbare Ereignisse ex post bekannt gewordene Katastrophen müssen demgemäß außer Betracht bleiben);
- die nach § 596 b zum Verbrauch bestimmten Erzeugnisse (zB Futtererzeugung für die eigene Masttierhaltung).

16 Das konkrete **Marktrisiko** kann aus der Natur des Wertersatzanspruchs nicht gesondert als Passivposten Berücksichtigung finden. *Zu erstatten ist nur der gemeine Wert, nicht der tatsächliche Gewinn der Früchte.* Das allgemeine Marktrisiko ist allerdings bei den „Aktiva" als Komponente für die Berechnung der „voraussichtlichen Erlöse" maßgeblich; in diesem Rahmen sind künftige Marktentwicklungen, soweit sie verläßlich vorhersehbar sind, mindernd oder erhöhend zu beachten.

d) Fälligkeit

17 Der Wertersatzanspruch ist mit dem tatsächlichen **Ende des Pachtverhältnisses** (Rückgabe) fällig. Ist der Wertersatz Gegenstand einer zwischen Pachtende und Rückgabe angesetzten Rückgabeverhandlung, dürfte hierdurch abweichend der Fälligkeitszeitpunkt bestimmt sein.

IV. Aufwendungsersatz nach Abs 2

1. Allgemeine Kennzeichnung

18 Lassen sich im Rahmen des Abs 1 aus jahreszeitlich bedingten Gründen die Werte der noch nicht getrennten Früchte nicht feststellen, so gibt Abs 2 dem Pächter lediglich in Anlehnung an § 592 aF einen Anspruch auf Aufwendungsersatz (**Aufwendungstaxe** – vgl KÖHNE 176, 178). Zu erstatten ist der Gesamtbetrag der Aufwendungen für die ungetrennten Früchte, soweit sie im Rahmen einer ordnungsgemäßen Bewirtschaftung liegen. Damit entscheidet die Neuregelung die zu § 592 aF erörterte Streitfrage, ob der Begriff „Kosten" iS von „reinen Sachauslagen" oder „Gesamtaufwand einschließlich des Unternehmerlohns" zu verstehen ist (STAUDINGER/SONNENSCHEIN[12] § 592 Rn 12 mwN), dahin, daß nunmehr die gesamten **Produktionskosten** einschließlich der eigenen **Arbeitsleistung** erstattungsfähig sind. Der Höhe nach gibt es dabei im Unterschied zu § 592 aF keine Begrenzung mehr durch den Wert der Früchte.

2. Aufwendungsersatz im einzelnen

a) Keine zuverlässige Wertermittlung der ungetrennten Früchte

Dem Aufwendungsersatz nach Abs 2 kommt gegenüber dem Wertersatz nach Abs 1 **19** eine **Auffangfunktion** zu. Nur wenn eine verläßliche Schätzung des Ernteerfolgs nicht möglich ist, muß der Pächter sich mit dem regelmäßig geringeren Aufwendungsersatz zufriedengeben. Im Vordergrund stehen dabei die Fälle, in denen die Feldfrüchte noch so wenig entwickelt sind, daß eine zutreffende Halmtaxe nicht möglich ist.

b) Umfang des Anspruchs

Der Umfang des Aufwendungsersatzanspruchs umfaßt den gesamten „Aufwand", **20** den der Pächter bis zur Rückgabe der Pachtsache (so Rn 18) im Rahmen ordnungsgemäßer Bewirtschaftung für die noch im Laufe des Pachtjahres zu erntenden Früchte erbracht hat.

Zum Aufwand des Pächters gehören **Sachaufwendungen** (ua für Saatgut, Düngemittel, Treibstoffe, Versicherungen und Reparaturen, ferner die Abschreibung für pächtereigenes Inventar), **Lohnaufwendungen** (Vergütungen für Leistungen Dritter ebenso wie für die eigene Arbeitsleistung, dh Unternehmerlohn), **Kosten, Steuern und Lasten** (Ausgaben für Steuern und Abgaben, soweit sie den Betrieb belasten) und der **sonstige Aufwand** (Ausgaben für Zinsen, Pachten und Mieten); vgl hierzu HÖTZEL, in: FHL Rn 25 f. Die **Pachtzinsen** sind keine Aufwendungen im Sinne dieser Bestimmung, der die Erstattung der Feldbestellung, nicht der Eigenberechnung der Pacht ist (OLG Oldenburg RdL 1993, 65).

Seinen betrieblichen Aufwand kann der Pächter aber nur insoweit erstattet verlangen, als er einer **ordnungsgemäßen Bewirtschaftung** entspricht und sich auf die noch im laufenden Pachtjahr zu trennenden Früchte bezieht. Die tatsächlichen Kosten werden mithin begrenzt durch diejenigen, die aus der Sicht eines verständigen Landwirts erforderlich waren.

Für die Bewertung der einzelnen Aufwandspositionen ist auf den **Zeitpunkt ihrer** **21** **Entstehung** abzustellen. Ergibt die nach objektiven Kriterien durchzuführende Vergleichsregelung, daß der tatsächliche (der vom Pächter berechnete) Aufwand niedriger ist, hat der Verpächter nur die tatsächlich aufgewandten Kosten zu ersetzen, da er nur Aufwendungs- und nicht Schadensersatz schuldet (vgl zu § 818 BGH NJW 1964, 1365).

Eine **weitergehende Begrenzung** der Ersatzansprüche durch den „Wert der Früchte" kennt die Neuregelung **nicht** mehr. Dies beinhaltet, daß die **Gefahr des Untergangs oder der Verschlechterung** der Früchte durch einfachen Zufall oder höhere Gewalt nicht mehr den Pächter treffen kann (vgl MünchKomm/VOELSKOW [1. Aufl] § 592 Rn 3). Der **Verpächter** muß sich an der eventuell ausgezahlten Versicherungssumme schadlos halten.

c) Fälligkeit

22 Der Aufwendungsersatzanspruch des Pächters kann nicht bereits mit dem Ende des Pachtverhältnisses fällig sein (so STAUDINGER/SONNENSCHEIN[12] § 592 Rn 22 f), sondern erst mit der **Rückgabe des Pachtobjekts**. Der Pächter ist bis zu diesem Zeitpunkt zur ordnungsgemäßen Bewirtschaftung verpflichtet.

V. Regelungen für forstwirtschaftlich genutzte Grundstücke

1. Wertersatzanspruch des Pächters nach Abs 3 S 1

23 Für die Pacht forstwirtschaftlicher Grundstücke beinhaltet Abs 3 S 1 **keine besondere Regelung**; es wird lediglich klargestellt, daß auch dieser Pächter Wertersatz für das zum Einschlag vorgesehene, aber noch nicht eingeschlagene Holz beanspruchen kann. Wie aus § 585 Abs 3 folgt, muß es sich aber um solche forstwirtschaftlich genutzten Grundstücke handeln, die zusammen mit überwiegend landwirtschaftlich genutzten Grundstücken überlassen wurden. Die „überwiegend" betriebene Forstwirtschaft unterliegt nicht dem Landpachtrecht (FHL § 585 Rn 45).

Das „zum Einschlag vorgesehene Holz" ergibt sich aus dem Betriebsplan (Forstbetriebswerk), der den allgemein anerkannten Regeln der Forstwirtschaft entsprechen muß. Dieser Plan bestimmt aufgrund langjähriger Beobachtungen den jährlichen Einschlag. Berechnungseinheit ist der Erntefestmeter (vgl MÜLLER § 523 ff, 526, 531). Die zu erstattenden Festmeter sind nach objektiven Kriterien zu ermitteln. Einen maßgeblichen Anhalt geben die in den letzten Jahren bei Holzverkäufen erzielten Durchschnittspreise. Die ersparten Aufwendungen und das Ernterisiko sind auch hier zu berücksichtigen (FHL Rn 30). Der Anspruch ist ebenfalls erst bei tatsächlicher Beendigung fällig.

2. Besondere Ersatzansprüche des Verpächters

a) Ersatz für nicht ordnungsgemäßen Einschlag (Abs 3 S 2)

24 Für den Fall der vorzeitigen Vertragsbeendigung erleichtert § 596 Abs 3 S 2 die Rechtsverfolgung des Verpächters durch verschuldensunabhängige Ersatzansprüche gegen den Pächter. Hat dieser **mehr Holz eingeschlagen**, als bei ordnungsgemäßer Nutzung zulässig war, muß er dem Verpächter den Wert der die normale Nutzung übersteigenden Holzmenge ersetzen; ob und inwieweit ihn an der Übernutzung ein **Verschulden** trifft, ist **unerheblich**.

Der Umfang der übermäßigen Nutzung ist anhand des Betriebsplans festzustellen, und zwar durch den Vergleich von Soll- und Isteinschlag (FHL Rn 31).

b) Weitere Schadensersatzansprüche (Abs 3 S 3)

Abs 3 S 3 hat ebenfalls lediglich klarstellende Bedeutung: weitergehende Schadensersatzansprüche sind nicht ausgeschlossen. Hierbei ist an Schadensersatzansprüche wegen Nicht- bzw Schlechterfüllung zu denken, ausgelöst dadurch, daß der Pächter seiner Pflicht zur ordnungsgemäßen Rückgabe der Pachtsache aus § 596 nicht genügt hat.

Das vertragswidrige Verhalten des Pächters kann zu einem solchen Schaden des Verpächters führen, daß die durch die Übernutzung eingetretenen Vermögenseinbußen nicht durch den bloßen Ersatz des „Mehreinschlags" auszugleichen sind (Kosten für Aufforstung, Nutzungsausfälle in der Zukunft usw).

c) Verpächterpfandrecht

Wegen seiner Ansprüche aus S 2 u 3 steht dem Verpächter gem § 592 S 1 ein Verpächterpfandrecht zu. Dies gilt nicht für „künftige" Entschädigungsforderungen des Verpächters.

VI. Sicherungsrechte des Pächters: Pächterpfandrecht und Zurückbehaltungsrecht

Wegen seiner denkbaren Ersatzansprüche aus § 596 a Abs 1, Abs 2, Abs 3 S 1 steht dem Pächter **kein Pfand- oder Zurückbehaltungsrecht** zu. Die ungetrennten Früchte sind wesentlicher Bestandteil des Grundstücks; ein Pfandrecht an diesen Früchten würde daher dem Verbot des § 596 Abs 2 widersprechen. Das Pächterpfandrecht muß daher auf die Forderungen des Pächters aus §§ 582 Abs 2 S 1, 582 a Abs 3 S 3, 585 Abs 2 beschränkt bleiben. Im übrigen ist der Pächter darauf angewiesen, seine Ersatzansprüche einzuklagen oder aber gem §§ 595 a Abs 2 S 1, 8 Abs 2 S 3 LPachtVG beim Landwirtschaftsgericht Abwicklungsanordnungen zu beantragen (vgl zu § 592 HENSE RdL 1952, 311 f).

VII. Entsprechende Anwendung

Kraft ausdrücklicher gesetzlicher Regelung ist § 596 a auf die Rückgabepflicht des **Nießbrauchers** (§ 1055 Abs 2) und die Herausgabepflicht des **Vorerben** im Nacherbfall (§ 2130 Abs 1 S 2) entsprechend anzuwenden.

Darüber hinaus erscheint die analoge Anwendung des § 596 a bei der **Kleingartenpacht** sachgerecht (vgl STAUDINGER/SONNENSCHEIN[12] § 592 Rn 26). Für das Eigentümer-Besitzer-Verhältnis ist indessen allein § 998 maßgebend; hiernach hat der Besitzer lediglich für die vor Ende des Wirtschaftsjahres zu trennenden Früchte einen Anspruch auf Ersatz seiner Bestellungskosten.

VIII. Dispositive Regelung

Den Parteien bleibt es unbenommen, abweichende Regelungen über die beiderseitigen Ersatzansprüche nach Pachtende herbeizuführen; zulässig ist auch der völlige

Ausschluß der Rechte aus § 596 a. Bei Formularpachtverträgen sind die §§ 9, 10, 11 AGBG zu beachten.

IX. ZPO-Verfahren

30 Die gerichtliche Verfolgung der Rückgabeansprüche hat vor dem Landwirtschaftsgericht im Wege des streitigen Verfahrens (ZPO-Verfahren) zu erfolgen (§§ 1 Nr 1 a, 2 Abs 1, 48 LwVG). Soweit eine Partei indessen gem § 595 a Abs 2 S 1 BGB den Antrag stellt, Anordnungen über die Abwicklung des vorzeitig beendeten Landpachtvertrages zu treffen, ist hierüber vorgreiflich durch das Landwirtschaftsgericht im FGG-Verfahren gem § 1 Nr 1 LwVG zu entscheiden.

§ 596 b

(1) Der Pächter eines Betriebes hat von den bei Beendigung des Pachtverhältnisses vorhandenen landwirtschaftlichen Erzeugnissen so viel zurückzulassen, wie zur Fortführung der Wirtschaft bis zur nächsten Ernte nötig ist, auch wenn er bei Antritt der Pacht solche Erzeugnisse nicht übernommen hat.

(2) Soweit der Pächter nach Absatz 1 Erzeugnisse in größerer Menge oder besserer Beschaffenheit zurückzulassen verpflichtet ist, als er bei Antritt der Pacht übernommen hat, kann er vom Verpächter Ersatz des Wertes verlangen.

Materialien: BT-Drucks 10/508; 10/509; 10/3830; 10/3498.

Schrifttum

Siehe § 585.

1. Entstehungsgeschichte und Zweck der Vorschrift

1 Die Vorschrift entspricht in ihrem wesentlichen Regelungsgehalt dem alten § 593 Abs 1 und 2. Dagegen ist die Regelung des § 593 Abs 3 aF, wonach der Pächter auch den in dem Betrieb gewonnenen Dünger zurücklassen mußte, als nicht mehr zeitgemäß (Regierungsbegründung BT-Drucks 10/509 § 556 b S 26) ersatzlos gestrichen worden. Zu den verschiedenen Diskussionen/Phasen bei der Beratung vgl FHL Rn 1.

Aufrechterhalten wurde der Sinn der Bestimmung: im Interesse einer uneingeschränkten Fortführung des landwirtschatflichen Betriebes soll der Pächter **soviel an Erzeugnissen zurücklassen, wie bis zum „Ernteanschluß" zur Fortführung der Wirtschaft nötig ist**. Damit gewährleistet die Regelung eine Fortsetzung der odnungsgemäßen Bewirtschaftung (§ 586 Abs 1 Satz 3) über das Pachtende hinaus.

Die Bestimmung ermöglicht insoweit keinen (automatischen) Eigentumsübergang auf den Verpächter, beinhaltet vielmehr nur die **schuldrechtliche Pflicht zur Eigentumsverschaffung** (FHL Rn 7).

Daneben gilt die Bestimmung über § 1055 Abs 2 hinsichtlich des Nießbrauchs und über § 2130 Abs 1 Satz 2 der Herausgabe eines zur Vorerbschaft gehörenden Landgutes.

2. Voraussetzungen

a) allgemeines
Zunächst muß ein Landpachtvertrag im Sinne von § 585 vorhanden sein. Dieser muß eine – im Gegensatz zu einer Stückland – **Betriebspacht** (zur Abgrenzung vgl § 585 Rn 10) zum Gegenstand haben.

Dieser Vertrag muß beendet sein/werden; erst in diesem Zeitpunkt entsteht der Anspruch des Verpächters (LWLH Rn 10).

b) Erzeugnisse
Der Begriff der landwirtschaftlichen Erzeugnisse ist **weit auszulegen**, und seine Interpretation ist an der Gewährleistung einer geordneten Wirtschaftsfortführung zu orientieren. *Er umfaßt alles, was infolge der Bewirtschaftung von Grund und Boden und/oder Viehbestand vorhanden ist; gleichgültig, ob die Produkte zum Verkauf (zB als Brotgetreide) oder zur weiteren Veredelung (zB Futter) gedacht oder geeignet sind.*

Ob die Produktion durch den Pächter oder einen Dritten (zB infolge Zukaufs) erfolgt ist, interessiert ebensowenig wie die Frage, ob die Produkte von dem Pachtgegenstand stammen oder etwa von Eigentumsflächen des Pächters.

Nicht dazu gehören angesichts der (insoweit einschränkenden Gesetzesformulierung) die Betriebsmittel (zB Treibstoffe, Werkzeuge, Ersatzteile, Pflanzenschutzmittel), mögen sie für die weitere Bewirtschaftung auch in vergleichbarer Weise notwendig sein (LWLH Rn 8 mwN, auch schon zum alten Recht). Nicht dazu gehört weiter nach Streichung des alten § 593 Abs 3 auch der landwirtschaftlich produzierte Dünger (zB Gülle, Mist, Kompost).

Noch nicht geerntete Früchte unterliegen dieser Bestimmung nicht, da mit dem Ende der Pachtzeit auch das Fruchtziehungsrecht des Pächters entfällt.

Produktionsquoten (zB für Zucker und Milch) sind weder Erzeugnisse noch deren Bestandteile, vielmehr Produktionsbeschränkungen. Ihr Übergang regelt sich also nicht nach dieser Bestimmung (FHL Rn 9; vgl dazu im einzelnen § 596 Rn 34).

c) Umfang der Zurücklassungspflicht
Dieser orientiert sich gleichfalls an dem Ziel der Vorschrift, eine **geordnete „Ernteanschlußbewirtschaftung"** zu gewährleisten. Dementsprechend ist auch nach den verschiedenen Produkten zu unterscheiden: das für die Viehhaltung notwendige Stroh und Futter muß in einem Umfang zurückbleiben, daß es bis zur nächsten (Getreide-) Ernte reicht. Auf dem Betrieb gewonnenes Jungvieh muß es nur insoweit, als der

Viehbestand insgesamt, in einer den Grundsätzen ordnungsgemäßer Wirtschaftsführung entsprechenden Altersklassen-Struktur, zurückzugeben ist. Hingegen ist im Normalfall kein Grund ersichtlich, die ausschließlich zum Verkauf bestimmten Produkte (zB Brotgetreide, Eier) überhaupt zurückzulassen.

Die Zurückbelassungspflicht beschränkt sich auf **vorhandene Erzeugnisse**. Daher hat der Pächter – auch in Fällen vorzeitigen Verkaufs – keine Zukaufs-, wohl aber möglicherweise Schadensersatzpflichten (s u Rn 5).

Hinsichtlich Art und Umfang der Betriebsfortführung hat sich die Pflicht des Pächters in objektiver Betrachtungsweise an derjenigen Betriebsstruktur zu orientieren, die er zurückzugeben hat, auch in Konsequenz der ihn treffenden Pflicht zur ordnungsgemäßen Bewirtschaftung (FHL Rn 11).

Daher sind zB keine Erzeugnisse für Produktionszweige zurückzulassen, die der Verpächter oder Nachfolgepächter anschließend aufzunehmen beabsichtigt und die nicht Gegenstand der Pacht(rückgabeverpflichtung) sind. Abweichende Pflichten bedürfen entsprechender vertraglicher Regelung.

Ob und in welchem Umfang der Pächter bei Vertragsbeginn derartige landwirtschaftliche Erzeugnisse übernommen hat, ist für die Rückgabepflicht ohne Belang, hat vielmehr nur Auswirkungen auf die Werterstattungsansprüche (Abs 2, su Rn 6).

Geht der Umfang der bei Pachtende auf dem Betrieb vorhandenen landwirtschaftlichen Erzeugnisse über das nach Abs 1 erforderliche Maß hinaus, bestehen weder Überlassungspflichen noch -rechte. Der Pächter kann insoweit die Erzeugnisse nicht zurücklassen und sich etwa darauf verlassen, nach Abs 2 entschädigt zu werden.

Der Pächter erfüllt seine Pflicht nach dieser Bestimmung nur, wenn er die zurückzubelassenden Gegenstände dem Verpächter **frei von Rechten Dritter** übereignet.

d) Rechtsfolge bei Verstößen

6 Sind in dem derart notwendigen Umfang landwirtschftliche Erzeugnisse nicht vorhanden, hat der Verpächter anstelle des Erfüllungs- einen **Schadensersatzanspruch**. Angesichts des an die Rückbelassungspflicht anzulegenden objektiven Maßstabs ist gleichgültig, worauf das Unvermögen des Pächters (zB schlechte Ernte, vorzeitiger Verkauf) beruht. *Der Pächter hat sich rechtzeitig auf den Zeitpunkt der Rückgabe einzustellen und ggf die benötigten Erzeugnisse zuzukaufen.* Es wird ihm aber unbenommen sein, zur Abwendung der Schadensersatzpflicht sich die zu übergebenden Erzeugnisse von dritter Seite zu beschaffen.

Eine **Ausnahme** gilt nur, wenn der Pächter den Betrieb aufgrund seinerseits aus wichtigem Grund erklärter, fristloser Kündigung zurückgibt.

3. Wertersatzanspruch des Pächters (Abs 2)

7 Hat der Pächter nach Maßgabe von Abs 1 einen größeren oder wertvolleren Bestand an landwirtschaftlichen Erzeugnissen (zu) überlassen, als er bei Pachtantritt übernommen hat, hat er insoweit einen Anspruch auf Wertersatz. Dieser Anspruch ist die

natürliche Konsequenz seiner aus Abs 1 folgenden Verpflichtung, die sich am objektiv Notwendigen orientiert.

Gegenüberzustellen sind dabei zunächst die Zeitpunkte der Übernahme („Antritt der Pacht") und Rückgabe des Pachtbetriebs in Konsequenz der aus § 596 folgenden Pächterpflicht (LWLH Rn 13 mwN).

Im Hinblick auf die Bewertung des Markt- also Verkehrswertes der Erzeugnisse sind gleichfalls die Verhältnisse beider Zeitpunkte einander gegenüberzustellen (objektive Verkehrswertdifferenz, vgl LWLH Rn 14). Dabei eintretende Wertveränderungen sind – auch zulasten des Pächters – zu berücksichtigen. Bei der Rückgabe eines „eisern" verpachteten Betriebes hat der Verpächter auch nur einen Anspruch auf Übernahme von Inventar in der bei Pachtantritt übergebenen Menge und Qualität, ohne Rücksicht auf zwischenzeitliche Preisänderungen. Dann ist kein Grund ersichtlich, die Ansprüche des Pächters anders zu beurteilen (aA wohl LWLH Rn 15 und FHL Rn 20).

Sind die bei Pachtende nach Abs 1 zurückzulassenden Erzeugnisse **anderer Art** als die bei Pachtantritt übernommenen (zB infolge einer Umstellung in der Viehfütterung), sind die objektiven Verkehrswerte dieser unterschiedlichen Erzeugnisse einander gegenüberzustellen und ist eine evtl vorhandene Differenz auszugleichen.

Der Anspruch ist **zum Zeitpunkt der Rückgabepflicht fällig**. Er kann Gegenstand von Aufrechnung oder Zurückbehaltungsrecht sein, wobei dieses sich auf die Erzeugnisse beschränkt und nicht auch an dem Pachtbetrieb wegen seines Anspruchs auf Wertersatz nach Abs 2 besteht (LWLH Rn 17). **8**

Der Anspruch **verjährt** nach § 591 b. **9**

4. Abdingbarkeit

Die Vorschrift ist dispositiv. Abändernde Regelungen bieten sich vor allem an, wenn der Pächter eine spezielle Wirtschaftsweise (vor)hat, die von seinem Nachfolger nicht fortgesetzt werden soll. Dann wird das Interesse des Verpächters an einer geräumten Übergabe des Betriebes überwiegen, auf die sich dann der Pächter durch rechtzeitige Verwertung seiner Erzeugnisse einstellen kann. Überdies kann es sinnvoll sein, die Frage der Ausgleichsleistungen individuell zu regeln. **10**

Stets ist auf die Einhaltung der **Schriftform** (§ 585 a) zu achten. In den Fällen der Verwendung formularmäßiger Vertragsmuster sind die Vorschriften des AGBG zu beachten.

5. Verfahrensfragen

Streitigkeiten aus Rechten und Pflichten dieser Vorschrift sind nach §§ 1 Nr 1 a, LwVG als streitige Landpachtsachen im ZPO-Verfahren zu entscheiden. **11**

Die Beweislast hat derjenige, der aus der Vorschrift Rechte herleitet, also üblicherweise der Verpächter bei Ansprüchen aus Abs 1 und der Pächter bei solchen aus Abs 2.

§ 597

Gibt der Pächter die Pachtsache nach Beendigung des Pachtverhältnisses nicht zurück, so kann der Verpächter für die Dauer der Vorenthaltung als Entschädigung den vereinbarten Pachtzins verlangen. Die Geltendmachung eines weiteren Schadens ist nicht ausgeschlossen.

Materialien: BT-Drucks 10/508; 10/509; 10/3830; 10/3498.

Schrifttum

Siehe § 585.

Systematische Übersicht

I. Entstehungsgeschichte 1	Parteien für die Dauer der Vorenthaltung 11
II. Überblick 2	IV. Weitergehender Schadensersatz
III. Vertraglicher Anspruch auf Ersatz des Vorenthaltungsschadens	1. Vertragliche Ansprüche wegen Verzugs oder Schlechterfüllung der Rückgabepflicht 12
1. Beendigter Landpachtvertrag 3	2. Ansprüche aus ungerechtfertigter Bereicherung 13
2. Vorenthaltung der Pachtsache 5	3. Ansprüche aus Eigentümer-Besitzer-Verhältnis 14
a) Nichterfüllung des Rückgabeanspruchs 6	4. Verjährung 15
b) Unterlassen der Rückgabe gegen den Willen des Verpächters 7	V. **Dispositive Regelung** 16
3. Rechtsfolge des Entschädigungsanspruchs 9	VI. **Verfahrensfragen** 17
4. Erlöschen des Anspruchs auf Nutzungsentschädigung 10	
5. Sonstige Rechtsbeziehungen der	

Alphabetische Übersicht

Abdingbarkeit 16	Mindestentschädigung, Pachtzins 2
Bereicherungsansprüche 13	Nutzungsentschädigung, Erlöschen 10
Fälligkeit, des Entschädigungsanspruchs 9	Pächter, Nichterfüllung der Rückgabepflicht 5
Landpachtvertrag, Beendigung 3	– Vorenthaltung der Pachtsache 5
	Pachtsache, Vorenthaltung 5

3. Titel. Miete. Pacht §597
III. Landpacht 1—4

Pachtzins, als Mindestentschädigung	2	Verfahrensfragen	17
pauschalierte Nutzungsentschädigung	2, 9	Verjährung	15
		Verpächter, Bereicherungsansprüche	13
Rückgabepflicht, Nichterfüllung	5	– Schadensersatzansprüche	12
		Vorenthaltung, der Pachtsache	5
Schadensersatzansprüche, weitere	12		
sonstige Rechte und Pflichten, während der Vorenthaltung	11		

I. Entstehungsgeschichte

Die jetzige Fassung der Vorschrift geht auf das LPachtNeuOG vom 8. November **1** 1985 zurück. Sie entspricht in Abkehr von § 597 aF dem für die Miete geltenden § 557 Abs 1 S 1 HS 1 u S 2. Der Gesetzgeber ist davon ausgegangen, daß die mietrechtliche Regelung den landwirtschaftlichen Verhältnissen besser Rechnung trägt als § 597 aF, der allerdings über § 584 b für andere Pachtverträge weiter gilt (BT-Drucks 10/509 S 26 f).

II. Überblick

Gibt der Pächter die Pachtsache nach Beendigung des Pachtverhältnisses gegen den **2** Willen des Verpächters nicht oder nur verspätet zurück, hat der Verpächter gegen den Pächter aus § 597 einen vertraglichen Anspruch auf Zahlung einer **pauschalierten Nutzungsentschädigung** für die Dauer der Vorenthaltung; und zwar auch dann, wenn der Pächter die verspätete Rückgabe nicht zu vertreten hat. Seinen Vorenthaltungsschaden muß der Verpächter nicht konkret darlegen und beweisen. Als **Mindestbetrag** kann er die Zahlung des vereinbarten **Pachtzinses** verlangen. In Abweichung von § 557 Abs 1 S 1 HS 2 steht ihm stattdessen nicht wahlweise der ortsübliche Pachtzins zu.

Die Geltendmachung weiterer Ansprüche bzw Schäden nach den allgemeinen Regeln (etwa Verzug, pVV, §§ 812 ff oder §§ 987 ff) ist nicht ausgeschlossen. Unerheblich ist, ob Wohnraum mit verpachtet ist, da § 597 die Beschränkungen aus § 557 Abs 2-4 nicht übernommen hat.

III. Vertraglicher Anspruch auf Ersatz des Vorenthaltungsschadens

1. Beendigter Landpachtvertrag

Der besondere vertragliche Entschädigungsanspruch aus § 597 steht dem Verpächter **3** nur bei der Abwicklung eines ursprünglich wirksamen Landpachtvertrages iSd § 585 zu (vgl zum Mietrecht STAUDINGER/SONNENSCHEIN [1995] § 557 Rn 9 ff). War der Vertrag von Anfang an unwirksam, verbleibt es bei den allgemeinen Regeln (§§ 812 ff, 987 ff).

Der Anspruch aus § 597 setzt die Beendigung des Pachtverhältnisses voraus. Aus **4** welchen Gründen dies geschehen ist, ist ohne Bedeutung. Auch ist nicht entscheidend, ob der Pächter die Beendigung zu vertreten hat, da der Ersatzanspruch nicht an ein vertragsgerechtes Verhalten des Pächters gebunden ist. Die Rechtslage entspricht insoweit der zu §§ 596 a u 596 b (vgl § 596 a Rn 7; § 596 b Rn 4).

Das Pachtverhältnis erlischt nicht, wenn die Parteien seine Verlängerung vereinbaren oder im Rahmen des § 595 fortsetzen; gleichgültig, ob durch Verpächter-Zustimmung zum Fortsetzungsanspruch oder durch Verlängerung durch das Landwirtschaftsgericht.

Verweigert der Pächter die Rückgabe der Pachtsache mit sachlichen Gründen (etwa, weil er die Kündigung des Verpächters für unwirksam hält oder die Fortsetzung des Vertrages gem § 595 beansprucht), entsteht bis zur endgültigen Klärung der Rechtslage ein Schwebezustand, der den Pächter nicht berechtigt, seine „Pachtzinszahlungen" einzustellen.

2. Vorenthaltung der Pachtsache

5 Vorenthaltung ist nicht gleichbedeutend mit „Nichtrückgabe". Nach BGH NJW 1983, 112 setzt Vorenthalten voraus, daß der Pächter den Rückgabeanspruch des Verpächters aus § 596 Abs 1 nicht oder nur verspätet erfüllt und das Unterlassen der Rückgabe dem Willen des Verpächters widerspricht (vgl PALANDT/PUTZO § 557 Rn 8).

a) Nichterfüllung des Rückgabeanspruchs

6 Den Rückgabeanspruch des Verpächters erfüllt der Pächter nur dann, wenn er ihm **uneingeschränkt den unmittelbaren Besitz an der ordnungsgemäß bewirtschafteten Pachtsache** verschafft (STAUDINGER/SONNENSCHEIN [1995] § 557 Rn 12 ff). Wegen des Umfangs der Rückgabepflicht im einzelnen siehe die Kommentierung zu § 596.

Ist dem Pächter die Erfüllung des Rückgabeanspruchs unmöglich geworden, wird er von dieser Verpflichtung frei. Hat er aber die Unmöglichkeit zu vertreten, stehen dem Verpächter aus § 280 Schadensersatzansprüche wegen Nichterfüllung zu (vgl § 596 Rn 26).

Bei unzulässigen Teilleistungen liegt regelmäßig ein Vorenthalten der gesamten Pachtsache vor (vgl § 596 Rn 30).

Beruft der Pächter sich zu Recht auf sein Zurückbehaltungsrecht, ohne dabei die Pachtsache weiter zu nutzen, fehlt es an einem Vorenthalten (BGH NJW 1975, 1773); im Hinblick auf § 596 Abs 2 kommt ein derartiges Leistungsverweigerungsrecht dann in Betracht, wenn Inventar mit verpachtet ist (vgl § 596 Rn 22).

b) Unterlassen der Rückgabe gegen den Willen des Verpächters

7 Die unterlassene Rückgabe muß dem Willen des Verpächters widersprechen (STAUDINGER/SONNENSCHEIN [1995] § 557 Rn 25 ff). Hieran fehlt es, wenn der Pächter die Pachtsache deshalb nicht zurückgibt, weil der Verpächter der Ansicht ist, das Rechtsverhältnis bestehe noch fort (BGH NJW 1960, 909).

8 Dem Verpächter wird die Pachtsache weiter auch dann nicht vorenthalten, wenn er

- die Rücknahme der Pachtsache wegen ihres vertragswidrigen Zustandes ablehnt (MünchKomm/Voelskow [1. Aufl] § 557 Rn 8 mwN);
- sein gesetzliches Pfandrecht am Pächterinventar geltend macht und der Pächter deshalb das Inventar zurücklassen muß;
- ferner dann nicht, wenn der Pächter sein Besitzrecht aus einem neuen Unterpachtvertrag mit dem Nachfolgepächter ableiten kann (BGH NJW 1983, 446).

3. Rechtsfolge des Entschädigungsanspruchs

Der Pächter schuldet für die Dauer der Vorenthaltung nur **den vereinbarten Pachtzins**; im Unterschied zum Mietrecht ist der Verpächter nicht berechtigt, stattdessen den „üblichen Pachtzins" zu verlangen.

Gilt für die Zeit der Vorenthaltung aufgrund einer Anpassungsklausel ein erhöhter Pachtzins, so hat der Pächter diesen (zzgl evtl vereinbarter Nebenkosten, vgl Staudinger/Sonnenschein [1995] § 557 Rn 33) zu zahlen. Umgekehrt kann der Pächter sich auf § 537 iVm § 586 Abs 2 berufen, wenn dessen Voraussetzungen bei Vertragsende vorlagen. Bei dem vereinbarten Pachtzins hat es indessen zu bleiben, wenn die Pachtsache erst nach Pachtende mangelhaft wird. Nach Vertragsende hat der Verpächter die Pachtsache grundsätzlich nicht mehr in einem ordnungsgemäßen Zustand zu erhalten. Seine Verpflichtung aus § 586 Abs 1 S 1 entfällt (BGH WM 1961, 455; Wolf/Eckert Rn 303); soweit indessen von der Pachtsache Gefahren für den Pächter und das Inventar ausgehen, hat er diese zu beseitigen.

Die **Fälligkeit** des Entschädigungsanspruchs richtet sich nach den getroffenen Vereinbarungen für den Pachtzins. Der Anspruch auf Nutzungsentschädigung verjährt wie der Pachtzinsanspruch in vier Jahren gem § 197 (Staudinger/Sonnenschein [1995] § 557 Rn 38).

4. Erlöschen des Anspruchs auf Nutzungsentschädigung

Mit der tatsächlichen Rückgabe erlischt der Entschädigungsanspruch. Für die Zeit danach schuldet der Pächter nur nach den allgemeinen Vorschriften Schadensersatz, zB wenn der Verpächter die Pachtsache infolge des Pächterverzuges erst zu einem späteren Zeitpunkt weiter verpachten kann (vgl Wolf/Eckert Rn 303).

Im übrigen erlischt der Anspruch durch Unmöglichkeit der Rückgabe (vgl Rn 6). Das für den Pachtzins vereinbarte zulässige Aufrechnungsverbot gilt auch für den Entschädigungsanspruch (OLG Stuttgart NJW 1956, 914; Palandt/Putzo § 557 Rn 4).

5. Sonstige Rechtsbeziehungen der Parteien für die Dauer der Vorenthaltung

Während der Dauer der Vorenthaltung treffen den Pächter neben seiner Entschädigungs- auch nachvertragliche **Obhutspflichten**, die durch § 596 ihre besondere Ausgestaltung erfahren haben. Danach ist der Pächter verpflichtet, die Pachtsache bis zur tatsächlichen Rückgabe ordnungsgemäß zu bewirtschaften.

Befindet der Pächter sich mit der Rückgabe der Pachtsache in **Verzug**, haftet er für

Verschlechterung und Untergang der Pachtsache gem § 287 S 2; darüber hinaus auch **verschuldensunabhängig** (STAUDINGER/SONNENSCHEIN [1995] § 557 Rn 66 ff).

Eine Haftungserleichterung kommt dem Pächter nur bei Annahmeverzug des Verpächters gem § 300 Abs 1 zugute.

Der Verpächter ist seinerseits nicht nur gehalten, jede eigenmächtige Störung des Pächter-Besitzes zu unterlassen, sondern auch die von der Pachtsache für den Pächter und sein Inventar ausgehenden Gefahren zu beseitigen, um die Aufrechterhaltung der ordnungsgemäßen Bewirtschaftung bis zur Rückgabe zu ermöglichen. Im Ergebnis treffen den Verpächter damit Verkehrssicherungspflichten, deren Verletzung gem § 823 Abs 1 zum Schadensersatz verpflichtet. Eine weitergehende Pflicht zur Erhaltung der Pachtsache hat der Verpächter damit aber nicht (vgl STAUDINGER/ SONNENSCHEIN [1995] § 557 Rn 21 ff; WOLF/ECKERT Rn 309).

IV. Weitergehender Schadensersatz

1. Vertragliche Ansprüche wegen Verzugs oder Schlechterfüllung der Rückgabepflicht

12 § 597 S 2 stellt ausdrücklich klar, daß der Verpächter den ihm weiter entstandenen Schaden nach Maßgabe der dafür relevanten Anspruchsgrundlagen geltend machen kann. Die Bestimmung eröffnet keine selbstständige Anspruchsgrundlage (STAUDINGER/SONNENSCHEIN [1995] § 557 Rn 48).

Gibt der Pächter bei Pachtende die Pachtsache schuldhaft nicht fristgerecht zurück, gerät er regelmäßig **ohne weitere Abmahnung in Verzug** (§ 284 Abs 2 S 1). Der Verpächter kann seinen Verzögerungsschaden aus § 286 Abs 1 herleiten. § 326 ist nicht anwendbar, da die Rückgabepflicht keine Hauptpflicht ist.

Gewährt der Verpächter seinem Pächter eine Rückgabefrist, beinhaltet dies regelmäßig keine Stundung der Rückgabe bis zum Fristablauf; der Pächter bleibt weiterhin in Verzug (WOLF/ECKERT Rn 305). Dies gilt auch dann, wenn das Gericht in Ausnahmefällen hinsichtlich des mitverpachteten Wohnraums eine Räumungsfrist aus § 721 ZPO bewilligen sollte (vgl STAUDINGER/EMMERICH [1995] § 556 Rn 23 ff); weitere Einzelheiten § 596 Rn 20.

Hat der Pächter die Pachtsache schuldhaft in einem derart vertragswidrigen Zustand zurückgegeben, daß dem Verpächter Pachtausfallschäden entstehen, haftet er für diese Schäden wegen Schlechterfüllung seiner Rückgabepflicht aus positiver Vertragsverletzung (WOLF/ECKERT Rn 305).

2. Ansprüche aus ungerechtfertigter Bereicherung

13 Nutzt der Pächter die Pachtsache ohne Rechtsgrund, kann die Anwendung des § 597 daran scheitern, daß eine Vorenthaltung der Pachtsache nicht vorliegt; dies zB dann, wenn der Verpächter die Rücknahme ablehnt, weil er vom Fortbestand des Pachtverhältnisses ausgeht. In diesem Fall schuldet der Pächter eine Nutzungsentschädi-

gung aus ungerechtfertigter Bereicherung. Der Nutzungswert ist objektiv zu beurteilen (Wolf/Eckert Rn 306).

3. Ansprüche aus Eigentümer-Besitzer-Verhältnis

Nach überwiegender Ansicht werden die sachenrechtlichen Ansprüche auf Nutzungsherausgabe nicht durch § 597 S 2 ausgeschlossen; es besteht Anspruchskonkurrenz (vgl Wolf/Eckert Rn 307). Der unverklagte, entgeltliche, gutgläubige, unrechtmäßige Besitzer ist aber grundsätzlich gem § 993 Abs 1 weder zur Herausgabe der Nutzungen noch zum Schadensersatz verpflichtet (vgl Palandt/Bassenge § 993 Rn 1).

4. Verjährung

Die konkurrierenden Ansprüche verjähren wie der Anspruch auf Nutzungsentschädigung nach § 197 in vier Jahren.

V. Dispositive Regelung

Den Parteien bleibt es unbenommen, § 597 abzubedingen. Bei Formularpachtverträgen sind neben § 9 insbesondere die Klauselverbote nach § 11 Nr 3 (Aufrechnungsverbot), § 11 Nr 5 (Pauschalierung von Schadensersatzansprüchen), § 11 Nr 6 (Vertragsstrafe) und § 11 Nr 15 AGBG (Beweisvereitelung) zu beachten.

VI. Verfahrensfragen

Die gerichtliche Verfolgung der Ersatz- und Schadensersatzansprüche hat vor dem Landwirtschaftsgericht im Wege des **streitigen Verfahrens** (ZPO-Verfahren) zu erfolgen (§§ 1 Nr 1 a, 2 Abs 1, 48 LwVG). Soweit indessen eine Partei für den Fall vorzeitiger Beendigung des Pachtvertrages beim Landwirtschaftsgericht gem § 595 a Abs 2 S 1 den Antrag stellt, Anordnungen über die Abwicklung des Vertrages zu treffen, hat das Gericht hierüber vorgreiflich im FFG-Verfahren gem § 1 Nr 1 LwVG zu entscheiden (vgl auch § 596 Rn 38).

Vierter Titel
Leihe

Vorbemerkungen zu §§ 598 ff

Schrifttum

BALLERSTEDT, Zur Haftung für culpa in contrahendo bei Geschäftsabschluß durch Stellvertreter, AcP 151 (1950/1951) 501 ff
vBLUME, Das Reichsgericht und die Gefälligkeitsverträge, Recht 1908, 650
BOEHMER, Kann bei Gefälligkeitsfahrten § 708 angewendet werden?, JR 1959, 217
ders, Zum Ausmaß der Kraftfahrzeughalterhaftung bei Gefälligkeitsfahrten, MDR 1962, 174 ff
ders, Realverträge im heutigen Recht, ArchBürgR 38, 314
CANARIS, Ansprüche wegen „positiver Vertragsverletzung" und „Schutzwirkung für Dritte" bei nichtigen Verträgen, JZ 65, 475 ff
ders, Das Verlöbnis als „gesetzliches" Rechtsverhältnis – Ein Beitrag zur Lehre von der Vertrauenshaftung, AcP 165 (1965) 1, 10 ff
DÖLLE, Außervertragliche Schutzpflichten, ZStW 103 (1943) 67 ff
ESSER-SCHMIDT, AT § 8 IV aE, § 35 I 2. 2. 1
ESSER/WEYERS, BT § 25 III aE
FRANCKE, Der Leihbetrieb der öffentlichen Bibliotheken und das geltende Recht (1905)
GESELL, Wertpapierleihe und Repurchase Agreement im deutschen Recht (Diss Köln 1995)
GITTER, Gebrauchsüberlassungsverträge (1988)
HAUPT, Über faktische Vertragsverhältnisse (1943)
HOFFMANN, Der Einfluß des Gefälligkeitsmoments auf das Haftungsmaß, AcP 167 (1967) 394 ff
KALLMEYER, Die Gefälligkeitsverhältnisse (Diss Göttingen 1968)
KLEIN, Die Rechtsformen der Gebrauchsleihe (1902)
KOLLHOSSER/BORK, Rechtsfragen bei der Verwendung von Mehrwegverpackungen, BB 1987, 909 ff
KRÜCKMANN, Der Umfang der Gefährdungsaufrechnung, JherJb 1954, 107 ff, ders, Gefälligkeitsverhältnisse, SeuffBl 74, 113 ff, 153 ff
KÜMPEL, Die Grundstruktur der Wertpapierleihe und ihre rechtlichen Aspekte, WM 1990, 909 ff
KUHLENBECK, Der Leihvertrag, das Prekarium, JW 1904, 226 ff
LANGEN, Das (Wohnungs-)Leihversprechen von Todes wegen, ZMR 1986, 150 ff
LARENZ, Schuldrecht AT § 9 I
MARTINEK, Das Flaschenpfand als Rechtsproblem, JuS 1987, 514 ff
MEDICUS, Schuldrecht II § 92
MERSSON, Zur Haftung bei Gefälligkeitsfahrten, DAR 1993, 87 ff
MÜLLER-GRAFF, Die Geschäftsverbindung als Schutzpflichtverhältnis, JZ 1976, 153 ff
NEHLSEN-VAN STRYK, Unentgeltliches schuldrechtliches Wohnrecht, AcP 187 (1987) 552 ff
PALLMANN, Rechtsfolgen aus Gefälligkeitsverhältnissen, (Diss Regensburg 1971)
ROTHER, Haftungsbeschränkung im Schadensrecht (1965) 163 ff
SCHLECHTRIEM, Vertragsordnung und außervertragliche Haftung (1972)
SCHLEEH, Vorvertragliches Fehlverhalten und der Schutz Dritter, (Diss Tübingen 1965)
SCHWERDTNER, Der Ersatz des Verlusts des Schadensfreiheitsrabattes in der Haftpflichtversicherung – Ein Beitrag zur Abgrenzung Gefälligkeitshandlungen und Rechtsgeschäft, NJW 1971, 1673 ff
SEETZEN, Zur Entwicklung des internationalen Deliktsrechts, VersR 1970, 1, 10 f

SLAPNICAR, Gratis habitare (1981)
ders, Unentgeltliches Wohnen nach geltendem Recht ist Leihe, nicht Schenkung – Dogmengeschichtliches zu BGHZ 82, 354 ff, JZ 1983, 325 ff
STOLL, Das Handeln auf eigene Gefahr (1961)
THIELE, Leistungsstörung und Schutzpflichtverhältnis, JZ 1967, 649 ff

WILLOWEIT, Die Rechtsprechung zum Gefälligkeitshandeln, JuS 1986, 96 ff
ders, Schuldverhältnis und Gefälligkeit, JuS 1984, 909 ff
ZABEL, Der Leihvertrag nach deutschem bürgerlichen Recht (1901).
Vgl auch die beim Darlehen (§ 607) angegebenen Schriften.

1. Begriff und Rechtsnatur der Leihe

Die **Begriffselemente der Leihe** sind aus § 598 zu entnehmen (vgl die Erl hierzu). Danach ist die Leihe als unentgeltliche Überlassung einer Sache zum Gebrauch definiert. Die **Unentgeltlichkeit** unterscheidet die Leihe von der ebenfalls zu den Gebrauchsüberlassungsverträgen zählenden Miete; daraus erwächst eine gewisse Diskrepanz zwischen der Terminologie des Gesetzes und dem Sprachgebrauch des täglichen Lebens, der vielfach auch die entgeltliche Gebrauchsüberlassung beweglicher Sachen (Leihbibliothek, Leihwagen, Kostümverleih) als Leihe bezeichnet. Der **vorübergehende** Charakter der Gebrauchsüberlassung kennzeichnet die Leihe im Verhältnis zur gleichfalls unentgeltlichen Schenkung. Das Nutzungsrecht des Entleihers ist zeitlich begrenzt; ihn trifft im Gegensatz zum Beschenkten eine vertragliche Rückgabepflicht. Die weitergehende Ansicht, aus der Leihe werde erst Schenkung, wenn das Eigentum an der überlassenen Sache auf den Erwerber übergehe (so MünchKomm/HAASE[1] § 598 Rn 19, aA MünchKomm/KOLLHOSSER § 598 Rn 8), ist ebenso praktisch aufgegeben wie die engere Auffassung, trotz nur vorübergehender Gebrauchsüberlassung liege Schenkung vor, wenn sie eine üblicherweise geldwerte Nutzungsmöglichkeit wie zB eine Wohnung zum Gegenstand habe (BGH NJW 1970, 941; aA BGH NJW 1982, 820; vgl im einzelnen § 598 Rn 5 f). Ebenfalls geklärt ist, daß die Leihe in der Konkurrenz mit der Schenkung sämtliche, dh kurz- und langfristige Gebrauchsüberlassungen umfaßt (BGH NJW 1982, 820, 821). Vertreten wird lediglich noch die Möglichkeit einer vorsichtigen analogen Anwendung von Schenkungsrecht auf langfristige Gebrauchsüberlassungen. Doch soll dafür in der Regel wegen hinreichender Sachgerechtigkeit des Rechts der Leihe kein Bedürfnis bestehen (MünchKomm/KOLLHOSSER § 516 Rn 3 a). Für eine der wichtigsten Vorschriften, nämlich § 518 BGB, hat der BGH die Übertragbarkeit auf langfristige Gebrauchsüberlassungsverträge bereits ausdrücklich abgelehnt (BGH NJW 1982, 820, 821). In Grenzfällen, namentlich im Falle von Gebrauchsüberlassungen bis zum Eintritt ungewisser Ereignisse, kann die exakte Unterscheidung von Leihe und Schenkung trotz des inzwischen theoretisch klaren Meinungsstandes Schwierigkeiten bereiten. Nach der Rspr liegt Leihe und nicht Schenkung vor, wenn der Eigentümer seine Sache einem anderen zum Gebrauch überläßt, bis er eine lohnende Verwertungsgelegenheit findet (vgl RG SächsArch 10, 244). Vom verwandten Darlehen hebt sich die Leihe dadurch ab, daß dem Entleiher kein **Ver**brauchsrecht, sondern nur ein **Ge**brauchsrecht zusteht, und er demzufolge die entliehene Sache und nicht nur eine Sache gleicher Art und Güte zurückgeben muß (§ 604 Abs 1; vgl § 604 Rn 1, ferner § 598 Rn 3; PALANDT/PUTZO Einf vor § 598 Rn 5; SOERGEL/KUMMER Vorbem 8 zu § 598). Das Gebrauchsrecht unterscheidet die Leihe ferner von der Verwahrung. Im Gegensatz zum Entleiher muß der Verwahrer die überlassene Sache uneigennützig besitzen. Zur Leihe als „anderstypischer Nebenleistung" (Verpackungsmaterial) vgl § 598 Rn 14.

2 Die Gebrauchsüberlassung von Sachen bei *Vertragsverhandlungen* kann leiheähnliche Bindungen erzeugen. Insbesondere bei einer *Probe*fahrt dürfte jedoch wegen des Eigeninteresses des Händlers jedenfalls kein echter Leihvertrag zustandekommen (BGH MDR 1963, 408 = NJW 1964, 1225). Wegen des inneren Zusammenhanges mit dem (potentiellen) Vertragsschluß liegt es nahe, hier überhaupt nicht an einen selbständigen Vertrag zu denken (so aber BGH aaO), sondern im Falle von Schäden die Grundsätze über das Verschulden bei Vertragsschluß anzuwenden (für Haftung des Kauflustigen nach den Grundsätzen der Leihe aber RG HRR 1933 Nr 724; wohl auch BGH aaO; wie hier dagegen MünchKomm/KOLLHOSSER § 598 Rn 20; OLG Düsseldorf DAR 1967, 323; im Ergebnis ebenso BGH NJW 1968, 1472, 1473 und OLG Celle NJW 1962, 2302, beide wie BGH NJW 1964, 1225; NJW 1970, 1736 mit entsprechender Anwendung der §§ 558, 581 Abs 2, 606, 1057 auch für die Haftung aus Verschulden bei Vertragsschluß). Zur Einschränkung der Haftung des Kauflustigen auf Vorsatz und grobe Fahrlässigkeit bei der Probefahrt aufgrund (angeblichen) konkludenten Haftungsausschlusses vgl BGH NJW 1972, 1363; OLG Düsseldorf DAR 1967, 323; BGH NJW 1980, 1681.

3 Zum Charakter der Leihe als unvollkommen zweiseitigem Vertrag vgl § 598 Rn 7.

4 Im Gemeinen Recht hat man das sog commodatum und entsprechend nach dem Inkrafttreten des BGB die Leihe überwiegend zu den Realverträgen gerechnet (vgl ENNECCERUS/LEHMANN, Lehrbuch des Bürgerlichen Rechts, Band II, Recht der Schuldverhältnisse [15. Aufl 1958] § 140, 1 mwN; BOEHMER ArchBürgR 38, 314 ff; KUHLENBECK 226; ZABEL 3 ff sowie die älteren Auflagen dieses Kommentars). Diese Lehre sah in der Einigung über die unentgeltliche Gebrauchsüberlassung lediglich einen Vorvertrag; erst durch die Hingabe des Leihgegenstandes sollte das voll bindende Vertragsverhältnis entstehen. Diese Ansicht, die an die römisch-rechtliche Unterscheidung von Real- und Konsensualverträgen anknüpft, ist mit der Anerkennung der schuldrechtlichen Vertragsfreiheit (§§ 305, 241) überholt; wo das Recht die Verbindlichkeit jeder mit Rechtsbindungswillen getroffenen Abrede anerkennt, bedarf es keines zusätzlichen „realen" Momentes, um eben diese Verbindlichkeit zu begründen (LARENZ II/1 § 50 S 294). Der *Vertragsschluß* vollzieht sich vielmehr schon durch die Abrede der Parteien über die unentgeltliche Gebrauchsgestattung. Lediglich der Inhalt der Überlassungspflicht ist analog dem Schenkungsrecht (§§ 516, 518) verschieden: Im ersten Fall hat der Verleiher den Gebrauch entsprechend dem Wortlaut des § 598 „zu gestatten" („Handleihe"), im zweiten ihn darüber hinaus zu verschaffen („Leihversprechen"; ESSER/WEYERS II § 25 II S 208; LARENZ II/1 aaO; FIKENTSCHER, Schuldrecht § 77 Rn 842; ERMAN/WERNER Vorbem 1 zu § 598; SOERGEL/KUMMER Vorbem 1 zu § 598; PALANDT/PUTZO § 598 Rn 6; BGB-RGRK/GELHAAR Vorbem 15 zu § 598). Der Vertragsabschluß erfolgt gemäß §§ 145 ff. Eine *Form* ist gesetzlich nicht vorgeschrieben, auch nicht bei Grundstücksleihe (vgl § 313), kann jedoch vereinbart werden, § 126.

5 Die Entscheidung gegen die Lehre vom Realvertrag und für diejenige vom **Konsensualvertrag** bedingt, daß auch im Leihvertragsrecht der Verpflichtungsvertrag (das „Leihversprechen") Hauptvertrag und nicht bloß Vorvertrag ist. Der Abschluß eines Leihvorvertrages bleibt nach allgemeinen Grundsätzen möglich, dh er ist dann anzunehmen, wenn sich der „Verleiher" nicht schon unmittelbar zur Überlassung des

Gebrauchs der Sache, sondern erst zum demnächstigen Abschluß eines Leihvertrages verpflichtet. Das kann sinnvoll sein, falls die Beteiligten die genauen Details des Leihverhältnisses noch nicht festlegen können oder möchten. Allerdings ist zu beachten, daß die Wirksamkeit des Vorvertrages zumindest die *Bestimmbarkeit* des Inhalts des zukünftigen Leihvertrages voraussetzt, kann doch ohnedem das Gericht im Streitfall nicht zum Abschluß des Leihvertrages verurteilen (FIKENTSCHER § 23, Rn 103). Zum im BGB nicht besonders geregelten (vgl aber auch § 604 Abs 3) sog precarium vgl STAUDINGER/RIEDEL[11] Rn 3 aA.

2. Gefälligkeitsverhältnisse

a) Infolge seiner Unentgeltlichkeit zählt der Leihvertrag zu den **Gefälligkeitsver-** 6 **trägen**. Als solcher ist er gegen *Gefälligkeitsverhältnisse* auf der Grundlage sozialer Verständigung (GERNHUBER, Das Schuldverhältnis [1989] 123) abzugrenzen. Insbesondere die Gefälligkeiten des täglichen Lebens gelten nach hM (BGHZ 21, 102, 107; 56, 204, 210; OLG Zweibrücken NJW 1971, 2077, 2078 = VersR 1971, 724, 725 f; LG Mannheim MDR 1965, 131; BGH NJW 1968, 1874; GITTER, Gebrauchsüberlassungsverträge [1988] 153; FIKENTSCHER § 7 Rn 25; Esser/Weyers II 1 § 25 III, S 215; BGB-RGRK-Gelhaar Vorbem zu § 598; SOERGEL/KUMMER Vorbem 4 zu § 598; ERMAN/WERNER Einl § 242 Rn 33; PALANDT/HEINRICHS Einf vor § 242 Rn 9; STAUDINGER/RIEDEL[11] Rn 3; krit SCHWERDTNER NJW 1971, 1673, 1674) als Vorgänge, die mit rechtsgeschäftlichen Kategorien sachgerecht nicht zu erfassen sind. Als klassische Beispiele der außerrechtsgeschäftlichen (vorübergehenden) Gebrauchsüberlassung gelten die zeitweilige Überlassung des Opernglases an den Nachbarn in der Oper, die Duldung kurzfristigen Parkens auf einem Privatgrundstück, das „Ausleihen" des Fahrplanes in der Eisenbahn uäm. Die Begründung der hM bezieht sich im wesentlichen auf die Willensrichtung der Beteiligten: Der Wille soll nicht auf Rechtserfolge, sondern schlicht auf gesellschaftliche Kommunikation gerichtet sein. Wann der Bindungswille vorliegt und wann er fehlt, soll sich im Zweifel nach der „Art der Gefälligkeit, ihrem Grund und Zweck, ihrer wirtschaftlichen und rechtlichen Bedeutung, insbesondere für den Empfänger, den Umständen, unter denen sie erwiesen wird, und der dabei bestehenden Interessenlage der Parteien" beurteilen (so BGHZ 21, 102, 107; 56, 204, 210; vgl auch OLG Karlsruhe NJW 1961, 1866, 1867; OLG Celle NJW 1965, 2348, 2349; OLG München NJW-RR 1993, 215). So hat die Rechtsprechung eine bloße Gefälligkeit angenommen in dem Fall der kurzfristigen Überlassung eines Reitpferdes im sportkameradschaftlichen Verkehr (BGH NJW 1974, 234, 235; OLG Zweibrücken NJW 1971, 2077, 2078; **aA** KNÜTEL NJW 972, 163), bei Mitnahme im Auto (RGZ 65, 17, 18) und im Falle der Überlassung einer Gebirgsferienhütte an den Sohn und seine Verlobte (OLG München NJW-RR 1993, 215). Den Gegenpol zur hM bildet vor allem FLUME, der sich gegen die Relevanz des rechtsgeschäftlichen Bindungswillens wendet. Bei den üblichen Gefälligkeiten des täglichen Lebens steht die Rechtsordnung – so FLUME – für rechtsgeschäftliche Bindungen „nicht zur Verfügung". Erst wenn es sich um Angelegenheiten von einigem Gewicht handelt, insbesondere bei Geschäften, die üblicherweise gegen Entgelt übernommen werden, soll das Versprechen einer Gefälligkeit durch den erklärten Willen zur unentgeltlichen Übernahme rechtsgeschäftlichen Charakter erhalten können (FLUME, AT II § 7, 5; im Ergebnis ähnlich MEDICUS, AT Rn 193; WILLOWEIT, Abgrenzung und rechtliche Relevanz nichtrechtsgeschäftlicher Vereinbarungen [1969] 44 ff).

Die hM stößt insofern auf Bedenken, als sie den Eindruck erweckt, es stehe im 7

Belieben der Beteiligten, ob sie ihre Beziehungen mit rechtsgeschäftlichen Mitteln regeln oder ob sie sich mit einer sozialen Verständigung begnügen. Demgegenüber hat das neuere Schrifttum zu Recht herausgearbeitet, daß Erwerbsgründe stets nur mit rechtsgeschäftlichen Mitteln geschaffen werden können (GERNHUBER, Das Schuldverhältnis [1989] 123 f). Eine unentgeltliche Gebrauchsüberlassung von objektivem Vermögenswert kann daher niemals im Wege bloßer sozialer Verständigung, sondern muß per Vertrag (Handleihe) erfolgen, weil sonst – entgegen dem Willen der Beteiligten – eine ungerechtfertigte Bereicherung entsteht. Der Wille, der Empfänger solle den empfangenen Vermögensvorteil behalten dürfen, ist notwendig ein Rechtsfolgewille, mögen die Betroffenen das juristisch korrekt nachvollziehen oder nicht (ausführlich WILLOWEIT JuS 1984, 909, 910 f). Dementsprechend begründet die unentgeltliche Gebrauchsüberlassung grundsätzlich ein (Hand-) Leihverhältnis, nicht ein bloßes Gefälligkeitsverhältnis. Lediglich wo ihr nach der Verkehrsauffassung kein Vermögenswert zukommt, der die Frage nach der Erwerbs-causa aufwerfen könnte, bleibt Raum für eine „Leihe" auf der Grundlage sozialer Verständigung (WILLOWEIT JuS 1984, 909, 913; in der Sache auch schon SCHWERDTNER NJW 1971, 1673, 1675). Es ist also zwar entgegen FLUME nicht davon auszugehen, daß für die rechtsgeschäftliche Regelung von Gefälligkeiten des täglichen Lebens ohne objektiven (Markt-) Wert die Rechtsordnung „nicht zur Verfügung steht". Im Rahmen des geltenden Rechts gestattet es die Privatautonomie (§§ 305, 241), grundsätzlich alles zum Gegenstand vertraglicher Vereinbarung zu machen. Wohl aber setzt umgekehrt die bloße soziale Verständigung anstelle der rechtsgeschäftlichen Regelung voraus, daß der von den Beteiligten angestrebte Erfolg ohne die Inanspruchnahme rechtlicher Mittel zu erreichen ist. Und das trifft nur für die Gefälligkeiten des täglichen Lebens ohne Vermögenswert zu (unrichtig daher OLG München NJW-RR 1993, 215: Unentgeltliche Überlassung einer Gebirgsferienhütte nicht Leihe sondern bloße Gefälligkeit).

8 Praktisch folgt daraus, daß der Kreis der Gebrauchsüberlassungen auf außerrechtlicher, sozialer Grundlage wohl noch enger zu ziehen ist, als die hM annimmt. Selbst von den oben Rn 6 angeführten klassischen Beispielsfällen sind jedenfalls die zeitweilige Überlassung des Opernglases an den Nachbarn in der Oper und die Duldung kurzfristigen Parkens auf einem Privatgrundstück mit Fragezeichen zu versehen. Denn sowohl die Benutzung des Opernglases als auch die kurzfristige Parkerlaubnis sind Vorteile, die typischerweise gegen Entgelt zu haben sind und deshalb einen Vermögenswert aufweisen. Allein das Ausleihen des Fahrplans im Zug gehört einigermaßen eindeutig in die Kategorie (möglicher) Gefälligkeitsverhältnisse auf außerrechtsgeschäftlicher Grundlage. Kein brauchbares Kriterium liefert entgegen der Voraufl Rn 10 die Frage, ob die Gebrauchsüberlassung mit dem (vorübergehenden) Übergang des Besitzes auf den Gebrauchsempfänger verbunden ist oder nicht. Zwar knüpfen die §§ 598 ff an die (unentgeltliche) Gebrauchsüberlassung mit Besitzwechsel an. Doch ändert der ausnahmsweise Ausfall des Besitzwechsels nichts an der rechtsgeschäftlichen Grundlage, sondern führt nur dazu, daß einzelne Vorschriften der §§ 598 ff – §§ 604, 605 nicht oder doch nicht direkt anwendbar sind.

9 b)   Die weitgehende Unentrinnbarkeit der (Hand-) Leihe auf rechtsgeschäftlicher Grundlage führt dazu, daß der literarische Streit über Art und Ausmaß spezieller Schutzpflichten im Gefälligkeitsverhältnis (GERNHUBER, Das Schuldverhältnis [1989] 127; WILLOWEIT JuS 1984, 909, 911) gegenstandslos ist. Denn die Annahme von (Hand-) Leihe auf rechtsgeschäftlicher Grundlage eröffnet automatisch den Zugang zu den aus § 242 abgeleiteten Leistungstreuepflichten und weiteren Verhaltenspflichten, insbesondere Schutzpflichten (vgl GERNHUBER, Das Schuldverhältnis [1989] 21 ff). Im (schmalen) Restbereich hängt die Anerkennung weiterer Verhaltenspflichten (Schutzpflichten) von den Anforderungen an ihre Entstehung ab. Wer dafür ausreichen läßt, daß ein besonderer sozialer Kontakt stattfindet (DÖLLE ZStW 103 [1943] 67 ff), gelangt einigermaßen zwangsläufig aus Anlaß jeden Gefälligkeitsverhältnisses zu umfassenden wechselseitigen Schutzpflichten der Beteiligten. Denn das Gefälligkeitsverhältnis zieht einen Rechtsgüterkontakt nach sich, der sich von demjenigen im Zusammenhang mit der Durchführung von Schuldverhältnissen nicht unterscheidet (THIELE JZ 1967, 649, 651; GERHARDT JZ 1970, 538; K SCHMIDT JuS 1977, 722, 723 f; aA freilich der Begründer der Lehre, DÖLLE selbst ZStW 103 [1943] 67, 74 ff; vgl dazu WILLOWEIT JuS 1984, 909, 911). Die Lehre von der Begründung von Schutzpflichtverhältnissen durch besonderen sozialen Kontakt hat sich indessen nicht durchgesetzt. Vor allem hat die Rechtsprechung sie nicht übernommen. In der Sache spricht gegen sie, daß der besondere soziale Kontakt **als Tatsache** allenfalls eine rechtliche Problematik indiziert. Zur Entwicklung der Rechtsfolgen braucht man Ansatzpunkte im geltenden Recht, die sich zu einem Wertungs- und/ oder Wirkungssystem „hochrechnen" lassen, für das sich die Schutzpflichtenbegründung durch sozialen Kontakt als folgerichtige Ergänzung anerkannten Rechts darstellt. An solchen Anhaltspunkten fehlt es.

In der Voraufl Rn 9 ist die Ansicht vertreten worden, das Gefälligkeitsverhältnis sei **10** kraft Werbung um und Inanspruchnahme von Vertrauen mit Schutzpflichten im Sinne von Pflichten zur Rücksichtnahme auf die Rechtsgüter des Partners verbunden. Eine solche Vertrauenshaftung ist zwar im Gegensatz zur Haftung aus besonderem sozialen Kontakt trotz andauernder Kritik für die culpa in contrahendo in Rechtsprechung und Schrifttum etabliert (GERNHUBER, Das Schuldverhältnis [1989] 177 mit Nachweisen). Doch ist die Vertrauenswerbung dessen, der eine Gefälligkeit erweist, schwerlich mit derjenigen zu vergleichen, die der Partner geschäftlicher Kontakte entfaltet. Im Regelfall wird dem Empfänger der Gefälligkeit die damit verbundene Intensivierung des Rechtsgüterkontakts nach Treu und Glauben mit Rücksicht auf die Verkehrssitte (analog § 157) eher auf eigene Gefahr als mit einer „Sicherheitsgarantie" angedient werden, so daß die Vertrauenshaftung des Gefälligen jedenfalls spezielle Umstände voraussetzt (vgl schon BGHZ 21, 102, 107). Auf der Seite des Empfängers mag es anders aussehen. Immerhin genügt für eine Vertrauenswerbung durch ihn nicht, daß er sich die Gefälligkeit gefallen läßt. Vielmehr muß die Gefälligkeit, die den Gefälligen mit seinen Rechtsgütern Gefahren aus der Sphäre des Empfängers der Gefälligkeit aussetzt, von letzterem erbeten sein. Selbstverständlich können Schutzpflichten im Gefälligkeitsverhältnis aufgrund der Privatautonomie der Beteiligten auch speziell vereinbart werden. Aber diese Vereinbarung ist entgegen FIKENTSCHER (§ 7 Rn 25) noch weniger als die Vertrauenswerbung zu vermuten, sondern muß als seltene Ausnahme nachgewiesen werden (OLG Hamm NJW-RR 1987, 1109).

c) Unabhängig von der Anerkennung des Gefälligkeitsverhältnisses als eines **11** Schutzpflichtverhältnisses stellt sich die Frage nach dem Haftungsmaßstab im Falle von Schäden, die der Gefällige dem Empfänger im Zusammenhang mit der Gefälligkeit (durch Schutzpflichtverletzung und/oder unerlaubte Handlung) zufügt. Die Antwort ist kontrovers. Die Rechtsprechung lehnt eine generelle Milderung der

Haftung des Gefälligen ab (BGHZ 21, 102, 110). Aber auch im Schrifttum findet die Gegenansicht (THIELE JZ 1967, 649, 654; HOFFMANN AcP 167, 394, 395 f, 401 ff) mit Rücksicht auf die differenzierenden Haftungsmaßstäbe in den Regelungen für Gefälligkeitsverträge, die von der Haftung für jede Fahrlässigkeit (Auftrag) über die Haftung für eigenübliche Sorgfalt (Verwahrung) bis zur Haftung bloß für Vorsatz und grobe Fahrlässigkeit (Leihe) reichen, nur noch wenig Resonanz (GERNHUBER, Das Schuldverhältnis [1989] 129). Einigkeit scheint darüber zu herrschen, daß der auf der Grundlage sozialer Verständigung Gefällige nicht weitergehend haften darf als der auf vertraglicher Grundlage Gefällige (GERNHUBER, Das Schuldverhältnis [1989] 128; LANGE, Schadensersatz [2. Aufl 1990] 654 jeweils mit Nachweisen). Da die gesetzlichen Haftungsmilderungen nicht nur die vertraglichen Schadensersatzverpflichtungen betreffen, sondern auch auf die idealiter konkurrierenden Schadensersatzverpflichtungen wegen unerlaubter Handlungen durchschlagen (BGHZ 46, 140, 145; BGH NJW 1985, 794, 796; 1992, 2474, 2475), läuft das für den auf der Grundlage sozialer Verständigung gefälligen Verleiher auf die Milderung (auch) einer etwaigen deliktischen Haftung hinaus. Die Gegenansicht des (BGH NJW 1992, 2474, 2475) ist evident wertungswidersprüchlich und daher abzulehnen.

12 Allerdings ist zu beachten, daß bereits die Haftungsmilderungen des Schenkungs-, Verwahrungs- Leihrechts etc nur noch nach einer Minderansicht (CANARIS JZ 1965, 481) sämtliche Schutzpflichtverletzungen (und die mit ihnen idealiter konkurrierenden unerlaubten Handlungen) erreichen. Die heute wohl hL beschränkt die Haftungsmilderung auf Unmöglichkeit und Verzug (LARENZ II/1 § 47 II a, S 201 f; Münch-Komm/KOLLHOSSER § 521 Rn 5; SCHLECHTRIEM, Vertragsordnung und außervertragliche Haftung [1972] 332 ff; STOLL JZ 1985, 384, 385 f) mit der Folge, daß sie für das Gefälligkeitsverhältnis und die mit ihm verbundenen Schutzpflichtverletzungen und unerlaubten Handlungen gegenstandslos wird. Die Rechtsprechung vertritt eine vermittelnde Meinung: Die Haftungsmilderung soll sich nur auf die Schutzpflichtverletzungen und unerlaubten Handlungen erstrecken, die mit dem Vertragsgegenstand zusammenhängen, nicht dagegen auf diejenigen, die unabhängig vom Vertragsgegenstand geschehen (BGH NJW 1985, 794, 795 f). Dementsprechend erfaßt die Haftungsmilderung im Falle der Gebrauchsüberlassung auf der Grundlage sozialer Verständigung die Schutzpflichtverletzungen und unerlaubten Handlungen, die sich als Enttäuschungen der spezifischen Leistungserwartungen des Gefälligkeitsempfängers darstellen. Für die Rechtsprechung spricht, daß sie am systemverträglichsten wirkt. Die Lehre von der uneingeschränkten Anwendbarkeit der Haftungsmilderungen privilegiert den Schenker, Verwahrer, Verleiher in Situationen, in denen er gar nicht in seiner privilegierungswürdigen Rolle agiert. Es macht wenig Sinn, die Haftung eines Wohnungsinhabers wegen einer Körperverletzung von Besuchern im Gefolge einer auf dem Boden liegenden Bananenschale unterschiedlich zu gestalten, je nachdem, ob der Besucher die Wohnung als Käufer oder als Entleiher betreten hat. Umgekehrt ist die Lehre von der uneingeschränkten Unanwendbarkeit der Haftungsmilderungen zu streng. Denn sie führt dazu, daß den (auf der Grundlage vertraglicher Vereinbarungen oder sozialer Verständigung) Gefälligen die normale Haftung für den ordnungsgemäßen Zustand der „verliehenen" Sache trifft, die die Haftungsmilderung ihm ersparen soll. Wer eine Sache unentgeltlich aus Gefälligkeit erhält, hat zu Recht eine weitergehende Obliegenheit zur Selbstprüfung auf Unbrauchbarkeit und/oder Gefährlichkeit als derjenige, der bezahlt.

3. Freigabe von Plätzen etc zur öffentlichen Benutzung

Die Gestattung zum unentgeltlichen Gebrauch einer Sache im Sinne einer **Offerte an** 13 **jedermann**, insbesondere die *Freigabe von Anlagen, Plätzen oder sonstigen Sachen zur öffentlichen Benutzung* kann Angebote zum Abschluß von Leihverträgen enthalten. In der Benutzung wäre alsdann nach § 151 S 1 die Annahme zu sehen. Normalerweise wird man die Freigabe durch Anschlag oder sonstige öffentliche Bekanntgabe ihrem Erklärungswert nach jedoch nur als eine die Widerrechtlichkeit der Benutzung beseitigende Einwilligung in die Beeinträchtigung des Eigentums durch die Benutzer einzustufen haben, vorausgesetzt, daß es sich nicht sogar um eine Nutzung öffentlicher Sachen im Rahmen des öffentlichen Rechts (Gemeingebrauch, Sondernutzung) handelt (so auch ERMAN/WERNER Vorbem 3 zu § 598; MünchKomm/KOLLHOSSER § 598 Rn 19; zu Gemeingebrauch und Sondernutzung vgl SALZWEDEL, in: ERICHSEN/MARTENS, Allgemeines Verwaltungsrecht § 46), wofür nicht die Vorschriften des BGB zur Anwendung kommen, sondern das öffentliche Recht maßgebend ist (zB Benutzungsordnungen für öffentliche Einrichtungen; Haftung der öffentlichen Hand aufgrund sog öffentlich-rechtlicher Sonderverbindung, § 823 Abs 1 oder Art 34 GG, § 839 usw; insbes zur Frage des öffentlich-rechtlichen oder zivilrechtlichen Charakters der Verkehrssicherungspflicht an öffentlichen Straßen vgl BGH NJW 1973, 460 ff).

Nach welchen zivilrechtlichen Grundsätzen sich die Haftung für Verletzungen des 14 Eigentums durch die Benutzer oder umgekehrt die Haftung des Eigentümers für Schäden der Benutzer in den sonstigen Fällen richtet, ist zweifelhaft. Die hM verneint eine schuldrechtliche Sonderrechtsbeziehung und greift daher auf die allgemeinen Grundsätze der außervertraglichen Haftung zurück (SOERGEL/ZEUNER § 823 Rn 103 ff, 276 ff; ERMAN/WERNER Vorbem 3 zu § 598; FLUME, AT § 7, 4, S 86; ESSER II [4. Aufl 1971] § 108 II 1, S 414 ff [zu den Verkehrssicherungspflichten]). Wer als Benutzer die Sache beschädigt, haftet also nach § 823 Abs 1 und 2. Kommt ein Benutzer zu Schaden, so trifft den Eigentümer die Verantwortlichkeit nach den Regeln über die Verletzung von Verkehrssicherungspflichten. Lediglich über den in der letzten Variante maßgeblichen Verschuldensmaßstab herrscht auch innerhalb der hM Streit. Während die Literatur zT die Haftung auf grobe Fahrlässigkeit begrenzen will (so in der Tendenz FLUME AT § 7, 6; BEITZKE MDR 1958, 678 für Beschränkung auf diligentia quam in suis bei der Gefälligkeitsfahrt), wendet die Rspr uneingeschränkt § 276 an, vgl die Nachw bei LARENZ I § 31 III, S 555; FIKENTSCHER § 7 Rn 25. Mit der hM konkurriert die Ansicht, die bereits den „sozialen Kontakt" als Grundlage für eine Sonderrechtsbeziehung ausreichen läßt, ist danach doch der Anknüpfungspunkt der Verkehrssicherungspflicht – die Verantwortlichkeit für Gefahrenquellen, die aus der eigenen Sphäre für Dritte entstehen – immer zugleich auch ein hinreichender Anlaß für die Annahme einer Sonderrechtsbeziehung (DÖLLE ZStW 103 [1943] 67 ff, 72 ff, 84; HAUPT 9 ff, insbes 11 ff; SOERGEL/TEICHMANN § 242 Rn 30 ff, 178 ff; aA insbes LARENZ MDR 1954, 515 ff, 517; ders, Schuldrecht AT § 9 I, S 109 Fn 11; STAUDINGER/LÖWISCH [1995] Vorbem 42 f zu § 275; ERMAN/BATTES § 276 Rn 110, die alle einen geschäftlichen Kontakt fordern und einen lediglich sozialen Kontakt nicht genügen lassen. IE ebenso BGH NJW 1962, 31, 32; CANARIS JZ 1965, 475 ff, 478).

Zu folgen ist der hM, und zwar in der von der Literatur vertretenen Variante. Die 15 Lehre von der Sonderrechtsbeziehungen begründenden Wirkung sozialen Kontakts verwischt die gesetzlich vorgegebenen Grenzen zwischen den Rechtsgüterkontakten im allgemeinen Rechtsverkehr und denjenigen im Rahmen speziell übernommener Garantenstellungen (vgl auch Rn 9). Gewiß stimmt die Vorstellung des historischen Gesetzgebers von der Intensität der generellen sozialen Beziehungen nicht mehr. Das moderne Zusammenleben erzwingt in vielfältiger Hinsicht Rechtsgüterkontakte, die nach den Maßstäben des Jahres 1900 als rechtswidrige Störungen der jeweils anderen Rechtssphäre einzustufen wären. Auch sind die Übergänge zwischen Privat- und Sozialsphäre fließend geworden. Wer einen privaten Park für die Öffentlichkeit freigibt, erfüllt damit vielfach nach heutiger Anschauung eine moralische Pflicht gegenüber seiner Umwelt. Aber das ändert nichts daran, daß es sich um Kontakte im Rahmen des allgemeinen Rechtsverkehrs handelt. Soweit das dafür geschaffene Recht, nämlich das Deliktsrecht, in seiner überkommenen Gestalt nicht befriedigt, ist es nicht zugunsten von Anleihen aus dem Recht der vertraglichen und vertragsähnlichen Beziehungen zu verabschieden, sondern sachgerecht weiterzuentwickeln. Dem entsprechen die Verkehrssicherungspflichten. Soweit jemand die eigene Sphäre unentgeltlich und freiwillig für andere öffnet, erscheint allerdings eine Milderung der Haftung in Analogie zu den §§ 521, 599 gerechtfertigt. Denn anderenfalls droht ein Wertungswiderspruch: Wer die Inanspruchnahme der eigenen Rechtsgütersphäre durch andere duldet, kann nicht ungünstiger gestellt sein als derjenige, der sich zu einer solchen Duldung vertraglich verpflichtet (aA wohl LARENZ I § 31 III, S 556; SCHWERDTNER NJW 1971, 1676 l. Sp).

4. Besitzverhältnisse

16 **Sachenrechtliche** Wirkungen legt das BGB der Leihe nicht bei. Durch die Gebrauchsüberlassung wird der Verleiher idR mittelbarer, der Entleiher unmittelbarer Besitzer, vgl § 868. Begriffsnotwendig ist diese Änderung der Besitzverhältnisse aber nicht. Vielmehr hängt es vom Einzelfall ab, ob die ordnungsgemäße Gestattung des Gebrauchs den Erwerb des unmittelbaren Besitzes durch den Entleiher erfordert oder nicht. Insbesondere in den nach der hier vertretenen Ansicht als Leihverhältnisse einzuordnenden Fällen der kurzfristigen Überlassung des Opernglases und der Duldung kurzfristigen Parkens auf einem Privatgrundstück (vgl Rn 8) bleibt der Verleiher unmittelbarer Besitzer. Entgegen der hM (ERMAN/WERNER Rn 2, BGB-RGRK/ GELHAAR Rn 7; PALANDT/PUTZO Rn 7) übt er diesen unmittelbaren Besitz nicht durch den Entleiher als seinen Besitzdiener, sondern selbst aus. Denn ein soziales Abhängigkeitsverhältnis oder gar eine Funktion des Entleihers in einer vom Verleiher beherrschten Organisation, an die der Gesetzgeber in § 855 anknüpft, läßt sich in den benannten Beispielen selbst bei großzügigstem Verständnis nicht entdecken. Umgekehrt ist der Besitz kein physisch-realer, sondern ein sozialer Begriff. Die Verkehrsauffassung erkennt aber die Sachherrschaft in den angesprochenen Fällen wohl eher dem Verleiher als dem Entleiher zu (ebenso MünchKomm/KOLLHOSSER § 598 Rn 15). Die besitzrechtlichen Folgen stehen dem nicht entgegen: Der Verleiher kann insoweit selbst Besitzwehr üben, auf die Repräsentation durch den Entleiher gemäß § 860 ist er nicht angewiesen.

5. Übersicht

17 Den Begriff der Leihe und die Hauptverpflichtungen bestimmt § 598. Die Haftung des Verleihers behandeln §§ 599, 600. Von der Erhaltung der Sache und dem Ersatz der Verwendungen handelt § 601. § 602 bezieht sich auf die Veränderungen und

4. Titel. § 598
Leihe 1—3

Verschlechterungen der Sache, die durch den vertragsmäßigen Gebrauch herbeigeführt werden, § 603 auf vertragswidrigen Gebrauch der Sache. § 604 betrifft die Verpflichtung zur Rückgabe, § 605 die Kündigung des Leihvertrages, § 606 die Verjährung von Nebenansprüchen.

§ 598

Durch den Leihvertrag wird der Verleiher einer Sache verpflichtet, dem Entleiher den Gebrauch der Sache unentgeltlich zu gestatten.

Materialien: E I § 549; II § 538; III § 591; Mot II 443 ff; Prot II 2221 ff.

I. Die Tatbestandsmerkmale der Leihe

§ 598 benennt die Begriffsmerkmale der Leihe, und zwar in einer Formulierung, die 1 den Willen des historischen Gesetzgebers zur Offenheit im gemeinrechtlichen Streit um die Qualifikation der Leihe als Real- oder Konsensualvertrag zum Ausdruck bringt (vgl Vorbem 2 zu §§ 598 ff; Mot II 443 ff).

1. Unentgeltlichkeit

Die Unentgeltlichkeit ist nicht objektiv, sondern nach dem Willen der Vertragspar- 2 teien zu bestimmen; es kommt auf die *Einigung über die Unentgeltlichkeit* an. Deshalb macht ein verhältnismäßig geringes Nutzungsentgelt einen Gebrauchsüberlassungsvertrag noch nicht zur Leihe; vielmehr liegt Miete vor (RG Recht 1929 Nr 321; BGH MDR 1970, 1004). Ebensowenig verwandelt sich ein Mietverhältnis schon dadurch in ein Leihverhältnis, daß der Vermieter auf den Mietzins verzichtet (LG Würzburg JW 1929, 3266). Das gilt jedenfalls dann, wenn der Vermieter den Verzicht nicht endgültig (dann wohl konkludente vertragliche Umwandlung), sondern lediglich vorübergehend – zB mit Rücksicht auf eine vorübergehende Notlage des Mieters – erklärt. Auf der anderen Seite wird die Unentgeltlichkeit nicht in Frage gestellt, wenn dem Entleiher eine „Anerkennungsgebühr" abverlangt wird, dh wenn die Vertragspartner sich einig sind, daß die Leistung des Entleihers nicht eine echte Gegenleistung für die Überlassung der Leihsache, sondern mehr eine symbolische Dankbarkeitsbezeugung darstellt (OLG Hamburg NJW 1949, 547 mit krit Anm LEWALD; ebenso SOERGEL/KUMMER Rn 2; MünchKomm/KOLLHOSSER Rn 13; vgl auch BGH NJW 1977, 2159).

Im Schrifttum wird darüberhinaus angenommen, es gelte im übrigen eine Art 3 Schwerpunkttheorie: Das Gebrauchsüberlassungsverhältnis sei auch bei teilweiser Entgeltlichkeit und teilweiser Unentgeltlichkeit je nach dem Überwiegen des einen oder anderen Teils entweder Miete oder Leihe; eine gemischte Leihe analog der gemischten Schenkung gebe es nicht (MünchKomm/KOLLHOSSER § 598 Rn 13). Dieser Ansicht ist nicht zu folgen. Einmal geht sie dogmatisch nicht auf, weil sie den sonst unangefochtenen Ausgangspunkt verläßt, daß die Einigung der Parteien über die Entgeltlichkeit oder Unentgeltlichkeit über die Qualifikation als Miet- oder Leihverhältnis entscheidet. Soweit die Einigung auf teilweise Entgeltlichkeit und teilweise Unentgeltlichkeit gerichtet ist, führt von einem solchen Ausgangspunkt aus kein Weg am gemischten Leihverhältnis vorbei. Außerdem zieht die kritisierte Ansicht befremdliche Ergebnisse nach sich, wie namentlich der Fall der Wohnungsüberlassung zeigt. Insoweit läuft sie nämlich darauf hinaus, daß die Geltung des Mieterschutzes unterschiedlich zu beurteilen ist, je nach dem, ob die Parteien (nach ihrer Vorstellung) mehr oder weniger als 50% des an sich gerechtfertigten Mietzinses vereinbart haben. Demgegenüber fordert die Unabdingbarkeit des Mieterschutzes seine grundsätzliche Anwendung in allen Fällen, in denen die Wohnung teilweise entgeltlich überlassen wird. Wer anders entscheidet, läßt in der Sache contra legem den entgeltlichen Verzicht auf Mieterschutz zu: Der Vermieter kauft quasi dem Mieter den Mieterschutz ab!

Allerdings dürfte es nicht gerechtfertigt sein, dem Wohnungsnehmer über die Anwendung des MHRG auch das Recht zur (teilweisen) unentgeltlichen Nutzung der Wohnung zu erhalten. Der unentgeltliche Vertragsteil muß daher nach § 604 frei widerrufen werden können mit der Folge, daß für die weitere entgeltliche Nutzung das Entgelt im Wege der ergänzenden Auslegung (§ 157) anzupassen ist. Das mag den Wohnungsnehmer im Einzelfall dazu zwingen, die Wohnung nolens volens aufzugeben. Aber das entspricht den Grenzen des Mieterschutzes, der dem Wohnungsgeber auch sonst nicht ansinnt, wegen fehlender wirtschaftlicher Leistungsfähigkeit des Wohnungsnehmers auf die Gegenleistung (teilweise) zu verzichten. Wenigstens insoweit ist die sozialstaatliche Verantwortung nach wie vor eine staatliche, nicht eine private Verantwortung.

4 Das Entgelt braucht nicht in Geldleistungen zu bestehen. Auch wenn sich der „Entleiher" im Vertrag zu Dienstleistungen und/oder Verbesserungsarbeiten an der überlassenen Sache verpflichtet, kann dies einen Leihvertrag ausschließen, vorausgesetzt, die Vertragsparteien sehen darin den hinreichenden Gegenwert für die Gebrauchsüberlassung (vgl ERMAN/WERNER Rn 5). Im Zweifel ist insgesamt ein Mietverhältnis anzunehmen, wenn eine Sache nach einer unentgeltlichen Probezeit gemietet wird (OLG Hamburg OLGE 20, 210). Das gleiche gilt, wenn der Vertrag von vornherein eine unentgeltliche Anlaufzeit vorsieht (BGH MDR 1970, 1004).

2. Begriff der Sache

5 Gegenstand der unentgeltlichen Gebrauchsüberlassung sind Sachen (und Tiere, vgl § 90 a). Es gilt § 90. Keine Rolle spielt, ob es sich um bewegliche oder unbewegliche Sachen handelt. Der Vertrag über das unentgeltliche Unterstellen von Möbeln auf dem Dachboden ist also Leihe (RG DJZ 1924, 905). Grundstücksleihe soll nach der unterinstanzlichen Rechtsprechung auch dann vorliegen, wenn der Eigentümer die unentgeltliche Inanspruchnahme eines Grundstücksstreifens als Geh- und Fahrweg durch den Nachbarn stillschweigend duldet (OLG Hamm NJW-RR 1987, 137, 18; OLG Köln NJW-RR 1992, 1497; LG Kassel NJW 1969, 1174; dagegen HODES NJW 1969, 1174; BGB-RGRK/GELHAAR Vorbem 6 zu § 598: außerrechtsgeschäftliches Gefälligkeitsverhältnis, vgl dazu Vorbem 3 zu §§ 598 ff). Gleiches gilt für die unentgeltliche Unterhaltung eines Gleisanschlusses auf einem fremden Grundstück (OLG München WM 1984, 1397, 1399), die Benutzung von Grundstücken für Versorgungsleitungen kann auf einem Leihvertrag beruhen (RG WarnR 1934 Nr 152; HRR 1933, 1000; MEISNER/STERN/HODES, Nachbarrecht 766),

was allerdings nur insoweit anzunehmen ist, als der Eigentümer nicht nach öffentlichem Recht zur Duldung verpflichtet ist (vgl FISCHERHOF, Rechtsfragen der Energiewirtschaft [1956] 125; in anderem Zusammenhang – Betreten des Bremer Rathauses – auch OVG Bremen NJW 1990, 931). Der BGH geht offenbar davon aus, daß die vom Eigentümer geduldete unentgeltliche Inanspruchnahme von Grundstücken für Versorgungsleitungen im Zweifel nicht auf einem Leihvertrag, sondern lediglich auf einer die Rechtswidrigkeit ausschließenden Einwilligung beruht (BGH NJW 1976, 416; dagegen für Leihvertrag SCHAPP NJW 1976, 1092 in einer Besprechung des Urteils).

Eine Ausnahme von der Qualifikation als Grundstücksleihe wird für die unentgeltliche Wohnungsüberlassung befürwortet. Zwar ist die im Schrifttum lange dominierende (vgl dazu SLAPNICAR, Gratis habitare und entgeltliches Wohnen nach römischem und geltendem Recht [1981] 16 ff; NEHLSEN-VAN STRYK AcP 187, 552, 553 f mit Fn 3) und zeitweilig auch vom BGH vertretene (BGH NJW 1970, 941; WM 1970, 1247; 1982, 100; LM § 535 Nr 45) Ansicht, die mit dem Verzicht auf eine übliche Nutzung verbundene unentgeltliche Überlassung einer Sache sei nicht Leihe, sondern Schenkung, überwunden (Vorbem zu §§ 598). Auch die differenzierende Meinung M REINICKES (JA 1982, 328 f), der wenigstens Schenkungsvorschriften analog anwenden will, wenn das Rückforderungsrecht des Verleihers nach § 604 abbedungen ist, hat sich nicht durchgesetzt. Wohl halten sich nach wie vor Auffassungen, die speziell die unentgeltliche Wohnungsüberlassung dem Recht der Leihe mehr oder weniger entziehen. So will SLAPNICAR im Anschluß an das römische Recht die unentgeltliche Wohnungsüberlassung im Wege der Fiktion (!) als mit schenkungsweisem Erlaß der Mietzinsforderung gekoppelte Vermietung einordnen (Gratis habitare 172 ff und JZ 1983, 327 ff). Nach NEHLSEN-VAN STRYK soll zwar – enger – nicht jede langfristige unentgeltliche Wohnungsüberlassung der Analogie zum Schenkungsrecht unterliegen. Denn in der Regel behält sich ihrer Ansicht nach der Verleiher zumindest das Rückforderungsrecht gemäß § 605 Nr 1 vor. Doch soll eine Ausnahme für die unentgeltliche Wohnungsüberlassung auf Lebenszeit gelten, wenn und soweit -wie das gerade in diesem Fall vielfach geschieht- das Rückforderungsrecht wegen Eigenbedarfs abbedungen wird. Alsdann soll nicht nur die Formvorschrift des § 518 Abs 1 analog eingreifen, sondern auch die Möglichkeit einer analogen Anwendung sonstiger ihrem Wortlaut nach auf Schenkungen beschränkter Vorschriften wie der §§ 1641, 1804, des § 2287 und des § 2301 (vgl dazu auch LANGEN ZMR 1986, 150 ff) ins Blickfeld rücken (AcP 187, 552, 578 ff).

Der BGH hat sich gegen die analoge Anwendung des § 518 Abs 1 auf die unentgeltliche Wohnungsüberlassung auf Lebenszeit ausgesprochen, aber offengelassen, wie zu entscheiden ist, wenn sie wirtschaftlich auf die Aufgabe der Substanz der Wohnung hinausläuft (BGH NJW 1982, 820; 1985, 1553). Auf die (im Gegensatz zur Ansicht von NEHLSEN-VAN STRYK) jedenfalls im Zeitpunkt der zweiten Entscheidung bereits bekannte Auffassung SLAPNICARS ist er nicht eingegangen. Tatsächlich ist diese Ansicht nicht haltbar. Das gilt einmal für die Methode, sich mit Hilfe einer Fiktion über den Willen der Parteien hinwegzusetzen (kritisch auch NEHLSEN-VAN STRYK AcP 187, 552, 571). Es gilt zum anderen aber auch für das Ergebnis, das auf die Ausdehnung des (sozialen) Wohnungsmietrechts auf unentgeltliche Wohnungsüberlassungen hinausläuft, obwohl der Gesetzgeber den unentgeltlichen Wohnungsgeber mit den einschlägigen Vorschriften eindeutig nicht hat belasten wollen. Der Vorschlag von NEHLSEN-VAN STRYK berücksichtigt zu wenig, daß die Abbedingung der Eigenbedarfskündigung nichts an der Pflicht des Wohnungsnehmers ändert, die Wohnung als Fremdbesitzer zu nutzen, dh nicht zu beschädigen und letztlich zurückzugeben, mag die Rückgabepflicht bei normalem Verlauf (vorbehaltlich der jedenfalls unabdingbaren außerordentlichen Kündigung) auch erst von den Erben zu erfüllen sein. Es kann also gar nicht die Interessenlage entstehen, die das Schenkungsrecht im engeren Sinne, insbesondere das Formerfordernis nach § 518 voraussetzt. Was die §§ 1641, 1804, 2227 und 2301 betrifft, so mögen gute rechtspolitische Gründe dafür bestehen, die unentgeltliche Wohnungsüberlassung auf Lebenszeit wie eine Schenkung zu behandeln. Aber es führt kein Weg daran vorbei, daß die unentgeltliche Wohnungsüberlassung auf Lebenszeit auch im Lichte dieser Vorschriften im Verhältnis zur Schenkung ein Minus darstellt, dessen Gleichstellung mit Hilfe bloßer analoger Normanwendung nicht lege artis zu schaffen ist. Fazit: Die unentgeltliche Wohnungsüberlassung ist Leihe; Schenkungsrecht ist weder analog noch direkt anwendbar.

8 Die unentgeltliche Gebrauchsüberlassung von Rechten ist selten, kommt aber namentlich in Gestalt der Gebrauchsüberlassung von gewerblichen Schutzrechten vor. Ihre rechtliche Beurteilung ist umstritten. Da das Pachtrecht die Gebrauchsüberlassung von Rechten („Pachtgegenstände") im Gegensatz zum Recht der Miete und der Leihe ausdrücklich umfaßt, will eine Minderansicht – ergänzt um Vorschriften des Leihrechts, die an die Unentgeltlichkeit anknüpfen (§§ 599, 600) – Pachtrecht anwenden (FIKENTSCHER § 77 Rn 841). Demgegenüber greift die hM (RG JW 1904, 228; MünchKomm/KOLLHOSSER Rn 4; BGB-RGRK/GELHAAR Rn 1; SOERGEL/KUMMER Rn 1) auf die Analogie zu den §§ 598 ff zurück; Lücken werden im Wege der ergänzenden Vertragsauslegung ausgefüllt. Für die hM spricht, daß die Entgeltlichkeit oder Unentgeltlichkeit ein den Typus des Vertragsverhältnisses prägendes Merkmal ist, das nicht nur die Haftungsmaßstäbe, sondern auch die wechselseitigen Vertragserwartungen der Beteiligten insgesamt (einschließlich zB der Verantwortlichkeit für die Erhaltung der Funktionstauglichkeit des Rechts) bestimmt. Auch der historische Gesetzgeber hat nicht anders gedacht. Die Ausdehung der §§ 598 ff auf die Rechtsleihe ist nur deshalb unterblieben, weil man angesichts des seltenen Vorkommens der Rechtsleihe dafür kein Bedürfnis empfand (Mot II 444).

3. Gebrauch

9 Der Verleiher hat dem Entleiher den Gebrauch zu gestatten. Was Gebrauch in diesem Sinne bedeutet, zeigt insbesondere die Rückgabepflicht nach § 604: Die überlassene Sache muß der Substanz nach unveränderlich bleiben; der Entleiher darf lediglich die mit dem Besitz verbundenen Vorteile nutzen. Gleichwohl können auch verbrauchbare Sachen (§ 92) Gegenstand der Leihe sein, nämlich dann, wenn sie entgegen dem (normalen) „bestimmungsgemäßen Gebrauch" nicht zum Verbrauch oder zur Veräußerung, sondern zB zu Ausstellungszwecken überlassen worden sind (RG HRR 32 Nr 1551). Zum „Gebrauch" überlassen sind auch Wertpapiere, die dem Entleiher die Stellung einer Kaution (RG WarnR 1936 Nr 190) oder die Sicherung einer Schuld (RGZ 91, 155, 158 – betr Hypothekenbrief) ermöglichen. Von dieser Gestaltung zu unterscheiden ist die sog Wertpapierleihe nach dem Wertpapier-Leihsystem der Deutschen Kassenverein AG, die namentlich der Minderung des Risikos von Börsentermingeschäften dient. Da der „Entleiher" die Wertpapiere benötigt, um sie bei fallenden Kursen schon vor der Fälligkeit seines Terminkaufs über gleiche Wertpa-

piere verkaufen zu können, stellt diese Wertpapierleihe rechtlich ein – überdies entgeltliches – Wertpapierdarlehen dar: Der „Entleiher" muß nicht dieselben, sondern Wertpapiere gleicher Art zurückgeben. Der „Verleiher" hat nur insofern die Rechtsposition eines Verleihers im Sinne des § 598, als er wie dieser die Früchte (Dividenden, Zinsen) beanspruchen kann (vgl zum Ganzen KÜMPEL WM 1990, 909 ff; GESELL 20 ff). Ebenso ist nicht Leihe sondern Darlehen gemeint, wenn jemand einem anderen „leihweise" Fremdwährungsbestände überläßt (RGZ 153, 384).

Ganz allgemein kann Leihe vorliegen, wenn der Eigentümer einer Sache diese einem **10** anderen zum Zweck der Verpfändung zur Verfügung stellt (RGZ 36, 161). Daß der Pfandgläubiger durch die Verpfändung ein Verwertungsrecht erwirbt, steht dem jedenfalls nicht entgegen, wenn Verleiher und Entleiher von der rechtzeitigen Ablösung des Pfandrechts ausgehen. Die Rückgabepflicht bleibt unter diesen Umständen trotz des Einverständnisses des Eigentümers mit der Verpfändung unangetastet. Kommt es trotzdem zur Verwertung, schuldet der Entleiher wegen Unmöglichkeit der Rückgabe nach § 280 Abs 1 Schadensersatz wegen Nichterfüllung. Problematisch ist die Annahme eines Leihvertrages, soweit die Parteien ernsthaft mit der Möglichkeit der Verwertung des Pfandrechts rechnen. Eine solche Fallgestaltung läßt zumindest für eine unbedingte Rückgabepflicht keinen Raum. Entsprechend besteht der Leihvertrag unter der auflösenden Bedingung der Verwertung der Leihsache; je nachdem, ob der „Entleiher" zum Wertersatz verpflichtet sein soll oder nicht, ist mit dem auflösend bedingten Leihvertrag ein aufschiebend bedingter Kauf- oder Schenkungsvertrag kombiniert (vgl KUHLENBECK JW 1904, 229 ff mit Nachw). Überläßt jemand einem anderen „leihweise" Fremdwährungsbestände, so ist damit rechtlich ein gem § 244 Abs 1 in der fremden Währung rückzahlbares Darlehen gemeint (RGZ 153, 384).

Gebrauch ist zu unterscheiden von der Fruchtziehung (§§ 99, 100). Der Leihvertrag **11** berechtigt also vorbehaltlich abweichender Vereinbarung nicht dazu, zB das geliehene Gartengrundstück abzuernten oder das „geliehene" Patent zu verwerten (vgl KÜMPEL WM 1990, 909, 910). Im Einzelfall kann sich allerdings aus den §§ 157, 242 nicht nur ein Fruchtziehungsrecht, sondern sogar eine Fruchtziehungspflicht ergeben, nämlich dann, wenn die Fruchtziehung zur Erhaltung der Sache erforderlich ist.

4. Gestattung

Der Verleiher hat dem Entleiher den Gebrauch zu gestatten. Die Gestattung des **12** Gebrauchs ist abzugrenzen gegenüber der Gebrauchsgewährung, zu der der Vermieter nach § 535 verpflichtet ist. Anders als den Vermieter während der Mietzeit trifft den Verleiher während der Leihzeit nicht die Pflicht, den vertragsgemäßen Gebrauch durch positive Förderungsmaßnahmen (Instandhaltung der Sache, Abwehr von Drittstörungen) sicherzustellen. Die Verpflichtung des Verleihers beschränkt sich vielmehr darauf, bei Beginn der Leihe den Besitz zu überlassen und den Entleiher bis zur Beendigung nicht im Besitz zu stören (ERMAN/WERNER Rn 3; PALANDT/PUTZO Rn 6; MünchKomm/KOLLHOSSER Rn 12). Die Verpflichtung des Verleihers ist daher, soweit nichts anderes vereinbart wird (§ 269), Holschuld. Selbstverständlich ist, daß die Gestattungspflicht nicht vom Eigentum des Verleihers abhängt. Doch greifen die Regeln über die Leistungsstörungen ein, falls das fehlende Eigentum die Gestattung unmöglich macht (PALANDT/PUTZO Rn 1; vgl auch BGH NJW 1974, 1086 mit mißverständlicher Formulierung). Überträgt der Verleiher während der Leihzeit das Eigentum nach §§ 929, 931, so kann der Entleiher dem neuen Eigentümer nach § 986 Abs 2 sein Recht zum Besitz aus dem Leihvertrag entgegensetzen. Kein Recht zum Besitz steht dagegen dem Entleiher eines Grundstücks gegenüber einem neuen Eigentümer zu; § 571 ist auf die Leihe nicht entsprechend anwendbar (mißverständlich ERMAN/WERNER Rn 6). Dem Anspruch des Entleihers auf Gestattung des Gebrauchs entspricht grundsätzlich keine Gebrauchspflicht. Abweichende Vereinbarungen sind denkbar. Sie können sich auch aus den Umständen ergeben (zB bei Leihsachen, die ohne Gebrauch ihre Gebrauchsfähigkeit einbüßen – Reitpferd oä); allerdings stellt sich dann stets die Frage, ob die Gebrauchsüberlassung nicht im Interesse des Verleihers geschieht und deshalb als Auftrag oder Verwahrung zu qualifizieren ist (RG HRR 32 Nr 1551; ERMAN/WERNER Rn 4).

II. Erscheinungsformen der Leihe

1. Der normtypische Fall

13 Der Leihvertrag ist ein **unvollkommen zweiseitiger Vertrag**, dh er begründet zwar Pflichten sowohl für den Verleiher als auch für den Entleiher, doch stehen diese Pflichten nicht in einem Austauschverhältnis. Die Vorschriften über gegenseitige Verträge (§§ 320 ff) sind deshalb nicht anwendbar (ESSER/WEYERS § 25 II 208; LARENZ II/1 § 50 293). Hat der Entleiher Gegenansprüche gegen den Verleiher erworben, so kommt gegenüber dem Rückgabeanspruch des Verleihers aus § 604 ein Zurückbehaltungsrecht aus § 273 in Betracht (RGZ 65, 270, 277 – Verwendungen auf ein entliehenes Grundstück). Soweit der Leihvertrag den Gebrauch der Leihsache durch Hilfspersonen des Entleihers gestattet, können diese sich nach den Grundsätzen über den Vertrag mit Schutzwirkung zugunsten Dritter gegenüber einer Inanspruchnahme durch den Verleiher auf günstige Bestimmungen des Leihvertragsrechts berufen (BGHZ 49, 278 – kurze Verjährung des § 606 auch zugunsten der Hilfsperson des Entleihers, den der Verleiher nach § 823 Abs 1 wegen Eigentumsverletzung in Anspruch nimmt – vgl dazu § 599 Rn 3; § 606 Rn 10).

2. Die Leihe als anderstypische Nebenleistung

14 Eine gewisse Rolle spielt die Leihe als anderstypische Nebenleistung bei Austauschverträgen. Insbesondere nimmt die hM einen Leihvertrag im Hinblick auf Verpackungsmaterial an, zB beim Flaschenbierhandel, wenn die Leerflaschen zurückzugeben sind (RGZ 159, 65; BGH LM Nr 2 zu § 989), oder beim Verkauf von Mehl in Säcken (OLG Stuttgart NJW 1949, 68). Allerdings soll – so heißt es – jeweils genau zu prüfen sein, ob wirklich das konkret benutzte und nicht etwa nur Verpackungsmaterial gleicher Menge, Art und Güte zurückzugeben ist (BGH NJW 1956, 298; OLG Düsseldorf BB 1948, 524). Denkbar soll auch sein, daß zwar primär die konkret benutzten Flaschen, Säcke etc zurückgegeben werden müssen, dem Abnehmer jedoch eine *Ersetzungsbefugnis* in Form der Leistung von Verpackungsmaterial gleicher Menge, Art und Güte eingeräumt ist (vgl DÜRKES BB 1948, 68, 197; WIRTZ BB 1948, 196). Neuerdings wird zwischen mehreren Varianten der Mehrwegverpackung differenziert. Im Fall des Direktvertriebs Hersteller/Endverbraucher (Beispiel: Industriegas) soll hinsichtlich des Behälters ein modifizierter Leihvertrag (keine Haftungsmilderung; Verfall des „Pfandgeldes" auch bei unverschuldeter Unmöglichkeit der Rückgabe) vorliegen. Im Fall des

mehrstufigen Vertriebs wird weiter unterschieden, je nachdem, ob die Behälter durch den einzelnen Hersteller, durch eine geschlossene Herstellergruppe oder als sog Einheitsbehälter einer Branche („Eurobierflaschen") gar nicht individualisiert sind. In den ersten beiden Alternativen sollen über die Behälter leihähnliche Gebrauchsüberlassungsverträge zustande kommen, die sich vom normalen Leihvertrag dadurch abheben, daß trotz des fortbestehenden Eigentums des Herstellers nicht die empfangenen, sondern Behälter gleicher Art und Güte zurückzugeben sind. In der dritten Alternative soll dagegen das Eigentum an den Behältern auf die Empfänger übergehen, so daß die Pflicht zur Rückgabe von Behältern gleicher Art und Güte darlehensähnliche Züge annimmt. Der Unterschied zum echten Darlehen soll darin bestehen, daß den Rückgabeschuldner keine Beschaffungspflicht trifft. Er schuldet also nicht die Rückgabe der empfangenen Menge, sondern wird – gegen Verfall des Pfandgeldes – frei, wenn er aus welchen Gründen auch immer nicht zurückgeben kann (KOLLHOSSER/BORK BB 1987, 909 ff; vgl auch MARTINEK, JuS 1987, 514 ff).

Richtiger Ansicht nach ist jedenfalls in den typischen Fällen, in denen es dem Erwer- **15** ber freigestellt ist, ob er die Verpackung gegen Rückzahlung des „Pfandgeldes" zurückgibt oder nicht, weder (modifizierte) Leihe noch (modifiziertes) Darlehen sondern Kauf der Verpackung anzunehmen. Die Möglichkeit der Rückgabe stellt sich für den Käufer als Angebot der zur Vertriebsorganisation der Hersteller oder Herstellergruppe gehörenden Händler dar, die Verpackung zu dem als „Pfandgeld" ausgewiesenen Betrag zurückzuerwerben. Nur diese Konstruktion wird den normalen Gegebenheiten gerecht, die weder eine Pflicht des Erwerbers zur Rückgabe an den seinerzeitigen Vertragspartner noch eine Schadensersatzpflicht im Fall der Zerstörung oder Beschädigung der Behälter kennen (vgl MARTINEK JuS 1987, 514, 520 f). Nur wenn es eine Rückgabeverpflichtung gegenüber dem seinerzeitigen Vertragspartner gibt, kommt ernsthaft Leihe in Betracht. Dabei spricht freilich die Interessenlage dafür, den Charakter des Leihverhältnisses als Annex des Kaufvertrages zum Anlaß für einen bloß eingeschränkten Rückgriff auf die §§ 598 ff zu nehmen. Namentlich die Privilegien des Verleihers nach den §§ 599, 600 sind im Zusammenhang mit einem Umsatzgeschäft fehl am Platze.

Bereits von der hM abgelehnt wird der Leihvertrag, soweit im Rahmen von Vertrags- **16** verhandlungen „leihweise" Warenmuster oder Probestücke überlassen werden (BGH NJW 1964, 1225). Richtiger Ansicht nach handelt es sich insoweit um einen Teil des Rechtsverhältnisses, das durch die Aufnahme von Vertragsverhandlungen per Werbung um Inanspruchnahme von Vertrauen zwischen den potentiellen Vertragspartnern entsteht. Die Konsequenzen decken sich mit denen im Falle der Leihe als untergeordneter Nebenleistung im Rahmen von Austauschverträgen. Schlechthin unanwendbar sind die §§ 599, 600; dagegen gelten die §§ 601–606 wegen der Ähnlichkeit der Interessenlage analog, und zwar gleichgültig, ob der Kauf des Probestücks oder einer anderen Sache aus derselben Gattung beabsichtigt ist (BGH MDR 1968, 748). Der BGH hat das für die kurze Verjährung analog § 606 ausdrücklich bestätigt. Auch die analoge Anwendung der §§ 601–606 ist allerdings nach BAG NJW 1985, 759 abzulehnen für das Rechtsverhältnis zwischen Arbeitgeber und Arbeitnehmer hinsichtlich eines Firmenwagens, der als Nebenleistung im Rahmen des Arbeitsverhältnisses überlassen wird. Insbesondere soll der Rückgriff auf § 606 für die Verjährung von Schadensersatzansprüchen wegen Beschädigung des Wagens ausscheiden (aA LAG Stuttgart DB 1978, 703). Das Gleiche hat folgerichtig für die „Leihe" von Büchern aus der Werksbibliothek zu gelten. Obwohl der Werksbücherverleih somit im weiteren Sinne entgeltlich erfolgt, fällt er nach der Rspr nicht unter die tantiemepflichtige Nutzung nach § 27 Abs 1 UrhG (BGH NJW 1972, 1271; aA REICHEL BB 1966, 1427 mit Nachw).

17 Wird ein Fahrzeug unentgeltlich nebst Bedienungspersonal zur Verfügung gestellt, so liegt im Zweifel kein unentgeltlicher Fracht- oder Beförderungsvertrag (§§ 662 ff), sondern ein (kombinierter) Leih- und Dienstverschaffungsvertrag vor mit der Folge, daß das Bedienungspersonal nicht Erfüllungsgehilfe (§ 278) des Verleihers ist (BGH VersR 1970, 935).

§ 599

Der Verleiher hat nur Vorsatz und grobe Fahrlässigkeit zu vertreten.

Materialien: E I § 550; II § 539; III § 592; Mot II 446; Prot II 2226.

1. Allgemeines

1 Die Haftung des Verleihers ist gegenüber der Grundregelung des § 276 durch die §§ 599, 600 gemildert. Sie reiht sich damit in die Gruppe unter den Fällen gesetzlicher Haftungsprivilegierung ein, die an die Uneigennützigkeit des Verhaltens anknüpft (§§ 521, 680, 968, vgl dazu DEUTSCH NJW 1966, 705; RÖHL JZ 1974, 523). Zur Abgrenzung von § 599 zu § 600 vgl § 600 Rn 1.

2. Der maßgebliche Pflichtenbereich

2 Fraglich und umstritten ist, welchen Pflichtenbereich das Haftungsprivileg erfaßt. Während die traditionelle Ansicht es auf sämtliche (Haupt- und Neben-)Pflichten des Verleihers bezieht, beschränkt eine neuerdings im Vordringen befindliche Ansicht es auf die Verletzung des Interesses des Entleihers an der Leistung. Soweit die (Neben-)Pflichten des Verleihers das Interesse des Entleihers an der Erhaltung seiner sonstigen Rechtsgüter betreffen, soll es bei der normalen Haftung nach § 276 bewenden (so LARENZ II/1 § 50, S 294; MünchKomm/KOLLHOSSER Rn 3; grundlegend SCHLECHTRIEM 346 ff) bleiben. Der neueren Ansicht ist sicherlich insoweit zuzustimmen, als sie sich gegen die Anwendung der §§ 599, 600 auf Situationen wendet, in denen sich die spezifische Verleiherrolle überhaupt nicht auswirkt. Wenn der Entleiher zwecks Rückgabe der Leihsache zum Verleiher geht und vor dessen Haustür auf einer Bananenschale ausrutscht, haftet der Verleiher zwar aus positiver Verletzung des Leihvertrages. Doch tritt der Schaden weniger *im Zusammenhang mit der* als vielmehr *bei Gelegenheit der* unentgeltlichen Gebrauchsüberlassung ein. Die Unentgeltlichkeit mag eine gewisse Nachlässigkeit im Hinblick auf die *Leistung* entschuldigen; der begleitende Rechtsgüterkontakt unterscheidet sich nicht von demjenigen im Zusammenhang mit entgeltlichen Geschäften. Zu weit geht die neuere Ansicht jedoch,

soweit sie auch die Verletzung der sog Leistungstreuepflichten (einschließlich der Schlechterfüllung) aus dem Geltungsbereich des Haftungsprivilegs ausklammert. Die geminderte Verantwortlichkeit des Verleihers für die Ordnungsgemäßheit der Leistung muß sich auch auf die mit schlechter Leistung verbundenen weiteren Konsequenzen erstrecken (BGH NJW 1985, 794, 795 f; THIELE JZ 1967, 654; GERHARDT JuS 1970, 600; SCHWERDTNER NJW 1971, 1675; vgl auch Vorbem zu §§ 598 ff). Entsprechend ist die Frage zu beurteilen, ob das Haftungsprivileg für Verpflichtungen des Verleihers aus culpa in contrahendo eingreift. Sie ist zu bejahen, soweit die Pflichtverletzung die Leistung betrifft (zB vorherige Bedienungsanleitung durch den Verleiher), zu verneinen, soweit sie in den Sektor der begleitenden Verhaltenspflichten fällt (vgl auch GERHARDT JuS 1970, 597 ff).

3. Haftungsprivileg und Deliktshaftung

Der Haftungsmaßstab des § 599 gilt auch, soweit der Verleiher wegen eines Verhaltens, das vertragsrechtlich von der Privilegierung erfaßt wird, aus Delikt (einschließlich § 833 S2) in Anspruch genommen werden soll (RGZ 88, 318; BGHZ 24, 195; 46, 313; 55, 392; BGH NJW 1974, 235; 1985, 794, 796; 1992, 2474, 2475; in BGH NJW 1977, 2158 unter unrichtiger Berufung auf BGH NJW 1974, 235 offengelassen). Wer anders entscheidet, macht die unter Rn 2 befürwortete Privilegierung des Verleihers bei der Haftung für Mangelfolgeschäden gegenstandslos, stellen die Mangelfolgeschäden doch regelmäßig zugleich Rechtsgüterverletzungen iSd § 823 Abs 1 dar. Im gleichen Umfang ist der aus Delikt belangte Erfüllungsgehilfe des Verleihers privilegiert (vgl auch BGHZ 49, 350; 61, 227; BGH NJW 1978, 1426).

4. Haftung des Entleihers

Der Entleiher haftet nach §§ 276, 278, dh für Vorsatz und (jede) Fahrlässigkeit. Eine Ausnahme-Haftung nur für Vorsatz und grobe Fahrlässigkeit greift nach BGH NJW 1979, 759 dann ein, wenn ein Kfz-Verkäufer dem Käufer eines vollkaskoversicherten Kfz während einer Garantiereparatur einen nicht vollkaskoversicherten Ersatzwagen stellt, ohne auf das Fehlen der für den Käufer – wie er weiß – wichtigen Versicherung hinzuweisen (ergänzende Vertragsauslegung). Das gleiche gilt nach der Rechtsprechung des BGH (NJW 1972, 1363; 1986, 1099), wenn der Kfz-Verkäufer dem Kaufinteressenten ein nicht vollkaksoversichertes Fahrzeug zur Probefahrt überläßt. OLG Hamm NZV 1990, 350 dehnt dies auf den Fall aus, daß ein Kfz-Händler (Verleiher) das zu Leasingzwecken bestellte Fahrzeug dem Leasingnehmer (Entleiher) vorzeitig mit rotem Kennzeichen überläßt. Wie andere Schuldner auch hat der Entleiher für Zufall (zur genauen dogmatischen Qualifikation vgl § 602 Rn 3) grundsätzlich nur einzustehen, wenn er entweder mit der Rückgabe der Leihsache in Verzug ist (§ 287 S 2) oder sie vertragswidrig gebraucht (analog § 287 S 2). Die Auslegung des Leihvertrages kann darüber hinaus eine vereinbarte Zufallshaftung des Entleihers ergeben (LG Aachen NJW 1952, 426; vgl auch AG Herford BB 1974, 1350 für den Fall, daß sich ein Arbeitgeber von einem seiner Arbeitnehmer dessen Kfz ausleiht, um es als Betriebsmittel einzusetzen).

5.
Zur Anwendbarkeit des § 599 auf Gefälligkeitsverhältnisse vgl Rn 11 zu § 598.

§ 600

Verschweigt der Verleiher arglistig einen Mangel im Rechte oder einen Fehler der verliehenen Sache, so ist er verpflichtet, dem Entleiher den daraus entstehenden Schaden zu ersetzen.

Materialien: E I § 551; II § 540; III § 599; Mot II 446 f; Prot II 2226 f.

1. Anwendungsbereich

1 Die Regelung schränkt – ebenso wie das Schenkungsrecht (§§ 523, 524) – die Haftung für Rechts- und Sachmängel noch stärker ein, als § 599 dies für die leihvertragliche Haftung generell tut. Anders als das Schenkungsrecht differenziert sie allerdings nicht zwischen Handleihe und Leihversprechen. Das entspricht der generellen Vernachlässigung des Leihversprechens in den §§ 598 ff (Vorbem 5 zu §§ 598). Die Lücke ist durch die analoge Anwendung der §§ 523 Abs 2, 524 Abs 2 auf die Rechts- und Sachmängelhaftung des Verleihers wegen Nicht- bzw Schlechterfüllung des Leihversprechens zu schließen (MünchKomm/KOLLHOSSER Rn 1). Zu den Einzelheiten vgl die Kommentierung der §§ 523 Abs 2, 524 Abs 2.

2 Wie der Anwendungsbereich des § 600 exakt gegenüber demjenigen von positiver Forderungsverletzung und culpa in contrahendo mit § 599 abzugrenzen ist, ist bislang nicht geklärt. ZT wird angenommen, § 600 regele die Haftung für sämtliche Schäden aus Rechts- und Sachmängeln (SOERGEL/KUMMER Rn 1; ERMAN/WERNER Rn 1). Nach der oben § 599 Rn 2 vertretenen Ansicht zur Reichweite des Haftungsprivilegs des Verleihers läuft das darauf hinaus, daß der Verleiher für Mangelfolgeschäden nur nach Maßgabe des § 600 haftet; die weitergehende Haftung für Vorsatz und grobe Fahrlässigkeit (§ 599) beschränkt sich auf die Verletzung von Leistungstreuepflichten und auf unerlaubte Handlungen, die zwar im Zusammenhang mit den Leistungserwartungen des Entleihers stehen, jedoch nicht in Mangelfolgeschäden münden (so im Zusammenhang mit der verwandten Abgrenzung der § 523, 524 gegen positive Forderungsverletzung und culpa in contrahendo mit § 521 anscheinend BGH NJW 1985, 724, 725 f). ZT wird die Ansicht vertreten, § 600 erfasse nur den Mangelschaden, während der Mangelfolgeschaden die Domäne von positiver Forderungsverletzung und culpa in contrahendo sei (MünchKomm/KOLLHOSSER § 599 Rn 5; STAUDINGER/REUTER[12] Rn 1). Schließlich gibt es noch die Auffassung, § 600 betreffe auch die Mangelfolgeschäden, lasse daneben aber auch den Rückgriff auf positive Forderungsverletzung und culpa in contrahendo zu (STOLL JZ 1985, 386).

3 Zu folgen ist der Meinung, die § 600 auf den Ersatz des Mangelschadens bezieht und begrenzt. Die Erstreckung der Vorschrift auf den Ersatz von Mangelfolgeschäden widerspricht ihrem Sinn, der vorbehaltlich arglistigen Verhaltens die Haftung des Verleihers für Bestand und Qualität des überlassenen Gebrauchswerts, nicht seine Verantwortlichkeit für von der Leihsache ausgehende Gefahren für andere Rechtsgüter des Entleihers verhindern will. Das allgemeine Privileg des unentgeltlichen Gebers enthält § 599, nicht § 600. Diesem Gedanken trägt zwar im Ergebnis auch die

Ansicht Rechnung, die für den Ersatz von Mangelfolgeschäden § 600 und positive Forderungsverletzung bzw culpa in contrahendo nebeneinander anwenden will. Anders als das entsprechende Nebeneinander von § 463 und positiver Forderungsverletzung bzw culpa in contrahendo im Kaufrecht, das die Mangelfolgeschäden unter verschiedenen rechtlichen Gesichtspunkten – Erfüllungsinteresse einerseits, Schutzinteresse andererseits – erfaßt, macht ein Nebeneinander von § 600 und positiver Forderungsverletzung bzw culpa in contrahendo jedoch schon rein gedanklich keinen Sinn (aA STOLL JZ 1985, 386). Denn § 600 führt unstreitig nicht zum Ersatz des Erfüllungsinteresses, so daß die Mangelfolgeschäden nicht schon als adäquate Folge der mangelnden Brauchbarkeit der Leihsache, sondern erst als Folge des vom Verleiher pflichtwidrig nicht verhinderten Vertrauens in die Brauchbarkeit der Leihsache ersatzfähig werden können. Eben letzteres ist der Anknüpfungspunkt für die Haftung aus positiver Forderungsverletzung bzw culpa in contrahendo.

2. Voraussetzungen

Die Tatbestandsmerkmale des § 600 – Mangel im Recht, Fehler der Sache – decken sich mit den übereinstimmenden Begriffen des Kauf- Miet- und Werkvertragsrechts. Gleiches gilt für das arglistige Verschweigen (§§ 443, 463 S 2, 540). Der maßgebliche Zeitpunkt für das arglistige Verschweigen ist der Vertragsschluß, der (Handleihe! Vgl Rn 1) mit der Übergabe der Leihsache zusammenfällt. Soweit der Verleiher erst danach Kenntnis von dem Rechts- und/oder Sachmangel erhält, kommt wegen des Verschweigens nur eine Haftung aus positiver Forderungsverletzung in Betracht (MünchKomm/KOLLHOSSER Rn 2), die ihrerseits auf Mangelfolgeschäden bezogen und begrenzt ist.

3. Rechtsfolge

Anders als zB die §§ 463, 635 verpflichtet § 600 nicht zum Ersatz des positiven, sondern nur des negativen Interesses (statt aller PALANDT/PUTZO Rn 3). Da (vgl Rn 2 aE) die Mangelfolgeschäden – die Folgen für andere Rechtsgüter des Entleihers – nicht unter § 600 fallen, bezieht sich die Vorschrift mithin auf das Vertrauensinteresse im engeren Sinne: Es wird nach § 600 der Schaden ersetzt, den der Entleiher dadurch erleidet, daß er im vom Verleiher pflichtwidrig nicht verhinderten Vertrauen auf die Beständigkeit des Besitzrechts an der Sache bzw im vom Verleiher pflichtwidrig nicht verhinderten Vertrauen auf ihre Brauchbarkeit nunmehr als nutzlos erwiesene Dispositionen getroffen oder tatsächlich notwendige Dispositionen unterlassen hat.

§ 601

[1] **Der Entleiher hat die gewöhnlichen Kosten der Erhaltung der geliehenen Sache, bei der Leihe eines Tieres insbesondere die Fütterungskosten, zu tragen.**

[2] **Die Verpflichtung des Verleihers zum Ersatz anderer Verwendungen bestimmt sich nach den Vorschriften über die Geschäftsführung ohne Auftrag. Der Entleiher ist berechtigt, eine Einrichtung, mit der er die Sache versehen hat, wegzunehmen.**

Materialien: E I § 553; II § 541; III § 594; Mot
II 447 f; Prot II 2227 ff.

1. Umfang und Grenzen der Erhaltungspflicht

1 Da der Verleiher im Gegensatz zum Vermieter den Gebrauch der Leihsache nur **gestatten**, nicht auch *gewähren* muß, braucht er nicht für einen gebrauchsfähigen Zustand zu sorgen. Entsprechend handelt der Entleiher, soweit er seinerseits die Sache während der Entleihzeit gebrauchsfähig erhält, ausschließlich im eigenen Interesse; die Kosten dafür sind demgemäß vom Entleiher zu tragen. Eine **Erhaltungspflicht** trifft den Entleiher zwar entgegen der hM (MünchKomm/KOLLHOSSER Rn 1) nicht schon aufgrund der Kostentragungsregel des § 601, wohl aber aufgrund der vorbehaltlich des § 602 bestehenden Pflicht zur Rückgabe im gebrauchsfähigen Zustand nach § 604, die nach § 242 die Nebenpflicht zum ordnungsgemäßen Umgang mit der Sache während der Leihzeit einschließt. Der Verstoß gegen diese Nebenpflicht kann vom Verleiher analog § 550 mit einer Klage auf Unterlassung (= Erfüllung der Erhaltungspflicht) bekämpft werden. Stattdessen kann er auch nach § 605 Nr 2 außerordentlich kündigen. Soweit der Entleiher infolge der Pflichtverletzung die Leihsache nicht mehr ordnungsgemäß zurückgeben kann, schuldet er nach den §§ 604, 280 wegen (teilweiser) Unmöglichkeit Schadensersatz.

2. Gewöhnliche Erhaltungsmaßnahmen

2 Die Kostentragungspflicht des Entleihers nach Abs 1 beschränkt sich auf die gewöhnlichen Erhaltungsmaßnahmen. Wo die Grenze zwischen gewöhnlichen Erhaltungskosten und „anderen Verwendungen" im Sinne des Abs 2 verläuft, beurteilt sich nach der Verkehrsanschauung. Gewöhnliche Erhaltungskosten sind danach die regelmäßig wiederkehrenden laufenden Ausgaben wie die von § 601 selbst beispielhaft erwähnten Fütterungskosten eines entliehenen Tieres oder die Inspektionskosten eines entliehenen Kraftfahrzeugs, nicht dagegen der Einbau eines Austauschmotors (PALANDT/BASSENGE § 994 Rn 23). Der Ableitung der Erhaltungspflicht aus der Pflicht zur ordnungsgemäßen Rückgabe der Leihsache entspricht es anzunehmen, daß arg e § 602 das Risiko des normalen Verschleißes den Verleiher trifft. Demgemäß kann der Ersatz des normalen Verschleißes keine gewöhnlichen Erhaltungskosten iSd Abs 1 verursachen (MünchKomm/KOLLHOSSER Rn 3; aA OLG Schleswig SchlHAnz 1951, 32). Zum Verwendungsbegriff überhaupt gehört, daß es sich um freiwillige Vermögensaufwendungen handelt, die zumindest auch der Sache zugute kommen sollen (BGH NJW 1955, 340), indem sie sie wiederherstellen, erhalten oder verbessern (BGHZ 10, 177). Steuern und Versicherungen für ein entliehenes Kraftfahrzeug hat der Entleiher im Zweifel nicht zu tragen. Sonstige Aufwendungen, die den Gebrauch der Leihsache ermöglichen (Benzin, Strom etc), gehen zwar zu Lasten des Entleihers. Doch steht es diesem im Zweifel frei, ob er sie tätigt. Da sie für die Erhaltung der Sache ohne Bedeutung sind, trifft den Entleiher insoweit weder eine unselbständige noch eine selbständige Nebenpflicht (MünchKomm/KOLLHOSSER Rn 5).

3. Außergewöhnliche Erhaltungsmaßnahmen

3 Die Verweisung des Abs 2 auf die Geschäftsführung ohne Auftrag bildet eine Tatbestandsverweisung, dh der Ersatzanspruch gegen den Verleiher richtet sich nicht nur nach den Folgen, sondern auch nach den Voraussetzungen der §§ 677 ff (vgl dazu für den übereinstimmenden § 547 Abs 2 BGH NJW 1967, 2255; ausführlich STAUDINGER [1955] § 547 Rn 30 ff). Eine *Pflicht* zu außergewöhnlichen Erhaltungsmaßnahmen trifft den Entleiher selbst dann nicht, wenn diese zur Erhaltung der Sache notwendig sind. Doch hat er in einem solchen Falle den Verleiher nach § 242 (leihvertragliche Nebenpflicht) zu benachrichtigen, um ihm selbst die Erhaltungsmaßnahmen zu ermöglichen (ERMAN/WERNER Rn 5; BGB-RGRK/GELHAAR Rn 2; mißverständlich PALANDT/PUTZO Rn 1). Hat der Entleiher nach § 601 Abs 2 einen Ersatzanspruch gegen den Verleiher erworben, so kann er diesen nach § 273 Abs 2 auch per Einrede gegenüber dem Rückgabeanspruch nach § 604 geltend machen. Das gilt unabhängig davon, ob Leihgegenstand eine bewegliche oder eine unbewegliche Sache ist. § 556 Abs 2 ist auf die Leihe nicht anwendbar (RGZ 65, 270, 277).

4. Wegnahmerecht des Entleihers

Das Recht des Entleihers zur Wegnahme von Einrichtungen, mit denen er die Leihsache versehen hat, deckt sich mit dem entsprechenden Recht des Mieters nach § 547 a Abs 1 (dazu ausführlich STAUDINGER [1995] § 547 a Rn 11 ff). Einrichtung ist eine Sache, die mit der Leihsache körperlich verbunden und dazu bestimmt ist, dem wirtschaftlichen Zweck der Leihsache zu dienen, und zwar gleichgültig, ob sie zum wesentlichen Bestandteil geworden ist oder nicht (BGH WM 1969, 1114; ausführlich STAUDINGER [1995] § 547 a Rn 4 ff). Das Recht zur Wegnahme bedeutet nicht ein Recht zur Herausgabe: Nicht der Verleiher, sondern der Entleiher selbst hat die Einrichtung von der Leihsache abzulösen und Besitz an ihr zu begründen (RGZ 105, 129); insoweit anfallende Kosten hat der Entleiher zu tragen (ERMAN/WERNER Rn 6). Ist der Verleiher wieder im Besitz der Sache, so gewährt das Wegnahmerecht zugleich einen Anspruch auf Duldung der Wegnahme (§ 258 S 2). Wird die Leihsache durch die Wegnahme beschädigt, so ist der Entleiher zur Instandsetzung verpflichtet (§ 258 S 1). Das Wegnahmerecht ist abdingbar (BGH NJW 1958, 2109) und abtretbar (BGH NJW 1969, 40). 4

5. Verjährung

Die Verjährung der Ansprüche auf Verwendungsersatz oder auf Gestattung der Wegnahme einer Einrichtung richtet sich nach § 606. 5

§ 602

Veränderungen oder Verschlechterungen der geliehenen Sache, die durch den vertragsmäßigen Gebrauch herbeigeführt werden, hat der Entleiher nicht zu vertreten.

Materialien: E I § 554; II § 542; III § 596; Mot II 448 ff; Prot II 2229 f.

1. Haftung und Rückgabepflicht

1 Wie der Mieter (§ 548) haftet der Entleiher nicht für Veränderungen und Verschlechterungen der Leihsache im Gefolge des vertragsgemäßen Gebrauchs. Der Vertrag modifiziert damit die Rückgabepflicht nach § 604, indem er sie unter den Vorbehalt vertragsgemäßer Veränderungen oder Verschlechterungen stellt. Wird die Sache trotz vertragsgemäßen Gebrauches zerstört oder geht sie verloren, so entfällt die Rückgabepflicht nach § 275 schlechthin (RGZ 159, 65, 67).

2. Der vertragsgemäße Gebrauch

2 Der Inhalt des „vertragsmäßigen Gebrauchs" ist durch die ausdrücklichen Vereinbarungen der Parteien und die aus § 242 resultierenden leihvertraglichen Nebenpflichten bestimmt. Der Entleiher ist danach insbesondere verpflichtet, die Leihsache zu verwahren, sie ordnungsgemäß zu behandeln und im Rahmen des Zumutbaren auch sonst vor Schaden und Verlust zu bewahren. Keine Pflicht besteht, einen durch ordnungsgemäße Instandhaltung nicht vermeidbaren Abnutzungsschaden zu beseitigen (RGZ 159, 65, 66; SOERGEL/KUMMER Rn 1; ERMAN/WERNER Rn 1). Die Fortsetzung des Gebrauchs nach Ablauf der Leihzeit ist niemals vertragsgemäß; das Gleiche gilt für die Überlassung an Dritte, es sei denn, der Verleiher habe sie erlaubt (§ 603 S 2).

3. Haftung bei vertragswidrigem Gebrauch

3 Umstritten ist der Umfang der Haftung für den Fall, daß der Entleiher von der Leihsache einen vertrags**widrigen** Gebrauch macht. ZT will man den Entleiher in dieser Situation nur für Verschulden (LARENZ II/1 § 50, S 295; BGB-RGRK/GELHAAR Rn 1; OLG Augsburg OLGE 39, 149), zT auch für Zufall haften lassen (SOERGEL/KUMMER Rn 1; ERMAN/WERNER § 603 Rn 1). Dieser Meinungsstand leidet schon darunter, daß die Fragestellung dogmatisch nicht korrekt ist. Nach heutigem Verständnis muß das Verschulden sich nicht auf die Unmöglichkeit der Rückgabe der Sache im vertragsgemäßen Zustand, sondern auf das vertragswidrige Handeln beziehen, dessen adäquate Folge die Unmöglichkeit ist (MünchKomm/THODE, § 287 Rn 3; SOERGEL/WIEDEMANN § 287 Rn 4). Die Unmöglichkeit braucht also selbst nicht verschuldet zu sein. Umgekehrt ist das Verschulden hinsichtlich des vertragswidrigen Handelns stets unerläßlich; eine Verschuldenshaftung die im Gegensatz zu einer Zufallshaftung stehen könnte, gibt es nicht. Im Licht der heutigen Dogmatik heißt Zufallshaftung, daß das vertragswidrige Handeln die Unmöglichkeit nicht adäquat verursacht zu haben braucht, sondern daß es genügt, wenn das vertragswidrige Handeln condicio sine qua non für den Eintritt der Unmöglichkeit ist (Äquivalenz- statt Adäquanztheorie). Eine solche Zufallshaftung ordnet § 287 S 2 an, so daß es von der Analogiefähigkeit des § 287 S 2 abhängt, ob der Entleiher bei vertragswidrigem Gebrauch der Leihsache nicht nur für mit Rücksicht darauf absehbare, sondern auch für aus der Sicht des objektiven Beobachters überraschende (= generell unwahrscheinliche) Zerstörungs- bzw Verschlechterungsursachen einzustehen hat (aA zu Unrecht MünchKomm/KOLLHOSSER Rn 3; ganz mißverständlich GITTER 167: „Haftung analog § 287 S 2, wenn der Zufall adäquat kausal ohne den vertragswidrigen Gebrauch nicht eingetreten wäre"). § 287 S 2 regelt unmittelbar den Fall, daß die Leistung in der Sphäre des Schuldners unmöglich wird, obwohl sie bereits hätte erbracht werden müssen. Maßgeblich ist der „Dauerzustand des Unrechts, der den Eintritt der Unmöglichkeit begünstigt" (FIKENTSCHER § 47 Rn 404).

Deshalb wird man zwar nicht jeden Fall des vertragswidrigen Gebrauchs, wohl aber denjenigen mit der Zufallshaftung analog § 287 S 2 verknüpfen müssen, der einen solchen „Dauerzustand des Unrechts" bewirkt. Überläßt der Entleiher zB entgegen § 603 S 2 die Leihsache einem Dritten und wird sie bei diesem zufällig zerstört, so erscheint das Risiko des Entleihers allein sachgerecht (ebenso PALANDT/PUTZO § 603 Rn 1; FIKENTSCHER § 47 Rn 404; MünchKomm/KOLLHOSSER Rn 2, 3).

4. Personenverschiedenheit zwischen Verleiher und Eigentümer

Ist der Verleiher nicht der Eigentümer der Leihsache, so hängt die Verpflichtung des Entleihers zum Schadensersatz wegen vertragswidrigen Gebrauchs grundsätzlich von der Beschaffenheit der Rechtsbeziehung zwischen Verleiher und Eigentümer ab. Soweit der Verleiher seinerseits gegenüber dem Eigentümer Entleiher, Mieter oä ist, schuldet er regelmäßig selbst Schadensersatz, weil sein Entleiher im Verhältnis zum Eigentümer sein Erfüllungsgehilfe (§ 278) ist. Entsprechend kann er einen eigenen Schaden geltend machen. Ist der Verleiher aufgrund der Besonderheit seiner Rechtsbeziehung zum Eigentümer ausnahmsweise nicht selbst schadensersatzpflichtig, so soll nach SOERGEL/KUMMER Rn 2 der Eigentümer den Ersatzanspruch haben. Soweit damit der leihvertragliche Ersatzanspruch gemeint ist, läßt sich diese Auffassung allein über die Annahme eines Vertrags mit Schutzwirkung zugunsten des Eigentümers begründen. Ein solcher Anspruch scheitert aber daran, daß die Voraussetzungen für die Annahme von Drittschutz – die folge- und sinngerechte Erstreckung auf die von der Vertragsleistung wie der eigentliche Partner betroffene dritte Personen (MEDICUS, Bürgerliches Recht § 33 Rn 841) – nicht erfüllt sind (vgl allerdings auch BGHZ 49, 350, 354 f). Einschlägig sind jedoch die Grundsätze über die Schadensliquidation im Drittinteresse. Es handelt sich um einen typischen Fall der Schadens*verlagerung*: Der Entleiher darf nicht davon profitieren, daß der Eigentümer den *Verleiher* von der Haftung freigestellt hat (vgl BERG JuS 1977, 364 mit Nachw in Fn 21.) 4

5. Beweislast

Die Beweislast für die Beschädigung der Leihsache obliegt dem Verleiher; der Entleiher hat zu beweisen, daß der Schaden beim vertragsgemäßen Gebrauch entstanden ist (MünchKomm/KOLLHOSSER Rn 3 aE). 5

§ 603

Der Entleiher darf von der geliehenen Sache keinen anderen als den vertragsmäßigen Gebrauch machen. Er ist ohne die Erlaubnis des Verleihers nicht berechtigt, den Gebrauch der Sache einem Dritten zu überlassen.

Materialien: E I § 549; II § 543; III § 596; Mot II 444 f; Prot II 2230.

1. Rechte des Verleihers bei vertragswidrigem Gebrauch

1 Zum Inhalt des „vertragsmäßigen Gebrauchs" vgl § 602 Rn 2. Überschreitet der Entleiher die Grenzen des vertragsmäßigen Gebrauchs, so kann der Verleiher das Leihverhältnis auf bestimmte Zeit kündigen (§ 605 Rn 2) und anschließend nach § 604 Abs 1, 2 die Leihsache zurückfordern. Stattdessen kann er aber auch analog § 550 verfahren, wobei streitig ist, ob die Analogie nur die Möglichkeit der Unterlassungsklage oder auch das Erfordernis der vorherigen Abmahnung umfaßt (vgl MünchKomm/ KOLLHOSSER §§ 602, 603 Rn 2 mit Fn 2). Vorzugswürdig ist die zweite Alternative. Denn das Erfordernis der vorherigen Abmahnung hat nichts mit der Entgeltlichkeit oder Unentgeltlichkeit der Gebrauchsüberlassung zu tun, sondern knüpft an das grundsätzliche Bedürfnis an, die unnötige Inanspruchnahme der Gerichte zu vermeiden. Dieses Bedürfnis stellt sich im Falle der Leihe genauso wie im Falle der Miete. Die Abmahnung muß das beanstandete Verhalten genau bezeichnen; die Äußerung allgemeiner Unzufriedenheit reicht nicht aus (RGZ 77, 117). Wegen der Kündigungsmöglichkeit nach § 605 Ziff 2 (und der voraussetzungslosen Befugnis zur Rückforderung bei der Leihe auf unbestimmte Zeit nach § 604 Abs 1 S 3) wird der Rückgriff auf die Analogie zu § 550 zwar praktisch selten in Betracht kommen (BGB-RGRK/GELHAAR Rn 2). Entgegen STÜRNER (JZ 1976, 386 f) besteht jedoch zwischen Unterlassungsanspruch und Kündigungsrecht keine Gesetzeskonkurrenz zugunsten des Kündigungsrechts. Das Kündigungsrecht ist nicht notwendig das mildere und deshalb nach § 242 vorrangige Mittel. Zur Haftung des Entleihers wegen vertragswidrigen Gebrauchs vgl § 602 Rn 3.

2. Überlassung der Sache an einen Dritten

2 Vertragswidriger Gebrauch liegt vorbehaltlich der besonderen Erlaubnis des Verleihers vor, wenn der Entleiher die Leihsache einem Dritten überläßt. § 603 S 2 BGB trägt der treuhänderischen Position Rechnung, die der Entleiher im Hinblick auf das Interesse des Verleihers an einer ordnungsgemäßen Rückgabe innehat. Die Bedeutung der Erlaubnis beschränkt sich auf das Innenverhältnis von Entleiher und Verleiher; sie ist nicht etwa Wirksamkeitsvoraussetzung des etwaigen Überlassungsvertrages zwischen Entleiher und Drittem. Nach Ansicht des BGH (BGHZ 59, 3, 7; BGH NJW 1991, 1750, 1751) ist die Erlaubnis eine einseitige empfangsbedürftige Willenserklärung, die die leihvertraglichen Befugnisse des Entleihers erweitert. Dogmatisch ist die Ansicht schwer einzuordnen. Denn einseitige Erklärungen können den Vertragsinhalt im allgemeinen nur ändern, wenn im Vertrag entsprechende Ermächtigungen erhalten sind. In der Voraufl Rn 2 ist deshalb die Annahme eines Änderungsvertrags befürwortet worden (kritisch dazu MünchKomm/KOLLHOSSER Rn 6). Aber dabei ist zu wenig berücksichtigt worden, daß die dogmatische Qualifikation der Erlaubnis nicht nur dem § 603 S 2, sondern auch dem gleichlautenden § 549 Abs 1 S 1 gerecht werden muß. Für § 549 Abs 1 S 1 kollidiert die Änderungsvertragskonstruktion aber mit der unstreitigen Ansicht, daß die Erlaubnis nicht der Form des § 566 bedarf (vgl STAUDINGER/EMMERICH [1995] § 549 Rn 44). So bleibt nur die Deutung der Erlaubnis als gesetzliches Tatbestandsmerkmal des dispositiven Rechts von Entleiher bzw Mieter zur Unterleihe bzw Untervermietung. Wenn die Erweiterung der leihvertraglichen Befugnisse des Entleihers- wie es dieser Deutung entspricht -aufgrund der Erlaubnis kraft Gesetzes eintritt, so bietet sich freilich statt der Qualifikation der Erlaubnis als Willenserklärung diejenige als geschäftsähnliche Hand-

lung an. Denn die Rechtsfolge der Erlaubnis tritt dann nicht ein, weil sie vom Verleiher gewollt ist, sondern weil sie von Gesetzes wegen an die Äußerung des Einverständnisses des Verleihers geknüpft wird. Die Konsequenz ist ua, daß eine Anfechtung wegen Irrtums über die grundsätzliche Unwiderruflichkeit (= bloße Widerruflichkeit aus wichtigem Grund) der Erlaubnis (vgl STAUDINGER/EMMERICH [1995] § 549 Rn 48) nicht in Betracht kommt.

3. Haftungsverhältnisse bei befugter Überlassung an einen Dritten

Bei befugter Gebrauchsüberlassung an einen Dritten haftet der Entleiher einmal für eigenes Verschulden bei der Auswahl des Dritten (RGZ 159, 121, 128). Zum anderen hat der Entleiher für Verschulden des Dritten nach § 278 einzustehen. Das Fehlen einer dem § 549 Abs 3 entsprechenden Vorschrift im Recht der Leihe hindert den Rückgriff auf § 278 nicht, weil § 549 Abs 3 nur deklaratorische Bedeutung zukommt (OLG Stuttgart NJW 1953, 1512). Bei unbefugter Gebrauchsüberlassung an einen Dritten trifft den Entleiher analog § 287 S 2 eine Zufallshaftung (vgl § 602 Rn 3; dazu auch K SCHMIDT JuS 1977, 722, 723). Die Verjährung etwaiger Schadensersatzansprüche richtet sich nach § 606.

§ 604

[1] Der Entleiher ist verpflichtet, die geliehene Sache nach dem Ablaufe der für die Leihe bestimmten Zeit zurückzugeben.

[2] Ist eine Zeit nicht bestimmt, so ist die Sache zurückzugeben, nachdem der Entleiher den sich aus dem Zwecke der Leihe ergebenden Gebrauch gemacht hat. Der Verleiher kann die Sache schon vorher zurückfordern, wenn so viel Zeit verstrichen ist, daß der Entleiher den Gebrauch hätte machen können.

[3] Ist die Dauer der Leihe weder bestimmt noch aus dem Zwecke zu entnehmen, so kann der Verleiher die Sache jederzeit zurückfordern.

[4] Überläßt der Entleiher den Gebrauch der Sache einem Dritten, so kann der Verleiher sie nach der Beendigung der Leihe auch von dem Dritten zurückfordern.

Materialien: E I § 555; II § 544; III § 597; Mot II 451 f; Prot II 2230 f.

I. Rückgabepflicht des Entleihers

Die Rückgabepflicht nach § 604 Abs 1 entspricht dem Wesen der Leihe („vorübergehende Gebrauchsüberlassung"). Rückgabe bedeutet im Zweifel Verschaffung des unmittelbaren Besitzes (BGHZ 56, 308; ebenso OLG HH VersR 1984, 48 für die Rückgabe der Leihsache durch den Dritten iSd § 604 Abs 4).

1. Umfang der Rückgabepflicht

Zurückzugeben ist in erster Linie die überlassene Sache selbst in vertragsgemäßem Zustand (OGHBrZ NJW 1949, 623) darüber hinaus Zubehör und Zuwachs (BGB-RGRK/ GELHAAR Rn 1; ERMAN/WERNER Rn 1). Während der Leihzeit gezogene Früchte sind herauszugeben, sofern nichts anderes – konkludent – vereinbart ist (Mot II 448 f; aA – Anwendung des § 101 – MünchKomm/KOLLHOSSER Rn 5). Wenn der Entleiher die Früchte unerlaubt, zB durch eine unbefugte mietweise Überlassung der Leihsache an einen Dritten, gezogen hat, ist § 604 nicht anwendbar, weil die Rückgabepflicht nur das vertraglich (der Substanz und der darin verkörperten Nutzungsmöglichkeit nach) „Überlassene" erfaßt. Die Rspr (BGH NJW 1964, 1853) lehnt darüber hinaus auch Ansprüche aus § 687 Abs 2 und § 816 Abs 1 S 1 analog ab. Dem ist zuzustimmen: Der Eigentümer, der seine Sache verliehen hat, verfügt während der Leihzeit nicht über die Möglichkeit der Vermietung; entsprechend kann die Vermietung durch den Entleiher im Vertrag nicht iSd § 687 Abs 2 ein Geschäft des Eigentümers sein. Im Ergebnis aus dem gleichen Grund entfällt die Möglichkeit der analogen Anwendung des § 816 Abs 1 S 1. Als Spezialfall der Eingriffskondiktion setzt § 816 Abs 1 S 1 den Eingriff in den Zuweisungsgehalt eines Rechtes des Anspruchsstellers voraus. Daran fehlt es im Fall der Untervermietung einer Sache, deren Eigentümer sich bereits durch die Leihe an den Untervermieter der Befugnis zur eigenen Vermietung begeben hat (vgl REUTER/MARTINEK, Ungerechtfertigte Bereicherung [1983] 309 ff; aA STAUDINGER/ REUTER[12] Rn 1; MünchKomm/KOLLHOSSER Rn 5; DIEDERICHSEN NJW 1964, 2296).

2. Rückgabepflicht als Bringschuld

2 Die Rückgabe ist Bringschuld. Das ergibt sich „aus den Umständen" (§ 269 Abs 1), ist doch im Zweifel nicht anzunehmen, daß der Verleiher für seine Gefälligkeit noch die Mühen, Gefahren und Kosten der Rückschaffung der Sache übernommen hat (OLG Köln Betrieb 1972, 2392; BGB-RGRK/GELHAAR Rn 3). Etwas anderes kann sich kraft Vereinbarung oder Natur der Sache ergeben (zB Rückgabe eines Grundstücks). Mehrere Entleiher sind Gesamtschuldner (§ 431).

3. Entstehung der Rückgabepflicht

3 Die Rückgabepflicht entsteht mit der Beendigung des Leihvertrages durch Ablauf der – sei es unmittelbar durch Zeitangabe (Abs 1), sei es mittelbar durch Angabe des Zwecks (Abs 2) – vereinbarten Leihzeit, durch Rückforderung des Verleihers im Falle der Leihe auf unbestimmte Zeit (Abs 3) oder durch vorzeitige Kündigung (§ 605). Da der Leihvertrag im Interesse des Entleihers besteht, ist dieser in der Regel befugt, das Leihverhältnis vor Ablauf der vereinbarten Zeit zu kündigen. Diese Kündigung ist mit sofortiger Wirkung und durch Rückgabe der Leihsache möglich, aber auch entgegen der hM (PALANDT/PUTZO § 605 Rn 1; BGB-RGRK/GELHAAR § 605 Rn 1) erforderlich: Die Rückgabe der Leihsache allein kann den Leihvertrag mit dem Recht des Entleihers auf Gebrauchsüberlassung bis zum vereinbarten Zeitpunkt nicht ändern (Mot II 402). Das vorzeitige Kündigungsrecht des Entleihers muß allerdings so ausgeübt werden, daß es dem Interesse des Verleihers nicht zuwiderläuft (keine Kündigung zur Unzeit). Andernfalls ist die Kündigung unwirksam, der Verleiher gerät durch die Nichtannahme nicht in Gläubigerverzug (BGB-RGRK/ GELHAAR Rn 2; ERMAN/WERNER Rn 3; PALANDT/PUTZO Rn 4).

4. Rechtsnatur der Rückgabepflicht

Die Rückgabepflicht macht den Leihvertrag nicht zu einem gegenseitigen Vertrag im Sinne der §§ 320 ff. Die Rechtsfolgen ihrer Unmöglichkeit bestimmen sich daher nach §§ 275, 280, die des Verzugs nach §§ 286 ff.

5. Personenverschiedenheit zwischen Verleiher und Eigentümer

Umstritten ist die Rechtslage im Hinblick auf die Rückgabepflicht, wenn der Verleiher nicht Eigentümer der Leihsache und auch nicht dem Eigentümer gegenüber (aus absolutem oder relativem Recht) zum Besitz berechtigt ist. ZT wird angenommen, die Rückgabepflicht bleibe davon unberührt (hM BGHZ 73, 317, 322; RG JW 1925, 472; BGB-RGRK/GELHAAR Rn 1).

ZT macht man die Rückgabepflicht davon abhängig, ob der Entleiher dadurch der Gefahr von Regreßforderungen ausgesetzt wird oder nicht (RAAPE JW 1925, 472; STAUDINGER/RIEDEL[11] Rn 6; MünchKomm/KOLLHOSSER Rn 8). In der ersten Alternative soll der Verleiher nach § 242 nur Rückgabe an den Eigentümer verlangen können. Zwar wird man der hM darin beipflichten müssen, daß der Rückgabeanspruch des Verleihers und der Herausgabeanspruch des Eigentümers grundsätzlich nebeneinander bestehen. Der Entleiher kann deshalb nicht etwa die Rückgabe unter Hinweis auf das Eigentum eines Dritten verweigern, ohne die Sache wenigstens an den Dritten herauszugeben. Für die Beschränkung des Verleiheranspruchs nach § 242 besteht kein Bedürfnis, weil der Entleiher der Gerfahr des Eigentümerregresses durch freiwillige Herausgabe an den Eigentümer entgehen kann. Wohl aber rechtfertigt grundsätzlich der Herausgabeanspruch des Eigentümers, daß der Entleiher sich durch die Herausgabe an den Eigentümer die Rückgabe an den Verleiher unmöglich macht. Es gilt § 34 S 1 StGB analog, da einerseits das Interesse des Eigentümers am Besitz seiner Sache erheblich ins Gewicht fällt, während andererseits das Interesse des Verleihers angesichts des auch ihm gegenüber durchgreifenden Eigentumsherausgabeanspruchs kaum zählt (vgl dazu statt aller SCHÖNKE-SCHRÖDER-LENCKNER Vorbem 71 ff zu § 32). Demgemäß wird der Entleiher infolge der Herausgabe an den Eigentümer gem § 275 von der Rückgabepflicht befreit; § 280 greift wegen des Ausfalls des „stillschweigend mitgeschriebenen" (ESSER-SCHMIDT I 2 § 25 IV 16) Erfordernisses der *Rechtswidrigkeit* des die Unmöglichkeit verursachenden Verhaltens nicht ein. Eine abweichende Beurteilung ist nur geboten, wenn der Verleiher gegenüber dem Eigentumsherausgabeanspruch des Eigentümers ein Zurückbehaltungsrecht (zB wegen Verwendungen, § 1000) geltend machen könnte. Dann kehrt sich das Rangverhältnis zwischen Eigentümer- und Verleiherinteresse um, so daß die rechtfertigende Lösung des Pflichtenkonflikts die Erfüllung des Rückgabeanspruchs aus § 604 erfordert (vgl auch BGHZ 5, 337; BGH MDR 1955, 279). Auch hier kommt eine Beschränkung des Besitzherausgabeanspruchs des Eigentümers auf die Herausgabe an den Verleiher nicht in Betracht. § 986 Abs 1 S 2 paßt nicht, wenn der mittelbare Besitzer (Verleiher) gegenüber dem Eigentümer nur ein Zurückbehaltungsrecht nach § 1000 hat (MünchKomm/MEDICUS § 986 Rn 17; aA MünchKomm/KOLLHOSSER Rn 8).

Ist der Entleiher selbst der (zum unmittelbaren Besitz berechtigte) Eigentümer, so ändert das zwar ebensowenig etwas an der Wirksamkeit des Leihvertrages wie das Eigentum eines Dritten: Die Fähigkeit des Verleihers, sich zur Überlassung des

Gebrauchs einer Sache an den Entleiher zu verpflichten, wird nicht dadurch begrenzt, daß der Entleiher diese Überlassung bereits aus einem anderen Rechtsgrund, nämlich aufgrund seines Eigentums, verlangen kann; die Fähigkeit des Entleihers, sich zur Erhaltung, Verwahrung und späteren Rückgabe der Leihsache zu verpflichten, wird nicht dadurch berührt, daß er kraft Eigentums solche Verpflichtungen nicht einzugehen braucht, sondern mit der Sache „nach Belieben verfahren kann" (§ 903). Doch scheitert die Berufung des Verleihers auf die leihvertraglichen Ansprüche daran, daß der Entleiher das Leihverhältnis kündigen und sich alsdann auf sein Eigentum berufen kann. Insbesondere der Rückgabeanspruch begegnet mit Rücksicht auf den unmittelbar danach entstehenden Gegenanspruch aus § 985 nach § 242 dem Einwand des „dolo facit, qui petit quod statim redditurus est" (vgl ausführlich OERTMANN [5. Aufl 1929] Vorbem I 1 b zu § 535; abw RGZ 49, 286).

6. Zurückbehaltungsrecht des Entleihers

7 Bezüglich des Zurückbehaltungsrechts des Entleihers wegen Verwendungen vgl § 601 Rn 2.

II. Beendigung des Leihverhältnisses

1. Beendigungsgründe

8 Unter den Beendigungsgründen unterscheidet das Gesetz zwischen automatischer Beendigung und Beendigung durch Kündigung („Rückforderung", vgl dazu Rn 3).

9 Das Leihverhältnis endet **ohne Kündigung** mit Ablauf der vereinbarten Zeitdauer oder Erfüllung des Leihzwecks (§ 604 Abs 1, Abs 2 S 1). Stellt ein Vater seiner Tochter und ihrem Ehemann unentgeltlich Wohnraum zur Verfügung, so hat deshalb der Ehemann während der Dauer des Scheidungsprozesses keinen Anspruch darauf, die Wohngelegenheit weiter zu behalten (OLG München Recht 1931 Nr 7; ähnlich RGZ 65, 270, 276). Das Recht zur unentgeltlichen Benutzung einer Straße für eine elektrische Hochspannungsleitung endet mit dem Auslaufen des Stromlieferungsvertrages zwischen Verleiher und Entleiher (RG WarnR 1934 Nr 152). Wer jemandem einen Hypothekenbrief überlassen hat, damit dieser seinem Gläubiger eine Sicherheit leisten kann, kann Rückgabe erst nach Wegfall des Sicherungszwecks verlangen (RGZ 91, 155). Der Konkurs des Verkäufers eines Grundstücks beendet die Leihe, wenn ihm der Käufer und neue Eigentümer erlaubt hatte, so lange wohnen zu bleiben, bis er seine wirtschaftlichen Schwierigkeiten überwunden habe (OLG Hamburg OLGE 22, 291).

10 Das Leihverhältnis endet durch **Kündigung** („Rückforderung"), falls die vom Leihzweck geforderte Leihdauer verstrichen (Abs 2 S 2) oder die Leihdauer weder zeit- noch zweckgebunden ist (Abs 3). Das Kündigungsrecht des Verleihers nach Abs 2 S 2 setzt nicht voraus, daß der Entleiher den Leihzweck **schuldhaft** trotz Ablaufs eines dafür objektiv ausreichenden Zeitraums noch nicht verwirklicht hat. Anknüpfungspunkt der gesetzlichen Regelung ist vielmehr, daß die Parteien des Leihvertrages mit der Zweckvereinbarung zugleich ungefähre Vorstellungen über die Leihdauer verbinden. Das Kündigungsrecht ist also gleichsam konkludent abgesprochener Vertragsinhalt (vgl ESSER/WEYERS II 1 § 25 IV; BGB-RGRK/GELHAAR Rn 4). Das Recht

der „jederzeitigen Rückforderung" nach Abs 3 bedeutet nach zT vertretener Ansicht (PALANDT/PUTZO Rn 6), daß der Verleiher hinsichtlich des Zeitpunktes der Kündigung keinerlei Schranken unterliegt. Damit dürfte die gesetzliche Formulierung jedoch überinterpretiert sein. Richtiger Ansicht nach bezeichnet der Ausdruck „jederzeit" nicht mehr als den Gegensatz zum gebundenen Kündigungsrecht nach Abs 2 S 2. Er ändert nichts an der Pflicht zur gegenseitigen Rücksichtnahme (§ 242), die fordert, daß „der Verleiher die Sache nicht ohne beachtliches eigenes Interesse zur Unzeit unter Verletzung der Belange des Entleihers zurückverlangt" (BGB-RGRK/GELHAAR Rn 5; ebenso ERMAN/WERNER Rn 3). Da der Entleiher sich bei einer Leihe auf unbestimmte Zeit auf die Pflicht zur jederzeitigen Rückgabe einstellen muß, wird diese Einschränkung freilich selten praktisch werden.

2. Rückgabeanspruch des Verleihers gegen Dritte

Entsprechend § 556 Abs 3 dehnt § 604 Abs 4 den leihvertraglichen Rückgabeanspruch auf den Dritten aus, dem der Entleiher den Gebrauch der Leihsache überlassen hat (gesetzlicher Schuldbeitritt, vgl RGZ 136, 33). Allerdings setzt dieser Anspruch die „Beendigung der Leihe", dh entweder den Ablauf der vereinbarten Leihzeit bzw die Erledigung des Leihwecks (Abs 1, Abs 2 S 1) oder die vorherige wirksame „Kündigung gegenüber dem Entleiher (Abs 2, S 2, Abs 3) voraus. Das bestätigt die These (Rn 9), daß auch die Rückforderung gegenüber dem Entleiher nur deshalb zur Begründung des Rückgabeanspruchs gegen diesen ausreicht, weil darin konkludent die Kündigung des Leihverhältnisses steckt. Der Rückgabeanspruch gegen den Dritten besteht *neben* dem Rückgabeanspruch gegen den Entleiher („auch von dem Dritten"). Nach der hM (RGZ 156, 150; MünchKomm/KOLLHOSSER Rn 7) entsteht der Rückgabeanspruch gegen den Dritten aber erst, wenn zur Beendigung des Leihverhältnisses noch die Rückforderung gegenüber dem Dritten hinzutritt. Dem ist beizupflichten, da der am Leihverhältnis unbeteiligte Dritte den Hinweis auf seine Pflicht braucht, bevor man ihm die Folgen der Nichtleistung billigerweise anlasten kann (ERMAN/SCHOPP § 556 Rn 6; BGB-RGRK/GELHAAR § 556 Rn 17; kritisch STAUDINGER/SONNENSCHEIN [1995] § 556 Rn 60). Die Rückforderung ist in diesem Verständnis geschäftsähnliche Handlung. Sie muß grundsätzlich gegenüber dem Dritten erfolgen, doch genügt es nach Ansicht des RG, wenn dem Dritten ein Rückforderungsbegehren gegenüber dem Entleiher bekannt ist und dadurch hinreichend deutlich wird, daß damit auch eine Rückforderung gegenüber ihm selbst beabsichtigt ist (RGZ 156, 150, 155; zust BGB-RGRK/GELHAAR § 556 Rn 17).

Der Rückgabeanspruch gegen den Dritten aus § 604 Abs 4 besteht einerseits *neben* dem Rückgabeanspruch gegen den Entleiher aus § 604 Abs 1 („auch von dem Dritten") und setzt ihn andererseits voraus: Wird das Leihverhältnis anders als durch Zeitablauf oder Kündigung beendet (zB durch Anfechtung oder Rücktritt), so entfällt mit dem Anspruch gegen den Entleiher aus § 604 Abs 1 zugleich derjenige gegen den Dritten aus § 604 Abs 4 (RGZ 85, 133; 136, 33; krit dazu BGB-RGRK/GELHAAR § 556 Rn 17). Keine Rolle spielt, ob der Entleiher die Leihsache befugt oder unbefugt an den Dritten überlassen hat (ERMAN/WERNER Rn 4; PALANDT/PUTZO Rn 8). Ist der Verleiher Eigentümer, so kann er außer aus § 604 Abs 4 aus § 985 vorgehen (hM, aA RAISER JZ 1961, 529).

Der Dritte kann dem Rückgabeanspruch des Verleihers den Einwand der unzulässi-

§ 604, 14
§ 605, 1

gen Rechtsausübung entgegensetzen, wenn Entleiher und Verleiher das Leihverhältnis in der Absicht, den Dritten zu schädigen, vorzeitig beendet haben. Das gleiche gilt, wenn der Entleiher das Leihverhältnis in der dem Verleiher bekannten Schädigungsabsicht (zB durch Kündigung nach § 604 Abs 2 S 1, vgl Rn 3) einseitig vorzeitig beendet hat (vgl BGH v 18. 1. 1965 – VIII ZR 297/62 – zitiert nach BGB-RGRK/GELHAAR § 556 Rn 19; ferner LG Köln MDR 1954, 420; LG Kassel MDR 1954, 484).

3. Kleingartenrecht

14 Die früheren Beschränkungen für die Kündigung von Leihverhältnissen über Kleingärten und kleinere landwirtschaftliche Grundstücke (dazu STAUDINGER/REUTER[12] Rn 14) sind aufgrund des BKleinG vom 28. 2. 1983 (BGBl I 210), zuletzt geändert am 8. 4. 1994 (BGBl I 766), ersatzlos weggefallen.

§ 605

Der Verleiher kann die Leihe kündigen:

1. wenn er infolge eines nicht vorhergesehenen Umstandes der verliehenen Sache bedarf;

2. wenn der Entleiher einen vertragswidrigen Gebrauch von der Sache macht,

insbesondere unbefugt den Gebrauch einem Dritten überläßt, oder die Sache durch Vernachlässigung der ihm obliegenden Sorgfalt erheblich gefährdet;

3. wenn der Entleiher stirbt.

Materialien: E I § 557; II § 545; III § 598; Mot II 452 f; Prot II 2231 f.

1. Allgemeines

1 § 605 konkretisiert das Recht des Verleihers zur Kündigung aus wichtigem Grund in drei Fallgruppen. Da die außerordentliche Kündbarkeit von Dauerschuldverhältnissen nach heute ganz hM (BGHZ 9, 157, 161 ff; 41, 104, 108; 50, 312, 314 f; FIKENTSCHER § 8 Rn 36; LARENZ I § 2 VI 30) einen allgemeingültigen zwingenden Rechtsgrundsatz darstellt, ist die Aufzählung in § 605 grundsätzlich nicht als abschließend anzusehen (BGHZ 82, 354, 359; BGH WM 1984, 1613). Umgekehrt können die Kündigungsrechte aus § 605 bis zur Grenze der Unzumutbarkeit der Fortsetzung des Leihverhältnisses für den Verleiher beschränkt werden. Die Kündigung wirkt sofort mit der Kündigungserklärung, doch kann der Verleiher, falls der Entleiher mit dem bestimmungsgemäßen Gebrauch der Leihsache begonnen hat, nach § 242 verpflichtet sein, eine Frist zur Abwicklung des Leihverhältnisses einzuräumen. Ersatzansprüche des Entleihers wegen einer Kündigung nach § 605 kommen nicht in Betracht, da ein solcher Entzug zu den immanenten Risiken einer leihweise erlangten Gebrauchsmöglichkeit gehört.

Der Verleiher hat im Prozeß zu behaupten und notfalls zu beweisen, daß die Voraussetzungen des Kündigungsrechts vorliegen.

2. Die Kündigung wegen Eigenbedarfs

Die Kündigung wegen Eigenbedarfs (Ziff 1) entspricht dem Charakter der Leihe als eines Gefälligkeitsverhältnisses (RG WarnR 1920 Nr 40; HRR 1933 Nr 1000). In ihrer Eigenschaft als Konkretisierung des wichtigen Kündigungsgrundes bezeichnet sie *für den typischen Fall* das, was nach Ansicht des Gesetzgebers von Treu und Glauben gefordert wird. Entsprechend scheidet eine zusätzliche Begrenzung des Kündigungsrechts durch § 242 normalerweise aus (RG HRR 1933 Nr 1000). Immerhin kann in atypischen Fällen eine Beschränkung mit Rücksicht auf überwiegende Gegeninteressen des Entleihers gerechtfertigt sein (vgl BayObLGZ 32, 466).

Der Eigenbedarf muß objektiv vorhanden, braucht aber im Regelfall nicht dringend zu sein (RG WarnR 1920 Nr 40; PALANDT/PUTZO Rn 3; BGB-RGRK/GELHAAR Rn 1; ERMAN/WERNER Rn 2). § 605 Ziff 1 greift auch ein, falls der Eigenbedarf nach Abschluß des Leihvertrages, aber vor der Überlassung der Leihsache eingetreten ist. Da die Leihe nach der hier vertretenen Ansicht (Vorbem 4 zu §§ 598 ff) Konsensualvertrag ist, bedarf es insoweit keiner Analogie (aA ERMAN/WERNER Rn 2). Der Eigenbedarf muß im Zeitpunkt der Kündigung vorliegen. Sein Wegfall im Zeitraum zwischen Kündigungserklärung und Rückgabe ist rechtlich bedeutungslos, würde doch sonst der Entleiher, der die Sache pflichtwidrig nicht sofort zurückgibt, uU für seine Pflichtverletzung belohnt.

§ 605 Ziff 1 ist entsprechend anwendbar auf unentgeltliche Freundschaftsdarlehen (GILLES-BAUMGART JuS 1975, 107).

3. Die Kündigung wegen vertragswidrigen Gebrauchs

§ 605 Ziff 2 gibt das außerordentliche Kündigungsrecht im Falle von Verstößen gegen § 603. Einer vorangehenden Abmahnung, wie sie in § 553 bei der Miete vorgesehen ist, bedarf es bei der Leihe nicht (Mot II 452; vgl aber auch § 603 Rn 1), ist doch das Erfordernis der Abmahnung bei § 553 – anders als bei § 550 (vgl dazu § 603 Rn 1) – Reaktion auf die besondere Schutzbedürftigkeit des Mieters, die für den Entleiher als unentgeltlichen Nutzer nicht zutrifft.

4. Die Kündigung wegen Todes des Entleihers

§ 605 Ziff 3 berücksichtigt die treuhänderische Position des Entleihers im Hinblick auf die Leihsache, die bewirkt, daß die Person des Entleihers für den Leihvertrag typischerweise wesentlich ist. Die Vorschrift gilt unabhängig davon, ob die Übergabe der Leihsache bereits erfolgt ist oder nicht (vgl Rn 3). Der Tod des Verleihers läßt den Leihvertrag grundsätzlich unberührt. Die Erben können sich aber uU auf § 605 Ziff 1 berufen, falls der Gebrauch der Sache für sie (oder einzelne von ihnen) von Nutzen ist (PALANDT/PUTZO Rn 5; BGB-RGRK/GELHAAR Rn 4).

§ 606

Die Ersatzansprüche des Verleihers wegen Veränderungen oder Verschlechterungen der verliehenen Sache sowie die Ansprüche des Entleihers auf Ersatz von Verwendungen oder auf Gestattung der Wegnahme einer Einrichtung verjähren in sechs Monaten. Die Vorschriften des § 558 Abs. 2, 3 finden entsprechende Anwendung.

Materialien: E II § 546; III § 592; Prot II 2232 f.

I. Allgemeines

1. Bedeutung der Regelung

1 Die Verjährung der Ersatzansprüche desjenigen, der einem anderen eine Sache zum Gebrauch überlassen hat, ist für alle einschlägigen Rechtsverhältnisse (Miete, Leihe, Nießbrauch) gleich geregelt (§§ 558, 606, 1057). § 606 läßt sich damit als Ausdruck eines allgemeinen Rechtsgedankens qualifizieren, (BGH NJW 1964, 1225; NJW 1968, 1472; OLG Celle NJW 1962, 2302; GEORGIADES, Anspruchskonkurrenz im Zivilrecht und Zivilprozeßrecht [1967] 168 f). Dieser Rechtsgedanke besagt, daß mit Rücksicht auf die sonst drohende Beweisnot des Mieters, Entleihers, Nießbrauchers oä, die sich grundsätzlich durch den Nachweis des Eintritts der Veränderungen und Verschlechterungen infolge **vertragsgemäßen** Gebrauchs entlasten können (vgl § 602 Rn 5), für eine schnelle Auseinandersetzung über den Ausgleich gesorgt sein muß. Die Ansprüche des Entleihers auf Ersatz von Verwendungen oder auf Gestattung der Wegnahme einer Einrichtung werden den Ersatzansprüchen des Verleihers deshalb gleichgestellt, weil sie zu den Ersatzansprüchen des Verleihers usw in einem Verhältnis der rechtlichen Konnexität stehen (HERMINGHAUSEN Betrieb 1970, 1725).

2. Verjährungsbeginn für den Verleiher

2 Der Beginn der Verjährung setzt für die Ersatzansprüche des Verleihers mit der Rückgewähr der Leihsache ein (§§ 606 S 2, 558 Abs 2). Der Verleiher hat die Leihsache zurückerhalten, wenn er sie tatsächlich und dadurch die Möglichkeit erworben hat, Mängel festzustellen (RGZ 128, 191, 194; RGZ 142, 258, 262). Deshalb beginnt die Verjährung nicht, wenn der Verleiher zwar den Besitz erhält, jedoch gleichwohl aus nicht in seiner Person liegenden Gründen gehindert ist, die Sache auf Veränderungen oder Verschlechterungen zu untersuchen (RG HRR 1928 Nr 1586). Andererseits setzt die Verjährung ein, ohne daß der Verleiher den unmittelbaren Besitz erhält, falls die Sache auf Wunsch des Verleihers unmittelbar einem Dritten überlassen wird (BGH MDR 1969, 43). Spätestens mit dem Rückgabeanspruch sind auch die Ersatzansprüche des Verleihers verjährt (§§ 606 S 2, 558 Abs 3). Der Anwendbarkeit des § 606 steht es nicht entgegen, daß die Ersatzansprüche des *Ver*leihers erst nach Ende des Leihverhältnisses (aber vor der Rückgabe) entstanden sind (BGH NJW 1970, 1182; NJW 1974, 743; **aA** RGZ 142, 258, 262; RG JW 1936, 2305). Bei der Leihe von Sachgesamtheiten beginnt die Verjährung mit der Rückgewähr der letzten Sache (OLG Düsseldorf MDR 1972, 694).

3. Verjährungsbeginn für den Entleiher

Der Beginn der Verjährung der Ansprüche des *Ent*leihers auf Verwendungsersatz und Gestattung der Wegnahme einer Einrichtung richtet sich nach der Beendigung des Leihverhältnisses (§§ 606 S 2, 558 Abs 2). *Insoweit* – aber auch nur insoweit, vgl Rn 2 – beschränkt sich die Anwendbarkeit des § 606 auf die während der Dauer des Leihverhältnisses entstandenen Ansprüche, wäre es doch widersinnig, die Verjährung von Ansprüchen zu einem Zeitpunkt beginnen zu lassen, in dem sie noch nicht einmal entstanden sind (BGH NJW 1968, 888).

II. Anwendungsbereich

Der Bezug des § 606 auf einen allgemeinen Rechtsgedanken bedingt einen weiten Anwendungsbereich der Vorschrift, der die Grenzen des Wortlauts zT sehr deutlich überschreitet.

1. Umfang der erfaßten Ansprüche

Zunächst ist die Formulierung „Ersatzansprüche ... wegen Veränderungen oder Verschlechterungen der verliehenen Sache" weit auszulegen. Darunter fallen nicht nur die Ansprüche wegen Verstoßes gegen die gesetzlichen Entleiherpflichten nach § 603, sondern auch solche wegen Verletzung zusätzlich vereinbarter Pflichten mit dem Ziel der Verhinderung von Schäden des Verleihers (BGH NJW 1965, 151). So soll nach Ansicht des BGH in der Frist von 6 Monaten sogar der Anspruch des Vermieters (und entsprechend des Verleihers) auf Ersatz von Brandschäden verjähren, der damit begründet wird, daß der Mieter (bzw Entleiher) abredewidrig keine Feuerversicherung für die Miet-(Leih-)sache abgeschlossen hat (BGH NJW 1964, 545). Ob der Rechtsgedanke der §§ 606, 558, 1057 dies abdeckt, ist zweifelhaft. Denn insoweit ist nicht über die Ursachen der Verschlechterung bzw Veränderung der Sache und die dementsprechende Zuordnung zur Verantwortungssphäre des einen oder anderen Vertragsteils zu entscheiden, sondern über die Nichterfüllung einer Pflicht, die mit der Behandlung der Sache nichts zu tun hat. Richtigerweise wird man daher nur Ansprüche wegen Verstoßes gegen solche vertraglichen Pflichten der Verjährung nach § 606 unterwerfen dürfen, die die Verantwortungssphäre unmittelbar für Veränderungen bzw Verschlechterungen der Sache verschieben (zB Pflicht des Entleihers zum Ausgleich der negativen Folgen auch des vertragsgemäßen Gebrauchs).

Zu den „Ersatzansprüchen ... wegen Veränderungen oder Verschlechterungen der verliehenen Sache" gehören nach der Rspr auch die Ansprüche wegen der Beschädigung von Gegenständen, die vom Entleiher (Mieter) nur mitbenutzt werden (RGZ 75, 116), und sogar an solchen, die zusammen mit der Leihsache (Mietsache) durch ein einheitliches Schadensereignis betroffen werden und im Verhältnis zur Leihsache (Mietsache) den größeren Schaden ausmachen (BGH NJW 1973, 2059).

2. Analoge Anwendbarkeit

Die Regelung der §§ 606, 558, 1057 ist *analog* auf Gebrauchsüberlassungen anderer Art anzuwenden, unabhängig davon, ob sie im Rahmen eines vertraglichen oder eines gesetzlichen Rechtsverhältnisses stattfinden (BGH NJW 1964, 1225; NJW 1968,

1472; OLG Celle NJW 1962, 2302 für Probefahrt im Rahmen von PKW-Kaufverhandlungen; nicht allerdings nach BAG NJW 1985, 759 für einem Arbeitnehmer zur Erleichterung des Dienstes überlassenen PKW; anders LAG Mannheim NJW 1978, 1400; LAG Stuttgart DB 1978; 703; LAG Rheinland-Pfalz VersR 1982, 1087). Nach Ansicht des BGH (NJW 1967, 980) gilt dies auch, soweit die beabsichtigte vertragliche Gebrauchsüberlassung an der Minderjährigkeit des „Entleihers" („Mieters") scheitert. Der BGH begründet das Ergebnis damit, daß **alle** Gebrauchsüberlassungen dem Rechtsgedanken der §§ 606, 558, 1057 zu unterwerfen seien. Diese Auffassung geht zu weit, da sie konsequent zu Ende gedacht, selbst den arglistigen Entleiher oder Mieter, der die Leih- bzw Mietsache nach erfolgreicher Anfechtung durch den Verleiher bzw Vermieter beschädigt zurückgibt, durch die kurze Verjährung privilegiert. Gleichwohl hat der BGH in casu richtig entschieden. Denn die Werbung und Inanspruchnahme wechselseitigen Vertrauens ereignet sich bei der Erfüllung unwirksamer Verträge genauso wie bei Vertragsverhandlungen, so daß in gleichem Maße wie bei den Vertragsverhandlungen wechselseitige (bei Beteiligung Minderjähriger: einseitige) Schutzpflichten entstehen (zutreffend HOFFMANN Betrieb 1969, 337).

3. Anwendbarkeit in Fällen der Anspruchskonkurrenz

8 Der Geltungsanspruch der §§ 606, 558, 1057 erstreckt sich auf die mit den leihvertraglichen Anspruchsgrundlagen konkurrierenden gesetzlichen Anspruchsgrundlagen. Das ist im wesentlichen unstreitig für die mit den leihvertraglichen etc konkurrierenden *deliktischen* Ansprüche des Verleihers etc wegen Veränderung oder Verschlechterung der Sache (BGH NJW 1967, 980; NJW 1968, 694; OLG Schleswig NJW 1974, 1712; vgl EMMERICH JuS 1967, 345, 347 mit Nachw). Darüber hinaus hat der BGH zwar festgestellt, die kurze Verjährung gelte „sowohl für vertragliche Ansprüche als auch für Ansprüche aus dem Eigentum, aus unerlaubter Handlung und aus jedem sonstigen Rechtsgrund" (NJW 1964, 545; ebenso BGH NJW 1965, 151; KG LM Nr 5 zu § 558). Doch hat er dies in der Sache nicht stets durchgehalten (vgl BERG NJW 1967, 1320).

9 Wer dazu Stellung nimmt, wird einmal zwischen den Ansprüchen des Verleihers (wegen Veränderungen und Verschlechterungen) und denen des Entleihers (auf Ersatz von Verwendungen und auf Gestattung der Wegnahme einer Einrichtung) zu unterscheiden haben. Nur in der ersten Alternative kommt nämlich eine Anspruchskonkurrenz überhaupt in Betracht. Die Vornahme von Verwendungen oder die Verbindung einer Einrichtung mit der Leihsache kann allein entweder vertragliche *oder* (wenn es vertraglich nicht vorgesehen ist) gesetzliche Ansprüche aus Geschäftsführung ohne Auftrag und Bereicherung auslösen. Die Ansprüche des Verleihers wegen Veränderungen und Verschlechterungen der Leihsache hingegen können sich auf Vertrag, Delikt und Gefährdungshaftung (BGH NJW 1973, 2059) stützen, nicht dagegen auf die §§ 990, 989, setzen diese doch das Fehlen eines (vertraglich vermittelten) Rechts zum Besitz voraus (MEDICUS JuS 1974, 223). Die Formulierung des BGH („aus jedem sonstigen Rechtsgrund") erweist sich damit als sehr viel weniger weittragend, als man auf den ersten Blick vermuten mag. Es geht darum, ob man die Verjährung nach §§ 606, 558, 1057 über die Ansprüche wegen Veränderungen bzw Verschlechterungen der Sache aus positiver Forderungsverletzung hinaus auf die damit in Anspruchskonkurrenz stehenden Ansprüche aus Delikt und Gefährdungshaftung (namentlich StVG) ausdehnen kann und muß. Diese Frage ist zu bejahen, weil man andernfalls den Zweck der kurzen Verjährung – Zwang zur schnellen Auseinandersetzung im Interesse sachgerechter Entscheidbarkeit einschlägiger Rechtsstreitigkeiten – verfehlt (FREUND-BARTHELMESS NJW 1975, 281, 288; ARENS AcP 170, 392, 399; aA DIETZ, Anspruchskonkurrenz bei Vertragsverletzungen und Delikt [1939] 15).

4. Anwendbarkeit zugunsten Dritter

Beschädigt ein Dritter die Leihsache, so ist die Verjährungsvorschrift des § 606 einmal dann anzuwenden, wenn der Dritte in den Schutzbereich des Leihvertrages mit einbezogen ist, dh dann, wenn der Entleiher befugt ist, den Gebrauch der Leihsache durch den Dritten ausüben zu lassen (BGH NJW 1968, 694). Dritter in diesem Sinne kann jedermann sein, sofern er nur nach dem Sinn des Gebrauchsüberlassungsvertrages mit der Sache in Berührung kommt. Nicht nur Familienangehörige und Arbeitnehmer, sondern auch Selbständige, sogar Unter-Entleiher (Untermieter) können vom Schutzbereich des Vertrages erfaßt sein (BGHZ 61, 227; BGH NJW 1976, 1843; krit dazu BOECK NJW 1969, 1469). **10**

5. Personenverschiedenheit zwischen Verleiher und Eigentümer

Ist der Eigentümer nicht gleichzeitig der Verleiher, so ist für die Anwendbarkeit des § 606 auf seinen Anspruch gegen den Entleiher wegen der Veränderung oder Verschlechterung der Leihsache zu unterscheiden: Soweit er dem Verleiher die Überlassung der Sache an andere Personen im Rahmen eines Vertragsverhältnisses gestattet hat, gelten die Ausführungen zu Rn 10. Allenfalls in Ausnahmefällen ist denkbar, daß der Entleiher einem nicht durch §§ 606, 558, 1057 modifizierten Deliktsanspruch des Eigentümers ausgesetzt wird. Aber selbst dann ist nach Ansicht des BGH (NJW 1970, 1736) zumindest ausgeschlossen, daß der Verleiher sich nach Ablauf der Verjährung für den leihvertraglichen Anspruch den Deliktsanspruch abtreten läßt und gegenüber dem Entleiher geltend macht. Der Vorgang soll eine Gesetzesumgehung darstellen mit der Folge, daß die bei ordnungsgemäßem Verhalten maßgebliche Rechtslage, Verjährung des Anspruchs des Verleihers nach § 606, durchgreift (zweifelhaft). Soweit die Überlassung ohne sein Wissen und/oder Wollen erfolgt ist, kommt es auf die Gut- oder Bösgläubigkeit des Entleihers an: Der gutgläubige Entleiher haftet dem Eigentümer gem § 991 Abs 2 lediglich nach Leihvertragsrecht einschließlich der kurzen Verjährung nach § 606, der bösgläubige Entleiher dagegen nach §§ 990, 989 mit normaler Verjährung (OLG Schleswig NJW 1974, 1712; HAGEN, Die Drittschadensliquidation im Wandel der Rechtsdogmatik [1971] 217 f). **11**

6. Vernichtung der Leihsache

Von der Veränderung oder Verschlechterung der Leihsache ist ihre Vernichtung zu unterscheiden. Insoweit ist § 606 schon deshalb unanwendbar, weil die §§ 606 S 2, 558 Abs 2 nicht passen (RGZ 96, 300). Keine Vernichtung stellt nach Ansicht des BGH der „Totalschaden" eines Kfz dar, da der Begriff nicht mehr besagt, als daß die Kosten der Reparatur nicht höher sind als der Zeitwert des Kfz vor dem Unfall (NJW 1968, 694). Der Gedankengang des BGH aaO legt darüber hinaus die Vermutung nahe, daß er § 606 selbst bei faktischer Irreparierbarkeit anwenden will, sofern der Entleiher auch nur die Substanz (Schrott) zurückerhält. **12**

Sachregister

Die fetten Zahlen beziehen sich auf die Paragraphen, die mageren Zahlen auf die Randnummern.

Abbaugerechtigkeit
und Umfang vertragsgemäßer Rechte **581** 322
Abbauverträge
Pacht, Abgrenzung **Vorbem 581** 26 ff
Abdeckereigerechtigkeit
als Realgewerbeberechtigung des Landesrechts **581** 47
Aberntungsvertrag
Pachtvertrag, Abgrenzung **Vorbem 581** 33
Abhängigkeitsverhältnisse
und Betriebspachtverträge **581** 106
Ablehnungsrecht
im Landpachtrecht **594d** 20; **595** 59 ff; **595d** 19
des Verpächters bei Rückgabe des Inventars **582a** 35 ff
Abmahnung
bei vertragswidrigem Gebrauch der Pachtsache **581** 404; **590 a** 6; **594 e** 28
Abnahme
des Pachtgegenstandes als Pächterpflicht **581** 229
Absatzmittlungssystem
Franchising **Vorbem 581** 130, 131, 134 ff
Abtretung
der Pächterrechte aus dem Pachtvertrag **581** 329
Abweichende Vereinbarungen (Pachtvertrag)
Ausgleichsanspruch des Verpächters bei Ablehnung der Inventarrücknahme **582a** 55
Eigentumserwerb von einverleibtem Inventar **582a** 29
Einrichtungen **581** 320
Eintritt des Grundstückserwerbers **581** 438
Fälligkeit des Pachtzinses **581** 215
Fruchtziehungsrecht **581** 453
Gebrauchspflicht **581** 221
Gewährleistung **581** 309, 312
Instandhaltung **581** 157, 227
Kündigung **581** 390, 396; **584** 23
Landpacht **585** 40
Lastentragung **581** 317
Pacht, Bewahrung charakteristischer Merkmale **581** 453
Rückerstattung vorausgezahlter Pachtzinsen **581** 440
Unterpacht **581** 341
Vereinbarungen über die Verfügungsbefugnis des Pächters über Inventar **583a** 1 ff

Abweichende Vereinbarungen (Pachtvertrag) (Forts.)
Verjährung **581** 351
Verwendungen, Einrichtungen **581** 320, 321
Vorenthaltung des Pachtgegenstandes **584b** 29
AGB, AGBG
Ausschluß der Gewährleistungsrechte des Pächters **581** 312
Kündigung wegen Zahlungsverzuges **581** 405
Kündigungsform **581** 388; **584** 18
Verjährung der Ansprüche aus dem Pachtvertrag **581** 351
Vertragstrafe bei vorzeitiger Auflösung des Pachtvertrages **581** 411
Aktiengesellschaft
Betriebspacht, Betriebsüberlassungsvertrag **581** 101 ff
Amtsgericht
als Landwirtschaftsgericht **585** 41
Mietvertrag oder Pachtvertrag **581** 39
Aneignungsrechte
und Fruchterwerb aufgrund eines Pachtvertrages **581** 171
Rechtspacht **584** 8
Verpachtung besonderer - **581** 52 ff
Anfechtung
Beendigung des Pachtvertrages **581** 415
Anpachtrecht 581 137
Anpassung
des Pachtzinses **581** 195 ff; **587** 8, 9
Anzeigepflicht
Jagdpachtvertrag **Vorbem 581** 108 ff
Landpacht
s. dort
des Pächters bei Mängeln **581** 307, 310
Apothekengerechtigkeit
als Realgewerbeberechtigung des Landesrechts **581** 48
Apothekenpacht
Apotheke als Unternehmen **Vorbem 581** 118
Kündigung des Mietvertrages **581** 402
Pachtzinshöhe **581** 191
Raummiete, Raumpacht **Vorbem 581** 124 ff
Rechtsnatur **Vorbem 581** 118
Rückgabe des Pachtgegenstandes **581** 442
Rückgabeverpflichtung, Umfang **584b** 10
Überlassung der Konzession als Rechtspacht **584b** 10

Apothekenpacht (Forts.)
  Umgehungsgeschäfte **Vorbem 581** 122 ff
  Unternehmenspacht **581** 88
  Zulässigkeit **Vorbem 581** 118 ff
Arbeitnehmer
  Franchising **Vorbem 581** 136
Arbeitsvertrag
  und Betriebspachtvertrag **Vorbem 581** 38
Aufhebungsvertrag
  Beendigung des Pachtvertrages **581** 412
Aufklärungspflichten
  Franchising **Vorbem 581** 147
  und Obhutspflicht des Pächters **581** 232
Aufrechung
  des Pächters mit der Kaution **581** 249
Ausbesserungen
  s. Landpacht
Ausgleichsanspruch
  Franchising **Vorbem 581** 166
  im Pachtverhältnis ausgeschlossener **581** 442
  des Verpächters bei Ablehnung der Inventarrücknahme **582a** 55
Auskunftsanspruch
  des Pächters **581** 232, 271
  des Verpächters **581** 173, 175, 345
Ausscheidungsrecht
  nach dem Düngemittelsicherungsgesetz **Vorbem 581** 77
Ausschließlichkeitsbindungen
  in Pachtverträgen **581** 254
Ausschlußfrist
  Geltendmachung von Gewährleistungsrechten des Pächters **581** 313
Austauschverträge
  und Wettbewerbsbeschränkungen **581** 250 ff
Automatenaufstellverträge
  Rechtsnatur **581** 46

Baukostenzuschüsse
  und Kündigungsrecht des Erstehers in einer Zwangsversteigerung **581** 397
Bauliche Maßnahmen
  und Inventarzugehörigkeit **Vorbem 582 ff** 7
Bauliche Veränderungen
  und Rückgabe des Pachtgegenstandes **581** 444
Baurechtliche Nutzungsbeschränkungen
  und Sachmängelhaftung im Pachtrecht **581** 293
Bauverbot
  und Sachmängelhaftung im Pachtrecht **581** 293
Beamter
  als Pächter **584a** 9, 17
Beanstandungsrecht
  Fischereipachtvertrag **581** 68

Bedingung
  Anpachtrecht **581** 137
  Beendigung des Pachtvertrages **581** 412
  Kündigung des Pachtvertrages **581** 385
  Landpacht
    s. dort
  Pachtzinsänderung **581** 195
Beendigung des Pachtvertrages
  Anfechtung des Vertrages **581** 415
  Aufhebungsvertrag **581** 412
  auflösende Bedingung, Eintritt des Ereignisses **581** 413
  und Dauer der Vorenthaltung **584b** 16
  Dauernutzungsrecht, Erlöschen **581** 419
  Dauerwohnrecht, Erlöschen **581** 419
  Eigentumserwerb durch den Pächter **581** 418
  und Fiktion seiner Verlängerung **581** 423, 424
  Franchising **Vorbem 581** 155 ff
  Jagdpacht **581** 61
  Jagdpacht, besonderer Grund **581** 421
  und Kaution des Pächters **581** 249
  durch Kündigung
    s. Kündigung des Pachtvertrages
  Landpacht
    s. dort
  Mietrecht, anwendbares **584** 1
  Nießbrauch am Pachtgegenstand, Pächterwerb **581** 418
  Pachtvertrag auf bestimmte Zeit **584** 13
  Pachtvertrag auf unbestimmte Zeit **584** 1 ff
  Rückgabe des Pachtgegenstandes **581** 441 ff; **584b** 1
  Rückgewährspflicht des Pächter bezüglich des Inventars **582a** 32 ff
  Rückgewährspflicht des Pächters zum Schätzwert **582a** 11
  Rücktrittsrecht **581** 414
  Umlegungsverfahren, Aufhebung durch Verwaltungsakt **581** 422
  Unmöglichkeit der Gewährung vertragsgemäßen Gebrauchs **581** 416
  Untergang juristischer Person **581** 422
  des Unterpachtvertrages **581** 337
  Veräußerung des verpachteten Grundstücks **581** 420
  Wegfall der Geschäftsgrundlage **581** 417
  durch Zeitablauf **581** 372 ff
Befristung
  Pachtzinsvereinbarung **581** 197
Beherbergungsbetrieb
  Pachtverhältnis **581** 19
Behördliche Erlaubnis
  und Gewährleistungshaftung **581** 298, 299
  Umgehungsgeschäft **581** 132
Beitrittsgebiet
  Landpacht **585** 43

Beitrittsgebiet (Forts.)
Pachtverhältnisse **Vorbem 581** 167 ff
und Schuldrechtsanpassungsgesetz 1994
Vorbem 581 179 ff
Bemessung
des Pachtzinses **581** 182 ff
Bergrecht
Abbauverträge **Vorbem 581** 26 ff
Bergrechtliche Gerechtigkeiten
Rechtspacht **581** 51
Bergwerkspacht
als Rechtspacht **Vorbem 581** 97, 98
Berufliche Tätigkeit
auf Grundlage einer Rechtspacht **581** 44
Beschädigung
des Pachtgegenstandes **581** 159
Beschaffenheit
des Pachtgegenstandes und Fehlerbegriff
des Gewährleistungsrechts **581** 288
Beschränkte persönliche Dienstbarkeit
Rechtspacht **581** 76; **584** 9
Besichtigungsrecht
des Verpächters **581** 240 ff
Besitzentziehung
und Rechtsmangelhaftung des Verpächters
581 305
Besitzverschaffung
am Pachtgegenstand **581** 143
und Rückgabeverpflichtung des Pächters
584b 9
Bestimmungsrecht
und spätere Pachtzinserhöhung **581** 197
Betriebliche Einrichtung
und Raumpacht **581** 28
Betriebsaufgabe
oder Fortführung des Betriebs **581** 92, 93
Betriebsaufspaltung
Pachtverträge und steuerrechtliche Bedeutung der - **581** 96 ff
Unternehmenspacht **581** 90 ff
Betriebsbegriff
und Begriff des Unternehmens **581** 87
Betriebsbestimmung
Raumpacht und typische Einrichtung
581 32
Betriebsförderungspflicht
Franchising **Vorbem 581** 152
Betriebsfortführung
Sicherung im Falle der Rückgabe durch
den Pächter **582a** 4
Betriebsführung auf einem Grundstück
und Inventar **Vorbem 582 ff** 5
Betriebsführungsvertrag
Pachtvertrag, Abgrenzung **Vorbem 581** 36
Rechtsnatur **581** 112
Betriebsgeheimnisse
Lizenzverträge über - **Vorbem 581** 86

Betriebspacht
s. Landpacht
s. Unternehmenspacht
Betriebspachtvertrag
Pachtvertrag, Abgrenzung **Vorbem 581** 36
im Recht verbundener Unternehmen
581 101 ff
verpachtende Aktiengesellschaft
Vorbem 581 128
Zustimmung der Hauptversammlung
581 127
Betriebspflicht
als Gebrauchspflicht des Pächters
581 221 ff, 404
im partiarischen Rechtsverhältnis
Vorbem 581 48
Betriebsübergang
und Arbeitnehmerschutz **581** 87
Betriebsüberlassungsverträge
und Betriebspachtverträge, Abgrenzung
Vorbem 581 129
im Recht verbundener Unternehmen
581 101 ff
Verbindung mit einer Sicherungspacht
Vorbem 581 95
Zustimmung der Hauptversammlung
581 127
Bewirtschaftung
s. Landpacht
Bierbezugsverpflichtung
Ausschließlichkeitsbindung **581** 254
Knebelung **581** 258
Konkurrenzschutz **581** 152
Kündigungsrecht bei anderweitigem Bezug
581 404
Pachtzins **581** 188
Schriftform **581** 260
Wettbewerbsverbot **581** 265
Zusicherung der Brauereifreiheit **581** 295
Bodenabbauverträge
außerordentliche befristete Kündigung
581 397
Gebrauchspflicht **581** 222
Gebrauchspflicht des Pächters **581** 221
als Grundstückspacht **Vorbem 581** 28;
581 14
als Kauf **Vorbem 581** 29
Rechtspacht, Abgrenzung **581** 15
Unterlassen als vertragswidriger Gebrauch
581 404
unterlassene Auskiesung **581** 404
Veräußerung des Grundstücks, Eintritt des
Erwerbers **581** 425 ff
Verzicht auf Abbaurechte **581** 384; **584** 12
Vorratserschöpfung **581** 397
Bodenbestandteile
Abbauverträge **Vorbem 581** 26 ff

Bodenschätze
und Förderzins 581 184
Bordell
Pachtvertrag 581 132
Brauerei
Unternehmenspacht 581 88
vorpachtberechtigte 581 152
Bühnenaufführungsverträge
Rechtsnatur Vorbem 581 88
Bundeswehrkantine
Pachtverhältnis 581 21

Computerprogramm 581 82, 402

Darlehen
Kaution als - 581 248
Datschengrundstücke
Pachtverhältnisse Vorbem 581 171, 173, 175
und Schuldrechtsanpassungsgesetz 1994 Vorbem 581 181
Dauernutzungsrecht
Pachtvertrag und Erlöschen eines - 581 419
Dauerschuldverhältnis
Franchising Vorbem 581 135, 137
Kündigungsrecht wegen Unzumutbarkeit einer Fortsetzung des Pachtvertrages 581 408
Pacht 581 1, 181
Dauerwohnrecht
Pachtvertrag und Erlöschen eines - 581 419
DDR, ehemalige
Datschengrundstücke s. dort
Kreispachtverträge 585 42
Landwirtschaftsanpassungsgesetz 1990 585 43
Pachtverhältnisse Vorbem 581 167 ff
Deckvertrag
Pachtvertrag, Abgrenzung Vorbem 581 35
Dienstbarkeiten
Rechtspacht 581 74; 584 9
Dienstleistungsbetrieb
Konkurrenzschutz im Pachtverhältnis 581 154
Dienstvertrag
und Betriebspachtvertrag Vorbem 581 38
Franchising Vorbem 581 139, 144
Pachtvertrag, Abgrenzung Vorbem 581 36 ff
zur Umgehung eines Pachtvertrages 581 132
Dingliche Rechte
Fischereirechte 581 63
Jagdpachtvertrag Vorbem 581 111
Pfandrecht des Verpächters 581 366
Realgewerbeberechtigungen des Landesrechts 581 47
Rechtspacht 581 73; 584 8

Dingliche Rechte (Forts.)
Verzicht auf das Wegnahmerecht des Pächters 581 321
Dinglicher Erwerb
und Fruchterwerb aufgrund eines Pachtvertrages 581 171
Dingliches Wohnrecht
und Pacht Vorbem 581 13
Domänenpächter
des Römischen Rechts Vorbem 581 1
Doppelverpachtung
als Rechtsmangel 581 304
und Weiterverpachtung, Unterverpachtung 581 60
Dreißigjahresvertrag 581 379, 383
Dresdener Entwurf
und Pachtrecht 581 2
Dritter, Dritte
Gebrauchsüberlassung 581 328 ff
Herausgabeanspruch des Verpächters bei Beendigung des Vertrages gegen --- 581 451
Kündigung des Pachtverhältnisses mit Zustimmung - 581 382
Pachtverhältnis, Eintritt 581 124
Pachtvertrag, erforderliche Zustimmung 581 127
Pachtvertrag, Leistungsbestimmung 581 126
Pachtzinshöhe, Bestimmung 581 192
Recht eines Dritten als Rechtsmangel des Pachtgegenstandes 581 304
Vorpachtrecht 581 135
Düngemittel- und Saatgutverordnung
Gesetz zur Sicherung vom 19.1.1949 Vorbem 581 73 ff
Duldungspflichten
der Besichtigung durch den Verpächter 581 240 ff
bei Erhaltungs- und Verbesserungsmaßnahmen des Pächters 581 314, 315

Eigenschaften (Fehlen zugesicherter)
und Sachmängelhaftung im Pachtrecht 581 294 ff
Eigentümer
und Verpächter 581 122
Eigentümer-Besitzer-Verhältnis
und Fruchtbegriff 581 167
Landpacht 597 14
bei Vorenthaltung des Pachtgegenstandes 584b 26
Eigentum
Grundstückspacht und Inventar Vorbem 582 ff 8 ff
und Jagdrecht, Jagdausübungsrecht Vorbem 581 102

Eigentumserwerb
Einverleibung des Inventars **582a** 20
und Fruchterwerb aufgrund eines Pachtvertrages **581** 171
am Pachtgegenstand durch den Pächter
581 418
Pachtverhältnis, Früchte und Inventar
Vorbem 581 14, 15
Eigentumsvorbehalt
Einverleibung in das Inventar **582a** 26
Einmalige Leistung
als Pachtzins **581** 181
Einrichtungen des Pächters
Ersatzpflicht des Verpächters **581** 318 ff
Landpacht
s. dort
und Rückgabe des Pachtgegenstandes
581 444
Einstweilige Verfügung
Herausgabe des Pachtgegenstandes **581** 448
Eintritt des Grundstückserwerbers
in den Pachtvertrag **581** 425 ff; **593b** 1 ff
Einwilligung
Erlaubnis der Unterpacht als rechtfertigende - **581** 338
Eiserninventarvertrag 582a 1
Entschädigung
Anspruch des Verpächters bei Vorenthaltung des Pachtgegenstandes **584b** 1 ff
bei verspäteter Rückgabe des Pachtgegenstandes **581** 452
Erbbaurecht
und Erwerbereintritt in den Pachtvertrag
581 425
als Grundstückspacht **584** 9
Pachtvertrag, formbedürftiger bei Bestellungsverpflichtung **581** 130
Rechtspacht **581** 79, 80
Erbrecht
und Fruchtbegriff **581** 167
Erfüllungsort
Pachtzins **581** 217
Ergänzungspflicht
des Pächters für mitgepachtete Tiere
582 13 ff
des Verpächters für Inventarstücke **582** 9 ff
Erhaltung des Pachtgegenstandes
als Dauerleistung des Verpächters **581** 150
Landpacht
s. dort
als Pächterpflicht **581** 227
des Pächters bezüglich des Inventars bei Rückgewährspflicht zum Schätzwert
582a 12 ff
des Pächters bezüglich mitgepachteten Inventars **582** 4 ff
Erhaltungsmaßnahmen
und Duldungspflicht des Pächters **581** 314

Erhaltungspflicht (allgemeine)
als Hauptleistungspflicht beim Mietvertrag, Pachtvertrag **581** 172
Erholungsnutzungsrechtsgesetz
Sonderregelungen **Vorbem 581** 188
Erlaubnis
der Untervermietung **581** 397
der Unterverpachtung **581** 333 ff
der Unterverpachtung, verweigerte
584a 1 ff
Ersetzungsbefugnis
bezüglich des Pachtzinses **581** 179
Ersetzungspflicht
des Pächters bezüglich des Inventars bei Rückgewährspflicht zum Schätzwert
582a 12 ff
Ertrag
und Fruchtbegriff **581** 167

Fabrik
Grundstücksverpachtung mit Inventar
Vorbem 582 ff 2
Fabrikraum
Pachtverhältnis **581** 25
Fälligkeit
Landpacht
s. dort
Nutzungsentschädigung bei Vorenthaltung der Pachtsache **584b** 19
des Pachtzinses **581** 211 ff, 283
Rückgabepflicht des Pächters **581** 446
Fehlen zugesicherter Eigenschaften
und Sachmängelhaftung im Pachtrecht
581 294 ff
Filmbestellverträge
Rechtsnatur **Vorbem 581** 92
Filmverwertungsverträge
Rechtsmängelhaftung **581** 305
Rechtsnatur **Vorbem 581** 89 ff; **581** 84
Finanzierungsbeiträge
und Kündigungsrecht des Erstehers in einer Zwangsversteigerung **581** 397
Firma
Haftung wegen Fortführung durch den Pächter nach Beendigung des Vertrages
584b 16
und Rückgabe des Unternehmens **581** 442
und Unternehmenspacht **581** 87
Fischereipacht
und Erwerbereintritt bei Veräußerung
581 431
Genehmigungserfordernis **581** 127
Landesrecht (Übersicht) **581** 62
Rechtsnatur **Vorbem 581** 100
Rechtspacht **581** 62 ff
Unterpacht **581** 333
Vorvertrag **581** 134
Zwangsversteigerung **581** 397

Forderungen
  Rechtspacht 584 8
Form
  Änderungen eines formbedürftigen Pachtvertrages 581 280
  Ausschluß ordentlichen Kündigungsrechts des Pachtvertrages bei einer Verlängerung 581 383
  Erlaubnis der Unterpacht 581 339
  Fischereipachtvertrag 581 68
  Formverstoß, Rechtsfolgen 581 282
  Franchising Vorbem 581 148, 149
  Gebrauchsgewährung als Verpächterhauptpflicht 581 143
  Jagdpachtvertrag Vorbem 581 106; 581 57
  Kündigung des Pachtvertrages 581 388; 584 18
  Landpacht
  s. dort
  Pachtvertrag und Erbbaurechtsbestellung 581 130
  Pachtvertrag, langfristiger 581 129
  Pachtvertrag, Verbindung mit einem Vorkaufsrecht 581 130
  Pachtvertrag, Verbindung mit formbedürftigem Grundstücksgeschäft 581 130
  des Pachtvertrages 581 275 ff
  Pachtzinsanpassung, Einigung hierüber 581 195
  Parteiwechsel 581 124, 280
  Schriftform 581 275 ff
  Schriftform und Einheitlichkeit der Urkunde 581 281
  Verlängerungsoption 581 277
  Vertragsverlängerung eines Pachtvertrages 581 280
  Vorpachtrecht, Ausübung 581 136
  Vorvertrag zum Pachtvertrag 581 134, 277
  wettbewerbsbeschränkende Austauschverträge 581 260
Forstwirtschaftlicher Betrieb
  Grundstückspacht 581 13
Fortsetzung der Landpacht
  s. Landpacht
Franchising
  Absatzssystem, besonderes Vorbem 581 130
  Abschluß des Vertrages Vorbem 581 147 ff
  Abwicklung Vorbem 581 162 ff
  Arbeitnehmerstellung des Franchisenehmers in Ausnahmefällen Vorbem 581 136
  Arten Vorbem 581 134
  Aufklärungspflichten Vorbem 581 147
  Ausgleichsanspruch Vorbem 581 166
  Bedeutung Vorbem 581 134 ff
  Beendigung Vorbem 581 155 ff
  Betriebsförderungspflicht Vorbem 581 152
  Dauer Vorbem 581 155
  als Dauerschuldverhältnis Vorbem 581 135

Franchising (Forts.)
  Dauerschuldverhältnis Vorbem 581 137
  Europäische Kommission zur Rechtsnatur des - Vorbem 581 140
  Form des Vertrages Vorbem 581 132, 148, 149
  Gebrauchsüberlassung Vorbem 581 130
  als Geschäftsbesorgungsvertrag Vorbem 581 139
  Geschichte Vorbem 581 131 ff
  Gruppenfreistellungsverordnung Vorbem 581 148
  Haftung Vorbem 581 153
  Inhaltskontrolle Vorbem 581 150
  Karenzentschädigung Vorbem 581 166
  Kartellrecht Vorbem 581 132, 133
  Kartellrecht Art. 85 EGV Vorbem 581 133
  Kaufleute Vorbem 581 132
  Kündigung Vorbem 581 156 ff
  lizenzvertraglicher Charakter Vorbem 581 82, 138, 143
  Mischvertrag Vorbem 581 141, 144
  Organisation Vorbem 581 136, 142
  pachtrechtliche Natur Vorbem 581 141
  Pflichten des Franchisegebers Vorbem 581 151 ff
  Pflichten des Franchisenehmers Vorbem 581 154 ff
  Rechtsnatur Vorbem 581 137, 137 ff
  Rücknahmepflicht des Franchisegebers Vorbem 581 164 ff
  Sittenwidrigkeit Vorbem 581 150
  Systemführer Vorbem 581 136
  Treuepflicht Vorbem 581 145, 152, 154
  Verbraucherkreditgesetz Vorbem 581 149 f
  Vertragshändlersystem, fortentwickeltes Vorbem 581 130
  Wettbewerbsverbot Vorbem 581 165
  Widerrufsrecht Vorbem 581 149
Freiberufliche Tätigkeit
  Raumpacht 581 31
  Unternehmenspacht 581 87
Freiwillige Gerichtsbarkeit
  Landpacht
  s. dort
Fristen
  Pachtvertrag, ordentliche Kündigung 581 391 ff; 594a 3 ff
Fristlose Kündigung
  des Pachtverhältnisses 581 400 ff; 594e 3 ff, 25 ff
Fruchterwerb
  Pachtvertrag und Aneignungsgestattung 581 171
Früchte, Fruchtziehung
  Ausschluß 581 165
  Begriff 581 8, 161

Früchte, Fruchtziehung (Forts.)
Beschränkung des Pachtvertrages auf bestimmte Früchte **581** 164
und Besitzüberlassung **581** 143
bestimmungsgemäße Ausbeute **581** 166
beweglicher Sachen **581** 42
BGB-Begriff **581** 167
durch Dritte **581** 330
Eignung des Pachtgegenstandes **581** 8, 149
Entziehung **581** 305
Erträgnisse ordnungsgemäßer Wirtschaft **581** 167, 322
Erzeugnisse der Sache **581** 166
Grenzen des Fruchtziehungsrechts **581** 322 ff
Grundstückspacht **581** 12
Hauptleistungspflicht der Gewährung **581** 141, 161 ff
juristische Früchte **581** 161
Landpacht
s. dort
und Minderung der Pacht **581** 209
Muttersache, zu erhaltende **581** 166
Nichtgewährung, Entziehung der vertragsgemäßen - **581** 402
und Nutzungen **581** 8, 161
Pachtvertrag und umfassendes - **581** 163
Pächterrecht auf ungestörten - **581** 152
Pächterrisiko der - **581** 169, 208
persönliche Verhinderung **581** 284
und Raumpacht **581** 27
Rechte, zur Fruchtziehung geeignete **581** 43
Rechtspacht **584** 8
Sachfrüchte, Rechtsfrüche **581** 161
von Tieren **581** 41
unmittelbare, mittelbare **581** 163
Unternehmensgewinn **581** 8
Unterpacht **581** 334
Weitervermietung **581** 27
und Zufall **581** 209

Fürsorge
Pächterverpflichtung **581** 238

Fütterungskosten
für mitgepachtete Tiere **582** 7

Gastwirtschaft
Brauerei und Mitpächterstellung **581** 123
Dienst- oder Arbeitsverhältnis bei Tätigkeiten in der - **Vorbem 581** 40
Einrichtung **581** 29
Grundstücksverpachtung mit Inventar **Vorbem 582 ff** 2
Inventar, Zugehörigkeit **Vorbem 582 ff** 7
Konkurrenzschutz **581** 154
Nutzung eines Ausschankrechts **581** 45
und Obhutspflicht des Pächters **581** 231
öffentlich-rechtliche Beschränkungen und Sachmängelhaftung **581** 293

Gastwirtschaft (Forts.)
Pachtvertrag **Vorbem 581** 39; **581** 21; **Vorbem 582 ff** 2
Pachtvertrag Eigentümer / vorpachtberechtigte Brauerei **581** 152
Pachtvertrag und Parteiwechsel **581** 124
als Raumpacht **581** 21
Teilrückgabe **584b** 11
Umgehung des Erlaubniszwanges **581** 132
Unternehmenspacht **581** 88

Gebäude
und Fehlerbegriff des Gewährleistungsrechts **581** 289
und Raumbegriff **581** 18

Gebrauch (vertragsgemäßer)
Entziehung **581** 305
Erfüllung, Nichterfüllung der Hauptverpflichtung des Verpächters **581** 285
Ergänzungspflicht für mitverpachtetes Inventar **582** 9
fristlose Kündigung des Pachtvertrages wegen Nichtgewährung des --- **581** 402
und Grenzen des Gebrauchsrechts **581** 322 ff
Landpacht
s. dort
des mitverpachteten Inventars **582** 6
und Obhutspflicht des Pächters **581** 231
Überlassungsverpflichtung des Verpächters zum - **581** 148
Unmöglichkeit **581** 416
und Veränderungen, Verschlechterungen des Pachtgegenstandes **581** 323, 444

Gebrauchsausübung
und Vorenthaltung tatsächlicher Gewalt **584b** 9

Gebrauchsgewährung
an Dritte **581** 328 ff
und Fruchtziehungsrecht **581** 8
Gebrauchsgewährung als Verpächterhauptpflicht **581** 142 ff
Grenzen **581** 322 ff
Grundstückspacht **581** 12
Landpacht
s. dort
Raumpacht zur Fruchtziehung neben weiterer - **581** 35
und Überlassung im vertragsgemäßen Zustand **581** 148

Gebrauchspflicht
als Pächterpflicht **581** 221 ff, 404

Gebrauchstauglichkeit
und Fehlerbegriff **581** 287

Gefahrtragung
Inventarstücke **582** 10
Rückgewährspflicht des Inventars zum Schätzwert **582a** 9, 10

Gegenstand
und Pachtvertrag 581 7
und Rechtspacht 581 43
Gemeines Recht
Pachtverhältnisse Vorbem 581 5
Genehmigung
Fischereipachtvertrag 581 68
und Gewährleistungshaftung 581 299
Leistungsvorbehalt 581 196
Generalüberholung
mitgepachteter Geräte 582 7
Geräte
Reparaturkosten für mitgepachtete - 582 7
Gerechtigkeiten
Rechtspacht 584 8, 9
Geschäftsbesorgungsvertrag
Betriebsüberlassung mit einem - 581 110
Franchising Vorbem 581 139
Pachtvertrag, Abgrenzung Vorbem 581 36 ff
Geschäftsbetrieb
Raumpacht und Änderung des Geschäftszweckes 581 34
Geschäftsführungsvertrag
Rechtsnatur 581 112
Geschäftsraum
gewerbliche Zwischenvermietung 581 27
Gesellschaft
Pachtvertrag, Abgrenzung Vorbem 581 43 ff
und Pachtvertrag, Abgrenzung bei variabler Pacht 581 190
Gesetzliche Verbote
und Pachtvertrag 581 132
Gesetzliches Schuldverhältnis
bei Vorenthaltung des Pachtgegenstandes 584b 21
Gestaltungsrecht
Ablehnungsrecht des Verpächters bei Inventarrückgabe 582a 38
Gestattungsverträge
Lizenzverträge als entgeltliche -
Vorbem 581 82 ff
und Rechtspacht, Abgrenzung 581 46
Gesundheitsgefährdung
durch den Pachtgegenstand 581 403
Gewährleistung (Pacht)
Ausschluß der Gewährleistung 581 308 ff
und nichterfüllung der Hauptleistungspflichten des Verpächters 581 285
Rechtsmängel 581 303 ff
Sachmängel, Fehlen zugesicherter Eigenschaften 581 294 ff
Sachmängel, Fehlerbegriff 581 286 ff
Sachmängel, Rechtsfolgen 581 297 ff
Gewerbebetrieb
Verpachtung
s. Unternehmenspacht
Verpachtung, Problem gewerblicher Betätigung 581 90 ff

Gewerblich genutzte Grundstücke
Erhaltungspflicht des Pächters bezüglich mitgepachteten Inventars Vorbem 582 3
Gewerbliche Tätigkeit
auf Grundlage einer Rechtspacht 581 44
Gewerbliche Zwischenvermietung
als Geschäftsraummiete 581 27
Gewinn des Pächters
und Bemessung der Pacht 581 187
GmbH
Betriebspacht, Betriebsüberlassungsvertrag 581 113
Umqualifizierung einer Gebrauchsüberlassung in haftendes Kapital 581 408
Grunddienstbarkeit
Rechtspacht 581 74
Grundsteuer
für den Pachtgegenstand 581 316
Grundstückserwerb
und Rückkaufverpflichtung des Verpächters Vorbem 582 ff 14
und Schutz des Mieters, Pächters 581 425 ff
Grundstücksgeschäft
und Jagdpachtvertrag Vorbem 581 112, 113
und Konkurrenzschutz im Pachtverhältnis 581 155
Pachtvertrag, Verbindung mit formbedürftigem Grundstücksgeschäft 581 130
Grundstückspacht
s. a. Bodenabbauverträge
s. a. Grundstückspacht mit Inventar
und Anwendung mietrechtlicher Vorschriften 581 273
Fälligkeit des Pachtzinses 581 212
und Fehlerbegriff des Gewährleistungsrechts 581 288
Form des Pachtvertrages 581 276
Gebrauchspflicht des Pächters 581 223
Grundsteuer 581 316
Grundstücksbegriff 581 9; 584 5
Grundstücksgröße, Zusicherung bestimmter 581 296
Inanspruchnahme zu öffentlichen Zwecken 581 448
Konkurrenzschutz 581 152
Kündigung, außerordentlich befristete 581 398
Kündigung, ordentliche 584 1 ff
land- oder forstwirtschaftlicher Betrieb 581 13
Landpacht
s. dort
Miete, Abgrenzung 581 12; 584 4
Mietrechtsvorschriften, Verweisung 581 16
Notwohnung, entschädigungslose
Räumung einer errichteten 581 448
Pfandrecht des Verpächters 581 354 ff

598

Grundstückspacht (Forts.)
und Raumpacht, keine Differenzierung **584** 6
Rechtspacht, Abgrenzung **581** 15, 45
reine Grundstückspacht **581** 10
Rückgabe des Pachtgegenstandes **581** 442
und Übergang von Anlagen auf den Verpächter **581** 321
Überlassung des Grundstücks an den Pächter **581** 434
und Umfang vertragsgemäßer Rechte **581** 322
Umlegungsgebiet, Genehmigungsbedürftigkeit **581** 127
Umsatz, Gewinn aus einem Geschäftsbetrieb als zugesicherte Eigenschaften **581** 295
oder Unternehmenspacht **581** 121
Unzumutbarkeit einer Fortsetzung wegen schuldhafter Vertragsverletzung **581** 406
Veräußerung des Grundstücks, Eintritt des Erwerbers **581** 425 ff
Veräußerung verpachteten Grundstücks **581** 420, 420 ff
Verbindung mit Rechtspacht und Erwerbereintritt bei Veräußerung **581** 432
und Verbindung mit weiteren Gegenständen, Eintritt eines Grundstückserwerbers in den Pachtvertrag **581** 425 ff
Vorvertrag zum Pachtvertrag **581** 277
Grundstückspacht mit Inventar
Ablehnungsrecht des Verpächters nach Schätzwertübernahme **582a** 35 ff
Abrede der Schätzwertübernahme **582a** 3
Abweichende Vereinbarungen **582a** 55
Abweichende Vereinbarungen bei Schätzwertübernahme **582a** 29
Anschaffung von Inventarstücken durch den Pächter **582a** 23
Aufwendungen des Pächters auf einzelne Inventarstücke **582** 4
Aussaat **Vorbem 582 ff** 6
Betriebsfortführung, Sicherstellung uneingeschränkter bei Vertragsbeendigung **582a** 4
Bewertung bei Schätzpreisrückkauf **Vorbem 582 ff** 15
Dünger **Vorbem 582 ff** 6
Eigentumserwerb des Verpächters bei der Schätzwertübernahme **582a** 20 ff
Eigentumsverhältnisse, nicht maßgebliche **Vorbem 582 ff** 5
einfache Mitverpachtung **582** 1 ff
Eintritt neuen Pächters bei Schätzwertübernahme **582a** 30
Einverleibung in das Inventar **582a** 24, 25
Eiserninventarvertrag **582a** 1

Grundstückspacht mit Inventar (Forts.)
Ergänzungspflicht des Verpächters bei schlichter Mitverpachtung **582** 9 ff
Erhaltungspflicht des Pächters bei einfacher Mitverpachtung **582** 4 ff
Erhaltungspflicht des Pächters bei Schätzwertübernahme **582a** 12
Erzeugnisse des Grundstücks **Vorbem 582 ff** 5
Fabrikverpachtung **Vorbem 582 ff** 2
Firmenüberlassung und Schätzwertübernahme **582a** 5
Forderungen des Pächters gegen den Verpächter, Pfandrecht an Inventarstücken **583** 1 ff
Gaststätteninventar **Vorbem 582 ff** 7
Gasthofverpachtung **Vorbem 582 ff** 2
Gefahrtragung **582** 10; **582a** 3, 9, 10
Geltungsbereich **Vorbem 582 ff** 2
Generalüberholung **582** 7
Geräte **Vorbem 582 ff** 6
Gesetzesgeschichte **Vorbem 582 ff** 1
Gestaltungsrecht der Ablehnung **582a** 38
Gewerblich genutztes Grundstück **582** 3
Grundstückserwerber und Rückkaufpflicht **Vorbem 582 ff** 14
Grundstückspacht und Schätzwertübernahme **582a** 5
Grundstückspacht und Verfügungsbeschränkungen des Pächters **583a** 3
Gutglaubenserwerb an Inventarstücken durch Verpächter **582a** 26, 27
Inventarbegriff **Vorbem 582 ff** 5 ff
Inventarkauf, Vereinbarung **Vorbem 582 ff** 8 ff
Inventarkauf und Verfügungsbeschränkungen des Pächters **583a** 3
Inventarverzeichnis **582** 17
Kaufinventar **Vorbem 582 ff** 6
Kaufvertrag bezüglich des Inventars **Vorbem 582 ff** 11 ff
Kiesgrube **582** 3
Landpacht, Geltung **Vorbem 582 ff** 2
Landpacht und Schätzwertübernahme **582a** 5
Landwirtschaftliche Erzeugnisse **Vorbem 582 ff** 6
Landwirtschaftliches Grundstück, Inventar **Vorbem 582 ff** 7
Lebendes, totes Inventar **Vorbem 582 ff** 6
Lizenzierung von Schutzrechten und Schätzwertübernahme **582a** 5
Mitverpachtetes Inventar **Vorbem 582 ff** 6
Mitverpachtung, einfache **Vorbem 582 ff** 3
Neuinvestitionen **582** 10
Nichtigkeit einer Verfügungsbeschränkung des Pächters ohne Abnahmeverpflichtung des Verpächters **583a** 5

Grundstückspacht mit Inventar (Forts.)
Nutzungsänderung bei Schätzwertübernahme **582a** 13
Obhutspflicht des Pächters **582** 8
Ordnungsgemäße Wirtschaft **582a** 36
Ordnungsgemäße Wirtschaft und Pächterverfügungen **582a** 15
Pfandrecht an Inventarstücken für Forderungen des Pächters **583** 1 ff
Reparaturkosten **582** 7
Risiko technischer Ermittlung bei Wertausgleich **582a** 51 ff
Rückgewährspflicht zum Schätzwert **582a** 7, 32 ff
Rückkauf des Inventars **Vorbem 582 ff** 13 ff
Schadensersatzpflicht des Pächters **582** 8
zum Schätzwert übernommenes Inventar **Vorbem 582 ff** 6
Schätzwertübernahme **582a** 1 ff
Theaterverpachtung **Vorbem 582 ff** 2
Tiere, Ergänzungspflicht des Pächters **582** 13 ff
Tierfütterung **582** 7
Überinventar bei Schätzwertübernahme **582a** 19
Untergang, zufälliger **582** 7, 10
Unternehmenspacht **582** 3; **Vorbem 582 ff** 2
Unternehmenspacht und Schätzwertübernahme **582a** 5
Veränderungen, Verschlechterungen aufgrund vertragsmäßigen Gebrauchs **582** 6
Verfügungsbefugnis des Pächters bei Schätzwertübernahme **582a** 15 ff
Verfügungsbeschränkungen des Pächters und Inventarabnahmeverpflichtung des Verpächters **583a** 1 ff
Verjährung **582** 4
Verkauf des Inventars **Vorbem 582 ff** 3
Verkehrsauffassung und Inventarbegriff **Vorbem 582 ff** 5
verpächtereigenes, pächtereigenes Inventar **Vorbem 582 ff** 6
Verschleiß und Reparaturkosten **582** 7
Versicherungspflicht **582** 7
vertragsgemäßer Zustand des Inventars **582** 9
Viehverstellung und Schätzwertübernahme **582a** 6
Vorräte **Vorbem 582 ff** 6
Währungsrisiko bei Wertausgleich **582a** 49, 50
Wertausgleich bei Ablehnung der Übernahme durch den Verpächter **582a** 40 ff
Zubehör und Inventar **Vorbem 582 ff** 5
Zurückbehaltungsrecht des Pächters am Inventar **583** 7

Güterfernverkehr
Genehmigung, nicht übertragbare **581** 43
Gutglaubenserwerb
Einverleibung in das Inventar **582a** 26
Pfandrecht des Verpächters **581** 356

Haftung
Franchising **Vorbem 581** 153
des Pächters für Dritten **581** 342
Unternehmensfortführung **581** 87
Handelsgeschäft
Pachtverhältnis über einen Verkaufsraum **581** 23
Unternehmenspacht **581** 88
Handelsvertreterrecht
Franchising **Vorbem 581** 165, 166
Handwerksbetriebe
Pachtverhältnis **581** 22
Hauptleistungspflichten
und Nebenpflichten **581** 172
Heizungskosten **581** 148
Heuerlingsverträge
als Pachtverträge **Vorbem 581** 78 ff
Hypothek
und Fruchtbegriff **581** 167

Immaterialgüterrechte
Rechtspacht **581** 81; **584** 8, 11
Innenpacht
Betriebsüberlassungsvertrag als - **581** 109
Instandhaltung
als Verpächterverpflichtung **581** 157
und vertragsgemäßer Gebrauch **581** 159
Instandsetzung
als Verpächterverpflichtung **581** 157
und vertragsgemäßer Gebrauch **581** 159
Instverträge (Heuerlingsverträge)
als Pachtverträge **Vorbem 581** 78 ff
Interessenabwägung
im Landpachtrecht
s. Landpacht
Inventar
Grundstücksverpachtung mit ---
s. Grundstückspacht mit Inventar
und Landpacht
s. dort

Jagdpacht
Beendigung bei Entziehung des Jagdscheines **581** 421
Ergiebigkeit und Fehlerbegriff **581** 292
und Erwerbereintritt bei Veräußerung **581** 430
Jagdpachtfähigkeit **Vorbem 581** 104
Mitpacht **581** 123
Rechtsnatur **Vorbem 581** 99 ff
Unterpacht **581** 333
Verpachtung **581** 53 ff

Jagdpacht (Forts.)
vertragswidriger Gebrauch **581** 404
Vorvertrag zum Pachtvertrag **581** 134, 277

Kaliabbau 581 15, 384
Kantinenpacht
Pachtverhältnis **581** 21
Rechtsnatur **Vorbem 581** 93, 94
Risiko des Pächters **581** 170
Unternehmenspacht **581** 88
Kartellrecht
und Franchising **Vorbem 581** 132, 133, 140
und Konkurrenzschutz im Pachtverhältnis **581** 156
und vertragliche Wettbewerbsbeschränkungen des Pächters **581** 269
Kauf bricht nicht Pacht
Grundstückspacht, Raumpacht **581** 39, 124
Landpacht **593b** 1 ff
Kaufvertrag
Bodenabbau **Vorbem 581** 27; **581** 15
Inventarskauf durch den Pächter **Vorbem 582 ff** 8 ff
Pacht, Abgrenzung **Vorbem 581** 25
und Übernahme des Inventars zum Schätzwert, Abgrenzung vom Inventarkauf **582a** 3
Zweckbestimmung **581** 148
Kaution
im Pachtrecht **581** 248, 249
Klage, Klagbarkeit
Abschluß eines Hauptvertrages aufgrund Vorvertrages **581** 134
Besichtigungsrecht des Verpächters **581** 243
Kleingartenpacht
Abweichende Regelungen **Vorbem 581** 60, 61
Begriff kleingärtnerischer Nutzung **Vorbem 581** 54, 55
Beitrittsgebiet **Vorbem 581** 178
BGB-Anwendung **Vorbem 581** 61
Bundeskleingartengesetz vom 28.2.1983 **Vorbem 581** 53
Dauerkleingärten **Vorbem 581** 55
Eigentümerrechte, beschränkte **Vorbem 581** 50
und Eigentümerstellung, angenäherte des Pächters **Vorbem 581** 52
Geschichte **Vorbem 581** 51 ff
Größe, Bebauung **Vorbem 581** 56
Kündigungsschutz **Vorbem 581** 58, 59
und Landpacht **Vorbem 581** 49; **585** 16
mehrfach gestufte Besitzverhältnisse und Rückgabeverpflichtung **581** 451
Schutzbedürftigkeit der Kleingärtner **Vorbem 581** 50

Kleingartenpacht (Forts.)
Verfassungswidrigkeit der Pachtpreisbindung **Vorbem 581** 53
Verfassungswidrigkeit überzogenen Kündigungsschutzes **Vorbem 581** 52
Zweck, ursprünglicher **Vorbem 581** 49
Zwischenpächterprivileg **Vorbem 581** 57
Know-how-Lizenzverträge
Rechtsnatur **Vorbem 581** 86
Kohleabbaugerechtigkeit
Landesrecht **581** 51
Pachtgegenstand **581** 15
Kommanditgesellschaft auf Aktien
Betriebspacht, Betriebsüberlassungsvertrag **581** 101 ff
Konkurrenzschutz
und Pachtvertrag **581** 152 ff, 261 ff
Konzerninterner Betriebsüberlassungsvertrag 581 11
Koppelungsgeschäfte
bei Pachtverträgen **581** 256
Kreispachtverträge
in der ehemaligen DDR **585** 42
Kündigung des Leihvertrages
s. Leihvertrag
Kündigung des Pachtvertrages
abweichende Parteivereinbarungen **584** 23; **584a** 14, 17, 18
Arten der - **581** 376
Auslauffrist bei fristloser Kündigung **581** 400
Ausschluß, vertraglicher **584** 383, 397
außerordentliche befristete **581** 376, 397; **584** 15
außerordentliche befristete Kündigung, eingeschränkte gegenüber dem Mietvertrag **584a** 1
außerordentliche befristete - **581** 376, 397; **584** 14 ff
außerordentliche fristlose **584** 376, 400 ff
bedingte Kündigung **584** 385
Beendigung des Pachtverhältnisses **584** 409
bewegliche Sachen, außerordentliche befristete Kündigung **584** 398
bewegliche Sachen, ordentliche Kündigung **584** 10, 391, 392
Datschengrundstücke, Pachtverhältnisse **Vorbem 581** 177
Erklärungsinhalt **584** 18, 384
Erlaubnis zur Unterpacht, verweigerte **584** 397; **584a** 1 ff
Form **584** 388
Franchising **Vorbem 581** 155 ff
Gebrauchsentziehung **584** 402
Gesundheitsgefährdung **584** 403
Grundstückspacht, außerordentliche befristete Kündigung **584** 398

Kündigung des Pachtvertrages (Forts.)
  Grundstückspacht, ordentliche Kündigung 584 391
  Jagdpachtvertrag Vorbem 581 114; 581 61
  Kleingartenpacht Vorbem 581 58 ff
  Konkurrenzschutzverletzung im Pachtverhältnis 581 152
  Kündigungsfristen und ordentliche Kündigung 584 389 ff
  Landpacht
    s. dort
  Mehrheit von Beteiligten 584 386
  Mietrechtliche Kündigungsvorschriften, Anwendungsbereich 584 378
  Mißverhältnis Pachtzins / Verpächterleistung und Ausschluß des Rechts zur - 581 181
  Nichtgewährung vertragsgemäßen Gebrauchs 584 402
  ordentliche 581 376, 390 ff
  ordentliche Kündigung, Sondervorschrift für Grundstückspacht und Rechtspacht 584 1 ff
  und Pachtzinszahlung 581 380
  Pachtzinszahlung, Verzug 584 405
  durch den Pächter wegen Sachmängel 581 302
  Raumpacht, ordentliche Kündigung 584 6
  Rechtsnatur 581 375; 584 381
  Rechtspacht, außerordentliche befristete Kündigung 584 398
  Rechtspacht bezüglich beweglicher Sache, ordentliche Kündigung 584 393
  Rechtspacht, ordentliche Kündigung 584 391
  Schadensersatzanspruch, ergänzender 584 380, 411
  für Schluß eines Pachtjahres 584 19 ff
  Teilkündigung 584 387
  Tod des Pächters 584a 16
  Unterpacht ohne Erlaubnis 581 336
  unzulässige Rechtsausübung 584 379
  Unzumutbarkeit einer Fortsetzung des Vertrages wegen schuldhafter Vertragsverletzung 584 406
  Versetzung des Pächters 584a 17
  vertragliche Modifikationen 584 377
  vertragswidriger Gebrauch durch den Pächter 581 327; 584 404
  Verzug, mehrmaliger mit Pachtzins 581 379
  Wichtiger Grund 584 408
  Widerruf, Rücknahme der Kündigung 584 410
  Wirkung der Kündigung 584 22, 409
  Zustimmung eines Dritten, erforderliche 584 382
  Zwangsversteigerung 584 397

Landesrecht
  Bergrechtliche Gerechtigkeiten 581 51
  Jagdrecht, Fischereirecht Vorbem 581 62, 100; 581 99
  Realgewerbebrechtigungen 581 47
  Regalien 581 49, 50

Landpacht
  Abänderungsmöglichkeiten § 323 ZPO 593 8
  Abbau von Überproduktionen 596 34
  Ablehnung des Pachtschutzverlangens 595 59 ff
  Ablehnungsrecht des Verpächters trotz Widerspruchs der Erben 594d 19, 20
  Abmahnung bei vertragswidrigem Gebrauch 590a 6; 594e 28
  Abnutzung, normale 586 40
  Abnutzungserscheinungen bei Vertragsbeginn 586 43
  Abschluß des Vertrages 585 36
  Abtretung der Pächterrechte 589 8
  Abtretung der Pächterstellung kraft Gesetzes 593a 14 ff
  Abtretung des Wegnahmerechts 591a 6
  Abwendung des Verpächterpfandrechts durch Sicherheitsleistung 592 33 ff
  Abwendung des Wegnahmerechts des Pächters 591a 11 ff
  Abwicklung eines vorzeitig oder teilweise beendeten Vertrages 595a 8
  Abwicklung bei vorzeitiger Beendigung, Sonderregelung 596a 1 ff
  Abwicklungsprobleme 594a 2
  Abwicklungsschuldverhältnis nach Vertragsende 586 44
  Ackerland, Weideland 585 21; 596 14
  Änderung und Informationspflicht des Pächters 586 38
  Änderung der landwirtschaftlichen Bestimmung der Pachtsache 590 3 ff
  Änderung des Pachtgegenstandes während der Vertragszeit 596 11
  Änderung der Pächterrechtsform 589 9
  Änderung der Verhältnisse und Mißverhältnis der Leistungen 593 1 ff
  Änderung des Vertrages und Fortsetzung aufgrund Pächterschutzes 595 36 ff
  Änderung des Vertrages durch gerichtliche Fortsetzungsentscheidung 595 80
  Änderungen und Formzwang 585a 14 ff
  Änderungsanspruch 585a 8
  Äquivalenzstörungen 586a 8
  AGB, AGBG 586a 10
  Allein- oder Mitgebrauch, Einräumung eines erlaubnisfreien 589 8
  Altenteilsvertrag 585 17
  alternative Wirtschaftsweisen 586 37

Landpacht (Forts.)
Amtsgericht, Antrag auf Sachverständigenernennung zur Beschreibung der Pachtsache **585b** 16 ff
Amtsgericht als Landwirtschaftsgericht **585** 41
Anerbengut **593a** 30
Anfechtung des Vertrages **594f** 6
Anfrage wegen Verlängerung des Vertrages **594** 12, 13
Angemessenheit einer Pachtzinserhöhung nach Verbesserungsmaßnahmen **588** 22
Ankaufsrecht für den Pächter **585a** 11
Anliegerbeiträge **586a** 11
Anpassung, Änderung des Pachtzinses **587** 8, 9
Anrechnungspflicht des Verpächters bei Verhinderung der Bewirtschaftung **587** 23
Anschluß-Bewirtschaftung, mögliche **590** 15
Antrag im gerichtlichen Pachtschutzverfahren **595** 65 ff
Antrag des Pächters auf Mehrwertberechnung **591** 50 ff
Antragsrecht bei vorgesehener Verbesserungsmaßnahme **588** 28
Anwendungsbereich **585** 6
Anzeigepflichten **585** 39; **585a** 10; **586a** 2; **587** 10; **591** 8; **591a** 8; **593** 6, 9; **595** 7, 13, 81
Aufgabe von Produktionszweigen gegen staatliche Leistungen **586** 37; **590** 14
Aufhebungsvertrag **585a** 6; **594f** 6; **595** 83
Auflagen des Landwirtschaftsgerichts bei einer Nutzungsänderung **590** 26 ff
Auflagen zur Zustimmung nützlicher Verwendungen **591** 19, 48
Aufrechnung mit dem Pachtzins **587** 17
Aufrechnung gegen Pachtzinsforderung **594e** 41
Aufsplitterung des Pachtverhältnisses **593a** 1
Aufwendungen, ersparte **587** 24
Aufwendungen zur Herstellung erstmaligen vertragsgemäßen Zustandes durch den Pächter **590b** 7, 8
Aufwendungen des Pächters bei Duldung von Erhaltungsmaßnahmen **588** 12
Aufwendungen des Pächters bei Duldung von Verbesserungsmaßnahmen **588** 17, 18
Aufwendungen auf die Sache als Verwendungen **590b** 7
Aufwendungsersatz oder Halmtaxe bei vorzeitiger Vertragsbeendigung **596a** 4
Aufwendungsersatz statt Wertersatz für ungetrennte Früchte **596a** 18 ff

Landpacht (Forts.)
Ausbesserungen, außergewöhnliche **586** 29
Ausbesserungen, gewöhnliche **586** 38 ff
Ausbesserungen, gewöhnliche, Abgrenzung zu ersatzpflichtigen Verwendungen **590b** 11
Ausbesserungen, notwendige **591** 7
Ausbesserungen, Pächterpflicht zur Durchführung gewöhnlicher **586** 39 ff
Ausbesserungen durch den Verpächter zur Gefahrenabwendung **588** 8
Ausbesserungen, nach Vertragsende anfallende **586** 44
Ausbesserungen, Vornahme auf Kosten des Pächters **586** 46, 47
Ausbesserungspflicht **586** 26, 33
Ausbesserungspflichten und Rückgabe der Pachtsache **596** 10
Ausbeute als Nutzungsänderung **590** 5
Ausgleichsanspruch des Verpächter bei Nutzungsänderung **590** 31 ff
Ausgleichsleistung bei nützlichen Verwendungen **591** 26 ff
Auskunftsansprüche des Verpächter zur Vorbereitung der Rückgabe **596** 16
Auskunftspflichten des Pächters bei Fortsetzungsverlangen **595** 57
Auskunftsrecht des Verpächters **586** 38, 48
Auskunftsrecht des Verpächters bei Fremdnutzung **589** 10
Ausschluß des Fortsetzungsanspruchs des Pächters **595** 38 ff
Ausschluß der Gewährleistung **586** 24, 25
Ausschluß des Kündigungsrecht **594b** 1 ff
Beanstandung der Behörde **585** 39
Bedingung für Zustimmung zu nützlichen Verwendungen **591** 19
Bedingungen des Landwirtschaftsgerichts bei einer Nutzungsänderung **590** 26 ff
Bedingungen bei nützlichen Verwendungen **591** 47
Beeinträchtigungen, einmalige und nachhaltige **593** 13
Beendigung des Pachtvertrages **586** 32
Beendigung des Pachtvertrages und bestehende Unterpacht **589** 26
Beendigung des Pachtvertrages und Erlöschen des Fruchtziehungsrechts **596a** 1
Beendigung des Pachtvertrages und mögliche Anschluß-Bewirtschaftung **590** 15
Beendigung des Pachtvertrages und Rückgabepflicht des Pächters **596** 5 ff
Beendigung des Pachtvertrages und zu sichernder Ernteanschluß **596b** 1 ff
Beendigung des Pachtvertrages, Streit hierum **591b** 12

Landpacht (Forts.)
Beendigung des Pachtvertrages und Verpächter als alleiniger Berechtigter **596a** 12
Beendigung des Pachtvertrages und vorenthaltene Pachtsache **597** 1 ff
Beendigung des Pachtvertrages, vorzeitige bei bestimmter Laufzeit **594** 7
Beendigung des Pachtvertrages durch Zeitablauf **594** 4 ff
Beendigung des Vertrages, Sonderregelung bei vorzeitiger **596a** 1 ff
Beendigung, vorzeitige und Halmtaxe **596a** 3
befristete Betriebsverpachtung **595** 45
Beginn **586** 14
Begriffsmerkmale **585** 2 ff
und Begriffsmerkmale des allgemeinen Pachtvertrages **585** 3
Beitrittsgebiet **585** 33, 42, 43
Benachrichtigung des Verpächters über Betriebsübergang und Pächterwechsel **593a** 18 ff
Berufsgenossenschaft, Beiträge **586a** 7
Berufsunfähigkeit des Pächters **589** 17; **594c** 1 ff
Beschädigungen durch Dritte **586** 41
Beschreibung der Pachtsache **585b** 1 ff
Beseitigungsrecht des Verpächters **586** 38
Besichtigungsrecht des Verpächters **586** 48
Besitzschutzrechte des Pächters **586** 15, 16
Bestandteile, Zubehör und Einrichtungen **591a** 3
Beteiligung des Pächters, erlaubnisfreie **589** 7
Betriebsbewirtschaftung und Ersatz nützlicher Verwendungen **591** 2
Betriebserhaltung und nützliche Verwendungen **591** 40
als Betriebspacht **585** 22 ff
Betriebspacht und Ernteanschluß **596b** 2
Betriebspacht und Fortsetzungsverlangen **595** 24 ff
Betriebspacht und Stückland, Abgrenzung **585** 10; **596b** 2
Betriebspacht und Verbesserungsmaßnahmen **588** 20
Betriebsrisiken und gewöhnliche Ausbesserungen **586** 40
Betriebsübergabe, Begriff **593a** 7
Betriebsübergabe bei vorweggenommener Erbfolge **593a** 1 ff
Betriebsübergang im Zuweisungsverfahren **593a** 29
Betriebsveräußerung und Mehrwert-Ersatzanspruch **591** 29
Betriebsverbesserung als Merkmal nützlicher Verwendungen **591** 11

Landpacht (Forts.)
Betriebswirtschaftliche Fähigkeiten des Pächters **593** 12
Betriebszugehöriges Zupachtgrundstück und vorweggenommene Erbfolge **593a** 1 ff
Beurkundungszwang **585a** 11
Bewegliche Gegenstände als Einrichtungen **591a** 3
Bewertungsvorgang und Halmtaxe **596a** 13
Bewirtschaftungsumstellung **590** 14
Bewirtschaftung, erforderliche **585** 21
Bewirtschaftung und Interessengegensätze **590** 1
Bewirtschaftung mehrerer Betriebe **595** 26
Bewirtschaftung, ordnungsgemäße **590b** 8
Bewirtschaftungseinheit und vorweggenommene Erbfolge **593a** 1
Bewirtschaftungsergebnis **585** 22
Bewirtschaftungsführung, Übertragung auf Erben oder Dritten **594d** 16
Bewirtschaftungsmaßnahmen, unterlassene und Schadensersatzanspruch des Verpächters **596** 28
Bewirtschaftungspflicht, Aufwendungen in Erfüllung hierzu **590b** 11
Bewirtschaftungspflicht und ersatzlos bleibende Verbesserungsmaßnahmen **596** 31
Bewirtschaftungspflicht als fortgesetzt geschuldete Tätigkeit **596** 3
Bewirtschaftungspflicht des Pächters **586** 34 ff; **590a** 3; **596** 3
Bewirtschaftungspflicht und Rückgabe der Pachtsache **596** 10
Bewirtschaftungsverbote **587** 20
Binnenfischerei **585** 21
Biologische Nutzung, Wirtschaftsweise **590** 14; **591** 13; **596** 11, 14
biologischer Landbau, Übergang vom konventionellen Landbau **586** 37
Dauer einer Fremdnutzung **589** 3
Dauerschuldverhältnis **587** 8; **593** 1
DDR, ehemalige und Rückabwicklung von Kreispachtverträgen **596** 15
Deputatverträge **585** 14
Desinfizieren **586** 41
Domänenpachtung **593a** 32
Doppelbetrieb **585** 25
Dränungen, Erhaltung **586** 41
Düngemittellieferung und Früchtepfandrecht **592** 14
Duldung vertragswidrigen Gebrauchs **590a** 5
Duldungspflichten bei Beschreibung der Pachtsache **585b** 20
Duldungspflichten des Pächters bei Erhaltungs- und Verbesserungsmaßnahmen des Verpächters **586** 8 ff

Landpacht (Forts.)
Eigennutzung des Verpächters **595** 45 ff
Eigentümer-Besitzer-Verhältnis **597** 14
Eigentum und Wegnahmerecht des Pächters **591a** 6
Eigentumserwerb an den Früchten **596a** 12
Eigentumsnutzung, Schranken und Grenzen **586** 28
Eigentumsrechte des Verpächters und nützliche Verwendungen des Pächters **591** 43
Eigentumswechsel **593b** 1 ff
Eigenverantwortliche Bewirtschaftung **589** 3
Einbeziehung in Schutzgebiete **587** 20
Einbringung des Pachtrechts in eine Gesellschaft **589** 6, 7
Eingebrachte Sachen des Pächters und Verpächterpfandrecht **592** 8 ff
Einrichtungen in Erfüllung der Unterhaltungspflicht des Pächters **591a** 9
Einrichtungen als notwendige Verwendungen **591a** 9
Einrichtungen als nützliche Verwendungen **591a** 3
Einrichtungen des Pächters **591** 6; **591a** 3
Einrichtungen des Pächters, Nutzungsänderung, ausgleichsfähige Verwendungen **591a** 1
Einstweilige Verfügung bei vertragswidrigem Gebrauch **590a** 9
Eintritt des Erwerbers in das Pachtverhältnis **593b** 4
Eintritt, gesetzlicher des Übernehmers als Pächter **593a** 1
Eintritt des Übernehmers als Pächter in den Zupachtvertrag **593a** 14 ff
Einzelpacht, Sammelpacht **585** 13
Eiserne Verpachtung **585** 4; **586** 30; **590** 31
Entfernung der dem Pfandrecht unterliegenden Sachen **592** 20
Entgeltlichkeit, Unentgeltlichkeit einer Fremdnutzung **589** 5
Entschädigung für übernommene Einrichtungen **591a** 15
Entschädigungsanspruch für die Dauer der Vorenthaltung der Pachtsache **597** 9
Entwicklung **Vorbem 581** 7
Erben, Widerspruchsrecht **594d** 13 ff
Erbengemeinschaft **589** 9
Erbfolge, vorbereitete **586a** 11
Erbpacht, Ausschluß **594b** 2
Erbrechtsgrundsätze und Tod des Verpächters **594d** 1
Erforderlichkeit von Erhaltungsmaßnahmen des Verpächters **588** 9
Erfüllung öffentlicher Aufgaben durch Verwendung des Pachtobjektes, Ausschluß des Fortsetzungsrechts **595** 49

Landpacht (Forts.)
Erfüllungsgehilfe, Unterpächter **589** 25
Erhaltung aufgrund nützlicher Verwendungen **591** 11
Erhaltung leistungsfähiger Betriebe in bäuerlicher Hand **585** 3; **586** 35; **591** 42
Erhaltung des Pachtgegenstandes und gewöhnliche Ausbesserungen **586** 40
Erhaltungsmaßnahmen des Verpächters, Duldungspflichten des Pächters **586** 8 ff
Erhaltungspflicht als Hauptpflicht des Verpächters **586** 25
Erhaltungspflicht des Verpächters / Ausbesserungsverpflichtung des Pächters **586** 45
Erhöhung des Gebrauchs- und Substanzwertes durch Verbesserungsmaßnahmen **588** 13
Erlaubnis der Fremdnutzung **589** 3 ff
Erlaubnis bei Gebäudeerrichtungen **590** 18 ff
Erlaubte Unterpacht, Rechtsbeziehungen **589** 25 ff
Erlöschen des Verpächterpfandrechts **592** 18 ff
Ernteanschluß, zu sichernder bei Beendigung des Pachtvertrages **596b** 1 ff
Ersatzanspruch des Pächters bei vorzeitiger Beendigung **596a** 6 ff
Ersatzansprüche des Pächters für Verbesserungen der Pachtsache **596** 31 ff
Ersatzpflicht des Verpächters für notwendige Verwendungen des Pächters **590b** 1 ff
Ersatzpflicht des Verpächters für nützliche Verwendungen **591** 1 ff
Erschließungsbeiträge **586a** 11
Erträgnisverbesserung und verweigerte Zustimmung zu einer Nutzungsänderung **590** 20 ff
Ertragsausfall bei Durchführung von Verbesserungsmaßnahmen **588** 17
Ertragsteigernde Maßnahmen und Pachtzinserhöhung **588** 1 ff
Ertragsverbesserung, nachhaltige und nützliche Verwendungen **591** 41
Ertragswert ungetrennter Früchte **596a** 13
Erwerbsgarten **585** 21
Erzeugnisse, landwirtschaftliche und Ernteanschluß **596b** 3 ff
Existenzgrundlage **585** 22; **593** 1
Existenzvernichtung **587** 20
Fälligkeit des Aufwendungsersatzanspruchs für ungetrennte Früchte **596a** 22
Fälligkeit des Mehrwert-Ersatzanspruchs **591** 28 ff
Fälligkeit des Pachtzinses **587** 11 ff

Landpacht (Forts.)
Fälligkeit des Pachtzinses als Entschädigungsanspruch bei Vorenthaltung der Pachtsache 597 9
Fälligkeit des Rückgabeanspruchs des Verpächters 596 17
Fälligkeit des Verwendungsersatzanspruchs 590b 15
Fälligkeit des Wertersatzanspruch des Pächters für ungetrennte Früchte bei vorzeitiger Vertragsbeendigung 596a 17
Fälligkeit des Wertersatzspruchs bei Ernteanschluß 596b 8
Familien-Pachtübergabeverträge 589 18
Familienangehörige, Eigennutzung 595 45
Familienpacht 585 18
Fehlbewirtschaftung 587 20
Fehlen zugesicherter Eigenschaften 586 22
fehlende Voraussetzungen 585 21
Fehlerbegriff 586 21
Fiktionswirkung des § 568 BGB, ausgeschlossene 594 8
Flächenstillegungsprogramme, Teilnahme 586 37; 590 14
Forderungen des Verpächters und Verpächterpfandrecht 592 6, 7
Form 585 37; 585a 1 ff; 594b 9
Form der Ablehnung eines Fortsetzungsverlangens 595 62
Form für den Antrag, die Zustimmung bei nützlichen Verwendungen 591 20
Form der Beschreibung der Pachtsache 585b 10, 11
Form der Erlaubnis einer Nutzungsüberlassung an Dritte 589 12, 13
Form des Fortsetzungsverlangens 595 54
Form der Kündigung 593a 23; 594a 12, 16; 594c 6; 594e 51; 594f 1 ff
Form des Pachtzins-Erhöhungsverlangens 588 21
Form der Unterpacht 589 22
Form der Vertragsverlängerung 594 8
Form der Widerspruchserklärung der Erben 594d 18
Formerfordernis aufgrund Vereinbarung 585a 19 ff
Formmangel und Treu und Glauben 585a 18
Forstbetrieb, Übergabe bei landwirtschaftlicher Zupacht 593a 4
Forstflächen 585 5, 27
Forstflächen als Zupacht 585a 5
forstwirtschaftliche Nutzflächen, Wertersatzanspruch bei vorzeitiger Vertragsbeendigung 596a 23 ff
forstwirtschaftliche Nutzflächen, Zustand bei Rückgabe 596 14

Landpacht (Forts.)
Fortführung der Wirtschaft (Ernteanschluß) bei Beendigung des Pachtvertrages 596b 1 ff
Fortsetzung des Pachtvertrages zwecks Mehrwertabgeltung 591 57
Fortsetzungsanspruch, zwingender Rechtsgehalt 595 82 ff
Fortsetzungsdauer bei Pächterschutz 595 32 ff
Fortsetzungsverlangen der Erben nach dem Tode des Pächters 589 34
Fortsetzungsverlangen des Pächters, Ablehnung durch den Pächter 595 61 ff
Fortsetzungsverlangen im Vorverfahren 595 50 ff
Freiwillige Gerichtsbarkeit 585 41; 588 27; 591 60; 591b 15; 593 25; 595 75; 595a 11
Fremdpacht 585 18
Fristsetzung für Abhilfe vor fristloser Kündigung durch den Pächter 594e 10, 11
Fruchtbegriff und Wertersatzanspruch bei vorzeitiger Vertragsbeendigung 596a 10
Fruchtziehungsrecht und Beendigung des Pachtvertrages 596a 1
Früchte der Arbeit des Pächters und Beendigung des Pachtvertrages 596a 12
Früchte, Eigentumserwerb durch den Pächter 596a 12
Früchte, noch nicht geerntete und Ernteanschluß 596b 4
Früchte, noch nicht getrennte bei Beendigung des Vertrages 596a 2
Früchte der Pfandsache und Verpächterpfandrecht 592 12
Früchte, Verkehrswert ungetrennter 596a 13
Früchte zwischen Pachtende und Rückgabe der Pachtsache 596a 11
Früchtepfandrecht der Lieferanten von Düngemitteln und Saatgut 592 14
Gärtnerei 585 21
Gebäude, Wohn- oder Wirtschaftszwecke 585 22
Gebäudeerichtung 590 17 ff
Gebäudeerrichtung 590b 3, 4
Gebrauch, störungsfreier 586 28
Gebrauchsüberlassung als Hauptpflicht des Verpächters 586 1 ff, 43
Gebrauchsvorenthaltung und Kündigungsrecht des Pächters 594e 3 ff
Gefahr im Verzug und Vornahme notwendiger Verwendungen 590b 15
Gehilfen des Pächters 589 8
Geldentwertung 593 11
Gerichtliche Entscheidung über Anpassungsverlangen 585a 9

Landpacht (Forts.)
Gerichtliche Mehrwertbestimmung
591 50 ff
Gerichtliche Vertragsfortsetzung **595** 77 ff
Gerichtliche Zustimmung bei nützlichen
Verwendungen **591** 4o ff
Gerichtlicher Vergleich, Vertragsabschluß
585a 9
Gerichtliches Pachtschutzverfahren
595 65 ff
Gesetz zur Neuordnung des landwirtschaftlichen Pachtrechts 8.11.1985
Vorbem 581 8
Gestattung einer Nutzungsüberlassung
589 12
Gesundheitsgefährdung, Kündigungsrecht
594e 58
Gesundheitsgefährdung und Kündigungsrecht des Pächters **594e** 15 ff
Gewährleistung und Unmöglichkeit,
Verhältnis **586** 17
Gewährleistungsausschluß **586** 24, 25
Gewerbliche Nutzung bisheriger landwirtschaftlicher Nutzung **590** 5
und gewerblicher Betriebsteil **585** 23
Gewerblicher Mieter und Landpächter,
Vergleich **589** 14
Gewerblicher Zweck, Verwendungen hierzu **590b** 11
Gewinnerzielungsabsicht **585** 3
Grundsteuer **586a** 6
Grundstücksbegriff **585** 20
Grundstücksgröße, Zusicherung **586** 23
als Grundstückspacht **585** 19 ff
und Grundstücksveräußerungsvertrag
585a 11
Grundstücksverkehrsrecht **593a** 29
Gütliche Verständigung bei Mißverhältnis
der Leistungen, vorrangige **593** 2
Härtefälle bei Verbesserungsmaßnahmen
588 15
Härtefälle bei Versagung einer Nutzungsänderung **590** 26 ff
Haftung des Verpächters **586** 21 ff
Halmtaxe im Falle vorzeitiger Beendigung
596a 3
Hauptpacht, Unterpacht **585** 11, 12
Heuerlingsverträge **585** 14, 15; **587** 14;
591b 2
und Heuerlingsverträge **Vorbem 581** 80
Hobby **585** 21
Hoferbfolge in Anerbengut **593a** 30
Hofübergabevertrag **595** 25
Imkerei **585** 21
Informationspflichten des Pächters **586** 38
Innovative betriebliche Entwicklungen
591 36

Landpacht (Forts.)
Instandsetzung zwecks Mängelbeseitigung
586 26
Interessenabwägung und Fortsetzungsverlangen **595** 22 ff
Interessenabwägung und Mehrwertfestsetzung **591** 56
Interessenabwägung und nützliche
Verwendungen **591** 43
Interessenabwägung bei Verbesserungsmaßnahmen **588** 14
Interessengegensätze bei der Bewirtschaftung **590** 1
Inventar, Erhaltungspflicht **586** 33
Inventar- und Verpächterpfandrecht,
Konkurrent **592** 17
Inventarpachtrecht nach dem Pachtkreditgesetz **592** 15
Inventarverpachtung **585** 4
Investitionen und Pächterschutz **595** 25
Investitionsinteresse des Pächters und
Kompensationsinteresse **591a** 2
Kapitalverzinsung, hinreichende **591** 42
Kauf bricht nicht Pacht **593b** 1 ff
und Kleingartenpacht **585** 16
Konkurrenzunternehmen **586** 29
Kontingentierung **593** 11
Kontinuitätssicherung des Pachtvertrages
593 1
Kooperationsverhältnisse und Verpächterpfandrecht **592** 17
Kündigung, fristlose durch den Pächter
594e 3 ff
Kündigung, fristlose durch den Verpächter
594e 25 ff
Kündigung, ordentliche **594a** 1 ff
Kündigung des Pachtvertrages als vorzeitige Beendigung des Pachtvertrages und
Wertersatzanspruch des Pächters
596a 6 ff
Kündigung durch den Pächter und
Ausschluß eines Fortsetzungsverlangens
595 39
Kündigung, vorzeitige **594a** 13 ff
Kündigungsaufhebung **594f** 6
Kündigungsbefugnis der Pächtererben
594d 4 ff
Kündigungsbefugnis der Pächtererben und
des Verpächters bei Tod des Pächters
594d 4 ff
Kündigungsform **594f** 1 ff
Kündigungsrecht, fristloses beider Partene
594e 43 ff
Kündigungsrecht, fristloses des Verpächters und Ausschluß des Fortsetzungsanspruchs **595** 40, 41
Kündigungsrecht des Pächters aufgrund
Berufsunfähigkeit **594c** 5

Landpacht (Forts.)
Kündigungsrecht des Verpächters nach Betriebsübergang bei Zupachtvertrag **593a** 20, 21 ff
Kündigungsrecht des Verpächters bei unerlaubter Unterpacht **589** 28
Kündigungsrecht des Verpächters wegen vertragswidrigen Gebrauchs **590a** 2
Kündigungsrecht, vorzeitiges und Fortsetzung des Vertrages **595a** 7
Kündigungsrecht, vorzeitiges des Verpächters **595** 11
Kündigungsschreiben, Inhalt **594f** 7
Landpachtgesetz vom 25.6.1952
  Vorbem 581 7
Landpachtverkehrsgesetz vom 8.11.1985
  Vorbem 581 8
Landwirtschaft, überwiegender Verpachtungszweck **585** 21
Landwirtschaftliche Bestimmung der Pachtsache **590** 4
Landwirtschaftliche Erzeugnisse und erforderlicher Ernteanschluß **596b** 3 ff
Landwirtschaftliche Nutzflächen, Zustand bei Rückgabe **596** 14
Landwirtschaftliche Zweckausrichtung und Verwendungsbegriff **590b** 11
als landwirtschaftliches Sonderrecht **585** 3, 21; **586** 35; **595** 3
Landwirtschaftsgericht, Zuständigkeit **595** 41
Lasten eines Gebäudes **586a** 11
Lasten der Pachtsache **586a** 1 ff
Lebensgrundlage des Pächters und seiner Familie **595** 23
auf Lebenszeit des Pächters **594b** 9
Leihe Pächter / Dritter **589** 4
Leistungsfähigkeit der Betrieb in bäuerlicher Hand **585** 21
Leistungsstörungen **586** 16 ff
Lieferrechte, Lieferbeschränkungen **596** 34
Luxusaufwendungen **590b** 9; **591** 12, 49
Mängelbeseitigung durch den Pächter **591** 7
Mängelgewährleistung **586** 20 ff
Marktfrüchte und Abbau von Überproduktionen **596** 34
Marktrisiko und Wert ungetrennter Früchte **596a** 15
Maßnahmebegriff **588** 13
Maximalfrist des Pachtvertrages, keine Fortsetzungsfähigkeit **595** 42 ff
Mehrheit von Beteiligten **594a** 6; **594d** 8; **595** 52 ff
Mehrheit landwirtschaftlicher Betriebe, Betriebsübergabe **593a** 4
Mehrwert - Ersatzanspruch bei nützlichen Verwendungen **591** 26 ff

Landpacht (Forts.)
Mehrwert-Ersatzanspruch und Verzicht auf das Wegnahmerecht **591a** 9
Mietvertrag Pächter / Dritter **589** 4
Milchaufgabevergütung **586** 37; **590** 14
Milchproduktion, Anlieferungsreferenzmenge **596** 34
Milchquote **585** 28
Milchviehbetrieb, Rückgabe **596** 14
Milchviehwirtschaft **586** 37
Mischbetrieb **585** 23; **595** 6
Mischvertrag und Formerfordernis **585a** 5
Mißverhältnis Pachtzins / Ertragsmöglichkeit **585** 39
Mißverhältnis der Vertragsleistungen infolge nachhaltiger Veränderungen **593** 1 ff
Mit-Nutzungsrechte Dritter **589** 6
Mitteilung von bevorstehenden Erhaltungsmaßnahmen **588** 10
Modernisierungsmöglichkeit für den Verpächter **588** 1
Nachfrist für unterlassene Unterhaltungs- und Bewirtschaftungsmaßnahmen des Pächters **596** 28
Nachhaltige Veränderungen **593** 13
Nahe Angehörige **593** 9
Naturereignisse **587** 20, 22
Nebenerwerbsbetrieb **585** 24; **595** 26, 27
Nebenpflichten des Verpächters bei Überlassung **586** 12
Neuordnung, Reform **581** 4
Nichtbewirtschaftung landwirtschaftlicher Nutzflächen **586** 37
Nichterfüllung des Rückgabeanspruchs **597** 6
Nichtgewährung des Gebrauchs und fristlose Kündigung durch den Pächter **594e** 5 ff
Nichtigkeit ausgesprochener Kündigung wegen Formmangels **594f** 10
Nichtigkeit eines Fortsetzungsverlangens **595** 54
Nichtigkeit des Pachtverhältnisses **591** 34
Nichtigkeit eines Verzicht auf das Fortsetzungsrecht **595** 85
Nichtrückgabe und Vorenthaltung der Pachtsache, Abgrenzung **597** 5
Nichtvertragsgemäße Rückgabe, Ersatzansprüche des Verpächters **596** 25 ff
Nichtvertragsgemäßer Zustand bei Rückgabe der Pachtsache **596** 12
Nießbrauchsrecht **585** 17
Notwendige, nützliche Verwendungen **590b** 8, 10
Notwendige Verwendungen, Ersatzansprüche des Pächters **596** 32
Nützliche und notwendige Verwendungen **591** 10, 14, 34

Sachregister · Landpacht

Landpacht (Forts.)
Nützliche Verwendungen, Ersatzansprüche des Pächters **596** 33
Nutzungsänderungen bei beibehaltener landwirtschaftlicher Bestimmung **590** 13 ff
Nutzungsentschädigung bei Vorenthaltung der Pachtsache gegenüber dem Verpächter **597** 9 ff
Nutzungsentschädigung bei Vorenthaltung der zurückzugebenden Pachtsache **596** 25
Nutzungsstillegung **587** 24
Nutzungsüberlassung bei Abtretung der Pächterrechte **589** 8
Nutzungsüberlassung an Dritte **589** 3 ff
Nutzungsverbot, gesetzliches **587** 22
Nutzungsverhinderung und Fortbestand der Pachtzahlungspflicht **587** 20 ff
Oberlandesgericht, Landwirtschaftssenat **585** 41
Obhutspflicht des Pächters **594e** 31; **597** 11
Obstbau **585** 21
Öffentliche Lasten, private Lasten **586a** 4 ff
Option **585** 9; **585a** 5; **594** 5
Ordnungsgemäße Bewirtschaftung **586** 33, 34 ff; **589** 8; **590a** 3; **593a** 21; **594d** 13 ff; **596** 2, 3, 31; **596a** 10, 20
Ordnungsgemäße Wirtschaftsfortführung **596b** 3
Ordnungsmaßnahmen nach § 10 LPachtVG **585** 39
Pachtgegenstand, Zustand **586** 7 ff
Pachtjahr **594a** 10; **596a** 8, 10
Pachtkreditgesetz und Inventarpfandrecht **592** 15
Pachtsache **591** 15
Pachtsache, Änderung landwirtschaftlicher Nutzung **590** 1 ff
Pachtsache, Nichtrückgabe und Vorenthaltung, Abgrenzung **597** 5
Pachtsache als Objekt der Verwendungen **590b** 13 f
Pachtsache, Zustand bei Rückgabe **596** 9 ff
Pachtschlichtungsstellen **595** 92
Pachtschutz, laufender Pachtvertrag **595** 8
Pachtschutz nur durch Pächterverlangen **595** 5
Pachtschutzverzicht **595** 82 ff
Pachtvorrang **585** 8
Pachtvorvertrag **585** 7; **585a** 6
Pachtzeit und Änderungswirkung bei Nutzungsänderung **590** 15, 16
Pachtzins, Anpassungs- und Änderungsmöglichkeiten **587** 8, 9
Pachtzins, Aufrechnung und Zurückbehaltung **587** 17
Pachtzins, Aufrechnung **594e** 41

Landpacht (Forts.)
Pachtzins, Ausfall bei berechtigter Rücknahmeverweigerung des Verpächters **596** 29
Pachtzins, Befreiung des Pächters **587** 25
Pachtzins, Begriff **587** 4
Pachtzins als Entschädigungsanspruch bei Vorenthaltung der Pachtsache **597** 9
Pachtzins, Erhöhung bei Fortsetzungsverlangen **595** 37
Pachtzins, Erhöhungsanspruch bei Verbesserungsmaßnahmen **586** 20 ff
Pachtzins, Fälligkeit **587** 11 ff
Pachtzins, fehlende Vereinbarung **587** 7
Pachtzins, Fixierung **587** 5
Pachtzins, Fortzahlungspflicht bei Nutzungsverhinderung **587** 20 ff
Pachtzins, Höhe **587** 5
Pachtzins und Pfandrecht des Verpächters **592** 2, 6
Pachtzins, Schickschuld **587** 16
Pachtzins, unzumutbare Erhöhung nach Verbesserungsmaßnahmen **588** 23
Pachtzins, Verjährung und Verwirkung **587** 28 f
Pachtzins, Vertragsanpassung aufgrund veränderter Verhältnisse **593** 1 ff
Pachtzins, Verzug **587** 18
Pachtzins, Wertsicherungsklauseln **587** 9
Pachtzins, Zahlungsverzug des Pächters **594e** 33 f
Pächterersetzung im Rahmen einer Betriebsübergabe **593a** 1 ff
Pächterpflichten **586** 32 ff
Pächterwechsel und Unterpacht, Abgrenzung **589** 23
Parteien des Pachtvertrages **585** 31 ff
Parteiwechsel **585** 34; **594a** 7
partiarische Pacht **587** 13
persönliche Lasten **586a** 7
persönliche Nachteile infolge der vertragsmäßigen Beendigung **595** 23
persönliche Rahmenbedingungen, veränderte **593** 12
persönliche Verhinderung des Pächters **589** 8
persönliches, von Vertrauen geprägtes Verhältnis **589** 2
Pfandrecht des Verpächters für seine Forderungen **592** 1 ff
Pfandrechtskonkurrenzen **592** 13
Pflugtauschverträge **591b** 2
Positive Forderungsverletzung **586** 19
Produktionskontingente, Aufwendungen zur Erlangung **590b** 12
Produktionsquoten **586** 37; **591** 13; **596** 34; **596b** 4
Produktivitätsverminderung **588** 15

Landpacht (Forts.)
  Räumung, teilweise **596** 30
  Räumungsklage und Verfahren auf Vertragsfortsetzung **596** 19, 40
  Räumungsschutz bei Mitverpachtung von Wohnraum **596** 20
  Rahmenbedingungen, verschlechterte **587** 20
  Rechte als Teil des Pfandobjekts **590b** 14
  Rechtfertigung der Betriebspflicht **586** 35
  Rechtsform des Pächters, Änderung **589** 9
  Rechtspacht, reine **585** 30
  Referenzmengen, Aufwendungen zur Erlangung **590b** 12
  Reinvestition, angemessene des Erlöses einer Inventarveräußerung **590** 33, 34
  Rentabilität und Nutzungsänderung **590** 22
  Rentabilitätsverbesserung und nützliche Verwendungen **591** 41
  Reparaturen als gewöhnliche Ausbesserungen **586** 41
  Rheinische Hofübergabe **585** 11; **593a** 13
  Richterliche Vertragshilfe bei vorzeitiger Abwicklung **595a** 8
  Risikobereich des Pächters **587** 20
  Rückgabe des Pachtgegenstandes im Zustand ordnungsgemäßer Bewirtschaftung entsprechend **596** 1 ff
  Rückgabe der Pachtsache in nicht ordnungsgemäßem Zustand **596** 28
  Rückgabe, Protokoll hierüber **596** 24
  Rückgabe, verspätete **596** 27
  Rückgabeanspruch gegenüber Dritten **596** 36
  Rückgabeanspruch, nicht oder nur verspätet erfüllter **597** 5
  Rückgabepflicht und Nutzungsänderung **590** 30
  Rückgabeverpflichtung und Ernteanschluß **596b** 6
  Rücknahmeverweigerung des Pächters **596** 29
  Rücktritt vom Vertrag **587** 19; **594e** 3; **594f** 6
  Saatgutlieferung und Früchtepfandrecht **592** 14
  Sachverständigenanhörung zur Mehrwertbestimmung **591** 53
  Sachverständiger, Anfertigung der Beschreibung der Pachtsache **585b** 13 ff
  Schadensersatzanspruch des Pächters wegen unterlassener Unterhaltungs- und Bewirtschaftungsmaßnahmen **596** 28
  Schadensersatzanspruch des Verpächters wegen Rückgabe in vertragswidrigem Zustand **596** 28
  Schadensersatzansprüche kündigender Partei **594e** 49

Landpacht (Forts.)
  Schadensersatzansprüche des Verpächters **586** 38
  Schadensersatzpflicht des Pächters bei Duldungspflichtverletzung **588** 24
  Schadensersatzpflicht des Pächters für Veränderungen, Verschlechterungen **591b** 5, 6
  Schadensersatzpflicht des Pächters bei Verstoß gegen zu sichernden Ernteanschluß **596b** 6
  Schadensersatzpflicht des Pächters wegen vertragswidrigen Gebrauchs **590a** 2
  Schadensersatzpflicht des Verpächters bei Vorenthaltung der Pachtsache **597** 12 ff
  Schiedsgericht und Fortsetzungsanspruch **595** 83
  Schönheitsreparaturen als gewöhnliche Ausbesserungen **586** 41
  Schriftform **585a** 1 ff
  Schriftform des Fortsetzungsverlangens **595** 54
  Schriftform der Kündigung **594f** 5 ff
  Schriftform, vereinbarte **585a** 19 ff
  Schriftform und Vertragsinhalt **585a** 12, 13
  Schuldhafte Vertragsverletzung, Kündigungsrecht **594e** 60
  Schutz des Pächters vor vertragsgemäßer Beendigung **595** 19 ff
  Selbsthilferecht des Verpächters **592** 26
  Sicherheitsleistung bei Nutzungsänderung **590** 29
  Sicherheitsleistung des Pächters und Abwendung des Pfandrechts **592** 33 ff
  Sicherung des Mehrwert-Ersatzausgleichs **591** 35
  Sittenwidrigkeit **594b** 6
  als Sonderform des allgemeinen Pachtvertrages **585** 2 ff
  Soziale Gerechtigkeit **589** 17
  und Sozialklausel im Mietrecht **595** 23
  Sozialschutz des Pächters **595** 3
  Spannungen zwischen den Parteien **594e** 50
  Stellegung landwirtschaftlicher Nutzflächen **590b** 11
  Steuererhöhungen, Subventionsabbau **593** 11
  Störungsfreier Gebrauch **586** 27
  Streitigkeiten **585** 41; **585b** 2; **586** 27 ff, 50; **586a** 12; **587** 32; **589** 34; **590** 20 ff; **591a** 19; **592** 38; **593a** 27; **593b** 7; **594a** 18; **594b** 10; **594c** 8; **594d** 21 ff; **594f** 12; **596** 40; **596a** 30; **596b** 11; **597** 17
  Subventionsleistungen **596** 35
  Tierhaltung **589** 5
  Tierseuchen **593** 11
  Tod des Pächters **589** 20; **594a** 14; **594d** 5; **595** 11

Landpacht (Forts.)
Tod des Verpächters **594d** 1
Träger gesetzlicher oder öffentlicher Aufgaben als Verpächter **595** 49
Treu und Glauben und Mißverhältnis der Leistungen **593** 7
Treu und Glauben und weitergehender Pächterschutz **595** 12
Übergabevertrag als vorweggenommene Erbfolge **593a** 7
für Übergangszeit **595** 45
Überlassung der Pachtsache **586** 13 ff
Übernahmerecht des Verpächters an Einrichtungen des Pächters **591a** 12 ff
Überproduktionsproblematik **586** 37
Umdeutung fristloser in ordentliche Kündigung **594e** 55
Umgehung des Rechts auf Vertragsfortsetzung **595** 82 ff
Umgestaltung der Pachtsache **591b** 6
Umlage zu den Landwirtschaftskammern **586a** 6
Umweltschutz **586** 26, 37; **587** 20; **588** 13, 15
Unerlaubte Handlung des Pächters **590a** 2
Ungerechtfertigte Bereicherung des Pächters bei Vorenthaltung der Pachtsache **597** 13
Ungerechtfertigte Bereicherung durch Verwendungsmaßnahmen **590b** 5
Unmöglichkeit der Gebrauchsgewährung **587** 25
Unmöglichkeit und Gewährleistung, Verhältnis **586** 17
Unmöglichkeit der Rückgabe **596** 26; **597** 6, 10
Unterhaltungsmaßnahmen, unterlassene und Schadensersatzanspruch des Verpächters **596** 28
Unterhaltungsverbände, Beiträge **586a** 6
Unterlassen der Rückgabe gegen den Verpächterwillen **597** 7, 8
Unterlassungsanspruch des Verpächters bei vertragswidrigem Gebrauch **590a** 1 ff
Unterlassungsklage gegen den Pächter **586** 38
Unterpacht und Mehrwert- Ersatzanspruchs **591** 32
Unterpacht und nützliche Verwendungen **591** 24
Unterpacht, Rechtsbeziehungen **589** 25 ff
Unterpacht, Rückgabeanspruch des Hauptverpächters **596** 36
Unterpacht und Rückgabeanspruch des Hauptverpächters **596** 26
Unterpacht, unerlaubte **589** 27 ff
Unterpacht und Verpächterpfandrecht **592** 16

Landpacht (Forts.)
Unterpacht und Vertragsanpassung **593** 9
Unterpacht und Verwendungsersatzanspruch **590b** 20
Unterpachtzuschlag **589** 25
Unterpächter, Pachtschutz **595** 7
Unwirksamkeit von Umgehungen des Fortsetzungsrechts **595** 86, 87
Unzumutbarkeit einer Vertragsfortsetzung **594e** 46, 50
Veränderungen der Pachtsache, Ersatzansprüche des Verpächters **591b** 5
Veräußerung des Pachtgegenstandes **591b** 11; **592** 18; **593** 21; **593b** 1 ff; **595** 11
Verbesserungen aufgrund nützlicher Verwendungen **591** 11
Verbesserungen der Pachtsache und Ersatzansprüche des Pächters **596** 31 ff
Verbesserungsmaßnahmen, Abgrenzung zu den gewöhnlichen Ausbesserungen **586** 40
Verbesserungsmaßnahmen und Pachtzinserhöhung **588** 20 ff
Verbesserungsmaßnahmen des Verpächters, Duldungspflichten des Pächters **586** 14 ff
Vereinbarungen über die Verfügungsbefugnis des Pächters über Inventar **583a** 3
Vereinigung von Pfandrecht und Eigentum **592** 18
Verfahrensrecht **585** 41
Verfassungsrecht **593** 4, 6; **593a** 5
Verhältnisse, Änderung als Grundlage eines Anpassungsbegehrens **593** 11
Verhinderung der Bewirtschaftung und fortbestehende Pachtzahlungspflicht **587** 20 ff
Verjährung der Anprüche gegen den Pächter wegen Vorenthaltung der Pachtsache **597** 15
Verjährung der Ansprüche des Pächters wegen Verwendungsersatzes, Wegnahmegestattung und Mwehrwertersatz **591b** 8, 10
Verjährung der Ansprüche des Verpächters wegen Veränderungen, Verschlechterungen der Pachtsache **591b** 9
Verjährung beiderseitiger Ersatzansprüche **596** 23
Verjährung des Mehrwert-Ersatzanspruchs **591** 30
Verjährung der Mehrwertabgeltung **591** 58
Verjährung der Pachtzinsforderung **587** 28
Verjährung des Rückgewährsanspruchs **596** 23
Verjährung des Verwendungsersatzanspruchs **590b** 19

Landpacht (Forts.)
Verjährung des Wegnahmerechts, des Übernahmerecht an Einrichtungen **591a** 18
Verjährung des Wertersatzanspruchs bei Ernteanschluß **596b** 9
Verkehrssicherungscharakter von gewöhnlichen Ausbesserungen **586** 40
Verkehrssicherungspflicht **586** 26
Verkehrswert der Erzeugnisse bei Ernteanschluß **596b** 7
Verkehrswert landwirtschaftlicher Flächen **586** 37
Verkehrswert ungetrennter Früchte **596a** 13
Verkehrswertvergleich bei Mehrwert-Ersatzanspruch **591** 31
Verlängerung des Pachtvertrages **594** 8 ff
Verlängerung des Pachtvertrages durch Vereinbarung, gerichtliche Entscheidung **594** 8 ff
Verlängerung des Vertrages aufgrund Konkludenz **594** 10
Verlängerungs- und Ergänzungsverträge, Formerfordernis **585a** 16
Verlängerungsfiktion **594** 10 ff
Verlängerungsklausel **594** 6
Vermögensabgabe **586a** 7
Vermögensteuer **586a** 7
Verpächterinteressen und Pächterschutz **595** 28
Verpächterpfandrecht bei forstwirtschaftlich genutzten Grundstücken **596a** 26
Verpächterpfandrecht und Inventarpfandrecht **592** 17
Verpächterpfandrecht und Selbsthilferecht **592** 26
Verpächterpflichten **586** 8 ff
Verschlechterung der Pachtsache **586** 40; **590b** 8
Verschlechterungen des Pachtsache, Ansprüche des Verpächters **591b** 6
Verschulden, fehlendes und Kündigungsrecht aus wichtigem Grund **594e** 2
verspätete Rückgabe der Pachtsache **596** 27
Vertragsgemäße Nutzung **594e** 4
Vertragsidentität trotz gesetzlichen Pächterwechsels **593a** 14 ff
Vertragsmäßiger Gebrauch und Pachtzhalungspflicht **587** 21
Vertragsmäßiger Zustand der Pachtsache **586** 26
vertragsmäßiger Zustand, Zurückgabe der Pachtsache im - **596** 9
Vertragspflichten, wechselseitige **586** 1 ff
Vertragswidriger Gebrauch und fristlose Kündigung durch den Verpächter **594e** 25 ff

Landpacht (Forts.)
Vertragswidriger Gebrauch, Kündigungsrecht **594e** 59
Vertragswidriger Gebrauch und Unterlassungsanspruch des Verpächters **590a** 1 ff
Vertragszweck und Bewirtschaftungspflicht **586** 36
Vertrauensinteresse des Verpächters **589** 2
Verwalter des Pächters **589** 8
Verwendungen, notwendige **590b** 7 ff
Verwendungen des Pächters, Ersatz nützlicher **591** 1 ff
Verwendungsbegriff **590b** 7
Verwendungsbegriff, doppelt eingeschränkter des BGH **596** 32
Verwendungsersatzanspruch des Pächters **590b** 15 ff
Verwirkung der Pachtzinsforderung **587** 28
Verzicht auf das Fortsetzungsrecht **595** 85
Verzug des Pächters mit den Ausbesserungen **586** 47
Verzug des Pächters mit dem Pachtzins **587** 18, 19
Verzug des Pächters mit der Rückgabe der Pachtsache **597** 11
Verzug des Pächters mit der Rückgabeverpflichtung **597** 12
Verzug des Verpächters **586** 17
Vollerwerbs- oder Nebenerwerbslandwirt **595** 7
Vorenthaltung der Pachtsache bei Vertragsbeendigung **596** 25; **597** 1 ff
Vorhand **585** 8
Vorkaufsrecht für den Pächter **585a** 11
Vorleistungspflicht des Verpächters **586** 14; **587** 12
Vorpachtvertrag **585** 7; **585a** 6
Vorschußleistungen an den Pächter bei Verbesserungsmaßnahmen **588** 19
Vorschußleistungspflicht des Verpächters **586** 19
Vorsorgemaßnahmen als notwendige Verwendungen **590b** 8
vorübergehende Verpachtung, Ausschluß des Fortsetzungsanspruchs **595** 45
Vorweggenommene Erbfolge **585a** 11; **587** 25; **589** 18; **591** 32; **593** 8; **593a** 7; **594d** 3; **595** 12
vorzeitige Kündigung **594a** 13 ff
vorzeitige Rückgabe der Pachtsache **596** 18
vorzeitige Vertragsbeendigung **586** 45
vorzeitige Vertragsbeendigung, Sonderregelung **596a** 1 ff
Wegeausbesserung **586** 41
Wegfall der Geschäftsgrundlage **586** 19; **593** 15
Wegnahmepflicht des Pächters **591a** 10

Landpacht (Forts.)
Wegnahmerecht des Pächter, Ausschluß **591a** 9
Wegnahmerecht des Pächters an Einrichtungen **591a** 4 ff
Wegnahmerecht des Pächters und Verpächterpfandrecht **592** 2
Weinbau **585** 21
Wertersatzanspruch des Pächters bei Ernteanschluß **596b** 7
Wertersatzanspruch als Sonderregelung bei vorzeitiger Beendigung **596a** 6 ff
Wertsicherungsklauseln **587** 9
wichtiger Kündigungsgrund **594e** 50
Widerruf der Erlaubnis zur Unterpacht **589** 16
Wiederentziehen des Gebrauchs und fristlose Kündigung durch den Pächter **594e** 8
Wiederherstellung und Nutzungsänderung **590** 30
Wiederherstellungsanspruch nach Erhaltungsmaßnahmen **588** 12
Wiederherstellungspflicht **586** 32
Wiesen- und Weidewirtschaft **585** 21
wirtschaftliche Bedeutung **Vorbem 581** 10
wirtschaftliche Folgen vertragsmäßiger Beendigung **595** 23
wirtschaftliche Rahmenbedingungen **593** 11
Witterungsbedingte Nutzungsbeeinträchtigung **587** 20
Witterungseinflüsse **586** 40; **593** 11
Witterungsschäden **586** 41
Wohnraum **589** 19; **594e** 57; **595** 12; **596** 20; **597** 12
Zahlungsverzug des Pächters **594e** 33 ff
Zeit, Pachtvertrag ohne bestimmte **594a** 3
Zeitablauf **594** 4 ff
Zeitpunkt der Übernahmeerklärung des Verpächters an Einrichtungen **591a** 13
Zeitpunkt des Wegnahmerechts **591a** 7
Zerstörung der Pachtsache **586** 32
Zucker, Produktionsquoten **596** 34
Zuckerrübenlieferrechte **585** 29
Zugesicherte Eigenschaft, fehlende **586** 23
Zumutbarkeit nützlicher Verwendungen **591** 43
Zumutbarkeit einer Nutzungsänderung für den Verpächter **590** 23
Zumutbarkeit von Verbesserungsmaßnahmen für den Pächter **588** 14
Zupacht über forstwirtschaftliche Grundstücke **585a** 5
Zupacht und Pächterschutz **595** 27
Zupachtflächen **589** 21
Zupachtgrundstück, Begriff **593a** 8

Landpacht (Forts.)
Zupachtgrundstück, betriebszugehöriges bei vorweggenommener Erbfolge **593a** 1 ff
Zurückbehaltung des Pachtzinses **587** 17
Zurückbehaltungsrecht und Rückgabeanspruch des Verpächters **596** 22
Zurücklassungspflicht zum Zwecke des Ernteanschlusses **596b** 1 ff
Zustand, geeigneter der Pachtsache **586** 9 ff
Zustimmung, ersetzte bei nützlichen Verwendungen **591** 25, 36 ff
Zustimmung, Ersetzung bei beabsichtigter Nutzungsänderung **590** 20 ff
Zustimmung zum Pächterwechsel bei dem Zupachtvertrag **593a** 17
Zustimmung des Verpächters zu nützlichen Verwendungen **591** 17 ff
Zustimmung des Verpächters zur Veränderung landwirtschaftlicher Bestimmung **590** 3
Zuweisungsverfahren, Betriebsübergang **593a** 29
Zweckausrichtung **585** 3
Zweckverfehlung **586** 20
Zwei-Jahres-Frist für ein Anpassungsverlangen **593** 16
Zweijahresdauer, überschrittene **585a** 7
30-Jahres-Verträge **594b** 1 ff
Landwirtschaft und Landpacht
s. Landpacht
Landwirtschaftliche Erzeugnisse
bei der Grundstückspacht mit Inventar **Vorbem 582 ff** 6
Landwirtschaftliches Grundstück
Grundstückspacht mit Inventar **Vorbem 582 ff** 7
Landwirtschaftliches Sonderrecht
Landpacht als - **585** 3, 21; **586** 35; **595** 3
Landwirtschaftsgericht
Zuständigkeit **585** 41
Lasten des Pachtgegenstandes 581 316, 317
Leihe
Abmahnung bei vertragswidrigem Gebrauch **603** 1
Abrede und Vollzug des Vertragsabschlusses **Vorbem 598 ff** 4
Abwicklungsfrist, nach Treu und Glauben einzuräumende **605** 1
als anderstypische Nebenleistung **598** 14 ff
als Annex eines Kaufvertrages **598** 15
Anspruchskonkurrenzen und kurze Verjährung **606** 8, 9
Arbeitsverhältnis und Firmenwagen **598** 16
Arglistiges Verschweigen eines Mangels, Fehler durch den Verleiher **600** 1 ff
oder Auftrag, Abgrenzung **598** 12

Leihe (Forts.)
Aufwendungen zur Gebrauchsmöglichkeit **601** 2
Austauschverhältnis, fehlendes **598** 13
Beendigung des Leihverhältnisses **604** 8 ff
Beendigung des Vertrages **604** 3
Begriff, Rechtsnatur **Vorbem 598 ff** 1
Behälterüberlassung **598** 14
Beschädigungen der Leihsache durch Dritte **606** 10
Besitzverhältnisse **Vorbem 598 ff** 16
Bestimmbarkeitserfordernis **Vorbem 598 ff** 5
Bindungswille **Vorbem 598 ff** 6
Bringschuld der Rückgabepflicht **604** 2
commodatum **Vorbem 598 ff** 4
Culpa in contrahendo und Haftungsprivileg **599** 2
Culpa in contrahendo durch den Verleiher **600** 2
Darlehen, Abgrenzung **Vorbem 598 ff** 1
und Darlehen, Abgrenzung **598** 9, 14
deliktische Ansprüche des Verleihers **606** 8
Delikthaftung und Haftungsprivileg **599** 3
Duldungsverpflichtung eines Grundstückseigentümers **598** 5
Eigenbedarfskündigung **605** 2, 3
Eigentümer, neuer **598** 12
Eigentümer und Verleiher, Personenverschiedenheit **602** 4; **604** 5; **606** 11
Eigentum und Gestattungspflicht **598** 12
Eigentumsübertragung während der Leihzeit **598** 12
Einigung über die Unentgeltlichkeit **598** 2
Einrichtungen und Wegnahmerecht des Entleihers **601** 4
Erfüllung unwirksamer Verträge **606** 7
Erfüllungsinteresse, Schutzinteresse **600** 3
Erhaltungsmaßnahmen, außergewöhnliche **601** 3
Erhaltungspflicht des Entleihers **601** 1 ff
Erlaubnis zur Überlassung an Dritte **603** 2
Ersatzwagen, Gestellung eines nichtvollkaskoversicherten **599** 4
Erscheinungsformen **598** 13 ff
Ersetzungsbefugnis bei Verpackungsmaterial **598** 14
Fahrzeug, zur Verfügung gestelltes **598** 15, 16
Flaschenbierhandel **598** 14
Freigabe von Plätzen zur öffentlichen Benutzung **Vorbem 598 ff** 13 ff
Fremdwährungsbestände **598** 10
Freundschaftsdarlehen, unentgeltliches **605** 4
Fruchtziehung und Gebrauch, Abgrenzung **598** 11

Leihe (Forts.)
Fruchtziehung und Umfang der Rückgabepflicht **604** 1
Fütterungskosten **601** 2
Gebrauch durch Hilfspersonen **598** 13
Gebrauchsfähiger Zustand, keine Verleiherpflicht **601** 1
Gebrauchsfortsetzung nach Ablauf der Leihzeit **602** 2
Gebrauchsgestattung **598** 9 ff
Gebrauchsüberlassung, Kreis lediglich sozialer Grundlagen **Vorbem 598 ff** 8
Gebrauchsüberlassungen anderer Art **606** 7
Gefährdungshaftung **606** 9
Gefälligkeiten des täglichen Lebens **Vorbem 598 ff** 6
als Gefälligkeitsverhältnis **605** 2
und Gefälligkeitsverhältnisse auf sozialer Verständigung beruhend, Abgrenzung **Vorbem 598 ff** 6
als Gefälligkeitsvertrag **Vorbem 598 ff** 6 ff
gegenseitige Verträge, Unanwendbarkeit der Vorschriften **598** 13
Gegenstand **598** 5 ff
Gemeines Recht **Vorbem 598 ff** 4
Geschäftsführung ohne Auftrag bei außergewöhnlichen Erhaltungsmaßnahmen **601** 3
gesellschaftliche Kommunikation, bloße **Vorbem 598 ff** 6
Gestattung des Gebrauchs **598** 12; **Vorbem 598 ff** 4
gewöhnliche Erhaltungskosten / andere Verwendungen, Abgrenzung **601** 2
Grundstücksleihe **598** 5
Gutgläubigkeit des Entleihers **606** 11
Haftung des Entleihers **599** 4
Haftung des Entleihers für die Rückgabepflicht **602** 1
Haftung des Entleihers für vertragswidrigen Gebrauch **602** 3
Haftung des Verleihers **599** 1 ff
Haftungsmaßstab im Gefälligkeitsverhältnis **Vorbem 598 ff** 11
Haftungsmilderungen im Schenkungs-, Verwahrungs- und Leiherecht **Vorbem 598 ff** 12
Haftungsprivileg des Verleihers und Pflichtenbereich, erfaßter **599** 2
Haftungsprivileg des Verleihers, Reichweite **599** 2; **600** 2
Haftungsverhältnisse bei befugter Überlassung an Dritte **603** 3
Haftungsverhältnisse bei unbefugter Überlassung an Dritte **603** 3
Handleihe **Vorbem 598 ff** 7, 9
Handleihe, Leihversprechen, keine Differenzierung **600** 1

Leihe (Forts.)
Holschuld der Verleiherpflicht **598** 12
Interessen des Entleihers **605** 2
oder Kauf von Verpackungsmaterialien **598** 15
Kfz-Totalschaden **606** 12
Kleingartenrecht **604** 14
Konsensualvertrag oder Realvertrag **598** 1; **605** 3
Kosensualvertrag oder Realvertrag **Vorbem 598 ff** 4, 5
Kostentragungsregel und Erhaltungspflicht des Entleihers **601** 1
Kündigung vor Ablauf vereinbarter Zeit **604** 3
Kündigung wegen Eigenbedarfs **605** 2, 3
Kündigung wegen Tod des Entleihers **605** 6
Kündigung wegen vertragswidrigen Gebrauchs **605** 5
Kündigungsrecht des Verleihers **604** 10
Kündigungsrecht des Verleihers aus wichtigem Grunde **605** 1 ff
Kündigungsrecht, vorzeitiges des Entleihers **604** 3
kurzfristige Überlassungen als bloße Gefälligkeiten **Vorbem 598 ff** 6
langfristige Gebrauchsüberlassung und Heranziehung des Schenkungsrechts **Vorbem 598 ff** 1
Leasing **599** 4
Leihversprechen **Vorbem 598 ff** 4
Leihversprechen als Hauptvertrag **Vorbem 598 ff** 5
Leistungstreuepflichten und Haftungsprivileg **599** 2
Mangelfolgeschäden, Haftung des Verleihers **600** 2
Mangelschäden, Mangelfolgeschäden, Haftung des Verleihers **600** 2, 3
Mietvertrag, Abgrenzung **598** 2, 3, 12; **Vorbem 598 ff** 1
Minderjährigkeit des Entleihers **606** 7
als Nebenleistung, anderstypische **598** 14 ff
Nebenpflichten des Entleihers **601** 3
Nebenpflichten des Entleihers und Haftungsprivileg **599** 2
negatives Interesse **600** 5
Offerte an jedermann zur Gestattung unentgeltlichen Gebrauchs **Vorbem 598 ff** 13 ff
Pacht, Abgrenzung **Vorbem 581** 24
Pfandgeld **598** 14, 15
positive Forderungsverletzung des Verleihers **600** 2
Privatautonomie und Herbeiführen vertraglicher Vereinbarungen **Vorbem 598 ff** 7
Probefahrt **Vorbem 598 ff** 2; **599** 4; **606** 7

Leihe (Forts.)
Probestücke, Überlassung **598** 16
Probezeit, Miete nach unentgeltlicher **598** 4
Realvertrag oder Konsensualvertrag **598** 1; **Vorbem 598 ff** 4, 5; **605** 3
Recht jederzeitiger Rückforderung **604** 10
Rechtsmängelhaftung des Verleihers **600** 1 ff
Rechtsüberlassung zum unentgeltlichen Gebrauch **598** 8
Rückgabeanspruch des Verleihers gegen Dritte **604** 11, 12
Rückgabepflicht des Entleihers **604** 1 ff
Sachen **598** 5 ff
Sachenrechtsfolgen **Vorbem 598 ff** 16
Sachmängelhaftung des Verleihers **600** 1 ff
Schadenseintritt bei Gelegenheit der Gebrauchsüberlassung **599** 2
Schadensersatz wegen vertragswidrigen Gebrauchs **602** 3, 4
Schenkung, Abgrenzung **Vorbem 598 ff** 1
und Schenkung, Abgrenzung **598** 7
und Schenkungsrecht **600** 1
Schlechtleistung und Haftungsprivileg **599** 2
Schutzpflichten und Gefälligkeit **Vorbem 598 ff** 9, 10
Schwerpunkttheorie und Abgrenzung zur Miete **598** 3
Tatbestandsmerkmale **598** 1 ff
Tiere **598** 5; **601** 2
Tod des Entleihers **605** 6
Treu und Glauben **605** 2
Überlassung der Sache an Dritten **603** 2
Uneigennützigkeit des Verleihers und Haftungsprivileg **599** 1
Unentgeltlichkeit, Einigung hierüber **598** 2 ff
Unmöglichkeit der Rückgabe **604** 4
Unmöglichkeit der Rückgabe im vertragsgemäßen Zustand **602** 2
Unterlassungsklage bei Verletzung der Erhaltungspflicht **601** 1
Unterlassungsklage bei vetragswidrigem Gebrauch **603** 1
Unterleihe **603** 2
als unvollkommen zweiseitiger Vertrag **598** 13
Veränderungen, Verschlechterungen der entliehenen Sache **606** 5
Verjährung der Ansprüche des Entleihers auf Verwendungsersatz, Gestattung der Wegnahme von Einrichtugen **606** 3
Verjährung der Ansprüche auf Verwendungsersatz **601** 5
Verjährung der Ersatzansprüche des Verpächters **606** 2
Verjährung des Wegnahmerechts **601** 5

615

Leihe (Forts.)
  Vermietung durch den Entleiher **604** 1
  Vernichtung der Leihsache **606** 12
  Verpackungsmaterial **598** 14
  Verpfändungszweck **598** 10
  Verschleißrisiko **601** 2
  Verschulden bei Vertragsabschluß
    Vorbem 598 ff 2
  vertragsmäßiger Gebrauch **602** 2
  Vertragsverhandlungen und Gebrauchs-
    überlassung **Vorbem 598 ff** 2
  vertragswidriger Gebrauch **605** 5
  vertragswidriger Gebrauch, Recht des
    Verleihers **603** 1
  Vertrauenshaftung des Gefälligen
    Vorbem 598 ff 10
  oder Verwahrung, Abgrenzung **598** 12
  Verwahrung, Abgrenzung **Vorbem 598 ff** 1
  Warenmuster, Überlassung **598** 16
  Wegnahmerecht des Entleihers **601** 4
  Wertpapierleihe **598** 9
  Wohnungsüberlassung, unentgeltliche
    598 6
  Zeitablauf **604** 9
  Zufallshaftung **603** 3
  Zufallshaftung, Bedeutung **602** 3
  Zurückbehaltungsrecht des Entleihers
    604 7
  Zurückbehaltungsrecht gegenüber dem
    Rückgabeanspruch **598** 13
Leistungsvorbehalt
  Pachtzinsänderung **581** 196
Lizenzverträge
  Beendigung **584** 11
  als entgeltliche Gestattungsverträge
    Vorbem 581 82 ff
  Franchising **Vorbem 581** 138, 141 ff
  Rechtsnatur **581** 82
  Schadensersatz wegen Nichterfüllung
    581 295
  Wettbewerbsrecht § 20 GWB **581** 259

Mängelanzeige
  des Pächters **581** 307
Mängelbeseitigung
  und Erhaltungspflicht für den Pachtgegen-
    stand **581** 227
Managementleistung
  und Betriebsführungsvertrag **Vorbem 581** 37
Mehrheit von Beteiligten
  Kündigung des Pachtvertrages **581** 386
  Pachtvertrag **581** 123
Mehrheit von Sachen
  Mietvertrag, Pachtvertrag **Vorbem 581** 23
Mietrecht
  Änderung des Geschäftszweckes bei
    Einrichtung für bestimmte Betriebsart
    581 32

Mietrecht (Forts.)
  außerordentliche befristete Kündigung
    581 397; **584** 16
  Bezeichnung **581** 36
  Erhaltungspflicht, allgemeine als Hauptlei-
    stungspflicht **581** 172
  Fälligkeit des Mietzinses **581** 283
  Fehlerbegriff **581** 287
  fristlose Kündigung **581** 401
  Gebrauch, selbständiger und unselbständi-
    ger der Mietsache **581** 331
  Gebrauchsfortsetzung nach Ablauf der
    Mietzeit **584b** 2
  Gebrauchsüberlassung und Fruchtziehung
    581 8
  Gewerbliche Zwischenvermietung **581** 27
  Grundstücke und Räume, Unterscheidung
    581 17
  Grundstückspacht, Abgrenzung **581** 12;
    584 4
  Grundstückspacht, anwendbare Rechts-
    vorschriften **581** 16
  Kaution **581** 248, 249
  Kündigungsvorschriften, Anwendung auf
    Pachtverhältnisse **581** 378
  und Leistungsvorbehalt **581** 196
  Mehrheit von Beteiligten **581** 123
  Mietverträge als Pachtverträge
    Vorbem 581 9
  Minderung der Miete **581** 297
  und Pacht, Abgrenzung **Vorbem 581** 20 ff;
    581 5
  und Pachtrecht in den BGB-Beratungen
    581 3
  und Pachtrecht im Dresdener Entwurf
    581 2
  Pachtvertrag und Anwendung mietrechtli-
    cher Vorschriften **581** 272 ff
  Pachtvertrag unter Ausschluß des Frucht-
    ziehungsrechts **581** 165
  oder Pachtvertrag über bewegliche Sachen
    581 42
  Pachtvertrag, Wohnraum für den Pächter
    umfassend **581** 272
  Prozeßrechtliche Vorschriften **581** 39
  Raummiete, Raumpacht, Abgrenzung
    581 27 ff
  Rechtsanwaltspraxis **581** 30
  Schriftform **581** 275 ff
  Teilkündigung **581** 387
  Übernahme leerer Räume **581** 28
  Untermiete, Erlaubnis **581** 397
  oder Unternehmenspacht **581** 37
  und Unterpacht **581** 332
  Untervermietung, verweigerte Erlaubnis
    584a 4
  Verweisung des Pachtrechts auf mietrecht-
    liche Bestimmungen **581** 6

Mietrecht (Forts.)
  Vorenthaltung der Mietsache, Ansprüche des Vermieters **584b** 1
  Zeitpunkt der Überlassung **581** 146
Minderung
  Pachtzinsherabsetzung im Wege der - **581** 209
  als Rechtsfolge kraft Gesetzes **581** 297
  Rechtsmängelhaftung **581** 306
  und Vorenthaltung des Pachtgegenstandes **584b** 17
Mischmietverhältnisse 581 27
Mischvertrag
  Mietvertrag, Pachtvertrag **581** 39
Mitteilungspflichten
  und Obhutspflicht des Pächters **581** 232

Nachvertragliche Pflichten
  beim Pachtvertrag **581** 175, 271
Naturalleistung
  als Pachtzins **581** 178, 179
Nebenkosten
  als Pachtzins **581** 405
  unterbliebene Abrechnung **581** 407
Nebenpflichten
  und Hauptleistungspflichten **581** 172
  beim Pachtvertrag **581** 172 ff, 228 ff
  und Schuldrechtstypus **581** 172
  selbständige aufgrund § 242 BGB **581** 173
Nichtgewährung
  des vertragsmäßigen Gebrauchs am Pachtgegenstand **581** 402
Nichtigkeit
  Ausschluß einer Kündigung des Pachtvertrages **581** 383
  Fischereipachtvertrag **581** 70
  Jagdausübungsrecht, Teilverpachtung **Vorbem 581** 103
  Jagdpachtvertrag **581** 59
  Landpachtrecht
    s. dort
  Pachtvertrag, Formmangel **581** 131, 282
  Vereinbarungen über die Verfügungsbefugnis des Pächters über Inventar **583a** 1 ff
Nießbrauch
  und Fruchtbegriff **581** 167
  und Pacht, Abgrenzung **Vorbem 581** 12
  am Pachtgegenstand durch den Pächter **581** 418
  Rechtspacht **581** 75
Nutzungsentschädigung
  Anspruch des Verpächters bei Vorenthaltung des Pachtgegenstandes **581** 452; **584b** 1 ff
Nutzungsverhältnisse
  Beitrittsgebiet, Anpassung **Vorbem 581 ff** 179 ff

Obhutspflicht
  bezüglich mitgepachteten Inventars **582** 8
  des Pächters hinsichtlich des Pachtgegenstandes **581** 230 ff; **594e** 31; **597** 11
  bei Vorenthaltung des Pachtgegenstandes **584b** 23
Öffentlich-rechtliche Beschränkungen
  und Sachmängelhaftung im Pachtrecht **581** 293
Öffentlich-rechtliche Verbindlichkeiten
  als Lasten des Pachtgegenstandes **581** 316
Öffentliche Rechte
  als Gegenstand einer Rechtspacht **581** 43; **584** 8
Option
  Beendigung des Pachtvertrages **584** 13
  erstmalige Begründung eines Pachtverhältnisses **581** 138
  Pachtvertrag mit - **581** 373
  und Verlängerungsklausel **581** 140
  Verlängerungsoption **581** 139
Ordentliche Kündigung
  des Pachtvertrages
  s. Kündigung des Pachtvertrages
Ordnungsgemäße Wirtschaft
  und Fruchterwerb aufgrund eines Pachtvertrages **581** 167, 171
  Landpacht
    s. dort
  und Verfügungsbefugnis des Verpächters über Inventar bei Rückgabeverpflichtung zum Schätzpreis **582a** 15 ff
Ort
  Rückgabepflicht des Pächters **581** 447

Pachtfähigkeit 581 122
Pachtgegenstand
  s. Gebrauch (vertragsgemäßer)
  s. Gebrauchsgewährung
  s. Grundstückspacht; Unternehmenspacht; Sachen (bewegliche); Rechtspacht; Landpacht
  s. Verschlechterung des Pachtgegenstandes
Pachtjahr
  Kündigung für den Schluß eines - **584** 19
Pachtkreditrecht
  Gesetz zur Sicherung der Düngemittel- und Saatgutversorgung vom 19.1.1949 **Vorbem 581** 73 ff
  Pachtkreditgesetz vom 5.8.1951 **Vorbem 581** 63 ff; **581** 96
Pachtvertrag
  s. a. Pächterpflichten; Verpächterpflichten
  Abschluß **581** 126 ff
  Beendigung
    s. dort

Pachtvertrag (Forts.)
Form
s. dort
Früchte, Fruchtziehung
s. dort
Gesetzwidrigkeit **581** 132
Grundstückspacht
s. dort
Option **581** 138, 139, 277, 373; **584** 13
Pachtgegenstand
s. dort
Pachtzins
s. dort
Raumpacht
s. dort
Sittenwidrigkeit **581** 132, 181, 191, 258, 265
Unterpacht
s. dort
Vertragsverhandlungen **581** 125
Vorpachtrecht **581** 135, 277
Vorvertrag **581** 57, 129, 134, 277
Zustimmung eines Dritten **581** 127
Pachtzins
Art **581** 177
Bemessung **581** 126, 182
Dauer der Verpflichtung **581** 218
Entrichtung **581** 177, 283
Erfüllungsort **581** 217
Erhöhung **581** 194
Ersetzungsbefugnis **581** 179, 200
Fälligkeit **581** 202, 211, 283
Herabsetzung **581** 205
Höhe **581** 191
und Kündigung des Pachtvertrages **581** 380
Landpacht
s. dort
Leistungsvorbehalt **581** 196, 206
Minderung **581** 209, 297, 306
Nutzungsentschädigung **581** 452
Risiko **581** 189, 208, 209
Rückerstattung von Vorauszahlungen **581** 440
Spannungsklausel **581** 198, 207
ständig unpünktliche Zahlung **581** 407
Staffelpachtzins **581** 197, 207
Teilpacht **581** 183, 211
Umsatzsteuer **581** 193
Verjährung **581** 219
und verspätete Rückgabe des Pachtgegenstandes **581** 452
Verwirkung **581** 220
Verzug **581** 405
Vorenthaltung des Pachtgegenstandes, Bemessung der Nutzungsentschädigung **584b** 17
Wahlschuld **581** 178, 200

Pachtzins (Forts.)
Wegfall der Geschäftsgrundlage **581** 203, 208
Wertsicherungsklausel **581** 127, 199, 207, 211, 220
wiederholte, unpünktliche Zahlung **581** 405
Pächterpflichten
s. a. Verpächterpflichten
Abnahme des Pachtgegenstandes **581** 229
Duldungspflicht **581** 240
Erhaltung des Pachtgegenstandes **581** 227
Erhaltungspflicht für mitgepachtetes Inventar **582** 4 ff
Fürsorge **581** 238
Gebrauch **581** 189, 221
Kaution **581** 248
Landpacht **586** 32 ff
Mängelanzeige **581** 307, 310
Mitteilungs- und Auskunftspflichten **581** 232, 271, 307
nachvertragliche Pflichten **581** 271
Obhutspflicht **581** 230
Pachtzins **581** 177
Rückgabe des Pachtgegenstandes **581** 270, 441
Rückgewährspflicht des Inventars zum Schätzwert **582a** 7
bei Vorenthaltung des Pachtgegenstandes **584b** 23
wettbewerbliche Beschränkungen **581** 250
Parteiwechsel
bei einem Pachtvertrag **581** 124
und Formerfordernis **581** 280
Partiarisches Pachtverhältnis Vorbem 581 46
Patentlizenzverträge
ausschließliche Lizenzen, einfache Lizenzen **Vorbem 581** 83 ff
Personenbeförderung
Verpachtung der aus einer Genehmigung erwachsenden Rechte **581** 43
Personenhandelsgesellschaften
Betriebspacht, Betriebsüberlassungsvertrag **581** 118
Pfändung
und Obhutspflicht des Pächters **581** 231
Pfandrecht
Düngemittelsicherungsgesetz **Vorbem 581** 73 ff
und Pachtkreditgesetz vom 5.8.1951 **Vorbem 581** 68, 69
für Pächterforderungen am Inventar des Verpächters **583** 1 ff
Rechtspacht **581** 78
Verpächterpfandrecht **581** 246, 352 ff
Plakatanschlag **581** 45, 88
Privatkrankenanstalt
Pachtverhältnis **581** 26
Raumpacht **581** 30

Prozeßrecht
Mietvertrag oder Pachtvertrag **581** 39

Räumung
Landpacht **596** 19, 20, 30, 40

Raumpacht
Abdeckereigerechtigkeit **581** 47
und Änderung des Geschäftszweckes **581** 32
und Anwendung mietrechtlicher Vorschriften **581** 273
Apothekengerechtigkeit **581** 47, 48
Art des Betriebes **581** 30
und Ausschluß des Zurückbehaltungsrechts bei der Rückgabeverpflichtung des Pächters **581** 450
Automatenaufstellungsvertrag **581** 46
Bedeutung der Qualifikation eines Raumpachtvertrages **581** 39
Begriff des Raumes **581** 17, 18; **584** 6
Bergrechtliche Gerechtigkeiten **581** 51
Besitzüberlassung am Pachtgegenstand **581** 143
und betriebliche Einrichtung **581** 28
Betriebsart, vorgesehene **581** 32
Duldung des Pächters von Erhaltungs- und Verbesserungsmaßnahmen **581** 245
Einzelfälle **581** 19 ff
Erhaltungs- und Verbesserungsmaßnahmen des Verpächters, Duldungspflicht des Pächters **581** 314
Fälligkeit des Pachtzinses **581** 212
Fehlen zugesicherter Eigenschaften **581** 295
und Fehlerbegriff des Gewährleistungsrechts **581** 289
Freiberuflerpraxis **581** 31
zur Fruchtziehung neben bloßer Gebrauchsüberlassung **581** 35
Gesundheitsgefährdung **581** 403
Gewerblicher Zweck, Zusicherung der Benutzbarkeit **581** 295
Kauf bricht nicht Pacht **581** 39
Konkurrenzschutz **581** 152, 155
Kündigung, Sondervorschrift für die ordentliche **584** 6
und Miete, Abgrenzung **581** 19, 27 ff
und Pächterergänzungen der Einrichtung **581** 29
Raumbegriff **581** 17, 18; **584** 6
Raumgröße, Zusicherung bestimmter **581** 296
und Raummiete, Abgrenzung **Vorbem 581** 21
Realgewerbeberechtigungen des Landesrechts **581** 47
Rechtspacht, Abgrenzung **581** 38, 45
Regalien **581** 49, 50
Schornsteinfegergerechtigkeit **581** 47

Raumpacht (Forts.)
Theateraufführungsrecht **581** 46
typische Beschaffenheit **581** 32
Überlassungspflicht, Umfang **581** 147
Umsatz, Gewinn aus einem Geschäftsbetrieb als zugesicherte Eigenschaften **581** 295
und Unternehmenspacht, Abgrenzung **Vorbem 581** 22; **581** 87, 88, 120
Unzumutbarkeit einer Fortsetzung wegen schuldhafter Vertragsverletzung **581** 406
Veräußerung des Grundstücks, Eintritt des Erwerbers **581** 425 ff
und Verbindung mit weiteren Gegenständen, Eintritt eines Grundstückserwerbers in den Pachtvertrag **581** 427

Realakt
Einverleibung in das Inventar **582a** 25

Realgewerbeberechtigungen
landesgesetzliche Vorschriften **581** 47

Reallast
Rechtspacht **581** 77; **584** 9

Rechtsanwalt
Überlassung einer Praxis als Miete **581** 30

Rechtsfrüchte 581 161

Rechtsmängel
Gewährleistungshaftung des Verpächters **581** 303 ff

Rechtsordnung
und Pachtvertrag **581** 132

Rechtspacht
Abdeckereigerechtigkeit **581** 47
Abgrenzungen **581** 85
Abhängigkeit von einem Hauptbetrieb **581** 45
Aneignungsrechte, besondere **581** 52
Apothekengerechtigkeit **581** 47, 48
Apothekenpacht, Überlassung der Konzession **584b** 10
und Ausschluß des Zurückbehaltungsrechts bei der Rückgabeverpflichtung des Pächters **581** 450
außerordentlich befristete Kündigung **581** 398
Automatenaufstellungsverträge, Abgrenzung **581** 46
Bedeutung der Qualifikation als - **581** 86
Begriff **581** 43
Begriff des verpachtungsfähigen Rechts **584** 8
Bergrechtliche Gerechtigkeiten **581** 51
Bergwerkspacht **Vorbem 581** 97, 98
Beschränkte dingliche Rechte **581** 73
Beschränkte persönliche Dienstbarkeit **581** 76
Bodenabbauverträge, Abgrenzungen **581** 15

Rechtspacht (Forts.)
Dauerwohnrecht, Dauernutzungsrecht
581 76
Dienstbarkeiten 581 74 ff
Dingliche Rechte an einem Grundstück als
Gegenstand einer - 584 9
Einrichtung, Nutzung einer integrierten
581 45
Erbbaurecht 581 79
und Erwerbereintritt bei Veräußerung
581 429 ff
und Fehlerbegriff des Gewährleistungsrechts 581 290
Filmverwertungsvertrag 581 84
Fischereirecht 581 62 ff
oder Fruchterwerb aufgrund ausgeübter
Tätigkeit 581 46
zur Fruchtziehung geeignetes Recht 581 43
Gewerbliche, berufliche Tätigkeit,
Ausübung als - 581 44
Grunddienstbarkeit 581 74
oder Grundstückspacht, Raumpacht 581 45
Immaterialgüterrechte 581 81
Jagdpacht, Fischereirecht Vorbem 581 99 ff;
581 53 ff
Konkurrenzschutz 581 152
Kündigung, ordentliche 584 1 ff
und Landpacht 585 30
Lizenzverträge Vorbem 581 82; 581 82
Niebrauch 581 75
Nutzungsrechte 581 73
Patentlizenzverträge, einfache als -
Vorbem 581 85
Pfandrechte 581 78
und Raumpacht, Abgrenzung 581 38, 45
Realgewerberechtigungen 581 47
Reallast 581 77
Rechte Dritter und Unmöglichkeit der
Überlassung zur Ausnutzung des Rechts
581 305
Regalien 581 49, 50
Rückgabe von Sachen im Rahmen der
Rechtspacht 581 442
oder Sachüberlassung zur Fruchtziehung
581 85
Schornsteinfegergerechtigkeit 581 47
Überlassung des Rechts zur Nutzung
581 144
Unmöglichkeit eines Vertrages 581 133
oder Unternehmenspacht 581 88
und Unterpacht 581 328
Urheberlizenzverträge Vorbem 581 87
Urheberrechtsvertrag 581 83
Wohnungsrecht, Wohnungserbbaurecht
581 76
Regalien
Verpachtung 581 49, 50

Reparaturkosten
für mitgepachtetes Inventar 582 7
Römisches Recht
Domänenpächter Vorbem 581 1
Pachtverhältnisse Vorbem 581 1
Pächter privaten Landes Vorbem 581 2
Rückerstattung
vorausgezahlter Pachtzinsen 581 440
Rücktrittsrecht
Beendigung des Pachtvertrages 581 141

Sachen (bewegliche)
Begriff 581 40
Erwerb der Sache bei vorhandenem Pachtverhältnis 581 425
und Inventar Vorbem 582 ff 5
Mietvertrag, Pachtvertrag 581 7
Pachtverhältnis, außerordentlich befristete
Kündigung 581 398
Pachtverhältnisse 581 41, 42
Pachtvertrag, ordentliche Kündigung
581 392; 584 10
Recht an einer -, ordentliche Kündigung
eines Pachtvertrages 581 393
Rückgabe des Pachtgegenstandes 581 441
Überlassung des Pachtgegenstandes
581 143
Sachen (Mehrheit)
Mietvertrag, Pachtvertrag Vorbem 581 23
Sachen (unbewegliche)
Mietvertrag, Pachtvertrag 581 7
Überlassung des Pachtgegenstandes
581 143
Sachfrüchte 581 161
Sachgesamtheit
und Unternehmenspacht 581 87
Sachmängelhaftung des Verpächters
Fehlen zugesicherter Eigenschaften
581 294 ff
Fehlerbegriff 581 287 ff
Kündigungsrecht des Pächters 581 302
Minderung 581 297
Rechtsfolgen 581 297 ff
Schadensersatz wegen Nichterfüllung
581 298 ff
und Verzug mit der Mängelbeseitigung
581 301
Schadensersatz (positive Forderungsverletzung)
Duldungspflicht des Pächters, verletzte
581 244
und Gewährleistung des Verpächters für
den vertragsgemäßen Gebrauch 581 285
wegen grundloser fristloser Kündigung
581 411
Landpacht
s. dort
neben Kündigung des Pachtvertrages
581 411

Sachregister   Tiere

Schadensersatz (positive Forderungsverletzung)
(Forts.)
neben Kündigungsrecht im Pachtverhältnis
581 380
Obhutspflichtverletzung bezüglich Inventar **582** 8
Obhutspflichtverletzungen des Pächters
581 237
Pfandrecht des Verpächters **581** 366
Unterpacht ohne Erlaubnis **581** 336, 343
bei Vorenthaltung des Pachtgegenstandes
584b 24
Wettbewerbsverstoß seitens des Pächters
581 268
Schadensersatz (Schuldnerverzug)
bei Vorenthaltung des Pachtgegenstandes
584b 24
Schadensersatz (wegen Nichterfüllung)
Gewährleistungshaftung des Verpächters
für Sachmängel **581** 298
des Lizenznehmers **581** 295
Schätzwert
Inventarübernahme durch den Pächter
zum -
s. Grundstückspacht mit Inventar
Schiedsklausel
Pachtzinsänderung **581** 195
Schiffspacht
Veräußerung des Schiffs, Erwerbereintritt
in den Vertrag **581** 428
Schönheitsreparaturen
Ausgleich in Geld bei Umbauabsicht des
Verpächters **581** 444
Landpacht **586** 41
Übernahme der Pflicht durch den Pächter
581 227
Schornsteinfegergerechtigkeit
als Realgewerbeberechtigung des Landesrechts **581** 47
Schriftform
Landpachtrecht
s. dort
eines Pachtvertrages **581** 275 ff
Schuldrechtsanpassungsgesetz 1994
Anpassung von Nutzungsverhältnissen im
Beitrittsgebiet **Vorbem 581** 179 ff
Schuldrechtstypus
und Nebenpflichten **581** 172
Schuldverhältnis
Pacht als - **Vorbem 581** 11; **581** 98
Schuldverhältnis (gesetzliches)
bei Vorenthaltung des Pachtgegenstandes
584b 21
Schwebende Unwirksamkeit
eines Pachtvertrages **581** 127
Selbsthilferecht
Pfandrecht des Verpächters **581** 367

Sicherungspacht
Verbindung mit einem Betriebsüberlassungsvertrag **Vorbem 581** 95
Siedlerpachtvertrag
als Mietvertrag oder Pachtvertrag
Vorbem 581 81
Sittenwidrigkeit
Landpacht **594b** 6
Mißverhältnis Pachtzins / Verpächterleistung **581** 181
Pachtvertrag **581** 132
Pachtzinshöhe **581** 191
wettbewerbsrechtliche Folgen **581** 258
Spannungsklauseln
Wertsicherung durch - **581** 198
Steuerrecht
Bodenabbauvertrag **581** 14
Mietvertrag oder Pachtvertrag **581** 39
Pachtvertrag mit zum Schein niedrigerer
Pacht **581** 132
Umsatzbegriff **581** 185
Umsatzsteuer und Pachtzins **581** 193
Unternehmenspacht **581** 90 ff
Störungen
Fruchtgenuß und Verpächterpflicht zur
Fernhaltung von - **581** 168
Landpacht **586** 28
Verpächterpflicht zum Fernhalten von -
581 151
Subjektive Recht
als Gegenstand einer Rechtspacht **581** 43

Tankstelle
Pachtverhältnis **581** 24
Tankstellenpacht
und vertikale Bindungen **581** 251
Taxmäßige Vergütung **581 192
Technische Entwicklung
von Inventarstücken und Rückgewährspflicht des Pächters **582a** 10
und Rückgabe des Inventars **582a** 51 ff
Teilkündigung
Pachtvertrag, Mietvertrag **581** 387
Teilleistungen
bei Erfüllung der Rückgabepflicht des
Pächters **581** 445
bei der Rückgabepflicht des Pächters
584b 11
Theater
Grundstücksverpachtung mit Inventar
Vorbem 582 ff 2
Pachtverhältnis **581** 26
Tiere
Anschaffung und Einverleibung in das
Inventar **582a** 23
Ergänzungspflicht des Pächters **582** 13 ff
Fütterungskosten für mitgepachtete - **582** 7
Pachtvertrag **581** 41

Tierzuchtvertrag
Pachtvertrag, Abgrenzung **Vorbem 581** 35
Tod
des Pächters **584a** 8, 16; **589** 20; **594a** 14; **594d** 5; **595** 11
des Verpächters **594a** 1
Treu und Glauben
Besichtigungsrecht des Verpächters **581** 241
Erlaubnis der Unterpacht **581** 339
und fristlose Kündigung eines Pachtverhältnisses **581** 400
Interessenabwägung und Verschulden beider Vertragspartner bei der Frage der Zumutbarkeit fortgesetzten Vertrages **581** 408
Kündigungsrecht wegen Unzumutbarkeit einer Fortsetzung des Pachtvertrages **581** 408
Kündigungsrecht, Vorbehalt unzulässiger Rechtsausübung **581** 379
Landpacht **593** 7; **595** 12
nachvertragliche Pflichten **581** 175
Nebenpflichten des Pächters **581** 173, 228
Rückgabepflicht des Pächters **581** 448
und Wahlschuld bezüglich Geld- oder Naturalpacht **581** 178
Wiederherstellungspflicht hinsichtlich des Pachtgegenstandes **581** 159

Übergabevertrag
als vorweggenommene Erbfolge **593a** 7
Überinventar 582a 2, 19, 20, 28
Überlassung
und Begriff der Gebrauchsgewährung **581** 142
Üblichkeit einer Vergütung 581 192
Umlagen
als Pachtzins **581** 405
Umlegungsgebiete
und Genehmigungsbedürftigkeit von Pachtverträgen **581** 127
Umsatzbemessung
des Pachtzinses **581** 185
Umsatzsteuer
und Pachtzinshöhe **581** 193
Umweltbeziehungen
und Fehlerbegriff des Gewährleistungsrechts **581** 292
Unerlaubte Handlung
Kündigung, unwirksame als - **581** 411
Obhutspflichtverletzungen des Pächters **581** 237
bei Vorenthaltung des Pachtgegenstandes **584b** 24
Ungerechtfertigte Bereicherung
Landpacht **590b** 5; **597** 13
Rückabwicklung des Pachtverhältnisses **581** 441

Ungerechtfertigte Bereicherung (Forts.)
Vorenthalten des Pachtgegenstandes **584b** 16, 26
Unmöglichkeit
der Gewährung vertragsgemäßen Gebrauchs **581** 285, 416
Pachtvertrag, nichtiger **581** 133
Rückgabe des Pachtgegenstandes **584b** 13
Untergang
Inventarstücke **582** 10
Rückgewährspflicht des Inventars zum Schätzwert **582a** 9
Unterlassung
Konkurrenzschutz, Durchsetzung im Wege der Klage **581** 152
und Obhutspflicht des Pächters **581** 234
Pfandrecht des Verpächters **581** 366
Unterpacht ohne Erlaubnis **581** 336, 343
bei vertragswidrigem Gebrauch durch den Pächter **581** 325
als vertragswidriger Gebrauch der Pachtsache **581** 404
Untermiete
Erlaubnis **581** 397
und gewerbliche Zwischenvermietung **581** 27
Unternehmensgewinn
und Fruchtbegriff **581** 8
Unternehmenspacht
Abgrenzungen **581** 120
und Abhängigkeitsverhältnis **581** 106
atypische Gestaltungen der Rechtspraxis **581** 104
Bedeutung der Qualifikation als - **581** 121
Begriffsbestimmung, fehlende **581** 87
Beherrschungsvertrag, Abgrenzung **581** 105
und Bemessung der Pacht **581** 185 ff
Betrieb, Unternehmen **581** 87
Betriebsaufgabe, Abgrenzung **581** 93
Betriebsaufspaltung **581** 90, 96, 96 ff
Betriebsführungsvertrag **581** 112, 112 ff
und Betriebspacht **581** 87
Betriebspacht, Verbindung mit Geschäftsbesorgungsvertrag **581** 104
und Betriebsüberlassungsvertrag überlassender AG, KGaA **581** 107
Betriebsumstellung **581** 169
Einzelfälle in der Rechtsprechung **581** 88
Erhaltungspflicht des Pächters bezüglich mitgepachteten Inventars **Vorbem 582** 3
Fälligkeit des Pachtzinses **581** 212
Fehlen zugesicherter Eigenschaften **581** 294 ff
und Fehlerbegriff des Gewährleistungsrechts **581** 291
Firma **581** 87
Gebrauchspflicht des Pächters **581** 223, 404

Unternehmenspacht (Forts.)
Geschäftsführungsvertrag, Abgrenzung
 581 105
Gewerbliche Tätigkeit 581 91
GmbH, verpachtende 581 117
oder Grundstückspacht 581 121
und Grundstücksveräußerung 581 426
Grundstücksverpachtung mit Inventar
 Vorbem 582 ff 2
Inventarübernahme zum Schätzwert 582a 5
Konkurrenzschutz 581 152
Landpacht
 s. dort
Mietvertrag, Abgrenzung 581 37, 120
Öffentlich-rechtliche Beschränkungen und
 Sachmängelhaftung 581 293
oder Pacht beweglicher Sachen 581 41
Personenhandelsgesellschaften, verpachtende 581 118
Raummiete, Abgrenzung **Vorbem 581** 21
Raumpacht, Abgrenzung **Vorbem 581** 22;
 581 120
oder Raumpacht bzw. Rechtspacht 581 88
Risiko des Pächters 581 169
Rückabwicklung bei fehlgeschlagener -
 581 441
Rückgabe des Inventars, des Pachtgegenstandes 581 442; **582a** 44
Sachgesamtheit 581 87
Steuerrecht 581 90
Teil eines Unternehmens 581 89
Überlassungsform 581 145
Überlassungspflicht, Umfang 581 147
Umsatz, Gewinn aus einem Geschäftsbetrieb als zugesicherte Eigenschaften
 581 295
Umweltbeziehungen und Fehlerbegriff
 581 292
verbundene Unternehmen 581 101 ff
Vereinbarungen über die Verfügungsbefugnis des Pächters über Inventar 583a 3
verpachtende AG, KGaA 581 102, 103
und Verpachtung zahnärztlicher Praxis
 581 30
vertragswidriger Gebrauch 581 404
Wettbewerbsrecht 581 119
Unterpacht
Beendigung 581 337
Erlaubnis 581 127, 333, 336, 338 ff
Erlaubnis, verweigerte **584a** 1 ff
Fischereirecht 581 333
Gebrauchsfortsetzung nach Vertragsbeendigung 581 424
Haftung des Pächters für den Dritten
 581 342
Hauptverpächter-Pächter-Verhältnis
 581 336

Unterpacht (Forts.)
Hauptverpächter-Unterpächter-Verhältnis
 581 335
Hauptvertrag und Bestand des Unterpachtverhältnisses 581 337
Herausgabeanspruch des Verpächters bei
 Beendigung des Hauptvpachtvertrages
 581 451
Jagdpacht 581 60, 333
Kündigung wegen unterbliebener Erlaubnis 581 402
Landpacht
 s. dort
Mietvertrag als Hauptvertrag 581 332
Mitpacht, Weiterpacht und Unterpacht
 581 333
kein Rechtsanspruch des Pächters auf
 Erlaubnis 581 328
Rechtsfolgen 581 334
Rechtsnatur 581 332
Rückgabe des Pachtgegenstandes 581 441
Unzulässigkeit, regelmäßige **584a** 7
als vertragswidriger Gebrauch 581 336
Vorenthaltung der Pachtsache gegenüber
 Hauptverpächter wegen einer --- **584b** 13
Wirksamkeit des Vertrages 581 333
Unzumutbarkeit
einer Fortsetzung des Pachtvertrages wegen
 schuldhafter Vertragsverletzung
 581 406 ff
Urheberlizenzverträge
als Rechtspachtverträge **Vorbem 581** 87
Urheberrechtsverträge
Rechtsnatur 581 83
Urkunde
Schriftformerfordernis und Einheitlichkeit
 der - 581 281

Veränderungen des Pachtgegenstandes
des mitverpachteten Inventars 582 6
und Rückgabe des Pachtgegenstandes
 581 444
und vertragsgemäßer Gebrauch 581 323
Verbesserungsmaßnahmen
Duldungspflicht des Pächters 581 245, 314
Landpacht
 s. dort
Verbundene Unternehmen
und Unternehmenspacht 581 101 ff
Verfassungsrecht, Verfassungsmäßigkeit
Apothekengerechtigkeit 581 48
Apothekenrecht und Niederlassungsfreiheit **584b** 10
und Kleingartenpacht **Vorbem 581** 52, 53
Verfügung
Bergwerkspacht als Verfügung über das
 Aneignungsrecht des Bergwerkseigentümers **Vorbem 581** 98

Verfügungsbefugnis
  des Pächters über Inventarstücke bei Rückgewährspflicht zum Schätzpreis
  582a 15 ff
Verjährung
  Ansprüche bei Vorenthaltung des Pachtgegenstandes, mit Nutzungsenschädigung konkurrierende **584b** 28
  Aufwendungen des Pächters auf Inventarstücke **582** 4
  Ersatzansprüche des Vermieters **581** 345
  Landpacht
    s. dort
  Nutzungsentschädigung bei Vorenthaltung der Pachtsache **584b** 20
  rückständige Pachtzinsen **581** 219, 344
  Rückzahlung der Kaution **581** 249
  Verwendungsersatz, Anspruch des Pächters **581** 347
  Wegnahme der Einrichtung des Pächters **581** 347
Verkaufsraum eines Handelsgeschäftes
  Pachtverhältnis **581** 23
Verkehrssicherungspflicht
  des Verpächters **581** 158
Verlängerung aufgrund Fiktion
  des Pachtvertrages **581** 423
Verlängerungsklausel
  oder Option **581** 140
  Pachtvertrag mit - **581** 374; **584** 13
Verlängerungsoption 581 139
Verlagsvertrag
  Rechtsnatur **581** 83
Verpächterpfandrecht 581 246, 352 ff
Verpächterpflichten
  s. a. Pächterpflichten
  Ergänzungspflicht für mitverpachtetes Inventar **582** 9 ff
  Erhaltung des Pachtgegenstandes **581** 150
  Fernhalten von Störungen **581** 151, 168
  Gewährung des Fruchtgenusses **581** 161
  Instandhaltung, Instandsetzung **581** 157
  Konkurrenzschutz **581** 152
  Landpacht **586** 8 ff
  Mitteilungs- und Auskunftspflichten **581** 173, 175
  nachvertragliche Pflichten **581** 175
  Nebenpflichten **581** 172
  Sachmängelhaftung
    s. dort
  Überlassung des Pachtgegenstandes **581** 141
  Verkehrssicherungspflicht **581** 158
  bei Vorenthaltung des Pachtgegenstandes **584b** 23
Verschlechterung des Pachtgegenstandes
  Landpacht
    s. dort

Verschlechterung des Pachtgegenstandes (Forts.)
  des mitverpachteten Inventars **582** 6
  und Rückgabe des Pachtgegenstandes **581** 444
  Rückgewährspflicht des Inventars zum Schätzwert **582a** 9
  und vertragsgemäßer Gebrauch **581** 323
Verschulden
  einer Vertragsverletzung und Unzumutbarkeit der Fortsetzung eines Pachtverhältnisses **581** 406 ff
Versetzung
  des Pächters **584a** 9, 17
Versicherungspflicht
  für mitgepachtetes Inventar **582** 7
Vertragliches Wettbewerbsverbot
  und Pachtvertrag **581** 152 ff, 261 ff
Vertragsgemäßer Gebrauch
  s. Gebrauch (vertragsgemäßer)
  Landpacht
    s. dort
  des mitverpachteten Inventars **582** 6
  und Obhutspflicht des Pächters **581** 231
  Überlassungsverpflichtung des Verpächters zum - **581** 148
  Unmöglichkeit **581** 416
  und Veränderungen, Verschlechterungen des Pachtgegenstandes **581** 323, 444
Vertragshändlersystem
  Franchising als Fortentwicklung
  Vorbem **581** 130, 131
Vertragsverletzung
  und Unzumutbarkeit einer Fortsetzung des Pachtvertrages **581** 406 ff
Vertragswidriger Gebrauch
  und Kündigungsrecht des Verpächters **581** 404
Vertrauensverhältnis
  Kündigungsrecht wegen Unzumutbarkeit einer Fortsetzung des Pachtvertrages **581** 408
Vertriebsbindungen
  in Pachtverträgen **581** 255
Verwendungen des Pächters
  Aufwendungen des Pächters auf Inventarstücke **582** 4
  Ersatzpflicht des Verpächters **581** 318, 347, 348
  Landpacht
    s. dort
Verwendungsbeschränkungen GWB
  in Pachtverträgen **581** 253
Verwirkung
  rückständige Pachtzinsen **581** 220
Verzinsung
  der Kaution **581** 249
Verzug (Schuldnerverzug)
  Abnahme des Pachtgegenstandes **581** 229

Verzug (Schuldnerverzug) (Forts.)
und Gewährleistung des Verpächters für den vertragsgemäßen Gebrauch **581** 285
Kündigungsrecht wegen Pachtzinsverzuges **581** 405
Rückgabepflicht des Pächters **581** 452
des Verpächters mit der Mängelbeseitigung **581** 301
bei Vorenthaltung des Pachtgegenstandes **584b** 24

Viehbestand
Ergänzungspflicht des Pächters **582** 13 ff

Viehgräsungsvertrag
Pachtvertrag, Abgrenzung **Vorbem 581** 34

Viehmastvertrag
Pachtvertrag, Abgrenzung **Vorbem 581** 35

Viehverstellung
Inventarübernahme zum Schätzwert **582a** 6

Vorenthaltung des Pachtgegenstandes
Anspruch des Verpächters **584b** 1 ff

Vorführungsverträge
Rechtsnatur **Vorbem 581** 92

Vorkaufsrecht
Verbindung mit einem Pachtvertrag **581** 130
und Vorpachtrecht **581** 135

Vorleistungspflicht
des Verpächters **581** 211

Vorpachtrecht
Ausübung des Rechts **581** 136
Eintrittsbefugnis **581** 135
oder Verlängerungsoption **581** 135

Vorvertrag
über Abschluß eines Pachtvertrages **581** 134, 435

Währungsrisiko
und Rückgabe des Inventars **582a** 40 ff

Wahlschuld
Geld- oder Naturalpacht **581** 178

Wegfall der Gebrauchspflicht
für den Pächter **581** 225

Wegfall der Geschäftsgrundlage
und Gewährleistung des Verpächters für den vertragsgemäßen Gebrauch **581** 285
Pachtvertrag **581** 417
Pachtzinserhöhung **581** 203
Pachtzinsherabsetzung **581** 208

Wegnahmerecht
Landpacht
s. dort
Pächtereinrichtungen **581** 319, 347

Weiterverpachtung
Jagdpachtvertrag **581** 60
unerlaubte **581** 305

Werkvertrag
Pachtvertrag, Abgrenzung **Vorbem 581** 41, 42

Wertausgleich
aufgrund der Ablehnung der Inventarrücknahme durch den Pächter **582a** 40 ff

Wertsicherungsklauseln
Genehmigungsbedürftigkeit **581** 198, 198 ff, 199
und Leistungsvorbehalt **581** 196
und Schriftformerfordernis **581** 279
und schwebende Unwirksamkeit eines Vertrages **581** 127
und Wahlschuld bezüglich Geld- oder Naturalpacht **581** 178

Wettbewerbsrecht
und Konkurrenzschutz im Pachtverhältnis **581** 156
und konzernrechtliche Bedeutung der Unternehmenspacht **581** 119
Pächterbeschränkungen, wettbewerbliche **581** 250 ff
Wettbewerbsbeschränken des Pächters (GWB) **581** 250 ff

Wichtiger Grund
für eine fristlose Kündigung des Pachtverhältnisses **581** 400 ff; **594e** 50

Widerruflichkeit
Erlaubnis der Unterpacht **581** 340
Kündigung des Pachtvertrages **581** 410

Wiederherstellungspflicht
hinsichtlich des Pachtgegenstandes **581** 159

Wiederkehrende Leistungen
Pachtzins **581** 181

Wohnraum
Erlaubnis der Untermiete **581** 341
Gesundheitsgefährung **581** 403
Kündigung des Mietvertrages **581** 376
Kündigung eines Mischvertrages **581** 388
Landpacht
s. dort
Mischvertrag mit Pachtelementen **581** 378
als Pachtgegenstand, ordentliche Kündigung **584** 7
als Pachtgegenstand, Teilrückgabe **584b** 11
als Pachtgegenstand, verspätete Rückgabe **581** 452
als Pachtgegenstand, kein Widerspruchsrecht gegen Kündigung **581** 448
Pachtgegenstand, Wohnraum umfassender **581** 312
Pächterwohnung aufgrund gesonderten Mietvertrages **581** 378
Überlassung zur Weitervermietung **581** 27
zur Untervermietung als Pachtvertrag **581** 26
Untervermietung der Pächterwohnung **581** 404

Wucherverbot
Pachtzinshöhe **581** 191

Zahnarztpraxis
Raumpacht 581 30
Unternehmenspacht 581 88
Zeitablauf
Beendigung des Pachtverhältnisses
581 372 ff, 412
Zeitbestimmung
fehlende in einem Pachtvertrag 584 12 ff
Zerstörung
des Pachtgegenstandes 581 159, 346;
582a 9
Zubehör
und Ausschluß des Zurückbehaltungsrechts bei der Grundstückspacht
581 449
und Inventar **Vorbem 582 ff** 5
Rückgabe mit Rückgabe des Pachtgegenstandes 581 443

Zugesicherte Eigenschaften
und Sachmängelhaftung im Pachtrecht
581 294 ff
Zurückbehaltungsrecht
und Grundstückspacht, Ausschluß für
Rückgabepflicht des Pächters 581 449
und Kaution des Pächters 581 249
und Pachtzinsverzug 581 405
für Pächterforderungen am Inventar des
Verpächters 583 7
Zustimmung
Landpacht
s. dort
Zwangsversteigerung
und Kündigungsrecht des Grundstückserwerbers 581 397
Zwischenvermietung (gewerbliche)
als Geschäftsraummiete 581 27

J. von Staudingers
Kommentar zum Bürgerlichen Gesetzbuch
mit Einführungsgesetz und Nebengesetzen

Übersicht Nr 26/26. März 1996

Die Übersicht informiert über die Erscheinungsjahre der Kommentierungen in der 12. Auflage und in der 13. Bearbeitung (= Gesamtwerk Staudinger). *Kursiv* geschrieben sind diejenigen Teile, die zur Komplettierung der 12. Auflage noch ausstehen.

	12. Auflage	13. Bearbeitung
Erstes Buch. Allgemeiner Teil		
Einl BGB; §§ 1 - 12; VerschG	1978/1979	1995
§§ 21 - 103	1980	1995
§§ 104 - 163	1980	
§§ 164 - 240	1980	1995
Zweites Buch. Recht der Schuldverhältnisse		
§§ 241 - 243	1981/1983	1995
AGBG	1980	
§§ 244 - 254	1980/1983	
§§ 255 - 292	1978/1979	1995
§§ 293 - 327	1978/1979	1995
§§ 328 - 361	1983/1985	1995
§§ 362 - 396	1985/1987	1995
§§ 397 - 432	1987/1990/1992/1994	
§§ 433 - 580 a	1978	
§§ 433 - 534		*1995*
Wiener UN-Kaufrecht (CISG)	NICHT	1994
§§ 535 - 563 (12. A. 2. Bearb.)	1981	
§§ 535 - 563 (Mietrecht 1)		*1995*
§§ 564 - 580 a (12. A. 2. Bearb.); 2. WKSchG	1981	
§§ 581 - 606	1982	1996
§§ 607 - 610	1988/1989	
§§ 611 - 619	1989/1993	
§§ 620 - 630	1979	1995
§§ 631 - 651	1990	1994
§§ 651 a - 651 k	1983	
§§ 652 - 704	1980/1988	1995
§§ 705 - 740	1980	
§§ 741 - 811	1982/1985	
§§ 812 - 822	1979	1994
§§ 823 - 832	1985/1986	
§§ 833 - 853	1986	
Drittes Buch. Sachenrecht		
§§ 854 - 882	1982/1983	1995
§§ 883 - 902	1985/1986/1987	
§§ 903 - 924	1982/1987/1989	
§§ 925 - 984	1979/1983/1987/1989	1995
§§ 985 - 1011	1980/1982	1993
ErbbVO; §§ 1018 - 1112	1979	1994
§§ 1113 - 1296	1981	
WEG		
Viertes Buch. Familienrecht		
§§ 1297 - 1302; EheG u.a.; §§ 1353 - 1362	1990/1993	
§§ 1363 - 1563	1979/1985	1994
§§ 1564 - 1568	1994	

	12. Auflage	13. Bearbeitung
HausratsVO		
§§ 1569 - 1586 b		
§§ 1587- 1588; VAHRG	1995	
§§ 1589 - 1625	1983/1985/1992/1993	
§§ 1626 - 1630	1992	
§§ 1631 - 1633; RKEG		
§§ 1634 - 1665	1989	
§§ 1666 - 1772	1984/1991/1992	
§§ 1773 - 1895; Anh §§ 1773 - 1895 (KJHG)	1993/1994	
§§ 1896 - 1921	1995	

Fünftes Buch. Erbrecht

§§ 1922 - 1966	1979/1989	1994
§§ 1967 - 2086	1978/1981/1987	
§§ 2087 - 2196	1980/1981	
§§ 2197 - 2264	1979/1982	1996
§§ 2265 - 2385; BeurkG	1979/1981/1983	

EGBGB

Einl EGBGB; Art 1 - 6, 32 - 218	1985
Art 219 - 221, 230 - 236	1993

EGBGB/Internationales Privatrecht

Einl IPR; Art 7 - 11	1984	
IntGesR	1980	1993
IntEheR (Art 13 - 17); IntEheprozeßR	1983/1990/1992	
Art 18, 19 aF (= Art 19 nF)	1979	
Kindschaftsrechtl. Übereinkommen; Art 19 (nF)		1994
Art 20 - 24 nF	1988	
Art 24 - 26 aF (= Art 25, 26 nF)	1981	
Art 25, 26 (nF)		1995
Art 27, 28 aF, 5, 6 nF	1981/1988	
Vorb Art 27 - 37 nF	1987	
Art 10, 27 - 37 nF		
Art 38 nF; IntSachR	1985/1992	

Demnächst erscheinen

§§ 134 - 163	1996
§§ 883 - 902	1996
§§ 903 - 924; Umwelthaftungsrecht	1996
§§ 1967 - 2086	1996
Einl IPR; Art 3-6	1996

Nachbezug der 12. Auflage
Abonnenten der 13. Bearbeitung haben die Möglichkeit, die 12. Auflage komplett oder in Teilen zum Vorzugspreis zu beziehen (so lange der Vorrat reicht). Hierdurch verfügen sie schon zu Beginn ihres Abonnements über das Gesamtwerk Staudinger.

Dr. Arthur L. Sellier & Co. - Walter de Gruyter & Co., Berlin